KB041720

형법주해

[XI]

각칙(8)

[제323조 ~ 제354조]

편집대표 조균석
편집위원 이상원
김성돈
강수진

박영사

머 리 말

「형법주해」는 법서 출판의 명가인 박영사의 창업 70주년을 기념하기 위하여 출간되는 형법의 코멘타르(Kommentar)로서, 1992년 출간된 「민법주해」에 이어 30년 만에 이어지는 기본법 주해 시리즈의 제2탄에 해당한다.

그런 점에서 「민법주해」의 편집대표인 곽윤직 교수께서 '머리말'에서 강조하신 아래와 같은 「민법주해」의 내용과 목적은 세월은 흘렀지만 「형법주해」에도 여전히 타당하다고 생각된다.

> "이 주해서는 각 조문마다 관련되는 중요한 판결을 인용해 가면서 확정된 판례이론을 밝혀주고, 한편으로는 이론 내지 학설을 모두 그 출전을 정확하게 표시하고, 또한 논거를 객관적으로 서술하여 민법 각 조항의 구체적인 내용을 밝히려는 것이므로, (중략) 그 목적하는 바는, 위와 같은 서술을 통해서 우리의 민법학의 현재수준을 부각시키고, 아울러 우리 민법 아래에서 생기는 법적 분쟁에 대한 올바른 해답을 찾을 수 있게 하려는 데 있다."

이처럼 법률 주해(또는 주석)의 기능은 법률을 해석·운용함에 있어 도움이 되는 정보를 제공함으로써 구체적 사건을 해결하는 실무의 법적 판단에 봉사하는 데 있다고 할 수 있다. 주해서를 통해서 제공되어야 할 정보는 1차적으로 개별 조문에 대한 문리해석이다. 이러한 문리해석에 더하여, 주해서에는 각 규정들의 체계적 연관관계나 흠결된 부분을 메우는 보충적 법이론은 물론, 법률의 연혁과 외국 입법례 및 그 해석에 대한 정보가 담겨 있어야 하고, 때로는 사회문제를 해결할 수 있는 입법론이 제시되어야 한다.

그러나 무엇보다도 실무에서 중요한 역할을 하는 것은 판례이므로, 판례의 법리를 분석하고 그 의미를 체계적으로 정리하는 일은 주해서에서 빠뜨릴 수 없는 중요한 과제이다. 다만 성문법주의 법제에서 판례는 당해 사건에서의 기속력을 넘어 공식적인 법원(法源)으로 인정되지는 않으며, 판례 자체가 변경되기도 한다. 이러한 점에서 주해서는 단순한 판례의 정리를 넘어 판례에 대한 비판을 통해 판례를 보충하고 대안을 제시함으로써 장래 법원(法院)의 판단에 동원될 수 있는 법적 지식의 저장고 역할도 하여야 한다.

그런데 형사판결도 결국 형법률에 근거하여 내려진다. 형법률에 대한 법관의 해석으로 내려진 판결 및 그 속에서 선광(選鑛)되어 나오는 판례법리는 구체적인 사안과 접촉된 법률이 만들어 낸 개별적 결과이다. 그러므로 또 다른 사안을 마주하는 법관은 개별 법리의 원천으로 돌아갈 필요가 있다. 법관이 형법률을 적용함에 있어, 개별 사안에 나타난 기존의 판결이나 판례를 넘어 그러한 판례를 만들어 내는 형법률의 체계인 형법을 발견할 때 비로소 개별 법리의 원천으로 돌아가는 광맥을 찾은 것이다. 「형법주해」는 이러한 광맥을 찾는 작업에도 도움이 되고자 하였다. 즉, 「형법주해」는 판례의 눈을 통해서 형법을 바라보는 것을 넘어 형법원리 및 형법이론의 눈을 통해서도 형법을 관찰하려고 하였다.

이러한 작업은 이론만으로 이룰 수 있는 것도 아니고, 실무만으로 이룰 수 있는 것도 아니다. 이 때문에 형사법 교수, 판사, 검사, 변호사 등 62명이 뜻을 함께하여, 오랜 기간 각자의 직역에서 형법을 연구·해석하고 또 실무에 적용해 오면서 얻은 소중한 지식과 경험, 그리고 지혜를 집약함으로써, 이론과 실무의 조화와 융합을 꾀하였다.

우리의 소망은 「형법주해」가 올바른 판결과 결정을 지향하는 실무가들에게 의미 있는 이정표가 되고, 형법의 원점을 찾아가는 형법학자들에게는 새로운 생각의 장을 떠올리게 하는 단초가 되며, 형법의 숲 앞에 막 도착한 예비법률가들에는 그 숲의 전체를 바라볼 수 있는 안목을 키울 수 있도록 도와주는 안내자가 되는 것이다.

「형법주해」가 이러한 역할을 다할 수 있도록 최선의 노력을 다하였지만 부족한 부분이나 흠도 있으리라 생각된다. 모자란 부분은 개정판을 거듭하면서 시정·보충할 예정이다. 또한, 장래에는 「형법주해」가 형법의 실무적 활용에 봉사하고 기여하는 데에서 한 걸음 더 나아가 보다 높은 학문적인 차원에서의 형법 이해, 예컨대 형법의 정당성의 문제까지도 포섭할 수 있는 방안을 모색해 나갈 것을 다짐해 본다.

「형법주해」는 많은 분들의 헌신과 지원으로 출간하게 되었다. 먼저, 충실한 옥고를 집필하고 오랜 기간 정성을 다해 다듬어 주신 집필자들에게 감사드린다. 그리고 책 전체의 통일과 완성도를 높이기 위하여 각칙의 일부 조문에 한정된 것이기는 하지만, 독일과 일본의 중요 판례를 함께 검토해 주신 김성규 한국외국어대학 교수(독일)와 안성훈 한국형사·법무정책연구원 선임연구위원(일본)에게도 고마움을 전한다. 그리고 창업 70

주년 기념으로 「형법주해」의 출간을 허락해 주신 안종만 회장님과 안상준 대표님, 오랜 기간 편집위원들과 협의하면서 시종일관 열정을 보여주신 조성호 이사님과 편집부 여러 분께도 깊은 감사의 말씀을 드린다.

2023년 9월

편집대표 **조 균 석**
위원 **이 상 원**
위원 **김 성 돈**
위원 **강 수 진**

범 례

Ⅰ. 조 문

- 본문의 조문 인용은 '제○조 제○항 제○호'로 하고, 괄호 안에 조문을 표시할 때는 아래 (예)와 같이 한다. 달리 법령의 명칭 없이 인용하는 조문은 형법의 조문이고, 부칙의 경우 조문 앞에 '부칙'을 덧붙여 인용한다.

예	§ 49②(iii)	←	**형법 제49조 제2항 제3호**
	§ 12의2	←	**형법 제12조의2**
	부칙 § 10	←	**형법 부칙 제10조**

Ⅱ. 일 자

- 본문의 년, 월, 일은 그대로 표시함을 원칙으로 한다. 다만, 판례의 판시내용이나 인용문을 그대로 인용할 경우 및 ( )안에 법령을 표시하는 등 필요한 경우에는 년, 월, 일을 생략한다.

예	**(본문)**	**1990년 1월 1일**
		1953년 9월 18일 법령 제177호
예	**(판시 또는 괄호)**	**"피고인이 1991. 1. 1. 어디에서 ... 하였다."**
		기본법(1953. 9. 18. 법령 제177호)

Ⅲ. 재판례

1. 우리나라

대판 2013. 6. 27, 2013도4279

← **대법원 2013년 6월 27일 선고 2013도4279 판결**

대판 2013. 2. 21, 2010도10500(전)

← **대법원 2013년 2월 21일 선고 2010도10500 전원합의체판결**

대결 2016. 3. 16, 2015모2898

　← **대법원 2016년 3월 16일 자 2015모2898 결정**

대결 2015. 7. 16, 2011모1839(전)

　← **대법원 2015 7월 16일 자 2011모1839 전원합의체결정**

헌재 2005. 2. 3, 2001헌가9

　← **헌법재판소 2005년 2월 3일 선고 2001헌가9 결정**

서울고판 1979. 12. 19, 72노1208

　← **서울고등법원 1979년 12월 19일 선고 72노1208 판결**

* 재판례의 인용은 헌재, 대판(또는 대결), 하급심 순으로 하고, 같은 심급 재판례가 여럿인 경우 연도 순으로 인용하되, 가급적 최초 판결, 주요 판결, 최종 판결 등으로 개수를 제한한다.

2. 외 국

- 외국의 재판례는 그 나라의 인용방식에 따른다. 다만, 일본 판례의 경우에는 '연호'를 서기연도로 바꾸는 등 다음과 같이 인용한다.

  最判 平成 20(2008). 4. 25. **刑集** 62 · 5 · 1559

  　← **最判平成20. 4. 25刑集62卷5号1559頁**

  - **판례집: 刑録(대심원형사판결록), 刑集(대심원형사판례집, 최고재판소형사판례집), 裁判集(刑事)(최고재판소재판집형사), 高刑集(고등재판소형사판례집), 特報(고등재판소형사판결특보), 裁特(高等裁判所刑事裁判特報), 下刑集(하급심재판소형사재판례집), 刑月(형사재판월보), 高刑速(고등재판소형사재판속보집), 判時(判例時報), 判タ(판례타임즈), LEX/DB(TKC Law Library) 등**

Ⅳ. 문헌 약어 및 인용방식

* 같은 집필자라고 하여도 각주 번호는 조문별로 새로 붙인다.

1. 형법총칙/각칙 교과서

- 교과서 등 문헌은 가능한 한 최신의 판으로 인용한다.
- 각 조항의 주해마다 처음으로 인용하는 개소에서 판을 포함하는 서지사항을 밝히고, 그 후에 이를 다시 인용하는 경우에는 '저자, 면수'와 같은 형태로 한다.

[형법총칙]

김성돈, 형법총론(8판), 10

이재상·장영민·강동범, 형법총론(11판), § 31/2

김성돈, 10(**재인용인 경우**)

[형법각칙]

이재상·장영민·강동범, 형법각론(13판), § 31/2

이재상·장영민·강동범, § 31/12(**재인용인 경우**)

2. 교과서 외 단행본

- 교과서 외 단행본은 각 조항마다 처음 인용하는 개소에서 제목, 판, 출판사, 연도를 포함하는 서지사항을 밝히고, 그 후에 이를 다시 인용하는 경우에는 '저자, 제목, 면수'와 같은 형태로 한다.

김성돈, 기업 처벌과 미래의 형법, 성균관대학교 출판부(2018), 259

양형위원회, 2022 **양형기준**(2022), 100

김성돈, 기업 처벌과 미래의 형법, 300(**재인용인 경우**)

3. 논 문

- 각 조항의 주해마다 처음으로 인용하는 개소에서 정기간행물 등의 권·호수 및 간행연도를 포함하는 서지사항을 밝히고, 그 후에 이를 다시 인용하는 경우에는 "필자(주 ○), 인용면수"와 같은 형태로 한다.

신양균, "과실범에 있어서 의무위반과 결과의 관련", 형사판례연구 〔1〕, **한국형사판례연구회, 박영사**(1993), 62

천진호, "금지착오사례의 논증과 정당한 이유의 구체적 판단", 비교형사법연구 2-2, **한국비교형사법학회**(2000), 305

- 각 대학의 법학연구소 등에서 발간하는 정기간행물은 학교명의 약칭과 함께 인용하지만, 이미 학교명 내지 이에 준하는 표기를 포함하고 있는 경우에는 간행물 이름만으로 인용한다.

4. 정기간행물 약어

사논	**사법논집**
사연	**사법연구자료**

자료　　**재판자료**
해설　　**대법원판례해설**

5. 주석서

예　**주석형법 〔각칙(1)〕(5판), 104(민철기)**

6. 외국문헌

- 외국 문헌 등은 각국에서 통용되는 방식으로 인용하는 것을 원칙으로 한다.
- 외국 문헌의 경우 최초로 인용할 때에 간행연도 및 판수〔논문의 경우는, 정기간행물 및 그 권호수 등〕를 표시하고, 이후 같은 조항에서 인용할 때는 "저자〔또는 필자〕, 인용면수"의 방법으로 인용하되〔같은 필자의 문헌을 여럿 인용하는 경우에는 '(주 ○)'를 필자 이름 아래 붙인다〕, 저자의 경우는 성만 표기하는 것을 원칙으로 한다.
- 자주 인용되는 문헌은 별도로 다음과 같이 인용한다.
  大塚 外, 大コン(3版)(9), 113(河村 博) ← 大塚 外, 大コンメンタール 第3版 第9卷, 인용면수(집필자)

7. 학위논문 인용방식

예　**이은모, "약물범죄에 관한 연구", 연세대학교 박사학위논문(1991), 2**
　　이은모, "약물범죄에 관한 연구", 10(재인용인 경우)

8. 다수 문헌의 기재 순서

- 교과서 등 같은 종류인 경우 '가, 나, 다' 순으로, 다른 종류인 경우 '교과서, 주석서, 교과서 외 단행본, 논문' 순으로 각 기재한다.

V. 법령 약어 및 인용방법

1. 법　률

(1) 본문

- 조항별로 처음 인용 시에는 법령의 제목 전체를 기재한다. 재차 인용 시에는 법제처 법령에 약칭이 있는 경우는 그 약칭을 인용하되, 처음 인용 법령을 아

래와 같이 한다.

* 현재 효력을 가지는 법률을 기준으로 작성하고, 폐지된 법률의 경우 법률명 다음에 '(폐지)'를, 조문만 변경된 경우에는 법률명 앞에 '구'를 붙인다.

예 **교통사고 처리특례법(이하, 교통사고처리법이라 한다.)**

(2) 괄호

- **일반법령(예: 의료법)을 쓰되, 약어(예시)의 경우 약어만을 인용한다.**

약어(예시)

가폭	가정폭력범죄의 처벌 등에 관한 법률
경범	경범죄 처벌법
경직	경찰관 직무집행법
공선	공직선거법
교특	교통사고처리 특례법
군형	군형법
국보	국가보안법
도교	도로교통법
독점	독점규제 및 공정거래에 관한 법률
마약관리	마약류 관리에 관한 법률
마약거래방지	마약류 불법거래 방지에 관한 특례법
민	민법
민소	민사소송법
민집	민사집행법
범죄수익	범죄수익은닉의 규제 및 처벌에 관한 법률
법조	법원조직법
변	변호사법
보안	보안관찰법
보호관찰	보호관찰 등에 관한 법률
보호소년	보호소년 등의 처우에 관한 법률
부경	부정경쟁방지 및 영업비밀보호에 관한 법률
부등	부동산등기법
부수	부정수표 단속법
부실명	부동산 실권리자명의 등기에 관한 법률

부재특조	부재선고 등에 관한 특별조치법
사면	사면법
사법경찰직무	사법경찰관리의 직무를 수행할 자와 그 직무범위에 관한 법률
상	상법
성폭방지	성폭력방지 및 피해자보호 등에 관한 법률
성폭처벌	성폭력범죄의 처벌 등에 관한 법률
성충동	성폭력범죄자의 성충동 약물치료에 관한 법률
소년	소년법
아청	아동·청소년의 성보호에 관한 법률
아학	아동학대범죄의 처벌 등에 관한 특례법
여전	여신전문금융업법
전부	전자장치 부착 등에 관한 법률
정통망	정보통신망 이용촉진 및 정보보호 등에 관한 법률
집시	집회 및 시회에 관한 법률
출관	출입국관리법
치감	치료감호 등에 관한 법률
통비	통신비밀보호법
특가	특정범죄 가중처벌 등에 관한 법률
특경	특정경제범죄 가중처벌 등에 관한 법률
폭처	폭력행위 등 처벌에 관한 법률
헌	헌법
헌재	헌법재판소법
형소	형사소송법
형집	형의 집행 및 수용자의 처우 등에 관한 법률

2. 시행령 및 시행규칙은 법률의 예를 따르고, 괄호의 경우 일반법령(예: 의료법 시행령)을 쓰되, 법률약어의 경우 '령' 또는 '규'를 붙인다.

3. 부칙 및 별표는 법률명 뒤에 약칭 없이 '부칙', '별표'로 인용한다.

4. 외국법령의 조항 인용도 우리 법령의 인용과 같은 방식으로 한다.

   예 **(괄호) 독형** § 312-b①(iii) ← **독일형법 제312조의b 제1항 제3호**

참고문헌

1 형법총론(총론·각론 통합 포함) 교과서

저자	서명	출판사	출판연도
강동욱	강의 형법총론	박영사	2020
	강의 형법총론(제2판)	박영사	2021
김성돈	형법총론(제5판)	성균관대학교 출판부	2017
	형법총론(제6판)	성균관대학교 출판부	2020
	형법총론(제7판)	성균관대학교 출판부	2021
	형법총론(제8판)	성균관대학교 출판부	2022
김성천	형법총론(제9판)	소진	2020
김성천·김형준	형법총론(제6판)	소진	2014
김신규	형법총론 강의	박영사	2018
김일수·서보학	새로쓴 형법총론(제11판)	박영사	2008
	새로쓴 형법총론(제12판)	박영사	2014
	새로쓴 형법총론(제13판)	박영사	2018
김태명	판례형법총론(제2판)	피앤씨미디어	2016
김형만	형법총론	박영사	2015
김혜정·박미숙·안경옥·원혜욱·이인영	형법총론(제2판)	정독	2019
	형법총론(제3판)	정독	2020
류전철	형법입문 총론편(제3판)	준커뮤니케이션즈	2020
박상기	형법강의	법문사	2010
	형법총론(제9판)	박영사	2012
	형법학(총론·각론 강의)(제3판)	집현재	2018
박상기·전지연	형법학(총론·각론 강의)(제4판)	집현재	2018
	형법학(총론·각론)(제5판)	집현재	2021
배종대	형법총론(제12판)	홍문사	2016
	형법총론(제13판)	홍문사	2017
	형법총론(제14판)	홍문사	2020
	형법총론(제15판)	홍문사	2021
성낙현	형법총론(제3판)	박영사	2020

저자	서명	출판사	출판연도
손동권·김재윤	형법총론	율곡출판사	2011
손해목	형법총론	법문사	1996
신동운	형법총론(제10판)	법문사	2017
	형법총론(제12판)	법문사	2020
	형법총론(제13판)	법문사	2021
안동준	형법총론	학현사	1998
오영근	형법총론(제4판)	박영사	2018
	형법총론(제5판)	박영사	2019
	형법총론(제6판)	박성사	2021
원형식	판례중심 형법총론	진원사	2014
유기천	형법학 총론강의(개정판)	일조각	1980
이상돈	형법강의	법문사	2010
	형법강론(제2판)	박영사	2017
	형법강론(제3판)	박영사	2020
	형법강론(제4판)	박영사	2023
이영란	형법학 총론강의	형설출판사	2008
이용식	형법총론	박영사	2018
	형법총론(제2판)	박영사	2020
이재상·장영민·강동범	형법총론(제10판)	박영사	2019
	형법총론(제11판)	박영사	2022
이정원	형법총론(증보판)	법지사	2001
	형법총론	신론사	2012
이주원	형법총론	박영사	2022
	형법총론(제2판)	박영사	2023
이형국	형법총론	법문사	2007
이형국·김혜경	형법총론(제6판)	법문사	2021
임웅	형법총론(제10정판)	법문사	2018
	형법총론(제12정판)	법문사	2021
	형법총론(제13정판)	법문사	2022
정성근·박광민	형법총론(전정판)	성균관대학교 출판부	2012
	형법총론(전정2판)	성균관대학교 출판부	2015
	형법총론(전정3판)	성균관대학교 출판부	2020
정성근·정준섭	형법강의 총론(제2판)	박영사	2019
정영석	형법총론(제5전정판)	법문사	1987

저자	서명	출판사	출판연도
정영일	형법총론(제3판)	박영사	2010
	형법강의 총론(제3판)	학림	2017
	신형법총론	학림	2018
	형법총론(제2판)	학림	2020
	형법총론 강의(제3판)	학림	2020
	형법총론(신3판)	학림	2022
정웅석 · 최창호	형법총론	대명출판사	2019
조준현	형법총론(제4정판)	법문사	2012
주호노	형법총론(제2판)	법문사	2022
진계호	형법총론(제7판)	대왕사	2003
진계호 · 이존걸	형법총론(제8판)	대왕사	2007
천진호	형법총론	준커뮤니케이션즈	2016
최병천	판례중심 형법총론	피앤씨미디어	2017
최호진	형법총론	박영사	2022
하태훈	판례중심 형법총 · 각론	법문사	2006
	사례판례중심 형법강의	법원사	2021
한상훈 · 안성조	형법입문	피앤씨미디어	2018
	형법개론(제3판)	정독	2022
한정환	형법총론(제1권)	한국학술정보	2010
홍영기	형법(총론과 각론)	박영사	2022
황산덕	형법총론(제7정판)	방문사	1982

2 형법각론 교과서

저자	서명	출판사	출판연도
강구진	형법강의 각론 I	박영사	1983
	형법강의 각론 I (중판)	박영사	1984
권오걸	형법각론	형설출판사	2009
	스마트 형법각론	형설출판사	2011
김선복	신형법각론	세종출판사	2016
김성돈	형법각론(제5판)	성균관대학교 출판부	2018
	형법각론(제6판)	성균관대학교 출판부	2020
	형법각론(제7판)	성균관대학교 출판부	2021
	형법각론(제8판)	성균관대학교 출판부	2022

저자	서명	출판사	출판연도
김성천 · 김형준	형법각론(제4판)	소진	2014
	형법각론(제6판)	소진	2017
김신규	형법각론	청목출판사	2015
	형법각론 강의	박영사	2020
김일수	새로쓴 형법각론	박영사	1999
김일수 · 서보학	새로쓴 형법각론(제8판 증보판)	박영사	2016
	새로쓴 형법각론(제9판)	박영사	2018
김종원	형법각론 상	법문사	1973
	형법각론 상(제3정판)	법문사	1978
김태명	판례형법각론(제2판)	피앤씨미디어	2016
김혜정 · 박미숙 · 안경옥 · 원혜욱 · 이인영	형법각론(제2판)	정독	2021
	형법각론(제3판)	정독	2023
남흥우	형법강의(각론)	고려대학교 출판부	1965
도중진 · 박광섭 · 정대관	형법각론	충남대학교 출판문화원	2014
류전철	형법각론(각론편)	준커뮤니케이션즈	2012
빅강우	로스쿨 형법각론(제2판)	진원사	2014
박동률 · 임상규	판례중심 형법각론	경북대학교출판부	2015
박상기	형법각론(전정판)	박영사	1999
	형법각론(제8판)	박영사	2011
박찬걸	형법각론	박영사	2018
	형법각론(제2판)	박영사	2022
배종대	형법각론(제10전정판)	홍문사	2018
	형법각론(제11전정판)	홍문사	2020
	형법각론(제12판)	홍문사	2021
	형법각론(제13판)	홍문사	2022
	형법각론(제14판)	홍문사	2023
백형구	형법각론	청림출판	1999
	형법각론(개정판)	청림출판	2002
서일교	형법각론	박영사	1982
손동권	형법각론(제3개정판)	율곡출판사	2010
손동권 · 김재윤	새로운 형법각론	율곡출판사	2013
	새로운 형법각론(제2판)	율록출판사	2022
신동운	형법각론(제2판)	법문사	2018
	판례백선 형법각론 1	경세원	1999
	판례분석 형법각론(증보판)	법문사	2014

저자	서명	출판사	출판연도
심재무	형법각론강의 I	신지서원	2009
오영근	형법각론(제3판)	박영사	2014
	형법각론(제4판)	박영사	2017
	형법각론(제5판)	박영사	2019
	형법각론(제6판)	박영사	2021
	형법각론(제7판)	박영사	2022
	형법각론(제8판)	박영사	2023
원형식	형법각론(상)	청목출판사	2011
	판례중심 형법각론	동방문화사	2016
원혜욱	형법각론	피데스	2017
유기천	형법학(각론강의 상·하) (전정신판)	일조각	1982
이건호	형법학개론	고려대학교 출판부	1977
	신고형법각론	일신사	1976
	형법각론	일신사	1980
이영란	형법학 각론강의	형설출판사	2008
	형법학 각론강의(제3판)	형설출판사	2013
이용식	형법각론	박영사	2019
이재상·장영민·강동범	형법각론(제11판)	박영사	2019
	형법각론(제12판)	박영사	2021
	형법각론(제13판)	박영사	2023
이정원	형법각론(보정판)	법지사	1999
	형법각론	법지사	2003
	형법각론	신론사	2012
이정원·류석준	형법각론	법영사	2019
이형국	형법각론	법문사	2007
이형국·김혜경	형법각론(제2판)	법문사	2019
	형법각론(제3판)	법문사	2023
임웅	형법각론(제9정판)	법문사	2018
	형법각론(제10정판)	법문사	2019
	형법각론(제11정판)	법문사	2020
	형법각론(제12정판)	법문사	2021
	형법각론(제13정판)	법문사	2023

저자	서명	출판사	출판연도
정성근 · 박광민	형법각론(제4판)	삼영사	2011
	형법각론(전정2판)	성균관대학교 출판부	2015
	형법각론(전정3판)	성균관대학교 출판부	2019
정성근 · 정준섭	형법강의 각론	박영사	2017
	형법강의 각론(제2판)	박영사	2022
정영석	형법각론(제4전정판)	법문사	1980
	형법각론(제5전정판)	법문사	1992
정영일	형법각론(제3판)	박영사	2011
	형법강의 각론(제3판)	학림	2017
	형법각론	학림	2019
정웅석 · 최창호	형법각론	대명출판사	2018
정창운	형법학각론	정연사	1960
조준현	형법각론	법원사	2002
	형법각론(개정판)	법원사	2005
	형법각론(제3판)	법원사	2012
조현욱	형법각론강의 (I)	진원사	2008
주호노	형법각론	법문사	2023
진계호	신고 형법각론	대왕사	1985
	형법각론(제5판)	대왕사	2003
진계호 · 이존걸	형법각론(제6판)	대왕사	2008
최관식	형법각론(개정판)	삼우사	2017
최호진	형법각론	준커뮤니케이션즈	2014
	형법각론 강의	준커뮤니케이션즈	2015
	형법각론	박영사	2022
한남현	형법각론	율곡출판사	2014
한정환	형법각론	법영사	2018
황산덕	형법각론(제6정판)	방문사	1986

3 특별형법

저자(편자)	서명	출판사	출판연도
김정환 · 김슬기	형사특별법	박영사	2021
	형사특별법(제2판)	박영사	2022
박상기 · 신동운 · 손동권 · 신양균 · 오영근 · 전지연	형사특별법론(개정판)	한국형사정책연구원	2012

저자(편자)	서명	출판사	출판연도
박상기 · 전지연 · 한상훈	형사특별법(제2판)	집현재	2016
	형사특별법(제3판)	집현재	2020
박상기 · 전지연	형사특별법(제4판)	집현재	2023
이동희 · 류부곤	특별형법(제5판)	박영사	2021
이주원	특별형법(제5판)	홍문사	2018
	특별형법(제6판)	홍문사	2020
	특별형법(제7판)	홍문사	2021
	특별형법(제8판)	홍문사	2022

4 주석서 · 실무서 등

저자(편자)	서명	출판사	출판연도
김종원	주석형법 총칙(상 · 하)	한국사법행정학회	1988, 1990
박재윤	주석형법 총칙(제2판)	한국사법행정학회	2011
김대휘 · 박상옥	주석형법 총칙(제3판)	한국사법행정학회	2019
김윤행	주석형법 각칙(상 · 하)	한국사법행정학회	1982
박재윤	주석형법 각칙(제4판)	한국사법행정학회	2006
김신 · 김대휘	주석형법 각칙(제5판)	한국사법행정학회	2017
한국형사판례연구회	형사판례연구 (1) - (30)	박영사	1993 - 2022
법원행정처	법원실무제요 형사 〔Ⅰ〕·〔Ⅱ〕		2014
사법연수원	법원실무제요 형사 〔Ⅰ〕·〔Ⅱ〕·〔Ⅲ〕		2022

5 외국 문헌

저자(편자)	서명	출판사	출판연도
大塚 仁 外	大コンメンタール刑法 (第2版) (1) - (13)	青林書院	1999 - 2006
	大コンメンタール刑法 (第3版) (1) - (13)	青林書院	2013 - 2021
西田典之 外	注釈刑法 (1), (2), (4)	有斐閣	2010 - 2021

목 차

제37장 권리행사를 방해하는 죄

〔총설〕 …………………… 〔김 양 섭〕 … 1
제323조(권리행사방해) …………………… 〔김 양 섭〕 … 10
제324조(강요) …………………… 〔김 양 섭〕 … 32
제324조의2(인질강요) …………………… 〔김 양 섭〕 … 68
제324조의3(인질상해·치상) …………………… 〔김 양 섭〕 … 79
제324조의4(인질살해·치사) …………………… 〔김 양 섭〕 … 83
제324조의5(미수범) …………………… 〔김 양 섭〕 … 85
제324조의6(형의 감경) …………………… 〔김 양 섭〕 … 89
제325조(점유강취, 준점유강취) …………………… 〔김 양 섭〕 … 92
제326조(중권리행사방해) …………………… 〔김 양 섭〕 … 98
제327조(강제집행면탈) …………………… 〔김 양 섭〕 … 101
제328조(친족간의 범행과 고소) …………………… 〔김 양 섭〕 … 135

제38장 절도와 강도의 죄

〔총설〕 …………………… 〔함 석 천〕 … 159
제329조(절도) …………………… 〔함 석 천〕 … 195
제330조(야간주거침입절도) …………………… 〔함 석 천〕 … 253
제331조(특수절도) …………………… 〔함 석 천〕 … 259
제331조의2(자동차등 불법사용) …………………… 〔함 석 천〕 … 273
제332조(상습범) …………………… 〔함 석 천〕 … 280
제333조(강도) …………………… 〔함 석 천〕 … 289

제334조(특수강도) ………………………………〔함 석 천〕… 312
제335조(준강도) ………………………………〔함 석 천〕… 321
제336조(인질강도) ………………………………〔함 석 천〕… 341
제337조(강도상해, 치상) ………………………………〔함 석 천〕… 346
제338조(강도살인·치사) ………………………………〔함 석 천〕… 359
제339조(강도강간) ………………………………〔함 석 천〕… 368
제340조(해상강도) ………………………………〔함 석 천〕… 375
제341조(상습범) ………………………………〔함 석 천〕… 380
제342조(미수범) ………………………………〔함 석 천〕… 383
제343조(예비, 음모) ………………………………〔함 석 천〕… 384
제344조(친족간의 범행) ………………………………〔함 석 천〕… 388
제345조(자격정지의 병과) ………………………………〔함 석 천〕… 390
제346조(동력) ………………………………〔함 석 천〕… 391

제39장 사기와 공갈의 죄

제 1 절 사기의 죄

〔총설〕 ………………………………〔고 제 성〕… 395
제347조(사기) ………………………………〔고 제 성〕… 409
제347조의2(컴퓨터등 사용사기) ………………………………〔고 제 성〕… 498
제348조(준사기) ………………………………〔고 제 성〕… 510
제348조의2(편의시설부정이용) ………………………………〔고 제 성〕… 514
제349조(부당이득) ………………………………〔송 경 호〕… 520

제 2 절 공갈의 죄

〔총설〕 ………………………………〔송 경 호〕… 530
제350조(공갈) ………………………………〔송 경 호〕… 535
제350조의2(특수공갈) ………………………………〔송 경 호〕… 576

제351조(상습범) ……………………………………………………………… 〔송 경 호〕 … 578
제352조(미수범) ……………………………………………………………… 〔송 경 호〕 … 581
제353조(자격정지의 병과) …………………………………………………… 〔송 경 호〕 … 582
제354조(친족간의 범행, 동력) ……………………………………………… 〔송 경 호〕 … 583

[특별범죄] 신용카드 관련 범죄 …………………………………………… 〔고 제 성〕 … 588

[부록] 제11권(각칙 8) 조문 구성 ………………………………………………………… 610

사항색인 …………………………………………………………………………………… 617
판례색인 …………………………………………………………………………………… 622

제37장 권리행사를 방해하는 죄

〔총 설〕

Ⅰ. 규 정 ………… 1
Ⅱ. 연 혁 ………… 5
1. 의용형법 ………… 5
2. 형법 제정 ………… 6
3. 형법 개정 ………… 7
Ⅲ. 보호법익 ………… 8
1. 권리행사를 방해하는 죄 ………… 8
2. 강요죄 ………… 9

Ⅰ. 규 정

1 본장은 개인적 법익에 관한 죄 중 재산적 법익에 대한 죄의 가장 앞 부분에 규정되어 있는데, 구체적으로는 권리행사방해(§ 323), 강요(§ 324), 인질강요(§ 324의2), 인질상해·치상(§ 324의3), 인질살해·치사(§ 324의4), 미수범(§ 324의5), 점유강취, 준점유강취(§ 325), 중권리행사방해(§ 326), 강제집행면탈(§ 327), 친족간의 범행과 고소(§ 328)에 관하여 규정되어 있다. 본장의 조문 구성은 아래 [표 1], 조문 체계는 아래 [그림 1]과 같다.

2 본장의 죄는 크게 제323조의 죄(권리행사방해죄), 제324조의 죄(강요죄), 제325조의 죄(점유강취죄·준점유강취죄), 제327조의 죄(강제집행면탈죄)로 나누어 볼 수 있다. 그중 권리행사방해죄, 점유강취죄·준점유강취죄, 강제집행면탈죄는 재산죄의 분류에 속한다는 데에 대해서는 특별한 이견이 없다. 그러나 강요죄는 사람의 신체에 대한 유형력 등의 행사를 구성요건으로 하고 있고 게다가 단순히 권리행사방해뿐만 아니라 의무 없는 일을 하게 하는 것까지 그 구성요건으로 하고 있어서 자유에 관한 죄의 성격이 짙은 관계로 순수한 재산죄로서의 권리행사를 방해하는 죄로 보기 어려운 측면이 있는 것이 사실이다.

3 이러한 점에서 우리나라 학계에서는 대다수가 형법이 권리행사를 방해하는 죄를 재산죄로 규정한 태도는 타당하지만, 강요죄는 자유에 관한 죄인 만큼 본장에 함께 규정하는 것은 체계적으로 올바르지 못하다고 지적하면서, 그 서술도 형법상의 체계와는 달리 재산죄 부분이 아닌 자유에 관한 죄 부분에서 하고 있다. 예를 들면, ① 강요죄를 자유에 관한 죄의 장(章)으로 옮기고, 본장의 죄를 소유권 이외의 재산권을 보호하는 것으로 하여 손괴의 죄의 장 다음에 위치시켜 재산죄로 순화시켜야 한다거나,[1] ② 강요죄를 협박죄와 함께 규정하고 있는 일본형법,[2] 스위스형법,[3] 독일형법[4]과는 달리 우리 형법은 그 가중적 구성요건으로 인질강요죄 등을 규정하고 있으므로 강요의 죄를 자유에 관한 죄의 하나로 별개의 장에서 규정하는 것이 타당하다거나,[5] ③ 강요의 죄를 협박의 죄와 같은 장에 묶어 규정하거나,[6] ④ 협박죄 다음 장에서 규정하는 것이 바람직하다거나[7] 또는 ⑤ 강요죄와 인질범죄를 위한 별도의 장을 마련하여 협박죄 다음에 규정하는 것이 바람직하다고[8] 주장한다.

4 한편, 이와 달리 우리 형법의 체계에 대하여 나름의 의미를 부여하는 입장도 있다. 즉 체계상으로 볼 때 강요죄를 협박죄와 분리하여 규정한 이유는 강요죄의 수단이 협박뿐만 아니라 폭행까지 포함하고 있기 때문인데, 그 경우 일본형법과 같이 협박죄를 내부적 의사결정의 자유를 침해하는 범죄, 강요죄를 외부적 의사실행(행동결정)의 자유를 침해하는 범죄로 파악하는 체계 아래에서는 폭행을 수단으로 하는 강요행위를 강요죄로 포착하는 것이 논리적으로 곤란하게 되므로, 우리 입법자가 자유에 관한 죄로부터 재산에 관한 죄로 넘어가는 가교적 위치에 있는 본장에서 강요죄를 규정한 것은 일본형법과 같은 입법례의 체계상 문제점을 의식했기 때문으로 생각되고, 아울러 강요죄의 규율대상에 의무이행의 강요뿐 아니라 권리행사를 방해하는 경우도 포함하고 있어서 강요죄가

---

1 김일수, 한국형법 III(각칙 상)(개정판), 박영사(1994), 831.
2 각칙 제32장 협박의 죄의 장에서 협박죄(§ 222)와 강요죄(§ 223)를 규정하고 있다.
3 각칙 제4장 자유에 대한 죄의 장에서 협박죄(§ 180)와 강요죄(§ 181)를 규정하고 있다.
4 각칙 제18장 개인의 자유에 대한 죄의 장에서 강요죄(§ 240)와 협박죄(§ 241)를 규정하고 있다.
5 이재상·장영민·강동범, 형법각론(13판), § 10/4.
6 손동권·김재윤, 새로운 형법각론(2판), 172; 오영근, 형법각론(4판), 125.
7 오영근, 125.
8 임웅, 형법각론(9정판), 158.

넓은 의미에서 '권리행사를 방해하는 죄'로서의 성격을 가지고 있다는 점도 입법 시 고려되었을 것으로 추측된다고 한다.[9]

5 강요죄를 본장에 포함시키는 형법의 체계에 대하여 이처럼 바라보는 시각이 일치하지는 않지만, 한 가지 분명한 것은 강요죄 역시 큰 틀에서는 타인의 권리행사를 방해하는 죄의 성격도 함께 가지고 있다는 점을 부인할 수 없다. 따라서 이를 권리행사방해죄, 점유강취죄·준점유강취죄, 강제집행면탈죄와 함께 본장에서 규정하고 있는 입법자의 결단에 그 나름의 의미를 찾아볼 수 있지 않을까 생각한다.

6 참고로 1992년의 형법개정법률안에서는 본장의 체계에 대한 비판을 받아들여 본장에 규정되어 있던 강요죄, 즉 당시 죄명인 폭력에 의한 권리행사방해죄를 제8장 약취와 유인의 죄, 제10장 강간과 추행의 죄 사이인 제9장에 강요의 죄라는 장을 신설하여 강요죄로 죄명을 바꾸어 안 제159조 제1항으로 규정하였다. 동시에 같은 장에 존속강요죄(안 § 159②), 특수강요죄(안 § 160), 인질강요죄(안 § 161), 인질상해·치상죄(안 § 162), 인질살해·치사죄(안 § 163) 등의 가중적 구성요건을 두고, 미수범 처벌규정(안 § 164)과 형의 감경에 관한 규정(안 § 165)을 신설하였다.[10] 그러나 1995년 12월 29일 형법이 실제 개정되면서는 위 개정안은 실현되지 못하였다. 강요죄는 죄명만 바뀐 채 그대로 본장에 규정되게 되었고, 존속강요죄와 특수강요죄(그중 일부는 2016. 1. 6. § 324②으로 신설)를 제외한 나머지 규정들은 본장의 제324조의2 내지 제324조의6으로 신설되었다.

[표 1] 제37장 조문 구성

조 문		제 목	구성요건	죄 명	공소시효
§ 323		권리행사방해	ⓐ 타인의 점유 또는 권리의 목적이 된 ⓑ 자기의 물건 또는 전자기록등 특수매체기록을 ⓒ 취거, 은닉 또는 손괴하여 ⓓ 타인의 권리행사를 방해	권리행사방해	7년
§ 324	①	강요	ⓐ 폭행 또는 협박으로 ⓑ 사람의 권리행사를 방해하거나 의무없는 일을 하게 함	강요	7년

9 신동운, 형법각론(2판), 842.

10 법무부, 형법개정법률안 제안이유서(1992. 10), 151-155.

조 문		제 목	구성요건	죄 명	공소시효
	②		ⓐ 단체 또는 다중의 위력을 보이거나 위험한 물건의 휴대하여 ⓑ ①의 행위	특수강요	10년
§ 324의2		인질강요	ⓐ 사람을 체포·감금·약취 또는 유인하여 ⓑ 인질로 삼아 ⓒ 제3자에 대한 권리행사방해 또는 의무없는 일을 하게 함	인질강요	10년
§ 324의3		인질상해·치상	ⓐ § 324의2 죄를 범한 자가 ⓑ 인질을 상해하거나 상해에 이르게 함	인질(상해·치상)	15년
§ 324의4		인질살해·치사	ⓐ § 324의2 죄를 범한 자가 ⓑ 인질을 살해하거나 사망에 이르게 함	인질(살해·치상) 인질치사	25년 15년
§ 324의5		미수범	§ 324, § 324의2, § 324의3, § 324의4의 미수	(§ 324, § 324의2, § 324의3, § 324의4 각 죄명) 미수	
§ 325	①	점유강취, 준점유강취	ⓐ 폭행 또는 협박으로 ⓑ 타인의 점유에 속하는 자기의 물건을 ⓒ 강취	점유강취	7년
	②		ⓐ 타인의 점유에 속하는 자기의 물건을 취거하는 과정에서 ⓑ 그 물건의 탈환을 항거하거나 체포를 면탈하거나 범죄의 흔적을 인멸할 목적으로 ⓒ 폭행 또는 협박	준점유강취	7년
	③		①, ②의 미수	(§ 325①, ② 각 죄명) 미수	
§ 326		중권리행사방해	ⓐ § 324 또는 § 325의 죄를 범하여 ⓑ 사람의 생명에 대한 위험을 발생하게 함	중권리행사방해	10년
§ 327		강제집행면탈	ⓐ 강제집행을 면탈할 목적으로 ⓑ 재산을 은닉, 손괴, 허위양도 또는 허위의 채무를 부담하여 ⓒ 채권자를 해함	강제집행면탈	5년
§ 328	①	친족간의 범행과 고소	직계혈족 등의 §323의 죄는 형면제		
	②		① 외 친족간 §323의 죄는 고소가 있어야 공소제기		
	③		신분관계 없는 공범은 ①, ② 불적용		

[그림 1] 제37장 조문 체계

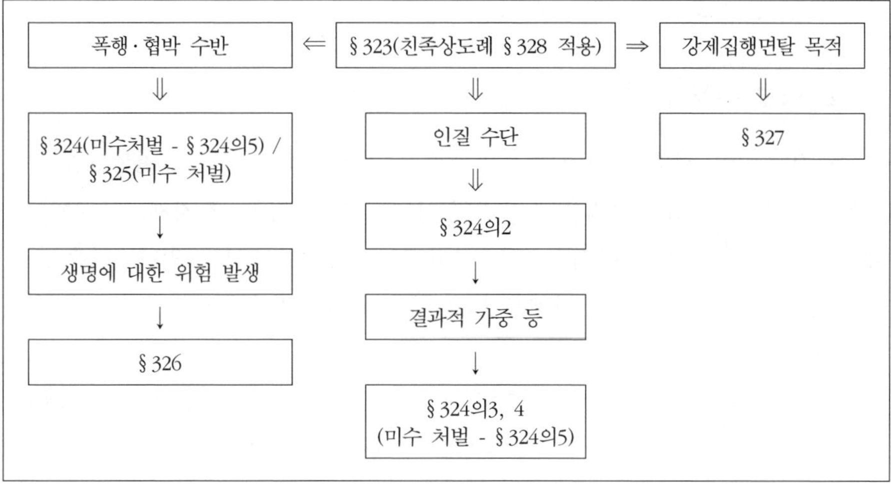

II. 연 혁

1. 의용형법

조선형사령에 의하여 의용된 일본형법은 권리행사방해죄를 따로 규정하지 않고, 자기의 물건에 대한 재산죄의 특례규정을 두어 이를 규율하였다. 즉, 절도 및 강도의 죄의 장(각칙 제36장)에서 "자기의 재물이더라도 타인이 점유하거나 공무소의 명령에 의하여 타인이 간수하는 것인 때에는, 이 장의 죄에서는 타인의 재물로 본다."라는 규정을 두고(§ 242), 이를 사기 및 공갈의 죄(각칙 제37장)에 준용함으로써(§ 251), 타인이 점유하거나 공무소의 명령에 의하여 타인이 간수하는 자기 소유의 물건을 대상으로 하더라도 절도죄, 강도죄, 사기죄, 공갈죄로 처벌하였고, 횡령죄에서는 자기의 물건이더라도 공무소로부터 보관이 명하여진 경우 이를 횡령한 때에는 횡령죄로 처벌하였으며(§ 252②), 자기의 물건이더라도 압류되거나 물권을 부담하거나 임대한 것에 대한 손괴행위를 훼기(毁棄) 및 은닉의 죄(각칙 제40장)로 각 처벌하였다(§ 262). 7

한편 일본형법은 1941년 강제집행면탈죄를 국가의 강제집행의 기능을 보호하는 죄로서 공무의 집행을 방해하는 죄의 장(각칙 제5장)에 추가로 규정하였으 8

며(§ 96의2), 강요죄는 자유에 대한 죄로 취급하여 협박의 죄의 장(각칙 제32장) 속에 협박죄 다음으로 규정하였다(§ 223).[11]

2. 형법 제정

9 자기 소유의 물건과 타인 소유의 물건을 동일하게 취급하는 일본형법의 해석상 절도죄 등의 보호법익을 소유권이 아닌 단순히 점유 그 자체로 보아야 한다는 등의 많은 논란이 야기되었고, 이에 일본개정형법가안의 입안자들은 소유권을 보호하는 범죄와 점유 자체를 보호하는 범죄를 체계상으로 분리하되, 후자를 그 법정형을 완화한 채 재산에 관한 범죄의 마지막 부분에 독립한 장으로 규정하는 입법안을 마련하였는데, 우리 제정형법(1953. 9. 18. 법률 제293호로 제정된 것)은 이러한 일본개정형법가안의 구상을 충실하게 받아들여 소유권 이외의 재산권을 보호하는 것으로서 본장의 권리행사를 방해하는 죄를 별도로 마련하여 권리행사방해죄와 점유강취죄·준점유강취죄를 규정하되, 권리행사방해죄의 적용범위를 절도죄·강도죄(취거의 경우) 및 손괴죄(은닉·손괴의 경우)에 대응하는 것으로 한정하였고, 사기죄, 공갈죄에 대응하는 것은 제외하였다.[12]

10 또한, 제정형법은 자기의 물건이지만 공무소로부터 보관명령을 받거나 공무소의 명령을 받아 타인이 간수하는 경우에 이를 손상, 은닉 기타 방법으로 그 효용을 해하는 때에는 공무상보관물무효죄(§ 142)로 처벌하도록 함으로써 권리행사를 방해하는 죄의 범주에서 제외하였고, 강제집행면탈죄의 경우 '채권자를 해

---

11 西田 外, 注釈刑法(2), 56(西田典之). 참고로 일본형법은 2022년 6월 17일 개정(법률 제67호)으로 징역형과 금고형이 '구금형'으로 단일화되어 형법전의 '징역', '구금', '징역 또는 구금'은 모두 '구금형'으로 개정되었으며, 부칙에 의하여 공포일로부터 3년 이내에 정령으로 정하는 날에 시행 예정이다. 그러나 현재 정령이 제정되지 않아 시행일은 미정이므로, 본장에서 일본형법 조문을 인용할 때는 현행 조문의 '징역' 등의 용어를 그대로 사용한다.

12 신동운, 840-841. 이는 우리 입법자가 그 외의 죄에 대응하는 경우를 포함시키지 아니한 것은 보호의 대상인 점유를 침해한 것이 아니라거나 점유침해상황을 상정할 수 없거나 또는 점유침해를 논할 여지가 없기 때문이라고 설명한다. 즉, 사기죄, 공갈죄에 대응하는 경우에 있어서는 비록 흠이 있는 의사표시이기는 하지만 어디까지나 상대방의 의사표시에 기초하여 재물에 대한 점유가 이전된 것이므로 사실상의 지배상태(점유)를 깨뜨리는 것이 아니어서 독자적으로 보호할 필요가 없다는 인식에 기초한 것이고, 횡령죄에 대응하는 경우에는 재물에 대한 점유가 이미 보관자에게 있으므로 권리행사방해죄가 규정하는 사실상의 지배상태(점유)를 깨뜨리는 상황을 상정할 수 없으며, 배임죄에 대응하는 경우에 있어서는 배임죄의 객체가 재산상의 이익인 만큼 사실상의 지배상태(점유)에 대한 보호를 논할 여지가 없기 때문이라고 한다.

한다'는 문언을 덧붙이고 그 위치를 본장으로 옮김으로써 기존의 공무집행을 방해하는 죄의 하나로 규정하던 방식에서 탈피하여 비로소 개인적 법익에 관한 죄 중 권리행사를 방해하는 죄로서 규정하게 되었다.

그뿐만 아니라 제정형법은 강요죄를 협박의 죄의 장(각칙 제30장)에서 분리 11
하여 '폭력에 의한 권리행사방해죄'라는 제목으로 권리행사를 방해하는 죄의 장인 본장으로 그 위치를 옮겨 규정하였다.

3. 형법 개정

(1) 1995년 12월 29일 법률 제5057호로 일부개정되었는데, 본장과 관련한 12
주요 개정내용은 종전 폭력에 의한 권리행사방해죄로 되어 있던 강요죄를 강요죄로 죄명을 바꾸고, 그 구성요건에 '의무 없는 일을 하게 하는 것'을 추가하였으며, 인질강요죄, 인질상해·치상죄, 인질살해·치사죄 및 그 각 미수범, 강요죄의 미수범 규정, 그리고 학계에서 이른바 석방(해방)감경규정이라고 부르는 형의 감경규정을 신설하였고, 권리행사방해죄의 객체에 '전자기록등 특수매체기록'을 추가하였다.

(2) 2005년 3월 31일 법률 제7427호로 일부개정되었는데, 친족 간의 범행 13
과 고소에 관한 특례인 이른바 친족상도례(§ 328①) 중 '호주, 가족' 부분을 호주제 폐지에 따라 '동거가족'으로 고쳤다.

(3) 2016년 1월 16일 법률 제13719호로 일부개정되었는데, 강요죄에 관한 14
종전 규정인 제324조를 제324조 제1항으로 하고 그 법정형에 벌금형을 추가하였으며(벌금 3천만 원 이하), 제324조 제2항 특수강요죄를 신설하였다.

특수강요죄는 그 내용 중 일부가 이미 1992년 형법일부개정법률안에도 들 15
어 있었던 데다가,[13] 헌법재판소가 같은 내용의 죄에 관하여 가중처벌을 하고 있던 구 폭력행위 등 처벌에 관한 법률(2016. 1. 6. 법률 제13718호로 개정되기 전의 것)의 규정(§ 3①)에 대하여 위헌결정[14]을 내림에 따라, 그 가중처벌규정을 일괄

---

13 안 제160조(특수강요) ① 2인이상 합동하여 제159조제1항의 죄(강요)를 범한 자는 7년이하의 징역 또는 1천만원이하의 벌금에 처한다.
② 단체 또는 다중의 위력을 보이거나 흉기 기타 위험한 물건을 휴대하여 제159조(강요, 존속강요)의 죄를 범한 자는 10년이하의 징역에 처한다.

14 헌재 2015. 9. 24, 2015헌가17. 구 폭력행위 등 처벌에 관한 법률상 구성요건인 '흉기 기타 위험

적으로 정비하여 형법에 편입하는 과정에서 신설되었다.

16 (4) 2020년 12월 8일 법률 제17571호로 일부개정되었는데(시행일 2021. 12. 9.), 점유강취죄·준점유강취죄에 관한 종전 규정인 제325조(특히, 준점유강취죄에 관한 제2항과 점유강취미수죄·준점유강취미수죄에 관한 제3항)가 일반인에게 알기 쉬운 표현으로 변경되었다.

III. 보호법익

17 본장의 죄 중 강요죄에 대하여, 학계에서는 대부분 본장의 다른 죄와는 그 성질을 달리하여 법체계상 본장이 아닌 자유에 관한 죄의 장에서 규정되어야 한다면서 교과서에서도 자유에 관한 죄 부분에서 서술하고 있는데, 이는 그 보호법익을 달리 파악하고 있기 때문이다.

1. 권리행사를 방해하는 죄

18 권리행사를 방해하는 죄의 보호법익은 소유권이 아닌 재산권으로 이해하는 것이 다수설의 입장이다.[15] 구체적으로는 권리행사방해죄의 경우 용익물권, 담보물권 등 제한물권 및(또는) 채권이고, 점유강취죄·준점유강취죄의 경우 자유권과 제한물권(내지는 소유권 이외의 재산권)이며, 강제집행면탈죄의 경우 국가의 강제집행권이 발동될 단계에 있는 채권으로 파악하는 입장이 다수의 견해이다.[16]

한 물건을 휴대하여'와 형법상의 구성요건인 '위험한 물건을 휴대하여'는 그 의미가 동일한 구성요건을 규정하면서도 구 폭력행위 등 처벌에 관한 법률에서 법정형만 상향한 규정은 형벌체계상의 정당성과 균형을 잃어 헌법의 기본원리에 위배되고, 평등의 원칙에 위반된다는 이유로 위헌결정을 하였다.

15 다만, 그 표현에 있어 다소 차이가 있다. 김성돈, 형법각론(5판), 509(제한물권과 채권); 김일수·서보학, 새로쓴 형법각론(9판), 422(소유권 아닌 재산권, 특히 제한물권과 채권); 김혜정·박미숙·안경옥·원혜욱·이인영, 형법각론(3판), 495(제한물권과 채권); 배종대, 형법각론(14판), § 86/4(소유권 이외의 재산권이 1차적 법익, 의사결정과 활동의 자유가 2차적 법익); 손동권·김재윤, 519(소유권 아닌 타인의 제한물권 또는 채권); 오영근, 430(타인의 용익·담보물권 등 제한물권 또는 채권 등 타인의 소유권 이외의 재산권); 이재상·장영민·강동범, § 24/4(소유권 아닌 제한물권 또는 채권); 임웅, 588(소유권 이외의 재산권, 즉 소유권 이외의 물권 또는 채권); 주호노, 형법각론, 1118(제한물권과 채권); 주석형법 〔각칙(5)〕(5판), 185(이헌섭)(소유권 이외의 재산권).

16 권리행사방해죄의 경우 추가적으로 점유권까지 파악하고, 강제집행면탈죄의 경우 부차적으로 강제집행의 기능까지를 들고 있는 입장도 있다(임웅, 588).

그 보호 정도에 대하여는 권리행사방해죄와 강제집행면탈죄의 경우 위험범으로서의 보호이고,[17] 점유강취죄의 경우 침해범으로서의 보호라는 것이 통설의 입장이다.[18] 이와 달리 권리행사방해죄와 강제집행면탈죄를 침해범으로 파악하는 견해[19]도 있다. 19

2. 강요죄

강요죄의 보호법익은 기본적으로 의사결정과 의사실현의 자유로 이해된다 20
(통설[20]·판례[21]). 여기에 그 가중적 처벌규정인 인질강요죄의 경우 인질의 자유, 특히 장소선택의 자유가, 인질상해·치상죄와 인질살해·치사죄의 경우 이와 같은 인질의 자유 및 인질의 생명·신체의 안전이 그 보호법익으로 추가된다.

보호법익의 보호 정도는 구체적 위험범에 해당하는 중강요죄 이외에는 침 21
해범으로의 보호라는 데에 특별한 이견이 없다.

〔김 양 섭〕

17 권리행사방해죄와 강제집행면탈죄의 경우, ① 추상적 위험범이라는 입장[김성돈, 509; 김신규, 형법각론 강의, 548; 김일수·서보학, 422·429; 정성근·박광민, 형법각론(전정2판), 530·537; 정영일, 형법강의 각론(3판), 267·269; 주호노, 1118]과 ② 구체적 위험범이라는 입장(배종대, §86/4)으로 그 견해가 나뉜다.

18 김일수·서보학, 422.

19 오영근, 430.

20 김성돈, 135; 김일수·서보학, 102; 배종대, §33/3; 이재상·장영민·강동범, §10/1. 다만, 그 표현에 있어서는 다소의 차이를 보인다. 김혜정·박미숙·안경옥·원혜욱·이인영, 136(의사결정과 의사활동의 자유); 박상기·전지연, 형법학(총론·각론 강의)(4판), 467(개인의 의사결정의 자유와 의사실현의 자유); 손동권·김재윤, 171(의사결정의 자유와 일반적인 의사활동의 자유); 오영근, 125(의사활동 내지 행위결정의 자유); 임웅, 157(의사결정의 자유와 의사실현의 자유 내지는 의사결정과 의사결정에 따른 행동의 자유); 정성근·박광민, 154[의사결정의 자유(또는 신체완전성)와 의사활동(신체활동)의 자유]; 정영일, 59(의사결정·실행의 자유); 주석형법 [각칙(5)](5판), 185(이헌섭)(의사결정과 의사실현의 자유).

21 대판 2003. 9. 26, 2003도763. 강요죄에서의 협박은 객관적으로 사람의 의사결정의 자유를 제한하거나 의사실행의 자유를 방해할 정도로 겁을 먹게 할 만한 해악을 고지하는 것을 말한다고 판시함으로써, 강요죄의 보호법익을 의사결정의 자유와 의사실행의 자유로 표현하고 있다.

第323条(권리행사방해)

타인의 점유 또는 권리의 목적이 된 자기의 물건 또는 전자기록등 특수매체기록을 취거, 은닉 또는 손괴하여 타인의 권리행사를 방해한 자는 5년 이하의 징역 또는 700만원 이하의 벌금에 처한다. 〈개정 1995. 12. 29.〉

Ⅰ. 의 의 ········· 10
Ⅱ. 주 체 ········· 11
Ⅲ. 객 체 ········· 14
1. 타인의 점유 ········· 14
2. 타인의 권리의 목적 ········· 17
3. 자기의 물건 ········· 20
4. 전자기록등 특수매체기록 ········· 26
Ⅳ. 행 위 ········· 26
1. 취거·은닉 또는 손괴 ········· 27
2. 권리행사방해 ········· 29
Ⅴ. 주관적 구성요건 ········· 29
Ⅵ. 위법성 ········· 30
Ⅶ. 죄 수 ········· 31
Ⅷ. 처 벌 ········· 31

Ⅰ. 의 의

1 본조는 타인의 점유 또는 권리의 목적이 된 자기의 물건 또는 전자기록등 특수매체기록을 취거, 은닉 또는 손괴하여 타인의 권리행사를 방해하는 행위를 처벌하도록 규정하고 있다. 행위의 객체가 '자기' 소유라는 점에서 '타인' 소유의 물건 등을 객체로 하는 절도죄, 손괴죄와 구별되고, 이를 행위의 주체 측면에서 볼 때, 행위의 주체가 소유자인 만큼 본죄(권리행사방해죄)의 성립에 불법영득의사는 필요하지 않다.

2 본죄의 보호법익은 타인의 제한물권(용익물권, 담보물권) 또는 채권으로, 재산적 법익에 대한 죄의 일종이어서 인격적 법익에 대한 죄와 구별된다. 그 보호의 정도는 침해범이라고 하는 견해,[1] 구체적 위험범이라는 견해[2]도 있지만, 대다수의 견해는 추상적 위험범[3]으로 본다.

3 판례는 "권리행사가 방해될 우려가 있는 상태에 이르면 권리행사방해죄가

1 오영근, 형법각론(4판), 430; 이상돈, 형법강론(4판), 495.
2 배종대, 형법각론(14판), § 86/4.
3 김성돈, 형법각론(5판), 509; 김신규, 형법각론 강의, 548; 김일수·서보학, 새로쓴 형법각론(9판), 422; 이형국·김혜경, 형법각론(2판), 541; 임웅, 형법각론(9정판), 589; 정성근·박광민, 형법각론(전정2판), 530; 정영일, 형법강의 각론(3판), 267; 한상훈·안성조, 형법개론(3판), 596.

성립하고, 현실로 권리행사가 방해되었을 것까지 필요로 하는 것은 아니다."고 판시하고 있는데,[4] 마찬가지로 추상적 위험범의 입장이라고 할 수 있다.[5]

Ⅱ. 주 체

본죄의 주체에 대해서는 견해의 대립이 있다. 즉, ① 타인의 제한물권 또는 채권의 목적물로 제공된 권리행사방해행위의 객체인 재물의 소유자만이 될 수 있으므로 본죄를 진정신분범으로 보아야 한다는 입장[6]과 ② 본죄의 주체를 반드시 그 소유자로 한정할 것은 아니므로 본죄를 진정신분범으로 볼 것은 아니라는 입장[7]으로 그 견해가 나뉜다. 4

이 두 입장의 차이는 제3자가 소유자를 위하여 타인의 점유 또는 권리의 목적이 된 물건을 취거, 은닉 또는 손괴하는 경우, 그 제3자를 본죄의 정범으로 처벌할 수 있는지 여부에 관하여 그 결론을 달리한다. 즉, 위 ①의 입장의 경우 본죄의 성립을 부정하는 결론으로, ②의 입장의 경우 본죄의 성립을 긍정하는 결론으로 이어진다. 물론 두 입장 모두 이 경우에 그 제3자를 공범이나 공동정범으로 처벌할 수 있다고 한다. 5

위 ①의 입장은 비록 본조가 그 주체에 대하여 명시적으로 규정하고 있지는 않지만, 그 객체를 타인의 점유 또는 권리의 목적이 된 자기의 물건 등으로 규정하고 있는 문언의 해석상 취거 등 행위의 주체는 해당 물건 등의 소유자임을 논리적인 전제로 하고 있고, ②의 입장대로라면 제3자가 소유자를 위해 절취·사기·공갈·강취행위를 한 경우에는 불법영득의사가 인정될 수 없기 때문에 절도죄·사기죄·공갈죄·강도죄 등이 성립할 수 없음을 간과하고 있다는 점[8] 등을 근거로 한다. 위 ①의 입장을 취할 경우에도, 본조의 주체인 소유자와 관련하여 그 소유의 의미를 본조의 객체에서와 같이 행위자 소유로 해석해야 할 것이므 6

4 대판 2016. 11. 10, 2016도13734; 대판 2021. 1. 14, 2020도14735.
5 박찬걸, 형법각론(2판), 616.
6 김성돈, 510; 김신규, 550; 김일수·서보학, 422; 배종대, § 87/2; 원혜욱, 형법각론, 348; 이형국·김혜경, 541; 임웅, 589; 정성근·정준섭, 형법강의 각론(2판), 362; 주호노, 형법각론, 1119; 최호진, 형법각론, 652; 한상훈·안성조, 596; 주석형법 [각칙(5)](5판), 190(이헌섭).
7 박찬걸, 616; 정성근·박광민, 530.
8 김성돈, 510; 배종대, § 87/3.

로 행위자와 타인의 공동소유인 경우는 여기에 해당하지 아니한다고 보아야 할 것이다. 반면에 위 ②의 입장은, 진정신분범의 경우 조문 자체에 그 주체에 관하여 정하고 있어야 하는데, 본조는 조문 자체에 그 주체에 관하여 정하고 있지 아니하다는 점 등을 근거로 삼고 있다.

7 판례는 ⓐ 주식회사의 대표이사가 대표이사의 지위에 기하여 그 직무집행행위로서 타인이 점유하는 그 회사의 물건을 취거한 경우에, 그러한 행위는 그 회사의 대표기관으로서의 행위라고 평가되므로, 그 회사의 물건도 본죄의 '자기의 물건'이라고 보아야 한다면서 본죄의 성립을 긍정하였다.[9] 반면에, ⓑ 주식회사 명의로 소유권등기가 마쳐진 선박은 회사의 부사장 (개인) 소유라 할 수 없고 이는 그 부사장이 회사의 과점주주라 하여도 마찬가지이므로, 회사의 부사장이 타인의 점유 중인 그 선박을 취거하여도 본죄를 구성하지 아니한다거나,[10] ⓒ 지입차주가 지입제로 운행하던 택시를 지입회사(유한회사)의 요청으로 회사 차고지에 입고하였다가 회사의 승낙 없이 가져가더라도 그 택시는 그 등록명의자인 지입회사의 소유이고 지입차주의 소유가 아니므로 본죄에 해당하지 아니한다[11]면서 본죄의 성립을 부정함으로써, 사실상 위 ①의 입장에 좀 더 가까운 태도를 취한 것으로 이해된다.

8 이는 최근 판례가, ⓓ 물건의 소유자가 아닌 사람은 제33조 본문에 따라 소유자의 권리행사방해 범행에 가담한 경우에 한하여 그의 공범이 될 수 있을 뿐인데, 본죄의 공범으로 기소된 물건의 소유자에게 고의가 없는 등으로 범죄가 성립하지 않는다면 공동정범이 성립할 여지가 없다면서, 물건의 소유자가 아닌

---

9 대판 1992. 1. 21, 91도1170. 판례는 법인의 대표기관이 아닌 대리인이나 지배인이 그 직무권한 범위 내에서 직무에 관하여 타인이 점유하는 법인의 물건을 취거한 경우에도 대표기관이 한 행위와 법률적·사실적 효력이 동일하고, 법인의 물건을 법인의 이익을 위해 취거하여 불법영득의사가 없는 점과 범의 내용 등에 관해서 실질적인 차이가 없으므로 본죄가 규정하는 '자기의 물건을 취거한 경우'에 해당한다면서 본죄의 성립을 긍정하였다(대판 2005. 1. 14, 2004도8134; 대판 2020. 9. 24, 2020도9801).

10 대판 1984. 6. 26, 83도2413.

11 대판 2003. 5. 30, 2000도5767. 「지입차주가 택시를 회사에 지입하여 운행하였다고 하더라도, 지입차주가 회사와 사이에 그 택시의 소유권을 지입차주가 보유하기로 약정하였다는 등의 특별한 사정이 없는 한, 그 택시는 그 등록명의자인 회사의 소유이고 지입차주의 소유는 아니므로 회사의 요구로 택시를 회사 차고지에 입고하였다가 회사의 승낙을 받지 않고 이를 가져간 지입차주의 행위는 권리행사방해죄에 해당하지 않는다.」

사람은 단독으로 본죄의 주체가 될 수가 없다는 원심을 정당하다고 판시[12]함으로써 그 입장이 좀 더 분명해졌다.

또한, ⓔ 아들 명의로 구분소유건물을 경락받은 사람이 열쇠수리공을 불러 그 잠금장치를 변경하여 유치권자의 점유를 침탈하여 그 유치권행사를 방해하였더라도 그 소유권자는 명의자인 아들인 만큼 (자기의 물건에 대한 타인의) 권리행사를 방해한 것으로 볼 수 없다고 판시하고,[13] ⓕ 피고인이 자기가 관리하는 건물 5층에 거주하는 피해자를 내쫓을 목적으로 자신의 아들을 교사하여 그곳 현관문에 설치된 피고인(자기) 소유의 디지털 도어락의 비밀번호를 변경하게 하였더라도 아들이 자기의 물건이 아닌 위 도어락의 비밀번호를 변경하였으므로 아들에 대하여 본죄가 성립할 수 없고, 따라서 피고인에 대하여 교사죄도 성립할 수 없다고 판시하였는데,[14] 이 역시 같은 맥락에서 이해할 수 있다. 9

12 대판 2017. 5. 30, 2017도4578(공동정범). 원심은 본죄의 공소사실에서 문제된 승용차는 피고인과 사실혼 관계에 있던 A 명의로 등록되어 있는데, A는 피고인과 함께 그 공동정범으로 공소제기되었다가 제1심에서 먼저 분리 선고되면서 유죄가 인정되어 벌금을 선고받고 항소하였고, 그 항소심에서 그 범행은 피고인이 A의 동의 없이 임의로 저지른 것이고, A가 피고인과 공모하였다는 점에 관한 증명이 부족하다는 이유로 무죄판결을 받았고 이후 위 판결이 확정되었으며, 이처럼 공동정범으로 기소된 승용차의 소유자인 A가 무죄인 이상, 피고인 단독으로는 더 이상 본죄의 주체가 될 수 없고, 달리 피고인이 승용차의 소유자임을 인정할 증거가 없다고 판단하여 공소사실을 유죄로 인정한 제1심 판결을 파기하고 무죄를 선고하였다.

13 대판 2019. 12. 27, 2019도14623. 원심은 강제경매를 통하여 아들인 A 명의로 구분소유건물을 매수한 피고인이 열쇠수리공을 불러 잠금장치를 변경하여 피해자 B 주식회사의 위 구분소유건물에 대한 점유를 침탈함으로써 B 회사의 유치권 행사를 방해하였다는 요지의 공소사실을 유죄로 인정한 제1심을 그대로 유지하였다. 그러나 대법원은 공소사실에 의하더라도, 피고인은 A 명의로 강제경매를 통하여 위 구분소유건물을 매수하였다는 것인데, 부동산경매절차에서 부동산을 매수하려는 사람이 다른 사람과의 명의신탁약정 아래 그 사람의 명의로 매각허가결정을 받아 자신의 부담으로 매수대금을 완납한 때에는 경매목적 부동산의 소유권은 매수대금의 부담 여부와는 관계없이 그 명의인이 취득하게 되는 것이므로, 피고인이 위 구분소유건물에 대한 B 회사의 점유를 침탈하였다고 하더라도 피고인의 물건에 대한 타인의 권리행사를 방해한 것으로 볼 수는 없다면서 원심을 파기환송하였다.

14 대판 2022. 9. 15, 2022도5827(교사범). 「형법 제323조의 권리행사방해죄는 타인의 점유 또는 권리의 목적이 된 자기의 물건을 취거, 은닉 또는 손괴하여 타인의 권리행사를 방해함으로써 성립하므로 취거, 은닉 또는 손괴한 물건이 자기의 물건이 아니라면 권리행사방해죄가 성립할 수 없다. 물건의 소유자가 아닌 사람은 형법 제33조 본문에 따라 소유자의 권리행사방해 범행에 가담한 경우에 한하여 그의 공범이 될 수 있을 뿐이다.」

본 판결 평석은 지은석, "권리행사방해죄의 공모공동정범 - 대법원 2022. 9. 15. 선고 2022도5827 판결 -", 형사법의 신동향 77, 대검찰청(2022), 227-258.

Ⅲ. 객 체

10 본죄의 객체는 타인의 점유 또는 권리의 목적이 된 자기의 물건 또는 전자기록등 특수매체기록이다. 1995년 12월 29일 형법 개정을 통해 물건 이외에 특수매체기록도 본죄의 객체에 추가되었는데, 그럼에도 불구하고 여전히 주로 문제되는 객체는 물건으로 봐도 무방하다.

1. 타인의 점유

(1) 타인

11 타인은 행위자 이외의 자를 의미하며, 자연인, 법인, 법인격 없는 단체 등이 포함된다. 물건 등이 행위자와 타인의 공동점유인 경우에는 타인의 점유에 해당하여 본죄의 객체에 해당한다. 다만 공무소의 명령으로 타인이 간수하는 자기의 물건도 타인의 점유에 속한다고 할 것이지만, 이에 대하여는 형법이 공무상보관물무효죄(§ 142)를 별도로 규정하고 있는 관계로 공무상보관물무효죄가 성립되므로, 본죄의 객체에서 제외된다.[15]

(2) 점유

12 점유는 물건 등에 대한 사실상의 지배로서 현실적인 소지를 의미하므로, 현실적인 소지가 아닌 민법상 간접점유는 여기에 해당하지 아니한다고 보는 입장이 다수설이다.[16] 이에 반하여 민법상의 간접점유도 여기에서의 점유에 해당한다고 보는 입장도 있다.[17] 다만, 다수설에 의하더라도 그 소지는 사회적 거래관념에 따라 형성된 개념인 만큼 현실적으로 수중에 장악하고 있을 필요는 없다고 한다.[18]

13 한편, 본죄의 점유는 보호법익으로서의 점유이기도 하므로 원칙적으로 적법한 권원에 바탕을 둔 점유이어야 한다는 입장이 통설이다.[19] 이때 그 점유가

---

15 김신규, 550; 김일수·서보학, 423; 정성근·정준섭, 362.

16 김성돈, 511; 김일수·서보학, 423; 신동운, 형법각론(2판), 845; 정성근·박광민, 532; 정영일, 264; 주석형법 [각칙(5)](5판), 197(이헌섭).

17 배종대, § 87/7(민법상의 점유, 즉 점유할 권리가 있는 재산권을 의미하므로 아예 형법상의 소지 개념과 구별된다); 오영근, 432(현실적인 소지로서 형법상 점유를 의미한다고 하면서도 절도죄에서의 점유와 달리 간접점유도 포함될 수 있다).

18 주석형법 [각칙(5)](5판), 197(이헌섭).

19 김신규, 550; 김일수·서보학, 423; 이정원·류석준, 형법각론, 492; 한상훈·안성조, 597; 홍영기, 형법(총론과 각론), § 93/3.

반드시 본권에 기한 점유인 경우로 제한되는지에 대하여는 학설상 그 견해가 대립한다. 즉, ① 재산죄의 보호법익을 소유권이나 그 밖의 본권이라고 보는 입장에서 점유자는 적법한 원인에 기하여 그 물건을 점유할 권리가 있어야 보호된다는 입장(본권설),[20] ② 사회질서를 보호하기 위해 부적법한 점유라 해도 그 회복은 적법절차에 의할 것이므로 본죄의 점유는 적법·부적법을 구별할 필요가 없고 그 소지로 충분하다는 입장(점유설), ③ 원칙적으로 적법한 점유에 한하나 점유의 취득 또는 개시가 평온·적법하게 된 이상 그 후에 부적법하게 되더라도 점유가 계속되는 동안은 본죄의 점유에 해당한다는 입장(평온점유설)[21]이 그것이다. 본권설에 대하여는 점유개시 후에 부적법하게 되는 경우는 점유를 상실하게 되어 부당하다는 비판이, 점유설에 대하여는 부적법한 점유라도 무조건 인정해야 하는 문제가 있다는 비판이 제기된다.

판례는 아래(ⓐ 내지 ⓓ)와 같이 판시함으로써 위 ③의 평온점유설을 취한 14
것으로 이해된다.

ⓐ 무효인 경매절차에서 경매목적물을 경락받아 이를 점유하고 있는 낙찰 15
자의 점유가 적법한 점유로서 그 점유자는 본죄에 있어서의 타인의 물건을 점유하고 있는 자라고 할 것인지가 문제된 사안에서, 그 점유는 권원으로 인한 점유, 즉 정당한 원인에 기하여 그 물건을 점유하는 권리 있는 점유를 의미하는 것으로서 본권을 갖지 아니한 절도범인의 점유는 여기에 해당하지 아니하나, (그렇다고) 반드시 본권에 의한 점유에만 한하지 아니하는 한편, 동시이행항변권 등에 기한 점유와 같은 적법한 점유도 여기에 해당하며, 쌍무계약이 무효로 되어 각 당사자가 서로 취득한 것을 반환하여야 할 경우, 어느 일방의 당사자에게만 먼저 그 반환의무의 이행이 강제된다면 공평과 신의칙에 위배되는 결과가 되므로 각 당사자의 반환의무는 동시이행 관계에 있다고 보아 민법 제536조를 준용함이 옳다고 해석되고, 이러한 법리는 경매절차가 무효로 된 경우에도 마찬가지라면서 이를 긍정하였다.[22]

ⓑ 렌트카회사의 공동대표이사 중 1인이 회사 보유 차량을 자신의 개인적인 16

20 임웅, 590-591.
21 김일수·서보학, 423; 이재상·장영민·강동범, 형법각론(13판), § 24/9; 정성근·박광민, 532.
22 대판 2003. 11. 28, 2003도4257.

채무담보 명목으로 타인에게 넘겨주었는데 다른 공동대표이사가 그 차량을 몰래 회수하도록 한 경우에 있어 그 타인의 점유가 본죄의 보호대상인 점유에 해당하는지가 문제된 사안에서, 본죄의 보호대상인 타인의 점유는 반드시 점유할 권원에 기한 점유만을 의미하는 것은 아니고, 일단 적법한 권원에 기하여 점유를 개시하였으나 사후에 점유권원을 상실한 경우의 점유, 권원의 존부가 외관상 명백하지 아니하여 법정절차를 통하여 권원의 존부가 밝혀질 때까지의 점유, 권원에 기하여 점유를 개시한 것은 아니나 동시이행항변권 등으로 대항할 수 있는 점유 등과 같이 법정절차를 통한 분쟁 해결 시까지 잠정적으로 보호할 가치 있는 점유는 모두 포함된다고 볼 것이라면서(물론, 절도범인의 점유와 같이 점유할 권리 없는 자의 점유임이 외관상 명백한 경우는 포함되지 아니함) 이를 긍정하였다.[23]

17 ⓒ 명의대여 약정에 따른 신청에 의하여 발급된 (식당)영업허가증과 사업자등록증을 명의차용자가 인도받아 보관하던 중 명의대여자가 그 영업허가증과 사업자등록증을 가지고 간 경우 명의차용자의 점유가 본죄의 점유에 해당하는지가 간접적으로 문제된 사안에서, 명의차용자가 인도받음으로써 영업허가증과 사업자등록증은 그의 소유가 되었으므로, 이를 명의대여자가 가지고 간 행위는 절도죄의 구성요건에 해당한다면서 주위적 공소사실인 절도죄를 유죄로 인정하고 예비적 공소사실인 본죄에 대한 판단을 따로 하지 아니함으로써 간접적으로 이를 부정하였다.[24]

18 ⓓ 지입회사에 대한 할부금, 대출금 등 채무를 변제하지 못해 지입회사에 차량포기각서를 작성해준 지입차주가 A에게 지입차량을 매도한 후에 지입회사의 대표이사가 A의 승낙 없이 임의로 지입차량을 운전해 가 취거한 경우 A의 점유가 본죄의 점유에 해당하는지가 문제된 사안에서, 지입차주가 지입회사의

---

23 대판 2006. 3. 23, 2005도4455. 같은 취지로는 대판 2009. 2. 12, 2008도10234; 대판 2009. 9. 10, 2009도37875 등이 있다. 대법원은 일찍이 명도의무 있는 건물 점유자라도 그 점유의 개시가 적법한 권원에 기한 것으로서 점유자가 임의로 명도를 하지 않고 계속 점유하고 있는 경우에도 본죄의 점유로서 보호된다고 판시하였다(대판 1977. 9. 13, 77도1672). 반면에 경계착오로 피고인 소유의 토지 위에 잘못 식재한 수목을 그 경계측량을 통해 (침범사실을) 확인한 피고인이 임의로 그 수목을 베어버린 경우, 그 수목은 피고인 소유의 토지에 법률상 부합하여 피고인의 소유에 귀속된 것으로 보아야 하는데, 그 이후 그 식재자가 점유·관리하거나 그 과정에서 필요비 혹은 유익비를 지출하였다고 볼 자료가 없는 이상 그 수목은 식재자의 점유 또는 권리의 목적에 속하지 아니한다고 판시하기도 하였다(대판 2005. 1. 27, 2004도6289).

24 대판 2004. 3. 12, 2002도5090.

승낙 없이 지입차량을 A에게 양도한 행위는 지입회사에 대하여 효력이 없으므로 A는 지입회사에 대하여 지입차량에 대한 적법한 권원에 의한 점유 또는 권리를 주장할 수 없다면서 이를 부정하였다.[25]

판례와 같이 위 ③의 평온점유설을 취할 경우, 절도범의 점유는 (점유의 취득 또는 개시부터) 적법한 권원 없는 등 적법하지 아니한 점유이므로 본죄의 점유에 해당되지 않지만, 본죄의 점유는 반드시 본권에 의한 점유에 한하지 아니하고 동시이행항변권 등에 기한 점유와 같은 적법한 점유도 여기에 해당하게 되므로, 무효인 경매절차에서 경매목적물을 경락받아 점유하고 있는 낙찰자의 점유 또한 적법한 점유인 만큼 본죄의 점유에 해당하게 된다.[26] 또한 점유는 반드시 법률적 원인에 기인할 것을 요하지 않고 계약상의 근거 또는 유언의 효과에 의하여 점유가 개시된 경우도 포함되며, 그것이 질권·저당권·유치권·용익권 등의 물권에 기한 것이든, 임대차 등의 채권에 기한 것이든 가리지 않는다. 권원에 의하여 점유한 이상 그 후에 소유자에게 반환하여야 할 사정이 발생하여도 점유자가 임의로 반환하지 않고 계속 점유하고 있는 경우라면, 본죄의 점유로서 보호된다. 19

2. 타인의 권리의 목적

(1) 권리의 의미

본죄의 보호법익이 제한물권 또는 채권이므로(통설의 입장), 여기서의 권리는 타인의 제한물권 또는 채권으로 해석하여야 할 것이다. 그렇다면 타인의 권리의 목적이 된 자기의 물건은 결국 자기 소유의 물건이 타인의 제한물권 또는 채권의 목적이 된 것을 의미한다.[27] 따라서 공장에 속하는 토지나 건물의 소유자와 그 토지와 공장에 설치된 기계·기구나 그 밖의 공용물의 소유자가 다른 경우, 공장공용물의 소유자가 이를 공장에 속하는 토지나 건물에 설정된 저당권의 목 20

25 대판 2002. 1. 11, 2001도3932.

26 대판 2003. 11. 28, 2003도4257.

27 김신규, 551; 박찬걸, 617; 정성근·정준섭, 364; 주석형법 [각칙(5)](5판), 202(이헌섭). 이와는 달리 타인의 채권의 목적이 된 자기의 물건은 본죄의 객체에 해당하지 아니한다면서, 매매계약을 체결한 물건을 그 소유자가 손괴하는 경우 본죄를 구성하지 않고, 임대차계약을 체결한 물건도 타인의 권리의 목적이 된 물건이 아니라 타인의 점유의 목적이 된 물건에 해당한다는 견해도 있다[백형구, 형법각론(개정판), 266].

적물로 제공하는 데에 동의하였는지와 관계없이 그 저당권의 효력은 공장공용물에 미치지 않으므로, 공장공용물은 저당권이라는 타인의 권리의 목적이 된 자기의 물건에 해당하지 않는다.[28]

(2) 권리의 점유 수반 요부

21 본조가 그 객체를 '타인의 점유 또는 권리의 목적이 된' 자기의 물건으로 규정하고 있는데, 여기서의 권리를 그 바로 앞부분인 '점유 또는' 부분과 연관지어 '점유를 수반하는 것'이어야 하는 것으로 해석하여야 하는지에 대하여는, ① 긍정설과 ② 부정설로 그 견해가 나뉜다. 즉, 위 ①의 긍정설은 '타인의 점유'와 '타인의 권리'의 연결관계로 이해함이 타당하므로 권리와 점유가 동시에 충족된 경우에만 본죄의 객체가 될 수 있다는 입장[29]이고, ②의 부정설은 '타인의 점유'와 '타인의 권리'의 관계를 긍정설이 주장하는 것과 같이 이해할 것은 아니므로 여기서의 권리는 반드시 점유를 수반하여야 하는 것이라고 할 것은 아니라는 입장[30]이다. 위 ②의 부정설이 통설의 입장이다.

22 본조의 문언상 '타인의 점유' 부분과 '타인의 권리' 부분이 선택적인 의미를 담고 있는 '또는'으로 이어져 있는데도 이를 '와(과)', '그리고'의 의미로 해석하는 것은 문언의 객관적 의미의 범주를 벗어난 해석이고, 본죄의 보호법익인 '타인의 제한물권 또는 채권' 중에는 점유를 수반하지 않는 것도 있는데(예컨대, 동산양도담보, 저당권 등) 이러한 권리 역시 본죄에 의하여 보호될 필요가 있음에도 위 ①의 긍정설에 의할 경우 그러한 권리(물권 또는 채권)는 본죄의 객체에서 제외되어 본죄의 성립을 부정하게 되는 심히 부당한 결론에 이르게 되므로, 통설의 입장인 위 ②의 부정설이 타당하다.

23 판례 역시 위 ②의 부정설의 입장을 취하고 있다.

24 ⓐ 임야의 임목 소유자가 A와의 사이에 'A가 임야의 입목을 벌채하는 등의

---

28 대판 2007. 3. 29, 2006도7799. A가 그 소유인 공장건물과 토지에 근저당권을 설정하면서 작성한 목록에 피고인 소유의 기계들이 근저당권의 목적이 되는 것으로 기재되어 있다고 하더라도 위 근저당권의 효력은 그 기계들에 미치지 아니하므로 그 기계들은 본죄의 객체가 될 수 없다고 판단한 원심을 그대로 유지하였다.

29 배종대, §87/10.

30 김성돈, 512; 김일수·서보학, 424; 오영근, 433; 이재상·장영민·강동범, §24/10; 정성근·박광민, 533; 정영일, 265. 아예 여기서의 권리를 타인의 점유를 수반하지 않는 경우를 말한다는 입장도 있다(임웅, 591).

공사를 완료하면 A에게 그 벌채한 원목을 인도하겠다'는 계약을 하고는 그 원목에 관한 소유권이전의 의사표시 및 인도를 A에게 하지 않은 상태에서 그 원목을 제3자에게 매도하여 주위적으로 절도죄로, 예비적으로 본죄로 기소된 사안에서, 임목 소유자와 A 사이에 위와 같은 계약이 성립되고 A가 위 계약상 의무를 모두 이행하였더라도 그것만으로 위 원목의 소유권이 바로 A에게 귀속되는 것이 아니라 별도로 그 소유자인 임목 소유자가 A에게 위 원목에 관한 소유권이전의 의사표시를 하고 이를 인도함으로써 비로소 그 소유권이전의 효력이 생기는 것인 만큼, 아직 입목 소유자가 A에게 그와 같은 의사표시를 하지 않고 또 인도도 하지 아니한 상태에서는 (그 원목은 여전히 입목 소유자의 소유이므로) 이를 제3자에게 매도한 행위는 결국 자기 소유 물건의 처분행위에 불과하여 절도죄를 구성하지 아니하고, 다만 본죄의 구성요건 중 타인의 '권리'란 반드시 제한물권만을 의미하는 것이 아니라 물건에 대하여 점유를 수반하지 아니하는 채권도 이에 포함된다고 판시하면서, 가사 A가 위 계약상의 의무를 모두 이행함으로써 입목 소유자에 대하여 원목 인도청구권 등의 채권을 갖는다 하더라도 이는 그 원목에 관하여 생긴 채권이라고 볼 수 없을 뿐 아니라 이 채권과 그 원목에 대한 견련관계도 인정할 수 없으니 A는 그 원목에 관하여 유치권 기타 이와 유사한 담보권을 갖는다고 볼 수 없다는 이유로 본죄 역시 무죄로 판단한 원심을 파기환송하였다.[31]

ⓑ (공장근저당권의 목적물인 공장기계에 관한 점유의 수반을 요하지 아니한) 공장근저당권이 설정된 선반기계 등을 이중담보로 제공하기 위하여 이를 다른 장소로 옮긴 경우, 이는 공장저당권의 행사가 방해될 우려가 있는 행위로서 본죄에 해당한다.[32] 25

이처럼 위 ②의 부정설의 입장에 의할 경우, 채권의 목적이 되어 있는 물건 등인 이상 반드시 점유를 수반하는 것임을 요하지 않고, 타인이 점유하지 않고 자기가 점유하는 경우도 포함된다. 예컨대 정지조건부 대물변제예약이 되어 있 26

31 대판 1991. 4. 26, 90도1958. 본 판결 해설은 이성룡, "1. 권리행사방해죄의 구성요건인 '권리'의 의의, 2. 검사의 상고중 주위적 소송사실부분은 이유없으나 예비적·소송사실부분은 이유있는 경우 파기의 범위", 해설 15, 법원행정처(1992), 617-625.

32 대판 1994. 9. 27, 94도1439.

는 물건[33]이라든지, 가압류된 물건[34]이 이에 해당한다. 그러나 점유권을 내용으로 하지 않거나 계약의 이행에 착수하기 전의 순수한 채권채무관계는 여기에서의 권리에 해당하지 않는다.[35]

3. 자기의 물건

(1) 자기

27 '자기'의 물건이라 함은 자기 '소유'의 물건을 의미한다. 소유권의 귀속은 민법이나 그 밖의 법령에 의해 정해진다.[36]

---

33 대판 1968. 6. 18, 68도616. 채무자가 채권자에게 일정한 기일까지 채무를 변제하기로 하고, 만일 그때까지 변제하지 못할 때에는 특정한 물건의 소유권을 양도함과 동시에 이를 인도하기로 하는 법정화해를 한 경우에 있어서, 원심이 채무자는 변제기 이전까지는 다만 위의 화해조항에 기인한 채무를 부담할 뿐이고, 채권자는 채무자가 채무를 변제하지 못할 때에 채권자에게 양도하기로 한 물건에 대하여 담보권 기타 그 물건에 대한 직접적 지배를 수반하는 권리를 취득한다고는 볼 수 없다면서 본죄를 구성하지 않는다는 취지로 판시한 것에 대하여, 대법원은 본죄에 관하여 규정된 타인의 권리의 목적이 된 자기의 물건이라는 요건 중 그 권리 중에는 원심이 판시하고 있는 것처럼 반드시 제한물권이나 물건에 대하여 점유를 수반하는 채권만을 포함하는 것이 아니라, 이 사건 공소사실에 나타난 경우처럼 이를테면 정지조건 있는 대물변제의 예약권을 가지는 경우도 포함된다고 보는 것이 본죄의 입법취지에 맞다고 판시하면서 원심을 파기환송하였다.

34 대판 1960. 9. 14, 4292형상537.

35 대판 1971. 6. 29, 71도926. 선대가 건립하여 물려받은 피고인 소유의 변소에 관하여, 6.25 당시에 피난민들이 이웃에 많이 거주하면서 변소가 없어 같이 사용할 것을 간청함으로 그 편의를 보아주는 의미에서 그 변소를 같이 사용할 것을 피고인의 선대가 허락하여 준 결과 피난민들이 같이 사용하여 왔고, 그 사용자들이 약 6년 전에 그들의 비용으로 보수를 하였는데, 피고인이 그 사용자들에게 사용중지를 통고한 후 이를 손괴한 사안에서, 대법원은 승낙을 얻어 타인의 변소를 사용하는 권리는 채권적인 사용관계이고 점유권을 내용으로 하는 것이 아니기 때문에 본죄가 성립되지 않는다는 취지의 원심을 유지하였다.

36 대판 2007. 1. 11, 2006도4215. 영농조합법인이 과수원을 매수할 당시 피고인에게 그 매수인 명의를 신탁하였고 매도인도 그 사실을 알고 있었던 경우에 그 과수원 및 그 지상에 식재된 감귤나무가 본죄의 자기의 물건에 해당하는지가 문제된 사안에서, 대법원은 본죄에서 말하는 "자기의 물건'이라 함은 범인이 소유하는 물건을 의미하고, 여기서 소유권의 귀속은 민법 기타 법령에 의하여 정하여진다 할 것인바, 부동산실권리자 명의등기에 관한 법률 제4조 제1항, 제2항 및 제8조에 의하면 종중 및 배우자에 대한 특례가 인정되는 경우나 부동산에 관한 물권을 취득하기 위한 계약에서 명의수탁자가 그 일방당사자가 되고 그 타방 당사자가 명의신탁약정이 있다는 사실을 알지 못하는 경우 이외에는 명의수탁자는 명의신탁 받은 부동산의 소유자가 될 수 없고, 이는 제3자에 대한 관계에 있어서도 마찬가지이므로, 명의수탁자로서는 명의신탁 받은 부동산이 '자기의 물건'이라고 할 수 없다."고 판시하면서, 원심(명의신탁약정 및 그에 기하여 이루어진 과수원에 대한 피고인 명의의 소유권이전등기는 모두 무효이므로, 과수원 및 그 지상에 식재된 감귤나무를 피고인의 소유로 볼 수 없다고 하여, 주위적 공소사실인 권리행사방해의 점을 무죄로 판단한 제1심 판결을 유지)을 정당한 것으로 수긍하였다.

자기와 타인의 공유에 속하는 물건은 재물의 타인성이 인정되므로 여기서의 자기 소유의 물건에는 해당하지 아니하여 본죄가 성립하지 않고 절도죄 등이 성립할 수 있을 뿐이다. 반면에 자기와 공범자의 공동소유인 물건은 자기의 물건이 되므로 본죄의 객체에 해당한다.[37] 회사의 대표이사가 직무집행행위로서 타인이 점유하는 회사 소유의 물건을 취거한 경우, 그 물건은 자기 소유의 물건으로서 본죄의 객체가 된다.[38] 법인의 대표기관이 아닌 대리인이나 지배인이라도 대표기관과 공모 없이 한 행위에 있어 그 직무권한 범위 내에서 직무에 관하여 타인이 점유하는 법인의 물건을 취거한 경우, 그 물건은 자기의 물건이 되므로 본죄의 객체에 해당한다.[39] 한편 공무소의 명령으로 타인이 간수하는 자기 소유의 물건은 자기 소유의 물건으로서 타인이 점유하는 경우이기는 하지만, 이 경우에는 공무상보관물무효죄(§ 142)의 객체가 될 뿐이므로 본죄는 성립하지 아니한다. 28

판례상 자기 소유가 아니라는 이유로 본죄의 성립이 부정된 사례로는 다음 사례가 있다(다른 죄와의 관계를 함께 살펴본다). 29

① 지입차주가 지입제로 운행하기 위하여 지입회사 명의로 등록한 택시는 그 등록명의자인 지입회사의 소유이지 지입차주의 소유가 아니므로, 지입차주의 입장에서 볼 때 그 택시는 자기 소유에 해당하지 않는다.[40] 따라서 지입차주가 승낙 없이 위 택시를 가져간 경우, 본죄가 아니라 절도죄가 성립한다.[41] 30

---

37 김성돈, 511; 정성근·박광민, 530.

38 대판 1992. 1. 21, 91도1170.

39 대판 2005. 1. 14, 2004도8134. 「법인의 대표기관이 아닌 대리인이나 지배인이 대표기관과의 공모 없이 한 행위라도 그 직무권한 범위 내에서 직무에 관하여 타인이 점유하는 법인의 물건을 취거한 경우에는 대표기관이 한 행위와 법률적·사실적 효력이 동일하고, 법인의 물건을 법인의 이익을 위해 취거하여 불법영득의사가 없는 점 및 그 범의 내용 등에 있어 실질적인 차이가 없으므로 본죄가 규정하는 '자기의 물건을 취거한 경우'에 해당한다고 보아야 할 것이므로, 북한젖염소보내기 운동본부의 모금국장으로서 위 운동의 업무를 총괄하면서 선교회를 대리하여 본건 젖염소에 관한 위탁계약체결 및 해지, 사육지의 결정 등 그에 관한 일체의 행위를 할 권한이 있었던 피고인이 본건 젖염소 132마리를 A 목장에서 B 목장으로 옮긴 것은 그와 같은 권한범위 내에서 선교회의 이익을 위해 그 직무집행의 의사로 행한 것으로서 본죄의 구성요건인 '자기의 물건을 취거한 때'에 해당한다.」

40 대판 1971. 1. 26, 70도2591; 대판 1974. 11. 12, 74도1632; 대판 2003. 5. 30, 2000도5767(주 11). 한편, 지입된 굴삭기를 취거한 사안에서도 대법원은 같은 취지로 본죄의 성립을 부정하였다(대판 1985. 9. 10, 85도899).

41 대판 1989. 11. 14, 89도773. 「B가 A 회사로부터 중기를 A 회사에 소유권을 유보하고 할부로 매수한 다음 C 회사에 이를 지입하고 중기등록원부에 C 회사를 소유자로 등록한 후 B의 A에

31 ② 매수인이 매도인으로부터 할부매매로 덤프트럭을 취득하면서, 할부금융사와 사이에 대출원리금의 완제 시까지 그 소유권이 할부금융사에 유보된다는 취지의 특약을 하였더라도(소유권유보부매매) 소유권 이전을 위하여 등기나 등록을 요하는 재산의 경우 소유권 이전의 등기 내지 등록에 의하여 소유권이 이전되는 만큼, 그 트럭이 매수인의 명의로 등록되었다면 매수인의 소유가 되었으므로, 할부금융사의 입장에서 볼 때 자기 소유에 해당하지 아니한다. 따라서 할부금융사의 직원이 매수자의 승낙 없이 위 트럭을 가져간 경우, 본죄가 아니라 절도죄가 성립한다.[42]

32 ③ 리스 물건에 대한 소유권은 리스이용자에게는 없으므로 리스이용자가 승낙 없이 리스한 승용차를 가져간 경우, 본죄가 아니라 절도죄가 성립한다.[43]

33 ④ 모친 명의로 구입·등록하여 모친에게 명의신탁한 자동차를 제3자에게 담보로 제공한 경우에 대외적으로는 모친이 소유자가 되었으므로, 담보권자인 제3자와의 관계에서 명의신탁자인 아들의 입장에서는 자기 소유에 해당하지 아니한다. 따라서 담보권자가 점유하고 있는 자동차를 승낙 없이 가져간 경우, 본죄가 아니라 절도죄가 성립한다.[44]

34 ⑤ 영농조합법인이 계약명의신탁(매도인 악의)으로 명의수탁자인 피고인 명의로 과수원을 매수하였더라도 명의수탁자는 소유권을 취득할 수 없으므로 자기 소유에 해당하지 아니한다. 따라서 과수원에 설정된 근저당권에 기하여 경매가 신청되자 과수원을 폐원하고 식재된 감귤나무들을 모두 굴취(堀取)한 경우,

---

대한 할부매매대금 채무를 담보하기 위하여 A 명의로 근저당권 설정등록을 하였으며 위 중기는 B가 이를 점유하고 있었는데 A의 회사원인 피고인들이 합동하여 승낙 없이 위 중기를 가져간 경우, 지입자가 사실상의 처분관리권을 가지고 있다고 하여도 이는 지입자와 지입받은 회사와의 내부관계에 지나지 않는 것이고 대외적으로는 자동차등록원부상의 소유자 등록이 원인무효가 아닌 한 지입받은 회사가 소유권자로서의 권리(처분권 등)를 가지고 의무(공과금 등 납세의무, 중기보유자의 손해배상 책임 등)를 지는 것이므로 피고인들의 중기취거행위는 지입받은 회사인 C의 중기등록원부상의 소유권을 침해한 것으로서 특수절도죄에 해당한다.」

42 대판 2010. 2. 25, 2009도5064. 나아가 위 판결은 할부매매 덤프트럭의 소유권이 할부금융회사에 유보되어 있었다 하더라도, 절도죄의 피해자는 소유자뿐만 아니라 점유자도 포함하는 것이므로, 그 직원인 피고인이 점유자인 매수인의 승낙 없이 할부매매 덤프트럭을 가져간 이상 절도죄에 해당한다는 결론에는 변함이 없다고 하였다.

43 대판 2014. 2. 21, 2013도14139.

44 대판 2012. 4. 26, 2010도11771. 본 판결 해설은 우인성, "명의신탁자가 담보로 제공한 명의신탁 자동차를 임의로 취거한 행위의 형사죄책", 해설 92, 법원도서관(2012), 804-861.

본죄는 성립하지 아니하고, 다만 근저당권자가 담보목적을 달성할 수 있도록 담보물인 감귤나무를 보관할 의무가 있다 할 것임에도 폐원보상비 상당의 재산상의 이득을 취득하고 피해자인 근저당권자로 하여금 위 근저당권의 담보가치가 감소되는 손해를 입도록 하였으므로 배임죄가 성립한다.[45]

⑥ 이른바 중간생략등기형 명의신탁 또는 계약명의신탁의 방식으로 처에게 등기명의를 신탁하여 놓은 점포에 대하여 명의신탁자의 입장에서는 대외적으로 볼 때 자기 소유에 해당하지 아니한다. 따라서 명의신탁자가 위 점포에 자물쇠를 채워 점포의 임차인을 출입하지 못하게 한 경우, 본죄에 해당하지 아니하고[46] 업무방해죄가 성립한다. 35

⑦ 명의대여 약정에 따른 신청에 의하여 명의대여자의 명의로 발급된 후 명의차용자가 인도받아 보관 중인 (식당)영업허가증과 사업자등록증은 명의차용자의 소유가 되었으므로, 명의대여자의 입장에서는 자기 소유에 해당하지 아니한다. 따라서 명의대여자가 명의차용자의 승낙 없이 이를 가지고 간 행위는 본죄가 아니라 절도죄에 해당한다.[47] 36

⑧ 타인에게 담보로 제공한 차량이 그 자동차등록원부에 그 타인 명의로 등록되어 있는 이상 그 차량은 담보제공자의 소유는 아니므로, 그 담보제공자의 입장에서는 자기 소유에 해당하지 아니한다.[48] 따라서 담보제공자가 명의인의 37

---

45 대판 2007. 1. 11, 2006도4215. 「부동산실권리자 명의등기에 관한 법률 제4조 제1항, 제2항 및 제8조에 의하면 종중 및 배우자에 대한 특례가 인정되는 경우나 부동산에 관한 물권을 취득하기 위한 계약에서 명의수탁자가 그 일방당사자가 되고 그 타방 당사자가 명의신탁약정이 있다는 사실을 알지 못하는 경우 이외에는 명의수탁자는 명의신탁받은 부동산의 소유자가 될 수 없고, 이는 제3자에 대한 관계에 있어서도 마찬가지이므로, 명의수탁자로서는 명의신탁받은 부동산이 '자기의 물건'이라고 할 수 없다.」

46 대판 2005. 9. 9, 2005도626. 「부동산 실권리자명의 등기에 관한 법률 제8조는 배우자 명의로 부동산에 관한 물권을 등기한 경우에 조세포탈, 강제집행의 면탈 또는 법령상 제한의 회피를 목적으로 하지 아니한 때에는 제4조 내지 제7조 및 제12조 제1항, 제2항의 규정을 적용하지 아니한다고 규정하고 있는바, 만일 피고인 甲이 그러한 목적으로 명의신탁을 함으로써 명의신탁이 무효로 되는 경우에는 말할 것도 없고, 그러한 목적이 없어서 유효한 명의신탁이 되는 경우에도 제3자로서 임차인인 피해자 A에 대한 관계에서는 피고인 甲은 소유자가 될 수 없으므로, 어느 모로 보나 위 빌딩이 권리행사방해죄에서 말하는 '자기의 물건'이라 할 수 없는 것이다.」

본 판결 해설은 이동신, "배우자에게 명의신탁한 부동산이 권리행사방해죄에서 말하는 '자기의 물건'에 해당하는지 여부", 해설 59, 법원도서관(2006), 364-377.

47 대판 2004. 3. 12, 2002도5090.

48 대판 2005. 11. 10, 2005도6604(담보제공자가 차량 명의자의 승낙 없이 미리 소지하고 있던 차

승낙 없이 그 차량을 가져간 경우, 본죄가 아니라 절도죄가 성립한다.

38 ⑨ 타인의 명의로 강제경매절차에서 부동산을 경락받은 사람은, 비록 실제 자신이 매각허가결정을 받아 자신의 부담으로 매수대금을 완납하였고 특히 그 명의인이 자신의 아들이라고 하더라도, 그 경매목적 부동산의 소유권은 그 명의인이 취득하게 되는 것이므로, 자기 소유에 해당하지 아니한다.[49]

39 ⑩ 다방영업을 경영하던 사람이 다방 내의 영업시설물 및 건물임대차보증금반환청구권과 함께 다방영업에 관한 일체의 권리를 양도하고 다방을 인도하여 양수인이 다방영업을 개시하였으나 그 후 위 양도계약이 적법하게 해제되었다면 그 효과로서 그 시설물 등의 소유권이 양도인에게 회복되므로, 양도인이 양수인에 의하여 경영 중인 다방의 시설물 등을 손괴하더라도 위 시설물 등은 자기 소유에 해당하지 않는다.[50]

40 ⑪ 해상운송물에 관한 선하증권에 기재된 수하인으로부터 선하증권을 교부받은 A 회사는 그 선하증권의 수령 시에 비로소 그 운송물의 소유권을 취득하는 것이므로, 선하증권을 교부받기 이전의 A 회사의 입장에서는 자기 소유에 해당하지 않는다.[51] 따라서 A 회사의 대표이사가 이와 같은 선하증권을 교부받기 이

량의 보조키를 이용하여 이를 운전하여 간 행위가 본죄를 구성하지 않는다고 한 사례).

49 대판 2019. 12. 27, 2019도14623.

50 대판 1986. 6. 24, 86도770. 피고인이 건물일부를 임차하여 다방을 경영하다가 A에게 위 다방을 권리금 1,000만 원에 양도하기로 하는 다방 매매계약을 체결한 후 당일 계약금 200만 원을 지급받고서 다방을 인도하여 A가 다방을 경영하고 있었는데, 피고인과 A 사이에 분쟁이 생겨(피고인은 A가 양도대금을 제때에 지급하지 아니하여 계약을 해제하였다고 주장하고, A는 피고인이 위 다방 건물의 임대기간이나 건물주에 대한 채무액등을 속이고 위 계약을 체결하였으니 양도대금 잔액의 지불을 거절할 권리가 있다고 주장함) 쌍방이 절충을 하던 중 피고인이 위 다방에 들어가 그곳에 있던 가스렌지 등을 손괴한 사안에서, 원심은 A가 피고인으로부터 영업권을 양도받아 점유하고 있는 피고인 소유의 가스렌지 등을 피고인이 손괴하여 그 물건들에 대한 A의 권리행사를 방해하였다면서 본죄에 관한 유죄 판단을 하였으나, 대법원은 일반적으로 다방영업을 경영하던 사람이 다방 내의 영업시설물 및 건물임대차보증금 반환청구권과 함께 다방영업에 관한 일체의 권리를 양도하고 다방을 인도하여 양수인이 다방영업을 개시한 후에 양도계약이 해제되었다면 계약해제의 효과로서 그 시설물 등의 소유권은 당연히 양도인에게 회복되어진다고 보아야 할 것인즉, 원심으로서는 양도계약이 유효하게 존속하고 있어 다방 내 시설물 등의 소유권이 양수인인 A에게 있는 것인지, 아니면 위 양도계약이 해제되어 그 소유권이 양도인인 피고인에게 복귀되었는지, 또 위 계약이 해제되었다면 양도계약 해제와는 별도로 위 시설물 등의 점유반환절차가 있었는지 등을 밝혀보고 그 결과에 따라 피고인의 행위가 본죄의 구성요건을 충족하는지의 여부를 심리·판단하였어야 할 것임에도 불구하고 아무런 조처 없이 만연히 유죄로 판단한 원심을 파기하였다.

51 대판 2004. 10. 28, 2003도689. 「선하증권은 해상운송인이 운송물을 수령한 것을 증명하고 양륙항에서 정당한 소지인에게 운송물을 인도할 채무를 부담하는 유가증권으로서, 운송인과 그 증권

전에 그 운송물의 일부를 임의로 취거한 경우, 본죄가 아닌 절도죄가 성립한다.

(2) 물건

'물건'은 재물죄에 있어서의 재물과 같은 의미로 파악하는 입장이 통설이 41
다.[52] 이러한 통설에 따르면 동산뿐만 아니라 부동산도 포함된다. 다만 이러한 통설에 따르면서도 여기의 물건에 부동산도 포함되는지에 관하여는, ① 행위의 태양에 따라 취거·은닉의 경우 그 대상은 동산에 국한된다고 보는 입장,[53] ② 은닉의 경우 행위의 성질상 그 대상은 동산에 한정된다는 입장[54]이 있다.

물건을 재물과 같은 의미로 파악할 경우, 연구용 학술표본이나 의학실험용 42
사체에 대해서는 재물성이 인정된다.[55] 금제품의 경우에는 위조통화와 같이 소유 및 소지가 모두 금지된 것은 본죄의 객체가 될 수 없으나, 불법 소지 무기와 같이 소지만 금지된 경우는 객체가 될 수 있을 것이다.[56]

본조는 본죄의 객체를 물건이라고 규정하면서도 동력규정(§ 346)에 관한 준 43
용이 없는데, 이와 관련하여 관리할 수 있는 동력이 본죄의 물건에 해당하는지에 관하여 준용규정의 부존재를 들어 죄형법정주의의 원칙 등을 이유로 이를 부정하는 견해[57]도 있지만, 본죄에서의 물건은 재물과 같은 의미이므로 비록 명

소지인 간에는 증권 기재에 따라 운송계약상의 채권관계가 성립하는 채권적 효력이 발생하고, 운송물을 처분하는 당사자 간에는 운송물에 관한 처분은 증권으로서 하여야 하며 운송물을 받을 수 있는 자에게 증권을 교부한 때에는 운송물 위에 행사하는 권리의 취득에 관하여 운송물을 인도한 것과 동일한 물권적 효력이 발생하므로, 운송물의 권리를 양수한 수하인 또는 그 이후의 자는 선하증권을 교부받음으로써 그 채권적 효력으로 운송계약상의 권리를 취득함과 동시에 그 물권적 효력으로 양도 목적물의 점유를 인도받은 것이 되어 그 운송물의 소유권을 취득한다. 그런데 이 사건 운송물에 대하여는 선적일인 2001. 5. 12. 해상운송인인 B 주식회사에 의하여 수하인을 C 은행으로 한 선하증권이 발행되어 있었고, C 은행은 2001. 5. 26. 위 선하증권 원본을 수령한 후 같은 날 A 주식회사에게 이를 교부하였으므로, 앞서 본 법리를 따르면 A 회사는 위 선하증권을 C 은행으로부터 인도받은 2001. 5. 26.에 이르러 비로소 이 사건 운송물의 소유권을 취득하였다고 봄이 상당하고, 따라서 A 회사의 대표이사인 피고인이 그 이전인 2001. 5. 22.부터 5. 25.까지 사이에 이 사건 운송물 중 일부를 취거하였다고 하더라도 이는 자기의 물건이 아니어서 본죄가 성립할 여지가 없다.」

52 김성돈, 511; 김일수·서보학, 425; 김혜정·박미숙·안경옥·원혜욱·이인영, 형법각론(3판), 497; 이재상·장영민·강동범, § 24/7; 정영일, 266.

53 정영일, 266.

54 김성돈, 511; 김일수·서보학, 425; 정성근·박광민, 531

55 주석형법 [각칙(5)](5판), 194(이헌섭); 이진수, "권리행사방해죄에 대한 일고찰", 형사법연구 28-2, 한국형사법학회(2016), 149.

56 주석형법 [각칙(5)](5판), 194(이헌섭); 이진수(주 55), 149.

57 김일수·서보학, 425; 손동권, 형법각론(3개정판), 511; 정영일, 266.

시적인 준용규정이 없더라도 그 간주규정(§ 346)의 체계적인 해석의 원리상 본죄의 객체에서 배제해야 할 이유가 없다는 이유 등에서 이를 긍정하는 입장(관리가능성설)이 통설이다.[58]

4. 전자기록등 특수매체기록

44 전자기록은 전기적 방식으로 저장된 기록인 전기적 기록과 자기적 방식으로 저장된 기록인 자기적 기록 모두를 포함하는 것으로서, 그 저장매체로는 집적회로, 자기디스크, 자기테이프 등이 있다(음반은 제외). 이러한 전자기록은 특수매체기록의 한 종류를 예시한 것이다. 따라서 특수매체기록에는 이러한 전자기록 이외에도 광기술이나 레이저기술을 이용한 기록도 포함된다.

45 본죄가 전자기록을 그 객체의 하나로 하는 것은 독립적인 정보처리장치에 대한 침해를 금지대상으로 하는 것이므로 정보처리를 목적으로 하지 않은 기계의 부품인 마이크로프로세서 등은 이에 해당할 여지가 없다.[59] 또한 여기서의 전자기록은 기록 그 자체만을 의미하므로, 마이크로 필름기록은 단순한 문자의 축소 및 그 기계적 확대에 의한 재생에 불과하여 여기의 특수매체기록에 포함시킬 것이 아니라 물건의 일종으로 취급하여야 하고, 전자기록은 그것이 기록된 디스크 자체와는 구별되는 만큼 디스크 자체는 물건의 일종으로 보아야 할 것이다.[60]

Ⅳ. 행 위

46 본조는 본죄의 행위를 자기 소유의 물건을 취거, 은닉 또는 손괴하여 타인의 권리행사를 방해하는 것으로 규정하고 있다.

47 이러한 규정의 문언상 취거, 은닉 또는 손괴가 본죄의 행위라는 데에는 특별한 이견이 없으나, 타인의 권리행사를 방해하는 부분도 그 행위의 태양인가에 대해서는 견해의 대립이 있다. ① 본죄의 불법행위인 권리행사방해는 취거·은

58 신동운, 845; 오영근, 431; 이재상·장영민·강동범, § 24/7; 임웅, 590; 정성근·박광민, 531; 주석형법 〔각칙(5)〕(5판), 195(이헌섭).
59 배종대, § 87/11.
60 김성돈, 511; 김일수·서보학, 425; 손동권, 515; 정성근·박광민, 531.

닉·손괴행위만으로 이미 충족되므로 거기에서 더 나아가 타인의 권리행사를 방해해야 된다고 요구할 필요가 없고 권리행사방해 문언 부분은 같은 내용을 되풀이하는 것에 불과하다는 이유로 이를 부정하는 입장[61]도 있으나, ② 이를 긍정하는 긍정설이 통설의 입장이다.[62]

1. 취거·은닉 또는 손괴

(1) 취거

'취거(取去)'는 타인의 점유 또는 권리의 목적이 된 물건 등을 그 점유자의 의사에 반하여 자기 또는 제3자의 지배로 옮기는 행위를 의미한다.[63] 따라서 부동산의 경우 저당부동산을 처분하는 것은 여기의 취거에 해당한다.[64] 판례도 A 종합건설회사가 유치권 행사를 위하여 점유하고 있던 주택에 피고인이 그 소유자인 처와 함께 출입문 용접을 해제하고 들어가 거주한 사안에서, 유치권자인 A 회사의 권리행사를 방해하였다고 보아 본죄의 성립을 인정하여[65] 부동산에 대한 취거를 인정하고 있다.[66] 그러나 타인에게 채무담보에 제공키로 합의한 단계에서는 자기 소유의 토지를 제3자에게 매도하고 이전등기를 하더라도 아직 타인의 권리의 목적이 된 것은 아니므로 여기의 취거에 해당하지 아니한다.[67] 48

취거는 절도죄에서의 절취에 상응하는 개념인데, 절취가 타인 소유의 재물을 대상으로 하는 것이어서 불법영득의 의사가 필요한 반면에, 본죄의 취거는 자기 소유의 물건을 대상으로 하는 만큼 불법영득의 의사가 별도로 요하지 않다는 점에서 차이가 있을 뿐이다.[68] 취거는 물건 등에 대한 지배를 옮기는 것이 그 점유자의 의사에 반하는 것이어야 하므로, 점유자의 의사나 그의 하자 49

---

61 김일수·서보학, 426. '타인의 권리행사를 방해한다'라는 부분의 명시는 객관적 처벌조건을 부가한 것으로 이해된다는 입장이다.

62 김신규, 552; 김혜정·박미숙·안경옥·원혜욱·이인영, 498; 박찬걸, 619; 이재상·장영민·강동범, § 24/12; 최호진, 655.

63 대판 1988. 2. 23, 87도1952.

64 김일수·서보학, 425; 이상돈, 형법강론(4판), 497.

65 대판 2011. 5. 13, 2011도2368.

66 부동산 취거의 전형적인 예로 거론되고 있다[주석형법 [각칙(5)](5판), 208(이헌섭); 이진수(주 55), 154].

67 대판 1972. 6. 27, 71도1072.

68 배종대, § 87/12.

있는 의사에 기하여 점유가 이전된 경우에는[69] 여기서의 취거에는 해당하지 아니한다.[70] 다만, 기망에 의한 상대방의 착오를 이용하여 물건을 가져가면 이른바 책략취거(策略取去)로서 취거에 해당한다.[71]

(2) 은닉

50 '은닉'은 물건의 소재를 발견하기 불가능하게 하거나 현저히 곤란한 상태에 두는 것을 말한다.[72] 예컨대, ① 근저당권이 설정된 공장기계를 이중담보로 제공하기 위해 다른 곳으로 옮기는 행위,[73] ② 렌터카 회사인 A 주식회사를 설립한 다음 B 주식회사 등의 명의로 저당권등록이 되어 있는 다수의 차량들을 사들여 A 회사 소유의 영업용 차량으로 등록한 후 자동차대여사업자등록 취소처분을 받아 차량등록을 직권말소시켜 저당권 등이 소멸되게 한 행위,[74] ③ 차량을 구입하면서 타인으로부터 차량 매수대금을 차용하고 그 담보로 차량에 대여자 명의의 저당권을 설정해 준 후 대부업자로부터 돈을 차용하면서 차량을 대부업자에게 담보로 제공하여 이른바 '대포차'로 유통되게 한 행위,[75] ④ 자동차 정비업을 운영하는 건물과 기계·기구에 근저당권을 설정하고도 건물을 철거한 뒤 멸실등기를 마치고 기계·기구를 양도한 행위[76]가 여기의 은닉에 해당한다.

---

69 타인이 점유하는 자기의 물건과 관련된 편취·갈취행위와 이득사기·공갈죄의 성립 여부에 대해서는 주석형법 〔각칙(5)〕(5판), 220-222(이헌섭) 참조.

70 대판 1988. 2. 23, 87도1952. 채권자가 차용금채무자로부터 그 채무의 담보로 제공받은 채무자 소유의 맥콜을 A 등 2인에게 보관시키고 있던 중 채무자가 그 맥콜은 B로부터 교부받은 것이고, 이를 동인에게 반환한다는 내용으로 된 반환서를 B에게 작성해 주어 B가 A 등 2인에게 이 반환서를 제시하면서 그 맥콜은 채무자에게 편취당한 장물이므로 이를 인계하여 달라고 요구하여 이를 믿은 A 등 2인으로부터 이를 교부받아 간 사안에서, 본죄에 있어서의 '취거'라 함은 타인의 점유 또는 권리의 목적이 된 자기의 물건을 그 점유자의 의사에 반하여 그 점유자의 점유로부터 자기 또는 제3자의 점유로 옮기는 것을 말하므로 점유자의 의사나 그의 하자 있는 의사에 기하여 점유가 이전된 경우에는 여기에서 말하는 취거로 볼 수는 없다고 판단하여 채무자에게 무죄를 선고한 원심을 유지하였다.

71 정성근·정준섭, 364; 주석형법 〔각칙(5)〕(5판), 207(이헌섭); 이진수(주 55), 151.

72 대판 2016. 11. 10, 2016도13734; 대판 2021. 1. 14, 2020도14735.

73 대판 1994. 9. 27, 94도1439.

74 대판 2017. 5. 17, 2017도2230. 이러한 행위는 그 자체로 저당권자인 B 회사 등으로 하여금 자동차등록원부에 기초하여 저당권의 목적이 된 자동차의 소재를 파악하는 것을 현저하게 곤란하게 하거나 불가능하게 하는 행위에 해당한다.

75 대판 2016. 11. 10, 2016도13734. 대여자의 권리의 목적이 된 자기의 물건을 은닉한 경우에 해당한다.

76 대판 2021. 1. 14, 2020도14735(당초 배임죄로 기소되었다가 본죄로 공소장변경이 되었던 사례).

(3) 손괴

'손괴'는 물건의 전부 또는 일부를 물리적으로 훼손하거나 그 밖의 방법으로 그 효용을 해하는 행위를 의미한다. 예컨대 법인인 회사의 1인 주주이자 대표이사가 근저당권자로부터 허락을 받거나 피담보채무를 변제함이 없이 근저당 목적물인 회사 소유의 빌딩 내부철거공사를 시행하여 그 빌딩을 손괴한 경우는 여기에 해당하나,[77] 타인의 권리의 목적이 된 자기 소유의 토지를 이전등기한 것만으로는 손괴에 해당하지 않는다.[78] 51

2. 권리행사방해

권리행사방해는 물건 등에 대하여 점유자가 이용 등을 하지 못하게 하는 것을 의미한다. 그 기수시기와 관련하여, ① 본죄가 침해범이라는 전제하에 현실적으로 권리행사방해의 결과가 발생해야 기수에 이른다고 보는 견해[79]도 있으나, ② 본죄를 추상적 위험범으로 이해하여 현실적으로 권리행사가 방해되었을 것을 요하는 것은 아니고 타인의 권리행사가 방해될 우려가 있는 상태에 이르면 기수에 이른다는 입장이 지배적이다.[80] 후자의 입장에 따르면, 본죄의 미수범은 처벌하지 않는다. 본장의 미수범 처벌규정이 그 대상에서 본죄를 제외하고 있는 입장도 같은 입장으로 이해할 수 있다. 52

판례 역시 본죄를 추상적 위험범으로 파악하고 있다.[81] 53

V. 주관적 구성요건

본죄는 고의범이므로 주관적 구성요건요소로서 구성요건적 고의를 필요로 한다. 본죄의 고의는 행위의 대상이 타인의 점유 또는 권리의 목적이 된 자기 소유의 물건 또는 전자기록등 특수매체기록이라는 점과 행위자 자신이 그 물건 54

77 대판 2005. 4. 29, 2005도741.
78 대판 1972. 6. 27, 71도1072.
79 오영근, 433-434.
80 이재상·장영민·강동범, § 24/12; 이형국·김혜경, 544; 정웅석·최창호, 형법각론, 765; 주호노, 1125.
81 대판 1994. 9. 27, 94도1439; 대판 2016. 11. 10, 2016도13734(주 75); 대판 2017. 5. 17, 2017도2230(주 74).

등에 대한 담보설정자 또는 채무자의 위치에 있다는 점에 대한 인식 및 그 물건 등을 취거, 은닉 또는 손괴하여 타인의 권리행사를 방해할 우려가 있다는 점(타인의 권리행사방해가 별도의 행위태양으로 보지 아니하는 입장에서는 취거, 은닉 또는 손괴)에 대한 인식과 의사가 있어야 한다. 본죄의 고의는 확정적 고의뿐만 아니라 미필적 고의로도 충분하다.[82]

55 본죄의 행위대상인 물건 등은 행위자 자신의 소유인 만큼, 대상물건 등에 관한 행위자의 불법영득의사는 별도로 필요하지 않다.

Ⅵ. 위법성

56 타인의 권리행사를 방해하는 행위를 하였더라도, 정당행위,[83] 정당방위, 자구행위의 요건을 갖춘 경우에는 위법성이 조각될 것이다.

57 판례는 지입차량 대여회사에서 차량을 회수해 간 사안에서, "월납입금의 미납이 발생할 경우 회사 측이 법적 절차에 의하지 아니하고 다소간의 실력을 행사하는 등 일방적으로 차량 등을 회수하여야만 될 급박한 필요성이 있게 된다고 볼 만한 자료를 기록상 찾아볼 수 없는 이 사건에 있어서는 차량대여 시에 위와 같은 서면약정을 받아 두었다 하여 차량 등을 실제로 회수할 때에 이를 회수당하고 사람들의 의사에 반한다면 일방적인 실력행사에 의하는 등의 판시 회수행위는 형법에 정한 정당행위에 해당한다 할 수 없다."고 판시하였다.[84]

58 한편 피해자의 승낙을 받은 경우에도 위법성이 조각된다는 견해가 있으나,[85] 이때는 구성요건해당성이 조각된다고 할 것이다.[86]

---

82 이와는 달리 행위자는 타인의 권리향유를 침해하는 것이기 때문에 그것에 관한 '목표지향적 의욕'이 있어야 한다는 견해(배종대, § 87/14)가 있다. 그러나 이에 대해서는 독일형법 제289조와 같이 '위법한 목적'이 명문으로 규정되어 있지 않는 우리 형법의 해석론으로는 그렇게 볼 필요가 없고, 고의의 내용으로 해소될 수 있을 것이라는 비판이 있다[이진수(주 55), 158].

83 대판 1989. 3. 14, 88도1397. 「권리행사방해죄에 대하여는 사회상규에 위배되지 않는 정당행위로서 위법성이 조각된다고 보아 각 무죄를 선고한 조치에 수긍이 가고 논지가 지적하는 바와 같은 법리오해의 흠을 발견할 수 없으므로 논지는 이유 없다.」

84 대판 1989. 7. 25, 88도410. 마찬가지로 법적 절차에 의하지 아니하고 일방적으로 지입차량 등을 회수하지 않으면 안 될 급박한 필요성이 있다고 인정할 수 없다는 취지에서 정당행위의 성립을 부정한 판례로는 대판 2010. 10. 14, 2008도6578.

85 백형구, 267.

86 김일수·서보학, 426; 이형국·김혜경, 544; 정성근·박광민, 534.

Ⅶ. 죄 수

하나의 객체를 취거하여 은닉하거나 손괴해도 포괄하여 하나의 본죄가 성립하지만, 여러 사람이 채권이나 담보물권을 준공유하는 경우와 같이 채권자가 여러 명인 물건을 취거·은닉·손괴하면 채권자별로 본죄가 성립하고, 각 죄는 상상적 경합관계이다.[87] 59

Ⅷ. 처 벌

5년 이하의 징역 또는 700만 원 이하의 벌금에 처한다. 60

본죄에는 친족상도례가 적용된다(§ 328). 즉, 직계혈족, 배우자, 동거친족, 동거가족 또는 그 배우자 간에는 그 형을 면제하고(제1항), 그 외의 친족 간에는 고소가 있어야 공소를 제기할 수 있다(제2항)(상세는 § 328(**친족간의 범행과 고소**) 참조). 61

〔김 양 섭〕

---

87 대판 2022. 5. 12, 2021도16876. 부부인 피고인들이 공모하여 피고인들 공유의 건물을 철거함으로써 피고인들에 대한 각자의 유류분반환청구권을 보전하기 위하여 위 건물을 공동으로 가압류한 피해자 A, B의 권리행사를 방해한 사안에서, 권리자별로 피해자 A에 대한 본죄와 피해자 B에 대한 본죄가 각각 성립하는 것을 전제로 하여, 피해자 A와 피고인들이 제328조 제1항의 친족관계인 이상 피고인들에 대한 공소사실 중 피해자 A에 대한 권리행사방해 부분에 관하여는 위 조항을 적용해서 형을 면제하여야 한다고 판단하였다.

第324條(강요)

① 폭행 또는 협박으로 사람의 권리행사를 방해하거나 의무없는 일을 하게 한 자는 5년 이하의 징역 또는 3천만원 이하의 벌금에 처한다.〈개정 1995. 12. 29, 2016. 1. 6.〉

② 단체 또는 다중의 위력을 보이거나 위험한 물건을 휴대하여 제1항의 죄를 범한 자는 10년 이하의 징역 또는 5천만원 이하의 벌금에 처한다. 〈신설 2016. 1. 6.〉

Ⅰ. 의 의 ············ 32
 1. 보호법익 ············ 32
 2. 연 혁 ············ 33
 3. 체계 및 특별법 ············ 35
Ⅱ. 주 체 ············ 36
Ⅲ. 객 체 ············ 37
Ⅳ. 행 위 ············ 39
 1. 강요의 수단 ············ 39
 2. 강요의 결과 ············ 47
 3. 인과관계 ············ 51
Ⅴ. 주관적 구성요건 ············ 51
Ⅵ. 위법성 ············ 52
 1. 본죄의 위법성 ············ 52
 2. 강요의 수단과 목적의 관계를 고려한 위법성 여부 ············ 54
 3. 그 밖의 위법성조각사유 ············ 61
Ⅶ. 미 수 ············ 63
Ⅷ. 죄수 및 다른 죄와의 관계 ············ 63
 1. 죄 수 ············ 63
 2. 다른 죄와의 관계 ············ 64
Ⅸ. 특수강요죄(제2항) ············ 66
Ⅹ. 처 벌 ············ 67

Ⅰ. 의 의

1. 보호법익

1 본조는 폭행 또는 협박으로 사람의 권리행사를 방해하거나 의무 없는 일을 하게 하는 행위(제1항)(강요죄)와 단체 또는 다중의 위력을 보이거나 위험한 물건을 휴대하여 위 행위(제1항)를 한 경우(제2항)(특수강요죄)를 처벌하도록 규정하고 있다.[1] 통설은 그 보호법익을 의사결정과 의사실현(실행)의 자유로 보고 있다.[2]

---

1 본조에서는 제1항의 강요죄를 중심으로 서술하고, 제2항의 특수강요죄는 '**IX. 특수강요죄(제2항)**' 부분에서 별도로 서술한다. 따라서 본조에서 '본죄'는 강요죄를 의미하고, 특수강요죄는 죄명 그대로 기재한다.

2 김성돈, 형법각론(5판), 135; 김일수·서보학, 새로쓴 형법각론(9판), 102; 박상기·전지연, 형법학(총론·각론 강의)(4판), 467; 박찬걸, 형법각론(2판), 175; 배종대, 형법각론(14판), § 34/3; 이재상·장영민·강동범, 형법각론(13판), § 10/1; 이정원·류석준, 형법각론, 121; 임웅, 형법각론(9정판), 157; 정영일, 형법강의 각론(3판), 59; 최호진, 형법각론, 211; 홍영기, 형법(총론과 각론),

보호법익의 측면에서 고유한 의미의 권리행사방해죄와는 다른 측면이 있음은 부인할 수 없는바, 학계에서는 대부분 이를 이유로 하여 강요죄와 특수강요죄를 권리행사방해의 죄의 장에서 규정함은 체계상 올바르지 못하다면서 그 서술을 자유에 관한 죄의 장에서 하고 있다. 반면에 우리 형법이 이러한 체계를 취함에는 나름의 의미가 있으므로 이를 존중하여야 한다면서 그 서술 역시 권리행사방해의 죄의 장에서 하고 있는 입장이 있음은 앞서 본 바와 같다. 그 보호 정도는 그 결과가 발생하여야 기수가 된다는 침해범으로서의 보호이다(통설).[3]

2 본죄는 폭행 또는 협박이라는 강요의 수단으로서 개인의 의사의 자유를 침해하는 죄라는 점에서 체포·감금죄(§ 276), 약취·유인죄(§ 287), 강간죄(§ 297), 강제추행죄(§ 298), 공갈죄(§ 350) 등과 비슷한 구조를 지닌다. 이들 죄 역시 기본적으로 폭행 또는 협박이라는 강요의 수단을 동원하여 개인의 장소이동의 자유, 성적 의사결정의 자유, 재산처분의 자유 등을 침해하는 죄이기 때문이다. 한편 폭행죄(§ 260①), 협박죄(§ 283①)는 신체의 완전성 또는 의사결정의 자유를 보호법익으로 하는 범죄인 반면에, 본죄는 그 이외에도 의사실행의 자유까지를 보호법익으로 한다는 점에서 서로 차이가 있다.[4]

2. 연 혁

3 입법연혁적으로 보면, 강요죄를 처음으로 형법전에 규정한 것은 1794년의 프로이센 일반란트법이었다. 동법은 제1077조에서 "사람을 폭력으로 체포, 감금하거나 의사에 반하여 무엇을 강요한 자"를 처벌하도록 규정함으로써 체포·감금죄와 함께 규정하는 형식을 취하였다. 그 후 1851년의 프로이센형법이 최초로 강요죄만으로 독립된 구성요건을 규정하였다. 1851년의 프로이센형법 제212조는 "타인에게 문서 또는 언어에 의하여 중죄 또는 경죄를 행할 것을 협박하여 작위 또는 부작위를 강요하거나 강요할 것을 기도한 자는 1년 이하의 징역에 처한다."

§ 60/1; 주석형법 [각칙(5)](5판), 223(이헌섭). 반면에 이와 달리 본죄는 권리행사를 방해하는 죄인 만큼, 본죄의 보호법익을 권리행사로 보아야 한다는 입장도 있다[백형구, 형법각론(개정판), 272].

3 박찬걸, 175; 배종대, § 34/3; 이재상·장영민·강동범, § 10/1; 이정원·류석준, 119; 정성근·정준섭, 형법강의 각론(2판), 80; 주호노, 형법각론, 273.

4 주석형법 [각칙(5)](5판), 225(이헌섭).

라고 규정하였다. 이에 따라 1871년의 독일형법 제240조[5]가 강요죄를 규정하였고, 1852년의 오스트리아형법(§ 253),[6] 1889년의 이탈리아형법(§ 154), 1930년의 프랑스형법(§ 610)[7]도 강요죄를 처벌하는 규정을 두었다.[8]

---

5 독일형법 제240조는 제18장 개인의 자유에 관한 죄(Achtzehnter Abschnitt Straftaten gegen die persönliche Freiheit)에서 다음과 같이 규정하고 있다.

§ 240 Nötigung

(1) Wer einen Menschen rechtswidrig mit Gewalt oder durch Drohung mit einem emp findlichen Übel zu einer Handlung, Duldung oder Unterlassung nötigt, wird mit Freiheitsstrafe bis zu drei Jahren oder mit Geldstrafe bestraft.

(2) Rechtswidrig ist die Tat, wenn die Anwendung der Gewalt oder die Androhung des Übels zu dem angestrebten Zweck als verwerflich anzusehen ist.

(3) Der Versuch ist strafbar.

(4) In besonders schweren Fällen ist die Strafe Freiheitsstrafe von sechs Monaten bis zu fünf Jahren. Ein besonders schwerer Fall liegt in der Regel vor, wenn der Täter

1.eine Schwangere zum Schwangerschaftsabbruch nötigt oder

2.seine Befugnisse oder seine Stellung als Amtsträger mißbraucht.

§ 240(강요)

① 폭행 또는 상당한 해악을 고지한 협박에 의해 타인에게 작위, 수인 또는 부작위를 강요한 자는 3년 이하의 자유형 또는 벌금형에 처한다.

② 의도한 목적을 위하여 폭행을 사용하거나 해악을 고지한 행위가 비난받아야 할 것으로 인정되는 경우에 그 행위는 위법하다.

③ 미수범은 처벌한다.

④ 특히 중한 경우에 6월 이상 5년 이하의 자유형에 처한다. 특히 중한 경우란 특별한 사정이 없는 한, 행위자가 다음 각 호의 1에 해당하는 경우이다.

1. 타인에게 성적 행동 또는 부부관계를 강요하는 경우
2. 임산부에게 낙태를 강요하는 경우
3. 공무원으로서 권한 또는 지위를 남용하는 경우

6 오스트리아형법은 각칙(Besonderer Teil) 제3장 자유에 관한 죄(Dritter Abschnitt Strafbare Handlungen gegen die Freiheit) 제105조에서 강요죄를 아래와 같이 규정하고 있다.

§ 105 Nötigung

(1) Wer einen anderen mit Gewalt oder durch gefährliche Drohung zu einer Handlung, Duldung oder Unterlassung nötigt, ist mit Freiheitsstrafe bis zu einem Jahr oder mit Geldstrafe bis zu 720 Tagessätzen zu bestrafen.

(2) Die Tat ist nicht rechtswidrig, wenn die Anwendung der Gewalt oder Drohung als Mittel zu dem angestrebten Zweck nicht den guten Sitten widerstreitet.

§ 105(강요)

① 폭력 또는 위험한 협박을 통해 타인에게 작위, 수인 또는 부작위를 강요한 자는 1년 이하의 자유형에 처한다.

② 특정한 목적을 실현하는 수단으로서의 폭행 또는 협박의 행사가 선량한 풍속에 반하지 않을 경우 강요는 위법하지 않다.

7 프랑스형법은 제2부 법률형식(Législative)의 형법 제3권 재산에 대한 중죄 및 경죄(Livre III: Des crimes et délits contre les biens) 제1편 불법영득(Titre 1er: Des appropriations frauduleuses)

우리 형법의 경우, 1953년 9월 18일 제정(법률 제293호) 당시에는 본죄에 관하여 제324조에서 '폭력에 의한 권리행사방해'라는 제목 아래 "폭행 또는 협박으로 사람의 권리행사를 방해한 자는 5년 이하의 징역에 처한다."라고 규정하였다. 이후 1995년 12월 29일 형법 개정(법률 제5057호) 시에 비로소 '강요'라는 제목 아래 "폭행 또는 협박으로 사람의 권리행사를 방해하거나 의무없는 일을 하게 한 자는 5년 이하의 징역에 처한다."라고 규정함으로써, 조문의 제목을 변경하고 행위태양에 '의무없는 일을 하게 하는 행위'를 추가하였고, 그 미수범 처벌규정(§ 324의5)을 신설하였다. 그 후 2016년 1월 6일 개정(법률 제13719호)을 통하여 현행과 같이 법정형에 징역형 이외에도 벌금형을 추가하고 제2항의 특수강요죄를 신설하는 내용으로 변경하였다. 4

3. 체계 및 특별법

강요의 죄의 기본범죄는 강요죄(§ 324①)이다. 그리고 단체 또는 다중의 위력을 보이거나 위험한 물건을 휴대하여 강요의 죄를 범한 때에는 그 방법적인 불법성이 가중됨을 고려하여 특수강요죄(§ 324②)로 가중처벌하고, 강요의 죄를 범하여 사람의 생명에 대한 위험을 발생하게 한 때에는 그 결과적인 불법성이 가중됨을 고려하여 중강요죄(§ 326)로 가중처벌하고 있으며, 침해범의 성격을 갖는 본죄의 미수범(§ 324의5)을 처벌하고 있다. 5

본죄와 관련된 특별법으로는 폭력행위 등 처벌에 관한 법률(이하, 폭력행위처벌법이라 한다.)이 있다. 폭력행위처벌법은 2명 이상이 공동하여 본죄를 범하면 본죄에서 정한 형의 2분의 1까지 가중하고(§ 2②(ii)), 본죄나 특수강요죄(미수범 포함)로 2회 이상 징역형을 받은 사람이 다시 같은 범죄를 범하여 누범으로 처벌 6

제2장 강요(Chapitre II: De l'extorsion) 제1절 강요(Section 1: De l'extorsion)에서, 아래와 같이 강요의 개념을 정의하고 있다.

Article 312-1 L'extorsion est le fait d'obtenir par violence, menace de violences ou contrainte soit une signature, un engagement ou une renonciation, soit la révélation d'un secret, soit la remise de fonds, de valeurs ou d'un bien quelconque.

§ 312-1 ① 강요라 함은 폭행, 폭행의 협박 또는 강제에 의하여 서명을 하게 하거나, 의사표시를 하게 하거나, 권리를 포기시키거나 또는 비밀을 알아내거나 금전, 유가증권 또는 기타 재물을 교부받는 행위를 말한다.

8 이재상·장영민·강동범, § 10/2.

할 경우, 본죄는 1년 이상 12년 이하의 징역(§2③(ii)), 특수강요죄는 2년 이상 20년 이하의 징역에 처한다(§3④(ii)).

7 그리고 본죄와 특수강요죄(각 미수 포함)는 가정폭력범죄(가폭 §2(iii) 아목), 노인학대 관련범죄(노인복지법 §1의2(iv) 아목), 아동학대범죄(아학 §②(iv) 자목)에 해당함은 물론, 범죄수익은닉의 규제 및 처벌에 관한 법률상의 중대범죄(동법 별표)에도 해당한다.

Ⅱ. 주 체

8 본죄의 주체에 특별한 제한은 없다.

9 이와 관련하여 형법상 공무원이 '직권을 남용하여' 사람으로 하여금 의무 없는 일을 하게 하거나 사람의 권리행사를 방해한 때에는 직권남용권리행사방해죄(§123)로 처벌하도록 규정하고 있어 그 경우에는 직권남용권리행사방해죄가 성립하므로, 공무원도 과연 본죄의 주체가 될 수 있는가 하는 의문이 들 수 있지만, 공무원도 본죄의 주체가 될 수 있다.[9] 즉, 공무원이 '폭행 또는 협박을 수단으로' 사람으로 하여금 의무 없는 일을 하게 하거나 사람의 권리행사를 방해한 때에는 일반인과 마찬가지로 본죄가 성립한다.[10] 폭행·협박을 남용의 전제가 되는 '직권'의 행사로 볼 수 없기 때문이다.[11] 다만, 직권남용의 행태가 협박의 성격도 지닐 경우[12]에는 직권남용권리행사방해죄와 본죄의 성립이 양립 가

9 대판 2020. 1. 30, 2018도2236(전)(이른바, 문화예술계 블랙리스트 사건); 대판 2020. 2. 13, 2019도5186(이른바, 화이트리스트 사건). 이 판결들은 비록 대통령비서실장 등 공무원 등의 요구가 본죄에서의 협박에 해당하지 아니한다는 취지에서 무죄로 판단한 원심을 수긍하거나[위 2018도2236(전)] 유죄로 판단한 원심을 파기환송하긴 하였으나, 기본적으로 공무원이 본죄의 주체가 된다는 점을 전제로 하고 있는 만큼, 공무원의 본죄 주체성 자체는 이를 인정한 것으로 볼 수 있다.

10 대판 2006. 4. 27, 2003도4151. 상사 계급의 군인이 그의 잦은 폭력으로 신체에 위해를 느끼고 겁을 먹은 상태에 있던 군부대원들에게 청소 불량 등을 이유로 40분 내지 50분간 머리박아(속칭 '원산폭격')를 시키거나 양손을 깍지 낀 상태에서 약 2시간 동안 팔굽혀펴기를 50-60회 정도 하게 한 행위는 본죄에 해당한다고 판시하였다(한편, 상사 계급의 군인이 부대원들에게 얼차려를 지시할 당시 얼차려의 결정권자도 아니었고 소속 부대의 얼차려 지침상 허용되는 얼차려도 아니었다는 이유 등으로 그 얼차려 지시행위를 제20조의 정당행위로 볼 수 없다고 판시하였는데, 이는 얼차려는 그의 직무권한에 속하지 아니하였다고 할 수 있다).

11 신동운, 형법각론(2판), 854.

12 이를테면 공무원이 직권을 남용하여 상대방에게 어떠한 불법적인 재산적 이익 등의 요구를 한

능할 수는 있다.[13] 양자의 구별은 구성요건해당성 단계에서 강요의 수단·방법상 차이 이외에도 강요행위에 따른 결과가 발생하지 아니한 때 그 미수범으로의 처벌이 가능한지 여부에 관하여 그 결론을 달리 한다[14]는 점에서 그 실익이 있다.

Ⅲ. 객 체

형법상 강요라 함은 사람의 권리행사를 방해하거나 의무 없는 일을 하게 하는 행위를 말하므로, 이러한 행위의 객체는 문언상 '사람'으로서 그 개념상 행위가 미치는 대상인 만큼 행위자 이외의 사람, 즉 타인을 의미한다. 그리고 본죄의 보호법익인 의사결정 및 의사실행의 자유는 자연인만이 향유할 수 있는 10

자체가 그 상대방에게 이에 응하지 아니할 경우 어떠한 위해가 가해질 수 있다는 해악의 고지에 해당할 때 등이 이에 해당할 것이다.

13 대판 2020. 1. 30, 2018도2236(전)(주 9); 대판 2020. 2. 13, 2019도5186(주 9). 이들 판례의 경우, 공무원이 직권을 남용하여 그 상대방에게 불법적인 재산적 요구를 함으로써 의무 없는 일을 하도록 하였다는 이유로 직권남용권리행사방해죄와 본죄로 기소된 사안에서 양죄의 성립이 법리적으로 양립이 불가하다는 입장 대신에 양죄의 성립 여부를 개별적으로 판단하였는데, 이는 그 전제가 양죄의 성립이 양립할 수 있음을 긍정하는 입장으로 이해할 수 있다. 특히 위 2019도5186 판결의 경우, 이 점을 더욱더 부각시킨 것으로 평가할 수 있다[대통령비서실장 및 정무수석비서관실 소속 공무원들인 피고인들이 2014-2016년도의 3년 동안 각 연도별로 전국경제인연합회(이하, 전경련이라 한다.)에 특정 정치성향 시민단체들에 대한 자금지원을 요구하고 그로 인하여 전경련 부회장 A로 하여금 해당 단체들에 자금지원을 하도록 하였다고 하여 직권남용권리행사방해 및 강요의 공소사실로 기소된 사안에서, 피고인들이 위와 같이 자금지원을 요구한 행위는 대통령비서실장과 정무수석비서관실의 일반적 직무권한에 속하는 사항으로서 직권을 남용한 경우에 해당하고, A는 위 직권남용 행위로 인하여 전경련의 해당 보수 시민단체에 대한 자금지원 결정이라는 의무 없는 일을 하였다는 등의 이유로 직권남용권리행사방해죄가 성립한다고 본 원심을 수긍하고, 한편 대통령비서실 소속 공무원이 그 지위에 기초하여 어떠한 이익 등의 제공을 요구하였다고 해서 곧바로 그 요구를 해악의 고지라고 평가할 수 없는 점, 요구 당시 상대방에게 그 요구에 따르지 않으면 해악에 이를 것이라는 인식을 갖게 하였다고 평가할 만한 언동의 내용과 경위, 요구 당시의 상황, 행위자와 상대방의 성행·경력·상호관계 등에 관한 사정이 나타나 있지 않은 점, 전경련 관계자들이 대통령비서실의 요구를 받고도 그에 따르지 않으면 정책 건의 무산, 전경련 회원사에 대한 인허가 지연 등의 불이익을 받는다고 예상하는 것이 합리적이라고 볼 만한 사정도 제시되지 않은 점 등 여러 사정을 종합하면, 피고인들의 위와 같은 자금지원 요구를 본죄의 성립 요건인 협박, 즉 해악의 고지에 해당한다고 단정할 수 없다는 이유로, 이와 달리 본 원심에 본죄의 협박에 관한 법리를 오해한 잘못이 있다면서 원심을 파기하였다].

14 미수범 처벌규정이 본죄의 경우에 있으나, 직권남용권리행사방해죄의 경우에는 없다.

성질의 것이다. 이를 종합하여 보면 결국 강요행위의 객체인 사람은 행위자 이외의 자연인을 의미한다고 해석할 수 있다.[15]

11 판례가 본죄의 일부 보호법익인 의사결정의 자유를 보호법익으로 하는 협박죄에 관하여 보호법익, 형법규정상 체계(개인적 법익, 특히 사람의 자유에 대한 죄 중 하나), 협박의 행위 개념 등에 비추어 그 대상을 자연인만으로 예정하고 있을 뿐이고, 법인은 그 객체가 될 수 없다는 입장을 취하고 있는데,[16] 이러한 판례의 입장은 본죄의 경우에도 그대로 적용된다고 해석하여야 할 것이다.[17]

12 이와 같이 본죄의 객체를 자연인으로 해석한다고 하더라도 여기에는 어느 특정 개인뿐만 아니라 특정 개인 하나하나를 포함하는 다수(예컨대, 특정 개인의 다수에게 영향을 미칠 생각으로 보이콧 운운하며 협박한 경우 명시적으로 특정 개인을 거론하지는 않더라도 전체적 기술만으로도 누구인지 알 수 있음이 분명한 상황인 경우에 있어서 다수의 특정 개인 등)도 포함될 수 있다.[18] 더 나아가 강요의 수단으로 협박이 동원된 경우에 있어서 불특정인도 그 객체가 될 수 있는지와 관련하여 일본 판례는 이를 긍정하는 입장을 취한 것으로 이해된다.[19]

---

15 배종대, § 34/3; 이재상·장영민·강동범, § 10/6.

16 대판 2010. 7. 15, 2010도1017. 채권추심업체인 주식회사의 수원·서경 지사장으로 근무하던 사람이 회사로부터 자신의 횡령행위에 대한 민·형사상 책임을 추궁당할 지경에 이르자 이를 모면하기 위하여 회사 본사에 '회사의 내부비리 등을 금융감독원 등 관계 기관에 고발하겠다.'라는 취지의 서면을 보내는 한편, 당시 회사 대표이사의 처남으로서 경영지원본부장이자 상무이사에게 전화를 걸어 자신의 횡령행위를 문제삼지 말라고 요구하면서 위 서면의 내용과 같은 취지로 발언한 사안에서, 법인은 협박죄의 객체가 될 수 없으나, 한편 그 고지되는 해악의 내용, 즉 침해하겠다는 법익의 종류나 법익의 향유 주체 등에는 아무런 제한이 없어서 '제3자'에 대한 법익 침해를 내용으로 하는 해악을 고지하는 것이라고 하더라도 피해자 본인과 제3자가 밀접한 관계에 있어 그 해악의 내용이 피해자 본인에게 공포심을 일으킬 만한 정도의 것이라면 협박죄가 성립할 수 있는데, 이때 '제3자'에는 자연인뿐만 아니라 법인도 포함된다는 이유로 경영지원본부장이자 상무이사에 대한 협박죄의 성립을 인정하였다.

17 기본적으로 이와 같은 입장이면서도, 그 논쟁의 실익은 크게 감소되었다는 입장도 있다. 즉, 판례의 입장이 피해자 본인과 제3자가 밀접한 관계에 있어 제3자에 대한 해악의 고지가 피해자 본인에게 공포심을 일으킬 만한 정도의 것이라면 협박죄가 성립할 수 있고, 그 경우 제3자에는 자연인뿐만 아니라 법인도 포함된다는 것이라서 그러한 판시까지 본죄의 경우에도 적용될 수 있으므로, 자연인과 법인 사이에 밀접한 관계가 인정되는 경우에는 법인에 대한 해악의 고지가 자연인을 상대로 하는 강요행위에 해당할 수 있는 만큼 본죄의 객체를 자연인으로 한정할 것인지 법인을 포함할 것인지에 대한 논쟁의 실익은 크게 감소되었다는 것이다(신동운, 854).

18 주석형법 [각칙(5)](5판), 226(이헌섭).

19 大判 昭和 16(1941). 2. 27. 刑集 20·6. 특정 자매에 대한 악평이 유포되도록 하기 위해 그 자매의 나쁜 소행을 적은 편지를 쓰고, 그 편지에 '이 편지를 주운 사람은 이발소에 제출해 주고,

본죄의 객체인 자연인은 책임능력자일 필요까지는 없지만 적어도 의사의 자유를 가진 사람(또는 의사의 자유를 가질 수 있는 의사능력자)에 국한된다는 데에는 대체로 그 견해가 일치하나, 정신병자 등 구체적인 예시에 있어서는 미묘한 입장 차이가 있다.[20] 다만, 본죄의 객체(강요의 상대방)는 본죄에서의 폭행·협박의 상대방과는 구별할 필요가 있는 경우가 있다. 즉, 대체로 양자가 일치할 것이지만, 뒤에서 보듯이 본죄에서의 폭행·협박은 제3자에 대한 것이라도 일정한 경우에는 강요행위로서의 작용이 가능한데(이른바 삼각강요), 그 경우에는 양자가 일치하지 않게 된다. 따라서 강요의 상대방과 폭행·협박의 상대방이 반드시 일치할 필요가 없다고 할 것이다.[21] 13

Ⅳ. 행 위

본죄의 행위는 폭행 또는 협박으로 사람의 권리행사를 방해하거나 의무 없는 일을 하게 하는 것이다. 즉 폭행 또는 협박을 강요의 수단으로 하여야 하고, 강요의 결과로 권리행사를 방해하거나 의무 없는 일을 하게 하는 것이 필요하다. 14

1. 강요의 수단

강요의 수단으로서의 폭행 또는 협박은 상대방의 반항을 제압할 정도의 것일 필요는 없으며, 의사결정 및 의사실행에 영향을 주는 정도이면 충분하다. 15

이발소 주인은 그 내용을 전파해 주되, 만일 그렇게 하지 않으면 주운 사람이나 이발소 주인의 점포 등에 방화할 것'이라는 취지를 같이 적은 후, 그 편지를 특정 점포와 민가의 출입구에 놓아둔 사안에서, 비록 편지의 수취인 이름이 기재되지 않더라도 그 편지를 누군가가 주울 개연성이 있다면 그 예상대로 그것을 주운 사람이 있는 경우 바로 협박죄의 피해자가 특정되고, 그 편지를 주운 사람에 대하여 편지를 이발소에 제출할 것을 강요한 것이므로 본죄가 성립한다고 판시하였다.

20 대표적인 예로 드는 것이 정신병자, 유아(어린아이), 술 취한 사람(명정자) 등인데, 이에 대하여 ① 강요행위의 객체가 될 수 없다고만 하는 입장[배종대, § 34/3; 오영근, 형법각론(4판), 126]과 ② 경우에 따라서는 이들 역시 그 객체가 될 수 있다는 입장이 있다. 그중에는 의사능력을 가지고 있는 상황에서는 객체성을 긍정하는 견해(신동운, 854), 경우에 따라서는 객체성을 긍정하되, 완전의사무능력자나 완전히 의식을 상실한 음주명정자는 부정하는 견해[주석형법 [형법각칙(5)] (5판), 223(이헌섭)]가 있다. 위 ①의 견해가 원론적인 입장표명만을 한 것인지, 아니면 예외를 인정하지 않겠다는 것인지 그 입장이 명확하지는 아니하다.

21 김성돈, 136; 배종대, 135; 신동운, 855; 오영근, 127; 정성근·박광민, 형법각론(전정2판), 154.

(1) 폭행

16 강요의 수단인 폭행은 사람에 대한 유형력의 행사를 말한다. 여기서의 폭행을 광의의 개념으로 파악하는 것이 통설의 입장이다.[22] 즉, 사람에 대한 직·간접의 유형력 행사를 말하는 것으로 반드시 신체에 가해질 필요는 없다. 간접적으로 물건에 대한 유형력을 행사하더라도 이를 통하여 사람의 의사결정과 의사실행의 자유에 영향을 끼칠 수 있는 것이면 여기서의 폭행에 해당한다.[23] 예컨대 주택임차인을 내보기 위해 주택소유자가 그 집의 출입문을 폐쇄시키는 행위,[24] 시위참가자들이 자신들의 차량을 도로에 정차시켜 통행을 불가능하게 하는 행위,[25] 통로를 차단한 행위[26] 등이 여기에 해당한다.

17 판례 역시 본죄의 폭행은 사람에 대한 직접적인 유형력의 행사뿐만 아니라 간접적인 유형력의 행사도 포함하며 반드시 사람의 신체에 대한 것에 한정되지 않는 것이며, 사람에 대한 간접적인 유형력의 행사를 본죄의 폭행으로 평가하기 위해서는 피고인이 유형력을 행사한 의도와 방법, 피고인의 행위와 피해자의 근접성, 유형력이 행사된 객체와 피해자의 관계 등을 종합적으로 고려해야 한다고 판시[27]함

---

22 김성돈, 137; 김일수·서보학, 103; 김혜정·박미숙·안경옥·원혜욱·이인영, 형법각론(3판), 138; 박상기·전지연, 468; 배종대, § 34/4; 신동운, 855; 임웅, 159; 정성근·박광민, 155; 주호노, 276.

23 김성돈, 137; 김일수·서보학, 103; 배종대, § 34/4; 신동운, 855; 정영일, 60.

24 비록 외관상으로는 그 유형력의 행사가 물건에 대해 행해진 것이긴 하지만 실질적으로는 임차인에 대하여 행해진 것으로 볼 수 있으므로 본죄의 폭행에 해당한다(정영일, 60).

25 BGH, 20.07.1995 - 1 StR 126/95. 또한, BVerfG, 24.10.2001 - 1 BvR 1190/90, 1 BvR 2173/93, 1 BvR 433/96.

26 OLG Karlsruhe, 06.06.2002 - 1 Ss 13/02.

27 대판 2021. 11. 25, 2018도1346. 피고인이 A와 공모하여 A 소유의 차량을 B 소유 주택 대문 바로 앞부분에 주차하는 방법으로 B가 차량을 주택 내부의 주차장에 출입시키지 못하게 함으로써 B의 차량 운행에 관한 권리행사를 방해하였다는 내용으로 기소된 사안에서, 대법원은 "'U'자 모양의 피고인 소유인 도로(이하, 이 사건 도로라 한다)를 따라 양측에 30여 개의 대지와 그 지상 주택이 있는데, B는 이 사건 도로에 접한 지상 주택을 소유하며 이 사건 도로 위에 구획된 주차선이나 자신의 주택 내부 주차장에 차량을 주차해 오던 중 피고인과 A는 B를 비롯한 이 사건 도로 인접 주택 소유자들에게 이 사건 도로 지분을 매입할 것을 요구하였는데도, B는 이를 거부한 채 이 사건 도로 중 일부를 계속 주차공간으로 사용하자 피고인이 B로 하여금 주차장을 이용하지 못하게 할 의도로 A 차량을 B 주택 대문 앞에 주차하였으나, 주차 당시 피고인과 B 사이에 물리적 접촉이 있거나 피고인이 B에게 어떠한 유형력을 행사했다고 볼 만한 사정이 없는 점, 피고인의 행위로 B에게 주택 외부에 있던 B 차량을 주택 내부의 주차장에 출입시키지 못하는 불편이 발생하였으나, B는 차량을 용법에 따라 정상적으로 사용할 수 있었던 점을 종합하면, 피고인이 B를 폭행하여 차량 운행에 관한 권리행사를 방해하였다고 평가하기 어렵다."는 이유로, 이와 달리 보아 위 공소사실을 유죄로 판단한 원심을 파기환송하였다.

으로써, 같은 입장에 선 것으로 볼 수 있다.

제3자가 한 폭행의 결과를 이용하는 것도 가능하고,[28] 상대방이 아니라 그와 일정한 관계에 있는 제3자에게 유형력을 행사하더라도 이로 인해 사람의 의사결정과 의사실행의 자유에 영향을 미칠 수 있으면, 이 역시 여기서의 폭행에 해당한다.[29] 18

여기서의 폭행은 그 발현형태의 측면에서, 일정한 작위, 부작위를 하거나 하지 않도록 심리적인 강압을 하는 이른바 심리적 폭력(또는 강압적 폭력 내지는 강제적 폭력)(vis complusiva)을 포함한다는 데에는 별다른 이견이 없다. 그러나 일정한 거동을 절대적으로 하거나 하지 못하도록 하는 절대적 폭력(vis absoluta)[30]을 포함하는지에 관하여는, ① 이를 부정하는 입장[31]도 있지만, ② 긍정하는 입장이 대다수의 견해[32]이다. 그중 위 ①의 부정하는 입장을 취할 경우 여기서의 폭행은 심리적 폭력(만)의 개념을 상정하고 있다는 점에서, 절대적 폭력의 개념을 상정하고 있는 '강요된 행위(§ 12)'에서의 폭력과는 구별되고,[33] ②의 긍정하는 입장을 취하더라도 양자가 구별된다고 한다.[34] 19

여기서의 폭행은 부작위에 의해서도 가능하다. 신체적 영향력이 행사되어 있는 상태를 해소할 보증인적 지위에 있는 사람의 경우에는 부작위에 의한 폭행도 가능하다. 예컨대, 무의식 중에 감금된 것을 알고도 특정행위를 강요하기 위해 그와 같은 신체적 영향력 행사를 계속하여 유지시키는 경우 등을 상정해 볼 수 있다.[35] 20

---

28 大判 昭和 9(1934). 10. 29. 刑集 13·1380. 피고인이 동업자가 주주총회에서 사장 지위가 위태롭게 되자 반대파 이사를 설득하러 회사를 갔을 때, 이미 같은 목적을 가진 직원들 약 20명에 의하여 이미 폭행·협박을 당하였고, 위 직원들이 피고인의 말에 따라서는 어떤 폭행을 할지 모르는 상황, 즉 협박상태를 이용하여 위 이사 4명으로 하여금 동업자와 제휴하여 회사 발전에 노력하겠다는 취지의 서약서를 작성토록 한 사안에서, 본죄의 성립을 인정하였다.

29 주석형법 [각칙(5)](5판), 237(이헌섭).

30 예를 들어, 손을 억지로 잡아 문서에 서명케 하는 행위 등(오영근, 127).

31 신동운, 855.

32 김성돈, 137; 박상기·전지연, 468; 배종대, § 34/4; 오영근, 127; 이재상·장영민·강동범, § 10/9; 임웅, 159; 정성근·박광민, 155.

33 신동운, 855. 절대적 폭력의 경우 본죄가 성립하지 않고, 오로지 심리적 폭력의 경우에만 본죄가 성립한다는 입장이라서 그 구별이 확연해진다.

34 오영근, 127. 심리적 폭력, 절대적 폭력 모두의 경우 본죄의 폭행에 해당한다는 입장으로서, 그 구별되는 이유를 제12조에서는 피강요자의 강요된 행위가 있어야 하지만, 본죄는 피강요자의 행위가 없어도 성립한다는 점을 들고 있다.

35 주석형법 [각칙(5)](5판), 238(이헌섭).

(2) 협박

21 강요의 수단인 협박은 사람의 의사결정의 자유를 제한하거나 의사실행의 자유를 방해할 정도로 겁을 먹게 할 만한 해악을 고지하는 것을 말한다. 즉, 여기서의 협박의 개념을 협의로 파악하는 데에 대체로 견해가 일치한다.[36] 협박죄에서의 협박과 같다고 할 수 있다.[37] 본죄에서 협박당하는 사람으로 하여금 공포심을 일으키게 하는 정도의 해악의 고지인지는 그 행위 당사자 쌍방의 직무, 사회적 지위, 강요된 권리, 의무에 관련된 상호관계 등 관련 사정을 고려하여 판단되어야 한다.[38]

22 해악의 고지는 반드시 명시적인 방법이 아니더라도 말이나 행동을 통해서 상대방으로 하여금 어떠한 해악에 이르게 할 것이라는 인식을 갖게 하는 것이면 충분하고,[39] 경우에 따라서는 거동[40]에 의하여서도 가능하며,[41] 제3자를 통

---

36 김성돈, 137; 김일수·서보학, 103; 손동권, 형법각론(3개정판), 173; 임웅, 159; 정성근·박광민, 155; 정영일, 60.

37 이재상·장영민·강동범, § 10/10; 임웅, 159.

38 대판 2004. 1. 15, 2003도5394; 대판 2010. 4. 29, 2007도7064; 대판 2013. 9. 12, 2013도6114.

39 대판 2017. 10. 26, 2015도16696. 민주노총 전국건설노조 건설기계지부 소속 노조원들이 현장소장 A가 노조원이 아닌 B의 건설장비를 투입하여 수해상습지 개선사업 공사를 진행하자 '민주노총이 어떤 곳인지 아느냐, 현장에서 장비를 빼라.'라는 취지로 말하거나 공사 발주처에 부실공사가 진행되고 있다는 취지의 진정을 제기하는 방법으로 공사현장에서 사용하던 장비를 철수하게 하고 '현장에서 사용하는 모든 건설장비는 노조와 합의하여 결정한다'라는 협약서를 작성하게 함으로써 A, B에게 의무 없는 일을 하게 하였다고 하여 폭력행위처벌법위반(공동강요)으로 기소된 사안에서, 본죄의 수단으로서 협박은 사람의 의사결정의 자유를 제한하거나 의사실행의 자유를 방해할 정도로 겁을 먹게 할 만한 해악을 고지하는 것을 말하는 것으로 그 해악의 고지는 반드시 명시적인 방법이 아니더라도 말이나 행동을 통해서 상대방으로 하여금 어떠한 해악에 이르게 할 것이라는 인식을 갖게 하는 것이면 족하다고 하면서, 이와 같은 행위는 강요죄의 수단인 협박에 해당함에도 이와 달리 보아 공소사실을 무죄로 판단한 원심을 파기환송하였다.

40 그러한 거동의 존재 여부는 거동의 외형, 그 거동에 이르게 된 경위, 피해자와의 관계 등 주위상황을 종합적으로 고려하여 판단하여야 한다(대판 2010. 4. 29, 2007도7064).

41 대판 2010. 4. 29, 2007도7064. 환경단체 소속 회원들이 축산 농가들의 폐수 배출 단속활동을 벌이면서 폐수 배출현장을 사진촬영하거나 지적하는 한편 폐수 배출사실을 확인하는 내용의 사실확인서를 징구하는 과정에서 서명하지 아니할 경우 법에 저촉된다고 겁을 주는 등으로 행한 일련의 행위가 '협박'에 의한 강요행위에 해당한다고 판시하였다.

같은 취지로는 대판 2008. 8. 21, 2007도5040(비록 피고인이 명시적으로 피해자 A, B에게 위협을 주는 말이나 행동을 한 사실은 없고, 여신도들이 나이 많은 노인들로서 그들의 언행이 피해자들의 반박 자체를 직접 억압할 정도까지는 되지 아니하였다 하더라도, 종교인인 피고인이 그를 추종하는 여러 신도를 이끌고 한때 자신과 암자에 함께 기거하면서 자신에게 공양을 한 바 있는 A와 그의 남편으로서 교감 승진을 앞둔 B의 아파트에 몰려가서는 그 신도들을 앞세워 자신과 피해자와의 재산문제 해결에 압박을 가하여, 결국에는 피해자들이 피고인 앞으로 거액의

해서 간접적으로 할 수도 있다.[42] 직업, 지위 등에 기초한 위세를 이용하여 할 수도 있다.[43] 제3자에 대한 협박이라도 이로 인하여 피강요자에게 의사결정과 의사실행의 자유에 영향을 끼칠 수 있는 것이라면 여기서의 협박에 해당한다.

부작위의 고지에 의한 협박도 가능하다. 비록 독일연방대법원의 판례이긴 하지만, 백화점 직원이 진열장에서 물건을 훔치는 16세 소녀를 붙잡아 자신과의 성관계를 갖는다면 절도사실을 경찰에 고발하지 않겠다고 한 사안에서, 법적인 작위의무를 포기하겠다는 내용의 고지만이 아니라 법적으로 바람직스럽지 않은 정도의 부작위의 고지만으로도 협박행위에 해당한다고 판시하였고,[44] 한 여성에게 앞으로도 성관계를 계속 갖지 않으면 취업약속을 이행하지 않겠다고 한 사안에서도 부작위의 고지에 의한 협박행위를 인정하였다.[45] 그러나 금지된 행위의 부작위를 고지한 것은 여기서의 협박에 해당하지 아니한다(예컨대, 마약중독자 23

현금보관증을 작성하도록 한 사안에서, 피해자들로서는 위와 같은 피고인과 이를 추종하는 여신도들의 행위에 의하여 현금보관증 작성 요구를 거절할 경우 그 자유로운 의사에 반하여 주거의 평온을 유지하지 못하고, A의 건강과 B의 신분상 불이익을 염려하여 현금보관증을 작성하도록 강요당하였다고 판단하였다).

42 대판 2013. 4. 11, 2010도13774. 소비자불매운동을 하는 사람이 A 회사가 특정 신문들에 광고를 편중했다는 이유로 기자회견을 열어 A 회사에 대하여 불매운동을 하겠다고 하면서 특정 신문들에 대한 광고를 중단할 것과 다른 신문들에 대해서도 특정 신문들과 동등하게 광고를 집행할 것을 요구하고 A 회사 인터넷 홈페이지에 'A 회사는 앞으로 특정 언론사에 편중하지 않고 동등한 광고 집행을 하겠다'는 내용의 팝업창을 띄우게 한 사안에서, 본죄의 수단인 협박은 사람의 의사결정의 자유를 제한하거나 의사실행의 자유를 방해할 정도로 겁을 먹게 할 만한 해악을 고지하는 것을 말하는데, 해악의 고지는 반드시 명시적인 방법이 아니더라도 말이나 행동을 통해서 상대방으로 하여금 어떠한 해악에 이르게 할 것이라는 인식을 갖게 하는 것이면 족하고, 제3자를 통해서 간접적으로 할 수도 있다면서, 불매운동의 목적, 그 조직과정 및 규모, 대상 기업으로 A 회사 하나만을 선정한 경위, 기자회견을 통해 공표한 불매운동의 방법 및 대상 제품, A 회사 직원에게 고지한 요구사항의 구체적인 내용, 위 공표나 고지행위 당시의 상황, 그에 대한 A 회사 경영진의 반응, 위 요구사항에 응하지 않을 경우 A 회사에 예상되는 피해의 심각성 등 제반 사정을 고려할 때, 위와 같은 행위는 A 회사의 의사결정권자로 하여금 그 요구를 수용하지 아니할 경우 불매운동이 지속되어 영업에 타격을 입게 될 것이라는 겁을 먹게 하여 의사결정 및 의사실행의 자유를 침해한 것으로 본죄나 공갈죄의 수단으로서의 협박에 해당한다고 본 원심판단을 수긍하였다.

43 대판 2019. 8. 29, 2018도13792(전). 이른바 '국정농단사건'에서 행위자가 그의 직업, 지위 등에 기초한 위세를 이용하여 불법적으로 재물의 교부나 재산상 이익을 요구하고 상대방이 불응하면 부당한 불이익을 입을 위험이 있다는 위구심을 일으키게 하는 경우에도 해악의 고지가 된다고 판시하였다.

44 BGH, 13.01.1983 - 1 StR 737/81.

45 BGH, 25.02.1993 - 1 StR 652/92.

에게 대가를 지불하지 않으면 마약을 공급해주지 않겠다고 고지하는 행위 등).[46]

24 고지되는 해악의 내용에는 제한이 없다. 그러나 발생 가능한 것으로 생각할 수 있는 정도의 구체적인 해악의 고지가 있어야 한다.[47] 따라서 직무상 또는 사실상 상대방에게 영향을 줄 수 있는 직업이나 지위에 있는 사람이 그러한 직업이나 지위에 기초하여 상대방에게 어떠한 요구를 하였더라도 곧바로 그 요구행위를 곧바로 해악의 고지에 해당한다고 단정할 것은 아니고,[48] 그와 같이 직업이나 지위에 기초하여 상대방에게 어떠한 요구를 한 행위가 본죄의 수단으로서 해악의 고지에 해당하는지 여부는 행위자의 지위뿐만 아니라 그 언동의 내용과 경위, 요구 당시의 상황, 행위자와 상대방의 성행·경력·상호관계 등에 비추어 볼 때 상대방으로 하여금 그 요구에 불응하면 어떠한 해악에 이를 것이라는 인식을 갖게 하였다고 볼 수 있는지, 행위자와 상대방이 행위자의 지위에서 상대방에게 줄 수 있는 해악을 인식하거나 합리적으로 예상할 수 있었는지 등을 종합하여 판단해야[49] 한다.[50]

---

46 주석형법 〔각칙(5)〕(5판), 244(이헌섭).

47 대판 2020. 1. 30, 2018도2236(전)(대통령비서실장을 비롯한 피고인들이 문화체육관광부 공무원들을 통하여 문화예술진흥기금 등 정부의 지원을 신청한 개인·단체의 이념적 성향이나 정치적 견해 등을 이유로 한국문화예술위원회·영화진흥위원회·한국출판문화산업진흥원이 수행한 각종 사업에서 이른바 좌파 등에 대한 지원배제에 이르는 과정에서, 공무원 A 및 지원배제 적용에 소극적인 문화체육관광부 1급 공무원 B 등에 대하여 사직서를 제출하도록 요구하고, 한국문화예술위원회·영화진흥위원회·한국출판문화산업진흥원 직원들로 하여금 지원심의 등에 개입하도록 지시함으로써 업무상·신분상 불이익을 당할 위험이 있다는 위구심을 일으켜 의무 없는 일을 하게 하였다는 강요의 공소사실로 기소된 사안에서, 피고인들이 상대방의 의사결정의 자유를 제한하거나 의사실행의 자유를 방해할 정도로 겁을 먹게 할 만한 해악을 고지하였다는 점에 대한 증명이 부족하다고 본 원심판단을 수긍한 사례)(주 9); 대판 2020. 2. 13, 2019도5186(주 9).

48 대판 2019. 8. 29, 2018도13792(전)(주 43).

49 대판 2019. 8. 29, 2018도13792(전)(주 43); 대판 2020. 1. 30, 2018도2236(전); 대판 2020. 2. 6, 2018도9809.

50 이러한 다수의견에 대하여, "행위자가 그의 직업, 지위 등에 기초한 위세를 이용하여 불법적으로 재물의 교부나 재산상 이익을 요구하고 상대방이 불응하면 부당한 불이익을 입을 위험이 있다는 위구심을 일으키게 하는 경우에도 본죄에서 말하는 협박, 즉 '해악의 고지'가 된다. 협박받는 사람이 공포심 또는 위구심을 일으킬 정도의 해악을 고지하였는지는 행위 당사자 쌍방의 직무, 사회적 지위, 강요된 권리·의무에 관련된 상호관계 등 관련 사정을 고려하여 판단해야 한다. 특히 묵시적 해악의 고지가 있었는지 판단할 때 그 기준은 특정한 정치적, 사회적인 환경 속에서 살아가는 평균적인 사회인의 관점에서 형성된 경험법칙이 되어야 한다."는 별개의견도 있다. 이와 같이 그 판단기준을 달리하자는 별개의견은 다수의견과 달리 본죄에서의 협박에 해당하여 본죄 공소사실에 관하여는 유죄의 결론을 도출한다(이처럼 유, 무죄의 그 결론이 달라지는 부분은 2018도13792의 경우 일부분, 2018도2236의 경우 전부이다).

25 판례는 ① 직장 상사가 부하 여직원에게 자신과의 성관계를 계속하지 않으면 해고하겠다는 언행을 하는 경우,[51] ② 골프시설의 운영자가 골프회원에게 불리하게 변경된 내용의 회칙에 대하여 동의한다는 내용의 등록신청서를 제출하지 아니하면 회원으로 대우하지 아니하겠다고 통지한 경우,[52] ③ 상가 분양자가 상가 수분양자에 대하여 입점금지 및 퇴출조치 등을 고지한 경우,[53] ④ 17세의 여학생에게 옷을 벗고 사진을 찍어 보내지 않으면 이미 보낸 사진을 집으로 보내 망신시켜 학교에 못 다니게 하고, 모친 운영의 어린이집에 영향을 주겠다는 취지의 카카오톡 메시지를 보낸 경우[54]는 본죄의 협박에 해당한다고 판시하였다.

26 그러나 ⑤ 직장 상사가 범죄행위를 저지른 부하 직원에게 징계절차에 앞서 사직을 단순히 권유한 경우,[55] ⑥ 직무상 또는 사실상 상대방에게 영향을 줄 수 있는 지위에 있는 공무원이 그 지위에 기초하여 자신의 직무와 관련한 상대방에게 공무원 자신 또는 자신이 지정한 제3자를 위하여 재산적 이익 또는 일체의 유·무형의 이익 등을 제공할 것을 요구하였는데, 그 상대방이 공무원의 지위에 따른 직무에 관하여 어떠한 이익을 기대하며 그에 대한 대가로서 요구에 응한 경우(이 경우 직권남용이나 뇌물요구가 될 수 있을 뿐이다),[56] 본죄의 협박에 해당하지 않는다고 판시하였다.[57]

27 한편, 해악이 제3자의 법익을 대상으로 한 경우도 본죄의 협박에 해당할 수 있다. 그러기 위해서는 해악의 고지로 인하여 피강요자가 의사결정 및 의사실행의 자유를 침해당할 만한 밀접한 관계가 피강요자와 제3자 사이에 존재하여야

51 정영일, 60.
52 대판 2003. 9. 26, 2003도763.
53 대판 2006. 1. 26, 2003도7533.
54 대판 2013. 11. 14, 2013오2.
55 대판 2008. 11. 27, 2008도7018.
56 대판 2019. 8. 29, 2018도13792(전)(주 43). 이 경우 다른 사정이 없는 한 공무원의 위 요구행위를 객관적으로 사람의 의사결정의 자유를 제한하거나 의사실행의 자유를 방해할 정도로 겁을 먹게 할 만한 해악의 고지라고 단정하기는 어렵고, '해악의 고지'의 존부에 관한 판시 기준에 비추어 볼 때 본죄의 '해악의 고지'에 해당한다고 볼 수 없다면서, 본죄를 유죄로 판단한 원심을 파기하였다.
57 독일형법 제240조는 강요죄를 구성하는 행위태양의 하나로 '민감하게 받아들여질 만한(감당할 수 없는) 해악을 수반하는 협박(Drohung mit einem empfindlichen Übel)'을 규정하고 있는데, 판례 가운데에는 절교는 이에 해당되지 않는다고 본 것이 있다(BGH, 31.03.1982 - 2 StR 2/82).

하는데, 그 관계의 밀접성 여부는 사회통념에 따라 결정된다.[58] 이때 제3자에는 자연인뿐만 아니라 법인도 포함된다.[59]

28 해악의 고지가 비록 정당한 권리의 실현 수단으로 사용된 경우라도 그 권리실현의 수단이나 방법이 사회통념상 허용되는 정도나 범위를 넘는다면 본죄의 협박에 해당한다.[60] 같은 맥락에서 판례는 소비자불매운동이라도 그 표현이나 행동이 정치적 표현의 자유나 일반적 행동의 자유 등의 관점에서도 전체 법질서상 용인될 수 있을 정도로 사회적 상당성을 갖추어야 한다는 전제하에, A 주식회사가 특정 신문들에 광고를 편중했다는 이유로 기자회견을 열어 A 회사에 대하여 불매운동을 하겠다고 하면서 특정 신문들에 대한 광고를 중단할 것과 다른 신문들에 대해서도 특정 신문과 동등하게 광고를 집행할 것을 요구하고 A 회사 인터넷 홈페이지에 'A 회사는 앞으로 특정 언론사에 편중하지 않고 동등한 광고집행을 하겠다.'라는 내용의 팝업창을 띄우게 한 행위는 A 회사에 대한 공갈죄나 본죄의 수단인 협박이 된다고 판시하였다.[61]

29 해악은 그 실현 여부가 행위자의 주관적 의사에 달려 있어야 한다.[62] 다만 이는 해악의 실현에 자신이 영향력을 미칠 수 있다고 주장하면 되지, 실제 그러한 영향력을 미칠 수 있는 지위에 있다는 것까지 요하는 것은 아니다. 그리고 실제 해악을 실현할 의사가 있어야 하는 것도 아니며, 그 상대방이 그것을 진지하게 받아들이면 충분하다.[63] 해악의 실현이 행위자의 주관적 의사와 무관하거

58 신동운, 856.

59 대판 2010. 7. 15, 2010도1017; 대판 2012. 8. 17, 2011도10451(피고인이 혼자 술을 마시던 중 A 정당이 국회에서 예산안을 강행처리하였다는 것에 화가 나서 공중전화를 이용하여 경찰서에 여러 차례 전화를 걸어 전화를 받은 각 경찰관에게 경찰서 관할구역 내에 있는 A 정당의 당사를 폭파하겠다는 말을 한 사안에서, 피고인은 A 정당에 관한 해악을 고지한 것이므로 각 경찰관 개인에 관한 해악을 고지하였다고 할 수 없고, 다른 특별한 사정이 없는 한 일반적으로 A 정당에 대한 해악의 고지가 각 경찰관 개인에게 공포심을 일으킬 만큼 서로 밀접한 관계에 있다고 보기 어려운데도, 이와 달리 피고인의 행위가 각 경찰관에 대한 협박죄를 구성한다고 본 원심을 파기환송하였다).

60 대판 2017. 10. 26, 2015도16696.

61 대판 2013. 4. 11, 2010도13774.

62 주석형법 [각칙(5)](5판), 242(이헌섭).

63 대판 2002. 2. 8, 2000도3245. 「조상천도제를 지내지 아니하면 좋지 않은 일이 생긴다는 취지의 해악의 고지는 길흉화복이나 천재지변의 예고로서 행위자에 의하여 직접, 간접적으로 좌우될 수 없는 것이고 가해자가 현실적으로 특정되어 있지도 않으며 해악의 발생가능성이 합리적으로 예견될 수 있는 것이 아니므로 협박으로 평가될 수 없다.」

나 그 영향력의 범주 밖인 경고[64]와는 구별하여야 한다.

2. 강요의 결과

강요의 수단을 통하여 사람의 권리행사를 방해하거나 사람으로 하여금 의 30
무 없는 일을 하게 하는 결과를 발생케 하여야 한다. 강요의 수단이 사용되었음에도 이와 같은 결과가 발생하지 않으면 본죄의 미수범이 될 뿐이다.

(1) 권리행사방해

권리행사 방해는 행사할 수 있는 권리를 행사하지 못하게 하는 것을 의미 31
한다.

'행사할 수 있는 권리'라 함은 그것을 행사할 것인가의 여부가 개인의 의사 32
활동의 자유에 속하는 것을 말한다. 따라서 '권리'는 반드시 법령에 근거가 있어야만 하는 것도 아니고, 재산적 권리뿐만 아니라 개인의 계약체결에 관한 자유권[65]과 같은 비재산적 권리도 포함되며, 사법상 권리이든 공법상 권리이든 불문하고, 사실행위인지 법률행위인지도 따지지 아니하며, 작위·부작위 또는 경우에 따라서는 일정한 행위의 수인(인용)까지도 모두 포함하는 개념이다.

'행사하지 못하게 한다'는 것의 예로는, 고소권자의 고소를 못하게 하거나 33
고소를 중지시키는 것, 계약의 해제권의 행사를 방해하는 것, 증언을 못하게 하는 것, 교수로 하여금 강의를 못하게 하는 것, 학생으로 하여금 강의를 듣지 못하게 하거나 시험을 못 치르게 하는 것, 여권을 강제로 회수하여 해외여행을 못하게 하는 것,[66] 매매계약을 포기하게 하거나 정당한 도로통행·차량진행·건물출입을 못하게 하는 것,[67] 기사의 게재를 못하게 방해하는 것,[68] 재건축조합의 총회장에서 조합원을 끌어내고 재입장을 못하게 하는 것,[69] 동물의 품질·기능

---

64 예컨대 대학교수가 학생들에게 열심히 공부하지 않으면 시험에 떨어진다고 으르는 경우라든지(배종대, § 34/5), 변호사가 의뢰인에게 코앞에 닥친 심각한 불이익을 언급하는 행위[주석형법 [각칙(5)](5판), 242(이헌섭)] 등.

65 그 계약의 내용이 법률상 위법이 있거나 기타 계약체결에 관하여 법률상 제한이 있다고 하여도 그 자유권이 불법한 폭력에 의하여 침해되어서는 안 되는 것이므로 여기서의 권리에 해당한다(대판 1962. 1. 25, 4293형상233).

66 임웅, 159-160.

67 정성근·박광민, 156.

68 김일수·서보학, 104.

69 대판 2006. 4. 27, 2004도5628. 재건축조합의 조합장이 조합의 임시총회에서 회의 시작 초기에

을 겨루는 경기대회에 동물의 조종자로서 참가·출장하는 권리의 행사를 방해하는 것,[70] 총회꾼이 주주총회의 진행을 방해하는 것,[71] 법인의 대표이사 등이 주주의 위임에 따라 주주총회에 참석하여 의결권을 행사하려는 법인 직원들의 주주총회 출입을 통제하는 것[72] 등이 있다.

34 그러나 권리를 행사한다고 볼 수 없는 사람에 대한 폭행·협박은 폭행죄 또는 협박죄를 구성할 뿐이지 본죄를 구성하지 않는다. 예컨대, ① 타인이 조성한 묘판을 파헤치는 점유자를 폭행하는 행위[73](묘판을 파헤치는 행위는 권리행사라고 할 수 없음), ② 자살자를 중지시키고자 폭행하는 행위,[74] ③ 소송상의 의무인 민사소송의 당사자 본인신문을 위하여 법원에 소환된 사람을 폭행하여 법원 밖으로 납치하여 신문을 받지 못하도록 한 행위,[75] ④ 조선소 하청업자 사이에 종전 고용주가 이의를 제기하면 다른 회사의 취업이 허용되지 않는다는 협약에 따라 폭행·협박으로 종업원의 취업을 방해한 경우[76]에는 본죄가 성립하지 아니한다.

35 나아가 권리행사방해가 되기 위해서는 피해자가 실제로 권리를 행사할 의사를 가져야만 하는데, 반드시 확정적 의사일 필요는 없고, 가까운 장래에 행사할 의사가 없어도 무방하다.[77]

(2) 의무 없는 일의 강제

36 행위자가 아무런 권리나 권한이 없고 상대방도 의무가 없음에도 일정한 작위·부작위 또는 수인(인용)을 강요하는 것이다.

37 '의무'는 법률상의 의무로서 법령, 계약 등에 기하여 발생하는 것을 말하는

발언권을 요청한 조합원에 대하여 그가 이전 임시총회에서도 회의를 방해한 사실이 있고 위 임시총회에서 필히 시공사를 선정할 필요가 있다고 하더라도 발언권을 달라고 하였을 뿐 위 임시총회를 방해하는 행위를 하지 아니하였음에도 물리적 힘을 동원하여 강제로 총회장 밖으로 끌어내고, 나아가 총회장으로 다시 들어오려는 조합원을 막게 한 행위가 본죄에 해당한다.

70 岡山地判 昭和 43(1968). 4. 30. 下刑集 10·4·416.

71 東京地判 昭和 50(1975). 12. 26. 刑月 7·11=12·984. 강요죄 외에 위력업무방해죄(일형 § 234)의 성립을 인정하였다.

72 대판 2013. 3. 28, 2012도16281.

73 대판 1961. 11. 9, 4294형상357.

74 대판 1962. 1. 25, 4293형상233.

75 大判 昭和 4(1929). 7. 17. 刑集 8·400.

76 岡山地判 昭和 46(1971). 5. 17. 刑月 3·5·712.

77 大塚 外, 大コン(3版)(11), 515(伊藤 納).

데,[78] 공법상의 의무와 사법상의 의무를 모두 포함하는 개념이지만, 도덕상의 의무는 포함하지 아니한다. 단순한 심리적 의무감 또는 도덕적 의무감 때문에 하게 되는 일은 의무 없는 일에 해당하지 아니한다.

여기서의 작위·부작위는 법률행위와 사실행위를 모두 포함하며, 의무 없는 38
일을 하게 된 시간의 장단은 그 해당성 여부에 영향을 주지 아니한다.

강제하는 대상은 법률상 의무 없는 일이므로, 만일 강제의 대상이 상대방에 39
게 법률상 의무가 있는 일인 경우에는 본죄는 성립하지 않고 폭행죄 또는 협박죄만이 성립할 뿐이다(통설[79] 및 판례[80]). 이는 권리실현의 수단 내지는 방법이 사회통념상 허용되는 정도나 범위를 넘을 경우 사기죄[81] 또는 공갈죄[82]가 성립하는 것과는 분명한 차이를 보인다. 이러한 차이는 사기죄, 공갈죄와 같은 영득죄에서는 구성요건의 중요한 지표는 영득의사여서 권리행사를 가장한 경우 비록 법률상 의무가 있더라도 그 영득의사는 발현되었다고 할 것이고, 권리행사의 수단과 방법이 사회통념상 상당하지 아니할 경우에도 같다고 볼 수 있는 반면에, 본죄에서는 구성요건의 중요한 지표가 영득의사가 아닌 의사결정 및 의사실행의 자유를 침해하는 강요행위의 유무, 즉 법률상 의무가 없는 일을 그 의사에

---

78 배종대, §34/8; 이재상·장영민·강동범, §10/12. 이와는 달리 법률상의 의무를 전제할 필요가 없다는 견해[이상돈, 형법강론(4판), 416]도 있다.

79 김일수·서보학, 104; 오영근 128.

80 ① 대판 2008. 5. 15, 2008도1097은 폭력조직 전력이 있는 피고인이 특정 연예인에게 팬미팅 공연을 하도록 강요하면서 만날 것을 요구하고, 팬미팅 공연이 이행되지 않으면 안 좋은 일을 당할 것이라고 협박한 사안에서, 본죄에서의 '의무 없는 일'이란 법령, 계약 등에 기하여 발생하는 법률상 의무 없는 일을 말하므로, 폭행 또는 협박으로 법률상 의무 있는 일을 하게 한 경우에는 폭행 또는 협박죄만 성립할 뿐 본죄는 성립하지 않는데, 위 연예인에게 공연을 할 의무가 없다는 점에 대한 미필적 인식, 즉 본죄의 고의가 피고인에게 있었다고 단정하기 어렵다고 판단한 원심을 수긍하였다. ② 대판 2012. 11. 29, 2010도1233은 군인인 상관이 직무수행을 태만히 하거나 지시사항을 불이행하고 허위보고 등을 한 부하에게 근무태도를 교정하고 직무수행을 감독하기 위하여 직무수행 내역을 일지 형식으로 기재하여 보고하도록 명령한 경우, 형법상 본죄가 성립하는지 여부가 문제된 사안에서, 군인사법 제47조의2의 위임에 따른 군인복무규율 제7조 제1항, 제8조, 제22조 제1항, 제2항, 제23조 제1항의 내용 및 취지 등에 비추어 보면, 상관의 위와 같은 명령 행위는 직무권한 범위 내에서 내린 정당한 명령이므로 부하는 명령을 실행할 법률상 의무가 있고, 명령을 실행하지 아니하는 경우 군인사법 제57조 제2항에서 정한 징계처분이 내려진다거나 그에 갈음하여 얼차려의 제재가 부과된다고 하여 그와 같은 명령이 본죄를 구성한다고 볼 수 없다고 판시하였다.

81 대판 2009. 7. 9, 2009도295.

82 대판 2001. 2. 23, 2000도4415.

반하여 강제하는지의 여부에 있으므로 법률상 의무가 있는 일의 경우에는 강요행위가 있다고 할 수 없다고 보아야 하는 데에 기인한 것으로 생각된다.[83]

40 물론 강제의 대상이 상대방의 법률상 의무를 초과하는 행위일 경우에는 본죄가 성립한다. 예컨대 상대방에게 추상적으로 법률상 진술할 의무를 이행하라고 강요한 때에는 폭행죄 또는 협박죄만이 성립하지만, 일정한 시간·장소에서 또는 일정한 형태로 진술할 것을 강요한 때에는 본죄가 성립할 수 있다. 상대방에게 강요자가 요구하는 시간·장소나 형태로 진술할 의무까지는 없기 때문이다.[84] 이와 구별하여 강제대상이 그 일부분은 상대방의 법률상 의무에 속하는 사항이 포함되어 있고 다른 부분은 그러한 의무에 속하지 아니한 사항이 있는 경우에는 본죄가 성립할 것인가 하는 의문이 들 수 있는데, 이를 긍정하는 입장이 있고,[85] 판례도 이를 긍정하는 입장을 취하는 것으로 이해된다.[86]

41 의무 없는 일을 하게 하는 것의 예로는, 계약포기서와 소청취하서에 날인하게 하는 것,[87] 법률상 의무 없는 사죄장이나 진술서를 작성하게 하는 것,[88] 여권을 교부하게 하여 이를 강제회수하는 것,[89] 사죄광고를 내게 하는 것, 소송을 취하하게 하는 것, 매도의사가 없는 부동산을 매도하게 하는 것, 종업원으로 취업하게 하는 것, 술을 마시게 하는 것, 무릎을 꿇고 기어가게 하는 것[90] 등을 들 수 있다.

42 일본 판례는 ① 피고인과 그 가족의 유체동산에 대한 압류해제절차를 취하도록 협박한 경우,[91] ② 13세 소녀를 꾸짖는 수단으로 물 대야, 빈 나무간장통 등을 수 분 내지 수 시간 들고 있도록 한 경우,[92] ③ 명예훼손죄나 모욕죄를 범

83 주석형법 〔각칙(5)〕(5판), 249(이헌섭)는, "추측컨대 판례는 공갈죄나 사기죄와는 달리, 본죄의 경우 '의무 없는 일'을 하게 하는 것을 명문으로 구성요건적 행위로 규정하므로 문언의 해석상 그와 다른 해석을 인정할 수 없지 않는 것으로 보인다."라는 입장을 표명하고 있다.

84 오영근, 128.

85 정성근·박광민, 157.

86 대판 1993. 7. 27, 93도901. 해외도피를 방지하기 위하여 여권을 강제회수한 경우, 본죄의 성립을 긍정하였다.

87 대판 1962. 1. 25, 4293형상233.

88 대판 1974. 5. 14, 73도2578.

89 대판 1993. 7. 27, 93도901.

90 임웅, 160.

91 大判 大正 2(1913). 4. 24. 刑録 19·526.

92 大判 大正 8(1919). 6. 30. 刑録 25·820.

하지 아니한 상대방에게 사죄장을 요구하여 교부받은 경우,[93] ④ 육군운수부의 고용원에게 원한을 품고 실직을 시키려고 운수부장에게 협박장을 보내 1주일 안에 해고하지 않으면 그 부장의 휴직운동을 하고, 목적을 달성하지 못하면 생명에 위해를 가하겠다는 취지의 통고를 한 경우,[94] ⑤ 은닉물자의 보관자를 협박하여 그 물자를 양도하는 취지의 의사표시를 하도록 한 경우,[95] ⑥ 협박을 통하여 경마장시설을 철거하고 농지 해방에 협력한다는 취지의 각서를 교부받은 경우,[96] ⑦ 쟁의 중인 탄광노동조합 위원이 최저임금제의 실시 등 요구사항을 관철하기 위하여 탄광종업원인 창고담당자를 강요하여 탄광 소유인 도난화재예방용 가솔린을 매장한 장소까지 안내토록 한 다음 매장범위를 가리키도록 한 경우,[97] ⑧ 파업 지원자가 쟁의 중인 노조원들과 공모하여 대회를 순찰 중인 경찰관을 둘러싸고 사과문을 쓰도록 하고 이를 읽게 한 경우[98]에 의무 없는 일을 하게 한 것이라고 인정하였다.

3. 인과관계

강요의 수단과 강요의 결과 사이에는 인과관계가 있어야 한다.[99] 이러한 인과관계가 없을 경우에는 본죄의 미수로 처벌할 수 있을 뿐이다. 강요의 결과는 그 강요의 수단에 따른 것이 아닌 만큼 강요의 수단에 따른 강요의 결과는 발생하지 아니한 것이 되기 때문이다. 43

V. 주관적 구성요건

주관적 구성요건인 고의는 객관적 구성요건, 즉 폭행 또는 협박으로(강요의 수단) 사람의 권리행사를 방해하거나 의무 없는 일을 하게 한다는 것(강요의 결과) 44

93 大判 大正 15(1926). 3. 24. 刑集 5·123.
94 大判 昭和 7(1932). 3. 17. 刑集 11·437.
95 最判 昭和 24(1949). 5. 18. 刑集 3·6·772.
96 最判 昭和 25(1950). 2. 7. 裁判集(刑事) 16·331. 피해자로부터 교부받은 각서가 법률적으로 무효이고 재산적으로 가치가 없더라도 사회적으로는 무의미한 것은 아니라는 이유로 강요죄가 성립한다고 판시하였다.
97 最判 昭和 25(1950). 4. 21. 刑集 4·4·655.
98 最判 昭和 34(1959). 4. 28. 刑集 13·4·466.
99 배종대, § 34/10; 이재상·장영민·강동범, § 10/13.

에 대한 인식·용인을 의미한다. 또한 강요의 수단과 강요의 결과 사이의 인과관계에 대한 인식 역시 필요하다고 할 것인데, 다만 그 인식은 구체적인 세부사항에 대한 인식까지 있을 필요는 없다. 이러한 고의는 확정적 고의뿐 아니라 미필적 고의로도 충분하다.

45 본죄의 고의로 행위를 하였다면 비록 사람의 권리행사를 방해하거나 사람으로 하여금 의무 없는 일을 하게 하는 결과가 발생하지 않더라도 본죄의 미수가 성립한다(§ 324의5, § 324).

46 피강요자에게 법률상 의무가 없는데도 그 법률상 의무가 있는 것으로 믿은 나머지 법률상 의무 있는 일을 하게 하는 것으로 오인한 채 강요행위를 한 경우에는, 본죄의 고의를 인정하기가 어려울 수도 있다.[100]

Ⅵ. 위법성

1. 본죄의 위법성

47 본죄도 행위가 구성요건에 해당하게 되면 그 자체로 위법성을 징표하는 것이므로 정당방위, 긴급피난, 정당행위 등 다른 위법성조각사유가 없으면 그 위법성이 인정된다. 그런데 본죄의 보호법익인 개인의 의사(결정 및 실행)의 자유는 필연적으로 다른 개인의 의사의 자유와 충돌하는 문제가 발생하는 만큼 비록 폭행이나 협박으로 강요의 행위가 이루어졌다 하더라도 어떤 경우에는 역사적으로 형성된 사회생활의 질서에 속하는 행위로서 또는 법질서 전체의 정신이나

100 대판 2008. 5. 15, 2008도1097. 「원심은 그 판시와 같은 사실을 인정한 다음, 그 인정 사실에 나타난 다음과 같은 사정, 즉 피고인 甲은 신앙간증을 위해 일본에 갔다가 알고 있던 A(일본인)로부터, 팬미팅 공연에 대한 답례로 K 일행에게 1억 원이 넘는 고급시계를 주었음에도 약속을 이행하지 않는다는 말을 듣고 이를 확인하기 위해 B, C 등을 만나 A의 말이 어느 정도 사실임을 확인하였고, 더욱이 B가 위 피고인에게, K의 일본 팬미팅 공연에 관하여 B 측에 독점권이 있고 구체적인 행사내용은 K의 소속회사인 D 인터내셔널과 B가 대표이사인 E 엔터플랜이 합법적인 절차에 의하여 서명·날인 작성한 계약서에 명시되어 있다는 2006. 3. 10.자 확인서까지 보여주었기 때문에, 위 피고인으로서는 K가 팬미팅 공연을 할 의무가 있다고 믿었을 가능성이 농후하여, K가 팬미팅 공연을 할 의무가 없거나 의무 없음에 대한 미필적 인식, 즉 강요죄의 고의가 위 피고인에게 있었다고 단정하기 어렵다는 이유로, 이 부분 공소사실을 유죄로 인정한 제1심판결을 파기하고 무죄를 선고하였다. 앞서 본 법리와 기록에 비추어 살펴보면, 위와 같은 원심의 사실인정과 판단은 옳은 것으로 수긍이 가고, 거기에 상고이유의 주장과 같은 채증법칙 위배나 강요죄에 관한 법리오해의 위법이 있다고 할 수 없다.」

사회윤리에 반하지 않은 행위로서 위법하지 않다고 평가하여야 할 경우가 있고,[101] 더군다나 본죄는 침해되는 권리와 강요되는 의무의 범위가 일정하지 않고 강요의 태양도 다양하며 협박의 내용 또한 제한하지 않는 등 강요의 수단에 대하여도 단지 포괄적으로 폭행과 협박으로만 규정하고 있어서 그 위법성의 판단에는 신중해야 할 필요가 있다.[102]

이러한 측면에서 독일형법은 수단과 목적의 관계에서 비난가능성이 있을 때 48
에만 강요의 행위가 위법한 것으로 인정되어 벌한다는 입장을 취하고 있다.[103] 물론 우리 형법은 본죄의 위법성에 관하여 이와 같은 명시적인 규정을 두고 있지는 않지만 본죄의 위법성의 판단에 있어서는 이를 충분히 참고할 만하다.[104] 우리 판례는 해악의 고지가 있다고 하더라도 그것이 사회의 관습이나 윤리관념 등에 비추어 볼 때 사회통념상 용인할 수 있을 정도의 것이라면 본죄가 성립하지 않는다는 판시를 함으로써, 본죄의 위법성에 관한 판단의 일응의 기준을 제시하고 있다.[105]

국내 학설은 대체로 결국 강요의 '수단과 목적의 관계'[106]를 고려하여 본죄 49
의 위법성 여부를 신중하게 판단하여야 한다는 데에 그 견해를 같이 한다.[107]

---

101 주석형법 [각칙(5)](5판), 251(이헌섭).

102 배종대, §34/12; 정성근·박광민, 157; 주석형법 [각칙(5)](5판), 251-253(이헌섭).

103 독일형법 제240조 ② 목적달성을 위한 폭행의 행사나 협박이 비난받을 수 있는 경우에 그 행위는 위법하다.

104 이재상·장영민·강동범, §10/15.

105 대판 2002. 11. 22, 2002도3501. A 대학교 재단인 B의 이사장인 피고인이 1999년도 교수재임용심사를 앞두고 피해자인 C에게 "1999학년도에 교원으로 재임용된 후 임의 조직인 '교수협의회' 명의의 공식적, 비공식적인 행위, (중략) 등을 하지 않을 것을 서약하며, 만일 이를 위반할 경우 학교 당국의 어떠한 조치도 감수하고 스스로 사직할 것을 총장 및 재단이사장에게 서약한다"라는 내용의 각서를 제시하여 이에 서명할 것을 요구하였으나 피해자가 이를 거부한 사안에서, 피고인의 행위는 강요죄에서의 협박에는 해당하지만, "피고인이 피해자에게 서명을 요구한 각서는 이미 피해자가 스스로 제출한 서약서의 의미를 좀 더 분명히 한 것일 뿐 피해자의 의사에 명백히 반하는 새로운 내용이라고 보기 어렵고, 또 서명을 요구한 취지도 피해자가 비슷한 내용의 서약서를 제출하면서 사태를 수습해 달라고 요청한 점으로 보아 당연히 위 각서에 동의할 것으로 생각하고 그러한 피해자의 의사를 피고인이 직접 확인하기 위한 것에 불과하였다 할 것이므로, 피고인의 이러한 행위는 사회의 관습이나 윤리관념 등에 비추어 볼 때 사회통념상 용인할 수 있을 정도의 것으로서 강요죄를 구성하지 아니한다고 봄이 상당하다."고 판시하였다.

106 이를 수단과 목적의 비례관계로 파악하여 비례성원칙의 일반기준인 적합성, 필요성(최소침해의 원칙) 그리고 균형성이 결정한다는 입장도 있다(배종대, §34/12).

107 배종대, §34/12; 손동권, 175; 이재상·장영민·강동범, §10/15; 임웅, 160; 정성근·박광민, 157. 이에 반해 사회통념상 용인될 수 있는 정도의 유형력 행사나 해악의 고지는 본죄의 폭행·협박

2. 강요의 수단과 목적의 관계를 고려한 위법성 여부

(1) 개설

50 본죄의 위법성을 판단함에 있어, 첫째, 강요의 수단과 목적이 모두 사회윤리에 반하는 경우라든지 목적 자체가 법률상 허용되지 않는 경우에는 그 위법성이 인정된다.

51 둘째, 목적은 정당한데 그 수단이 법률상 허용되지 않는 경우에는 수단이 목적을 정당화시킬 수 없듯이 목적 역시 수단을 정당화시킬 수 없으므로, 원칙적으로 그 위법성을 인정할 수 있다. 즉, 자력구제와 관련하여 국가 강제집행 우선의 원칙을 무시하고 특별한 정당화사유가 없는데도 강제의 수단을 써서 법률적 복종을 강요하는 것은 위법하다.[108] 다만, 목적이 중하고 수단의 사용으로 피강요자가 입는 자유침해의 정도가 경미한 때에는 위법하다고 할 수 없다. 예컨대, 음주운전을 막기 위하여 폭행을 하거나 자살을 못하게 강요하는 때에는 그 위법성을 인정하기가 어렵다.[109]

52 셋째, 목적과 수단이 모두 정당하지만 양자가 전혀 관계가 없는 경우 역시 그 위법성을 인정할 수 있다. 이를테면 일방 배우자의 부정행위를 다른 배우자에게 알리겠다고 협박하거나 범죄행위를 고소·고발하겠다고 협박함에 있어, 이러한 고지 내지 형사고소를 유발시킨 사안과 협박으로 실현시키고자 하는 목적이 내적으로 관련되어 있어야 하는데(목적과 수단의 내적 연관성), 이와 달리 전혀 다른 생활과정에서 생긴 청구권을 실현시킬 목적으로 형사고소 등을 할 수 있는 상황을 결부시키는 경우 그 위법성이 인정된다. 예컨대, 범죄수익을 환원시키지 않으면 고소하겠다고 협박해도 위법하지 않은 반면에, 대여금을 변제받기 위하여 풍속위반범죄를 고소하겠다고 협박하는 것은 위법하다. 다만, 이러한 내적 관련성이 있다고 하더라도 사회통념상 받아들여질 수 없는 손해배상을 요구하면서 불응 시에 형사고소하겠다는 협박을 할 경우에는 그 위법성이 인정된다고 할 것이다.[110]

이라고 할 수 없어 본죄의 위법성이 아닌 구성요건해당성 자체가 없다는 입장도 있다(오영근, 128).

108 주석형법 〔각칙(5)〕(5판), 255(이헌섭).

109 배종대, §34/12; 이재상·장영민·강동범, §10/15; 주석형법 〔각칙(5)〕(5판), 255(이헌섭).

110 주석형법 〔각칙(5)〕(5판), 256(이헌섭).

한편 채권자의 민사상 소제기나 강제집행신청 등을 고지하는 행위는 원칙적으로 사회적 상당성이 있으므로 위법성이 없다고 할 것이나, 법률적 강제수단과 관련하여 과장되거나 왜곡된 내용을 고지함으로써 상대방을 겁먹게 하여 확인해보지도 않은 채 그대로 따르게 한 경우라면 위법성이 있다. 형사고소 대신에 범죄행위를 여론에 폭로하겠다고 고지하는 경우도 위법하다.[111] 53

(2) 집회 및 시위

최근에 집회·시위의 횟수가 늘거나 규모가 커지는 추세이고, 집회·시위 과정에서 대중의 관심을 끌고 시위목적의 달성을 극대화하기 위해 교통방해를 의도하는 경우가 있는데, 이 경우 집회·시위의 자유와 관련하여 본죄의 위법성이 인정될 수 있는지 여부가 문제될 수 있다. 54

판례는 집회·시위가 당초의 신고범위를 벗어나거나 집회 및 시위에 관한 법률(이하, 집시법이라 한다.) 제12조[112] 소정의 조건을 중대하게 위반하여 도로교통을 방해함으로써 통행을 불가능하게 하거나 현저하게 곤란하게 하는 경우, 제185조의 일반교통방해죄의 성립을 긍정하기는 하였지만, 본죄로 처벌한 사례는 아직까지는 찾아보기가 힘들다. 한편 독일에서는 이를 예외 없이 본죄로 기소하는데, 그 경우 표현 및 집회·시위의 자유와의 관계에서 본죄의 위법성 유무가 빈번히 문제된다고 한다.[113] 표현 및 집회·시위의 자유가 정치적 기본권의 하나로서 충분히 보장되어야 하는 것은 맞지만, 그렇다고 해서 결코 무제한으로 용인되는 것은 아니다. 특히 옥외집회는 일정 장소를 점거하고 교통의 소통을 방해하는 것이어서 항상 다른 사람의 행동의 자유를 제한하는 결과를 초래하므로, 집회와 시위도 헌법 제37조 제2항에 의하여 일정한 한계에서만 그 자유가 인정될 뿐이다. 55

먼저 신체적 영향력의 행사라 볼 수 없는 경우에는, 강요의 수단으로서 폭 56

---

111 주석형법 [각칙(5)](5판), 257(이헌섭).

112 집시법 제12조(교통 소통을 위한 제한) ① 관할경찰관서장은 대통령령으로 정하는 주요 도시의 주요 도로에서의 집회 또는 시위에 대하여 교통 소통을 위하여 필요하다고 인정하면 이를 금지하거나 교통질서 유지를 위한 조건을 붙여 제한할 수 있다.
② 집회 또는 시위의 주최자가 질서유지인을 두고 도로를 행진하는 경우에는 제1항에 따른 금지를 할 수 없다. 다만, 해당 도로와 주변 도로의 교통 소통에 장애를 발생시켜 심각한 교통 불편을 줄 우려가 있으면 제1항에 따른 금지를 할 수 있다.

113 이에 관한 상세는 주석형법 [각칙(5)](5판), 257-260(이헌섭) 참조.

행이나 협박 자체가 부정될 수도 있다. 다음으로 본죄의 구성요건해당성이 긍정되더라도 소극적 연좌데모에 그치는 경우에는, 그 위법성을 나타낸다고 볼 수 없을 것이다. 비례의 한도를 벗어나지 않은 한 위법하다고 평가할 수는 없을 것이다.

57 하지만 집회·시위가 처음부터 불법이거나 점차 격렬한 양상으로 전개되거나 폭력적으로 강요의 목적을 달성하고자 한 경우에는 그 위법성이 인정될 수 있다. 또한, 비폭력 평화시위라도 교통방해가 소극적 성격의 점거만으로는 가능하지 않다는 사정을 인식하고 이를 고려해 적극적으로 인간 띠를 만들어 교통방해에 나선다거나 물건을 이용하는 경우에는 강요의 수단인 폭행이 있다고 보아야 하므로 그 위법성이 인정될 수 있다.[114]

(3) 소비자불매운동

58 소비자불매운동은 소비자가 대상 사업자의 행위에 대하여 (항의의 표시로서 또는 특정한 요구의 관철을 위한 수단으로서) 대상 사업자의 특정 제품의 구매를 거절하거나 제3의 특정기업이 대상 사업자와의 거래를 거절하도록 설득하는 운동을 말한다.[115] 이는 참가자와 거래거절의 상대방과의 관계를 기준으로 참가자가 스스로 특정인과의 거래를 거절하는 '1차적 불매운동', 제3자가 특정인과 거래한다면 불매운동 참가자가 그 제3자와의 거래를 거절함으로써 그 제3자가 특정인과 거래하지 못하도록 하는 '2차적 불매운동', 위 특정인과 거래하는 제3자와 거래하는 제4자에게 제3자와의 거래를 하지 못하게 하는 '3차적 불매운동'으로 분류될 수 있다.[116]

59 이러한 소비자불매운동과 관련하여 본죄의 위법성이 있는지가 문제된다. 즉, 사적 자치의 원칙상 특정인과의 계약을 체결할지 여부에 관한 자유를 갖게 되는 그 향유주체가 집단의 힘을 빌려 어떤 정치적·경제적·사회적 목적을 달성하기 위하여 불매운동을 할 경우, 그에 따라 거래거절을 당하는 해당 특정인은 영업의 자유와 영업권을 침해당하게 될 수밖에 없게 될 것이기 때문에, 소비

114 주석형법 [각칙(5)](5판), 259(이헌섭).

115 신동운, 860; 우희숙, "소비자불매운동의 정당성-헌법적 허용한계와 형법적 규제의 타당성", 비교형사법연구 13-2, 한국비교형사법학회(2012), 89.

116 한위수, "소비자불매운동의 허용범위와 한계 - 언론사광고불매운동 사건에 관련하여", 민사재판의 제문제 19, 한국사법행정학회(2010), 815.

자불매운동은 기업 등 대상 사업자에게 그러한 불이익을 고지하는 성격을 지니고 있다. 그런데 이를 본죄로 처벌할 경우, 소비자불매운동을 벌이는 쪽의 소비자기본권[117] 또는 정치적 표현의 자유 등과 충돌이 불가피하기 때문이다.

소비자불매운동과 관련한 본죄의 위법성 유무에 관한 문제는 엄밀하게 따지면 다시 두 부분으로 나뉜다. 즉, 그 하나는 이러한 소비자불매운동을 하겠다고 고지하거나 공표하는 행위 자체가 본죄의 위법성을 지니는지의 문제이고,[118] 다른 하나는 폭행이나 협박을 수단으로 불매운동이 벌어지는 경우에 있어서 본죄의 위법성이 인정되는지 여부의 문제이다.[119] 60

전자의 경우에는 소비자불매운동이 헌법상 보장되는 소비자보호운동(헌 § 124)이나 정치적 표현의 자유(헌 § 21①) 또는 일반적 표현의 자유(헌 § 10①) 등의 관점에서 전체 법질서상 용인될 수 있으면 정당행위로서 그 위법성이 조각될 것이다. 그러나 소비자불매운동의 일환으로 이루어지는 표현이나 행동이 소비자보호운동의 범주에 포함되지 않고 정치적 표현의 자유나 일반적 행동의 자유 등의 관점에서 전체 법질서상 용인될 수 없는 정도로 사회적 정당성을 갖추지 못하였으면, 그 행위 자체가 협박에 해당하여 본죄의 위법성을 인정할 수 있을 것이다.[120] 61

후자의 경우에는 앞서 서술한 바와 같이 그 목적과 수단의 관계를 고려하여 그 위법성 여부를 판단하여야 할 것이다. 이러한 측면에서 보면, 첫째, 목적과 관련하여 소비자불매운동이 우리 헌법질서에 반하지 않는 정치적 의사표시의 목적이나 소비자기본권의 행사 목적에서 이루어진 것이라면 그 목적의 정당 62

117 헌법 제125조는 "국가는 건전한 소비행위를 계도하고 생산품의 품질향상을 촉구하기 위한 소비자보호운동을 법률이 정하는 바에 의하여 보장한다."라고 규정하고, 이에 따라 제정된 소비자기본법은 제1조에서 "이 법은 소비자의 권익을 증진하기 위하여 소비자의 권리와 책무, 국가·지방자치단체 및 사업자의 책무, 소비자단체의 역할 및 자유시장경제에서 소비자와 사업자 사이의 관계를 규정함에 아울러 소비자정책의 종합적 추진을 위한 기본적인 사항을 규정함으로써 소비생활의 향상과 국민경제의 발전에 이바지함을 목적으로 한다.", 제4조에서 소비자가 갖는 기본적 권리로 "물품 등을 사용함에 있어서 거래상대방·구입장소·가격 및 거래조건 등을 자유로이 선택할 권리"(제3호), "소비자 스스로의 권익을 증진하기 위하여 단체를 조직하고 이를 통하여 활동할 수 있는 권리"(제7호) 등을 정하고 있는데, 이를 가리켜 소비자기본권이라 한다.

118 신동운, 860은 이 부분을 언급하였다.

119 주석형법 [각칙(5)](5판), 261(이헌섭).

120 신동운, 860.

성이 있지만, 불매운동을 빙자하여 금원을 갈취하고자 하거나 경쟁제한적 목적으로 불매운동을 하는 것과 같이 목적 자체가 위법행위를 목적으로 하거나, 본질적 내용에까지 영향을 미치려 하는 등에는 그 정당성을 인정하기가 어려울 것이다. 둘째, 수단과 관련하여서는 일단 폭행·협박을 수단으로 한 이상 그 자체로는 그 정당성을 인정하기 어려울 것이다. 셋째, 목적과 수단의 내적 관련성과 관련하여서는 1차 불매운동인지 2차 불매운동인지에 따라 다르게 볼 여지가 있는데, 수단과 목적이 정당하더라도 2차 불매운동의 경우는 1차 불매운동보다는 그 정당성 여부가 엄격하게 심사되어야 할 것이다.[121]

63 소비자불매운동의 위법성 여부 등과 관련하여 대법원과 헌법재판소 역시 아래와 같이 그 판단기준 및 방법 등을 제시하고 있다.

64 대법원은 민사사안이기는 하지만, 시민단체의 간부들이 청소년에 대한 도덕적 해악 등 공익상의 이유로 특정 가수의 공연에 반대하기 위하여 그 공연기획사와 입장권판매대행계약을 체결한 공연협력업체에게 불매운동을 하겠다고 하여 계약을 파기하는 결과에 이르도록 한 경우, 시민단체 간부들의 공연기획사에 대한 불법행위책임이 인정된다고 판시하였다. 즉, "시민단체 등의 공익목적 수행을 위한 정당한 활동은 바람직하고 장려되어야 할 것이나 그러한 목적수행을 위한 활동이라 하더라도 법령에 의한 제한이나 그러한 활동의 자유에 내재하는 제한을 벗어나서는 안 될 것이고, 그러한 활동의 자유의 한계는 그들이 반대의 대상으로 삼은 공연 등의 내용 및 성격과 반대활동의 방법·정도 사이의 상관관계에서 결정되어야 할 것인바, 시민단체의 간부들이 그들의 공익목적을 관철하기 위하여 일반시민들을 상대로 공연관람을 하지 말도록 하거나 공연협력업체에 공연협력을 하지 말도록 하기 위하여 그들의 주장을 홍보하고 각종 방법에 의한 호소로 설득활동을 벌이는 것은 관람이나 협력 여부의 결정을 상대방의 자유로운 판단에 맡기는 한 허용된다고 할 것이고, 그로 인하여 공연기획사의 일방적 영업권 등에 대한 제한을 가져온다고 하더라도 이는 시민단체 등의 정당한 목적수행을 위한 활동으로부터 불가피하게 발생하는 현상으로서 그 자체에 내재하는 위험이라 할 것이므로 시민단체의 간부들의 그와 같은 활

121 주석형법 〔각칙(5)〕(5판), 262(이헌섭); 한위수(주 116), 836-837.

동이 위법하다고 할 수는 없을 것이나, 공연기획사가 관계당국으로부터 합법적으로 공연개최허가를 받고 은행과 적법하게 입장권판매대행계약을 체결한 데 대하여 시민단체의 간부들이 위 은행에 공연협력의 즉각 중지, 즉 공연기획사와 이미 체결한 입장권판매대행계약의 즉각적인 불이행을 요구하고 이에 응하지 아니할 경우에는 은행의 전 상품에 대한 불매운동을 벌이겠다는 경제적 압박수단을 고지하여 이로 말미암아 은행으로 하여금 불매운동으로 인한 경제적 손실을 우려하여 부득이 본의 아니게 공연기획사와 체결한 입장권판매대행계약을 파기케 하는 결과를 가져왔다면 이는 공연기획사가 은행과 체결한 입장권판매대행계약에 기한 공연기획사의 채권 등을 침해하는 것으로서 위법하다고 하여야 할 것이고, 그 목적에 공익성이 있다 하여 이러한 행위까지 정당화될 수 없는 것이다."라고 판시하였다.[122]

또한 대법원은, 피고인이 A 주식회사가 특정 신문들에 광고를 편중했다는 65
이유로 기자회견을 열어 A 회사에 대하여 불매운동을 하겠다고 하면서 특정 신문들에 대한 광고를 중단할 것과 다른 신문들에 대해서도 동등하게 광고를 집행할 것을 요구하고 A 회사 인터넷 홈페이지에 그와 같은 내용의 팝업창을 띄우게 한 사안에서, 제반 사정을 고려할 때 피고인의 행위가 강요죄나 공갈죄의 수단인 협박에 해당한다고 본 원심판단을 수긍하면서, "소비자가 구매력을 무기로 상품이나 용역에 대한 자신들의 선호를 시장에 실질적으로 반영하기 위한 집단적 시도인 소비자불매운동은 본래 '공정가격으로 양질의 상품 또는 용역을 적절한 유통구조를 통해 적절한 시기에 안전하게 구입하거나 사용할 소비자의 제반 권익을 증진할 목적'에서 행해지는 소비자보호운동의 일환으로서 헌법 제124조를 통하여 제도로서 보장되나, 그와는 다른 측면에서 일반 시민들이 특정한 사회, 경제적 또는 정치적 대의나 가치를 주장·옹호하거나 이를 진작시키기 위한 수단으로 소비자불매운동을 선택하는 경우도 있을 수 있고, 이러한 소비자불매운동 역시 반드시 헌법 제124조는 아니더라도 헌법 제21조에 따라 보장되는 정치적 표현의 자유나 헌법 제10조에 내재된 일반적 행동의 자유의 관점 등에서 보호받을 가능성이 있으므로, 단순히 소비자불매운동이 헌법 제124조에

122 대판 2001. 7. 13, 98다51091(이른바 마이클 잭슨 내한공연 반대 사건).

따라 보장되는 소비자보호운동의 요건을 갖추지 못하였다는 이유만으로 이에 대하여 아무런 헌법적 보호도 주어지지 아니한다고 단정하여서는 아니 된다. 다만, 대상 기업에 특정한 요구를 하면서 이에 응하지 않을 경우 불매운동의 실행 등 대상 기업에 불이익이 되는 조치를 취하겠다고 고지하거나 공표하는 것과 같이 소비자불매운동의 일환으로 이루어지는 것으로 볼 수 있는 표현이나 행동이 정치적 표현의 자유나 일반적 행동의 자유 등의 관점에서도 전체 법질서상 용인될 수 없을 정도로 사회적 상당성을 갖추지 못한 때에는 그 행위 자체가 강요죄나 공갈죄에서 말하는 협박의 개념에 포섭될 수 있으므로, 소비자불매운동 과정에서 이루어진 어떠한 행위가 강요죄나 공갈죄의 수단인 협박에 해당하는지 여부는 해당 소비자불매운동의 목적, 불매운동에 이르게 된 경위, 대상 기업의 선정이유 및 불매운동의 목적과의 연관성, 대상 기업의 사회·경제적 지위와 거기에 비교되는 불매운동의 규모 및 영향력, 대상 기업에 고지한 요구사항과 불이익 조치의 구체적 내용, 그 불이익 조치의 심각성과 실현가능성, 고지나 공표 등의 구체적인 행위 태양, 그에 대한 상대방 내지 대상 기업의 반응이나 태도 등 제반 사정을 종합적·실질적으로 고려하여 판단하여야 한다."[123]라고 판시하였다.

66 헌법재판소 역시, "헌법 제124조는 '국가는 건전한 소비행위를 계도하고 생산품의 품질향상을 촉구하기 위한 소비자보호운동을 법률이 정하는 바에 의하여 보장한다.'라고 규정하고 있는바, 헌법이 보장하는 소비자보호운동이란 '공정한 가격으로 양질의 상품 또는 용역을 적절한 유통구조를 통해 적절한 시기에 안전하게 구입하거나 사용할 소비자의 제반 권익을 증진할 목적으로 이루어지는 구체적 활동'을 의미한다. 위 소비자보호운동의 일환으로서, 구매력을 무기로 소비자가 자신의 선호를 시장에 반영하려는 시도인 소비자불매운동은 모든 경우에 있어서 그 정당성이 인정될 수는 없고, 헌법이나 법률의 규정에 비추어 정당하다고 평가되는 범위에 해당하는 경우에만 형사책임이나 민사책임이 면제된다고 할 수 있다. 우선, i) 객관적으로 진실한 사실을 기초로 행해져야 하고, ii) 소비자불매운동에 참여하는 소비자의 의사결정의 자유가 보장되어야 하며,

123 대판 2013. 4. 11, 2010도13774. 본 판결 평석은 우인성, "특정신문사들의 광고주에 대한 소비자불매운동의 법적 한계", 올바른 재판 따뜻한 재판; 이인복 대법관 퇴임기념 논문집, 사법발전재단(2016), 405-467.

iii) 불매운동을 하는 과정에서 폭행, 협박, 기물파손 등 위법한 수단이 동원되지 않아야 하고, iv) 특히 물품 등의 공급자나 사업자 이외의 제3자를 상대로 불매운동을 벌일 경우 그 경위나 과정에서 제3자의 영업의 자유 등 권리를 부당하게 침해하지 않을 것이 요구된다. 이 경우 제3자의 정당한 영업의 자유 기타 권리를 부당하게 제한하거나 위축시키는지 여부는, 불매운동의 취지나 목적, 성격에 비추어 볼 때, 제3자를 불매운동 대상으로 선택해야 할 필요성이 있었는지, 또한 제3자를 대상으로 이루어진 불매운동의 내용과 그 경위 및 정도와 사이에 긴밀한 상관관계가 존재하는지를 기준으로 결정될 수 있을 것이다."라고 판시하였다.[124]

3. 그 밖의 위법성조각사유

(1) 피해자의 승낙

본죄의 경우 피해자의 승낙은 구성요건해당성 자체를 배제하는 양해의 성격을 갖는다.[125] 본죄는 그 보호법익이 의사결정 및 의사실행의 자유로서 피해자의 의사에 반하는 것을 본질적인 불법내용으로 삼고 있으므로 피해자의 승낙이 있는 경우에는 그 의사에 반하는 것이 아니기 때문이다.[126] 67

(2) 정당행위

강요가 정당행위(§ 20)에 해당하는 때에는 위법성이 조각된다. 일본 판례는 원죄(冤罪), 즉 억울하게 죄를 뒤집어썼다고 주장하는 피고인들이 사립탐정을 고용하여 진범인이라는 3명을 자택 등에서 3일 내지 5일 동안 감금하여 자백을 강요한 경우,[127] 차별 규탄을 목적으로 감금하고 자기비판서를 쓰도록 한 경우,[128] 총회꾼이 주주권을 남용하여 주주총회의 의사 진행을 방해한 경우[129]에 정당행위의 성립을 부정하였다. 68

---

124 헌재 2011. 12. 29, 2010헌바54, 407(병합).
125 김성돈, 139; 임웅, 161; 주석형법 [각칙(5)](5판), 266(이헌섭).
126 김성돈, 139.
127 最判 昭和 47(1972). 10. 23. 判時 684·36.
128 大阪高判 昭和 63(1989). 3. 29. 判時 1309·43.
129 東京地判 昭和 50(1975). 12. 26. 刑月 7·11=12·984. 위법성을 검토함에 있어서는 동기·목적, 수단·방법 등의 구체적 상황, 피해법익 등의 사정을 고려하여 법질서 전체의 견지에서 허용되는지 여부를 판단하여야 한다고 판시하였다.

(3) 노동쟁의

69 근로자가 사용자에게 자신의 근로제공을 거부하겠다고 협박하는 등으로 임금인상 또는 근로시간 단축을 강요하는 행위를 하더라도 합법적인 노동쟁의의 범위 내라면 이는 정당행위(법령에 의한 행위)로서 위법성이 조각된다.[130]

70 판례는 근로자의 쟁의행위가 형법상 정당행위가 되기 위한 조건을 제시하고 있다. 즉, 첫째 그 주체가 단체교섭의 주체로 될 수 있는 자이어야 하고, 둘째 그 목적이 근로조건의 향상을 위한 노사 간의 자치적 교섭을 조성하는 데에 있어야 하며, 셋째 사용자가 근로자의 근로조건 개선에 관한 구체적인 요구에 대하여 단체교섭을 거부하였을 때 개시하되 특별한 사정이 없는 한 조합원의 찬성결정 등 법령이 규정한 절차를 거쳐야 하고, 넷째 그 수단과 방법이 사용자의 재산권과 조화를 이루어야 함은 물론 폭력의 행사에 해당되지 아니하여야 한다는 조건을 모두 구비하여야 한다는 것이다.[131]

71 조합원이 아닌 근로자의 해고를 압박할 수단으로 사용자에 대하여 단체행동을 하였다면 이는 위법하다. 학생의 경우 대학과의 관계에서 근로계약을 체결한 것은 아니기 때문에 학생이 자신의 요구를 관철하기 위해 단체행동권에 기한 행위를 한 경우 역시 위법하다.[132]

(4) 자구행위

72 특정행위를 강제하는 행위가 법률에 정한 절차에 따라서는 청구권을 보전할 수 없는 경우에 그 청구권의 실행이 불가능해지거나 현저히 곤란해지는 상황을 피하기 위하여 한 행위로서 상당한 이유가 있는 때에는 자구행위로 그 위법성이 조각될 수 있다(§23①). 다만 그 정도가 자구행위의 정도를 초과할 경우에는, 과잉자구행위로서 그 위법성은 조각되지 않고 그 형을 감경 또는 면제할 수 있을 뿐이다.[133]

---

130 임웅, 161. 한편 김일수·서보학, 105는 근로자의 단결권·단체행동권에 터 잡은 쟁의행위에 수반된 강요행위는 그것이 권리남용에 이르지 않는 한 정당한 권리행사로서 위법성이 조각된다고 하며, 주석형법 [각칙(5)](5판), 265(이헌섭)는 근로자가 근로제공을 거절하겠다고 협박해도 단체행동의 일환으로 이루어진 것이면 합법적인 투쟁수단으로 위법하지 않다고 한다.

131 대판 2001. 10. 25, 99도4837.

132 주석형법 [각칙(5)](5판), 265-266(이헌섭).

133 서울고판 2005. 5. 31, 2005노502. 중소기업체 사장 등이 고의로 부도를 내고 잠적한 거래업자를 찾아내어 감금한 후 약속어음 등을 강취하고 지불각서 등을 강제로 작성하게 한 행위가, 사

Ⅶ. 미 수

본죄의 미수는 처벌한다(§ 324의5). 73

본죄의 실행의 착수시기는 권리행사를 방해하거나 의무 없는 일을 하게 할 의사로 폭행·협박을 하기 시작할 때이고, 그 기수시기는 현실적으로 권리행사가 방해되었거나 의무 없는 일을 행한 시점이다. 따라서 폭행·협박을 하기 시작하였으나 그 행위 자체가 완료되지 않은 경우, 폭행·협박을 하였으나 결과(권리행사방해 또는 의무 없는 일의 이행)가 발생하지 아니한 경우, 강요의 수단(폭행·협박)과 결과(권리행사방해 등) 사이에 인과관계가 없는 경우에는 본죄의 미수에 해당하게 된다.[134] 74

미수의 경우 본조의 법정형은 장기 또는 다액의 1/2까지 감경될 수 있다. 그 감경은 임의적 감경에 해당한다. 75

Ⅷ. 죄수 및 다른 죄와의 관계

1. 죄 수

1개의 강요행위로 수인의 자유를 침해한 때에는 보호법익의 귀속주체인 각 개인별로 법익이 침해되었다고 할 것이므로 그 법익 귀속주체의 수에 상응하는 수개의 본죄가 성립하는데, 이들 사이에는 상상적 경합이 된다.[135] 그리고 타인에게 범죄를 강요한 때에는 그 범죄의 교사와 본죄가 성립하고, 이들 사이에는 상상적 경합이 될 수 있다.[136] 76

기 피해액 상당의 민사상 청구권을 통상의 민사소송절차 등 법정 절차로 보전하기가 사실상 불가능한 경우에 그 청구권의 실행불능 내지 현저한 실행곤란을 피하기 위한 행위로서 상당한 이유가 있으나, 위법성이 조각되는 자구행위의 정도를 초과하였으므로 과잉자구행위에 해당한다고 판시하였다.

134 이재상·장영민·강동범, § 10/13; 주석형법 〔각칙(5)〕(5판), 267(이헌섭).

135 주호노, 282; 주석형법 〔각칙(5)〕(5판), 269(이헌섭).

136 김성돈, 139; 손동권, 176; 오영근, 130; 이재상·장영민·강동범, § 10/16; 임웅, 161; 정성근·박광민, 158(이 가운데 김성돈, 오영근, 임웅, 정성근·박광민은 피강요자의 의사가 제한되는 정도에 그치면 교사와 본죄의 상상적 경합이지만, 저항을 불가능하게 할 정도이면 간접정범과 본죄의 상상적 경합이라고 한다). 한편 이와 달리 본죄는 교사한 범죄에 흡수되거나, 교사한 범죄와 별도로(독립적으로) 논하지 않거나 성립하지 아니하므로, 교사한 범죄의 교사범 또는 간접정범

2. 다른 죄와의 관계

(1) 폭행죄 및 협박죄와의 관계

77 강요의 수단으로 폭행 또는 협박을 행사하였을 경우에, 본죄와 폭행죄 또는 협박죄 사이의 관계에 대하여 폭행죄 또는 협박죄가 본죄와 법조경합의 관계에 있다는 데에는 견해가 일치하나, 구체적으로 그중에서 보충관계에 있다는 입장[137]과 흡수관계에 있다는 입장[138]으로 그 견해가 나뉜다.

(2) 체포·감금죄 및 약취·유인죄와의 관계

78 본죄는 개인의 자유를 보호하는 범죄 가운데 가장 일반적인 범죄이므로, 다른 개인적 자유를 침해하는 범죄와는 일반관계(lex generalis)에 있다. 따라서 다른 개인적 자유를 침해하는 범죄에 해당하는 체포와 감금의 죄, 약취와 유인의 죄가 성립하는 때에는 법조경합의 관계(특별관계)에 의하여 본죄는 따로 성립하지 아니한다.[139] 만일 이러한 다른 개인적 자유를 침해하는 범죄의 기소에도 불구하고 본죄를 같이 기소하였다면, 본죄는 판결이유에서 무죄로 판단이 된다(이유무죄). 그러나 예컨대 감금을 통해 자유의 박탈 이상의 다른 행위를 강요하는 경우에는 감금죄와 본죄의 상상적 경합범이 되는데,[140] 이러한 경우에는 본죄까지 기소되었다고 하더라도 위와 같은 법조경합관계를 들어 이유무죄판결을 해서는 아니 되고, 다만 그 형이 더 무거운 죄의 일죄로만 처벌될 뿐이다.

(3) 강간죄와의 관계

79 강간죄의 경우 폭행 또는 협박의 정도가 상대방의 반항을 억압할 정도에 이를 것이 요구되는데, 만일 폭행 또는 협박이 그 정도에 이르지 못한 경우 본죄가 성립하는지에 대하여는, 강간죄의 일부 구성요건이 흠결된 경우 보충적으로 본죄가 성립한다는 견해[141]가 있다. 그러나 두 죄의 관계를 앞서 보듯이 특별관계 - 일반관계로 보는 이상, 강간미수죄가 성립한다면 강간미수죄만 성립할

만 성립한다는 견해도 있다(백형구, 275; 조준현, 형법각론, 104).

137 김성돈, 139; 김일수·서보학, 106; 손동권, 176; 이재상·장영민·강동범, §10/16.

138 박상기·전지연, 470; 신동운, 862.

139 김성돈, 139; 김일수·서보학, 106; 배종대, §34/13; 손동권, 176; 이재상·장영민·강동범, §10/16; 임웅, 161; 정성근·박광민, 158. 한편, 이를 흡수관계로 파악하는 견해도 있다(조준현, 104).

140 주석형법 〔각칙(5)〕(5판), 267(이헌섭).

141 最判 昭和 45(1970). 1. 29. 刑集 24·1·1.

뿐 본죄는 따로 성립하지 않고, 강간미수죄마저 성립하지 않는다면 비로소 본죄가 성립한다고 해야 할 것이다.[142]

(4) 공갈죄 및 강도죄와의 관계

본죄와 공갈죄(또는 강도죄)의 관계는 본죄가 공갈죄(또는 강도죄)와 법조경합 80
관계에 있다는 데에는 역시 특별한 이견이 없으므로, 공갈죄(또는 강도죄)가 성립하는 경우에는 본죄가 따로 성립하지 않고, 공갈죄(또는 강도죄)가 성립하지 아니한 때에 비로소 본죄가 성립할 뿐이다.[143] 그러나 그 구체적인 내용에 관하여는 특별관계에 있다는 입장[144]과 보충관계에 있다는 입장[145]으로 그 견해가 나뉜다. 판례는 폭력에 의한 권리행사방해를 하고 이를 근거로 계속 갈취행위를 한 때에는 포괄하여 하나의 공갈죄를 구성한다고 한다.[146]

(5) 권리행사방해죄와의 관계

권리행사방해죄를 구성하는 경우라도 본죄가 성립하는 때에는 권리행사방 81
해죄는 본죄에 흡수된다.[147]

(6) 상해죄와의 관계

타인에게 자상행위를 강요한 경우에, 타인을 도구로 이용하여 범죄행위의 82
결과를 발생하게 한 경우가 아니므로 본죄가 성립한다는 견해[148]와, 의사의 억압 아래 자상행위를 하였다면 그 행위는 강요자의 행위로 귀속될 수도 있으므로 상해죄의 간접정범이 된다는 견해[149]가 있다.

142 주석형법 〔각칙(5)〕(5판), 267(이헌섭).

143 名古屋高判 昭和 34(1959). 8. 10. 下刑集 1·8·1744.

144 주석형법 〔각칙(5)〕(5판), 268(이헌섭).

145 배종대, § 34/13.

146 대판 1985. 6. 25, 84도2083. 「피고인이 투자금의 회수를 위해 피해자를 강요하여 물품대금을 횡령하였다는 자인서를 받아낸 뒤 이를 근거로 돈을 갈취한 경우, 피고인의 주된 범의가 피해자로부터 돈을 갈취하는 데에 있었던 것이라면 피고인은 단일한 공갈의 범의 하에 갈취의 방법으로 일단 자인서를 작성케 한 후 이를 근거로 계속하여 갈취행위를 한 것으로 보아야 할 것이므로 위 행위는 포괄하여 공갈죄 일죄만을 구성한다고 보아야 한다.」

147 대판 1999. 4. 9, 98도3336.

148 백형구, 275.

149 주석형법 〔각칙(5)〕(5판), 269(이헌섭).

Ⅸ. 특수강요죄(제2항)

83 특수강요죄는 단체 또는 다중의 위력을 보이거나 위험한 물건을 휴대하여 강요죄를 범함으로써 성립한다. 이는 집단의 위력 또는 위험한 물건을 가지고 강요하는 행위방법상의 위험성이 커져 행위불법이 가중되기 때문에 단순강요죄에 비하여 형이 가중된 범죄이다.

84 이는 종래 폭력행위처벌법(§ 3①)에서 규정되었던 것인데, 헌법재판소의 결정에 따라 2016년 1월 6일 그 규정이 삭제되고, 그 대신에 2016년 1월 6일 개정(법률 제13719호)을 통하여 제324조 제2항으로 신설되었음은 앞서 연혁에서 서술한 바와 같다.

85 '단체 또는 다중의 위력을 보이거나 위험한 물건을 휴대하여'의 의미는 **특수상해죄**(§ 258의2), **특수폭행죄**(§ 261), **특수협박죄**(§ 284), **특수체포·감금죄**(§ 278), **특수주거침입죄**(§ 320), **특수손괴죄**(§ 369①)에서의 의미와 같다. 즉 단체는 공동목적을 가진 다수인의 계속적·조직적 결합체를, 다중은 단체를 이루지 못한 다수인의 집합을 말한다. 구성원의 수에는 특별한 제한이 없으나 특수강요죄가 집단의 위력이라는 행위방법상의 불법성 증대로 인하여 형이 가중된 범죄인 만큼 집단적 위력을 보일 수 있는 정도에는 이르러야 한다.[150] '단체 또는 다중의 위력을 보인다'의 의미는 단체 또는 다중이 사람의 의사를 제압하기에 충분한 세력임을 상대방에게 인식시키는 것이다.

86 '위험한 물건'은 그 물건의 객관적 성질과 사용방법에 따라서는 사람을 살상할 수 있는 물건을 의미한다. 위험한 물건에 해당하는지 여부는 그 물건의 성질과 사용방법을 종합하여 구체적인 경우에 사회통념에 따라 판단되어야 한다. 위험한 물건을 '휴대'한다는 것은 소지를 의미하는데, 이는 반드시 범행 이전부터 몸에 지니고 있어야 하는 것은 아니고 범행현장에 이를 소지하는 경우도 포함한다.[151] 이와 같이 범행현장에 위험한 물건을 몸에 지니거나 소지한 이상 그

150 대판 1961. 1. 18, 4293형상896.

151 대판 1985. 9. 24, 85도1591. 「폭력행위 등 처벌에 관한 법률 제3조 제1항에서 말하는 "흉기 기타 위험한 물건을 휴대하여"라고 함은 반드시 몸에 지니고 다니는 것만을 뜻하는 것이라고 할 수 없으며 범행현장에서 범행에 사용할 의도 하에 이를 소지하거나 몸에 지니는 경우도 포함한다고 해석하여야 할 것이다.」

사실을 피해자가 인식하거나 실제로 범행에 사용하였을 것까지 요구되는 것은 아니다.[152]

X. 처 벌

제1항의 강요죄는 5년 이하의 징역 또는 3천만 원 이하의 벌금에 처하고, 제2항의 특수강요죄는 10년 이하의 징역 또는 5천만 원 이하의 벌금에 처한다. 87

미수범은 처벌한다(§ 324의5). 88

〔김 양 섭〕

152 대판 2004. 6. 11, 2004도2018. 「성폭력범죄의 처벌 및 피해자보호 등에 관한 법률 제6조 제1항 소정의 '흉기 기타 위험한 물건을 휴대하여 강간죄를 범한 자'란 범행 현장에서 그 범행에 사용하려는 의도 아래 흉기를 소지하거나 몸에 지니는 경우를 가리키는 것이고, 그 범행과는 전혀 무관하게 우연히 이를 소지하게 된 경우까지를 포함하는 것은 아니라 할 것이나, 범행 현장에서 범행에 사용하려는 의도 아래 흉기 등 위험한 물건을 소지하거나 몸에 지닌 이상 그 사실을 피해자가 인식하거나 실제로 범행에 사용하였을 것까지 요구되는 것은 아니다.」

第324조의2(인질강요)

사람을 체포·감금·약취 또는 유인하여 이를 인질로 삼아 제3자에 대하여 권리행사를 방해하거나 의무없는 일을 하게 한 자는 3년 이상의 유기징역에 처한다.
[본조신설 1995. 12. 29.]

Ⅰ. 의 의 ········ 68
1. 규정 취지 ········ 68
2. 연 혁 ········ 69
3. 보호법익 및 체계 ········ 70
Ⅱ. 주 체 ········ 70
Ⅲ. 객 체 ········ 71
Ⅳ. 행 위 ········ 71
1. 체포·감금 및 약취·유인 ········ 72
2. 인질로 삼음 ········ 72
3. 강 요 ········ 73
Ⅴ. 실행의 착수 및 기수시기 ········ 73
1. 실행의 착수시기 ········ 73
2. 기수시기 ········ 74
Ⅵ. 고 의 ········ 75
Ⅶ. 죄수 및 다른 죄와의 관계 ········ 75
1. 죄 수 ········ 75
2. 다른 죄와의 관계 ········ 76
Ⅷ. 처 벌 ········ 78
1. 법정형 등 ········ 78
2. 형의 감경 ········ 78

Ⅰ. 의 의

1. 규정 취지

1 본조는 사람을 체포·감금·약취 또는 유인하여 이를 인질로 삼아 제3자에 대하여 권리행사를 방해하거나 의무없는 일을 하게 하는 행위를 처벌하도록 규정하고 있다. 본조는 사람을 체포·감금·약취 또는 유인한 후에 이를 인질로 삼아 체포를 면하려고 하거나 정치범의 석방을 요구하거나 정치적 목적을 달성하려는 범죄를 무겁게 처벌하기 위하여 1995년 형법 개정(1995. 12. 29. 법률 제5057호)에서 인질상해·치상죄, 인질살해·치사죄 등 인질에 관한 죄 및 그 미수범에 관한 처벌규정과 함께 신설되었다. 이러한 인질에 관한 죄는 외국에서 외교관이나 공무원 등을 인질로 삼아 헌법기관이나 관료들에게 특정한 정치적 요구를 관철하거나 범죄인의 석방을 요구하거나 인질의 석방 대가를 요구하는 것과 같은 국제범죄와 테러활동에도 대처하기 위한 의미도 있다.[1]

---

1 이재상·장영민·강동범, 형법각론(13판), § 10/18; 정성근·박광민, 형법각론(전정2판), 159.

2. 연 혁

본죄(인질강요죄)는 인질에 의한 강요(Geiselnahme)를 규정한 독일형법 제239조b, 스위스형법 제185조, 일본개정형법초안 제307조 등 외국의 입법례를 참고하여 신설하였다.[2] 독일형법은 인질납치죄(§ 239b, Geiselnahme)[3]와 인질공갈죄(§ 239a, erpresserischer Menschenraub)를 규정하고 있는데, 대체로 전자가 우리 형법상 본조의 인질강요죄에, 후자가 제336조의 인질강도죄에 대응한다. 일본개정형법초안 제307조[4]는 인질에 의한 강요죄에 대하여 규정하고 있었으나 위 초안은 입법화되지 못하였고, 이와는 별도로 1977년에 인질에 의한 강요행위 등 처벌에 관한 법률(이하, 일본 인질강요처벌법이라 한다.)[5]을 제정하여 인질강요죄를 처벌하고 있다.[6] 2

인질에 관한 범죄는 국제범죄로서의 성격을 띠므로 초국가적인 대처를 위하여 여러 조약들이 마련되어 있는데, 1979년의 인질행위방지협약[7](International Convention against Taking of Hostage), 1973년의 외교관 등 국제적 보호인물에 대한 범죄의 방지 및 처벌에 관한 협약[8](Convention on the Prevention and Punishment of 3

2 법무부, 형법개정법률안 제안이유서(1992. 10), 153.

3 독일형법 제239조b(인질) ① 희생자의 사망 또는 중상해(제224조)에의 협박으로 제3자에게 어떤 행위, 수인 또는 부작위를 강요하기 위하여 타인을 유괴하거나 약취한 자 또는 이러한 행위로 생성된 타인의 상태를 그러한 강요에 이용한 자는 3년 이하의 자유형에 처한다.
② 제239조a 제2항, 제3항을 준용한다.

4 일본 개정형법초안 제307조(인질에 의한 강요) ① 사람을 체포, 감금, 약취 또는 유괴하여 이를 인질로 하여 제3자에게 의무없는 행위를 하게 하거나 권리를 행하지 아니할 것을 요구한 자는 2년 이상의 유기징역에 처한다.
② 전항의 죄의 미수범은 이를 벌한다.
③ 전2항의 죄를 범한 자가 체포, 감금, 약취 또는 유괴된 자를 상해한 때에는 3년 이상의 유기징역에 처한다. 그 결과 그를 사망하게 한 때에는 무기 또는 5년 이상의 징역에 처한다.
④ 제1항 또는 제2항의 죄를 범한 자가 공소제기 전에 체포, 감금, 약취 또는 유괴된 자를 안전한 장소로 해방한 때에는 그 형을 감경한다.

5 일본 인질강요처벌법 제1조(인질에 의한 강요) 2인 이상 공동하여 흉기를 보여 사람을 체포 또는 감금한 자가 그 사람을 인질로 하여 제3자에 대하여 의무없는 행위를 하게 하거나 권리를 행하지 아니할 것을 요구한 때는 무기 또는 5년 이상의 징역에 처한다.

6 일본 인질강요처벌법 해설에 대해서는 池田耕平, "人質による強要行為等の処罰に関する法律について(上), (下)", 法曹時報 30-6, 7, 法曹会(1978) 참조.

7 인질에 의한 범죄에 대하여는 당사국의 처벌의무를 규정하고 있다(협약 § 2). 대한민국에서는 1983년 6월 3일부터 발효되었다.

8 대한민국의 경우 이 협약은 1983년 6월 3일부터 발효되었다.

Crimes against Internationally Projected Persons, including Diplomatic Agents) 등이 있다.

3. 보호법익 및 체계

4 본죄는 체포·감금죄 또는 약취·유인죄와 강요죄의 결합범이다.[9] 따라서 본죄의 보호법익은 인질의 자유, 특히 장소선택의 자유와 피강요자의 의사결정 및 의사실행의 자유이다.[10] 그 보호의 정도는 침해범으로 보호된다.[11]

5 본죄는 인질을 이용하여 강요행위를 하는 점에서 강요죄에 비하여 그 행위불법이 가중된 구성요건이라 할 수 있다.[12] 그러나 인질에 관한 범죄에 있어서는 기본적 구성요건의 성격을 지닌다.[13] 즉, 본죄로 인질을 상해하거나 살해한 때, 인질이 치상하거나 치사한 때에는, 인질상해·치상죄(§ 324의3), 인질살해·치사죄(§ 324의4)로 본죄보다 가중처벌하고 있다.

6 본죄는 그 미수범을 처벌하고 있으며(§ 324의5), 특별한 형감경사유의 규정, 즉 인질을 석방(또는 해방)시킬 경우 그 형을 감경할 수 있도록 하는 석방(해방)감경규정(§ 324의6)이 적용된다.

Ⅱ. 주 체

7 본죄의 주체에 특별한 제한은 없다. 앞서 **강요죄**(§ 324)에서 서술하였듯이 강요죄의 주체에는 특별한 제한이 없었으므로, 결국 체포·감금죄 또는 약취·유인죄의 주체가 될 수 있는 사람이면 누구라도 본죄의 주체가 된다.[14] 체포·감금죄 또는 약취·유인죄의 주체에는 특별한 제한이 없다.

---

9 체포·감금죄 또는 약취·유인죄와 공갈죄의 결합범인 인질강도죄와 대비가 된다.

10 이재상·장영민·강동범, § 10/18; 정웅석·최창호, 형법각론, 397; 주석형법 [각칙(5)](5판), 273(이헌섭).

11 배종대, 형법각론(14판), § 35/2; 이형국·김혜경, 형법각론(2판), 163; 정웅석·최창호, 397; 주호노, 형법각론, 285; 주석형법 [각칙(5)](5판), 273(이헌섭).

12 박상기·전지연, 형법학(총론·각론 강의)(4판), 471; 정영일, 형법강의 각론(3판), 161.

13 정영일, 161.

14 정성근·박광민, 159.

Ⅲ. 객 체

8 본조는 그 처벌대상인 행위를 '사람을 체포·감금·약취 또는 유인하여 이를 인질로 삼아 제3자에 대하여 권리행사를 방해하거나 의무없는 일을 하게 한 행위'로 명시하고 있으므로, 그 문언상 본죄의 행위의 객체는 '체포·감금 등을 하여 인질로 삼는 행위의 객체인 사람'(인질행위의 객체)과 '강요행위의 객체인 제3자'(강요행위의 객체)로서, 양자는 논리·필연적으로 상호 별개의 존재일 수밖에 없다. 즉, 본죄는 2중의 행위의 객체를 필요로 한다. 따라서 인질행위의 객체와 강요행위의 객체가 동일한 경우, 즉 인질에 대하여 강요행위를 한 경우에는 본죄가 성립하지 않고, 다만 체포·감금죄나 약취·유인죄와 강요죄의 경합범이 될 뿐이다.[15] 그리고 강요행위의 객체를 속이기 위하여 인질행위의 객체와 짜고 위장인질을 벌이는 경우에도 인질강요죄는 되지 않는다.[16]

9 인질행위의 객체는 체포·감금 또는 약취·유인하여 인질로 삼을 수 있어야 하므로 자연인인 사람이어야 하고, 사람이면 누구라도 상관없다.

10 한편 강요행위의 객체에 대하여는, ① 강요죄와 마찬가지로 자연인으로서 의사의 자유를 가질 수 있는 사람임을 요한다는 견해[17]와 ② 대한민국에서 발효된 1979년의 인질행위방지협약상 인질강요의 상대방에 법인이 포함됨이 명시된 점 등에 비추어 자연인에 국한되지 않고 국가·공공기관·기업 등의 법인과 법인격 없는 단체도 포함된다는 견해[18]가 대립한다.

Ⅳ. 행 위

11 본죄의 행위는 '체포·감금 또는 약취·유인하여 인질로 삼는 행위'(인질행위)와 '강요행위'라는 2개의 행위로 구성되어 있고, 이 2개의 행위가 있어야 한다. 그 구조상 기본적 행위태양은 아무래도 강요행위에 맞춰져 있고, 인질행위는 그

15 박상기·전지연, 472; 배종대, § 35/4; 임웅, 형법각론(9정판), 164; 정영일, 62.
16 주석형법 [각칙(5)](5판), 273(이헌섭).
17 김일수·서보학, 새로쓴 형법각론(9판), 106; 박상기·전지연, 471-472; 정성근·박광민, 159.
18 김성돈, 형법각론(5판), 141; 배종대, § 35/4; 손동권, 형법각론(3개정판), 177; 이재상·장영민·강동범, § 10/20; 임웅, 62. 일본 인질강요처벌법의 해석에서도 마찬가지이다[池田耕平, "人質による強要行為等の処罰に関する法律について(下)", 法曹時報 30-7, 41].

수단적 행위태양의 성격을 지닌다. 따라서 체포·감금 또는 약취·유인하지 않은 사람이 강요한 때에는 강요죄가 성립할 뿐이고, 본죄는 성립하지 않는다.[19] 체포·감금 또는 약취·유인의 수단에 의하지 않고 강요한 때에도 마찬가지로 강요죄가 성립할 뿐이지, 본죄는 성립하지 않는다.[20]

1. 체포·감금 및 약취·유인

12 체포·감금 또는 약취·유인의 개념은 체포·감금죄, 약취·유인죄[**주해 IX(각칙 6)** 참조]에서의 그것과 같다. 본죄가 성립하기 위해서는 반드시 처음부터 강요의 목적으로 체포·감금 또는 약취·유인하였을 것을 요하지 않는다. 당초 체포·감금 또는 약취·유인할 때에는 인질강요의 생각이 없었으나 나중에 그러한 생각을 갖게 되어도 본죄의 성립에는 지장이 없다.[21] 하지만 인질행위와 강요행위는 기능적·시간적으로 연관성이 있어야 하므로 체포·감금 또는 약취·유인의 상태가 다 끝나 버린 다음 강요행위를 하는 경우에는 본죄는 성립하지 않는다.[22]

2. 인질로 삼음

13 인질은 그 석방을 위한 명시적·묵시적 조건으로서 제3자에 대한 강요의 대상이 되는 사람을 말하므로, '인질로 삼는다'라는 것은 체포·감금·약취 또는 유인된 사람의 생명·신체의 안전에 관한 제3자의 우려를 이용하여 석방이나 생명·신체에 대한 안전을 보장하는 대가로 제3자를 강요하기 위하여 인질의 자유를 구속하는 것을 말한다.[23] 반드시 장소적 이전을 요한다고 볼 것은 아니다.[24] 이때 인질의 생명·신체의 안전에 현실적인 위험이 미치는 경우에 한정되는 것이 아니라, 실제로 안전을 해할 의도가 없더라도 현실적으로 이동의 자유가 침해되어 제3자로서는 외형적으로 생명·신체의 침해가능성을 인식할 수 있

---

19 박상기·전지연, 472; 이재상·장영민·강동범, § 10/20; 정성근·박광민, 159.
20 배종대, § 35/4.
21 김성돈, 142; 김일수·서보학, 107; 배종대, § 35/4; 이재상·장영민·강동범, § 10/20; 정성근·박광민, 160; 정영일, 62.
22 주석형법 [각칙(5)](5판), 274(이헌섭).
23 법무부, 형법개정법률안 제안이유서(1992. 10), 153.
24 정영일, 62.

는 상황이 존재하면 충분하다.[25]

3. 강 요

14 '강요'는 피체포·감금·약취·유인자를 인질로 삼아 제3자의 권리행사를 방해하거나 제3자에게 의무 없는 일을 하게 하는 것을 말한다. 강요죄에서의 강요는 폭행·협박을 수단으로 상대방의 의사실행의 자유를 침해하는 데 반해, 본죄의 강요는 체포·감금·약취·유인을 수단으로 인질을 삼고 제3자의 의사실행의 자유를 침해한다는 점에서 그 차이가 있다. 권리행사를 방해하거나 의무 없는 일을 하게 한다는 의미는 앞서 **강요죄**(§ 324)에서 서술한 바와 같다. 다만, 강요의 내용이 재물이나 재산상 이익의 취득인 경우에는 인질강도죄(§ 336)가 성립한다는 입장도 있다.[26] 본죄의 강요는 그 상대방이 제3자이므로 본죄의 구성요건은 3자 관계(행위자, 인질, 피강요자)를 전제로 한다.[27] 여기의 제3자는 자연인만 해당한다는 견해와 자연인에 국한하지 않고 법인 등도 포함된다는 견해가 대립하고 있음은 앞서 행위의 객체 부분에서 서술한 바와 같다.

V. 실행의 착수 및 기수시기

1. 실행의 착수시기

15 본죄는 미수범도 처벌한다(§ 324의5).

16 그렇다면 과연 본죄의 처벌 여부 자체를 결정짓는 시간적 경계인 '실행의 착수시기'는 언제인지와 관련하여, ① 인질강요의 의사로 체포·감금·약취·유인행위를 개시한 때라는 견해(제1설),[28] ② 체포·감금·약취·유인 후 강요행위가 개시된 때라는 견해(제2설),[29] 그리고 ③ 인질강요의 의사가 존재한 시기를 기준으로 처음부터 존재한 경우에는 체포·감금·약취·유인행위의 개시 시이고, 체

25 松山地判 平成 29(2017). 3. 30. LEX/DB 25545577.

26 정영일, 62.

27 주석형법 [각칙(5)](5판), 274(이헌섭).

28 김일수·서보학, 107; 박상기·전지연, 473; 손동권, 178; 임웅, 164; 정성근·박광민, 161.

29 김성돈, 142; 배종대, § 35/6. 이재상·장영민·강동범, § 10/21; 이형국·김혜경, 162; 정웅석·최창호, 398.

포·감금·약취·유인 후에 비로소 존재하게 된 경우에는 강요행위개시 시라는 견해(제3설)[30]가 대립한다.

17 그 논거로, 제1설은 체포·감금죄 또는 약취·유인죄와 강요죄의 결합범인 본죄의 본질상 선행범죄의 실행착수가 있으면 전체범죄의 실행착수를 인정함이 원칙이고, 인질강요의 의사로서 그 일부인 체포·감금 또는 약취·유인의 행위를 할 때 이미 행위자의 범의가 외부로 명백히 드러나게 되고 그로써 본죄의 보호법익에 대한 밀접한 침해행위가 개시되었다고 볼 수 있으며, 처음부터 인질강요의 고의를 가지고 체포·감금 또는 약취·유인의 행위를 한 것과 그러한 인질강요의 고의 없이 행하는 단순한 체포·감금 또는 약취·유인의 행위는 구별하여야 하고, 만일 이와 달리 강요개시를 기준으로 할 경우에는 처음부터 인질강요의 고의하에 인질의 억류 후 아무리 많은 시간이 경과하더라도 요구사항이 전달되기 전에 인질범이 체포된 경우에는 본죄의 입법취지상 본죄의 미수범으로 처벌하여야 함에도 불구하고 단순 체포·감금죄 또는 약취·유인죄로 처벌할 수밖에 없는 불합리한 점이 발생한다는 점 등을 들고 있다.

18 제2설은 본죄는 인질강요의 의사가 체포 등의 사후에 생긴 경우에도 성립하고, 비록 본죄가 체포·감금죄 또는 약취·유인죄와 강요죄의 결합범이지만 기본적으로 강요죄인 이상 구성요건적 실행행위의 중점은 강요행위에 있으며, 권리행사를 방해하거나 의무 없는 일을 하게 한 때에 본죄의 기수가 되고 이에 이르지 못한 경우에는 미수범으로 처벌되는 것이고, 인질대상이 된 사람의 자유박탈에 대한 인식은 기수의 요건이 아니라는 점 등을 들고 있다.

19 그리고 제3설은 실행의 착수는 행위자의 내심적 의사에 따라 달라지고, 또 그렇게 취급하여야 한다는 점 등을 들고 있다.

20 생각건대, 제2설이 타당하다.

2. 기수시기

21 본죄의 미수와 기수를 구분 짓는 시간적 경계인 그 기수시기가 언제인지에 대하여도, ① 강요행위로 인하여 구성요건적 결과가 발생한 때, 즉 현실적으로

30 오영근, 형법각론(4판), 132; 이상돈, 형법강론(4판), 419; 주석형법 〔각칙(5)〕(5판), 280(이헌섭).

제3자의 권리행사를 방해하거나 제3자가 의무 없는 일을 하게 된 때라는 견해(제1설)[31]와 ② 인질범이 제3자에 대하여 일정한 행위를 하거나 하지 못하도록 시도한 시점(예컨대, 강요의사가 명백하게 표시된 시점이나 제3자에게 도달한 시점 등)이라는 견해(제2설)[32]가 대립한다.

그 논거로 제1설은 본죄가 침해범이므로 강요행위로 인하여 강요의 결과가 발생하여 보호법익의 침해가 발생한 때를 기수로 보아야 하는 점 등을, 제2설은 제3자가 인질범의 요구를 거절한 경우 전자의 견해는 대부분 본죄의 미수범으로밖에 처벌하지 못한다는 불합리한 결과가 발생한다는 점 등을 들고 있다. 22

본죄는 침해범이므로 강요의 결과가 현실적으로 발생하여야 할 것이고, 만일 제2설대로라면 강요행위를 시도하였으나 그 현실적인 결과가 발생하지 아니한 경우까지 본죄의 기수로 처벌하여야 하는데, 이는 본죄를 위험범이 아닌 침해범으로 규정한 본조의 문언에도 반하고, 또 본조의 문언상 요구되는 결과의 발생이 존재하지도 아니하였음에도 불구하고 미수가 아닌 기수로 처벌하도록 하는 셈이 되어 형사법상의 중요한 원칙 중 하나인 자기책임원칙에도 위반된다고 할 것이므로, 제1설이 더 설득력이 있다. 제1설이 다수설의 입장이기도 하다. 23

Ⅵ. 고 의

본죄의 고의로는 체포·감금·약취·유인의 고의뿐만 아니라 인질과 강요에 대한 고의도 있어야 한다. 여기에는 확정적 고의뿐 아니라 미필적 고의도 포함된다. 24

Ⅶ. 죄수 및 다른 죄와의 관계

1. 죄 수

(1) 1개의 인질강요행위로 여러 사람의 권리행사를 방해한 때에는 강요행 25

31 김성돈, 142; 김일수·서보학, 108; 손동권, 178; 신동운, 형법각론(2판), 863; 오영근, 132; 이상돈, 494; 이재상·장영민·강동범, § 10/21; 이형국·김혜경, 163; 임웅, 164; 정성근·박광민, 161; 정웅석·최창호, 399.

32 박상기·전지연, 473.

위의 객체인 사람별로 보호법익이 침해되었다고 할 것이므로 그 수만큼의 본죄가 성립하되, 다만 이들 간에는 상상적 경합이 된다.[33]

26 (2) 여러 사람을 납치하여 인질로 삼고 1인에게 강요행위를 한 때에는 본죄의 1죄만이 성립한다.[34] 동일한 인질로 수회에 걸쳐 강요행위를 한 경우에도 본죄의 1죄만 성립한다는 입장[35]이 있는데, 동일인인 강요행위의 객체에 대하여 수 회의 강요행위를 한 경우를 상정한 것으로 이해된다.

27 (3) 수개의 강요행위로 여러 사람의 권리행사를 방해한 때에는 수개의 본죄가 성립하고, 이들 간에는 실체적 경합이 된다.

2. 다른 죄와의 관계

(1) 본죄와 구성범죄와의 관계

28 결합범인 본죄가 성립하면, 그 구성범죄인 체포·감금죄 또는 약취·유인죄 및 강요죄는 법조경합(보충관계)관계에 있게 되므로 이들 구성범죄의 적용은 배제된다.[36] 체포·감금 또는 약취·유인한 자를 인질로 삼아 재물 또는 재산상 이익을 취득하거나 제3자로 하여금 이를 취득하게 하면 인질강도죄(§ 336)만이 성립한다.

(2) 특별법위반죄와의 관계

29 ① 특정범죄 가중처벌 등에 관한 법률(이하, 특정범죄가중법이라 한다.)은 13세 미만의 미성년자에 대하여 부모나 그 밖에 그 미성년자의 안전을 염려하는 사람의 우려를 이용하여 재물이나 재산상 이익을 취득할 목적 또는 그 미성년자를 살해할 목적으로 약취·유인죄를 범하거나(§ 5의2①), 약취·유인죄를 범한 후 부모나 그 밖에 그 미성년자의 안전을 염려하는 사람의 우려를 이용하여 재물이나 재산상 이익을 취득하거나 이를 요구한 경우 또는 그 미성년자를 살해한 경우

33 배종대, § 35/9; 이상돈, 495; 정웅석·최창호, 399; 주석형법 〔각칙(5)〕(5판), 275(이헌섭). 이와는 달리 1개의 본죄만이 성립한다는 견해도 있다(이형국·김혜경, 163).

34 배종대, § 35/9; 이상돈, 495; 정웅석·최창호, 399; 주석형법 〔각칙(5)〕(5판), 275(이헌섭).

35 배종대, § 35/9.

36 김일수·서보학, 108; 배종대, § 35/9; 정성근·박광민, 161-162. 다만 보충관계가 아닌 특별관계로 파악하는 견해(김성돈, 143), 흡수관계로 파악하는 견해〔백형구, 형법각론(개정판), 278〕도 있다.

또는 그 미성년자를 폭행·상해·감금 또는 유기하거나 그 미성년자에게 가혹한 행위를 한 경우 또는 그 미성년자를 폭행·상해·감금 또는 유기하거나 그 미성년자에게 가혹한 행위를 하여 사망에 이르게 한 경우(§ 5의2②)에는 형을 가중하여 처벌하므로, 그러한 경우에는 특정범죄가중법위반(13세미만 약취·유인, 영리약취·유인등)죄가 성립하고, 본죄가 성립할 여지는 없다.[37]

30 ② 국민보호와 공공안전을 위한 테러방지법(이하, 테러방지법이라 한다.)은 국가·지방자치단체 또는 외국 정부(외국 지방자치단체와 조약 또는 그 밖의 국제적인 협약에 따라 설립된 국제기구를 포함한다)의 권한행사를 방해하거나 의무 없는 일을 하게 할 목적 또는 공중을 협박할 목적으로, 사람을 살해하거나 사람의 신체를 상해하여 생명에 대한 위험을 발생하게 하는 행위 또는 사람을 체포·감금·약취·유인하거나 인질로 삼는 행위를 '테러'의 일종으로 규정하고(§ 2(i) 가목), 테러단체를 구성하는 행위 등을 처벌하고 있다(§ 17).[38] 따라서 테러단체를 구성해서 본죄를 범한 경우에는 테러방지법위반죄와 본죄가 각 성립하고, 두 죄는 실체적 경합관계가 될 것이다.

---

37 주석형법 [각칙(5)](5판), 276(이헌섭).

38 테러방지법 제17조(테러단체 구성죄 등) ① 테러단체를 구성하거나 구성원으로 가입한 사람은 다음 각 호의 구분에 따라 처벌한다.

1. 수괴(首魁)는 사형·무기 또는 10년 이상의 징역
2. 테러를 기획 또는 지휘하는 등 중요한 역할을 맡은 사람은 무기 또는 7년 이상의 징역
3. 타국의 외국인테러전투원으로 가입한 사람은 5년 이상의 징역
4. 그 밖의 사람은 3년 이상의 징역

② 테러자금임을 알면서도 자금을 조달·알선·보관하거나 그 취득 및 발생원인에 관한 사실을 가장하는 등 테러단체를 지원한 사람은 10년 이하의 징역 또는 1억원 이하의 벌금에 처한다.

③ 테러단체 가입을 지원하거나 타인에게 가입을 권유 또는 선동한 사람은 5년 이하의 징역에 처한다.

④ 제1항 및 제2항의 미수범은 처벌한다.

⑤ 제1항 및 제2항에서 정한 죄를 저지를 목적으로 예비 또는 음모한 사람은 3년 이하의 징역에 처한다.

⑥ 「형법」 등 국내법에 죄로 규정된 행위가 제2조의 테러에 해당하는 경우 해당 법률에서 정한 형에 따라 처벌한다.

Ⅷ. 처 벌

1. 법정형 등

31 3년 이상의 유기징역에 처하고, 본죄의 미수범은 처벌된다(§ 324의5).

32 본죄는 입법 취지에 비추어 볼 때 외국인의 국외범도 처벌할 필요가 있지만, 이에 관한 규정은 없다.[39]

2. 형의 감경

33 본죄와 인질상해·치상죄(§ 324의3) 및 그 미수범에 대하여는 독특한 감경사유규정인 석방(해방)감경규정이 적용된다(§ 324의6). 즉, 본죄와 인질상해·치상죄를 범한 자 및 그 미수범이 인질을 안전한 장소로 풀어준 때에는 그 형을 감경할 수 있다. 이는 인질보호를 위한 특별한 형사정책에서 입법된 규정이므로, 중지범(§ 26)과 달리 자의성 여부를 묻지 않고, 기수범에 대해서도 인정하고 있는 만큼 안전한 장소에 대한 석방요건은 가급적 넓게 해석함이 바람직할 것이다.

〔김 양 섭〕

39 일본 인질강요처벌법 제4조는 국외범 규정을 두고 있다.

제324조의3(인질상해·치상)

제324조의2의 죄를 범한 자가 인질을 상해하거나 상해에 이르게 한 때에는 무기 또는 5년 이상의 징역에 처한다.
[본조신설 1995. 12. 29.]

Ⅰ. 의 의 ············ 79
1. 규정 취지 및 내용 ············ 79
2. 보호법익 ············ 80
3. 입법론 ············ 80
Ⅱ. 주 체 ············ 80
Ⅲ. 행위 등 ············ 82
Ⅳ. 처 벌 ············ 82

Ⅰ. 의 의

1. 규정 취지 및 내용

본조는 인질강요죄(§ 324의2)를 범한 자가 인질을 상해하거나 상해에 이르게 하는 행위를 처벌하도록 규정하고 있다. 본죄(인질상해죄·인질치상죄) 중 인질상해죄는 인질강요죄와 상해죄의 결합범, 인질치상죄는 인질강요죄의 결과적 가중범에 해당한다.[1] 즉, 인질강요죄에 인질의 상해 내지 치상이라는 결과적 불법이 가중된 가중구성요건이라 할 수 있다. 인질을 불법한 목적으로 이용하려다가 여의치 않을 때에 인질의 건강을 해하는 행위를 가중처벌하기 위한 것이다. 1

본조는 앞서 인질강요죄(§ 324의2)에서 서술하였듯이 국제적 경향에 맞춰 외국 입법례를 본받아 인질에 관한 죄를 무겁게 처벌하기 위하여 1995년 형법 개정(1995. 12. 29. 법률 제5057호)을 통하여 인질강요죄, 인질살해·치사죄 및 그 미수범에 관한 처벌규정과 함께 신설되었다. 2

본죄는 그 미수범을 처벌하고 있으며(§ 324의5), 특별한 형감경사유의 규정, 즉 인질을 석방시킬 경우 그 형을 감경할 수 있도록 하는 석방(해방)감경규정(§ 324의6)이 적용된다. 3

1 배종대, 형법각론(14판), § 35/10; 이재상·장영민·강동범, 형법각론(13판), § 10/23; 주호노, 형법각론, 286.

2. 보호법익

4 본죄의 보호법익은 인질의 자유, 피강요자의 의사결정 및 의사실행의 자유 그리고 인질의 신체의 안전이다.[2]

3. 입법론

5 본죄와 관련한 입법론도 제기되고 있다. 먼저, ① 본죄의 주체와 관련하여 (본조의 문언상) 인질강요죄의 기수범으로 국한되나, 그 미수범까지 본죄의 주체로 규정하여야 한다는 내용의 입법론,[3] ② 본죄 중 인질상해죄와 인질치상죄에 대해 동일한 형벌을 규정하여 책임주의 위반의 문제가 발생하므로 그 법정형을 달리해야 한다는 입법론,[4] 그리고 ③ 본죄 중 인질치상죄의 미수범 처벌규정과 관련하여, 과실로 중한 결과가 발생한 경우에도 미수범 처벌규정을 둔 것은 그 자체가 입법상의 부주의라거나 또는 해석상 인질치상죄의 미수범의 인정 여부를 두고 혼란이 있으므로 삭제되어야 한다는 입법론[5] 등이 그것이다.[6]

Ⅱ. 주 체

6 본조의 문언에 따르면, 본죄의 주체는 '인질강요죄(§ 324의2)를 범한 자'이다.

7 본죄의 주체가 인질강요죄의 기수범에 국한되는지 아니면 그 미수범도 포함되는지에 대하여는, ① 기수범에 국한된다는 견해[7]와 ② 미수범도 포함된다

2 정성근·박광민, 형법각론(전정2판), 162.

3 오영근, 형법각론(4판), 133. 그 근거는 명확히 밝히고 있지 아니한바, 추측컨대 통상 결과적 가중범을 처벌하는 경우에 있어서 기본범죄의 기수, 미수를 불문하고 실행의 착수 이후 중한 결과가 과실에 의하여 발생한 때에는 결과적 가중범을 인정하는 것을 염두에 둔 것이 아닌가 한다.

4 오영근, 133. 그 근거 역시 명확히 밝히고 있지 않지만, 고의범과 과실범은 그 비난가능성의 정도에 확연한 차이가 있는 만큼 책임이 다를 수밖에 없고 형법상 법정형에 있어서도 달리 취급하고 있으므로, 중한 결과에 대한 고의범인 인질상해죄와 그 과실범인 인질치상죄는 그 법정형이 달라야 한다는 취지로 이해된다. 이러한 법정형의 동일성 측면과 관련하여서는 법관의 양형에 의하여 그 차이가 현실화되어야 한다면서 구체적인 실무운영에서 그 운영의 묘를 살려야 함을 강조하는 입장도 있다[손동권, 형법각론(3개정판), 179].

5 신동운, 형법각론(2판), 864; 오영근, 133.

6 그 밖에도 아무리 결합범 또는 결과적 가중범이라고 하더라도 법정형이 지나치게 높으니 이를 낮추어야 한다는 견해도 있다(배종대, § 35/10).

7 오영근, 133; 주석형법 〔각칙(5)〕(5판), 277(이헌섭).

는 견해[8]가 있다. 그 논거로는, 위 ①의 견해는 본조의 문언상 본죄의 주체를 인질강요죄를 '범한 자'라고 명시하고 있는 점 등을, ②의 견해는 기본범죄가 미수인 경우에도 무거운 결과가 발생한 때에는 결과적 가중범의 기수에 해당하는데 본죄(중 인질치상죄)의 경우 달리 볼 것은 아니라는 점 등을 들고 있다.

다음과 같은 이유로 위 ①의 견해가 타당하다고 생각한다. 8

본조는 본죄의 주체에 관하여 '제324조의2의 죄를 범한 자'라고 명시하고 9
있을 뿐 그 미수범까지 포함한다고 규정하고 있지 않다. 무릇 죄형법정주의의 원칙상 형벌법규는 그 규정내용이 명확하여야 하고, 그 해석에 있어서도 문언의 객관적 의미를 벗어나서는 아니 되며, 처벌의 공백 해소 내지는 필요성은 입법으로 해결함은 별론으로 하고 이를 이유로 피고인 등 그 위반자에게 불리하게 유추해석이나 확장해석을 하여서는 아니 된다. 판례 역시 같은 이유로 성폭력범죄의 처벌 및 피해자보호 등에 관한 법률(1994. 1. 5. 법률 제4702호로 제정된 것)(2010년 4월 15일 성폭력범죄의 처벌 등에 관한 법률 및 성폭력방지 및 피해자보호 등에 관한 법률로 대체) 제9조 제1항[9]의 해석과 관련하여, 해당 죄의 주체는 '같은 법률 제6조의 죄를 범한 자'로 한정되고, 같은 법률 제6조 제1항 미수범까지 포함하는 것으로 해석할 수는 없다고 하였다.[10] 같은 구조 아래 같은 문언 내지 규정형식을 취하고 있는 본조 역시 이와 달리 해석할 것은 아니다. 더군다나 본조와 같은 장(각칙 제37장)에서 규정하면서도 1995년 개정형법을 통해 본조와 같이 신설된 제324조의6(형의 감경)이 그 주체를 '제324조의2 또는 제324조의3의 죄를

---

8 김일수·서보학, 새로쓴 형법각론(9판), 109; 박상기·전지연, 형법학(총론·각론 강의)(4판), 474; 손동권, 179; 신동운, 864; 임웅, 형법각론(9정판), 165; 정성근·박광민, 162; 정영일, 형법강의 각론(3판), 63. 이들은 명확히 그 입장을 표명하거나, 인질강요행위의 기수·미수 여부를 불문한다거나, 또는 인질강요행위의 미수의 경우에도 인질상해죄 또는 인질치상죄가 성립한다고 하여, 본죄의 주체가 인질강요죄의 기수범뿐만 아니라 미수범까지 포함된다는 것을 전제로 하고 있다.

9 성폭력범죄의 처벌 및 피해자보호 등에 관한 법률 제9조(강간등 상해·치상) ① 제6조의 죄를 범한 자가 사람을 상해하거나 상해에 이르게 한 때에는 무기 또는 7년이상의 징역에 처한다.
위 조항은 대판 1995. 4. 7, 95도94 선고 이후인 1998년 8월 22일 위 판결의 취지를 반영하여 "① 제5조제1항, 제6조 또는 제12조(제5조 제1항 또는 제6조의 미수범에 한한다)의 죄를 범한 자가 사람을 상해하거나 상해에 이르게 한 때에는 무기 또는 7년이상의 징역에 처한다."고 개정되었다.

10 대판 1995. 4. 7, 95도94. 본 판결 평석은 오영근, "형벌법규의 해석", 형사판례연구 〔4〕, 한국형사판례연구회, 박영사(1996), 200-212.

범한 자 및 그 죄의 미수범'라며 이를 분리하여 규정하면서도 본조(§ 324의3)에서는 '제324조의2의 죄를 범한 자'라고만 규정한 것은 본죄의 주체를 기수범으로만 하겠다는 입법자의 결연한 의지라고 할 수 있으므로 이를 존중할 필요가 있다.

10　위 ①의 견해를 취할 경우, 인질강요죄의 미수범이 인질을 상해하거나 상해에 이르게 한 때에는 본죄가 성립하지 않고 인질강요미수죄와 상해죄 또는 과실치상죄의 경합범이 된다.[11]

Ⅲ. 행위 등

11　본조는 그 행위를 '인질을 상해하거나 상해에 이르게 한 때'로 규정하고 있으므로, 본죄의 행위는 인질상해 또는 인질치상이며, 본죄의 객체는 그러한 행위의 대상인 인질이다. 상해는 그 결과에 대한 고의가 있는 경우이고, 치상은 그 과실(특히 예견가능성)이 있는 경우인데, 이러한 상해, 치상의 결과는 인질강요의 기회에 발생되어야 한다. 즉, 인질강요와 시간적·장소적 관련성이 있어야 한다. 그 밖에 상해, 치상에 대하여는 **상해죄**, **과실치상죄**에서의 그것과 같고, 인질에 대하여는 **인질강요죄**에서의 그것과 같다.[12]

12　본죄는 미수범 처벌규정(§ 324의5)이 있다. 본죄 중 인질강요죄와 상해죄의 결합범인 인질상해죄의 미수범이 처벌됨에는 별다른 이견이 없으나, 인질강요죄의 결과적 가중범인 인질치상죄의 경우 그 미수범 처벌이 가능한지 여부를 두고 견해가 나뉜다. 자세한 것은 **제324조의5의 미수범** 부분에서 서술하기로 한다.

Ⅳ. 처 벌

13　무기 또는 5년 이상의 징역에 처한다.

〔김 양 섭〕

---

11 주석형법 〔각칙(5)〕(5판), 278(이헌섭).
12 주석형법 〔각칙(5)〕(5판), 277(이헌섭).

제324조의4(인질살해 · 치사)

제324조의2의 죄를 범한 자가 인질을 살해한 때에는 사형 또는 무기징역에 처한다. 사망에 이르게 한 때에는 무기 또는 10년 이상의 징역에 처한다.
[본조신설 1995. 12. 29.]

Ⅰ. 의의 등 ······83 | Ⅱ. 처 벌 ······84

Ⅰ. 의의 등

(1) 본조는 인질강요죄(§ 324의2)를 범한 자가 인질을 살해하거나 사망에 이르게 하는 행위를 처벌하도록 규정하고 있다. 본죄(인질살해죄 · 인질치사죄) 중 인질살해죄는 인질강요죄와 살해죄의 결합범, 인질치사죄는 인질강요죄의 결과적 가중범에 해당한다. 즉, 인질강요죄에 인질의 살해 내지 치사라는 결과적 불법이 가중된 가중구성요건이다. 가중처벌의 입법목적은 앞서 인질상해 · 치상죄에서 서술한 바와 같고, 그 보호법익은 인질의 자유, 피강요자의 의사결정 및 의사실행의 자유 그리고 인질의 생명이다. 1

(2) 본조 역시 앞서 인질강요죄에서 서술하였듯이 국제적 경향에 맞춰 외국 입법례를 본받아 인질에 관한 죄를 무겁게 처벌하기 위하여 1995년 형법 개정(1995. 12. 29. 법률 제5057호)을 통하여 인질강요죄, 인질상해 · 치상죄 및 그 미수범에 관한 처벌규정과 함께 신설되었다. 2

(3) 본죄는 그 미수범을 처벌하고 있다(§ 324의5). 본죄의 경우 사후중지특례로서 형감경을 규정하는 석방(해방)감경규정(§ 324의6)이 적용되지 않는다는 점에서, 그리고 인질살해죄와 인질치사죄의 법정형을 달리한다는 점(사형의 존부)에서 인질상해 · 치상죄의 경우와 다르다. 본죄가 이처럼 석방(해방)감경규정의 적용배제 이유로는 이미 인질이 사망하였기 때문(에 당연한 귀결)이라거나[1] 미수에 그친 경우에는 인질을 살해하려고 실행에 착수한 것과 인질을 안전한 장소로 풀어주 3

1 손동권, 형법각론(3개정판), 180; 신동운, 형법각론(2판), 865.

는 것은 양립할 수 없기 때문임[2]이 언급되고 있다.

4 (4) 본죄와 관련하여, 본죄 중 인질치사죄의 미수범 처벌규정은 입법상의 부주의이므로 삭제되어야 한다거나,[3] 석방(해방)감경규정은 본죄의 미수범의 경우에도 그 적용을 배제하고 있으나 그 입법취지에 비추어 볼 때 본죄의 미수범에는 그 적용이 있도록 하여야 한다거나,[4] 그 법정형이 지나치게 높으니 이를 낮추어야 한다는 취지의 입법론이 제기되고 있다.

5 (5) 그 이외의 사항은 앞서 **제324조의3의 죄(인질상해 · 치상죄)**에서 서술한 바와 같다.

Ⅱ. 처 벌

6 인질살해죄는 사형 또는 무기징역에 처하고, 인질치사죄는 무기 또는 10년 이상의 징역에 처한다.

〔김 양 섭〕

2 신동운, 865.
3 신동운, 865.
4 김성돈, 형법각론(5판), 144; 손동권, 180.

제324조의5(미수범)

제324조 내지 제324조의4의 미수범은 처벌한다.

[본조신설 1995. 12. 29.]

Ⅰ. 의 의 ······ 85
Ⅱ. 각 죄별 미수범 ······ 85
1. 강요죄·특수강요죄의 미수 ······ 85
2. 인질강요죄의 미수 ······ 85
3. 인질상해·치상죄 및 인질살해·치사죄의 미수 ······ 86
Ⅲ. 처 리 ······ 88

Ⅰ. 의 의

1 본조는 강요죄·특수강요죄(§ 324①, ②), 인질강요죄(§ 324의2), 인질상해·치상죄(§ 324의3), 인질살해·치사죄(§ 324의4)의 미수범을 처벌하도록 규정하고 있다. 미수범의 처벌규정인 본조는 미수범을 상정할 수 없는 위험범인 권리행사방해죄(§ 323)를 제외하였다. 본조는 1995년 12월 29일 형법 개정 당시 신설되었다.

Ⅱ. 각 죄별 미수범

1. 강요죄·특수강요죄의 미수

2 종전에는 강요죄의 미수에 관한 처벌규정이 없어 폭행·협박을 하였으나 권리행사를 방해하지 못하였거나 양자 사이에 인과관계가 없을 때에는 폭행죄 또는 협박죄가 될 뿐이었는데, 1995년 12월 29일 형법 개정을 통하여 강요죄의 미수범 처벌규정이 신설됨에 따라 이제는 강요죄의 미수가 성립할 수 있게 됐다.

3 그 밖의 사항은 **제324조(강요죄) VII.** 부분에서 서술하였으므로 참조.

2. 인질강요죄의 미수

4 미수는 그 개념상 해당 범죄의 실행착수 이후로서 기수에 이르지 아니한 상태를 상정하므로, 그 실행착수시기와 기수시기가 언제인지를 특정할 필요가

있다. 인질강요죄의 미수의 경우에는 실행착수시기와 기수시기에 관하여 학설이 팽팽히 대립하는바, 자세한 내용은 앞서 **제324조의2(인질강요죄) IV. 4.** 부분에서 서술한 바와 같다.

5 다만 그 기수시기에 관하여 다수설의 입장과 같이 강요행위로 인하여 구성요건적 결과가 발생한 때, 즉 현실적으로 제3자의 권리행사를 방해하거나 제3자가 의무 없는 일을 하게 된 때라는 견해를 취할 경우에, 인질강요죄의 미수는 인질강요의 의사로 체포·감금 또는 약취·유인을 하였으나 인질로 삼지 못한 경우, 인질행위는 성공하였으나 권리행사를 방해하거나 의무 없는 일을 하게 하지 못한 경우, 권리행사를 방해하려 하거나 의무 없는 일을 하게 하려는 강요행위는 하였으나 그 결과발생이 이루어지지 않은 경우, 결과발생은 이루어졌으나 인질행위·강요행위와의 인과관계가 없는 경우 등에 성립한다.[1]

3. 인질상해·치상죄 및 인질살해·치사죄의 미수

(1) 인질상해·살해죄의 미수

6 인질상해죄의 미수는 인질강요범이 인질에게 상해를 가하려 하였으나 그 결과가 발생하지 않은 경우이고, 인질살해죄의 미수는 인질강요범이 인질을 살해하려 하였으나 그 결과가 발생하지 않은 경우이다. 이들 죄의 미수의 성립에 있어서도 인질강요죄의 기수, 미수를 따지지 아니하는지 여부에 대하여 논의가 있다. 이는 인질상해죄의 미수 또는 인질살해죄의 미수의 주체에 인질강요죄의 기수범뿐만 아니라 미수범까지도 포함되는지 여부와 직결되는 문제이다.

7 이에 관하여 이를 긍정하는 입장이 다수설인 듯하다. 그러나 앞서 **제324조의3(인질상해·치상죄) II.** 부분에서 이미 서술한 바와 같이 이를 부정함이 타당하다고 할 것이다.[2] 이러한 입장에서는 인질강요죄가 미수인 경우, 인질강요미수죄와 상해미수죄의 경합범 또는 인질강요미수죄와 살해미수죄의 경합범이 성립

---

1 주석형법 [각칙(5)](5판), 280(이헌섭).

2 물론 앞서 **제324조의3(인질상해·치상죄) II.** 부분에서 서술한 바는, 인질상해·치상죄의 주체가 인질강요죄의 기수범에 국한되는지 아니면 그 미수범도 포함하는지 여부, 즉 인질상해·치상죄의 성립에 있어서 인질강요죄의 기수, 미수를 불문하는지 여부에 관한 것이었다. 그렇지만 인질상해·치상죄이든 인질살해죄의 미수이든 같은 쟁점에 관한 논의의 범주에 해당하므로, 그 견해와 서술내용은 같다고 할 수 있다.

한다고 할 수 있다.

(2) 인질치상·치사죄의 미수

인질치상죄의 미수 또는 인질치사죄의 미수가 과연 가능한지에 대하여, 학설은 ① 이를 긍정하는 견해[3]와 ② 이를 부정하는 견해[4]로 그 입장이 나뉜다. 8

위 ①의 긍정설은 본조가 인질치상죄 또는 인질치사죄의 미수도 처벌한다고 규정하고 있다는 점 등을, ②의 부정설은 결과적 가중범의 미수는 존재하지 아니한다는 점 등을 각 근거로 한다. 9

위 ①의 긍정설은 인질치상죄 또는 인질치사죄의 미수는 과실로 상해 또는 사망의 결과가 발생하였으나 강요행위가 미수에 그친 경우를 의미한다고 한다. 그러나 ⓐ 인질치상죄 또는 인질치사죄는 결과적 가중범, 그중에서도 중한 결과가 과실에 의하여 발생하는 진정결과적 가중범인 만큼 그 성질상 고의범을 전제로 한 미수의 개념을 상정하기 어려울 뿐만 아니라, ⓑ 긍정설이 인질상해죄 또는 인질살해죄의 경우에는 기본범죄인 인질강요죄의 기수·미수에 상관없이 상해 또는 살해의 기수·미수 여부로 미수범 여부를 결정한다고 하면서, 인질치상죄 또는 인질치사죄의 경우에는 상해 또는 사망의 기수결과가 발생하였음에도 기본범죄가 미수인 경우를 미수로 보는 것[5]은 논리적 근거 내지 일관성이 박약하고, ⓒ 앞서 보듯이 인질강요죄가 미수인 경우에 반드시 인질치상죄 또는 인질치사죄의 미수가 된다고 해석할 수도 없으며, ⓓ 1992년의 형법 개정안 제안이유서도 결과적 가중범의 미수를 처벌할 수 없다는 것이 이론상 당연한 것임을 전제로 본조는 인질강요죄와 고의범인 상해죄 또는 살해죄의 결합범인 인질상해죄 또는 인질살해죄의 미수범을 처벌하기 위한 취지임을 밝히고 있는 것[6]에 비춰 보면, 인질치상죄 또는 인질치사죄를 미수범 처벌대상으로 규정한 것은 단순한 입법상 부주의라고밖에 볼 수 없으므로, 위 ②의 부정설이 타당 10

3 박상기·전지연, 형법학(총론·각론 강의)(4판), 474; 배종대, 형법각론(14판), § 35/10; 손동권, 형법각론(3개정판), 179; 임웅, 형법각론(9정판), 165; 정영일, 형법강의 각론(3판), 63.

4 김성돈, 형법각론(5판), 144; 김일수·서보학, 새로쓴 형법각론(9판), 109; 신동운, 형법각론(2판), 864; 이형국·김혜경, 형법각론(2판), 164; 정성근·박광민, 형법각론(전정2판), 162; 정웅석·최창호, 형법각론, 400.

5 박상기·전지연, 474; 손동권, 179; 임웅, 165; 정영일, 63.

6 법무부, 형법개정법률안 제안이유서(1992. 10), 149·154·159.

하다고 생각한다.[7]

11 이와 같은 위 ②의 부정설의 입장을 취할 경우, 인질강요죄의 미수범이 과실로 상해를 입히거나 사망에 이르게 한 경우에는 인질강요미수죄와 과실치상죄 또는 과실치사죄의 실체적 경합이 된다.[8]

Ⅲ. 처 리

12 미수의 경우 각 죄의 정한 형을 감경할 수 있다. 즉, 그 장·단기 또는 다액의 1/2까지 감경할 수 있다. 이는 임의적 감경사유에 해당한다.

〔김 양 섭〕

7 주석형법 〔각칙(5)〕(5판), 282(이헌섭).
8 주석형법 〔각칙(5)〕(5판), 282(이헌섭).

제324조의6(형의 감경)
제324조의2 또는 제324조의3의 죄를 범한 자 및 그 죄의 미수범이 인질을 안전한 장소로 풀어준 때에는 그 형을 감경할 수 있다.
[본조신설 1995. 12. 29.]

Ⅰ. 의 의 ················· 89
Ⅱ. 요건·적용대상범죄 등 ················· 89
Ⅲ. 처 리 ················· 91

Ⅰ. 의 의

1 본조는 인질강요죄(§ 324의2), 인질상해·치상죄(§ 324의3)를 범한 자 및 그 미수범이 인질을 안전한 장소로 풀어준 때에는 그 형을 감경할 수 있도록 규정하고 있다. 이는 이미 인질강요죄와 인질상해·치상죄의 기수에 이르러 돌이킬 수 없는 상황에 있는 행위자 또는 인질강요가 미수에 그쳤거나 인질상해가 미수에 그친 행위자에게 중지의 유혹을 줌으로써 인질을 보호하고자 하는 형사정책적 목적을 가진 규정[1] 또는 그런 목적에서 특별히 유치된 중지미수규정[2]이다. 석방(해방)감경규정이라고도 한다.

2 본조는 인질강요죄, 인질상해·치상죄 등 인질범죄에 관한 규정이 신설된 1995년 12월 29일 형법 개정 당시 같이 신설되었다.

Ⅱ. 요건·적용대상범죄 등

3 본조가 정하는 형의 감경, 즉 석방감경을 위해서는 인질을 안전한 장소로

1 이재상·장영민·강동범, 형법각론(13판), § 10/22; 정성근·박광민, 형법각론(전정2판), 161; 주석형법 〔각칙(5)〕(5판), 284(이헌섭). 이러한 측면을 고려하여 임의적 감경사유가 아닌 필요적 감경사유로 개정해야 한다는 입법론도 제기되고 있다〔백형구, 형법각론(개정판), 276; 진계호, 형법각론(5판), 170〕.

2 배종대, 형법각론(14판), § 35/8.

풀어주면 충분하고, 인질석방에 자의성을 요하는 것은 아니다. 여기서 '안전한 장소'란 인질이 안전하게 자유를 회복하고 있다고 인정되는 장소로서, 그 안정성 유무는 단순히 지리적 위치만이 아니라, 석방의 시각, 석방의 구체적 방법 외에 인질의 지능, 연령, 건강상태 등 일신적 사정도 함께 고려해서 판정해야 할 것이다.[3] '풀어준 때'라 함은 인질에 대한 범인의 실력적 지배를 제거해서 그 행동의 자유를 회복하는 것을 의미한다.[4]

4 인질강요죄나 인질상해·치상죄의 기수가 된 이후에 석방한 경우라도 그 감경이 가능하다. 인질을 안전한 장소로 풀어주는 석방행위가 있고 난 뒤에 인질이 만나게 되는(그 석방행위 이전의 행위와 인과관계가 없는) 불행한 사태는 본조 소정의 형의 감경에 영향을 미치지 않는다.[5] 본조의 감경은 필요적 감면이 아닌 임의적 감경사유에 해당한다.[6] 이처럼 자의성을 요하지 않고, 기수 이후의 중지에도 가능하며, 임의적 감경사유에 해당한다는 점에서, 중지미수(§ 26)와는 구별된다.

5 이러한 안전한 장소에 대한 석방의 요건은 가급적 넓게 해석하는 것이 입법취지에 부합하다는 견해도 있다. 이러한 입장에서는 예컨대 인질에게 석방을 통고하거나 자기 발로 걸어 나가게 하거나, 또는 인질의 탈출을 묵인하는 소극적 부작위에 의한 경우도 여기에 해당하는 것으로 보아야 한다는 것이다. 그렇지 않고서는 본조의 형사정책적인 목적을 달성할 수 없기 때문이라고 한다.[7]

6 본조의 적용대상인 범죄는 인질강요죄, 인질상해·치상죄 및 그 미수죄로 국한되며, 인질살해·치사죄 및 그 미수죄는 여기에 해당하지 않는다. 이는 인

---

3 정웅석·최창호, 형법각론, 400. 일본 판례도 약취, 유괴 및 인신매매의 죄와 관련된 제228조의2(해방에 의한 형의 감경)에서의 '안전한 장소'에 대하여 "피유괴자가 안전하게 구출되었다고 인정되는 장소를 의미하는 것으로, 해방장소의 위치, 상황, 해방의 시간, 방법, 피유괴자를 그 자택 등에 복귀시키기 위하여 범인이 강구한 조치의 내용, 그 밖에 피유괴자의 연령, 지능 정도, 건강상태 등 제반 요소를 고려하여 판단하여야 한다."고 판시하였다[最決 昭和 54(1979). 6. 26. 刑集 334·364].

4 정웅석·최창호, 400.

5 배종대, § 35/8.

6 대판 2021. 1. 21, 2018도5475(전).

7 배종대, § 35/8. 위 (주 3)의 일본 판결도 "'안전'의 의의를 너무 좁게 해석해서는 안 되고, 피유괴자가 근친자 및 경찰당국 등에 의하여 구출되기까지 사이에 구체적·실질적인 위험에 노출될 우려가 없는 것을 의미하며, 막연한 추상적인 위험이나 단순한 불안감 내지 위구감이 있다는 것만으로 바로 안전성을 결하였다고 할 수는 없다고 해석하는 것이 상당하다."고 판시하고 있다.

질살해·치사죄 및 그 미수죄는 이미 인질이 사망하였기 때문이거나(따라서 본조의 인질을 안전한 장소로 풀어준 때에 해당할 수 없다) 또는 인질을 살해하려고 실행에 착수한 것과 인질을 안전한 장소로 풀어주는 것은 양립할 수 없기 때문이라고 한다.[8] 다만 인질살해죄의 미수의 경우에도 본조의 적용을 배제하는 것은 입법목적을 고려할 때 의문이라거나,[9] 본조의 형의 감경이 있어도 무방하다는 입법론[10]이 제기되고 있다.

Ⅲ. 처 리

인질강요죄, 인질상해·치상죄 및 그 미수죄의 형을 감경할 수 있다. 7

형을 감경할 수 있다는 의미는 **제324조의5(미수범) III.** 부분에서 서술한 바 8
와 같다.

〔김 양 섭〕

8 신동운, 형법각론(2판), 865.
9 주석형법 〔각칙(5)〕(5판), 284(이헌섭).
10 손동권, 형법각론(3개정판), 180.

第325条(점유강취, 준점유강취)

① 폭행 또는 협박으로 타인의 점유에 속하는 자기의 물건을 강취(強取)한 자는 7년 이하의 징역 또는 10년 이하의 자격정지에 처한다.

② 타인의 점유에 속하는 자기의 물건을 취거(取去)하는 과정에서 그 물건의 탈환에 항거하거나 체포를 면탈하거나 범죄의 흔적을 인멸할 목적으로 폭행 또는 협박한 때에도 제1항의 형에 처한다.

③ 제1항과 제2항의 미수범은 처벌한다.

[전문개정 2020. 12. 8.]

구 조문

第325条(점유강취, 준점유강취) ① 폭행 또는 협박으로 타인의 점유에 속하는 자기의 물건을 강취한 자는 7년 이하의 징역 또는 10년 이하의 자격정지에 처한다.

② 타인의 점유에 속하는 자기의 물건을 취거함에 당하여 그 탈환을 항거하거나 체포를 면탈하거나 죄적을 인멸할 목적으로 폭행 또는 협박을 가한 때에도 전항의 형과 같다.

③ 전2항의 미수범은 처벌한다.

Ⅰ. 점유강취죄(제1항) ··· 92
1. 의의 및 보호법익 ··· 92
2. 객 체 ··· 93
3. 행 위 ··· 94
4. 주관적 구성요건 ··· 94
5. 다른 죄와의 관계 ··· 94
Ⅱ. 준점유강취죄(제2항) ··· 95
1. 의의 및 보호법익 ··· 95
2. 주체 및 객체 ··· 95
3. 행 위 ··· 95
4. 주관적 구성요건 ··· 96
Ⅲ. 미수범(제3항) ··· 96
1. 점유강취죄의 미수 ··· 96
2. 준점유강취죄의 미수 ··· 96
Ⅳ. 처 벌 ··· 97

Ⅰ. 점유강취죄(제1항)

1. 의의 및 보호법익

1 본죄(점유강취죄)는 폭행 또는 협박으로 타인의 점유에 속하는 자기의 물건을 강취함으로써 성립하는 범죄이다. 그 보호법익은 타인의 자유권 그리고 타인의

소유권 이외의 재산권(제한물권과 채권)이며,[1] 그 보호의 정도는 침해범이다(통설).[2]

2. 객 체

본죄의 객체는 타인의 점유에 속하는 자기의 물건이다. 따라서 물건이 아닌 전자기록등 특수매체기록은 본죄의 객체에 해당하지 아니한다.[3] 물건으로서 타인의 점유에 속하는 한, 동산·부동산을 불문한다. 저당권의 목적이 된 부동산은 저당권의 성질상 타인의 점유에 속한다고 할 수 없어 이 역시 본죄의 객체가 되지 아니한다.[4] 한편, 공무소의 명에 의하여 타인이 간수하는 자기의 물건 역시 본죄의 객체가 된다. 즉, 공무소의 명에 의하여 타인이 간수하는 자기의 물건을 폭행·협박으로 강취한 경우에는 본죄가 성립하지, 공무상보관물무효죄(§ 142)가 성립하지 않는다. 왜냐하면 그 구성요건적 행위가 공무상보관물무효죄의 경우에는 '손상 또는 은닉하거나 기타 방법으로 그 효용을 해하는 것'인 데 반해, 본죄의 경우 '폭행·협박으로 강취하는 것'으로 서로 다르기 때문이다.[5] 2

3 한편, 본죄가 자기 소유의 물건을 객체로 한다는 점에서 제323조의 권리행사방해죄와 공통점을 갖는다. 그러나 권리행사방해죄는 타인의 '점유'의 목적이

1 임웅, 형법각론(9정판), 594; 홍영기, 형법(총론과 각론), § 93/11. 학설은 타인의 자유(권)와 소유권 이외의 재산권이라는 데에는 대체로 특별한 이견이 없으나, 그 구체적인 내용에 관하여는 약간씩은 차이가 있다. 즉 자유권과 제한물권이라거나[김일수·서보학, 새로쓴 형법각론(9판), 427; 주석형법 [각칙(5)](5판), 285(이헌섭)], 사람의 자유(의사결정의 자유와 신체의 자유)와 제한물권이라거나[김성돈, 형법각론(5판), 514; 정성근·정준섭, 형법강의 각론(2판), 366; 최호진, 형법각론, 657], 사람의 자유(신체의 건전성 또는 의사결정의 자유)와 제한물권이라고 한다[정성근·박광민, 형법각론(전정2판), 535].

2 김혜정·박미숙·안경옥·원혜욱·이인영, 형법각론(3판), 495; 정웅석·최창호, 형법각론, 761; 주석형법 [각칙(5)](5판), 285(이헌섭).

3 정영일, 형법강의 각론(3판), 267. 이와 달리 특수매체기록은 본죄의 행위의 객체인 물건에 해당한다는 입장[신동운, 형법각론(2판), 851]이 있으나, 본조와 같은 장에 속하는 제323조(권리행사방해)에는 특수매체기록이 '물건 또는'이라는 연결로서 설시된 것에 비추어 볼 때, 이와 같은 입장에 동조하기는 어렵다.

4 주석형법 [각칙(5)](5판), 285(이헌섭).

5 그 이유의 설명에 있어 다소간의 (표현상) 차이가 있다. 즉, 제142조가 이러한 경우를 예상하고 있지 않기 때문이라거나[이재상·장영민·강동범, 형법각론(13판), § 24/15; 주석형법 [각칙(5)](5판), 285(이헌섭)], 제142조는 폭행·협박을 수단으로 하는 경우를 포함하지 않기 때문이라거나(김일수·서보학, 427; 정성근·박광민, 535), 제142조의 실행행위는 손상·은닉 등의 방법이지만 본죄의 실행행위는 폭행·협박으로 강취하는 것이고 본죄의 형벌이 더 무겁기 때문이라고도 한다[오영근, 형법각론(4판), 435].

된 물건 이외에 타인의 '권리'의 목적이 된 물건도 객체에 포함되는 반면에, 본죄는 타인의 '점유'의 목적이 된 물건만이 객체에 포함된다. 그리고 권리행사방해죄는 미수범을 처벌하지 않는 반면에 본죄는 미수범까지 처벌하고, 권리행사방해죄의 경우 친족상도례의 특례가 적용되는 반면에 본죄의 경우 그 특례가 적용되지 않는다는 점에서 차이가 있다.[6]

3. 행 위

4 본죄의 행위는 폭행·협박하여 강취하는 것이다.

5 그 객체가 자기 소유의 물건이라는 것 이외에는 강도죄의 그것과 같다고 할 수 있다. 그래서 '자기 물건에 대한 강도죄'라고도 한다. 다만 그 객체가 자기 소유의 물건이므로 불법영득의 의사가 별도로 필요하지 아니하며, 오로지 물건만이 그 객체에 해당할 뿐이지 재산상 이익은 여기에 해당하지 아니한다는 점 등에서 강도죄와 다르다. 여기서의 폭행·협박은 강도죄에서와 같이 상대방의 의사를 억압할 정도의 것이어야 한다.

4. 주관적 구성요건

6 본죄의 고의는 객체와 행위에 대한 인식과 용인이다. 미필적 고의로도 충분하다. 위에서 서술하였듯이 자기 소유의 물건을 대상으로 하므로 타인의 물건을 그 권리자를 배제하고 자기의 소유물과 같이 그 경제적 용법에 따라 이용·처분하고자 하는 의사인 불법영득의사는 요하지 않는다.

5. 다른 죄와의 관계

7 본죄를 범하여 사람에게 사상의 결과를 발생시킨 경우에는 강도치사·상죄와 같은 규정이 없으므로 본죄 이외에 폭행치상죄 또는 폭행치사죄가 별도로 성립하고, 이들 죄 사이에는 상상적 경합이 된다.[7] 이런 점에서 점유강취 등 치

6 신동운, 851.

7 김성돈, 514; 김신규, 형법각론 강의, 554; 박찬걸, 형법각론(2판), 620; 정성근·정준섭, 366; 정웅석·최창호, 766. 이와 달리 두 죄의 관계는 실체적 경합관계라는 견해도 있으나(정성근·박광민, 535), 폭행이라는 수단이 본죄 및 폭행치사·상죄 모두에 해당하기 때문에 상상적 경합범으로 봄이 타당하다.

사·상죄를 신설하는 것이 바람직하다는 입장(입법론)이 제기되고 있다.[8]

Ⅱ. 준점유강취죄(제2항)

1. 의의 및 보호법익

본죄(준점유강취죄)는 타인의 점유에 속하는 자기의 물건을 취거하는 과정에 서 그 물건의 탈환을 항거하거나 체포를 면탈하거나 범죄의 흔적을 인멸할 목적으로 폭행 또는 협박한 때에 성립하는 범죄이다. 그 보호법익 역시 점유강취죄와 마찬가지로 타인의 자유권 그리고 타인의 소유권 이외의 재산권이며, 그 보호의 정도는 침해범이다. 8

2. 주체 및 객체

본죄의 주체는 취거자(타인의 점유에 속하는 자기의 물건을 취거하는 자)라 할 수 있다.[9] 이때 취거의 미수·기수는 따지지 않는다. 본죄의 객체는 타인의 점유에 속하는 자기의 물건인데, 그 내용은 앞서 **점유강취죄** 부분에서 서술한 바와 같다. 9

3. 행 위

본죄의 행위는 물건을 취거하는 과정에서 폭행 또는 협박하는 것이다. 즉, '취거'와 '폭행 또는 협박'이다. 취거는 물건의 점유를 자기의 지배하로 옮기는 것을 의미한다. 10

객체의 소유권이 행위자에게 있다는 것을 제외하고는 준강도죄(§335)에 대응하는 범죄, 즉 타인의 점유에 속하는 '자기의 물건에 대한 준강도죄'라고 할 수 있다.[10] 폭행 또는 협박의 정도는 준강도죄에서와 같이 상대방의 의사를 억압할 정도의 것이어야 한다. 폭행 또는 협박은 취거하는 과정에서, 즉 취거의 11

8 김일수·서보학, 428; 배종대, 형법각론(14판), §88/1; 정성근·박광민, 535.

9 임웅, 594.

10 김일수·서보학, 428; 손동권, 형법각론(3개정판), 519; 오영근, 435; 이상돈, 형법강론(4판), 498; 이재상·장영민·강동범, §24/16; 임웅, 594.

기회에 행해져야 하므로 취거행위와 폭행·협박 사이에는 시간적·장소적 접근성이 있어야 하는데, 이는 폭행 또는 협박이 취거의 현장이나 추적 중에 행해지면 충분하다.[11]

12 물건의 점유자와 폭행 또는 협박을 받는 사람이 반드시 같은 사람일 것을 요하지는 않는다.[12]

4. 주관적 구성요건

13 본죄는 주관적 구성요건으로 고의 이외에, '물건의 탈환을 항거하거나 체포를 면탈하거나 범죄의 흔적을 인멸할 목적'을 요하는 목적범이다. 그러나 그 목적의 달성 여부는 본죄의 성립에 영향을 주지 않는다. 이러한 목적의 의미 역시 준강도죄의 그것과 같다.

Ⅲ. 미수범(제3항)

14 점유강취죄와 준점유강취죄의 미수범은 처벌한다.

1. 점유강취죄의 미수

15 타인의 점유에 속하는 자기의 물건을 강취할 의사로 그 물건의 점유자에게 폭행 또는 협박을 하였지만 그 물건의 점유를 취득하지 못하는 경우에, 점유강취의 미수죄가 성립할 것이다.[13]

2. 준점유강취죄의 미수

16 준점유강취의 미수죄와 관련하여서는 그 기수·미수의 판단기준에 대하여, ① 취거의 기수·미수를 기준으로 하여야 한다는 견해,[14] ② 폭행·협박의 기수·

11 김일수·서보학, 428; 배종대, § 88/2; 정성근·박광민, 535.

12 김성돈, 514; 김일수·서보학, 428; 배종대, § 88/2; 손동권, 519; 이재상·장영민·강동범, § 24/16.

13 주석형법 〔각칙(5)〕, 287(이헌섭). 이외에도 재물을 취거하였으나 폭행·협박과 점유강취 사이에 인과관계가 없는 경우, 항거불능의 상태에 빠지지 않은 경우도 그 미수에 해당한다는 입장이 있다(김성돈, 514; 임웅, 594).

14 김성돈, 515; 김신규, 555; 김일수·서보학, 428; 배종대, § 88/2; 손동권, 519-520; 이재상·장

미수를 기준으로 하여야 한다는 견해,[15] ③ 취거의 기수·미수 및 폭행·협박의 기수·미수 모두를 기준으로 하여야 한다는 견해[16]가 대립한다.

생각건대, ⓐ 준점유강취죄의 폭행·협박은 물건 취거를 함에 있어 그 탈환 항거, 체포 면탈 또는 범죄흔적 인멸의 목적으로 행해지는 것인 만큼, 궁극적으로는 재물 취거를 하기 위한 것이라고 할 수 있으므로 그 행위태양 내지는 수단의 성격을 갖는 데다가, ⓑ 폭행의 경우 형법상 미수 자체를 처벌하지 않아 미수 개념 자체를 상정할 수 없으며,[17] ⓒ 준점유강취죄의 성립에 요구되는 폭행·협박은 재물취거의 기회에 상대방의 반항을 억압하는 수단으로서 일반적·객관적으로 가능하다고 인정되는 정도의 것이면 되는 것이고 반드시 현실적으로 반항을 억압하였음을 필요로 하는 것은 아니라고 봐야 할 것이고,[18] ⓓ 만약 폭행·협박의 정도가 반항을 억압할 정도에 이르지 못하였다면 차라리 준점유강취죄의 구성요건행위로서 폭행·협박을 부인하는 것이 옳다고 할 것이므로,[19] 위 ①의 견해가 타당하다. 17

Ⅳ. 처 벌

점유강취죄와 준점유강취죄는 7년 이하의 징역 또는 10년 이하의 자격정지에 처한다(§ 325①, ②). 18

두 죄의 미수범은 처벌한다(§ 325③). 19

〔김 양 섭〕

영민·강동범, § 24/17; 정성근·박광민, 535; 정영일, 268; 한상훈·안성조, 형법개론(3판), 600; 주석형법 〔각칙(5)〕(5판), 287(이헌섭).

15 백형구, 형법강의(개정판), 271; 이형국, 형법각론연구 I, 430; 조준현, 형법각론, 360.

16 오영근, 435; 홍영기, § 93/14.

17 정성근·박광민, 536.

18 대판 1981. 3. 24, 81도409. 이는 준강도죄에 관한 것이지만, 본죄가 자기의 물건을 그 객체로 한다는 것을 제외하고는 준강도죄에 대응하는 것인 만큼, 폭행·협박의 정도에 관하여는 같은 법리가 적용된다고 할 수 있다.

19 주석형법 〔각칙(5)〕(5판), 287(이헌섭).

第326条(중권리행사방해)

제324조 또는 제325조의 죄를 범하여 사람의 생명에 대한 위험을 발생하게 한 자는 10년 이하의 징역에 처한다. 〈개정 1995. 12. 29.〉

Ⅰ. 개 설 ······ 98
1. 의의 및 보호법익 ······ 98
2. 객관적 구성요건 ······ 99
3. 입법론 ······ 99
Ⅱ. 처 벌 ······ 100

Ⅰ. 개 설

1. 의의 및 보호법익

1 본조는 강요죄·특수강요죄(§ 324), 점유강취죄(§ 325①), 준점유강취죄(§ 325②), 점유강취와 준점유강취의 미수죄(§ 325③)를 범하여 사람의 생명에 대한 위험을 발생하게 한 경우 형을 가중하여 처벌하도록 규정하고 있다. 즉, 본죄(중권리행사방해죄)는 결과적 가중범이다(통설).[1]

2 여기의 결과적 가중범은 고의에 의한 기본행위와 과실에 의한 중한 위험의 발생이 결합하는 진정 결과적 가중범의 형태는 물론, 고의에 의한 기본행위와 고의에 의한 중한 위험발생이 결합한 부진정 결과적 가중범의 형태도 포함한다고 보는 입장이 다수설인데,[2] 진정결과적 가중범이라는 견해[3]도 있다.

3 보호법익은 생명·신체의 안전과 제한물권이며, 그 보호의 정도는 구체적 위험범이다.[4]

4 본조는 강요죄·특수강요죄의 부분과 점유강취죄·준점유강취죄의 부분을 따

1 이와는 달리 생명에 대한 위험발생에 관한 인식이 고의의 내용에 해당하기 때문에 고의범에 해당한다는 견해도 있다[백형구, 형법각론(개정판), 276].

2 김성돈, 형법각론(5판), 140·515; 김일수·서보학, 새로쓴 형법각론(9판), 106·428-429; 박찬걸, 형법각론(2판), 180; 오영근, 형법각론(4판), 130·436; 임웅, 형법각론(9정판), 162·595; 정성근·박광민, 형법각론(전정2판), 536; 주호노, 형법각론, 1128; 홍영기, 형법(총론과 각론), § 93/15.

3 박상기·전지연, 형법학(총론·각론 강의)(4판), 471.

4 김혜정·박미숙·안경옥·원혜욱·이인영, 형법각론(3판), 501; 정성근·박광민, 537.

로 구분하지 않고 중권리행사방해라는 표제 아래 일괄적으로 규정하고 있다.[5] 그러나 학설은 자유에 관한 죄의 성격이 강한 강요죄·특수강요죄에 의한 부분과, 재산에 관한 죄의 성격이 강한 점유강취죄·준점유강취죄에 의한 부분을 구분하여 전자를 '중강요죄'로, 후자를 '중권리행사방해죄'로 명칭하여 따로 논하고 있다(아래에서도 편의상 구분하여 사용).[6]

2. 객관적 구성요건

5 본죄의 행위의 결과인 '사람의 생명에 대한 위험'의 의미는 중상해죄(§ 258①)의 그것과 같다. 다만, 중상해죄와는 달리 '불구'나 '질병'은 본죄의 행위의 결과에 해당하지 않는다.[7] 사람의 생명에 대한 위험발생 유무는 의학적 지식·경험 등에 기초한 의학적 판단을 고려하여 법적인 관점에서 판단되어야 한다.[8]

6 중권리행사방해죄의 경우 점유강취죄·준점유강취죄의 기수·미수를 따지지 아니하나(§ 325 자체에 기수·미수의 처벌근거를 두고 있음), 중강요죄의 경우 강요죄·특수강요죄의 기수에 국한된다.[9] 한편, 중강요죄의 경우 미수범 처벌규정이 없으므로 중강요의 고의를 가지고 강요행위를 했으나 생명에 대한 위험이 발생하지 않은 경우에는 강요죄만 성립하고, 강요조차도 미수에 이르면 강요죄의 미수로 처벌되며, 강요가 기수에 이르고 사망의 결과가 발생한 경우에는 중강요죄와 과실치사죄의 상상적 경합이 된다.[10]

3. 입법론

7 입법론으로 ① 강요죄 또는 점유강취죄 등이 폭행죄보다 무거운 범죄인데도 폭행죄를 범하여 사람의 생명에 대한 위험을 발생하게 한 경우(§ 258, § 262)보다 본죄를 가볍게 벌하는 것은 타당하지 않다는 주장,[11] ② 점유강취, 준점유강

---

5 이러한 규정방식을 취하는 이유에 대하여 입법자는 (특수)강요죄와 점유강취죄·준점유강취죄가 폭행·협박을 수단으로 한다는 점에서 공통된다고 보았기 때문이라고 설명하기도 한다[신동운, 형법각론(2판), 865].

6 예컨대, 이재상·장영민·강동범, 형법각론(13판), § 10/17(중강요죄), § 24/18(중권리행사방해죄).

7 정영일, 형법강의 각론(3판), 63.

8 정성근·박광민, 158.

9 오영근, 131.

10 김성돈, 141.

11 이재상·장영민·강동범, § 10/17; 정성근·박광민, 158·537. 이에 대하여 중강요죄의 경우 법정형

취로 인하여 실제 사상의 결과가 발생한 경우에 대하여는 규정하고 있지 않은 것은 입법의 불비로서 그 경우 해석상 부득이 폭행치사·상죄와 점유강취, 준점유강취죄의 상상적 경합범이 될 수밖에 없으므로 점유강취등치사·상죄를 규정할 필요가 있다는 주장,[12] ③ 중강요죄의 주체에 강요죄·특수강요죄의 미수범도 포함시켜야 한다는 주장[13] 등이 제기되고 있다.

Ⅱ. 처 벌

8 10년 이하의 징역에 처한다.

〔김 양 섭〕

의 장기에는 불균형이 없고(10년 이하의 징역) 단기에는 차이가 나지만(중강요죄는 1개월, § 262의 폭행치상, § 258의 중상해는 1년), 중강요죄가 가중범이므로 단기는 큰 의미가 없다면서 입법론적으로 크게 문제시할 필요는 없다는 주장이 있으나〔손동권, 형법각론(3개정판), 176〕, 단기에 엄연한 차이가 나는 이상 비록 장기가 같고 가중범이라도 형의 차이가 있으므로, 이 주장은 찬동할 수 없다.

12 김성돈, 515; 임웅, 595; 정영일, 269. 한편 마찬가지로 점유강취등치사·상죄를 신설하여야 한다면서, 다만 그러한 경우(실제 사상의 결과가 발생한 경우) 현행 형법의 해석상 폭행치사·상죄와 점유강취죄·준점유강취죄는 (실체적) 경합범이라고 하는 견해도 있으나(김일수·서보학, 429; 정성근·박광민, 537), 앞서 서술하였듯이 동일한 폭행이라는 수단이 양쪽 죄에 동시에 해당하므로 상상적 경합범으로 보아야 할 것이다.

13 오영근, 131.

제327조(강제집행면탈)

강제집행을 면할 목적으로 재산을 은닉, 손괴, 허위양도 또는 허위의 채무를 부담하여 채권자를 해하는 자는 3년 이하의 징역 또는 1천만원 이하의 벌금에 처한다. 〈개정 1995. 12. 29.〉

Ⅰ. 의 의 ······ 101
1. 규정 및 연혁 ······ 101
2. 보호법익 ······ 102
3. 다른 죄와의 구별 ······ 103
Ⅱ. 주 체 ······ 103
Ⅲ. 강제집행을 받을 객관적 상태 ······ 105
1. 채권자 측면 ······ 106
2. 채무자 측면 ······ 109
Ⅳ. 객 체 ······ 113
1. 재 산 ······ 113
2. 강제집행의 대상인 재산 ······ 114
3. 채무자의 재산에 국한되는지 여부 ······ 116
Ⅴ. 행 위 ······ 117
1. 은 닉 ······ 118
2. 손 괴 ······ 120
3. 허위양도 ······ 120
4. 허위의 채무부담 ······ 123
5. 채권자를 해할 것 ······ 125
Ⅵ. 고의 및 목적 ······ 129
1. 고 의 ······ 129
2. 목 적 ······ 130
Ⅶ. 공범관계 ······ 130
Ⅷ. 죄수 및 다른 죄와의 관계 ······ 131
1. 죄 수 ······ 131
2. 다른 죄와의 관계 ······ 132
Ⅸ. 처 벌 ······ 134

Ⅰ. 의 의

1. 규정 및 연혁

본조는 강제집행을 면할 목적으로 재산을 은닉, 손괴, 허위양도 또는 허위의 채무를 부담하여 채권자를 해하는 행위를 처벌하도록 규정하고 있다. 1

본죄(강제집행면탈죄)의 연혁을 보면, 1953년 9월 18일 형법 제정 이전의 의용형법(1941년 일본형법)에서는 공무의 집행을 방해하는 죄의 하나로 규정하여(§ 96의2) 국가의 작용으로서의 강제집행기능을 보호하는 데에 그 중점을 두었으나, 1953년 9월 18일 제정된 형법에서는 '채권자를 해한다'라는 요건을 추가하면서 개인적 법익에 관한 죄인 '권리행사를 방해하는 죄'의 하나로 규정하였다.[1] 2

1 본죄는 권리행사방해죄와는 성격이 다른 독자적인 범죄이지만, 소유권 이외의 채권자의 채권을 보호하고자 하는 점에서 본장(각칙 제37장)에서 규정한 것으로 해석하는 견해도 있다[임웅, 형법각론(9정판), 595].

2. 보호법익

3 본죄의 연혁을 고려하면, 현행 형법에서는 본죄의 보호법익은 국가의 강제집행권이 발동될 단계에 있는 채권자의 채권으로 보아야 할 것이다. 그리고 그 보호의 정도는 추상적 위험범이다. 즉 침해의 결과(채권자를 해하는 결과)가 반드시 발생되어야 할 필요는 없고, 일반적·추상적 위험이 발생하면 충분하다는 것이 다수설의 입장이다.[2] 판례 또한 본죄는 국가의 강제집행이 발동될 단계에 있는 채권자의 채권을 보호법익으로 하며,[3] 그 성립에 있어서 채권자가 현실적으로 실제 손해를 입을 것을 요하는 것이 아니라 채권자가 손해를 입을 위험성만 있으면 충분한 것으로서,[4] 행위자가 어떤 이득을 얻어야만 하는 것도 아니라고[5] 한다.[6]

4 이러한 다수설과 판례의 입장과는 달리 보호법익을 채권의 행사라고 하거나,[7] 채권자의 정당한 권리행사[8]라는 견해가 있다. 그리고 보호의 정도와 관련해서도, 침해의 결과가 발생되어야 한다는 견해(침해범설)[9]와 침해의 결과 또는 최소한 구체적 침해의 위험까지는 발생되어야 한다는 견해(구체적 위험범설)[10]도 있다.

---

2 김성돈, 형법각론(5판), 516; 김신규, 형법각론 강의, 586; 김일수·서보학, 새로쓴 형법총론(9판), 429; 오영근, 형법각론(4판), 437; 임웅, 596; 정성근·박광민, 형법각론(전정2판), 537; 정성근·정준섭, 형법강의 각론(2판), 367; 정영일, 형법강의 각론(3판), 269; 최호진, 형법각론, 658; 한상훈·안성조, 형법개론(3판), 600; 홍영기, 형법(총론과 각론), §94/1. 다만 김일수·서보학, 429는 국가의 강제집행권이 발동될 단계에 있는 채권자의 재산권이라고 하고 있고, 임웅, 595-596은 부차적인(혹은 2차적인) 보호법익으로 강제집행의 기능을 들고 있다.

3 대판 2013. 4. 26, 2013도2034. 「형법 제327조는 "강제집행을 면할 목적으로 재산을 은닉, 손괴, 허위양도 또는 허위의 채무를 부담하여 채권자를 해한 자"를 처벌함으로써 강제집행이 임박한 채권자의 권리를 보호하기 위한 것이다.」

4 대판 2007. 6. 1, 2006도1813. 「강제집행면탈죄는 강제집행을 실시하려는 자에 대하여 재산의 발견을 불능 또는 곤란케 하는 은닉 등의 행위를 통하여 채권자를 해할 위험상태에 이름으로써 성립하는 위태범이다.」

5 대판 2018. 6. 15, 2016도847.

6 일본 판례도 채권자의 채권 보호라고 판시하고 있다[最判 昭和 35(1960). 6. 24. 刑集 14·8·1103].

7 백형구, 형법각론(개정판), 280-281. 채무자의 재산 허위양도 또는 허위채무 부담으로 채무자에 대한 채권 자체가 침해되는 것은 아니라는 이유를 들고 있다.

8 배종대, 형법각론(14판), §88/5. 강제집행기능의 보호는 2차적 법익이라고 한다.

9 이영란, 형법학 각론강의(3판), 486.

10 배종대, §88/11; 이상돈, 형법강론(4판), 499.

3. 다른 죄와의 구별

(1) 본죄는 다른 권리행사방해의 죄와는 달리 피해자의 점유를 요건으로 하지 않는다.[11] 또한 본죄는 채권자의 채권이 채무자의 재산으로부터 개별적 강제집행절차에 따라 만족을 얻을 가능성을 침해하는 범죄라는 점에서, 파산·회생절차 등에서와 같이 개별적 강제집행절차가 아닌 채무자의 전체 재산에 대한 집행절차에서 채권자의 채권을 해하는 범죄[12]와는 구별된다. 5

(2) 본죄는 강제집행권이 발동될 단계에 있는 채권자의 채권을 보호하는 것이라는 점에서, 이미 강제집행이 이루어진 상태에서 그 효용을 해는 등의 행위를 처벌하는 공무상비밀표시무효죄(§140①), 부동산강제집행효용침해죄(§140의2) 등과도 구별된다는 견해도 있다.[13] 6

Ⅱ. 주 체

채권자로부터 강제집행을 당할 구체적인 위험이 있는 상태(아래 III.에서 상술)에 직면한 채무자가 본죄의 주체에 해당한다는 데에는 이견이 없다. 채무자인 이상 법인이나 법인격 없는 단체도 본죄의 주체가 될 수 있다.[14] 7

이러한 채무자 이외에 제3자도 본죄의 주체가 될 수 있는지에 대하여는, 이를 ① 긍정하는 견해[15]와 ② 부정하는 견해[16]가 있다. 8

이러한 견해 대립의 실익은 어느 입장을 취하느냐에 따라 제3자가 본죄의 9

---

11 배종대, §88/5. 그래서 본죄는 다른 권리행사방해죄가 적용되지 않는 경우에만 보충적으로 적용된다고 한다.

12 채무자회생 및 파산에 관한 법률 제643조(사기회생죄), 제644조(제3자의 사기회생죄), 제650조(사기파산죄), 제652조(일정한 지위에 있는 자의 사기파산 및 과태파산죄), 제654조(제3자의 사기파산죄) 등.

13 주석형법 [각칙(5)](5판), 291(이헌섭). 이와는 달리 공무상비밀표시무효죄와 본죄 모두 성립하되, 두 죄는 상상적 경합이라는 견해도 있다(배종대, §88/14).

14 김일수·서보학, 430.

15 김성돈, 516; 김신규, 577; 김혜정·박미숙·안경옥·원혜욱·이인영, 형법각론(3판), 502; 배종대, §88/5; 손동권, 형법각론(3개정판), 521; 오영근, 437; 원혜욱, 형법각론, 353; 이재상·장영민·강동범, 형법각론(13판), §24/23; 정성근·박광민, 538; 정성근·정준섭, 368; 정영일, 269; 최호진, 658; 한상훈·안성조, 601; 홍영기, §94/2; 주석형법 [각칙(5)](5판), 294(이헌섭).

16 김일수·서보학, 429; 박상기·전지연, 형법학(총론·각론 강의)(4판), 718; 박찬걸, 형법각론(2판), 622; 이정원·류석준, 형법각론, 495; 임웅, 596.

정범이 될 수 있는지 여부에 있어서 그 결론을 달리하는 데에 있다. 즉 위 ①의 긍정설[17]은 제3자 역시 본죄의 정범이 될 수 있다는 결론으로, ②의 부정설은 제3자는 공범의 형태로 가담할 수 있을지언정 본죄의 정범이 될 수는 없다는 결론으로 이어진다. 위 ①의 긍정설은, 본조의 문언상 본죄의 주체를 채무자로 명시하지도 않고 독일형법(§ 288)[18]과 달리 채무자의 재산을 대상으로 한다는 제한도 없고, 제3자도 단독으로 면탈의 목적으로 채무자의 책임재산을 은닉·손괴하는 것이 가능하며, 후순위근저당권자나 물상보증인과 같은 경우에는 경우에 따라서는 얼마든지 본죄의 주체가 될 수도 있다는 점 등을 논거로 들고 있다. 반면에 위 ②의 부정설은, 본죄는 강제집행을 면할 목적으로 행해질 것을 필요로 하[므로 일종의 불문(不文)의 진정신분범이]고, 행위태양이 허위양도와 허위채무부담에 상응하는 행위태양인 양수와 채권취득을 제외하고 있으며, ①의 긍정설과 같은 확장해석은 법치국가형법의 보충성의 요구에 반하는 점 등을 그 근거로 들고 있다. 위 ①의 긍정설이 다수설의 입장이다.

10 본죄의 주체의 구체적인 범위에 관하여, 위 ②의 부정설은 채무자, 채무자와 동일시할 수 있는 채무자의 법정대리인, 대리인, 재산관리인 등까지만을 들고 있는 반면에, ①의 긍정설은 그 외에도 채무자의 처나 가족, 채무자인 회사의 경리담당직원, 물상보증인 등 채권·채무와 관련 있는 제3자까지를 들고 있다.

11 판례가 본죄의 주체를 채무자에 국한하여 보지 않은 것은 분명하다. 즉, 판례는 부동산의 선순위 가등기권자 및 제3취득자가 채무자와 공모하여 후순위채권자의 강제집행을 막고자 선순위 가등기권자 앞으로 본등기를 마친 경우 본죄의 공범이 되고,[19] 담보목적의 가등기권자가 다른 채권자들의 강제집행을 불가

---

17 긍정설을 비신분범설로, 부정설을 진정신분범설로 부르기도 한다(김성돈, 516; 정성근·박광민, 538).

18 독일형법 제288조(강제집행면탈) ① 강제집행이 임박한 경우에 채권자의 채권 실현을 방해할 의도로 그 재산의 구성부분을 매각 또는 제거한 자는 2년 이하의 자유형 또는 벌금형에 처한다. ② 제1항의 행위는 고소가 있어야 형사소추된다.

19 대판 1983. 5. 10, 82도1987. 「부동산의 1번 가등기권자와 제3취득자 甲이 채무자인 부동산 소유자의 이익을 위하여 후순위 채권자들에 의한 강제집행을 막고자 甲이 그 부동산을 매수하고 그 매매대금의 일부로 그 부동산의 가등기권자에 대한 채무를 변제하되 일단 가등기권자 명의로의 소유권이전의 본등기를 경료하여 다른 채권자들의 가압류 및 강제경매의 기입등기를 직권말소케 하는 일련의 등기절차를 거치기로 상호 간에 사전에 협의, 공모하였다면, 가등기권자는 채무자의 본죄에 가담하였다 할 것이므로 설사 가등기권자 자기의 채권담보의 실행책으로 소유권

능하게 할 목적으로 채무자와 공모하여 정확한 청산절차도 거치지 않은 채 의제자백판결을 통하여 본등기를 경료함과 동시에 가등기 이후에 경료된 가압류등기 등을 모두 직권말소하게 한 경우, 본죄가 성립한다[20]고 판시하고 있다. 그렇지만 판례는 제3자 단독으로도 본죄를 범할 수 있는지에 대하여는 명시적으로 판시하고 있지 않아서, 위 ①의 긍정설을 취한다고 단정할 수도 없다.[21]

참고로 일본의 경우, 2011년 형법을 개정하면서 제96조의2를 '강제집행방해'에서 '강제집행방해목적재산손괴등'로 바꾸고, 그 내용 중 '강제집행을 면할 목적'을 '강제집행을 방해할 목적'으로, '재산의 가장양도'를 '재산양도의 가장'으로, '가장의 채무부담'을 '채무부담의 가장'으로 수정하여,[22] 제3자도 본죄의 주체가 됨을 명백히 하였다.[23] 12

Ⅲ. 강제집행을 받을 객관적 상태

본죄가 성립하기 위해서는 먼저 강제집행을 받을 객관적 상태에 놓여 있어야 한다. 이는 본조의 문언상 명시되어 있지는 않지만, 해석상 도출되는 구성요 13

이전의 본등기를 하고 또 甲이 정당한 가격으로 그 부동산을 매수하였다 할지라도 채무자의 본죄의 공범으로서의 죄책을 면할 수 없다.」

20 대판 2000. 7. 28, 98도4558.

21 주석형법 [각칙(5)](각칙), 292(이헌섭).

22 제96조의2의 개정 내용은 다음과 같다. 그 밖에 2011년 개정으로 제96조의3(강제집행행위방해등), 제96조의4(강제집행관계매각방해), 제96조의5(가장봉인등파괴등)가 수정되거나 신설되었다.

개정 전	개정 후
강제집행을 면할 목적으로 재산을 은닉, 손괴 또는 가장양도하거나 가장의 채무를 부담한 자는 2년 이하의 징역 또는 50만 엔 이하의 벌금에 처한다.	강제집행을 방해할 목적으로 다음 각 호의 어느 하나에 해당하는 행위를 한 자는 3년 이하의 징역 또는 250만 엔 이하의 벌금에 처하거나 이를 병과한다. 정을 알면서 제3호에 규정하는 양도 또는 권리 설정의 상대방이 된 자도 마찬가지이다. 1. 강제집행을 받거나 받아야 할 재산을 은닉, 손괴 또는 그 양도를 가장하거나 채무의 부담을 가장하는 행위 2. 강제집행을 받거나 받아야 할 재산에 대하여 그 현상을 변경하여 가격을 감손(減損)하거나 강제집행의 비용을 증대시키는 행위 3. 금전집행을 받아야 할 재산에 대하여 무상 기타 불이익을 조건으로 양도하거나 권리를 설정하는 행위

23 西田 外, 注釈刑法(2), 57(西田典之).

건요소이다. 그래서 이를 기술되지 아니한 구성요건표지라고도 한다.[24] 판례도 같은 취지에서 본죄가 성립하려면 주관적으로는 면탈의 의도가 있어야 하고, 객관적으로는 강제집행을 면탈할 상태라야 한다고 한다.[25] 이러한 강제집행이 임박해 있어야 하는 객관적 상태를 굳이 기술되어 있지 아니한 구성요건요소로까지 인정하는 입장에 대하여, 본죄에 의한 형사처벌의 시기를 지나치게 앞당기는 것을 방지하는 등 형법의 보충성을 충실히 실현하는 순기능도 있지만, 예컨대 기업 간 국제거래에서 외국회사의 대표자가 해외 자산의 은닉, 허위양도 등으로 강제집행을 면탈한 경우, 국내에서의 본죄 적용을 해석상으로도 어렵게 하여 바람직하지 않다는 비판이 제기되기도 한다.[26]

14 강제집행을 받을 객관적 상태라 함은 강제집행을 당할 구체적인 위험 내지 염려가 있는 상태를 의미한다. 이에 대하여는 이해의 편의 등을 고려해 강제집행의 주요 이해당사자인 채권자와 채무자의 측면으로 나눠 서술하기로 한다.[27]

1. 채권자 측면

15 '강제집행을 받을 객관적 상태'를 채권자의 측면에서 보면, 실체법적으로 ① 채권의 존재와 ② 그 채권의 강제집행가능성이 인정되어야만 강제집행을 당할 구체적인 위험이 있는 상태라고 할 수 있다. 이는 본죄의 보호법익을 채권자의 채권으로 보는 이상 당연한 귀결이다.

(1) 채권의 존재

16 채권의 존재 및 그 강제집행가능성에 관한 인정 여부와 관련하여, 민사절차에서 이미 채권이 존재하지 않은 것으로 판명되었을 경우에는 다른 특별한 사정이 없는 한 형사절차에서 이와 모순·저촉하는 판단을 할 수 없으므로 더 이상 이를 심리할 필요는 없을 것이다.[28] 그러나 단순히 채권자가 집행권원을 가

---

24 김성돈, 517; 김일수·서보학, 432; 오영근, 438; 임웅, 597; 정성근·박광민, 540.

25 대판 1974. 10. 8, 74도1798; 대판 1979. 9. 11, 79도436.

26 이상돈, "국제거래분쟁에서 강제집행면탈죄의 초국가적 확장", 고려법학 64, 고려대학교 법학연구원(2012), 521-551(다만, 그 역기능을 극복하는 방안으로 본죄 적용의 초국가적 확장을 해석상 시도하자고 주장한다).

27 이처럼 채권자의 관점과 채무자의 관점에서 '강제집행을 받을 객관적인 상태'를 분석한 것으로는 주석형법 [각칙(5)](5판), 295-300(이헌섭) 참조.

28 대판 2012. 8. 30, 2011도2252. 본 판결 해설은 김동석, "강제집행의 기본이 되는 채권이 존재하

지고 있다고 해서 곧바로 이를 인정할 수는 없고, 집행권원의 취소 등의 사유로 집행권원의 효력이 상실될 수도 있는 만큼 형사절차에서는 민사절차와는 독자적으로 이를 심리·판단할 필요가 있다.[29]

그 심리결과 사실상 강제집행이 이루어질 상황이거나 이루어진 상황이더라 17
도 실체법적으로 채권의 존재가 인정될 수 없는 경우라면, 강제집행을 당할 구체적인 위험이 있는 상태라고 할 수 없으므로 본죄는 성립하지 않는다. 즉, 채권의 존재는 본죄의 성립요건이라 할 수 있다.[30] 판례도 강제집행의 기본이 되는 채권이 인정되지 않거나, 그 채권의 존재가 인정되지 않을 때에는 본죄가 성립하지 않는다고 한다.[31] 일본 판례도 형사소송의 심리과정에서 그 기본이 되는 채권의 존재가 인정되어야 한다고 판시하여 같은 입장이다.[32]

무효이거나 해제 내지는 취소가 된 채권에 기초한 강제집행의 경우도 마찬 18
가지이며, 소멸시효가 완성된 채권이라거나 취소할 수 있는 채권의 경우에도 언제라도 채무자의 취소 또는 소멸시효항변으로 채권자의 권리실현 가능성은 없어질 수 있으므로 본죄는 성립하지 않는다.[33] 상계로 인하여 소멸한 것으로 보게 되는 채권에 관하여는 그 상계의 효력이 발생하는 시점 이후에는 채권의 존

고 있다가 채무자의 상계에 의하여 소급적으로 소멸한 경우, 강제집행면탈죄의 성립 여부", 해설 94, 법원도서관(2013), 595-608.

29 주석형법 〔각칙(5)〕(5판), 295(이헌섭).

30 대판 2012. 8. 30, 2011도2252; 대판 2022. 6. 16, 2020도10761.

31 대판 1982. 10. 26, 82도2157; 대판 2006. 4. 28, 2006도1612; 대판 2007. 7. 12, 2007도3005; 대판 2010. 12. 9, 2010도11015; 대판 2012. 8. 30, 2011도2252〔남편인 피고인이 자신의 처로부터 이혼으로 인한 재산분할청구소송에 의한 강제집행을 당할 우려가 있자 공동피고인과 공모하여 공동피고인에게 허위의 차용증 등을 작성하여 피고인 소유의 부동산에 공동피고인 명의의 근저당권설정등기를 마쳐주었는데, 그 설정 당시 피고인 부담의 기존채무 중 부부공동재산의 형성에 수반하여 부담하게 되어 청산의 대상이 된 채무가 있고 이를 피고인의 총재산가액에서 공제하면 남는 금액이 없어 그 처의 재산분할청구가 받아들여질 수 없는 경우 본죄의 기본이 되는 채권인 재산분할청구권이 인정되지 않는다는 이유로, 이와 달리 판단한 원심(혼인관계의 파탄에 책임이 있는 배우자라도 재산분할을 청구하는 데 아무런 지장이 없고, 집행할 채권이 장래 이혼이 된 경우에 발생하는 재산분할청구권이라 하여도 본죄의 성립을 위한 채권이 될 수 있는데, 그 근저당권설정 당시 이미 피고인과 그 처의 혼인관계는 사실상 파탄되었다면서 본죄를 인정하였다)을 파기하였다〕.

32 最判 昭和 35(1960). 6. 24. 刑集 14·8·1103. 이러한 본 판결의 다수의견에 대해서는, 본죄가 강제집행의 기능을 보호하기 위한 주된 목적으로 공무집행방해죄의 일종으로 규정되어 있는 점에 비추어, 채권이 없는 경우에도 강제집행의 기능을 보호할 법익은 존재하는 것이므로, 강제집행방해죄는 성립한다는 반대의견이 있다.

33 주석형법 〔각칙(5)〕(5판), 296(이헌섭).

재가 인정되지 않으므로 본죄가 성립하지 않는다.[34]

19 한편 강제집행할 채권이 조건부 채권이더라도 그 채권자는 이를 피보전채권으로 하여 보전처분을 함에는 법률상 장애가 없으므로, 이와 같은 보전처분을 면할 목적으로 본조 소정의 행위를 하면 이로써 본죄가 성립하고, 그 후 조건의 불성취로 채권이 소멸하였더라도 이미 성립한 범죄에는 영향이 없다.[35] 또한 채권자가 민사소송에서 승소확정판결을 받기 전에 당해 채권을 제3자에게 양도하더라도, 양도 전 수개의 가압류가 경합하고 있었고 채무자가 민사소송에서 채권양도의 항변을 하지 않아 승소판결이 되었다면, 본조의 성립요건인 채권의 존재를 인정할 수 있다.[36]

(2) 채권의 강제집행가능성

20 본조의 강제집행은 민사집행법에 의한 강제집행 또는 이를 준용하는 강제집행, 즉 가압류, 가처분 등의 집행을 말한다.[37] 따라서 형사재판의 벌금, 몰수, 추징이라든지 행정처분으로서의 과태료, 과징금의 집행은 여기에 해당하지 않는다.[38]

---

34 대판 2012. 8. 30, 2011도2252. 피고인이 처 A 명의로 임차하여 운영하는 주유소의 주유대금 신용카드 결제를, 별도로 운영하는 다른 주유소의 신용카드 결제 단말기로 처리함으로써 A 명의 주유소의 매출채권을 다른 주유소의 매출채권으로 바꾸는 수법으로 은닉하여 A에 대하여 연체차임 등 채권이 있어 A 명의 주유소의 매출채권을 가압류한 B 주식회사의 강제집행을 면탈하였다는 내용으로 기소된 사안에서, B 회사가 A를 상대로 미지급 차임 등의 지급을 구하는 민사소송을 제기하였으나 A가 임대차보증금 반환채권으로 상계한다는 주장을 하여 B 회사의 청구가 기각된 판결이 확정된 사정에 비추어, 상계의 의사표시에 따라 B 회사의 차임채권 등은 채권 발생일에 임대차보증금 반환채권과 대등액으로 상계되어 소멸되었으므로 피고인의 행위 당시 B 회사의 채권의 존재가 인정되지 아니하여 본죄가 성립하지 않는다고 본 원심을 유지하였다.

35 대판 1984. 6. 12, 82도1544. 자신의 아버지 B 명의로 경양식집의 영업권 및 집기류를 매수키로 하면서 그 영업소내 집기류가 A에 의하여 처분금지가처분이 되어 있던 관계로 해서 집기류대금 상당액은 잔대금으로 하여 매도인이 2월 내에 위 가처분을 해제하여 인도하면 이를 지급하고 그 기간 내에 해제하지 못할 경우에는 위 잔대금 채권은 소멸한다고 약정하였는데, 그 후 A가 매도인에 대한 채무명의에 기하여 B를 상대로 위 잔대금 채권에 대한 압류 및 전부명령을 받고 그 명령이 제3채무자에게 송달되자 피고인과 매도인이 공모하여 그 후 위 잔대금이 그 명령의 제3채무자에 대한 송달일자까지 2차에 걸쳐 전액 지급된 양 허위의 영수증을 발행한 사안에서, 집기류대금 상당액의 잔대금채권은 2월 내 가처분해제 및 인도라는 조건이 붙은 채권이라도 본죄에 의하여 보호되는 채권에 해당한다고 판시하였다.

36 대판 2008. 5. 8, 2008도198.

37 대판 1971. 3. 9, 69도2345; 대판 1972. 5. 31, 72도1090 등.

38 김성돈, 518; 김일수·서보학, 432; 손동권, 521; 오영근, 438; 이재상·장영민·강동범, § 24/21; 임웅, 598; 정성근·박광민, 542; 정영일, 271. 이에 대하여 벌금·과료·몰수·소송비용 등은 민사집행법을 준용하도록 되어 있다는 이유로 본죄 소정의 강제집행에 포함된다는 입장[정영석, 형법각론(5전정판), 316]도 있다.

국세징수법에 의한 체납처분[39]이나 민사집행법 제3편의 적용대상인 담보권실행 등을 위한 경매[40] 역시 여기의 강제집행에 해당하지 않는다.[41]

민사집행법에 의한 강제집행인 이상 금전채권의 강제집행뿐만 아니라 소유권이전등기청구권과 같이 특정급부를 목적으로 하는 채권의 강제집행도 여기의 강제집행에 포함된다.[42] 신분적 재산권인 부양료청구권의 실현을 위한 강제집행도 이에 해당한다.[43] 그러나 유아인도청구권은 강제집행을 할 수 없으므로 여기의 강제집행대상인 채권에는 해당하지 않는다.[44] 21

2. 채무자 측면

강제집행을 받을 객관적 상태를 채무자의 측면에서 보면, 채권자가 단순히 채권을 가지고 있는 것만으로는 부족하고, 강제집행을 통한 채권자의 권리실현의 절차가 임박해 있을 것임을 요한다. 그 해당 여부는 채무자나 채권자의 주관 22

---

39 대판 2012. 4. 26, 2010도5693.「본죄가 적용되는 강제집행은 민사집행법의 적용대상인 강제집행 또는 가압류·가처분 등의 집행을 가리키는 것이므로, 국세징수법에 의한 체납처분을 면탈할 목적으로 재산을 은닉하는 등의 행위는 본죄의 규율대상에 포함되지 않는다.」

일본 판례도 같은 취지의 판결을 한 바가 있으나[最判 昭和 29(1954). 4. 28. 刑集 8·4·596], 2011년 형법 개정 시의 심의과정에서 강제집행에는 국세징수법에 의한 체납처분도 포함된다는 것이 확인됨으로써, 위 판결은 입법에 의하여 부정되었다고 한다[西田 外, 注釈刑法(2), 56(西田典之)].

40 대판 2015. 3. 26, 2014도14909. 이와 관련하여, 민사집행법 제3편의 적용대상인 '담보권 실행 등을 위한 경매'의 경우에도 본죄의 성립을 인정함이 타당하다는 입장이 있다(신동운, 형법각론(2판), 868). 이 입장은 우리 형법상 본죄가 개인적 법익에 관한 죄로 규정되어 있고, 채권자의 권리를 충실히 보호해야 하는 점을 그 논거로 제시하고 있다. 생각건대, 본조가 본조 소정의 집행을 강제집행(또는 보전처분)으로 한정함으로써 임의경매인 '담보권실행 등을 위한 경매'를 제외한 것은, 적어도 담보권 실행을 위한 경매의 경우 담보권자가 그 소유권변동이라든지 후순위 담보권의 설정 등으로 인한 영향을 받지 아니하여, 즉 채권자를 해할 우려가 없어 채권자(엄밀히 말하면 물권자)의 보호에 충분하다는 입법자의 결단이지 아니할까 한다. 다만, 담보물권에 우선하는 권리(예컨대, 근로자의 임금채권, 최우선적 효력이 있는 소액임차인의 보증금채권)에 관한 허위채무부담의 경우에는 채권자를 해할 우려가 있는 만큼 채권자의 보호의 필요성이 있다고 할 것이므로 이러한 측면에서는 경청할 만하다.

41 국세징수법에 의한 체납처분에 대하여는 조세범처벌법 제12조가 적용되고, 민사집행법 제3편에 의한 경매는 경우에 따라 공무집행방해죄가 성립될 뿐이다(이재상·장영민·강동범, §24/21).

42 대판 1983. 10. 25, 82도808; 대판 2015. 9. 15, 2015도9883(본죄에서의 강제집행에는 광의의 강제집행인 의사의 진술에 갈음하는 판결의 강제집행도 포함되고, 본죄의 성립요건으로서의 채권자의 권리와 행위의 객체인 재산은 국가의 강제집행권이 발동될 수 있으면 충분하다).

43 김성돈, 518.

44 주석형법 [각칙(5)](5판), 298(이헌섭).

적인 입장만으로 판단할 것은 아니고 채권자의 집행의사를 나타내는 여러 징표들을 포함하여 제반 객관적 사정을 고려하여 판단하여야 할 것이다.[45]

23 채권자가 집행권원을 얻거나 소송을 제기하였거나 또는 집행보전의 단계로서 가압류·가처분을 신청하였을 때에는 권리실현의 절차가 임박해 있다고 볼 수 있다.[46] 단순히 이행을 최고한 경우에는 다툼의 여지가 있으나, 그 최고가 조만간 소송을 제기하거나 집행보전의 단계로 나갈 것임을 내비친 때나 그러한 의도를 읽을 수 있는 상황이라면 역시 이에 해당한다고 볼 수 있다.[47]

24 판례 역시 채권자가 이행청구의 소 또는 그 보전을 위한 가압류, 가처분신청을 제기하거나 '제기할 태세를 보인 경우'에 강제집행을 당할 구체적인 위험이 있는 상태에 이르렀다고 한다.[48] 판례상의 구체적인 사례를 살펴보면, 아래와 같다.

(1) 긍정한 사례

25 ① 피고인이 그 소유의 염소를 임야에 방목하여 수목을 뜯어먹도록 하였다는 이유로 피해자가 피고인을 상대로 수사기관에 진정서를 제출하였고, 피고인은 그 과정에서 손해배상을 요구받게 되는 등 멀지 않아 강제집행을 당할 우려가 있자 자신의 처에게 피고인의 토지를 허위로 양도한 경우,[49] ② 약 18억 원 정도의 채무초과 상태에 있는 피고인이 발행한 약속어음이 부도가 나자 피고인에 대한 변제기 미도래의 일반채권자들도 채권확보에 나설 것이 예상되고, 실제로 채권자 중 1인이 허위의 소유권이전등기를 마친 후에 바로 피고인을 상대로 한 유체동산가압류결정을 받아 집행을 시도하는 경우,[50] ③ 피고인이 발행한 수표에 대하여 그 액면상당금의 별단예금을 예치하고 사취계를 제출하여 지급거

45 주석형법 〔각칙(5)〕(5판), 298(이헌섭).
46 주석형법 〔각칙(5)〕(5판), 298(이헌섭).
47 주석형법 〔각칙(5)〕(5판), 298(이헌섭).
48 대판 1999. 2. 9, 96도3141(약 18억 원 정도의 채무초과 상태에 있는 피고인 발행의 약속어음이 부도가 난 경우, 강제집행을 당할 구체적인 위험이 있는 상태에 있다); 대판 1998. 9. 8, 98도1949 등.
49 대판 2003. 5. 30, 2003도1054.
50 대판 1999. 2. 9, 96도3141. 같은 취지의 판례로 대판 1997. 1. 24, 96도2091(법인의 대표이사들이 그 법인 명의로 허위의 약속어음금 채무를 부담할 당시 법인은 이미 부도난 상태로서 채권자들로부터 채무변제 독촉을 받고 있었고 A로부터 민사소송을 당하고 있는 경우, 그 법인의 재산에 대하여 현실적으로 강제집행이 행하여질 우려가 있는 상태에 있다고 판시한 사례).

절이 되게 한 다음, 제3자와 공모하여 위 별단예금채권에 대한 압류 및 전부명령을 받아 그 예금을 지급받았는데, 그 이전에 이미 위 수표 소지인이 피고인을 상대로 지급거절이 된 위 수표금지급청구의 소를 제기한 경우,[51] ④ 피고인이 자신의 형으로부터 피고인 명의로 부동산의 소유권이전등기를 넘겨오기 위한 매매계약을 체결하기 이전에 교통사고의 피해자 측에서 그 사고가 피고인의 형의 운전상 과실에 기인한 것임을 알아내고 치료비 지급을 요구하였다가 거절당하자 관계기관에 진정하는 사태에 이른 경우,[52] ⑤ 피고인이 사업부진으로 다액의 채무를 부담한 채 구속수감되었는데 다른 공범이 피고인의 채권자들로부터 채권확보를 위해 소송을 제기할 듯한 기세가 보이자 장차 강제집행이 있을 것을 예측하여 수감 중인 피고인을 찾아가 피고인이 양수한 점포임차권의 임차인 명의를 그 공범 앞으로 변경한 경우,[53] ⑥ 남편이 허위채무를 부담하고 소유권이전등기청구권보전가등기를 경료할 당시에 처로부터 이혼을 요구받는 상황으로서 그 처로부터 재산분할청구권에 근거한 가압류 등 강제집행을 받을 우려가 있는 상태인 경우,[54] ⑦ 피고인이 대표이사인 법인이 피고인의 친지 내지 그 법인의 임직원 등에게 허위의 차용금채무를 부담할 당시 그 법인의 자금난으로 인해 그 법인 발행의 어음, 수표 등이 지급거절되기 직전에 있었고, 공사대금을 지급받지 못하고 있던 하청업자 등 채권자들로부터 대금지급요청이 쇄도한 경우,[55] ⑧ 신발점포의 운영자가 그 점포 내 물품과 집기 일체를 허위양도할 당시 이미 적자 누적으로 영업을 계속할 수 없는 형편에 이르러 부도를 내기로 예정되어 있었고, 일단 부도가 나면 채권자들이 즉시 채권확보에 나설 것이 쉽게 예상된 경우(실제로 부도 직후 채권자들의 가압류 시도가 있었음)[56] 등에는, 강제집행을 통한 채권자의 권리실현의 절차가 임박하였다고 보아서 본죄의 성립을 인정하였다.

---

51 대판 1982. 5. 25, 82도311.

52 대판 1979. 4. 10, 78도2370.

53 대판 1971. 4. 20, 71도319.

54 대판 2008. 6. 26, 2008도3184.

55 대판 1998. 1. 23, 97도2047. 허위채무부담 당시 강제집행을 당할 급박한 객관적 상태하에 있었다고 보기 어렵다는 원심을 파기하였다.

56 대판 2007. 7. 12, 2005도9426.

(2) 부정한 사례

26 ① 채권자가 피고인의 부친에게 돈을 빌려주면서 미변제 시 그 소유의 미등기건물을 임의 처분하여 채권에 충당하기로 약정하였는데, 부친 사망 후 피고인이 채무변제를 약정하고 두 차례 이자를 지급해 왔으나 채권자는 원리금 변제를 부탁하였을 뿐 그 이행의 소송이나 그 채권의 보전을 위하여 가압류 등을 준비한 사실이 없었던 경우,[57] ② 피고인의 수십 차례에 걸친 횡령사실을 눈치채지 못하고 있다가 수사가 진행되면서 비로소 그 횡령사실을 알게 되었을 뿐이고, 재산양도행위 당시 피해자가 피고인에 대하여 어떠한 소송이나 그 집행보전을 위한 가압류, 가처분 등의 신청을 제기하거나 제기할 기세를 보인 일이 없는 경우,[58] ③ 피고인이 자신 소유의 부동산을 자신의 아들에게 그 소유권이전등기를 해 준 일자로부터 13일이 지난 시점 이후에 비로소 피고인이 발행한 수표들이 부도가 났고, 그 이전등기일 전후로 채권자들에 의하여 수표금 등 청구소송이 제기되었거나 가압류나 가처분을 신청하려는 기세에 있었다고 보기가 어려운 경우,[59] ④ 피고인이 형에게 빚진 것과 같이 꾸미고 그 때문에 자기 소유의 부동산을 피고인의 형에게 넘긴 것으로 꾸며 가등기하여 줄 때에는 피고인이 발행한 약속어음의 지급기일이 도래하기 전이었으며 어음의 부도도 있기 전이었고, 피고인이 어음소지인 등으로부터 어음금의 지급요구를 받는 등 채무변제의 독촉을 받거나 채권자들이 피고인을 상대로 법적 절차를 취하기 위한 준비를 하고 있었다는 사실이 인정되지 않은 경우,[60] ⑤ 피고인이 채무를 부담하고 있기는 하였지만 이행기가 도과하여 채권자들로부터 채무변제의 독촉을 받고 있는 상태는 아니었으며, 채권자들 또한 피고인을 상대로 법적 절차를 취하기 위한 준비를 하고 있었던 것도 아니었던 경우[61] 등에는, 강제집행을 통한 채권자의 권리실현의 절차가 임박하였다고 볼 수 없어서 본죄의 성립을 부정하였다.

---

57 대판 1986. 10. 28, 86도1553.

58 대판 1984. 3. 14, 84도18.

59 대판 1981. 6. 23, 81도588. 피고인의 이전등기일 2, 3일 전 당시의 피고인 발행 어음수표상 채무액수, 그 지급기일 내 미변제 사정 등에 비추어 피고인에 대한 강제집행면탈 목적 허위양도 취지의 공소사실을 유죄로 인정한 제1심을 유지한 원심을 파기하였다.

60 대판 1979. 9. 11, 79도436.

61 대판 1974. 10. 8, 74도1798.

Ⅳ. 객 체

본죄의 객체는 강제집행의 대상이 되는 재산이다.[62] 27

1. 재 산

재산은 채권자의 채권이 금전채권인 경우에는 책임재산을 이루는 채무자의 모든 재산이 될 것이고, 채권자의 채권이 인도청구권이나 소유권이전등기청구권과 같이 특정물의 급부를 목적으로 한 채권일 경우에는 해당 특정물이 될 것이다.[63] 28

후자의 경우, 채무자가 허위의 금전채무를 부담하고 그에 따른 일정 행위를 하더라도 이로 인해 해당 특정물의 집행에 지장이 없을 때에는 본죄가 성립하지 않을 수가 있다. 즉, ① 채무자가 피해자로부터 돈을 빌리면서 나중에 이를 갚지 못하면 피해자에게 채무자 소유의 건물을 명도하기로 제소 전 화해를 하였는데 그 약정기한 내에 이를 갚지 못하였다면 현실적으로 강제집행이 있을 것으로 예상되는 피해자의 권리는 건물명도청구권인바, 채무자가 허위의 금전채무를 부담하여도 그 명도청구권의 집행에 장애가 된다고 할 수 없고, 채무자와 공모한 피고인이 허위채권담보를 목적으로 피고인의 명의로 경료한 가등기는 본등기를 위한 순위보전의 효력밖에 없는 것이므로 그 가등기의 경료 사정만으로는 피해자의 해당 건물에 대한 명도청구권에 기한 강제집행을 불능케 하는 사유에 해당한다고 할 수 없고, 이는 그 후 피해자가 제기한 가등기말소청구소송에서 피고인이 항쟁을 하였다 하여 달라지는 것은 아니므로, 허위채무부담과 가등기경료 사실 등만으로는 건물명도청구권에 대한 본죄가 성립한다고 할 수 없다.[64] 또한, ② 채권자의 권리가 지분이전청구권이고 금전채권이 아닌 경우에 있어서 채무자가 허위의 금전채무를 부담한 사실만으로는 채권자의 지분이전등기청구권의 집행에 어떠한 침해가 있다고 볼 수 없고, 가등기가 본등기를 29

---

62 대판 2017. 4. 26, 2016도19982. 「강제집행면탈죄는 강제집행이 임박한 채권자의 권리를 보호하기 위한 것이므로, 본죄의 객체는 채무자의 재산 중에서 채권자가 민사집행법상 강제집행 또는 보전처분의 대상으로 삼을 수 있는 것이어야 한다.」

63 주석형법 〔각칙(5)〕(5판), 300(이헌섭).

64 대판 1984. 2. 14, 83도708.

위한 순위보전의 효력밖에 없는 것이라면 채무자가 이처럼 허위의 금전채무를 부담하고 가등기를 경료한 것만으로는 채권자에 대한 본죄가 성립한다고 할 수 없다.[65]

2. 강제집행의 대상인 재산

30 재산은 재산적 가치가 있어 민사집행법에 의한 강제집행 또는 보전처분이 가능한 것 모두를 의미한다. 따라서 압류가 불가능한 물건·채권, 즉 압류금지물건(민집 §195)·압류금지채권(민집 §246①)은 본죄의 객체에 해당하지 않는다. 압류금지채권의 경우, 압류금지채권의 목적물(예컨대, 휴업급여)이 채무자의 예금계좌에 입금되기 전까지는 여전히 강제집행 또는 보전처분의 대상이 될 수 없으나, 일단 채무자의 예금계좌에 입금된 경우에는 그 예금채권에 대하여 더 이상 압류금지의 효력이 미치지 않으므로(민집 §246②), 그 예금은 압류금지채권에 해당하지 아니하여 본죄의 객체에 해당하게 된다. 다만, 압류금지채권의 목적물을 수령하는 데에 사용하던 채무자의 기존 예금계좌가 채권자에 의하여 압류된 상태에서 채무자가 압류되지 않은 다른 예금계좌를 통하여 그 목적물을 수령해도 강제집행이 임박한 채권자의 권리를 침해할 위험이 있는 행위라고 볼 수 없어 본죄는 성립하지 않는다.[66]

31 민사집행법에 의한 강제집행 또는 보전처분이 가능한 것이라면 재물뿐만 아니라 권리도 포함된다.[67] 재물에는 동산, 부동산이 포함되며, 동산 중 소유권유보부 할부판매의 목적물도 할부판매업자가 이에 대한 인도청구권을 행사할 수 있는 만큼 여기의 재물이 될 수 있다. 권리에는 채권[68]은 물론 기대권, 신분법적 재산권, 특허 내지 실용신안 등을 받을 수 있는 권리[69]도 포함된다. 장래

65 대판 1982. 5. 25, 81도3136.

66 대판 2017. 8. 18, 2017도6229. 산업재해보상보험법 제52조의 휴업급여를 받을 권리는 같은 법 제88조 제2항에 의하여 압류가 금지되는 채권으로서 본죄의 객체에 해당하지 않으므로, 피고인이 장차 지급될 휴업급여 수령계좌를 기존의 압류된 예금계좌에서 압류가 되지 않은 다른 예금계좌로 변경하여 휴업급여를 수령한 행위는 죄가 되지 않는다고 판단하여, 제1심 판결을 파기하고 피고인에 대하여 무죄를 선고한 원심을 유지하였다.

67 본죄의 객체에 재물 이외에 권리도 포함된다는 점에서 권리행사방해죄와 다르다(배종대, §88/7).

68 대판 2003. 4. 25, 2003도187(부동산소유권이전등기청구권).

69 대판 2001. 11. 27, 2001도4759; 대판 2013. 4. 26, 2013도2034.

의 권리도 채무자와 제3채무자 사이에 채무자의 장래청구권이 충분하게 표시되었거나 결정된 법률관계가 존재한다면 여기서의 재산에 해당하는 것으로 볼 수 있다. 예컨대 甲이 乙에 대한 채권자로서 乙이 丙 소유의 부동산에 관한 경매사건에서 지급받을 배당금 채권의 일부를 가압류해 두었는데, 피고인과 丙, 乙의 상속인 등이 공모하여 丙의 乙에 대한 채무가 완제된 것처럼 허위의 채무완제 확인서를 작성하여 법원에 제출하는 등의 방법으로 매각허가결정이 된 丙 소유의 부동산에 관한 경매를 취소하였다면, 피고인에 대한 본죄가 성립한다.[70]

그러나 성질상 민사집행법상 강제집행의 대상이 될 수 없는 것은 행위의 객체에서 제외된다. 왜냐하면, 이 경우에 형식적인 강제집행권은 위태하게 되었을지 모르지만 보호법익인 채권자의 채권의 만족에는 영향을 끼치지 않기 때문이다.[71] 32

판례상 아래 사례에서는 본죄의 성립이 부정되었다. 33

① 채무자가 보전처분 단계에서의 가압류채권자의 지위만을 취득하였을 경우, 그러한 가압류채권자의 지위 자체는 원칙적으로 민사집행법상 강제집행 또는 보전처분의 대상이 될 수 없으므로 본죄의 객체가 될 수 없다. 따라서 채무자가 가압류채권자의 지위에서 가압류집행해제를 신청해 그 지위를 상실하는 행위를 해도 본죄가 되지 않는다.[72] 34

② 아파트 수분양권을 매수한 후 수분양자 명의는 종전 수분양자, 피고인, 제3자의 순서로 변경한 반면에 아파트의 소유명의는 분양회사에서 곧바로 제3자에게 이전한 경우에는, 피고인은 수분양권 매매에 따라 분양회사에 대하여 해당 아파트에 관한 소유권이전등기청구권을 취득하였을 뿐이지 그 소유권을 취득한 바 없으므로, 해당 아파트 자체는 피고인에 대한 강제집행이나 보전처분의 대상이 될 수 없어 본죄의 객체가 될 수 없다.[73] 35

---

70 대판 2011. 7. 28, 2011도6115. 乙의 상속인들이 丙 소유 부동산의 경매절차에서 배당받을 배당금지급채권은 본죄의 객체인 '재산'에 해당하고, 피고인 등이 丙의 乙에 대한 채권이 완제된 것처럼 가장하여 乙의 상속인 등을 상대로 청구이의의 소를 제기하고 그 판결에 기하여 강제집행정지 및 경매취소에 이르게 한 행위는 소유관계를 불명하게 하는 방법에 의한 '재산의 은닉'에 해당한다는 이유로, 피고인에게 본죄를 인정한 원심판단을 수긍하였다.

71 김일수·서보학, 430.

72 대판 2008. 9. 11, 2006도8721.

73 대판 2013. 4. 26, 2013도2034.

36 ③ 법인의 대표이사 등인 피고인들이 공모하여 그 법인에 대한 채권자들의 강제집행을 면탈할 목적으로 그 법인이 시공 중인 건물의 건축주 명의를 그 법인에서 다른 법인으로 변경했다고 하더라도, 그 건물이 지하 4층, 지상 12층으로 건축허가를 받았는데도 명의변경 당시 지상 8층까지의 골조공사가 완료된 채 신축공사가 중단되었던 것이라면, 이는 민사집행법상 강제집행 또는 보전처분의 대상이 될 수 있다고 단정하기 어렵다는 이유로 본죄가 부정되기도 하였다.[74]

37 ④ 계약명의신탁에서 명의신탁자는 매도인의 선의·악의를 불문하고 그 명의신탁목적부동산의 소유권을 취득할 수 없으므로, 명의신탁목적부동산 자체는 명의신탁자에 대한 강제집행 또는 보전처분의 대상이 될 수 없어서, 설령 명의신탁자가 명의신탁목적부동산을 제3자에게 허위양도하였더라도 본죄가 성립하지 아니한다.[75]

38 ⑤ 의료법에 의하여 적법하게 개설되지 아니한 의료기관은 국민건강보험법상 요양급여비용을 청구할 수 있는 요양기관에 해당하지 아니하여 해당 요양급여비용의 전부를 청구할 수 없는 만큼, 해당 의료기관의 채권자로서도 위 요양급여비용 채권을 대상으로 하여 강제집행 또는 보전처분의 방법으로 채권의 만족을 얻을 수 없는 것이므로, 위 요양급여비용 채권은 본죄의 객체가 되지 아니한다.[76]

3. 채무자의 재산에 국한되는지 여부

39 본죄에서의 재산이 채무자의 재산으로만 국한되는지에 관하여는, ① 본죄

74 대판 2014. 10. 27, 2014도9442.

75 대판 2009. 5. 14, 2007도2168; 대판 2011. 12. 8, 2010도4129; 대판 2016. 9. 30, 2016도7395.

76 대판 2017. 4. 26, 2016도19982. 「의료법 제33조 제2항, 제87조 제1항 제2호는 의료기관 개설자의 자격을 의사 등으로 한정한 다음 의료기관의 개설자격이 없는 자가 의료기관을 개설하는 것을 엄격히 금지하고 있고, 이를 위반한 경우 형사처벌하도록 정함으로써 의료의 적정을 기하여 국민의 건강을 보호·증진하는 데 기여하도록 하고 있다. 또한 국민건강보험법 제42조 제1항은 요양급여는 '의료법에 따라 개설된 의료기관'에서 행하도록 정하고 있다. 따라서 의료법에 의하여 적법하게 개설되지 아니한 의료기관에서 요양급여가 행하여졌다면 해당 의료기관은 국민건강보험법상 요양급여비용을 청구할 수 있는 요양기관에 해당되지 아니하여 해당 요양급여비용 전부를 청구할 수 없고, 해당 의료기관의 채권자로서도 위 요양급여비용 채권을 대상으로 하여 강제집행 또는 보전처분의 방법으로 채권의 만족을 얻을 수 없는 것이므로, 결국 위와 같은 채권은 본죄의 객체가 되지 아니한다.」

가 채무자에 대해 채권자의 채권 만족을 침해하지 않도록 하는 데 근본취지가 있으므로 채무자인 행위자 자신의 재산에 국한하는 것으로 해석해야 한다는 긍정설[77], ② 우리 형법은 독일형법과 달리 법문상 이를 자기의 재산으로 규정하고 있지 아니하므로 해석상 재산을 채무자의 재산으로 제한할 이유가 없다는 부정설,[78] 그리고 ③ 채권자의 채권이 특정물의 급부를 목적으로 하는 것이면 부정설과 같은 입장을, 금전의 지급을 목적으로 하는 것이면 긍정설과 같은 입장을 취하는 일종의 절충설[79]로 그 견해가 대립한다.

V. 행 위

본조의 행위는 재산을 은닉, 손괴, 허위양도 또는 허위의 채무를 부담하여 채권자를 해하는 것이다. 40

여기서의 '채권자를 해하는 것'도 본죄의 행위로 볼 것인지에 대하여, ① 이를 긍정하는 입장[80]과 ② 부정하는 입장[81]이 있다. 위 ②의 부정설은 강제집행면탈은 은닉, 손괴, 허위양도, 허위의 채무부담만으로 이미 충족되므로 더 나아가 채권자의 권리를 해할 필요까지는 없고, 따라서 채권자를 해한다는 부분은 범죄의 구성부분을 이루는 것이 아니라 행위로써 일단 성립한 범죄의 가벌성만을 좌우하는 객관적 사정, 즉 부진정 객관적 처벌조건으로 파악한다. 위 ①의 41

77 김성돈, 517; 김일수·서보학, 430; 손동권, 522; 오영근, 437; 임웅, 597.

78 배종대, § 88/7; 정성근·박광민, 538; 정영일, 270.

79 이는 특정물의 급부를 목적으로 한 채권의 경우에는 당해 특정물만이 행위의 객체가 될 뿐이고, 그 외 금전의 지급을 목적으로 한 채권의 경우에는 채무자의 책임재산에 속하는 것이면 무엇이든 행위의 객체가 된다는 입장이다[주석형법 [각칙(5)](5판), 302-303(이헌섭)]. 이 입장은 그 자체로서 긍정설과 부정설 중 어느 입장인지, 아니면 절충설인지를 알 수는 없다. 짐작컨대, 특정물의 급부를 목적으로 한 채권의 경우 당해 특정물만이 행위의 객체가 된다는 것으로 봐서는 그 소유자가 반드시 채무자여야 하는 것은 아니라는 취지인 듯싶고, 그럴 경우 이 부분에 한하여서는 부정설과 같은 입장을, 그 외 금전의 지급을 목적으로 한 채권의 경우 채무자의 책임재산에 속하는 것이 행위의 객체가 된다고 하는 것으로 봐서는 그 소유자가 반드시 채무자여야 한다는 취지인 듯싶어서, 그 부분에 한하여서는 긍정설과 같은 입장을 취하는 일종의 절충설로 보인다.

80 김성돈, 519; 손동권, 524; 신동운, 874; 오영근, 440; 이재상·장영민·강동범, § 24/24; 정성근·박광민, 539; 정영일, 272.

81 김일수·서보학, 433; 임웅, 600(명시적으로 밝히고 있지 아니하나, 채권자를 해하는 것을 실행행위에 관한 서술부분이 아닌 부분에서 따로 서술한 것에 비추어 부정설로 분류하였다).

긍정설이 통설의 입장이다.

1. 은 닉

42 은닉은 채권자에 대하여 재산의 발견을 불가능하게 하거나 곤란하게 하는 것을 말한다. 이는 재산의 발견을 곤란하게 하는 것 이외에 재산의 소유관계를 불분명하게 하는 것도 포함한다.[82]

43 '재산의 소유관계를 불분명하게 하는' 데에는 반드시 공부상의 명의를 변경하거나 폐업신고 후 다른 사람의 명의로 새로 사업자등록을 할 것까지 요구하는 것은 아니다. 따라서 사업장의 유체동산에 대한 강제집행을 목적으로 사업자등록의 명의를 변경함이 없이 사업장에서 사용하는 금전등록기의 사업자 이름만을 변경한 경우,[83] 회사자금을 개인계좌로 보관하다가 회사채권자로부터의 강제집행을 당할 위험에 처하자 또 다른 개인의 계좌로 송금한 경우[84]에도 본죄

---

82 대판 1992. 12. 8, 92도1653. 채권자에 의하여 압류된 채무자 소유의 유체동산을 채무자의 모(母) 소유인 것으로 사칭하면서 모의 명의로 제3자이의의 소를 제기하고 집행정지결정을 받아 그 집행을 저지하였다면, 이는 재산을 은닉한 경우에 해당한다.

83 대판 2003. 10. 9, 2003도3387.

84 대판 2018. 5. 30, 2017도15337. 원심은 송금 전, 후의 계좌명의자 모두 회사 및 채권자에 대하여 제3자의 지위에 있는 이상 채권자로서는 위 돈에 대하여 강제집행을 하려면 회사가 계좌명의자에 대해 갖는 반환채권의 존재를 증명하여야 하는데 이는 달라지지 않아 결국 이러한 송금행위가 채권자에게 재산의 소재 내지 소유관계를 종전보다 더 불분명하게 하는 등의 결과를 초래하였다고 단정할 수 없다는 이유로 무죄를 선고한 반면에, 대법원은 채권자가 위 돈에 대한 강제집행을 할 수 있으려면 송금 전에는 개인계좌에 입금된 돈이 회사의 운영자금이라는 사실만을 증명하면 되던 것을 송금 후에는 그러한 사실뿐만 아니라 송금이 회사의 의사에 따라 운영자금 보관 명목으로 이루어졌다는 사실까지도 증명하여야 하는 관계로 채권자로서는 송금 전보다 송금 후 그 돈이 회사의 돈임을 밝히는 것이 더 곤란해졌고, 이로 인하여 채권자가 손해를 입을 위험이 발생하였으니 송금행위가 본죄의 은닉에 해당한다면서 원심을 파기하였다.
이 판결은 대판 2005. 10. 13, 2005도4522(채무자인 회사 명의계좌에 예치된 회사자금을 인출하여 제3자 명의계좌로 송금한 경우: 은닉 긍정) 및 대판 2014. 6. 12, 2012도2732(채무자가 제3자 명의로 되어 있던 사업자등록을 또 다른 제3자 명의로 변경한 경우: 은닉 부정)와 비교해 볼 필요가 있다. 특히 위 2012도2732 판결과 비교해 볼 때, 그 차이점을 확연하게 알 수는 없지만 굳이 추정해본다면 증명사항의 추가에 따른 증명의 곤란성 가중 여부에 차이가 있는 것이 아닌가 한다. 즉, 위 2017도15337 판결은 판시 송금행위(채무자 이외의 자 → 채무자 이외의 또다른 자)로 인하여 대체물의 혼용 등으로 판시와 같은 증명사항의 추가에 따른 증명의 곤란성 가중이 초래되었다고 본 반면에, 위 2012도2732 판결은 판시 사업자명의변경(채무자 이외의 자 → 채무자 이외의 또다른 자)은 특정물의 명의이전으로서 해당 사업자등록이 실질적으로는 채무자의 것이라는 것이 증명되면 그 이후의 변경은 실질적 명의자의 의사에 따라 사업자등록명의의 이전이라는 외양을 구비할 명목으로 이루어졌다는 것은 (사실상) 드러나는 만큼 추가적인 증

의 은닉에 해당한다. 자기소유물을 타인의 것으로 사칭하는 행위의 경우, 그것만으로는 그로 인하여 집행관이 집행을 단념하는 등 집행에 어떠한 영향을 주지 않는 이상, 본죄의 은닉에 해당한다고는 볼 것은 아니다.[85]

판례는, ① 담보목적의 가등기권자가 다른 채권자들의 강제집행을 불가능하게 할 목적으로 채무자와 공모하여 정확한 청산절차도 거치지 않은 채 자백간주판결을 통하여 본등기를 마침과 동시에 가등기 이후에 마쳐진 가압류등기 등을 모두 직권말소하게 한 경우,[86] ② 부동산의 선순위가등기권자가 부동산소유자인 채무자와 공모하여 후순위채권자의 강제집행을 면할 목적으로 선순위가등기권자 앞으로 소유권이전의 본등기를 한 경우,[87] ③ 채무자 소유의 유체동산을 모(母) 소유로 사칭하면서 모 명의로 제3자이의의 소를 제기하고 강제집행정지결정을 받아 집행을 저지한 경우,[88] ④ 피고인이 회사의 어음채권자들의 가압류 등을 피하기 위하여 회사의 예금계좌에 입금된 회사자금을 인출하여 제3자 명의의 다른 계좌로 송금한 경우(비록 이른바 어음 되막기 용도의 자금 조성을 위한 것이라고 하더라도)[89]는 그 소유관계의 불명 등의 이유로 본죄의 은닉에 해당한다고 판시하였다.[90] 44

그러나 채무자가 제3자 명의로 되어 있던 사업자등록을 또 다른 제3자 명의로 변경한 경우, 그러한 사정만으로는 그 변경이 채권자의 입장에서 볼 때 사 45

명사항의 발생이 없어 증명의 추가적인 곤란성 가중이 초래되지는 않았다고 본 것으로 짐작을 해 볼 수 있다.

85 주석형법 [각칙(5)](5판), 304(이헌섭). 이와 달리 본죄의 은닉에 해당한다고 보는 견해도 있다 [강구진, 형법강의 각론 I, 437; 이형국·김혜경, 형법각론(2판), 548].

86 대판 2000. 7. 28, 98도4558.

87 대판 1983. 5. 10, 82도1987. 한편, 선순위의 가등기가 경료된 부동산의 제3취득자가 부동산소유자인 채무자와 공모하여 후순위채권자의 강제집행을 면할 목적으로 우선 선순위 가등기권자 앞으로 본등기를 마친 후 그로부터 소유권이전등기를 이전받은 경우에도 본죄의 은닉에 해당한다고 판시하였다(대판 2006. 12. 21, 2006도4775. 이 경우 설령 피고인이 정당한 가격으로 매수하였다거나 그 본등기가 가등기권자의 채권의 담보실행 명목으로 이루어졌다고 하더라도 그 결론은 영향이 없다고 한다).

88 대판 1992. 12. 8, 92도1653.

89 대판 2005. 10. 13, 2005도4522. 이른바 어음 되막기 용도의 자금 조성을 위한 것이라고 하더라도 정당행위에 해당하지 않는다는 원심을 수긍하였다.

90 일본 판례는 ① 가공의 금전채권을 기재한 공정증서에 기한 경매절차에 의하여 채무자의 소유물건을 가장 경락인의 소유로 귀속시키려고 가장하는 행위[最決 昭和 39(1964). 3. 31. 刑集 18·3·115], ② 금전을 타인 명의로 예금하는 행위[東京高判 昭和 33(1958). 12. 22. 高検速報 776]는 은닉에 해당한다고 판시하였다.

업장 내 유체동산에 관한 소유관계를 '종전보다 더' 불명하게 하여 채권자에게 손해를 입게 할 위험성을 야기한다고 단정할 수 없다는 이유로 본죄의 은닉에 해당하지 않는다고 판시하였다.[91]

46 은닉은 반드시 강제집행 등을 하기 이전에 비밀리에 행해질 필요는 없으므로, 예컨대 집행관의 면전에서 반출하여 그 소유관계를 불분명하게 한 때에도 은닉에 해당한다.[92]

47 다만 타인의 재물을 보관하는 자가 보관 중인 재물을 영득할 의사로 은닉한 경우에는 횡령죄가 성립할 뿐이므로, 설령 채권자들의 강제집행을 면탈하는 결과를 가져온다 하여도 별도로 본죄를 구성하는 것은 아니다.[93]

48 또한 대물변제공증을 해준 물건에 대하여 제3자가 강제집행을 실시하는데도 이를 채권자에게 알리지 않아 배당신청 등의 권리구제절차를 밟지 못하게 하였다면, 이러한 행위는 배임죄는 될 수 있어도 본죄가 성립될 수 없다. 이는 이러한 행위가 채권자에 의한 강제집행을 면탈하는 것은 아니기 때문이다.[94]

2. 손 괴

49 손괴는 재물의 물질적 훼손뿐만 아니라 그 가치를 감소하게 하는 일체의 행위를 의미한다.[95]

3. 허위양도

50 허위양도는 실제로 양도의 진의가 없음에도 불구하고 표면상 양도의 형식을 취하여 재산의 소유명의를 변경시키는 행위를 말한다.[96] 넓은 의미에서는 (재산의

---

91 대판 2014. 6. 12, 2012도2732. 이 사안은 사업자등록명의가 채무자에서 제3자로 변경된 경우와는 비교할 필요가 있다. 즉, 처음부터 채무자가 아닌 제3자 명의로 되어 있던 것을 또다른 제3자 명의로 바꾼 것에 불과하여 소유관계가 종전보다 더 불명해진 것으로는 보기 어렵다는 것이어서, 그 명의가 채무자에서 제3자로 변경할 경우에 소유관계의 불명을 긍정한 것과는 달리 판단한 것으로 추정된다.

92 배종대, § 88/8; 신동운, 872; 정성근·박광민, 539. 일본 판례도 같은 취지이다[高松高判 昭和 31(1956). 1. 19. 裁特 3·351].

93 대판 2000. 9. 8, 2000도1447.

94 손동권, 526.

95 이재상·장영민·강동범, § 24/25; 주호노, 형법각론, 1132.

96 대판 1987. 9. 22, 87도1579; 대판 2001. 11. 27, 2001도4759.

소유관계를 불분명하게 한다는 점에서) 허위양도도 은닉의 일종이라 할 수 있다.[97]

본죄의 허위양도는 유상·무상을 따지지 아니한다. 그러나 유상일 경우에는 완전한 대가를 취득하였다면 허위양도라고 함부로 단정할 것은 아니다.[98] 패소 확정판결을 받은 사람이 그 집행을 면하기 위하여 재산을 허위로 양도한 이상, 그 이후의 집행 유무를 막론하고 본죄를 구성한다.[99] 51

허위양도한 부동산의 시가보다 그 부동산에 설정된 담보의 피담보채무액수가 더 많아도 본죄의 허위양도에 해당한다.[100] 52

본죄의 허위양도는 양도를 가장하는 것이므로 양도가 진실일 때에는 설령 강제집행을 면할 목적으로 행하여졌고 채권자를 해하더라도 본죄가 성립하지 않는다.[101] 53

(1) 허위양도를 긍정한 사례

판례는 ① 가옥대장상의 소유자명의를 허위로 변경한 경우,[102] ② 임차권명의를 제3자에게 허위로 이전한 경우,[103] ③ 허위채무를 담보한다는 구실로 부동산소유권이전등기를 마친 경우,[104] ④ 채권자의 가압류집행을 면탈할 목적으로 가압류결정 정본의 송달 전에 채무자의 제3채무자에 대한 채권을 채권자 이외의 사람에게 허위양도한 경우,[105] ⑤ 구입자금의 일부를 피고인의 처가 부담하여 마련한 피고인 소유 아파트의 소유명의를 허위로 형식상 명의신탁해지를 원인으로 하여 피고인의 처로 이전한 경우,[106] ⑥ 장인에 대한 허위채무를 만들어 그 대물변제 명목으로 장인에게 피고인 소유의 대지를 양도한 경우,[107] ⑦ 건물 신축 중인 A 회사에 대한 강제집행이 조만간 있을 것이 우려되자 그 건물신축을 위해 54

97 대판 2001. 11. 27, 2001도4759.
98 주석형법 〔각칙(5)〕(5판), 305(이헌섭).
99 손동권, 523.
100 대판 1999. 2. 12, 98도2474.
101 대판 1982. 7. 27, 80도382; 대판 1983. 7. 26, 82도1524; 대판 1986. 8. 19, 86도1191; 대판 1998. 9. 8, 98도1949; 대판 2000. 9. 8, 2000도1447; 대판 2001. 11. 27, 2001도4759; 대판 2007. 11. 30, 2006도7329; 대판 2009. 3. 26, 2007도9197 등.
102 대판 1968. 4. 31, 68도677.
103 대판 1971. 4. 20, 71도319.
104 대판 1982. 12. 14, 80도2403.
105 대판 2012. 6. 28, 2012도3999.
106 대판 1999. 11. 26, 99도3603.
107 대판 2002. 8. 27, 2001도5921.

설립되어 A 회사와 사무실을 같이 사용할 뿐 아니라 인적 구성이 거의 동일하며 그 실질적 사주를 같이 하는 B 회사의 대표이사인 피고인 甲이 A 회사 관계자인 피고인 乙과 협의하여 B 회사가 A 회사에 이어 공사를 한다는 구실로 신축 중 건물의 건축주 명의를 A 회사에서 B 회사로 변경하는 내용으로 된 A, B 회사 명의의 상호이행각서를 받은 후 이 각서를 첨부하여 관할관청에 건축주 명의 변경 신고를 하여 신축 중 건물의 건축주 명의를 A 회사의 대표이사 C에서 피고인 乙로 변경하였는데, 위 상호이행각서에 기재된 작성일자는 A, B 회사의 설립 전이고 건축주 명의 변경 당시 신축 공사가 90% 가까이 진척된 상태이며 건축주 명의 변경 이후에도 A 회사가 그 건물 신축에 계속 관여한 경우,[108] ⑦ 실제 경영권의 승계나 재산의 이전 등이 없음에도 사실상 동일한 회사에 유·무형 자산일체를 양도한다는 내용의 자산양수도계약을 한 후 거래업체에 종전의 양도회사 명의로 체결된 거래계약을 해지통보하고 대신 양수회사 명의의 신규계약 체결을 요청하여 양도회사의 채권자들에 의한 채권압류 및 추심명령에 기한 지급을 중단되게 하는 등의 행위를 한 경우[109] 등은, 허위양도에 해당한다고 판시하였다.

(2) 허위양도를 부정한 사례

55 판례는 ① 전세보증금 채권을 담보하기 위하여 전세권자와의 합의 아래 이른바 양도담보로서 전세권자에게 부동산을 양도한 경우,[110] ② 공동명의로 신탁된 토지가 공동명의자 일부의 채권자로부터 강제집행의 우려가 있자 이를 면하기 위하여 신탁자가 신탁계약을 해지하고 제3자의 공동명의로 다시 명의신탁하여 소유권이전등기를 마친 경우,[111] ③ 금전차용채무자가 그 채무의 담보로

---

108 대판 2004. 6. 10, 2004도379. 피고인들 사이에 공사 마무리를 위한 진의에 기한 건축주 명의변경에 관한 합의가 있었다고 봄이 상당하다면서 무죄를 선고한 제1심을 유지한 원심을 유죄취지로 파기환송하였다.

109 대판 2011. 10. 27, 2010도12824.

110 대판 1987. 9. 22, 87도1579. 피고인이 이 사건 부동산을 A에게 양도한 것은 그 사람과의 합의 아래 그 사람의 전세보증금 채권을 담보하기 위하여 한 이른바 양도담보로서 진실한 양도라고 보아야 할 것이고, 달리 그것이 강제집행을 면탈하기 위하여 명의만을 이전한 허위양도라고 볼 만한 아무런 증거가 없다면서 본죄의 공소사실을 무죄로 판단한 원심을 유지하였다.

111 대판 1983. 7. 26, 82도1524. 교회목사인 피고인과 A의 공동명의로 신탁된 교회 소유의 대지가 A의 사업실패로 채권자들로부터 강제집행의 우려가 있자 교회건축위원회에서 명의신탁을 해지한 후 다른 재직회 임원 5명 앞으로 명의신탁하기로 결정하고 이에 따라 매매를 원인으로 하여 경료된 소유권이전등기는 신탁자의 신탁재산에 대한 정당한 권리행사이고, 본죄의 구성요건인 허위양도에 해당하지 아니한다.

자신 소유의 미등기부동산에 관하여 채권자와 대물변제계약을 체결하였다가 채권자로부터의 강제집행이 임박하자 강제집행을 면탈할 생각으로 자신에 대한 또다른 금전채권자로서 그 사정을 알고 있는 제3자와 동일 부동산에 관한 대물변제계약을 체결한 경우,[112] ④ 회사 재산에 대한 강제집행이 임박한 상황에서 회사의 대표이사가 회사 자금을 변칙처리하여 차명계좌로 입금시켰는데, 차명계좌 입금행위가 진의에 의하여 재산을 양도한 것으로 인정된 경우,[113] ⑤ 근저당권설정등기는 남편인 피고인 甲의 A에 대한 사전구상금채권을 담보하기 위한 것인데도 실제로는 근저당권자 명의를 처인 피고인 乙명의로 한 경우,[114] ⑥ 피고인 또는 피고인이 대표이사로 설립한 회사가 회사의 설립 및 건물신축공사를 위하여 피고인의 아버지로부터 2회에 걸쳐 약 3,500만 원을 차용하였는데, 약 10년 또는 8년이 지나도록 이를 변제하지 못하고 있던 상태에서 피고인의 아버지에게 A 등에 대한 5,000만 원의 채권을 양도한 경우[115] 등은, 본죄의 허위양도에 해당하지 아니한다고 판시하였다.

4. 허위의 채무부담

'허위의 채무부담'은 사실은 채무가 없으면서도 있는 것처럼 가장하는 것을 56
말한다.[116] 따라서 채무의 부담이 진실한 때에는 가사 강제집행을 면할 목적으로 채무부담행위를 하였더라도 본죄는 성립하지 않는다. 이와 관련하여 진실한 채무부담을 넘어 이른바 과다채무를 부담하는 경우에는 진실한 채무부담 부분과 허위의 채무부담 부분을 구분하여 후자에 대하여는 본죄를 인정할 수 있다는 견해도 있다.[117]

---

112 대판 1983. 9. 27, 83도1869.

113 대판 2000. 9. 8, 2000도1447. 이 경우 횡령죄만 성립하며, 본죄는 성립하지 않는다. 즉, 진의에 의한 양도인 이상 설령 강제집행을 면탈할 목적으로 이뤄진 것으로서 채권자의 불이익을 초래하는 결과가 되었다고 하더라도 본죄의 허위양도 또는 은닉에 해당하지 않기 때문이다.

114 대판 2003. 1. 24, 2002도5082. 부부인 피고인들 사이에 명의신탁 내지 증여에 해당하므로, A의 채권자들에 대한 관계에서 A와 공모하여 A로 하여금 허위의 채무를 부담케 하였다고 보기 어렵다면서 무죄를 선고한 제1심을 유지한 원심을 정당한 것으로 수긍하였다.

115 대판 2009. 3. 26, 2007도9197.

116 대판 1989. 5. 23, 88도343.

117 서효원, "강제집행면탈죄의 현황과 개선방안", 법조 719, 법조협회(2016), 281.

(1) 허위의 채무부담을 긍정한 사례

57 판례는 ① 남편 소유의 부동산에 관한 강제경매신청이 있자 강제집행을 면탈할 목적으로 임대차 조사를 하러나온 집달관에게 경매대상 부동산 중 건물 일부에 관한 임대차의 보증금이 없는데도 그 보증금이 지급되었다고 거짓말을 하여 그와 같은 허위의 임대차사실이 부동산임대차 보고서에 기재되고 경매법원으로 하여금 그 임차인에게 배당요구할 것을 통지하도록 한 경우,[118] ② 재단법인의 이사장이 강제집행을 면탈할 목적으로 재단법인에 대하여 채권을 가지는 양 가장하여 이를 타인에게 양도하고 재단법인의 타인에 대한 채무를 담보한다는 구실 아래 재단법인 소유의 토지를 그 타인의 명의로 가등기 및 본등기를 마치게 한 경우,[119] ③ A 주식회사의 대표이사가 그 회사에 대한 채권자들로부터 강제집행을 받을 우려가 있는 상태에 이르자 강제집행을 면탈할 목적으로 A 회사의 B 회사에 대한 공사대금채무에 관하여 변제로 소멸한 부분을 공제하지 않은 채 그 채무 전부를 부담하고 있다는 내용의 각서 및 이에 대한 공증증서를 작성해준 경우[120]는, '허위의 채무부담'에 해당한다고 판시하였다.[121]

(2) 허위의 채무부담을 부정한 사례

58 판례는 ① 장래에 발생할 특정의 조건부채권을 담보하기 위한 방편으로 부동산에 대하여 근저당권을 설정한 경우,[122] ② 타인에게 채무를 부담하고 있는 양 가장하는 방편으로 자기 소유의 부동산에 관하여 순위보전의 효력밖에 없는 소유권이전등기청구권보전을 위한 가등기를 마쳐준 경우,[123] ③ 하도급계약체결

118 대판 1989. 5. 23, 88도343. 이는 단순히 거짓말을 한 것을 넘어서 경매목적 부동산에 대한 강제집행을 면탈한 목적으로 허위의 채무를 부담한 경우에 해당한다고 보아야 한다.

119 대판 1982. 12. 14, 80도2403.

120 대판 2018. 6. 15, 2016도847.

121 일본 판례는 ① 제3자와 통모하여 가장의 저당권을 설정하는 행위[福岡高判 昭和 47(1972). 1. 24. 刑月 4·1·4], ② 가공의 공정증서로 채무를 부담하는 행위[福岡地高大牟田支判 平成 5(1993). 7. 15. 判タ 828·278]가 허위의 채무부담에 해당한다고 판시하였다.

122 대판 1996. 10. 25, 96도1531. 특별한 사정이 없는 한, 이는 장래 발생할 진실한 채무를 담보하기 위한 것이다.

123 대판 1987. 8. 18, 87도1260. 본 판결과 위 80도2403 판결의 사안은 모두 강제집행을 면할 목적으로 타인 명의의 가등기를 마친 점에서 유사함에도 허위의 채무부담 여부에 관하여는 그 결론이 달리하는데, 이는 본 판결의 경우는 단순히 순위보전의 효력뿐인 가등기의 경료에 그치고 그 원인행위의 외관이 전혀 존재하지 아니한 반면에, 위 80도2403 판결의 경우는 채무담보를 위한 가등기의 경료 이외에 본등기까지도 마쳤으며 그 원인행위와 관련하여 추가적인 외관(채권양도)

후 일부 공사가 진행된 상황에서 하도급인의 자금사정이 악화되자 장차 하도급 공사를 완료하고도 하도급대금을 지급받지 못할 경우를 대비하여 당초 하도급 계약상의 변제기를 앞당겨 그 공사대금을 미리 지급하려는 의사에 따라 하도급 계약당사자가 공정증서를 작성한 경우[124]에는, 본죄의 '허위의 채무부담'에 해당하지 않는다고 하였다.

5. 채권자를 해할 것

(1) 의의

'채권자를 해한다'는 것은 범죄자의 행위로 인하여 채권자가 만족을 받지 못하게 되거나 일부만 만족을 받게 되는 경우, 또는 지체된 만족을 받게 되는 경우를 말한다. 이는 만족을 어렵게 하는 경우도 포함하므로, 채권자가 통상적인 방법으로 만족을 실현하는 절차를 불가능하게 하는 경우도 이에 해당한다고 할 것이다.[125] 59

채권자를 해할 위험성만 있으면 되고 반드시 채권자를 해하는 결과가 야기되거나 행위자가 어떤 이득을 취하여야 하는 것은 아니다(위험범).[126] 또한 허위양도된 부동산의 시가보다 그 부동산에 의하여 담보된 채무액이 더 많더라도, 그 허위양도로 인하여 채권자를 해할 위험이 없다고 할 수 없다.[127] 60

이 존재하는 등 그 사안을 달리함에 따른 당연한 귀결이라 생각한다.

124 대판 2014. 7. 10, 2013도10516. 직불합의에 따라 A 주식회사가 원도급자로부터 직접 지급받은 하도급공사대금 184,218,200원을 제외한 나머지 하도급공사대금 3,452,681,800원에 관하여, B 회사와 A 회사 사이에 공정증서를 작성한 것은 이미 하도급공사계약이 체결되어 공사가 일부 진행되고 있는 상황에서 B 회사의 자금사정이 악화되자 장차 A 회사가 각 하도급공사를 완료하고도 B 회사로부터 공사대금을 지급받지 못할 경우를 대비하여 상호간에 변제기를 앞당겨 공사대금을 미리 지급하려는 의사에 따라 진실한 채무를 부담한 경우라고 할 것이므로 이를 제327조에서 말하는 '허위채무를 부담한 경우'라고 볼 수 없다는 이유로, B 회사의 A 회사에 대한 허위채무 부담으로 인한 강제집행면탈의 점에 관한 공소사실 중 위 3,452,681,800원 부분은 범죄의 증명이 없는 경우에 해당한다고 보아 무죄로 판단한 원심을 그대로 유지하였다.

125 주석형법 [각칙(5)](5판), 307(이헌섭).

126 대판 1989. 5. 23, 88도343; 대판 1990. 3. 23, 89도2506; 대판 1994. 10. 14, 94도2056; 대판 1996. 1. 26, 95도2526; 대판 1999. 2. 14, 98도2474; 대판 2001. 11. 27, 2001도4759; 대판 2008. 4. 24, 2007도4585; 대판 2009. 5. 28, 2009도875 등.

127 대판 1999. 2. 12, 98도2474.

(2) 판단의 기준시점

61 채권자를 해하는지 여부의 판단 기준시점은 행위 시이다. 판례는 채무자가 현실적으로 강제집행을 받을 우려가 있는 상태에서 강제집행을 면탈할 목적으로 재산을 은닉, 손괴, 허위양도 또는 허위의 채무를 부담하면, 달리 특별한 사정이 없는 한 채권자를 해할 위험이 있다고 한다.[128]

62 다만, 그 행위 시를 기준으로 채무자에게 채권자의 집행을 확보하기에 충분한 다른 재산이 있었다면 채권자를 해하였거나 해할 우려가 있다고 쉽게 단정할 것은 아니고,[129] 반면에 강제집행을 면할 목적으로 허위채무를 부담하고 근저당권설정등기를 마쳐줌으로써 채권자를 해하였다고 인정되는 경우에 그 근저당권이 설정된 부동산 외에 약간의 다른 재산이 있더라도 그 정도만으로는 본죄를 면할 수 없다고[130] 한다.[131]

---

128 대판 1996. 1. 26, 95도2526; 대판 1998. 9. 8, 98도1949; 대판 1999. 2. 12, 98도2474; 대판 1999. 5. 11, 98도2746(피고인들이 퇴직금채권자로서 우선변제권이 있는 것이고 허위양도한 채권도 사실상 추심이 어려운 것이어서 다른 채권자들을 해하는 결과가 야기되지 않았다거나 피고인들이 어떤 이익을 취하지 않았더라도, 피고인들이 현실적으로 강제집행을 받을 우려가 있는 상태에서 강제집행을 면탈할 목적으로 채권을 허위양도하였다면 특별한 사정이 없는 한 채권자를 해할 위험이 있다) 등. 여기서의 특별한 사정을 좀 더 구체적인 예를 들어 판시한 것으로는 대판 2015. 6. 11, 2013도11709(그 당시를 기준으로 채무자에게 채권자의 집행을 확보하기에 충분한 다른 재산이 있다는 등의 특별한 사정이 없는 한 채권자를 해할 위험이 있다고 보아야 한다) 등이 있다.

129 대판 2011. 9. 8, 2011도5165. 피고인이 자신을 상대로 사실혼관계해소 청구소송을 제기한 A에 대한 채무를 면탈하려고 피고인 명의 아파트를 담보로 대출을 받아 그중 대부분을 타인 명의 계좌로 입금하여 은닉하였다고 하여 본죄로 기소된 사안에서, A의 위자료채권액을 훨씬 상회하는 다른 재산이 있었던 이상 본죄는 성립하지 않는다고 보아야 하는데도, 피고인에게 유죄를 인정한 원심판단에 법리오해의 위법이 있다고 판시하였다.

130 대판 1990. 3. 23, 89도2506(강제집행을 면할 목적으로 허위채무를 부담하고 근저당권설정등기를 경료하여 줌으로써 채권자를 해하였다고 인정된다면 설령 피고인이 그 근저당권이 설정된 부동산 외에 약간의 다른 재산이 있더라도 본죄가 성립된다); 대판 2008. 4. 24, 2007도4585[피고인 소유인 상가의 시가 43억 1,800만 원에서 그 상가에 설정된 근저당권의 피담보채무 24억 9천만 원(채권최고액은 34억 8,600만 원)과 피고인이 허위로 부담한 전세보증금반환채무 6억 원을 각 공제하더라도 남는 12억 2,800만 원은 공사대금채권자가 피고인을 본죄로 고소하면서 공사대금채권액으로 주장한 7억 1,630만 원을 훨씬 상회하는 금액임을 들어 피고인의 허위채무부담 당시 피고인에게는 공사대금채권자의 집행을 확보해 줄 수 있는 충분한 재산이 있었으므로 공사대금채권자를 해할 위험성은 없었다는 이유로 본죄의 성립을 부정한 원심에 대하여, 그 상가의 시가는 고정적인 것이 아니고 강제집행이 되는 경우 오히려 상당한 가격 하락이 있을 수 있고 근저당권의 채권최고액이 높음에 비추어 그 피담보채권의 액수 또한 증가할 여지도 있으며, 더구나 피고인의 일부 진정 임차인들에 대한 임대보증금반환채무 1억 9천만 원을 계산에서 누락하는 등의 사정에 비추어 원심의 계산방법이 피고인의 재산상황에 대해 경험칙상 쉽게 예측할

(3) 구체적 사례

(가) 본죄의 성립을 긍정한 사례

판례는 구체적으로, 채권자가 채무자의 제3채무자에 대한 채권을 가압류하여 그 가압류결정 정본이 제3채무자에게 송달되었고, 한편 그 송달일자와 같은 일자로 채무자가 자신의 제3채무자에 대한 채권을 또다른 제3자에게 양도한 것으로 되어 있는 경우에 가압류결정 정본이 제3채무자에게 송달되기 전에 그 채권을 허위로 양도하였다면 본죄가 성립한다고 하였다.[132] 63

(나) 본죄의 성립을 부정한 사례

① 채권자가 채무자의 제3채무자에 대한 채권에 관하여 압류 및 전부명령을 받고 그 명령이 제3채무자에게 송달되자 피고인이 채무자와 공모하여 대상채권이 전부명령의 송달 전에 전액 변제된 양 허위영수증을 발행한 경우, 피고인이 채무자로부터 허위영수증을 수취한 것이 제3채무자에 대한 전부명령의 송달로 대상채권에 대한 집행이 완료된 후라면 이로써 대상채권에 대한 채권자의 강제집행을 방해하였다고 볼 수 없고, 또 영수증의 발행 및 그 수취행위가 제3채무자의 재산에 대한 본조 소정의 어느 행위에도 해당하지 않으므로, 본죄가 성립하지 않는다고 하였다.[133] 64

② 가압류 후에 목적물의 소유권을 취득한 제3취득자가 다른 사람에 대한 허위의 채무에 기하여 근저당권설정등기 등을 마친 경우에, 가압류에는 처분금지적 효력이 있어서 제3취득자 또는 그 제3취득자에 대한 채권자는 그 소유권 65

수 있는 장래의 변화 가능성을 모두 도외시한 것일 뿐 아니라 재산 파악에도 오류가 있어, 이를 가지고 피고인의 허위채무부담이 채권자를 해할 위험이 없다고 보기에는 심히 근거가 부족하며, 가사 채무를 공제한 뒤에 피고인에게 약간의 재산이 남을 수 있다고 예측된다 하더라도 그러한 사유만으로 위 허위채무 부담이 채권자를 해할 위험이 없다고 볼 수는 없을 것이라는 이유로 원심을 파기하였다].

131 이러한 판례의 태도에 대해서는 구체적·추상적 위험, 즉 채권자를 해할 적성(Eignung), 즉 적합성이 있는 면탈행위를 요구하는 것으로 볼 수 있다고 하는 견해[이상돈(주 26), 548]도 있고, 특히 다른 채권자의 채권액이 불명확한 상황에서 채무자가 강제집행을 면탈할 목적으로 자기 재산의 중요부분을 처분했음에도 잔여재산만으로 채권자의 집행을 확보하기에 충분한가를 따져 책임을 부정할지 여부를 결정하는 데는 대단한 어려움이 있고, 자칫 형사책임의 유무를 매우 불안정한 조건에 내맡기는 결과가 될 수 있으므로 신중하게 판단할 문제라는 견해[주석형법 [각칙(5)](5판), 309-310(이헌섭)]도 있다.

132 대판 2012. 6. 28, 2012도3999.

133 대판 1984. 6. 12, 82도1544.

또는 채권으로써 가압류권자에게 대항할 수 없으므로, 제3취득자의 위와 같은 행위로 가압류채권자의 법률상 지위에 어떤 영향을 줄 수 없다는 이유로 본죄의 성립을 부정하였다.[134]

66 ③ 채권자의 채권이 금전채권이 아니라 토지 소유자로서 그 지상 건물의 소유자에 대하여 가지는 건물철거 및 토지인도청구권인데, 채무자인 건물소유자가 제3자에게 허위의 금전채무를 부담하면서 이를 피담보채무로 하여 건물에 관하여 근저당권설정등기를 마쳐준 경우에는, 채무자의 그와 같은 행위만으로는 직접적으로 토지소유자의 건물철거 및 토지인도청구권에 기한 강제집행을 불능케 하는 사유에 해당한다고 할 수 없다는 이유로 건물소유자에 대한 본죄의 성립을 부정하였다.[135]

67 ④ 회사 대표가 자기 소유 자금과 계열회사들 소유 자금 중 일부를 임의로 빼돌린 자금 등을 구분함이 없이 거주지 안방에 보관한 경우에 있어, 자기 소유의 자금을 금융회사 등에 예치하지 않고 단순히 자신의 거주지 안방 옷장 속에 보관해 왔다는 것만으로는, 평소의 자금 관리 방법이나 그와 같이 개인 자금을 보관하게 된 구체적인 동기나 경위 등을 고려하지 않은 채, 회사 대표 개인의 채권자들에 대한 관계에서 획일적으로 본죄에서의 은닉행위에 해당한다거나 그로 인하여 채권자를 해할 위험상태에 이르렀다고 보기 어렵고, 빼돌린 계열회사들 소유 자금을 위와 같이 보관한 행위는 계열회사들에 대한 횡령행위의 일부를 구성하는 것일 뿐이지 나아가 이를 일률적으로 회사 대표 개인의 채권자들에 대한 강제집행면탈행위로서의 은닉행위로 평가할 수는 없다는 이유로 본죄의 성립을 부정하였다.[136]

(4) 결과발생 여부 - 본죄의 종료시기

68 본죄는 위험범이므로 면탈행위가 종료하면 채권자를 해하는 결과가 발생하

---

134 대판 2008. 5. 29, 2008도2476.

135 대판 2008. 6. 12, 2008도2279.「이러한 법리는 건물 소유자가 토지 임차인으로서 임대인인 토지 소유자에 대하여 민법 제643조의 건물매수청구권을 행사함으로써 건물 소유자와 토지 소유자 사이에 건물에 관한 매매관계가 성립하여 토지 소유자가 건물 소유자에 대하여 건물에 관한 소유권이전등기 및 명도청구권을 가지게 된 후에 건물 소유자가 제3자에게 허위의 금전채무를 부담하면서 이를 피담보채무로 하여 건물에 관하여 근저당권설정등기를 경료한 경우에도 마찬가지이다.」

136 대판 2007. 6. 1, 2006도1813.

지 않더라도 그 위험이 발생할 경우 범죄가 성립함과 동시에 범죄행위가 종료하여 그때부터 공소시효가 진행한다.[137]

판례 역시 같은 취지이다. 즉, ① 허위의 채무를 부담하는 내용의 채무변제계약 공정증서를 작성한 후 이에 기하여 채권압류 및 추심명령을 받은 때에 본죄가 성립함과 동시에 그 범죄행위가 종료되어 공소시효가 진행한다거나,[138] ② 강제집행면탈의 목적으로 채무자가 그의 제3채무자에 대한 채권을 허위로 양도한 경우에 제3채무자에게 채권양도의 통지가 행하여짐으로써 통상 제3채무자가 채권 귀속의 변동을 인식할 수 있게 된 시점에서는 채권실현의 이익이 해하여질 위험이 실제로 발현되었으므로 늦어도 그 통지가 있는 때에는 그 범죄행위가 종료하여 그때부터 공소시효가 진행한다는[139] 것이다. 69

VI. 고의 및 목적

1. 고 의

본죄의 성립에는 고의를 요한다. 본죄의 고의는 행위자가 강제집행을 받을 우려가 있는 객관적 상태에서 재산을 은닉, 손괴, 허위양도 또는 허위의 채무를 부담하여 채권자를 해한다는 인식·용인을 의미한다.[140] 70

이에 대하여 채권자를 해한다는 것은 객관적 처벌조건이므로 주관적 구성요건인 고의의 인식대상이 아니라거나,[141] 또는 본죄가 추상적 위험범임을 이유로 채권자를 해한다는 인식을 고의의 요소로 포함시켜서는 안 되고 강제집행면탈의 목적에 포함시키면 충분하다는 견해[142]도 있다. 그러나 이는 앞서 서술한 '채권자를 해한다'는 것이 본죄의 별도 행위인지 여부에 관한 논의와 논리적으 71

137 주석형법 〔각칙(5)〕(5판), 311(이헌섭).
138 대판 2009. 5. 28, 2009도875.
139 대판 2011. 10. 13, 2011도6855.
140 김혜정·박미숙·안경옥·원혜욱·이인영, 505; 이상돈, 502; 이재상·장영민·강동범, § 24/28.
141 김일수·서보학, 433.
142 이정원, "강제집행면탈죄에 대한 검토와 개선방안", 비교형사법연구 7-1, 한국비교형사법학회(2005), 197. 만약 이를 고의의 내용에 포함시키면 채권자를 해하지 못한 경우는 행위자의 고의 내용을 완성하지 못한 경우로서 형법이 처벌하지 않는 미수에 해당하는 결과가 되는데, 이러한 해석은 본죄를 위험범으로 보는 통설과 판례의 입장과 배치된다는 점을 내세우고 있다.

로 연결되어 있는바, 통설은 이를 긍정하는 입장이므로 '채권자를 해한다'는 것 역시 주관적 구성요건인 고의의 인식대상으로 이해한다.[143]

72 확정적 고의 이외에 미필적 고의로 충분하는지에 관하여도 견해가 나뉜다. 본죄의 고의가 목적범과 연결된 고의라거나[144] '목적지향적 의욕'이므로 미필적 고의로는 불충분하다는 견해[145]가 있으나, 통설은 미필적 고의로도 충분하다는 입장이다.[146]

2. 목 적

73 본죄는 목적범이므로 그 성립을 위해서는 고의 이외에도 강제집행을 면할 목적이 있어야 한다. 강제집행을 면할 목적은 강제집행이 행해지더라도 그 효과를 거둘 수 없게 하려는 의도로서 강제집행의 전부 또는 일부가 행해짐을 요하지는 않는다.[147] 목적의 달성 여부는 본죄의 성립에 영향을 미치지 않는다.

Ⅶ. 공범관계

74 강제집행을 면할 목적으로 재산을 허위양도하거나 허위의 채무를 부담하는 경우에는 행위자 이외에 그 상대방이 존재하게 된다. 이 경우 상대방을 본죄의 공범으로 처벌할 수 있을 것인지가 문제된다.

75 이에 대하여 본죄를 필요적 공범의 일종인 대향범으로 파악하여 행위자만을 처벌하고 상대방은 불문에 부치는 것으로 해석할 여지가 있다. 그러나 본죄는 단독으로도 용이하게 범할 수 있는 범죄이므로 반드시 필요적 공범으로 볼 것은 아니다.[148] 판례도 본죄의 임의적 공범을 인정하고 있다.[149]

76 따라서 강제집행을 면할 목적으로 재산을 허위양도하거나 허위의 채무를

143 김성돈, 519; 손동권, 524·526; 이재상·장영민·강동범, § 24/28; 임웅, 601; 정성근·박광민, 541.
144 김일수·서보학, 433.
145 배종대, § 88/7.
146 손동권, 526; 이재상·장영민·강동범, § 24/28; 임웅, 601; 정성근·박광민, 541; 주석형법 〔각칙(5)〕(5판), 312(이헌섭).
147 신동운, 876.
148 신동운, 876-877.
149 대판 1983. 5. 10, 82도1987.

부담하려는 사람으로부터 그 사정을 알면서 재산의 허위양도를 받은 사람 또는 허위의 채권자가 된 사람은 본죄의 공범 또는 공동정범이 될 수 있다.[150]

Ⅷ. 죄수 및 다른 죄와의 관계

1. 죄 수

(1) 본죄의 죄수는 본죄의 보호법익, 즉 국가의 강제집행권이 발동될 단계에 있는 채권자의 채권과 연관을 지을 수밖에 없는 만큼, 채권자의 채권을 만족 내지는 실현시켜 줄 강제집행 이외에 채권자의 채권도 그 죄수 결정의 기준으로 고려하여야 한다.[151] 77

이러한 관점에 따르면, 채권자가 1명이고 강제집행이 단일한 경우에는 1개의 본죄가 성립한다. 이 경우 채무자가 재산을 은닉, 손괴하는 등 일련의 행위를 한 때에는 이를 포괄하여 1개의 본죄가 되고,[152] 재산이 복수인 때에도 포괄하여 1개의 본죄만이 성립한다.[153] 하나의 절차를 통해 다수의 채권자들에 의한 수개의 가압류결정이 있는 경우 재산을 은닉함으로써 채권자들을 해한 때에는 채권자별로 각각 본죄가 성립하고, 그 죄들 사이는 상상적 경합범이 된다.[154] 또한 채권자는 1명이고 채권이 다수인 경우에 강제집행이 하나이면 1죄를 구성하는 데[155] 반해, 강제집행이 복수일 것을 예상하여 이를 면하려고 재산의 은닉 등을 하였다면 각각의 강제집행마다 1죄가 성립하고, 이들 죄 사이는 실체적 경합관계가 될 것이다.[156] 그러나 동일한 행위로 은닉 등을 하였다면 상상적 경합이 될 것이다.[157] 78

---

150 김성돈, 519-520; 김일수·서보학, 433; 배종대, § 88/13; 임웅, 601; 정성근·박광민, 542.

151 신동운, 878.

152 신동운, 878. 일본 판례도 같은 입장이다[東京地判 平成 10(1998). 3. 5. 判タ 988·291(여러 차례에 걸친 가장양도)].

153 주석형법 [각칙(5)](5판), 312(이헌섭).

154 대판 2002. 10. 25, 2002도4123; 대판 2011. 12. 8, 2010도4129.

155 신동운, 878.

156 신동운, 878. 일본 판례도 같은 입장이다[大阪地判 平成 11(1999). 10. 27. 判タ 1041·79(객체가 채권인 강제집행과 부동산인 강제집행)].

157 주석형법 [각칙(5)](5판), 312(이헌섭).

79 (2) 강제집행면탈행위(선행)가 이루어진 후 시간적으로 근접하여 이에 기초한 또 다른 면탈행위(후행)가 이어지는 경우, 위험범인 본죄의 성격상 선행 면탈행위로 본죄가 성립한다고 할 것이므로 후행 면탈행위는 불가벌적 사후행위로서 처벌할 수 없는 것인지가 문제된다.

80 판례는 후행 면탈행위가 면탈의 방법과 법익침해의 정도가 훨씬 무거운 때에는 불가벌적 사후행위로 볼 수 없다는 이유로 선행 면탈행위뿐만 아니라 후행 면탈행위에 대하여도 본죄의 성립을 긍정하였다.[158] 즉, 채무자가 자신의 부동산에 A 명의로 허위의 금전채권에 기한 담보가등기를 설정하고 이를 B에게 양도하여 B 명의의 본등기를 마치게 한 사안에서, A 명의의 담보가등기 설정행위로 본죄가 성립한다고 하더라도 그 후 B 명의로 그 가등기를 양도하여 본등기를 마치게 함으로써 소유권을 상실케 하는 행위는 면탈의 방법과 법익침해의 정도가 훨씬 무겁다는 점을 고려할 때, 이를 불가벌적 사후행위로 볼 수 없다고 판시하였다.

2. 다른 죄와의 관계

(1) 공무상비밀표시무효죄와의 관계

81 강제집행이 진행 중인 상태에서 본죄를 범하게 된 경우, ① 공무상비밀표시무효죄(§ 140①. 5년 이하의 징역 또는 700만 원 이하의 벌금) 이외에도 본죄(3년 이하의 징역 또는 1천만 원 이하의 벌금)가 성립하고 두 죄 사이는 상상적 경합관계에 놓이게 된다는 견해[159]와 ② 공무상비밀표시무효죄가 성립하는 때에는 공무상비밀표시무효죄 1죄만이 성립할 뿐 본죄는 성립하지 아니한다는 견해[160]가 대립한다. 위 ②설이 타당하다.

(2) 공무집행방해죄와의 관계

82 강제집행이 진행 중인 상태에서 본죄를 범하다가 집행관에 대해 폭행 또는 협박을 행사한 경우에는, 본죄와 공무집행방해죄(§ 136①)의 실체적 경합범이 된다.[161]

158 대판 2008. 5. 8, 2008도198.
159 김신규, 561; 배종대, § 88/14.
160 주석형법 〔각칙(5)〕(5판), 313(이헌섭).
161 주석형법 〔각칙(5)〕(5판), 313(이헌섭).

(3) 공정증서원본불실기재죄와의 관계

본조의 행위 중 허위양도 등의 경우는 등기가 수반되는 경우가 적지 않는데, 이때 성립하는 공정증서원본불실기재죄(§ 228①)와 본죄는 상상적 경합관계이다.[162] 허위 공정증서를 제시하여 채무의 부담을 가장한 경우에도 마찬가지이다.[163] 83

한편 공소장변경과 관련하여, 본죄의 행위 중 허위양도, 허위채무부담은 공정증서원본부실기재 등을 수반하는 경우가 많은 만큼 공정증서원본부실기재죄 및 공정증서원본부실기재행사죄를 본죄로 공소장변경을 하는 것은 기본적 사실관계가 동일하므로 적법한 경우가 많을 것이다.[164] 84

(4) 업무방해죄와의 관계

강제집행이 사인인 채권자의 업무 수행을 위하여 행해지는 경우에는, 본죄에 해당하는 행위가 동시에 위계 또는 위력에 의한 업무방해죄(§ 314)에 해당할 수도 있는데, 이때 두 죄의 관계는 상상적 경합이라고 할 것이다.[165] 85

(5) 횡령죄와의 관계

타인의 재물을 보관하는 자가 보관하고 있는 재물을 영득할 의사로 은닉하였고 이로 인하여 채권자들의 강제집행을 면탈하는 결과가 발생한 경우, 본죄와 횡령죄(§ 355①)는 상상적 경합관계에 있다는 견해[166]도 있으나, 판례는 이러한 경우 본죄의 허위양도 또는 은닉에 해당하지 아니하므로, 횡령죄를 구성할 뿐 이와 별도로 본죄를 구성하는 것은 아니라고 한다.[167] 86

이 경우 본죄와 횡령죄 사이에는 공소사실의 동일성을 인정할 수 없으므로 공소장변경이 없이는 본죄로 기소된 사건을 횡령죄로 인정할 수가 없을 것이다.[168] 87

---

162 大塚 外, 大コン(3版)(6), 214(高崎秀雄).
163 福岡地高大牟田支判 平成 5(1993). 7. 15. 判タ 828・278.
164 대판 1976. 9. 28, 74도1676.
165 大塚 外, 大コン(3版)(6), 214(高崎秀雄).
166 배종대, § 88/14.
167 대판 2000. 9. 8, 2000도1447.
168 대판 2001. 5. 29, 2001도210(사기죄로 기소된 공소사실을 그 동일성을 인정할 수 없는 본죄나 배임죄로 처단할 수 없다고 본 사례). 반면에, 확정된 본죄의 범죄사실과 이후 기소된 사기죄의 공소사실은 기본적 사실관계가 동일하다고 판시한 사례도 있다[대판 1989. 12. 8, 88도1002(피해법익, 피해자, 행위의 태양 및 기수시기 등을 달리한다고 하더라도 위의 두 죄는 같은 시각에 같은 장소에서 일련의 행위로 이루어진 것으로써, 타인에게 임대한 사실이 없어 비어 있는 점포

Ⅸ. 처 벌

88 3년 이하의 징역 또는 1천만 원 이하의 벌금에 처한다.

〔김 양 섭〕

들을 임대보증금을 받고 임대한 것처럼 가장한 점에서 기본적 사실관계가 동일한 점 등에 비추어 보면 사기죄의 공소사실에 대하여 면소판결을 한 원심은 정당한 것으로 수긍할 수 있다). 비슷한 취지로는 대판 2011. 7. 28, 2009도11513(무죄판결이 확정된 배임 공소사실과 이후 기소된 강제집행면탈 공소사실은 범행일시·장소, 행위태양, 범행동기, 피해자가 동일하고, 침해권리가 공통되므로 그 기본적 사실관계가 동일하다고 보아야 하고, 따라서 그 확정판결의 효력은 강제집행면탈 공소사실에도 미치는 만큼 강제집행면탈 공소사실에 면소판결을 한 원심은 정당하다) 등이 있다〕. 이는 얼핏 보아서는 서로 배치되는 판시가 아닌가 하는 오해가 있을 수 있으나, 전자는 공소장변경 없이 할 수 있는 법원의 심판범위에 관한 것이고, 후자는 확정판결의 기판력이 미치는 범위에 관한 것으로서 그 양자의 범위 및 그 관련 법리가 같지 아니한 것에 따른 판시로서 서로 배치되는 것은 아니다.

제328조(친족간의 범행과 고소)

① 직계혈족, 배우자, 동거친족, 동거가족 또는 그 배우자간의 제323조의 죄는 그 형을 면제한다. 〈개정 2005. 3. 31.〉

② 제1항이외의 친족간에 제323조의 죄를 범한 때에는 고소가 있어야 공소를 제기할 수 있다. 〈개정 1995. 12. 29.〉

③ 전2항의 신분관계가 없는 공범에 대하여는 전2항을 적용하지 아니한다.

Ⅰ. 의 의 ……… 135
1. 입법 취지 ……… 135
2. 법률상 취급 ……… 137
3. 법적 성질 ……… 139
Ⅱ. 친족의 의미 및 범위 ……… 140
1. 일반론 ……… 140
2. 직계혈족 ……… 143
3. 배우자 ……… 143
4. 동거친족 ……… 145
5. 동거가족 ……… 146
6. 그 배우자 ……… 147
7. 일방 친족관계 ……… 147
8. 외국인의 경우 ……… 147
Ⅲ. 친족관계의 존재범위 ……… 148
1. 인적 범위 ……… 148
2. 시적 범위 ……… 155
Ⅳ. 친족관계의 착오 ……… 157
Ⅴ. 특별법에서의 적용 여부 ……… 157

Ⅰ. 의 의

1. 입법 취지

본조는 친족 사이에서 저질러진 재산범죄에 대하여 친족관계라는 특수사정을 고려하여 형을 면제하거나 고소가 있어야 죄를 논할 수 있게 하는 등 처벌에서 특별하게 취급하도록 규정하고 있다. 이와 같은 특별취급규정을 '친족상도례'라 한다. 1

이와 같은 친족상도례의 개념은 그 연혁으로 볼 때, 로마법에서부터 기원하였다. 로마법에서는 동일한 가족구성원 간에 절도가 행해진 경우에는 절도를 원인으로 한 소(actio furti)를 제기하지 못했다. 이는 동거의 친족인 경우뿐 아니라 고용자 등 동일한 주거에 동거하는 사람과의 사이에 절도가 행해진 경우에도 마찬가지였다. 이러한 로마법 사상이 19세기 각국의 형법전에 계수되어 친족상도례가 규정되게 되었다.[1] 2

1 예컨대, 프랑스형법 제380조, 독일형법 제247조, 이탈리아형법 제649조, 스페인형법 제564조, 스

3 우리 형법도 이러한 친족상도례의 개념을 도입하여, 본조[2]에서 권리행사방해죄(§ 323)와 관련하여 친족상도례의 규정을 마련하고, 이를 강도죄와 손괴죄를 제외한 모든 재산범죄, 즉 절도죄, 사기죄, 공갈죄, 횡령죄, 배임죄, 장물죄 등에 준용하는 방식을 취하고 있다.[3] 이와 관련하여 강도죄에서는 그 적용이 배제됨에 반해 공갈죄, 특히 흉기휴대 공갈죄에서는 배제되지 않는 것이라든지, 손괴죄에 대하여는 그 적용이 배제됨에 반해 손괴를 동반한 특수절도죄에 대하여는 그 적용이 배제되지 않는 것이라든지, 또는 주간주거침입·절도의 경우 주거침입죄에 대해서는 그 적용이 없음에 반해 야간주거침입절도죄에서는 그 적용이 있는 것 등의 사유를 들어 그 형평성에 문제가 있다는 지적을 하는 입장도 있다.[4] 한편, 최근 들어 국민들의 가족 및 친족개념 변화에도 불구하고 전통적 대가족 형태를 기반으로 자율적 해결을 강조하는 친족상도례 조항은 제정 이래 계속 그 적용 범위는 넓어지고 있으며, 그 결과 특히 현행 친족상도례상의 친족 범위가 비슷한 규정을 두고 있는 외국의 입법례에 비하여 넓고 효과도 형면제 또는 친고죄로 가해자에게 너무 유리하다면서 그 적용 범위를 '실제 가정 내 해결 가부'에 따라 현실화하고, 법적 효과를 친고죄나 반의사불벌죄 등으로 소추조건을 통일하는 등 국가가 피해자의 고통을 외면하지 않는 방안을 고민해 볼 필요가 있는 만큼, 변화한 가족·친족개념을 반영한 새로운 형태의 친족상도례에 대한 국회의 논의가 필요한 시점이라는 입법론이 제기되기도 하였다.[5]

웨덴형법 제8장의 제3조 및 제13조, 스위스형법 제137조 제3항 등. 구체적인 내용에 대해서는 大塚 外, 大コン(3版)(12), 562-563(濱 邦久) 참조.

2 본조 제1항과 관련하여서는 당초 동거가족 대신 호주, 가족이 규정되었으나, 민법의 개정으로 호주제가 폐지됨에 따라 현행과 같이 동거가족으로 규정되게 되었다.

3 준용규정: 절도죄(§ 344), 사기죄·공갈죄(§ 354), 횡령죄·배임죄(§ 361), 장물죄(§ 365)(본조 소정의 친족관계가 장물범과 피해자 사이에 있는 경우에 본조가 준용되고, 그 친족관계가 장물범과 본범 사이에 있는 경우에는 그 형을 감경 또는 면제할 수 있다). 다만, 사기죄와 공갈죄[각칙 제39장 사기와 공갈의 죄 중 § 347(사기), § 347조의2(컴퓨터등 사용사기), § 348(준사기), § 350(공갈), § 350조의2(특수공갈) 및 § 352(미수범)의 죄], 횡령죄와 배임죄[각칙 제40장 횡령과 배임의 죄 중 § 355(횡령, 배임), § 356(업무상의 횡령과 배임) 및 § 357(배임수증재)의 죄]에 따른 장애인학대관련범죄(장애인복지법 § 2④(xi), (xii))에 대해서는 친족상도례 조항의 적용으로 인해 친족 간 재산범죄의 피해자가 된 장애인의 권익이 제대로 보호받지 못하는 경우가 발생하는 경우가 있어 이를 방지하기 위하여 2021년 7월 27일 장애인복지법을 개정하여(2022. 1. 28. 시행) 친족상도례 조항의 적용을 배제하였다(장애인복지법 § 88의3).

4 박광현, "형법상 친족상도례의 개선방안에 관한 연구", 홍익법학 14-3(2013), 425-428.

5 법률신문 2021. 7. 15. 자 참조. 여기서는 국회입법조사처 발간의 '형법상 친족상도례 조항의 개

분명한 것은 우리 형법이 친족 사이의 재산범죄에 대하여는 특별취급을 하고 있다는 것인데, 이처럼 법이 친족 간의 재산범죄에 대하여 특별취급을 하는 것은 친족 사이의 재산관리, 소비는 공동체적으로 이루어지는 경우가 많기 때문에 친족 간의 재산범죄에서도 형벌권의 개입을 자제한 채 친족 내부에서 논의하여 그들의 처분에 위임하는 것이 가족적 정의(情誼)를 존중하는 것이고, 친족의 의사에 반해서까지 국가가 형벌로서 적극적으로 개입하는 것은 타당하지 않다는 정책적 판단에 입각한 데 그 이유가 있다.[6] 즉, "법은 가정에 들어가지 않는다."라는 사상이 표현된 예의 하나라고 할 것이다.[7] 4

2. 법률상 취급

재산범죄에서 친족상도례에 해당할 경우, 본조 제1항 소정의 가까운 친족 사이인 때에는 형면제 판결을 해야 하고(형소 § 322, § 321①), 본조 제2항 소정의 먼 친족 사이인 때에는 고소가 있어야 공소를 제기할 수 있는데, 고소도 없이 공소가 제기되었거나 공소제기 후에 고소가 취소되었으면 공소기각의 판결을 하게 된다(형소 § 327(ii), (v)). 형면제 판결은 실체판결의 일종으로 유죄이기는 하지만 형벌을 부과하지 않는 것이고, 공소기각의 판결은 형식판결의 일종이다. 5

이처럼 형법은 친족 간 관계의 가까운 정도에 따라 그 법률상 취급을 달리 하도록 정하고 있다. 이러한 형법의 태도에 대하여, 가까운 친족 사이의 범죄에서는 실체판결 그것도 일종의 유죄판결을 하도록 하면서도 먼 친족 사이의 범죄에서는 오히려 실체판결이 아닌 형식판결을 하도록 하여 신속한 사건종결을 받게 하는 것은, 먼 친척의 경우를 가까운 친척의 경우보다 더 유리하게 취급하는 균형상의 문제점이 있다는 비판도 있다.[8] 그러한 비판적 입장에서는, ① 입법론으로 본조 제1항의 가까운 친척인 경우에는 피해자의 고소가 없으면 공소기각의 형식재판을 받도록 하고, 만일 피해자의 고소가 있으면 그때에는 비로소 6

정 검토' 보고서(국회입법조사처 법제사법팀 입법조사관 김광현 작성)의 내용을 소개하고 있는데, 위 보고서는 절충적 방안으로 배우자 및 직계혈족 등 극히 한정된 영역의 범죄는 친고죄로 정하는 한편, 그 외 친족은 반의사불벌죄로 정하는 등의 안을 제시하기도 하였다.

6 김신규, 형법각론 강의, 553; 주석형법 〔각칙(5)〕(5판), 315(이헌섭).

7 신동운, 형법각론(2판), 917.

8 이재상·장영민·강동범, 형법각론(13판), § 16/96; 임웅, 형법각론(전정9판), 351.

형면제 판결을 받도록 하자고 주장하거나,[9] ② 해석론으로 본조 제1항의 가까운 친척인 경우에도 형사소송법 제328조 제1항 제4호(공소장에 기재된 사실이 진실하다 하더라도 범죄가 될 만한 사실이 포함되지 아니한 때)를 준용하여 공소기각의 결정을 하는 것이 타당하다고 주장하기도 한다.[10]

7 한편 이와는 달리, 비판적 입장에서 지적하는 불균형의 문제는 없다거나 그 법률상 취급에서의 차이는 나름대로의 의미가 있다는 입장도 있다. 즉, ① 형면제 판결은 법관이 구속되는 데 반하여, 공소기각의 판결은 피해자의 의사에 따라 결정되는 것이기 때문에 결코 양자가 불균형적이라고 말할 수 없다거나,[11] ② 가까운 친족의 경우에는 먼 친족의 경우와 달리 설사 고소가 있더라도 형을 부과하지 않는다는 입법자의 결단이 반영되어 있으므로 양자를 달리 취급하는 데에는 합리적 이유가 있다거나,[12] ③ 이를 단순히 실질과 형식의 문제로만 보아 형 면제의 경우가 불리하다고 말하는 것은 타당하지 않고, 가까운 친족 간의 범죄에서 형면제를 받게 한 것은 아무리 피해자가 그 처벌을 원하더라도 법이 이를 허용하지 않겠다는 의사로서 여기에는 가정 내부의 문제는 국가형벌권의 간섭 없이 내부적으로 해결하는 것이 바람직하다는 정책적 고려와 함께 가정의 평온이 형사적 처벌로 인하여 깨지는 것을 막으려는 의도가 있는 것인 데 반해, 먼 친족 사이의 범죄에서는 법이 먼저 개입하지는 아니하되 당사자가 굳이 처벌을 원한다면 처벌에 나설 수 있다는 것이므로, 양자 사이의 법률상 취급에는 나름대로 의미가 있다고 보아야 한다[13]는 것이다.

8 이 문제에 대하여 헌법재판소는, 본조 제1항의 친족과 본조 제2항의 친족 사이를 법률상 달리 취급하는 데에는 합리적인 이유가 있다는 입장을 명확히 밝혔다.[14] 즉 실질적인 측면에서 보면, 먼저 피해자의 고소가 있는 경우, 제1항의 친족 사이에서는 필요적으로 형을 면제하고, 제2항의 친족 사이에서는 기소하여 처벌할 수 있으므로 제1항의 적용을 받는 것이 제2항의 적용을 받는 것보

9 임웅, 351.
10 이재상·장영민·강동범, § 16/96.
11 손동권, 형법각론(3개정판), 310.
12 신동운, 921.
13 주석형법 〔각칙(5)〕(5판), 317(이헌섭).
14 헌재 2012. 3. 29, 2010헌바89(합헌).

다 불리하다고 할 수 없고, 다음으로 피해자의 고소가 없는 경우, 제1항의 친족 사이에서는 기소하더라도 형을 면제하여야 하기 때문에 검찰실무상 공소권 없음의 불기소처분을 하지 이를 기소하는 것은 매우 이례적이며, 제1항의 경우 고소 여부와 상관없이 일률적으로 형을 면제하기 때문에 굳이 친고죄로 규정할 필요가 없고, 비판적 입장과 같이 친고죄로 규정하면서 고소가 있는 경우에는 형을 면제하도록 하는 것은 이론상으로는 가능하지만 그러한 입법례를 찾아보기 어려운 점 등을 종합하여 보면, 친족 간의 재산범죄에 있어서 제1항의 친족과 제2항의 친족 사이를 법률상 달리 취급하는 데에는 합리적인 이유가 있다는 것이다.

3. 법적 성질

(1) 제1항

본조 제1항 소정의 친족 사이의 재산범죄일 경우에는 그 형을 면제한다는 9
것인데, 이렇듯 형이 면제되는 것으로 정해진 경우에 그 법적 성질에 대하여는 견해가 나뉜다. 즉, ① 친족 간의 재산범죄는 구성요건에 해당하는 위법, 유책한 행위이지만 가까운 친족이라는 신분상의 특수관계를 고려하여 형벌만은 면제한다는 취지이므로 이를 인적 처벌조각사유로 보아야 한다는 견해(인적 처벌조각사유설, 정책설)[15]와 ② 인적 처벌조각사유는 객관적 처벌조건과 함께 입법자가 특별한 정책적 고려하에 예외적으로 설정한 범죄불성립 요건으로 무죄판결의 사유가 되는데 이는 형면제 판결을 하도록 하는 취지와 배치되므로 인적 형면제사유로 보아야 한다는 견해(인적 형면제사유설)[16]이다. 위 ①의 견해가 통설이고 타당하다. 일본의 통설[17]과 판례[18]도 위 ①의 인적 처벌조각사유설의 입장이다.

---

15 김성돈, 형법각론(5판), 311; 김일수·서보학, 새로쓴 형법각론(9판), 220; 박상기·전지연, 형법학(총론·각론 강의)(4판), 615; 손동권, 309; 오영근, 형법각론(4판), 261; 이재상·장영민·강동범, § 16/95; 임웅, 348; 정성근·박광민, 형법각론(전정2판), 288; 정영일, 형법강의 각론(3판), 158; 한상훈·안성조, 형법개론(3판), 599; 주석형법 [각칙(5)](5판), 319(이헌섭).

16 신동운, 921.

17 大塚 外, 大コン(3版)(12), 570(濱 邦久).

18 最判 昭和 25(1950). 12. 12. 刑集 4·12·2543.

(2) 제2항

10 본조 제2항 소정의 친족 사이에서의 재산범죄인 때에는 피해자의 고소가 있어야 그 공소를 제기할 수 있다. 즉 고소가 소추조건이므로, 이는 본조 제2항 소정의 친족 사이의 재산범죄를 상대적 친고죄로 취급하겠다는 것으로 그 법적 성질에 대하여는 특별한 이견이 없다.

Ⅱ. 친족의 의미 및 범위

1. 일반론

11 본조의 친족상도례가 적용되기 위해서는 범죄자와 피해자 사이에 친족관계가 인정되어야 한다. 만일 친족관계의 존부에 관하여 다툼이 있을 경우, 그 입증책임은 당연히 검사에게 있다. 엄밀히 말하면 친족관계의 부존재에 관한 입증책임이라 할 수 있다. 따라서 절도죄를 범한 피고인이 본조 소정의 친족 사이의 범행에 해당한다는 진술이 있었음에도 불구하고 그 친족관계의 존부를 심리 확인함이 없이 절도죄로 처단한 것은 위법하다.[19] 반면에, 피고인들이 법정에서 피해자 중 피고인들과 친족관계에 있는 사람은 없다고 진술하였다면 법원이 친족상도례의 적용 여부를 더 이상 심리하지 않았더라도 위법한 것은 아니고,[20] 일부 피해자가 성명불상자로 기소되었는데 피고인이 사실심에서 친족상도례에 관한 주장을 한 바 없는 경우에는 이를 나중에 상고이유로 삼을 수 없다.[21]

12 친족상도례에서의 친족의 법률적 의미와 그 범위는 민법(§ 767 이하)에 따른

19 대판 1966. 2. 28, 66도105.

20 대판 1996. 6. 14, 96도835. 제1심에서 이 사건 공소사실 중 피해자가 피고인들 및 공범의 이름이나 그들의 친족으로 되어 있는 부분을 제외하기 위하여 3회에 걸쳐 공소장변경이 있었고, 다시 원심에서 최초로 변론을 종결한 날의 다음날 피고인들의 변호인이 A 외 24명 등 피해자 중 많은 사람이 피고인들과 친족관계에 있어 형사책임이 없다는 취지의 변론요지서를 제출하자, 원심은 변론을 재개하여 공판정에서 재판장이 피고인들에게 피해자 중 친족관계가 있는 사람이 있는지를 물었으나, 피고인들은 "피고인들과 친족관계에 있는 사람들은 제1심 공소사실에서 철회되고 판결에 기재된 사람은 없다."라고 명백히 진술하여 원심은 같은 날 다시 변론을 종결하고 판결을 선고한 사안에서, 원심의 심리경위가 위와 같다면 원심이 이 사건 피해자들과 피고인들 사이에 친족관계가 있는지에 관하여 더이상 직권으로 조사하지 아니하였다고 하여 친족상도례에 관한 법리를 오해하였거나 이 점에 관한 심리를 다하지 아니한 위법이 있다고 할 수 없다고 판시하였다.

21 대판 1992. 9. 14, 92도1532.

다.[22] 민법은 친족을 배우자, 혈족 및 인척으로 정의하고(민 § 767), 그중 혈족은 직계혈족(자기의 직계존속과 직계비속)과 방계혈족(자기의 형제자매와 형제자매의 직계비속, 직계존속의 형제자매 및 그 형제자매의 직계비속)을(민 § 768), 인척은 혈족의 배우자, 배우자의 혈족, 배우자의 혈족의 배우자를 말하는데(민 § 769), 이와 같은 친족관계의 법률상 효력은 8촌 이내의 혈족, 4촌 이내의 인척 그리고 배우자에만 미치는 것으로(민 § 777) 규정하고 있다. 따라서 본조의 친족상도례에서의 친족 역시 이와 같은 민법 소정의 친족의 정의와 같고, 본조의 친족상도례 역시 이러한 민법 소정의 친족 범위에서만 효력이 있다.

판례도 친족상도례가 적용되는 친족의 범위는 민법의 규정에 의하여야 하는데, 민법 제767조는 배우자, 혈족 및 인척을 친척으로 한다고 규정하고 있고, 민법 제769조는 혈족의 배우자, 배우자의 혈족, 배우자의 혈족의 배우자만을 인척으로 규정하고 있을 뿐, 구 민법(1990. 1. 13. 법률 제4199호로 개정되기 전의 것) 제769조에서 인척으로 규정하였던 '혈족의 배우자의 혈족'을 인척에 포함시키지 않고 있으므로, 피고인의 딸과 피해자의 아들이 혼인관계에 있어 피고인과 피해자가 사돈관계라 하더라도 이를 민법상 친족으로 볼 수 없다고 판시하였다.[23] 13

이외에도 판례는 외사촌 동생,[24] 고종 형수[25]의 경우 친족에 해당하여 친족 14

22 대판 1980. 4. 22, 80도485.

23 대판 2011. 4. 28, 2011도2170.

24 대판 1991. 7. 12, 91도1077. 피고인이 피해자의 방실에 들어가 그 소유의 비디오카메라 1대, 손목시계 1개를 절취하였다는 공소사실을 유죄로 인정한 제1심 판결을 유지한 원심에 대하여, 제1심이 유죄의 증거로 채택한 사법경찰관 사무취급 작성의 피해자에 대한 진술조서의 기재에, 피고인이 피해자의 외사촌 동생으로서 처벌을 희망하지 않는다는 취지의 피해자 진술이 있으므로, 그 진술대로라면 이들 간에는 본조 제2항 소정의 친족관계가 있으므로 이 사건 절도죄는 피해자의 고소가 있어야 처벌할 수 있는 것인 만큼 이에 대한 심리를 하였어야 하는데도 그 심리를 하지 않은 채 이 사건 절도죄를 유죄로 인정한 원심은 심리미진 아니면 본조의 법리를 오해한 위법을 범하였다면서 원심을 파기하였다. 즉, 피고인이 피해자의 어머니의 형제자매의 직계비속으로 방계혈족에 해당한다.

25 대판 1980. 3. 25, 79도2874. 피고인은 절도 피해자가 자기의 고모 아들의 부인, 즉 고종사촌 형수라고 진술하고 있고, 피해자 역시 피고인은 자기 남편의 외삼촌 아들이라 하면서 그 처벌을 원치 아니한다고 진술하고 있으므로, 그 진술대로라면 이들 간에는 본조 제2항 소정의 친족관계가 있다 할 것이어서 그 친족관계의 존부 및 피해자의 고소여부에 관한 심리를 하였어야 하는데도 그 심리를 하지 않은 채 절도 공소사실을 유죄로 인정한 제1심을 유지한 원심을 파기하였다. 즉, 피해자가 피고인의 고모의 며느리, 다시 말해 피고인의 아버지의 형제자매의 직계비속인 고종사촌의 배우자이다(방계혈족의 배우자로 인척). 이를 피고인을 기준으로 하면 피고인은 피해자의 배우자의 방계혈족이다.

상도례가 적용된다고 한 반면에, 외할머니의 친동생,[26] 종고모의 손자[27]의 경우 친족에 해당하지 아니하여 친족상도례가 적용되지 않는다고 하였다.

15 다만, 후자의 경우(외할머니의 친동생, 종고모의 손자)에는 그 범죄행위 당시에 시행되던 민법(즉, 구 민법)의 규정 내용 내지 그 해석에서는 당연한 결론이나, 그 이후 민법의 개정(내지 그에 따른 해석론의 변경)으로 인하여 동일한 결론이 유지될 지는 의문이고, 오히려 친족에 해당한다고 해석하여야 할 것으로 생각한다. 즉, 외할머니의 친동생의 경우 구 민법에서는 직계혈족을 부계혈족으로만 해석하여 자기의 부, 조부, 증조부와 그 배우자만을 직계혈족으로 보고 있는 것으로 모계혈족인 외할머니는 직계혈족으로 보지 않은 것이지만, 현행 민법에서는 직계인데도 부계혈족과 모계혈족을 따로 구분하여 모계혈족을 그 직계혈족에서 제외하는 것으로 해석하는 입장은 찾아보기가 어려우므로,[28] 외할머니 역시 직계혈족으로 보게 되면 외할머니의 친동생은 직계존속의 형제자매에 해당하는 만큼 방계혈족에 해당하게 되어 친족상도례가 적용될 것이다.[29]

16 또한, 종고모의 손자의 경우(피고인이 피해자의 아버지의 사촌누나의 손자인 경우) 구 민법이 직계존속의 형제자매 및 그 '형제'의 직계비속만을 방계혈족으로 정

본 판결 해설은 안석태, "형법 제344조(제328조 제2항)가 적용되는 친족관계: 범인이 피해자의 부의 외종제(피해자가 범인의 고종형수)인 경우", 해설 2-1, 법원행정처(1980), 345 이하.

26 대판 1980. 4. 22, 80도485.

27 대판 1991. 8. 27, 90도2857. 피고인이 절도 피해자의 아버지의 사촌누나의 손자인 사안에서, 원심은 피고인이 피해자의 직계존속의 형제의 직계비속이므로 그들은 구 민법 제777조 제1호(1990. 1. 13. 법률 제4199호로 개정되기 전의 것, 이하 같다) 소정의 8촌 이내의 부계혈족의 친족관계(본조 제2항 소정의 친족관계)에 있는 만큼 피해자의 고소가 있어야 하는데도 그 고소가 없다는 이유로 절도죄의 공소를 기각하였는데, 구 민법 제768조에 의하면 혈족은 자기의 직계존속과 비속, 자기의 형제자매와 형제의 직계비속, 자기의 직계존속의 형제자매 및 그 형제의 직계비속이라고 규정되어 있으므로, 피고인은 피해자와 구 민법 제777조 제1호 소정의 8촌 이내의 부계혈족의 친족관계에 있다고 할 수 없는데도, 이와 다른 견해에서 피해자와 피고인이 8촌 이내의 부계혈족의 관계에 있다고 단정한 원심은 혈족 내지 친족의 범위에 관한 법리를 오해하여 판결에 영향을 미친 위법이 있다면서 원심을 파기하였다.

본 판결 해설은 이윤승, "구민법(1990. 1. 13. 법률 제419호로 개정되기 전의 것) 제777호 제1호 소정의 8촌 이내의 부계혈족의 범위와 친족상도례", 해설 16, 법원행정처(1992), 139-144.

28 대판 2000. 11. 28, 2000므612(법정후견인의 우선순위를 정한 민법 제932조, 제935조 제1항에서 말하는 직계혈족을 부계직계혈족에 한정하여 해석할 것도 아니다). 이는 비록 미성년자에 대한 법정후견인에 관한 판시이나 기본적으로 직계혈족을 구 민법과는 달리 부계직계혈족으로 한정하지 않고 모계직계혈족까지 포함한다는 입장임을 밝히고 있다.

29 오영근, 261; 주석형법 〔각칙(5)〕(5판), 320(이헌섭).

하였으므로 이러한 방계혈족에 해당하지 않는 것으로 보았으나(민 §768), 현행 민법은 직계존속의 형제자매 및 그 '형제자매'의 직계비속도 방계혈족으로 정하고 있고(§768), 8촌 이내의 혈족을 친족으로 정하고 있으므로(민 §777(i)), 현행 민법상 친족에 해당하여 친족상도례가 적용된다고 할 것이다.

2. 직계혈족

직계혈족에서의 직계는 직계존속과 직계비속을 의미한다(민 §768). 혈족에는 자연혈족과 법정혈족(양친자관계)이 포함된다. 직계혈족인 이상, 친족상도례의 적용에 있어서 동거 유무는 그 영향이 없다.[30] 혼인 외의 자에게는 그에 대한 인지가 없으면 친족상도례가 적용되지 않지만, 일단 인지가 있게 되면 소급적으로 친족관계가 인정되어(민 §860 본문) 친족상도례가 적용된다. 피고인 또는 피해자가 타가(他家)로 입양된 경우라도 생가(生家)를 중심으로 한 종전의 친족관계는 소멸하지 않는다.[31] 다만, 2005년 3월 31일 민법 개정으로 도입된 친양자제도는 양친이 될 사람이 법원의 허가를 얻어 미성년자[32]를 입양하여 부부의 혼인 중의 출생자로 인정하고 입양 전의 친족관계를 소멸시키는 제도이므로, 친양자의 입양 전의 친족관계는 친양자 입양이 확정된 때에는 종료한다(민 §908의3② 본문).[33] 17

3. 배우자

배우자는 혼인으로 결합한 남녀의 일방을 의미하는 것이다. 18

여기의 혼인이 법률혼 이외에도 사실혼도 포함하는지, 즉 배우자에 사실혼 관계에 있는 내연의 남녀도 포함되는지에 대하여는 그 견해가 나뉜다. 즉, ① 이를 긍정하는 입장[34]과 ② 부정하는 입장[35]으로 나뉜다. 위 ①의 긍정설은 가정 내의 19

30 김성돈, 312.
31 대판 1967. 1. 31, 66도1483.
32 도입 당시에는 '15세 미만'이었으나, 2012년 2월 10일 '미성년자'로 개정되었다(민 §908의2①(ii)).
33 이와 관련하여, 친양자의 입양 전 친족관계에서도 형사법의 독자성을 고려하여 형법상 친족상도례의 적용이 바람직하다거나 필요하다는 입장도 있다[박광현(주 4), 425; 서상문·고형석, "친족관계의 변화와 형법상 효과", 원광법학 26-1(2010), 488].
34 김일수·서보학, 220; 오영근, 261; 임웅, 348.
35 김성돈, 312; 박상기·전지연, 616; 배종대, 형법각론(14판), §62/37; 손동권, 311; 신동운, 920; 이재상·장영민·강동범, §16/98; 정성근·박광민, 289; 정영일, 159.

문제에 국가형벌권의 개입을 가급적 자제하려는 친족상도례의 입법취지를 고려한다면, 여기의 혼인은 법률혼뿐만 아니라 사실혼도 포함하여 배우자에 사실혼 관계에 있는 내연의 남녀도 포함하는 것으로 해석함이 타당하다는 점을 그 논거로 제시한[36] 반면에, ②의 부정설은 친족상도례가 법률이 인정하는 정책적 배려이며,[37] 명백히 성립된 범죄자에 대한 불처벌의 범위를 긍정설과 같이 확대하지 않는 것이 타당하고,[38] 혼인은 법률혼만을 의미한 점[39] 등을 그 논거로 제시하고 있다.

20 아래와 같은 사정에 비추어 볼 때, 통설인 위 ②의 부정설이 더 설득력이 있다. 우리나라 학계는 친족상도례 중 배우자 부분의 법적 성질을 인적 처벌조각사유 또는 인적 형면제사유, 즉 범죄가 성립하는 행위이지만(구성요건해당·위법·유책) 신분관계의 특수성이 있는 경우 예외적으로 그 형벌만을 면하게 하는 사유로 파악하고 있다. 이처럼 형벌을 면하게 하는 예외적인 사유인 신분관계는 그 유무 및 범위를 정함에 있어 법률이 정하는 바에 따라야 하고, 법률이 정하는 바와 다르게 축소하거나 확대하여 해석할 수는 없다고 할 것이다. 우선 형법은 본조 제1항에서 형이 면제되는 친족 중 하나인 배우자에 대하여 '배우자'라고만 규정하고 있을 뿐, '사실혼 관계에 있는 사람을 포함'한다는 취지로 부기하여 규정하고 있지는 않다. 본조 제1항은 형이 면제되는 친족으로 직계혈족, 배우자, 동거친족, 동거가족 또는 그 배우자로 규정하고 있으나 그 구체적인 내용과 범위에 대하여는 따로 정하지 않고 있는데, 이는 그 구체적인 내용과 범위를 이러한 신분관계를 정하고 있는 민법의 해당 규정에 유보한 것이다. 민법은 이러한 신분관계에 대하여 규정하고 있는바, 혼인은 법률혼을 의미하고 따라서 배우자는 그러한 법률혼을 한 사람을 의미하며, 나머지 신분관계(인척, 방계혈족 등)에서도 이를 전제로 하여 규정하고 있다. 따라서 친족상도례에서도 그 배우자를 이와 같이 보아야 함이 타당하다. 이는 법질서통일의 원칙에도 부합하며, 피고인 또는 피의자에게 형면제사유인 피해자와의 배우자관계가 있는지 여부를 가족관계등록서류의 기재내용이라는 간단·명료한 방법으로 결정하도록 함이 형사사법절차의 신속성·안정성 도모에도 도움이 될 것이다. 만일 이와 달리 여기

36 오영근, 261; 임웅, 348.
37 신동운, 920.
38 손동권, 311.
39 김성돈, 312.

의 배우자에는 사실혼 관계에 있는 내연의 남녀까지도 포함된다고 해석하게 되면, 사실혼 관계라는 개념의 관념성·추상성 등으로 인하여 그 해당 여부의 판단 때문에 형사사법절차가 불필요하게 지연될 우려가 있으며, 그 판단결과에 대한 예측가능성의 저하로 인해 법적 안정성이 침해될 위험마저 발생할 수도 있는 등 부당한 결과가 발생할 수도 있다.

판례도 통설과 같이 위 ②의 부정설의 입장을 취하고 있다.[40] 일본 판례도 마찬가지이다.[41] 21

여기의 배우자인 경우, 그 동거 여부는 따지지 않는다고 보는 데에 대체로 이견이 없다. 다만, 장물죄의 친족상도례에서는 법률혼 관계라도 오랜 기간 별거 중인 경우에는 소비공동체적인 관계를 인정하기 어려우므로 그 적용을 부인하는 것이 옳다는 견해[42]가 있으나, 법률상 혼인관계에 있는 이상 사실상 협의이혼을 전제로 별거 중에 있더라도 친족상도례의 적용을 배제할 수는 없다고 할 것이다.[43] 한편 사기죄를 범한 사람이 금원을 편취하기 위한 수단으로 피해자와 혼인신고를 한 것이어서 그 혼인이 무효인 경우라면, 그러한 피해자에 대한 사기죄에서는 친족상도례를 적용할 수 없다.[44] 22

4. 동거친족

동거친족에서의 동거라 함은 동일한 주거에서 일상생활을 같이 하는 것을 말한다.[45] 따라서 ① 가출한 경우,[46] ② 일시적으로 숙박(체류)하고 있는 경우,[47] 23

40 대판 2001. 6. 29, 2001도2514.

41 最決 平成 18(2006). 8. 30. 刑集 60·6·479(피고인이 4개월 사이에 7회에 걸쳐 동거 중인 내연의 처가 집에 없는 사이에 금고 키 전문업자를 불러 집 안에 있던 금고를 열고 그 안에 보관 중이던 현금 합계 725만 엔을 절취한 사례).

42 김일수·서보학, 220.

43 주석형법 [각칙(5)](5판), 321(이헌섭).

44 대판 2015. 12. 10, 2014도11533. 일본 판례도 마찬가지이다[東京高判 昭和 49(1974). 6. 27. 高刑集 27·3·291].

45 대판 2012. 12. 27, 2010도16537. 피고인의 어머니가 병원에 입원치료를 받는 동안 피고인이 주로 간병을 해 오다가 그 어머니가 퇴원하여 어머니의 집으로 돌아올 때 피고인도 간병을 위해 함께 어머니의 집으로 들어가 옷 등 생활용품을 두고 사용하면서 생활해 온 경우, 피고인이 그 어머니의 집에 일시 거주할 목적이 아닌 장기간의 거주를 예정하고 거주하였다고 보아, 그 어머니의 아들로서 그 이전부터 그곳에 그 어머니와 함께 살고 있던 A와는 본조의 동거친족에 해당한다.

46 東京高判 昭和 32(1957). 9. 12. 判タ 75·46(소년교도소를 출소 후 본적지의 친형 집에 거주하

③ 동일한 가옥 내에서 거주하더라도 방 한 칸을 임차하여 취사, 기거 등 일상생활을 따로 하는 이른바 차가(借家)의 경우,[48] ④ 가끔씩 왕래하여 숙박한 사실이 있더라도 정주성(定住性)이 없는 경우[49] 등은 여기의 동거에 해당하지 않는다.[50]

24 형면제 대상인 친족 중에서 직계혈족과 배우자는 앞서 보듯이 동거 여부를 따지지 않고 형면제인 친족상도례의 적용을 받으므로, 결국 여기의 동거친족은 직계혈족과 배우자 이외의 친족, 즉 방계혈족과 인척에 한하여 그 의미가 있다.[51] 동거하지 아니한 친족 사이에는 본조 제2항의 친고죄가 적용될 뿐이다.

5. 동거가족

25 동거가족은 민법상 호주제의 폐지에 따라 1995년 3월 31일 형법이 개정(법률 제7427호)되어 당초 호주, 가족으로 규정되어 있던 부분이 현행과 같이 규정되게 된 것이다. 즉 호주제 폐지 전의 민법은 일가의 계통을 승계한 자, 분가한 자 또는 기타 사유로 인하여 일가를 창립하거나 부흥한 자는 호주가 되고(구 민 §778), 호주의 배우자, 혈족과 그 배우자, 기타 민법의 규정에 의하여 그 가에 입적한 자는 가족이 된다고 규정하였는데(구 민 §779), 이러한 호주제의 폐지로 본조 제2항의 '호주, 가족' 부분이 '동거가족'으로 개정된 것이다.

26 여기의 동거도 동거친족에서의 그것과 같다. 호주제 폐지 후의 민법은 가족에 대하여 배우자, 직계혈족 및 형제자매(민 §779①(i)), 직계혈족의 배우자, 배우자의 직계혈족 및 배우자의 형제자매(민 §779①(ii))로 규정하되, 후자의 경우에는 생계를 같이 하는 경우에 한하도록 정하였다(민 §779②). 이러한 민법의 규정에 의하면, 가족은 친족의 범위 안에 모두 포함된다. 따라서 동거가족은 동거친족의 범위 안에 모두 포섭되므로 독자적인 의미를 갖지 않는다. 즉, 동거가족은 친족이 아니면서 동일한 주거에서 실질적으로 생계를 함께 하고 있는 사람을

다가 10일 후에 가출한 다음, 약 1주일 후에 귀가하였다가 동경으로 가서 주거부정이 된 사례).

47 札幌高判 昭和 28(1953). 8. 24. 高刑集 6·7·947.

48 東京高判 昭和 26(1951). 10. 3. 高刑集 4·12·1590.

49 대판 2012. 12. 27, 2010도16537(주 45).

50 김일수·서보학, 221; 신동운, 920. 한편, 이른바 차가의 경우에는 그렇게 엄격하게 해석할 필요는 없다면서 동거의 개념으로 보아도 무방하다는 취지의 견해도 있다(오영근, 261-262).

51 김성돈, 312; 박상기·전지연, 616; 신동운, 920.

말한다는 해석론은 더 이상 성립할 수 없게 되었다.[52]

6. 그 배우자

여기의 배우자는 바로 앞에 위치한 동거가족의 배우자만을 의미하는 것이 27
아니라 그 앞에 위치한 직계혈족, 배우자, 동거친족, 동거가족 모두의 배우자를 의미한다.[53] 다만, 직계혈족, 배우자, 동거친족, 동거가족의 개념 자체에 이미 배우자의 의미가 내포된 경우에는 주의적으로 규정하였다고 볼 것이다.

7. 일방 친족관계

일방 친족관계라 함은 생질이나 이질 또는 고종사촌과 같이 행위자 또는 28
피해자의 어느 일방에서 볼 때만 친족이 되는 관계를 말한다.

종래 판례는 일방 친족관계 역시 해석상 친족상도례가 적용된다고 하면서, 29
이종사촌과 같이 어느 쪽에서 보아도 친족이라 할 수 없는 때에는 친족상도례가 적용되지 않는다고 하였다.[54] 그런데 1990년 1월 13일 민법 제768조의 개정(법률 제4199호)을 통하여 일방 친족관계나 이종사촌도 방계혈족으로서 혈족의 범주에 들어감에 따라 이제는 생질, 이질 또는 고종사촌과 같은 일방 친족관계의 경우는 물론, 이종사촌 사이에도 친족상도례가 적용된다. 물론 방계혈족은 동거친족이 되지 않은 한, 형면제의 친족상도례가 아닌 친고죄의 친족상도례가 적용될 뿐이다.[55]

8. 외국인의 경우

친족상도례의 적용 여부를 두고 관련자가 외국인인 경우, 친족관계의 유무 30

---

52 신동운, 920.

53 대판 2011. 5. 13, 2011도1765.

54 대판 1980. 9. 9, 80도1335. 「甲의 자매의 직계비속인 생질이나 이질은 혈족이 아닌 것 같으나 생질 또는 이질 측에서 보면 甲은 그들의 직계존속의 형제자매에 해당되는 것이므로 혈족관계에 있다고 할 것이며 또 甲의 직계존속의 자매의 직계비속 중 고종사촌도 고종사촌 측에서 보면 甲은 그들의 직계존속의 형제의 직계비속에 해당되어 혈족관계가 있다고 할 것이나 이종사촌인 경우는 어느 쪽에서 보아도 그들의 직계존속의 자매의 직계비속밖에 되지 아니하니 혈족관계가 있다고는 인정되지 아니하므로 이를 민법 제777조 제2호 소정의 4촌 이내의 모계혈족이라고 할 수 없다.」

55 김일수·서보학, 221.

는 그 외국인의 본국법을 고려하여 결정해야 할 것이다.[56] 일본 판례 중에는 범인 및 피해자 모두 외국인(한국인)인 경우 본국의 관습에 따라 친족의 범위에서 제외된다는 이유로 친족상도례의 적용을 부인하거나,[57] 피해자만이 외국인(중국인)인 경우 일본 민법뿐만 아니라 본국 민법에 의해서도 친족에 해당되기 때문에 친족상도례의 적용을 긍정한 것[58]이 있다.

Ⅲ. 친족관계의 존재범위

31 이는 친족상도례가 적용되기 위해서는 친족관계가 누구 사이에 존재해야 하고, 또 어느 시기에 존재해야 하는지의 문제이다.

1. 인적 범위

(1) 일반론

32 재물의 소유자와 점유자가 다른 경우에 친족상도례의 적용을 위해서 친족관계는 어느 쪽에 존재해야 하는지에 관하여, ① 행위자와 재물의 소유자 사이에 존재해야 한다는 견해(소유자관계설), ② 행위자와 재물의 점유자 사이에 존재해야 한다는 견해(점유자관계설), ③ 행위자와 재물의 소유자, 점유자 모두 사이에 존재해야 한다는 견해(소유자·점유자관계설) 등으로 나뉜다. 이러한 견해의 대립은 대체로 재산범죄의 보호법익을 소유권으로 보느냐, 점유로 보느냐, 소유권 및 점유로 보느냐 하는 문제와 연결되어 있다.[59]

33 재산범죄의 보호법익을 소유권이나 재산으로 보는 입장에서는 위 ①설이 타당하다고 한다.[60] 그러나 소유권 외에 점유도 보호법익이라는 입장에서는 기

56 주석형법 [각칙(5)](5판), 323(이헌섭); 大塚 外, 大コン(3版)(12), 565(濱 邦久).
57 大阪高判 昭和 29(1954). 5. 4. 判特 28·125.
58 大阪高判 昭和 38(1963). 12. 24. 高刑集 16·9·841.
59 이러한 논의와 관련하여, 이는 친족상도례의 인적 범위를 보호법익 및 피해자와 결부하여 논하는 것인데, 친족상도례는 범죄성립요건의 문제가 아니므로 반드시 이를 보호법익 및 피해자와 결부하여 논할 필요가 없는 만큼, 친족상도례의 인적 범위를 보호법익 및 피해자와 필연적으로 일치시키려고 하는 접근태도는 재고되어야 한다는 입장도 있다[문채규, "재산범죄 일반의 기본쟁점", 비교형사법연구 15-2, 한국비교형사법학회(2013), 332-333].
60 김일수·서보학, 221; 배종대, § 62/38; 이재상·장영민·강동범, § 16/97; 정영일, 159.

본적으로 위 ③설을 주장한다(다수설[61]).[62] 그 밖에 가정 내부의 재산범죄에 대해서 가정에 일임하여 가급적 국가형벌권의 발동을 억제하려는 데에 그 취지가 있고, 그 법적 성질도 인적 처벌조각사유이므로 소유자·점유자 중 어느 한쪽이 친족이 아니면 친족상도례를 인정해야 하는 전제가 결여되며, 소유권과 점유를 모두 보호하는 결합설도 소유권 보호를 당연히 인정하고 있다거나,[63] 친족상도례는 예외규정이므로 예외규정은 엄격하게 해석해야 한다는[64] 등의 논거를 들어 ③설을 주장하기도 한다. 그중에는 상하주종관계의 공동점유에 있어서 하위점유자는 상위점유자에 대하여 점유의 독자성을 잃기 때문에 행위자가 소유자인 상위점유자에 대하여 친족관계에 있으면 하위점유자에 대해서는 친족관계가 있지 않더라도 친족상도례의 적용을 받는 것으로 보아야 한다는 견해도 있다.[65] 이러한 다수설에 대하여, 적어도 점유가 주종관계에 있거나 권원이 없는 불법점유 등의 경우에까지 친족관계가 요구된다고 해석하는 것은 문제가 있다는 비판도 있다.[66]

판례는 "절도죄에 있어서 재물의 점유자가 그 피해자가 되고 또 점유자의 34
점유를 침탈함으로 인하여 그 재물의 소유자를 해하게 되는 것이므로 재물의 소유자도 그 피해자로 보아야 하는 만큼, 친족상도례는 범인과 피해물건의 소유자 및 점유자 쌍방에 친족관계가 존재하는 경우에만 적용되고, 단지 범인과 피해물건의 소유자 또는 점유자 사이에만 친족관계가 있는 경우에는 그 적용이 없다."고 판시하여,[67] 위 ③설을 취하고 있음을 명백히 하였다. 또한 헌법재판소도, "절도죄의 처벌조항이 피해재물의 소유자와만 친족관계가 있는 사람과 피해재물의 소유자 및 점유자 모두와 친족관계가 있는 사람 사이를 법률상 달리 취급하는 데에는 합리적인 이유가 있다."고 판시하여, 대법원 판결과 그 입장을

61 김성돈, 313; 박상기·전지연, 615-616; 박찬걸, 형법각론(2판), 386; 손동권, 310; 오영근, 262; 이형국·김혜경, 형법각론(2판), 335; 임웅, 349; 정성근·박광민, 290.

62 일본에서도 '법은 가정에 들어가지 않는다'라는 사상을 근거로 하거나 소유권과 점유 모두 절도죄의 보호법익이라는 점을 근거로 한 위 ③설이 통설이라고 한다〔大塚 外, 大コン(3版)(12), 566(濱邦久)〕.

63 정성근·박광민, 289-290.

64 오영근, 262.

65 임웅, 349.

66 주석형법 〔각칙(5)〕(5판), 326(이헌섭).

67 대판 1980. 11. 11, 80도131; 대판 2012. 12. 27, 2010도16537.

같이 하였다.[68] 일본 판례도 위 ③설의 입장이다.[69]

35 친족상도례는 정범뿐 아니라 공범에게도 적용되는데, 정범과 공범 사이는 물론 수인의 공범에 대하여도 친족상도례는 친족관계가 있는 사람에 대하여만 적용된다.[70] 재물의 소유자 또는 점유자가 수인이 있는 때에는 모든 소유자 또는 점유자와 행위자 사이에 친족관계가 있어야만 친족상도례가 적용되며, 수인이 본조 제2항의 친족관계가 있는 때에는 1인의 고소가 있으면 고소불가분의 원칙상 추가적인 고소가 없더라도 공소를 제기하기에 충분하다.[71] 친족과 제3자의 공유물인 경우에는 친족상도례를 적용할 수 없고,[72] 친족과 제3자의 합유인 경우에도 그 적용이 없다.[73] 피해자가 법인인 경우에는 피해자와의 친족관계가 성립할 수 없으므로 처음부터 친족상도례의 적용이 없다. 따라서 피해자가 법인인 경우, 행위자와 법인 사원 또는 대표자 사이에 친족관계가 있어도 친족상도례는 적용되지 않는다.[74]

(2) 개별 범죄에서의 인적 범위

36 강도죄와 손괴죄를 제외한 나머지 재산범죄에 있어서도 해당 범죄별로 그 특성 등으로 인하여 친족상도례의 적용과 관련하여 피해자의 범주에 해당하는지 여부 등이 논의되고 있다.[75]

(가) 절도죄의 경우

37 절도죄의 피해자를 누구로 볼 것인가에 대해서는, 앞서 **III. 1. (1) 일반론** 부분에서 서술하였듯이 ① 도품의 소유자라는 입장, ② 도품의 소유자와 이에 준하는 권리자(본권자) 그리고 도품의 점유자(절취 상대방)라는 입장이 대립한다. 위 ①은 절도죄의 보호법익을 소유권으로 보는 입장과, 위 ②는 그 보호법익을 소유권, 이에 준하는 권리(본권) 및 점유로 보는 입장과 연결된다. 친족상도례의

68 헌재 2012. 3. 29, 2010헌바89.
69 最決 平成 6(1994). 7. 19. 刑集 48·5·190.
70 이재상·장영민·강동범, § 16/101.
71 주석형법 [각칙(5)](5판), 326(이헌섭).
72 대판 1966. 1. 31, 65도1183.
73 대판 2015. 6. 11, 2015도3160. 피고인 등이 공모하여 피해자 A, B 등을 기망하여 A, B 및 C와 그들의 합유인 부동산에 관한 매매계약을 체결하고 소유권을 이전받은 다음 잔금을 지급하지 않아 같은 금액 상당의 재산상 이익을 편취하였다는 내용으로 기소된 사안에서, A는 피고인의 8촌 혈족, C는 피고인의 부친이나, 피고인에게 형법상 친족상도례 규정이 적용되지 않는다고 하였다.
74 주석형법 [각칙(5)](5판), 327(이헌섭).
75 이에 대해서는 신동운, 918-920; 주석형법 [각칙(5)](5판), 327-330(이헌섭) 참조.

적용을 위한 친족관계의 존재가 위 ①의 경우 행위자와 도품의 소유자 사이에 있으면 충분하다는 결론이, 위 ②의 경우 행위자와 도품의 소유자, 이에 준하는 본권자 사이뿐 아니라 행위자와 절취 상대방 사이에도 존재해야 한다는 결론이 도출된다. 판례는 행위자가 도품의 소유자(이에 준하는 본권자)와 점유자 양자에 대하여 친족관계의 존재를 요구하는 입장이다(위 ②의 입장).[76]

(나) 사기죄 및 공갈죄의 경우

사기죄 또는 공갈죄에서는 피기망자 또는 피공갈자와 재물교부자가 동일인이 아닐 경우가 있다. 그러할 경우 피기망자 또는 피공갈자도 준용되는 본조의 친족상도례의 적용과 관련하여 피해자로 볼 것인지가 문제이다. 38

(a) 사기죄의 경우

이에 대해서는, ① 친족상도례가 소추조건으로 작용할 때에는 피기망자도 피해자의 하나로 보아 고소권자라고 해야 하나, 친족상도례가 형의 면제사유일 때에는 피기망자의 신뢰까지 사기죄의 보호법익의 범주에 포괄시킬 이유가 없으므로 피기망자를 피해자로 취급할 필요는 없다는 견해,[77] ② 사기죄의 피해자는 재물의 소유자 또는 재산상 이익의 주체인데 거래사회에서 요구되는 신의칙은 기망행위를 판단하는 기준으로서 독자적인 보호법익이 되지 않는다는 이유 등으로 친고죄, 형면제의 경우를 가릴 것 없이 피기망자는 피해자가 될 수 없다는 견해[78] 등이 있다. 39

판례는 ⓐ 법원을 기망하여 직계혈족인 제3자로부터 재물을 편취한 이른바 40

76 대판 1980. 11. 11, 80도131[헌법재판소도 이 판결의 정당성을 지지하였음은 앞서 서술한 바와 같다(헌재 2012. 3. 29, 2010헌바89)]; 대판 2014. 9. 25, 2014도8984(피고인 부부간에 처 명의로 등록된 자동차를 피고인이 소유하기로 약정하였음에도 그 처가 자동차매매업자를 통하여 피해자에게 자동차를 매도하였고 피해자는 자동차매매업자에게 매매대금을 모두 지급한 후 자동차를 인도받아 노상에 주차시켜 놓았는데, 피고인이 이를 발견하고 임의로 운전하여 가 절도죄로 기소된 사안에서, 자동차의 소유가 제3자인 피해자에 대한 관계에서 그 명의자인 처에게 있는 만큼 피고인은 자동차의 소유자와는 배우자의 관계에 있지만 자동차의 점유자인 피해자와는 친족상도례상의 친족관계가 없는바, 형법 제344조에 의하여 준용되는 형법 제328조 제1항에 정한 친족간의 범행에 관한 규정은 범인과 피해물건의 소유자 및 점유자 쌍방간에 같은 규정에 정한 친족관계가 있는 경우에만 적용되는 것이며, 단지 절도범인과 피해물건의 소유자간에만 친족관계가 있거나 절도범인과 피해물건의 점유자간에만 친족관계가 있는 경우에는 그 적용이 없으므로, 피고인을 유죄로 인정한 원심을 유지하였다).

77 김일수·서보학, 264.

78 백형구, 형법각론(개정판), 124; 신동운, 919; 진계호, 형법각론(5판), 296.

소송사기의 경우에, 재물을 편취당한 제3자가 피해자이지 피기망자인 법원은 피해자가 될 수 없다면서, 행위자에 대하여 본조 제1항을 준용하여 그 형을 면제하여야 한다고 판시하였다.[79]

41 그러나 판례는, ⓑ 손자가 자신의 할아버지 소유의 농업협동조합 예금통장을 훔쳐 이를 현금자동지급기에 넣고 조작하여 그 예금 잔고를 자신 명의의 다른 계좌로 이체한 경우, 컴퓨터 등 사용사기 범행으로 인한 피해자는 이체된 예금 상당액의 채무를 이중으로 지급해야 할 위험에 처하게 되는 그 친척 거래의 금융회사이고, 이는 비록 거래약관의 면책 조항이나 채권의 준점유자에 대한 법리 적용 등에 의하여 그 범행으로 인한 피해가 최종적으로는 예금 명의인인 친척에게 전가될 수 있다고 해도, 자금이체 거래의 직접적인 당사자이자 이중지급 위험의 원칙적인 부담자인 거래 금융회사가 컴퓨터 등 사용사기 범행의 피해자에 해당하지 않는다고 할 수 없으므로 친족상도례를 적용할 수 없다고 하였다.[80]

---

79 대판 2014. 9. 26, 2014도8076. 「사기죄의 보호법익은 재산권이므로 사기죄에 있어서는 재산상의 권리를 가지는 자가 아니면 피해자가 될 수 없다. 그러므로 법원을 기망하여 제3자로부터 재물을 편취한 경우에 피기망자인 법원은 피해자가 될 수 없고 재물을 편취당한 제3자가 피해자라고 할 것이므로 피해자인 제3자와 사기죄를 범한 자가 직계혈족의 관계에 있을 때에는 그 범인에 대하여는 형법 제354조에 의하여 준용되는 형법 제328조 제1항에 의하여 그 형을 면제하여야 할 것이다.」

같은 취지로는 대판 1976. 4. 13, 75도781; 대판 2018. 1. 25, 2016도6757 등.

80 대판 2007. 3. 15, 2006도2704. 「컴퓨터 등 정보처리장치를 통하여 이루어지는 금융기관 사이의 전자식 자금이체거래는 금융기관 사이의 환거래관계를 매개로 하여 금융기관 사이나 금융기관을 이용하는 고객 사이에서 현실적인 자금의 수수 없이 지급·수령을 실현하는 거래방식인바, 권한 없이 컴퓨터 등 정보처리장치를 이용하여 예금계좌 명의인이 거래하는 금융기관의 계좌 예금 잔고 중 일부를 자신이 거래하는 다른 금융기관에 개설된 그 명의 계좌로 이체한 경우, 예금계좌 명의인의 거래 금융기관에 대한 예금반환 채권은 이러한 행위로 인하여 영향을 받을 이유가 없는 것이므로, 거래 금융기관으로서는 예금계좌 명의인에 대한 예금반환 채무를 여전히 부담하면서도 환거래관계상 다른 금융기관에 대하여 자금이체로 인한 이체자금 상당액 결제채무를 추가 부담하게 됨으로써 이체된 예금 상당액의 채무를 이중으로 지급해야 할 위험에 처하게 된다. 따라서 친척 소유 예금통장을 절취한 자가 그 친척 거래 금융기관에 설치된 현금자동지급기에 예금통장을 넣고 조작하는 방법으로 친척 명의 계좌의 예금 잔고를 자신이 거래하는 다른 금융기관에 개설된 자기 계좌로 이체한 경우, 그 범행으로 인한 피해자는 이체된 예금 상당액의 채무를 이중으로 지급해야 할 위험에 처하게 되는 그 친척 거래 금융기관이라 할 것이고, 거래약관의 면책 조항이나 채권의 준점유자에 대한 법리 적용 등에 의하여 위와 같은 범행으로 인한 피해가 최종적으로는 예금 명의인인 친척에게 전가될 수 있다고 하여, 자금이체 거래의 직접적인 당사자이자 이중지급 위험의 원칙적인 부담자인 거래 금융기관을 위와 같은 컴퓨터 등 사용사기 범행의 피해자에 해당하지 않는다고 볼 수는 없으므로, 위와 같은 경우에는 친족 사이의 범행을 전제로 하는 친족상도례를 적용할 수 없다.」

또한, ⓒ 자신의 숙부로부터 정기예금의 이자를 인출해달라는 부탁을 받으면서 정기예금증서와 인감도장을 교부받자 은행직원에게 예금주를 가장하고 예금해약을 빙자하여 은행직원으로부터 그 이자를 공제한 나머지 예금을 인출·교부받아 예금을 편취한 경우, 그 예금의 소유권은 소비기탁으로 은행에 귀속되었으므로 은행에서 내준 돈이 그 숙부의 돈이라고 볼 수 없고, 은행은 행위자가 정기예금증서와 인감도장을 소지하고 있었기 때문에 혹 채권의 준점유자에 대한 변제로서 민사상 보호를 받고 그 예금주로부터의 책임추궁을 면하는 경우가 있다손 치더라도 그 때문에 형사상 그 사기피해자가 은행이 아니라 그 숙부라고 단정할 수 없는 만큼, 그 숙부의 고소가 있어야 하는 친고죄에 해당한다고 할 수 없다고 하였다.[81] 42

위 ⓑ, ⓒ의 사례와 같이 은행을 상대로 한 부당한 예금인출 등의 경우, 판례가 그 피해자를 은행으로 판시하여 친족상도례의 적용을 배제하는 입장에 대하여 현실의 법감정에 맞는지에 관한 의문을 제기하는 견해[82]도 있으나, 이는 결국 사기죄의 피해자가 누구인가와 관련한 문제로서[83] 그 판단은 사실상의 개념이 아니라 법적 개념에 의하여야 하는 만큼 위와 같이 볼 것만은 아니다. 43

(b) 공갈죄의 경우

공갈죄의 경우 그 피해자에는 재물의 소유자 또는 재산상 이익의 주체는 물론 피공갈자, 즉 폭행·협박을 당한 사람도 해당하므로, 행위자와 재물 또는 재산상 이익의 주체 사이에서뿐만 아니라 행위자와 폭행·협박을 당한 상대방 사이에서도 친족관계가 인정되어야 한다.[84] 공갈죄의 경우에는 폭행·협박을 당한 사람의 신체의 안전도 보호법익에 포함되기 때문이다. 44

본 판결 해설은 박이규, "절취한 친족 소유의 예금통장을 현금자동지급기에 넣고 조작하여 예금 잔고를 다른 금융기관의 자기 계좌로 이체하는 방법으로 저지른 컴퓨터 등 사용사기죄에 있어서의 피해자(=친족 명의 계좌의 금융기관)", 해설 70, 법원도서관(2007), 222-244.

81 대판 1972. 11. 14, 72도1946.

82 주석형법 〔각칙(5)〕(5판), 328(이헌섭).

83 사기피해자는 피기망자가 아니라 재물을 편취당한 자로 보는 판례의 논리대로라면 피해 재물 또는 재산상 이익의 귀속자가 누구인지에 관한 것으로 파악할 수 있다.

84 신동운, 919; 임웅, 468; 정성근·박광민, 410.

(다) 횡령죄 및 배임죄의 경우

45 재물의 소유자 또는 재산상 이익의 귀속주체와 위탁자가 다른 경우라도 신뢰관계의 배신을 본질로 하는 횡령죄와 배임죄에서는 위탁자도 피해자로 보아야 하므로 재물의 소유자(또는 재산상 이익의 귀속주체), 위탁자 쌍방과 행위자 사이에 친족관계가 있어야만 친족상도례가 적용된다는 견해[85]가 있다. 이 견해는 횡령죄와 배임죄의 1차적인 보호법익은 재물의 소유권 또는 재산상 이익의 귀속권한이지만, 우리 형법이 재물의 보관 또는 사무처리와 관련한 신임관계도 부차적으로 보호하고 있기 때문이라고 한다.

46 판례 역시 피고인이 위탁자로부터 동인이 소유자를 위해 보관하는 물건을 보관받아 이를 횡령한 경우에는, 행위자와 피해물건의 소유자 및 위탁자 쌍방 사이에 친족관계가 있는 경우에만 본조의 적용이 있고, 단지 친족관계가 행위자와 피해물건의 소유자 사이에만 있거나, 또는 행위자와 위탁자 사이에만 있는 경우에는 그 적용이 없다고 한다.[86]

47 한편 2013년 7월 1일부터 시행된 성년후견인제도와 관련하여, 친족이 성년후견인으로 선임되어 있는 중에 횡령죄나 배임죄를 범한 경우 친족상도례의 적용이 될 것인지 여부가 논란이 되고 있다. 이에 대하여, ① 친족이 후견인으로 임명된 경우에는 가정법원의 관여에 따라 공적 성격이 부여되므로 친족상도례를 통해 법률상 배려를 받을 수 없는 경우도 발생할 수 있다는 견해[87]도 있으나, ② 다수설은 비록 공적 지위에 있더라도 가정법원을 피후견인 본인과는 별개로 위탁자의 지위에 있다고 보기는 어렵다거나, 법률적으로 적용에 관한

---

85 신동운, 919.

86 대판 2008. 7. 24, 2008도3438. 피고인이 A로부터 B에게 전달해 달라는 부탁과 함께 금원을 교부받은 C로부터 B에게 전달해 주겠다며 위 금원을 받아 보관하던 중 그 금원을 임의 사용함으로써 이를 횡령하였다는 공소사실로 기소된 사안에서, 피고인이 피해자 A의 삼촌인데 A가 피고인을 고소하였음을 인정할 아무런 자료가 없다는 이유로 피고인에 대하여 위 친족 간의 범행에 관한 규정을 적용하여 공소를 기각한 원심에 대하여, 피고인이 이 사건 피해금원의 소유자인 A에 대한 관계에서만 위 법조 소정의 친족관계가 있을 뿐이고 이 사건 피해금원의 위탁자인 C와 사이에는 위 법조 소정의 친족관계가 없는 것이라면 피고인에 대하여 제361조에 의하여 준용되는 제328조 제2항은 적용될 수 없는 것이라고 할 것임에도 이와 견해를 달리함으로써 횡령죄의 보호법익 및 친족 간의 범행에 관한 법리를 오해하여 판결 결과에 영향을 미친 위법을 범하였다면서 원심을 파기하였다.

87 김은효, "성년후견인의 공적지위에 관한 고찰", 법률신문 2011. 6. 11. 자.

예외규정이 없는 한 성견후견인이라는 이유만으로 친족상도례의 적용을 배제하는 것은 해석론의 한계를 넘는다는 등의 이유로 친족후견인에 대하여도 친족상도례의 적용을 긍정한다.[88]

48 이 문제에 관하여, 일본 판례는 친족상도례의 적용을 부정하였다(위 ①의 입장). 즉, 가정재판소에서 손자의 미성년후견인으로 선임된 피고인이 자신의 아들(손자의 백부)과 공모하여 후견사무로서 금융기관에 업무상 보관하고 있던 손자의 돈을 인출하는 등 이를 횡령한 사안에서, 친족상도례(일형 § 244①)의 규정이 친족 사이의 일정한 재산범죄에 관하여 국가가 형벌권의 행사를 자제하고 친족 사이에 자율에 맡기는 것이 바람직하다는 정책적 고려에 따라 그 범인의 처벌에 관한 특례를 둔 것일 뿐 그 범죄의 성립이 부정되는 것은 아니라고 하면서, "민법상 미성년후견인은 미성년피후견인과 친족관계에 있는지 여부를 구별하지 않고 마찬가지로 미성년피후견인을 위하여 그 재산을 성실히 관리하여야 할 법률상 의무를 부담하고 있는 것이 명백하므로, 미성년후견인의 사무는 공적 성격을 가진 것으로서 가정재판소로부터 선임된 미성년후견인이 업무상 점유하는 미성년피후견인 소유의 재물을 횡령한 경우에, 위와 같은 취지에서 규정된 형법 제244조 제1항을 준용하여 형법상의 처벌을 면한다고 해석할 여지는 없다."라고 판시하였다.[89]

2. 시적 범위

49 친족관계는 행위 시에 존재하여야 한다. 행위 시에 친족관계가 존재한 이상, 행위 후인 재판 시에 그 친족관계가 없어졌더라도 친족상도례는 적용된다.[90] 다만 혼인 외의 출생자가 인지되는 경우에는 그 효력이 혼외자의 출생 시로 소급하여 발생하므로(민 § 860), 이러한 소급효로 인하여 인지가 범행 시가 아닌 범행 후에 이루어졌더라도 소급적으로 형성되는 친족관계에 기초한 친족상도례가 적용된다.[91]

---

88 주석형법 〔각칙(5)〕(5판), 330(이헌섭).

89 最決 平成 20(2008). 2. 18. 刑集 62·2·37. 또한 가정재판소로부터 선임된 성년후견인에 의한 횡령 사안에서도, 성년후견인과 성년피후견인 사이에 일본형법 제244조 제1항 소정의 친족관계가 있더라도 위 조항은 준용되지 않는다고 판시하였다〔最決 平成 24(2012). 10. 9. 刑集 66·10·981〕.

90 배종대, § 62/39; 이재상·장영민·강동범, § 16/99.

91 대판 1997. 1. 24, 96도1731. 「친족간의 범행에 관한 규정이 적용되기 위한 친족관계는 원칙적

50 한편, 1999년 1월 13일 민법 일부개정(민 § 768)으로 방계혈족이 확장되었던 것과 같이 행위 시에는 친족관계에 있지 않았지만 나중에 재판 시에 법령의 개정으로 친족관계가 있게 되는 경우가 있는데, 이때 친족상도례의 법적 성질을 인적 처벌조각사유 또는 소추조건으로 볼 경우 신법이 가벼운 때에 해당하여 친족상도례가 적용될 수 있는 것인지가 문제이다. 친족관계의 유무 내지 그 범위는 대법원판례를 통하여 해석하여 오듯이[92] 민법에 의해 결정할 수밖에 없으므로, 친족상도례의 적용 여부 내지 적용형태에 관하여는 그 준거 법률인 민법의 개정으로 피고인에게 유리하게 변경된 셈이니, 이는 신법이 가벼운 경우에 해당한다고 해석할 수 있지 않을까 하는 것이다.[93] 그러나 민법의 개정을 가리켜 형법 제1조 제1항 제2호 소정의 법률의 변경에 의하여 범죄를 구성하지 아니하거나 형이 감경된 경우에 해당한다고 볼 수 없다고 하여야 할 것이다.[94] 판례 역시 피고인과 피해자 사이에 행위 당시에는 민법 개정(1990. 1. 13. 법률 제4199호로 개정되어 1991. 1. 1. 시행된 것으로, 8촌 이내의 혈족은 부계, 모계 불문하고 모두 포함하는 것으로 개정) 전으로 8촌 이내의 부계 혈족에 해당되지 않아 친족상도례의 친족관계에 없었지만, 그 개정 후에는 8촌 이내의 혈족에 해당하여 친족상도례의 친족관계에 있게 된 사안에서, 친족상도례의 적용을 긍정한 원심을 파기한 것을 보면(만일 법률의 변경으로 신법이 가벼운 경우에 해당하였다면 결론적으로 원심의 판단이 정당하므로 파기까지는 하지 않았을 것임) 같은 입장인 것으로 보인다.[95]

으로 범행 당시에 존재하여야 하는 것이지만, 부가 혼인 외의 출생자를 인지하는 경우에 있어서는 민법 제860조에 의하여 그 자의 출생시에 소급하여 인지의 효력이 생기는 것이며, 이와 같은 인지의 소급효는 친족상도례에 관한 규정의 적용에도 미친다고 보아야 할 것이므로, 인지가 범행 후에 이루어진 경우라고 하더라도 그 소급효에 따라 형성되는 친족관계를 기초로 하여 친족상도례의 규정이 적용된다.」

92 대판 1980. 4. 22, 80도485 등.

93 실제로 하급심 판결 중에는 같은 취지에 입각하여 그 유추적용을 긍정하는 판시를 하기도 하였다. 예컨대, 민법 제777조가 1991년 1월 1일부터 시행된 법률 제4199호로 개정되기 전인 범행 당시에는 피고인과 그의 형부인 피해자 사이에 제328조 제2항 소정의 친족관계가 존재하지 아니하였으나 그 후 개정된 위 민법조에 의하여 피고인과 피해자가 위 형법조항 소정의 친족관계에 있게 되었는바, 이는 친족의 범위에 관한 민법규정의 변경으로 형법상 비친고죄가 친고죄로 변경된 경우로서 비록 법률의 변경에 의하여 형이 구법보다 가볍게 된 경우는 아니라 하더라도 제1조 제2항의 규정을 유추하여 신법을 적용함이 상당하다면서 공소를 기각한 판결이 있다(마산지판 1991. 3. 5, 91고단243. 이 판결은 그대로 확정되었다).

94 주석형법 [각칙(5)](5판), 330(이헌섭).

95 대판 1991. 8. 27, 90도2857. 원심은 피고인이 절도(1990. 2. 15. 범행) 피해자의 아버지의 사촌

행위 시에는 외형적으로 혼인관계에 있는 것처럼 보이나, 실질상 혼인이 무효인 경우에는 친족관계는 없으므로 친족상도례의 적용을 부인할 것이나,[96] 혼인이 취소된 경우에는 소급효가 없으므로 이혼의 경우와 마찬가지로 해석하여 행위 시에 친족관계에 있었다면 친족상도례의 적용을 긍정해야 할 것이다.[97] 51

Ⅳ. 친족관계의 착오

친족상도례가 적용되기 위해서는 친족관계가 객관적으로 존재하면 충분하고, 행위자가 이를 인식할 것을 요하는 것은 아니다. 친족상도례의 법적 성질이 소추조건이나 인적 처벌조각사유인 만큼, 고의의 대상에는 해당하지 않는다. 따라서 친족관계에 대한 착오는 고의에 영향을 미치지 않고 범죄의 성립에도 영향을 주지 않는다.[98] 이를테면, 자기 아버지 소유의 물건인 줄로 알고 절취했는데 사실은 제3자의 것이었을 때에는 친족상도례가 적용되지 않는 데 반해, 타인의 소유로 알고 절취했더니만 사실은 자기 아버지의 소유였을 때에는 친족상도례가 적용된다. 52

Ⅴ. 특별법에서의 적용 여부

형법은 일반법이므로 형법상의 친족상도례 규정은 특별법에 의한 절도(산림자원의 조성 및 관리에 관한 법률 §73 소정의 산림절도 등)에도 적용되고,[99] 특정경제범 53

누나의 손자로 피해자의 직계존속의 형제의 직계비속이므로 그들은 구 민법 제777조 제1호(1990. 1. 13. 법률 제4199호로 개정되어 1991. 1. 1. 시행되기 전의 것, 이하 같다) 소정의 8촌 이내의 부계혈족의 친족 관계에 있다면서 피해자의 고소가 없다는 이유로 공소를 기각하였는바, 구 민법 제768조에 의하면 혈족은 자기의 직계존속과 비속, 자기의 형제자매와 형제의 직계비속, 자기의 직계존속의 형제자매 및 그 형제의 직계비속이라고 규정되어 있어서 피고인이 피해자의 아버지의 사촌누나의 손자인 경우 피해자와 구 민법 제777조 제1호 소정의 8촌 이내의 '부계'혈족의 친족관계에 있다고 할 수 없다면서 원심을 파기하였다.

본 판결 해설은 이윤승(주 27), 139-144.

96 대판 2015. 12. 10, 2014도11533 등.

97 주석형법 [각칙(5)](5판), 331(이헌섭).

98 배종대, §62/40; 이재상·장영민·강동범, §16/100. 일본 판례도 같은 취지이다[大阪高判 昭和 28(1953). 11. 18. 高刑集 6·11·1603].

99 대판 1959. 9. 18, 4292형상290. 일본 판례도 마찬가지이다[最判 昭和 33(1958). 2. 4. 刑集

죄 가중처벌 등에 관한 법률(이하, 특정경제범죄법이라 한다.) 등에서와 같이 재산범죄를 가중처벌하는 특별법의 경우에도 형법상 재산범죄의 성질이 그대로 유지되므로 이를 배제한다는 명시적 규정이 없는 한 적용된다.[100] 한편 형면제의 경우, 보호감호만을 독립하여 청구할 수는 없다.[101]

〔김 양 섭〕

122109(산림법위반)].

100 대판 1989. 6. 13, 89도582. 「형법상 사기죄의 성질은 특정경제범죄 가중처벌 등에 관한 법률 제3조 제1항에 의해 가중 처벌되는 경우에도 그대로 유지되고, 특별법인 특정경제범죄 가중처벌 등에 관한 법률에 친족상도례에 관한 형법 규정의 적용을 배제한다는 명시적인 규정이 없으므로, 형법상 친족상도례 규정은 특정경제범죄 가중처벌 등에 관한 법률 제3조 제1항 위반죄에도 그대로 적용된다.」

같은 취지로는 대판 1994. 5. 27, 94도617[공갈죄가 야간에 범하여져 폭력행위 등 처벌에 관한 법률(이하, 폭력행위처벌법이라 한다.) 제2조 제2항에 의하여 가중 처벌되는 경우]; 대판 2010. 7. 29, 2010도5795(흉기 기타 위험한 물건을 휴대하고 공갈죄를 범하여 폭력행위처벌법 제3조 제1항에 의하여 가중 처벌되는 경우); 대판 2013. 9. 13, 2013도7754(횡령으로 인한 특정경제범죄법 제3조 제1항에 의해 가중 처벌되는 경우) 등.

101 대판 1983. 7. 26, 83감도108.

제38장 절도와 강도의 죄

〔총 설〕

Ⅰ. 규정 체계 ……………………………… 159
Ⅱ. 보호법익 ……………………………… 162
  1. 소유권설 ……………………………… 164
  2. 점유설 ……………………………… 164
  3. 소유권 및 점유설 ……………………………… 164
  4. 판례의 태도 ……………………………… 165
  5. 검 토 ……………………………… 167
Ⅲ. 재 물 ……………………………… 169
  1. 재물, 재산상의 이익과 물건 ……………………………… 169
  2. 재산범죄의 구분 ……………………………… 171
  3. 재물의 성격 ……………………………… 172
  4. 개별 검토 ……………………………… 180

Ⅰ. 규정 체계

절도의 죄와 강도의 죄는 제2편 각칙 가운데 본장에 함께 규정되어 있는데, 본장의 조문 구성은 아래 [표 1]과 같다. 1

[표 1] 제38장 조문 구성

조 문		제 목	구성요건	죄 명	공소시효
§ 329		절도	ⓐ 타인의 재물을 ⓑ 절취	절도	7년
§ 330		야간주거 침입절도	ⓐ 야간에 ⓑ 사람의 주거, 관리하는 건조물, 선박, 항공기 또는 점유하는 방실에 침입하여 ⓒ 타인의 재물을 ⓓ 절취	야간(주거, 저택, 건조물, 선박, 방실) 침입절도	10년
§ 331	①	특수절도	ⓐ 야간에 ⓑ 문이나 담 그 밖의 건조물의 일부를 손괴하고 ⓒ § 330의 장소에 침입하여 ⓓ 타인의 재물을 ⓔ 절취	특수절도	10년

조문		제목	구성요건	죄명	공소시효
	②-1		ⓐ 흉기를 휴대하여 ⓑ 타인의 재물을 ⓒ 절취	특수절도	10년
	②-2		ⓐ 2명 이상이 합동하여 ⓑ 타인의 재물을 ⓒ 절취		
§ 331의2		자동차등 불법사용	ⓐ 권리자의 동의없이 ⓑ 타인의 자동차, 선박, 항공기 또는 원동기장치자전거를 ⓑ 일시 사용	(자동차, 선박, 항공기, 원동기장치자전거) 불법사용	5년
§ 332		상습범	§ 329 내지 § 331의2의 상습범	상습 (§ 329 내지 § 331의2 각 죄명)	
§ 333		강도	ⓐ 폭행 또는 협박으로 ⓑ 타인의 재물을 강취하거나 기타 재산상의 이익을 취득하거나 제삼자로 하여금 이를 취득하게 함	강도	10년
§ 334	①	특수강도	ⓐ 야간에 ⓑ 사람의 주거, 관리하는 건조물, 선박이나 항공기 또는 점유하는 방실에 침입하여 ⓑ § 333의 강도	특수강도	15년
	② 전단		ⓐ 흉기를 휴대하여 ⓑ § 333의 강도		
	② 후단		ⓐ 2명 이상이 합동하여 ⓑ § 333의 강도		
§ 335		준강도	ⓐ 절도가 ⓑ 재물의 탈환에 항거하거나 체포를 면탈하거나 범죄의 흔적을 인멸할 목적으로 ⓒ 폭행 또는 협박하여 ⓑ § 333, § 334의 강도	준강도, 준특수강도	10년 (준강도) 15년 (준특수강도)
§ 336		인질강도	ⓐ 사람을 체포·감금·약취 또는 유인하여 ⓑ 이를 인질로 삼아 ⓒ 재물 또는 재산상의 이익을 취득하거나 제3자로 하여금 이를 취득하게 함	인질강도	10년
§ 337		강도상해, 치상	ⓐ 강도가 ⓑ 사람을 상해하거나 상해에 이르게 함	강도(상해, 치상)	15년
§ 338		강도살인·치사	ⓐ 강도가 ⓑ 사람을 살해하거나 사망에 이르게 함	강도(살인, 치사)	배제(살해) 15년(치사)

조 문		제 목	구성요건	죄 명	공소시효
§ 339		강도강간	ⓐ 강도가 ⓑ 사람을 강간	강도강간	15년
§ 340	①	해상강도	ⓐ 다중의 위력으로 ⓑ 해상에서 ⓒ 선박을 강취하거나 선박내에 침입하여 타인의 재물을 강취	해상강도	15년
	②		ⓐ 해상강도가 ⓑ 사람을 상해하거나 상해에 이르게 함	해상강도(상해, 치상)	15년
	③		ⓐ 해상강도가 ⓑ 사람을 살해 또는 사망에 이르게 하거나	해상강도(살인, 치사)	배제(살해) 15년(치사)
			ⓒ 사람을 강간	해상강도강간	25년
§ 341		상습범	상습으로 § 333, § 334, § 336, § 340 ①을 범함	상습(§ 333, § 334, § 336, § 330①의 각 죄명)	15년
§ 342		미수범	§ 329 내지 § 341의 미수	(§ 329 내지 § 341의 각 죄명)미수	
§ 343		예비, 음모	ⓐ 강도할 목적으로 ⓑ 예비, 음모	강도(예비·음모)	7년
§ 344		친족간의 범행	§ 328은 § 329 내지 § 332의 죄와 그 미수범에 준용		
§ 345		자격정지의 병과	본장의 죄를 범하여 유기징역에 처할 경우 10년 이하 자격정지 병과(임의적)		
§ 346		동력	본장의 죄에 있어 관리할 수 있는 동력은 재물로 간주		

절도의 죄 부분은 절도(§ 329)를 기본으로 삼고, 행위불법의 가중에 따라 야 2
간주거침입절도(§ 330), 특수절도(§ 331), 상습범(§ 332)으로 꾸려져 있다. 주관적 요소로 인해 특유하게 취급되는 유형으로 자동차등 불법사용(§ 331의2)이 있다. 강도의 죄 부분은 강도(§ 333)를 기본으로 하여 행위불법을 가중하거나 결합범죄 또는 결과적 가중범을 규정하는 형태로 짜여있다. 강도의 가중 형태는 특수강도(§ 334), 인질강도(§ 335), 강도상해·치상(§ 337), 강도살인·치사(§ 338), 강도강간(§ 339), 해상강도(§ 340), 그리고 상습범(§ 341)이 있다. 강도 가운데 준강도(§ 335)는 절도가 재물의 탈환을 항거하거나 체포를 면탈하거나 범죄의 흔적을 인멸할 목적으로 폭행 또는 협박한 때에 성립하는 범죄로, 절도와 강도의 가교 역할을 한다.

3 본장에 대해서는 도시 발달과 범죄 성향이 변화함에 따라 형법에 규정된 죄를 가중하는 형태의 특별법들이 제정되어 왔다. 특정범죄 가중처벌 등에 관한 법률 제5조의4에 규정된 절도와 강도의 죄에 대한 누범 가중 유형이 실무에서 빈도 높게 등장하는 가중처벌 규정이다. 그리고 특정강력범죄의 처벌에 관한 법률에 따라 강도의 죄를 가중처벌하는 규정도 존재한다. 그밖에 절도는 행위의 객체인 재물의 성격에 따라 처벌에 관해 다양한 특별법 규정이 존재한다.

4 절도와 강도의 죄가 형법뿐만 아니라 여러 특별법에 산재해서 규정이 존재하는 이유는 절도와 강도의 죄는 인류가 소유라는 관념을 가지게 되면서 그와 함께 등장한 유서깊은 범죄이고, 아직까지도 생활 속에서 다양한 형태로 관찰되는 범죄유형이기 때문이다. 가장 오래되고 여전히 수없이 발생하는 범죄유형이다 보니, 보호법익부터 그 성격, 다른 범죄와의 관계에 관해 그간 수많은 논의가 있어 왔다.

5 형법이 절도와 강도의 죄를 하나의 장에 규정하고 있지만, 절도나 강도는 구성요건이 서로 다르다. 그래도 절도죄나 강도죄는 타인의 재물을 타인의 의사에 반해서 가져간다는 점에서 공통점을 가진다. 절도의 죄와 강도의 죄를 하나의 장으로 규정한 형법 취지에 따라, 총론으로 공통 논의가 가능한 보호법익과 재물 개념에 대해 먼저 설명한다. 다른 쟁점에 대해서는 단순절도와 단순강도 부분에서 기본 설명을 하고, 각각의 가중유형 또는 결합유형 범죄 부분에서 필요한 부분을 추가해서 논의를 진행한다. 보호법익과 재물을 공통분모로 뽑아서 먼저 설명하기는 하지만, 이 역시 절도나 강도에 완전히 공통되는 설명은 아니다.

6 총론에 해당하는 논의에 대해서도 주로 절도죄에 대해 논의를 집중하고, 강도죄 부분에서 필요한 논의를 보충하기로 한다.

Ⅱ. 보호법익

7 인류는 사회를 이루고 생산, 경제 활동을 하면서 재물을 소유하게 되었고, 그에 따라 재물을 관리한다는 관념을 가지게 되면서 자연스럽게 절도와 강도의 죄가 사회규범 가운데 금지행위로 등장하게 되었다. 몰래 훔쳐가는 행위가 절도이고, 폭력을 가해 피해자 의사에 반해서 재물을 가져가는 범죄가 강도다.

절도죄는 "타인의 재물을 절취"한 때에, 강도죄는 "타인의 재물을 강취하거나 기타 재산상의 이익을 취득하거나 제3자로 하여금 이를 취득하게 한 때"에 성립한다. 절도죄야말로 인류 역사와 함께 이어져 온 가장 오래된 유형의 범죄로, 그간 구성요건에 별다른 변화 없이 그 형태가 유지되어 왔다. 사회 변화에 따라 최근 들어 새로운 유형의 행위가 본장에 추가되고 있는데, 1995년 12월 29일 주관적 요건을 감안하고 재물 유형을 특정해서 절도의 한 유형으로 포섭한 자동차등불법사용죄가 그 예라고 할 수 있다(§ 331의2). 8

본장의 죄의 보호법익에 대해 꾸준한 논의가 있어왔다. 보호법익을 잘 따져봐야 절도죄 또는 강도죄 성립 여부부터, 사기·횡령·점유이탈물횡령과 같은 다른 범죄와의 구분, 범행의 착수와 기수시기까지 혼선 없이 논의를 진행할 수 있다. 9

본장의 죄의 보호법익에 관한 논의는 두 죄에 공통되는 객체인 재물에 대한 지배를 어떻게 이해할 것인가에 대한 논의이기도 하다. 재물과 관련해서 본장의 죄에 공통되는 부분은 '타인의 재물'이라는 표현인데, 이 가운데 '타인의'라는 표현에 대해 숙고할 필요가 있다. '타인(他人)'은 '다른 사람'을 뜻한다.[1] 내가 아닌 다른 사람을 뜻하기 때문에 내 물건에 대한 침해는 애초 범죄가 아니거나, 절도나 강도가 아닌 다른 범죄를 구성하게 된다. 10

'타인'은 이처럼 '나' 아닌 다른 사람을 뜻하는 것이 명백하지만, '타인의'라는 간단한 표현만으로 그 말이 어떤 자격, 그리고 어느 범위의 권리까지 포함하는지 곧바로 추론해 낼 수는 없다. 형법뿐만 아니라 민법과 같은 관련 법률과 그에 관한 법 이론의 도움이 필요하고, 논의가 진행되는 시점에 사회구성원들이 가진 인식을 잘 관찰해서 반영하는 노력이 필요하다. 논의를 진행하면서 형법에서 잊지 말아야 할 중요한 기준은 죄형법정주의이다. 최종적으로는 죄형법정주의의 테두리 안에서 사회 실정과 한 시절을 살아가는 주권자들의 인식을 반영해서 절도와 강도의 죄의 보호법익의 범위를 정해야 한다. 11

그간 학계와 실무 태도를 둘러보면, 절도의 보호법익에 대해 다음과 같은 견해 대립이 있었다. 주로 절도와 관련한 보호법익의 논의를 살펴보고, 강도의 보호법익에 대해서는 필요한 범위에서 논한다. 12

1 국립국어원, 표준국어대사전(2019).

1. 소유권설

13 절도죄의 보호법익을 소유권으로 보는 견해다.[2] 다수의 견해다.

14 논거로는, 형법이 점유의 권원이 되는 소유권 외의 본권, 즉 제한물권 등을 보호하기 위해 권리행사방해죄(§ 323)를 따로 규정하고 있고, 점유 침탈을 통한 절취행위는 점유 침탈이 없는 횡령에 비해 불법이 가중된 침해행위를 기술하고 있는 것이지, 절취행위 속에 점유 침탈이 필연적으로 내재한다고 해서 점유 자체를 보호법익으로 파악할 필요가 없다는 점을 든다.[3] 절도죄가 성립하려면 주관적 구성요건으로 불법영득의사가 요구된다는 점을 근거로 삼기도 한다.[4]

15 보호의 정도에 대해서는 소유권의 침해 정도에 대한 평가 차이로 인해 위험범[5]으로 보기도 하고, 침해범[6]으로 보기도 한다.

2. 점유설

16 재물에 대한 사실상의 지배인 점유가 보호법익이라고 보는 견해다.[7]

17 보호 정도와 관련해 절취는 타인의 점유에 대한 침해를 내용으로 하기 때문에 침해범이 된다고 보고, 절도죄 성립에 불법영득의사는 필요하지 않다고 주장한다.[8]

3. 소유권 및 점유설

18 소유권을 주된 보호법익으로 보지만, 부차적으로 점유 자체도 보호 대상이라고 보는 견해다.[9]

---

2 김일수·서보학, 새로쓴 형법각론(9판), 223; 김혜정·박미숙·안경옥·원혜욱·이인영, 형법각론(3판), 280; 박상기, 형법각론(8판), 247; 박상기·전지연, 형법학(총론·각론)(5판), 596; 배종대, 형법각론(14판), § 60/7; 이재상·장영민·장동범, 형법각론(13판), § 16/3; 정영일, 형법강의 각론(3판), 137; 홍영기, 형법(총론과 각론), § 75/1.

3 김일수·서보학, 223 참조.

4 정영일, 137 참조.

5 이재상·장영민·강동범, § 16/3.

6 박상기·전지연, 597; 홍영기, § 75/1.

7 정영석, 형법각론(4전정판), 316; 정찬운, 형법학각론, 132.

8 정찬운, 132 참조.

9 김성돈, 형법각론(5판), 276; 김신규, 형법각론 강의, 337; 손동권·김재윤, 새로운 형법각론, § 20/2; 신동운, 형법각론(2판), 898; 오영근, 형법각론(7판), 248(다만 이 견해도 민법상의 소유권 개념

논거로는, 절도죄의 객체를 권리행사방해죄나 횡령죄의 객체와 체계적으로 비교할 때 절도죄에 규정된 '타인의 재물'은 '타인 소유'뿐만 아니라 '타인 점유'의 재물까지 포함하는 것으로 해석하는 것이 바람직하고, 점유설에 따르면 사용절도와 절도죄를 구별할 수 없으며, 특히 소유권설에 따르면 권원에 터 잡은 점유 내지 그렇게 추정할 수 있는 평온한 점유는 보호 필요가 있는데도 이런 요구에 부응할 수 없기 때문이라는 점을 든다.[10] 그리고 절도죄의 실행행위인 '절취'는 그 개념상 점유의 침해를 내포하고 있고, 점유를 상실한 소유권은 사실상 점유의 상실만으로 불편과 고통을 받게 되어 그 의미의 태반을 상실하며, 점유설의 주장대로 점유만을 보호법익으로 보게 되면, 손괴의 의사로 타인의 재물을 취거한 경우에도 점유의 침해는 존재하기 때문에 절도죄의 성립을 인정하게 되어 결과적으로 절도죄와 손괴죄의 구별이 불가능할 뿐만 아니라, 타인의 점유만을 침해하고 타인의 소유권의 부정이 없는 단순한 사용절도의 경우에도 절도죄의 성립을 긍정하는 문제가 있다고 지적한다.[11] 19

보호의 정도에 대해서는 소유권의 측면에서는 위험범이고, 점유의 측면에서는 침해범이라고 보고 있다. 이 견해에 따르면서 침해범으로 보기도 한다.[12] 20

4. 판례의 태도

판례 태도는 다소 홍미롭다. 표현으로 봐서는 위 소유권 및 점유설을 따르는 것으로 보인다. 21

금은세공공장 운영자 A가 보석 주인 B한테 가공 의뢰를 받은 다이아몬드 6개를 보관하고 있었는데, A의 외삼촌인 피고인이 다이아몬드를 훔친 사안에서, 대법원은 다음과 같은 법리를 제시했다. 22

"절도죄는 재물의 점유를 침탈함으로 인하여 성립하는 범죄이므로 재물의 23

을 따르는 문제점이 있으므로, 소유권이 아니라 재물을 사용·수익·처분하는 '사실상의 소유상태'가 보호법익이라고 한다); 이상돈, 형법각론(4판), 503; 이형국·김혜경, 형법각론(2판), 339; 임웅, 형법각론(9정판), 310; 정성근·박광민, 형법각론(전정2판), 293; 정성근·정준섭, 형법강의 각론(2판), 199(소유권 및 평온점유); 정웅석·최창호, 형법각론, 516; 최호진, 형법각론, 379.

10 김성돈, 276; 임웅, 310 참조.

11 임웅, 311 참조.

12 김신규, 338; 손동권·김재윤, § 20/3; 이형국·김혜경, 339; 정웅석·최창호, 517; 최호진, 379.

점유자가 절도죄의 피해자가 되는 것이나 절도죄는 점유자의 점유를 침탈함으로 인하여 그 재물의 소유자를 해하게 되는 것이므로 재물의 소유자도 절도죄의 피해자로 보아야 할 것이다. 그러니 형법 제344조에 의하여 준용되는 형법 제328조 제2항 소정의 친족 간의 범행에 관한 조문은 범인과 피해물건의 소유자 및 점유자 쌍방 간에 같은 조문 소정의 친족관계가 있는 경우에만 적용되는 것이고, 단지 절도범인과 피해 물건의 소유자간에만 친족관계가 있거나 절도범인과 피해 물건의 점유자간에만 친족관계가 있는 경우에는 그 적용이 없는 것이라고 보는 것이 타당할 것이다."[13]

24 이 기준에 따라, 대법원은 피고인이 피해 물건의 점유자 A에 대해서만 친족관계가 있을 뿐이고 피해 물건의 소유자인 B와는 친족관계가 없기 때문에 피고인에 대해 제344조(친족간의 범행)에 의하여 준용되는 제328조 제2항은 적용될 수 없다고 판단했다.

25 판례의 법리에 나타난 표현으로 봐서는 대법원은 소유권 및 점유설의 입장에 서있는 것으로 보인다. 하지만 사안의 내용 자체는 피고인이 점유자와만 친족 사이고, 소유자와는 친족 사이가 아니기 때문에 절도죄가 성립한다는 것으로, "재물의 점유자가 절도죄의 피해자가 되는 것"이라고 선언할 필요는 없는 사안이었다. 이 사안에서 피고인이 점유자와 친족관계 없이 소유자와만 친족관계에 있었다고 가정하면 결론이 어땠을까? 판례가 제시한 기준에 따르면 위 친족상도례가 적용되지 않는다.

26 학설은 이 사례를 판례가 소유권 및 점유설에 따르는 근거로 보고 있다.[14] 헌법재판소도 형법의 친족상도례 규정에 대한 위헌이 문제된 사건에서, 위 대법원 판결 취지에 따라 "절도죄는 '타인의 재물을 절취'함으로써 성립하는 범죄이고, 절취행위에는 타인의 의사에 반하는 점유 침탈이 수반되므로, 피해재물 소유자뿐만 아니라 점유자도 피해를 입게 된다고 할 수 있다. 형법상 타인의 소유권을 침해하지만 타인의 점유를 침탈하지 않는 횡령죄와 타인의 점유를 침탈하지만 소유권을 침해하지 않는 권리행사방해죄와 비교할 때 절도죄의 법정형이 더 높은 것은 절도죄가 타인의 소유권과 점유를 모두 침해하기 때문이라고 할

13 대판 1980. 11. 11, 80도131.

14 김성돈, 276; 임웅, 311.

것이다."라고 판단했다.[15]

5. 검 토

절도와 강도는 우리가 현재 알고 지내는 소유권이라는 법 개념이 등장하기 27
전부터 존재해 온 오래된 범죄다. 선사시대 때부터 관념해 왔을 것으로 충분히 추측할 수 있는 범죄이기 때문에, 현대화되고 세련된 '소유'나 '점유' 개념에 그 보호법익을 맞춰서 설명하다 보면 어색한 부분들이 눈에 띄게 된다.

소유권이든 점유든 그 구체적인 관념은 민법에서 도움을 받는 것이 타당하 28
다. 형법에 특유한 소유 개념이 필요하다는 견해도 있지만,[16] 형법 역시 전체 법체계의 한 부분이고, 형법이 그 자체에 고유한 개념을 제시하지 않았다면, 다른 법률이나 법 이론의 도움을 받아야 한다. 따라서 소유나 점유 개념의 출발점은 민법에 찾는 것이 바람직하다.

그런데 애석하게 민법에도 소유권의 개념이 정의되어 있지는 않다. 소유권 29
의 개념 자체는 학설과 실무에 맡겨져 있다. 다만, 민법 제211조는 "소유자는 법률의 범위 내에서 그 소유물을 사용, 수익, 처분할 권리가 있다."고 규정하고 있어서 소유권의 내용을 파악할 단서는 알려주고 있다. 점유권을 보면, 점유권은 민법의 물권편 중에서 소유권보다 먼저 규정되어 있다. 민법 제192조 제1항은 "물건을 사실상 지배하는 자는 점유권이 있다."고 규정하고, 민법 제192조 제2항 본문은 "점유자가 물건에 대한 사실상의 지배를 상실한 때에는 점유권이 소멸한다."고 규정한다.

민법 규정을 전체적으로 살펴보면, 민법은 법질서의 테두리 안에서 살아가 30
는 사람이 가장 먼저, 그리고 직관적으로 인식할 수 있는 사실과 권리의 상태를 법 규정으로 그대로 옮기고 있음을 알 수 있다. 점유권은 "물건을 사실상 지배"하는 것이기 때문에, 점유권이야말로 사람이 물건을 대할 때에 그 외관에 따라 권리 형태를 직접적이고 직관적으로 파악할 수 있는 물권이다. 점유권에 이어 등장하는 소유권은 물건의 지배에 관한 추상적이고 관념적인 권리 개념을 전제한다는 점에서 외관에 따라 직관적으로 파악할 수 있는 점유권과 대비된다. 소

15 헌재 2012. 3. 29, 2010헌바89의 다수의견.
16 오영근, 235-236.

유권은 민법 전체의 중요한 기둥 역할을 하는 법률 개념이기 때문에, 민법은 점유권보다 방대하고 심도 깊게 그 내용을 제시하고 있다.

31 형법의 보호법익을 이야기하면서 주목할 부분은 물권에서 차지하는 점유권의 지위다. 민법은 점유권에 대비되는 본권(本權)의 개념을 상정하고 있다. 그에 따라 민법 제197조 제1항은 점유자는 소유의 의사로 선의, 평온 및 공연하게 점유한 것으로 추정하면서도, 민법 제197조 제2항은 선의의 점유자라도 본권에 관한 소에 패소한 때에는 그 소가 제기된 때부터 악의의 점유자로 본다고 규정하고 있다. 다만 점유권에 기인한 소와 본권에 기인한 소는 서로 영향을 미치지 않고, 점유권에 기인한 소는 본권에 관한 이유로 재판하지 못한다고 밝히고 있다(민 § 208).

32 민법 규정의 체계를 살펴보면, 민법은 점유권을 물권의 존재를 파악하는 시작점으로 파악하고 있음을 알 수 있다. 말하자면, 점유라는 사실 상태로부터 점유자가 점유 대상인 물건에 대해 다른 법적인 자격이나 지위를 가지고 있을 것이라고 추정함으로써, 점유권을 물권의 시작점으로 삼고 있는 것이다. 민법은 점유가 담당하는 이런 지표 역할에 대해 추정이 다하는 때까지라도 점유 상태를 유지해 주기 위해 그 상태를 권리화해서 점유권을 규정하였다. 이런 점유권의 성질을 파악하면, 민법이 선의의 점유자가 악의의 점유자가 되는 시점에 관한 규정을 둔 이유와 함께, 점유권에 기인한 소와 본권에 기인한 소의 관계에 관한 규정을 둔 이유를 이해할 수 있다. 민법은 이처럼 점유권으로 하여금 점유라는 사실 상태로부터 다른 권리를 추정하는 역할을 담당하게 한 셈인데, 이때 점유로 추정할 수 있는 다른 권리가 바로 '본권'이다. 점유로써 추정할 수 있는 본권 가운데 가장 흔하고 기본되는 권리는 소유권이다. 점유자는 소유의 의사로 선의, 평온 및 공연하게 점유한 것으로 추정하고(민 § 197①), 그에 따라 일정 기간 점유 상태가 지속되면 점유자는 소유권을 취득할 수 있게 되는데(민 § 245, § 249), 취득시효는 점유의 추정 기능과 소유권의 성립 관계를 잘 설명하는 대목이다.

33 민법의 이와 같은 체계를 생각해 보면, 소유권을 보호하는 외에 점유권을 보호할 필요가 있는지 의문이 든다. 점유가 지속되는 상태, 선의로 추정되는 단계에 점유권은 그 의의를 가질 수 있다. 하지만 사실상의 지배상태를 벗어나거나 추정이 깨어지는 순간부터 점유권은 그 의의를 상실한다. 본권 외에 점유권을 따로 보호할 가치가 있는 보호법익이라고 볼 수 없는 이유이기도 하다. 이와

같은 소유권과 점유권의 관계에 비추어 볼 때, 위 소유권설이 타당하다.

34 소유권설이 타당하다고 보지만, 절도가 기수가 되어도 소유권 자체는 피해자에게 남아있기 때문에 절도죄의 보호법익에서 점유권을 제외할 수 없다고 하는 주장에 대해서는 답할 필요가 있다. 소유권은 소유자가 소유물을 사용, 수익, 처분할 권리를 포함한다(민 § 211). 소유물에 대한 사용, 수익, 처분 권한이 바로 소유권의 내용이다. 타인의 소유물을 절취하려 하거나, 소유자의 사용을 방해하면, 소유권의 효력에 따라 소유자는 방해배제청구권을 행사할 수 있다. 반드시 침해가 현실화되어야 하는 것은 아니고 침해가능성만 있어도 침해예방청구권을 행사할 수 있다. 소유자가 소유물에 대한 배타적 지배권을 빼앗겨 방해배제청구권을 행사할 수 있는 상태라고 해도, 소유권은 여전히 소유자에게 존속한다. 그래도 소유권은 침해된 것이고, 그 효과로써 소유권자는 방해배제청구권을 행사할 수 있다. 소유권의 내용인 사용권, 수익권, 또는 처분권의 행사를 막거나 방해하는 것이 바로 소유권의 침해인 셈이다. 소유권의 종국적인 상실만을 소유권 침해로 봐서는 안 된다. 절취행위가 완성되어 기수에 이르렀다는 생각을 넘어서서 소유권까지 사라져야 절도가 완성한다는 생각은 이와 같은 소유권의 성질에 비춰볼 때 타당하다고 할 수 없다. 절도가 기수가 되어도 소유권은 여전히 피해자에게 남아있다.

35 이처럼 절도로 인해 소유물에 대한 사용, 수익, 처분이 방해받게 되었다면 이로써 절도는 성립한다. 이때 점유는 절취행위의 요소일 뿐이고, 그 자체가 보호법익이 되는 것은 아니다. 절도는 타인의 소유물에 대한 사용·수익·처분권을 침해하는 것을 본질로 하는 범죄로, 그 보호법익은 소유권이고, 사용·수익·처분권의 침해로써 기수가 되므로 침해범으로 봐야 한다.

Ⅲ. 재 물

1. 재물, 재산상의 이익과 물건

36 '재물(財物)'은 "돈이나 그 밖의 값나가는 모든 물건"을 뜻한다.[17] 형법은 행

17 국립국어원, 표준국어대사전(2019).

위의 객체로 '물건',[18] '재물'[19] 또는 '재산상의 이익'[20]이라는 표현을 쓰고, 민법은 '물건'(민 § 98)이라는 단어를 쓴다.

37 형법에 재물이나 재산상의 이익에 관한 개념 규정은 존재하지 않는다. 학계와 실무의 논의 영역으로 남겨져 있다. 이에 대해 형법이 말하는 재물은 통일적인 해석이 어려운 상대적 개념으로, 여러 범죄 사이에 상이한 내용을 뜻하는 데도 불구하고 재물이라는 동일한 용어를 사용하는 것은 정확한 입법 방법이라고 볼 수 없다는 견해도 있다.[21] 하지만 형법이 민법과 구분되도록 '물건'이 아닌 '재물' 또는 '재산상 이익'이라는 표현을 썼는지 생각해 볼 필요가 있다. 어차

18 '물건'이라고 표현한 형법 규정은 다양하다. '물건'이라는 표현이 등장하는 형법 규정은 다음과 같다. 제48조 몰수의 대상과 추징, 제2장 외환의 죄(§ 95 시설제공이적, § 96 시설파괴이적, § 97 물건제공이적), 제8장 공무방해에 관한 죄(§ 141 공용서류 등의 무효, 공용물의 파괴, § 142 공무상 보관물의 무효, § 144 특수공무방해), 제12장 신앙에 관한 죄(§ 161 시체 등의 유기 등), 제13장 방화와 실화의 죄(§ 166 일반건조물 등 방화, § 167 일반물건 방화, § 168 연소, § 169 진화방해, § 170 실화, § 172 폭발성물건파열, § 173의2 과실폭발성물건파열등), 제14장 일수와 수리에 관한 죄(§ 179 일반건조물 등에의 일수, § 180 방수방해, § 181 과실일수), 제16장 먹는 물에 관한 죄(§ 192 먹는 물의 사용방해, § 193 수돗물의 사용방해), 제18장 통화에 관한 죄(§ 211 통화유사물의 제조 등), 제19장 유가증권, 우표와 인지에 관한 죄(§ 222 인지·우표유사물의 제조 등), 제22장 성풍속에 관한 죄(§ 243 음화반포등, § 244음화제조 등), 제25장 상해와 폭행의 죄(§ 258의2 특수상해, § 261 특수폭행), 제30장 협박의 죄(§ 284 특수협박), 제36장 주거침입의 죄(§ 320 특수주거침입), 제37장 권리행사를 방해하는 죄(§ 323 권리행사방해, § 324 강요, § 325 점유강취, 준점유강취), 제39장 사기와 공갈의 죄(§ 350의2 특수공갈), 제42장 손괴의 죄(§ 369 특수손괴).

19 '재물'이라고 표현한 형법 규정은 다음과 같다. 제38장 절도와 강도의 죄(§ 329 절도, § 330 야간주거침입절도, § 331 특수절도, § 333 강도, § 335 준강도, § 336 인질강도, § 340 해상강도. § 337 강도상해, 치상, § 338 강도살인·치사, § 339 강도강간은 강도가 주체이므로 그 각각의 객체가 여기에도 포함됨. 각각의 상습범 및 § 334 특수강도는 강도의 가중형태이므로 그 객체가 여기에도 포함됨), 제39장 사기와 공갈의 죄(§ 347 사기, § 348 준사기, § 348의2 편의시설부정이용, § 350 공갈. 각각의 상습범 및 § 350의2 특수공갈은 각 범죄의 가중형태이므로 그 객체가 여기에도 포함됨), 제40장 횡령과 배임의 죄(§ 355 횡령, 배임, § 357 배임수증재, § 360 점유이탈물횡령. § 356 업무상의 횡령과 배임은 각 범죄의 가중형태이므로 그 객체가 여기에도 포함됨), 제42장 손괴의 죄(§ 366 재물손괴 등. § 368 중손괴, § 369 특수손괴는 손괴의 가중형태이므로 그 객체가 여기에도 포함됨).

20 '재산상 이익'이 나오는 형법 규정은 다음과 같다. 제38장 절도와 강도의 죄(§ 333 강도, § 336 인질강도. § 337 강도상해, 치상, § 338 강도살인·치사, § 339 강도강간은 강도가 주체이므로 그 각각의 객체가 여기에도 포함됨. 각각의 상습범 및 § 334 특수강도는 강도의 가중형태이므로 그 객체가 여기에도 포함됨), 제39장 사기와 공갈의 죄(§ 347 사기, § 347의2 컴퓨터등 사용사기, § 348 준사기, § 348의2 편의시설부정이용, § 350 공갈. 각각의 상습범 및 § 350의2 특수공갈은 각 범죄의 가중형태이므로 그 객체가 여기에도 포함됨. § 349 부당이득은 부당한 이익을 객체로 규정), 제40장 횡령과 배임의 죄(§ 355 횡령, 배임, § 357 배임수증재. § 356 업무상의 횡령과 배임은 각 범죄의 가중형태이므로 그 객체가 여기에도 포함됨), 제42장 손괴의 죄(§ 366 재물손괴등. § 368 중손괴, § 특수손괴는 손괴의 가중형태이므로 그 객체가 여기에도 포함됨).

21 박상기, 240 참조.

피 법이 정한 모든 범죄에 타당한 하나의 관념을 법률용어로 포섭할 수는 없다. 무엇보다 사회 현상의 변화, 구성원들의 인식 변화에 따라 그 개념 역시 달라질 수 있다. 따라서 해석 여지를 두고 개념화한 '재물'이란 개념을 형법이 여러 범죄에서 사용하고 있다고 해서 잘못된 입법 방법이라고 비난할 수 없다. 형법이 만약 민법과 같은 개념으로 범죄 객체를 구성하려고 했다면 민법과 마찬가지로 '물건'이란 용어를 사용했으리라 생각한다. 하지만 형법은 민법이 정한 물건과 대비해서 '재물'이란 표현을 사용했다. 사적 자치를 토대로 권리·의무관계를 주된 관심사로 삼는 민법과, 범죄 형태를 미리 규정해 두고 그 금지행위만 아니라면 시민이 자유롭게 활동할 권리를 가지도록 알리는 기능을 하는 형법은 서로 그 객체를 다른 시각에서 봐야 한다는 관념이 전제되어 있다. 국민의 위임을 받은 입법자는 이런 관점에서 형법과 민법에서 객체에 관한 표현을 달리했던 것으로 봐야 하고, 이러한 태도는 타당하다고 생각한다. '재물'의 의미와 범위가 시대와 범죄유형에 따라 달라질 수 있다고 하는 점은 오히려 사회 현상과 구성원의 인식에 따라 학설과 실무의 충실한 논의를 가능하게 하려는 입법자의 의도가 있었던 것으로 이해할 수 있다.

2. 재산범죄의 구분

학계와 실무에서 절도, 강도, 사기, 공갈, 횡령, 배임, 장물, 손괴 및 권리행 38
사방해를 재산범죄로 보고 있다. 이들 범죄 유형은 모두 개인법익을 보호하고자 마련되었고, '재물'과 '재산상의 이익'을 행위의 객체로 삼고 있다. 대체로 '재물' 또는 '재산상의 이익' 가운데 어느 하나, 또는 그 둘의 조합을 범죄의 객체로 규정하고 있다.

절도(§ 329), 횡령(§ 355①), 장물(§ 362), 손괴(§ 366)는 '재물'이 객체로 규정되어 39
있고, 배임(§ 355②)은 '재산상의 이익'만 객체로 규정되어 있다. 강도(§ 333), 사기(§ 347), 공갈(§ 350)은 '재물'과 '재산상의 이익'이 모두 규정되어 있다. 권리행사방해(§ 232)는 '물건'을 객체로 삼고 있지만, 그 의미는 재산죄에서 다루는 '재물'과 같은 뜻으로 받아들이고 있다.

이렇게 죄명을 나열해 놓고 보면 왜 이들 범죄를 개인법익, 그 가운데서도 40
재산범죄로 분류했는지 수긍할 만하다. 하지만 실상 이들 개개 범죄를 들여다보면, 그 보호법익에 재산권뿐만 아니라, 의사 결정의 자유까지 포함하는 범죄가 있고, 침해 형태 역시 범죄마다 다양해서 이들 사이에 공통분모를 찾기는 쉽지 않다. 그리고 개개 범죄마다 '재물'과 '재산상의 이익'의 의미와 범위가 일정한 것만도 아니다.

41 재물이나 재산상의 이익의 의미가 이렇게 범죄마다 다양하게 나타나는 데에는 여러 이유를 찾을 수 있겠지만, 범죄의 대상이 되는 객체를 개별화해서 한정적으로 열거하기에는 표현 방법에 한계가 있기 때문이라고 말할 수 있다. 죄형법정주의의 최정점에서 국민에게 가장 넓은 폭의 자유를 보장하자면 재물이나 재산상의 이익이라는 포괄적인 법 개념보다는 개별화된 구체적인 한정 표현이 더 적합할 것이다. 하지만 그런 한정은 화석화된 법 개념을 양산할 수 있기 때문에 해석과 논의를 통해 범위를 정할 수 있는 최선의 표현을 형법 개념으로 포섭한 것으로 봐야 한다. 이런 의미에서 재산범죄에 등장하는 '재물'과 '재산상의 이익'이라는 표현은 범죄유형과 행위 특성에 따라 요소마다 적절히 배치된 개념이라고 평가할 수 있다. 따라서 절도와 강도뿐만 아니라, 다른 범죄에서도 '재물' 또는 '재산상의 이익'이라는 개념을 해석할 때에 해석 시점에 나타나는 사회 현상과 구성원의 인식을 잘 파악하고, 그 기초 위에서 죄형법정주의에 따라 한계지을 관념의 범위를 적절히 고려해야 한다.

3. 재물의 성격

(1) 형법 규정과 학설의 의미

42 형법은 절도와 강도의 죄(각칙 제38장) 제346조에 "본장의 죄에 있어서 관리할 수 있는 동력은 재물로 간주한다."는 규정을 두고 있다. 사기와 공갈의 죄(각칙 제39장), 횡령과 배임의 죄(각칙 제40장)와 손괴의 죄(각칙 제42장)에 이 규정을 준용한다. 권리행사를 방해하는 죄(각칙 제37장)와 장물의 죄(각칙 제41장)에는 이 규정을 준용하고 있지 않다.

43 제346조는 형법 제정 때인 1952년부터 존속하던 규정이다. 형법은 이처럼 관리가능성설을 기초로 재물 개념을 제시하고 있다. 그런데 과거 유체성설이 주장되기도 했다. 종전 학설의 대립은 독일형법[22]과 일본형법,[23] 그리고 예전 실

22 독일형법 각칙 제19장(절도 및 횡령) 제242조(절도) 제1항은 "타인의 동산을 자기 또는 제3자에

무 태도에 영향을 받은 결과였다.[24] 학설에 따라 제346조를 특별규정으로 봐야 하는지, 주의규정으로 봐야 하는지에 대한 결론이 달라질 수 있다고 보고, 유체성설을 지지하면서 이 규정을 예외규정으로 봐야 한다는 견해도 있다.[25] 하지만 형법 제정 후로 이런 논의에 어떤 실익이 있는지 의문이다. 유체성설을 지지하는 견해는 존재 범위가 명확한 유체물만을 원칙적인 재물로 보고 예외적으로 관리 가능한 동력의 범위를 좁게 해석할 필요가 있다는 전제에 섰다는 점에서 그 의의를 찾을 수는 있다. 그러나 형법 표현에 나온 그대로 '관리 가능한 동력'을 해석할 때에도 형법의 대원칙인 죄형법정주의의 틀 안에서 해석 범위를 정해야 하는 것은 당연한 결론이기 때문에, 해석의 명확성을 위해 굳이 유체성설에 기초해야 할 필요는 없다. 유체성설은 우리 형사법 체계에서 그 의미를 소진한 이론이라고 생각한다.[26]

형법이 관리할 수 있는 동력은 재물로 간주한다고 명시한 이상, 현재로서는 44

게 위법하게 속하게 할 의사(불법영득의사)로 타인으로부터 절취한 자는 5년 이하의 자유형 또는 벌금형을 처한다."고 규정하고 있고, 제20장(강도 및 공갈) 제249조(강도) 제1항은 "불법영득의의사로 사람에 대한 폭행 또는 신체나 생명에 대한 현재의 위험을 고지한 협박에 의하여 타인의 동산을 강취한 자는 1년 이상의 자유형에 처한다."고 규정하고 있다. 따라서 독일에서의 절도죄나 강도죄의 행위의 객체는 '동산(eine fremde beglliche Sache)'으로, 유체물을 말한다. 다만, 제249조c는 전력도용죄에 관한 별도 규정을 두고 있다. 독일, 프랑스, 일본, 영국, 미국에서의 절도죄의 비교에 관하여는 최민영 외, Global Standard 마련을 위한 쟁점별 주요국 형사법령 비교연구(II-2), 한국형사정책연구원(2020), 569-701 참조.

23 일본형법 각칙 제36장(절도 및 강도의 죄) 제235조(절도)는 "타인의 재물을 절취한 자는 절도의 죄로 하고, 10년 이하의 징역 또는 50만 엔 이하의 벌금에 처한다."고 규정하고, 제236조(강도)는 "① 폭행 또는 협박을 사용하여 타인의 재물을 강취한 자는 강도의 죄로 하고, 5년 이하의 유기징역에 처한다. ② 전항의 방법에 의하여 재산상 불법한 이익을 얻거나 타인에게 이를 얻게 한 자도 동항과 마찬가지로 한다."고 규정하고 있다. 그리고 제245조(전기)는 "이 장의 죄에 관하여는, 전기는 재물로 본다."는 규정을 두고 있다. 일본에서의 절도죄의 행위의 객체는 '재물(財物)', 강도죄의 행위의 객체는 '재물(재물) 또는 재산상 이익'인데, 재물의 개념에 대하여 이전에는 관리가능성설이 통설이었으나, 최근에는 유체성설이 다수설이라고 한다[西田 外, 注釈刑法(4), 4(佐伯仁志)].

한편 일본형법은 2022년 6월 17일 개정(법률 제67호)으로 징역형과 금고형이 '구금형'으로 단일화되어 형법전의 '징역', '구금', '징역 또는 구금'은 모두 '구금형'으로 개정되었으며, 부칙에 의하여 공포일로부터 3년 이내에 정령으로 정하는 날에 시행 예정이다. 그러나 현재 정령이 제정되지 않아 시행일은 미정이므로, 본장에서 일본형법 조문을 인용할 때는 현행 조문의 '징역' 등의 용어를 그대로 사용한다.

24 독일과 일본의 태도에 대해서는 주석형법, [각칙5](5판), 337-338(김경선) 참조.

25 김일수·서보학, 225; 박상기, 240-241 참조.

26 같은 취지로는 신동운, 887 참조.

그 해석에 충실할 필요가 있고, 앞으로 사회 현상 변화에 따라 새로운 사물이나 현상이 등장할 때에 새로운 학설을 기대할 수 있을 것이다.

(2) 재물과 관리할 수 있는 동력

45 형법은 "관리할 수 있는 동력은 재물로 간주한다."는 규정을 두고 있다(§ 346). 이 규정의 해석에 따라 일정한 공간을 차지하는 유체물이 재물에 포함된다고 하는 데에는 견해가 일치한다. 고체, 액체, 기체 역시 일정한 공간에서 관리될 수 있고, 따라서 공기, 물, 가스, 증기는 모두 재물에 해당한다. 일정한 공간이나 용기에서 관리가 가능한 열기, 냉기, 공기나 질소도 모두 재물 개념에 포함된다.

46 일정한 공간을 차지해서 관리 개념을 상정할 수 있는 물건의 범주에 포섭하기 곤란하지만, 사람이 관리할 수 있는 무형의 객체가 존재한다. 이런 객체를 형법은 '동력', 민법은 '자연력'으로 표현하고 있다. 이들은 기술 제어로써 생성, 이동, 접근 권한을 통제할 수 있는 '힘'과 관련된 사물로서, 그 개념과 포섭 범위 역시 학설에 맡겨져 있다. 이 범주에 속하는 논의 대상으로 가장 먼저 떠오르는 대상은 전기다. 전기를 관리할 수 있는 동력으로 보는 데에는 이론이 없다.

47 한편 기술이 발전하고, 형법이 제정되던 당시에 예상할 수 없었던 사회 변화가 이어지면서 재물의 범위가 더 넓어져 가고 있다. 예를 들어, 방송이나 와이파이 같은 전파가 재물에 해당하는지 궁금해진다. 방송은 주파수를 수신할 수 있는 장비와 수상기만 갖추면 누구나 접속·사용할 수 있다. 물리적으로는 전파 송·수신 지역을 완전하게 제어할 수 없지만, 전파 지역을 설정할 수 있는 법적 규제는 존재한다. 와이파이는 접속 가능 지점에서는 누구나 전파를 수신할 수 있다. 하지만 암호 설정과 같은 접근제한조치를 통해 접속과 사용을 통제·관리할 수 있다. 이렇게 보면 방송이나 와이파이 같은 전파는 관리 가능하다고 평가할 수도 있다. 하지만 전파를 관리 가능한 동력으로 보지 않는 것이 학계의 일반적인 견해다. 이런 종류의 전파를 동력으로 볼 수 있을지에 대해서는 논의가 더 필요하다.

48 보다 상세한 고찰을 위해 민법이 말하는 '물건'과 형법이 말하는 '재물' 개념을 비교해 볼 필요가 있다.

(3) 물건과 재물

49 민법은 '물건의 정의' 규정을 두고, "본법에서 물건이라 함은 유체물 및 전

기 기타 관리할 수 있는 자연력을 말한다."고 명시하고 있다(민 § 98). 형법이 "본장의 죄에 있어서 관리할 수 있는 동력은 재물로 간주한다."고 규정(§ 346)한 것과 표현의 차이가 있다.

물건과 재물은 모두 법률이 명시한 객체다. 말하자면 물건은 민법이 정한 50
권리의 객체이고, 재물은 형법에 따른 행위의 객체이다. 민법과 형법 말고도 객체를 기준으로 법 분야를 분석해 보면, 물건과 재물 말고도 다양한 객체가 존재한다는 사실을 알 수 있다.

민법은 객체를 기준으로 물권, 채권, 친족권, 상속권으로 분류할 수 있다. 51
여기에 민법 제정 당시에 예정하지 않았던 인격권과 지식재산권[27]이 꾸준히 발전하고 있다. 민법 가운데 물권의 객체는 동산과 부동산을 포함한 물건이다. 채권의 객체는 특정인의 일정한 행위이고, 그에 따라 법률행위 상대방이 제공할 급부가 채권의 내용이자 객체가 된다. 그리고 형성권은 법률관계를, 친족권은 친족법에 따른 지위를, 상속권은 상속 재산을 각각 그 객체로 한다. 인격권은 생명, 자유, 신체, 건강, 명예와 같은 인격과 결합된 이익을 객체로 보고 있고,[28] 지식재산권은 저작권법, 특허법 같은 관련 분야 법률이 정한 객체를 대상으로 삼는다. 이러한 권리의 객체는 사회의 발전에 따라 점점 늘어나고 있다.

법이 예정하고 포섭하고 있는 객체는 이처럼 형법이 규정한 '재물' 개념보 52
다 상당히 넓은 편이다. 그리고 그 범위와 내용은 고정되어 있지 않다. 다양한 형태의 객체 중에서도 형법이 선택한 표현은 '재물(財物)'이란 점에 주목할 필요가 있다. 그리고 형법은 그 재물은 "관리할 수 있는 동력"을 포함한다고 명시하고 있다. 표현 형태를 볼 때 형법의 재물이나 민법의 물건은 모두 그 범주가 "관리할 수 있는" 어떤 대상을 상정하고 있다. 그런데 형법은 관리할 수 있는 대상을 '동력'에 한정했고, 민법은 '자연력'이라고 표현했다. '동력'과 '자연력'은

27 오래전부터 '무체재산권'으로 불렸지만, 이보다는 민법상 다른 권리에 견주어 '지식재산권'이라고 부르는 것이 타당하다.

28 2005년 1월 27일 제정된 언론중재 및 피해구제 등에 관한 법률 제5조는 생명, 자유, 신체, 건강, 명예, 사생활의 비밀과 자유, 초상(肖像), 성명, 음성, 대화, 저작물 및 사적(私的) 문서, 그 밖의 인격적 가치 등에 관한 권리를 인격권이라고 규정하기도 한다. 다만 이 법률은 언론보도와 관련한 인격권을 나열하고 "이하 '인격권'이라 한다"라는 정도의 규정이라, 인격권의 개념을 정면으로 규정한 것은 아니다.

겹치는 부분이 있지만, 꼭 그렇지 않은 부분도 있다. 얼핏 자연력이 동력을 포섭하는 개념 같아 보이지만, 인력(人力)은 자연력은 아니지만 동력일 수 있다. 이런 측면에서 보면 어느 개념이 더 넓고 좁은지 쉽게 판단할 수는 없다.

53 형법이 말하는 '재물' 개념을 이해하려면 민법이 정한 '물건' 개념에 대한 설명을 참조할 필요가 있다. 민법 학자들은 물건은 사람이 관리할 수 있는 것에 한하고, 여기서 "관리할 수 있는"이라고 하는 것은 "배타적으로 지배할 수 있는"이라는 뜻으로 보고 있다.[29] 사람이 지배·관리할 수 없는 물건은 법률상 사용·수익·처분할 수 없기 때문에 권리의 객체가 될 수 없기 때문이라고 설명한다.[30] 따라서 자연력뿐만 아니라 유체물 역시 관리 가능해야 권리의 객체가 될 수 있다. 이런 관점에서 해와 달은 유체물이지만 배타적인 지배가 가능하지 않아 물건에 해당하지 않는다. 다만, 우주 시대가 열리고 인류의 지배권이 달까지 미치는 날이 오면 달의 어느 영역은 물건의 어느 범주로 포섭될 수 있다. 예전에는 공기 역시 배타적 지배가 어려워 물건 개념에 포함시킬 수 없다고 봤다.[31] 지금은 어느 지역의 청정 공기를 용기에 담아서 상품으로 팔고 있기 때문에 꼭 그렇게 볼 것은 아니다. 용기에 담겨서 거래 대상이 되므로 관리가 가능하고, 그 속에 공기를 마셔버리면 유체물인 재물을 절취한 것으로 평가할 수 있기 때문이다. 대기 속에 송출되는 전파도 배타적 지배 가능성의 한계를 벗어난 무체(無體)의 자연력이어서 물건에서 제외된다고 봐 왔다.[32] 방송 전파는 일정한 주파수 대역을 할당받아 독점하는 주체가 송출하는 신호(시그널)다. 방송 신호는 누군가 주파수 대역을 독점한다는 측면에서, 행정행위로 일정한 영역을 구획해서 관리 가능하도록 허가한 어업권이나 공유수면매립권과 같이 법률상 관리가 가능한 자원이라고 볼 수 있다. 하지만 송출 후에는 장비를 갖춘 사람이라면 누구나 신호를 수신해서 볼 수 있기 때문에 배타성을 가진다고 할 수 없다. 이런 차원에서 아직까지 방송 신호는 물건이나 재물 개념에 포섭하기는 어려워 보인다. 무선전화 신호, 와이파이 신호와 같은 전파에 대해서는 후술한다.

---

29 민법주해 II[총칙(2)](2판), 박영사(2022), 471(박인환).
30 민법주해 II[총칙(2)](2판), 471(박인환).
31 민법주해 II[총칙(2)](2판), 471(박인환) 참조.
32 민법주해 II[총칙(2)](2판), 461(박인환) 참조.

“관리할 수 있는”의 뜻에 관한 민법의 논의는 형법의 재물 개념에도 그대로 타당하다고 생각한다. 절도나 강도야말로 재물에 대한 누군가의 지배를 해치는 행위의 전형이기 때문에, 누군가 “배타적으로 지배할 수 있는” 상태를 “관리할 수 있는” 상태라고 보아야 하기 때문이다. 다만 민법에서는 법률상 사용·수익·처분할 수 있는지가 배타적 지배 가능성의 중요한 기준이 되지만, 형법에서는 법률상 지배보다는 사실상 지배가 가능한지가 형법의 적용 단계에서 중요한 기준으로 작용한다는 차이가 있다. 이와 같은 “관리할 수 있는”이란 표현을 해석하는 민법과 형법의 시각 차이에서 보자면, 절도죄나 강도죄의 객체인 재물에 해당하려면 그 재물을 소유할 수 있어야 하고, 점유의 이전이 가능한 상태로 관리되고 있어야 한다. 점유나 관리의 이전행위가 곧 범죄 성립을 판단하고 기수·미수를 가르는 기준이 되기 때문이다. 절도와 같은 전형적인 재물범죄는 사무적·법률적 관리가 가능한 상태에 주목하지 않는다. 형법에 의해 절도나 강도가 성립하려면 배타적인 지배가 가능한 상태에서 그 점유나 관리의 이전이 가능해야 하므로, 결국 물리적인 지배나 관리가 가능한 상태를 재물의 중요 요소로 보게 된다. 따라서 절취나 강취라는 현실적인 행위가 아닌 의사표시에 의해 지배권이나 점유·관리권이 이전되는 상태는 형법이 예정한 절도나 강도의 행위 형태는 아니다. 따라서 점유개정과 같은 관념상 점유의 이전은 형법이 예정한 점유 개념에 포섭되지 않는다. 54

그리고 민법의 물건과 형법의 재물 사이에는 중요한 개념 차이가 하나 더 존재한다. 그것은 재물이 ‘가치’를 가져야 하는지에 관한 논의다. 55

(4) 가치

재물은 누군가 소유하며 관리·점유할 것을 예상할 수 있는 물건을 말한다. 사전에 ‘재물(財物)’은 “돈이나 그 밖의 값나가는 모든 물건”으로 정의되어 있다.[33] 56

여기서 “값나가는”이란 정의 부분이 형법의 재물과 민법의 물건을 가르는 또 다른 기준으로 작용한다. 말하자면 민법의 물건 개념에는 가치에 대한 관념이 전제되어 있지 않지만, 형법의 재물은 그 의미 자체로 값나가는, 다시 말해 가치를 지닌 물건일 것을 전제로 한다. 이렇게 보면 재물은 ‘재(財) + 물(物)’이 57

33 국립국어원, 표준국어대사전(2019).

고, 이는 '재산적 가치가 있는 물건'이라고 해석할 수밖에 없다는 견해가 재물의 본래 뜻에 견주어 타당하다.[34]

58 "값나가는"이라는 의미를 어떻게 해석할 것인지에 대해서는 좀 더 심도있는 논의가 필요하다. 값나가는 것을 '가치'라고 할 때에, 그 가치를 가늠하는 기준에 관해 그간 대체로 다음과 같은 5가지 용어가 등장한다. '재산적 가치', '경제적 가치', '금전적 교환가치', '주관적 가치', '소극적 가치'라는 용어가 그것이다.[35] 형법이 인식하는 재물 개념에 가장 부합하면서 죄형법정주의의 틀을 견고하게 유지할 수 있는 개념을 정하려면, 이 가운데 어떤 용어를 선택해야 할까?

59 재물이 가지는 가치를 어떻게 해석할 것인지에 대해 논의의 대상이 되어온 객체를 살펴보면 도움을 받을 수 있을 것이다. 연인의 편지, 별세한 부모의 사진, 일기장, 주민등록증, 학생증, 계약서나 위조된 유가증권과 같은 서류가 논의의 대상이 되어 왔다. 학자들은 이런 서류들도 형법이 예정한 재물에 포함된다고 보고 있다. 판례 역시 재산죄의 객체인 재물은 반드시 객관적인 금전적 교환가치를 가질 필요는 없고, 소유자나 점유자가 주관적인 가치를 가지고 있음으로서 충분하다고 보고 있다.[36] 앞에서 학자들이 예로 든 물건들이 재물에 포함된다고 보는 데에 찬성한다. 다만 재물로 보는 이유를 '주관적 가치', '소극적 가치'를 가진다고 표현하기보다, 그냥 '재산 가치'를 가지기 때문이라고 설명하는 것이 타당하다고 생각한다. 재물은 "값나가는" 물건이어야 하고, 이때 그 가치를 어떻게 파악할 것인지는 해석의 영역으로 남겨진다. '값'은 가격을 매길 수 있는 상태를 말하기 때문에 시장에서 거래되어 가격을 매길 수 있는 상태라면 재물의 의미에 가장 부합한다. 그런데 앞에서 든 예들은 가격으로 환산하거나 시장에서 교환가치를 가진다고 할 수 없는 대상들이다. 그래도 재물의 소지자 개개인이 그 물건을 잃어버리지 않고 계속 소유할 의사를 가진다. 학설과 판례는 교환가치는 없지만 그 자체가 어떤 가치를 가지는 상태를 설명하기 위해 주관적

---

34 오영근, 230 참조.

35 경제적 가치나 금전적 교환가치는 경제적 교환가치, 금전적 가치와 같이 혼재되어 사용되기도 한다. 사실 두 개념은 동일해 보이지만, 경제적 가치는 가져도 교환가치가 없는 물건도 상정 가능하기 때문에 둘을 분리했다.

36 대판 1976. 1. 27, 74도3442(발행자가 회수하여 세 조각으로 찢어버림으로써 폐지로 되어 쓸모없는 것처럼 보이는 약속어음을 절도죄의 객체인 재물로 본 사례).

인 가치라는 개념을 사용한 것으로 보이는데, 주관적이라는 표현을 개념에 도입하게 되면 죄형법정주의에 따른 해석의 엄정성이 손상될 수 있다. 따라서 형법이 규정한 재물은 그 개념에 충실하게 가치를 가져야 하고, 그 가치는 거래 대상이 아니라고 해도 누군가 소지하거나 소장할 이익을 말하는 것으로 보아, 만약 그것을 잃어버린 소유자가 대가를 치르고라도 다시 찾고자 하는 대상이라면, 이는 '재산적 가치'를 가지는 재물이라고 보고 그에 따라 형법이 정한 '재물' 개념에 포함되는 것으로 보는 것이 타당하다. 기억하기 위해, 참고하기 위해 누군가 소지하거나 관리하는 물건은 그를 위한 가치를 가지는 것이고, 피고인에게 또는 시장에서 교환가치가 없다고 해도 소유자가 이처럼 그 가치를 명확하게 인식하는 이상 이 역시 재산으로서 객관적 가치라고 평가할 수 있다. 따라서 이를 주관적 가치라고 부를 필요는 없다. 종전에 주관적인 가치라는 표현을 그냥 '재산 가치'라고 부르면 된다고 생각한다.

사례를 살펴보면 여태껏 재물로서의 가치가 없어서 절도죄가 성립하지 않 60
는다고 했던 사례는 찾아보기 어려웠다. 재산권을 긍정하는 자본주의 사회에서 사전 또는 사후에 명시든 묵시든 권리포기의사가 드러나지 않은 상태에서 재산가치를 부정하기란 쉽지 않고, 따라서 그런 사례를 찾아보기도 어려운 것이다.[37] 가치가 거의 없다고 할 만한 물건을 절도죄의 객체인 재물로 포섭하려다 보니 주관적 가치, 소극적 가치와 같은 미묘한 표현들이 등장했던 것으로 보인

37 이런 측면에서 재물로서의 재산적 가치는 인정하면서도 오랜 방치에 의해 지배의사를 포기한 것으로 보아 절도죄 성립을 부정한 사례가 있다.
① 망부석이 묘의 장구로서 묘주의 소유에 속하였는데, 묘는 이장하고 망부석만이 30여 년간 방치된 상태에 있어 외형상 그 소유자가 방기한 것으로 되어 그 물건은 산주의 추상적, 포괄적 소지에 속하게 되었어도, 그 산주가 망부석을 사실상 지배할 의사가 없음을 표시한 경우에는 그의 소지하에 있다고 볼 수 없고, 이는 임야의 관리인으로서 사실상 점유하여 온 자의 소지하에 있다고 볼 것이므로 그 관리인이나 그와 함께 망부석을 처분한 자를 절도죄로 의율할 수 없다고 한 사례로 대판 1981. 8. 25, 80도509.
② 육지에서 멀리 떨어진 섬에서 광산을 개발하려고 발전기, 경운기 엔진을 섬으로 반입했다가 광업권 설정이 취소됨으로써 광산 개발이 불가능해지자 육지로 그 물건들을 반출하는 것을 포기하고 그대로 유기한 채 섬을 떠난 후 10년 동안 그 물건들을 관리하지 않고 있었다면, 그 섬에 거주하는 피고인이 그 소유자가 섬을 떠난 지 7년이 경과한 뒤 노후된 물건들을 피고인 집 가까이에 옮겨 놓았다 해도, 그 물건들의 반입 경위, 그 소유자가 섬을 떠나게 된 경위, 그 물건들을 옮긴 시점과 그간의 관리 상황 등에 비추어 볼 때 피고인이 그 물건들을 옮겨 갈 당시 원소유자나 그 상속인이 그 물건들을 점유할 의사로 사실상 지배하고 있었다고는 볼 수 없다고 한 사례로는 대판 1994. 10. 11, 94도1481.

다. 값어치나 주관적·소극적 가치를 재산 가치라는 하나의 관념으로 소화해서 파악하면 혼선이 줄고, 구체적인 사례에 적용할 판례 기준으로도 적합한 표현이 될 것이다.

61 정리하자면, 형법에 따라 의의를 부여할 수 있는 '재산 가치'는 피해자가 소유할 의사를 가지고 점유, 관리하는 대상이라고 설명할 수 있다. 재물에 관한 구체적인 사례들을 살핀다.

4. 개별 검토

62 형법이 예정한 재물의 개념을 보다 선명하게 이해하려면 그간 재물 여부가 논의되어 온 사례들을 살펴보는 것이 좋은 방법이다. 구체적인 사례와 논의 대상들을 살펴보면 형법이 재물, 물건 또는 재산상의 이익이라는 표현을 어떻게 적절하게 분배해서 사용했는지 이해하는 데에 도움이 될 것이다.

(1) 동력의 범위

63 형법은 관리할 수 있는 동력을 재물로 보고 있다. 민법이 자연력이라고 표현하고 있는 것과 대조를 이룬다. 동력(動力)은 "전기 또는 자연에 있는 에너지를 쓰기 위하여 기계적인 에너지로 바꾼 것"을 말한다.[38]

64 동력은 사전의 정의에서 알 수 있듯이, 어떤 상태에서 존재하는 힘 또는 에너지를 사람이 사용할 수 있도록 바꾼 상태를 뜻한다. 기계적인 에너지로 바뀌기 전에는 사람이 쓸 수 있는 상태가 아니지만, 기계적인 에너지로 바뀐 후로는 무엇인가 움직이게 하는 힘의 형태로 나타나는 원천을 동력이라고 정의할 수 있다. 형법이 지목하는 행위의 객체로서의 재물인 동력에 해당하려면, 물리적인 관리가 가능하고 관리 이전이나 탈취가 가능한 상태여야 한다. 이런 의미에서 사무적·법률적 관리 대상인 채권과 같은 권리는 절도와 강도의 객체가 될 수 없다. 전기, 수력, 냉기, 온기, 압력, 자기력이 관리할 수 있고 배타적 지배가 가능한 상태에 놓여있다면, 동력으로서 재물을 객체로 삼는 형법 범죄의 대상이 될 수 있다.

65 사람의 노동력(인력)과 동물의 견인력은 어떤가? 동력이라고 정의하려면 자

---

38 국립국어원, 표준국어대사전(2019). 이런 정의에 이어, "전력, 수력, 풍력 따위가 주요 동력원(動力源)이 된다."는 설명이 부가되어 있다.

연에 있는 에너지를 써야 하는데, 사람의 노동력과 가축의 견인력에 대해서는 견해가 갈린다. ① 자연에 있는 에너지가 아니므로 형법상 동력에 해당하지 않는다고 보는 견해,[39] 그리고 ② 인간이나 우마차의 힘과 같은 동력도 그것이 관리 가능하다면 여기에 포함시킬 수 있다고 보는 견해[40]가 나뉘어 있다. ③ 인간과 동물의 힘은 재산상 이익이므로 재물죄가 아닌 이득죄만 성립할 수 있다는 절충설도 있다.[41] 사람의 노동력과 동물의 견인력이 자연에 있는 에너지가 아니기 때문에 형법상 동력 개념에 포함될 수 없다고 보는 견해는 찬성하기 어렵다. 인공 열기, 인공 냉기, 인공 압력도 애초에는 자연에 있는 에너지는 아니지만 관리 가능한 상태라면 모두 동력으로 보고 있기 때문이다. 사람의 노동력이나 동물의 견인력은 모두 에너지의 범주에 포함시킬 수 있는 힘이다. 다만, 현재 시점에서 사람의 노동력과 동물의 견인력은 절도나 강도와 같은 재산죄에서 관리 가능한 상태로 이전이 가능한 에너지나 힘으로 보이지는 않는다. 용기에 담아 유체화하거나 통제 가능한 작용력으로서 통제권의 이전을 통해 점유나 관리 이전이 가능한 상태에 있는 힘으로 볼 수는 없기 때문이다. 특히, 사람의 노동력은 용역의 제공이나 채권의 이행과 같이 사기죄나 민법상 채무 불이행 또는 불법행위 영역에서 다루어질 여지가 더 많다. 기술 발전에 따라 앞으로 관리 가능한 상태가 될 수 있는지 여부가 형법상 재물 개념에 포함시킬 수 있는지를 결정하는 요소가 되리라 예상한다.

(2) 전파 및 통신신호

TV나 라디오의 전파는 재물에 포함되지 않는다고 보는 것이 일반적이다.[42] 66
그 이유는 물리적 관리의 대상이 될 수 없기 때문이라고 설명한다. 하지만 전파가 물리적 관리 대상이 될 수 없는지에 대해서는 그 개념과 관련 법령을 살펴봐야 한다.

---

39 김일수·서보학, 226; 배종대, § 61/8; 신동운, 887; 정성근·박광민, 280; 정영일, 145. 학자에 따라 여기에 공장 기계의 압축력도 포함시켜 함께 논의하기도 한다(김일수·서보학, 226).

40 손동권·김재윤, § 20/8; 오영근, 232(동물의 노동력만 재물이라고 한다); 이재상·장영민·장동범, § 16/14.

41 김성돈, 279; 임웅, 315. 이 견해에 따르면, 사람의 노동력을 기망 수단을 써서 이용하거나 타인의 우마(牛馬)의 노동력을 몰래 사용한 행위는 사기 또는 민법상 불법행위의 문제가 된다고 한다.

42 김성돈, 279; 김일수·서보학, 226; 배종대, § 61/8; 이재상·장영민·장동범, § 16/13; 임웅, 313; 정성근·박광민, 280; 정영일, 144.

67 방송신호, 무선통신신호는 전파에 해당한다. 휴대전화 통신신호는 현재 가장 널리 사용되는 무선통신신호의 하나다. 무선통신신호는 정보 송·수신이 가능한 전파 거리에 따라 와이파이,[43] 블루투스,[44] 그리고 NFC[45]로 나뉘어 사용되고 있다. 이들은 모두 전파법이 정한 전파에 해당한다. 전파법은 '전파'란 인공적인 유도(誘導) 없이 공간에 퍼져 나가는 전자파로서 국제전기통신연합이 정한 범위의 주파수를 가진 것을 말한다고 규정한다(§ 2(i)). 전파는 주파수분배와 주파수할당에 의해 운용되는데, 주파수분배는 특정한 주파수의 용도를 정하는 것이고(§ 2(ii)), 주파수할당은 특정한 주파수를 이용할 수 있는 권리를 특정인에게 주는 것을 말한다(§ 2(iii)). 주파수는 회수도 가능하다(§ 2(iv의3)). 이처럼 전파는 특정 주파수를 할당받고 일정한 공간 또는 지역 범위까지만 신호를 발송할 수 있다는 측면에서 관리가 불가능한 자원이라고 볼 수는 없다. 방송신호와 무선통신신호는 주파수 대역을 감지해서 신호를 수신할 수 있는 장비만 갖추면 누구나 접속·사용할 수 있다는 특징을 가지고, 동시에 불특정 다수에 발송되는 특성을 가지기 때문에 물리적인 관리가 불가능한 것처럼 보일 여지가 있다. 하지만 모든 전파는 접속 가능한 지점에서만 수신이 가능한데 그 지점을 통신장비나 설비로 설정하거나 조정할 수 있고, 와이파이, 블루투스, NFC는 모두 암호설정을 통해 특정인만 신호를 사용하면서 타인의 접속 자체를 차단할 수 있다. 이와 같은 현재의 기술 수준에 비추어 전파는 관리가 가능한 자원이라고 할 수 있다. 그리고 장비와 설비를 구비해야 전파를 관리할 수 있다는 점에서 주파수 권한의 할당과 배분 작업을 사무적·법률적 관리만 하는 상태라고 볼 수는 없다.

68 문제는 전파를 형법이 규정한 재물 가운데 동력으로 볼 수 있는지 여부다. 전파는 정보 전달을 위한 수단일 뿐, 전기 또는 자연에 있는 에너지를 쓰기 위한 기계적인 에너지로 볼 수는 없다. 즉, 전파를 동력 개념에 포섭할 수 없다.

43 와이파이는 'Wireless Fidelity'의 앞 글자를 딴 약어로, 무선접속장치(Access Point, AP)가 설치된 곳에서 전파를 이용하여 일정 거리 안에서 무선인터넷을 할 수 있는 근거리 통신망을 말한다.

44 특정 주파수 대역을 가지고 10m 안팎의 단거리에서 저전력, 무선으로 통신이 가능하도록 설정한 무선기술표준을 말한다.

45 근거리 무선통신(Near Field Communication)으로 불리고, 13.56MHz 대역의 주파수를 사용하여 약 10cm 이내의 근거리에서 데이터를 교환할 수 있는 비접촉식 무선통신 기술로, 휴대전화에 탑재되어 신용카드, 교통카드와 같은 결제 기능에 사용된다.

전파는 기계적인 에너지라는 동력 개념에 포섭되지 않는다는 점에서, 전파가 형법상 재물에 포함된다고 해석하게 되면 죄형법정주의에 따른 명확성의 원칙에 위배된다. 무단 무선설비 운용이나 전파 획득은 전파법과 같은 전파를 규율하는 별도 법률에 따라 처벌 여부를 가려야 한다. 전파가 형법상 재물에 해당하지 않는다는 점에는 찬성하지만, 그 이유는 전파가 동력이 아니기 때문이라고 보는 것이 타당하다.

유선전화 신호에 대해서는 판례가 있다. 대법원은 타인의 전화기를 무단으로 사용하여 전화통화를 하는 행위는 전기통신사업자가 그가 갖추고 있는 통신선로, 전화교환기 등 전기통신설비를 이용하고 전기의 성질을 과학적으로 응용한 기술을 사용하여 전화가입자에게 음향의 송수신이 가능하도록 하여 줌으로써 상대방과의 통신을 매개하여 주는 역무, 즉 전기통신사업자에 의하여 가능하게 된 전화기의 음향송수신기능을 부당하게 이용하는 것으로, 이러한 내용의 역무는 무형적인 이익에 불과하고 물리적 관리의 대상이 될 수 없어 재물이 아니라고 할 것이므로 절도죄의 객체가 되지 않는다고 판단했다.[46] 판례는 타인의 전화기를 무단으로 사용하여 전화통화를 하는 행위를 물리적 관리의 대상이 될 수 없다고 판단했지만, 전파에 관해 앞에서 본 논리에 따라 이 표현은 재고할 필요가 있다. 통신비 지급을 전제로 제공되는 용역에 대해 무형적인 이익에 불과하다는 표현 역시 타당한지 검토가 필요하다. 결론은 타당하지만, 이 역시 유선전화신호가 동력에 해당하지 않기 때문에 절도죄의 재물이 아니라고 판단하는 것이 정확하다고 본다. 69

1995년 12월 29일 형법 개정으로 부정한 방법으로 대가를 지급하지 않고 자동판매기, 공중전화 기타 유료자동설비를 이용하여 재물 또는 재산상의 이익을 취득한 자를 편의시설부정이용죄로 처벌하는 규정(§ 348의2)이 마련되었다. 이 규정은 사기와 공갈의 죄(각칙 제39장)의 장에 마련되어 있다. 70

(3) 문서

문서를 절도죄나 강도죄의 객체로 볼 수 있는지에 관해 따로 항을 마련한 이유는 재물의 가치와 관련해서 논의가 계속 이어지고 있기 때문이다. 재물의 71

46 대판 1998. 6. 23, 98도700. 본 판결 평석은 김규장, "타인의 전화기의 무단사용과 절도죄의 성부: 유체성설과 관련하여", 형사재판의 제문제(2권), 박영사(1999), 99-112.

가치에 대한 학설과 견해는 살펴본 바와 같다.

72 재물이 가치를 가져야 하는지에 관해, 찢거나 폐지로 버려질 문서 또는 사본이나 용지에 불과하여 경제적 가치가 극히 적은 문서가 재물인지 논의된 사례들이 있었다. 재물의 가치에 관해 이와 같은 문서를 예로 든 이유는, 이들 사례들로써 재물을 어떤 시각으로 보는지에 관한 판례의 태도를 파악하기 용이하기 때문이다. 문서나 서류에 관한 사례 가운데 재물로서의 가치가 가장 없어 보이는 대상은 발행인이 회수해서 세 조각으로 찢어버린 약속어음 사안이라고 할 수 있다.[47] 이 사안에서 대법원은 재물의 가치에 대해 다음과 같이 설명했다.

73 "재산죄의 객체인 재물은 반드시 객관적인 금전적 교환가치를 가질 필요는 없고, 소유자, 점유자가 주관적인 가치를 가지고 있음으로서 족하다고 볼 것이므로, 그것이 제3자에 대한 관계에 있어서 객관적 가치가 경미하여 교환 가격을 갖지 않는다 하더라도 당사자간에 있어서 경제적 가치가 상당한 것이라면 재물인 성질을 잃지 않는 것이고, 주관적·경제적 가치의 유무를 판별함에 있어서는 그것이 타인에 의하여 이용되지 않는다고 하는 소극적 관계에 있어서 그 가치가 성립하는 경우가 있을 수 있는 것이니만치, 본건에 있어서 발행자가 회수한 약속어음을 세 조각으로 찢어버림으로써 폐지로 되어 쓸모없는 것처럼 보인다 하더라도 그것이 타인에 의하여 조합되어 하나의 새로운 어음으로 이용되지 않는 것에 대하여 소극적인 경제적 가치를 가지는 것이므로 피고인이 그 소지를 침해하여 이를 가져갔다면 절도죄가 성립한다."[48]

74 재물의 가치에 대해 주관적 가치만 가지면 충분하다는 설명이 형법이 정한 재물의 개념에 부합하지 않음은 앞에서 설명했다. 이 사안에서 주목할 대목은 타인에 의해 이용되지 않을 소극적 가치를 가져도 재물이라고 평가한 부분이다. 사안 설명을 위해 문서와 관련한 다른 사안들을 살핀다.

75 대법원은 찢어진 어음용지 사안과 같은 취지의 법리에 기초해서, ① 피해 회사에 비치되어 있던 복사용지를 이용해 전산 출력한 주주명부가 기재된 용지 70장,[49] ② 백지의 자동차출고의뢰서 용지,[50] ③ 퇴사하면서 피해 회사의 승낙

47 대판 1976. 1. 27, 74도3442.
48 대판 1976. 1. 27, 74도3442.
49 대판 2004. 10. 28, 2004도5183.
50 대판 1996. 5. 10, 95도3057.

없이 가져간 부동산매매계약서 사본들,[51] ④ 신문가판대에 넣어둔 무가지인 지역신문 25부(약 35,000원 상당)[52]를 모두 절도죄의 객체인 재물에 해당한다고 판단했다. ⑤ 인감증명서 역시 재물에 해당하기 때문에 사기죄의 객체가 된다고 보았다.[53]

이 가운데 위 ①, ② 사안에서 대법원은, 찢어진 약속어음 용지 사안의 법리를 그대로 인용하면서도 결과적으로는 이들 문서에 경제적 가치가 있다는 이유에서 절도죄의 객체인 재물에 해당한다고 판단했다. 찢어진 어음용지 사안에서도 판례가 소극적 가치에 대한 설명에 주안을 두고 있기는 하지만, "타인에 의하여 조합되어 하나의 새로운 어음으로 이용되지 않는 것에 대하여 소극적인 경제적 가치를 가지는 것이므로 피고인이 그 소지를 침해하여 이를 가져갔다면 절도죄가 성립한다."고 밝히고 있어서, 법리를 사실에 적용하는 단계에서는 찢어진 약속어음이라도 피해자에게는 경제적 가치가 있어서 재물에 해당하고, 결과적으로 절도죄가 성립한다고 판단하였다. 76

판례는 이처럼 추상적으로 법리를 선언하면서 주관적 가치, 소극적 가치라는 표현을 사용했지만, 법리를 구체적인 사실에 적용하는 단계에서는 경제적 가치가 있어서 재물에 해당한다는 취지로 판단해 왔음을 알 수 있다. 앞에서 든 사례 중에 위 ③ 사안에는 경제적 가치가 있다는 표현을 찾아볼 수 없지만, 부동산매매계약서 사본에 대해 앞에서 한 판단과 다른 판단을 했다고 볼 수는 없다. 77

문서나 서류와 관련한 사례들에서 판례가 제시한 법리는 그 표현이나 설명이 미흡하다는 아쉬움은 남는다. 학설 역시 이런 판례 태도 때문에 재물의 가치에 대해 많은 논의를 해온 것으로 보인다. 사실 물건에 대해 주관적 가치나 소극적 가치가 없어 재물로 인정할 수 없다는 이유로 절도의 성립을 부정한 사례는 찾기 어려웠다. 재물이 특정된 상태에서만 절도나 강도가 행하여지는 것은 아니다. 특정 재물을 표적으로 삼아 범행이 이루어지기도 하지만, 재물의 소지 78

51 대판 2007. 8. 23, 2007도2595.

52 대판 2010. 2. 25, 2009도11781. 본 판결 평석은 박찬걸, "절도죄의 객체로서 재물의 '재산적 가치'에 대한 검토 - 대법원 2010. 2. 25. 선고 2009도11781 판결을 중심으로 -", 형사판례연구 〔19〕, 한국형사판례연구회, 박영사(2011), 298-325.

53 대판 2011. 11. 10, 2011도9919.

여부조차 파악하지 못한 상태에서 범행이 이루어지기도 한다. 이런 실태를 상정하고 보면, 실제 사례에서 재물성을 부정할 수 있는 경우는 절도나 강도가 재물을 가져가기는 했지만 쓸모가 없고, 피해자 역시 소지는 했지만 스스로 재산 가치가 없다고 인정한 사례 정도밖에 남지 않는다.

79 판례 사안을 더 살펴보면, 주주명부가 기재된 용지 사안(위 ① 사안)에서 대법원은 그 용지가 복사본이었다고 해도 서류들은 피해자 회사의 주주명단을 기재하여 놓은 문서들로서 주주명단을 정리하면서 그 서류들에 기재된 인적사항 등이 외부에 유출되는 것을 방지하기 위해 피해 회사에서 회의실 밖에 둔 분쇄기를 이용하여 명단을 폐기해 온 사실에 기초해서 복사된 용지의 재물성을 인정했다. 가치가 극히 적어 객관적으로 가치 있는 물건이라고 보기 어렵다고 해도 분쇄기로 폐기할 정도로 관리 의사를 가지고 있었던 이상 그 대상을 재물이라고 본 것이다. 발행인이 회수해서 세 조각으로 찢어버린 약속어음 역시 객관적으로 재물로서 가치를 가진다고 볼 수 없다(위 어음용지 사안). 그런데 이 사안에서 원심판결의 사실 인정을 좀 더 구체적으로 살펴보면, 피고인은 절도 범행이 있기 전날에 그 남편한테서 이미 돌려준 타인 명의의 약속어음을 다시 찾아오라는 추궁을 받고 이튿날 아침에 약속어음 소지자의 집에 찾아간 것으로 되어 있다.[54] 이런 사실관계를 놓고 보면, 이 사안과 관련해서도 재물이 소극적으로 가치를 가지는지 선험적으로 따졌다고 보기는 곤란하고, 소지자의 소지 상태와 그 추정의사로써 가치를 따진 결과였다는 생각에 이른다. 즉, 약속어음 소지자의 관리 아래 있었던 이상 그와 같은 상태로써 재물이 가치를 가지는 것으로 추정할 수 있다. 소지자가 찢어진 약속어음을 버린 후에 포기 또는 방기 상태였다고 스스로 의사를 밝히기 전까지 약속어음은 재물로서 재산 가치를 가지는 것으로 추정되는 것이다. 위 ①의 주주명부 용지 사안에서 과거에 용지를 분쇄기로 폐기해 온 관리 실태를 재물의 가치 인정의 중요한 정황사실로 감안했던 이유 역시 마찬가지 이유로 새겨볼 필요가 있다. 찢어진 약속어음이 그 자체로써 소극적 가치를 가진 재물이라고 평가하기보다, 여전히 관리나 소지 상태에 있고 피해자가 약속어음의 존재를 알고 나서도 보유 의사가 없다는 의사를 밝

54 광주지판 1974. 10. 17, 73노1325.

힌 상태가 아니라면, 찢어버린 약속어음이라고 해도 여전히 재물로서 '재산 가치'를 가지는 것으로 보아야 한다.

(4) 정보

정보는 "관찰이나 측정을 통하여 수집한 자료를 실제 문제에 도움이 될 수 있도록 정리한 지식. 또는 그 자료"를 뜻한다.[55] 정보의 존재 형태 자체는 지식이기 때문에 형태가 없고 동력으로 간주할 수도 없다. 따라서 정보 자체를 형법이 정한 재물로 보는 견해는 찾아볼 수 없다. 판례 역시 정보 자체는 재물에 해당하지 않는다고 밝히고 있다. 판례는 다음과 같이 설명한다. 80

"절도죄의 객체는 관리 가능한 동력을 포함한 '재물'에 한한다 할 것이고, 또 절도죄가 성립하기 위해서는 그 재물의 소유자 기타 점유자의 점유 내지 이용 가능성을 배제하고 이를 자신의 점유하에 배타적으로 이전하는 행위가 있어야만 할 것인바, 컴퓨터에 저장되어 있는 '정보' 그 자체는 유체물이라고 볼 수도 없고, 물질성을 가진 동력도 아니므로 재물이 될 수 없다 할 것이며, 또 이를 복사하거나 출력하였다 할지라도 그 정보 자체가 감소하거나 피해자의 점유 및 이용가능성을 감소시키는 것이 아니므로 그 복사나 출력 행위를 가지고 절도죄를 구성한다고 볼 수도 없다."[56] 81

위 판례 사안은 피고인이 피해 회사 노트북 컴퓨터에 저장된 직물원단 고무코팅시스템의 설계도면을 A4 용지 2장에 출력해서 가져간 사례였다. 제1, 2심은 설계도면에 대한 절도를 인정했지만, 대법원은 앞에서 본 법리에 따라 항소심 판결을 파기환송했다. 재물인 A4 용지 2장 절취에 대해서는 설계도면을 생성시키는 데 사용된 용지 자체를 절취하였다고 기소한 것으로 볼 수 없다고 봤다. 82

다른 사안을 보면, 회사 임원이 사망해 그의 책상 서랍을 정리하다 메모 형식으로 작성된 회사 중역들에 대한 특별상여금 지급내역서 1장과 퇴직금 지급내역서 2장이 바닥에 떨어져 있어 다른 회사 임원이 주워서 책상 위에 올려놓았는데, 마침 피고인이 이를 보고 서류들을 그 옆의 총무과 사무실에 가지고 가 83

55 국립국어원, 표준국어대사전(2019).

56 대판 2002. 7. 12, 2002도745. 본 판결 해설 및 평석은 이주현, "컴퓨터에 저장된 정보에 대한 절도죄의 성립 여부", 해설 43, 법원도서관(2003), 611-624; 진동혁, "컴퓨터에 저장된 정보를 복사하거나 출력하는 행위나 그와 같이 출력하여 생성한 문서를 가지고 간 행위가 절도죄를 구성하는지 여부", 정보법 판례백선 I. 박영사(2006), 781-787.

서 복사기를 사용해 복사한 후 원본은 제자리에 갖다 놓고 그 사본만을 가져간 사안에서도, 절도를 인정하지 않았다.[57] 이 사안에서도 대법원은 복사용지 자체에 대한 절도는 기소되지 않은 것으로 보았다. 정보는 재물이 아니라는 명확한 법리를 설명한 것은 아니지만, 이 역시 정보를 재물로 볼 수 없다는 먼저 판례의 태도와 같은 취지라고 할 수 있다. 그러나 정보가 들어 있는 서류철이나 저장매체와 같이 정보가 매체와 일체가 되어 있는 경우에는, 정보가 화체된 매체에 대한 절도죄가 성립한다.

84 정보와 관련해서 종종 영업비밀이나 산업기술 침해가 절도로 인식되기도 한다. 그 이유는 부정경쟁방지 및 영업비밀보호에 관한 법률(이하, 부정경쟁방지법이라 한다.)이 '영업비밀 침해행위'를 정의하면서, "절취, 기망, 협박, 그 밖의 부정한 수단으로 영업비밀을 취득하는 행위"라고 규정하고(§ 2(iii)) 있기 때문이다(벌칙 조항은 § 18). 산업기술의 유출방지 및 보호에 관한 법률 역시 산업기술에 대해 같은 취지의 규정(§ 14(i))[58]을 두고 있다.

85 지식재산권은 지식을 보호 대상으로 삼고, 그 지식은 정보에 해당한다. 특허법, 저작권법, 상표법, 디자인보호법, 실용신안법, 부정경쟁방지법이 지식재산권을 다루는 법률에 해당한다.[59] 지식재산권에 관한 법률들은 그 발생 배경과 역사를 달리하고 있지만, 정보를 대상으로 하고 그중에서도 보호할 가치가 있는 지식재산을 보호하기 위해 마련되었다는 공통점을 가진다. 특허권은 자연법칙을 이용한 기술적 사상의 창작인 발명을(특허법 § 2),[60] 저작권은 인간의 사상 또는 감정을 표현한 창작물인 저작물을(저작권법 § 2),[61] 상표권은 자기의 상품과 타

57 대판 1996. 8. 23, 95도192.

58 산업기술의 유출방지 및 보호에 관한 법률 제14조(산업기술의 유출 및 침해행위 금지) 누구든지 다음 각 호의 어느 하나에 해당하는 행위를 하여서는 아니 된다.
1. 절취·기망·협박 그 밖의 부정한 방법으로 대상기관의 산업기술을 취득하는 행위 또는 그 취득한 산업기술을 사용하거나 공개(비밀을 유지하면서 특정인에게 알리는 것을 포함한다. 이하 같다)하는 행위

59 종전에 유체물에 대비해서 무체재산권이라고 부르던 법 영역이 여기에 해당한다. 무체재산권보다는 지식재산권이라는 말을 사용할 것을 권한다.

60 실용신안법 역시 자연법칙을 이용한 기술적 사상의 창작을 보호하지만, 특허는 고도의 창작을 요하는 반면, 실용신안은 이보다 낮은 단계의 창작을 보호하기 위해 마련되었다(실용신안법 § 2 참조). 특허법과 구분하기 위해 실용신안법은 '고안'이라고 부르고, 보호기간도 특허권보다 짧다.

61 컴퓨터프로그램저작물과 데이터베이스도 저작권법의 보호 대상이다.

인의 상품을 식별하기 위하여 사용하는 표장을(상표법 § 2), 디자인권은 물품의 형상·모양·색채 또는 이들을 결합한 것으로서 시각을 통하여 미감을 일으키게 하는 것을(디자인보호법 § 2) 각각 그 보호 대상으로 한다. 부정경쟁방지법은 같은 법에서 정한 부정경쟁행위의 방지와 영업비밀의 보호를 그 목적으로 한다(부경 § 2).

지식재산권을 대상으로 하는 권리는 그 정보를 담고 있는 물건이나 물품과 분리되어 보호 대상이 된다. 정보 자체는 지식재산으로 보호되고, 그 정보를 담기 위한 물건이나 물품 자체는 재물에 해당한다. 그런데 정보를 담거나 저장하는 매체에 해당하는 재물은 지식재산을 빼고 나면 재산 가치를 가지지 못하는 경우가 대부분이다. 판례 역시 종이에 담긴 정보를 빼고 남은 종이는 재물에 해당하지만 재산 가치가 거의 없기 때문에 그것만 기소한 것으로 보지 않았던 것이다. 이처럼 정보 자체는 그 정보가 담긴 물건이나 물품과 명확하게 분리되어 보호되고, 동력에도 해당하지 않기 때문에 형법이 정한 재물로 볼 수는 없다. 이런 의미에서 판례가 직물원단 고무코팅시스템의 설계도면과 관련해 그 정보에 관한 절취 자체를 인정하지 않은 점은 타당하다. 86

컴퓨터프로그램 역시 지식재산권의 중요 부분이다. 컴퓨터프로그램 또는 소프트웨어 시장 규모 역시 상당하다. 컴퓨터프로그램은 1986년 12월 31일 컴퓨터프로그램 보호법이 제정되면서 본격적인 법의 보호를 받았다. 저작권법이 2009년 4월 22일 컴퓨터프로그램 보호법의 내용을 흡수하면서 컴퓨터프로그램은 현재 저작권법의 보호를 받고 있다. 컴퓨터프로그램저작물은 특정한 결과를 얻기 위하여 컴퓨터 등 정보처리능력을 가진 장치 내에서 직접 또는 간접으로 사용되는 일련의 지시·명령으로 표현된 창작물을 말한다(저작권법 § 2(xvi)). 이 역시 정보로서 지식재산의 보호 대상임은 물론이다. 이 역시 컴퓨터프로그램 자체와 그 컴퓨터프로그램이 담긴 저장 매체는 구분해야 한다. 컴퓨터프로그램이 담긴 저장 매체를 훔친 때에 그 저장 매체에 대한 절도가 성립하지만, 그 자체만으로 컴퓨터프로그램저작권 침해가 되지는 않는다. 컴퓨터프로그램에 대해서는 형법이 사기죄의 장에 컴퓨터등사용사기죄를 두고(§ 347의2) 절도죄와 구분하고 있다. 이 규정은 1995년 12월 29일 신설되었다. 87

(5) 소유 또는 소지가 금지된 물건(금제품)

88 법률에 따라 소유나 소지가 금지된 물품을 금제품(禁製品)이라고 부른다. 예를 들어, 위조된 유가증권(§ 214 참조), 마약,[62] 총포,[63] 음란한 물건(§§ 243-244 참조)이 여기에 포함된다. 금제품도 유체물인 이상 재물의 성격을 가지지만, 권리대상이 아니거나 소지가 금지되어 있어 절도나 강도와 같은 재산죄의 객체가 될 수 있는지 논의가 되고 있다.

89 ① 소유권의 목적이 될 수 없어 재물에 포함되지 않는다고 보는 소극설(부정설),[64] ② 소유가 금지된다고 해도 몰수 전까지 국가가 소유권을 가지거나 다른 사유로 소지자가 소유권을 가지는 것으로 볼 수 있어 소유권은 존재하기 때문에 재물로 봐야 한다는 적극설(긍정설),[65] ③ 소유와 소지가 모두 금지된 물건(아편흡입기, 위조된 유가증권)은 재물성을 상실하지만 단지 소지만 금지된 물품(불법무기)은 재물로 봐야 한다는 절충설[66]이 있다.

90 소유 자체가 금지되든 소지가 금지되든 금제품을 무주물(無主物)이라고 볼 수는 없다. 소유가 금지된 물품도 몰수가 예정된 이상 국가가 소유권을 가진다. 선점에 의해 소유권을 취득할 수 있는 무주(無主)의 동산, 야생하는 동물 또는 다시 야생 상태로 돌아간 동물 정도가 소유권을 상정할 수 없는 물건에 해당한다(민 § 252). 이 경우 외에는 소유권의 귀속을 예정할 수 있다. 따라서 금제품도 절도와 강도와 같은 재산죄의 객체인 재물에 해당한다.[67]

---

62 마약류 관리에 관한 법률 제4조에 따라 허가를 받아 사용하는 외에는 취급이 금지된다.

63 총포·도검·화약류 등의 안전관리에 관한 법률 제10조에 따라 특별한 경우 외에는 소지가 금지된다.

64 서일교, 형법각론, 134 참조.

65 김성돈, 282; 김일수·서보학, 228; 박상기, 243; 손동권·김재윤 § 20/24; 신동운 893; 오영근, 237.

66 배종대, § 61/12; 이재상·장영민·장동범, § 16/21.

67 독일의 사례 가운데에는, 마약 자체는 소유권의 대상이므로 절도죄의 객체가 된다고 본 것이 있다(BGH, 20.09.2005 - 3 StR 295/05). 그런데 마약을 구입하면서 그 대가로 지급한 현금이 절도죄 등의 객체가 되는지에 관해서는, 법률에 의해 금지되는 행위에 의해 양도한 금전이라도 금전 자체가 유효하게 양도된 경우에는 – 물권행위의 무인성에 기해 – 당해 금전을 양도한 사람이 다시 그 금전을 탈취한 경우에는 통상은 절도죄 등이 성립하지만(BGH, 07.05.1953 - 3 StR 485/52), 예외적으로 물권법상의 양도까지도 무효로 되는 경우가 있는데, 마약거래에 있어서는 대금의 양도도 형법상 금지되기 때문에, 금전의 양도에 의해 그 소유권이 이전되지 않으므로, 마약 대금으로 금전을 양도한 사람이 다시 그 금전을 탈취한 경우는 절도죄를 구성하지 않는다고 한다(BGH, 18.01.2000 - 4 StR 599/99).

판례 역시 유가증권은 정상 발행된 것뿐만 아니라, 위조된 것이라고 해도 절차에 따라 몰수되기까지는 형법상 재물로서 절도죄의 객체가 된다고 판단했다.[68] 91

(6) 부동산

부동산은 토지와 그 정착물을 말하고, 동산과 함께 민법이 정한 물건이다(민 § 99). 형법이 재산범죄의 객체로 삼고 있는 재물이 민법에 따른 물건과 그 범위가 동일하지만은 않다는 점은 살펴봤다. 흔히 재물은 소지나 이동이 가능한 것을 떠올리게 되므로, 절도의 객체에 부동산이 포함되는지에 대해 그간 논의가 있어왔다. 사기, 공갈, 횡령의 객체에는 부동산이 포함된다고 보지만, 절도는 그 절취라는 행위 특성상 부동산을 대상으로 범행을 저지를 수 있는지 의문이 들기 때문이다.[69] 부동산 절도로서 예상할 수 있는 사례는 토지의 경계를 넘어 무단 건축을 함으로써 옆집 토지를 무단 점유하는 경우, 타인의 주택을 강점하는 경우 등이 논의된다.[70] 92

부동산은 절도죄의 객체인 재물에 포함시킬 수 없다고 보는 소극설이 다수의 견해이다. 형법상의 '탈취'는 재물의 장소 이전을 개념적 요소로 하므로 가동성이 없는 부동산은 점유 침해가 불가능해서 소극설이 타당하다고 하거나,[71] 형법이 부동산강제집행효용침해죄(§ 140)를 두고 있고 그 입법 취지는 침탈 행위에 대해 먼저 강제집행절차를 거쳐 침탈물을 철거시켰는데도 다시 침탈하는 행위 93

---

68 대판 1998. 11. 24, 98도2967. 대법원은 리조트 회원용 리프트탑승권 발매기의 전원을 켠 후 날짜를 입력시켜서 탑승권발행화면이 나타나면 전산실의 테스트카드를 사용하여 한 장씩 찍혀 나오는 탑승권을 빼내어 가지고 가는 방법으로 리프트탑승권을 발급·취득한 행위는, 그와 같이 발매기에서 나오는 위조된 탑승권은 이를 뜯어가기 전까지는 리조트 운영 회사가 소유 및 점유한다고 보아야 하므로 발매할 권한 없이 발매기를 임의 조작함으로써 유가증권인 리프트탑승권을 위조하는 행위와 발매기로부터 위조되어 나오는 리프트탑승권을 절취하는 행위가 결합된 것이고, 나아가 그와 같이 위조된 리프트탑승권을 판매하는 행위는 일면으로는 위조된 리프트탑승권을 행사하는 행위임과 동시에 절취한 장물인 위조 리프트탑승권의 처분행위에 해당한다고 판단했다. 따라서 위조된 리프트탑승권을 이와 같은 방법으로 취득했음을 알고 있는 피고인이 위조된 탑승권을 매수하였다면 그러한 피고인의 행위는 위조된 유가증권인 리프트탑승권에 대한 장물취득죄를 구성하므로, 이와 다른 견해에서 피고인에 대한 장물취득 공소사실을 죄가 되지 않는다는 이유로 무죄를 선고한 원심 판결은 절도죄에서 절취행위나 재물의 개념에 관한 법리를 오해한 위법을 저지른 것이라고 판단했다.

69 절도와 강도를 함께 논하기도 하지만, 강도의 경우 재산상의 이익을 처벌하고 있어서 부동산 처분에 의한 이득은 재산상의 이득으로 관념할 여지가 있다. 절도와 마찬가지로 강도에서도 부동산의 재물성이 문제되나, 논의 집중을 위해 절도죄로 한정해서 부동산의 재물 포함 여부를 설명한다.

70 임웅, 317 참조.

71 김성돈, 280.

만을 부동산강제집행효용침해죄에 의해 형사처벌하려는 데에 있다는 점을 근거를 찾기도 한다.[72] 소극설은 경계침범죄(§ 370)나 주거침입죄(§ 319) 성립이 가능하다는 점을 주된 근거로 삼는다.

94 형법에 특유한 부동산 개념이 존재하지 않는 이상 민법에 따라 부동산의 개념, 그리고 그 권리 상태를 파악할 필요가 있다. 부동산에 관한 법률행위로 인한 물권의 득실변경은 등기하여야 그 효력이 생기기 때문에(민 § 187), 부동산은 점유나 관리의 이전만으로 소유권 변동이 일어나지 않는다. 따라서 경계 침범이나 타인의 주택을 강점하는 때에는 소유권에 아무런 변동이 생기지 않는다. 이런 경우 경계침범죄(§ 370)나 주거침입죄(§ 319) 성립은 가능해도 절도죄 성립은 논할 여지가 없는 것이다. 부동산을 형법의 재물에서 제외해야 한다는 주장은 독일형법이 절도죄, 횡령죄와 강도죄의 객체를 가동물건(bewegliche Sache)이라고 명시하고 있는 데에서 영향을 받은 것으로 보인다.[73] 그러나 우리는 독일과 달리 재물이라는 보다 포괄적인 개념을 선택했다는 점을 상기할 필요가 있다. 그리고 우리는 건물을 토지의 정착물로 보는 독일과 달리, 토지와 건물이 독립한 권리의 대상이 된다는 점도 고려해야 한다.

95 그렇다면 부동산이 절도죄의 객체가 되는 일이 생기는가? 농작물이나 수목 또는 분리되지 않은 과실은 토지의 정착물로서 토지 소유자의 소유권에 귀속한다. 판례 역시 민법에 따라 타인의 토지에 권원 없이 식재한 수목의 소유권은 토지 소유자에게 귀속되고, 권원에 의하여 식재한 경우에는 그 소유권이 식재한 사람에게 있다고 밝히고 있다.[74] 민법과 판례에 따르면 식재된 상태의 농작물이나 수목 또는 분리되지 않은 과실은 모두 토지의 정착물로서 권원 없이 식재한 때에는 토지와 분리되지 않는 정착물이므로 부동산으로 봐야 하고, 이런 행위는 부동산 절취에 해당하게 되는 것이다. 결국 민법의 물건 개념을 형법에 대입하면, 토지 소유자의 승낙 없이 농작물을 베거나 나무를 벌목하거나 미분리 과실을 따서 가져가면 토지 소유자의 재물을 절취한 것이 된다. 이때 수목이나 과실이 과연 동산인지 부동산인지에 대해 논의가 있다. 식재되어 있는 상태의 수목

---

72 손동권·김재윤, § 20/10 참조.

73 임웅, 317에서 지적한 바이다.

74 대판 1980. 9. 30, 80도1874 참조.

을 베어간 경우에는 자갈, 토사 운반 등과 같이 토지로부터 분리된 동산으로서의 수목을 인정한 것이어서, 이들은 모두 동산으로 보아야 하고, 따라서 소극설이 타당하다고 설명하는 견해도 있다.[75]

그러나 절취의 실행의 착수는 농작물을 수거하거나 식재된 수목을 베거나 미분리 과실을 따기 시작하는 단계이기 때문에, 이들이 이미 분리되었다면 절취는 기수에 이른 것이다. 이때부터 이들 물건이 동산이 되기는 하지만 그 동산을 옮기는 행위는 토지 정착물 절취 후에 일어난 불가벌적 사후행위에 불과하다. 형법이 부동산과 물권 개념을 따로 두고 있지 않은 이상, 식재된 상태의 농작물이나 수목 또는 분리되지 않은 과실은 민법에 따라 권리의 침해 여부를 가릴 수밖에 없다. 부동산이 형법상 재물에 포함되는지에 관한 논의는 이런 부분에서 논의의 실익을 가지고, 현재 법 체계 아래에서는 앞에서 살펴본 농작물이나 수목 또는 분리되지 않는 과실과 같은 물건은 부동산으로서 절도죄의 객체인 재물에 포함된다고 보아야 한다. 96

이런 관점에서 입목을 절취하기 위해 이를 캐낸 때에는 그 시점에서 이미 소유자의 입목에 대한 점유가 침해되어 범인의 사실적 지배하에 놓이게 됨으로써 범인이 그 점유를 취득하게 되는 것이므로 이때 절도죄는 기수에 이르렀다고 할 것이라고 법리를 전제한 후, 영산홍을 땅에서 완전히 캐낸 후에 비로소 범행 장소로 와서 다른 피고인과 함께 영산홍을 승용차까지 운반하였다면, 그 운반 행위는 절도가 기수에 이른 후의 행위에 불과해 절도죄만 성립하고 특수절도죄(합동절도)는 성립하지 않는다고 한 판례[76]를 눈여겨볼 필요가 있다. 이 사안에서 대법원은 입목 절도의 기수시점을 파악하기 위해 민법의 부동산 개념과 그 법리를 전제했던 것으로 이해할 수 있다. 97

75 김성돈, 281 참조. 판례가 피고인 소유 토지 135평과 높은 언덕으로 인접한 국유지 89평과의 경계선을 표시하는 언덕 위에서 10년생 내지 18년생의 포플러 및 아카시아나무 약 30그루를 뽑아 버리고 국유대지 일부를 깎아내려 약 1m 높이의 석축을 쌓은 행위를 경계침범죄에 해당한다고 본 사례(대판 1980. 10. 27, 80도225)를 논거로 삼기도 하지만, 앞서 설명한 바와 같이 부동산 물권 변동에 관해 형식주의를 선택한 이상, 경계 침범만으로는 토지 소유권에 아무런 변동이 생기지 않는다.

76 대판 2008. 10. 23, 2008도6080. 본 판결 평석은 문상배, "입목절도죄의 기수시기", 형사재판의 제문제(6권): 고현철 대법관 퇴임기념 논문집, 박영사(2009), 287-294; 허일태, "영산홍사건(Rhododendron indicum)", 형사법연구 21-2, 한국형사법학회(2009), 275-298.

(7) 사람의 신체

98 사람은 권리의 주체이고, 재물의 대상이 될 수 없다. 따라서 사람과 그 신체는 재물이 아니다. 사람의 신체는 분리 여부를 묻지 않고 형법상 재물이라고 할 수 없다. 신체를 분리하거나 장기를 적출한 때에는 상해죄(§ 257), 중상해죄(§ 258)나 살인죄(§ 250)가 문제될 뿐이다. 다만, 의사표시나 법령 등에 의해 헌혈한 혈액이나 수술 또는 이식을 위해 분리된 신체의 일부는 형법상 재물에 해당할 수 있다. 따라서 이와 관련한 다양한 금지 및 규제 법령이 존재한다는 사실을 인식하고 있어야 한다.

99 한편 시체는 사람의 사망에 의해 권리의 주체성을 잃은 상태지만, 시체 자체를 재물로 보는 견해는 찾아볼 수 없다. 형법은 시체 영득을 신앙에 관한 죄의 장(각칙 제12장)에서 다루고 있다. 다만, 시체나 유골이 생전 의사나 시간의 흐름에 따라 의학 용도나 역사 고증의 용도로 사용될 때에는 재물로 취급될 여지가 있다.

〔함 석 천〕

제329조(절도)

타인의 재물을 절취한 자는 6년 이하의 징역 또는 1천만원 이하의 벌금에 처한다. 〈개정 1995. 12. 29.〉

Ⅰ. 의 의 ······ 195
Ⅱ. 타인의 재물 ······ 197
1. 타 인 ······ 197
2. 타인의 재물 ······ 202
Ⅲ. 절 취 ······ 207
1. 점 유 ······ 207
2. 점유의 배제와 점유의 취득 ······ 223
3. 착수시기 ······ 229
4. 기수와 미수 ······ 235
Ⅳ. 주관적 구성요건 ······ 238
1. 고 의 ······ 238
2. 불법영득의 의사 ······ 240
Ⅴ. 죄수와 다른 죄와의 관계 ······ 250
1. 일죄와 수죄 ······ 250
2. 사후행위 ······ 251
Ⅵ. 처 벌 ······ 252

Ⅰ. 의 의

절도의 기본 형태는 타인의 재물을 절취하는 행위다(§ 329). 절도에 대해 행위불법의 가중에 따라 야간주거침입절도(§ 330), 특수절도(§ 331), 상습범(§ 332)이 규정되어 있고, 주관적 요소로 인해 특유하게 취급되는 유형으로 자동차등 불법사용(§ 331의2)이 규정되어 있다. 1

본죄(절도죄)와 관련해 행위의 객체인 재물의 성격에 따라 다양한 특별법 규정이 존재한다. ① 문화재 절도에 관해서는 문화재보호법 제92조 제1·2항,[1] ② 산림에서 입목과 같은 산물을 절도한 때에는 산림자원의 조성 및 관리에 관한 법률 제73조[2]와 그 가중처벌 규정인 특정범죄 가중처벌 등에 관한 법률(이하, 2

---

1 문화재보호법 제92조(손상 또는 은닉 등의 죄) ① 국가지정문화재(국가무형문화재는 제외한다)를 손상, 절취 또는 은닉하거나 그 밖의 방법으로 그 효용을 해한 자는 3년 이상의 유기징역에 처한다.
② 다음 각 호의 어느 하나에 해당하는 자는 2년 이상의 유기징역에 처한다.
1. 제1항에 규정된 것 외의 지정문화재 또는 임시지정문화재(건조물은 제외한다)를 손상, 절취 또는 은닉하거나 그 밖의 방법으로 그 효용을 해한 자
2. 일반동산문화재인 것을 알고 일반동산문화재를 손상, 절취 또는 은닉하거나 그 밖의 방법으로 그 효용을 해한 자

2 산림자원의 조성 및 관리에 관한 법률 제73조(벌칙) ① 산림에서 그 산물(조림된 묘목을 포함한다. 이하 이 조에서 같다)을 절취한 자는 5년 이하의 징역 또는 5천만원 이하의 벌금에 처한다.

특정범죄가중법이라 한다.) 제9조,[3] ③ 송유관 석유 절도에 관해서는 송유관 안전관리법 제13조의2,[4] ④ 제조를 의뢰한 기관에 넘겨주지 않은 은행권·주화·국채·공채와 화폐 제조를 위한 용지 절도에 관해서는 한국조폐공사법 제19조 제3·4·5항,[5] ⑤ 군용물에 관해 형법 제38장의 절도와 강도의 죄를 가중하는 군형법 제75조[6] 및 군용물 등 범죄에 관한 특별법 제3조[7]가 절도죄의 특별법 사

---

② 제1항의 미수범은 처벌한다.
③ 제1항의 죄를 저지른 자가 다음 각 호의 어느 하나에 해당한 경우에는 1년 이상 10년 이하의 징역에 처한다.
1. 채종림이나 시험림에서 그 산물을 절취하거나 수형목을 절취한 경우
2-3. (생략)
4. 입목이나 대나무를 벌채하거나 산림의 산물을 굴취 또는 채취하는 권리를 행사하는 기회를 이용하여 절취한 경우
5. 야간에 절취한 경우
6. 상습으로 제1항의 죄를 저지른 경우

3 특정범죄가중법 제9조(「산림자원의 조성 및 관리에 관한 법률」 등 위반행위의 가중처벌) ①「산림자원의 조성 및 관리에 관한 법률」 제73조 및 제74조에 규정된 죄를 범한 사람은 다음 각 호의 구분에 따라 가중처벌한다.
1. 임산물(林産物)의 원산지 가격이 1억원 이상이거나 산림 훼손면적이 5만제곱미터 이상인 경우에는 3년 이상 25년 이하의 징역에 처한다.
2. 임산물의 원산지 가격이 1천만원 이상 1억원 미만이거나 산림 훼손면적이 5천제곱미터 이상 5만제곱미터 미만인 경우에는 2년 이상 20년 이하의 징역에 처한다.

4 송유관 안전관리법 제13조의2(벌칙) ① 제13조제1항제2호의 시설을 이용하여 송유관에서 석유를 절취한 자는 2년 이상 10년 이하의 징역 또는 1억원 이하의 벌금에 처한다.
② 제1항의 미수범은 처벌한다.

5 한국조폐공사법 제19조(벌칙) ③ 제1항의 제품(주: 제조를 의뢰한 기관에 넘겨주지 아니한 제11조제1항제1호 및 제2호에 규정된 제품)을 훔치거나 횡령한 사람은 3년 이상의 징역에 처한다.
④ 제2항의 제품을 훔치거나 횡령한 사람은 2년 이상의 징역에 처한다.
⑤ 제1항부터 제4항까지에 규정된 죄의 미수범은 처벌한다.

6 군형법 제75조(군용물 등 범죄에 대한 형의 가중) ① 총포, 탄약, 폭발물, 차량, 장구, 기재, 식량, 피복 또는 그 밖에 군용에 공하는 물건 또는 군의 재산상 이익에 관하여 「형법」 제2편제38장부터 제41장까지의 죄를 범한 경우에는 다음 각 호의 구분에 따라 처벌한다.
1. 총포, 탄약 또는 폭발물의 경우: 사형, 무기 또는 5년 이상의 징역
2. 그 밖의 경우: 사형, 무기 또는 1년 이상의 징역
② 제1항의 경우에는 「형법」에 정한 형과 비교하여 중한 형으로 처벌한다.
③ 제1항의 죄에 대하여는 3천만원 이하의 벌금을 병과(倂科)할 수 있다.

7 군용물 등 범죄에 관한 특별법 제3조(군용물범죄에 대한 형의 가중) ① 군용물에 관하여 다음 각 호의 죄를 범한 사람은 무기 또는 1년 이상의 징역에 처한다.
1. 「형법」 제2편제38장 중 제329조부터 제331조까지, 제331조의2, 제332조, 제333조, 제335조(제333조의 예에 따르는 경우에 한정한다. 이하 이 호에서 같다), 제336조, 제342조(제329조부터 제331조까지, 제331조의2, 제332조, 제333조, 제335조 및 제336조의 미수범에 한정한다) 및 제343조의 죄

례에 해당한다.

본죄는 '타인의 재물'을 '절취'한 때에 성립하므로, 먼저 그 각각의 개념에 대해 설명한다. 3

Ⅱ. 타인의 재물

본죄는 '타인의 재물'을 절취한 때에 성립한다(§ 329). 앞에서 재물의 개념과 보호법익에 대해 논의하면서, 타인의 재물이라고 하기 위해 어떤 관념들이 필요한지 어느 정도 윤곽은 잡혔다고 할 수 있다. 보호법익과 관련해서 재물의 타인성에 관해서는 소유권설과 소유권 및 점유설에 따라 논의 초점이 달라질 수 있으므로 그 논의 과정에 유념할 필요가 있다. 4

1. 타 인

타인(他人)이란 '다른 사람'을 뜻하고,[8] 본죄에서 말하는 타인은 '범인 이외의 다른 사람'을 뜻한다. 5

형법의 재산범죄 규정의 체계를 보면, 형법은 '타인'의 재물을 절취할 때 성립하는 각칙 제38장의 절도와 강도의 죄보다 먼저 타인의 점유 또는 권리의 목적이 된 '자기'의 물건을 취거, 은닉 또는 손괴한 때에 성립하는 권리행사를 방해하는 죄를 제37장에 두고 있다. 형법은 이처럼 '자기' 물건과 '타인'의 재물을 명확하게 구분하는 체계로 구성되어 있기 때문에, '타인'의 의미와 범위는 본죄 성립을 따지기 위한 출발점이라고 할 수 있다. 6

타인 가운데 '인(人)'의 개념은 형법에 따로 개념 규정이 없다. 민법은 제1편 7

② 제1항에도 불구하고 군용물 중 별표에 따른 군용 식량, 군복류 및 군용 유류(油類)에 관하여 제1항 각 호의 죄를 범한 사람은 다음 각 호의 어느 하나에 해당하는 경우에만 제1항에 따른 형을 적용한다.
1. 집단적 또는 상습적으로 범행한 경우
2. 물품의 가액(價額)이 1천만원 이상인 경우
3. 1천킬로그램 이상의 물품 또는 2천리터 이상의 유류인 경우
③ 제1항 및 제2항의 죄에 대하여는 10년 이하의 자격정지(유기징역을 선고하는 경우만 해당한다) 또는 3천만원 이하의 벌금을 병과할 수 있다.

8 여기서 '사람'은 민법상 사람과 법인을 함께 지칭하는 '인(人)'을 말한다.

총칙 제2장에 '인(人)'에 대해, 제3장에 '법인(法人)'에 대해 각각 규정하고 있다. 이 가운데 제2장의 인(人)은 강학상 자연인으로 분류되고, 민법은 '사람'이라고 표현하고 있다(민 §3 이하). 자연인 외에 법률 규정에 따라 성립을 인정하고 권리능력을 부여하는 의제된 인격을 법인으로 보고 있다(민 §31 이하). 법인은 법률 규정에 따라 법인격이 부여되기 때문에 민법 외에도 상법, 특별법에 따라 법인격이 부여되는 단체들 역시 본죄의 피해자가 될 수 있다. 국가와 지방자치단체 역시 독립한 인격으로 권리의 주체이므로 본죄의 피해자가 될 수 있다. 재물을 소유할 수 있는 주체는 본죄의 피해자가 될 수 있다.

8 권리능력을 가진 사람 또는 자연인이라면 의사능력이나 책임능력 또는 행위능력이 없어도 권리능력을 가지고 소유의 주체가 될 수 있는 이상 본죄의 타인에 해당한다.

9 법인의 타인성을 판단하는 데에는 다소 주의가 필요하다. 민법과 상법, 여러 특별법 규정에 따라 명확하게 법인격이 부여된 법인 말고도 권리능력 없는 사단, 영조물과 같이 딱히 법률에 따라 법인격을 부여할 수는 없지만, 의사결정기구와 업무집행기관과 같은 체계적인 조직을 가지고 다른 인격과 독립해서 사회 활동을 하면서 소유 의사를 외부에 드러내며 특정 재물을 관리하는 단체가 존재하기 때문이다. 민법은 이와 같은 사회 현상을 염두에 두고 공동 소유의 형태를 공유(민 §262), 합유(민 §271), 총유(민 §275)로 구분하고 있다. 소유 형태는 단체의 성격을 잘 보고 따져봐야 한다. 법인격을 갖춘 법인이 단독 소유를 할 수 있다는 점에 이론이 없지만, 권리능력 없는 사단이 법인과 같은 형태의 소유를 할 수 있는지에 관해서는 민법학자들 사이에서도 견해가 갈린다. 민법은 법인격을 갖추지 않았지만 몇몇의 사람들이 서로 손을 모아 공동의 사업에 착수하는 합수(合手) 형태의 법인격체 모임을 조합으로 보고 이들의 소유 형태를 합유(合有)라고 정의한다(민 §271). 법인이 아닌 사단의 사원이 집합체로서 물건을 소유할 때에 총유(總有)라고 보고 있다(민 §275). 합유나 총유의 경우 피해자가 되는 타인을 조합이나 단체로써 특정할 것인지, 그 구성원 모두를 피해자로 특정할 것인지에 대해 논의가 있다.

10 피해자 확정은 범죄사실을 특정하기 위한 중요 요소이기 때문에 형법상 이 논의는 여기에 실익이 있다.[9] 예를 들어, 동창회 관리 명부, 계주의 통장과 직인

9 실무상 피해자가 존재하는 것은 확실하나 피해자를 특정할 수 없을 때에 범죄사실 또는 공소사실

(보통 개인 인장이 사용됨)이 도난당했을 때에 피해자를 어떻게 확정할 것인지를 가려야 한다. 권리능력 없는 사단을 피해자로 관념할 때 단체 자체를 피해자로 볼지, 구성원들을 피해자로 볼지에 대해 형법에 특유한 기준은 찾을 수는 없다. 따라서 피해자 특정과 그 표시를 위해 민사 이론과 실무를 살펴볼 필요가 있다.

민법의 권리능력은 민사소송법의 당사자능력과 일맥상통하고, 민사소송법에 따라 소장 작성을 위해서는 당사자 확정이 필요하다. 이 부분이 형사사건의 피해자 특정에도 참고가 될 것이다. 판결과 공소장에 합유와 총유의 피해자를 어떤 형태로 표시할지에 관한 문제는 결국 민사소송법에 따른 당사자 확정 문제와 동일선상에 있는 논의이다. 따라서 민사소송법에 따른 당사자 확정의 문제로서 원고 또는 피고를 어떻게 파악할 것인지를 살펴서 그에 따라 형사사건의 피해자를 어떻게 특정할지 살피는 것이 좋은 방안이 될 것이다. 그렇다고 해도 동창회, 동종업종 종사자들의 모임, 취미 활동 동호회처럼 사회에서 그 활동을 감지할 수 있지만, 단체로서의 성격이 느슨한 조직을 어떻게 피해자로 표시할지는 여전히 고민이다. 이 문제는 민사법 분야에서도 여전히 고민하는 부분이다. 주된 기준은 이들 단체나 모임이 권리능력 없는 사단으로서의 실질을 가졌는지를 살펴보는 것이다. 민사사건에서도 권리능력 없는 사단은 당사자능력을 가지고 그 이름으로 소를 제기하고 그 상대방이 될 수 있다. 예를 들어, 동창회가 구성원을 특정할 수 있는 기준을 마련하고, 정관을 갖추고 총회와 같은 의결 기구를 가지고, 총회에서 선출된 대표와 임원진이 집행기관으로 특정한 사무소에서 활동하고 있다면, 그 동창회는 권리능력 없는 사단으로 볼 여지가 많다. 동종업종 종사자들의 모임 역시 이와 같은 체계를 갖추고 그 이름으로 활동하고 있다면 독립한 단체로 볼 여지가 많다. 하지만 사안에 따라 단체로서의 실질을 가지지 못한 경우에는 구성원을 모두 피해자로 표시하는 것이 원칙이다. 다만 구성원이 누구인지 파악하기조차 곤란한 단체도 존재하기 때문에, 총유나 합유 형태로 재물을 소유할 수 있는 단체라면 구성원 이름 전체를 표시하기보다 단체 이름으로 피해자를 확정하면서 대표자나 주요 구성원의 이름을 부기하는 형태로 피해자를 확정하는 방안도 고려해 볼 수 있다. 앞에서 든 예 가운데, 동창 11

에 피해자를 '피해자 성명 불상자'로 특정하기도 한다. 그러나 이 문제는 피해자를 알 수 없을 때의 표시 방법이고, 권리능력 없는 사단이 피해자로 존재할 때에 그 표시 문제는 아니다.

회 중에 앞에서 본 바와 같은 조직을 갖추고 사회 활동을 하는 단체라면 이를 권리능력 없는 사단으로 볼 수 있고 따라서 그 동창회 자체가 피해자가 될 수 있지만, 모든 동창회를 이와 같이 볼 것은 아니고 개별 판단이 필요하다. 그리고 조기축구회, 직장인 밴드와 같은 취미 활동 동호회는 단체로서의 성격을 인정하기 곤란한 때가 많다. 계 모임 역시 단체로서의 성격이 희박한 경우가 대부분이다.

12 본죄의 재물 가운데 권리득실 변경에 등록이 필요한 자동차, 중기 또는 건설기계와 관련해 명의신탁에 따른 혼선이 있어왔다. 대법원은 자동차나 중기의 소유권의 득실변경은 등록을 함으로써 그 효력이 생기고 그와 같은 등록이 없는 한 대외적 관계에서는 물론, 당사자의 대내적 관계에서도 그 소유권을 취득할 수 없는 것이 원칙이지만, 당사자 사이에 그 소유권을 그 등록 명의자 아닌 사람이 보유하기로 약정하였다는 등의 특별한 사정이 있는 경우에는 그 내부 관계에서는 그 등록 명의자 아닌 사람이 소유권을 보유하게 된다고 했다.[10] 그에 따라 명의신탁 대상인 자동차와 관련해, 피고인이 명의수탁자로부터 승용차를 가져가 매도할 것을 허락받고 인감증명 등을 교부받은 후 그 승용차를 명의신탁자 몰래 가져간 경우, 피고인과 명의수탁자의 공모·가담에 의한 본죄의 공모공동정범이 성립한다고 판단했다. 이 사건에서 자동차는 명의신탁자인 피해자가 구입한 것으로 피해자의 실질적인 소유였고, 다만 장애인에 대한 면세 혜택의 적용을 받기 위해 피고인의 어머니 명의를 빌려 등록한 사안이었다. 피고인은 열쇠공을 불러 피해자가 주차해 둔 승용차의 문을 연 후 그대로 승용차를 운전해서 가져갔고, 이에 대해 항소심은 자동차 소유권의 득실변경은 등록을 하여야 그 효력이 생기는 것이므로 그 등록이 없는 한 대외적 관계에서는 물론, 당사자의 대내적 관계에서도 그 소유권을 취득할 수 없다고 보고 본죄에 대해 무죄를 선고했다. 그런데 대법원은 본죄에 관한 항소심의 판단 부분을 파기환송했다.

13 그러나 대법원 판단에는 문제가 있다. 민법은 그 제정 때인 1958년부터 부동산 물권 변동에 관해 성립주의 또는 형식주의를 채택했다. 등록을 전제로 하

---

10 대판 2007. 1. 11, 2006도4498. 본 판결 평석은 서정민, "자동차 횡령죄의 보관자 지위: 대법원 2015. 6. 25. 선고 2015도1944 전원합의체 판결의 평석과 대법원 2007. 1. 11. 선고 2006도4498 판결의 재고찰", 법학 56-3, 서울대학교 법학연구소(2015), 183-222.

는 동산인 자동차와 중기, 선박에 대해서도 동일한 법리가 적용된다. 하지만 법원은 민법 제정 후로도 물권 제도의 취지를 무색하게 하는 명의신탁을 인정하면서 거래계의 혼선을 초래해 왔다. 물권 변동에 성립주의를 채택하고도 소유권 확정을 위해 대내 관계와 대외 관계를 따져보도록 거래계에 요구하고, 경우에 따라 제대로 거래를 한 당사자가 소유권을 상실할 수 있는 위험을 안도록 법리를 형성해 버리면, 이것은 판례가 사회에 대한 기준 제시 기능을 올바로 수행하지 못한 것이다. 명확한 기준 제시와 외관의 존중을 외치는 거래계 목소리를 듣지 않고 법원은 구체적 타당성을 내세워 명의신탁 법리에 계속 생명을 불어넣어왔다. 법원이 대내적 물권과 대외적 물권을 나눠서 내부 관계까지 살펴야 물권의 권리자를 파악할 수 있다고 보는 이상, 이미 민법 제정 때부터 채택한 물권 변동의 형식주의는 그 기초부터 허물어지기 시작하는 것이다. 민법의 법률행위 해석에서 거래 안전을 위해 외관을 중시하는 표시주의가 다수 견해가 된 지 오래 되었고, 명의신탁 조정 또는 폐지를 위해 1995년 부동산 실권리자 명의등기에 관한 법률이 제정되었고, 1997년 금융실명거래 및 비밀보장에 관한 법률이 제정되었다. 본죄의 객체인 자동차, 중기 및 선박을 바라보는 태도에도 이와 같은 흐름을 존중해야 한다. 쉽게 말해 명의신탁의 흔적을 지워가야 한다. 생각건대, 이 사안에서 항소심 판단이 옳았다고 할 것이다. 그 밖에, 피고인이 자신의 명의로 등록된 자동차를 사실혼 관계에 있던 상대에게 증여해 그 상대가 차를 운행·관리하다가 별거하면서 재산분할과 위자료 명목으로 그 상대가 차를 소유하기로 하였는데 피고인이 이를 임의로 운전해 간 사안에서, 자동차 등록명의와 관계없이 피고인과 사실혼 상대 사이에서는 사실혼 상대방을 소유자로 봐야 한다는 이유로 본죄를 인정한 사례도 있다.[11]

14 다행스러운 것은 판례가 점차 명의신탁을 희석하는 쪽으로 방향을 틀고 있는 것으로 보인다는 점이다. 대법원은 ① 피고인이 그 어머니 명의로 구입해서 어머니 명의로 등록한 명의신탁 차량에 대해, 제3자인 피해자에 대한 관계에서 차량 소유자는 어머니이고, 피고인은 그 소유자가 아니라고 보고, 어머니 명의로 등록한 차량을 담보로 제공했다가 몰래 다시 가져간 사안에서 본죄를 인정

11 대판 2013. 2. 28, 2012도15303.

했다.[12] 또한, ② 피고인의 처 명의로 등록된 화물차를 피고인이 소유하기로 약정한 사실이 있다고 해도, 그 처가 자동차매매업자를 통해 피해자에게 화물차를 매도하고 매매대금 지급 후 인도까지 마친 상태에서 피고인이 피해자가 주차해 둔 화물차를 발견하고 운전해 갔다면 본죄가 성립한다고 하면서, 당사자 사이에 자동차의 소유권을 그 등록명의자 아닌 사람이 보유하기로 약정한 경우, 그 약정 당사자 사이의 내부 관계에서는 등록명의자 아닌 사람이 소유권을 보유하게 된다고 하더라도 제3자에 대한 관계에서는 어디까지나 그 등록명의자가 자동차의 소유자라고 판단했다.[13]

15 이들 대법원 판결은 명의신탁 관계에서 외관을 중시하는 태도를 강조한 것으로 평가할 수 있다. 하지만 판례가 쓴 표현으로 미루어 보면, 대법원은 여전히 명의신탁 관계를 인정하면서 대내적, 대외적 물권 관계를 가른 후 법리를 달리 형성해야 한다는 태도 자체는 그대로 유지하고 있는 것으로 보인다. 법률이 명시해서 인정한 명의신탁 관계 외의 명의신탁 법리 폐지에 대해 고려할 때다.

2. 타인의 재물

16 본죄는 소유권을 보호법익으로 한다. 점유의 이전 또는 탈취는 절취의 형태에 해당한다. 따라서 본죄는 '타인의 재물'을 절취한 때에 성립하고, 이때 타인의 재물은 타인이 소유하는 재물이라고 보는 것이 타당하다(소유의 관념에 대해서는 **[총설] II. 보호법익** 부분 참조). 아래에서는 본죄와 관련해서 문제될 만한 부분을 살핀다.

(1) 공동 소유

17 공동 소유 형태는 공유(민 § 262), 합유(민 § 271), 총유(민 § 275)가 있다. 판례는 타인과 공유관계에 있는 물건도 본죄의 객체가 되는 타인의 재물에 속한다고 일관되게 보아 왔다.[14]

18 공동 소유물에 대한 절도에 관해서는 동업관계에서 비롯하는 합유에 관한

12 대판 2012. 4. 26, 2010도11771. 본 판결 해설은 우인성, "명의신탁자가 담보로 제공한 명의신탁 자동차를 임의로 취거한 행위의 형사죄책", 해설 92, 법원도서관(2012), 804-861.

13 대판 2014. 9. 25, 2014도8984. 같은 취지의 판례로는 대판 2007. 1. 11, 2006도4498; 대판 2012. 4. 26, 2010도11771.

14 대판 1994. 11. 25, 94도2432.

사례들이 많다. 판례의 사례를 보면, ① 동업 자금으로 현물 출자한 물건이거나 동업으로 운영 과정에서 취득한 물건들로서 동업자의 공동 소유에 속하는 동업 재산을 동업자 중 한 사람이 자기가 따로 설립한 공장으로 임의로 옮겨 단독 점유를 한 사안에서, 본죄가 성립한다고 보았다.[15] ② 피고인이 피고인과 피해자의 동업 자금으로 구입해 피해자가 관리하던 포크레인 1대를 그의 허락 없이 다른 사람이 운전해 가도록 한 행위 역시 본죄로 보았다.[16] ③ 조합원의 1인인 피고인이 3인 조합원의 공동 점유에 속하는 합유의 물건을 다른 조합원의 승낙 없이 조합원의 점유를 배제하고 단독으로 자신의 지배로 옮긴다는 인식을 가지고 있었다면, 본죄에서 말하는 불법영득의 의사가 있다고 판단했다.[17]

한편, 피고인과 고소인이 생강을 공동 경작해서 이익을 분배하기로 했다가 19
불화가 생겨 고소인이 생강밭에 나오지 않아 피고인 혼자 생강밭을 경작하고 수확까지 한 사안에서, 고소인이 묵시적으로 동업 탈퇴의 의사표시를 한 것이라고 보고 두 사람으로 된 동업 관계, 즉 조합 관계에서 그중 1인이 탈퇴하면 조합 관계는 해산됨이 없이 종료되어 청산이 뒤따르지 않으며 조합원의 합유에 속한 조합 재산은 남은 조합원의 단독 소유가 되고, 탈퇴자와 남은 사람 사이에 탈퇴로 인한 계산을 해야 할 뿐 본죄가 따로 성립하지 않는다고 한 사례가 있다.[18]

공동 소유인 재물과 관련해 재물을 가져간 사람이 공유자, 합유자, 총유자 20
중 1인이라고 해도, 다른 공동 소유자와의 관계에서 그 재물은 타인의 재물에 해당하기 때문에 다른 공동 소유자의 동의 없이 재물을 가져갔다면 다른 공동 소유자에 대한 절도가 성립한다.

(2) 소유권에 준하는 물권

타인의 소유물이 가장 전형적인 본죄의 객체이다. 소유권 외에도, 소유권에 21
준하는 본권 역시 타인의 재물을 판단하기 위한 전제가 될 수 있다.

판례에 나타난 사례를 살펴보면, 피고인이 피해자에게 담보로 제공해 피해 22
자가 점유하고 있는 승용차를 피고인이 피해자 몰래 임의로 가져갔다면 본죄가

15 대판 1987. 12. 8, 87도1831.
16 대판 1990. 9. 11, 90도1021.
17 대판 1982. 12. 28, 82도2058.
18 대판 2009. 2. 12, 2008도11804.

성립한다고 했다.[19] 이 사안에서 대법원은 재물의 소유권 또는 이에 준하는 본권을 침해하는 의사가 있으면 되고, 반드시 영구적으로 보유할 의사가 필요한 것은 아니며, 그것이 물건 그 자체를 영득할 의사인지 물건의 가치만을 영득할 의사인지를 불문한다고 판시하였다. 다만, 이 사례에서 피고인은 승용차를 자신의 어머니 이름으로 등록한 명의신탁자였다. 따라서 피해자와의 관계에서 피고인은 소유자라고 주장할 수 없는 상태였다. 이와 같은 사실관계 때문에 이 사례에서 검사는 항소심에서 주위적 공소사실을 절도로, 예비적 공소사실을 권리행사방해죄로 하여 공소장을 변경했다.[20] 대법원은 소유권자인 피고인의 어머니를 피해자로 보지 않고 담보권자를 피해자로 보았고, 그에 따라 소유권에 준하는 본권을 타인의 재물 여부를 판단하기 위한 전제로 삼아 최종적으로 본죄 성립을 인정했던 것이다. 소유권 외에 소유권에 준하는 물권 역시 본죄에서 재물의 타인성을 판단하기 위한 기준이 된다는 점을 밝힌 사례라고 할 수 있다.

(3) 무주물 · 유실물 · 매장물 · 문화재 · 부합물 · 광물

23 민법은 소유권의 장(제2편 제3장)에 소유권 귀속에 관해 혼선을 일으킬 수 있는 대상을 구분하고 있다. 소유권 취득과 관련해 무주물, 유실물, 매장물, 문화재, 부합물에 관한 규정을 따로 마련해 두고 있다. 광물에 관한 권리에 대해서는 광업법에 규정이 있다. 이들은 모두 소유 관계의 혼선을 줄이고, 거래 안전을 도모하기 위한 규정이라고 할 수 있다.

24 먼저, ① 무주(無主)의 동산을 소유의 의사로 점유한 자는 그 소유권을 취득한다(민 § 252①). 무주의 부동산은 국유로 한다(민 § 252②). 그리고 야생하는 동물은 무주물로 하고 사육하는 야생동물도 다시 야생 상태로 돌아가면 무주물로 한다(민 § 252③). ② 유실물은 법률에 정한 바에 따라 공고한 후 6개월 내에 그 소유자가 권리를 주장하지 아니하면 습득자가 그 소유권을 취득한다(민 § 253). ③ 매장물은 법률에 정한 바에 따라 공고한 후 1년 내에 그 소유자가 권리를 주장하지 않으면 발견자가 그 소유권을 취득하지만, 타인의 토지 기타 물건에서

---

19 대판 2012. 4. 26, 2010도11771[피고인이 자신의 모(母) A 명의로 구입·등록하여 A에게 명의신탁한 자동차를 B에게 담보로 제공한 후 B 몰래 가져가 절취하였다는 내용으로 기소된 사안에서, B에 대한 관계에서 자동차의 소유자는 A이고 피고인은 소유자가 아니므로 B가 점유하고 있는 자동차를 임의로 가져간 이상 본죄가 성립한다고 본 원심판단을 정당하다고 한 사례].

20 항소심인 의정부지판 2010. 8. 27, 2009노2823 참조.

발견한 매장물은 그 토지 기타 물건의 소유자와 발견자가 절반하여 취득한다(민 § 254). 학술, 기예 또는 고고의 중요한 재료가 되는 물건에 대하여는 국유로 하고, 그 습득자, 발견자 및 매장물이 발견된 토지 기타 물건의 소유자는 국가에 대하여 적당한 보상을 청구할 수 있다(민 § 255). ④ 부합물과 관련해서는, 부동산의 소유자는 그 부동산에 부합한 물건의 소유권을 취득하나, 타인의 권원에 의하여 부속된 것은 그렇지 않다(민 § 256). 동산과 동산이 부합하여 훼손하지 않으면 분리할 수 없거나 그 분리에 과다한 비용을 요할 경우에는 그 합성물의 소유권은 주된 동산의 소유자에게 속하고, 부합한 동산의 주종을 구별할 수 없는 때에는 동산의 소유자는 부합 당시의 가액의 비율로 합성물을 공유한다(민 § 257). ⑤ 광물과 관련해, 광구에서 광업권이나 조광권에 의하지 않고 토지로부터 분리된 광물은 그 광업권자나 조광권자의 소유로 하고, 다만 토지 소유자나 그 밖에 토지에 대한 정당한 권원을 가진 자가 농작물의 경작, 공작물의 설치, 건축물의 건축 등을 하는 과정에서 토지로부터 분리된 광물은 광물을 분리한 해당 토지 소유자나 그 밖에 토지에 대한 정당한 권원을 가진 자의 소유로 한다(광업법 § 5①). 국가는 채굴(採掘)되지 않은 광물에 대하여 채굴하고 취득할 권리를 부여할 권능을 가지지만(광업법 § 2), 이 규정에 의해 국가가 채굴되지 않은 광물에 대한 소유권까지 가진다고 할 수는 없다. 광구 밖에서 토지로부터 분리된 광물은 그 취득자의 소유로 하기 때문이다(광업법 § 5②).

소유권 취득에 관한 민법과 광업권 규정을 나열해 보았다. 사안마다 소유 25
권 귀속에 관한 규정을 참고해서 본죄나 다른 범죄의 적용 또는 범죄 성립 여부 자체에 대해 따져봐야 한다.

예를 들어, 동네 뒷산에서 두꺼비를 채취한 때에 그 두꺼비가 야생이라면 26
그 취득자는 절도범이 아니다. 그러나 논밭에 경계를 세우고 실험용으로 쓸 두꺼비를 키우는 상태라면 그 두꺼비는 본죄의 객체인 재물이 된다. 야생 상태가 아닌 관리 상태이므로 무주물이 아니기 때문이다. 다만 두꺼비가 그 경계를 뚫고 나가 주변 야산에 자리를 잡고 살고 있다면, 다시 야생 상태로 돌아간 것이므로 이때는 무주물이라고 볼 수 있다. 두꺼비가 경계 안으로 복귀하는 습성을 가졌다면, 여전히 관리자의 사실상 지배를 인정해야 하므로 이때에는 절도죄 성립이 가능하다. 하지만 두꺼비가 복귀하는 습성을 가졌다는 것은 매우 이례적인 일이다. 따라서 실제 사례화가 된다면 검사는 두꺼비가 복귀하는 습성을 가졌는지에 대해 면밀한 증명을 해야 한다.

27 한편, 광구에서 무단으로 광물을 반출해 가면 광물에 관한 광업권자나 조광권자의 소유권을 침해한 것이 된다.

28 유실물의 경우는 그 관리 주체를 잘 따져 보아야 한다. 여관이나 당구장처럼 운영 주체의 점유를 인정할 것인지, 아니면 지하철이나 노선 버스처럼 유실물법에 따라 습득물을 수령할 권능만 가지는지에 따라 절도죄와 점유이탈물횡령죄 사이에서 결론이 달라질 수 있다(이에 대해서는 아래 **III. 절취** 부분에서 후술).

29 경작물, 입목과 같은 토지의 정착물에 대해서는 주의할 부분이 있다. 최근에는 산에서 자라는 버섯이나 나물 같은 채집물에 대해 경작물이나 입목에 대해 형성되어 온 법리가 적용될 수 있다. 농작물이나 수목 또는 분리되지 않은 과실은 토지의 정착물로서 부동산에 해당하고, 그에 따라 본죄의 객체인 부동산의 개념에 포섭될 수 있다는 점에 대해서는 살펴봤다. 부동산이나 동산에 부합된 물건에 관해 앞서 본 민법 규정을 잘 살펴야 하는 이유는 여기에 있다. 피해자를 누구로 보아야 할지, 피해자가 존재하는지 판단하기 위해서는 이들 법리에 대한 이해가 선행되어야 하기 때문이다. 그리고 경작물, 입목, 채집물은 식재된 부동산과 분리해서 거래 대상이 될 수 있고, 이때 명인방법이라는 관습법에 따른 공시방법이 사용될 수 있다는 점도 염두에 두고 본죄의 피해자 확정과 성립 여부를 살펴봐야 한다.[21] 명인방법에 의해 권리자가 표시된 나무를 베어가거나 버섯을 채집해 갔다면, 그 권리자의 소유권을 침해한 것이 된다. 그러나 올바른 명인방법으로 공시하지 않은 상태였다면, 산림자원 또는 채집물의 성격에 따라 임야 소유자의 권리를 침해한 것으로 보거나 무주(無主)로 판단되면 무죄가 된다.

30 판결이나 공소장에 절도 피해자를 찾을 수 없어 '피해자 성명 불상자'의 재

21 임야 지반과 분리하여 입목을 매수하여 그 소유권 양도를 받은 사람이 임야의 여러 곳에 '입산금지 소유자 아무개'라는 표기를 써서 붙였다면 입목 소유권 취득의 명인방법으로 유효하다고 봤고(대판 1967. 12. 18, 66다2382, 2383), 명인방법은 지상물이 독립된 물건이며 현재의 소유자가 누구라는 것이 명시되어야 하는데, 법원의 검증 당시 재판장의 수령 10년 이상 된 수목을 흰 페인트칠로 표시하라는 명에 따라 측량감정인이 이 사건 포푸라의 표피에 흰 페인트칠을 하고 편의상 그 위에 일련번호를 붙인 경우에는, 제3자에 대하여 이 사건 포푸라에 관한 소유권이 원고들에게 있음을 공시한 명인방법으로 볼 수 없다고 봤다(대판 1990. 2. 13, 89다카23022).

물을 절취하였다는 표현이 등장하기도 한다. 이때 앞에서 본 소유권 취득에 관한 민법 규정을 잘 대비해 보아야 한다. 절도 대상인 재물이 야생동물인지, 그 동물이 야생 상태로 다시 돌아갔는지, 공고 절차를 밟아서 그 기간을 경과한 유실물 또는 매장물인지, 그 공고가 진행 중인 유실물 또는 매장물인지에 따라 피해자 판단과 절도죄 성립에 대한 결론이 달라질 수 있다. 민법이 규정한 물건 가운데 문화재에 대해서는 문화재보호법 제92조 제2항의 특별 규정이 있다는 점은 앞서 살펴본 바와 같다.

Ⅲ. 절 취

본죄는 타인의 재물을 '절취'한 때에 성립한다(§ 329). 여기서 '절취'란 타인이 31
점유하고 있는 자기 외의 사람의 소유물을 점유자의 의사에 반하여 그 점유를 배제하고 자기 또는 제3자의 점유로 옮기는 것을 말한다.[22] '절취'는 본죄의 행위요소를 포괄하는 개념이다.

보호법익을 소유권으로 보는 견해는 점유를 본죄의 객체로 보고 점유의 침 32
탈이나 점유의 이전을 절취의 한 형태로 보게 된다. 그래서 소유권설의 입장에서는 점유에 대한 설명을 절취 부분에서 하는 것이 자연스럽다. 소유권 및 점유권을 본죄의 보호법익으로 보는 견해는 점유권 자체가 보호법익이기 때문에 행위보다는 보호법익에 초점을 두고 점유에 대한 설명을 전개하게 된다. 그에 따라 소유권 및 점유설의 견지에서는 점유에 대한 설명을 타인의 재물 부분에서 하는 것이 자연스럽다. 본죄의 보호법익이 소유권이라고 하는 점은 살펴본 바와 같다. 따라서 본죄와 관련한 점유에 대한 설명을 절취 부분에서 한다.

1. 점 유

(1) 점유의 개념

물건을 사실상 지배하는 사람은 점유권을 가지고, 점유자가 물건에 대한 사 33
실상의 지배를 상실한 때에는 점유권이 소멸한다(민 § 192). 민법 제192조에 따라 이처럼 물건을 사실상 지배하는 상태를 강학상 직접점유라고 부른다. 민법 제

22 대판 2006. 9. 28, 2006도2963; 대판 2010. 2. 25, 2009도5064; 대판 2022. 12. 29, 2022도12494.

194조에 따라 지상권, 전세권, 질권, 사용대차, 임대차, 임치 기타의 관계로 타인으로 하여금 물건을 점유하게 하는 상태를 간접점유라고 부른다.

34 형법의 점유는 어느 범위까지 인정할 수 있는가? 형법에는 주거침입의 죄(§§ 319-321)에 점유하는 방실, 권리행사방해죄(§ 323)와 점유강취죄·준점유강취죄(§ 325)에 타인의 점유에 속하는 자기의 물건, 점유이탈물횡령죄(§ 360)에 점유라는 표현이 각각 등장한다. 본죄에는 '점유(占有)'라는 표현은 등장하지 않는다. 하지만 점유는 절취의 행위요소로서 본죄에서 주로 논해야 하는 행위 개념이다. 객체의 점유 또는 그 이탈 상태에 따라 본죄와 점유이탈물횡령죄가 갈린다.

35 본죄의 점유는 민법의 점유 개념을 참고해서 재물에 대한 사실상 지배라고 정의할 수 있다. 민법에서 점유가 가지는 체계적 중요성은 점유라는 사실 자체에서, 또는 점유자의 지위에서 점유권을 추출하고 있는 점이다. 점유권을 물권으로 관념하면서 그에 따른 효과를 부여하고 있는데, 그 중요한 효과가 점유로써 다른 물권, 즉 본권의 존재를 추정하는 기능이라고 하는 점은 설명한 바와 같다. 점유자는 그 점유라는 사실 자체로써 소유의 의사로 선의, 평온·공연하게 점유한 것으로 추정한다(민 § 197①). 점유권은 점유라는 사실 자체에서 비롯하기 때문에 물권 중에서도 일시적이고 잠정적인 성격을 가진다. 점유권의 주요 효과는 본권이나 본권의 전제가 되는 의사의 추정이기 때문에 추정을 번복할 사실의 존재가 밝혀지면 추정은 더 이상 유지되지 않는다. 그에 따라 선의의 점유자라도 본권에 관한 소에 패소한 때에는 그 소가 제기된 때로부터 악의의 점유자로 본다(민 § 197②).

36 점유가 민법에서 가지는 체계적 위치가 이와 같지만, 절취라는 행위요소에 중점을 두는 본죄의 특성을 감안하면, 형법에서 중요성을 가지는 점유는 법적 효과 창출을 위한 관념적·의제적인 점유보다는 현실적이고 실효적인 사실상 지배 개념을 전제해야 한다. 이런 의미에서 형법에서 의미를 가지는 점유는 직접점유다. 매개 법률 관계를 통해 타인으로 하여금 물건을 점유하게 하는 상태인 간접점유(민 § 194)는 형법상 본죄에서 의미를 가질 수 없다. 그리고 점유개정(민 § 189) 역시 사실상 지배가 아닌 관념적인 점유이므로 형법상 본죄의 점유에 포함되지 않는다.[23]

23 점유보조자의 점유에 대해서는 후술한다.

상속, 합병과 같은 포괄승계에 의해 개시되는 점유도 형법상 점유로 인정할 것인지에 대해 논의가 있다. 판례는, 본죄란 재물에 대한 타인의 점유를 침해함으로써 성립하는 것으로 여기서의 '점유'라고 함은 현실적으로 어떠한 재물을 지배하는 순수한 사실상의 관계를 말하는 것으로, 민법상의 점유와 반드시 일치하는 것이 아니므로 종전 점유자의 점유가 그의 사망으로 인한 상속에 의하여 당연히 그 상속인에게 이전된다는 민법 제193조는 본죄 요건인 '타인의 점유'와 관련해서는 적용 여지가 없고, 재물을 점유하는 소유자로부터 이를 상속받아 그 소유권을 취득했다고 해도 상속인이 그 재물에 관해 사실상의 지배를 가지게 되어야만 이를 점유하는 것으로서 그때부터 비로소 상속인에 대하여 본죄가 성립할 수 있다고 판단했다.[24] 형법상 점유는 현실적이고 실효적인 사실상 지배여야 하므로, 판례 태도는 타당하다. 37

형법상 점유 인정을 위해 점유의사 또는 지배의사가 필요한지, 필요하다면 어떤 의사가 필요한지에 대해 논의가 있다. 어떤 행동이든 의사 없이 이루어지는 행위는 관념할 수 없다. 이런 의미에서 점유의사 역시 관념할 수 있고, 절취와 관련한 점유 개념에 대비할 때 점유의사는 재물을 사실상 지배할 의사라고 말할 수 있다. 그런데 이렇게 관념되는 점유의사는 자연적인 사실상의 의사일 뿐, 소유의사나 그밖에 본권에 관한 의사처럼 법적으로 의미를 가지는 의사라고 말하기는 어렵다. 점유는 그 자체 법적인 의미를 가지기보다 사실상 지배라는 현상 자체에서 소유의사, 선의 및 평온·공연한 의사를 추정하는 기능을 수행하기 때문이다. 이때 추정되는 의사는 점유의사와 구분해야 한다. 점유로써 그와 같은 사실이 추정되는 것일 뿐, 그것이 점유 자체의 의사는 아니기 때문이다. 따라서 그런 의사가 있어야 점유가 성립하는 것은 아니다. 사실상 지배라는 현상에 집중하는 점유는 이런 의미에서 특정 권리 보유 또는 행사에 대한 의사를 포함하는 소유권과 같은 본권과 구분된다. 38

본죄의 보호법익을 소유권으로 보게 되면 사실상 지배라는 현상만으로 점유를 인정하게 되고, 그에 따라 소유권이나 그에 준하는 본권에 관한 의사 외에 점 39

---

24 대판 2012. 4. 26, 2010도6334. 본 판결 평석 및 해설은 김성룡, "형법에서의 사자의 점유", 형사판례연구 〔21〕, 한국형사판례연구회, 박영사(2013), 201-224; 박영호, "절도죄에 있어서 점유의 상속이 인정되는지 여부", 해설 92, 법원도서관(2012), 862-873.

유 자체를 위한 점유의사 또는 지배의사라는 주관적·정신적 요소를 따로 요구할 필요는 없게 된다. 점유하는 이유와 목적은 어디까지나 본권, 그중에서도 주로 소유권 행사를 위한 것이기 때문이다. 소유권설을 지지하면서 점유의사가 필요하다는 전제에 선 것으로 보이는 견해도 있다.[25] 하지만 이 견해 역시 지배의사는 자연적인 사실상의 처분의사라고 설명하고 있어서, 소유의사와 같이 점유에 특유한 법적인 의사를 인정해야 한다고 주장하는 것처럼 보이지는 않는다.

40 점유는 절취행위의 요소로서 본죄와 다른 범죄를 구분하는 기능을 하므로, 구체적인 사례를 중심으로 점유 형태를 살펴본다.

(2) 점유의 형태

41 점유는 사회 현상에서 여러 형태로 나타난다. 가장 확실한 점유 형태는 소지다. 하지만 절취 요소로서의 점유는 이보다 광범위하다.

42 학자들은 점유 형태를 대체로 객관적·물리적 요소, 주관적·정신적 요소, 사회적·규범적 요소로 나누어 구분하고 있다. 사례를 분석해 보면, 절취의 행위요소로서의 점유는 '관리 또는 관리가능성'에 따라 그 인정 여부를 가릴 수 있다. 본죄에서 점유는 재물을 사실상 지배하는 상태를 말하고, 이때 사실상 지배 여부는 누군가 재물을 관리하는 상태로 인식할 수 있는지가 중요한 기준이 되기 때문이다. 관리에 관한 인식 상태는 다양하게 나타나기 때문에 학자들의 분류 방식 가운데 어느 하나에만 국한되지 않고 중복 요소를 가지기도 한다.

43 혼선 방지를 위해 그간 논의되어 온 점유 형태 분류의 근간을 유지하면서 이를 살펴본다. 일반적인 관찰자의 관점에서 절도행위자가 재물의 관리 상태를 인식했는지, 인식할 수 있었는지를 기준으로 삼아 점유 형태를 바라보면, 점유 인정에 관한 비교적 뚜렷한 기준을 정립할 수 있으리라 기대한다.

(가) 객관적 요소[26]

44 소지가 가장 직접적이고 대표적인 객관적 점유 형태이다. 소지는 재물을 지니고 있는 상태를 말한다.[27]

---

25 김일수·서보학, 새로쓴 형법각론(9판), 230; 박상기·전지연, 형법학(총론·각론)(5판), 599; 배종대, 형법각론(14판), § 61/22; 이재상·장영민·강동범, 형법각론(13판), § 16/26.

26 객관적·물리적 요소라고 표현하기도 한다.

27 국립국어원, 표준국어대사전(2019). 오래된 판례나 문헌에 종종 소지와 대비해 손에 쥐어 지닌다는 의미로 악지(握持)라는 표현이 나온다. 그러나 이 말은 위 국어대사전에서 찾아볼 수 없는

소지 범위를 벗어나 어느 범위까지 객관적 지배를 인정할 수 있는지에 관해 '시간적·장소적으로 밀접한 연관성'이 기준으로 제시되고 있다. 그에 따라 빵집 앞 인도와 도로에 쌓아둔 빵을 담는 사각 용기나 밀가루 포대, 가게 앞 도로에 세워둔 자전거, 집안이나 사무실에 놓아둔 물건은 객관적 지배가 가능한 상태로서 그 주인의 점유 상태에 있다고 보게 된다. 45

점유는 재물에 대한 사실상 지배로써 충분하므로, 여기에 지배하게 된 원인이 되는 권원은 묻지 않는다. 따라서 장물범에게서 장물을 절취하면 본죄가 성립한다. 46

(나) 주관적 요소[28]

(a) 점유의사 또는 지배의사

점유를 위해 점유의사 또는 지배의사가 필요하다고 보는 것이 일반적이다. 본죄의 보호법익에 관해 소유권설을 찬성하는 견해는 점유의사는 재물을 지배하겠다는 사실적·자연적 의사로 본다.[29] 소유권 및 점유설은 재물에 대한 지배의사는 점유의 전제요건이므로 이것이 없으면 애당초 점유란 생각할 수 없다고 한다.[30] 점유의사 또는 지배의사는 재물을 사실상 지배한다는 인식 또는 그런 가능성 정도의 의미를 가지고, 그로써 추정되는 소유의사와 같은 본권에 관한 의사와 구분해야 한다는 점은 앞서 살펴본 바와 같다. 47

점유는 사실상의 지배상태이고, 그에 관한 의사 역시 그러한 지배상태에 대한 인식 또는 인식가능성이기 때문에, 법률행위의 효력을 인정하기 위해 필요한 능력은 따로 요구되지 않는다. 점유 인정을 위해 의사능력이나 행위능력이 요구되지 않는다. 따라서 어린아이, 미성년자, 피성년후견인과 피한정후견인 같은 제한능력자도 점유 주체가 될 수 있다. 의사무능력자라도 재물에 대한 사실상 지배가 가능하므로, 정신병자 가운데 의사능력을 인정할 수 없는 상태라도 본죄에서의 점유 주체가 될 수 있다. 48

사실상 지배에 관한 인식가능성을 가지면 점유의사를 인정할 수 있기 때문에 졸도, 기절에 의해 의식을 상실한 경우, 잠자는 때에도 역시 점유 상태가 유 49

단어다.

28 주관적·정신적 요소라고 표현하기도 한다.

29 김일수·서보학, 230.

30 김성돈, 형법각론(5판), 283.

지된다(잠재적 지배의사[31]로 표현할 수 있음).[32] 인식가능성이 기준이므로, 주택, 사무실, 창고와 같은 지배 공간에 재물이 배달되어 온 때에는 그 시점에 점유를 인정할 수 있다(일반적 지배의사 또는 추상적 지배의사라고 표현하기도 함). 따라서 편지함 속에 든 우편물은 그 수신 여부에 대한 현실적인 인식 여부를 떠나 편지함에 투입되는 순간 건물 관리자의 점유 상태에 놓이게 된다. 마찬가지로 아파트와 같은 집합건물의 경우, 전유 부분이 아닌 공용 부분 출입구에 투입함이 집합적으로 마련되어 있어도 전유 부분을 구분할 수 있도록 투입함이 분리되어 있다면, 그 투입함 안에 있는 우편물은 그에 표시된 전유 부분 거주자의 점유 상태에 있는 것으로 보게 된다. 집 앞 또는 가게 앞에 배달된 상품, 신문 역시 거주자 또는 업주가 점유자가 된다. 아파트 건물 밖에 놓아둔 배달상품이라도 배달 상품에 가구 또는 배당받을 사람이 표시되어 있다면, 그에 의해 전유 부분 거주자 또는 배달받을 사람이 누구인지 판별되므로 배달받을 사람의 점유 상태에 있다. 소유자가 관리하는 일정한 공간 안에 방치해 둔 채 존재를 인식하지 못한 재물이라도 지배에 관한 인식가능성을 가진 이상 점유 상태를 인정할 수 있으므로, 집안에서 잃어버린 물건 역시 거주자의 점유 상태가 유지된다.

(b) 죽은 사람의 점유

50 죽은 사람(死者)의 점유의사에 대해 논의가 있다.

51 판례는 일정한 경우 사자의 생전 점유를 인정하고 있다. 예를 들어, 피고인이 피해자를 살해한 방에서 사망한 피해자 곁에 4시간 30분쯤 있다가 그 곳 피해자의 자취방 벽에 걸려있던 피해자의 물건을 가져간 사안에서,[33] 이와 같은 경우에 피해자가 생전에 가진 점유는 사망 후에도 여전히 계속되는 것으로 보아 이를 보호하는 것이 법의 목적에 맞다고 판시하였다.[34] 이에 대해서는, ① 판례

---

31 잠재적, 일반적·추상적 지배의사에 관해서는 사회규범적 요소에서 설명한다.

32 독일의 판례 가운데에는, 완전명정(酩酊)자의 경우에도 그 점유의사가 인정되는 점에서 점유의 계속을 인정한 것이 있고(BGH, 21.05.1953 - 4 StR 787/52), 또한 빈사 상태의 중상자에 관해서도 마찬가지로 점유의 계속을 인정한 것이 있다(BGH, 20.03.1985 - 2 StR 44/85).

33 대판 1993. 9. 28, 93도2143. 이 사건에서 대법원은 대판 1968. 6. 25, 68도590(피해자를 살해한 현장에서 피해자가 소지하는 물건을 영득의 의사로서 점유를 취득함은 피해자의 점유를 침탈한 것으로서 본죄에 해당한다고 한 사례)을 참조 판례로 들었다. 위 93도2143 판결 평석은 최철환, "사자의 점유 및 사자명의의 문서", 형사판례연구 〔3〕, 한국형사판례연구회, 박영사(1996), 185-200.

34 같은 취지 대판 2013. 7. 11, 2013도5355. 「피해자의 주거에 침입할 당시 피해자는 이미 사망한 상태였고 피고인은 그 사망과는 관련이 없으며 정확한 사망시기도 밝혀지지 않아 피고인이 그

태도에 찬성하며 피해자의 사망과 시간적·장소적으로 근접한 때에 사망한 사람의 생전 점유를 침해한다고 보는 견해(생전 점유 침해로 인한 절도죄설),[35] ② 사망 후에도 일정시간 사자의 점유가 계속되므로 사자의 점유를 침해한다고 보는 견해(사자 점유 침해로 인한 절도죄설),[36] ③ 사망과 함께 지배의사는 상실하므로 점유를 인정할 수 없고 그에 따라 상속에 의한 점유 승계도 형법상 인정할 수 없어 점유를 부정해야 한다는 견해(점유이탈물횡령설)[37]로 나뉜다. 죽은 사람의 점유의사는 추정할 수 없다. 점유의사뿐만 아니라 소유의사 역시 추정할 수 없다. 사망한 사람의 점유의사를 추정할 만한 규정도 찾아볼 수 없다. 형법에서 상속에 의한 점유 계속을 인정할 수 없다고 하는 점도 앞에서 설명한 바와 같다. 판례는 피해자의 생전 점유가 사망 후에도 여전히 계속되는 것으로 보고 보호하는 것이 법의 목적에 맞다고 선언했는데, 근거가 미약하다. 피해자 사망 후 점유 침탈이 이루어진 것이 확실하다면, 점유이탈물횡령죄가 성립한다고 봐야 한다(위 ③설의 입장).

(c) 법인의 점유

법인의 점유에 대해서는 견해가 나뉜다. ① 법인은 자연적 지배의사를 스 52
스로 가질 수 없고 기관이 법인을 위해 사실상의 지배를 하고 있는 것에 불과하여 부정해야 한다는 견해[38]와, ② 법인도 절도 피해자가 될 수 있는 이상 법인 기관의 점유의사에 의해 재물을 점유할 수 있다고 보는 견해[39]가 있다. 법인은 자연인인 기관을 통해 행위하고, 대표 행위를 비롯한 법인 기관의 여러 활동이

주거에 있던 재물을 가지고 나올 때까지 사망 이후 얼마나 시간이 경과되었는지도 분명하지가 않다. 이러한 사정으로 볼 때, 원심이 사자의 점유를 인정한 종전 판례들은 이 사건에 적용될 수 없다고 하여 주거침입절도 후 준강제추행 미수의 점을 무죄라고 판단한 것은 정당한 것으로 수긍이 된다.」

35 김신규, 형법각론 강의, 320; 박상기, 형법각론(8판), 252; 임웅, 형법각론(9정판), 325; 정성근·정준섭, 형법강의 각론(2판), 204; 최호진, 형법각론, 358; 홍영기, 형법(총론과 각론), §74/30.

36 배종대, §61/38.

37 김성돈, 286; 김일수·서보학, 230; 김혜정·박미숙·안경옥·원혜욱·이인영, 형법각론(3판), 288; 박찬걸, 형법각론(2판), 361; 손동권·김재윤, 새로운 형법각론, §20/16; 이재상·장영민·강동범, §16/27; 정웅석·최창호, 형법각론, 520; 한상훈·안성조, 형법개론(3판), 505.

38 김성돈 283-284; 김신규, 319; 박찬걸, 357; 신동운, 형법각론(2판), 916; 오영근, 형법각론(4판), 227; 이형국·김혜경, 형법각론(2판), 343; 정성근·정준섭, 201; 정웅석·최창호, 420; 최호진, 356; 한상훈·안성조, 505.

39 김일수·서보학, 230; 임웅, 323-324; 주호노, 형법각론, 562.

법인의 행위로 직접 인정되는 것이 아니고 법적으로 간주되는 것은 사실이다. 그러나 다양한 거래와 경제 활동 주체로서 현대 사회에서 그 중요도가 큰 법인의 역할을 생각할 때, 소유 주체로서 뿐만 아니라 재물에 대한 지배 주체로서의 법인의 활동을 인정하는 것이 타당하다. 법인 역시 점유의 주체가 될 수 있다고 봐야 한다.

(다) 사회규범적 요소(경험칙)[40]

53 절취의 행위요소로서의 점유는 시민의 평균적 관점을 반영한 경험칙을 반영해 결정되기도 한다.

(a) 지배상태가 유지되는 경우

54 현실적인 지배상태는 아니라고 해도 관리가 계속되고 있어서 재물에 대한 사실상 지배가 이어지고 있는 때에는 점유를 인정할 수 있다. 여행이나 출장, 외출로 집을 비운 상태라고 해도 문을 잠그거나 방범 설비를 통해 출입을 통제하고 있다면, 그 집에 대한 관리는 이어진다고 인정할 수 있다.[41] 집주인이 문을 잠그지 않았다고 해도 그로써 출입을 허락하거나 물건에 대한 점유를 푼 것으로 볼 수 없는 이상 관리 상태는 유지된다. 같은 취지에서 논밭에 두고 온 곡물, 집 주변을 돌아다니는 닭이나 개, 집에 돌아오는 습성을 가진 가축 역시 누군가의 관리 상태가 이어지고 있다고 객관적으로 인정할 수 있다면, 소유자의 점유 상태가 유지되는 것으로 보게 된다. 주차장에 주차해 둔 자동차나 오토바이, 아파트 부근에 세워둔 자전거 역시 마찬가지다.

(b) 잠재적 지배를 인정하는 경우[42]

55 사실상 지배에 관한 인식가능성을 가지면 점유의사를 인정할 수 있기 때문에 졸도, 기절에 의해 의식을 상실한 경우, 잠을 자는 때에도 점유 상태가 유지된다. 따라서 졸도한 현장에 떨어져 있던 피해자 물건을 가져갔다면 본죄가 성립한다.[43]

---

40 사회적·규범적 요소라고 표현하기도 한다.

41 우편함 속에 우편물, 아파트 앞에 배달품 등도 이런 관점에서 사회규범적 지배의사에 해당할 수 있지만, 이 부분은 사실상 지배에 대한 인식가능성이라는 측면에서 주관적 요소로 보고 그 부분에서 설명했다.

42 이 부분 역시 잠재적 지배의사라는 측면에서 주관적 요소로 설명되기도 하지만, 사회규범적 요소로 보고 설명한다.

43 대판 1956. 8. 17, 4289형상170. 이 사건은 피고인의 폭행으로 피해자가 졸도한 후에 현장에 떨어진 피해자의 시계를 피고인이 가져간 사안으로, 애초 언쟁 이유로 미루어 강도 의사로 폭행한

어쩔 수 없는 사정에 의해 현실적 지배에서 벗어나는 경우라도 재물의 존재에 대해 인식한 상태에서 그와 같은 사정이 없었다면 계속 지배했을 것으로 인정할 수 있다면, 점유 상태를 유지하는 것으로 보게 된다. 판례는 강간을 당한 피해자가 도피하면서 현장에 놓아두고 간 손가방은 점유이탈물이 아니라 사회통념상 피해자의 지배상태에 있는 물건이라고 판단했다.[44] 이런 경우는 어쩔 수 없는 사정에 의한 현실적 지배상태의 이탈일 뿐, 이로써 지배의사를 버렸다고 규범적으로 평가할 수 없기 때문이다. 56

(c) 놓고 간 물건

특정 장소에 놓고 간 재물에 대한 점유에 대한 기준을 살핀다.[45] 놓고 간 물건에 대해 기존 점유를 유지하는 것으로 보거나 새로운 점유가 개시된 것으로 보게 되면 본죄가, 점유를 상실한 것으로 보게 되면 점유이탈물횡령죄가 성립한다. 이런 측면에서 놓고 간 물건에 대한 점유 기준은 중요한 의미를 가진다. 57

① 당구장, 여관, 극장, 헬스장, 목욕탕처럼 관리자가 누구인지 외부에 명확하게 드러나고, 이용자가 내부의 일정 공간을 잠정적으로나마 배타적으로 사용할 권한을 가졌던 때에는, 이용자가 자기 물건을 그 공간 또는 그 주변에서 잃어버리고 자리를 이탈했다고 해도 재물은 업주의 지배 범위 안에서 계속 관리되는 상태이고, 그에 따라 업주는 이용자의 요청에 따라 언제든 재물을 반환해야 할 지위에 있으므로, 재물에 대한 업주의 점유가 개시되어 그 재물은 업주의 사실상 지배 아래 있다고 할 수 있다. 58

판례를 보면, 당구장의 당구대 밑에서 어떤 사람이 잃어버린 금반지를 피고인이 주워서 손가락에 끼고 다니다가 그 소유자가 나타나지 않고 용돈이 궁해 전당포에 전당잡힌 사안에서, 어떤 물건을 잃어버린 장소가 당구장과 같이 타인의 관리 아래 있을 때에는 그 물건은 그 관리자의 점유에 속하기 때문에 관리자가 아닌 제3자가 그 재물을 가져가는 것은 점유이탈물횡령죄가 아니라 본죄에 해당한다고 판단하였다.[46] 59

것으로 인정되지는 않았던 사례다.

44 대판 1984. 2. 28, 84도38.

45 잃어버린 재물이라는 표현을 쓰기도 하지만, 잃어버렸다는 말 자체는 유실물을 지칭하는 것으로 보일 수 있으므로 놓고 간 물건이라고 표현한다.

46 대판 1988. 4. 25, 88도409.

60 그러나 주의할 사항이 있다. 이러한 시설이라도 모두 배타적 이용 공간만 존재하는 것은 아니다. 특정한 여관방, 극장의 지정 좌석, 헬스장이나 목욕탕의 라커와 같은 상업용 시설물은 이용자가 그 안에서 전용으로 사용할 수 있는 공간이 있는 반면, 호텔이나 여관 복도의 자판기 설치 장소, 극장의 음식 판매대나 복도, 헬스장의 운동 공간이나 목욕장의 욕장 내부처럼 이용자의 배타적 이용 공간이 아닌 공용 이용 공간도 존재한다. 아직까지 논의는 없지만, 이런 공간에서 관리자의 점유 개시를 인정하려면 이용자에게 제공된 배타적 지배 공간이 존재하는지에 대해 생각해 볼 필요가 있다. 관리자의 관리 권한이 미치는 공간이라고 해도 손님이라면 누구나 이용할 수 있는 공간에서 물건을 잃어버린 때에는 관리자의 입장에서 물건에 대해 그 특정 손님을 위한 배타적인 지배를 시작했다고 인정하기 어려울 수 있기 때문이다. 이용자의 배타적 지배 공간이 아닌 공간, 즉 공용 공간에서 물건을 발견한 경우 관리자로서는 그 물건을 유실물로 보고 유실물법에 따라 습득물로 신고하는 절차를 밟는 것이 적절한 처리 방법이 될 수 있다. 당구장 사안에서 판례가 범행 장소를 '당구장'이라고만 특정하지 않고 당구장 안에 있는 '당구대 밑'이라고 구체적으로 특정한 사실에 주목할 필요가 있다. 이용자가 특정 당구대를 일정한 시간 배타적으로 이용할 지위를 가진 상태였으므로 특정 당구대 사용 공간에서 물건을 잃어버렸다면, 당구장 주인으로서는 그 배타적 공간에서 잃어버린 물건에 대한 반환청구에 응해야 한다. 따라서 그 당구대 밑에서 재물 절취가 일어났다면 점유이탈물횡령죄가 아닌 본죄가 성립한다고 본 것이다.

61 ② 지하철, 노선버스에서 재물을 잃어버린 때는 어떤가? 잃어버린 재물이 누군가의 점유물인지 유실물인지 판단하는 기준으로 유실물법 제10조 제1항 규정이 제시되기도 한다. 유실물법 제10조 제1항은 "관리자가 있는 선박, 차량, 건축물, 그 밖에 일반인의 통행을 금지한 구내에서 타인의 물건을 습득한 자는 그 물건을 관리자에게 인계하여야 한다."고 규정한다. 그러나 유실물법 규정의 표현만으로 본죄 성립을 따지기 위한 점유자 판단 기준을 찾을 수는 없다. 유실물법은 착오로 인하여 점유한 물건, 타인이 놓고 간 물건이나 일실한 가축에 대해서도 이를 준유실물이라고 보고 유실물법과 민법 제253조의 유실물에 대한 소유권 취득 규정을 적용하도록 하고 있다(유실물법 § 12). 따라서 형법상 본죄의 객

체가 되는 점유물의 대상인 재물이라고 해도 사안에 따라 유실물법이 적용되는 사례도 있을 수 있다. 절취를 예정할 수 있는 점유 상태인지 여부는 결국 사실상 지배상태에 관한 형법 태도에 따라 결정할 문제이다. 점유물과 유실물의 구분은 사회 현상과 이용 관계의 실체를 살펴서 결정해야 한다.

판례는 피고인이 지하철의 전동차 바닥 또는 선반 위에 있는 핸드폰, 소형 62
가방을 가지고 간 사안에서, 지하철의 승무원은 유실물법상 전동차의 간수자로서 승객이 잊고 내린 유실물을 교부받을 권능을 가질 뿐 전동차 안에 있는 승객의 물건을 점유한다고 할 수 없고, 그 유실물을 현실적으로 발견하지 않는 한 이에 대한 점유를 개시했다고 할 수도 없으므로, 그 사이에 피고인이 위와 같은 유실물을 발견하고 가져간 행위는 점유이탈물횡령죄에 해당한다고 판단했다.[47]

그리고 고속버스의 운전사는 고속버스의 간수자로서 차내에 있는 승객의 63
물건을 점유하는 것이 아니고 승객이 잊고 내린 유실물은 이를 교부받을 권능을 가질 뿐이므로 그 유실물을 현실적으로 발견하지 않으면 이에 대한 점유를 개시했다고 할 수 없고, 그 사이에 다른 승객이 유실물을 발견하고 이를 가져갔다면 이는 점유이탈물횡령에 해당한다고 판단했다.[48] 고속버스 사안에 대한 대법원 태도에 대해서는, ⓐ 찬성하는 견해[49]와 ⓑ 반대하는 견해[50]가 대립한다. 현재 고속버스 이용 실태를 보면 지정좌석이 정해져 있다. 지정좌석을 배정한다는 점에서 비행기나 기차의 여객 운송과 같다. 선박도 지정좌석으로 여객 운송이 이루어지기도 한다. 비행기 여객 운송의 경우, 지정좌석에 놓고 내린 물건에 대해서는 이용자를 대신해서 관리자의 사실상 지배가 시작되었다고 인정할 여지가 더 많다. 이용자가 자기 좌석에 놓고 내린 물건의 반환을 비행기 관리자에게 요구하는 경우, 유실물법에 따른 처리 절차를 주장할 수 없을 것으로 보인다. 고속버스 역시 이처럼 지정좌석 방식으로 운용되고 있는 실태를 감안할 때, 판례 태도에 대한 재검토가 필요하다.

③ 앞에서 본 위 ①과 ②와는 달리 공원 등 야외나 대형시설 등에 놓고 간 64

47 대판 1999. 11. 26, 99도3963.

48 대판 1993. 3. 16, 92도3170. 본 판결 평석은 하태훈, "형법상의 점유개념", 형사판례연구 〔3〕, 한국형사판례연구회, 박영사(1995), 170-184.

49 배종대, §75/5; 신동운, 913; 임웅, 324-325; 정성근·박광민, 형법각론(전정2판), 298.

50 김성돈 285; 김일수·서보학, 231; 손동권·김재윤, §20/17.

경우에는, 이를 가져가더라도 원칙적으로 본죄가 아니라 점유이탈물횡령죄가 성립할 것이다. 다만, 피해자가 놓고 간 것을 뒤늦게 인식하고 바로 돌아온 경우에 점유를 인정할 것인지가 문제된다.[51]

(3) 공동 점유

65 재물에 대한 사실상 지배가 중첩되는 경우가 있다. 크게 두 가지 형태로 구분할 수 있다. 공유자, 동업자, 조합원, 부부의 점유와 같이 대등한 관계에서 비롯하는 점유와 피용자가 사용자의 물건을 업무상 사용하는 경우처럼 점유보조 관계에서 비롯하는 점유로 나눌 수 있다. 대등한 관계에서 비롯하는 공동 점유는 다른 공동 점유자와의 관계에서 타인의 점유가 되어 본죄가 성립하게 되고, 점유보조 관계에서 비롯하는 점유는 위임의 실태를 따져 피용인 또는 종업원의 점유 침해가 본죄가 되기도 하고 횡령죄가 되기도 한다.

(가) 공동 점유

66 공유, 합유, 총유 관계에서 비롯하는 공동 점유물에 대한 점유는 다른 공동 점유자와의 관계에서는 타인의 점유에 해당한다. 따라서 공동 점유자의 일부가 다른 공동 점유자의 동의를 받지 않고 재물의 점유를 이전하거나 탈취하면 절취에 해당한다.[52]

67 부부의 점유와 관련하여 인장이 들어있는 돈궤짝을 별개 가옥에 별거 중인 남편이 그 거주 가옥에 보관하고 있었다면, 처가 그 돈궤짝의 열쇠를 소지하고 있었다고 해도 그 안에 들은 인장은 처의 단독 보관 상태가 아니라 남편과 공동 보관하고 있다고 보아야 하므로, 공동 보관자 중의 1인인 처가 다른 보관자인 남편의 동의 없이 불법영득의 의사로 인장을 가져간 이상 본죄를 구성한다고 본 사례가 있다.[53]

---

51 일본 사례 중에는 피해자가 공원 의자 위에 가방을 놓아두고 일행과 이야기를 하는 것을 보고 이를 노리던 피고인이 피해자가 가방을 놓아둔 채 27미터 정도 가버린 시점에 이를 가지고 갔는데, 피해자는 약 200미터 정도 가다가 이를 깨닫고 2분 정도 지나 돌아온 사안에서, 피해자가 놓고 간 때와 피고인이 가져간 때의 시간적(수십 초)·공간적(27미터) 근접성을 고려하여 본죄를 인정한 것이 있다[最決 平成 16(2004). 8. 25. 刑集 58·6·515].

52 공동 소유에 관한 주해와 그 사례(**II. 2. (1) 공동 소유** 부분 참조)는 공동 점유 침해에 대해서 그대로 타당하다. 공동 소유에서 다룬 사례를 참고하기 바란다.

53 대판 1984. 1. 31, 83도3027.

(나) 점유보조 관계

가사상, 영업상이나 그 밖의 유사한 관계에 의하여 타인의 지시를 받아 물건에 대한 사실상의 지배를 하는 때에는 그 타인만을 점유자로 한다(민 § 159). 점유보조자의 점유 형태는 위임 실태에 따라 다를 수 있다. 민법이 제시하는 기준과 그 법률 효과가 대체로 형법에도 적용 가능하지만, 본죄와 횡령죄를 구분하는 기준으로서 점유보조자에 대한 평가를 어떻게 할 것인지는 민법이 제시하는 기준이 반드시 타당한 것만은 아니다. 식당 주인과 종업원, 식당 주인과 배달하는 사람, 집 주인과 가사 도우미, 편의점 주인과 종업원, 공장 주인과 창고 경비원과 같이 이 범주에서 논할 점유 형태는 꽤 광범위하다. 그 동안의 사례를 검토해 보면, 유사한 현상에 어떤 때는 본죄, 어떤 때는 횡령죄가 성립한다고 하여 그 기준이 모호한 것처럼 보이는 경우도 있었다. 그 이유는 점유보조 관계에 따라 점유관계를 명백하게 구분할 기준을 형법 자체에서 찾기가 어렵기 때문이기도 하다. 특히, 점유보조 관계는 시절의 변화에 따라 점유자 특정이 달라질 수 있는 분야다. 고속버스에 놓고 간 재물의 점유자를 누구로 볼 것인지와 같은 문제처럼, 점유보조 관계 역시 변화하는 사회 현상과 위임 실태를 제때 파악해서 누구의 점유를 인정할 것인지 분별해야 할 영역이다. 현재 사회 실태를 반영하여 그 기준을 살펴본다. 68

사용자의 의사에 따라 기계적으로 보조하는 관계라면 재물을 현실적으로 소지하고 있는 사람이라도 점유보조자에 불과하기 때문에 독자적인 점유를 인정할 수 없다. 이런 관계는 상하주종 관계라고 일컬어지기도 한다. 이때에는 사용자의 점유만 인정된다. 따라서 이런 사안에서 피용자가 사용자의 재물을 가져갔다면 본죄가 성립한다. 식당에서 식기를 운반하고 다루는 사람은 주로 종업원이지만, 그 식기에 대한 점유는 식당 주인에게 있다. 따라서 종업원이 식기를 가져갔다면 절취에 해당한다. 마찬가지로 가사도우미가 청소용품을 가져가거나, 육아도우미가 육아용품을 가져갔다면 본죄가 성립한다. 편의점 종업원의 경우, 시급제로 고용되어 주인의 관리·감독 아래 기계적인 매장 관리만 하는 경우가 많으므로 대체로 편의점 상품과 물건에 대해서는 편의점 주인의 점유만 인정될 여지가 많다. 69

고용관계라고 해도 기계적으로 보조하는 지위에서 벗어나 어느 정도 독립 70

한 직무의사를 가지고 사무를 보는 경우에는 독립한 점유자로서 보관자 지위를 인정해야 할 경우가 많다. 은행 창구에서 통장 개설 업무와 예금 입출금 업무를 하며 현금을 보관하는 은행 직원, 백화점이나 대형 매장의 현금 출납 직원, 매장 관리권을 가진 지점장이 본사에 송금할 돈을 써버린 경우는, 점유보조자라기보다 독립한 보관자로서의 지위를 가진다고 보아 본죄가 아닌 횡령죄가 성립할 여지가 많다.[54]

71 식당에서 배달하는 사람의 경우에는 최근 관계 변화가 감지된다. 배달하는 사람이 고용되어 월급을 받으며 사용자가 지정한 배달 장소로 기계적으로 배달만 하는 관계라면, 배달 음식과 배달을 위해 사용하는 이동 수단과 용기는 모두 식당 주인의 점유라고 할 수 있다. 하지만 최근 특정 음식점 또는 몇 개 음식점에서 위임을 받고 배달하며 따로 배달료를 받는 사례가 늘고 있는데, 이 경우 배달하는 사람이 배달 음식을 처분했다면 본죄보다는 횡령죄가 성립할 가능성이 높다.[55]

72 판례는, 피고인이 전주연초제조창 기사보로서 작업과 예비계 차석으로 근무하던 중 예비계 경리 담당 직원의 요청으로 그와 동행해 한국은행 전주지점에 가서 동행한 직원이 찾은 현금 200여만 원 중 50만 원을 그의 부탁으로 피고인이 소지하고 인출 의뢰인인 피해자와 동행해 피해자와 피고인이 근무하는 전주연초제조창 사무실에 도착하여 50만 원을 피해자에게 교부할 때 그중 10만 원을 현금처럼 가장한 돈뭉치와 바꿔치기한 사안에서, 피고인이 50만 원을 피해자를 위해 운반하기 위해 소지했다고 해도 피해자의 점유가 상실된 것이라고 볼 수 없을 뿐더러 피고인의 운반을 위한 소지는 피고인의 독립한 점유가 아니고 피해자의 점유에 종속하는 점유의 기관으로서 소지한 것이라서, 그 소지 중에 있는 10만 원을 꺼내어 영득한 행위는 본죄가 성립한다고 판단했다.[56] 이 사

54 독일에서도 상하관계의 공동점유에 관해서는, 가령 종업원이 상점에 진열되어 있는 물건을 영득한 경우는 점주 내지 점장의 점유를 침해한 것으로서 본죄를 구성한다고 보는데, 금전출납 직원의 경우에는, 결산이 이루어지기 전에 그 직원의 의사에 반해서 금전이 이전되는 것이 허용되지 않는 한에서는, 그 단독 점유가 인정된다고 보았다(BGH, 03.04.2001 - 1 StR 45/01, 1 StR 75/01).

55 온라인 배달업체에 등록하고 그 업체의 배정에 따라 식당과 독립하여 별도 배달비를 받고 배달만 하는 사람이 배달 음식을 처분했다면 횡령죄가 될 것이다.

56 대판 1966. 1. 31, 65도1178.

안은 절도와 횡령 사이에서 기준 설정에 관한 사례였는데, 대법원은 피고인이 기계적인 일을 수행할 것으로 예상되는 직위였던 점과 피해자가 동행한 가운데 피고인이 오로지 운반 목적으로 돈을 소지했다는 점에 중점을 두고 점유관계를 파악해 절도를 인정했던 것으로 보인다. 한편, 피고인이 피해자로부터 피해자의 오토바이를 타고 심부름을 다녀오라는 부탁을 받고 그 오토바이를 타고 가다가 마음이 변해 타고 가버린 사안에서, 횡령죄를 인정한 판례가 있다.[57]

재물 운반과 관련해 이 사건과 대비해 볼 사례가 있다. 피해자가 서울시내 73
평화시장의 한 가게에서 의류 48장을 매수해 이를 묶어서 그곳에 맡겨 놓은 후 그곳에서 약 50m 떨어져 가게를 살펴볼 수 없는 딴 가게로 가서 지게짐꾼이던 피고인을 불러 가게에 가서 맡긴 물건을 운반해 줄 것을 의뢰하자, 피고인은 그 가게에 가서 맡긴 물건을 찾아 피해자에게 운반하지 않고 용달차에 싣고 가 처분한 사안에서, 대법원은 피해자로부터 피고인 단독으로 가게에 가서 물건을 운반해 올 것을 의뢰받은 것이라면 피고인의 운반을 위한 물건의 소지관계는 피해자의 위탁에 의한 보관관계에 있다고 할 것이므로 이를 영득한 행위를 횡령죄가 성립한다고 판단했다.[58]

이 사례처럼 재물 운송을 위임받은 사람의 지위가 어떤지에 대해 논의가 74
있다. ① 위임받은 사람의 단독 점유를 인정하고 횡령죄를 인정하는 견해,[59] ② 점유보조 관계에 있다고 보고 본죄 성립을 인정하는 견해,[60] ③ 포장물 전체에는 수탁자에게, 내용물에는 위탁자에게 점유가 인정된다고 보고 수탁자가 포장물 전체를 가져가면 횡령죄가, 포장물에서 내용물을 탈취해 가면 본죄가 각각 성립하는 것으로 보는 견해,[61] 그리고 ④ 사안에 따라 의뢰인의 현실적인 지배 감독이 가능하면 점유보조 관계로 보아 본죄 성립을, 그 지배 감독이 불가능하면 운반자에게 보관자 지위가 있다고 보고 횡령죄 성립을 인정해야 한다는 견해[62]가 나뉜다. 사안마다 위임 관계와 지배 감독 관계의 실질을 따져서 절도인

57 대판 1986. 8. 19, 86도1093.
58 대판 1982. 11. 23, 82도2394.
59 김일수·서보학, 233; 배종대, § 61/30.
60 박상기, 253; 정성근·박광민, 303.
61 신동운, 915.
62 김성돈, 288; 이재상·장영민·강동범, § 16/37.

지 횡령인지 가릴 문제이다.[63]

75 봉함된 포장물, 예를 들어 우편물, 위탁받은 배달 상품에서 그 내용물을 꺼내어 간 때에 어떤 죄가 성립하는지에 관해 논의가 있다. ① 내용물을 포함한 위탁물 전체에 대해 위탁자가 보관자 지위를 가진다고 보아 횡령죄가 성립한다고 하는 견해,[64] ② 내용물을 포함한 위탁물 전체가 위탁자의 점유이므로 본죄가 성립한다고 보는 견해, 그리고 ③ 위탁 취지를 살펴 점유관계를 파악해야 한다고 하는 견해[65]가 있다. 봉함된 포장물의 내용물을 가져간 경우는 재물 운송 위탁과 약간 다른 사안이지만, 기본적으로는 위탁받은 물건을 포장과 내용물로 분리해서 결론을 달리할 필요는 없어 보인다. 따라서 재물 운송 위임 사례에서와 같이 사안마다 위임 관계와 지배 감독 관계의 실질을 따져서 위탁받은 사람의 지위에 따라 절도인지 횡령인지 가릴 문제이다. 판례 가운데 위임에 따라 보관 중인 정부 소유 미곡 가마니에서 삭대를 이용해 정부미를 조금씩 가져간 사안에서, 정부미는 정부의 점유이므로 본죄가 성립한다고 한 사례가 있다.[66] 이 사례는 봉함된 포장물의 내용물을 가져갔을 때 판례가 본죄 성립을 인정한 사례로 소개되기도 한다. 하지만 이 사건에서 절취한 사람은 정부의 점유보조자로서의 지위를 가질 뿐이어서 정부의 점유를 인정하고 쌀을 꺼내어 간 사람에게 본죄가 성립한다고 인정할 수 있는 사례였다. 이 사례로써 이 문제에 대한 판례 태도를 추론하는 것은 적절해 보이지 않는다.[67]

---

63 독일에서도 운송 중의 상품에 관해 그 점유의 귀속에 관해 논의가 있는데, 고용주가 운전 경로를 파악하고 있는지에 따라 고용주의 점유가 계속되는 것인지가 판단되는 것으로 이해된다. 예를 들어, 장거리의 운송 사안에서 주행 중의 운전수에 대한 계속적 감독이 이루어지는 경우에는 고용주의 점유가 계속되는 것으로 볼 수 있지만, 주행 기록이 존재하는 것만으로는 관리자의 점유가 인정되지 않는다고 하였다(BGH, 23.01.1979 - 1 StR 257/79).

64 손동권·김재윤, § 20/21.

65 박상기, 254; 이재상·장영민·강동범, § 16/39; 정성근·박광민, 304. 위탁의 취지와 구체적인 형식에 따라 점유의 이전 여부를 결정하는 것이 타당하므로 내용물을 함부로 볼 수 없을 정도로 잠금장치까지 되어 있는 경우가 아닌 한 원칙적으로 보관자의 점유(또는 공동 점유)라고 보는 것이 타당하다는 견해 역시 이 견해를 취한 것으로 보인다(김성돈, 289). 포장물과 내용물 전체에 대한 횡령죄 성립을 긍정하면서, 잠금장치 되어 위탁된 용기 내의 재물에 대해서는 점유 관계를 살펴서 결론을 달리할 수 있다고 보는 견해 역시 이 견해에 속한다고 할 수 있다(임웅, 329-330 참조).

66 대판 1956. 1. 27, 4288형상375.

67 독일에서는 봉함된 포장물에 관해 자동판매기와 같이 고정된 용기의 경우에는 그 내용물에 대한 점유는 그 열쇠의 소지자에게 있다고 해석되는데, 용기가 고정되어 있지 않은 경우에는 내용물

76 최근 음식 배달의 위임관계와 실태가 달라지고 있다는 점을 지적하고자 한다. 음식점 종업원과 같은 피용인이 아닌 개별 운송수단을 소유한 독립한 영업 주체가 배달비를 따로 받으며 음식 배달을 하는 현상이 일반화되고 있다. 이런 상황에 배달하는 사람이 배달 음식을 처분했다면 횡령죄가 성립한다. 변화하는 사회 현상과 위임 실태를 제대로 파악해서 누구의 점유를 인정할 것인지 분별할 필요가 있다.

2. 점유의 배제와 점유의 취득

77 형법의 절도는 절취를 그 행위로 삼고, '절취'는 "남의 물건을 몰래 훔치어 가짐"이란 뜻이다.[68] 판례는 절취란 타인이 점유하고 있는 재물을 점유자의 의사에 반하여 그 점유를 배제하고 자기 또는 제3자의 점유로 옮기는 것을 말하고,[69] 어떤 물건이 타인의 점유에 있는지 여부는, 객관적인 요소로서의 관리 범위 내지 사실적 관리 가능성 외에 주관적 요소로서의 지배의사를 참작하여 결정하되, 궁극적으로는 물건의 형상과 그 밖의 구체적인 사정에 따라 사회통념에 비추어 규범적 관점에서 판단하여야 한다고 했다.[70] 학설[71] 역시 판례와 마찬가지로 절취를 점유자 의사에 반해 그 점유를 배제하고 자기 또는 제3자의 점유로 옮기는 것으로 보고 있다.

78 절취 개념에 관한 판례와 학설의 태도에 대해, 타인의 점유의 배제와 새로운 점유의 취득을 내용으로 하는 절취 개념은 독일형법의 'wegnehmen'(취거)과 같은 의미로 파악하는 것이라고 지적하며, 독일형법에서는 권리행사방해죄와 본죄의 행위 형태가 모두 wegnehmen(취거)이지만, 우리 형법에서 '취거'는 권리행사방해죄의 행위 형태이고 절도죄의 행위 형태는 '절취'로, 서로 다른 용어를 사용할 때에는 그 의미를 다르게 해석하는 것이 해석의 기본원칙이므로, 취거는 점유 배제와 점유 이전을 의미하지만, 절취는 취거 외에 영득을 포함하는 개념

과 함께 용기를 움직이게 할 수 있는 점에서 용기의 관리자가 내용물에 대해서도 단독 점유를 가진다고 한 사례가 있다(BGH, 12.06.1968 - 2 StR 106/68).

68 국립국어원, 표준국어대사전(2019).

69 대판 2006. 9. 28, 2006도2963; 대판 2022. 12. 29, 2022도12494.

70 대판 1999. 11. 12, 99도3801; 대판 2008. 7. 10, 2008도3252; 대판 2016. 12. 15, 2016도15492.

71 김신규, 340; 이상돈, 형법강론(4판), 507-508; 정웅석·최창호, 527; 홍영기, § 75/5.

이라고 해석해야 한다고 지적하는 견해가 있다.[72] 타당한 견해라고 생각한다.

(1) 점유의 배제

79 절취가 성립하려면 타인의 의사에 반해 타인의 점유를 배제해야 한다.[73] 점유의 배제는 기존 점유자의 재물에 대한 사실상의 지배를 제거하는 것을 말한다. 작위 또는 부작위로도 가능하고, 행위자가 직접 할 수도 있고 제3자를 이용한 간접정범의 형태로도[74] 실행 가능하다.

80 점유 배제는 점유자의 의사에 반해야 한다. 배제에 대한 인식은 피고인이 가지는 것으로, 점유자가 배제 사실을 알고 있을 필요는 없다. 하지만 점유 이탈이 점유자의 의사에 따라 이루어졌다면 절취가 성립하지 않는다. 범죄 성립을 조각하는 점유자의 동의는 명시적, 묵시적으로 모두 가능하다. 명시 또는 묵시의 소유권 포기 의사가 있은 후에 점유 배제가 이루어진 때에도 절취는 성립하지 않는다.[75]

81 묵시적 동의와 관련해, 피고인이 동거 중인 피해자의 지갑에서 현금을 꺼내가는 것을 피해자가 현장에서 목격하고도 만류하지 않았다면 피해자가 이를 허용하는 묵시적 의사가 있었다고 보았다.[76] 그리고 피고인이 고소인으로부터 밍크 200마리를 수입해 주면 수고비 명목으로 1마리에 55,000원씩 계산해서 밍크 45마리를 주겠다는 제의를 받고 이를 승낙한 상태에서 피고인이 밍크 45마리를 싣고 가는 것을 고소인이 현장에서 목격하고도 이를 만류하지 않은 것은 이를 허용하는 묵시적 의사가 있었다고 보았다.[77]

(2) 새로운 점유의 취득

82 절취행위로 인정하기 위해서는 점유 배제뿐만 아니고 점유 이전 또는 새로

---

72 오영근, 241 참조.

73 학자에 따라 점유의 침탈이라고 표현하기도 한다(김일수·서보학, 234 이하 참조).

74 판례 중에는 피고인이 축산업협동조합이 점유하는 타인 소유의 창고의 패널을 점유자인 조합으로부터 명시적인 허락을 받지 않은 채 소유자인 타인으로 하여금 취거하게 한 경우, 소유자를 도구로 이용한 본죄의 간접정범이 성립될 수 있음을 긍정한 사례가 있다(대판 2006. 9. 28, 2006도2963). 다만, 이 사례에서는 여러 사정에 비추어 피고인에게 조합의 의사에 반해 창고의 패널을 뜯어간다는 범의가 있었다고 단정하기는 어렵다고 판단했다.

75 소유자의 오래 방치로 지배의사가 없는 것으로 본 사례로, 망부석이 대상이었던 사안은 대판 1981. 8. 25, 80도509, 광산 설비가 대상이었던 사안은 대판 1994. 10. 11, 94도1481 참조.

76 대판 1985. 11. 26, 85도1487.

77 대판 1990. 8. 10, 90도1211. 사실관계는 춘천지판 1990. 3. 22, 89노571 참조.

운 점유 취득이 있어야 한다. 점유 배제가 있어도 행위자나 제3자의 점유 취득이 없다면 절취가 완성되었다고 할 수 없다.[78] 따라서 새장 속의 새를 날아가게 하거나 기르는 동물을 도망하게 하는 것은 새로운 점유 취득이 없으므로 절취가 되지 않는다.[79]

점유 탈취는 반드시 몰래 이루어져야 하는 것은 아니며,[80] '날치기'처럼 피해자 앞에서 공공연히 행하여질 수도 있다.[81] 그리고 점유 배제와 새로운 점유의 취득이 시간적으로 일치할 필요는 없다. 따라서 달리는 자동차에서 재물을 떨어뜨린 다음 나중에 가져가면 그 때에 점유 취득이 된다.[82] 83

점유자 의사에 따른 점유 이전이 있다면 이는 절취의 행위요소로서의 새로운 점유의 취득에 해당하지 않는다. 하자 있는 의사에 기한 것이라고 해도 마찬가지다. 따라서 점유자가 기망 또는 협박에 의해 점유 이전의 의사를 가지고 점유를 이전한 때에는 절도가 성립하지 않는다. 사기나 공갈이 성립할 뿐이다. 이처럼 점유 배제와 점유 이전에 점유자의 의사가 있었는지, 또는 처분의사가 있었는지가 절도와 사기를 구분짓는 중요한 기준이 된다. 84

(3) 처분의사 · 처분행위 - 절도와 사기의 구분

절도는 범죄 행위자의 탈취행위에 의해 재물을 취득하는 것이고, 사기는 피해자의 처분행위에 의해 재산을 취득하는 것으로, 양자는 처분행위를 기준으로 구분된다.[83] 이러한 의미에서 사기죄는 자기손상범죄, 본죄는 타인손상범죄라고 설명된다.[84] 사기죄에서 이러한 자기손상행위로서 처분행위의 본질이 충족되기 85

78 김일수·서보학, 242-243 참조.

79 김성돈, 289 참조.

80 김일수·서보학, 234 참조.

81 독일에서도 마찬가지의 관점에서, 감시되고 있는 상태에서 담배를 의복 내에 숨긴 사안에서 절도죄의 기수를 인정한 판례가 있다(BGH, 06.10.1961 - 2 StR 289/61).

82 김성돈, 290 참조.

83 대판 2022. 12. 29, 2022도12494. 「사기죄에서 처분행위는 행위자의 기망행위에 의한 피기망자의 착오와 행위자 등의 재물 또는 재산상 이익의 취득이라는 최종적 결과를 중간에서 매개·연결하는 한편, 착오에 빠진 피해자의 행위를 이용하여 재산을 취득하는 것을 본질적 특성으로 하는 사기죄와 피해자의 행위에 의하지 아니하고 행위자가 탈취의 방법으로 재물을 취득하는 절도죄를 구분하는 역할을 한다. 처분행위가 갖는 이러한 역할과 기능을 고려하면 피기망자의 의사에 기초한 어떤 행위를 통해 행위자 등이 재물 또는 재산상의 이익을 취득하였다고 평가할 수 있는 경우라면, 사기죄에서 말하는 처분행위가 인정된다.」

84 대판 2017. 2. 16, 2016도13362(전)(근저당권설정계약서 등에 대한 피해자의 서명 날인을 사취

위해서는 피해자에게 자기재산 처분에 대한 결정의사가 필수적이다.

86 이처럼 절도와 사기의 구분 기준 가운데 가장 중요한 요소는 피해자의 '처분행위'가 있었는지 여부이고, 그 처분행위 유무를 가리기 위해 '처분의사'가 있었는지 가릴 필요가 있다. 처분의사가 있다고 보는 이상, 하자 있는 의사가 있었다고 해도 본죄는 성립하지 않는다. 그러나 절취에서도 점유의 침탈이 있기 전에 피해자를 속이는 행위를 하는 경우가 있다. 예를 들어, 백화점 매장에서 물건을 살 것처럼 보여 달라고 한 후 주인 몰래 가져가는 경우다. 이런 때에 절도와 사기를 어떻게 구분할지에 대한 논의가 강학상 책략절도(策略竊盜)에 대한 논의로 진행되어 왔다.

(가) 책략절도에 대한 논의

87 판례는 책이나 귀금속을 잠깐 보겠다고 거짓말하여 피기망자로부터 넘겨받은 후 이를 가져가 버린 이른바 '책략절도' 사안에서, 피기망자의 교부행위에도 불구하고 여전히 책 또는 귀금속이 피기망자의 점유에 있다고 보아 피고인의 취거행위를 점유침탈행위로 판단하여 본죄로 처벌해 왔다.[85] 그리고 피해자가 결혼예식장에서 신부 측 축의금 접수인인 것처럼 행세하는 피고인에게 축의금을 내어놓자 이를 교부받아 간 사안에서, 피해자의 교부행위의 취지는 신부 측에 전달하는 것일 뿐 피고인에게 그 처분권을 주는 것이 아니므로 이는 피고인에 대한 교부가 아니고 단지 신부 측 접수대에 교부하는 취지에 불과하므로 피고인이 그 돈을 가져간 것은 신부 측 접수처의 점유를 침탈하여 범한 절취행위라고 한 사례가 있다.[86]

88 그러나 매장 주인이 매장에 유실된 손님(피해자)의 반지갑을 습득한 후 또 다른 손님인 피고인에게 "이 지갑이 선생님 지갑이 맞느냐?"라고 묻자, 피고인이 "내 것이 맞다."라고 대답한 후 이를 교부받아 가져간 사안에서, 매장 주인은 매장 고객이었던 피해자가 놓고 간 물건을 습득한 사람으로서 적어도 이를 피해자 또는 소유자에게 반환할 수 있는 권능 내지 지위에 놓여 있었다고 봄이 상

한 사례)의 반대의견 참조.

85 책에 대한 절도를 인정한 사례는 대판 1983. 2. 22, 82도3115, 귀금속에 대한 절도를 인정한 사례는 대판 1994. 8. 12, 94도1487.

86 대판 1996. 10. 15, 96도2227, 96감도94.

당하고, 피기망자인 매장 주인의 의사에 기초한 교부행위를 통해 피고인이 지갑을 취득한 이상 이는 사기죄에서 말하는 처분행위에 해당할 수 있다고 보아 사기죄의 성립을 인정하였다.[87] 한편 대법원은, 토지 일부만을 매수한 사람이 그 부분만을 분할 이전하겠다고 거짓말하여 소유자로부터 인감도장을 교부받은 다음 토지 전부에 관하여 소유권이전등기를 마친 '인장사취' 사안에서는, 매수하지 않은 부분에 관한 등기에 대하여는 소유자인 피해자의 처분행위가 없다는 이유로 사기죄가 성립하지 않는다고 보고 있다.[88]

89 판례 사례로 파악할 수 있듯이, 점유 침탈 때에 피해자의 처분행위가 있는 것처럼 보이는 때에 절취와 사취를 구분하는 기준은 피해자에게 점유 이전에 대한 의사가 있었는지 여부이다. 백화점 옷매장에서 옷 구매를 가장하여 옷을 갈아입은 후 주인이 한눈을 파는 사이 도망가는 경우, 자동차 시운전을 빙자하여 몰고 나간 뒤 돌아오지 않는 경우는 모두 점유 이전의 의사가 없고 피해자의 점유가 지속하는 상태이기 때문에 본죄가 성립한다.[89] 처분행위처럼 보이는 외관이 있다고 해도 사실상 지배를 이전하려는 의사가 표명되지 않았던 이상 점유 이전은 없었던 것이고, 사회규범적으로 점유는 여전히 피해자에게 남아 있다고 보는 것이다.

90 형사로 가장해서 보석상점에 들어가 밀수한 보석을 압수했는데 주인이 속아서 이를 묵인한 사례와 관련해, ① 피해자의 직접 교부 없이 압수 명목으로 행위자가 스스로 재물을 취거해 갔으므로 본죄가 성립한다고 하는 견해와, ② 규범적으로 볼 때 피해자가 범인의 취거행위를 묵인한 것은 스스로 교부한 행위와 동일하게 평가할 수 있을 뿐만 아니라 상대방이 압수의 적법한 권한을 가졌다고 믿고 저항할 수 없다고 생각하고 교부한 경우라도 형사(국가)에게 밀수 보석의 점유를 이전한다는 의사의 자의성을 인정할 수 있으므로 사기죄가 성립한다는 견해가 있다.[90] 압수·수색에 동의했다면, 형사인 것처럼 행동하는 것에 속아 그와 같은 의사를 표명한 것이므로 규범적 인식을 기준으로 사기죄가 성립한다

87 대판 2022. 12. 29, 2022도12494.
88 대판 1982. 3. 9, 81도1732.
89 이 부분 사례와 기준 제시는 김일수·서보학, 235.
90 이 사안 및 견해에 대한 설명으로는 김일수·서보학, 235 참조.

고 봐야 한다. 압수·수색에 동의하지 않았는데도 피해자 의사에 반해 취거해 간 경우에는, 점유 침탈이 되므로 이때에는 본죄가 성립한다.[91]

(나) 현금자동지급기에서의 인출에 대한 논의

91 절취한 신용카드나 직불카드를 현금자동지급기(ATM)에서 인출한 때에는 지급기 관리자의 의사에 반해 그 지배를 배제하고 현금에 대한 지배를 옮긴 것이므로 본죄가 성립한다. 이와 관련해 판례는, 우리 형법은 재산범죄의 객체가 재물인지 재산상의 이익인지에 따라 이를 재물죄와 이득죄로 명시하여 규정하고 있는데, 제347조가 일반 사기죄를 재물죄 겸 이득죄로 규정한 것과 달리 제347조의2는 컴퓨터등사용사기죄의 객체를 재물이 아닌 재산상의 이익으로만 한정하여 규정하고 있으므로, 절취한 타인의 신용카드로 현금자동지급기에서 현금을 인출하는 행위가 재물에 관한 범죄임이 분명한 이상 이를 컴퓨터등사용사기죄로 처벌할 수 없다고 할 것이고, 입법자의 의도가 이와 달리 이를 컴퓨터등사용사기죄로 처벌하고자 하는 데 있었다거나 유사한 사례와 비교하여 처벌상의 불균형이 발생할 우려가 있다는 이유만으로 그와 달리 볼 수는 없다고 했다.[92]

92 타인의 명의를 모용해서 발급받은 신용카드로 현금자동지급기에서 현금을 인출한 경우, 비록 카드회사가 피고인으로부터 기망을 당한 나머지 피고인에게 피모용자 명의로 발급된 신용카드를 교부하고, 사실상 피고인이 지정한 비밀번호를 입력하여 현금자동지급기에 의한 현금대출(현금서비스)을 받을 수 있도록 했다고 해도, 카드회사의 내심의 의사는 물론 표시된 의사도 어디까지나 카드명의인인 피모용자에게 이를 허용하는 데 있을 뿐, 피고인에게 이를 허용한 것은 아니라는 점에서 피고인이 타인의 명의를 모용해서 발급받은 신용카드를 사용하여 현금자동지급기에서 현금대출을 받는 행위는 카드회사에 의하여 미리 포괄적으로 허용된 행위가 아니라 현금자동지급기의 관리자의 의사에 반하여 그의 지배를 배제한 채 그 현금을 자기의 지배하에 옮겨 놓는 행위로서 본죄에 해당한다.[93]

93 도난당한 신용카드나 직불카드를 사용한 행위는 그 사용 자체로써 여신전

91 김일수·서보학, 236 참조.
92 대판 2003. 5. 13, 2003도1178.
93 대판 2002. 7. 12, 2002도2134.

문금융업법위반죄에도 해당하고,[94] 본죄와는 보호법익과 행위의 유형이 달라 실체적 경합관계에 있다.

3. 착수시기

(1) 기준 설정

앞서 살펴본 바와 같이 '절취'는 "남의 물건을 몰래 훔치어 가짐"이란 뜻이고, 학설과 판례는 그 개념을 보충해서 절취란 타인이 점유하고 있는 재물을 점유자의 의사에 반하여 그 점유를 배제하고 자기 또는 제3자의 점유로 옮기는 것을 말한다고 해석한다. 실행의 착수시기를 언제로 볼 것인지에 관한 기준 역시 이와 같은 절취 개념에 따라야 한다. 본죄는 미수범을 처벌하므로(§ 342), 실행의 착수시기는 중요한 의미를 가진다. 94

절취행위 개념에 비춰볼 때, 절취의 착수시기는 타인의 점유를 배제하는 행위를 개시한 때가 된다. 구체적인 착수시점에 대해 두 가지 관점을 대비할 수 있다. 학설[95]은 주관적 객관설 또는 절충설이라고 불리는 기준에 따라, 판례는 밀접행위설 또는 실질적 객관설이라 불리는 기준에 따라 착수시기를 판단하고 있다. 95

주관적 객관설은 행위자의 범행 계획에 의하면 범죄의사가 구성요건의 보호법익을 직접적으로 위태롭게 할 만한 행위 속에 명백히 나타난 때 실행의 착수가 있는 것으로 파악한다.[96] 행위자의 범행 계획에 따라 범죄의사가 외부로 드러났다고 볼 수 있는 근접행위를 한 때에 절도의 착수가 있다고 봐야 한다는 취지다. 96

판례는 본죄의 실행의 착수시기는 재물에 대한 타인의 사실상의 지배를 침해하는 데에 밀접한 행위를 개시한 때이고,[97] 실행의 착수가 있는지 여부는 구체적 사건에서 범행의 방법, 형태, 주변 상황 등을 종합 판단해서 결정해야 한 97

---

94 여신전문금융업법 제70조 제1항 제3호. 처음에는 신용카드업법에 규정되어 있었는데, 1997년 8월 28일 여신전문금융업법 제정과 동시에 신용카드업법 규정이 여신전문금융업법에 통합되면서 신용카드업법은 폐지되었다.

95 김신규, 341; 박찬걸, 377; 이재상·장영민·강동범, § 16/43; 이형국·김혜경, 344; 한상훈·안성조, 511-512.

96 이 표현은 임웅, 333 참조.

97 대판 1986. 12. 23, 86도2256; 대판 1999. 9. 17, 98도3077 등.

다고 한다.[98] 그에 따라 대법원은 야간이 아닌 주간에 절도의 목적으로 다른 사람의 주거에 침입하여 절취할 재물의 물색행위를 시작하는 등 그에 대한 사실상의 지배를 침해하는 데에 밀접한 행위를 개시하면 본죄의 실행에 착수한 것으로 보아야 한다고 밝혔다.[99] 같은 취지에서 본죄의 실행의 착수시기는 재물에 대한 타인의 사실상의 지배를 침해하는 데에 밀접한 행위를 개시한 때라고 보아야 하므로, 야간이 아닌 주간에 절도의 목적으로 타인의 주거에 침입하였다고 해도 아직 절취할 물건의 물색행위를 시작하기 전이라면 주거침입죄만 성립할 뿐 본죄의 실행에 착수한 것으로 볼 수 없어 절도미수죄는 성립하지 않는다고 판단했다.[100]

98 절도는 오래된 범죄 유형으로, 아직까지 빈번하게 일어나는 범죄이기도 하다. 따라서 그 다양한 형태, 수많은 행동 양식 모두에 부합하는 명확한 기준을 찾기란 쉽지 않다. 그래도 법리 전개를 위한 기준 설정이 필요하고, 그래서 학설은 '근접'이라는 표현을, 판례는 '밀접'이라는 표현을 쓰고 있는 것이다. 범행계획이나 행위자의 의사가 외부로 드러나는 시점이 언제인지는 결국 구체적인 사례 검토를 통해 파악할 수밖에 없다. 실행의 착수가 있는지 여부는 구체적 사건에서 범행의 방법, 형태, 주변 상황 등을 종합 판단해서 결정해야 한다고 한다는 판례의 고민을 이해할 수 있다. 한 가지 유념할 부분은 본죄는 미수범을 처벌하고, 미수범은 절도의 실행의 착수가 있으면 성립하는 것으로 유죄와 무죄를 가르는 중요한 지표가 되므로, 죄형법정주의에 어긋나지 않도록 절도의 실행의 착수시점을 명확하게 판단할 필요가 있다는 점이다.

(2) 사례 검토

99 절도의 실행의 착수와 관련해 설명이 필요한 사례를 절취 대상을 기준으로 분류해서 분석해 보았다. 사례 검토를 통해 판례가 언제 절도의 실행의 착수가 있는 것으로 보아 왔는지 가늠할 수 있을 것이다.

(가) 주거 또는 건물

100 가장 흔하게 등장하면서도 사안마다 착수시점에 관해 판단이 쉽지 않은 절

98 대판 1983. 3. 8, 82도2944; 대판 2010. 4. 29, 2009도14554.
99 대판 2003. 6. 24, 2003도1985.
100 대판 1992. 9. 8, 92도1650.

도 형태는 주거지나 건물 안에 있는 재물과 관련한 절도다. 이 부분 사례를 분석하기 전에 본죄의 체계, 그리고 본죄와 주거침입죄의 관계에 대한 이해가 필요하다.

판례는 제331조 제2항의 특수절도죄(흉기휴대절도·합동절도)에서 주거침입은 101
그 구성요건이 아니므로, 절도 범인이 범행 수단으로 주거침입을 한 경우에 그 주거침입행위는 특수절도죄에 흡수되지 않고 별개로 주거침입죄를 구성하여 특수절도죄와는 실체적 경합의 관계에 있게 되고,[101] 2명 이상이 합동하여 야간이 아닌 주간에 절도의 목적으로 타인의 주거에 침입했다고 해도 아직 절취할 물건에 대한 물색행위를 시작하기 전이라면 특수절도죄의 실행에 착수한 것으로 볼 수 없어 그 미수죄가 성립하지 않는다고[102] 기준을 제시했다. 같은 이유로 절도가 주거지나 건물의 잠금장치를 손괴했다고 해도 재물을 물색하는 등 절도와 밀접한 행위를 하지 않은 상태라면 본죄의 실행의 착수를 인정할 수 없다. 이에 비해 제330조의 야간주거침입절도죄는 그 체계상 주거침입죄와 본죄의 결합범이기 때문에 실행의 착수시기를 주거침입 시로 보게 된다. 따라서 절도의 목적으로 주거에 침입하는 경우, 주간인 때에는 절취의 실행의 착수시점에 관한 원칙에 따라 절취와 밀접한 행위를 한 때에 비로소 절도의 실행의 착수가 있게 되고, 야간인 때에는 절취의사를 가지고 주거에 침입하는 순간 야간주거침입절도죄의 실행의 착수가 있는 것으로 보게 된다. 다만, 침입 대상인 건물 또는 장소가 사람이 거주하는 공간이 아닌 곡물 저장창고나 유류 저장소와 같이 본래부터 특정 재물의 보관을 그 용도로 하는 곳으로, 행위자가 그런 사실을 알고 그 건물이나 장소에 침입하거나 잠금장치를 손괴한 때에는 그 내부에 들어가 물색행위를 하기 전이라도 실행의 착수가 있다고 할 수 있다.[103] 이런 경우 침입이나 손괴 자체가 특정 재물에 대한 물색행위를 시작한 것으로 평가할 수 있기 때문이다.

(a) 실행의 착수를 부정한 사례

이해를 돕기 위해 먼저 절도의 실행의 착수를 부정한 사례부터 본다. 102

101 대판 2008. 11. 27, 2008도7820.

102 대판 1992. 9. 8, 92도1650.

103 주석형법 〔각칙(5)〕(5판), 385-386(김경선) 참조.

103 ① 피고인이 공범과 합동하여 아파트 신축공사 현장에서 그 현장 안에 있는 피해자 소유의 건축자재 등을 훔칠 생각으로 공범과 함께 마스크를 착용하고 공사 현장 안으로 들어간 후 창문을 통해 건축 중인 아파트의 지하실 안쪽을 살핀 사안에서, 지하실까지 침입하거나 훔칠 물건을 물색하다 동파이프를 발견하고 그에 접근하지도 않았던 이상, 비록 피고인이 창문으로 살펴보고 있었던 지하실에 실제로 값비싼 동파이프가 보관되어 있었다고 해도 피고인의 행위를 지하실에 놓여있던 동파이프에 대한 피해자의 사실상의 지배를 침해하는 밀접한 행위라고 볼 수 없다고 하여 무죄로 판단한 사례,[104] ② 주간에 피해자의 아파트 출입문 잠금장치를 손괴하다가 마침 귀가하던 피해자에게 발각되어 도주한 피고인들에 대해 제331조 제2항에 정한 특수절도죄의 실행의 착수가 없었다는 이유로 무죄를 선고한 사례,[105] ③ 피고인이 피해자의 집 부엌문에 잠긴 열쇠고리 장식을 뜯은 행위만으로는 본죄의 실행행위에 착수했다고 볼 수 없다고 한 사례[106]가 있었고, ④ 피해자가 옥상에 빨래를 널고 2층으로 내려와 방으로 통하는 부엌 앞에 이르렀을 때에 피고인이 신발을 신은 채 방안에서 뛰어나오는 것을 보았다는 것이어서 피고인이 방안에 침입한 것은 인정되나, 방 안에 들어가 절취할 물건에 대한 물색행위까지 나아간 것인지 여부는 분명하지 않았던 사안에서, 피고인이 방 안에 들어간 때부터 피해자에게 발각될 때까지 물색행위를 할 만한 충분한 시간이 경과했다면 절도 목적으로 침입한 이상 물색행위를 하였을 것으로 보아도 무방하지만, 그럴 만한 시간적 여유가 없었다면 피고인이 방안에서 뛰어나온 것만 가지고 절취할 물건을 물색하다가 뛰어나온 것으로 단정할 수는 없다고 하면서 그런 시간 여유가 있었는지 더 살펴봐야 한다는 취지로 항소심 판결을 파기환송한 사례,[107] 그리고 ⑤ 피고인이 절도의 목적으로 피해자의 집 현관을 통해 그 집 마루 위에 올라서서 창고문 쪽으로 향하다가 피해자에게 발각되어 체포된 때에는 절도행위의 실행에 착수하였다고 볼 수 없어 무죄라고 판단한 사례[108]가 있었다. 절도의 실행의 착수를 부정한 사례 중에서

104 대판 2010. 4. 29, 2009도14554.
105 대판 2009. 12. 24, 2009도9667.
106 대판 1989. 2. 28, 88도1165.
107 대판 1992. 9. 8, 92도1650.
108 대판 1986. 10. 28, 86도1753.

위 ④의 사례가 판례의 밀접행위설이 어떤 기준으로 실행의 착수 여부를 가리는지 파악하기 적절한 사례라고 할 수 있다.

(b) 실행의 착수를 긍정한 사례

본죄의 실행의 착수를 긍정한 사례를 본다. 104

① 피고인이 피해자가 빨래를 걷으러 옥상으로 올라간 사이에 피해자의 다 105
세대주택에 절취할 재물을 찾으려고 신발을 신은 채 거실을 통해 안방으로 들어가 여기저기 둘러보고 절취할 재물을 찾지 못하고 다시 거실로 나와서 두리번거리고 있다가, 피해자가 현관문을 통해 거실로 들어가다 마주친 사안에서, 피고인이 방 안으로 들어가다가 곧바로 피해자에게 발각되어 물색행위를 할 만한 시간적 여유가 없었던 경우가 아니고 피고인이 방 안까지 들어갔다가 절취할 재물을 찾지 못하고 거실로 돌아 나온 경우라면, 피고인이 절도의 목적으로 침입한 이상 물색행위를 하여 재물에 대한 피해자의 사실상의 지배를 침해하는데 밀접한 행위를 하였던 것으로 보아야 한다고 한 사례,[109] ② 피고인과 공범이 함께 담을 넘어 피해회사 마당에 들어가 그중 1명이 그곳에 있는 구리를 찾기 위해 담에 붙어 걸어가다가 잡힌 사안에서, 절취 재물에 대한 물색행위를 인정한 사례,[110] ③ 피고인이 금품을 훔칠 목적으로 피해자의 집에 담을 넘어 침입하여 그 집 부엌에서 금품을 물색하던 중에 발각되어 도주한 것이라면 이는 절취행위에 착수한 것이라고 보아야 한다고 한 사례,[111] ④ 피고인이 피해자의 집 안마당 빨래줄에 널려 있는 스웨터를 절취할 목적으로 안마당에 침입해 스웨터가 널려 있는 빨래줄 밑에까지 접근하여 훔치려고 하는 순간 피해자에게 발각된 경우, 피고인이 그 스웨터에 손을 대지 못했다고 해도 본죄의 실행의 착수가 있었던 것으로 절도미수죄가 성립한다고 한 사례,[112] 그리고 ⑤ 피고인이 피해자 집에 침입해 그 응접실 책상 위에 놓여있던 라디오 1대를 훔치려고 라디오 선을 건드리려다 피해자에게 발견된 경우, 이처럼 라디오 선을 건드리려고 하는 행위는 라디오에 대한 사실상 지배를 침해하는 데 밀접한 행위라고 할 수

109 대판 2003. 6. 24, 2003도1985.

110 대판 1989. 9. 12, 89도1153. 본 판결 평석은 정영일, "절도죄에 있어서 실행의 착수시기", 형사판례연구 〔2〕, 한국형사판례연구회, 박영사(1994), 177-190.

111 대판 1987. 1. 20, 86도2199. 본 판결 평석은 정영일(주 110), 177-190.

112 대판 1965. 6. 22, 65도427.

있으므로 절도미수죄가 성립한다고 한 사례[113]가 있었다.

(나) 차량

106 판례는 피고인이 길가에 세워놓은 자동차 안에 있는 물건을 훔칠 생각으로 자동차의 유리창을 통해 그 내부를 손전등으로 비추어 본 것에 불과하다면, 비록 유리창을 따기 위해 면장갑을 끼고 있었고 칼을 소지하고 있었다고 해도 절도의 예비행위로 볼 수는 있겠으나 타인의 재물에 대한 지배를 침해하는 데 밀접한 행위를 한 것이라고는 볼 수 없어 절취행위의 착수로 볼 수 없다고 했다.[114]

107 이에 비해, ① 피고인이 피해자 소유의 자동차 안에 들어있는 밍크코트를 발견하고 이를 절취할 생각으로 다른 사람이 차 옆에서 망을 보고 피고인은 차 오른쪽 앞문을 열려고 앞문 손잡이를 잡아당기다가 피해자에게 발각된 사안에서 절도의 실행에 착수한 것으로 보았고,[115] ② 피고인이 야간에 손전등과 박스 포장용 노끈을 이용해 도로에 주차된 차량의 문을 열고 그 안에 들어있는 현금 등을 절취하기로 마음먹고 승합차량의 문이 잠겨 있는지 확인하기 위해 양손으로 운전석 문의 손잡이를 잡고 열려고 하던 중 경찰관에게 발각된 사안에서, 피고인의 이러한 행위는 승합차량 내의 재물을 절취할 목적으로 승합차량 내에 침입하려는 행위에 착수한 것으로 볼 수 있고, 그로써 차량 내에 있는 재물에 대한 피해자의 사실상의 지배를 침해하는 데에 밀접한 행위가 개시된 것으로 볼 수 있어 본죄의 실행에 착수한 것으로 인정한 사례가 있다.[116]

108 차량 안의 물건을 절취하려고 한 행위의 착수시기에 관한 판례의 뚜렷한 기준을 설정하기 쉽지 않지만, 절도 목적을 가졌다고 해도 노상에 주차된 자동차에 접근하는 정도로는 절취행의의 실행에 착수한 것으로 볼 수 없다고 한 사례로써 그 시사점을 파악할 수 있다. 이런 경우에는 차량 안에 훔칠 물건이 없었다면 절취행위까지 나아가지 않았을 것이라는 전제가 깔려있다. 하지만 여기서 더 나아가 자동차에 접근해서 문을 열려고 시도하는 단계라면 절취에 밀접한 행위를 한 것으로 평가해 왔다. 이런 경우는 차량 안에 물건이 있든 없든 절

113 대판 1966. 5. 3, 66도383.
114 대판 1985. 4. 23, 85도464. 본 판결 평석은 정영일(주 110), 177-190.
115 대판 1986. 12. 23, 86도2256.
116 대판 2009. 9. 24, 2009도5595.

취에 대한 의사를 외부에 객관적으로 표명한 것으로 본 것이다.

(다) 신체

사람의 신체에 어느 정도까지 근접해야 본죄의 실행의 착수가 있다고 볼 것인가. 109

소매치기의 경우, 피해자의 양복 상의 주머니에서 금품을 절취하려고 그 호주머니에 손을 뻗쳐 그 겉을 더듬은 때에는 절도의 범행은 예비 단계를 지나 실행에 착수하였다고 봐야 한다는 사례가 있었다.[117] 가방이나 핸드백에 들어있는 재물을 절취하기 위해 그 가방이나 핸드백에 손을 대는 순간, 앞에서 본 차량과 동일한 기준에 따라 절취행위의 실행의 착수가 있는 것으로 볼 수 있다. 110

그러나 판례는 소를 흥정하고 있는 피해자의 뒤에 접근해 그가 들고 있던 가방으로 돈이 들어 있는 피해자의 하의 왼쪽 주머니를 스치면서 지나간 행위는, 단지 피해자의 주의력을 흩트려 주머니 속에 있는 돈을 절취하기 위한 예비 단계에 불과한 것이어서 실행의 착수에 이른 것이라고 볼 수 없다고 판단했다.[118] 111

4. 기수와 미수

(1) 기수시기

본죄는 침해범죄이다. 절취에 의해 이용이 제한되거나 처분이 제한되는 것과 같이 보호법익이 침해되는 단계에 기수가 되는 결과범으로, 위험범(상태범)과 구별된다. 본죄의 보호법익을 소유권이라고 보는 견해라고 해서 소유권의 완전한 상실을 침해로 보는 것이 아니고, 소유권 행사에 방해를 받는 상태 역시 소유권 침해로 보기 때문에 보호법익에 따라 침해범이라고 보는 결론을 달리할 필요가 없다는 점은 보호법익 부분에서 살폈다.[119] 112

구체적인 기수시기에 관해, 절도의 통상적인 행위 경과에 따라 다음과 같은 견해가 주장되어 왔다.[120] ① 행위자의 신체나 도구가 재물에 접촉한 때에 기수가 된다고 하는 접촉설, ② 재물을 자기 또는 제3자의 사실상의 지배에 둔 때 113

117 대판 1984. 12. 11, 84도2524.

118 대판 1986. 11. 11, 86도1109.

119 소유권 및 점유설은 보호의 정도에 대해 대체로 소유권의 측면에서는 위험범이고, 점유의 측면에서는 침해범이라고 보고 있다고 하는 점도 살펴본 바와 같다.

120 견해 설명은 임웅, 334를 참조하였다.

기수가 된다는 취득설, ③ 재물을 점유자(피해자)의 지배 범위로부터 장소적으로 이전한 때 기수가 된다는 이전설, 그리고 ④ 재물을 안전한 장소에 감춘 때 기수가 된다는 은닉설이 있다.

114 본죄의 기수시기는 절도가 재물에 대한 타인의 사실상 지배를 침해하여 재물을 자기 또는 제3자의 사실상 지배로 옮겼을 때로 보아야 하므로, 위 ②의 취득설이 타당하고, 통설[121]·판례 모두 이 견해에 따르고 있다. 재물의 이전이나 은닉의 시점은 절취행위의 기수가 아니라 사실상의 '종료'에 해당한다.[122] 판례도 본죄는 타인의 소지를 침해하여 재물이 자기의 소지로 이동할 때, 즉 자기의 사실적 지배 밑에 둔 때를 기수시점으로 보고 있다.[123]

115 본죄의 기수시점 역시 본죄가 현실 세계에서 가장 빈번하게 발생하는 범죄 형태로서 그 착수시기를 논할 때와 마찬가지로 구체적이고 특정한 기준을 설정하기 어려운 분야이다. 따라서 사례 검토를 통해 그 시점을 파악하는 것이 바람직하다.

(2) 사례

116 재물의 종류와 절취 수법에 따라 기수시기를 살펴야 한다.

117 손에 쥘 정도로 작은 재물인 때에는 원래 놓여있던 진열대와 같은 공간에서 재물을 이탈시켜 가방에 넣거나, 주머니에 넣는 것과 같이 자기의 소지로 점유를 이전한 때에 기수가 된다. 재물을 만진 상태나 공간 이전 없이 움켜쥔 상태라면 점유 이전이 없어 절취행위가 완성되었다고 볼 수 없으므로 미수일 뿐이다. 따라서 소매치기 사례에서 피해자의 주머니 속에 손을 넣어 쥐기만 한 상태라면 기수라고 할 수 없다. 피고인이 "도둑이야!"라는 고함소리에 당황해 라디오와 탁상시계를 가지고 나오다가 방바닥에 떨어뜨리고 달아났다면 본죄는 기수가 된다고 본 사례가 있다.[124] 라디오와 탁상시계에 대한 점유 이전이 완성된 상태이므로 기수로 보는 것이 타당하다.

118 재물 운반에 도구가 필요하거나 장비가 필요한 경우, 절취 장소인 주거나 건

121 김신규, 341; 박찬걸, 378; 이재상·장영민·강동범, § 16/45; 이형국·김혜경, 345; 정성근·정준섭, 207; 정웅석·최창호, 528; 주호노, 614; 최호진, 383; 홍영기, § 75/9.

122 임웅, 334 참조.

123 대판 1964. 12. 8, 64도577 등.

124 대판 1964. 4. 21, 64도112.

물에서 이탈하는 시점에 기수가 된다. 따라서 수산물을 냉동창고 밖 상·하차 장소로 운반한 때에는 절도 범행은 기수에 이른 것이고,[125] 피고인이 공범과 합동하여 공업사 창고 안에서 동판과 전선 등을 들고 나와 공업사 뒷 편에 놓아둔 손수레에 싣고 가다가 방범대원에게 발각되어 체포되었다면 절도의 기수가 된다.[126]

그러나 반드시 재물을 가지고 절취 장소인 주거나 건물에서 이탈해야 기수 119
가 되는 것은 아니다. 피고인이 농협직판장 안에서 그곳 카운터 위에 놓여있는 피해자 소유의 손가방 1개를 들고 직판장 출입문 쪽으로 두세 발자국 정도 돌아 나오다 미처 출입문을 통과하지 못한 상태에서 피해자에게 발각되자 바로 손가방을 카운터에 던져 놓고 직판장 밖으로 도주한 사안에서, 대법원은 절도 미수로 판단한 항소심을 파기하면서, 피고인이 손가방을 들어 그 점유를 취득하는 순간 이미 피해자의 손가방에 대한 점유가 침해되어 그 사실적 지배가 피고인에게 이동되었다고 봐야 하고, 비록 피고인이 손가방을 들고 불과 두세 발자국 정도만 진행하여 직판장의 출입문을 벗어나지 못한 상태에서 피해자에게 발각되어 손가방을 원래의 위치에 던져 놓고 도주하였다고 해도 그러한 사정만으로 손가방에 대한 사실적 지배를 취득하지 못한 것이라고 볼 수는 없다고 판단했다.[127]

판례 중에는, 집에 있는 광에서 공동 피고인이 자루에 담아 내주는 백미를 120
받아 그 집을 나오려고 하다가 피해자에게 발각된 경우에는 특수절도죄의 기수가 된다고 한 사례가 있고,[128] 피고인이 피해자의 카페에서 야간에 내실에 침입해 장식장 안에 있던 정기적금통장, 도장, 현금 20,000원을 꺼내어 들고 카페에서 나오다가 발각되어 돌려준 사안에서, 피고인은 피해자의 재물에 대한 소지(점유)를 침해하고 일단 피고인 자신의 지배 내에 옮겼다고 봐야 하므로 본죄의 기수라고 한 사례가 있다.[129] 군대 내부 이동과 관련해, 피고인이 공범과 미군부대 창고 안에서 자동차 부속품을 절취하기로 공모하여 피고인이 자동차 부속품을 수령하러 공범이 근무하는 사무실에 갔는데 마침 감시하는 미군이 없는

125 대판 2010. 11. 11, 2010도9105.
126 대판 1984. 2. 14, 83도3242. 사실관계는 서울고판 1983. 11. 18, 83노2523 참조.
127 대판 2007. 3. 15, 2007도189.
128 대판 1964. 12. 8, 64도577.
129 대판 1991. 4. 23, 91도476.

것을 확인하고 물품을 절취해 피고인이 타고 간 자동차에 적재하여 피고인이 근무하는 그 부대 안에 있는 회사까지 운반한 사안에서, 부대 내 물품 이동이라고 해도 절도 기수라는 전제에서 판단한 사례가 있다.[130]

121 차량 절도와 관련해, 피고인이 다인승 승합차를 절취할 생각으로 차량의 조수석 문을 열고 들어가 시동을 걸려고 시도하는 등 차안의 기기를 이것저것 만지다가 핸드브레이크를 풀게 되었는데, 그 장소가 내리막길인 관계로 차량이 시동이 걸리지 않은 상태에서 약 10m 전진하다가 가로수를 들이받는 바람에 멈추게 된 사안에서, 절도는 미수에 그쳤다고 한 사례가 있다.[131]

122 산림자원과 관련해, 입목을 절취하기 위해 이를 캐낸 때에는 그 시점에서 이미 소유자의 입목에 대한 점유가 침해되어 범인의 사실적 지배하에 놓이게 됨으로써 범인이 그 점유를 취득하게 되는 것이므로, 이때 본죄는 기수에 이르렀다고 할 것이고, 이를 운반하거나 반출하는 등의 행위는 필요로 하지 않는다고 한 사례가 있다.[132]

123 전기, 가스와 같이 관리할 수 있는 동력도 재물이므로, 그 절도의 기수시기는 동력의 관리 상태, 즉 사실상 지배상태를 옮긴 때에 기수가 된다. 따라서 남의 집 전기선을 끌어다 피고인의 가전제품에 끼우고 그 가전제품을 작동시킨 때, 건물에 설치된 가스관을 끊고 그 가스관에 피고인이 준비한 호스를 끼운 때에 각각 동력 절취의 기수가 된다.

Ⅳ. 주관적 구성요건

1. 고 의

124 고의는 본죄의 주관적 구성요건인 타인의 재물과 절취 사실을 인식하거나 인용하는 상태를 말한다. 따라서 타인의 재물에 대한 인식과 타인의 의사에 반해 점유를 배제하고 사실상 지배를 자기 또는 제3자에게 옮긴다는 점에 대한 인식 또는 인용이 있으면 고의는 성립한다. 고의는 미필적 고의로도 충분하다.

---

130 대판 1960. 2. 29, 4292형상952.
131 대판 1994. 9. 9, 94도1522.
132 대판 2008. 10. 23, 2008도6080.

판례는 절도의 고의와 관련해, 타인이 그 소유권을 포기하고 버린 물건으로 오인하여 이를 취득하였다면 이와 같이 오인하는 데에 정당한 이유가 인정되는 한 절도의 범의를 인정할 수 없다고 했다.[133] 즉 대법원은, 피고인이 슈퍼마켓 앞 노상에서 피해자 소유의 두부 상자 1개 시가 1,200원 상당을 가져갔는데, 피고인은 고물행상인으로 새벽에 청소부들이 쓰레기를 수거하기 전에 고물을 수집하기 위해 다니다 쓰레기통 옆에 쓰레기로 보이는 신문지 등으로 덮인 두부 상자를 그 덮힌 종이와 함께 리어카에 싣고 간 사안에서, 위와 같은 기준을 제시하며 고의에 대해 더 살펴보라는 취지로 원심판결을 파기환송하였다. 그리고 피고인이 고양이를 들고 간 사안에서, 그날 피고인이 다른 데서 빌려 데리고 있다가 잃어버린 고양이로 잘못 알고 가져가다가 주인이 자기 것이라고 해서 돌려주었는데, 그와 같은 주장을 뒷받침하는 여러 증거와 정황이 있다는 이유로 원심을 파기환송한 사례도 있다.[134] 125

행위자가 권리자의 의사에 반한다는 점을 인식하지 못한 때에도 고의는 성립하지 않는다. 판례 중에는, 계약의 당사자 일방이 계약 당시에 지급한 계약금 또는 보증금 등을 포기하거나 수령한 계약금 또는 보증금 등의 배액을 상환하고 계약을 해제하는 경우에도 상대방이 계약의 이행에 착수한 후에는 이를 할 수 없는데, 피고인이 묘목 매매계약의 잔대금 지급 전 언제라도 묘목을 이식하여 인도받을 수 있도록 한 특약에 따라 인부를 동원해 묘목의 이식 작업을 완료한 사안에서, 피고인이 매매계약에 따라 그 이행에 착수한 후에 이루어진 계약 해제 통지는 그 효력이 없고, 따라서 피고인이 해약 통지 후에 은행나무 묘목 약 2,500주를 이식한 행위는 피고인의 권리를 행사한 것으로 타인의 재물을 절취한다는 의사가 있었다고 볼 수 없다고 판단한 원심 판단을 수긍한 사례가 있다.[135] 126

133 대판 1989. 1. 17, 88도971.
134 대판 1983. 9. 13, 83도1762.
135 대판 1983. 6. 28, 83도1132.

2. 불법영득의 의사[136]

(1) 논의 배경

127 본죄 성립을 위해 주관적 요소로서 고의 외에 불법영득의 의사가 필요한지에 대한 논의가 있다. 본죄에서 고의 외에 추가로 불법영득의 의사가 필요한지에 대한 논의는 1995년 12월 29일 형법 개정 전 사용절도에 대한 가벌성 논의, 그리고 본죄와 손괴죄의 구별을 위한 주관적 요소의 필요성에 대한 논의로서 실익을 가지고 있었다.

128 사용절도는 잠깐 타고 돌려줄 의사로 자동차, 선박, 항공기, 원동기장치자전거(오토바이), 자전거와 같은 이동 수단을 이용한 경우처럼 재물의 일시 사용에 따른 사실상 지배상태의 침해가 있었던 경우를 지칭하는 용어다. 독일형법은 불법영득의 의사를 주관적 구성요소로 명시하면서(독형 §242), 자동차나 자전거 무단 사용에 대한 처벌 규정을 마련해 두고 있다(독형 §248b). 하지만 우리는 그런 규정을 두고 있지 않았고, 판례는 사용절도에 대해 본죄에 필요한 불법영득의 의사가 없어 본죄가 되지 않는다고 밝혀왔다. 즉, 본죄에서 불법영득의 의사라 함은 비록 영구히 그 물건의 경제적 이익을 포지(抱持)할 의사는 필요하지 않다고 해도 단순한 점유의 침해만으로 본죄가 구성될 수 없고, 소유권이나 그에 준하는 본권을 침해하는 의사, 즉 목적물의 물질을 영득할 의사이거나, 또는 물질의 가치만을 영득할 의사이거나, 적어도 그 재물에 대한 영득의 의사가 있어야 되고, 이와 같은 의사의 유무는 구체적 경우에 따라 이를 따져 가려야 한다고 하여, 본죄에 불법영득의 의사가 필요하고, 따라서 일시 사용을 위한 절도에는 그와 같은 의사 부재로 본죄 성립을 인정할 수 없다고 하였다.[137]

129 형법은 1995년 12월 29일 개정을 통해 권리자의 동의 없이 타인의 자동차, 선박, 항공기 또는 원동기장치자전거를 일시 사용한 행위를 자동차등불법사용

---

136 학자에 따라 위법영득의 의사라고 부르기도 한다(김일수·서보학, 239 이하 참조).

137 대판 1981. 12. 8, 81도1761. 이 사건의 사실관계는, 피고인이 건재상의 종업원으로 동료 종업원의 폭행 사건으로 건재사 인근에 있는 파출소에 연행되었다는 소식을 듣고 그를 만나러 가려고 다른 종업원과 같이 건재사 마당에 세워둔 차를 타고 가다 교통사고를 낸 사안이다. 대법원은 피고인의 행위는 타인의 물건을 자기의 소유물과 같이 그 경제적 용법에 따라 이를 이용 또는 처분하여 권리자를 배제할 의사를 가지고 한 것이라고는 볼 수 없으므로 영득의 의사가 있다고 할 수 없고, 그에 따라 본죄의 범의를 부인한 원심은 정당하다고 판단했다.

죄로 처벌하는 규정을 두었다(§331의2). 따라서 제331조의2가 규정한 재물에 대해서는 불법영득의 의사를 인정할 수 없는 때에도 처벌이 가능해졌다.

사용절도에 대해 이처럼 입법적 해결이 있었지만, 본죄와 손괴죄를 구분해서 본죄를 손괴죄보다 무겁게 처벌하는 형법의 재산범죄 체계의 경계를 구분짓기 위해 여전히 불법영득의사에 대한 논의는 필요하다. 130

그간 펼쳐져왔던 본죄와 불법영득의 의사에 관한 학설과 사례를 살핀다. 131

(2) 불법영득의사의 개념

본죄 성립에 필요한 불법영득의 의사는 권리자를 배제하고 타인의 물건을 자기의 소유물과 같이 이용, 처분할 의사라고 정의할 수 있다.[138] 이것이 학설과 판례가 인정하는 불법영득의사의 정의이다. 본죄의 고의는 타인의 재물인 사실과 타인의 사실상의 지배를 배제하고 자기 또는 제3자의 사실상 지배로 옮기는 점에 대한 인식 또는 인용이라고 정의할 수 있으므로, 불법영득의 의사는 고의와 그 의미와 내용이 서로 다르다. 132

본죄 성립을 위해 고의 외에 권리자 배제 및 자기 소유에 대한 주관적 요소로서 불법영득의사가 필요한가? 이 질문은 주관적 구성요건에 대한 체계적 지위와 그 내용에 관한 물음이기도 하다. 불법영득의 의사를 따로 규정하지 않은 형법에 이 요소를 가미하게 되면, 고의 외에 초과주관적 구성요건을 추가하는 의미를 가지게 된다. 다만 불법영득의 의사의 체계적 지위와 관련해, 형법 규정에 없는 초과주관적 구성요건요소라고 평가하기보다 고의의 한 내용으로 파악해야 한다는 견해가 있어 주목할 만하다.[139] 133

(3) 불법영득의사가 필요한지 여부에 대한 학설

(가) 필요설

본죄의 보호법익을 소유권으로 보게 되면 주관적 불법요소로서 불법영득의 의사가 필요하고, 불법영득의 의사로써 재산죄를 영득죄와 손괴죄로 구분할 수 있게 되는데, 이때 영득범죄가 손괴범죄보다 무겁게 처벌되는 이유는 바로 불법영득의 의사가 있기 때문이며, 형법 개정을 통해 자동차등불법사용죄가 신설된 134

---

138 대판 1988. 9. 13, 88도917; 대판 1992. 9. 8, 91도3149; 대판 2002. 9. 6, 2002도3465; 대판 2006. 3. 24, 2005도8081; 대판 2012. 4. 26, 2010도11771 등 다수.

139 배종대, §61/55 참조.

것은 본죄가 불법영득의 의사가 필요한 영득죄라는 점을 입법적으로 분명히 한 것이라고 설명한다.[140]

(나) 불필요설

135 독일형법과 달리 본죄에 대해 불법영득의사가 필요하다는 명문 규정이 없고, 본죄의 보호법익을 점유권으로 보면 타인의 점유를 배제, 취득하려는 고의, 즉 절취행위에 대한 고의로 충분하다고 설명한다.[141]

(다) 검토

136 본죄의 보호법익은 소유권이므로, 권리자를 배제하고 타인의 재물을 자기 소유인 것처럼 권리를 행사할 의사가 필요하다(필요설). 따라서 본죄에서 불법영득의사와 같은 내용의 주관적 요소는 필요하고, 재산범죄를 이 의사의 존재 여부에 따라 영득죄와 손괴죄로 나누는 체계에도 부합한다. 다만, 독일과 달리 불법영득의사를 달리 명시해서 요구하고 있지 않은 상태에서 불법영득의 의사를 초과주관적 구성요소로 볼 것인지, 아니면 고의의 내용으로 파악할 것인지는 좀 더 생각해 볼 문제이다.

137 그간 다수 학설과 판례에 따라 불법영득의 의사를 고의와 분리해서 설명하기로 한다. 하지만 명문 규정이 없는 상태에서 고의와 다른 주관적 구성요소를 초과주관적 구성요건이라는 이름으로 추가하게 되면, 이는 강학상 설명의 한계를 넘어 죄형법정주의와 관계에서 문제가 생길 수 있다. 본죄의 보호법익을 소유권으로 파악하는 이상 '소유자와 이에 준하는 권리자를 배제하고 타인의 재물을 자기 소유인 것처럼 사용·수익·처분할 의사'는 주관적 구성요건의 중요 부분이 될 수밖에 없다는 점에 동의한다. 하지만 본죄를 인정하기 위한 불법영득의 의사를 고의와 구분되는 초과주관적 구성요소로 보기보다는, 본죄에서 고의의 한 내용으로 파악해서 설명하는 것이 형법 체계와 입법 취지에 부합한다고 생각한다.

---

140 김성돈, 292; 김신규, 328; 김일수·서보학 240; 김혜정·박미숙·안경옥·원혜욱·이인영, 295; 박상기, 257; 손동권·김재윤, § 20/37; 신동운, 901-902; 이상돈, 509; 이재상·장영민·장동범, § 16/51; 이형국·김혜경, 326; 임웅, 336; 정영일, 형법강의 각론(3판), 147; 정웅석·최창호, 533; 한상훈·안성조, 513.

141 오영근, 243.

(4) 영득의 대상

불법영득의사의 대상이 무엇인지에 대해 논의가 있다. ① 재물인 물체 그 자체라는 물체설, ② 재물의 가치로 보는 가치설, 그리고 ③ 물체 그 자체와 가치도 영득의 대상으로 보는 결합설(종합설 또는 절충설)이 있다. 학설[142]과 판례[143] 모두 결합설을 따른다. 물체로서의 재물 자체가 본죄의 객체이지만, 그것을 절취하는 이유는 대부분 그 가치를 이용, 처분하기 위한 것이다. 따라서 가치와 분리된 물체, 물체와 분리된 가치를 따로 떼 내어 상정할 수는 없고, 그와 같은 시각으로 불법영득의 의사를 바라보는 것은 무의미하다. 따라서 위 ③의 결합설이 타당하다. 138

물체와 가치 중 어느 하나가 택일적으로 불법영득의사의 대상이 될 수 있다. 판례도 본죄의 성립에 필요한 불법영득의 의사는 영구적으로 그 물건의 경제적 이익을 보유할 의사가 필요하지 않아도 소유권 또는 이에 준하는 본권을 침해하는 의사, 즉 목적물의 물질을 영득할 의사나 물질의 가치만을 영득할 의사를 가져도 영득의 의사가 있다고 보고 있다.[144] 따라서 물체만 영득해도 불법영득의 의사가 인정되고, 물체를 반환해도 물체에 담긴 가치를 얻은 이상 불법영득의 의사가 인정된다고 해야 한다.[145] 다만, 가치로서의 재물을 말할 때에 가치를 어느 정도까지 인정하고 그 범위를 어느 정도까지로 볼 것인지는 쉬운 문제는 아니다. 이 문제는 물체에 대해서는 사용절도에 해당하여 불법영득의 의사를 인정할 수 없지만, 그 물체가 가진 가치가 소모된 때에 이 소모된 가치 부분을 어떻게 평가할 것인지에 대한 질문과 연결된다. 사례를 본다. 139

타인의 주민등록증과 같은 신분증을 가져가 사용하고 반환한 경우에, 불법영득의 의사를 인정하지 않은 사례가 있다.[146] 물체로서의 신분증 자체에 대한 영득의사가 아니라면 신분증과 결합된 증명 가치는 본죄에서 말하는 영득의 대상으로 볼 수 없다. 같은 취지에서 경품 당첨 사실을 알고 타인의 신분증을 가져가 대신 경품을 타고 신분증을 제자리에 바로 되돌려 놓으면, 경품에 대한 사 140

142 이형국·김혜경, 329; 정성근·정준섭, 209; 정웅석·최창호, 535; 최호진, 366; 홍영기, § 74/45.
143 대판 1965. 2. 24, 64도795; 대판 1973. 2. 26, 73도51; 대판 1981. 12. 8, 81도1761.
144 대판 1973. 2. 26, 73도51.
145 김성돈, 295 참조.
146 대판 1971. 10. 19, 70도1399.

기가 성립할 뿐 신분증을 가져간 행위는 사용절도에 해당하여 본죄가 성립하지 않을 여지가 많다. 마찬가지 이유로 인감도장을 책상 서랍에서 몰래 꺼내어 그것을 차용금증서의 연대보증인란에 찍고 곧 제자리에 넣어둔 경우에도, 인감도장에 대한 불법영득의 의사를 인정할 수 없다.[147]

141 타인의 현금카드를 가져가 현금을 인출한 후 반환하는 경우에는 어떤가? 판례는 은행이 발행한 현금카드를 사용하여 현금자동지급기에서 현금을 인출하였다고 해도 그 현금카드 자체가 가지는 경제적 가치가 인출된 예금액만큼 소모되었다고 할 수는 없으므로, 피고인이 피해자로부터 지갑을 잠시 건네받아 멋대로 지갑에서 피해자 소유의 외환은행 현금카드를 꺼내어 현금카드를 사용하여 현금자동지급기에서 현금을 인출한 후 현금카드를 피해자에게 반환한 때에는 현금카드를 불법영득할 의사가 없었던 이상 그 현금카드에 대한 절도는 성립하지 않는다고 봤다.[148] 그 이유를 좀 더 상세히 설명한 판례를 보면, 신용카드업자가 발행한 신용카드는 이를 소지함으로써 신용구매가 가능하고 금융의 편의를 받을 수 있다는 점에서 경제적 가치가 있다고 해도, 그 자체에 경제적 가치가 화체되어 있거나 특정의 재산권을 표창하는 유가증권이라고 볼 수 없고, 단지 신용카드 회원이 그 제시를 통하여 신용카드 회원이라는 사실을 증명하거나 현금자동지급기 등에 주입하는 방법으로 신용카드업자로부터 서비스를 받을 수 있는 증표로서의 가치를 갖는 것이어서 이를 사용하여 현금자동지급기에서 현금을 인출했다고 해도 신용카드 자체가 가지는 경제적 가치가 인출된 예금액만큼 소모되었다고 할 수 없으므로, 이를 일시 사용하고 곧 반환한 경우에는 불법영득의 의사가 없다고 보았다.[149]

142 그런데 예금통장에 대해 대법원은 특이한 논리를 전개한다. 판례는, 예금통장은 예금채권을 표창하는 유가증권이 아니고 그 자체에 예금액 상당의 경제적 가치가 화체되어 있는 것도 아니지만, 이를 소지함으로써 예금채권의 행사 자격을 증명할 수 있는 자격증권으로서 예금계약 사실뿐 아니라 예금액에 대한 증

147 대판 1987. 12. 8, 87도1959. 본 판결 평석은 정일성, "타인의 물건을 점유자의 승낙 없이 무단 사용하는 경우 불법영득의사의 유무의 판단기준", 국민과 사법: 윤관 대법원장 퇴임기념, 박영사(1999), 446-453.

148 대판 1998. 11. 10, 98도2642.

149 대판 1999. 7. 9, 99도857.

명 기능이 있고, 이러한 증명 기능은 예금통장 자체가 가지는 경제적 가치라고 보아야 하므로, 예금통장을 사용하여 예금을 인출하게 되면 그 인출된 예금액에 대하여는 예금통장 자체의 예금액 증명 기능이 상실되고 이에 따라 그 상실된 기능에 상응한 경제적 가치도 소모된다고 전제한 다음, 예금통장 자체가 가지는 예금액 증명 기능의 경제적 가치는 피고인이 통장을 무단 사용해 예금 1,000만 원을 인출함으로써 상당한 정도로 소모되었으므로, 피고인이 사용 후 바로 통장을 제자리에 갖다 놓았다고 해도 그 소모된 가치에 대한 불법영득의 의사가 인정되어 본죄가 성립한다고 한 사례가 있다.[150] 그런데 이 논리는 수긍하기 어렵다. 현금카드, 그리고 현금을 출금하기 위해 사용한 신용카드와 예금통장이 다른 부분은 예금통장에는 감소한 현금만큼 금액이 인쇄된다는 점뿐이다. 얼핏 이 부분의 증명 기능 손상 때문에 현금카드와 결론을 달리하는 것으로도 읽힌다. 하지만 그와 같은 현상은 가치 소모라기보다 기능 손상이라고 할 수 있다. 신용카드에 대한 법리가 예금통장에도 타당하다고 생각하고, 예금채권 감소에 따른 예금통장 절도에 대한 불법영득의 의사는 인정하지 않는 것이 타당하다.

본죄의 보호법익에서 살펴본 바와 마찬가지로 불법영득의 대상에는 소유권 143
외에 소유권에 준하는 물권도 포함된다. 따라서 피고인이 피해자에게 담보로 제공하여 피해자가 점유하는 승용차를 피해자 몰래 가져갔다면, 담보 가치에 관한 물권에 대한 영득의사를 가진 것이므로 본죄가 성립한다.[151]

(5) 불법영득의사의 내용

본죄 성립에 필요한 불법영득의 의사는 권리자를 배제하고 타인의 물건을 144
자기의 소유물과 같이 이용, 처분할 의사를 말한다. 이 정의를 분석해 보면 권리자를 배제한다는 소극적 요소와 자기의 소유물과 같이 이용, 처분한다는 적극적 요소가 있음을 알 수 있다.

(가) 권리자 배제 의사(소극적 요소)

불법영득의사를 인정하기 위해 권리자를 배제할 의사를 가져야 한다는 점 145
은 절도와 사용절도를 구분하는 기준이 된다. 일시 사용 후 반환할 의사를 가진 사용절도는 불법영득의 의사를 인정할 수 없어 주관적 요건 결여로 본죄가 성

150 대판 2010. 5. 27, 2009도9008.
151 대판 2012. 4. 26, 2010도11771.

립하지 않는다. 제331조의2에서 규정한 자동차등불법사용죄는 타인의 자동차 등의 교통수단을 불법영득의 의사 없이 일시 사용하는 경우에 적용되는 것으로서, 불법영득의사가 인정되는 경우에는 본죄로 처벌할 수 있을 뿐 자동차등불법사용죄로 처벌할 수 없다.[152]

146 권리자를 배제할 의사는 영구적으로 그 물건의 경제적 이익을 보유할 의사일 필요는 없고, 일시 사용의 목적으로 타인의 점유를 침탈한 경우에도 그 사용으로 인해 물건 자체가 가지는 경제적 가치가 상당한 정도로 소모되거나, 상당히 장시간 점유하고 있거나, 본래의 장소와 다른 곳에 유기하여 소유자의 추적을 어렵게 만들고 행위자의 재이용 가능성은 높인 경우처럼, 그 행위를 일시 사용으로 볼 수 없는 때에는 영득의 의사를 인정할 수 있다.[153] 따라서 타인의 자전거를 사용하다가 소유자가 쉽게 발견할 수 없는 장소에 방치한 때에는 불법영득의 의사를 인정할 수 있다.

(나) 타인의 물건을 자기의 소유물과 같이 이용, 처분할 의사(적극적 요소)

147 불법영득의 의사를 인정하려면 적극적 요소로서 절도범이 절취한 재물을 소유자 또는 이에 준하는 물권처럼 이용, 처분하며 지배할 의사를 가져야 한다. 통상은 그 물건의 '본래의 용법'에 따른 의사(예컨대, 부정투표 목적의 투표용지 반출)이겠지만, 성적 목적의 여성속옷 취득[154]과 같이 '비본래적 용법'이라도 무방하다. 이처럼 본죄의 성립지배 방법이나 용도는 다양하고 따로 기준을 설정할 필요는 없다. 자신이 먹기 위해서든, 사용하기 위해서든, 다른 사람에게 선물하기 위해서든, 어떤 목적으로든 스스로 지배할 의사를 가지면 된다.

148 손괴하기 위해 절취하는 때에는 가져간 이유를 따질 필요가 있다. 손괴와 절도는 영득의사가 있는지에 따라 구분할 수 있으므로 순전히 손괴하기 위해 장소적 이전만 한 것이라면 손괴죄가 성립하겠지만, 파괴하는 예술행위를 보여주기 위해 재물을 절취한 경우와 같이 최종적으로는 자신이 재물을 지배할 의사에 따른 것이라면 본죄가 성립하고 후에 일어난 손괴는 불가벌적 사후행위로

152 대판 2002. 9. 6, 2002도3465. 본 판결 평석은 손동권, "재물죄(절도죄)에서의 사자점유(?)와 불법영득의 의사", 형사판례연구 〔13〕, 한국형사판례연구회, 박영사(2005), 277-303.

153 대판 1988. 9. 13, 88도917; 대판 2002. 9. 6, 2002도3465; 대판 2006. 3. 9, 2005도7819 등.

154 대판 2013. 1. 24, 2012도12689.

보아야 한다.

(6) 사례

사례를 분석해 보면 대체로 일관된 기준과 방향을 설정할 수 있다. 판례에 나타난 사례를 긍정례와 부정례로 나누어 소개한다. 149

(가) 불법영득의사 긍정 사례

판례는 ① 피고인이 길가에 세워 둔 오토바이를 승낙 없이 타고 가서 용무를 마친 약 1시간 30분 후 본래 있던 곳에서 약 7, 8m 떨어진 장소에 방치한 경우,[155] ② 피고인이 피해자의 휴대전화를 피해자가 운영하는 영업점에서 가지고 나가 승용차를 운전하고 가다가 신원 미상의 여자 2명을 승용차에 태운 후 그들에게 휴대전화를 사용하게 하고 약 1, 2시간 후 피해자에게 이야기하지 않고 영업점 정문 옆에 있는 화분에 휴대전화를 놓고 간 경우,[156] ③ 해변에 계류해 놓은 전마선(큰 배와 육지 또는 배와 배 사이의 연락을 맡아 하는 작은 배)을 그 소유자의 승낙 없이 타고 나갔다가 용무를 마치고 다른 장소에 방치한 경우,[157] ④ 주식회사의 감사였던 피고인이 경비원으로부터 출입증을 받아서 감사실에 들어가기는 했지만 경영진과의 불화로 한 달 가까이 결근하다가 오전 6:48경에 피고인의 출입카드가 정지된 상태에서 경비원으로부터 출입증을 받아 감사실에 들어가 컴퓨터 하드디스크를 떼어낸 후 4개월 동안 소지하고 있었던 경우,[158] ⑤ 피고인이 공장 등록에 필요한 기계류를 군청의 실사를 받을 때까지 일시 사용하려는 의사로 다른 공장에서 반출하였는데, 기계를 반출한 지 나흘 뒤에 실사가 이루어지고 그 다음 날 공장 등록이 이루어진 후에도 기계류를 반환하지 않다가 피해자가 기계류가 없어진 것을 알고 나서 주변 사람들에게 탐문해 피고인이 옮겨 놓은 것으로 의심하여 직원을 통해서 피고인에게 전화 연락을 하자 그때야 비로소 이를 반환한 경우,[159] ⑥ 피고인이 회사 총무과장으로서 회사가 지닌 물품대금 채권을 확보할 목적으로 채무자의 승낙을 받지 않고 부산에 있는 점포 앞에 세워놓은 채무자 소유 자동차를 운전해서 광주에 있는 회사로 150

155 대판 1981. 10. 13, 81도2394. 본 판결 평석은 손동권(주 152), 277-303.
156 대판 2012. 7. 12, 2012도1132.
157 대판 1961. 6. 28, 4294형상179.
158 대판 2011. 8. 18, 2010도9570. 사실관계는 원심인 대전지판 2010. 7. 9, 2010노990 참조.
159 대판 2012. 4. 12, 2012도976.

옮겨 놓은 다음 강제집행을 위한 집행관 보관 때까지 회사의 지배에 둔 경우[160]에, 각 불법영득의사를 인정했다.

151 한편, ⑦ 타인의 의사에 반하여 그 소유 물건의 점유를 침탈한 사람이 그 목적물을 영구적으로 자기 소유로 할 의사가 아니고 그 소유자에 대한 채권담보의 의사만을 가지고 있었다 해도, 타인의 소유자로서의 점유를 배제하고 그 소유권이 지니고 있는 담보 가치를 취득하기 위해 그 물건의 점유를 침해한 이상 본죄의 불법영득의 의사가 있다고 할 것이므로, 피고인들이 채무자의 의사에 반해 그 소유 물건의 점유를 자기 채권 담보의 목적으로 침탈한 경우 피고인들에게 본죄의 요건인 불법영득의 의사가 있는 것으로 봐야 한다는 취지의 판례가 있다.[161]

(나) 불법영득의사 부정 사례

152 판례는 ① 피고인이 자신이 잃어버린 총을 보충하기 위해 같은 소속대의 다른 중대에서 소총 1개를 가지고 나온 데 불과하다면, 자기의 물건과 같이 그 경제적 용법에 따라 이용 또는 처분하여 권리자인 국가의 권리를 배제할 의사를 가지고 한 것으로 볼 수 없다고 했고,[162] ② 회사 상사와의 의견 충돌로 항의 표시로 사직서를 내고 회사의 서류와 금품이 든 가방을 들고 나간 것은 여전히 회사를 위한 보관자의 지위에서 한 행위로서 불법영득의 의사가 있다고 할 수 없다고 했다.[163]

153 그리고 ③ 피고인이 숙소로 사용하고 있는 여인숙에서 피해자와 동침하고 계속 같이 있다가 동녀가 방바닥에 떨어뜨린 전화영수증을 피고인이 습득한 후 피해자가 이를 알고 반환을 요구하였으나 이를 거절하였는데, 그 목적이 전화요금영수증 자체의 영득에 있는 것이 아니었고 그 영수증에 기재된 전화번호로 피해자에게 전화를 걸어 만나자고 하려던 것이었던 경우,[164] ④ 피고인들이 자동차 소유자와 같은 동네에 거주하는 선·후배 관계로 평소 잘 알고 지내던 사

160 대판 1990. 5. 25, 90도573.
161 대판 1973. 2. 26, 73도51.
162 대판 1965. 2. 24, 64도795. 같은 취지에서 피고인이 직장예비군중대 총기함에서 총기 2개를 꺼내 4, 5m 떨어진 피고인 소속 중대 총기함에 총기를 옮겨놓은 경우 불법영득의사를 인정할 수 없다고 한 사례로는 대판 1977. 6. 7, 77도1038.
163 대판 1995. 9. 5, 94도3033.
164 대판 1989. 11. 28, 89도1679.

이였고, 사건 전에 차량을 빌려 잠시 운행하다 소지하게 된 보조열쇠를 이용하여 3차례에 걸쳐 2-3시간 정도 그 차량을 운행한 후 원래 주차된 곳에 갖다 놓아 반환한 경우[165]에, 각 불법영득의사를 부정했다.

또한, ⑤ 피고인이 군무를 이탈할 때 총기를 휴대하고 있는지조차 인식할 수 없는 정신상태에 있었고 총기는 어떤 경우라도 몸을 떠나서는 안 된다는 교육을 지속적으로 받아왔다면, 사격장에서 군무를 이탈하면서 총기를 휴대하였다는 것만 가지고는 피고인에게 불법영득의 의사가 있었다고 할 수 없다고 한 사례가 있고,[166] ⑥ 피고인이 타인 소유의 버스요금함 서랍 견본 1개를 그에 대한 최초 고안자로서의 권리를 확보하겠다는 생각으로 가지고 나가 변리사에게 의장출원을 의뢰하고 그 도면을 작성한 뒤 그날 이를 원래 있던 곳에 가져다 둔 경우,[167] ⑦ 가구 회사의 디자이너인 피고인이 자신이 제작한 가구 디자인 도면을 가지고 나왔는데, 평소 회사에서 지정한 도면은 유출과 반출을 엄격히 통제하고 있으나 회사가 지정하지 않은 도면들은 대부분 작성한 디자이너에게 반환하여 각자가 자기의 서랍 또는 집에 보관하거나 폐기하여 디자이너 개인에게 임의처분이 허용되어 왔고, 피고인은 회사로부터 부당하게 징계를 받았다고 생각하고 노동위원회에 구제신청을 하면서 자신이 그 동안 회사 업무에 충실했다는 사실을 입증하기 위한 자료로 삼기 위해 이를 가지고 나온 것이라면, 피고인에게 도면에 대한 불법영득의 의사가 있었다고 볼 수 없다고 한 사례[168]가 있었다. 154

그리고 ⑧ 피고인이 피해자와 말다툼을 하면서 시비하는 중에 피해자 일행 중 한 명이 피고인을 식칼로 찔러 죽이겠다고 위협을 하여 주위를 살펴보니 식칼이 있어 이를 갖고 파출소에 가져가 협박의 증거물로 제시한 경우, 협박의 신고내용이 허위라고 해도 불법영득의 의사가 있었다고 할 수는 없다고 했으며,[169] ⑨ 사촌형제인 피해자와의 분규로 재단법인 이사장직을 사임한 뒤 피해자의 집무실에 찾아가 잘못을 나무라는 과정에서 화가 나서 피해자를 혼내주려고 피해 155

165 대판 1992. 4. 24, 92도118. 본 판결 평석은 오영근, "절도죄의 불법영득의사와 사용절도", 형사판례연구 〔2〕, 한국형사판례연구회, 박영사(1994), 151-176.

166 대판 1992. 9. 8, 91도3149.

167 대판 1991. 6. 11, 91도878.

168 대판 1992. 3. 27, 91도2831.

169 대판 1986. 7. 8, 86도354.

자의 가방을 들고 나온 경우,[170] ⑩ 피고인이 살인 범행의 증거를 인멸하기 위하여 살해된 피해자의 주머니에서 꺼낸 지갑을 살해도구로 이용한 골프채와 옷 등 다른 증거품들과 함께 자신의 차량에 싣고 가다가 쓰레기 소각장에서 태워버린 경우[171]는, 각 불법영득의사를 인정하지 않았다.

156 나아가 ⑪ 피고인들이 친구의 근무처인 세차장에 들렀다가 승용차를 발견하고 아는 여자를 만나러 가기 위해 차를 운행해 나갔다가 세차장으로 되돌아오던 중 승용차가 운행정지처분을 당해 앞 번호판이 없었던 관계로 때마침 순찰 중이던 방범대원에게 검문을 당해 입건되었고, 피고인들이 검거장소까지 운행한 거리가 약 2km 정도로 그에 소요된 시간이 약 10분 정도였던 경우에, 불법영득의 의사를 인정하지 않았다.[172] 이 사안에서 대법원은 승용차 사용에 따른 연료 소비 부분에 대해, 불법영득의 의사 없이 타인의 자동차를 일시 사용하는 경우 휘발유가 소비되는 것은 필연적이므로 자동차 그 자체의 일시 사용이 주목적이고 소비된 휘발유의 양이 매우 적은 것임이 명백한 경우에는, 휘발유 소비는 자동차의 일시 사용 가운데 포함되는 것으로서 별도로 본죄가 성립하는 것도 아니라고 판단했다.

V. 죄수와 다른 죄와의 관계

1. 일죄와 수죄

157 본죄의 보호법익은 재물에 대한 소유권이고, 소유권은 일신전속적인 권리가 아니므로, 법익 주체의 수만큼 본죄가 성립하는 것은 아니고, 고의와 행위의 수, 장소의 수, 시간적 간격, 관리의 수 등을 종합하여 본죄에 관한 죄수를 판단해야 한다. 학설과 판례는 소유의 수보다는 관리의 수에 무게를 두고 죄수를 정하고 있다.

158 사례를 보면, 가게에 침입해 방바닥에 놓여있던 A 소유의 전축과 음판을 절취한 후 같은 방 벽에 걸려있던 B 소유의 옷 호주머니 속에서 같은 피해자 소유의 손목시계 1개와 현금을 꺼내어 절취한 사안에서, 단일한 범의를 가지고 절

170 대판 1993. 4. 13, 93도328.
171 대판 2000. 10. 13, 2000도3655. 본 판결 평석은 손동권(주 152), 277-303.
172 대판 1984. 4. 24, 84도311.

취한 시간과 장소가 접착되어 있고 같은 관리인이 관리하고 있는 방 안에서 A와 B의 물건을 절취했으므로 1개의 본죄가 성립한다고 판단한 사례가 있다.[173] 이에 비해, 주인집에 침입해 그 집의 방 안에서 그 소유의 재물을 절취하고, 그 무렵 그 집에 세 들어 사는 세입자의 방에 침입해 재물을 절취하려다 미수에 그쳤다면, 두 범죄는 그 범행 장소와 물품의 관리자를 달리하고 있어서 별개 범죄라고 한 사례가 있다.[174] 사안마다 피고인의 고의, 관리의 수, 피해자의 수, 범행의 일시 장소를 따져 일죄인지, 수죄인지 따져봐야 한다.

포괄일죄에 관한 기준은 본죄에도 그대로 타당하므로, 단일한 범죄의사를 159
가지고 동일·근접한 장소에서 동일한 관리 대상인 재물을 여러 번 또는 시간을 두고 차례로 절취하면 포괄일죄가 된다.

2. 사후행위

(1) 불가벌적 사후행위

절도 후에 재물을 손상하거나 가치를 소모시킨다고 해도, 범죄 성격에 비추 160
어 절도보다 보호법익이 더 중하지 않고 절도로 침해되는 법익의 양을 초과하지 않으면 이는 절도 후 사후행위로서 별도 범죄가 성립하지 않는다. 이러한 경우를 불가벌적 사후행위라고 부른다.

열차승차권은 그 성격상 도난당한 즉시 그 가액 상당의 손실을 입게 되고 161
절취한 사람은 그 가치만큼의 재물을 취득하므로, 절취한 열차승차권을 현금과 교환했다고 해도 새로운 법익 침해가 없으므로 사기죄(§ 347①)가 따로 성립하지 않는다.[175] 자기앞수표 역시 즉시 지급받을 수 있어 현금을 대신하는 기능을 가지므로 절취한 자기앞수표를 환금하는 행위는 사기죄가 아닌 불가벌적 사후행위에 해당한다.[176]

(2) 별도 범죄가 성립하는 경우

① 신용카드를 절취한 후 이를 사용한 경우, 신용카드의 부정사용행위는 새 162
로운 법익의 침해로 보아야 하고, 그 법익침해가 절도 범행보다 큰 것이 대부분이

173 대판 1970. 7. 21, 70도1133.
174 대판 1989. 8. 8, 89도664.
175 대판 1975. 8. 29, 75도1996.
176 대판 1982. 7. 27, 82도822; 대판 1987. 1. 20, 86도1728.

므로 이러한 부정사용행위가 절도범행의 불가벌적 사후행위가 되는 것은 아니고, 절취한 신용카드를 사용하면 여신전문금융업법위반(동법 § 70①(iii))이 된다.[177]

163 ② 절도 범인이 그 절취한 장물을 자기 것처럼 제3자를 기망하여 돈을 편취한 때에는, 장물에 관해 소비 또는 손괴하는 경우와 달리 제3자에 대한 관계에서 새로운 법익 침해가 있으므로 본죄 외에 사기죄가 성립한다.[178]

164 ③ 자동차등록번호판을 절취한 후 이를 변조하거나 부정사용하는 행위는 새로운 법익의 침해로 보아야 하고 그 법익 침해가 절도 범행보다 큰 것이 대부분이므로, 이와 같은 변조 또는 부정사용행위가 절도 범행의 불가벌적 사후행위가 되는 것은 아니다.[179]

165 ④ 절취한 전당표를 제3자에게 교부하면서 자기 누님의 것이니 찾아 달라고 거짓말하고 전당물을 수령했다면 사기죄가 성립한다.[180]

166 ⑤ 부정한 이익을 얻을 목적으로 타인의 영업비밀이 담긴 CD를 절취해 그 영업비밀을 부정사용한 경우, 본죄와 별도로 부정경쟁방지 및 영업비밀보호에 관한 법률에 따른 영업비밀부정사용죄(동법 § 18②, ①(iii))가 성립한다.[181]

Ⅵ. 처 벌

167 6년 이하의 징역 또는 1천만 원 이하의 벌금에 처한다.

168 본죄를 범하여 유기징역에 처할 경우에는 10년 이하의 자격정지를 병과할 수 있다(§ 345).

169 본죄의 미수범은 처벌하고(§ 342), 본죄에 대해서는 친족 간의 범행에 관한 규정(§ 328)이 준용된다(§ 344).

〔함 석 천〕

177 대판 1996. 7. 12, 96도1181. 이 판례가 선고되던 때에는 신용카드업법위반죄였다. 1997년 여신전문금융업법 제정과 동시에 신용카드업법 규정이 여신전문금융업법에 통합되면서 신용카드업법은 폐지되었다.

178 대판 1980. 11. 25, 80도2310.

179 대판 1996. 7. 12, 96도1181; 대판 2005. 1. 28, 2004도7963.

180 대판 1980. 10. 14, 80도2155.

181 대판 2008. 9. 11, 2008도5364.

제330조(야간주거침입절도)
야간에 사람의 주거, 관리하는 건조물, 선박, 항공기 또는 점유하는 방실(房室)에 침입하여 타인의 재물을 절취(竊取)한 자는 10년 이하의 징역에 처한다.
[전문개정 2020. 12. 8.]

구 조문
제330조(야간주거침입절도) 야간에 사람의 주거, 간수하는 저택, 건조물이나 선박 또는 점유하는 방실에 침입하여 타인의 재물을 절취한 자는 10년 이하의 징역에 처한다.

Ⅰ. 의의와 성격 ······ 253
1. 의 의 ······ 253
2. 성 격 ······ 254
Ⅱ. 구성요건 ······ 254
1. 야간의 의미, 범죄의 성립시기에 관한 학설 ······ 254
2. 실행의 착수와 기수시기 ······ 257
3. 주관적 구성요건 ······ 258
Ⅲ. 처 벌 ······ 258

Ⅰ. 의의와 성격

1. 의 의

1 본죄[야간(주거·건조물·선박·항공기·방실)침입절도죄]는 야간에 사람의 주거, 관리하는 건조물, 선박, 항공기 또는 점유하는 방실에 침입하여 타인의 재물을 절취한 때에 성립한다.

2 야간이라는 시간적 제약과 주거라는 공간적 제약으로 인해 공포심이 커지고, 평온의 침해 정도가 심각하며, 보다 은밀한 상태에서 절도 범행을 한다는 점에서 증가하는 불법에 비례해 처벌도 대폭 강화한 절도죄(§ 329)의 가중유형이다. 벌금형 없이 징역형만 규정되어 있다.

3 본조는 2020년 12월 8일 형법 개정으로 구성요건이 일부 바뀌었는데, '간수하는 저택'이 빠지고 '항공기'가 추가되었고, '건조물'이 '관리하는 건조물'로 변경되었다. 이는 본죄의 성격상 행위의 객체를 제319조 제1항의 주거침입죄에서의

그것과 대응시킨 것이다[본죄의 객체인 '주거 등'에 대해서는 **주해 X(각칙 7) §319 II. 객체** 부분 참조].

2. 성 격

4 본죄의 법적 성격에 대해서는 견해가 나뉜다. ① 주거 침입과 절도를 합친 형태로서 여기에 야간이라는 상황 요소를 가미한 결합범으로 보는 견해가 다수의 학설이다.[1] 이에 대해, ② 본죄는 단순한 결합범이 아니라 독립한 불법 요소를 갖춘 독자적 범죄로 보는 견해가 있다.[2] 이 견해는 보호법익도 소유권 외에 주거의 사실상의 평온으로 봐야 한다고 밝히고 있다. 그 밖에, ③ '야간'이라는 시간적 제한과 '주거'라는 장소적 제한으로 위법성이 가중되는 범죄라는 견해도 있다.[3]

5 본죄가 형법 가운데 본장에 규정된 점과 행위의 주체가 '타인의 재물을 절취한 자'로 규정된 점에 비추어, 본죄는 주거침입과 절도의 합친 형태로 여기에 야간이라는 요소를 가미한 결합범이라는 위 ①의 다수 견해에 찬성한다.

II. 구성요건

1. 야간의 의미, 범죄의 성립시기에 관한 학설

6 본조에 규정된 '야간에'는 일몰 때부터 일출 때까지를 말하는 시간 개념이다.[4] 한때 본죄의 입법취지를 고려해 사람의 심리 상태와 휴식, 평온을 깨뜨리는 불안정한 기간인 황혼이 지고부터 여명이 있기까지의 시간대를 야간이라고 하는 견해가 있었지만,[5] 심리적 불안 상태만으로 주간과 야간을 구분할 수는 없기 때문에 현재 이 학설에 찬성하는 견해는 찾아볼 수 없다. 심리학적 야간은

---

1 김신규, 형법각론 강의, 346; 김혜정·박미숙·안경옥·원혜욱·이인영, 형법각론(3판), 300; 배종대, 형법각론(14판), §62/1; 손동권·김재윤, 새로운 형법각론(2판), 304; 이재상·장영민·강동범, 형법각론(13판), §16/69; 이형국·김혜경, 형법각론(2판), 348; 정성근·정준섭, 형법강의 각론(2판), 211; 정웅석·최창호, 형법각론, 544; 최호진, 형법각론, 387; 한상훈·안성조, 형법각론(3판), 517.

2 김일수·서보학, 새로쓴 형법각론(9판), 247; 박찬걸, 형법각론(2판), 388.

3 유기천, 형법학(각론강의 상)(전정신판), 213; 이상돈, 형법강론(4판), 514.

4 이와 같은 취지를 밝힌 판례로는 야간주거침입절도미수 사건에 관한 대판 1967. 8. 29, 67도944 참조.

5 유기천, 213 참조.

주관적인 상태이기 때문에 죄형법정주의에 부합하지도 않는다. 따라서 야간의 의미는 천문학적 해석에 따라 객관적으로 판단해야 한다. 실무에서는 기상청 발표를 참고한다.

본죄는 주거침입과 절도가 결합된 범죄이기 때문에 '야간에'라는 시간 제한은 주거침입에도 적용되고, 절도에도 적용될 수 있다. 그에 따라 본죄에서 '야간'이 미치는 범위에 따라 본죄가 언제 성립하는지에 대해 논의가 있다. 침입시점 또는 절취행위 시점에 따라 본죄가 성립하는지, 아니면 주거침입과 절도의 경합범이 되는지에 대해 학설이 갈린다. 7

① 주간에 침입했어도 절도 시기가 야간이면 본죄가 성립한다는 견해,[6] ② 주거침입과 절도 중 어느 한쪽만 야간에 이루어진 때에도 본죄가 성립한다는 견해(다수설),[7] ③ 본죄를 독자적 범죄로 보고 주거침입 행위와 절도가 모두 야간에 이루어져야 한다는 견해,[8] ④ 주거침입이 야간에 이루어져야 한다는 견해[9]가 있다. 8

학설의 차이는 범죄 성립에도 영향을 끼친다. 야간에 침입해서 주간에 절도한 때에 위 ①설과 ③설에 따르면 주거침입과 절도죄의 실체적 경합이 되고, ②설과 ④설에 따르면 본죄가 성립한다.[10] 주간에 침입해서 야간에 절도를 하면 위 ①설과 ②설에 따르면 본죄가 성립하나, ③설과 ④설에 따르면 주거침입죄와 절도죄의 실체적 경합이 된다. 9

'야간에'라는 규정은 시간적 제한에 해당하고, 조문의 표현과 문법적인 구조에 비추어 봤을 때에 '야간에'는 '사람의 주거, 관리하는 건조물, 선박, 항공기 또는 점유하는 방실에 침입하여' 부분을 꾸미고 있다고 봐야 한다. 본죄가 단순 절도죄에 비해 벌금형이 없고 징역형의 상한도 꽤 높은 편인데, 이처럼 법정형을 가중한 이유는 단순 절도죄보다는 야간에 주거의 평온을 깨는 불법의 정도가 무겁기 때문이다. 절도행위 때문에 가중하는 것으로 보기 어려운 이유는, 절 10

6 박상기, 형법각론(8판), 263; 박상기·전지연, 형법학(총론·각론)(5판), 612.
7 박찬걸, 390; 배종대, § 62/1; 이형국·김혜경, 350; 정성근·정준섭, 211.
8 김신규, 347; 김일수·서보학, 248; 손동권·김재윤, 304; 이상돈, 514.
9 오영근, 형법각론(4판), 301; 이재상·장영민·강동범, § 16/69.
10 다수설인 위 ②설에 따를 때 본죄와 절도죄의 경합범이 되는 것으로 봐야 한다는 견해가 있지만(김일수·서보학, 248 참조), 다수설이라고 해도 어느 하나에 해당하면 본죄만 성립하고 따로 절도죄가 성립한다고 주장하지 않는 것으로 보인다.

취행위의 유형 가운데 건조물의 일부를 손괴하는 경우를 따로 특수절도로 가중 처벌하고 있기 때문이다(§ 331①). 손괴 후 야간주거침입절도 유형의 특수절도는 야간주거침입죄 가운데 절도만의 행위불법을 가중해서 야간주거침입절도죄보다 법정형의 하한을 높게 규정하고 있으므로, 이와 같은 단순 절도죄와 본죄, 그리고 특수절도죄 구성요건의 체계적인 흐름을 고려해 보면, 결국 본죄는 야간에 주거에 침입했다는 점에 불법의 중점이 놓이게 된다. 따라서 위 ①설과 ②설은 따르기 어렵다. 위 ③설은 이와 같은 법의 태도에 충실하고, 본죄를 독자적 범죄로 구성해서 '야간에'라는 표현이 절도까지 꾸미는 것으로 해석하며, 성립 범위를 제한한 데에 의미가 있다. 그런데 절도가 야간에 주거의 평온을 깨고 주거에 들어가 바로 절도한 때와 주거에 계속 머물다가 주간에 절도한 때를 어떻게 평가할 것인지 생각해 봐야 한다. 아무래도 후자, 즉 야간에 침입해서 야간에 절도한 것보다 야간에 침입해서 오래 머무르다가 주간이 되어 절도한 때가 죄의 범정이 더 무겁다고 하는 점에 이의를 제기하기 어려울 것이다. 조문의 규정과 해석 형태, 법의 취지와 구체적 사안에 따른 규정의 적용 양식에 비추어 볼 때, 주거침입이 야간에 이루어져야 한다고 보는 위 ④설이 타당하다.

11 판례 역시 주거침입이 야간에 이루어져야 한다고 밝히고 있다. 다만, 절도가 언제 발생해야 본죄가 성립하는지는 뚜렷하지 않다. 판례는, 형법은 제329조에서 절도죄를 규정하고 곧바로 제330조에서 본죄를 규정하고 있을 뿐 야간절도죄에 관하여는 처벌 규정을 별도로 두고 있지 아니하므로, 이러한 제330조의 규정 형식과 그 구성요건의 문언에 비추어 보면 형법은 야간에 이루어지는 주거침입 행위의 위험성에 주목하여 그러한 행위를 수반한 절도를 본죄로 무겁게 처벌하고 있는 것으로 보아야 하기 때문에, 주거침입이 주간에 이루어진 경우에는 본죄가 성립하지 않는다고 밝혔다.[11]

12 이에 따라 판례 중에, 피고인이 일몰시각 이전인 2010. 4. 20. 일몰시간 전인 19:00경 아파트 1층에 위치한 10호 베란다 앞 화단에서 창문이 열려 있으면

---

11 대판 2011. 4. 14, 2011도300(15:40경 모텔 방실에 침입하여 21:00경 절취한 경우, 본죄가 성립하지 않는다고 한 사례). 본 판결 해설은 고종영, "주간에 사람의 주거 등에 침입하여 야간에 타인의 재물을 절취한 행위를 형법 제330조의 야간주거침입절도죄로 처벌할 수 있는지 여부", 해설 88, 법원도서관(2011), 616-627.

안으로 들어가겠다는 의사 아래 창문을 열어보는 행위를 하고, 베란다 앞 화단에 그대로 머무르다가 일몰시각 이후인 같은 날 19:27경 아파트 베란다의 방범창살에 손을 올려놓고 주위를 살피다가 아파트 주민과 눈이 마주치자 비로소 범행을 포기하고 화단에서 나왔다면, 전체적으로 보아 일몰시각 직전부터 직후에 이르기까지 주거의 사실상의 평온을 침해할 객관적인 위험성을 포함하는 행위를 계속한 것으로 본죄의 실행에 착수한 것으로 볼 수 있다고 한 사례가 있다.[12]

2. 실행의 착수와 기수시기

(1) 실행의 착수시기

본죄는 주거침입과 절도의 결합범이고, 주거침입행위가 절취행위보다 선행해야 하므로, 실행의 착수시기는 주거에 침입한 때이다. 판례 역시 야간에 타인의 재물을 절취할 목적으로 사람의 주거에 침입한 경우에는 주거에 침입한 단계에서 이미 본죄의 실행에 착수한 것이라고 보아야 한다고 판단해 왔다.[13] 13

본죄의 실행의 착수와 관련한 사례를 본다. 14

① 출입문이 열려 있으면 안으로 들어가겠다는 의사 아래 출입문을 당겨보는 행위는 바로 주거의 사실상의 평온을 침해할 객관적인 위험성을 포함하는 행위를 한 것으로 볼 수 있어 그것으로 주거침입의 실행에 착수가 있었고, 단지 그 출입문이 잠겨 있었다는 외부적 장애 요소로 인하여 뜻을 이루지 못한 데 불과하여 야간주거침입절도미수죄가 성립한다고 본 사례,[14] ② 피고인이 절도의 목적으로 위 자동차 수리공장의 담을 넘으려다가 방범대원에게 발각된 시점에 본죄에 착수한 것으로 본 사례,[15] ③ 피고인이 야간에 아파트에 침입하여 물건을 훔칠 의도로 아파트 202호의 베란다 철제난간까지 올라가 유리창문을 열려고 시도했다면, 주거의 사실상의 평온을 침해할 객관적 위험성을 포함하는 구체적인 행위를 한 것으로 본 사례[16]가 있다. 15

본죄의 실행의 착수를 부정한 경우로서, 피고인이 담장이 없는 빌라 건물의 16

12 대판 2010. 11. 25, 2010도13245.
13 대판 1970. 4. 28, 70도507; 대판 1984. 12. 26, 84도2433.
14 대판 2006. 9. 14, 2006도2824.
15 대판 1968. 4. 23, 68도334(준강도 사례).
16 대판 2003. 10. 24, 2003도4417(준강도 사례).

외벽에 설치된 가스배관을 타고 이동하면서 침입할 집을 물색한 행위는 본죄의 예비행위로 볼 수는 있으나 그 범죄 구성요건의 실현에 이르는 현실적 위험성을 포함하는 행위를 개시하여 그 실행에 착수한 것으로까지 보기는 어렵다고 판단한 사례가 있다.[17]

17 주거침입에 의한 실행의 착수가 있는 이상 주거침입행위 자체가 종료하지 않았다고 해도 단순한 주거침입죄의 미수가 아니라 본죄의 미수가 된다.

(2) 기수시기

18 본죄의 기수시기는 절취행위의 종료시점이다. 따라서 피고인이 피해자의 카페에서 야간에 아무도 없는 그곳 내실에 침입해 장식장 안에 들어 있던 정기적금통장, 도장, 현금을 꺼내서 들고 카페로 나오던 중 발각되어 돌려준 경우, 본죄의 기수가 된다.[18]

3. 주관적 구성요건

19 본죄는 주거침입과 절도의 결합범이므로, 야간에 주거에 침입한다는 고의와 절도의 고의, 그리고 재물에 대한 영득의사가 인정되어야 한다.

20 절도의 고의는 주거침입행위가 절도행위에 선행하지만 결합범이므로 실행의 착수시기인 주거침입 때에 가지고 있어야 한다.

Ⅲ. 처 벌

21 10년 이하의 징역에 처한다.

22 본죄를 범하여 유기징역에 처할 경우에는 10년 이하의 자격정지를 병과할 수 있다(§ 345).

23 본죄의 미수범은 처벌하고(§ 342), 본죄에 대해서는 친족 간의 범행에 관한 규정(§ 328)이 준용된다(§ 344).

〔함 석 천〕

---

17 대판 2007. 2. 22, 2006도9179.
18 대판 1991. 4. 23, 91도476.

제331조(특수절도)

① 야간에 문이나 담 그 밖의 건조물의 일부를 손괴하고 제330조의 장소에 침입하여 타인의 재물을 절취한 자는 1년 이상 10년 이하의 징역에 처한다.

② 흉기를 휴대하거나 2명 이상이 합동하여 타인의 재물을 절취한 자도 제1항의 형에 처한다.

[전문개정 2020. 12. 8.]

구 조문

제331조(특수절도) ① 야간에 문호 또는 장벽 기타 건조물의 일부를 손괴하고 전조의 장소에 침입하여 타인의 재물을 절취한 자는 1년 이상 10년 이하의 징역에 처한다.

② 흉기를 휴대하거나 2인 이상이 합동하여 타인의 재물을 절취한 자도 전항의 형과 같다.

Ⅰ. 의의 및 유형 ······ 259
Ⅱ. 손괴 후 야간주거침입절도(제1항) ······ 260
  1. 구성요건 ······ 260
  2. 실행의 착수와 기수시기 ······ 261
Ⅲ. 흉기휴대절도(제2항 전단) ······ 262
  1. 구성요건 ······ 262
  2. 실행의 착수와 기수시기 ······ 265
Ⅳ. 합동범인 특수절도(제2항 후단) ······ 265
  1. 구성요건 ······ 265
  2. 합동범 개념에 대한 학설과 판례 ······ 266
  3. 사 례 ······ 270
  4. 고 의 ······ 271
  5. 죄 수 ······ 271
Ⅴ. 처 벌 ······ 272

Ⅰ. 의의 및 유형

본죄(특수절도죄)[1]는 ① 야간에 문이나 담 그 밖의 건조물의 일부[2]를 손괴하 1
고 사람의 주거, 관리하는 건조물, 선박, 항공기 또는 점유하는 방실에 침입하여

1 대검찰청의 공소장 및 불기소장에 기재할 죄명에 관한 예규(대검예규 제1336호, 2023. 1. 18.)에 의하면 본조의 죄명은 특수절도죄이지만, 편의상 본조 제1항, 제2항을 합하여 '본죄'라고 하고, 제1항은 '손괴 후 야간주거침입절도죄', 제2항 전단은 '흉기휴대절도죄', 제2항 후단은 '합동범인 특수절도죄' 또는 '합동절도'라고 한다.

2 2020년 12월 8일 형법 개정으로 본조 제1항의 '문호 또는 장벽 기타 건조물의 일부'가 '문이나 담 그 밖의 건조물의 일부'로 변경되었다.

타인의 재물을 절취한 때(§330①)(손괴 후 야간주거침입절도), 흉기를 휴대하고 타인의 재물을 절취한 때(§330② 전단)(흉기휴대절도), 그리고 2명 이상이 합동하여 타인의 재물을 절취한 때(§330② 후단)(합동범인 특수절도 또는 합동절도)에 성립한다. 형법이 규정한 특수절도는 이처럼 세 가지 유형으로 나눌 수 있다.

2 위 ①의 손괴 후 야간주거침입절도는 제330조(야간주거침입절도)의 가중 형태임은 명백하다. 위 ②의 흉기휴대절도 및 ③의 합동범인 특수절도는 ①의 손괴 후 야간주거침입절도와 불법(위법)의 정도가 같다고 평가하여 법정형을 동일하게 규정했다. 형법 가운데 '특수'라는 한정 문구가 포함된 가중 유형의 범행으로 절도와 비교할 수 있는 범죄로는, 위험한 물건 휴대와 집단성에 따라 가중되는 특수공무집행방해(§144), 특수상해(§258의2), 특수폭행(§261), 특수체포·감금(§278), 특수협박(§284), 특수주거침입(§320), 특수공갈(§350의2), 특수손괴(§369)가 있다. 손괴로 인한 가중 유형으로는 수용설비 또는 기구를 손괴하고 도주한 때에 성립하는 특수도주(§146)가 있다. 특수강도(§334)는 특수절도와 비교할 때 손괴 후 야간주거침입을 가중하는 규정을 두지 않고, 야간주거침입강도와 흉기휴대강도 및 합동강도를 특수강도 유형으로 분류하고 있다.

3 특수절도의 형태별로 범죄 특성을 살펴본다.

II. 손괴 후 야간주거침입절도(제1항)

1. 구성요건

4 (1) '야간에'는 **야간주거침입절도죄**(§330)에서 살펴본 바와 같이 일몰 때부터 일출 때까지를 말하는 시간 개념으로, 천문학적 해석에 따른다.

5 (2) '문이나 담 그 밖의 건조물의 일부'는 주거 등에 대한 침입을 방지하기 위하여 설치된 위장시설을 말한다.[3] 건조물은 주거, 사무 용도 등으로 사용될 수 있도록 지붕과 기둥, 기둥을 둘러싼 벽으로 구성되어 내부와 외부를 구분할 수 있고, 내부에 사람이 출입하거나 물건을 옮길 수 있는 형태의 토지 정착물과 그 주변 시설을 말한다. 경험칙과 일반인의 관념에 따라 건조물이라고 판단할

3 대판 2003. 2. 28, 2003도120.

수 있는 형태와 영역이 필요하므로, 마당을 둘러싼 벽이 있거나, 창고 주변에 출입을 통제하는 시설이 있다면 모두 건조물의 일부로 파악할 수 있다. 정착 형태는 영구적일 필요는 없다. 컨테이너와 같이 화물 수송에 주로 쓰는 쇠로 만들어진 큰 상자는 애초 건조물이라고 할 수 없지만, 용도에 따라 토지에 정착시키고 주거와 상점 등으로 사용하면서 그 상태가 유지되어 왔다면 사회관념상 건조물에 해당한다. 이동형 주택 역시 토지에 정착시켜 주거 등의 용도로 사용하며 그 상태가 유지되어 왔다면 주거에 해당한다.

주거에 사용한다고 해도 선박, 캠핑용 자동차 같은 이동 수단은 건조물에 6
포함시킬 수 없다. 다만 캠핑형 자동차라고 해도 형태와 용도에 따라 토지의 정착물로 인식될 수 있는 상태에 이르렀다면, 손괴 후 야간주거침입절도죄에서 말하는 건조물에 포함시킬 수 있을 것이다.

(3) '손괴'는 물리적으로 문이나 담 그 밖의 건조물의 일부를 훼손하여 그 7
효용을 상실시키는 것을 말한다. 따라서 피고인이 상점 불이 꺼져 있어 사람이 없는 것으로 생각하고 출입문을 손으로 열어보려고 했지만 출입문 하단에 부착되어 있던 잠금 고리에 의하여 잠겨있어 열리지 않자 출입문을 발로 걷어차 잠금 고리의 아래쪽 부착 부분이 출입문에서 떨어져 출입문과의 사이가 뜨게 되면서 출입문이 열리게 되어 침입이 가능해졌다면 손괴에 해당하고,[4] 연탄집게와 식도를 가지고 방 문고리를 파괴했다면 손괴에 해당한다.[5] 그러나 창문과 방충망을 창틀에서 분리한 사실만 있을 뿐이라면 물리적인 훼손이 있었다고 할 수 없다.[6]

2. 실행의 착수와 기수시기

(1) 실행의 착수시기

손괴 후 야간주거침입절도죄의 실행의 착수시기는 야간에 문이나 담 그 밖 8
의 건조물의 일부를 손괴하기 시작한 때이다. 야간에 손괴가 이루어져야 손괴 후 야간주거침입절도죄가 성립한다. 따라서 주간에 문 등을 손괴하고 주거에 침

4 대판 2004. 10. 15, 2004도4505.
5 대판 1979. 9. 11, 79도1736.
6 대판 2015. 10. 29, 2015도7559.

입해 재물을 절취한 때에는 손괴죄, 주거침입죄와 손괴 후 야간주거침입절도죄의 실체적 경합이 된다. 주간에 손괴 후 야간에 침입해서 재물을 절취한 때에는 손괴죄와 야간주거침입절도죄의 실체적 경합이 된다. 야간에 손괴 후 침입이 일어난 다음 재물 절취는 주간에 이루어졌다면, 견해가 대립할 수 있지만 야간주거침입절도죄의 착수시기 부분에서 살펴본 바와 같이 손괴 후 야간주거침입절도죄가 성립한다고 보는 것이 타당하다.

9 피고인이 공범과 합동하여 야간에 인쇄소에서 한 사람은 망을 보고 한 사람은 드라이버로 출입문 자물쇠를 떼어낸 다음 침입하려고 하다가 피해자에게 발각된 경우에 실행의 착수가 있고,[7] 피고인이 야간에 피해자의 집에 침입해 잠겨진 방실의 문고리를 부수다가 발각된 이상 현실적으로 절취 목적물에 접근하지 못했어도 타인의 주거에 침입하여 건조물의 일부인 방문고리를 손괴한 때에 손괴 후 야간주거침입절도죄에 착수했다고 보아야 하며,[8] 야간에 절도의 목적으로 출입문에 장치된 자물통 고리를 절단하고 출입문 유리 1개를 손괴한 뒤 집 안으로 침입하려다 발각된 경우에도 손괴 후 야간주거침입절도죄의 실행에 착수한 것으로 볼 수 있다.[9]

(2) 기수시기

10 손괴 후 야간주거침입절도죄의 기수시기는 야간주거침입절도죄와 마찬가지로 절취가 완성한 시점이다.

Ⅲ. 흉기휴대절도(제2항 전단)

1. 구성요건

11 '흉기'를 휴대하여 타인의 재물을 절취하면 흉기휴대절도죄가 성립한다(§ 331 ② 전단).

(1) 흉기

12 '흉기'는 사람을 죽이거나 해치는 데 쓰는 도구를 말한다.[10] 흉기에 대비되

7 대판 1986. 7. 8, 86도843.
8 대판 1977. 7. 26, 77도1802.
9 대판 1986. 9. 9, 86도1273.

는 개념으로 위험한 물건이 있다. 위험한 물건은 제작 목적이나 사용 용도가 애초 위험성을 가지지 않지만, 용법에 따라 사람의 생명이나 신체에 해를 가할 수 있는 물건이 된 때에 여기에 해당하는 대상이다. 따라서 흉기는 위험한 물건에 포섭되는 개념으로, 그 외연은 위험한 물건보다 좁다. 형법은 흉기휴대절도죄의 구성요건을 흉기 휴대로만 국한했을 뿐, 위험한 물건 휴대라고 규정하지 않았다. 이런 점에서 위험한 물건 휴대만을 규정한 특수공무집행방해(§ 144), 특수상해(§ 258의2), 특수폭행(§ 261), 특수체포·감금(§ 278), 특수협박(§ 284), 특수주거침입(§ 320), 강요 중 가중 유형(§ 324②), 특수공갈(§ 350의2), 특수손괴(§ 369)와 대비된다. 특수강도(§ 334②) 역시 특수절도와 마찬가지로 흉기 휴대로 한정하고 있다.

위험한 물건은 용법에 따라 그 포섭 범위가 달라질 수 있지만, 흉기는 일반인의 인식을 기준으로 객관적으로 흉기라고 인정할 수 있는 물건에 한정해야 한다. 따라서 싸우는 현장에서 의자를 들어 사람을 내리쳤다면, 이때 의자는 위험한 물건이 되어 특수상해죄(§ 258의2)의 수단이 되지만, 의자를 들고 절도했다고 해서 흉기 휴대로는 볼 수 없다. 13

흉기는 사람을 죽이거나 해치는 데 쓰는 도구이고, 그 개념을 객관적으로 파악해야 한다는 점에서 그 해당 여부에 대해 논의되는 대상들이 있다. 총기와 같은 살상용 무기가 흉기에 해당한다는 점에 이론은 있을 수 없다. 하지만 장난감 권총은 제작 목적으로나 용도로나 흉기에 포섭할 수 없다고 보는 것이 일반적이다. 14

도끼, 망치, 철봉, 곤봉과 같이 본래 다른 용도로 제작된 도구라도 사람의 살상에 이용될 수 있는 물건으로서 일반인이 위험을 느낄 수 있는 물건도 흉기휴대절도죄에서 말하는 흉기에 해당한다고 보는 것은 일반적이고,[11] 막대기, 돌덩이, 작은 손칼, 새끼줄 등은 객관적으로 흉기로 볼 수 없는 예로써 거론된다. 청산가리, 염산, 독가스와 같은 액체나 기체를 흉기로 볼 수 있는지에 관해서는 의견이 나뉜다. ① 액체, 기체라고 해도 휴대 가능한 도구로 관념할 수 있는 상태라면 흉기에 포함된다고 볼 수 있다는 견해[12]와, ② 위험한 물건에 해당하나 15

10 국립국어원, 표준국어대사전(2019).
11 김성돈, 형법각론(5판), 304에서는 용법상의 흉기라고 표현했다.
12 김성돈, 304; 손동권·김재윤, 새로운 형법각론(2판), 308; 이재상·장영민·강동범, 형법각론(13판),

흉기라고 할 수 없다고 보는 견해[13]가 있다. 이처럼 흉기와 관련한 여러 가지 예가 많이 등장하지만, 흉기인지 여부는 죄형법정주의에 따라 피고인의 방어권 행사에 영향을 주지 않는 범위에서 일반인의 인식을 기준으로 파악할 영역이라고 생각한다. 면도칼처럼 용도에 따라 애초 흉기로 분류할 수 없지만, 용법에 따라 도끼나 망치보다 더 치명적인 흉기가 될 만한 물건도 존재한다. 절도범이 굳이 청산가리, 염산, 독가스와 같은 치명적인 액체나 기체, 면도칼을 휴대할 이유가 없는 상태에서 절취 현장에 이와 같은 물건을 휴대하고 있었다면, 이때 이들 물건은 흉기로 볼 가능성이 높다.

16 판례 태도 역시 동일하다. 형법은 흉기와 위험한 물건을 분명하게 구분하여 규정하고 있고, 형벌 법규는 문언에 따라 엄격하게 해석·적용해야 하고 피고인에게 불리한 방향으로 지나치게 확장 해석하거나 유추 해석해서는 안 된다고 밝힌 후, 제331조 제2항서 '흉기를 휴대하여 타인의 재물을 절취한' 행위를 특수절도죄로 가중하여 처벌하는 것은 흉기의 휴대로 인해 피해자 등에 대한 위해의 위험이 커진다는 점을 고려한 것으로 볼 수 있으므로, 형법 조항에서 규정한 흉기는 본래 살상용·파괴용으로 만들어진 것이거나 이에 준할 정도의 위험성을 가진 것으로, 그러한 위험성을 가진 물건에 해당하는지 여부는 그 물건의 본래의 용도, 크기와 모양, 개조 여부, 구체적 범행 과정에서 그 물건을 사용한 방법 등 제반 사정에 비추어 사회통념에 따라 객관적으로 판단할 것이라고 기준을 제시했다.[14] 판례는 위 기준에 따라 택시 운전석 창문을 파손하는 데 사용한 드라이버는 일반적인 드라이버와 동일한 것으로 특별히 개조되지 않았고 그 크기와 모양 역시 그냥 드라이버이기 때문에 흉기에 해당하지 않는다고 보았다.[15]

(2) 휴대

17 '휴대'는 손에 들거나 몸에 지니고 다니는 상태를 말한다. 몸에 지니고 있는 경우뿐만 아니라 언제라도 사용할 수 있을 정도로 가까운 곳에 있으면 된다.[16]

---

§ 16/76.

13 김일수·서보학, 새로쓴 형법각론(9판), 261; 배종대, 형법각론(14판), § 62/9.

14 대판 2012. 6. 14, 2012도4175.

15 대판 2012. 6. 14, 2012도4175.

16 오영근, 형법각론(4판), 253-254.

흉기를 휴대하고 재물을 절취하면 흉기휴대절도죄가 성립하므로, 피해자가 흉기 휴대 사실을 인식할 필요는 없다. 공범이 있는 경우 공범이 모두 흉기를 휴대할 필요는 없고 그중 1인만 흉기를 휴대해도 흉기휴대절도죄가 성립할 수 있지만, 흉기 휴대에 대한 모의와 고의는 있어야 한다.

2. 실행의 착수와 기수시기

흉기 휴대만으로 범의를 파악하거나 범행 계획을 추론할 수는 없다. 따라서 절취행위의 착수가 흉기휴대절도죄의 실행의 착수시점이 된다. 18

절취 착수 때에 흉기를 휴대한 상태라면, 실제 절취행위를 할 때에 흉기를 버렸다고 해도 실행의 착수가 있고, 애초 흉기를 휴대하지 않은 상태에서 절취에 착수했다가 절취행위 중에 흉기를 휴대했다면 흉기휴대절도죄의 실행의 착수가 있는 것으로 볼 수 있다. 19

기수시기는 절취행위 완료 시점이다. 20

Ⅳ. 합동범인 특수절도(제2항 후단)

1. 구성요건

합동범인 특수절도죄는 2명 이상이 합동하여 타인의 재물을 절취한 때에 성립한다(§331② 후단). 형법에 '합동하여'라는 표현은 특수절도, 특수도주(§146)와 특수강도(§334), 이렇게 세 범죄에 등장한다. 특별법 중에는 성폭력범죄의 처벌 등에 관한 특례법 제3조 및 제4조[17]에 따른 특수강도강간, 특수강간 및 그 죄에 해당하는 강제추행과 준강간·준강제추행에, 특정강력범죄의 처벌에 관한 특례법 제2조 제1항 제3호가 정한 형법 제2편 제32장 강간과 추행의 죄 중 강간·유사강간·강제추행 등에 관한 죄에 합동범이 규정되어 있다. 21

합동범에 대비되는 개념으로 형법총칙의 공동정범, 판례와 학설에 따라 인정되어 온 공모공동정범, 폭력행위 등 처벌에 관한 법률(이하, 폭력행위처벌법이라 22

17 이에 대해서는 조균석, "성폭력처벌법 제4조 합동범의 성립요건", 특별형법 판례백선, 한국형사판례연구호·대법원 형사법연구회, 박영사(2022), 204-207 참조.

한다.) 제2조 제2항의 공동범이 있다. '합동하여'는 주로 공동정범과 비교, 대비되는 개념으로 이해되어 왔다.

23 '합동'의 의미에 대한 학설을 살핀다.

2. 합동범 개념에 대한 학설과 판례

(1) 학설

24 '합동하여'의 의미에 대해, 현재 ① 현장설이 다수의 견해다. ② 소수설로 현장적 공동정범설이 주장되기도 한다.[18] 종전에, ③ 공동의사주체설에 따라 공모공동정범을 합동범에 한정해서 인정해야 한다는 공모공동정범설, ④ 공동정범과 그 성격이 같지만 집단 범죄에 효율적으로 대처하기 위해 특별히 형을 가중했다는 가중적 공동정범설이 있었지만, 현재 이 학설을 주장하는 학자는 없다.

25 위 ①의 현장설은 합동범으로서의 특수절도가 성립되기 위해서는 주관적 요건으로 공모와 객관적 요건으로 실행행위의 분담이 있어야 하고, 그 실행행위는 시간적으로나 장소적으로 협동관계가 있어야 한다는 견해[19]다.[20] 위 ②의 현장적 공동정범설은 합동의 개념은 가중적 공동정범설과 현장설의 중간에서 파악하면서 합동범은 주관적 요건으로 공모 외에 객관적 요건으로 현장에서의 실행행위의 분담이 요구되지만 실행행위의 분담은 반드시 동시에, 동일한 장소에서 이루어져야 하는 것은 아니고, 시간적·장소적 협동관계에 있으면 충분하다고 한다.[21]

26 합동범에 대한 견해의 차이는 합동범의 공동정범이 가능한지에 대한 판례를 바라보는 시각의 차이로 나타난다. 판례 변경 과정을 보면 다음과 같다.

---

18 김일수·서보학, 252.

19 김성돈, 305; 배종대, §62/20; 손동권·김재윤, 309; 신동운, 형법각론(2판), 956; 오영근, 255-256; 이재상·장영민·장동범, §16/85; 임웅, 형법각론(9정판), 357-358; 정성근·박광민, 형법각론(전정2판), 325; 정영일, 형법강의 각론(3판), 154.

20 합동절도의 연원은 독일형법의 집단절도죄(Babdendiebstahl)(§244)로서, 우리나라에서는 구법 시대의 도범방지법에 표현되었다가 일본형법가안 제121조 제2항(특수절도)의 영향 아래 현행법에 규정되었는데, '합동'은 'mitwirken'의 번역으로 이는 '합동자들의 시간적·장소적 협력'을 의미한다〔이재상·장영민·강동범, §16/83; 유기천, "합동범에 관한 판례연구", 서울대학교 법학 3-2(1962), 179-180 참조〕.

21 김일수·서보학, 252. 그리고 합동범은 공동정범의 하나이므로 현장성을 갖춘다 해도 공범과 정범의 일반적 구별기준에 따라 정범표지를 갖춘 자만이 합동범으로 취급될 수 있다고 한다.

(2) 판례 태도의 변화

27 처음 대법원은 "반드시 범인이 동일한 장소에서 공동으로 범죄를 수행한 경우에 한하여 합동이라 할 수 있다는 논지는 독단적 견해에 불과하다."고 하여[22] 현장설을 배척하였다. 그 후 "피고인은 현장에서 본건 범죄의 실행행위를 분담하였음이 명백하여 합동범으로 이를 인정한 원판결에 위법이 있을 수 없다."고 하여[23] 현장설의 입장을 취하다가, 대판 1969. 7. 22, 67도1117에서 "제331조 제2항 후단에서 이른바 2인 이상이 합동하여 타인의 재물을 절취한 자라고 한 합동절도의 경우에는 주관적 요건으로서의 공모 외에 객관적 요건으로서의 실행행위의 분담이 있어야 할 것이고, 그 실행행위에 있어서는 시간적으로나 장소적으로 합동관계가 있다고 볼 수 있는 것이라야 할 것이다."라고 하여 현장설을 명백히 하였다.[24] 그 후 판례는 특수절도죄의 '합동하여'의 의미를 현장설의 입장에서 설명해 왔다.[25]

28 사례를 보면, 판례는 현장설의 입장에 서서 피고인이 다른 두 명의 공범과 한자리에 모여 두 명의 공범은 직접 소를 훔치고 피고인은 트럭으로 훔친 소를 함께 운반하기로 공모한 다음, 공모에 따라 두 명이 훔쳐온 소를 피고인이 운전해 온 트럭에 싣고 간 사안에서, 훔친 소를 사후에 운반한 행위는 시간적으로나 장소적으로 절취행위와 협동관계가 있다고 할 수 없어 이를 합동절도라고 할 수는 없지만, 공동정범에서 범죄 행위를 공모한 후 그 실행행위에 직접 가담하지 않아도 다른 공범자의 분담 실행한 행위에 대하여 공동정범의 죄책을 면할 수 없으므로, 피고인은 단순 절도죄의 공동정범 또는 적어도 합동절도죄의 방조로서의 책임은 져야 한다고 판단했다.[26]

29 그러나 판례의 이런 태도에 변화가 있었다. 판례는 전원합의체 판결로 3인 이상의 범인이 합동절도의 범행을 공모한 후 적어도 2명 이상의 범인이 범행 현장에서 시간적·장소적으로 협동관계를 이루어 절도의 실행행위를 분담하여 절도 범행을 한 경우에는, 공동정범의 일반 이론에 비추어 그 공모에는 참여하

22 대판 1956. 5. 1, 1956형상35.
23 대판 1966. 11. 29, 66도1277.
24 박찬주, "형법 §331② 후단의 "2인 이상이 합동하여"의 의미", 해설 10, 법원행정처(1989), 494 참조(대판 1988. 9. 13, 88도1197 평석).
25 대판 1973. 5. 22, 73도480; 대판 1985. 3. 26, 84도2956; 대판 1988. 9. 13, 88도1197; 대판 1989. 3. 14, 88도837 등 다수.
26 대판 1976. 7. 27, 75도2720.

였으나 현장에서 절도의 실행행위를 직접 분담하지 않은 다른 범인에 대하여도 그가 현장에서 절도 범행을 실행한 2명 이상의 범인의 행위를 자기 의사의 수단으로 하여 합동절도의 범행을 하였다고 평가할 수 있는 정범성의 표지를 갖추고 있다고 보이는 이상, 그 다른 범인에 대하여 합동절도의 공동정범의 성립을 부정할 이유가 없다고 판단했다.[27]

30 그 이유로는 제331조 제2항 후단의 규정이 3인 이상이 공모하고 적어도 2명 이상이 합동절도의 범행을 실행한 경우에 대하여 공동정범의 성립을 부정하는 취지라고 해석할 이유가 없을 뿐만 아니라, 만일 공동정범의 성립 가능성을 제한한다면 직접 실행행위에 참여하지 않으면서 배후에서 합동절도의 범행을 조종하는 수괴는 그 행위의 기여도가 강력함에도 불구하고 공동정범으로 처벌받지 않는 불합리한 현상이 나타날 수 있기 때문에, 합동절도에서도 공동정범과 교사범·종범의 구별기준은 일반원칙에 따라야 하고, 그 결과 범행 현장에 존재하지 않은 범인도 공동정범이 될 수 있으며, 반대로 상황에 따라서는 장소적으로 협동한 범인도 방조만 한 경우에는 종범으로 처벌될 수도 있다고 밝혔다.

31 이 기준에 따라, 속칭 삐끼주점의 지배인인 피고인이 피해자로부터 신용카드를 강취하고 신용카드의 비밀번호를 알아낸 후 현금자동지급기에서 인출한 돈을 삐끼주점의 분배 관례에 따라 분배할 것을 전제로 하여 공범 甲(삐끼), 乙(삐끼주점 업주) 및 제3자(삐끼)와 피고인은 주점 내에서 피해자를 계속 붙잡아 두면서 감시하는 동안 공범 甲, 乙 및 제3자는 피해자의 신용카드를 이용해 현금자동지급기에서 현금을 인출하기로 공모하였고, 그에 따라 공범 甲, 乙 및 제3자는 합동하여 현금자동지급기에서 현금을 절취한 사안에서, 비록 피고인이 범행 현장에 간 일이 없다고 해도 피고인이 합동절도의 범행을 현장에서 실행한 공범 甲, 乙 및 제3자와 공모한 것만으로도 그들의 행위를 자기 의사의 수단으로 하여 합동절도의 범행을 하였다고 평가될 수 있는 합동절도 범행의 정범성의 표지를 갖추었다고 할 것이고, 따라서 합동절도 범행에 대하여 공동정범으로서의 죄책을 면할 수 없다고 판단했다. 이런 판단에 따라 이 판결은 그 전에 다른 취지로 판단했던 대판 1976. 7. 27, 75도2720을 변경했다.

---

27 대판 1998. 5. 21, 98도321(전). 본 판결 평석은 이호중, "합동범의 공동정범", 형사판례연구 [7], 한국형사판례연구회, 박영사(1999), 130-149.

판례는 여기서 한 걸음 더 나아가, 3인 이상이 합동절도를 모의한 다음 그 중 2명 이상이 범행을 실행하였다면, 직접 실행행위에 가담하지 않은 사람도 합동정범의 공동정범으로서 죄책을 져야 하고, 다른 공범의 범행을 중지하게 하지 아니한 이상, 자기만의 범의를 철회·포기하여도 중지미수로는 인정될 수 없으므로, 피고인이 공범들과 공모하여 범행 현장까지 함께 갔다가 공범들의 절취 범행 도중에 그 장소를 떠났다고 해도, 피고인은 합동절도의 공동정범으로서 죄책을 져야 하고, 중지미수에 해당하지 않는다고 판단했다.[28] 32

(3) 검토

위 ①의 현장설은 전원합의체 판결에 대해 비판적인 의견을 제시한다. 지금은 학자들 사이에서 찾아보기 어려운 공동의사주체설에 따라 공모공동정범의 성립 범위를 합동범에까지 확대하였고, 구체적인 사례를 보더라도 앞에서 본 사례에서 피고인과 그 공범들의 범행이 조직적·집단적·대규모적이라고 보기 어려우며, 이들 사안에서 피고인을 합동절도의 교사범이나 단순 절도의 공동정범으로 처벌한다고 해도 피고인이 부당하게 가볍게 처벌되는 것은 아니라는 비판을 제기한다.[29] 위 ②의 현장적 공동정범설은 현장에 가지 않은 공모자가 범행 전체를 주도적으로 지배한 경우라는 점에서 이 판례는 현장적 공동정범설의 입장을 따른 것이라고 설명한다.[30] 33

형법은 특수절도죄, 특수강도죄와 특수도주죄에 대해서만 '합동하여'라는 표현을 쓰고 있다. 공동정범을 형법총칙에 규정하고 있는 것과는 대비된다. 법정형은 절도의 가중 유형 가운데 가장 무겁고, 이는 단순 절도의 공동정범이라면 절도(§ 329)의 법정형을 넘지 못하는 것과 대비된다. 다시 말해 합동범은 '2명 이상이 합동하여'라는 구성요건으로 인해 그 형이 가중된 형태다. 이와 같은 형법체계상 합동범인 특수절도죄는 총칙에 규정된 공동정범과 성격을 달리하는 것으로 보는 것이 옳다. 그리고 2명 이상이 합동하는 형태는 폭력행위처벌법 제4조에 규정된 범죄단체와 같은 조직성, 집단성을 요구하는 것으로 볼 수도 없다. 무엇보다 합동범인 특수절도를 단순 절도보다 무겁게 처벌하면서 징역형만 두 34

28 대판 1998. 11. 27, 98도3186.
29 오영근, 255 참조.
30 김일수·서보학, 253 참조.

고 있는 상태에서 합동의 의미를 공동정범과 같은 의미로 확대 해석하게 되면 죄형법정주의에 따른 해석의 한계를 넘어서게 된다. 실제로 대법원 전원합의체 판결은 합동범의 공동정범을 인정해야 하는 범위에 관한 명확한 기준을 제시했다고 볼 수 없다. 전원합의체 판결 후에 나오는 판례를 보면, 그 범위가 더 넓어져 가는 것처럼 보인다. 형법이 공동정범이라는 말과 굳이 구분해서 '합동'이라는 말로써 그 성립 범위를 시간적으로나 장소적으로 제한하려고 한 취지를 숙고해야 한다. 전원합의체 판결의 표현 중에 범죄단체에나 적합한 수괴라는 표현 역시 죄형법정주의에서 벗어난 강성 처벌에 대한 우려를 낳게 한다.

35 합동범인 특수절도죄의 합동의 개념은 위 ①의 현장설에 따라 파악해야 하고, 판례 태도는 위 학설에 따라 원래대로 변경되어야 한다.

3. 사 례

36 현장설에 따를 때 합동범으로 인정하려면 주관적 요건으로 공모와 객관적 요건으로 실행행위의 분담이 있어야 하고, 그 실행행위는 시간적으로나 장소적으로 협동관계에 있어야 한다. 이 요건이 어떤 경우에 충족되는지 살피려면 구체적인 사례를 볼 필요가 있다. 판례의 사례를 본다.

37 장소적으로 어느 정도 근접해야 합동범이 인정되는지 본다.

(1) 긍정 사례

38 ① 피고인이 공범 2명과 실행행위의 분담을 공모하고 공범들의 절취행위 장소 부근에서 피고인이 운전하는 차량에 대기하여 실행행위를 분담한 사실이 인정되고, 다만 공범들이 범행 대상을 물색하는 과정에서 절취행위 장소가 피고인이 대기 중인 차량으로부터 다소 떨어지게 된 때가 있었으나 그렇다고 해서 시간적·장소적 협동관계에서 일탈했다고 할 수 없다고 한 사례가 있다.[31]

39 같은 취지에서, ② 망을 보는 경우 반드시 주거지 내부, 건조물 내부가 아니어도 절도 공모를 한 상태에서 그 공모에 따른 역할 분담으로 범죄 현장에 근접한 지점에서 망을 보는 때에는 합동범에 의한 특수절도죄가 성립한다.

40 그리고 ③ 피고인과 공동피고인이 물품을 절취할 목적으로 피해자의 집에

31 대판 1988. 9. 13, 88도1197.

같이 들어간 경우라면, 공동피고인이 절취행위를 하는 동안 피고인은 피해자의 집 안의 가까운 곳에 대기하고 있다가 절취품을 가지고 같이 집을 나온 것이라고 해도, 피고인은 절취행위와 시간적·장소적으로 공동피고인과 협동관계에 있었다고 보아야 하므로 합동범인 특수절도죄가 성립한다고 보았다.[32]

(2) 부정 사례

현장성을 부정한 사례를 본다. 41

① 훔친 소를 사후에 운반한 사안에서 현장성을 부정한 사례는, 앞서 살펴 42
본 바와 같다.[33]

② 피고인이 공동피고인 甲, 乙과 함께 상점 창고에 몰래 들어가 피혁을 훔 43
치기로 약속한 후 피고인은 절취할 마음이 내키지 않고 처벌이 두려워 만나기로 한 시간에 약속 장소로 가지 않고 포장마차에서 술을 마신 후 인근 여관에서 잠을 잤는데, 甲과 乙은 약속 장소에서 피고인을 기다리다가 그들끼리 모의된 범행을 결행하기로 하여 甲은 그 창고 앞에서 망을 보고, 乙은 창고에 침입해 가죽을 절취한 사안에서, 피고인은 특수절도의 공동정범이 성립될 수 없음은 물론, 다른 공모자들이 실행행위에 이르기 전에 그 공모관계로부터 이탈한 것이 분명하므로, 그 이후의 다른 공모자의 절도행위에 관하여도 공동정범으로서 책임을 지지 않는다고 판단했다.[34]

4. 고 의

합동범인 특수절도죄는 현장설에 따라 절도에 관한 모의와 실행행위 분담, 44
그리고 시간적·장소적 협동관계에 관한 인식이 있어야 한다. 이때 합동범에 관한 주관적 요건으로서의 공모나 모의는 반드시 사전에 이루어진 것만을 필요로 하는 것이 아니고 범행 현장에서 암묵리에 공모하는 것도 포함된다.[35]

5. 죄 수

야간에 2명 이상이 흉기를 휴대하고 잠금장치나 문을 손괴하고 타인의 주 45

32 대판 1996. 3. 22, 96도313.
33 대판 1976. 7. 27, 75도2720.
34 대판 1989. 3. 14, 88도837.
35 대판 1988. 11. 22, 88도1557.

거에 침입해 재물을 절취한 때에는 제331조 제1항 및 제2항의 전단, 후단의 특수절도 유형을 모두 가지게 된다. 이때 어떤 죄의 성립을 인정할 것인가.

46 야간에 흉기를 휴대하고 잠금장치나 문을 손괴하고 타인의 주거에 침입해 재물을 절취한 사례와 관련해서는, ① 특수절도죄의 포괄일죄설[36]과 ② 상상적 경합설[37]이 있다. 여기에 합동범을 추가해서 야간에 2명 이상이 흉기를 휴대하고 잠금장치나 문을 손괴하고 타인의 주거에 침입해 재물을 절취한 때에는 어떻게 볼 것인가에 대해, 위 ①의 포괄일죄설은 그대로 포괄일죄라고 보지만, ②의 상상적 경합설은 제2항의 특수절도의 구성요건의 선택적 행위 형태를 동시에 충족시킨 경우로서 특수절도죄의 포괄일죄에 해당한다고 보고 있다.

47 특수절도의 세 유형은 그 행위 형태가 다르다. 피해자가 동일해도 손괴 후 야간주거침입을 하는 형태, 흉기를 휴대한 형태, 그리고 2명 이상이 합동한 형태를 포괄일죄로 묶을 수 있는 유사한 형태의 행위라고 볼 수는 없다. '특수'라는 수식어가 붙었다고 해도 행위 요소와 유형이 다른 절도 범죄들이다. 따라서 이 세 가지 유형 가운데 둘 이상이 함께 섞인 경우 각각의 범죄의 상상적 경합이라고 보아야 하고, 제2항의 범죄가 함께 일어났다고 해도 이 역시 상상적 경합으로 보아야 한다.

V. 처 벌

48 1년 이상 10년 이하의 징역에 처한다.

49 본죄를 범하여 유기징역에 처할 경우에는 10년 이하의 자격정지를 병과할 수 있다(§345).

50 본죄의 미수범은 처벌하고(§342), 본죄에 대해서는 친족 간의 범행에 관한 규정(§328)이 준용된다(§334).

〔함 석 천〕

36 정성근·박광민, 326.
37 김성돈, 306; 임웅, 352.

제331조의2(자동차등 불법사용)

권리자의 동의없이 타인의 자동차, 선박, 항공기 또는 원동기장치자전거를 일시 사용한 자는 3년 이하의 징역, 500만원 이하의 벌금, 구류 또는 과료에 처한다.
[본조신설 1995. 12. 29.]

Ⅰ. 입법 연혁 273
Ⅱ. 보호법익 274
Ⅲ. 구성요건 274
1. 타인의 자동차, 선박, 항공기 또는 원동기장치자전거 274
2. 권리자의 동의 없이 276
3. 일시 사용 276
Ⅳ. 실행의 착수와 기수시기 278
1. 실행의 착수시기 278
2. 기수시기 278
Ⅴ. 죄 수 278
Ⅵ. 처 벌 279

Ⅰ. 입법 연혁

권리자의 동의 없이 타인의 자동차, 선박, 항공기 또는 원동기장치자전거(이하, 자동차 등이라 한다.)를 일시 사용한 때에 본죄[(자동차·선박·항공기·원동기장치자전거)불법사용죄]가 성립한다(§ 331의2). 1

절도에 대비해서 사용절도라고 부르던 행위에 대해 이동 수단으로 흔히 쓰이는 재물을 객체로 한정해서 가벌성을 인정하고 처벌규정을 두게 된 것이다. 사용절도는 절도죄의 주관적 구성요소 가운데 불법영득의 의사가 결여되어 죄가 되지 않는다고 보아 왔다. 재산죄 가운데 절도죄와 손괴죄를 구분하는 요소로서 절도죄가 성립하려면 불법영득의 의사가 필요한데, 사용 후 반납할 의사를 가진 때에는 소유자를 배제할 의사를 인정할 수 없고, 그에 따라 불법영득의 의사를 인정할 수 없어 절도죄로 처벌할 수 없기 때문이다. 이 논의는 앞에서 살펴본 바와 같다(§ 329의 **Ⅳ. 2. 불법영득의 의사** 부분 참조). 2

이동 수단으로 사회에서 널리 이용되는 재물에 대해 일시 사용 의사를 가지고 이용하여 불법영득의 의사가 없는 경우라고 해도 그 행위를 처벌할 필요가 있다는 논의가 진행되던 끝에, 1995년 12월 29일 형법 개정을 통해 제331조의2에 본죄를 신설하고 1996년 7월 1일부터 시행하게 되었다. 3

Ⅱ. 보호법익

4 본죄의 보호법익에 대해 ① 소유권으로 보는 견해(소유권설),[1] ② 소유자가 가지는 사용권과 소유자 아닌 사람이 가지는 정당한 사용권도 보호하는 사용권이라는 견해(사용권설)[2]가 있다.

5 애초 자동차 등을 일시 사용한 경우에 죄가 되지 않았던 이유는 불법영득의 의사가 없었기 때문이다. 불법영득의 의사가 없었다는 의미는 행위자가 소유자를 배제할 의사를 가지고 있지 않았다는 의미이다. 따라서 불법영득의 의사 없이 사용한 행위만으로 죄가 성립하는 것으로 규정한 취지는 자동차 등에 관한 사용권을 침해했기 때문이라고 할 수 있다. 위 ②의 사용권설이 타당하다.

6 보호법익의 보호 정도는 침해범이다.[3]

Ⅲ. 구성요건

1. 타인의 자동차, 선박, 항공기 또는 원동기장치자전거

7 본죄의 객체는 타인의 자동차, 선박, 항공기 또는 원동기장치자전거이다. 이들 객체에 관해 형법의 정의가 없으므로 관련 법령에서 그 의미를 찾아보면 다음과 같다.

8 ① '자동차'란 철길이나 가설된 선을 이용하지 아니하고 원동기를 사용하여 운전되는 차(견인되는 자동차도 자동차의 일부로 본다)로서, 자동차관리법 제3조에 따른 다음 자동차(다만, 원동기장치자전거는 제외), 즉 승용자동차, 승합자동차, 화물자동차, 특수자동차, 이륜자동차를 말한다(도교 § 2(xviii) 가목). 여기에는 국토교통부령으로 정하는 건설기계를 조종하려는 사람으로서 도로교통법 제80조에 따른

---

1 김신규, 형법각론 강의, 355; 박상기, 형법각론(8판), 269; 배종대, 형법각론(14판), § 62/23; 이재상·장영민·강동범, 형법각론(13판), § 16/88; 정영일, 형법강의 각론(3판), 155; 홍영기, 형법(총론과 각론, § 76/19.

2 김성돈, 형법각론(5판), 307; 김일수·서보학, 새로쓴 형법각론(9판), 254; 박찬걸, 형법각론(2판), 403; 손동권·김재윤, 새로운 형법각론(2판), 312; 오영근, 형법각론(4판), 258; 임웅, 형법각론(9정판), 360; 정성근·박광민, 형법각론(전정2판), 330; 정성근·정준섭, 형법강의 각론(2판), 217.

3 김신규, 355; 박찬걸, 404; 정성근·정준섭, 217; 홍영기, § 76/19.

운전면허를 받아서 운행하는 건설기계(건설기계관리법 § 26① 단서)[4]도 포함된다(도교 § 2(xviii) 나목). ② '선박'이란 수상 또는 수중에서 항행용으로 사용하거나 사용할 수 있는 배 종류로서, 기선, 범선, 부선을 말한다(선박법 § 1의2[5]). ③ '항공기'란 공기의 반작용(지표면 또는 수면에 대한 공기의 반작용은 제외)으로 뜰 수 있는 기기로서 최대이륙중량, 좌석 수 등 국토교통부령으로 정하는 기준에 해당하는 비행기, 헬리콥터, 비행선, 활공기(滑空機)와 그 밖에 대통령령령으로 정하는 기기를 말한다(항공안전법 § 2(i)).[6] ④ '원동기장치자전거'란 자동차관리법 제3조에 따른 이륜자동차 가운데 배기량 125cc 이하(전기를 동력으로 하는 경우에는 최고정격출력 11킬로와트 이하)의 이륜자동차와 그 밖에 배기량 125cc 미만(전기를 동력으로 하는 경우에는 최고정격출력 11킬로와트 이하)의 원동기를 단 차(자전거 이용 활성화에 관한 법률 제2조 제1호의2에 따른 전기자전거는 제외)를 말한다(도교 § 2(xix)).

---

4 덤프트럭, 콘크리트 믹서트럭 등이 여기에 해당한다.

5 선박법 제1조의2(정의) 이 법에서 "선박"이란 수상 또는 수중에서 항행용으로 사용하거나 사용할 수 있는 배 종류를 말하며 그 구분은 다음 각 호와 같다.

1. 기선: 기관(機關)을 사용하여 추진하는 선박[선체(船體) 밖에 기관을 붙인 선박으로서 그 기관을 선체로부터 분리할 수 있는 선박 및 기관과 돛을 모두 사용하는 경우로서 주로 기관을 사용하는 선박을 포함한다]과 수면비행선박(표면효과 작용을 이용하여 수면에 근접하여 비행하는 선박을 말한다)
2. 범선: 돛을 사용하여 추진하는 선박(기관과 돛을 모두 사용하는 경우로서 주로 돛을 사용하는 것을 포함한다)
3. 부선: 자력항행능력(自力航行能力)이 없어 다른 선박에 의하여 끌리거나 밀려서 항행되는 선박

6 항공안전법 제2조 제2호에 규정된 '경량항공기'와 제3호에 규정된 '초경량비행장치'가 여기에 포함되는지는 논의가 필요하다. 제2호에 따라 일반 항공기보다 경량인 비행기, 헬리콥터, 그리고 자이로플레인(gyroplane) 및 동력패러슈트(powered parachute) 등이 경량항공기에 포함되고, 제3호에 따라 이보다 소형인 동력비행장치, 행글라이더, 패러글라이더, 기구류 및 무인비행장치 등이 초경량비행장치에 포함된다.

이 가운데 어느 범위에서 본죄의 객체가 될 수 있는지는 죄형법정주의와 관련해 중요한 문제일 수 있다. 자동차나 원동기장치자전거에 대비해서 원동기를 사용할 것을 요건으로 해야 한다고 해석한다면 행글라이더, 패러글라이더, 기구류는 원동기를 사용하지 않는다는 점에서 형법상 본죄의 객체인 항공기 범주에 포섭할 수 없게 된다. 하지만 선박에는 범선과 부선도 포함되어 반드시 동력원으로 원동기나 이와 유사한 동력기가 필요하지 않다고 볼 수도 있다. 이런 견해에 따른다면 행글라이더, 패러글라이더, 기구류 역시 항공기에 포함될 수 있다. 그리고 항공기에 탑승해서 사용해야 사용 개념에 해당하는지와 관련해서 무인비행장치는 앞으로 논의가 필요하다. 예를 들어, 드론의 조종기를 빌려서 드론을 일시 사용한 때에 본죄가 성립하는지에 관한 문제이다. 조종기로 무인비행장치를 조종하는 것은 애초 본죄가 예정한 사용 모습이라고 보이지는 않는다. 드론에 대해서는 죄형법정주의 관점에서 본죄가 성립하지 않는다고 생각하지만, 앞으로 논의가 필요하다.

9 본죄의 객체를 이처럼 관련 법령에 따라 정의할 수 있지만, 본죄는 죄형법정주의와 관련해 주의를 기울일 영역이라는 점을 상기해야 한다. 기술 발전에 따라 교통수단은 진보하고 있고 인공지능 발전에 따른 자율주행차[7]까지 나온 시점이기 때문에, 어떤 종류의 이동 물체를 본죄에서 말하는 객체의 범주에 포섭할 수 있는지 지속적인 논의가 필요하다. 본죄가 그랬던 것처럼 변화하는 사회 현상에 따라 적정한 해석을 해야 하는 영역이다.

10 타인의 의미는 **절도죄**(§ 329) 부분의 주해를 참조.

2. 권리자의 동의 없이

11 권리자는 자동차 등의 소유자와 그의 승낙이나 위임 아래 그를 사용할 권한을 가진 사용권자도 여기에 포함된다. 사용권설의 입장에서 파악한 권리자의 범위이다.

12 동의는 구성요건해당성을 조각하는 요소이다. 규정상 권리자의 동의 없이 사용했어야 하므로 동의는 사전에, 적어도 기수에 이르기 전에 있어야 한다. 사후동의는 범죄 성립 후의 사정이므로 범죄 성립에 영향을 끼치지 않는다.

3. 일시 사용

13 일시 사용은 궁극적인 사용권의 배제가 아닌 일시적인 배제를 말한다.

14 '일시'는 영득의사를 인정할 수 없을 만큼의 시간대를 의미한다.[8] 이때 경제적 가치가 감소했는지, 감가상각이 일어났는지는 묻지 않는다. 일시 사용이 주목적인 이상 사용에 수반하는 필연적인 가치 감소는 고의의 대상에 포함시킬 수 없기 때문이다.[9] 장기간 사용은 사실상 소유자의 지배를 배제하는 것이기 때문에, 이때에는 절도죄가 성립한다. 일시 사용인지 여부는 행위자와 피해자 사이의 관계, 사용 시간과 사용 경위, 차량 사용 장소 등 제반 사정을 종합해서 참작하고 결정해야 한다.[10] 같은 취지에서 판례 중에 피고인이 동네 친구인 카센

---

7 자율주행자동차란 자동차관리법 제2조 제1호의3에 따른 자율주행자동차로서 자율주행시스템(도교 § 2(xviii의2))을 갖추고 있는 자동차를 말한다(도교 § 2(xviii의3)).

8 김성돈, 308.

9 대판 1984. 4. 24, 84도311 참조.

10 오영근, 259 참조.

터 종업원과 그 친구의 삼촌 친구의 차를 잠깐 타고 제자리에 갖다 놓으려다 며칠간 거주지 인근만 돌아다닌 때에는, 실제 절도 의사를 가졌는지 더 살펴봐야 한다고 하면서 원심을 파기한 사례가 있다.[11] 그리고 사용 후 반환 지점도 일시 사용 여부를 판단하는 기준이 된다.

'사용'의 의미는 본죄가 모두 교통수단이라는 점을 고려할 때 교통수단으로 15
사용하는 것만을 의미한다고 보는 것이 일반적인 견해이다.[12] 따라서 자동차에 들어가 잠을 자거나 음악을 듣거나, 시동만 걸었거나, 차 문을 열고 물건을 보관하는 행위는 본죄에서 말하는 사용에 해당하지 않는다. 다만, 선박이나 항공기의 경우에는 주거침입죄가 성립할 수 있다. 사용과 관련해 제목이 불법사용이지만, 반드시 이에 국한하지 않고 불법사용에 준하는 무단사용까지 포함하는 것으로 보는 견해도 있다.[13]

일시 사용의 범위를 처음부터 불법하게 사용을 개시한 경우에 한정할지, 아 16
니면 동의에 따라 정당하게 사용을 개시한 후에 동의의 범위를 초과해서 사용한 경우까지 포함할지 논의가 있다. 후자의 경우까지 본죄가 성립한다면 계약 위반이나 채무불이행 정도에 해당하는 행위까지 모두 본죄에 해당한다고 보게 되고 이러한 확장은 부당하므로, 본죄에서 말하는 사용은 불법하게 사용을 개시한 경우만 의미한다고 해야 한다. 따라서 자동차를 빌린 사람이 배우자에게 운전하게 했다고 해서 본죄가 성립하는 것은 아니고,[14] 택시 기사가 개인 용무로 택시를 사용한 경우라도 본죄가 성립하지 않는다.[15]

---

11 대판 1998. 9. 4, 98도2181.

12 김성돈, 308; 손동권·김재윤, § 20/63; 오영근, 259; 임웅, 361; 정성근·박광민, 330-331. 본래의 용도에 따른 사용이라고 하는 견해(정영일, 156)나 경제적 용법에 따라 물건을 이용하는 것이라고 보는 견해(김일수·서보학, 255) 역시 모두 같은 의미로 파악된다.

13 김일수·서보학, 255.

14 정성근·박광민, 331 참조.

15 김성돈, 308 참조.

Ⅳ. 실행의 착수와 기수시기

1. 실행의 착수시기

17 실행의 착수시기와 관련해, 자동차등의 시동을 켠 때 실행의 착수가 인정된다는 견해도 있지만, 시동을 걸기 전이라도 사용할 의사로 승차(승선, 탑승)한 때에 실행에 착수한 것으로 볼 수 있다.[16]

2. 기수시기

18 기수시점과 관련해서는, 자동차 등의 시동을 걸고 출발하는 시점 또는 불법사용을 개시한 시점을 기수로 보는 견해가 있지만,[17] 이 정도로 사용권이 침해되었다고 판단할 수 없으므로 사용권이 침해되었다고 평가할 수 있을 정도로 운행이 진행되어야 기수라고 할 수 있다.[18]

Ⅴ. 죄 수

19 절도죄가 성립하면 본죄는 성립하지 않는다. 따라서 상습과 관련해, 절도, 야간주거침입절도, 특수절도 또는 그 미수 등의 범행을 저지른 사람이 마찬가지로 절도 습벽의 발현으로 자동차등 불법사용의 범행도 함께 저지른 경우, 자동차 등 불법사용의 범행은 상습절도 등의 죄에 흡수되어 일죄만 성립하고, 이와 별개로 본죄는 성립하지 않는다.[19]

20 본죄에 필연적으로 부수하는 연료 소모, 감가상각과 같은 소비는 본죄에 흡수된다.

---

16 김성돈, 308.
17 김성돈, 308; 박상기, 272.
18 오영근, 260; 임웅, 361.
19 대판 2002. 4. 26, 2002도429. 본 판결 해설은 조원철, "절도습벽의 발현에 의한 형법 제331조의 2 소정의 자동차등불법사용의 범행과 특정범죄가중처벌등에관한법률 제5조의4 제1항 소정의 상습절도죄의 관계", 해설 41, 법원도서관(2002), 602-608.

VI. 처 벌

3년 이하의 징역, 500만 원 이하의 벌금, 구류 또는 과료에 처한다. 21

본죄를 범하여 유기징역에 처할 경우에는 10년 이하의 자격정지를 병과할 22
수 있다(§ 345).

본죄의 미수범은 처벌하고(§ 342), 친족상도례가 적용된다(§ 344, § 328). 23

〔함 석 천〕

第332條(상습범)

상습으로 제329조 내지 제331조의2의 죄를 범한 자는 그 죄에 정한 형의 2분의 1까지 가중한다. 〈개정 1995. 12. 29.〉

Ⅰ. 상습의 의미 280
Ⅱ. 구성요건 281
1. 대상 범죄 281
2. 판단을 위한 요소 281
3. 사 례 283
Ⅲ. 공 범 285
Ⅳ. 죄수와 다른 죄와의 관계 286
1. 포괄일죄 286
2. 주거침입죄와의 관계 286
3. 재심과의 관계 287
Ⅴ. 처 벌 288

Ⅰ. 상습의 의미

1 상습으로 제329조 내지 제331조의2의 죄를 범한 자는 그 죄에 정한 형의 2분의 1까지 가중한다.

2 상습은 "늘 하는 버릇"을 말하므로,[1] 행위 사이에 형태적 유사성이 있어야 한다. 따라서 절도와 행위 유형을 달리하는 강도, 사기, 공갈과 절도 사이에는 서로 상습성이 인정되지 않는다. 상습성은 어떤 행위를 반복하는 행위자의 속성으로 보고 있고, 그에 따라 상습범은 신분에 의해 책임이 가중되는 부진정신분범이다.

3 판례는 절도에서 상습성은 절도 범행을 반복 수행하는 습벽을 말하는 것으로서, 동종 전과의 유무와 그 사건 범행의 횟수, 기간, 동기 및 수단과 방법 등을 종합해서 고려하여 상습성 유무를 결정하여야 한다고 밝혔다.[2]

1 국립국어원, 표준국어대사전(2019).

2 대판 2009. 2. 12, 2008도11550; 대판 2016. 11. 24, 2016도13885. 위 2008도11550 판결 해설은 천대엽, "범죄행위 당시 정신장애가 있는 경우 절도의 상습성 판단의 기준", 해설 80, 법원도서관(2009), 868-889.

Ⅱ. 구성요건

1. 대상 범죄

본죄[상습(절도·야간주거침입절도·특수절도·자동차등불법사용)죄]는 상습으로 절도(§ 329), 야간주거침입절도(§ 330), 특수절도(§ 331), 자동차등 불법사용(§ 331의2)의 죄를 범한 경우에 적용된다. 4

2. 판단을 위한 요소

상습성은 절도의 습벽, 그런 버릇의 발현으로 나타나야 한다. 판례는 상습성에 관한 판단 사항으로, 범죄자의 어떤 버릇, 범죄의 경향을 의미하는 것으로서 행위의 본질을 이루는 성질이 아니고 행위자의 특성을 이루는 성질을 의미하는 것이므로, 상습성의 유무는 행위자의 연령·성격·직업·환경·전과, 범행의 동기·수단·방법 및 장소, 전에 범한 범죄와의 시간적 간격, 그 범행의 내용과 유사성 등 여러 사정을 종합하여 판단해야 한다고 보고 있다.[3] 5

범행 횟수와 반복의 정도가 상습성 판단에 중요한 기준이 되지만, 범행을 반복한다는 사실만으로 상습성이 바로 인정되는 것은 아니다. 범행 동기를 살펴서 그 행위가 절도의 습벽으로 발현된 것인지를 살펴야 한다. 과거 범죄 전력이 꽤 있는데도 또 다시 절도죄를 범했다고 해도, 배가 고파서 우발적으로 범행한 경우처럼 절도하는 버릇의 발로라고 보기 어려운 때에는 상습성을 인정해서는 안 된다. 판례는 절도행위를 여러 번 했다는 것만으로 상습성이 인정된다고는 볼 수 없고, 그 여러 번 행하여진 범행이 절도 습성이 발현된 것으로 인정되는 경우에만 상습성 인정이 가능한 것이므로, 그 수회의 범행이 우발적인 동기에서 또는 경제적 사정이 급박한 나머지 범행한 것으로 범인이 평소에 가지고 있던 절도 습성의 발현이라고 볼 수 없는 경우에는 상습절도로 인정할 수 없다고 했다.[4] 6

본죄와 관련해, 과거 특별법에 의한 가중 처벌이 주종을 이룬 적이 있었다. 7
형법의 상습절도보다는 특정범죄 가중처벌 등에 관한 법률(이하, 특정범죄가중법이

3 대판 2006. 5. 11, 2004도6176; 대판 2007. 8. 23, 2007도3820; 대판 2009. 2. 12, 2008도11550 등.
4 대판 1976. 4. 13, 76도259. 사실관계는 뒤에서 다룬다.

라 한다.)에 따라 범죄를 처벌하고 있었는데, 가중 처벌 조항은 헌법재판소 위헌결정에 따라 폐지되거나 개정되었다.[5] 구체적으로는, 위헌결정에 따라 2016년 1월 6일 상습절도를 가중처벌하는 특정범죄가중법 제5조의4 제1항이 폐지되고, 상습절도에 대한 누범의 가중처벌 규정인 특정범죄가중법 제5조의4 제6항[6]이 개정되었다. 현재 실무에서는 절도로 과거 세 번 이상 징역형을 받은 사람이 다시 누범으로 처벌하는 경우를 규정한 특정범죄가중법 제5조의4 제5항 제1호[7]가 적용되고 있다.[8] 그리고 5명 이상이 상습적으로 형법 제329조부터 제331조까지의 죄 또는 그 미수죄를 범한 때는 2년 이상 20년 이하의 징역에 처한다(특가 § 5의4②).

8 　한편, 소년에 대한 보호처분을 상습성 인정을 위한 증거 자료로 쓸 수 있는지에 대해 논의가 있었다. 소년법은 소년의 보호처분은 그 소년의 장래 신상에 어떠한 영향도 미치지 않는다고 규정하고 있다(§ 32⑥). 이 규정 취지와 관련해, 대법원은 전원합의체 판결로써 절도의 상습성을 인정하면서 이를 인정하는 증거 자료에 어떠한 제한이 있을 수 없으므로 판사의 자유심증에 의하여 절도행위를 반복하여 범행한 습벽이 증거에 의하여 인정되는 이상 상습절도를 인정할

---

5 헌재 2015. 2. 26, 2014헌가16; 헌재 2015. 11. 26, 2013헌바342.

6 특정범죄가중법 제5조의4(상습 강도·절도죄 등의 가중처벌) ⑥ 상습적으로 「형법」 제329조부터 제331조까지의 죄나 그 미수죄 또는 제2항의 죄로 두 번 이상 실형을 선고받고 그 집행이 끝나거나 면제된 후 3년 이내에 다시 상습적으로 「형법」 제329조부터 제331조까지의 죄나 그 미수죄 또는 제2항의 죄를 범한 경우에는 3년 이상 25년 이하의 징역에 처한다.

7 특정범죄가중법 제5조의4(상습 강도·절도죄 등의 가중처벌) ⑤ 「형법」 제329조부터 제331조까지, 제333조부터 제336조까지 및 제340조·제362조의 죄 또는 그 미수죄로 세 번 이상 징역형을 받은 사람이 다시 이들 죄를 범하여 누범(累犯)으로 처벌하는 경우에는 다음 각 호의 구분에 따라 가중처벌한다.

   1. 「형법」 제329조부터 제331조까지의 죄(미수범을 포함한다)를 범한 경우에는 2년 이상 20년 이하의 징역에 처한다.

8 최근 판례는 피고인이 구 특정범죄가중법위반(절도)죄 등으로 징역형의 집행유예를 선고받아 선고의 취소 또는 실효 없이 유예기간이 경과되었으나, 헌법재판소가 위 판결의 적용법조에 대하여 위헌결정을 하자 피고인은 재심대상판결에 대한 재심을 청구하여 상습절도죄 등으로 다시 징역형의 집행유예를 선고받았는데, 재심판결의 집행유예 기간이 경과하기 전에 재범하여 특정범죄가중법 제5조의4 제5항으로 공소제기된 사안에서, "징역형의 집행유예를 선고한 판결이 확정된 후 선고의 실효 또는 취소 없이 유예기간을 경과함에 따라 형 선고의 효력이 소멸되어 그 확정판결이 특정범죄가중법 제5조의4 제5항에서 정한 "징역형"에 해당하지 않음에도(대판 2010. 9. 9, 2010도8021 참조), 위 확정판결에 적용된 형벌 규정에 대한 위헌결정 취지에 따른 재심판결에서 다시 징역형의 집행유예가 선고·확정된 후 유예기간이 경과되지 않은 경우라면, 특정범죄가중법 제5조의4 제5항의 입법취지에 비추어 위 재심판결은 위 조항에서 정한 "징역형"에 포함되지 아니한다."고 판시하였다(대판 2022. 7. 28, 2020도13705).

수 있다고 했다.[9] 이와 같은 다수의견에 대해, 소년법 제정의 목적이 반사회성 있는 소년에 대하여 그 환경을 조정하고 성행을 교정하기 위한 특별 조치를 하여 소년의 건전한 육성을 기함에 있음을 고려할 때, 이 규정의 취지는 보호처분을 받은 사실은 그 소년의 장래 신상에 이롭지 못한 일체의 자료로 할 수 없음을 규정한 것이라고 해석함이 타당할 것이며, 또 이 규정은 소년을 보호하고자 하는 특별법인 소년법의 규정으로써 일반 형사법 이론에 우선하여 적용하여야 하므로 보호처분을 받은 사실이 상습성 인정의 자료가 되어서는 안 된다는 취지의 반대의견이 있었다. 소년법이 상습절도를 인정하는 형법에 대해 특별법의 지위를 가진다고 봐야 한다.반대의견이 타당하다고 생각한다.

3. 사 례

그간 상습성을 인정했던 사례는 많았다. 상습성을 인정했던 사례보다는, 상습성을 부정하는 사례가 상습성의 의미를 이해하는 데 더 도움이 될 것이다. 따라서 인정 사례는 설명에 필요한 한도로만 소개한다. 9

(1) 상습성 인정 사례

먼저 인정 사례 가운데 과거 범죄 전력에 대한 언급 없이, 행위의 반복만을 기준으로 상습성을 인정한 사례를 본다. 10

판례는 ① 1965. 12. 13. 새벽 5시경부터 6시경 사이에 4번에 걸쳐 절취행위를 한 사안에서 실체적 경합으로 봤던 원심을 파기하면서 상습으로 절취한 것으로 보았고,[10] ② 1974. 9. 5. 03:00부터 1974. 9. 26. 22:00까지 3번의 특수절도, 2번의 특수절도미수, 1번의 야간주거침입절도, 1번의 절도를 저지른 경우에 상습성을 인정했으며,[11] ③ 피고인들에게 전과 사실이 없다고 해도 불과 2개여 월 사이에 각각 8회 내지 13회의 절도행위를 반복하였고 범행의 수단, 방법이 범행을 거듭함에 따라 전문화해 간 점에 비추어 피고인들에게 절도의 상습성을 인정했고,[12] ④ 피고인들이 미리 공모하여 1982. 10. 11.부터 1982. 11. 3. 11

---

9 대판 1973. 7. 24, 73도1255(전). 같은 취지의 판결로는 대판 1983. 12. 13, 83도2418; 대판 1986. 7. 8, 86도963; 대판 1987. 2. 24, 86도2725; 대판 1989. 12. 12, 89도2097.

10 대판 1966. 5. 24, 66도566.

11 대판 1975. 5. 27, 75도1184.

12 대판 1983. 4. 12, 83도304.

까지 오토바이를 절취하고 이를 이용해 행인의 옆을 질주하면서 핸드백 등을 낚아채어 절취하는 수법으로 피고인 甲은 18회, 피고인 乙은 14회 및 피고인 丙은 6회에 걸쳐 3명 또는 2명이 합동하여 범행을 거듭한 후 훔친 금품을 분배해 온 경우에 행위 반복에 의한 상습성을 인정했다.[13] 실제 상습절도 사건에서는 과거 범죄 전력 없이 행위의 반복만으로 상습성을 인정하는 경우는 매우 드물다. 따라서 앞에서 소개한 사례는 검토에 주의를 요한다는 점을 밝혀둔다.

12 과거 범죄 전력이 많고, 현재 기소된 범죄가 절도의 습벽이 발현되어 범행한 것으로 인정되는 때에는 범행 횟수가 1회라도 본죄로 처벌될 수 있다. 특정범죄가중법의 상습절도 가중 처벌 규정이 폐지된 후로는 과거 범죄 전력이 많은 피고인들은 특정범죄가중법 제5조의4 제6항에 따른 절도의 누범으로 형을 받는 경우가 많아졌다.

(2) 상습성 부정 사례

13 절도의 상습성을 부정한 사례를 본다.

14 ① 피고인에게 1964년 절도미수죄로 징역 4월, 1969년 특수절도죄로 징역 2년, 1972년 절도죄로 징역 6월의 판결이 선고된 전력이 있는 상태에서, 피고인이 1975년 피해자 집에 침입해 암소 한 마리를 절취했는데, 절도행위를 여러 번 했다는 것만으로 상습성이 인정된다고는 볼 수 없고, 그 여러 번 행하여진 범행이 절도 습성이 발현된 것으로 인정되는 경우에만 상습성 인정이 가능한 것이므로, 그 수회의 범행이 우발적인 동기에서 또는 경제적 사정이 급박한 나머지 범행한 것으로 범인이 평소에 가지고 있던 절도 습성의 발현이라고 볼 수 없는 경우에는 상습절도로 인정할 수 없다는 기준을 밝히면서, 항소심으로서는 피고인의 전과 사실이 구체적으로 어떤 절도행위이며 그 범행의 동기와 절취 방법 등에 관해 심리를 하여 이 사건 범행이 과연 피고인의 절도 습성의 발현이라고 볼 것인지에 대한 심리를 한 흔적 없이 피고인이 막연히 전과 3범이라는 이유로 상습성을 인정한 것은 잘못되었다고 지적하며, 원심을 파기환송한 사례가 있었다.[14]

---

13 대판 1983. 10. 11, 83도2137.

14 대판 1976. 4. 13, 76도259. 상습성을 부정한 사례는 아니지만, 과거 전과만으로 상습성을 인정하지 말고 상습성 판단에 관한 기준을 잘 준수하도록 주의를 기울인 사례라고 할 수 있다. 이 사안과 대비해 볼 사례로, 피고인의 절도가 최종 특수절도전과 범행 후 10년 남짓이 경과된 뒤에 행하여진 사안에서, 피고인에게 최종 전과를 포함해 4회에 걸친 절도죄 또는 특수절도죄의

15 ② 오랜 시간이 경과한 전과 사실을 근거로 상습성을 인정하려면 그 전과 사실과 종합하여 그 범행이 피고인의 습벽의 발로라고 인정할 만한 상당히 특별한 사정이 있어야 한다고 밝힌 후, 최종 전과에 해당하는 상습절도 사실과 약 6년이 경과된 후에 행하여졌고, 피고인은 최종 전과 범행 후 자동차운전면허를 취득해 택시 운전사로 종사하다가 이 사건 범행 전에 자동차 접촉 사고가 발생하여 휴업하던 중에 벌과금이 나올 것 같아 이를 마련하고자 범행에 이른 때에는, 피고인의 절도의 습벽의 발로라고 보기에는 미흡하다고 한 사례가 있다.[15]

Ⅲ. 공 범

16 상습절도범은 신분범이다. 따라서 제33조의 공범과 신분에 관한 총칙규정에 따라, 신분이 있어야 성립되는 범죄에 가담한 행위는 신분이 없는 사람에게도 공동정범, 교사범, 방조범의 규정을 적용하되, 다만 신분 때문에 형의 경중이 달라지는 경우에는 신분이 없는 사람은 무거운 형으로 벌하지 아니한다.

17 다수 견해는 제33조 본문과 단서의 관계에 대해 본문 규정은 진정신분범, 단서 규정은 부진정신분범으로 보고 있기 때문에, 범죄 성립에 관해서도 각각의 신분에 따라 범죄가 성립하는 것으로 보고 있다.[16] 그러나 이에 대해 본문 규정은 진정신분범과 부진정신분범을 통틀어 공범 성립을 규정한 것으로 보면서, 단서 규정을 부진정신분범에 대한 과형의 문제로 보아, 상습절도범에 대해서도 상습성을 가진 절도범과 그렇지 않은 절도범이 공범인 때에 상습성 없는 절도범은 제33조 본문에 따라 상습절도죄의 공범 또는 공동정범이 성립하지만, 제33조 단서에 따라 해당 절도죄의 법정형에 따라 처벌될 뿐이라고 보는 견해가 있고,[17] 판례 역시 횡령죄 등에 관해 이 견해와 같은 태도를 취하고 있다.[18] 책임에 따

실형 전과가 있는 데다가, 차량과 대형 절단기 등을 범행 도구로 이용해 새벽 1시가 넘은 심야에 근접한 장소에서 3회에 걸쳐 절취행위를 반복한 이 사건 범행의 수단과 방법, 범행 횟수 등을 종합하여 볼 때, 이 사건 범행은 피고인의 절도 습벽의 발로로 인정할 수 있다고 한 경우가 있다(대판 1987. 10. 26, 87도1662).

15 대판 1982. 1. 19, 81도3133.

16 배종대, 형법총론(16판), § 150/4; 이재상·장영민·강동범, 형법총론(11판), § 36/8.

17 김성돈, 형법각론(5판), 311.

18 대판 2003. 11. 14, 2003도4909 등.

른 범죄 성립이라는 점에서 다수 견해가 타당하다.

Ⅳ. 죄수와 다른 죄와의 관계

1. 포괄일죄

18 상습절도는 절도 습벽의 발현으로 저지른 범행을 모아서 하나의 죄가 성립하는 것으로 보는 포괄일죄이다. 상습으로 여러 형태의 절도 범행을 한 경우, 모든 행위를 포괄해서 그중 가장 무거운 하나의 죄만 성립하는 것으로 보게 된다.

19 판례는 피고인이 범한 특수절도, 야간주거침입절도와 단순 절도가 절도 습벽의 발현으로 볼 수 있는 경우, 이 가운데 가장 무거운 상습특수절도죄만 성립하고, 나머지 절도 범행은 이에 흡수된다고 보아왔다.[19]

2. 주거침입죄와의 관계

20 절도 유형 가운데 야간주거침입절도(§ 330)와 손괴 후 야간주거침입절도(§ 331① 특수절도)가 있기 때문에, 주거침입 후 절도가 이루어지는 경우 두 죄의 죄수 관계에 대해 논의가 있어왔다. 이에 대한 대법원 전원합의체 판결을 소개한다.

21 다수의견은, 상습절도죄를 범한 범인이 그 범행의 수단으로 주거침입을 한 경우에, 주거침입행위는 상습절도죄에 흡수되어 상습절도죄의 1죄만이 성립하고 별개로 주거침입죄를 구성하지 않으며, 또 상습절도죄를 범한 범인이 그 범행 외에 상습적인 절도의 목적으로 주거침입을 하였다가 절도에 이르지 않고 주거침입에 그친 경우에도 그것이 절도 상습성의 발현이라고 보이는 이상 주거침입행위는 다른 상습절도죄에 흡수되어 상습절도의 1죄만을 구성하고 이 상습절도죄와 별개로 주거침입죄를 구성하지 않는다고 했다.[20]

19 대판 1966. 6. 28, 66도693; 대판 1975. 5. 27, 75도1184; 대판 2016. 11. 24, 2016도13885 등.

20 대판 1984. 12. 26, 84도1573(전). 이 사안은 특정범죄가중법 제5조의4 제1항이 폐지되기 전의 사례여서, 죄명을 상습절도죄로 바꾸어 기술하였다. 특정범죄가중법 개정 후로도 이 판결의 취지는 그대로 유지되고 있다. 특정범죄가중법의 상습절도죄 폐지 후로 이 전원합의체 판결을 따른 판례로는 대판 2015. 10. 15, 2015도8169; 대판 2015. 10. 15, 2015도9049; 대판 2017. 7. 11, 2017도4044 참조. 한편, 이 전원합의체 판결로 대판 1983. 4. 12, 83도422는 폐기되었다.
위 84도1573 전원합의체 판결 평석은 최준혁, "범죄목적을 숨긴 출입은 주거침입인가?", 형사소수의견은, 법률에 특별히 규정된 경우를 제외하고는 주거침입죄는 그 목적 여하에 불구하고 그 목적하는 죄와 별도로 성립하는 것이며, 그 목적 때문에 주거침입죄의 성립 여부에 영향을 받을 리 없으므로, 원래 별개의 주거침입죄를 유독 그가 목적하는 상습절도의 경우에만 상습절도죄에 흡수 내지 포괄된다고 볼 수는 없다고 했다.[21] 22

3. 재심과의 관계

본죄는 포괄일죄이므로 선행 범행과 후행 범행의 하나의 범죄로 취급되어 하나의 형을 선고하는 것이 원칙이다. 그런데 특정범죄가중법 제5조의4 제1항에 따른 상습절도 가중 처벌 규정이 위헌으로 폐지되면서 과거 특정범죄가중법이 적용되어 확정된 판결에 대해 재심판결이 이어졌고, 그에 따라 재심을 전후해서 유죄의 확정 판결(선행 범죄)을 받은 사람이 그 후 동일한 습벽에 의해 범행을 저질렀을 때(후행 범죄) 동일한 습벽에 의한 후행 범죄가 재심대상판결 선고 전에 저질렀던 선행 범죄와 일죄의 관계에 있는지에 대해 대법원 전원합의체 판결이 있었다.[22] 이 판결을 소개한다. 23

다수의견은, "재심심판절차에서 선행 범죄, 즉 재심대상판결의 공소사실에 후행 범죄를 추가하는 내용으로 공소장을 변경하거나 추가로 공소를 제기한 후 이를 재심대상사건에 병합하여 심리하는 것이 허용되지 않으므로 재심심판절차에서는 후행 범죄에 대하여 사실심리를 할 가능성이 없다. 또한 재심심판절차에서 재심개시결정의 확정만으로는 재심대상판결의 효력이 상실되지 않으므로 재심대상판결은 확정 판결로서 유효하게 존재하고 있고, 따라서 재심대상판결을 전후하여 범한 선행 범죄와 후행 범죄의 일죄성은 재심대상판결에 의하여 분단되어 동일성이 없는 별개의 상습범이 된다. 그러므로 선행 범죄에 대한 공소제기의 효력은 후행 범죄에 미치지 않고 선행 범죄에 대한 재심판결의 기판력은 후행 범죄에 미치지 않는다."라고 판단했다. 다수의견은 이에 대한 이유로, "만 24

판례연구 〔23〕, 한국형사판례연구회, 박영사(2015), 405-430.

21 소수의견이 하나 더 있었는데, 이 의견은 특정범죄가중법의 취지에 따라 별개 범죄가 성립한다고 설명하는 의견이어서, 이제 그 의미가 없다고 보아 소개하지 않는다.

22 대판 2019. 6. 20, 2018도20698(전). 본 판결 평석은 홍은표, "재심심판절차의 본질과 기판력, 후단 경합범의 성립", 사법 50, 사법발전재단(2019), 575-608.

약 재심판결의 기판력이 재심판결의 선고 전에 선행 범죄와 동일한 습벽에 의해 저질러진 모든 범죄에 미친다고 하면, 선행 범죄에 대한 재심대상판결의 선고 이후 재심판결 선고 시까지 저지른 범죄는 동시에 심리할 가능성이 없었음에도 모두 처벌할 수 없다는 결론에 이르게 되는데, 이는 처벌의 공백을 초래하고 형평에 반"하기 때문이라고 했다.

25 이에 대해 반대의견은, 헌법 제13조 제1항에 따른 일사부재리 원칙을 근거로 들어 다수의견에 반대하는 취지를 밝혔다. 반대의견은 서로 일죄의 관계에 있는 선행 범죄와 후행 범죄에 대해서는 하나의 형이 선고되어야 하므로, 선행하는 상습 범죄에 대하여 재심대상판결을 받은 사람이 그 후 동일한 상습성에 기하여 후행 범죄를 저질렀는데, 재심대상판결에 대하여 재심개시결정이 확정되고 양 사건이 병합 심리되지 않은 채 재심판결이 먼저 선고되어 확정되었다면 그 기판력은 후행범죄 사건에 미친다고 보았다. 반대의견은 다수의견이 밝힌 처벌의 공백과 관련해, 선행 범죄에 관하여 재심개시결정이 이미 확정된 이상 재심심판절차에서도 공소장변경 등의 절차를 거쳐 후행범죄에 대하여 사실심리를 할 수 있으므로, 선행 범죄에 관한 재심판결의 기판력이 후행범죄에 미친다고 하여 처벌의 공백을 야기하는 등의 부당한 결과가 생기지 않는다고 보았다.

26 절차가 처벌을 위해 존재하는 것은 아니다. 실체법에 따라 범죄 성립과 죄수를 밝히고, 그에 따라 범죄 성립과 형의 선고를 가려야 한다. 과거 입법의 오류에 대한 지적으로 법률이 폐지되어 재심 심리를 하면서 재심판결이 선고되기까지 상습의 발현으로 절도 범행을 했다면, 이 역시 선행 범죄와는 일죄의 관계임은 분명하다. 반대의견이 타당하다.

V. 처 벌

27 제329조 내지 제331조의2의 죄에 정한 형의 2분의 1까지 가중한다.

28 본죄를 범하여 유기징역에 처할 경우에는 10년 이하의 자격정지를 병과할 수 있다(§ 345).

29 본죄의 미수범은 처벌하고(§ 342), 친족상도례가 적용된다(§ 344).

〔함 석 천〕

第333조(강도)

폭행 또는 협박으로 타인의 재물을 강취하거나 기타 재산상의 이익을 취득하거나 제삼자로 하여금 이를 취득하게 한 자는 3년 이상의 유기징역에 처한다.

Ⅰ. 개 설 ······ 289
1. 의 의 ······ 289
2. 보호법익 ······ 290
3. 규정 체계 ······ 290
Ⅱ. 폭행 또는 협박 ······ 292
1. 개 념 ······ 292
2. 폭행·협박의 정도 ······ 293
Ⅲ. 재물의 강취·재산상 이익의 취득 ······ 298
1. 재물의 강취 ······ 298
2. 재산상 이익의 취득 ······ 299
3. 실행의 착수와 기수시기 ······ 304
Ⅳ. 주관적 구성요건 ······ 305
1. 고 의 ······ 305
2. 불법영득의 의사 ······ 306
Ⅴ. 공 범 ······ 307
Ⅵ. 죄수 및 다른 죄와의 관계 ······ 308
1. 죄 수 ······ 308
2. 다른 죄와의 관계 ······ 309
Ⅶ. 처 벌 ······ 311

Ⅰ. 개 설

1. 의 의

본죄(강도죄)는 폭행 또는 협박으로 타인의 재물을 강취하거나 기타 재산상의 이익을 취득하거나 제삼자로 하여금 이를 취득하게 한 때에 성립한다(§ 333). 1

강도의 죄는 형법에서 절도의 죄와 같은 장에 편성되어 있고, 그 객체가 타인의 재물과 재산상의 이익이라는 점에서 절도죄, 사기죄, 공갈죄, 횡령죄, 배임죄와 함께 재산범죄로 분류할 수 있다. 폭행·협박을 행위의 수단으로 하기 때문에 재산범죄에 더해 사람의 생명, 신체와 그 자유에 관한 권리를 침해하는 범죄이기도 하다. 객체와 관련해 재물 외에 재산상의 이익이 객체에 포함된다는 점에서 절도죄와 구분된다. 폭행·협박을 행위 요소로 한다는 점에서 공갈죄와 같지만, 폭행·협박을 수단으로 해서 상대방의 의사에 반해 재물 또는 재산상의 이익을 탈취한다는 점에서 하자 있는 의사에 따른 교부 또는 처분행위를 전제로 하는 공갈죄와 구분된다. 2

2. 보호법익

3 본죄는 재산죄와 폭행죄 또는 협박죄의 결합범으로서, 재산범죄로서의 특징과 자유권 침해범죄로서의 특성을 함께 가진다.[1] 본죄의 이러한 특성을 고려해, 통설은 본죄의 보호법익 역시 타인의 재산권과 함께 사람의 생명·신체의 완전성과 자유권을 모두 포괄하는 것으로 보아, 주된 보호법익은 재산권이고, 생명·신체의 완전성과 자유권은 부차적인 보호법익이라고 한다.[2] 이때 본죄의 보호법익으로서의 재산권은 절도와 마찬가지로 소유권이라고 보아야 할 것이다.

4 보호의 정도는 침해범이다.[3]

3. 규정 체계

(1) 형법

5 강도의 죄는 본죄를 기본으로 한다. 여기에 불법 요소의 가중에 따라 특수강도죄와 해상강도죄가 파생한다. 그리고 본죄에 상해, 살인, 강간 또는 인질의 범죄가 결합하거나, 강도로 인해 결과적으로 중한 결과가 발생한 때에 성립하는 범죄들로 구성되어 있다.

6 특수강도죄(§ 334)는 야간에 주거 등에 침입하거나, 흉기 휴대 또는 2명 이상이 합동하여 강도한 때에 성립한다. 강도상해·치상죄(§ 337)와 강도살인·치사죄(§ 338)는 강도 또는 특수강도와 상해 또는 살인의 결합범이거나 그에 관한 결과적 가중범이다. 해상강도죄(§ 340①)는 해상이라는 제한된 공간에서 선박을 강취하거나 선박 안에서 타인의 재물을 강취한 때에서 성립한다. 해상강도는 해적이라고 할 수 있다. 해상강도죄의 결합범 또는 결과적 가중범은 해상강도상해·치

---

1 김신규, 형법각론 강의, 364; 박상기·전지연, 형법학(총론·각론)(5판), 622; 박찬걸, 형법각론(2판), 409; 오영근, 형법각론(7판), 274; 원혜욱, 형법각론, 213; 이상돈, 형법강론(4판), 519; 이정원·류석준, 형법각론, 315; 임웅, 형법각론(11정판), 373; 정성근·박광민, 형법각론(전정3판), 312; 정성근·정준섭, 형법강의 각론(2판), 222; 최호진, 형법각론, 402.

2 손동권·김재윤, 새로운 형법각론, § 21/1; 이용식, 형법각론, 15; 이재상·장영민·강동범, 형법각론(13판), § 17/2; 정웅석·최창호, 형법각론, 562; 한상훈·안성조, 형법개론(3판), 525; 주석형법[각칙(5)](5판), 454(김경선).

3 김혜정·박미숙·안경옥·원혜욱·이인영, 형법각론(3판), 314; 박찬걸, 409; 오영근, 275; 이형국·김혜경, 형법각론(2판), 363; 정성근·정준섭, 221; 정영일, 형법각론, 239; 정웅석·최창호, 562; 주호노, 형법각론, 643; 홍영기, 형법(총론과 각론), § 77/1.

상죄(§340②), 해상강도살인·치사죄(§340③) 및 해상강도강간죄가 있다. 절도가 재물의 탈환에 항거하거나 체포를 면탈하거나 범죄의 흔적을 인멸할 목적으로 폭행 또는 협박을 가한 때에 준강도죄(§335)가 성립한다. 준강도죄는 절도가 강도로 변하는 모습인데, 그 결합 및 가중 형태로 준특수강도죄, 준강도상해·치상죄, 그리고 준강도살인·치사죄의 성립이 가능하다. 본죄의 또 다른 결합범죄로 인질강도죄(§336)와 강도강간죄(§339)가 있다. 인질강도죄는 사람을 체포·감금·약취 또는 유인하여 이를 인질로 삼아 재물 또는 재산상의 이익을 취득하거나 제3자로 하여금 이를 취득하게 한 때에 성립한다. 인질강도죄에 대해서는 결합 및 가중 형태로 인질강도상해·치상죄, 인질강도살인·치사죄 성립이 가능하다.

본죄는 그 가중 유형이 다양하게 나타나고 여러 범죄와 결합된 형태로도 나타나기 때문에, 다른 범죄와 관계, 그리고 죄수 관계를 잘 따져봐야 한다. 이에 대해서는 각각의 범행 유형에서 살펴본다. 7

본죄는 절도나 다른 재산범죄와 달리 예비·음모를 처벌하고(§343), 상습범(§341)과 미수범(§342)도 처벌한다. 친족상도례는 적용되지 않는다. 폭행·협박으로 인해 절도죄보다 무거운 범죄로 다뤄지기 때문에 미수 이전 단계인 예비·음모부터 범죄로 처벌하고, 친족상도례는 적용되지 않는 것이다. 8

(2) 특별법

특정범죄 가중처벌 등에 관한 법률(이하, 특정범죄가중법이라 한다.)[4]에 소정의 9

---

4 특정범죄가중법 제5조의4(상습 강도·절도죄 등의 가중처벌) ② 5명 이상이 공동하여 상습적으로 「형법」 제329조부터 제331조까지의 죄 또는 그 미수죄를 범한 사람은 2년 이상 20년 이하의 징역에 처한다.

⑤ 「형법」 제329조부터 제331조까지, 제333조부터 제336조까지 및 제340조·제362조의 죄 또는 그 미수죄로 세 번 이상 징역형을 받은 사람이 다시 이들 죄를 범하여 누범(累犯)으로 처벌하는 경우에는 다음 각 호의 구분에 따라 가중처벌한다.

2. 「형법」 제333조부터 제336조까지의 죄 및 제340조제1항의 죄(미수범을 포함한다)를 범한 경우에는 무기 또는 10년 이상의 징역에 처한다.

⑥ 상습적으로 「형법」 제329조부터 제331조까지의 죄나 그 미수죄 또는 제2항의 죄로 두 번 이상 실형을 선고받고 그 집행이 끝나거나 면제된 후 3년 이내에 다시 상습적으로 「형법」 제329조부터 제331조까지의 죄나 그 미수죄 또는 제2항의 죄를 범한 경우에는 3년 이상 25년 이하의 징역에 처한다.

제5조의5(강도상해 등 재범자의 가중처벌) 「형법」 제337조·제339조의 죄 또는 그 미수죄로 형을 선고받고 그 집행이 끝나거나 면제된 후 3년 내에 다시 이들 죄를 범한 사람은 사형, 무기 또는 10년 이상의 징역에 처한다.

상습강도죄에 대한 가중처벌 규정(§ 5의4②, ⑥), 누범 가중처벌 규정(§ 5의4⑤(ii))과 강도상해죄 등의 재범 가중처벌 규정(§ 5의5)이 있고, 특정강력범죄의 처벌에 관한 법률(이하, 특정강력범죄법이라 한다.)[5]에 소정의 강도의 죄에 대한 누범 가중처벌 규정(§ 3)이 있다. 그리고 성폭력범죄의 처벌 등에 관한 특례법(이하, 성폭력처벌법이라 한다.)[6]에 특수강도범(미수 포함)이 강간 등 성범죄를 범한 경우의 가중처벌 규정(§ 3②)이 있다.

Ⅱ. 폭행 또는 협박

1. 개 념

10 본죄에서 폭행·협박 개념은 일반 폭행이나 협박 개념과 동일하다. 따라서 폭행은 사람에 대한 유형력의 행사를 말하고, 협박은 해악을 고지하여 공포심을 일으키는 행위를 말한다.[7] 본죄의 구성요건인 폭행·협박이 그 개념 자체는 일반 폭행·협박과 동일하나, 본죄 성립을 위한 전제로서 재물이나 재산상 이익을 강취할 정도에 이르러야 하기 때문에 그 형태나 정도는 다를 수 있다.

11 본죄의 구성요건인 폭행은 사람의 신체에 대한 유형력의 행사와 함께, 물건에 대한 유형력의 행사라고 해도 간접적으로 사람에 대해 유형력을 행사한 것으

---

5 특정강력범죄법 제2조(적용 범위) ① 이 법에서 "특정강력범죄"란 다음 각 호의 어느 하나에 해당하는 죄를 말한다.
5. 「형법」 제2편제38장 절도와 강도의 죄 중 제333조(강도), 제334조(특수강도), 제335조(준강도), 제336조(인질강도), 제337조(강도상해·치상), 제338조(강도살인·치사), 제339조(강도강간), 제340조(해상강도), 제341조(상습범) 및 제342조(미수범. 다만, 제329조부터 제331조까지, 제331조의2 및 제332조의 미수범은 제외한다)의 죄
② 제1항 각 호의 범죄로서 다른 법률에 따라 가중처벌하는 죄는 특정강력범죄로 본다.
제3조(누범의 형) 특정강력범죄로 형(刑)을 선고받고 그 집행이 끝나거나 면제된 후 3년 이내에 다시 특정강력범죄를 범한 경우(「형법」 제337조의 죄 및 그 미수(未遂)의 죄를 범하여 「특정범죄 가중처벌 등에 관한 법률」 제5조의5에 따라 가중처벌되는 경우는 제외한다)에는 그 죄에 대하여 정하여진 형의 장기(長期) 및 단기(短期)의 2배까지 가중한다.)

6 성범죄처벌법 제3조(특수강도강간 등) ② 「형법」 제334조(특수강도) 또는 제342조(미수범. 다만, 제334조의 미수범으로 한정한다)의 죄를 범한 사람이 같은 법 제297조(강간), 제297조의2(유사강간), 제298조(강제추행) 및 제299조(준강간, 준강제추행)의 죄를 범한 경우에는 사형, 무기징역 또는 10년 이상의 징역에 처한다.

7 김신규, 367; 박상기·전지연, 623-624; 이형국·김혜경, 365; 정성근·정준섭, 223; 정웅석·최창호, 563; 최호진, 402-403; 홍영기, § 77/4.

로 볼 수 있으면 된다. 따라서 사람이 타고 가는 자동차를 전복시키는 것도 본죄의 폭행에 해당한다.[8] 폭행·협박의 상대방이 재물이나 재산상 이익을 강취당하는 사람일 필요는 없다. 재물이나 재산상 이익의 강취 또는 취득 때에 목적 수행에 장애가 되는 제3자에 대해 가해진 것이라도 충분하다.[9] 처분의 의사표시가 요구되지 않으므로, 폭행·협박의 상대방이 행위능력이나 의사능력을 갖출 필요는 없다. 따라서 어린아이나 정신병자라도 폭행·협박의 상대가 될 수 있다.

폭행·협박의 방법 자체가 반드시 폭력성을 띠어야 하는 것은 아니고, 피해자를 항거불능의 상태에 이르게 한 이상 본죄의 폭행에 해당할 수 있다. 따라서 수면제나 약물을 이용해서 피해자를 항거불능의 상태에 빠뜨려 재물을 가져갔다면, 폭행에 의한 재물 강취로서 본죄가 성립한다.[10] 12

협박을 위한 해악의 고지는 그 내용에 제한은 없고, 반드시 말로 행해져야 하는 것도 아니다. 반항을 억압할 정도의 해악을 인지할 수 있는 행동으로도 본죄의 협박이 될 수 있다. 따라서 외진 곳에서 아무런 말없이 칼로 벽을 탁탁 치는 행위 역시 본죄에서 말하는 협박이 될 수 있다. 현실적으로 그 해약을 실현할 의사나 능력을 가졌는지도 묻지 않는다. 피해자가 해악 고지로 인해 항거불능 상태에 이르렀을 것이라는 외관 판단이 중요하다. 따라서 장난감 권총을 진짜 권총으로 가장해서 항거불능 상태에 이르게 했다면 본죄가 성립한다.[11] 13

2. 폭행·협박의 정도

본죄 성립을 인정하기 위한 폭행 또는 협박은 상대방의 반항을 억압하거나 현저하게 곤란하게 할 정도에 이르러야 한다. 이는 가장 좁은 의미(최협의)의 폭행·협박을 말하는 것으로, 이처럼 본죄 성립을 인정하기 위한 폭행 또는 협박을 최협의의 폭행·협박으로 보는 데에 학설이 일치한다.[12] 판례 역시 본죄에서 14

8 김성돈, 형법각론(5판), 319 참조.

9 김일수·서보학, 새로쓴 형법각론(9판), 262 참조.

10 독일에서는 강도 외의 다른 목적으로 피해자를 구속 또는 감금한 후에 저항할 수 없는 상태를 이용해서 재물을 탈취한 경우에 부작위에 의한 폭행을 인정할 수 있는지에 대해 논의가 있고, 구속 또는 감금으로부터 해방되기까지 부작위에 의한 폭행이 계속되고 있다고 보아 본죄의 성립을 인정한 사례가 있다(BGH, 15.10.2003 - 2 StR 283/03).

11 이러한 예시는 김일수·서보학, 262 참조.

12 김신규, 368; 박상기·전지연, 624; 이형국·김혜경, 365; 정성근·정준섭, 224; 정웅석·최창호,

폭행과 협박의 정도는 사회통념상 객관적으로 상대방의 반항을 억압하거나 항거불능케 할 정도의 것이라야 한다고 기준을 제시해 왔다.[13]

15 폭행 또는 협박의 정도에 관한 판단 기준은 피해자의 주관이 아닌, 폭행·협박의 객관적 성질에 따라 판단해야 한다(객관설). 이 역시 일치된 학설·판례이다. 따라서 본죄에서 말하는 반항을 억압하거나 현저하게 곤란하게 할 정도의 폭행·협박이었는지 판단하려면, 폭행·협박 자체의 형태뿐만 아니라, 피해자의 나이, 성격, 성별과 형편, 범행 시간, 장소, 피고인과 피해자와의 관계, 주변 상황 등도 함께 고려해야 한다. 그 판단을 위해 곧 살펴볼 사례 검토가 도움이 될 것이다. 이처럼 객관설에 따라 폭행·협박의 정도를 파악해야 하므로, 행위자가 강도의 고의를 가지고 폭행·협박을 했어도 결과적으로 상대방의 의사의 자유를 제한하는 정도에 불과하여 피해자가 스스로 재물을 교부했다면, 본죄가 아닌 공갈죄가 성립한다. 한편으로 사회통념상 상대방의 반항을 억압하거나 항거불능케 할 정도의 폭행·협박을 가하여 상대방으로부터 재물을 강취한 사실이 있으면 충분하고, 그 폭행·협박에 의하여 상대방이 정신 및 신체의 자유를 완전히 제압될 필요는 없다고 할 것이다.

(1) 항거불능을 인정한 사례

16 판례에 나타난 폭행을 수반한 전형적인 강도 사례는 다음과 같다.

17 ① 피고인이 공범 2명과 함께 오전 3시경 헌병을 가장해 소총을 휴대하고 "헌병대에서 왔는데 부대에서 도망할 때 가져온 총을 내놓으라."라고 말해 소총을 교부받은 경우,[14] ② 범행 시각이 밤 11시 반경이었고, 범행 장소가 통행인이 적은 시골 고개였으며, 피해자는 2명인데 피고인 측은 4명으로, 피고인 측이 합세해서 피해자들에게 달려들어 박치기로 들이받고 손으로 때리고 발로 걷어차 피해자들로 하여금 출혈이 낭자하게 하고 지상에 쓰러져 실신 상태에 빠져 있는 기회에 금품을 가져간 경우,[15] ③ 피고인이 고향 지인인 공범과 함께 길에

563; 최호진, 403; 홍영기, § 77/4.

13 대판 1976. 8. 24, 76도1932; 대판 1993. 3. 9, 92도2884; 대판 2001. 3. 23, 2001도359; 대판 2004. 11. 25, 2004도5937; 대판 2020. 10. 15, 2020도7218.

14 대판 1956. 5. 8, 4289형상50(원심이 공갈죄로 판단한 데 대해, 항거불능 상태를 인정해야 한다는 취지로 파기환송한 사례).

15 대판 1957. 8. 16, 4290형상183(원심이 단순 상해죄와 공갈죄의 경합범으로 판단한 데 대해, 대

서 마주친 고등학생인 피해자를 골목으로 유인해서 공범이 도망가지 못하게 막고 금품을 요구했지만 이에 불응하자 돈이 없으면 시계라도 풀어달라고 하고 있는 중에, 피고인이 피해자의 얼굴을 1회 강타하며 폭행을 가하고 공범이 피해자의 시계를 강제로 가져간 경우,[16] ④ 피고인이 공범들과 길 가던 피해자를 가로막고 시비를 걸며 숲속으로 데려가 무릎을 꿇게 하고 금품 교부를 거부하자 피고인이 손으로 피해자의 얼굴을 5회 강타하고 다시 발길로 얼굴을 1회 걷어찬 후 금품과 운동화를 빼앗은 경우,[17] ⑤ 피고인이 택시를 타고 가다 세우라고 한 후 소지 중이던 작은 칼을 오른손에 들고 운전자인 피해자의 흉부에 겨누며 위협하고 돈을 빼앗은 경우,[18] ⑥ 피고인이 공범과 함께 식도를 오른손에 들고 복부에 겨누고, 사이다병을 왼손에 들어 머리를 겨누면서 안경값을 내지 않으면 찔러 죽인다고 한 경우,[19] ⑦ 피고인이 공범과 함께 골목길을 지나가던 피해자에게 접근해 피고인은 망을 보고 공범은 그 뒤를 따라가다가 피해자의 등을 발로 한번 세게 차서 넘어뜨리고 그로 말미암아 그가 안경이 깨지고 상해를 입힌 상태에서 핸드백을 뺏은 경우,[20] ⑧ 피해자 공장의 종업원으로 피고인이 피해자와 아는 사이라고 해도 새벽 3시경 길이 약 14cm의 과도를 들고 피해자의 집 담을 넘어 들어가 피해자의 얼굴에 과도를 들이대고 금품을 내놓으라고 협박한 경우,[21] ⑨ 피해자가 맞은편에서 걸어오고 있는 것을 발견하고 접근해서 미리 준비한 돌멩이로 안면을 1회 강타하고 가방을 빼앗은 경우,[22] ⑩ 피고인 甲이 4명의 공범과 새벽 시간에 피해자에게 갑자기 접근하여 길을 막고 공범 乙은 담배를 달라고 시비를 걸면서 주먹으로 얼굴을 1회 강타한 후 밀어 넘어뜨리고, 공범 丙과 피고인은 주위에 서서 위세를 보이고, 공범 丁은 피해자를 주먹으로 때리고 발로 찬 후 피해자의 바지 주머니에 들어 있던 재물을 가져간 경우[23]에,

법원이 파기자판하며 강도상해죄를 적용한 사례).

16 대판 1960. 8. 30, 4293형상343.
17 대판 1960. 9. 2, 4293형상198.
18 대판 1960. 10. 28, 4293형상584.
19 대판 1961. 5. 12, 4294형상101.
20 대판 1972. 1. 31, 71도2114.
21 대판 1986. 7. 8, 86도931.
22 대판 1986. 12. 23, 86도2203.
23 대판 1990. 2. 9, 89도581.

각 본죄 성립의 전제인 항거불능에 이르는 폭행·협박을 인정했다.

18 수면제나 약물을 이용한 경우로서, ① 수면제를 사용하여 혼수상태에 빠지게 한 후 재물을 탈취한 경우,[24] ② 피고인이 아리반(신경안정제) 4알을 탄 우유와 음료수를 자신의 옆자리에 앉아 알게 된 사람에게 마시게 하여 졸음에 빠지게 하고 그 틈에 그 사람의 재물을 가져간 경우,[25] ③ 피고인이 기차 객실에서 여성 피해자와 동석한 후 미리 소지한 중독성이 있는 약품명 미상의 약을 오렌지쥬스에 타서 마시게 하고 피해자가 깊은 잠에 빠진 상태에 있을 때 선반 위에 놓아둔 피해자 소유 가방에서 금품을 가져간 경우[26]에, 판례는 본죄 성립을 인정했다.

19 남의 물건을 잽싸게 채어 달아나는 날치기와 관련해, 구체적인 상황에 따라서는 강도로 인정해야 할 때가 있지만, 그와 같은 결과가 피해자의 반항 억압을 목적으로 하지 않고 점유 탈취의 과정에서 우연히 일어난 결과라면, 이는 절도에 불과한 것으로 보아야 한다는 판례가 있었다.[27] 그러나 피고인이 여러 명의 공범과 날치기 수법으로 범행하기로 역할을 분담한 상태에서, 피해자의 뒤쪽 왼편으로 접근해서 피해자의 왼팔에 끼고 있던 손가방의 끈을 오른손으로 잡아당겼으나 피해자는 가방을 놓지 않으려고 버티다가 몸이 돌려지면서 등을 바닥 쪽으로 하여 넘어졌는데, 피고인이 가방끈을 잡고 계속해서 당기자 피해자는 바닥에 넘어진 상태로 가방끈을 놓지 않은 채 "내 가방, 사람 살려!"라고 소리치면서 약 5m 가량 끌려가다가 힘이 빠져 가방을 놓쳤고, 그 사이에 피고인은 피해자의 가방을 들고 도망가던 중 아파트경비업체 직원에게 붙잡힌 사안에서는, 강도치상죄가 성립한다는 취지로 절도죄와 상해죄를 인정한 항소심을 파기환송하기도 했다.[28]

---

24 대판 1962. 2. 15, 4294형상700.

25 대판 1979. 9. 25, 79도1735.

26 대판 1984. 12. 11, 84도2324. 본 판결 평석은 오영근, "강도죄와 강간죄에서 폭행의 개념", 형사재판의 제문제(1권), 박영사(2000), 147-158.

27 대판 2003. 7. 25, 2003도2316(사실 심리를 더 할 것을 요구하며 파기환송한 사례). 본 판결 해설은 이창한, "날치기 수법에 의한 절도범이 점유탈취 과정에서 우연히 피해자에게 상해를 입힌 경우의 죄책", 해설 48, 법원도서관(2004), 561-566.

28 대판 2007. 12. 13, 2007도7601.

(2) 항거불능을 부정한 사례

본죄의 성립이 문제된 사안에서 폭행·협박이 항거불능의 정도에 이르지 않았다고 한 사례는 다음과 같다. 20

① 피고인이 5월 오후 9시경 공원에서 19세 여성 피해자가 성교하는 것을 발견하고 경찰관 행세를 하며 피해자의 손을 잡고 팔목 시계를 가져간 사안에서, 피고인의 폭행은 피해자의 반항을 억압할 정도로 강력한 것은 아니었고, 피해자가 피고인을 형사로 오신하고 자기의 추행을 조사당하고 처벌을 받을 것에 외포되어 피고인이 자기 손을 잡고 시계를 탈취하는 것을 묵인한 것이라고 볼 수 있으므로 공갈죄 성립을 인정한 원심이 타당하다고 한 사례,[29] ② 피고인이 낮 1시 30분경부터 3시 30분경 사이에 두 차례에 걸쳐 뒷골목에서 소년들에게 21cm의 칼을 들이대고 협박한 사안에서, 소액의 잔돈 정도만 소지한 15, 16세 정도의 소년에 대해서만 범행했고, 피해자 중 한 사람이 피고인에게 돈을 돌려달라고 피고인에게 요구하는가 하면, 피고인이 그 피해자에게 시계를 벗어달라고 했으나 시계는 내어주지 않았다면, 피고인이 두 번의 범행 당시 비록 칼을 내보이기는 했어도 피해자의 반항을 억압할 정도의 협박이라고 할 수 없다고 한 사례,[30] ③ 피고인이 교대 근무를 위해 사무실에 갔다가 피해자가 동료 운전사들과 사기 화투를 쳤다고 하며 싸우는 것을 보고 자기도 피해자에게 150만원 정도를 잃었기 때문에 그 사실 여부를 추궁하기 위해 피해자를 차에 태워 조용한 곳으로 데리고 가서 잃었던 돈을 받아낸 사안에서, 피고인이 어느 정도의 강제력을 행사하여 피해자로부터 금품을 가져갔다고 해도, 피고인과 피해자의 친분관계(10여 년간 친구로 함께 고스톱 화투를 자주 치는 사이)나 재산 정도(피고인이 오히려 여유가 있음), 신체 상태(피해자가 힘이 더 셈) 등의 사정에 비추어 피해자가 반항이 억압되거나 항거불능의 상태에서 재물을 강취당한 것이라고 보기는 어렵다고 한 사례,[31] ④ 도박자금으로 빌려준 돈을 돌려받기 위해 범행을 저질렀지만, 범행 시각이 대낮이고, 피고인 일행이 피해자를 데려갔다는 공동묘지도 큰길에서 멀리 떨어져 있거나 인적이 드물어 장소 자체에서 외포심을 불러일으 21

29 대판 1960. 2. 29, 4292형상997.
30 대판 1976. 8. 24, 76도1932.
31 대판 1993. 3. 9, 92도2884.

킬 수 있을 정도의 곳이 아니며, 피고인 일행은 공동묘지로 가는 도중 슈퍼마켓에 들러 피해자의 요구에 따라 캔 맥주를 사 주었고, 휴대전화로 통장 입금하라는 말을 듣고 피해자를 직접 대면하기를 원하는 피해자 고모의 요구를 받아들여 고모가 있는 장소까지 차를 몰고 가서 피해자와 고모를 대면시켜 주고 고모로부터 추가 입금을 받았을 뿐 아니라, 피고인은 피해자 측으로부터 돈을 받은 다음 그런 취지의 확인서까지 작성해 주었다는 것이고, 그 과정에서 피고인 일행이 피해자에게 어떠한 유형적인 물리력도 행사하지 아니한 때에는 사회통념상 객관적으로 상대방의 반항을 억압하거나 항거불능케 할 정도에 이르렀다고 볼 수는 없다고 한 사례,[32] ⑤ 피고인이 인터넷채팅을 통해 윤락행위를 하는 여자들을 상대로 경찰관을 사칭해 강간하려고 했지만, 피해자는 피고인으로부터 한 달간 애인이 되어주면 체포를 하지 않겠다는 요구를 받고 이를 승낙하여 체포의 위험에서 벗어난 상태에 있었고, 또 피고인이 경찰관이 아닐지 모른다는 의심을 하고 있었으며, 피고인이 피해자에게 경찰 회식비 명목의 돈을 요구하던 때에는 피해자가 피고인의 협박에 의하여 반항이 불가능할 정도로 외포된 상태에 있었던 것이 아니라 의사 결정의 자유를 제한받거나 의사 실행의 자유를 방해받을 정도의 겁을 먹고 있던 상태여서, 강도미수죄가 아니라 공갈미수죄에 해당한다고 판단한 사례[33]가 있다.

III. 재물의 강취 · 재산상 이익의 취득

1. 재물의 강취

22 재물은 관리할 수 있는 동력을 말한다(§ 346). **절도죄**(§ 329)에서 살폈던 재물에 관한 논의가 본죄에도 타당하다. 부동산이 본죄의 객체에 포함되는지에 대해서는, 본죄의 객체에 재물뿐만 아니라 재산상의 이익도 포함되기 때문에 절도죄에서와 같이 논쟁이 펼쳐지지는 않는다. 부동산을 재물로 보든, 그에 대한 권리를 재산상의 이익으로 보든 본죄의 객체가 된다는 점에 이론은 없다. 따라서 사

32 대판 2001. 3. 23, 2001도359.
33 대판 2004. 11. 25, 2004도5937.

람을 폭행·협박해서 부동산에 대한 소유권이전등기를 마치면 부동산에 대한 본죄가 성립한다.[34] 다만 절도죄 부분에서 살핀 바와 같이 일정한 범위의 부동산만이 재물의 범위에 포함되지만, 대부분 부동산은 본죄에서 재산상의 이익에 포함되는 것으로 보아야 할 것이다.

강취는 남의 물건이나 권리를 강제로 빼앗는 행위를 말한다. 이런 사전적 23
의미에 형법 규정을 가미하면, 강취는 폭행·협박에 의해 상대방의 의사에 반해 타인의 재물을 자기 또는 제3자의 사실상 지배로 옮기는 것을 말한다. 강취는 폭행·협박을 수단으로 한다. 본죄에서 폭행·협박과 재물의 강취 사이에는 인과관계가 있어야 하고,[35] 수단과 목적의 관계가 있어야 한다.[36] 강취는 상대방의 의사에 반해서 행위자가 억지로 빼앗는 경우가 전형적인 형태이나, 상대방이 반항이 억압된 상태에서 스스로 교부하는 것도 포함하고, 탈취를 묵인하는 것도 포함한다. 어떤 경우든 항거불능 상태에서 이루어져야 한다.[37]

2. 재산상 이익의 취득

(1) 개념

폭행 또는 협박으로 타인의 재산상의 이익을 취득하거나 제3자로 하여금 24
이를 취득하게 한 때에도 재물의 강취와 마찬가지로 본죄가 성립한다. 재물에 대한 강도와 구분해서 강제이득죄라고 부르기도 한다.

이때 재산상의 이익은 전형적인 이득범죄인 사기와 공갈의 죄에서 말하는 25
재산상의 이익과 같은 개념이다. 다만 그 취득 방법에 차이가 있고, 강도는 피해자가 항거불능 상태에 있어서 그 의사에 따른 처분행위를 할 수 없다는 점에서 차이가 난다.

취득은 자기 것으로 만들어 가진다는 뜻이다. 형법 해석상으로는, 본죄에서 26
재산상 이익의 취득은 이익을 스스로 가지거나 제3자에게 가지게 하거나, 상대에

34 손동권·김재윤, § 21/4 참조.
35 김혜정·박미숙·안경옥·원혜욱·이인영, 320; 배종대, 형법각론(14판), § 64/17; 이상돈, 522; 이재상·장영민·강동범, § 17/22; 주호노, 647.
36 이상돈, 522; 이재상·장영민·강동범, § 17/20.
37 이런 점에서 폭행·협박을 당한 피해자가 일단 풀려난 뒤에 재물을 가져오거나 재산적 처분행위를 한 경우에도 본죄가 성립하는지가 문제된다.

게 부담을 안게 함으로써 그에 따른 이익을 스스로 가지거나 제3자에게 가지게 하는 외관을 만들어내는 것을 말한다. 취득은 폭행·협박을 수단으로 해야 하고, 상대방의 의사에 반하는 경우뿐만 아니라 상대방이 교부하는 것도 포함된다. 어떤 경우든 항거불능 상태에 이를 정도로 강한 폭행·협박이 전제되어야 한다.

27 재산상의 이익 개념을 어떻게 볼 것인지에 대해서는 논의가 있으므로, 항을 나누어 살핀다.

(2) 재산상 이익 개념에 관한 견해

28 본죄에서 말하는 재산상의 이익은 재물 외에 재산적 가치가 있는 이익을 말한다. 따라서 재물에 포함시킬 수 있는지에 대해 논란이 있었던 대상들 중에 본죄의 객체에는 포함시킬 수 있는 대상도 있다. 예를 들어, 택시 운전사를 폭행해서 택시 요금을 면제받는 것과 같은 권리·의무 관계는 관리 가능한 동력의 범위에서 제외되어 재물에 포함되지 않지만, 본죄의 재산상의 이익에는 포함된다.

29 재산상 이익을 파악하는 방법에는 대체로 다음의 세 가지 관점이 있다고 알려진다.

(가) 법률적 재산개념설

30 법적 권리와 의무 관계로써 본죄의 재산상의 이익을 파악하는 견해다.[38] 법적 권리를 전제로 해야 본죄의 객체인 재산상 이익에 해당한다고 보기 때문에 노동력과 같은 경제적 가치는 재산상 이익에 포함될 수 없다고 보게 된다.

(나) 경제적 재산개념설

31 법적 지위를 묻지 않고 경제적 이익이 존재하는지에 따라 본죄의 객체를 파악하는 견해다.[39] 판례는 본조 후단의 본죄의 요건인 재산상의 이익이란 재물 이외의 재산상의 이익을 말하는 것으로서, 그 재산상의 이익은 반드시 사법상 유효한 재산상의 이득만을 의미하는 것이 아니고 외견상 재산상의 이득을 얻을 것이라고 인정할 수 있는 사실관계만 있으면 여기에 해당한다고 밝혔다.[40] 이와

---

38 오래 전 독일에서 주장된 견해로, 현재 우리나라에서 이 견해는 찾을 수 없다(이형국·김혜경, 317).

39 김신규, 367; 이재상·장영민·강동범, § 17/11; 정성근·정준섭, 223; 홍영기, § 74/5.

40 대판 1994. 2. 22, 93도428; 대판 1997. 2. 25, 96도3411. 판례의 사실관계와 판단은 뒤에서 다룬다.

같은 표현으로 미루어, 판례는 경제적 재산개념에 따라 본죄의 재산상의 이익을 파악하는 것으로 보인다.

(다) 법률적·경제적 재산개념설

경제적으로 가치 있는 재화 가운데 법질서가 승인한 것만을 재산으로 인정하자는 견해이다.[41] 사회통제 전체 체계에서 형법이 차지하고 있는 보충적·단편적·최후수단의 지위를 감안하면, 다른 법질서가 보호하지 않는 가치를 형법이 앞장서서 보호할 수는 없기 때문이라고 설명한다.[42] 32

(라) 검토

소유권을 비롯한 법이 인정하는 권리뿐만 아니라, 노동력과 같은 용역도 재산적 가치가 있다면 폭행 또는 협박에 의해 이득을 얻을 수 있는 대상으로 파악할 수 있다. 법적으로 위법한 재산 상태라고 해도 항거불능에 이를 정도의 폭행·협박으로 사실상 지배상태를 깨뜨렸다면 이 역시 재산상의 이익을 강취한 것으로 충분히 평가할 수 있다. 33

본죄의 객체인 재산상의 이익의 성격과 관련해서 쟁점으로 부각되는 사례는, 폭행·협박으로 택시 요금의 지급을 면제받는 것과 같이 용역이나 노무의 대가를 면제받거나, 항거불능 상태를 만들고 강제로 처분문서, 어음과 같은 유가증서에 서명하게 하는 것과 같이 의무를 떠안게 하는 사례들이다. 채무를 면제받기 위해 살인하는 때에 강도살인죄가 성립하는 것 역시 면제로 인한 이익을 본죄의 객체인 재산상의 이익으로 보기 때문이다.[43] 학설 대립도 이런 사례에서 의미를 가진다. 한때 재산상 이득 강취를 위한 본죄에서 피해자의 처분행위가 필요한지에 대해 논의가 있었던 것으로 보인다.[44] 그러나 재산상의 이익을 강취하는 본죄 성립을 위해 피해자의 처분행위가 필요하다는 견해는 현재 찾아볼 수 없다. 항거불능 상태에 이를 정도의 폭행·협박에 의해 성립하는 본죄에 34

41 김일수·서보학, 259-260; 김혜정·박미숙·안경옥·원혜욱·이인영, 317; 박찬걸, 413; 배종대, § 64/7; 정웅석·최창호, 563.

42 이와는 달리, 비록 합법적 또는 법률에서 용인되는 경제질서가 아니라도 우리 사회에서 용인되거나 일상화된 생활질서에 부합하는 재산은 형법으로 보호해야 한다는 견해도 있는데, 이를 사회적·경제적 재산(개념)설이라고도 한다(이형국·김혜경, 318-319).

43 다만, 강도살인죄에 대해서는 채무 면제를 인정하기 위해 어떤 기준이 필요한지에 대해 판례 변천이 있었다. 이에 대해서는 **강도살인죄**(§ 338) 부분에서 다시 살핀다.

44 주석형법 〔각칙(5)〕(5판), 472-473(김경선) 참조.

서 피해자 의사에 따른 처분행위를 요구할 수는 없기 때문이다. 이 점에 대해서는 학설이 일치한다.[45]

35 이처럼 강도행위로 인해 피고인이 의무를 덜거나 피해자가 의무를 떠안게 되는 외관이 관찰되고 그로 인해 피고인이 경제적 이익을 얻는 것처럼 보여도, 엄밀하게 법률적으로 평가해 보면 본죄에서는 피고인과 피해자 사이에 유효한 법적 효과를 낳는 권리·의무 관계는 형성되지 않는 경우가 대부분이다. 항거불능 상태에서 벌어진 현상이기 때문에 법률행위 자체가 부존재하는 것으로 보거나, 법률행위의 존재가 인정되어도 무효로 보아야 하기 때문이다. 따라서 강취의 결과로 피고인이 경제적 이익을 보는 상황이라도, 추급을 위한 절차상 번거로움을 빼고 나면 대부분의 경우 법률적으로는 피고인이 재산상 이익을 얻었다고 평가하기 곤란하게 된다. 이와 같은 점을 고려할 때, 본죄의 객체는 재산죄인 본죄에서 피고인이 얻은 재산적 가치에 중점을 두고 평가해야 한다. 따라서 본죄의 객체인 재산상 이익은 위 (나)의 경제적 재산개념설에 따라 파악하는 것이 타당하다.[46] 판례에 나타난 사례를 살펴보다 보면, 현실 세계에서 본죄의 객체에 관해 판례가 경제적 재산개념설의 입장에 설 수밖에 없는 이유를 이해할 수 있다.

(3) 사례

36 판례에 나타난 사례를 본다.

37 ① 피고인이 자신과 룸싸롱을 동업한 적이 있는 피해자의 목에 식칼을 들이대고 룸싸롱 경영으로 인한 손해 보전을 요구하면서 피고인의 채권자에게 2천만 원을 지급한다는 내용의 각서를 쓰라고 했는데 피해자가 망설인다는 이유로 칼로 피해자의 오른쪽 어깨를 1회 찌른 사안에서, 대법원은 이와 같은 경위로 각서를 쓰게 된 것이라면 피해자에게 반항을 억압할 정도의 폭행·협박을 가하여 채무를 부담하게 하거나 채권의 포기나 채무 면제의 의사표시를 하게 한 경우와 같이 피해자의 자유 의사가 결여된 상태에서 처분행위의 외형을 지니는 행동에 의한 이득도 재산상의 이익에 포함되는 것이고, 이 경우 피해자의 의사표시는 사법상 무효이거나 적어도 강박을 이유로 취소가 가능하겠지만 강제이

45 배종대, § 64/19; 이재상·장영민·강동범, § 17/25.
46 손동권·김재윤, § 21/6 참조.

득죄는 권리의무 관계가 외형상으로라도 불법적으로 변동되는 것을 막고자 하는 것으로서 항거불능이나 반항을 억압할 정도의 폭행·협박을 그 요건으로 하는 본죄의 성질상 그 권리의무 관계의 외형상 변동의 사법상 효력의 유무는 그 범죄의 성립에 영향이 없고, 법률상 정당하게 그 이행을 청구할 수 있는 것이 아니라도 본죄에서의 재산상의 이익에 해당하는 것이며, 따라서 이와 같은 재산상의 이익은 반드시 사법상 유효한 재산상의 이득만을 의미하는 것이 아니고 외견상 재산상의 이득을 얻을 것이라고 인정할 수 있는 사실관계만 있으면 되는 것이라고 본 사례가 있다.[47]

② 피고인들이 공모하여 피해자를 무릎을 꿇게 하고 자신들이 조직폭력배 38
라고 위협하며 맥주를 강제로 마시게 하고 빈 맥주병으로 머리를 때리면서 피해자가 소지한 신용카드 2개를 받아서 신용카드 매출전표발급기를 이용해 매출전표 총 4장을 만들어 피해자에게 건네면서 가위를 피해자의 귓가에 바짝 들이대며 "서명하지 않으면 귀를 잘라 버리겠다."고 말하여 피해자를 항거불능하게 한 다음 피해자로 하여금 각 매출전표에 서명하게 했는데 피해자가 매출전표에 다른 이름으로 서명한 사안에서, 대법원은 강제로 매출전표에 서명하게 한 다음 이를 교부받아 소지함으로써 이미 외관상 매출전표를 제출하여 신용카드 회사들로부터 그 금액을 지급받을 수 있는 상태가 되었다고 인정하면서, 피해자가 매출전표마다 다른 이름을 서명한 탓으로 피고인들이 신용카드 회사들에 매출전표를 제출해도 신용카드 회사들이 신용카드가맹점 규약 또는 약관 규정을 들어 지급을 거절할 가능성이 있기는 하나, 그로 인해 피고인들이 매출전표들에 적힌 금액을 지급받을 가능성이 완전히 없어져 버린 것이 아니고 외견상 여전히 그 금액을 지급받을 가능성이 있는 상태이므로 결국 피고인들이 재산상 이익을 취득했다고 판단했다.[48]

---

47 대판 1994. 2. 22, 93도428. 본 판결 평석은 최우찬, "강도죄의 경우 재산상 이익취득의 시기", 형사판례연구 〔3〕, 한국형사판례연구회, 박영사(1995), 201-213.

48 대판 1997. 2. 25, 96도3411.

3. 실행의 착수와 기수시기

(1) 실행의 착수시기

39 본죄의 실행의 착수시기는 폭행·협박이 개시된 때이다. 본죄의 미수범은 처벌한다(§342).

40 폭행·협박에 의해 재물 강취나 재산상 이익의 취득이 이루어져야 기수가 되므로, 폭행·협박을 하고 나서 재물 강취 전이나 재산상 이익의 취득 전에 체포된 때에는 강도미수죄가 성립한다. 폭행·협박과 재물 강취나 재산상 이익의 취득 사이에 인과관계가 있어야 하므로 그 인과관계가 부정될 때에는 강도미수에 불과하다. 따라서 반항을 억압할 정도의 폭행·협박이 있었지만 상대방이 그와 상관없이 자기 의사에 따라 재물을 교부하거나 채무를 면해주었다면 강도미수죄에 해당한다. 식당에 들어가 칼로 주인을 위협하면서 돈이나 음식을 교부받았다고 해도, 가게 주인이 강도가 불쌍해서 자의로 돈을 주었거나 그냥 먹고 가라고 했다면, 강도행위는 완성되지 않은 상태로 미수에 불과하다. 폭행·협박이 없다면 강도의 실행의 착수는 인정할 수 없다. 따라서 재물의 탈취 또는 재산상 이익의 취득이 있었던 경우라도 폭행·협박에 착수하지 않았다면 강도는 성립하지 않는다.

(2) 기수시기

41 기수시기는 재물을 강취한 시점 또는 재산상의 이익을 취득한 시점이다. 기수의 시점은 앞에서 재물의 강취 및 재산상 이익의 취득과 관련한 설명 부분을 참조해서 따져보면 된다. 구체적으로 재물 강취는 돈을 빼앗아 피해자의 손에서 행위자의 손으로 옮기는 때처럼 피해자의 재물에 대한 사실상 지배를 침해하고 행위자의 지배로 옮기는 시점이고, 재산상 이익의 취득은 차용증에 서명을 마친 때처럼 행위자 또는 제3자가 경제적 이익을 얻은 것으로 볼 수 있는 시점이 된다.

42 재물 교부나 재산상 이익의 취득은 폭행·협박 후에 곧바로 이루어지거나 항거불능 상태가 지속된 상태에서 이루어져야 한다. 따라서 폭행·협박 후에 상당한 시간이 지나서 재물교부행위를 폭행·협박의 결과라고 볼 수 없다면, 기수가 아닌 미수에 그친다.

판례 중에는, 피고인이 새벽 1시에 피해자의 집에 찾아가 과도를 피해자의 좌측 어깨 부분에 들이대고 돈을 요구했지만 피해자가 돈이 없다고 하자 피해자를 인근 여관에 강제로 끌고 가 문을 잠근 후 피해자에게 계속해서 돈을 요구하면서 폭행을 가해 피해자의 항거를 불능하게 한 다음 같은 날 저녁 7시경 인근 식당에서 돈을 교부받은 사안에서, 폭행·협박 후 상당한 시간이 경과했고, 돈을 교부하던 당시 다시 피해자의 의사를 억압할 정도의 폭행·협박이 있었다고 볼 증거가 없고, 오히려 피해자가 피고인과 헤어진 후 피고인으로부터 다시 돈을 요구하는 무선호출 연락을 받고 피고인이 다시 행패를 부릴 것이 두려워 은행에서 예금을 인출해 피고인에게 지급하였다는 사정이 있으므로, 이는 강취라기보다 피해자의 하자 있는 의사에 의한 교부로서 갈취에 해당할 여지가 있다고 본 사례가 있다.[49] 43

Ⅳ. 주관적 구성요건

1. 고 의

고의의 내용은 항거불능의 정도에 이를 폭행·협박에 대한 인식, 그로 인해 재물을 빼앗거나 재산상 이익을 얻는다는 점에 대한 인식이다. 미필적 고의도 가능하다. 44

강도가 스스로 항거불능의 정도에 이를 폭행·협박을 가해 재물을 강취하거나 재산상 이익을 취득해서 강도 전반에 대한 고의를 가졌다고 해도, 폭행·협박과 무관하게 피해자가 스스로의 의사에 기해 재물을 교부하거나 이익을 취득하게 해주었다면 강도의 고의에 불구하고 미수가 된다. 45

권리 행사의 수단으로 폭행·협박을 하는 경우가 있다. 상대방에 대해 권리를 가지고 있는데도 법 절차에 따르지 않고 항거불능에 이를 정도의 폭행·협박을 가해 권리를 행사하는 경우에 강도가 성립하는지에 관한 문제이다. 이 문제는 주관적 구성요건의 충족 또는 위법성조각사유에 대한 인식 문제로 파악되기도 한다. 46

49 대판 1995. 3. 28, 95도91.

47 판례는 피고인이 피해자에 대해 외상채권을 가진 경우,[50] 피고인이 채권자로부터 채무자인 피해자에 대한 외상물품 대금채권의 회수를 의뢰받은 경우[51]라고 해도, 피고인이 피해자에 대해 반항을 억압할 정도의 폭행과 협박을 가해 재물 및 재산상 이득을 취득한 이상 이는 정당한 권리 행사라고 할 수 없고, 본죄가 성립한다고 했다. 본죄가 폭행·협박을 수단으로 하고 있고, 재산권 외에 신체의 자유, 의사 결정의 자유도 보호법익으로 하고 있는 이상 타당한 결론이다.

2. 불법영득의 의사

48 강도는 고의뿐만 아니라 재물에 대한 영득의 의사를 가져야 성립한다. 영득의사는 폭행·협박 후에 생겨도 무방하다. 재물 강취의 경우와 달리 이득강도 또는 제3자 이득강도의 경우는 구성요건상 불법 이익의 '취득'이 객관적 구성요건요소로 규정되어 있으므로, 이 점에서 불법이득의사를 불법영득의사와 같은 초과주관적 구성요건요소가 아닌 고의의 내용으로 이해하는 것이 바람직하다는 견해가 있다.[52] 강도에도 불법영득의사가 필요하므로, 사용절도에 대비되는 사용강도는 불법영득의사의 결여로 강도가 성립하지 않는다고 보는 것이 일반적인 견해이다[사용과 영득의 차이는 **절도죄(§329)** 부분 참조].

49 판례 역시 본죄 성립을 위해 불법영득의 의사가 필요하다고 밝히고 있다.[53] 판례 중에는, ① 피고인이 피해자가 운영하는 주점에 15일간 2, 3번 정도 출입하여 피해자가 피고인의 나이와 이름 정도는 알고 있던 상태에서 그전까지 대체로 술값도 잘 내다가, 사건 당일 48,000원 상당의 술과 안주를 시켜 먹고 피해자가 영업 종료를 이유로 술을 그만 마시라고 하자 느닷없이 피해자의 뺨을 때리고 피해자가 따지자 테이블 위에 있던 술병을 바닥에 깨뜨려 깨진 술병으로 피해자의 왼쪽 머리 부분을 찔렀는데, 피고인이 계산할 것처럼 지갑을 꺼냈다가 다시 호주머니로 집어넣었지만 실제로 13,040원만 소지하고 있었고, 그 후 피고인은 깨진 병 조각을 들고 위협하면서 피해자의 하의와 팬티를 벗게 하여

---

50 대판 1962. 2. 15, 4294형상677.

51 대판 1995. 12. 12, 95도2385(강도상해).

52 김성돈, 324. 판례는 아래에서 보는 술값 면제를 위한 강도 사건(대판 2004. 5. 14, 2004도1370) 판시에 비추어 이와 반대되는 태도인 것으로 보인다.

53 대판 1986. 6. 24, 86도776; 대판 2004. 5. 14, 2004도1370.

피해자가 하의와 팬티를 벗고 벽에 기댄 상태로 소파에 앉아 있다가 주점에 들어오는 사람과 마주쳐 그 사람이 피고인을 가로막자 몸싸움을 하는 사이에 피해자가 도망친 사안에서, 이런 정황이라면 피고인이 술값 채무를 면탈할 불법영득의 의사를 가지고 피해자에게 상해를 가하였다고 보기는 어렵다고 한 사례가 있다.[54]

50 또한 판례는, ② 강간하는 과정에서 피해자들이 도망가지 못하게 손가방을 빼앗은 사안에서, 피고인이 위 피해자들에게 폭행을 가한 것은 그들의 손가방을 강취하고자 한 것이 아니고 그들을 강간하기 위함이고, 손가방을 빼앗은 것은 그녀들을 강간하는 과정에서 그들이 도망가지 못하게 할 것에 지나지 않으므로 불법영득의사를 인정할 수 없다고 하였다.[55]

V. 공 범

51 본죄의 공동정범은 수인이 공모하여 행위를 분담하고 실행함으로써 성립한다. 반드시 폭행·협박과 재물 강취 또는 재산상 이익의 취득을 모두 함께 한 경우에만 성립하는 것은 아니다.

52 강도 유형에는 합동범인 특수강도(§ 334②)가 있으므로, 이때 합동범인 특수강도의 공동정범이 되는지 잘 따져봐야 한다. 이 문제는 해당 부분에서 논의한다. 사안마다 공모 관계와 행위 분담, 범행의 전체적인 지배 관계와 의사, 역할에 따라 공범 표지를 가려내어 공동정범인지 방조인지, 또는 교사인지 여부를 가려야 할 것이다.

53 공범 사이의 상호 인식과 실제 범행 현장에서의 실행 내용이 달라지는 경우가 있다. 절도가 강도가 되기도 하고, 단순 강도가 다른 형태의 가중 유형으로 변모하거나 결합범이나 결과적 가중범으로 기수가 될 수도 있다. 강도는 그 자체가 결합 형태이고, 다양한 형태로 존재하는 강력범죄 유형이라, 현장에서

54 대판 2004. 5. 14, 2004도1370. 다만 이 사례에서 대법원은 피고인과 피해자의 평소 관계에 비추어 외상거래도 가능하였으리라고 보이는 점, 술에 만취해 사물을 변별하거나 의사를 결정할 능력이 미약한 상태에 있었던 점 등을 판단 이유로 들었는데, 이런 추측과 주취로 인한 심신 상태가 타당한 판단 근거인지는 검토가 필요하다.

55 대판 1985. 8. 13, 85도1170(강도강간).

공모와 다른 방향으로 범행이 전개될 여지가 많은 범죄 유형이다. 강도의 가중 형태나 각각의 결합범죄를 살펴보면서 공범의 성립 범위를 논하기로 하고, 기준이 될 만한 규정만 언급한다.

54 공모에서 이탈한 초과 범행에 대해서는 제15조에 규정된 사실의 착오 규정을 참고해야 한다. 따라서 특별히 무거운 죄가 되는 사실을 인식하지 못한 행위는 무거운 죄로 벌하지 아니한다(§15①). 그리고 결과 때문에 형이 무거워지는 죄의 경우에 그 결과의 발생을 예견할 수 없었을 때에는 무거운 죄로 벌하지 아니한다(§15②).

55 본죄에 대해 승계적 공동정범은 인정할 수 없다고 하는 견해가 있다. 따라서 강도를 범하기 위해 이미 폭행·협박을 가한 후에, 이 같은 사정을 알고서 단지 재물 취거 행위에 가담함으로써 강도범을 도운 사람은 경우에 따라 본죄의 방조범이나 절도죄의 공동정범(특수절도)이 될 수 있을 뿐이라고 한다.[56]

Ⅵ. 죄수 및 다른 죄와의 관계

1. 죄 수

56 본죄는 폭행·협박·강요·절도·공갈과 법조경합관계에 있다. 따라서 본죄가 성립하면 이들 범죄는 따로 성립하지 않는다.

57 본죄의 수는 전속 법익인 자유권의 수에 따라 결정해야 한다. 하나의 자유권 침해로 수개의 재산권을 침해해도 하나의 본죄가 성립한다. 따라서 한 사람을 폭행·협박해서 수인 소유 또는 공동 소유인 재물을 강취해도 단순일죄가 된다. 반면에, 여러 사람을 폭행·협박한 때에는 그 사람 수에 해당하는 본죄가 성립한다.

58 하나의 행위로 여러 명의 피해자에 대해 폭행·협박을 가한 때에는 상상적 경합이 된다. 판례는 강도가 동일한 장소에서 동일한 방법으로 시간적으로 접착된 상황에서 수인의 재물을 강취하였다고 해도, 수인의 피해자들에게 폭행 또는 협박을 가해 그들로부터 그들이 각기 점유·관리하는 재물을 각각 강취하였다

---

56 김일수·서보학, 266 참조.

면, 피해자들의 수에 따라 수개의 본죄를 구성하는 것이라고 보아야 하고, 다만 강도 범인이 피해자들의 반항을 억압하는 수단인 폭행·협박 행위가 사실상 공통으로 이루어졌기 때문에 법률상 1개의 행위로 평가되어 상상적 경합으로 보아야 할 경우가 있는 것은 별 문제라고 설명했다.[57] 이 사안은, 피고인들이 여관에 투숙객을 가장하고 들어가 여관 종업원인 피해자 A의 옆구리와 허벅지를 칼로 찔러 상해를 가한 후 여관방에 밀어 넣고 폭행·협박을 하던 중 마침 다른 방에서 나오던 여관 주인인 피해자 B도 같은 방에 밀어 넣고 피해자 B로부터 현금과 금반지를 강취하고, 1층 안내실에서 피해자 A 소유의 현금을 꺼내 간 사례였다. 원심인 항소심은 피고인들의 행위를 포괄일죄로 봤지만, 대법원은 피고인들이 피해자 A와 B를 폭행·협박한 행위를 법률상 1개의 행위로 평가하고 죄수를 상상적 경합으로 파악했다.

판례 가운데, 강도가 시간적으로 접착된 상황에서 가족을 이루는 수인에게 폭행·협박을 가해 집안에 있는 재물을 탈취한 경우에도 마찬가지로 그 재물은 가족의 공동 점유 아래 있는 것으로서 이를 탈취하는 행위는 그 소유자가 누구인지에 불구하고 단일한 본죄의 죄책을 진다고 한 사례가 있다.[58] 피고인이 공범들과 함께 집에 침입해 피해자 A와 그 처인 피해자 B로부터 각각 금품을 강취한 사건이었다. 그러나 본죄의 죄수는 자유권의 수에 따라 결정해야 하는 이상, 시간적으로 접착된 상황에서 폭행·협박이 이루어졌다고 해도 하나의 행위로 평가할 수 있다면 상상적 경합으로 볼 수 있을지 몰라도 이를 강도(특수강도) 일죄로 볼 수는 없다. 이 사례는 검토가 필요하다.[59] 59

2. 다른 죄와의 관계

(1) 공무집행방해죄와의 관계

절도범인이 체포를 면탈할 목적으로 경찰관에게 폭행·협박을 가한 때에는 준강도죄(§ 335)와 공무집행방해죄(§ 136①)를 구성하고 두 죄는 상상적 경합관계 60

57 대판 1991. 6. 25, 91도643. 본 판결 평석은 이민걸, "강도죄 및 강도상해죄의 죄수관계", 형사판례연구 〔3〕, 한국형사판례연구회, 박영사(1996), 214-236.

58 대판 1996. 7. 30, 96도1285.

59 이 사안에서 원심인 항소심은 상상적 경합으로 보았고, 대법원이 이처럼 일죄라고 하였다. 결론에 영향을 미치지 않는다는 이유로 상고를 기각한 사례였다.

에 있으나, 강도범인이 체포를 면탈할 목적으로 경찰관에게 폭행을 가한 때에는 본죄와 공무집행방해죄는 실체적 경합관계에 있다.[60]

(2) 감금죄와의 관계

61 감금행위가 본죄의 수단이 된 경우에도 감금죄(§ 276①)는 본죄에 흡수되지 아니하고 별죄를 구성하고,[61] 두 죄의 관계는 상상적 경합관계이다.[62]

(3) 절도죄 및 공갈죄와의 관계

62 강취한 현금카드를 사용하여 현금자동지급기에서 예금을 인출한 행위는 피해자의 승낙에 의한 것이라고 할 수 없으므로, 현금자동지급기 관리자의 의사에 반하여 그의 지배를 배제하고 그 현금을 자기의 지배에 옮겨 놓는 것이 되어서 본죄와는 별도로 절도죄를 구성한다.[63] 이 부분은 공갈죄와 대비할 필요가 있다.

63 대법원은 예금주인 현금카드 소유자를 협박하여 그 카드를 갈취한 다음 피해자의 승낙에 의하여 현금카드를 사용할 권한을 부여받아 이를 이용하여 현금자동지급기에서 현금을 인출한 행위는 모두 피해자의 예금을 갈취하고자 하는 피고인의 단일하고 계속된 범의에서 이루어진 일련의 행위로서 포괄하여 하나의 공갈죄를 구성한다고 볼 것이므로, 현금자동지급기에서 피해자의 예금을 인출한 행위를 현금카드 갈취행위와 분리하여 따로 절도죄로 처단할 수는 없다고 했다.[64]

---

60 대판 1992. 7. 28, 92도917.

61 대판 1997. 1. 21, 96도2715.

62 감금죄와 강간죄와의 관계에 관한 대판 1983. 4. 26, 83도323. 「강간죄의 성립에 언제나 직접적으로 또 필요한 수단으로서 감금행위를 수반하는 것은 아니므로 이 사건에서 감금행위가 강간미수죄의 수단이 되었다 하여 감금행위는 강간미수죄에 흡수되어 범죄를 구성하지 않는다고 할 수는 없는 것이고, 원심인정의 위 사실관계에서 보면, 피고인이 피해자가 자동차에서 내릴 수 없는 상태를 이용하여 강간하려고 결의하고, 주행중인 자동차에서 탈출불가능하게 하여 외포케 하고 50킬로미터를 운행하여, 여관앞까지 강제로 연행하여 강간하려다 미수에 그친 경우 위 협박은 감금죄의 실행의 착수임과 동시에 강간미수죄의 실행의 착수라고 할 것이고, 감금과 강간미수의 두 행위가 시간적, 장소적으로 중복될 뿐 아니라 감금행위 그 자체가 강간의 수단인 협박행위를 이루고 있는 경우로서 이 사건 감금과 강간미수죄는 일개의 행위에 의하여 실현된 경우로서 형법 제40조의 상상적 경합이라고 해석함이 상당할 것이다.」

본 판결 평석은 최우찬, "감금죄와 강간죄의 관계", 형사판례연구 [2], 한국형사판례연구회, 박영사(1996), 134-150.

63 대판 1995. 7. 28, 95도997; 대판 2007. 4. 13, 2007도1377; 대판 2007. 5. 10, 2007도1375.

64 대판 1996. 9. 20, 95도1728; 대판 2007. 5. 10, 2007도1375. 위 2007도1375 판결 평석은 한영수, "강도죄와 절도죄의 결합 - 현금카드 강취 후 현금자동지급기에서 현금을 인출한 행위 -", 형사판

(4) 사기죄와의 관계

사기죄와 관련해, 영득죄로 취득한 장물을 처분하는 것은 재산죄에 수반하는 불가벌적 사후행위에 불과하므로 다른 죄를 구성하지 않지만, 강취한 은행예금통장을 이용하여 은행 직원을 기망하여 진실한 명의인이 예금의 환급을 청구하는 것으로 믿게 함으로써 예금의 환급 명목으로 돈을 편취하는 것은 새로운 법익을 침해하는 행위이므로 장물의 단순한 사후처분과는 같지 않고 별도로 사기죄를 구성한다(실체적 경합관계).[65] 64

Ⅶ. 처 벌

3년 이상의 유기징역에 처한다. 65

본죄를 범하여 유기징역에 처할 경우에는 10년 이하의 자격정지를 병과할 수 있다(§ 344). 66

본죄의 미수범은 처벌하고(§ 342), 강도할 목적으로 예비 또는 음모한 자는 7년 이하의 징역에 처한다(§ 343). 본죄에 대하여 친족상도례는 적용되지 않는다. 67

〔함 석 천〕

례연구 〔16〕, 한국형사판례연구회, 박영사(2008), 129-155.

65 대판 1990. 7. 10, 90도1176; 대판 1991. 9. 10, 91도1722. 예금청구서를 위조하여 은행 직원에게 제출·행사하였으므로 사문서위조죄 및 위조사문서행사죄도 성립하고, 본죄와는 각 실체적 경합관계이다.

第334조(특수강도)

① 야간에 사람의 주거, 관리하는 건조물, 선박이나 항공기 또는 점유하는 방실에 침입하여 제333조의 죄를 범한 자는 무기 또는 5년 이상의 징역에 처한다. 〈개정 1995. 12. 29.〉

② 흉기를 휴대하거나 2인 이상이 합동하여 전조의 죄를 범한 자도 전항의 형과 같다.

Ⅰ. 유 형 ········· 312
Ⅱ. 야간주거침입강도(제1항) ········· 313
　1. 구성요건 ········· 313
　2. 실행의 착수시기 ········· 313
Ⅲ. 흉기휴대강도(제2항 전단) ········· 315
Ⅳ. 합동범인 특수강도(제2항 후단) ········· 316
　1. 의 미 ········· 316
　2. 공모의 범위 ········· 317
Ⅴ. 처 벌 ········· 320

Ⅰ. 유 형

1 본죄(특수강도죄)[1]는 ① 야간에 사람의 주거, 관리하는 건조물, 선박이나 항공기 또는 점유하는 방실에 침입하여 강도죄를 범한 때(§ 334①)(야간주거침입강도), ② 흉기를 휴대하거나(§ 334② 전단)(흉기휴대강도), ③ 2인 이상이 합동하여 강도죄를 범한 때(§ 334② 후단)(합동범인 특수강도)에 성립한다. 이처럼 본죄는 세 가지 유형, 즉 야간주거침입강도(§ 334①), 흉기휴대강도(§ 334② 전단), 그리고 합동범인 특수강도(§ 334② 후단)로 나뉘어 있다.

2 본죄는 행위의 방법 때문에 단순 강도죄에 비하여 불법이 가중된 가중적 구성요건이다.[2]

---

1 대검찰청의 공소장 및 불기소장에 기재할 죄명에 관한 예규(대검예규 제1336호, 2023. 1. 18.)에 의하면 본조의 죄명은 특수강도죄이지만, 편의상 본조 제1항, 제2항을 합하여 '본죄'라고 하고, 제1항은 '야간주거침입강도죄', 제2항 전단은 '흉기휴대강도죄', 제2항 후단은 '합동범인 특수강도죄'라고 한다.

2 이재상·장영민·강동범, 형법각론(13판), § 17/45.

Ⅱ. 야간주거침입강도(제1항)

1. 구성요건

야간주거침입강도죄(§ 334①)는 강도와 야간이라는 상황에 주거에 침입하는 행위의 결합 형태다. 1995년 12월 29일 형법 개정으로 '간수하는 저택'이 '관리하는 건조물'로 바뀌었고, 장소에 항공기가 추가되었다. 가중 요소로서의 장소적 제한 사항은 주거침입죄(§ 319①)와 동일하다. 3

야간주거침입강도는 야간주거침입절도 및 손괴 후 야간주거침입절도와 비교할 수 있다. 야간주거침입강도죄는 손괴 후 야간주거침입절도를 특수절도 유형으로 분류하면서 야간주거침입절도죄를 별도 범죄로 구분하고 있는 절도죄와 대비된다. 4

야간주거침입강도죄의 구성요건의 개념 요소는 **야간주거침입절도죄**(§ 330)에서 살펴본 것을 참고하면 된다. 따라서 야간주거침입강도죄에서 '야간에'는 천문학적 해석에 따라 일몰 때부터 일출 때까지를 말하는 시간 개념이다. 야간주거침입강도 유형의 특수강도는 특수절도죄(§ 331①)와 달리 손괴가 수반될 것을 요건으로 하지 않는다. 따라서 야간에 주거 등에 침입하는 이상 손괴가 수반되든 아니든 모두 이 유형의 특수강도가 성립한다. 5

2. 실행의 착수시기

야간주거침입강도죄의 실행의 착수시기와 관련해 견해가 나뉜다. 6

① 주거침입 때로 보는 견해(주거침입시설)[3]와, ② 폭행·협박한 때로 보는 견해(폭행·협박시설)(다수설)[4]가 있다. 7

---

3 이정원·류석준, 형법각론, 333; 정영일, 형법각론, 245; 주호노, 형법각론, 654; 최호진, 형법각론, 418; 주석형법 [각칙(5)](5판), 495(김경선).

4 김성돈, 형법각론(8판), 356; 김신규, 형법각론 강의, 377; 김일수·서보학, 새로쓴 형법각론(9판), 268; 김혜정·박미숙·안경옥·원혜욱·이인영, 형법각론(3판), 325; 박상기·전지연, 형법학(총론·각론)(5판), 627; 박찬걸, 형법각론(2판), 419; 배종대, 형법각론(14판), § 65/1; 손동권·김재윤, 새로운 형법각론(2판), 330; 이상돈, 형법각론(4판), 523; 이재상·장영민·강동범, § 17/45; 이형국·김혜경, 형법각론(2판), 369; 임웅, 형법각론(11정판), 382; 정성근·박광민, 형법각론(전정3판), 312; 정성근·정준섭, 형법강의 각론(2판), 229; 정웅석·최창호, 형법각론, 570; 한상훈·안성조, 형법개론(3판), 529; 홍영기, 형법(총론과 각론), § 79/8.

8 판례는 본조 제1항의 야간주거침입강도죄는 주거침입과 강도의 결합범으로서 시간적으로 주거침입행위가 선행하므로 주거침입을 한 때에 본죄의 실행에 착수한 것으로 볼 것이고, 본조 제2항의 흉기휴대 합동 강도죄 역시 그 강도행위가 야간에 주거에 침입하여 이루어지는 경우에는 주거침입을 한 때에 실행에 착수한 것으로 보는 것이 타당하다고 하여, 위 ①의 주거침입시설로 본 사례가 있다.[5] 그런데 특수강도의 실행의 착수는 어디까지나 강도의 실행행위, 즉 사람의 반항을 억압할 수 있는 정도의 폭행 또는 협박에 나아갈 때에 있다 할 것이고, 야간에 흉기를 휴대한 채 타인의 주거에 침입하여 집안의 동정을 살피는 것만으로는 특수강도의 실행에 착수한 것이라고 할 수 없다고 하여 위 ②의 폭행·협박시설에 기초한 사례도 있다.[6]

9 야간에 주거에 침입한다는 외관으로 드러나는 객관적인 행위 형태만으로 실행의 착수시기를 판별하기는 쉽지 않다. 야간주거침입절도, 야간주거침입강도, 그리고 단순한 주거침입은 착수에 관한 외형이 모두 동일하기 때문이다. 따라서 야간주거침입강도죄의 실행의 착수가 있는지는 행위의 외형만으로 판단할 것은 아니고, 고의와 공모에 따라 그 범의가 객관화되는 시점이 언제인지 사안마다 살펴야 한다는 기준을 설정할 수도 있다. 이런 관점에서 판례가 사안마다 다른 견해를 취한 것으로 보이지만, 각각의 사례를 좀 더 면밀하게 분석해 보면 각각의 사안마다 실행의 착수시기를 달리 봤던 이유를 수긍할 수도 있다.

10 위 ①의 주거침입시설에 따른 것으로 보이는 판례는, 피고인들이 이미 특수강도죄를 범한 전력이 있는 상태에서 이번에도 동일한 형태로 공모를 하고 야간에 방충망을 뜯고 주거에 침입하다가 헛기침 소리에 발각된 것으로 알고 도주하거나, 흉기를 소지한 채 야간에 주거에 침입하다가 비상벨 소리가 울리자 도주하여 미수에 그친 사안이었다. 피고인을 비롯한 공범들은 강도를 모의했고, 범행 당시 식칼을 소지한 상태였다. 위 ②의 폭행·협박시설에 따른 것으로 보이는 판례는, 피고인이 야간에 타인의 재물을 강취하기로 하고 흉기인 칼을 휴

5 대판 1992. 7. 28, 92도917. 본 판결 평석은 여훈구, "특수강도죄의 실행의 착수시기", 형사판례연구 〔7〕, 한국형사판례연구회, 박영사(1999), 355-366.

6 대판 1991. 11. 22, 91도2296. 본 판결 해설은 최진갑, "특수강도죄의 실행의 착수시기", 해설 16, 법원행정처(1992), 743-748.

대한 채 피해자 A의 집 현관문을 열고 마루까지 침입해 동정을 살피던 중 마침 혼자서 집을 보던 피해자 A의 손녀 피해자 B가 화장실에서 용변을 보고 나오는 것을 발견하고 갑자기 욕정을 일으켜 칼을 피해자 B의 목에 들이대고 방안으로 끌고 들어가 밀어 넘어뜨려 반항을 억압한 다음 강간한 사례로, 특수강도강간죄의 실행의 착수가 있었다고 볼 수는 없다고 판단한 사안이었다.

그러나 사안마다, 그리고 행위자들의 전체 범행 계획의 발현 형태에 따라 야간주거침입강도의 실행의 착수시기를 달리할 수 있다고 하면, 피고인의 방어권 행사에 위험을 주거나 죄형법정주의 원칙에 어긋나는 결과를 초래할 수 있다. 주거침입과 특수강도는 그 법정형 차이가 크기 때문이다. 따라서 야간주거침입강도죄의 실행의 착수시기는 강도의 전형적인 특징을 객관적으로 파악할 수 있는 폭행·협박이 개시된 때로 보는 것이 타당하다. 위 ①의 주거침입시설에 따른 것으로 보이는 판례는 피고인들이 강도를 공모했다고 자백했다고 해도 헛기침 소리나 비상벨 소리에 도망갈 정도였다면 실제로 강도를 모의한 것이었는지도 의심스럽다. 다수설인 위 ②의 폭행·협박시설이 타당하다. 11

야간주거침입강도와 관련해서는 야간주거침입절도와 마찬가지로 어느 시점부터 특수강도로 인정할 수 있는지에 대한 논의가 필요할 수 있다. 야간주거침입절도와 관련해 침입 시점 또는 절취행위 시점에 따라 야간주거침입절도가 성립하는지, 아니면 주거침입과 절도의 경합범이 되는지에 대해 학설이 나뉜다고 하는 점은 **야간주거침입절도죄**(§ 330) 부분에서 설명한 바와 같다. 야간주거침입절도에 대해서는 모두 네 가지 학설이 있지만, 야간주거침입강도는 강도가 드러나는 시점인 폭행·협박이 이루어진 때에 실행의 착수가 있는 것으로 보아야 할 것이다. 따라서 강도가 주간에 주거에 침입했다고 해도 야간에 폭행·협박을 하며 재물을 강취했다면 야간주거침입강도죄가 성립한다. 12

Ⅲ. 흉기휴대강도(제2항 전단)

흉기휴대강도죄는 흉기를 휴대하여 강도한 때에 성립하는 범죄이다(§ 334② 전단). 13

흉기의 의미는 **흉기휴대절도죄**(§ 331②)에서와 동일하다. 휴대는 반드시 피 14

해자가 흉기를 인식할 필요가 있는 것은 아니다.

15 흉기휴대강도죄에 관해 강도행위가 야간에 주거에 침입하여 이루어지는 경우에는 주거침입을 한 때에 실행에 착수한 것으로 보는 것이 타당하다는 판례가 있지만,[7] 그 타당성에 의문이 있다고 하는 점은 위에서 설명한 바와 같다.

Ⅳ. 합동범인 특수강도(제2항 후단)

1. 의 미

16 합동범인 특수강도죄는 2인 이상이 합동하여 강도죄를 범한 때에 성립한다(§ 334② 후단).

17 '2인 이상이 합동하여'의 의미에 대해서는 **합동범인 특수절도죄**(§ 331②) 부분에서 설명한 것과 같다. 합동범인 특수강도죄의 성립에 관해서도 현장설이 타당하다. 따라서 주관적 요건으로서의 공모와 객관적 요건으로서의 실행행위의 분담이 있어야 하고, 그 실행행위는 시간적으로나 장소적으로 협동관계에 있어야 한다.

18 합동범인 특수절도죄에서 살펴본 바와 같이, 현장설에서 벗어나 현장에서 협동관계가 없었던 공범에 대해 합동범의 공동정범을 인정할 것인지에 대해 판례는 태도를 바꾸어 왔다. 이런 판례의 태도는 합동범인 특수강도죄에도 동일하게 나타나고 있다.

19 현장에서 협동관계가 없었던 합동범에 대해 공동정범을 인정하지 않은 사례를 보면, 합동범은 주관적 요건으로서 공모가 있어야 하고 객관적 요건으로서 현장에서의 실행행위의 분담이라는 협동관계가 있어야 하므로, 피고인이 다른 피고인들과 택시 강도를 하기로 모의한 일이 있다고 해도 다른 피고인들이 피해자에 대한 폭행에 착수하기 전에 겁을 먹고 미리 현장에서 도주해 버렸다면 다른 피고인들과의 사이에 강도의 실행행위를 분담한 협동관계가 있었다고 보기는 어려우므로, 피고인을 특수강도의 합동범으로 다스릴 수는 없다고 한 판례가 있다.[8] 이에 반해, 특수강도의 범행을 모의한 이상 그중 한 피고인이 범행의

7 대판 1992. 7. 28, 92도917.
8 대판 1985. 3. 26, 84도2956.

실행에 가담하지 않고 나머지 피고인들이 강취해 온 장물의 처분 알선만 했다고 해도 그 피고인은 특수강도의 공동정범이 되고, 장물범으로 처벌해서는 안 된다고 한 사례가 있다.[9]

대법원이 이처럼 상반되는 취지의 기준을 제시하는 이유는 사안마다 현장성 없는 공범의 역할이 다르기 때문이라는 점은 이해할 수 있다. 사례를 분석해 보면, 특수강도든 특수절도든 현장에 있지 않았지만 어떤 피고인이 실제로는 전체 범행의 모의와 실행행위를 지배하고 있는 사례가 있고, 이런 사안에서 대법원은 합동범의 공동정범을 인정해 왔다. 하지만 특수절도에서 밝힌 바와 같이, 죄형법정주의에 어긋나지 않도록 형법을 해석해야 하고, 형법 체계상 합동범인 특수절도죄는 총칙에 규정된 공동정범과 성격을 달리하는 것으로 보아야 하므로, 합동범은 현장설에 따라 현장에서 실행행위 분담에 관한 협력관계가 있는 때에만 성립한다고 보는 것이 옳다. 20

2. 공모의 범위

강도죄는 그 자체가 폭행·협박과 재물 강취 또는 재산상 이익의 취득이라는 행위가 결합된 범죄이고, 특수강도를 비롯해 인질강도, 해상강도, 강도강간·치상, 강도살인·치사와 같이 다른 범죄와의 결합 형태가 다양하게 존재한다. 따라서 합동범인 특수강도가 범죄 실행 중에 공범자가 범행을 초과 실행해 버려 더 중한 범죄로 악화되어 버린 때에, 행위자에게 어느 범위까지 범죄로 인한 책임을 지울 것인지에 대해 논의가 필요하다. 공범의 초과 범행에 관한 논의이다. 판례에 나타난 사례를 중심으로 살펴본다. 21

(1) 협력관계에서의 이탈

합동범이 협력관계에서 이탈한 것인지 판단했던 사례를 본다. 피고인이 공범들과 합동하여 피해자 부부의 집 밖에서 금품을 강취하기로 공모하고, 피고인은 집 밖에서 망을 보기로 하였으나 공범들이 집에 침입한 후 담배 생각이 나서 담배를 사려고 망을 보지 않았다고 해도 피고인은 강도상해죄의 죄책을 면할 수가 없다고 한 사례가 있다.[10] 이에 비해 앞서 본 바와 같이 피고인이 다른 피 22

9 대판 1983. 2. 22, 82도3103.
10 대판 1984. 1. 31, 83도2941.

고인들과 택시 강도를 하기로 모의한 일이 있다고 해도 다른 피고인들이 피해자에 대한 폭행에 착수하기 전에 겁을 먹고 미리 현장에서 도주해 버렸다면, 다른 피고인들과의 사이에 강도의 실행행위를 분담한 협동관계가 있었다고 보기는 어렵다고 한 판례가 있다.[11]

(2) 강도상해 · 치상의 경우

23 판례는 강도상해·치상죄와 관련해, 강도의 공범자 중의 1인이 강도의 기회에 피해자에게 폭행을 가하여 상해한 경우에, 다른 공범자도 재물 강취의 수단으로 폭행이 가하여질 것이라는 점에 관하여 상호 의사의 연락이 있었던 것이므로, 구체적으로 상해까지 공모하지 않았다고 해도 폭행으로 생긴 결과에 대하여 공범으로서의 책임을 져야 한다고 일관되게 보아왔다.[12] 그에 따라 공범들이 피고인과 공모한 대로 과도를 들고 강도를 하기 위해 피해자 주거지에 들어가 피해자를 향해 칼을 휘두른 이상 이미 강도의 실행행위에 착수한 것임이 명백하고, 그때 공범들이 피해자들을 과도로 찔러 상해를 가하였다면, 피고인이 공범들과 구체적으로 상해를 가할 것까지 공모하지 않았다고 해도 피고인은 상해의 결과에 대하여 공범으로서의 책임을 면할 수 없다고 판단했다.[13]

(3) 강도살인 · 치사의 경우

24 판례는 강도살인·치사죄에 대해서도 강도상해·치상죄와 유사한 법리를 대입하고 있다.

25 사례를 보면, ① 피고인 甲, 丙이 피고인 乙과 다른 공범에게 전날 사전 답사한 사무실에 들어가 금품을 강취해 오자고 제의하여 그들의 동의를 얻고, 모의에 따라 금고를 강취하는 과정에서 피고인 丙이 갖고 있던 쇠파이프로 강타하여 피해자를 살해한 사안에서, 피고인들이 사전에 금품 강취를 모의하고 전원이 범행 현장에서 각자 범죄의 실행을 분담하였으며, 그 과정에 피고인 乙를 제외한 나머지 3명이 모두 과도 또는 쇠파이프 등을 휴대하였고 쇠파이프를 휴대한 피고인 丙이 피해자를 감시하였던 상황이었으므로, 피고인 丙이 피해자를 강타하

11 대판 1985. 3. 26, 84도2956.

12 앞에서 본 대판 1984. 1. 31, 83도2941; 대판 1988. 12. 13, 88도1844; 대판 1990. 10. 12, 90도1887.

13 대판 1998. 4. 14, 98도356.

여 살해하리라는 점에 관해 나머지 두 피고인들도 예기할 수 없었다고는 보이지 않으므로 피고인들을 모두 강도살인죄의 정범으로 처단한 원심이 유지한 제1심의 조치가 정당하다고 한 사례가 있다.[14]

② 피고인이 공범과 피해자 A의 금품을 강취하기로 공모하여 피고인은 길이 약 33cm의 식칼을, 공범은 길이 약 80cm의 각목을 들고 피고인이 집 방안에서 피해자 A 소유의 점퍼를 꺼내는데 피해자의 처인 피해자 B가 잠에서 깨어나 "도둑이야"라고 소리치자 공범은 각목으로 피해자 B의 얼굴과 가슴 부위를 1회씩 때려 2주간의 치료를 요하는 전흉부좌상등을 가하고, 이어서 잠이 깬 피해자 A가 저울대를 들고 나와 도주하는 피고인과 공범을 뒤쫓으며 그곳으로부터 약 130m 떨어진 다리 위에 이르러 저울대로 피고인의 머리와 공범의 머리를 1회씩 때리자, 공범이 소지하고 있던 종류 및 길이 미상의 칼로 피해자 A의 좌측 가슴을 1회 찔러 좌측흉부좌상을 가하여 사망에 이르게 한 사안에서, 강도의 공범자 중 1인이 강도의 기회에 피해자에게 폭행 또는 상해를 가하여 살해한 경우에 다른 공범자는 강도의 수단으로 폭행 또는 상해가 가해지리라는 점에 대하여 상호 인식이 있었으므로 살해에 대하여 공모한 바가 없다고 하여도 강도치사죄의 죄책을 면할 수 없다고 판단하였다.[15] 26

특수강도의 기회에 다른 공범에 의해 살인 또는 치사라는 치명적인 결과가 발생한 때에는 상해나 치상과 같은 정도의 결과가 발생할 때보다 신중하고 치밀한 심리가 필요하다. 판례 역시 공범의 초과 범행이 살인 또는 치사에 이르렀을 때에는 그 판단에 신중을 기하도록 요구하기도 하였다. 27

판례를 보면, 강도살인죄는 고의범이고 강도치사죄는 결과적 가중범으로 살인의 고의까지 요하는 것이 아니므로, 수인이 합동하여 강도를 한 경우 그중 1인이 사람을 살해하는 행위를 하였다면 그 범인은 강도살인죄의 기수 또는 미수의 죄책을 지는 것이고, 다른 공범자도 살해행위에 관한 고의의 공동이 있었으면 그 또한 강도살인죄의 기수 또는 미수의 죄책을 지는 것이 당연하다 하겠으나, 고의의 공동이 없었으면 피해자가 사망한 경우에는 강도치사의, 강도살인이 미수에 그치고 피해자가 상해만 입은 경우에는 강도상해 또는 치상의, 피해 28

14 대판 1984. 2. 28, 83도3162.
15 대판 1988. 9. 13, 88도1046.

자가 아무런 상해를 입지 아니한 경우에는 강도의 죄책만 지는 것으로 보아야 한다고 했다.[16] 이 사건에서 대법원은 피고인이 이와 같은 주장을 하는데도 별다른 판단 없이 강도살인죄를 인정한 것은 잘못이라고 지적하고 사건을 파기환송했다.

(4) 강도강간의 경우

29 합동범인 특수강도가 현장 상황에 따라 강도상해·치상죄, 강도살인·치사죄의 중한 결과로 이어질 수 있다고 하는 점에 대해서는 어느 정도 예상 가능할 수 있지만, 강간이 강도의 기회에 발생할 것으로 예상할 수 있는 범죄라고 이야기하기는 곤란하다. 따라서 강도의 결합범죄 가운데 강도강간에 대해서는 앞에서 본 기준이 그대로 적용되지는 않는다. 강도강간으로 인한 공범의 초과 범행에 따른 책임 범위는 **강도강간죄**(§ 339) 부분에서 살펴본다.

V. 처 벌

30 무기 또는 5년 이상의 유기징역에 처한다.

31 본죄를 범하여 유기징역에 처할 경우에는 10년 이하의 자격정지를 병과할 수 있다(§ 344).

32 본죄의 미수범은 처벌하고(§ 342), 강도할 목적으로 예비 또는 음모한 자는 7년 이하의 징역에 처한다(§ 343). 본죄에 대하여 친족상도례는 적용되지 않는다.

〔함 석 천〕

16 대판 1991. 11. 12, 91도2156. 본 판결 평석 및 해설은 박상기, "결과적 가중범의 공동정범", 형사판례연구 〔1〕, 한국형사판례연구회, 박영사(1993), 83-94; 홍성무, "강도살인죄와 공동정범", 해설 16, 법원행정처(1992), 731-741.

第335條(준강도)

절도가 재물의 탈환에 항거하거나 체포를 면탈하거나 범죄의 흔적을 인멸할 목적으로 폭행 또는 협박한 때에는 제333조 및 제334조의 예에 따른다.
[전문개정 2020. 12. 8.]

구 조문

第335條(준강도) 절도가 재물의 탈환을 항거하거나 체포를 면탈하거나 죄적을 인멸할 목적으로 폭행 또는 협박을 가한 때에는 전2조의 예에 의한다.

Ⅰ. 의의와 성격 ········· 321
1. 의 의 ········· 321
2. 성 격 ········· 322
Ⅱ. 행위의 주체 ········· 323
1. 절도의 범위 ········· 323
2. 강도의 주체성 여부 ········· 324
Ⅲ. 목 적 ········· 324
1. 재물의 탈환에 항거할 목적 ········· 325
2. 체포를 면탈할 목적 ········· 325
3. 범죄의 흔적을 인멸할 목적 ········· 326
Ⅳ. 폭행·협박 ········· 326
1. 폭행·협박의 정도 ········· 326
2. 폭행·협박의 상대방 ········· 328
3. 시간적·장소적 근접성 ········· 329
Ⅴ. 기수시기 ········· 331
1. 절취행위기준설 ········· 331
2. 폭행·협박행위기준설 ········· 332
3. 결합설 ········· 332
4. 검 토 ········· 332
Ⅵ. 공 범 ········· 335
Ⅶ. 죄수 및 다른 죄와의 관계 ········· 337
1. 죄 수 ········· 337
2. 다른 죄와의 관계 ········· 338
Ⅷ. 처 벌 ········· 339

Ⅰ. 의의와 성격

1. 의 의

1 본죄(준강도죄·준특수강도죄)[1]는 절도가 재물의 탈환에 항거하거나 체포를 면탈하거나 범죄의 흔적을 인멸할 목적으로 폭행 또는 협박한 때에 성립한다(§ 335). 본죄를 강도죄(§ 333, § 334)의 예에 따라 처벌하는 취지는 강도죄와 본죄의 구성

1 대검찰청의 공소장 및 불기소장에 기재할 죄명에 관한 예규(대검예규 제1336호, 2023. 1. 18.)에 의하면 본조의 죄명은 준강도죄, 준특수강도죄이지만, 편의상 두 죄를 합하여 '본죄'라고 하고, 개별적으로 제333조의 예에 따르는 경우는 '준강도죄', 제334조의 예에 따르는 경우는 '준특수강도죄'로 구별한다.

요건인 재물 탈취와 폭행·협박 사이에 시간적 순서의 전후 차이가 있을 뿐 실질적으로 위법성이 같다고 보기 때문이다.[2]

2 본죄는 절도와 폭행·협박이 결합된 형태라는 점에서 강도죄와 동일하다. 다만 강도죄는 폭행·협박이 재물 강취 또는 재산상 이익의 취득 수단으로 먼저 사용되지만, 본죄는 절도에 착수한 사람이 그 후에 폭행·협박을 한다는 점에서 실행행위의 순서가 다르고, 고의가 서로 다른 범죄이다. 이런 측면에서 본죄를 사후강도라고도 부른다. 그리고 본죄는 목적범이다. 본죄의 법적 성질과 관련해 절도가 주체라는 점에서 신분범이라고 하는 견해가 있다.[3] 그러나 본죄는 절도의 기회에 가중 형태의 행위를 한 때에 성립하는 범죄일 뿐, 신분범은 아니다.[4]

3 본조는 본죄의 처벌을 강도죄(§ 333)와 특수강도죄(§ 334)의 예에 따르도록 하고 있다. 강도죄나 특수강도죄와 마찬가지로 강도상해·치상죄(§ 337), 강도살인·치사죄(§ 338), 강도강간죄(§ 339)에도 해당하는 것으로 해석한다.

2. 성 격

4 본죄는 절도가 강도로 변화하는 과정을 담은 범죄 형태이다. 따라서 절도와 강도와 사이에서 그 법적 성격에 관해 논의가 있다.

5 본죄의 성격에 관해서는, ① 강도죄의 특수 유형이라는 견해,[5] ② 절도죄의 가중 유형이라는 견해, ③ 독립한 범죄라는 견해[6]가 주장되고 있다.

6 어떤 견해에 따르든 본죄의 개별 구성요건을 따져야 하는 범죄이기 때문에

---

2 대판 2004. 11. 18, 2004도5074(전); 대판 2011. 10. 13, 2011도10460.

3 박상기, 형법각론(8판), 284; 박상기·전지연, 형법학(총론·각론)(5판), 628. 신분범으로 보는 견해는, 예컨대 본죄의 행위의 주체는 절도죄의 (공동)정범이어야 하고 교사범이나 방조범은 해당하지 않는다는 점에서 신분범으로 보는 것이 타당하다고 한다(박상기·전지연, 628).

4 김성돈, 형법각론(5판), 328; 김신규, 형법각론 강의, 378; 박찬걸, 형법각론(2판), 421; 오영근, 형법각론(4판), 273; 이형국·김혜경, 형법각론(2판), 370; 정성근·정준섭, 형법강의 각론(2판), 231. 비신분범으로 보는 견해는, 예컨대 절도는 행위관련적 표지일 뿐이고 행위자관련적 표지인 사회생활상의 지위라고 할 수 없기 때문에 신분범이 아니라고 한다(김신규, 378).

5 임웅, 형법각론(9정판), 375.

6 김신규, 377; 박상기·전지연, 628; 박찬걸, 421; 원혜욱, 형법각론, 220; 이용식, 형법각론, 18; 이재상·장영민·장동범, 형법각론(13판), § 17/30; 이정원·류석준, 형법각론, 333; 이형국·김혜경, 370; 정성근·박광민, 형법각론(전정2판), 343; 정성근·정준섭, 230; 정웅석·최창호, 형법각론, 574. 독자적 변형구성요건이라는 표현을 쓰기도 한다〔배종대, 형법각론(14판), § 66/1〕.

논의의 실익이 크지는 않다. 형법 규정의 문언에 비추어 볼 때, 절도가 폭행·협박을 하여 결국 강도의 예에 따라 처벌되는 범죄이므로, 강도죄의 특수 유형으로 파악하는 것이 타당하다고 생각한다(위 ①의 견해).

II. 행위의 주체

1. 절도의 범위

7 본죄는 절도가 주체다. 절도 범위를 한정하지 않고 있으므로 모든 형태의 절도가 본죄로 변화할 수 있다. 따라서 단순 절도(§ 329), 야간주거침입절도(§ 330), 세 가지 유형의 특수절도(§ 331) 모두 본죄의 주체가 될 수 있다.

8 절도는 기수뿐만 아니라 미수도 포함한다.[7] 판례도 본조 가운데 '절도'는 절도 기수범과 절도 미수범을 모두 포함하는 것으로 본다.[8] 절도 미수가 본죄의 주체가 되지만, 절도는 예비·음모는 처벌하지 않으므로 절도 예비·음모는 본죄의 주체가 될 수 없다. 말하자면 절도의 실행의 착수가 있어야 본죄의 주체가 될 수 있는 것이다.

9 절도는 정범만이 여기에 해당한다고 보는 것이 공통된 학설이다. 따라서 교사범이나 방조점은 준강도의 주체가 될 수 없다.[9]

10 절도의 정범 가운데 공동정범이 여기에 포함된다는 점에 모두 찬성하지만, 간접정범이 여기에 포함되는지에 대해서는 ① 포함설[10]과 ② 불포함설[11]로 견해가 나뉜다. 간접정범이 그 대상을 어느 정도 지배하고, 또 행위를 어느 범위까지 인식 또는 예측 가능했는지에 따라 사안별로 결정할 문제이지 일률적으로 해석론을 제시할 분야는 아니라고 생각한다.

---

7 김신규, 378; 박상기·전지연, 629; 이재상·장영민·강동범, § 17/32; 이형국·김혜경, 371; 정성근·정준섭, 231; 정웅석·최창호, 574; 홍영기, 형법(총론과 각론), § 78/5.

8 대판 1990. 2. 27, 89도2532; 대판 2003. 10. 24, 2003도4417.

9 김신규, 378; 박상기·전지연, 628; 이재상·장영민·강동범, § 17/33; 이형국·김혜경, 372; 정성근·정준섭, 231; 정웅석·최창호, 574; 최호진, 형법각론, 411.

10 김일수·서보학, 새로쓴 형법각론(9판), 269.

11 김성돈, 329; 이형국·김혜경, 372.

2. 강도의 주체성 여부

11 절도 외에 강도가 본죄의 주체가 될 수 있는지에 대해 논의가 있다. 강도가 재물을 탈환에 항거하거나 체포를 면탈하거나 범죄의 흔적을 인멸할 목적으로 폭행·협박을 가한 때에 강도죄에 더해 본죄가 성립하는지에 관한 논의이다.

12 학설은, ① 강도는 절도죄의 구성요건을 가지므로 강도 역시 본죄의 주체가 될 수 있다고 보는 견해(긍정설)[12]와 ② 문언상 본죄는 강도를 포함하지 않고, 강도가 인정된 사람에 대해 본죄를 인정하면 강도죄와 본죄의 실체적 경합이 되어 과잉처벌이 되고, 애당초 폭행·협박을 행사한 강도범에 대해 다시 강도의 준강도를 인정할 실익도 없다는 이유로 강도는 본죄의 주체가 될 수 없다고 하는 견해(부정설)[13]가 대립한다.

13 강도와 절도는 서로 다른 범죄이고, 강도가 절도를 포괄한다고 볼 수 없다. 본죄의 주체는 절도로 명시되어 있어 강도가 여기에 포함된다고 해석할 수는 없다. 강도가 재물을 탈환을 항거하거나 체포를 면탈하거나 범죄의 흔적을 인멸할 목적으로 폭행·협박을 가한 때에는 강도죄와 폭행·협박죄가 성립할 뿐이다(위 ②의 부정설). 판례 역시 절도 범인이 체포를 면탈할 목적으로 경찰관에게 폭행·협박을 가한 때에는 본죄와 공무집행방해죄(§136①)를 구성하고 이 두 죄는 상상적 경합관계에 있으나, 강도 범인이 체포를 면탈할 목적으로 경찰관에게 폭행을 가한 때에는 강도죄와 공무집행방해죄는 실체적 경합관계에 있다고 밝혀[14] 같은 입장이다.

Ⅲ. 목 적

14 본죄는 목적범이다. 형법은 본죄의 성립을 위한 목적 세 가지를 한정적으로 열거하고 있다. 목적은 행위자의 주관적 요소로서, 그 목적을 달성했는지 여

12 배종대, §66/4.

13 김성돈, 329; 김일수·서보학, 269-270; 손동권·김재윤, 새로운 형법각론, §21/22; 임웅, 376; 정성근·박광민, 345; 정영일, 형법강의 각론(3판), 167.

14 대판 1992. 7. 28, 92도917. 본 판결 평석은 여훈구, "특수강도죄의 실행의 착수시기", 형사판례연구 〔7〕, 한국형사판례연구회, 박영사(1999), 355-366.

부는 본죄의 성립에 영향을 주지 않는다.

1. 재물의 탈환에 항거할 목적

본죄에서 '재물의 탈환에 항거할 목적'이라고 하는 것은 절도가 재물을 자기의 배타적 지배로 옮긴 뒤 탈취한 재물을 피해자로부터 탈환당하지 않기 위해 대항하는 것을 말한다.[15] 피해자가 절도에게 빼앗긴 재물의 탈환을 시도하는 경우는 흔히 일어날 수 있는 일이다. 절도가 이때 피해자에게 폭행·협박을 가해 항거불능 상태를 야기하면 이러한 상태는 애초부터 폭행·협박을 해서 재물을 강취하는 행위와 마찬가지라고 평가할 수 있다. 이와 같은 행위의 경과를 염두에 두고 재물의 탈환에 항거할 목적으로 폭행·협박을 한 때에 강도죄와 동일하게 처벌한다. 15

2. 체포를 면탈할 목적

절도가 범죄 발각 후 체포를 면할 목적으로 폭행·협박을 수단으로 사용한 때를 말한다. 체포는 수사기관의 체포만 이야기하는 것이 아니고, 피해자를 비롯한 범죄 현장에서 현행범인 체포가 가능한 상태까지 포함한다. 체포 면탈은 절도 자신뿐만 아니라 다른 공범의 체포를 면탈하려고 한 경우까지 포함한다고 보아야 한다. 16

판례는, 본죄는 절도 범인이 절도의 기회에 재물 탈환의 항거 등의 목적으로 폭행 또는 협박을 가함으로써 성립되는 것으로서, 여기서 절도의 기회라고 함은 절도범인과 피해자 측이 절도 현장에 있는 경우와 절도에 잇달아 또는 절도의 시간·장소에 접착하여 피해자 측이 범인을 체포할 수 있는 상황, 범인이 범죄의 흔적 인멸에 나올 가능성이 높은 상황에 있는 경우를 말하고, 그러한 의미에서 피해자 측이 추적 태세에 있는 경우나 범인이 일단 체포되어 아직 신병 확보가 확실하다고 할 수 없는 경우에는 절도의 기회에 해당한다고 기준을 제시했다.[16] 이 기준에 따라 판례는, 피고인이 절도행위가 발각되어 도주하다가 17

15 대판 2003. 7. 25, 2003도2316. 본 판결 해설은 이창한, "날치기 수법에 의한 절도범이 점유탈취 과정에서 우연히 피해자에게 상해를 입힌 경우의 죄책", 해설 48, 법원도서관(2004), 561-566.
16 대판 2001. 10. 23, 2001도4142; 대판 2009. 7. 23, 2009도5022.

곧바로 뒤쫓아 온 보안요원에게 붙잡혀 보안사무실로 인도되어 피해자로부터 그 경위를 확인받던 중 체포된 상태를 벗어나기 위해서 피해자에게 폭행을 가하여 상해를 가한 때에는, 피고인은 일단 체포되었다고는 하지만 아직 신병 확보가 확실하다고 할 수 없는 단계에서 체포된 상태를 면하기 위해 피해자를 폭행하여 상해를 가한 것이므로 이는 절도의 기회에 체포를 면탈할 목적으로 폭행하여 상해를 가한 것으로서 강도상해죄에 해당한다고 판단했다.[17]

3. 범죄의 흔적을 인멸할 목적

18 절도가 자신의 행위에 따라 발생한 증거가 되는 흔적의 발각 위험을 줄이거나 없앨 목적을 가진 경우를 말한다. 범죄의 흔적 인멸은 물증의 인멸뿐만 아니라 인증의 인멸도 포함하므로, 절도가 피해자 아닌 목격자의 진술을 억압할 목적으로 목격자에 대해 폭행·협박을 가했다면 본죄가 성립한다.

Ⅳ. 폭행·협박

1. 폭행·협박의 정도

19 본죄는 강도죄의 예에 따라 처벌하므로, 그 폭행·협박의 정도는 강도죄에서 설명한 그대로 상대방의 반항을 억압하거나 현저하게 곤란하게 할 정도에 이르러야 한다. 따라서 가장 좁은 의미(최협의)의 폭행·협박 개념이 본죄에도 그대로 타당하다.

20 판례는 본죄의 성립에 필요한 수단으로서의 폭행 또는 협박의 정도는 상대방의 반항을 억압하는 수단으로서 일반적·객관적으로 가능하다고 인정되는 정도의 것이면 되고, 반드시 현실적으로 반항을 억압하였음을 필요로 하는 것은 아니라고 했다.[18] 그에 따라 체포를 면탈할 목적으로 피고인을 검거하려던 피해자들에게 소지 중인 과도를 꺼내어 찌를 듯이 위협한 행위는 본죄의 성립에 필요한 협박에 해당한다고 판단했다.[19]

17 대판 2001. 10. 23, 2001도4142.
18 대판 1981. 3. 24, 81도409.
19 대판 1981. 3. 24, 81도409.

판례에 나타난 본죄의 요건으로서의 폭행·협박의 부정례와 긍정례를 살펴 본다. 21

(1) 부정 사례

본죄의 폭행·협박은 강도죄와 같은 정도여야 하므로, 소극적으로 뿌리치거나 더 강한 힘으로 제압당해 반항을 억압할 정도의 폭행·협박의 기회조차 가지지 못한 때에는 본죄에서 요구하는 폭행·협박이 인정되지 않는다. 22

① 피고인의 범행이 발각되어 목욕탕을 나와 출입문 앞길로 도망하는데 피해자가 추적해와 피고인의 저고리 어깨와 등 부분을 붙잡자 도망하려고 잡은 손을 뿌리치는 바람에 피해자는 밀려 넘어지면서 상처를 입었고 곧 목욕탕 주인이 나와 피해자와 합세해 피고인을 체포한 사안에서, 피고인은 옷을 잡히자 체포를 면하려고 충동적으로 저항을 시도하여 잡은 손을 뿌리친 것으로 그 정도의 폭행은 피해자의 체포를 억압할 정도에 이르지 않았다고 보았다.[20] 23

② 피해자가 피고인의 체포에 필요한 정도를 넘어서서 발로 차며 늑골 9, 10번 골절상, 좌폐기흉증, 좌흉막출혈 등 3개월의 치료가 필요한 중상을 입힐 정도로 심한 폭력을 가해오자 이를 피하려고 엉겁결에 곁에 있던 솥뚜껑을 들어 폭력을 막아 내려다 그 솥뚜껑에 스치어 피해자가 상처를 입게 된 사안에서, 피고인의 행위는 일반적·객관적으로 피해자의 체포 의사를 제압할 정도의 폭행에 해당하지 않는다고 보아 강도상해죄의 성립을 부인했다.[21] 24

그리고 ③ 체격이 왜소한 피고인이 건장한 40대 두 남자에 의해 어깨가 눌려 계단에 앉아 있다가 이를 뿌리치기 위해 어깨를 누르고 있던 두 사람을 밀어서 그중 한 사람을 넘어뜨린 정도로는 본죄에서의 폭행에 해당하지 않는다고 보았다.[22] 25

(2) 긍정 사례

본죄의 구성요건인 폭행·협박을 인정했던 사례는 매우 많다. 그 가운데 도움이 될 만한 사례 몇 개를 소개한다. 26

① 절도 목적으로 주거에 침입해 작은 방에 들어가 재물을 물색하다가 현 27

---

20 대판 1985. 5. 14, 85도619.

21 대판 1990. 4. 24, 90도193.

22 대판 2010. 9. 9, 2010도7920.

장에서 발각되어 도주하다 추격해 온 피해자의 체포를 면탈할 목적으로 소지하고 있던 손전지로 피해자의 오른손을 구타하는 폭행을 가한 때,[23] ② 피고인이 공범과 합동하여 공장 벽을 뛰어넘다가 방범대원에게 발견되어 추격을 받자 체포를 면탈할 목적으로 손으로 방범대원의 얼굴을 1회 때려 땅에 넘어지게 한 때,[24] ③ 피고인이 절도 범행을 저지른 후 도망하는 것을 피해자가 추격해 약 50m 떨어진 술집에 이르러 그 집 부엌에 들어가 숨어있는 피고인을 체포하려 하자, 피고인은 이를 면탈할 목적으로 그곳에 놓여있던 길이 약 30cm 스텐 밥주걱으로 피해자의 왼쪽 어깨를 수회 때린 때,[25] ④ 절도가 체포를 면탈할 목적으로 소지 중이던 손톱깎기 칼로 추격자의 좌측 눈 위 부분을 한 차례 찌르고 잡아 땅바닥에 넘어뜨리게 한 때,[26] ⑤ 피고인이 절취를 위해 주거에 침입한 시각이 야간이었고, 피고인이 피해자의 집 방안에서 지갑을 절취해 나오던 중 피해자에게 발각되어 오른팔을 붙잡히자 체포를 면탈할 목적으로 "잡으면 죽인다. 개새끼야."라고 소리치면서 피해자의 왼팔을 뿌리치고 양손으로 가슴을 밀쳐 폭행을 가한 때[27]에, 각 본죄에서의 폭행·협박을 인정했다.

28 그리고 ⑥ 피고인이 만 59세인 여자 피해자에게 붙잡히자 가슴 부위를 밀어 땅바닥에 넘어뜨린 후 도주하였고, 그 과정에서 피해자는 가슴 부분, 엉덩이 등에 통증을 호소한 사안에서, 피고인의 행위는 일반적·객관적으로 보아도 피해자로 하여금 더 이상의 체포행위를 불가능하게 하거나 현저히 곤란할 정도로 체포 의사나 공격력을 제압할 정도에 이르렀다고 판단했다.[28]

2. 폭행·협박의 상대방

29 폭행·협박의 상대방은 절도 피해자만 해당하는 것은 아니다. 재물의 탈환에 항거하거나 체포를 면탈하거나 범죄의 흔적을 인멸할 목적을 가지고 절도

---

23 대판 1966. 9. 20, 66도1108. 원심은 손전지로 피해자의 손을 1회 때린 사실을 인정하고 항거불능에 이를 정도의 폭행으로 인정하지는 않았다.

24 대판 1968. 4. 23, 68도334.

25 대판 1969. 7. 22, 69도927.

26 대판 1971. 4. 20, 71도441.

27 대판 2010. 9. 9, 2010도8535.

28 대판 2011. 10. 13, 2011도10460.

성취에 방해가 될 대상을 제거하기 위해 행하여진 이상, 그 상대는 꼭 절도 피해자가 아니어도 본죄가 성립한다.

30 판례는 체포 면탈을 위해 경찰관[29]을 폭행한 때, 추격 중인 방범대원,[30] 경비원[31]을 폭행·협박한 때에 모두 본죄의 성립을 인정했다.

3. 시간적·장소적 근접성

31 강도죄는 폭행·협박으로 타인의 재물을 절취한 때에 성립하고, 절도는 타인의 재물을 훔친 때에 성립한다. 재물 강취의 강도죄와 절도죄는 타인의 재물을 탈취한다는 점에서 공통되지만, 강도는 폭행·협박에 의해 재물 탈취가 이루어진다는 점에서 절도보다 무겁게 처벌한다. 본죄는 이처럼 절도가 재물 탈취 또는 재물의 이전이라는 행위 요소에 폭행·협박이라는 행위 요소가 섞여 전체적으로 강도라고 평가할 수 있기 때문에 강도죄의 예에 따라 처벌하도록 규정한 범죄이다. 실제 사안을 접할 때에, 이처럼 본죄를 강도죄와 같이 처벌하는 이유를 염두에 두고 사안을 바라보게 되면, 대체로 절도의 기회나 시간적·장소적 근접성을 강도와 같이 평가할 수 있는 때에는 본죄의 성립을 긍정하고, 그런 상태까지 이르지 않았다고 보이면 본죄의 성립을 부정하는 쪽으로 판단이 가능해진다. 본죄에서 폭행·협박이 절도의 기회에, 또는 시간적·장소적 근접성을 가진 상태에서 이루어져야 한다고 보는 것은 통설이다.[32]

32 판례는, 본죄는 절도 범인이 절도의 기회에 재물 탈환의 항거 등의 목적으로 폭행 또는 협박을 가함으로써 성립되는 것으로서, 여기서 절도의 기회라고 함은 절도범인과 피해자 측이 절도의 현장에 있는 경우와 절도에 잇달아, 또는 절도의 시간·장소에 접착하여 피해자 측이 범인을 체포할 수 있는 상황, 범인이 범죄의 흔적 인멸에 나올 가능성이 높은 상황에 있는 경우를 말하고, 그러한 의미에서 피해자 측이 추적 태세에 있는 경우나 범인이 일단 체포되어 아직 신병 확보가 확실하다고 할 수 없는 경우에는 절도의 기회에 해당한다[33]고 그 기

29 대판 1989. 3. 28, 88도2291.
30 대판 1971. 4. 20, 71도441.
31 대판 1984. 7. 24, 84도1167.
32 배종대, § 66/6; 이재상·장영민·강동범, § 17/35.
33 대판 2001. 10. 23, 2001도4142; 대판 2009. 7. 23, 2009도5022.

준을 제시했다.

(1) 긍정 사례

33 ① 피고인이 절도 범행을 저지른 후 도망하는 것을 피해자가 추격해 약 50m 떨어진 술집에 이르러 그 집 부엌에 들어가 숨어있는 피고인을 체포하려 하자 피고인이 이를 면탈할 목적으로 그곳에 놓여있던 길이 약 30cm 스텐 밥주걱으로 피해자의 왼쪽 어깨를 수회 때린 때,[34] ② 오토바이를 끌고 가다가 추격해 온 피해자에게 멱살을 잡히자 체포를 면탈할 목적으로 피해자의 얼굴을 주먹으로 때리고 놓아주지 않으면 죽여 버리겠다고 협박한 경우[35]에, 본죄의 성립을 긍정했다.

34 ③ 피해자인 경비원이 절도범인 체포 사실을 파출소에 신고하기 위하여 전화를 하려고 하자 그 회사 사장을 잘 안다고 하면서 전화 확인을 요구했는데, 경비원이 그 제의를 거부하며 다음에 와서 확인 후 가져가라고 하자 자기 것이라며 무조건 달라고 시비하던 상황이라고 해도, 그곳이 체포현장이고 주위 사람에게 도주를 방지하게 부탁한 상태에서 일어난 이상 본죄에 해당한다고 봤으며,[36] ④ 피고인이 야간에 절도의 목적으로 피해자의 집에 담을 넘어 들어간 이상 절취한 물건을 물색하기 전이라고 해도 이미 야간주거침입절도죄의 실행에 착수한 것이므로, 그 후 피해자에게 발각되어 계속 추격당하거나 체포를 면탈하고자 피해자에게 폭행을 가했다면, 그 장소가 범행 현장으로부터 200m 떨어진 곳이라고 해도 절도의 기회 계속 중에 폭행을 가한 것이라고 보았다.[37]

(2) 부정 사례

35 본죄를 부정한 경우로는, 피고인이 피해자의 집에서 절도 범행을 마친지 10분 가량 지나 피해자의 집에서 200m 가량 떨어진 버스정류장이 있는 곳에서 피고인을 절도 범인이라고 의심하고 뒤쫓아 온 피해자에게 붙잡혀 피해자의 집으로 돌아왔을 때 피해자를 폭행한 사안에서, 본죄는 절도 범인이 절도의 기회에 재물 탈환, 항거의 목적으로 폭행 또는 협박을 가함으로써 성립하므로, 그 폭행 또는 협박은

34 대판 1969. 7. 22, 69도927.
35 대판 1983. 3. 8, 82도2838.
36 대판 1984. 7. 24, 84도1167.
37 대판 1984. 9. 11, 84도1398.

절도의 실행에 착수하여 그 실행 중이거나 그 실행 직후 또는 실행의 범의를 포기한 직후로서 사회통념상 범죄행위가 완료되지 않았다고 인정할 만한 단계에서 행하여져야 한다고 밝힌 후, 절도와 상해의 경합범을 인정한 사례가 있다.[38] 절도가 범죄 현장에서 이탈했는지, 추격이 있었던 경우에는 그 추격 상황이 종료했는지를 잘 살펴서 절도와 폭행·협박의 근접성을 판단하면 될 것이다.

V. 기수시기

형법은 애초 본죄의 미수범을 처벌하지 않았다. 1995년 12월 23일 절도와 강도의 죄의 미수범 처벌 규정인 제342조를 전문 개정하여 본죄의 미수범 처벌 규정을 마련하였다. 그 후로 본죄의 기수와 미수의 구별 기준을 어떻게 봐야 하는지에 관해 견해 대립이 있었다. 36

학설은 다음과 같이 나뉜다.

1. 절취행위기준설[39]

본죄의 기수, 미수는 절도의 기수, 미수 시기를 기준으로 봐야 한다는 견해다. 이 견해에 따르면 절도가 미수면 본죄가 미수가 된다. 본죄의 본질은 절도죄나 강도죄와 마찬가지로 재산범죄이고, 강도죄는 재물 탈취의 완성 여부가 기수와 미수의 구분 기준인데도 본죄에서 기수와 미수의 구분을 폭행·협박으로 하게 되면 강도죄에서는 미수와 같이 평가할 수 있는 죄를 본죄에서는 기수로 평가하게 되어 강도죄의 예에 따라 처벌하려는 형법 태도에 반한다는 것을 근거로 한다. 37

판례는 대판 2004. 11. 18, 2004도5074(전)로 절취행위기준설의 태도에 따르고 있다. 38

38 대판 1999. 2. 26, 98도3321.

39 김성돈, 332; 김일수·서보학, 274; 김혜정·박미숙·안경옥·원혜욱·이인영, 형법각론(3판), 329; 손동권·김재윤, §21/27; 신동운, 형법각론(2판), 993; 이재상·장영민·장동범, §17/38; 정성근·박광민, 350; 주호노, 형법각론, 663.

2. 폭행 · 협박행위기준설[40]

39 본죄의 기수, 미수는 폭행 · 협박행위의 기수, 미수에 따라 결정해야 한다는 견해다. 강도살인죄나 강도상해죄는 재물 취득 여부가 기수 성립에 영향을 미치지 않는 것으로 보는 것과 대비해서, 본죄 역시 가중 요소가 폭행 · 협박에 있으므로 재물 취득 여부가 아닌 폭행 · 협박 행위를 기준으로 기수, 미수를 정해야 한다고 근거를 제시한다. 그에 따라 절도범이 상대방의 반항을 억압하는 데 충분한 폭행 · 협박을 가했는데도 상대방이 현실적으로 이에 영향을 받지 않은 경우에 준강도미수죄가 성립한다고 한다.[41]

3. 결합설[42]

40 본죄가 기수가 되려면 절도와 함께 폭행 · 협박도 기수가 되어야 한다고 보는 견해이다. 절도나 폭행 · 협박 모두 기수여야 하므로, 이 둘 중 어느 하나라도 미수라면 본죄는 미수가 된다고 한다. 결합범인 단순 강도죄에서 그 미수 · 기수가 보호법익과 관련된 두 측면, 즉 재물 취득과 폭행 · 협박의 두 측면에서 결정된다면, 결합범인 본죄에도 마찬가지 논리가 적용되어야 하고, 본죄에서 절취행위와 폭행 · 협박행위가 결합되어 있으므로, 본죄의 미수 · 기수는 절취행위와 폭행 · 협박행위 양자를 기준으로 하여 결정해야 한다고 한다.[43]

4. 검 토

41 본죄는 강도죄 및 특수강도죄의 예에 따라 처벌한다(§ 335). 절도행위를 눈치챈 피해자가 절도에게 빼앗긴 재물의 탈환을 시도하는 현상은 절도 현장에서, 절도의 기회에 벌어질 수 있는 예상 가능한 일의 경과이다. 절도가 이때 피해자에게 폭행 · 협박을 가해 항거불능 상태를 야기하면, 이러한 상태는 애초부터 폭행 · 협박으로 재물을 강취하는 행위와 마찬가지라고 평가할 수 있고, 그에 따라

---

40 김신규, 381; 김일수 · 서보학, 274; 박상기, 287; 배종대, § 66/15; 원혜욱, 222; 이용식, 19; 이재상 · 장영민 · 강동범, § 17/38; 이형국 · 김혜경, 376; 정성근 · 정준섭, 234; 정웅석 · 최창호, 578.

41 배종대, § 66/15 참조.

42 박찬걸, 427; 오영근, 276; 이상돈, 형법강론(4판), 527; 이정원 · 류석준, 339; 임웅, 380; 정영일, 170.

43 임웅, 380 참조.

본죄를 강도죄의 예에 따라 처벌하는 것이다. 이처럼 절도가 애초부터 폭행·협박을 해서 재물을 강취하는 강도죄와 절도 발각 후 이를 모면하기 위해 폭행·협박을 하는 본죄는 행위불법과 결과불법이라는 측면에서 동일하게 평가할 수 있다는 점에서 그 처벌 역시 동일하므로, 본죄의 기수와 미수의 구별 기준 역시 강도죄에 대비해서 결정해야 한다. 본죄 역시 강도죄와 마찬가지로 재산범죄로서 본질을 여전히 가진다는 점 역시 고려해야 한다. 따라서 본죄의 미수, 기수 결정 기준은 위 절취행위기준설이 타당하다.

42 판례는 변화가 있었다. 절도 미수라 해도 준강도로서 본조의 적용이 있는 경우에는 강도미수죄를 적용하지 않는다고 하여, 절도가 미수인 상태에서 폭행·협박을 해도 본죄가 성립한다고 봤던 사례가 있었고,[44] 절도미수범도 절도임이 틀림이 없고, 따라서 본조에서 말하는 절도가 체포를 면탈하기 위해 폭행을 가한 때라 함은 절도미수범의 그와 같은 경우에도 해당하므로 이러한 경우에 준강도 미수로 볼 수는 없다고 판단하기도 했다.[45]

43 그러나 대법원은 위 2004도5074 전원합의체 판결로써 이런 태도를 변경하였다. 본조에서 절도가 재물의 탈환을 항거하거나 체포를 면탈하거나 범죄의 흔적을 인멸할 목적으로 폭행 또는 협박을 가한 때에 강도죄의 예에 따라 처벌하는 취지는, 강도죄와 본죄의 구성요건인 재물 탈취와 폭행·협박 사이에 시간적 순서상 전후의 차이가 있을 뿐 실질적으로 위법성이 같다고 보기 때문이므로, 이와 같은 본죄의 입법 취지, 강도죄와의 균형을 종합해서 고려하면, 본죄의 기수 여부는 절도행위의 기수 여부를 기준으로 하여 판단하여야 한다고 선언했다.[46]

44 이와 같은 다수의견에 대해, ① 폭행·협박행위를 기준으로 하여 본죄의 미수범을 인정하는 외에 절취행위가 미수에 그친 경우에도 이를 본죄의 미수범이라고 보아 강도죄의 미수범과 사이의 균형을 유지해야 한다는 별개의견[47]이 있

44 대판 1969. 10. 23, 69도1353.

45 대판 1964. 11. 24, 64도504.

46 대판 2004. 11. 18, 2004도5074(전). 본 판결 평석은 이천현, "준강도죄의 기수 및 미수의 판단기준", 형사판례연구 〔14〕, 한국형사판례연구회, 박영사(2006), 89-114; 임성근, "준강도죄의 기수·미수의 판단기준", 21세기사법의 전개: 송민 최종영 대법원장 재임기념, 박영사(2005), 613-621.

47 위 2004도5074 전원합의체 판결의 별개의견. 「원래 '사람의 신체에 대한 유형력의 행사 등 불법한 일체의 공격'을 의미하는 형법 제260조 제1항의 폭행에 있어서는 그러한 행위가 미수에 그친 경우를 상정하기 어렵고, 형법 역시 폭행죄의 미수범을 처벌하는 규정을 두고 있지 않지만, '사

었다. 그리고 ② 강도죄와 본죄는 그 취지와 본질을 달리한다고 보아야 하며, 본죄의 주체는 절도이고 여기에는 기수는 물론 형법상 처벌 규정이 있는 미수도 포함되는 것이지만, 본죄의 기수·미수의 구별은 구성요건적 행위인 폭행 또는 협박이 종료되었는가 하는 점에 따라 결정된다고 해석하는 것이 법 규정의 문언 및 미수론의 법리에 부합한다는 반대의견[48]이 있었다.

람으로 하여금 공포심을 일으킬 수 있을 정도의 해악의 고지'를 의미하는 형법 제283조 제1항의 협박에 있어서는 그러한 행위가 미수에 그친 경우를 상정할 수 있으며 형법도 제286조에서 협박죄의 미수범을 처벌한다고 규정하고 있을 뿐만 아니라, 더 나아가 준강도죄에 있어서의 폭행 또는 협박이란 앞서 본 바와 같이 형법 제260조 제1항 및 제283조 제1항에 정한 폭행이나 협박의 개념과는 달리 일반적·객관적으로 보아 사람의 반항을 억압할 정도일 것이 요구되는 것이어서, 그와 같은 정도의 폭행 또는 협박행위가 개시되기는 하였으나 상대방에게 도달하지 않았거나 도달하였다고 하더라도 상대방의 반항이 전혀 억압되지 않은 경우를 충분히 상정할 수 있으므로, 그러한 경우를 준강도죄의 미수범으로 처벌하는 것이 원칙일 것이다. 이는 객관적으로 보아 피해자의 반항을 억압할 정도의 폭행 또는 협박이 있었음에도 불구하고 피해자가 반항의사가 전혀 억압된 바 없이 단지 귀찮은 생각에서 또는 연민의 정에서 재물을 교부한 경우 이를 강도죄의 기수범이 아니라 미수범으로 처벌하여야 할 것인 점에 비추어 보더라도 더욱 그러하다.

다만, 형법 제335조는 절도범인이 절도의 기회에 재물탈환의 항거 등의 목적으로 폭행 또는 협박을 하는 행위가 그 태양에 있어서 재물탈취의 수단으로서 폭행 또는 협박을 가하는 강도죄와 같이 보여질 수 있는 실질적 위법성을 지니게 됨에 비추어 이를 강도의 예에 의하여 무겁게 처벌하기 위한 규정이라는 점[대판 1973. 11. 13, 73도1553(전) 참조]과 다수의견이 들고 있는 여러 논거들을 종합하여 볼 때, 폭행·협박행위를 기준으로 하여 준강도죄의 미수범을 인정하는 외에 절취행위가 미수에 그친 경우에도 이를 준강도죄의 미수범이라고 보아 강도죄의 미수범과 사이의 균형을 유지함이 상당하다고 할 것이다.」

48 위 2004도5074 전원합의체 판결의 반대의견. 「형법 제335조에서 절도가 재물의 탈환을 항거하거나 체포를 면탈하거나 죄적을 인멸할 목적으로 폭행 또는 협박을 가한 때에는 강도죄의 예에 따라 처벌하도록 한 취지는, 강도죄와 준강도죄의 구성요건인 재물탈취와 폭행·협박 사이에 시간적 순서상 전후의 차이가 있을 뿐 실질적으로 위법성이 같다고 보기 때문이라는 점을 다수의견은 그 주된 논거로 삼고 있다.

그러나 형법 제335조의 준강도죄는 그 행위의 위험성으로 인하여 형사정책상 강도죄와 같이 처벌하는 독립된 범죄로서, 강도죄와 불법내용의 동일성을 인정할 수 있는 재물탈환항거를 목적으로 하는 폭행·협박 외에 그 동일성을 인정할 수 없는 체포면탈이나 죄적인멸을 목적으로 하는 폭행·협박을 포함하는 것이므로 강도죄와 준강도죄는 그 취지와 본질을 달리한다고 보아야 한다. 그리고 다수의견은 강도죄에 있어서는 재물을 강취하여야 기수가 됨에도 절도 미수가 재물탈환을 항거할 목적으로 폭행·협박을 가한 경우 준강도의 기수로 강도의 기수와 동일하게 처벌받게 되는 점이 균형이 맞지 않는다고 하나, 절도 미수라고 하더라도 일정한 목적을 위하여 사람의 반항을 억압할 정도의 폭행 또는 협박을 하는 경우 그 실질적 위법성이 강도죄와 같다고 보아 이를 강도죄의 기수와 동일하게 처벌하는 것이 형사정책적으로 반드시 불합리하다거나 균형이 맞지 아니하다고 단정할 수 없고, 절도가 미수에 그쳤다는 점은 양형의 단계에서 유리한 사정으로 참작함으로써 다수의견이 우려하는 불균형은 대부분 해소될 수 있는 것이다. 이와 같은 점에서 다수의견이 내세우는 논거는 그 타당성이 의심스럽다.

나아가, 준강도죄에 있어 행위의 주체는 '절도'이고, 구성요건적 행위는 '재물의 탈환을 항거하거

대법원은 다수의견 취지에 따라 위 전원합의체 판결 사안에서, 피고인이 공범과 합동하여 양주를 절취할 목적으로 장소를 물색하다 피해자 A의 주점에 이르러, 공범은 1층과 2층 계단 사이에서 피고인과 무전기로 연락하며 망을 보고, 피고인은 주점의 잠금 장치를 뜯고 침입하여 주점 내 진열장에 있던 양주 45병 시가 1,622,000원 상당을 미리 준비한 바구니 3개에 담고 있던 중, 계단에서 서성거리던 공범을 수상히 여기고 주점 종업원인 피해자 B 등이 주점으로 돌아오려는 소리를 듣고서 양주를 그대로 둔 채 출입문을 열고 나오다가 피해자 B 등이 피고인을 붙잡자, 체포를 면탈할 목적으로 피고인의 목을 잡고 있던 피해자의 오른손을 깨물어 폭행한 사실에 대하여, 피고인을 준강도미수죄로 처벌한 원심 판단을 유지했다. 45

위 전원합의체 판결 후의 사례로는, 피고인이 피해자의 가게 안까지 침입해 훔칠 물건을 물색하던 중 인기척을 느껴 방에서 가게로 나온 피해자에게 붙잡히자 체포를 면탈할 목적으로 손으로 피해자의 가슴을 밀어 넘어뜨려 폭행한 사안에서, 준강도미수죄를 인정한 판례가 있다.[49] 46

Ⅵ. 공 범

절도를 공모한 상태에서 공모범의 1인이 체포를 면탈할 목적으로 폭행·협박을 한 때에 성립하는 죄의 범위에 관해 학설과 판례 태도가 극명하게 갈린다. 47

나 체포를 면탈하거나 죄적을 인멸할 목적으로 폭행 또는 협박을 가하는 것'이다. 한편, 형법 제25조 제1항이 "범죄의 실행에 착수하여 행위를 종료하지 못하였거나 결과가 발생하지 아니한 때에는 미수범으로 처벌한다."고 규정하고 있는 데서 알 수 있듯이 범죄의 기수·미수를 구별하는 기준은 범죄의 완성 여부 즉, 구성요건적 행위의 종료 여부이다. 그러므로 준강도죄의 주체는 절도이고 여기에는 기수는 물론 형법상 처벌규정이 있는 미수도 포함되는 것이지만, 준강도죄의 기수·미수의 구별은 구성요건적 행위인 폭행 또는 협박이 종료되었는가 하는 점에 따라 결정된다고 해석하는 것이 법규정의 문언 및 미수론의 법리에 부합하는 것이다.

결국, 다수의견이 내세우는 논거는 그 합리성이 없을 뿐만 아니라, 설사 그 주장과 같은 불균형이 인정되는 경우라도 이는 양형의 단계에서 해결할 성질의 것이고, 양형의 단계에서 해결할 수 없는 불균형이 있다면 이는 준강도의 법정형을 낮추거나, 절도미수를 준강도의 주체에서 제외함으로써 준강도의 주체를 절도 기수에 한정하는 등 입법적으로 해결하여야 할 문제라고 할 것인바, 이를 형법 제335조의 해석론으로 해결하려는 다수의견의 시도는 법규정의 문리해석상 허용되지 않는다고 보아야 할 뿐만 아니라, 준강도죄의 본질 및 미수범의 법리에 어긋나는 것이라고 하지 않을 수 없다.」

49 대판 2011. 10. 13, 2011도10460.

서로 다른 방향으로 도주하는 절도범 중 한 명이 경찰관을 강하게 밀쳐 상해를 가한 때에 공범 각자에게 성립할 죄의 범위에 관한 논의이다.

48 판례는 그간 '예견가능성'을 기준으로 본죄의 공동정범 성립을 인정해 왔다. 판례는 본죄가 성립하려면 절도가 절도행위의 계속 중이라고 볼 수 있는 그 실행 중 또는 실행 직후에 재물의 탈환에 항거하거나 체포를 면탈하거나 범죄의 흔적을 인멸할 목적으로 폭행 또는 협박을 가한 때에 성립하고, 이로써 상해를 가하였을 때에는 강도상해죄가 성립하며, 합동하여 절도를 한 경우 범인의 1인이 체포를 면탈할 목적으로 폭행을 하여 상해를 가한 때에는 나머지 범인도 이를 예기하지 못한 것으로 볼 수 없으면 강도상해죄의 죄책을 면할 수 없다는 태도를 일관되게 유지해 왔다.[50] 결과적 가중범을 인정하기 위해 적용하는 예견가능성이라는 기준을 여기에도 접목시킨 것처럼 보이기도 하는데, 이와 같은 기준에 따라 절도가 범행 현장에서 준강도와 강도상해에 이르기까지 죄의 성립 범위가 넓어지고 책임이 확산되는 문제가 꾸준히 지적되어 왔다.

49 다만, 판례도 사안에 따라 이 기준을 신중하게 적용해 오기는 했다. 예를 들어, 피고인이 공범의 폭행행위에 대해 사전 양해나 의사의 연락이 전혀 없었고, 범행 장소가 빈 가게로 알고 있었으며, 공범이 담배 창구를 통해 손으로 담배를 훔쳐내고 이어 창구를 통해 가게에 들어가 물건을 절취할 때 피고인은 가게 밖에서 망을 보던 중 예기치 않던 인기척 소리가 나므로 도주해버린 후에 공범이 담배 가게 창구로 다시 나오려다가 창구에 몸이 걸려 빠져나오지 못하게 되어 피해자에게 손을 붙들리자 체포를 면탈할 목적으로 피해자에게 폭행을 가하여 상해를 입힌 사안에서, 피고인으로서는 피해자가 대문을 열고 담배 가게에 나오고, 공범은 인기척을 듣고 자그만 담배 창구로 몸을 밀어 빠져나오는 데 시간이 지체되었을 것이고 피고인은 그동안 상당한 거리를 도주하였을 것으로 추정되므로, 이러한 상황에서는 피고인이 공범의 폭행행위를 전연 예기할 수 없었다고 보고, 그에 따라 준강도상해죄에 대해 무죄로 판단하고, 특수절도죄를 적용한 항소심 판단을 유지한 사례가 있다.[51]

---

50 대판 1959. 7. 11, 4292형상175; 대판 1967. 3. 7, 67도178; 대판 1969. 12. 26, 69도2038; 대판 1970. 1. 27, 69도2280; 대판 1972. 1. 31, 71도2073; 대판 1982. 7. 13, 82도1352; 대판 1984. 2. 28, 83도3321; 대판 1984. 10. 10, 84도1887.

51 대판 1984. 2. 28, 83도3321.

그러나 '예견가능성'을 기준으로 본죄의 공동정범 성립을 인정해 오던 판례 태도에 찬성하는 학자는 찾기 어렵다. 그 비판 내용을 보면, 준강도죄는 절도죄의 결과적 가중범이 아니므로 '무거운 결과에 대한 예견가능성이 있을 것을 조건으로 하여 공동정범을 인정할 수 있는 결과적 가중범의 공동정범의 법리'를 본죄에 대해 그대로 적용할 수 없고,[52] 예견가능성의 표지로써 본죄의 공동정범을 인정하는 것은 본죄를 과실범으로 취급하는 것과 다를 바가 없고 따라서 법적 근거가 없다[53]는 점을 지적한다. 절도죄의 공동정범 중 1인의 초과 행위에 대해 다른 공범자에게 고의가 인정되지 않는 한 본죄의 책임이 아닌, 해당 부분의 단독정범으로 처리해야 한다는 것이 일관된 학자들의 견해이다.[54] 50

본죄는 절도죄의 결과적 가중범이 아니다. 독립한 구성요건을 가진 절도와는 별개 범죄이다. 따라서 결과적 가중범의 성립 범위를 판단하는 기준이 되는 예견가능성을 본죄 또는 그 가중 범죄에 적용할 수 없고, 판례와 같은 법리를 실제 사례에 적용하면 행위자의 책임 범위가 예상할 수 없을 정도로 지나치게 확장되는 한편, 예견가능성 판단이 일관될 수 없는 이상 명확성도 떨어지고, 결국 죄형법정주의가 흔들릴 수 있다. 절도만 공모한 상태에서 서로 다른 방향으로 도주하는 절도범 중 한 사람이 폭행·협박을 한 때에는, 그 공범만이 본죄의 책임을 지고, 절도 공모자는 절도죄에 대해서만 책임을 지는 것이 옳다. 다수 학설의 태도가 타당하다. 51

VII. 죄수 및 다른 죄와의 관계

1. 죄 수

(1) 절도가 체포 면탈의 목적으로 추격해 온 수인에게 폭행·협박을 가한 52

---

52 김성돈, 333.

53 배종대, § 66/20.

54 김성돈, 333; 김일수·서보학, 274; 박상기, 287; 배종대, § 66/21; 오영근, 277; 이재상·장영민·장동범, § 17/40; 임웅, 381; 정성근·박광민, 350; 정영일, 170. 실제 사례를 판단하는 데에는 다른 공범에게도 본죄까지의 죄책을 귀속시킬 수 있는 여지는 크고, 이는 준강도상해·치상죄까지의 발전에 대해서도 어렵지 않게 책임을 귀속시킬 수 있지만, 준강도살인·치사죄에 대해서는 쉽게 책임 귀속을 긍정해서는 안 될 것으로 판단된다는 견해도 있다(손동권·김재윤, § 21/29 참조).

때에 죄수가 문제된다. 절도가 체포를 면탈할 목적으로 수인에 대해 같은 기회에 동시 또는 이시에 폭행 또는 협박을 한 경우에 본죄의 포괄일죄가 성립한다고 보는 것이 학설[55]과 판례[56] 태도이다.

53 (2) 절도범이 체포를 면탈할 목적으로 체포하려는 여러 명의 피해자에게 같은 기회에 폭행을 가하여 그중 1인에게만 상해를 가한 때에도 이러한 행위는 포괄하여 하나의 강도상해죄만 성립한다고 보는 것이 역시 학설[57]과 판례[58] 태도이다.

54 다만 이런 학설과 판례 태도에 대해, 폭행·협박 상대방이 침해당한 법익이 전속적 법익이므로 피해자 각자에 대해 본죄가 성립하고 그 수개의 폭행·협박을 법률상 1개의 행위로 평가할 수 있을 것을 요건으로 하여 각 죄의 상상적 경합을 인정하는 것이 이론상 타당하다는 견해가 있다.[59] 그러나 절도가 한 번의 절도 기회에 체포를 면탈할 하나의 목적을 가지고 여러 명에게 폭행·협박을 가했다면, 단일한 의사로 단일한 목적을 달성하기 위한 일련의 행위 과정이므로 포괄일죄로 보는 것이 타당하다. 폭행·협박의 수에 무게를 두면서 하나의 폭행·협박이 있었는데도 피해 법익의 수를 기준으로 여러 행위로 보는 것은 형법의 행위 개념에 어울리지 않는다.

2. 다른 죄와의 관계

55 강도 또는 특수강도가 체포 면탈의 목적으로 폭행·협박을 한 때에도 본죄가 성립하는지에 대해 논의가 있다. 강도와 준강도가 실체적 경합이 되는 때에는 '강도죄 또는 특수강도죄'와 '폭행·협박죄 또는 특수폭행·협박죄'의 실체적 경합으로 보아야 한다는 견해가 있다.[60] 강도나 특수강도는 재물 강취 전에 폭행·협박을 하므로 재물 강취 후라도 동일한 기회에 같은 피해자에 대해 폭행·협박을 했다면, 이때에는 기존 강도죄나 특수강도죄의 연장으로 볼 수 있다. 기존

---

55 김신규, 382; 정성근·정준섭, 235; 정웅석·최창호, 579.
56 대판 1966. 12. 6, 66도1392.
57 김신규, 383; 박찬걸, 428; 정성근·정준섭, 235.
58 대판 2001. 8. 21, 2001도3447.
59 김성돈, 335 참조.
60 김성돈, 335.

강도죄와 특수강도죄의 기수 후에 그 현장에서 벗어나 비로소 체포 면탈을 위해 폭행·협박을 했다면 이때에는 별개 범죄가 성립한다.

그 상대가 경찰이라면 기존 강도죄 또는 특수강도죄와 별도로 공무집행방해 또는 특수공무집행방해가 성립한다. 56

이 논의는 사실 강도나 특수강도가 본죄의 주체가 될 수 있는지 일반화된 기준으로 논할 성질의 사례는 아니라고 생각한다. 강도죄나 특수강도죄는 재물 강취에 의해 기수가 되므로, 그 기회에서 벗어나 혹은 현장에서 이탈해서 그 후에 이루어진 범행은 당연히 별개 범죄를 구성한다. 57

Ⅷ. 처 벌

절도가 재물의 탈환에 항거하거나 체포를 면탈하거나 범죄의 흔적을 인멸할 목적으로 폭행 또는 협박을 가한 때에는 강도죄(§ 333. 3년 이상의 유기징역)와 특수강도죄(§ 334. 무기 또는 5년 이상의 징역)에 정한 죄에 따라 처벌된다. 58

이때, 특수강도의 준강도(준특수강도죄)가 언제 성립하는지에 대해 견해가 나뉜다. 59

① 절도행위를 기준으로 단순 절도면 단순 강도죄로, 특수절도이면 특수강도죄로 처벌해야 한다는 견해(절취행위기준설),[61] ② 폭행·협박 시점을 기준으로 이 시점에 흉기를 휴대하거나 합동하여 죄를 범한 때에 특수강도죄로 처벌해야 한다는 견해(폭행·협박행위기준설),[62] ③ 절도 및 폭행·협박을 모두 고려해서 어느 하나라도 가중 사유에 해당하면 특수강도가 된다는 견해(종합설)[63]가 있다. 60

판례는 절도 범인이 처음에는 흉기를 휴대하지 않았지만 체포를 면탈할 목적으로 폭행 또는 협박을 가할 때에 흉기를 휴대, 사용하게 된 때에 특수강도의 준강도가 된다고 보고 있어,[64] 위 ②의 폭행·협박행위기준설을 따르는 것으로 61

---

61 임웅, 382.

62 김성돈, 334; 김혜정·박미숙·안경옥·원혜욱·이인영, 331; 이재상·장영민·장동범, § 17/41.

63 손동권·김재윤, § 21/30.

64 대판 1973. 11. 13, 73도1553(전). 한편 본죄를 규정한 본조에는 범죄의 주체는 절도 범인이요, 목적이 있어야 하며, 행위는 폭행 협박으로만 되어 있지 행위의 정도, 방법 따위에 대하여는 언급이 없으므로 목적이나 행위로서는 단순 강도의 준강도냐 또는 특수강도이냐를 구별지을 근거

보이지만, 특수강도 형태 가운데 야간주거침입강도(§ 334①)에 대한 견해는 찾아볼 수 없어 종합설을 배제한 것이라고 말할 수는 없는 상태다.

62 본죄는 강도죄와 같은 불법으로 보고 그에 따라 처벌하는 범죄이므로, 그 처벌에 관해서도 강도죄와 마찬가지로 폭행·협박을 기준으로 강도죄와 특수강도죄의 예로써 처벌해야 할 것이다. 다만 형법이 엄연히 "제333조 및 제334조의 예에 따른다."라고 규정하고, 제334조 중에는 야간주거침입절도의 특수강도가 포함되므로, 절도 가운데 야간주거침입절도가 재물의 탈환을 항거하거나 체포를 면탈하거나 범죄의 흔적을 인멸할 목적으로 폭행 또는 협박한 때에는 특수강도죄의 준강도가 성립한다.

63 본죄를 범하여 유기징역에 처할 경우에는 10년 이하의 자격정지를 병과할 수 있다(§ 344).

64 본죄의 미수범은 처벌한다(§ 342). 그러나 본죄의 예비·음모는 처벌할 수 없다(이에 대해서는 § 343 참조).

〔함 석 천〕

가 없으므로 행위의 주체인 절도의 형태에 따라 구별지어야 한다는 것이 소수의견이었다.
본 판결 평석은 이창섭, "준강도죄와 준특수강도죄의 구별기준", 형법판례 150선(3판), 한국형사판례연구회, 박영사(2021), 234-235.

第336條(인질강도)

사람을 체포·감금·약취 또는 유인하여 이를 인질로 삼아 재물 또는 재산상의 이익을 취득하거나 제3자로 하여금 이를 취득하게 한 자는 3년 이상의 유기징역에 처한다.

[전문개정 1995. 12. 29.]

Ⅰ. 개 설 ······ 341
1. 의의 및 성격 ······ 341
2. 연 혁 ······ 342
3. 보호법익 ······ 342
Ⅱ. 구성요건 ······ 343
1. 행위의 상대방 ······ 343
2. 행 위 ······ 343
Ⅲ. 실행의 착수와 기수시기 ······ 344
1. 실행의 착수시기 ······ 344
2. 기수시기 ······ 345
Ⅳ. 다른 죄와의 관계 ······ 345
Ⅴ. 처 벌 ······ 345

Ⅰ. 개 설

1. 의의 및 성격

사람을 체포·감금·약취 또는 유인하여 이를 인질로 삼아 재물 또는 재산상의 이익을 취득하거나 제3자로 하여금 이를 취득하게 한 때에 본죄(인질강도죄)가 성립한다(§ 336). 1

본죄의 성격에 관하여, 학설은 대체로 ① 체포·감금죄 또는 약취·유인죄와 공갈죄의 결합범으로 보고 있다.[1] 이에 대해, ② 사람을 인질로 삼는 것 자체가 항거 불가능의 폭행·협박의 행사라고 할 수 있기 때문에 강도죄로 처벌하는 것이라고 해서, 공갈죄의 결합범이라는 견해에 이의를 제기하는 견해도 있다.[2] 본죄는 인질강요죄와 달리 강도죄의 하나이므로 체포·감금죄 또는 약취·유인죄 2

1 김성돈, 형법각론(5판), 336; 박상기, 형법각론(8판), 288; 배종대, 형법각론(14판), § 66/22; 손동권·김재윤, 새로운 형법각론(2판), § 21/32; 원혜욱, 형법각론, 224; 이용식, 형법각론, 21; 이재상·장영민·장동범, 형법각론(13판), § 17/43; 임웅, 형법각론(11정판), 390; 정성근·박광민, 형법각론(전정2판), 351; 최호진, 형법각론, 417. 이와는 달리, 결합범의 요소를 가진 독자적 범죄라는 견해〔김일수·서보학, 새로쓴 형법각론(9판), 275; 박찬걸, 형법각론(2판), 429〕도 있다.
2 오영근, 형법각론(4판), 278.

와 공갈죄의 결합범이라고 보는 것은 체계에 맞지 않기 때문에 위 ②설이 타당하다.

3 본죄의 보호법익은 1차적으로 타인의 재산권, 2차적으로 타인의 인격권이라고 하는 견해[3]에서 보듯이, 재산권과 생명·신체의 안전이라고 하는 인격권을 함께 보호법익으로 한다.

2. 연 혁

4 본죄는 1995년 12월 29일 형법 개정으로 체제가 정비되었다(1996. 7. 1. 시행). 개정 전에는 '약취강도'라는 제목으로 사람을 약취하여 그 석방의 대상으로 재물을 취득한 자는 제333조의 죄로써 논한다고 규정하고 있었다. 1995년 개정으로 인질강요죄(§324의2)가 신설되면서 '약취'라는 말을 '인질'로 바꾸고, 종전에는 사람을 약취하여 재물을 취득한 경우만 처벌하고 있었지만, 행위 방법에 체포, 감금 및 유인을 추가하고 행위의 객체에 재물 외에 재산상의 이익을 추가하여, 한편으로는 신설된 인질강요죄의 행위 형태를 반영하고 다른 한편으로는 강도죄의 결과불법 요소를 반영하여 규정을 정비한 것이다.

3. 보호법익

5 본죄의 보호법익에 대해서는, 크게 ① 1차적으로 타인의 재산권, 2차적으로 타인의 인격권(인질의 자유 및 생명·신체의 안전)이라는 견해[4]와 ② 1차적으로 타인의 인격권, 2차적으로 타인의 재산이라는 견해[5]가 있다.[6] 어느 견해에 의하더라도 타인의 재산권과 인격권을 함께 보호한다고 하겠다.

6 보호법익의 보호의 정도는 침해범이다.[7]

---

3 김일수·서보학, 275 참조.

4 김신규, 형법각론 강의, 384; 김일수·서보학, 275; 이형국·김혜경, 형법각론(2판), 379; 정성근·정준섭, 형법강의 각론(2판), 236; 정웅석·최창호, 형법각론, 582.

5 임웅, 390.

6 그 밖에, ① 타인의 재산·인질의자유·제3자의 의사결정 및 의사활동의 자유라는 견해(박찬걸, 429), ② 피해자(인질 또는 제3자)의 자유와 생명·신체의 안전이라는 견해〔박상기·전지연, 형법학(총론·각론)(5판), 635〕, ③ 타인의 재산과 인질의 신체의 자유라는 견해〔홍영기, 형법(총론과 각론), §79/11〕 등이 있다.

7 박찬걸, 429; 이형국·김혜경, 379; 정성근·정준섭, 236.

Ⅱ. 구성요건

본죄는 사람을 체포·감금·약취 또는 유인하여 이를 인질로 삼아 재물 또는 재산상의 이익을 취득하거나 제3자로 하여금 이를 취득하게 한 때에 성립하는 범죄이다. 7

1. 행위의 상대방

행위의 상대방인 '사람'은 그 범위에 제한이 없다. 다만, 13세 미만의 미성년자를 약취·유인한 사람(§ 287)이 약취 또는 유인한 미성년자의 부모나 그 밖에 그 미성년자의 안전을 염려하는 사람의 우려를 이용하여 재물이나 재산상의 이익을 취득할 목적인 경우, 그리고 그런 우려를 이용하여 재물이나 재산상의 이익을 취득하거나 이를 요구한 경우에는 가중처벌되고(특가 § 5의2②(i)), 그 미수(특가 § 5의2⑥) 및 예비·음모도 모두 처벌된다(특가 § 5의2⑧).[8] 유괴에 대한 가중처벌 규정이다. 8

2. 행 위

(1) 체포·감금·약취·유인

체포는 사람의 신체에 대한 직접적·현실적 구속상태를 말한다.[9] 9

감금은 사람을 구획된 장소에 가두어 밖으로 나가는 것을 통제하여 출입을 막거나 심히 곤란하게 하는 경우를 말한다.[10] 10

약취는 폭행·협박이나 위력으로 타인의 의사에 반해 자유로운 생활관계 또 11

---

8 특정범죄 가중처벌 등에 관한 법률 제5조의2(약취·유인죄의 가중처벌) ② 13세 미만의 미성년자에 대하여 「형법」 제287조의 죄를 범한 사람이 다음 각 호의 어느 하나에 해당하는 행위를 한 경우에는 다음 각 호와 같이 가중처벌한다.

1. 약취 또는 유인한 미성년자의 부모나 그 밖에 그 미성년자의 안전을 염려하는 사람의 우려를 이용하여 재물이나 재산상의 이익을 취득하거나 이를 요구한 경우에는 무기 또는 10년 이상의 징역에 처한다.

⑥ 제1항 및 제2항(제2항제4호는 제외한다)에 규정된 죄의 미수범은 처벌한다. 〈개정 2013.4.5〉

⑧ 제1항 또는 제2항제1호·제2호의 죄를 범할 목적으로 예비하거나 음모한 사람은 1년 이상 10년 이하의 징역에 처한다.

9 대판 2020. 3. 27, 2016도18713(체포죄).

10 대판 2000. 2. 11, 99도5286(감금죄).

는 보호관계로부터 자기 또는 제3자의 실력적 지배 아래 두는 것을 말한다.[11]

12 유인은 기망 또는 유혹을 수단으로 삼아 타인의 하자 있는 의사에 따라 자유로운 생활관계 또는 보호관계로부터 이탈하게 하여 자기 또는 제3자의 실력적 지배로 옮기는 것을 말한다.[12]

(2) 인질로 삼아 재물 또는 재산상 이익 취득

13 '인질로 잡는다'는 의미는 사람을 체포·감금·약취 또는 유인한 상태에서 재물이나 재산상의 이익을 요구하는 수단으로 그 사람의 석방이나 생명·신체에 대한 안전을 이용한다는 뜻이다. 앞에서 열거한 수단으로 사람을 볼모로 잡은 상태라고 할 수 있다. 인질을 잡고 재물 또는 재산상의 이익과 무관한 요구를 하면 본죄가 아닌 인질강요죄(§ 324의2)가 성립한다.[13] 따라서 오로지 수감된 정치범을 석방하라는 조건은 본죄에 해당하지 않고 인질강요죄가 문제될 뿐이다.[14]

14 재물이나 재산상의 이익을 취득한다는 의미는 **강도죄**(§ 333)에서와 같다. 취득의 주체는 행위자 아닌 제3자여도 본죄가 성립한다. 따라서 인질을 잡고 공범 아닌 자신의 지인에게 돈을 전달하라고 하거나 재산권을 넘기라고 하면 본죄가 성립한다.

Ⅲ. 실행의 착수와 기수시기

1. 실행의 착수시기

15 본죄의 실행의 착수시기에 관해, ① 재물 또는 재산상의 이익을 취득할 목적으로 사람을 체포·감금·약취 또는 유인한 때로 보는 견해[15]와 ② 석방이나 안전의 대가로 재물 또는 재산상의 이익을 요구한 때라고 보는 견해[16]가 대립한다.

16 본죄는 목적범이 아니고 재산범죄이기 때문에 석방이나 안전의 대가로 재

---

11 대판 2004. 10. 28, 2004도4437(영리약취죄).
12 대판 2007. 5. 11, 2007도2318(영리유인죄).
13 배종대, § 66/23.
14 김성돈, 336; 김일수·서보학, 276.
15 오영근, 278; 임웅, 391; 정성근·정준섭, 237; 주호노, 형법각론, 665.
16 김성돈, 336; 김신규, 384; 박찬걸, 430; 이형국·김혜경, 380; 정웅석·최창호, 583.

물 또는 재산상의 이익을 요구한 때에 실행의 착수가 있다고 봐야 한다는 위 ②의 견해는 경청할 만하다. 그러나 강도죄의 경우 폭행·협박을 개시한 때에 실행의 착수가 있다고 보는 이상, 본죄 역시 강도죄의 폭행·협박에 해당하는 체포·감금·약취 또는 유인한 때에 실행의 착수가 있다고 봐야 한다(위 ①의 견해).

2. 기수시기

본죄는 재산범죄이므로 재물이나 재산상의 이익을 취득한 때에 기수가 된다. 17
다만, 13세 미만의 미성년자에 대하여는 취득뿐만 아니고 요구한 때에 기수가 된다(특가 § 5의②(i)).

Ⅳ. 다른 죄와의 관계

인질강도가 상해·살인하거나 상해·살인의 결과에 이른 때에는 강도상해·치상 또는 강도살인·치사죄로 처벌된다(§ 338). 18

Ⅴ. 처 벌

3년 이상의 유기징역에 처한다. 19

본죄를 범하여 유기징역에 처할 경우에는 10년 이하의 자격정지를 병과할 수 있다(§ 344). 20

본죄의 미수범은 처벌하고(§ 342), 강도할 목적으로 예비 또는 음모한 자는 7년 이하의 징역에 처한다(§ 343). 본죄에 대하여 친족상도례는 적용되지 않는다(§ 344). 21

한편, 본죄에도 인질강요죄와 같은 석방 감경규정(§ 324의6)을 둘 필요가 있다는 입법론이 있다.[17] 22

〔함 석 천〕

17 오영근, 278.

第337條(강도상해, 치상)
강도가 사람을 상해하거나 상해에 이르게 한때에는 무기 또는 7년 이상의 징역에 처한다. 〈개정 1995. 12. 29.〉

Ⅰ. 의의와 보호법익 ······ 346
1. 의 의 ······ 346
2. 보호법익 ······ 347
Ⅱ. 구성요건 ······ 347
1. 주 체 ······ 347
2. 상해하거나 상해에 이르게 한 때 ······ 348
Ⅲ. 공범의 초과 범행에 따른 책임 범위 ······ 354
Ⅳ. 죄수 및 다른 죄와의 관계 ······ 356
1. 죄 수 ······ 356
2. 다른 죄와의 관계 ······ 357
Ⅴ. 처 벌 ······ 3573

Ⅰ. 의의와 보호법익

1. 의 의

1 강도가 사람을 상해하거나 상해에 이르게 한 때에 본죄[강도(상해·치상)죄]가 성립한다(§ 337). 강도는 형법에 등장하는 재산범죄 가운데 가장 강력한 폭력성을 요구하는 범죄이기 때문에, 다른 재산범죄에 비해 사람을 다치게 할 가능성이 크다는 점에서 마련된 가중 유형이다. 본죄는 결합범(강도상해죄) 또는 결과적 가중범(강도치상죄)의 형식에 의한 강도죄의 가중 구성요건으로 파악하는 것이 다수 학자의 견해이다.[1]

2 본죄는 그 법정형이 무기 또는 7년 이상의 징역이어서 법정형이 무거운 범죄이다. 형법이 정한 정상참작감경(§ 53)을 해도 징역형의 집행유예가 불가능한 범죄에 속한다. 살인죄의 법정형이 사형, 무기 또는 5년 이상의 징역으로 정해져 있는 점에 대비해서 그 법정형이 지나치게 무겁다는 비판이 나오기도 한다.

3 본죄는 법정형이 무거운 데다, 공동정범의 인정 폭이 넓어서 양형을 하기 어려운 범죄의 하나이기도 하다. 무겁게 처벌한다고 해서 언제나 일반예방 효과

1 김성돈, 형법각론(8판), 367; 김신규, 형법각론 강의(2판), 386; 손동권·김재윤, 새로운 형법각론, § 21/36; 이재상·장영민·강동범, 형법각론(13판), § 17/46; 정성근·정준섭, 형법강의 각론(2판), 238; 최호진, 형법각론, 419.

가 높아지거나 질서가 더 나아지는 것만은 아니다. 예전 러시아에서 절도범을 살인범과 마찬가지로 사형에 처하도록 했더니 절도 발각 후 증거 인멸을 위해 살인이 늘더라는 일화가 있다.[2] 우리가 잘 알고 있는 '법의 정신'에 나오는 일화다. 사건을 심리할 때마다 본죄가 살인죄의 법정형보다 무거운 상태가 균형이 맞는지 의문이 들고는 했다. 일반예방을 위해 처벌 강화가 능사가 아니라는 점을 학자나 법조인이나, 특히 입법자들은 마음에 잘 새겨야 할 지침이다.

2. 보호법익

본죄의 보호법익은 강도와 마찬가지로 재산권 보호와 신체의 완전성과 자유를 포함하는 인격권 보호다.[3] 다만 재산범죄가 절도에서 강도, 강도에서 강도상해·치상, 강도살인·치사로 구성요건이 가중되고 그에 따라 불법의 정도가 강해져 가면서, 보호법익은 재산권 보호에서 인격권 보호 쪽으로 무게 이동을 할 수밖에 없다. 이러한 고려는 죄수와 다른 범죄와의 관계를 논할 때에 의미를 가진다. 4

보호의 정도는 침해범이다.[4] 5

Ⅱ. 구성요건

1. 주 체

본죄의 주체는 강도다. 여기서 말하는 강도는 단순 강도(§ 333), 특수강도 6
(§ 334),[5] 준강도(§ 335),[6] 인질강도(§ 336)를 포함한다. 강도강간(§ 339), 해상강도상

2 The Spirit of Laws, Baron de Montesquieu(1914)(Thomas Nugent, translator, 2011), p. 90. 몬테스큐가 범죄와 처벌 사이의 균형을 논하면서 언급한 예이다(In Russia, where the punishment of robbery and murder is the same, they always murder. The dead, they say, tell no tales).

3 김신규, 386; 홍영기, 형법(총론과 각론), § 79/13(재산권 보호는 부차적).

4 김신규, 386; 주호노, 형법각론, 667.

5 대판 2012. 12. 27, 2012도12777. 「강도상해죄에 있어서의 강도는 형법 제334조 제1항 특수강도도 포함된다고 보아야 한다. 그런데 형법 제334조 제1항 특수강도죄는 '주거침입'이라는 요건을 포함하고 있으므로 형법 제334조 제1항 특수강도죄가 성립할 경우 '주거침입죄'는 별도로 처벌할 수 없고, 형법 제334조 제1항 특수강도에 의한 강도상해가 성립할 경우에도 별도로 '주거침입죄'를 처벌할 수 없다고 보아야 할 것이다.」

6 대판 1984. 1. 24, 83도3043. 「형법 제337조에서 말하는 강도중에는 형법 제333조의 죄를 범한

해·치상죄(§340②)는 범죄의 특수성을 고려해서 따로 규정을 두고 있다.

7 강도인 이상 강도가 미수인 상태에서 상해나 상해 결과에 이르게 된 때에는 본죄가 성립한다.[7] 본죄는 재산범죄로서의 성격을 가지지만, 그 보호법익은 재산권보다 인격권에 더 비중을 둘 수밖에 없기 때문이다.

8 강도예비·음모범은 본죄의 주체가 될 수 없다고 봐야 한다. 강도의 실행의 착수가 없기 때문이다. '강도'가 주체이기 때문에 그 해석상 적어도 실행의 착수가 있을 것을 요건으로 한다고 봐야 한다. 따라서 강도 예비·음모 단계에서 이를 저지하려는 사람을 때려 상해를 입힌 때에는 강도예비·음모죄와 상해죄의 실체적 경합이 될 뿐이다.

2. 상해하거나 상해에 이르게 한 때

(1) 상해의 의미

9 본죄에서의 상해는 피해자의 신체의 완전성을 훼손하거나 생리적 기능에 장애를 초래하는 것을 의미한다.[8]

10 판례는 폭행에 수반된 상처가 극히 경미한 것으로서 굳이 치료할 필요가 없어서 자연적으로 치유되며 일상생활을 하는 데 아무런 지장이 없는 경우에는 상해죄의 상해에 해당하지 않는다고 볼 수 있으나, 이는 폭행이 없어도 일상생활 중 통상 발생할 수 있는 상처와 같은 정도임을 전제로 하는 것이므로 그러한 정도를 넘는 상처가 폭행에 의하여 생긴 경우라면 상해에 해당한다고 보아야 하고, 피해자의 신체의 완전성을 훼손하거나 생리적 기능에 장애를 초래하였는지는 객관적·일률적으로 판단할 것이 아니라 피해자의 연령·성별·체격 등 신체상·정신상의 구체적 상태를 기준으로 판단하여야 한다고 보고 있다.[9]

11 이와 같은 기준에 따라 판례는, ① 피고인이 피해자와 같이 야간 근무를 하

강도뿐만 아니라 형법 제335조에 의하여 강도로서 논할 범인 즉 준강도 포함되는 것으로 해석할 것이므로 원심이 피고인에 대한 소론 준강도상해의 범죄사실을 형법 제337조의 강도상해죄로 의율처단한 조치는 정당하고, 거기에 소론과 같은 법리오해가 있다 할 수 없다.」

7 대판 1985. 10. 22, 85도2001; 대판 2010. 4. 29, 2010도1099.

8 대판 2003. 7. 1, 2003도2313. 「강도상해죄에 있어서의 상해는 피해자의 신체의 건강상태가 불량하게 변경되고 생활기능에 장애가 초래되는 것을 말한다.」

9 대판 2014. 4. 10, 2014도1726.

던 중 회사 주차장에 주차된 피해자의 자동차로 걸어가는 피해자를 보고 뒤따라가 오른손에 공업용 커터 칼을 들고 왼팔로 자동차 문을 여는 피해자의 목을 감아 바닥에 넘어뜨린 다음 피해자의 몸 위에 올라타 손으로 피해자의 팔과 머리를 누르고 소리를 지르는 피해자의 입안에 장갑을 낀 손을 집어넣어 반항하지 못하게 하고, 피해자의 비명소리를 듣고 온 회사 동료가 피고인을 밀쳐내자 피해자 옆에 떨어져 있던 피해자 소유의 휴대전화 1대를 가져간 사안에서, 사건 직후 피해자가 구급차로 응급실에 실려 가고, 병원에서 통증 호소를 했으며, 다양한 검사를 거쳐 14일간의 치료가 필요한 안면부 및 우슬관절 좌상 등의 진단이 나온 이상, 이런 장애는 폭행 없이도 일상생활에서 발생할 수 있는 신체 상태는 아니라고 보고, 상해를 인정하지 않았던 항소심 판결을 파기환송했다.[10]

그리고 ② 피해자가 범행 당일 우측 두부 타박으로 인한 피하출혈, 부종 및 찰과상, 두정부와 우측 발목 타박으로 부종과 동통 소견이 있어 약 2주일간의 치료를 요한다는 내용의 상해진단서를 발급받았고, 가해자가 범행 당시 주먹으로 머리를 1회 때리고 피해자의 발을 걸어 넘어뜨린 후 발로 가슴을 1회 걷어차 피해자가 위와 같은 상처를 입었다면, 이로 인해 피해자의 신체의 건강상태가 불량하게 변경되고 생활기능에 장애가 초래된 것이라고 볼 수 있어 강도상해죄를 구성하는 상해에 해당한다고 한 판례가 있다.[11] 12

본죄의 법정형이 무기 또는 7년 이상의 징역이다 보니, 실제 사건에서 상해 부분을 다투는 경우가 꽤 있다. 경미한 상해라고 해도 본죄에 해당할 수 있고, 이 경우 피해자의 처벌불원의사가 있어도 집행유예 선고가 불가능해지기 때문이다. 강도상해 사건에서 상해의 의의를 따질 때에는 구체적 타당성에 관한 고려가 있다는 점을 참고하며 사례를 분석할 필요가 있다. 13

그리고 한 가지 염두에 두어야 할 부분은 상해진단서에 관해서이다. 형사사건에서 상해의 증거로 상해진단서가 흔히 제출된다. 판례는 "형사사건에서 상해진단서는 피해자의 진술과 함께 피고인의 범죄사실을 증명하는 유력한 증거가 될 수 있지만, 상해 사실의 존재 및 인과관계 역시 합리적인 의심이 없는 정 14

10 대판 2018. 9. 13, 2018도4958. 대판 2014. 4. 10, 2014도1726 역시 상해를 인정하지 않은 항소심 판결을 파기환송한 사례였다.
11 대판 2002. 1. 11, 2001도5925.

도의 증명에 이르러야 인정할 수 있으므로, 상해진단서의 객관성과 신빙성을 의심할 만한 사정이 있는 때에는 증명력을 판단하는 데 매우 신중하여야 하고, 특히 상해진단서가 주로 통증이 있다는 피해자의 주관적인 호소 등에 의존하여 의학적인 가능성만으로 발급된 때에는 진단 일자 및 진단서 작성일자가 상해 발생 시점과 시간상으로 근접하고 상해진단서 발급 경위에 특별히 신빙성을 의심할 만한 사정은 없는지, 상해진단서에 기재된 상해 부위 및 정도가 피해자가 주장하는 상해의 원인 내지 경위와 일치하는지, 피해자가 호소하는 불편이 기왕에 존재하던 신체 이상과 무관한 새로운 원인으로 생겼다고 단정할 수 있는지, 의사가 상해진단서를 발급한 근거 등을 두루 살피는 외에도 피해자가 상해 사건 이후 진료를 받은 시점, 진료를 받게 된 동기와 경위, 그 이후의 진료 경과 등을 면밀히 살펴 논리와 경험법칙에 따라 증명력을 판단하여야 한다."라고 판시하여,[12] 증거가치 판단을 위한 기준을 제시한 바 있다.

15 한편 판례는, 강도상해죄에서 상해는 피해자의 신체의 건강상태가 불량하게 변경되고 생활 기능에 장애가 초래되는 것을 말하는 것으로서 피해자가 입은 상처가 극히 경미하여 굳이 치료할 필요가 없고 치료를 받지 않더라도 일상생활을 하는 데 아무런 지장이 없으며 시일이 경과함에 따라 자연적으로 치유될 수 있는 정도라면, 그로 인해 피해자의 신체의 건강상태가 불량하게 변경되었다거나 생활 기능에 장애가 초래된 것으로 보기 어려워 강도상해죄에서 말하는 상해에 해당하지 않는다고 보기도 했다.[13]

16 이 기준에 따라 대법원은, 피고인들이 피해자의 집에 들어가 피해자의 반항을 억압하고 강취한 신용카드의 비밀번호를 알아내는 과정에서 피해자를 수회 폭행해 피해자의 얼굴과 팔다리 부분에 멍이 생겼는데, 피해자는 간호사로서 사건 다음날 직장이 휴무였으므로 출근하지 않았고 그 다음 날부터는 정상 근무했으며, 상처로 인해 병원에서 치료를 받지도 않았고, 그 다음 날에는 몸 상태가 호전되어 진단서도 발급받지 않았던 사실에 근거해 상해를 부정한 항소심 판단을 유지하였다.[14]

---

12 대판 2016. 11. 25, 2016도15018; 대판 2017. 4. 7, 2017도1286.
13 대판 2003. 7. 11, 2003도2313; 대판 2004. 10. 28, 2004도4437.
14 대판 2003. 7. 11, 2003도2313.

(2) 고의와 예견가능성

강도상해죄가 성립하려면 상해에 대한 고의가 있어야 한다. 17

강도치상죄는 상해에 이르게 한 때에 성립하므로 고의는 그 요소가 아니다. 18
강도치상죄는 강도가 상해에 이르게 해야 하므로 강도와 상해의 결과 사이에 인과관계가 있어야 하고, 결과적 가중범이므로 제15조 제2항에 따라 예견가능성이 있어야 한다. 학설과 판례는 강도의 기회에 과실로 이루어진 상해의 결과에 대해서도 강도치상죄의 책임을 져야 한다고 보고 있다.[15]

학설[16]과 판례[17]는 상해가 강도의 기회에 발생한 것이면 본죄가 성립한다 19
고 보고 있다. 따라서 상해 또는 상해에 이르게 된 결과는 반드시 강도의 수단인 폭행·협박에 의해서만 발생한 것임을 요구하는 것은 아니다. 강도의 기회에 상해가 발생하면 본죄가 성립하므로, 반드시 강도가 기수에 이르기 전에 상해가 발생해야 하는 것도 아니다.

항을 나누어 '강도의 기회'에 상해가 발생한 것인지에 관한 사례를 본다. 20

(3) 강도의 기회

판례는 "형법 제337조의 강도상해죄는 강도 범인이 강도의 기회에 상해 행 21
위를 함으로써 성립하므로 강도 범행의 실행 중이거나 실행 직후 또는 실행의 범의를 포기한 직후로서 사회통념상 범죄행위가 완료되지 아니하였다고 볼 수 있는 단계에서 상해가 행하여짐을 요건으로 한다. 그러나 반드시 강도 범행의 수단으로 한 폭행에 의하여 상해를 입힐 것을 요하는 것은 아니고 상해 행위가 강도가 기수에 이르기 전에 행하여져야만 하는 것은 아니다."라는 기준을 제시했다.[18]

---

15 강도의 기회에 폭행의 고의도 없이 과실로 영아를 밟아 상처를 낸 경우에는 강도치상죄가 아니라 강도죄와 과실치상죄의 실체적 경합이 된다는 견해로는 김성돈, 367 참조. 다만 이 견해에서 든 사례는 폭행의 고의가 없다는 점에 방점을 두고 강도죄와 과실치상죄의 실체적 경합이 된다고 본 것이어서, 강도의 기회에 과실로 이루어진 상해의 결과에 대해서도 강도치상죄가 성립한다는 학설과 같은 태도로 보인다.

16 김성돈, 368; 김일수·서보학, 새로쓴 형법각론(9판), 277; 배종대, 형법각론(14판), § 65/4; 이재상·장영민·강동범, § 17/49; 이형국·김혜경, 형법각론(2판), 381; 정성근·정준섭, 239.

17 대판 1992. 4. 14, 92도408; 대판 2014. 9. 26, 2014도9567.

18 대판 2014. 9. 26, 2014도9567.

(가) 긍정 사례

22 이 기준에 따라 본죄를 인정한 사례를 본다.

23 ① 강취 현장에서 피고인의 발을 붙잡고 늘어지는 피해자를 30m쯤 끌고 가서 폭행을 가해 상해를 입힌 경우,[19] ② 피고인이 택시를 타고 가다가 운전사를 협박하여 요금 지급을 면할 목적으로 소지한 과도를 운전사인 피해자의 목 뒷부분에 겨누고 협박하자 이에 놀란 피해자가 택시를 급우회전하면서 그 충격으로 피고인이 겨누고 있던 과도에 피해자의 어깨 부분이 찔려 상처를 입은 경우[20]에, 모두 강도의 기회에 상해가 발생한 것으로 보았다.

24 그리고 ③ 피고인이 재물을 강취하고 피해자가 운전하는 자동차에 함께 타고 도주하다가 단속 경찰관이 뒤따라오자 피해자를 칼로 찔러 상해를 가한 사안에서, 강취와 상해 사이에 1시간 20분이라는 시간적 간격이 있었다고 해도 강도의 기회에 상해가 발생한 것으로 보았고,[21] ④ 피고인이 택시 승객을 가장하고 택시에 타 피해자인 택시 운전사에게 흉기인 회칼을 보이며 위협한 뒤 청색 테이프로 피해자의 손발을 묶고 피해자를 짐칸에 옮겨 태워 노끈으로 몸을 묶은 다음 4시간 정도 강릉에서 속초로 옮겨 다니며 강취한 피해자의 신용카드로 현금을 인출했는데, 피해자가 결박을 풀고 달아나자 흉기인 회칼을 들고 쫓아가 피해자의 어깨를 잡아당겨 넘어뜨리고, 피해자가 피고인이 손에 쥐고 있는 회칼의 칼날 부분을 잡자 회칼을 위쪽으로 잡아당겨 피해자에게 상해를 가한 경우, 강도의 기회에 상해를 입힌 것으로 판단했다.[22]

25 예견가능성에 대해 상세하게 판단한 사례로, ⑤ 피고인이 피해자와 도박을 하다 돈을 잃자 도박을 할 때부터 같이 있었던 일행 2명 외에 후배 3명을 동원하고 피고인 자신은 식칼까지 들고 피해자에게 돈을 빼앗으려고 한 점, 피해자는 이를 피하려고 도박을 하고 있던 집 안방 출입문을 잠그면서 출입문이 열리지 않도록 완강히 버티고 있었던 점, 피고인이 피해자에게 "이 새끼 죽여 버리겠다."라고 위협하면서 출입문 틈 사이로 식칼을 집어넣어 잠금장치를 풀려고

19 대판 1984. 6. 26, 84도970.
20 대판 1985. 1. 15, 84도2397.
21 대판 1992. 1. 21, 91도2727.
22 대판 2014. 9. 26, 2014도9567.

하고 발로 출입문을 수회 차서 결국 그 문을 열고 안방 안으로 들어왔으며, 칼을 든 피고인 외에도 그 문밖에 피고인의 일행 5명이 있어 그 문을 통해서는 밖으로 탈출하기가 불가능했던 점을 근거로, 피고인으로서는 피해자가 도박으로 차지한 돈을 강취당하지 않기 위해 반항하면서 경우에 따라서는 베란다의 외부로 통하는 창문을 통하여 주택 아래로 뛰어내리는 등 탈출을 시도할 가능성이 있고, 그러한 경우에는 피해자가 상해를 입을 수 있다고 예견하는 것도 가능하였다고 판단하고 강도치상죄를 인정한 사례가 있다.[23]

날치기와 관련한 사안으로, ⑥ 이른바 '날치기'와 같이 강제력을 사용하여 재물을 절취하는 행위가 때로는 피해자를 넘어뜨리거나 부상케 하는 경우가 있고, 그러한 결과가 피해자의 반항 억압을 목적으로 함이 없이 점유 탈취의 과정에서 우연히 가해진 경우라면 이는 강도가 아니라 절도에 불과하다고 보아야 할 것이지만, 그 강제력의 행사가 사회통념상 객관적으로 상대방의 반항을 억압하거나 항거 불능케 할 정도의 것이라면 이는 강도죄에서의 폭행에 해당하므로, 날치기 수법의 점유 탈취 과정에서 이를 알아채고 재물을 뺏기지 않으려는 피해자의 반항에 부딪혔음에도 계속해서 피해자를 끌고 가면서 억지로 재물을 빼앗은 행위는 절도죄와 상해죄의 경합범이 아닌 강도치상죄에 해당한다고 한 판례가 있다.[24] 26

처음에 강도의 고의 없이 폭행이 시작되었다고 해도 중간에 강도의 고의가 생기고 그 후 상해가 발생했다면 본죄가 성립한다. 27

판례를 보면, ⑦ 피고인이 강도의 범의 없이 공범들과 함께 피해자의 반항을 억압함에 충분한 정도로 피해자를 폭행하던 중 공범들이 피해자를 계속해서 폭행하는 사이에 피해자의 재물을 취거한 경우에는, 피고인 및 공범들의 폭행에 의한 반항 억압의 상태와 재물의 탈취가 시간적으로 극히 밀접하여 전체적·실질적으로 재물 탈취의 범의를 실현한 행위로 평가할 수 있다고 보았다.[25] 28

(나) 부정 사례

강도의 기회가 아니라고 부정한 사례를 본다. 29

---

23 대판 1996. 7. 12, 96도1142.
24 대판 2007. 12. 13, 2007도7601.
25 대판 2013. 12. 12, 2013도11899.

30 ① 절도 피해자가 잠을 자다가 이마를 맞고 잠이 깨어 비로소 맞은 것을 알았다고 진술할 뿐 피해자가 소리를 지르므로 피고인이 체포를 면탈하기 위해 피해자를 때린 것이라고 인정할 수 없다면, 피고인에게는 강도상해죄의 죄책을 지울 수 없다고 보았고,[26] ② 도주하는 강도를 체포하기 위해 위에서 덮쳐 오른손으로 목을 잡고, 왼손으로 앞부분을 잡는 순간 강도가 들고 있던 벽돌에 끼어 있는 철사에 찔려 부상을 입고, 도망하려는 공범을 뒤에서 양팔로 목을 감싸 잡고 내려오다 같이 넘어져 부상을 입은 경우라면, 이런 부상들은 피해자들의 적극적인 체포행위 과정에서 스스로 행위의 결과로 입은 상처일 뿐이어서 강도상해죄가 성립하지 않는다고 보았다.[27]

31 한편, ③ 주점 도우미인 피해자와 윤락행위 도중 시비 끝에 피해자를 이불로 덮어씌우고 폭행한 후 이불 속에 들어 있는 피해자를 두고 나가다가 탁자 위의 피해자 손가방 안에서 현금을 가져간 사안에서, 강도가 성립하지 않는다고 보았다.[28]

Ⅲ. 공범의 초과 범행에 따른 책임 범위

32 강도의 공동정범 중 누군가가 강도의 기회에 상해를 입히거나 상해에 이르게 한 때에 상해 결과의 원인이 된 폭력에 가담하지 않은 공범들의 죄책에 대한 논의가 필요하다.

33 강도의 공동정범 사이에는 강도의 수단인 폭행·협박에 대한 의사 연락이 있지만, 그 범위를 초과해 상해에 대한 고의의 공동까지 있다고 일반적으로 말할 수는 없으므로, 다른 공범의 상해에 대한 초과 범행에 대해 다른 가담자에게 고의범으로서의 강도상해죄의 공동정범은 인정할 수는 없다. 그러나 강도의 기회에 상해의 결과에 이른 이상 상해와 무관한 다른 가담자에 대해 결과적 가중범인 강도치상죄에 대한 공동정범을 인정할 것인지는 문제이다.

34 이에 대해, ① 상해에 대한 각자의 예견가능성을 가려 개별적으로 결과적

26 대판 1984. 6. 5, 84도460.
27 대판 1985. 7. 9, 85도1109.
28 대판 2009. 1. 30, 2008도10308(단순 강도 사례).

가중범으로서의 본죄의 책임 여부를 가려야 한다는 견해[29]와, ② 예견가능성을 전제로 본죄의 공동정범을 인정하자는 견해[30]가 있다.

35 강도의 공동정범 중 한 사람이 다른 공범이 범한 상해의 결과에 대해 예견가능성이 있다면 강도치상죄로 처벌해야 한다는 점에 차이가 없어, 학설은 사실상 죄책이라는 측면에서 결론에 차이는 없다. 하지만 이론적으로는 상해에 대한 각자의 예견가능성을 가려 개별적으로 결과적 가중범으로서의 본죄의 책임 여부를 가려야 한다는 위 ①의 견해가 타당하다고 생각한다.

36 판례는 학설에 비해 넓게 강도치상죄의 공동정범으로 책임을 묻는 것처럼 보인다. 판례를 살펴보면 예견가능성조차 묻지 않고 강도의 공동정범 모두에게 상해 결과에 대한 책임을 지우는 표현이 사용되기도 했다. 판례는 강도의 공범자 중의 1인이 강도의 기회에 피해자에게 폭행을 가하여 상해한 경우에, 다른 공범자도 재물 강취의 수단으로 폭행이 가하여질 것이라는 점에 관하여 상호 의사의 연락이 있었던 것이므로, 구체적으로 상해까지는 공모하지 않았다고 해도 폭행으로 생긴 결과에 대하여 공범으로서 책임을 져야 한다고 했다.[31]

37 사례를 보면, ① 피고인 甲과 乙이 합동하여 피해자의 가게 문을 열고 들어가 미리 갖고 있던 드라이버와 줄칼로 그곳에 있던 오토바이 50cc 1대의 자물쇠를 열고 끌고 나오다 피해자에게 발각되자 피고인 甲이 체포를 면탈할 목적으로 피해자의 얼굴을 주먹으로 2번 때려 1주간 치료가 필요한 상해를 입힌 사안에서, 피고인 乙이 이를 예기하지 못한 것으로는 볼 수 없다고 하여 피고인들에 대해 강도상해죄의 죄책을 인정한 사례,[32] ② 피고인 甲과 공범인 피고인 乙이 피해자가 신문지에 싸서 들고 가는 현금 500만 원을 빼앗아 달아나려다 체포를 면탈할 목적으로 자기의 멱살을 잡은 피해자의 얼굴을 주먹으로 때리고 뒤로 밀어 넘어뜨려 상해를 가한 사안에서, 이러한 폭행은 피해자의 반항을 억압하기 위한 수단으로써 일반적·객관적으로 가능하다고 인정되는 정도이므로, 이와 같은 공범의 폭행치상행위는 절도 범행을 공모한 피고인 甲도 충분히 예

29 오영근, 형법각론(4판), 282; 임웅, 형법각론(9정판), 386. 단독정범설로 불리기도 한다.
30 김성돈, 369; 이재상·장영민·장동범, § 17/50. 공동정범설로 불리기도 한다.
31 대판 1988. 12. 13, 88도1844; 대판 1990. 10. 12, 90도1887; 대판 1990. 12. 26, 90도2362; 대판 1998. 4. 14, 98도356.
32 대판 1972. 1. 31, 71도2073.

견할 수 있었던 행위와 결과였다 할 것이어서, 피고인 甲의 공범이 절도 범행을 공모하면서 폭행행위를 할 것까지 공모한 바가 없고, 또 피고인 甲이 공범의 폭행행위에 직접 가담하지 않았어도 피고인 역시 강도치상의 죄책을 면할 수 없다고 한 사례[33]가 있다.

38 본죄의 법정형 가운데 징역형은 살인죄보다 그 하한이 높다. 따라서 강도치상의 책임을 논할 때에 신중해야 하는데, 판례는 그간 결과적 가중범인 강도치상죄에 관한 예견가능성을 지나치게 넓게 인정해 온 경향이 있다. 공범 각자의 예견가능성을 묻지 않고 강도치상죄의 책임을 묻고 있는 인상마저 준다. 이런 태도는 행위책임의 원칙, 그리고 범죄와 형벌 사이의 균형이라는 관점에서 다시 생각해 봐야 한다. 판례는 학설에 따라 상해에 대한 각자의 예견가능성을 또박또박 물어서 각자의 행위에 따른 책임만 지도록 기준을 수정해 나가야 한다.

Ⅳ. 죄수 및 다른 죄와의 관계

1. 죄 수

39 본죄는 재산범죄이기도 하지만, 신체의 완전성이라는 전속적 법익을 침해하는 범죄이고, 높은 가중처벌 사유가 재산보다는 신체에 관한 보호법익에 있다. 따라서 폭행행위로 여러 사람에게 상해를 가한 때에는 상해 피해자만큼의 강도상해죄가 성립한다. 폭행이 하나의 행위로 이루어졌다면 상상적 경합, 수개의 행위로 이루어졌다면 실체적 경합이 된다.

40 판례 역시, 강도가 1개의 강도 범행을 하는 기회에 수명의 피해자에게 폭행을 가해 각각에게 상해를 입힌 경우에, 피해자별로 수개의 강도상해죄가 성립하며 이들은 실체적 경합범의 관계에 있다고 하면서,[34] 법원이 동일한 범죄사실을 가지고 포괄일죄로 보지 않고 실체적 경합관계에 있는 수죄로 인정했다고 해도 이는 다만 죄수에 관한 법률적 평가를 달리한 것에 불과할 뿐이지 소추대상인 공소사실과 다른 사실을 인정한 것도 아니고, 또 피고인의 방어권 행사에 실질

33 대판 1985. 11. 12, 85도2115.
34 대판 1987. 5. 26, 87도527.

적으로 불이익을 초래할 우려도 없으므로 불고불리의 원칙에 위반되는 것이 아니라고 판단했다.[35]

2. 다른 죄와의 관계

(1) 절도죄 및 강도죄와의 관계

강도치상행위에 앞서서 그 범행과 같은 기회에 동일한 재물 탈취의 범의를 가지고 행한 1개 또는 수개의 절도행위가 행해진 경우, 전체를 포괄하여 1개의 강도치상죄가 성립한다.[36] 그리고 피고인이 재물을 절취한 후 체포를 면탈할 목적으로 피해자에게 폭행을 가하여 다시 재물을 강취하고 그 폭행으로 상해를 가한 때에도, 포괄적으로 1개의 강도치상죄가 성립한다. 41

(2) 폭행죄 및 상해죄와의 관계

피해자를 폭행하여 상해를 가한 사람이 그 후 새로이 강취의 범의로 재물을 강취한 경우, 강도상해죄가 아니라 상해죄와 강도죄의 실체적 경합이 된다. 이와는 달리 동일한 기회에 먼저 폭행을 가하고 이어서 강도의 범의가 생겨 계속 폭행을 하였는데, 전후에 걸친 폭행으로 또는 후의 강도행위로 상해의 결과가 발생한 때는, 강도치상죄만이 성립한다.[37] 42

(3) 공무집행방해죄와의 관계

절도범인이 체포를 면탈할 목적으로 경찰관을 폭행·협박하여 상해를 가한 때에는 본죄와 공무집행방해죄(§ 136①)를 구성하고 두 죄는 상상적 경합관계에 있으나, 강도범인이 체포를 면탈할 목적으로 경찰관을 폭행하여 상해를 가한 때에는 본죄와 공무집행방해죄는 실체적 경합관계이다.[38] 43

V. 처 벌

무기 또는 7년 이상의 징역에 처한다. 44

---

35 대판 1987. 5. 26, 87도527; 대판 1991. 6. 25, 91도643. 위 87도527 판결 해설은 이창구, "강도상해죄의 죄수", 해설 7, 법원행정처(1988), 489-497.

36 주석형법 〔각칙(5)〕(5판), 538(김경선).

37 주석형법 〔각칙(5)〕(5판), 538(김경선).

38 대판 1992. 7. 28, 92도917 참조.

45 본죄를 범하여 유기징역에 처할 경우에는 10년 이하의 자격정지를 병과할 수 있다(§ 344).

46 강도상해죄의 미수범은 처벌한다(§ 342).

〔함 석 천〕

第338조(강도살인·치사)

강도가 사람을 살해한 때에는 사형 또는 무기징역에 처한다. 사망에 이르게 한 때에는 무기 또는 10년 이상의 징역에 처한다.

[전문개정 1995. 12. 29.]

Ⅰ. 의의와 보호법익 ······ 359
1. 의 의 ······ 359
2. 보호법익 ······ 359
Ⅱ. 구성요건 ······ 360
1. 주 체 ······ 360
2. 살인과 사망에 이르게 한 때 ······ 360
3. 주관적 구성요건 ······ 362
Ⅲ. 공범의 초과 범행에 따른 책임 범위 ······ 364
Ⅳ. 죄수 및 다른 죄와의 관계 ······ 366
1. 죄 수 ······ 366
2. 다른 죄와의 관계 ······ 367
Ⅴ. 처 벌 ······ 367

Ⅰ. 의의와 보호법익

1. 의 의

강도가 사람을 살해한 때에 강도살인죄가 성립하고, 강도가 사람을 사망에 이르게 한 때에 강도치사죄가 성립한다. 강도상해죄와 강도치상죄에 동일한 법정형이 규정되어 있는 것(§ 337)과 달리, 강도살인죄와 강도치사죄는 강도가 사람을 살해한 때에는 사형 또는 무기징역, 사망에 이르게 한 때에는 무기 또는 10년 이상의 징역으로 그 법정형을 달리 정하고 있다. 1

1995년 12월 29일 형법 개정 전에는 강도가 사람을 살해하거나 치사한 때에는 사형 또는 무기징역에 처한다고 규정하고 있었다. 그러나 강도가 고의로 사람을 살해한 경우와 결과적 가중범으로 사망에 이른 때를 같이 평가하는 것은 책임주의에 어긋난다는 목소리가 있었다. 그에 따라 1995년 본죄[강도(살인·치사)죄] 가운데 강도치사죄의 법정형을 조정하는 개정을 한 것이다. 2

2. 보호법익

본죄의 주된 보호법익은 사람의 생명이다.[1] 강도죄와 달리 본죄에서 재산 3

1 정성근·정준섭, 형법강의 각론(2판), 240.

권은 부차적인 보호법익으로 봐야 한다.[2] 보호법익에 관한 이 같은 고려는 다른 범죄와의 관계, 죄수 결정에 고려해야 할 사항이다.

4 보호의 정도는 침해범이다.

II. 구성요건

1. 주 체

5 본죄의 주체는 강도다. 여기서 말하는 강도는 단순 강도(§ 333), 특수강도(§ 334), 준강도(§ 335),[3] 인질강도(§ 336)를 포함한다. 해상강도의 살인·치사죄(§ 340③)는 범죄의 특수성을 고려해서 따로 규정을 두고 있다.

6 강도의 실행에 착수한 이상 그 기수·미수 여부는 묻지 않는다.[4]

2. 살인과 사망에 이르게 한 때

(1) 살인의 고의와 사망에 대한 예견가능성

7 강도살인죄는 강도와 살인의 결합범이다. 따라서 강도가 살인의 고의를 가지고 있어야 한다.[5] 살인의 고의 없이 폭행의 고의 또는 상해의 고의만 가지고 있었는데 사망에 이르게 된 때에는 강도치사죄가 성립한다.

8 강도치사죄는 결과적 가중범이고,[6] 진정결과적 가중범에 해당한다. 예견가능성이 있어야 강도치사죄가 성립한다.

(2) 강도의 기회

9 사망 또는 사망의 결과는 강도의 기회에, 강도와 시간적·장소적 근접성을 가진 상태에서 이루어져야 한다.

---

2 임웅, 형법각론(11정판), 396; 홍영기, 형법(총론과 각론), § 79/13.

3 대판 1987. 9. 22, 87도1592. 「강도살인죄(형법 제338조)의 주체인 강도는 준강도죄(형법 제335조)의 강도범인을 포함한다고 할 것이어서 절도가 체포를 면탈할 목적으로 사람을살해한 때에는 강도살인죄가 성립한다 할 것이다.」

4 김성돈, 형법각론(8판), 370; 김일수·서보학, 새로쓴 형법각론(9판), 279; 배종대, 형법각론(14판), § 65/4; 오영근, 형법각론(7판), 291·295; 이재상·장영민·강동범, 형법각론(13판), § 17/53; 임웅, 392·396.

5 대판 1991. 11. 12, 91도2156.

6 대판 1987. 9. 8, 87도1458; 대판 1991. 11. 12, 91도2156.

판례는 강도살인죄는 강도 범인이 강도의 기회에 살인행위를 함으로써 성립하는 것이므로, 강도 범행의 실행 중이거나 그 실행 직후 또는 실행의 범의를 포기한 직후로서 사회통념상 범죄행위가 완료되지 않았다고 볼 수 있는 단계에서 살인이 행하여져야 한다고 했다.[7] 10

위 기준에 따라 판례는, 피고인의 강도 범행 직후 신고를 받고 출동한 경찰관 A, B는 범행 현장에서 약 150m 지점에서 화물차를 타고 도주하는 피고인을 발견하고 순찰차로 추적하여 격투 끝에 피고인을 붙잡았으나, 피고인이 너무 힘이 세고 반항이 심해 수갑도 채우지 못한 채 피고인을 순찰차에 억지로 밀어 넣고서 파출소로 연행하려고 했는데, 그 순간 피고인이 체포를 면하기 위해 과도로 옆에 앉아 있던 경찰관 A를 찔러 사망하게 한 경우, 피고인의 살인행위는 강도 행위와 시간상·거리상 극히 근접하여 사회통념상 범죄행위가 완료되지 않은 상태에서 이루어진 것으로 강도살인죄가 성립한다고 보았다.[8] 11

이에 비해, 피고인이 피해자 소유의 돈과 신용카드에 대해 불법영득의 의사를 갖게 된 것은 살해 후 상당한 시간이 지난 후로서 살인의 범죄행위가 이미 완료된 후의 일로 보이므로, 살해 후 상당한 시간이 지난 후에 별도의 범의에 터 잡아 이루어진 재물 취거행위를 그보다 앞선 살인행위와 합쳐서 강도살인죄로 처단할 수는 없다고 한 사례[9]가 있다.[10] 12

---

7 대판 1996. 7. 12, 96도1108.

8 대판 1996. 7. 12, 96도1108.

9 대판 2004. 6. 24, 2004도1098. 「피고인은 살해 직후 피해자가 운전하고 온 차량의 적재함에 피해자의 시체를 싣고 보니 마침 그 상의 조끼에 지갑이 있는 것을 발견하고, 장차 시체가 발견될 때 피해자의 신원이 밝혀지는 게 두려워 이를 숨기기 위하여 지갑을 꺼내 그 차량의 사물함에 통째로 넣어두었다가(따라서 이 때까지는 피고인에게 지갑 속의 재물에 대한 불법영득의 의사를 인정하기 어렵다), 그로부터 15시간 가량 지난 후인 그 다음날 10:00경 범행현장에 다시 왔을 때 지갑 속에 들어 있던 돈과 피해자의 바지주머니에 별도로 들어 있던 10만 원 가량의 돈을 꺼냈다가, 지갑 속의 돈은 피에 젖어 사용할 수 없을 것으로 생각하여 며칠 후 월악산 계곡에다 지갑째로 버리고, 다만 바지주머니에서 꺼낸 돈을 유류대금과 담배값 등으로 사용하였음을 알 수 있다. 강도살인죄는 강도범인이 강도의 기회에 살인행위를 함으로써 성립하는 것이므로, 강도범행의 실행 중이거나 그 실행 직후 또는 실행의 범의를 포기한 직후로서 사회통념상 범죄행위가 완료되지 아니하였다고 볼 수 있는 단계에서 살인이 행하여짐을 요건으로 하는데, 피고인이 피해자 소유의 돈과 신용카드에 대하여 불법영득의 의사를 갖게 된 것은 살해 후 상당한 시간이 지난 후로서 살인의 범죄행위가 이미 완료된 후의 일로 보이므로, 살해 후 상당한 시간이 지난 후에 별도의 범의에 터잡아 이루어진 재물 취거행위를 그보다 앞선 살인행위와 합쳐서 강도살인죄로 처단할 수는 없다.」

10 절도에 관한 판례 중에, 피고인이 피해자를 살해한 방에서 사망한 피해자 곁에 4시간 30분쯤 있

(3) 미수와 기수

13 강도살인죄의 미수범은 처벌한다(§342).

14 강도살인죄의 미수와 기수는 강도의 미수·기수가 아닌 살인죄의 미수·기수에 따라 결정한다.[11] 강도살인죄는 강도와 살인의 결합범으로 강도보다 살인이 무거운 죄이고, 주된 보호법익 역시 사람의 생명이므로, 살인죄의 미수·기수가 강도살인죄의 기수를 결정하는 기준이 된다.

15 강도치사죄는 결과적 가중범으로 사망의 결과가 나타난 상태이므로 따로 미수를 논할 수는 없고,[12] 강도가 미수이든 기수이든 강도의 기회에 사람을 사망에 이르게 한 때에는 강도치사죄가 성립한다.

3. 주관적 구성요건

16 강도살인죄가 성립하려면 살인에 대한 고의가 있어야 한다.

17 판례는 강도살인죄에서 살인의 범의는 반드시 살해의 목적이나 계획적인 살해의 의도가 있어야 인정되는 것은 아니고, 자기의 행위로 인하여 타인의 사망의 결과를 발생시킬 만한 가능 또는 위험이 있음을 인식하거나 예견하면 족한 것이고, 그 인식이나 예견은 확정적인 것은 물론, 불확정적인 것이라도 미필적 고의로 인정되는 것으로, 피고인이 범행 당시 살인의 범의는 없었고 단지 상해 또는 폭행의 범의만 있었을 뿐이라고 다투는 경우에 피고인에게 범행 당시 살인의 범의가 있었는지 여부는 피고인이 범행에 이르게 된 경위, 범행의 동기, 준비된 흉기의 유무·종류·용법, 공격의 부위와 반복성, 사망의 결과 발생 가능성 정도 등 범행 전후의 객관적인 사정을 종합하여 판단할 수밖에 없다고 했다.[13]

18 본죄의 주체는 강도이므로, 강도의 주관적 구성요건인 고의와 불법영득의

다가 그곳 피해자의 자취방 벽에 걸려있던 피해자의 물건을 가져간 사안에서, 피해자의 생전 점유를 인정해 사망 후에도 여전히 계속되는 것으로 보아 점유이탈물횡령이 아닌 절도죄를 인정한 사례가 있다[대판 1993. 9. 28, 93도2143. 본 판결 평석은 최철환, "사자의 점유 및 사자명의의 문서", 형사판례연구 [3], 한국형사판례연구회, 박영사(1995), 185-200]. 절도를 인정한 이 판결에 대해서는 반대하는 견해가 많다[**절도(§329)** 해당 부분 참조].

11 김성돈, 370-371; 김신규, 형법각론 강의, 389; 김일수·서보학, 281; 배종대, §65/9; 오영근, 297; 이재상·장영민·강동범, §17/55; 정성근·정준섭, 241.

12 김성돈, 371; 김신규, 389; 김일수·서보학, 281; 배종대, §65/9; 오영근, 293, 297; 정성근·정준섭, 241.

13 대판 2002. 2. 8, 2001도6425.

의사가 필요하다. 재물을 강취하기 위해, 또는 택시 요금을 면탈하기 위해 살인을 한 때에 강도살인죄가 성립한다.

이와 관련해 판례는 강도살인죄가 성립하려면 먼저 강도죄의 성립이 인정되어야 하고, 강도죄가 성립하려면 불법영득 또는 불법이득의 의사가 있어야 하며, 제333조 후단의 강제이득죄의 성립요건인 '재산상 이익의 취득'을 인정하려면 재산상 이익이 사실상 피해자에 대하여 불이익하게 범인 또는 제3자 앞으로 이전되었다고 볼 만한 상태가 이루어져야 하는데, 채무의 존재가 명백할 뿐만 아니라 채권자의 상속인이 존재하고 그 상속인에게 채권의 존재를 확인할 방법이 확보되어 있는 경우에는, 비록 그 채무를 면탈할 의사로 채권자를 살해하더라도 일시적으로 채권자 측의 추급을 면한 것에 불과하여 재산상 이익의 지배가 채권자 측으로부터 범인 앞으로 이전되었다고 보기는 어려우므로, 이러한 경우에는 강도살인죄가 성립할 수 없다고 보아야 한다고 기준을 제시했다.[14] 19

위 기준에 따라 대법원은, 피고인이 피해자와 채무 변제기의 유예 여부 등을 놓고 언쟁을 벌이다가 마침 바닥에 떨어져 있던 망치로 피해자의 뒷머리 부분을 수회 때리는 등의 방법으로 피해자를 살해한 사안에서, 피해자와 피고인 사이에 언쟁이 일어난 원인과 범행 경위에 비추어 피고인이 자신의 차용금 채무를 면탈할 목적으로 피해자를 살해한 것이라고 단정하기 어렵고, 오히려 그보다는 피고인의 주장처럼 피해자가 피고인의 변제기 유예 요청을 거부하면서 피고인을 심히 모욕하는 바람에 격분을 일으켜 억제하지 못하고 살해의 범행에 이르렀다고 보는 것이 타당할 뿐 아니라, 피고인과 피해자 사이에 차용증서가 작성되지는 않았지만 피해자의 그 상속인 중 한 사람인 피해자의 처가 피해자로부터 전해 들어 이미 피고인에 대한 대여금 채권의 존재를 알고 있었던 것으로 보이므로, 피고인이 그 차용금 채무를 면탈할 목적으로 피해자를 살해했다고 해도 이 경우에는 일시적으로 피해자 측의 추급을 면한 것에 불과할 것이어서, 이러한 사정만으로 곧바로 강도살인죄가 성립한다고 볼 수는 없다고 판단했다.[15] 20

14 대판 2004. 6. 24, 2004도1098. 본 판결 평석은 한상훈, "채무면탈 목적의 채권자 살해와 강도살인죄", 형법판례 150선(3판), 한국형사판례연구회, 박영사(2021), 238-239.

15 대판 2004. 6. 24, 2004도1098.

Ⅲ. 공범의 초과 범행에 따른 책임 범위

21 강도의 공동정범 중 누군가가 강도의 기회에 살인을 하거나 사람을 사망에 이르게 한 때에 그 결과의 원인이 된 행위에 가담하지 않은 공범들의 죄책은 어떤가? 강도살인죄는 강도죄와 고의범인 살인죄의 결합범이므로 강도를 공모한 외에 살인을 공모하지 않은 이상에는 다른 가담자를 강도살인죄로 처벌할 수는 없다. 하지만 이런 때라도 강도의 기회에 사람이 사망하는 결과에 이르렀다고 보아 강도치사죄의 공범으로 처벌할 수 있는지에 대해서는 논의가 필요하다.

22 이에 대해 강도상해 · 치상죄에서 살펴본 바와 같이, ① 사망에 대한 각자의 예견가능성을 가려 개별적으로 결과적 가중범으로서의 강도치사죄의 책임 여부를 가려야 한다는 견해와, ② 예견가능성을 전제로 강도치사죄의 공동정범을 인정해야 한다는 견해 상정이 가능하다. 강도상해 · 치상죄에서 살펴본 바와 같이, 강도의 공동정범 중 한 사람이 다른 공범이 범한 중한 결과에 대해 예견가능성이 있었다면 강도치사죄로 처벌해야 한다는 점에 차이가 없어, 학설은 사실상 죄책이라는 측면에서 결론에 차이는 없다. 이 역시 사망 결과에 대한 각자의 예견가능성을 가려 개별적으로 결과적 가중범으로서의 강도치사죄의 책임 여부를 가려야 한다는 견해가 타당하다.

23 판례는 강도살인죄는 고의범이고 강도치사죄는 결과적 가중범으로서 살인의 고의까지 요하는 것이 아니므로, 수인이 합동하여 강도를 한 경우, 그중 1인이 사람을 살해하는 행위를 하였다면 그 범인은 강도살인죄의 기수 또는 미수의 죄책을 지는 것이고, 다른 공범자도 살해행위에 관한 고의의 공동이 있었으면 그 또한 강도살인죄의 기수 또는 미수의 죄책을 지는 것이 당연하다 하겠으나, 고의의 공동이 없었으면 피해자가 사망한 경우에는 강도치사의, 강도살인이 미수에 그치고 피해자가 상해만 입은 경우에는 강도상해 또는 치상의, 피해자가 아무런 상해를 입지 아니한 경우에는 강도의 죄책만 진다고 보아야 한다고 기준을 제시했다.[16] 판례는 강도치사죄에 관해, 강도치사죄는 결과적 가중범으로

16 대판 1991. 11. 12, 91도2156. 본 판결 평석 및 해설은 박상기, "결과적 가중범의 공동정범", 형사판례연구 〔1〕, 한국형사판례연구회, 박영사(1993), 83-94; 홍성무, "강도살인죄와 공동정범", 해설 16, 법원행정처(1992), 731-741.

서 살인의 고의까지 요하는 것이 아니므로 피고인이 강도의 기회에 사람을 죽음에 이르게 한 이상 강도치사죄의 죄책을 면할 수 없다고 하여, 강도상해·치상죄에서와 마찬가지로 강도치사죄를 넓게 인정하는 추세이다.

본죄의 성립을 긍정한 사례를 본다. 24

① 피고인 甲, 丙은 저수지에서 피고인 乙 및 다른 공범에 대해 전날 사전 25
답사를 해둔 바 있는 회사 사무실에 들어가 금품을 강취해 오자고 제의하여 그들의 동의를 얻고, 금고를 강취하는 과정에서 피고인 丙이 쇠파이프로 피해자 B를 강타하여 살해한 사안에서, 피고인들이 사전에 금품 강취 범행을 모의하고, 전원이 범행 현장에 임하여 각자 범죄의 실행을 분담하였으며, 그 과정에 피고인 乙을 제외한 나머지 3명이 모두 과도 또는 쇠파이프 등을 휴대하였고 쇠파이프를 휴대한 피고인 丙이 피해자 A를 감시했던 상황에 비추어, 피고인 丙이 피해자 B를 강타, 살해하리라는 점에 관하여 나머지 두 피고인들도 예기할 수 없었다고는 보이지 않으므로 피고인들을 모두 강도살인죄의 정범으로 본 사례,[17] ② 피고인이 공범과 함께 피해자 A의 금품을 강취하기로 공모하고, 피고인은 길이 약 33cm의 식칼을, 공범은 길이 약 80cm의 각목을 들고 피고인이 피해자 집 방안에서 피해자 소유의 잠바를 꺼내는데, 피해자 A의 처인 피해자 B가 잠에서 깨어나 "도둑이야."라고 소리치자 공범은 각목으로 피해자 B의 얼굴과 가슴 부위를 1회씩 때려 상해를 가하고, 이어서 잠이 깬 피해자 A가 저울대를 들고 나와 도주하는 피고인과 공범을 뒤쫓으며 그곳에서 약 130m 떨어진 다리 위에 이르러 저울대로 피고인의 머리와 공범의 머리를 1회씩 때리자, 공범이 소지하고 있던 종류 및 길이 미상의 칼로 피해자 A의 좌측 가슴을 1회 찔러 사망에 이르게 한 경우, 피고인에게 강도치사죄가 성립한다고 한 사례가 있다.[18]

공범의 강도치사죄 성립을 부정하는 취지의 판단을 한 사례로는, 피고인이 26
공범과 공모하여 유흥비 마련을 위해 술에 취한 사람을 상대로 금품을 강취하기로 계획하고, 승용차를 빌려 운전하고 가다가 술에 취한 피해자를 집까지 데려다주겠다고 승용차에 태워 가다가 폭행과 협박을 한 후 금품을 강취하고, 계속해서 피해자를 주먹과 발로 때리며 승용차 밖으로 끌어낸 다음, 경찰관서에

17 대판 1984. 2. 28, 83도3162.
18 대판 1988. 9. 13, 88도1046.

신고하지 못하도록 하기 위해 공범은 부근에 있는 길이 1m 정도의 각목으로 피해자의 다리를 수회 때리고 사람 머리 크기의 돌멩이를 집어 들어 피해자의 등을 때리고, 또 뒤통수를 때려 머리에 피를 흘리며 쓰러지게 하여 그 자리에서 피해자를 죽게 하여 살해했는데, 피고인이 공범과 공모하여 강도의 범행을 했지만, 피고인이 살해행위에 가담했다고 인정할 증거는 없다고 하면서, 강도살인죄가 아닌 강도치사죄 성립이 가능한지 더 살펴보도록 항소심 판결을 파기환송한 사례가 있다.[19]

27 위 사례에서 알 수 있듯이, 판례는 강도치사죄에서도 강도상해·치상죄와 같은 정도로 '강도의 기회'라는 기준을 완화해서 판단하는 인상을 받는다. 다만, 사례마다 살인에 대한 인식 또는 치사에 대한 예견가능성을 신중하게 판단하는 모습은 확인할 수 있다. 강도상해·치상죄 부분에서 지적했듯이, 강도치사죄 역시 법정형이 무척 무거운 중범죄이므로, 강도의 공동정범마다 각자의 예견가능성을 개별적·구체적으로 판단해서 각자의 행위에 따른 책임만 지도록 유념할 필요가 있다.

Ⅳ. 죄수 및 다른 죄와의 관계

1. 죄 수

28 재물의 강취의사를 가지고 사람을 살해한 후 재물을 탈취한 때에는 강취행위가 살인의 전후에 있었는지 묻지 않고 강도살인죄가 성립한다.[20]

29 본죄는 사람의 생명이라는 가장 높은 수준의 법익을 침해하는 범죄이므로, 살인 또는 사망에 이른 피해자의 수에 따라 죄의 수가 결정된다.

---

19 대판 1991. 11. 12, 91도2156.

20 독일에서도 재물을 탈취하기 위해 점유자를 살해한 경우도 폭행에 해당되는 것으로 이해되고, 사례를 보면, 점유의 취득이 살해 후에 이루어지더라도 강도(살인)〔사망의 결과를 수반하는 강도(독형 § 251)〕의 죄책이 인정된다(BGH, 17.10.2002 - 3 StR 249/02). 판결례를 보면, 그와 같은 경우에 강도(살인)죄는 중(重)살인(Mord)(독형 § 211)과 상상적 경합의 관계에 있는 것으로 본다(BGH, 20.10.1992 - GSSt 1/92).

2. 다른 죄와의 관계

(1) 강도살인·치사죄와 다른 범죄의 죄수가 문제되었던 사례를 보면, 강도가 재물을 강취한 후 피해자를 살해할 목적으로 현주건조물에 방화하여 사망에 이르게 한 경우, 강도살인죄와 현주건조물방화치사죄(§ 164② 2문)에 모두 해당하고 그 두 죄는 상상적 경합범 관계에 있다.[21] 30

(2) 강도살인의 목적으로 사람을 살해한 사람이 그 살해의 목적을 수행하면서 사후 시체의 발견을 불가능 또는 심히 곤란하게 하려는 의사로 인적이 드문 장소로 피해자를 유인하거나 실신한 피해자를 끌고 가서 그곳에서 살해하고 시체를 그대로 둔 채 도주한 경우에는, 비록 결과적으로 시체의 발견이 현저하게 곤란을 받게 되는 사정이 있다고 해도 별도로 시체은닉죄(§ 161①)가 성립되지 않는다고 한 사례가 있다.[22] 31

V. 처 벌

강도살인죄는 사형 또는 무기징역에 처하고, 강도치사죄는 무기 또는 10년 이상의 징역에 처한다. 32

본죄를 범하여 유기징역에 처할 경우에는 10년 이하의 자격정지를 병과할 수 있다(§ 344). 33

강도살인죄의 미수범은 처벌한다(§ 342). 34

〔함 석 천〕

21 대판 1998. 12. 8, 98도3416.
22 대판 1986. 6. 24, 86도891.

第339条(강도강간)

강도가 사람을 강간한 때에는 무기 또는 10년 이상의 징역에 처한다. 〈개정 2012. 12. 18.〉

Ⅰ. 의의와 보호법익 ······ 368
Ⅱ. 구성요건 ······ 369
 1. 주 체 ······ 369
 2. 강 간 ······ 369
 3. 주관적 구성요건 ······ 370
 4. 미 수 ······ 371
Ⅲ. 공범의 성립 범위 ······ 371
Ⅳ. 죄수 및 다른 죄와의 관계 ······ 371
 1. 죄 수 ······ 371
 2. 다른 죄와의 관계 ······ 372
Ⅴ. 처 벌 ······ 373
Ⅵ. 특별법 ······ 373
 1. 성폭력범죄의 처벌 등에 관한 특례법 ······ 373
 2. 누범 가중 ······ 374

Ⅰ. 의의와 보호법익

1 본죄(강도강간죄)는 강도가 사람을 강간한 때에 성립한다(§ 339).

2 2012년 12월 18일 형법 개정에 따라 성범죄의 객체가 부녀에서 사람으로 확대되면서(§ 297), 본죄의 객체도 부녀에서 사람으로 변경되었다. 본죄는 강도죄와 강간죄의 결합범이다.[1]

3 반항을 억압할 정도의 폭행·협박을 하고 그러한 상태에서 사람을 강간까지 하는 행위를 가중처벌하기 위해 마련된 범죄로, 그 보호법익에 재산권도 포함되지만, 이보다 신체의 자유와 성적 자기결정권이 더 중요한 법익으로 작용한다.[2]

4 보호법익의 보호의 정도는 침해범이다.[3]

---

1 김성돈, 형법각론(8판), 373; 김신규, 형법각론 강의, 390; 김일수·서보학, 새로쓴 형법각론(9판), 281; 박찬걸, 형법각론(2판), 438; 배종대, 형법각론(14판), § 65/14; 오영근, 형법각론(7판), 291, 298; 이재상·장영민·강동범, 형법각론(13판), § 17/57; 이형국·김혜경, 형법각론(2판), 384; 임웅, 형법각론(11정판), 399; 정웅석·최창호, 형법각론, 591; 주호노, 형법각론, 682; 최호진, 형법각론, 428; 홍영기, 형법(총론과 각론), § 79/20.

2 김성돈, 373(재산, 신체의 완전성 또는 의사결정의 자유, 성적 자기결정의 자유); 오영근, 298(재산과 사람의 성적 의사결정의 자유); 이형국·김혜경, 384-385(재산권, 의사결정과 활동의 자유와 성적 자기결정의 자유); 정웅석·최창호, 591(재산 및 사람의 성적 결정의 자유); 홍영기, § 79/20 (재산권과 성적 자결권).

3 오영근, 298; 정웅석·최창호, 591.

Ⅱ. 구성요건

1. 주 체

본죄의 주체는 강도다. 강도는 단순 강도(§ 333), 특수강도(§ 334), 준강도(§ 335), 인질강도(§ 336)를 포함한다. 해상강도상해·치상죄(§ 340②)는 범죄의 특수성을 고려해서 따로 규정을 두고 있다. 5

강도의 실행에 착수한 이상 강도가 미수이든 기수이든 묻지 않는다.[4] 6

본죄의 주체는 강도이므로, 강간범이 강도를 하는 것은 본죄에 해당하지 않는다. 판례는 강간범이 강간행위 후에 강도의 범의를 일으켜 그 부녀의 재물을 강취하는 경우에는 형법상 강도강간죄가 아니라 강간죄와 강도죄의 경합범이 성립될 수 있을 뿐이고,[5] 구 성폭력범죄의 처벌 및 피해자보호 등에 관한 법률 제5조 제2항(현행 성폭력범죄의 처벌 등에 관한 특례법 § 3②)은 형법 제334조(특수강도) 등의 죄를 범한 자가 제297조(강간) 등의 죄를 범한 경우에 이를 특수강도강간 등의 죄로 가중하여 처벌하고 있으므로, 강간범이 강간의 범행 후에 특수강도의 범의를 일으켜 그 부녀의 재물을 강취한 경우에는 이를 위 특수강도강간죄로 책임을 물을 수 없다고 했다.[6] 7

따라서 강간 범인이 강간행위 종료 후 강도를 한 경우에는, 강간죄와 강도죄의 실체적 경합이 된다. 이와 같은 결론이 통설[7]과 판례의 태도이다. 그러나 강간범이 행한 폭행·협박이 재물 강취의 수단이 아닌 이상 강도죄는 성립하지 않고 강간죄와 절도죄의 실체적 경합이 된다고 보는 견해도 있다.[8] 8

2. 강 간

강간에는 강간(§ 297) 외에 강간의 예에 따라 처벌하는 준강간(§ 299)도 포함된다.[9] 따라서 강도가 폭행 또는 협박으로 사람을 강간하거나, 사람의 심신상실 9

---

4 김성돈, 373; 김일수·서보학, 281; 배종대, § 65/15; 오영근, 298; 이재상·장영민·강동범, § 17/58; 임웅, 399; 정성근·정준섭, 241.

5 대판 1977. 9. 28, 77도1350.

6 대판 2002. 2. 8, 2001도6425.

7 김일수·서보학, 281; 배종대, § 65/15; 오영근, 299; 정성근·정준섭, 241.

8 김성돈, 373; 정성근·정준섭, 242.

9 김성돈, 373; 배종대, § 65/14.

또는 항거불능의 상태를 이용하여 간음한 때에 본죄가 성립한다.

10 강도와 강간 피해자가 일치하지 않아도 강도의 기회에 강간이 이루어지면 본죄가 성립하고, 강취행위의 전후는 묻지 않는다. 판례는 강간범이 강간행위 종료 전, 즉 그 실행행위의 계속 중에 강도의 행위를 하는 경우에는 이때에 바로 강도의 신분을 취득하는 것이므로 그 후에 그 자리에서 강간행위를 계속하는 때에는 강도가 부녀를 강간한 때에 해당하여 본죄를 구성하고, 강간죄가 즉시범이고 그 기수시기가 강도죄의 착수시기보다 앞섰다는 사유만으로 본죄의 성립에 영향이 없다고 했다.[10] 같은 취지에서 대법원은 야간에 피해자의 주거에 침입해 드라이버를 들이대며 협박하여 반항을 억압한 상태에서 강간행위를 실행하던 도중 범행 현장에 있던 다른 피해자 소유의 핸드백을 가져간 피고인의 행위는 포괄하여 성폭력범죄의 처벌 등에 관한 특례법(이하, 성폭력처벌법이라 한다.) 따른 특수강도강간죄에 해당한다고 판단했다.[11]

11 앞에서 본 사례 외에 판례에 나타난 사례를 보면, ① 피고인이 해안에 정박 중인 예인선에 금품을 강취할 목적으로 침입하여 선실에서 잠자던 피해자 A와 그의 처인 피해자 B를 깨워 피고인이 가지고 간 식칼을 A의 목에 들이대고 주먹으로 얼굴을 때리면서 금품을 요구하였으나 피해자들이 가진 것이 없다고 하자 주먹으로 A의 배와 얼굴 등을 때리고 선장실로 끌고 가 가둔 다음 B의 옆구리에 칼을 들이대고 목을 눌러 항거불능케 하여 강간한 경우,[12] ② 피고인이 과도를 피해자의 목에 들이대고 "소리치면 죽여 버리겠다, 돈이 있으면 내놓아라." 라고 협박하던 중 욕정을 일으켜 강간을 한 경우[13]에, 본죄를 인정했다.

3. 주관적 구성요건

12 강도의 고의와 강간의 고의가 모두 필요하고, 강도가 강간한 때에 성립하므로 강도 성립을 위한 불법영득 또는 불법이득의 의사가 필요하다.

---

10 대판 1988. 9. 9, 88도1240.
11 대판 2010. 12. 9, 2010도9630.
12 대판 1986. 1. 28, 85도241.
13 대판 1986. 5. 27, 86도507.

4. 미 수

본죄의 미수범은 처벌한다(§ 342). 본죄의 미수는 강간의 미수를 말한다.[14] 13

Ⅲ. 공범의 성립 범위

본죄는 강도죄와 강간죄의 결합범이기 때문에 두 죄에 대해 모두 고의를 가져야 한다. 강도치상죄, 강도치사죄와 같은 결과적 가중범이 존재하지 않으므로 본죄에 대한 공동정범이 성립하려면 강도뿐만 아니라 강간에 대한 공동정범 성립 요건도 함께 필요하다. 따라서 강도를 공모한 상태에서 공범 중 1인이 강간을 했다고 해도 강간에 공모하지 않은 가담자는 강도죄의 책임을 질뿐이다. 14

사례를 보면, ① 피고인 甲, 乙이 공모하여 강도 범행 도중에 피해자의 가슴에 칼을 들이대고 강간할 의사를 표명하면서 피고인 乙은 협박하고, 피고인 甲은 과도를 피해자의 등에 들이 대고 강제로 옷을 벗겨 강간한 사안에서, 피고인들끼리 암묵의 의사 연락이 있었다고 하여 피고인 乙에 대해서도 본죄의 성립을 인정한 사례,[15] ② 피고인이 공범 甲, 乙과 함께 강도 범행을 저지른 후 피해자의 신고를 막기 위해 공범 甲, 乙이 묶여있는 피해자를 옆방으로 끌고 가 강간 범행을 할 때에 피고인은 자녀들을 감시한 경우, 공범자들의 본죄에 공동 가담한 것이므로 피고인이 직접 강간행위를 하지 않았다고 해도 본죄의 공동죄책을 면할 수 없다고 한 사례[16]가 있다. 15

Ⅳ. 죄수 및 다른 죄와의 관계

1. 죄 수

강간죄는 성적 자기결정권이라고 하는 전속적 법익을 보호법익으로 하고, 강도의 다른 결합범과 마찬가지로 재산권 보호보다는 인격에 관한 법익 보호가 16

14 김성돈, 374; 김일수·서보학, 283; 배종대, § 65/15; 오영근, 299; 이재상·장영민·강동범, § 17/60; 임웅, 399; 정웅석·최창호, 592; 최호진, 428.
15 대판 1985. 2. 26, 84도2732.
16 대판 1986. 1. 21, 85도2411.

우선하므로, 강간 피해자의 수에 따라 죄의 수가 결정된다.

2. 다른 죄와의 관계

17 (1) 강도가 강간하면서 상해를 가하거나 상해에 이르게 한 때에 어떤 죄가 성립하는가에 대해, ① 사상의 결과가 강도로 인한 때에는 본죄와 강도상해·치상죄의 상상적 경합이 성립하나, 강간으로 인해 상해의 결과가 발생한 때에는 본죄와 강간상해·치상죄의 상상적 경합이 된다고 보아야 한다는 견해,[17] ② 동일한 폭행·협박 행위가 강도와 강간의 수단이 되었고 이로부터 치상의 결과가 발생했다면, 본죄와 강도치상죄 및 강간치상죄의 세 범죄의 상상적 경합이 성립한다고 봐야 한다는 견해[18]가 있다.

18 판례는 강도가 재물 강취의 뜻을 재물의 부재로 이루지 못한 채 미수에 그쳤으나 그 자리에서 항거불능 상태에 빠진 피해자를 간음할 것을 결의하고 실행에 착수했으나 역시 미수에 그쳤더라도 반항을 억압하기 위한 폭행으로 피해자에게 상해를 입힌 경우에는 강도강간미수죄와 강도치상죄가 성립되고, 이는 하나의 행위가 2개의 죄명에 해당되어 상상적 경합관계가 성립한다고 하여,[19] 본죄와 강도상해·치상죄의 상상적 경합이 된다는 위 ①의 견해에 선 것으로 보인다. 위 ①의 견해가 타당하다. 강도가 강간하면서 사망케 하거나 사망에 이르게 한 때에도 같은 논리에 따라 죄를 판단하면 될 것이다.

19 (2) 강도가 강간 후 살해·상해한 경우에 관해서도, ① 강도행위가 본죄와 강도살인·상해죄와 부분적으로 공통되므로 본죄와 강도살인·상해죄의 상상적 경합이 된다는 견해[20]와, ② 강도가 강간 후에 살해·상해의 의사가 생겨 살해한 때에는 강도강간의 수단인 폭행·협박 행위와 살해 또는 상해 행위는 별개의 행위이고 각각의 고의도 별개이므로 본죄와 살인죄 또는 상해죄의 실체적 경합이

---

17 김성돈, 374; 김일수·서보학, 283; 배종대, § 65/15; 손동권·김재윤, 새로운 형법각론, § 21/52; 이재상·장영민·장동범, § 17/59; 정성근·박광민, 형법각론(전정2판), 359; 정영일, 형법강의 각론(3판), 171; 정웅석·최창호, 592; 최호진, 428; 홍영기, § 79/22.

18 임웅, 400.

19 대판 1988. 6. 28, 88도820. 이러한 판례의 태도는 강도행위를 이중평가한 것으로 부당하므로 강도강간미수죄와 과실치상죄의 상생적 경합이라는 견해(오영근, 300)도 있다.

20 김성돈, 374; 배종대, § 65/15; 손동권·김재윤, § 21/52; 이재상·장영민·장동범, § 17/59; 정영일, 172; 정웅석·최창호, 593; 홍영기, § 79/22.

된다는 견해[21]로 나뉜다. 이런 사안은 고의의 발생 시점에 따라 결과가 달라질 것으로 보인다. 위 ①의 견해는 강도의 고의가 유지되는 상태에서 논의하는 것으로 보이고, ②의 견해는 강도가 강간 후 살해나 상해의 새로운 고의가 생겼을 때를 상정한 것으로 보인다.

(3) 본죄와 다른 범죄와의 관계는, 시초가 강도인지 강간범인지를 따지고, 연속하는 행위의 흐름을 가려내고, 중한 결과가 어느 행위에서 비롯했는지 밝힌 후, 어떤 고의가 어느 단계에서 생성되었는지를 따져 죄의 성립과 죄수를 판단할 문제이지, 추상적인 기준에 따라 결론을 낼 문제로 보이지는 않는다. 20

V. 처 벌

10년 이상의 징역에 처한다. 21

본죄를 범하여 유기징역에 처할 경우에는 10년 이하의 자격정지를 병과할 수 있다(§ 344). 22

본죄의 미수범은 처벌한다(§ 342). 23

VI. 특별법

1. 성폭력범죄의 처벌 등에 관한 특례법

성폭력처벌법은 형법 제334조(특수강도) 또는 제342조(미수범. 다만, § 334의 미수범으로 한정)의 죄를 범한 사람이 제297조(강간), 제297조의2(유사강간), 제298조(강제추행) 및 제299조(준강간, 준강제추행)의 죄를 범한 경우에는 사형, 무기징역 또는 10년 이상의 징역에 처한다고 규정하고 있다. 성폭력범죄를 규정하고 특수강도와 그 미수범이 법 규정에서 정한 성범죄를 범한 때에 가중처벌하는 규정을 두었다. 24

최근 성범죄에 대한 처벌이 강화되면서, 성폭력 관련 특별법들과 관련해 매우 혼란스러운 제·개정 과정이 있어 왔다. 현재 시행 중인 성폭력처벌법은 2010 25

21 김일수·서보학, 283; 임웅, 400; 정성근·박광민, 359.

년 4월 15일 제정되었는데, 같은 날 「성폭력범죄의 처벌 및 피해자보호 등에 관한 법률」을 「성폭력범죄의 피해자보호 등에 관한 법률」로 이름을 바꾸고, 성폭력방지 및 피해자보호 등에 관한 법률(이하, 성폭력방지법이라 한다.)이 제정된 상태에서, 2011년 1월 1일 「성폭력범죄의 처벌 및 피해자보호 등에 관한 법률」의 폐지와 동시에 성폭력방지법이 시행되면서, 현재 성폭력범죄의 처벌에 관해서는 성폭력처벌법이, 성폭력범죄의 피해 예방 및 피해자 보호를 위해서는 성폭력방지법이 각각 시행 중이다. 성범죄 방지와 처벌에 관한 법령은 계속 강화되고 종류가 늘어나, 2010년 7월 23일 제정된 성폭력범죄자의 성충동 약물치료에 관한 법률처럼 개별 입법이 진행되기도 했다. 법령과 절차의 정비가 절실하다.

2. 누범 가중

26 누범에 관해서는 제35조의 일반 규정 외에 특별법에 의한 누범 가중 사유들이 존재한다.

27 특정범죄 가중처벌 등에 관한 법률(이하, 특정범죄가중법이라 한다.) 제5조의5는 형법 제339조의 죄 또는 그 미수죄로 형을 선고받고 그 집행이 끝나거나 면제된 후 3년 내에 다시 이들 죄를 범한 사람은 사형, 무기 또는 10년 이상의 징역에 처한다고 규정한다.

28 특정강력범죄의 처벌에 관한 특례법 제2조 제1항 제5호는 강도, 특수강도, 준강도, 인질강도, 강도상해·치상, 강도살인·치사, 강도강간, 해상강도, 상습범 및 일부 미수범의 죄를 '특정강력범죄'로 규정하고, 특정강력범죄로 형을 선고받고 그 집행이 끝나거나 면제된 후 3년 이내에 다시 특정강력범죄를 범한 경우(형법 §337의 죄 및 그 미수죄를 범하여 특정범죄가중법 §5의5에 따라 가중 처벌되는 경우는 제외)에는 그 죄에 대하여 정하여진 형의 장기 및 단기의 2배까지 가중하면서, 특정강력범죄로 형을 선고받고 그 집행이 끝나거나 면제된 후 10년이 지나지 아니한 사람이 다시 특정강력범죄를 범한 경우에는 형의 집행을 유예하지 못하도록 하고 있다(특강 §3, §5). 강경 처벌이라고 할 수 있는데, 법령 정비와 처벌 수위에 대한 논의가 필요하다.

〔함 석 천〕

제340조(해상강도)

① 다중의 위력으로 해상에서 선박을 강취하거나 선박내에 침입하여 타인의 재물을 강취한 자는 무기 또는 7년 이상의 징역에 처한다.

② 제1항의 죄를 범한 자가 사람을 상해하거나 상해에 이르게 한때에는 무기 또는 10년 이상의 징역에 처한다. 〈개정 1995. 12. 29.〉

③ 제1항의 죄를 범한 자가 사람을 살해 또는 사망에 이르게 하거나 강간한 때에는 사형 또는 무기징역에 처한다. 〈개정 1995. 12. 29., 2012. 12. 18.〉

Ⅰ. 의의와 보호법익 ······ 375
1. 의 의 ······ 375
2. 보호법익 ······ 377
Ⅱ. 구성요건 ······ 377
1. 해상과 선박 ······ 377
2. 다중의 위력 ······ 378
3. 불법영득의 의사 ······ 379
4. 결합범과 결과적 가중범 ······ 379
Ⅲ. 처 벌 ······ 379

Ⅰ. 의의와 보호법익

1. 의 의

1 해상강도죄는 다중의 위력으로 해상에서 선박을 강취하거나 선박 내에 침입하여 타인의 재물을 강취한 때에 성립하고(§ 340①), 해상강도죄를 범한 자가 사람을 상해하거나 상해에 이르게 한 때에는 결합범인 해상강도상해죄 또는 결과적 가중범인 해상강도치상죄가 성립하며(§ 340②), 해상강도죄를 범한 자가 사람을 살해 또는 사망에 이르게 하거나 강간한 때에는 결합범인 해상강도살인죄 또는 해상강도강간죄, 또는 결과적 가중범인 해상강도치사죄가 성립한다(§ 340③).

2 해상은 공간의 폐쇄성으로 인해 육지에 비해 공포심이 훨씬 큰 것으로 알려져 있다. 폐쇄성과 공포심의 강화는 결국 피해자의 선박 밖으로의 피난 또는 대피 가능성을 약화시키고, 그에 따라 구조가능성이 희박해져 피해가 대량화할 수 있다.[1] 이와 같은 불법 상태의 강화에 따라 강도죄의 특수 유형으로 본죄[해

1 김성돈, 형법각론(8판), 375.

상강도죄·해상강도(상해·치상·살인·치사·강간)죄]를 둔 것이다.

3 해상강도를 특수강도의 일종으로 보는 견해[2]가 일반적이지만, 해상이라는 공간적 특수성을 반영한 강도죄의 특수 유형으로 보는 것이 타당하다. 강도나 특수강도와 달리, 해상강도는 폭행·협박이 행위 요건이 아니다. 다중의 위력을 요건으로 하고 있다. 그리고 해상강도를 특수강도의 일종으로 보게 되면, 해상강도살인·치사와 해상강도강간의 법정형이 동일한 이유를 설명하기 어렵게 된다. 해상강도의 객체도 특수강도와 달리 재물에 한정한다. 재산상의 이익은 빠져있다. 이와 같은 구성요건과 규정의 체계, 결합범의 가중 형태 및 처벌 강도에 비추어 볼 때, 해상강도는 특수강도와는 성질을 달리하는 강도죄의 특수 유형인 독립한 범죄로 파악해야 한다.

4 국군이 공해상에서 소말리아 해적을 체포한 사건이 있었다. 소말리아 해적인 피고인들은 2011년 1월 21일 소말리아 가라카드에서 북동방으로 약 670마일 떨어진 공해에서 국군 청해부대 소속 군인에 의해 해상강도 등 범행의 현행범인으로 체포되어 피해 선박인 삼호주얼리호에 격리 수용되었는데, 이때 국군 청해부대는 장거리 호송에 따른 여러 문제점, 피고인들 입장에서도 자국에 가까운 곳에서 재판을 받는 것이 방어권 행사에 유리하다는 소송절차적 측면 등을 고려하고, 소말리아 인근 해역에서의 해적 문제에 관해 국제적인 공동 대응과 협력을 촉구하는 국제연합 안전보장이사회의 결의 내용에 따라 인접국들의 우호적인 태도를 기대하여 오만 등 인접국들을 대상으로 피고인들 신병 인도를 위한 협의를 진행하였다. 하지만 모두 거절당하고 아랍에미리트연합의 협조를 받아 그 전용기 편으로 2011년 1월 30일 김해공항으로 피고인들을 이송하여 국내에서 형사소송절차를 진행하게 되었다.[3] 이 사건은 해적 사건으로 해상강도의 특징을 생생하게 파악할 수 있는 사례라고 생각한다.[4]

---

2 김신규, 형법각론 강의, 394; 김일수·서보학, 새로쓴 형법각론(9판), 283; 박찬걸, 형법각론(2판), 440; 이형국·김혜경, 형법각론(2판), 386; 정성근·박광민, 형법각론(전정2판), 360; 정성근·정준섭, 형법강의 각론(2판), 243; 정웅석·최창호, 형법각론, 591; 최호진, 형법각론, 428.

3 대판 2011. 12. 22, 2011도12927(소말리아 해적 사건). 소말리아 해적 사건의 개요, 쟁점 및 법원 판단 등에 대한 상세는 주석형법 [각칙(5)](5판), 556-559(김경선); 최민영·최석윤, "소말리아 해적사건에 대한 형사재판의 쟁점", 비교형사법연구 14-1, 한국비교형사법학회(2012), 193-213 참조.

4 이 사건에 관한 백서가 있다. 부산지방법원, 소말리아 해적 사건 국민참여재판 백서(2012), 영문

2. 보호법익

본죄는 강도, 강도상해·치상, 강도살인·치사, 강도강간의 죄의 각 보호법익에 더하여 선박의 사실상 평온도 그 보호법익으로 하고, 보호의 정도는 침해범이다.[5] 5

Ⅱ. 구성요건

해상강도죄(§ 340①)는 다중의 위력으로 해상에서 선박을 강취하거나 선박내에 침입하여 타인의 재물을 강취하는 때에 성립한다. '타인의 재물', '강취'에 관해서는 **강도죄**(§ 333) **주해** 부분을, '침입'에 관해서는 **주거침입죄**(§ 319①) **주해** 〔**주해 X**(**각칙** 7)〕 부분을 참고하고, 여기서는 나머지 구성요건에 관해 살펴본다. 6

1. 해상과 선박

(1) 해상

본죄는 '해상'에서 일어난 강도행위에 대해 적용된다. 7

'해상'은 주권이 미치는 영해와 공해를 포함하는 넓은 지역을 의미한다. 해상강도죄는 해상이 공간의 폐쇄성으로 인해 육지에 비해 공포심이 크다는 이유로 가중처벌하는 범죄이므로, 지상의 경찰권이 미치는 하천, 호수와 같은 내해, 항만은 여기에 포함되지 않는다.[6] 8

해상의 의미 파악을 위해 해상에 관한 국내법을 참고할 필요가 있다. 국내법상 해상 개념과 국제법상 해양 개념이 반드시 일치하지는 않는데, 해양에 관련해서는 우리가 가입한 국제법인 해양법에 관한 국제연합협약(United Nations Convention on the Law of the Sea)[7] 및 1982년 12월 10일자 해양법에 관한 국제연 9

본은 Case Report on the Participatory Trial of the Somali Pirates.

5 오영근, 형법각론(7판), 300.

6 배종대, 형법각론(14판), § 65/17; 손동권·김재윤, 새로운 형법각론, § 21/53; 이재상·장영민·강동범, 형법각론(13판), § 17/62. 하급심 판결 중에는 본죄에서 "해상이라 함은 그 가중 처벌의 입법취지에 비추어 육지의 경찰권 등의 지배력이 쉽게 미칠 수 없는 해상을 의미한다고 해석함이 상당하다 할 것이고, 따라서 항만 등은 여기에 포함된다고 보기 어렵다."고 한 것이 있다(대전지법 홍성지판 1986. 12. 12, 86고합116).

7 다자조약으로 우리나라에서 1996년 2월 28일 발효하였다.

합협약 제11부 이행에 관한 협정을 참고할 필요가 있다. 우리는 「아시아에서의 해적행위 및 선박에 대한 무장강도행위 퇴치에 관한 지역협력협정」(Regional Cooperation Agreement on Combating Piracy and Armed Robbery against Ships in Asia)[8]에 가입해 있다.

(2) 선박

10 '선박'은 크기와 종류를 묻지 않으며, 성질상 해상을 항해할 수 있을 정도의 것임을 요한다.[9] 해상이라는 공간적 폐쇄성이 처벌 가중 사유이기 때문이다. 다양한 선박이 존재하므로, 죄형법정주의 원칙에 어긋나지 않도록 선박법과 같은 선박에 관한 국내법과 선박에 관한 국제법을 참고할 필요가 있다.

11 해상강도죄의 객체는 선박 자체와 선박 내의 타인의 재물이다. 재산상의 이익은 객체가 아니다.

2. 다중의 위력

(1) 다중

12 '다중'은 다수인의 집단을 말한다. 해적행위에서 연상할 수 있는 규모의 다수인의 집단을 상상하면 될 것이다. 강도죄와 강도를 기본으로는 가중 유형의 범죄들이 모두 폭행·협박을 행위 요건으로 하는 것과 대비된다.

13 다중은 상대가 위력을 느낄 수 있는 정도의 다수임을 요한다. 한 사람이라도 자신의 뒤에 다중이 있음을 암시하는 경우도 있을 수 있는데, 실제 다중이 아닌 이상 구성요건에 해당하지 않거나 경우에 따라 불능미수범으로 다룰 수 있을 것이다.

(2) 위력

14 '위력'이란 폭행이나 협박에 한정되는 것은 아니지만 이와 같이 사람의 자유의사를 제압할만한 세력을 말하며,[10] 유형·무형을 불문한다.[11] '다중의 위력으로' 강취하여야 하므로 다중의 위력은 현장에서 보여야 한다.[12]

---

8 다자조약으로 우리나라에서 2006년 9월 4일 발효하였다.

9 김혜정·박미숙·안경옥·원혜욱·이인영, 형법각론(3판), 341; 이재상·장영민·강동범, §17/62.

10 대판 1991. 4. 23, 90도2961(업무방해죄).

11 김신규, 394; 김일수·서보학, 283; 배종대, §65/17; 오영근, 301; 이재상·장영민·강동범, §17/62; 임웅, 형법각론(11정판), 401.

12 김신규, 394; 오영근, 301.

3. 불법영득의 의사

15 해상강도죄는 재산범죄이므로, 강도죄와 마찬가지로 불법영득의 의사가 있어야 한다.

16 판례 중에 피고인들이 참치잡이 원양어선에 승선해 남태평양 해상에서 근무하던 중 한국인 선원 7명을 살해하고, 나머지 내·외국인 생존 선원들의 반항을 억압하여 선박의 지배권을 장악한 후 사모아로 향하던 항로를 한국으로 수정했다가 다시 일본으로 수정하였고, 선박을 침몰시키고 일본으로 밀입국하기 위해 항해 도중에 뗏목을 만들기도 한 사안에서, 피고인들이 선박의 권리자를 배제하고 선박을 자신들의 소유물과 같이 그 경제적 용법에 따라 이용하고 처분할 의사가 있었다고 인정하고, 피고인들이 선박에 대한 불법영득의 의사를 인정한 사례가 있다.[13]

4. 결합범과 결과적 가중범

17 해상강도상해·치상죄, 해상강도살인·치사죄, 해상강도강간죄는 모두 해상강도가 미수이든 기수이든 성립할 수 있다. 이들 결합범과 결과적 가중범의 미수와 기수는 상해, 살해 또는 강간의 미수, 기수에 따라 결정된다.

Ⅲ. 처 벌

18 해상강도죄는 무기 또는 7년 이상의 징역에(제1항), 해상강도상해·치상죄는 무기 또는 10년 이상의 징역에(제2항), 해상강도살인·치상죄 및 해상강도강간죄는 사형 또는 무기징역에(제3항)에 각 처한다.

19 본죄를 범하여 유기징역에 처할 경우에는 10년 이하의 자격정지를 병과할 수 있다(§ 344).

20 본죄(다만, 해상강도치사·상죄는 제외)의 미수범은 처벌하고(§ 342), 강도할 목적으로 예비 또는 음모한 자는 7년 이하의 징역에 처한다(§ 343).

〔함 석 천〕

13 대판 1997. 7. 25, 97도1142(페스카마호 선상반란 사건).

제341조(상습범)

상습으로 제333조, 제334조, 제336조 또는 전조제1항의 죄를 범한 자는 무기 또는 10년 이상의 징역에 처한다.

Ⅰ. 의 의 ······ 380
Ⅱ. 적용 범위 ······ 381
Ⅲ. 처 벌 ······ 382

Ⅰ. 의 의

1 본죄[상습(강도·특수강도·인질강도·해상강도)죄]는 상습으로 강도(§ 333), 특수강도(§ 334), 인질강도(§ 336) 및 해상강도(§ 340①)의 죄를 범한 때에 성립한다. 형벌과 관련해 상습절도가 그 죄에 정한 형의 2분의 1까지 가중하는 것에 비해, 상습강도는 그 법정형이 무기 또는 10년 이상의 징역으로 정해져 있다. 상당히 중한 범죄이다.

2 상습은 "늘 하는 버릇"을 말하는데,[1] 범죄에 있어서의 상습이란 범죄자의 어떤 버릇, 범죄의 경향을 의미하는 것으로서 행위의 본질을 이루는 성질이 아니고, 행위자의 특성을 이루는 성질을 의미한다.[2] 따라서 상습성의 유무는 피고인의 연령·성격·직업·환경·전과사실, 범행의 동기·수단·방법 및 장소, 전에 범한 범죄와의 시간적 간격, 그 범행의 내용과 유사성 등 여러 사정을 종합하여 판단하여야 할 것이다.[3]

3 이러한 상습성이 인정되려면 행위 사이에 형태적 유사성이 있어야 하므로, 강도 범죄 사이에서만 상습성을 따져야 한다. 강도와 행위 유형이 다른 절도, 사기, 공갈 사이에서는 서로 상습범이 성립하지 않는다.

4 상습성은 어떤 행위를 반복하는 행위자의 속성을 말하므로, 상습범은 신분

1 국립국어원, 표준국어대사전(2019).
2 대판 2006. 5. 11, 2004도6176.
3 대판 2006. 5. 11, 2004도6176(폭력범죄); 대판 2009. 2. 12, 2008도11550(절도); 대판 2017. 4. 13, 2017도953(도박).

에 의해 책임이 가중되는 부진정신분범이다.

Ⅱ. 적용 범위

형법은 제341조에서 강도, 특수강도, 약취강도, 해상강도의 각 죄에 관해서는 상습범 가중규정을 두고 있지만, 강도상해, 강도살인, 강도강간 등의 각 죄에 관해서는 상습범 가중규정을 두고 있지 않다. 따라서 강도상해죄가 상습강도죄의 확정판결 전에 범한 것이라고 해도 상습강도죄와 강도상해(강도살인, 강도강간)죄는 포괄일죄의 관계에 있지 않고 실체적 경합관계에 있다.[4] 5

상습강도 역시 상습절도와 마찬가지로 과거 특정범죄 가중처벌 등에 관한 법률(이하, 특정범죄가중법이라 한다.) 제5조의4 제3항에 가중처벌 규정을 두고 있었다. 상습절도 가중처벌에 관한 위헌결정에 이어 2016년 1월 6일 특정범죄가중법 개정에 따라 특정범죄가중법 제5조의4 제1항이 폐지되면서 상습강도죄도 함께 폐지되었으나, 5명 이상이 공동하여 상습적으로 형법 제329조부터 제331조까지의 죄 또는 그 미수죄를 범한 때에 처벌하는 조항은 그대로 남아 있다(특가 § 5의4②[5]). 또한, 상습절도와 마찬가지로 누범 가중에 관한 특별규정들이 특정범죄가중법 제5조의4 제5항 제2호,[6] 제6항[7]으로 남아 적용되고 있다. 6

특정범죄가중법과 별도로 특정강력범죄의 처벌에 관한 특례법(이하, 특정강력범죄법이라 한다.) 제2조 제1항 제5호에 규정된 강도죄에 관한 특정강력범죄는 특 7

---

4 대판 1982. 10. 12, 82도1764; 대판 1990. 9. 28, 90도1365; 대판 1992. 4. 14, 92도297.

5 특정범죄가중법 제5조의4(상습 강도·절도죄 등의 가중처벌) ② 5명 이상이 공동하여 상습적으로 「형법」 제329조부터 제331조까지의 죄 또는 그 미수죄를 범한 사람은 2년 이상 20년 이하의 징역에 처한다.

6 특정범죄가중법 제5조의4(상습 강도·절도죄 등의 가중처벌) ⑤ 「형법」 제329조부터 제331조까지, 제333조부터 제336조까지 및 제340조·제362조의 죄 또는 그 미수죄로 세 번 이상 징역형을 받은 사람이 다시 이들 죄를 범하여 누범(누범)으로 처벌하는 경우에는 다음 각 호의 구분에 따라 가중처벌한다.

2. 「형법」 제333조부터 제336조까지의 죄 및 제340조제1항의 죄(미수범을 포함한다)를 범한 경우에는 무기 또는 10년 이상의 징역에 처한다.

7 특정범죄가중법 제5조의4(상습 강도·절도죄 등의 가중처벌) ⑥ 상습적으로 「형법」 제329조부터 제331조까지의 죄나 그 미수죄 또는 제2항의 죄로 두 번 이상 실형을 선고받고 그 집행이 끝나거나 면제된 후 3년 이내에 다시 상습적으로 「형법」 제329조부터 제331조까지의 죄나 그 미수죄 또는 제2항의 죄를 범한 경우에는 3년 이상 25년 이하의 징역에 처한다.

정강력범죄법 제3조[8]에 따라 그 죄로 형을 선고받고 그 집행이 끝나거나 면제된 후 3년 이내에 다시 특정강력범죄를 범한 경우(형법 제337조의 죄 및 그 미수의 죄를 범하여 특정범죄가중법 제5조의5에 따라 가중 처벌되는 경우는 제외)에는 그 죄에 대하여 정하여진 형의 장기 및 단기의 2배까지 가중한다.

8 상습과 관련한 그 밖의 사항들은 **상습절도의 죄**(§ 332) 부분 참조.

Ⅲ. 처 벌

9 무기 또는 10년 이상의 징역에 처한다.

10 본죄를 범하여 유기징역에 처할 경우에는 10년 이하의 자격정지를 병과할 수 있다(§ 344).

11 본죄의 미수범은 처벌한다(§ 342).

〔함 석 천〕

8 특정강력범죄법 제3조(누범의 형) 특정강력범죄로 형(刑)을 선고받고 그 집행이 끝나거나 면제된 후 3년 이내에 다시 특정강력범죄를 범한 경우(「형법」 제337조의 죄 및 그 미수(미수)의 죄를 범하여 「특정범죄 가중처벌 등에 관한 법률」 제5조의5에 따라 가중처벌되는 경우는 제외한다)에는 그 죄에 대하여 정하여진 형의 장기(長期) 및 단기(短期)의 2배까지 가중한다.

제342조(미수범)

제329조 내지 제341조의 미수범은 처벌한다.
[전문개정 1995. 12. 29.]

제329조에서 제341조까지의 미수범은 처벌한다(§ 342). 1

1995년 12월 29일 형법 개정 전에는 미수범처벌 규정이 적용되는 범죄를 일일이 나열하고 있었다. 결과적 가중범의 미수는 이론상 상정할 수 없다는 이유에서 조문별로 일일이 규정을 나열하고 있었지만, 오히려 혼돈만 초래한다는 비판이 있어 규정 체계를 단순화했다. 이론상 결과적 가중범의 미수는 있을 수 없으므로 이렇게 간명한 미수규정을 두어도 혼선은 없는 상태다. 2

절도와 강도의 죄의 미수범에 대해서는 **각 해당 조문 부분** 참조. 3

〔함 석 천〕

제343조(예비, 음모)
강도할 목적으로 예비 또는 음모한 자는 7년 이하의 징역에 처한다.

Ⅰ. 의 미 ………… 384
Ⅱ. 구성요건 ………… 385
 1. 예비와 음모 ………… 385
 2. 공범의 성립 범위 ………… 386
Ⅲ. 처 벌 ………… 387

Ⅰ. 의 미

1 강도할 목적으로 예비 또는 음모한 때에 본죄[강도(예비·음모)죄]가 성립한다.

2 예비·음모죄의 처벌 대상이 되는 강도의 범위는 단순 강도(§ 333), 특수강도(§ 334), 약취강도(§ 336)와 해상강도(§ 340)이다.

3 준강도죄(§ 335)도 예비·음모죄의 대상이 된다는 견해[1]도 있으나, 준강도죄의 성질상 해당하지 않는다고 할 것이다(통설[2]). 판례도 강도예비·음모죄의 법정형은 7년 이하의 징역으로, 이는 단순 절도죄의 법정형을 초과하는 점을 지적하며, 절도범이 준강도를 할 목적을 가진다고 해도 이는 절도범으로서는 결코 원하지 않는 극단적인 상황인 절도 범행의 발각을 전제로 한 것이라는 점에서 본질적으로 극히 예외적이고 제한적이라는 한계를 가질 수밖에 없고, 형법은 흉기를 휴대한 절도를 가중 구성요건인 특수절도로 처벌하면서도 그 예비행위에 대한 처벌 조항은 마련하지 않고 있는데, 만약 준강도를 할 목적을 가진 경우까지 강도예비로 처벌할 수 있다고 본다면 흉기를 휴대한 특수절도를 준비하는 행위는 거의 모두가 강도예비로 처벌받을 수밖에 없게 되어 형법이 흉기를 휴대한 특수절도의 예비 행위에 대한 처벌 조항을 두지 않은 것과 배치되는 결과를 초래하게 된다는 점, 그리고 정당한 이유 없이 흉기 기타 위험한 물건을 휴

---

1 김일수·서보학, 새로쓴 형법각론(9판), 284.

2 김성돈, 형법각론(8판), 376; 김신규, 형법각론 강의, 397; 박상기·전지연, 형법(총론·각론)(5판), 641; 박찬걸, 형법각론(2판), 417; 이상돈, 형법강론(4판), 529; 이형국·김혜경, 형법각론(2판), 388; 홍영기, 형법(총론과 각론), § 79/24.

대하는 행위 자체를 처벌하는 조항을 폭력행위 등 처벌에 관한 법률 제7조에 따로 마련하고 있는 점을 고려하면, 강도예비·음모죄가 성립하기 위해서는 예비·음모 행위자에게 미필적으로라도 '강도'를 할 목적이 있음이 인정되어야 하고, 그에 이르지 않고 단순히 '준강도'할 목적에 그치는 경우에는 강도예비·음모죄로 처벌할 수 없다고 하였다.[3]

형법은 미수범과 예비·음모 처벌규정은 따로 두고 있고, 미수범보다 전의 4
단계에 해당하는 예비·음모는 강도와 같이 무거운 범죄에 한해 처벌규정을 두고 있다.

Ⅱ. 구성요건

1. 예비와 음모

예비는 죄를 범할 의사(주관적 요소)를 가지고 그 실현을 위한 준비행위(객관 5
적 요소)를 말한다. 여기서의 준비행위는 물적인 것에 한정되지 아니하며 특별한 정형이 있는 것도 아니지만, 단순히 범행의 의사 또는 계획만으로는 그것이 있다고 할 수 없고, 객관적으로 보아서 범죄의 실현에 실질적으로 기여할 수 있는 외적 행위를 필요로 한다.[4] 강도예비는 강도 범죄를 행할 의사를 가지고 그러한 의사를 객관적으로 확인할 수 있는 준비행위를 하는 것을 말하고,[5] 강도의 실행에 착수하기 전까지의 단계를 말한다. 실행의 착수가 있으면 이미 미수 단계로 들어간다.

음모는 2인 이상의 사람 사이에 성립한 범죄 실행의 합의를 말한다. 형법에 6
따라 음모죄가 성립하는 범죄 실행의 합의가 있다고 하기 위해서는 단순히 범

3 대판 2006. 9. 14, 2004도6432. 본 판결 해설은 박이규, "준강도할 목적이 있음에 그치는 경우에도 강도예비 음모죄가 성립하는지", 해설 66, 법원도서관(2007), 389-412.

4 대판 2009. 10. 29, 2009도7150(살인예비죄).

5 예컨대, ① 강도 범행을 목적으로 흉기를 휴대하고 통행인을 습격하기 위하여 대기하는 행위(대판1948. 8. 17, 4281형상80), ② 차량을 이용하여 강도를 함에 있어 차량을 운전해 달라는 부탁을 받고 절취한 차량인 사실을 알면서 운전해준 행위(대판 1999. 3. 26, 98도3030), ③ 강도 범행에 사용할 마스크, 면장갑, 청테이프 등을 휴대하고, 식칼을 승용차에 싣고 범행대상을 물색하러 다닌 행위(대판 2007. 9. 6, 2007도4739)는 강도예비에 해당한다.

죄 결심을 외부에 표시·전달하는 것만으로는 부족하고, 객관적으로 보아 특정한 범죄의 실행을 위한 준비행위라는 것이 명백히 인식되고, 그 합의에 실질적인 위험성이 인정될 때에 비로소 음모죄가 성립할 수 있다.[6] 대법원은, 피고인들이 수회에 걸쳐 "총을 훔쳐 전역 후 은행이나 현금 수송 차량을 털어 한탕 하자."라는 말을 나눈 정도만으로는 강도음모를 인정하기 부족하다고 보았다. 말만 나눈 정도로는 객관적으로 보아 특정한 범죄의 실행을 위한 준비 행위라는 것이 명백히 드러났다고 할 수 없기 때문이다.

7 예비와 음모의 개념 구분과 관련해 판례는, 본조는 그 구성요건으로서 예비와 음모를 따로 규정하고 있으니 예비는 음모에 해당하는 행위를 제외하는 것으로 새겨야 한다고 판시했다.[7] 대법원은, 피고인과 그 공범이 교회에 일요 예배 헌금이 많이 들어오고 있다는 사실을 탐지하고 교회의 경리과를 습격해 헌금 관리 직원을 위협하고 헌금을 강취하기로 결의한 후 근처 시장에서 범행에 사용할 식도 4자루 등을 구입해 소지하고 같은 날 교회 맞은편에 도착해 교회 내외를 배회하면서 기회를 보았다는 공소사실에 대해, 피고인에게 강도의 범의를 인정할 수 없어 강도예비죄에 대해 무죄를 선고하면서 강도음모죄의 성립 여부에 대해 따로 판단하지 않았다고 해도 위법이 없다는 취지로 원심을 그대로 유지하였다.

2. 공범의 성립 범위

8 예비·음모죄에 공범 성립이 가능한지에 대한 논의가 있다.

9 판례는 제32조 제1항의 "타인의 범죄를 방조한 자는 종범으로 처벌한다."는 규정의 '타인의 범죄'란 정범이 범죄를 실현하기 위해 착수한 경우를 말하므로, 종범이 처벌되기 위해서는 정범이 실행에 착수한 경우여야 하고, 정범이 실행의 착수에 이르지 아니한 예비의 단계에 그친 때에는 이에 가담하는 행위가 예비의 공동정범이 되는 경우를 제외하고는 종범으로 처벌할 수 없다고 밝혔다.[8] 판례는 그 이유로, 범죄의 구성요건 개념상 예비죄의 실행행위는 무정형·무한정

6 대판 1999. 11. 12, 99도3801.
7 대판 1984. 12. 11, 82도3019.
8 대판 1976. 5. 25, 75도1549; 대판 1979. 11. 27, 79도2201.

한 행위이고 종범의 행위도 무정형·무한정한 것이며, 제28조에 의하면 "범죄의 음모 또는 예비행위가 실행의 착수에 이르지 아니한 때에는 법률에 특별한 규정이 없는 한 벌하지 아니한다."고 규정하여 예비죄의 처벌이 가져올 범죄의 구성요건을 부당하게 유추 내지 확장 해석하는 것을 금지하고 있기 때문에, 형법 각칙의 예비죄를 처단하는 규정을 바로 독립된 구성요건 개념에 포함시킬 수는 없다고 하는 것이 죄형법정주의의 원칙에도 합당한 해석이라 할 것이기 때문이라고 했다.

제28조의 규정 취지, 예비·음모는 어디까지나 실행의 착수 전에 이루어지는 범죄의 준비행위라는 점에 비추어 보면, 예비·음모의 단계에서는 종범의 성립을 부정하는 판례의 태도가 타당하다. 10

한편 제31조 제2항에 따라 강도 교사를 받은 자가 범죄의 실행을 승낙하고 실행의 착수에 이르지 아니한 때에는, 교사자와 피교사자를 강도음모 또는 강도예비에 준하여 처벌한다. 그리고 제31조 제3항에 따라 강도 교사를 받은 자가 범죄의 실행을 승낙하지 아니한 때에도, 그 교사자를 강도음모 또는 강도예비에 준하여 처벌한다. 11

Ⅲ. 처 벌

7년 이하의 징역에 처한다. 12

〔함 석 천〕

第344조(친족간의 범행)

第328조의 규정은 第329조 내지 第332조의 죄 또는 미수범에 준용한다.

1 각칙 제37장 '권리행사를 방해하는 죄'에 규정된 친족 간의 범행과 고소에 관한 제328조는 본장의 죄 중 각 절도죄와 그 미수범에 관해 준용된다. 구체적으로는 친족상도례는 단순 절도(§329), 야간주거침입절도(§330), 특수절도(§331), 자동차등 불법사용(§331의2)과 상습범(§332) 및 그 미수범에 적용된다.

2 제344조에 의해 준용되는 제328조 제1항에 정한 친족 간의 범행에 관한 규정은 범인과 피해 물건의 소유자 및 점유자 쌍방 간에 같은 규정에 정한 친족관계가 있는 경우에만 적용되고, 절도 범인과 피해 물건의 소유자 간에만 친족관계가 있거나 절도 범인과 피해 물건의 점유자 간에만 친족관계가 있는 경우에는 그 적용이 없다는 것이 판례의 태도이다.

3 판례는, ① 피고인이 A가 경영하는 금은 세공공장에서 A가 B로부터 가공의뢰를 받아 보관 중이던 B 소유의 다이아몬드 6개를 절취한 사안에서, 피고인과 A가 친족관계가 있다고 해도 피고인과 다이아몬드 소유자인 B 사이에 친족관계가 없다면 친족상도례를 적용할 수 없다고 했다.[1]

4 그리고 ② 피고인과 피고인의 처는 처의 명의로 등록된 화물차를 피고인이 소유하기로 약정한 후에 처가 자동차매매업자인 A를 통해 피해자에게 화물차를 매도했고, 피해자는 A에게 매매대금을 모두 지급하고 화물차를 인도받아 도로에 주차해 두었는데, 피고인이 피해자가 주차해 둔 화물차를 발견하고 가져간 사안에서, 피고인은 제3자인 피해자에 대한 관계에서는 화물차의 등록명의자인 처가 그 소유자이고, 피해자가 매수해서 점유하던 화물차를 피고인이 임의로 가져간 이상 절도죄가 성립하며, 피고인은 화물차의 소유자인 처와 친족관계가 있을 뿐 그 점유자인 피해자와는 친족관계가 없으므로 피고인의 절도죄에는 친족

---

1 대판 1980. 11. 11, 80도131(절도죄). 본 판결 평석은 문영길, "친족상도례가 적용되어야 할 피해자의 범위", 법조 30-6, 법조협회(1981), 54-57.

상도례가 적용되지 않는다고 했다.[2]

절도죄의 보호법익은 소유권이다. 따라서 친족상도례 역시 소유권설에 따라 재물의 소유자와 행위자 사이에 친족관계가 있는지 살피는 것이 옳다고 생각한다. 절도죄에서 점유는 절도의 구성요건 가운데 절취행위의 대상이 되는 행위 요소일 뿐이다. 점유권을 보호법익으로 보는 것은 민법 체계와도 맞지 않는다는 점은 **[총칙] II. 보호법익** 부분에서 살펴본 바와 같다. 따라서 친족상도례는 행위자와 점유자 사이의 관계를 따질 필요 없이 행위자와 피해자인 소유자 또는 그에 준하는 본권을 가진 피해자 사이의 관계에 따라 그 적용 여부를 결정해야 한다. 5

이런 취지에 따라 판례에 나타난 사안을 분석해 보면, 두 사안 모두 피고인과 피해자 사이에는 친족관계가 존재하지 않는다. 따라서 이들 사례의 결론은 점유권을 운운할 필요도 없는 당연한 결론이었다. 다만, 위 ②의 사례는 명의신탁이라는 법리가 끼어있어 혼선을 야기한다. 하지만 명의신탁에 따른 대내 관계를 앞세우는 것은 거래 안전을 심각하게 훼손하는 것이므로, ②의 사안에서 화물차의 소유권은 온전하게 피해자에게 이전한 것으로 보아야 하고, 따라서 이 사안에서도 피고인과 소유자인 피해자 사이에는 친족관계가 없었던 이상 피고인에 대해 절도죄는 성립하는 것이다. 6

친족관계의 성립 시기와 관련해, 법률에 따라 소급효가 있는 때에는 그 시기를 소급해서 친족관계를 살펴야 한다. 판례는 친족상도례를 적용하기 위한 친족관계는 원칙적으로 범행 당시에 존재해야 하지만, 부(父)가 혼인 외의 출생자를 인지하는 경우에는 민법 제860조[3]에 의해 그 자(子)의 출생 시점에 소급하여 인지의 효력이 생기는 것이며, 이와 같은 인지의 소급효는 친족상도례에 관한 규정의 적용에도 미치므로, 인지가 범행 후에 이루어진 경우라고 해도 그 소급효에 따라 형성되는 친족관계를 기초로 친족상도례의 규정을 적용해야 한다고 보았다.[4] 7

〔함 석 천〕

2 대판 2014. 9. 25, 2014도8984.

3 민법 제860조(인지의 소급효) 인지는 그 자의 출생시에 소급하여 효력이 생긴다. 그러나 제삼자의 취득한 권리를 해하지 못한다.

4 대판 1997. 1. 24, 96도1731.

제345조(자격정지의 병과)

본장의 죄를 범하여 유기징역에 처할 경우에는 10년 이하의 자격정지를 병과할 수 있다.

1 본장의 죄를 범하여 유기징역에 처할 경우에는 10년 이하의 자격정지를 병과할 수 있다는 규정이다.

2 자격정지의 의미와 형벌로서의 지위와 체계는 **제43조(형의 선고와 자격상실, 자격정지), 제44조(자격정지) 주해 〔주해 III(총칙 3)〕** 부분에서 서술한 바와 같다.

〔함 석 천〕

제346조(동력)

본장의 죄에 있어서 관리할 수 있는 동력은 재물로 간주한다.

본장의 죄에 있어서 관리할 수 있는 동력은 재물로 간주한다는 규정이다. 1

동력은 **[총칙]** III에서 재물의 개념을 설명하면서 살펴본 바와 같다. 2

〔함 석 천〕

제39장 사기와 공갈의 죄

본장은 사기와 공갈의 죄에 대하여 규정하고 있다. 여기에는 내용이 서로 1
다른 두 종류의 범죄, 즉 사기의 죄와 공갈의 죄가 함께 규정되어 있다. 전자의 기본범죄인 사기죄(§ 347)는 사람을 기망하여 재물을 교부받거나 재산상의 이익을 취득하거나 제3자로 하여금 재물의 교부를 받게 하거나 재산상의 이익을 취득함으로써 성립하는 범죄이고, 후자의 기본범죄인 공갈죄(§ 350)는 사람을 공갈하여 재물을 교부받거나 재산상의 이익을 취득하거나 제3자로 하여금 재물의 교부를 받게 하거나 재산상의 이익을 취득함으로써 성립하는 범죄이다.

사기죄와 공갈죄는 상대방의 하자 있는 의사표시에 의하여 재물이나 재산 2
상 이익을 취득한다는 점에서 공통되지만, 사기죄는 기망에 의하여 상대방의 착오를 이용함에 비하여 공갈죄는 폭행 또는 협박에 의하여 상대방의 공포심을 이용한다는 점에서 서로 구분된다. 이처럼 두 죄는 그 내용이 다른 점을 고려하여, 편의상 이를 나누어 살펴본다.

본장의 조문 구성은 아래 [표 1]과 같다. 3

[표 1] 제39장 조문 구성

조 문		제 목	구성요건	죄 명	공소시효
§347	①	사기	ⓐ 사람을 기망하여 ⓑ 재물의 교부를 받거나 재산상의 이익을 취득	사기	10년
	②		ⓐ ①의 방법으로 ⓑ 제3자로 하여금 재물의 교부를 받게 하거나 재산상의 이익을 취득하게 함		
§347의2		컴퓨터등 사용사기	ⓐ 컴퓨터등 정보처리장치에 ⓑ 허위의 정보 또는 부정한 명령을 입력하거나 권한 없이 정보를 입력·변경하여 정보처리를 하게 함	컴퓨터등사용사기	10년

조 문		제 목	구성요건	죄 명	공소시효
			ⓒ 재산상의 이익을 취득하거나 제3자로 하여금 취득하게 함		
§348	①	준사기	ⓐ 미성년자의 사리분별력 부족 또는 사람의 심신장애를 이용하여 ⓑ 재물을 교부받거나 재산상 이익을 취득	준사기	10년
	②		ⓐ ①의 방법으로 ⓑ 제3자로 하여금 재물을 교부받게 하거나 재산상 이익을 취득하게 함		
§348의2		편의시설 부정이용	ⓐ 부정한 방법으로 대가를 지급하지 아니하고 ⓑ 자동판매기, 공중전화 기타 유료자동설비를 이용하여 ⓒ 재물 또는 재산상의 이익을 취득	편의시설부정이용	5년
§349	①	부당이득	ⓐ 사람의 곤궁·절박한 상태를 이용하여 ⓑ 현저하게 부당한 이익을 취득	부당이득	5년
	②		ⓐ ①의 방법으로 ⓑ 제3자로 하여금 부당한 이익을 취득하게 함		
§ 350	①	공갈	ⓐ 사람을 공갈하여 ⓑ 재물의 교부를 받거나 재산상의 이익을 취득	공갈	10년
	②		ⓐ ①의 방법으로 ⓑ 제3자로 하여금 재물의 교부를 받게 하거나 재산상의 이익을 취득하게 함		
§ 350의2		특수공갈	ⓐ 단체 또는 다중의 위력을 보이거나 위험한 물건을 휴대하여 ⓑ § 350의 행위	특수공갈	10년
§ 351		상습범	ⓐ 상습으로 ⓑ § 347 내지 § 350의2를 범함	상습(§ 347 내지 § 350의2 각 죄명)	10년
§ 352		미수범	§ 347 내지 § 348의2, § 350 내지 § 351의 미수	(§ 347 내지 § 348의2, § 350 내지 § 351 각 죄명)미수	
§ 353		자격정지의 병과	본장의 죄에 10년 이하 자격정지 병과(임의적)		
§ 354		친족간의 범행, 동력	본 장의 죄에 § 328, § 346 준용		

제1절 사기의 죄

〔총 설〕

Ⅰ. 의 의 ······ 395
Ⅱ. 비교법적 고찰 ······ 396
Ⅲ. 보호법익 ······ 397
1. 전체로서의 재산인지 아니면 개별적 재산인지 ······ 397
2. 거래의 진실성 내지 신의성실도 보호법익에 포함되는지 ······ 398
3. 판례의 태도 ······ 400
4. 보호의 정도 ······ 401
Ⅳ. 국가적·사회적 법익 침해와 사기죄 ······ 401
1. 판례의 기본 입장 ······ 401
2. 사기죄와 특별법위반의 죄와의 관계 ··· 404
Ⅴ. 구성요건 체계 ······ 406
1. 사기의 죄의 체계 ······ 406
2. 특별법 ······ 407

Ⅰ. 의 의

4 사기의 죄의 기본적 구성요건인 사기죄(§ 347)는 사람을 기망하여 재물의 교부를 받거나 재산상의 이익을 취득하거나 제3자로 하여금 재물의 교부를 받게 하거나 재산상의 이익을 취득하게 함으로써 성립하는 범죄이다. 이처럼 사기의 죄는 재물뿐만 아니라 재산상 이익도 객체로 한다는 점에서 강도죄와 같고, 순수 재물죄인 절도죄와 다르다.

5 사기의 죄는 상대방의 하자 있는 의사표시에 의해 재물이나 재산상 이익을 취득한다는 점에서 공갈의 죄와 공통되고, 상대방의 의사에 반하여 그 객체를 탈취하는 절도죄나 강도죄와 다르다. 사기의 죄는 기망으로 인한 상대방의 착오를 이용한다는 점에서 폭행·협박으로 인한 상대방의 공포심을 이용하는 공갈의 죄와 구별된다.

6 사기의 죄는 타인이 점유하는 타인의 재물을 취득하는 범죄이므로, 자기가 점유하거나 누구의 점유도 없는 타인의 재물의 영득하는 횡령의 죄와 구별된다.

Ⅱ. 비교법적 고찰[1]

7 사기죄가 재산죄의 성격을 갖게 된 것은 독일보통법 이후의 일이다. 그 이전에는 위조죄의 성격을 가진 문서죄와 위증죄가 결합된 범죄로 취급되다가, 1851년 프로이센형법이 사기죄를 처음으로 재산죄로 인정하면서 재산죄의 성격이 일반화되었다.[2]

8 독일형법 제263조 제1항은 "위법한 재산상의 이익을 자신이 취득하거나 타인으로 하여금 취득하게 할 의사로, 허위의 사실을 꾸며내거나 진실을 왜곡 또는 은폐하는 방법으로 착오를 야기 또는 유지시킴으로써 타인에게 재산상 손해를 가한 자는 5년 이하의 자유형 또는 벌금형에 처한다."라고 규정하고, 이어서 제2항에서 "그 미수범은 처벌한다."라고 규정하고 있다. 이처럼 독일형법은 우리 형법과 달리 재물과 재산상 이익을 구분하지 않고 재산상 이익 일반을 보호객체로 하고 있으며, 사기죄의 성립에 '재산상 손해'와 '불법이득의 의사'를 명문으로 요구하고 있다.[3]

9 나아가 독일형법은 사기죄를 배임죄와 같은 성격으로 보고 같은 장에서 규정하고, 공갈죄는 폭행·협박을 수단으로 한다는 점을 중시하여 강도죄와 같은 장에서 규정하고 있다.[4] 이는 우리 형법이 '하자 있는 처분행위'에 의해 재물이나 재산상 이익을 취득한다는 점을 중시하여 사기죄와 공갈죄를 본장에서 같이 규정하는 한편, 배임죄를 횡령죄와 함께 별도의 장인 각칙 제40장에서 규정하고 있는 것과 대비된다.

10 일본형법은 사기죄를 배임죄, 공갈죄와 함께 각칙 제37장에서 규정하고 있는데, 제246조 제1항은 "사람을 기망하여 재물을 교부하게 한 자는 10년 이하의 징역에 처한다."라고 규정하고, 제2항은 "전항의 방법으로 재산상 불법한 이익

---

1 독일, 프랑스, 일본, 영국, 미국에서의 사기죄의 비교에 관하여는 최민영 외, Global Standard 마련을 위한 쟁점별 주요국 형사법령 비교연구(II-2), 한국형사정책연구원(2020), 569-701 참조.

2 이형국·김혜경, 형법각론(2판), 391; 정성근·박광민, 형법각론(4판), 356; 장승일, "사기죄의 불법구조와 재산상 손해 개념의 검토", 법학논총 35-2, 전남대학교 법학연구소(2015), 146.

3 오영근, 형법각론(4판), 292; 박상진, "사기죄에 있어 기망과 보호법익에 대한 연구", 홍익법학 16-1(2015), 437.

4 김형만, "사기죄의 입법체계상 지위와 재산상 손해", 법학논총 22-3, 조선대학고 법학연구원(2015), 536.

을 얻거나 타인에게 이를 취득하게 한 자도 전항과 같다."라고 규정하고 있다.[5] 이처럼 일본형법은 제246조 제1항에서 재물편취(재물사기죄)를, 제2항에서 이익편취(이익사기죄)를 규정하고 있는데, 이는 우리 형법이 재물과 재산상 이익을 나란히 배치하면서 제347조 제1항에서는 범인에게 재산 이전을, 제2항에서는 제3자에게 재산 이전을 규정하는 방식을 취하고 있는 것과 구별된다.[6]

독일과 일본의 경우 사기죄와 절도죄의 법정형이 동일하기 때문에 사기죄와 절도죄의 구별은 단지 이론적 관점에 그치지만, 우리 형법의 경우 사기죄의 법정형(10년 이하의 징역 또는 2,000만 원 이하의 벌금)은 절도죄의 법정형(6년 이하의 징역 또는 1,000만 원 이하의 벌금)보다 무겁기 때문에 양자의 구별은 이론적으로는 물론 실무적으로도 중요하다.[7] 11

Ⅲ. 보호법익

사기죄의 보호법익이 재산이라는 점은 이론이 없지만, 그것이 전체로서의 재산인지 아니면 개별적인 재산인지는 견해가 나뉘어져 있다. 그리고 재산 외에 거래의 진실성이나 신의성실 또는 의사결정의 자유 등도 보호법익으로 볼 수 있는지에 대해서도 견해가 대립한다. 12

1. 전체로서의 재산인지 아니면 개별적 재산인지

독일형법의 경우, 사기죄의 구성요건으로 '재산적 이익의 취득을 목적으로 타인의 재산에 손해를 가할 것'이 요구되므로, 전체 재산의 감소(손해)가 인정되어야 사기죄가 성립하고, 전체로서의 재산이 사기죄의 보호법익이 된다.[8] 그러 13

5 일본형법은 2022년 6월 17일 개정(법률 제67호)으로 징역형과 금고형이 '구금형'으로 단일화되어 형법전의 '징역', '구금', '징역 또는 구금'은 모두 '구금형'으로 개정되었으며, 부칙에 의하여 공포일로부터 3년 이내에 정령으로 정하는 날에 시행 예정이다. 그러나 현재 정령이 제정되지 않아 시행일은 미정이므로, 본장에서 일본형법 조문을 인용할 때는 현행 조문의 '징역' 등의 용어를 그대로 사용한다.

6 신동운, 형법각론(2판), 1011-1012.

7 권오걸, "사기죄와 처분행위 - 성행위에 대한 대가지급 불이행의 경우 -", 법학연구 16-3, 한국법학회(2016), 233; 김재봉, "사기죄와 처분의사", 형사판례연구 〔11〕, 한국형사판례연구회, 박영사(2003), 170(대판 1987. 10. 26, 87도1042 및 대판 1999. 7. 9, 99도1326 평석).

8 신동운, 1020.

나 우리 형법의 경우, 사기죄의 구성요건으로 '재물의 교부를 받거나 재산상 이익을 취득'할 것을 요구하고 있을 뿐, '재산상 손해'를 명시하지 않고 있어, 사기죄의 보호법익을 전체로서의 재산으로 볼 것인지 아니면 개별적 재산으로 볼 것인지에 대하여 견해가 대립한다.

14 ① 개별적 재산설은 사기죄에서 보호하는 재산은 '전체로서의 재산'이 아니라 '개개의 재물이나 재산상 이익'이라고 보는 견해이다.[9] 피기망자가 처분행위를 하면 개별적인 재산이 침해된 것으로 보고, 대가 지급에 따른 전체 재산의 손해 여부를 따지는 않는 견해이다. 사기죄의 성립에 재산상 손해 발생이 필요하지 않다는 입장이다.[10]

15 반면, ② 전체로서의 재산설은 사기죄의 보호법익은 '전체로서의 재산'이라고 보는 견해로 다수설이다.[11] 이 견해는 사기죄의 보호법익을 '개별 재산'이 아닌 '전체로서의 재산'으로 이해하므로, 피해자에게 상당한 대가를 지급하여 피해자에게 재산상 손해가 없다면 사기죄가 성립하지 않는 것으로 본다. 이 견해에 따르면 전체 재산의 감소가 보호법익의 침해로 연결되기 때문에 재산상 손해는 사기죄의 불문의 구성요건이 된다.

2. 거래의 진실성 내지 신의성실도 보호법익에 포함되는지

16 재산권 이외에 거래의 진실성 내지 신의성실도 사기죄의 보호법익으로 볼 수 있는지는 사기죄의 피해자를 누구로 볼 것인지와 관련되어 있다. 즉 거래의 진실성이나 신의성실을 사기죄의 보호법익으로 보게 되면, 피기망자와 재산상 피해자가 서로 다른 이른바 삼각사기의 경우 피기망자도 사기죄의 피해자로 볼 수 있고, 이는 친족상도례의 적용 범위에서 차이를 가져오게 된다.[12]

(1) 포함설

17 사기죄의 보호법익에는 재산 이외에도 거래상 신뢰나 신의성실 등도 포함

---

9 박찬걸, 형법각론(2판), 442; 오영근, 293.

10 대판 1982. 6. 22, 82도777. 일본 판례도 마찬가지이다[最決 平成 16(2004). 7. 7. 刑集 58·5·309].

11 김성돈, 형법각론(5판), 349; 김신규, 형법각론 강의, 398; 김일수·서보학, 새로쓴 형법각론(9판), 336; 박상기·전지연, 형법학(총론·각론)(5판), 643; 손동권·김재윤, 새로운 형법각론, § 22/2; 이재상·장영민·강동범, 형법각론(13판), § 18/3; 이형국·김혜경, 390; 정성근·정준섭, 형법강의 각론(2판), 247; 주호노, 형법각론, 693; 최호진, 형법각론, 433.

12 신동운, 1015.

된다고 보는 견해이다.[13] 여기에는 ① 사기죄가 모든 형태의 재산상 침해행위를 금지하는 것이 아니라 상대방을 기망하여 침해하는 행위만 금지한다는 점에서 거래의 진실성, 개인의 의사결정의 자유, 신의성실 등도 부차적 법익으로 볼 수 있다는 견해,[14] ② 사기죄의 주된 보호법익은 재산이지만, 거래의 진실성 내지 신의칙에 대한 '개인의 신뢰'도 부차적 보호법익이 된다고 보는 견해,[15] ③ 사기죄는 절도죄의 법정형보다 높고 사기죄를 공갈죄와 같은 장에 규정하고 있는 것은 재산처분의 자유도 보호하려는 취지이며, 피기망자도 형사소송법상 고소권과 공판정에서의 진술권이 인정되어야 한다는 점을 근거로 개인의 의사결정의 자유도 사기죄의 보호법익으로 보아야 한다는 견해[16] 등이 있다.

거래의 진실성이나 신의칙을 사기죄의 보호법익으로 보게 되면, 사기죄가 개인적 법익을 보호하는 재산범죄의 성격이 희박해지고, 개인적 법익이 아닌 거래질서 유지 등의 사회적 법익을 보호목적으로 하는 경제 범죄의 성격을 띨 위험성이 있기 때문에 포함설은 타당하지 않다는 비판이 있다.[17] 18

(2) 불포함설

거래의 진실성이나 의사결정의 자유 내지 신의칙 등은 사기행위를 처벌함으로써 얻게 되는 반사적 효과일 뿐, 사기죄의 보호법익이 될 수 없다는 견해로, 다수설이다.[18] 19

이 견해는, 사기죄의 보호법익에 거래의 진실성 등을 포함시키게 되면 사기죄는 문서에 관한 죄와 같이 공공의 이익을 해하는 죄로 변질될 우려가 있다는 점, 기망행위에 포함되어 있는 재산침해의 행위태양에 불과한 거래의 진실성이나 신의성실 등을 보호법익에 포함시키면 형법의 보충성에 반할 위험이 있는 점, 의사결정의 자유까지도 사기죄의 보호법익으로 두면 사기죄의 성립범위가 20

---

13 박찬걸, 443; 배종대, 형법각론(14판), § 67/5; 오영근, 293; 임웅, 형법각론(9정판), 398-399; 홍영기, 형법(총론과 각론), § 80/1.

14 배종대, § 67/5.

15 이상돈, 형법강론(4판), 530; 임웅, 398-399.

16 오영근, 293.

17 안경옥, "사기죄에 관한 입법론적 검토", 형사법연구 22, 한국형사법학회(2004), 797.

18 김성돈, 349; 김신규, 399; 김일수·서보학, 336; 김혜정·박미숙·안경옥·원혜욱·이인영, 형법각론(3판), 345; 박상기·전지연, 643; 손동권·김재윤, § 22/2; 이재상·장영민·강동범, § 18/3; 이형국·김혜경, 390; 정성근·정준섭, 247; 최호진, 433.

지나치게 넓어져 형벌권 확대 우려가 있는 점 등을 논거로 한다.

21 위 견해에 따르면, 기망행위로 거래의 진실성이 침해되었다고 하더라도 재산상 손해가 발생하지 않으면 사기죄는 성립하지 않고, 나아가 피기망자와 재산상 피해자가 일치하지 않는 경우, 재산상 손해를 입은 자만이 피해자로 파악되기 때문에 피기망자는 피해자가 될 수 없다.

3. 판례의 태도

22 판례는 사기죄의 보호법익은 재산권이라고 판시하고[19] 있을 뿐, 개별적인 재산이라고 명시적으로 판시한 적은 없다. 즉 대법원은 일관되게, "사기죄의 본질은 기망에 의한 재물이나 재산상 이익의 취득에 있고, 상대방에게 현실적으로 재산상 손해가 발생함을 요하지 않으며, 상당한 대가가 지급된 경우에도 사기죄가 성립한다."고 판시해 오고 있다.[20] 판례의 이러한 태도를 근거로, 판례는 사기죄의 보호법익을 '전체로서의 재산'이 아닌 '개별적인 재물이나 재산상 이익'으로 파악하고 있다고 보는 견해[21]가 있다.

23 한편 판례가 거래상 신의성실을 사기죄의 보호법익으로 보고 있는지에 대해서는, ① 판례는 "사기죄의 요건으로서의 기망은 널리 재산상 거래관계에서 서로 지켜야 할 신의와 성실의 의무를 저버리는 모든 행위로서 사람으로 하여금 착오를 일으키게 하는 것을 말하며, 사기죄의 본질은 기망에 의한 재물이나 재산상 이익의 취득에 있다."[22] 등으로 거래상의 신의성실의무 위반을 사기죄의 본질로 제시한다는 점에서, 거래상 신의칙을 사기죄의 보호법익으로 파악하고 있다는 견해[23]와, ② 판례는 "사기죄의 보호법익은 재산권이므로 사기죄에서 재산상 권리를 가지는 자가 아니면 피해자가 될 수 없고, 따라서 법원을 기망하여 제3자로부터 재물을 편취한 경우, 피기망자인 법원이 아니라 재물을 편취당한 제3자가 피해자라고 할 것이다."라고 판시하고[24] 있다는 점을 근거로, 거래상

---

19 대판 2023. 1. 12, 2017도14104 등.
20 대판 1995. 3. 24, 95도203; 대판 2003. 12. 26, 2003도4914; 대판 2004. 4. 9, 2003도7828 등.
21 오영근, 293.
22 대판 1983. 2. 22, 82도3139; 대판 1992. 9. 14, 91도2994; 대판 1997. 9. 9, 97도1561.
23 임웅, 397; 최호진, 433.
24 대판 2014. 9. 26, 2014도8076.

신의성실을 보호법익으로 파악하고 있지 않다는 견해[25]가 있다.

4. 보호의 정도

사기죄는 피해자의 하자 있는 의사에 의한 재물 또 재산의 처분을 요건으로 하므로 침해범이다.[26] 24

Ⅳ. 국가적·사회적 법익 침해와 사기죄

1. 판례의 기본 입장

사기죄의 보호법익은 재산권이므로, 기망행위에 의하여 국가적 또는 공공적 법익이 침해되었다는 사정만으로 사기죄가 성립한다고 할 수 없다. 따라서 도급계약이나 물품구매 조달계약 체결 등 당시 관련 영업 또는 업무를 규제하는 행정법규나 입찰 참가자격, 계약절차 등에 관한 규정을 위반한 사정이 있더라도, 그러한 사정만으로 도급계약 등을 체결한 행위가 기망행위에 해당한다고 단정해서는 안 되고, 그 위반으로 말미암아 계약 내용대로 이행되더라도 공사의 완성이 불가능하였다고 평가할 수 있을 만큼 그 위법이 일의 내용에 본질적인 것인지 여부를 심리·판단하여야 한다.[27] 25

위와 같은 법리에 따라 사기죄의 성립을 부정한 판례를 살펴보면, 아래와 같다. 26

① A 회사 대표이사인 피고인 甲은 문화재수리기술자·기능자 자격증을 대여받아 A 회사를 종합문화재수리업자로 등록하였고, A 회사가 낙찰받은 문화재수리공사를 A 회사 소속 문화재수리기술자인 피고인 乙로 하여금 시행하게 할 계획이어서 실제로는 문화재수리를 직접 수행할 의사와 능력이 없었음에도, 마치 A 회사가 상시 근무하는 문화재수리기술자 등을 보유하고 있는 종합문화재 27

---

25 신동운, 1015-1016.

26 김신규, 400; 정성근·정준섭, 247; 정웅석·최창호, 형법각론, 595; 최호진, 4331; 홍영기, § 80/1; 주석형법 [각칙(6)](5권), 7(이인석).

27 대판 2019. 12. 27, 2015도10570; 대판 2020. 2. 6, 2015도9130; 대판 2021. 10. 14, 2016도16343; 대판 2022. 7. 14, 2017도20911; 대판 2023. 1. 12, 2017도14104.

수리업자이고, A 회사가 공사를 낙찰받을 경우 그 공사를 직접 시행할 것처럼 각 발주처를 기망하여 공사계약을 체결함으로써 피고인들이 공모하여 각 발주처로부터 공사대금을 지급받아 이를 편취하였다는 사실로 기소된 사안에서, 피고인들의 행위가 국가적 또는 공공적 법익을 보호법익으로 하는 문화재수리등에관한법률위반죄 등에 해당할 수 있지만, 곧바로 사기죄의 보호법익인 재산권을 침해하는 행위라고 볼 수 없다고 하면서, 공사를 수행할 능력이 있는 피고인 乙이 A 회사가 낙찰받은 공사를 시행할 예정이었고, 별다른 하자 없이 각 공사가 완료되었다는 등의 사정에 비추어 피고인들에게 공사를 수행할 의사나 능력이 없었다고 보기 어렵다는 이유로, 무죄를 선고한 원심판결을 수긍하였다.[28]

28　② 문화재수리기술자·기능자의 자격증을 대여받아 종합문화재수리업등록을 한 A 회사 대표이사인 피고인이 마치 A 회사가 문화재수리기술자 4명 등을 상시 보유하고 있는 종합문화재수리업자이고, 위 공사를 직접 시행할 것처럼 발주처 직원에게 '문화재기술자보유현황' 등을 제출하는 방법으로 기망하여 64회에 걸쳐 문화재수리계약을 체결하여 B 등과 공모하여 발주처로부터 공사대금을 지급받아 이를 편취하였다는 사실로 기소된 사안에서, 문화재수리기술자 등의 자격증을 대여받아 사용한 행위, B에게 A 회사가 도급받은 문화재수리공사를 시행하게 한 행위 등이 각기 문화재수리등에관한법률위반죄에 해당할 수 있으나, 이들 죄와는 별도로 사기죄가 성립되었다고 하려면 공사도급계약을 이행할 의사와 능력이 없음에도 불구하고 공사도급을 가장하여 공사대금을 편취하려 하였는지 여부를 기준으로 판단하여야 한다는 이유로, 사기죄에 대하여 유죄를 선고한 원심판결을 파기하였다.[29]

29　③ 안전진단전문기관으로 등록된 A 주식회사를 운영하는 피고인 甲이 안전점검 또는 정밀안전진단(이하, 통칭하여 안전진단이라 한다.) 용역을 낙찰받으면 나머지 피고인들이 운영하는 독립채산 하도급 업체들에 도급금액의 약 60%로 하도급하기로 나머지 피고인들과 공모한 다음, A 회사 명의로 다수의 안전진단 용역 입찰에 참가하여 마치 A 회사가 해당 용역을 수행할 것처럼 가장하여 안전진단 용역을 낙찰받은 후 위 하도급 업체들에 하도급을 주어 용역을 수행하

28 대판 2019. 12. 27, 2015도10570.
29 대판 2020. 2. 6, 2015도9130.

게 하고 발주처로부터 용역대금을 교부받아 편취하였다는 내용으로 기소된 사안에서, 구 시설물의 안전관리에 관한 특별법(2017. 1. 17. 법률 제14545호 시설물의 안전 및 유지관리에 관한 특별법으로 전부 개정되기 전의 것)상 하도급 제한 규정(§ 8의3)은 시설물의 안전점검과 적정한 유지관리를 통하여 재해와 재난을 예방하고 시설물의 효용을 증진시킨다는 국가적 또는 공공적 법익을 보호하기 위한 것이므로, 이를 위반한 경우 위 법률에 따른 제재를 받는 것은 별론으로 하고, 사기죄가 성립하려면 이러한 사정에 더하여 각 안전진단 용역계약의 내용과 체결 경위, 계약의 이행과정이나 결과 등까지 종합하여 살펴볼 때 과연 피고인들이 안전진단 용역을 완성할 의사와 능력이 없음에도 용역을 완성할 것처럼 거짓말을 하여 용역대금을 편취하려 하였는지를 기준으로 판단하여야 하는데, 제반 사정을 종합하면 검사가 제출한 증거만으로는 피고인들이 발주처로부터 용역대금을 지급받은 행위가 사기죄에서의 기망행위로 인한 재물의 편취에 해당한다고 보기 어렵다고 판단하였다.[30]

30 ④ 피고인이 자신이 인수한 산림사업법인 A 임업이 산림자원의 조성 및 관리에 관한 법률상 산림사업법인 등록요건 중 인력요건을 외형상 갖추기 위하여 관련 자격증 소지자들로부터 자격증을 대여받았음에도, 이러한 사실을 숨기고 울주군에서 산림사업법인 등을 대상으로 발주한 방제사업 등에 입찰하여 낙찰받은 후, 공사를 이행하고 대금을 지급받아 사기죄 등으로 기소된 사안에서, 국가기술자격증을 대여받았다 하더라고 국가기술자격법에 따른 제재를 받는 것은 별론으로 하되, 곧바로 사기죄의 보호법익인 재산권을 침해하였다고 단정할 수 없고, 피고인은 공사 완성의 대가로 발주처로부터 공사대금을 지급받은 것이므로, 위 대여사실을 숨기는 등의 행위를 하였다고 하더라도 그 행위와 공사대금 지급 사이에 상당인과관계를 인정하기도 어려우며, 대금 산정과 직접 관련이 없는 서류에 일부 허위의 사실을 기재하였다는 사정만으로는 발주처 계약 담당 공무원에 대하여 계약이행능력이나 공사대금 산정에 관하여 기망행위를 하였다고 보기 어렵다는 이유로, 이와 달리 판단한 원심판결을 파기환송하였다.[31]

30 대판 2021. 10. 14, 2016도16343. 본 판결 해설은 최문수, "행정법령상 하도급 제한을 위반하여 용역계약을 수행한 경우 사기죄의 성립 여부", 해설 130, 법원도서관(2022), 479-490.

31 대판 2022. 7. 14, 2017도20911.

31 ⑤ 피고인이 회사설립 과정에서 자본금 및 기술자 보유 요건을 가장하여 전문건설업을 부정 등록하고, 이를 바탕으로 발주기관으로부터 공사를 수주하거나 조달계약을 체결하여 공사대금 내지 물품대금을 지급받아 이를 편취하였다는 사실로 기소된 사안에서, 회사 설립 또는 사업분야 확장 과정에서 자본금 납입을 가장하였다거나, 국가기술자격증을 대여받아 전문건설업 등록을 하였다는 사정만으로는 피고인에게 공사를 완성하거나 물품을 공급할 의사나 능력이 없었다고 단정하기 어렵고, 공사대금은 공사 완성의 대가로 발주기관 또는 건설회사들로부터 지급받은 것이므로, 설령 피고인이 발주기관 등에게 국가기술자격증 대여 사실이나 자본금의 납입가장 사실을 숨기는 등의 행위를 하였다고 하더라도 그 행위와 공사대금 지급 사이에 상당인과관계를 인정하기도 어려우며, 피고인이 공무원 A로부터 B 교량 건설공사 입찰 과정에서 개략 견적가에 관한 정보를 전해 듣고 가격을 수정하였다는 사정만으로는 발주기관 계약 담당 공무원에 대하여 계약이행능력에 관한 기망행위를 하였다고 보기도 어렵다는 이유로, 유죄로 인정한 원심을 파기환송하였다.[32]

2. 사기죄와 특별법위반의 죄와의 관계

32 판례는 기망행위에 의하여 국가적 또는 공공적 법익을 침해한 경우, 그와 동시에 형법상 사기죄의 보호법익인 재산권을 침해하는 것과 동일하게 평가할 수 있는 때에는 사기죄가 성립할 수 있지만, 해당 행정법규에서 사기죄와 특별관계에 해당하는 처벌 규정을 별도로 두고 있는 경우에는 사기죄가 성립하지 않는다고 보고 있다.

33 그리하여 판례는, 국가를 속여 보조금을 부정 수급한 경우, 보조금 관리에 관한 법률 제40조 제1호[33]와 사기죄는 서로 구성요건을 달리하는 별개의 범죄이지 특별관계에 있지 아니하므로, 보조금관리에관한법률위반죄와 별도로 사기죄가 별도로 성립한다고 하였다.[34]

---

32 대판 2023. 1. 12, 2017도14104.

33 보조금 관리에 관한 법률 제40조 제1호는 '거짓 신청이나 그 밖의 부정한 방법으로 보조금이나 간접보조금을 교부받거나 지급받은 자' 등을 10년 이하의 징역 또는 1억 원 이하의 벌금에 처하도록 규정하고 있다.

34 대판 2002. 12. 24, 2002도5085(두 죄는 상상적 경합관계); 대판 2017. 10. 26, 2017도10394. 한

그러나 ① 기망의 방법으로 조세를 포탈하거나 조세의 환급·공제를 받은 경우, 이를 처벌하는 조세범처벌법 규정이 있을 뿐만 아니라 조세를 강제적으로 징수하는 국가 또는 지방자치단체의 직접적인 권력작용을 사기죄의 보호법익인 재산권과 동일하게 평가할 수 없다는 이유로 조세범처벌법위반죄가 성립할 수 있어도 형법상 사기죄는 성립하지 않고,[35] ② 담당 공무원을 기망하여 납부의무가 있는 농지보전부담금을 면제받은 경우, 침해행정[36] 영역에서 일반 국민이 담당 공무원을 기망하여 권력작용에 의한 재산권 제한을 면하는 경우에는 부과권자의 직접적인 권력작용을 사기죄의 보호법익인 재산권과 동일하게 평가할 수 없는 것이므로, 행정법규에서 그러한 행위에 대한 처벌규정을 두어 처벌함은 별론으로 하고 사기죄는 성립할 수 없다[37]고 보았다. 34

일본 판례는 부정 수급 등과 같이 사람을 기망하는 수단에 의해 국가의 경제통제를 어지럽히는 행위에 대해서는 사기죄의 성립을 긍정하고 있으나, 사람을 기망하는 수단에 의한 탈세는 세법위반이 되는 것은 별론으로 하고 사기죄의 35

편 일본의 보조금 등에 관련된 예산 집행의 적정화에 관한 법률(이하, 보조금적정화법이라 한다.) 제29조 제1항[5년 이하의 징역 또는 500만 엔 이하의 벌금(병과 가능)]도 같은 취지의 규정을 두고 있는데, 일본형법 제246조 제1항의 사기죄(10년 이하의 징역)와의 관계에 대해서는 특별관계설, 보충관계설, 택일관계설, 상상적 경합관계설 등의 대립이 있다. 판례는 기망행위를 통하여 보조금을 부정 수급한 행위에 대하여 사기죄로 기소된 사안에서, 특정한 견해를 채용함이 없이, 위 행위가 보조금적정화법위반죄에 해당하더라도 사기죄로 처벌할 수 있다고 판시하였다[最決 令和 3(2021). 6. 23. 刑集 75·7·641(제1심은 보조금등적정화법상의 '사위 기타 부정한 수단'의 범위가 사기죄에서의 기망행위보다 넓고, 상대방의 착오도 필요로 하지 않으며, 범죄가 성립하는 부정수급액의 범위는 부정수단과 인과관계가 있는 것에 한정되어, 두 죄의 구성요건은 일방이 타방을 포섭하는 관계가 아니라는 이유로 사기죄로 처벌할 수 있다고 판시하였고, 원심도 이를 수긍하였음].

35 대판 2008. 11. 27, 2008도7303(주유소 운영자가 농·어민 등에게 조세특례제한법에 정한 면세유를 공급한 것처럼 위조한 면세유류공급확인서로 정유회사를 기망하여 면세유를 공급받음으로써 면세유와 정상유의 가격 차이 상당의 이득을 취득한 사안에서, 정유회사에 대하여 본죄를 구성하는 것은 별론으로 하고, 국가 또는 지방자치단체를 기망하여 국세 및 지방세의 환급세액 상당을 편취한 것으로 볼 수 없다고 한 사례); 대판 2021. 11. 11, 2021도7831. 위 2008도7303 판결 해설은 서경환, "기망행위에 의한 조세포탈과 사기죄의 성립 여부", 해설 78, 법원도서관(2009), 591-602.

36 중앙행정기관의 장, 지방자치단체의 장 등 법률에 따라 금전적 부담의 부과권한을 부여받은 사람이 재화 또는 용역의 제공과 관계없이 특정 공익사업과 관련하여 권력작용으로 부담금을 부과하는 행정을 말한다(대판 2019. 12. 24, 2019도2003).

37 대판 2019. 12. 24, 2019도2003. 농지법은 농지전용허가를 받은 사람 등에 대하여 농지의 보전·관리 및 조성을 위한 부담금, 즉 농지보전부담금을 납부하게 하고(§ 38①), 일정한 경우 감면할 수 있도록(§ 38⑥) 하고 있으나, 기망에 의해 면제받는 행위에 대한 벌칙규정은 두고 있지 않다.

정형성을 결여하기 때문에 사기죄를 구성하지 않는다고 보고 있다. 즉, ① 등기공무원에게 부당한 표준가격을 신고해서 등록세를 면한 사안에서, 등기공무원은 그 직권을 가지고 등기신청자가 신고한 과세표준가격을 조사하고 이에 과세하는 권한을 가지고 있기 때문에, 상당하지 않은 표준가격을 신고하여 등록세를 면탈하는 행위가 있다고 하더라도 사기죄를 구성하지 않고,[38] ② 사기 수단을 가지고 관세를 포탈한 경우, 범인이 그 결과로 재산상 이익을 얻는 것은 당연한 것으로 관세법이 그 경우를 예상하여 이를 포괄해서 일죄를 구성하고 관세법 조항을 가지고 처벌하는 취지이며,[39] ③ 상속세에 대해 수정신고한 사람이 수정신고 관련 상속세를 면하기 위해 상속에 의해 다액의 채무를 부담한 듯 가공의 사실에 근거하여 감액경정청구를 한 경우, 사기미수죄의 성립을 부정하고 상속세의 포탈범이 성립한다고 판례[40]가 있다.

V. 구성요건 체계

1. 사기의 죄의 체계

36 사기의 죄는 단순 사기죄(§ 347)를 기본적 구성요건으로 하고, 사기의 특수형태를 처벌하기 위하여 마련한 수정적 구성요건으로 컴퓨터등사용사기죄(§ 347의2), 준사기죄(§ 348), 편의시설부정이용죄(§ 348의2)를 두고 있다. 부당이득죄(§ 349)는 타인의 궁박한 상태를 이용하는 것이기 때문에 타인을 기망하는 사기죄와는 다른 독자적인 구성요건이다.[41]

37 사기의 죄의 가중적 구성요건으로 상습사기죄가 규정되어 있고, 부당이득죄를 제외한 사기의 죄의 미수범은 처벌한다(§ 352). 사기죄에는 자격정지를 병과할 수 있고(§ 353), 동력에 관한 규정과 친족상도례가 준용된다(§ 354, § 328, § 346).

---

38 大判 明治 44(1911). 5. 25. 刑録 17·570.

39 大判 大正 5(1915). 10. 28. 刑録 21·1745.

40 東京地判 昭和 61(1986). 3. 19. 判時 1206·130.

41 부당이득죄는 사람의 의사결정의 자유가 억압된 상태를 이용한다는 점에서는 사기죄와 유사하지만, 적극적인 기망을 사용하지 않는다는 점에서는 사기죄에 비해 불법이 감경된 범죄 유형이라는 견해로는 오영근, 295.

2. 특별법

(1) 특정경제범죄 가중처벌 등에 관한 법률

사기죄, 컴퓨터등사용사기죄, 상습사기죄를 범한 사람이 그 범죄행위로 인하여 취득한 재물이나 재산상 이익의 가액이 5억 원 이상 50억 원 미만일 때는 3년 이상의 유기징역으로, 50억 원 이상일 때에는 무기 또는 5년 이상의 징역으로 가중 처벌한다(§ 3). 38

(2) 보험사기방지 특별법

보험사기방지 특별법은 보험사기행위를 '보험사고의 발생, 원인 또는 내용에 관하여 보험자를 기망하여 보험금을 청구하는 행위'라고 정의하고(§ 2(i)), 보험사기행위로 보험금을 취득하거나 제3자에게 보험을 취득하게 한 자를 '보험사기죄'로 처벌하고 있다(§ 8). 위 특별법은 보험사기죄의 상습범(§ 9)과 미수범(§ 10)에 관한 규정을 두고 있고, 이득액에 따라 가중처벌하고 있다(§ 11). 39

보험사기죄는 형법상 사기죄의 구성요건과 대동하나, 기망행위의 대상이 보험사고의 발생·원인 또는 내용이며, 그 상대방이 보험자라는 점, 실행행위로서 기망행위와 별도로 보험금의 청구를 요한다는 점에서 차이가 있다.[42] 40

(3) 전기통신금융사기 피해 방지 및 피해금 환급에 관한 특별법

종전에 형법상 사기나 컴퓨터등사용사기죄로 처벌되던 보이스피싱을 포함하여 그와 같은 규정으로 처벌이 어려운 변종 보이스피싱을 처벌하기 위하여 전기통신금융사기 피해 방지 및 피해금 환급에 관한 특별법(이하, 통신사기피해환급법이라 한다.) 제15조의2가 신설되었다. 41

통신사기피해환급법 제15조의2 제1항은 전기통신금융사기를 목적으로, ① 타인으로 하여금 컴퓨터 등 정보처리장치에 정보 또는 명령을 입력하게 하는 행위(제1호), ② 취득한 타인의 정보를 이용하여 컴퓨터 등 정보처리장치에 정보 또는 명령을 입력하는 행위(제2호)를 한 자를 10년 이하의 징역 또는 1억 원 이하의 벌금에 처한다고 규정하고 있고, 미수범(§ 15의2②)과 상습범(§ 15의2③) 처벌 규정도 두고 있다. 42

---

42 오병두, "보험사기방지 특별법에 대한 평가와 개선방향", 형사정책 28-3, 한국형사정책학회(2016), 303 이하.

43 통신사기피해환급법 제2조 제2호에 따르면, '전기통신금융사기'란 전기통신기본법 제2조 제1호[43]에 따른 전기통신을 이용하여 타인을 기망·공갈함으로써 재산상의 이익을 취하거나 제3자에게 재산상의 이익을 취하게 하는, ① 피해자의 자금을 송금·이체하도록 하거나(가목), ② 개인정보를 이용하여 피해자의 자금을 송금·이체하는 행위(나목)를 말하므로,[44] 위 처벌조항에서 말하는 '전기통신금융사기를 목적으로 하는 정보 등의 입력행위'란 피해자의 자금을 사기이용계좌(이른바 대포통장 계좌)로 송금·이체시키는 내용의 '정보 등의 입력행위'만을 의미하는 것으로 보아야 한다. 따라서 전기통신금융사기로 인하여 피해자의 자금이 사기이용계좌로 송금·이체된 후 계좌에서 현금을 인출하기 하여 정보처리장치에 사기이용계좌 명의인의 정보 등을 입력하는 행위는 위 처벌조항에서 정한 구성요건에 해당하지 않는다.[45]

〔고 제 성〕

43 전기통신기본법 제2조(정의) 이 법에서 사용하는 용어의 정의는 다음과 같다.
1. "전기통신"이라 함은 유선·무선·광선 및 기타의 전자적 방식에 의하여 부호·문언·음향 또는 영상을 송신하거나 수신하는 것을 말한다.

44 다만 재화의 공급 또는 용역의 제공 등을 가장한 행위는 제외하되, 대출의 제공·알선·중개를 가장한 행위는 포함한다(통신사기피해환급법 § 2②).

45 대판 2016. 2. 19, 2015도15101(전). 본 판결 평석은 고제성, "통신사기피해환급법 제15조의2 제1항에서 말하는 '정보 또는 명령의 입력행위'의 의미", 사법 36, 사법발전재단(2016), 369-394.

第347조(사기)

① 사람을 기망하여 재물의 교부를 받거나 재산상의 이익을 취득한 자는 10년 이하의 징역 또는 2천만원 이하의 벌금에 처한다. 〈개정 1995. 12. 29.〉

② 전항의 방법으로 제삼자로 하여금 재물의 교부를 받게 하거나 재산상의 이익을 취득하게 한 때에도 전항의 형과 같다.

Ⅰ. 의 의 ······ 409
Ⅱ. 행위의 객체 ······ 410
1. 재 물 ······ 410
2. 재산상 이익 ······ 413
3. 불법원인급여와 사기죄 ······ 416
Ⅲ. 행 위 ······ 421
1. 기 망 ······ 421
2. 피기망자의 착오 ······ 446
3. 처분행위 ······ 449
4. 재산상 손해 ······ 464
5. 이득액 산정 ······ 468
Ⅳ. 주관적 구성요건 ······ 474
1. 고 의 ······ 474
2. 불법영득(이득)의 의사 ······ 475
Ⅴ. 실행의 착수와 기수시기 ······ 476
1. 실행의 착수시기 ······ 476
2. 기수시기 ······ 478
Ⅵ. 소송사기 ······ 481
1. 의 의 ······ 481
2. 성립요건 ······ 481
3. 실행의 착수와 기수시기 ······ 485
4. 죄수 및 다른 죄와의 관계 ······ 488
Ⅶ. 위법성 - 권리행사와 사기죄의 성부 ······ 488
1. 견해 대립 ······ 488
2. 판례의 태도 ······ 489
Ⅷ. 죄수 및 다른 죄와의 관계 ······ 490
1. 죄 수 ······ 490
2. 다른 죄와의 관계 ······ 492
Ⅸ. 처 벌 ······ 496
1. 법정형 등 ······ 496
2. 친족상도례 ······ 496

Ⅰ. 의 의

본죄(사기죄)는 사람을 기망하여 재물을 교부받거나 재산상 이익을 취득하거나 제3자로 하여금 재물의 교부를 받게 하거나 재산상 이익을 취득하게 함으로써 성립하는 범죄이다. 재물을 교부받는 사기죄를 재물사기죄, 재산상 이익을 취득하는 사기죄를 이익사기죄라 한다. 1

본죄가 성립하기 위해서는 ① 행위자의 기망행위, ② 피기망자의 착오, ③ 재산상 처분행위, ④ 재물이나 재산상 이익의 취득, ⑤ 기망행위, 착오, 처분행위, 재물이나 재산상 이익의 취득 사이의 인과관계가 필요하다(통설[1] · 판례[2]). 그리고 2

1 김신규, 형법각론 강의, 402; 오영근, 형법각론(4판), 295; 홍영기, 형법(총론과 각론), § 80/2; 주석형법 〔각칙(6)〕(5판), 10(이인석).

2 대판 2009. 6. 23, 2008도1697. 「사기죄가 성립하기 위해서는 기망행위와 상대방의 착오 및 재

재산상 손해 발생이 필요한지에 대해서는 견해 대립이 있다. 본조가 규정하는 구성요건에는 처분행위와 재산상 손해의 발생 등이 생략되어 있다.

3 본죄는 재물 또는 재산상 이익을 현실적으로 취득해야 비로소 기수가 되는 침해범이다.[3]

Ⅱ. 행위의 객체

1. 재 물

(1) 타인 점유, 타인 소유의 재물

4 본죄의 객체가 되는 재물은 '타인이 점유하는 타인의 재물'이다.[4] 본죄에서 말하는 재물은 절도죄에서 말하는 재물의 개념과 같다. 다만 절도죄의 재물은 동산에 한정됨에 반하여〔견해의 대립 있음. 이에 대한 상세는 **제38장 절도와 강도의 죄 [총설]** 참조〕, 본죄의 재물에는 동산뿐만 아니라 부동산도 포함된다.[5] 부동산 사기의 기수시기는 권리이전의 의사표시만으로는 부족하고, 현실적으로 점유 이전이 있거나 소유권이전등기가 마쳐진 때로 보아야 한다.[6]

5 본죄의 객체로서의 재물은 타인 소유의 것이어야 한다. 재물의 소유자인 타인은 자연인이나 법인 그 밖의 단체는 물론 국가나 지방자치단체도 포함된다.[7] 자기 소유의 재물은 본죄의 객체가 될 수 없으므로, 만일 타인이 점유하는 자기 소유의 재물을 기망으로 교부받은 경우 권리행사방해죄(§ 323)나 공무상보관물무효죄(§ 142)가 될 수는 있어도 본죄는 성립하지 않는다.[8]

물의 교부 또는 재산상의 이익의 공여와의 사이에 순차적인 인과관계가 있어야 하지만, 착오에 빠진 원인 중에 피기망자 측에 과실이 있는 경우에도 사기죄가 성립한다.」

3 김신규, 400; 손동권·김재윤, 새로운 형법각론, § 22/2; 정성근·정준섭, 형법각론 강의(2판), 247; 홍영기, § 80/1.

4 大判 大正 7(1918). 7. 5. 刑録 24·909.

5 大判 明治 36(1903). 6. 1. 刑録 9·930.

6 대판 1961. 7. 14, 4294형상109.

7 신동운, 형법각론(2판), 1025.

8 김일수·서보학, 형법각론(9판), 338; 배종대, 형법각론(14판), § 68/4. 이와 달리, 자기 소유 물건이 타인의 권리의 목적으로 된 경우 타인 소유의 재물에 준하는 것으로 취급할 수 있으므로, 자기 소유의 재물을 타인에게 담보로 제공한 자가 기망의 수단으로 되찾아 오는 경우 본죄를 구성한다는 견해도 있다(신동운, 1019).

본죄의 객체는 타인이 점유하는 재물이어야 하므로, 자기가 점유하고 있는 타인의 재물을 영득하면서 기망행위를 하였다고 하더라도, 본죄는 성립하지 아니하고,[9] 횡령죄(§ 355①)만이 성립한다.[10] 6

(2) 경제적 교환가치가 필요한 것인지

재산죄의 객체로서 재물은 반드시 경제적 가치 또는 교환가치를 가질 필요가 없고, 부모의 사진이나 애인의 편지와 같이 객관적 교환가치는 없을지라도 그 소유자나 점유자에게 주관적인 가치가 있는 것은 재물로서 보호의 대상이 될 수 있다는 것이 다수설이다.[11] 7

그런데 본죄에서의 재물은 절도죄와 달리 경제적·재산적 가치를 지닌 것이어야 한다는 견해가 있다.[12] 이 견해는 본죄의 객체로서 재물은 소유권침탈의 대상으로서의 재물이 아니라 피해자의 재산적 손해의 대상으로서의 재물 및 행위자의 위법이득의 대상인 재산의 적극적 구성부분으로서의 재물이기 때문이라거나, 본죄에서의 재물은 전체 재산을 보호하려는 입법 목적에 비추어 재산적 가치를 지닌 것이어야 한다는 점 등을 논거로 한다. 위 견해에 따르면, 유품 중 퇴색한 부친의 사진 한 장은 절도죄의 객체는 될 수 있어도 경제적·재산적 교환가치가 없기 때문에 본죄의 객체가 될 수 없다. 8

(3) 구체적 사례

본조의 재물에는 금전은 물론이고, 일정한 권리를 표시한 각종 증서도 포함된다. 이와 관련하여 판례는, ① 백지위임장,[13] ② 수출물품수령증,[14] ③ 등기공무원이 경락허가결정등본에 등기필의 취지를 기재한 경락허가결정등본,[15] 9

---

9 이와 달리, 자기가 점유하는 타인 소유의 재물도 위탁관계에 기한 점유가 아닌 한 본죄의 객체가 될 수 있다는 견해로, 김일수·서보학, 338.

10 대판 1980. 12. 9, 80도1177; 대판 1987. 12. 22, 87도2168.

11 배종대, § 68/4; 이재상·장영민·강동범, 형법각론(13판), § 16/15; 정영일, 형법각론, 219.

12 김일수·서보학, 338.

13 대판 1961. 10. 19, 4294형상352.

14 대판 1982. 9. 28, 82도1656. 「수출물품수령증은 피고인이 경영하는 공업사가 위 회사의 의뢰에 의하여 개설받은 내국신용장에 의하여 발행하는 환어음을 위 내국신용장 개설은행에 매입시키기 위하여 반드시 첨부해야 될 필요불가결의 증서임이 분명하여 그 한도 내에서 경제적 가치와 재물성이 있다고 볼 수 있으므로 사기죄의 객체가 된다 할 것이고, 한편 위 수출물품수령증의 재물성을 인정할 수 있는 이상 상대방이 이를 피고인에게 교부함으로 인하여 현실적인 금전상 손해를 입는바 없다 하더라도 상대방에게는 수령증의 교부자체에 의하여 손해가 발생한다고 보아야 할 것이다.」

15 대판 1989. 3. 14, 88도975.

④ 무효사유가 있는 약속어음 공정증서,[16] ⑤ 주권을 포기한다는 의사표시가 담긴 처분문서인 주권포기각서[17] 등은 본죄의 객체인 재물에 해당한다고 판단하였다.[18]

10 그러나 판례는, "보험가입사실증명원은 보험에 가입하였음을 증명하는 내용의 문서일 뿐이고 재물이나 재산상 이익의 처분에 관한 사항을 포함하고 있지 아니하므로, 보험회사를 기망하여 허위의 보험가입사실증명서를 발급받더라도 사기죄에서 말하는 재물이나 재산상의 이익이 침해된 것으로 볼 것은 아니어서, 사기죄가 성립하지 않는다."라고 판시하였다.[19]

11 위 판결에 대하여, '권리관계에 관한 사실을 증명하는 문서' 또는 '재물이나 재산상 이익의 처분에 관한 사항을 포함하고 있지 아니한 증서'는 본죄의 객체가 되지 않는다고 일반화하여 해석할 것은 아니라는 견해가 있다.[20] 즉, 보험가입사실증명원은 어떠한 차량이 보험에 가입되어 있는지에 관한 사실을 증명하는 내용의 문서에 불과하므로, 그것이 발급되었다고 하여 보험회사에 교통사고에 대한 보상책임이 발생한다고 볼 수 없고, 따라서 보험회사를 기준으로 볼 때, 설령 그것이 기망에 의하여 발급된 것이라고 하더라도 본죄에 있어서 재물이나 재산상 이익의 처분행위가 있었다거나 그것이 침해되었다고 볼 수 없다는 의미에서, 위 판결이 본죄의 성립을 부정한 것으로 이해함이 타당하다고 한다. 사안을 달리하여, 제3자가 보험회사로부터 이미 발급받아 소지하고 있는 보험가입사실증명원을 그로부터 편취하거나 절취한 경우라면, 보험가입사실증명원

---

16 대판 1995. 12. 22, 94도3013. 「약속어음공정증서에 증서를 무효로 하는 사유가 존재한다고 하더라도 그 증서 자체에 이를 무효로 하는 사유의 기재가 없고 외형상 권리의무를 증명함에 족한 체제를 구비하고 있는 한 그 증서는 형법상의 재물로서 사기죄의 객체가 됨에 아무런 지장이 없다.」

17 대판 1996. 9. 10, 95도2747.

18 일본 판례가 인정한 재물로서는 금원차용증서[大判 大正 5(1916). 4. 24. 刑録 22·656], 우편환증서[大判 大正 12(1923). 4. 5. 刑集 2·303], 전화가입명의변경예약서[大判 大正 14(1925). 6. 4. 刑集 4·4·358], 부동산권리증[最判 昭和 26(1951). 5. 29. 裁判集(刑事) 46·599], 휘발유구매증[大判 昭和 16(1941). 3. 27. 刑集 20·70], 가정용주식(主食) 구입통장[最判 昭和 24(1949). 11. 17. 刑集 3·11·1808], 예금통장[最決 平成 14(2002). 10. 21. 刑集 56·8·670], 국민건강보험피보험증[最決 平成 18(2006). 8. 21. 判タ 1227·184] 등이 있다.

19 대판 1997. 3. 28, 96도2625.

20 김도형, "사기죄의 객체로서의 인감증명서", 해설 90(2011 하반기), 법원도서관(2012), 800-801 (대판 2011. 11. 10, 2011도9919 해설).

의 재물성을 부인하기 어려울 것이라고 한다.[21]

12 한편 대법원은, "인감증명서는 재물이나 재산상 이익의 처분에 관한 사항을 포함하고 있지 않으나, 인감과 함께 소지함으로써 인감 자체의 동일성을 증명함과 동시에 거래행위자의 동일성과 거래행위가 행위자의 의사에 의한 것임을 확인하는 자료로서 거래상 극히 중요한 기능을 가지므로, 인감증명서는 특별한 사정이 없는 한 재산적 가치를 가지는 것이어서 형법상의 '재물'에 해당하고, 따라서 그 소지인을 기망하여 인감증명서를 편취하는 것은 그 소지인에 대한 관계에서 사기죄가 구성한다."라고 판시하였다.[22]

2. 재산상 이익

(1) 재산상 이익의 범위

13 재산상 이익은 재물 이외의 재산적 가치가 있는 일체의 이익을 말한다.[23] 예컨대 채권을 양수받거나 담보를 제공받는 등의 적극적 이익[24]은 물론, 채무면제를 받거나 채무변제의 유예를 받는 것 등의 소극적 이익[25]도 포함된다.[26]

14 재산상 이익은 영속적인지 아니면 일시적 이익인지는 묻지 않지만, 구체적이고 직접적인 이익이어야 한다.[27] 판례도 본죄의 객체인 재산상 이익은 재산적 가치가 있는 구체적 이익일 것을 요한다고 한다.[28] 따라서 ① 채권자에 대한 채무이행을 위하여 존재하지 않는 자신의 다른 채권을 양도한 경우,[29] ② 병원 치료비 채무를 면하기 위하여 거짓말로 핑계를 대고 병원을 빠져나와 도주한 경우[30]에는 재산상 이익을 취득하였다고 할 수 없어 본죄는 성립하지 않는다.

---

21 大阪高判 昭和 59(1984). 5. 23. 高刑集 37·2·328. 한편, 일본 판례는 보험계약을 체결할 수 없음을 알면서도 이를 숨기고 계약을 체결한 뒤 교부받은 보험증서〔最決 平成 12(2000). 3. 27. 刑集 54·3·402〕에 대한 본죄에서의 재물성을 인정하고 있다.

22 대판 1986. 9. 23, 85도1775(절도죄에서 인감증명서의 재물성 인정); 대판 2011. 11. 10, 2011도9919(본죄에서 인감증명서의 재물성 인정).

23 大判 明治 43(1910). 5. 31. 刑録 16·995.

24 대판 1983. 2. 22, 82도2555; 대판 1985. 11. 12, 84도984; 대판 1995. 8. 25, 94도2132 등.

25 대판 1995. 9. 15, 94도3213; 대판 1997. 7. 25, 97도1095.

26 大判 明治 42(1909). 12. 13. 刑録 14·1779.

27 大判 大正 3(1914). 2. 17. 法律新聞 925·27.

28 대판 2012. 5. 24, 2010도12732.

29 대판 1985. 3. 12, 85도74.

30 대판 1970. 9. 22, 70도1615.

15 재산상 이익이 구체적 이익이어야 한다는 점과 관련하여 재산상 이익의 증가에 대한 사실상의 기대도 재산상 이익에 해당하는지가 문제된다. 사법상 보호되는 권리(조건부 권리 또는 기한부 권리)나 재산증가가 확실히 기대되는 경우에는 재산상 이익에 속하겠지만, 재산증가에 대한 사실상 기대 그 자체만으로는 원칙적으로 재산상 이익이 될 수 없다.[31] 예컨대 가격상승 일로에 있는 주식을 매각함으로써 현시가보다 더 높은 수익을 얻을 수 있는 전망은 사실상 기대로서 재산상 이익이 되나, 복권과 같이 당첨가능성이 아주 희박한 전망은 최고액 등의 재산적 가치를 가진 기대로 볼 수 없다.

16 재산상 이익의 취득이 사법상 유효할 필요는 없다. 이익 취득이 법률상 무효라고 하더라도 외관상 재산상 이익을 취득하였다고 볼 수 있는 사실관계만 있으면 된다.[32] 따라서 국유 재산의 매각을 전제로 하여 연고권자에게 유상대부계약을 함에 있어서, 허위로 연고권이 있는 것처럼 속여 대부계약을 맺고 이어 이를 매수한 경우, 대부를 받은 사람에게 우선 매수권이 있는 것은 아니라 할지라도 사실상 우선적으로 매수할 수 있는 것이므로, 대부계약을 맺을 때에 관계 공무원을 기망하였다면 본죄가 된다.[33]

(2) 비재산상 이익

17 본죄는 재산범죄이므로 타인을 기망하여 이익을 취득하였다고 하더라도 그것이 재산상 이익이 아니면 본죄가 성립하지 않는다. 이는 뇌물죄의 경우 재산적 이익뿐만 아니라 사람의 수요·욕망을 충족시키기에 족한 일체의 유형, 무효의 이익이 뇌물에 포함된다는 것과 대비된다.

18 혼인을 빙자하여 부녀를 기망한 후 간음한 경우, 본죄는 성립하지 않는다. 사기결혼 자체는 본죄가 되지 않지만, 결혼을 가장하여 상대방을 속이고 결혼비용이나 그 밖의 증여 등의 명목으로 금품을 편취한 경우에는 본죄가 성립한다.[34]

---

31 천진호, "소취하와 사기죄에 있어서 재산적 처분행위", 비교형사법연구 5-1, 한국비교형사법학회(2003), 604.

32 대판 1975. 5. 27, 75도760; 대판 2012. 5. 24, 2010도12732.

33 대판 1972. 1. 31, 71도1193.

34 김성돈, 형법각론(5판), 352.

(3) 구체적 사례

(가) 재산상 이익 인정 사례

재산상 이익이 인정된 사례로는, ① 제3자로부터 돈을 융자받거나 물품을 외상으로 공급받을 목적으로 타인을 기망하여 그 타인 소유의 부동산에 제3자 앞으로 근저당권을 설정하게 하는 경우,[35] ② 신축 중인 다세대 주택에 관하여 건축허가명의를 변경받는 경우,[36] ③ 피해자를 연대보증인으로 하는 차량할부판매보증보험계약을 체결하게 한 경우,[37] ④ 경제적 이익을 기대할 수 있는 자금운용의 권한 내지 지위의 획득(주식계좌의 사용권한)이 그 자체로 경제적 가치가 있는 것으로 평가할 수 있는 경우,[38] ⑤ 임차인이 통정허위표시로서 무효인 임대차계약에 기초하여 임차권등기명령을 받아 임차권등기를 마친 경우,[39] ⑥ 채무이행을 연기받을 목적으로 어음을 발행한 경우,[40] ⑦ 부동산 위에 소유권이전등기청구권 보전의 가등기를 마친 사람을 기망하여 그 가등기를 말소케 한 경우[41] 등이 있다. 19

한편 판례는, ⑧ 가상자산은 국가에 의해 통제받지 않고 블록체인 등 암호화된 분산원장에 의하여 부여된 경제적인 가치가 디지털로 표상된 정보로서 재산상 이익에 해당한다[42]고 하고, 비트코인은 경제적인 가치를 디지털로 표상하 20

35 대판 2004. 4. 25, 200도137.
36 대판 1997. 7. 11, 95도1874.
37 대판 1995. 8. 25, 94도2132.
38 대판 2012. 9. 27, 2011도282.
39 대판 2012. 5. 24, 2010도12732.
40 대판 1997. 7. 25, 97도1095.
41 대판 2008. 1. 24, 2007도9417.
42 대판 2021. 12. 16, 2020도9788(다만, 착오이체된 비트코인을 임의로 자신의 다른 계정으로 이체한 행위는 배임죄에 해당하지 않는다고 판시). 「가상자산은 국가에 의해 통제받지 않고 블록체인 등 암호화된 분산원장에 의하여 부여된 경제적인 가치가 디지털로 표상된 정보로서 재산상 이익에 해당한다. 가상자산은 보관되었던 전자지갑의 주소만을 확인할 수 있을 뿐 그 주소를 사용하는 사람의 인적사항을 알 수 없고, 거래 내역이 분산 기록되어 있어 다른 계좌로 보낼 때 당사자 이외의 다른 사람이 참여해야 하는 등 일반적인 자산과는 구별되는 특징이 있다. 이와 같은 가상자산에 대해서는 현재까지 관련 법률에 따라 법정화폐에 준하는 규제가 이루어지지 않는 등 법정화폐와 동일하게 취급되고 있지 않고 그 거래에 위험이 수반되므로, 형법을 적용하면서 법정화폐와 동일하게 보호해야 하는 것은 아니다. 원인불명으로 재산상 이익인 가상자산을 이체받은 자가 가상자산을 사용·처분한 경우 이를 형사처벌하는 명문의 규정이 없는 현재의 상황에서 착오송금 시 횡령죄 성립을 긍정한 판례(대판 2010. 12. 9, 2010도891 등 참조)를 유추하여 신의칙을 근거로 피고인을 배임죄로 처벌하는 것은 죄형법정주의에 반한다. 이 사건 비트

여 전자적으로 이전, 저장과 거래가 가능하도록 한 가상자산의 일종으로 본죄의 객체인 재산상 이익에 해당한다[43]고 판시하였다.

(나) 재산상 이익 부정 사례

21 재산상 이익이 부정된 사례로는, ① 부재자의 재산관리인 선임으로 선임된 것만으로는 재산상 이익을 얻은 것이라고 볼 수 없다고 본 사례,[44] ② 피고인이 피해자에게 백미 100가마를 변제한다고 말하면서 10가마의 백미 보관증을 100가마의 보관증이라고 속여 교부하고 한문판독능력이 없는 피해자가 이를 100가마의 보관증으로 믿고 교부받았다고 하더라도 채무가 소멸되는 것은 아니라서 피고인이 재산상 이익을 취득하였다고 볼 수 없다고 판단한 사례,[45] ③ 피고인이 피해자 은행을 속여 '피해자 은행이 보증인으로서 채무를 부담하겠다'라는 청약의 의사표시가 기재된 지급보증서를 교부받았으나 이를 아직 채권자에게 교부하지 않는 단계라면 피고인은 재산상 이익을 취득한 것이 아니라서 범죄가 완성되지 않았다고 본 사례[46] 등이 있다.

3. 불법원인급여와 사기죄

(1) 문제 제기

22 민법 제746조는 불법의 원인으로 재산을 급여하거나 노무를 제공한 때에는 그 이익의 반환을 청구하지 못한다고 규정하고 있다. 따라서 타인을 속여 불법

코인이 법률상 원인관계 없이 피해자로부터 피고인 명의의 전자지갑으로 이체되었더라도 피고인이 신임관계에 기초하여 피해자의 사무를 맡아 처리하는 것으로 볼 수 없는 이상, 피고인을 피해자에 대한 관계에서 '타인의 사무를 처리하는 자'에 해당한다고 할 수 없다.」

43 대판 2021. 11. 11, 2021도9855. 위 판결은 국내 첫번째 ICO(Initial Coin Offering)(가상화폐공개)로 주목을 받은 A 코인의 설립자이자 대표이사인 피고인이 2017년 ICO를 개최하여 전 세계 투자자들로부터 6902 BTC(비트코인)를 한 뒤, 어느 한 명이 이를 임의로 출금·사용하는 것을 방지하기 위하여 주주 3명 중 2명이 동의해야 출금이 가능한 다중서명계좌에 보관하기로 하고, 피고인과 다른 주요 주주 2명 등 3명의 다중서명계좌에 보관하고 있던 중, 위 주주 2명에게 다중서명계좌에 보관하고 있던 비트코인 중 6000 BTC를 자신의 단독 명의 계좌로 이체시켜주면 코인 이벤트에 참가했다가 다시 반환하겠다고 속여 이를 자신의 단독 명의 계좌로 이체받아 편취하였다고 기소된 사안에서, 피고인의 기망행위와 처분행위 사이에 인과관계가 있고, 피고인의 편취 범의와 불법영득의사가 인정된다고 판단한 원심판결을 수긍하였다(사실관계는 원심판결인 서울고판 2021. 7. 9, 2020노357 참조).

44 대판 1973. 9. 25, 73도1080.

45 대판 1990. 12. 26, 90도2037.

46 대판 1982. 4. 13, 80도2667.

한 원인으로 재물을 교부받거나 재산상 이익을 취득한 경우, 타인은 위 규정에 따라 이미 교부한 재물이나 제공한 재산상 이익에 대한 반환을 청구할 수 없게 되는데, 그 경우 본죄가 성립하는지가 문제된다. 예컨대, '마약을 공급해 주겠다.' 또는 '매춘행위를 하겠다.'라고 속이고 그 대가를 지급받은 경우나 반대로 '대가를 지급하겠다.'라고 속이고 마약을 공급받거나 성관계를 맺은 경우 등이 여기에 해당한다.

불법원인급여와 본죄 성립 여부는 재물 또는 재산상 이익의 타인성과 관련된 문제이다.[47] 또한 이는 재산범죄에서 재산 개념을 어떻게 파악할 것인지에 관한 것으로, 불법한 목적을 위하여 제공되어 민법상 보호받지 못하는 재산은 형법상으로도 보호받지 못하는 것인가에 대한 문제이다.[48] 23

(2) 견해 대립

(가) 긍정설

사람을 기망하여 재물을 취득하는 행위 자체가 위법하고 그로 인하여 재산상의 손해가 발생한 것도 명백하며, 본죄의 성립 여부는 민법상 반환청구권의 유무와 관계없이 형법의 독자적 관점에서 판단해야 한다는 점 등을 논거로, 본죄가 성립한다고 설명한다.[49] 즉, 민법상 반환청구권은 본죄의 요건이 될 수 없고 피해자에게 경제적 손해를 준 것은 틀림없으므로 본죄의 성립을 인정하여야 한다는 입장으로, 급여원인의 불법성으로 급여자가 민법상 보호되지 않는다는 것과 행위자가 기망이라는 위법한 수단에 의하여 사회적 재산질서를 교란한 것은 별개의 문제이기 때문에 긍정설이 타당하다고 한다.[50] 24

이러한 긍정설에 대해서, 불법원인급여물의 타인성에 대한 판단을 형법적 재산 개념을 내세워 회피함으로써 문제를 정면에서 해결하지 못한다는 비판이 있다.[51] 25

47 신동운, 1029.
48 배미란, "불법원인급여와 사기죄 - 한국과 일본의 논의를 중심으로 -", 법학논총 29-2, 한양대학교 법학연구소(2012), 71-72.
49 김성돈, 351; 김신규, 432; 이재상·장영민·강동범, § 18/47; 임웅, 형법각론(9정판), 417; 정성근·박광민, 형법각론(전정3판), 354; 홍영기, § 80/6.
50 배종대, § 68/67.
51 신동운, 1031.

(나) 부정설

26 불법원인급여물에 대한 급여자의 반환청구권이 인정되지 않기 때문에 급여자에게 재산상 손해가 발생하지 않았고, 법질서의 통일이라는 관점 내지 법률적·경제적 재산개념에 따른다면 불법원인급여물에 대한 본죄의 성립은 부정하는 것이 옳다는 점 등을 논거로 본죄의 성립을 부정한다.[52] 다시 말해, 민법상 불법인 경우에도 경제적 가치가 있다고 하여 형법상의 재산으로 인정하게 된다면 법적 평가에 있어서는 민법과의 모순이 생기고, 따라서 법규범의 통일인 적용이라는 점에서 문제가 생긴다고 한다.[53]

27 또한 불법한 목적을 위해 돈을 제공한 피해자는 불법행위를 위해 스스로 위험을 부담하고 행위를 한 것이기 때문에, 본죄가 무의식인 자기침해적인 행위를 전제로 한다면 이러한 사례는 본죄의 가벌성이 부정된다고 설명한다.[54]

(다) 원인제공설

28 원칙적으로 재산범죄의 성립이 부정되지만, 예외적으로 민법 제746조 단서에 해당하여 반환청구권이 인정되는 경우에는 본죄가 성립한다고 보는 견해이다.[55] 이 견해에 따르면, 불법원인이 기망행위자에게만 있는 경우 피해자는 민법 제746조 단서에 따라 급여물에 대한 반환청구권을 가지게 되고, 기망행위자에 대해서는 본죄가 성립한다.

(라) 그 밖의 견해

29 위 견해 외에, 불법한 원인으로 재물이 교부된 때는 본죄가 성립하지만, 재산상 이익이 제공된 때는 본죄가 성립하지 않는다는 견해[56]도 있다.

(3) 판례

30 판례는 "민법 제746조의 불법원인급여에 해당하여 급여자가 수익자에 대한 반환청구권을 행사할 수 없다고 하더라도, 수익자가 기망을 통하여 급여자로 하여금 불법원인급여에 해당하는 재물을 제공하도록 하였다면 사기죄를 구성한

---

52 김일수·서보학, 352; 배미란(주 48), 83.

53 안경옥, "불법원인급여와 사기죄의 성립 - 대법원 2001도2991 판결과 관련하여 -", 형사법연구 17, 한국형사법학회(2002), 121.

54 안경옥(주 53), 128.

55 손동권·김재윤, §22/64; 신동운, 1032.

56 이정원·류석준, 형법각론, 379; 이정원, "사기죄에 있어서 재산상 손해의 개념에 관한 연구", 비교형사법연구 2, 한국비교형사법학회(2000), 131.

다."라고 하여, 본죄의 성립을 긍정하고 있다.

그리하여 판례는, ① 도박자금으로 사용하기 위하여 돈을 빌려 차용한 경우,[57] ② 대법관에게 로비자금으로 쓸 자금을 빌려달라고 피해자를 속여 약속어음을 편취한 경우[58]에, 본죄가 성립한다고 보았다.[59] 31

(4) 관련 문제 - 매음료 면탈 사례

매음료(賣淫料)를 지급할 듯이 상대방을 속이고 매음한 뒤 매음료를 지급하지 않은 경우 본죄가 성립하는지가 문제되는데, 이 경우 불법원인급여의 문제 이외에도 간음행위가 금전적 가치를 갖는지도 검토되어야 한다.[60] 다시 말해, 위 사안에서 행위자가 불법하게 취득한 것은 성행위의 대가를 면함이 아니라 성행위 자체이며, 그렇게 볼 경우 성행위 자체를 재산범죄에서의 재산상 이익으로 볼 수 있는지가 문제된다.[61] 32

판례는, 피고인이 대가를 지급하기로 하고 술집 여종업원과 성관계를 가진 뒤 절취한 신용카드로 그 대금을 결제하는 방법으로 대가 지급을 면한 사안에서, "일반적으로 부녀와의 성행위는 경제적으로 평가할 수 없고, 상대방으로부터 금품이나 재산상의 이익을 받을 것을 약속하고 성행위를 하기로 하는 약속 자체는 선량한 풍속 기타 사회질서에 위반하는 사항을 내용으로 하는 법률행위로서 무효이지만, 사기죄의 객체가 되는 재산상의 이익이 반드시 사법상 보호되는 경제적 이익만을 의미하지 아니하고 부녀가 금품 등을 받을 것을 전제로 성행위를 하는 경우 '그 행위의 대가'는 사기죄의 객체인 경제적 이익에 해당하므로, 부녀를 기망하여 성행위의 대가의 지급을 면한 경우에는 사기죄가 성립한다."고 판시하였다.[62] 33

---

57 대판 2006. 11. 23, 2006도6795.

58 대판 1995. 9. 15, 95도707.

59 일본민법 제708조도 불법원인급여에 관해 규정하고 있는데, 일본 판례도 본죄의 성립을 인정하고 있다[最判 昭和 25(1950). 7. 4. 刑集 4·7·1168].

60 김기정, "매음료(賣淫料)의 면탈과 사기죄의 성부", 해설 39, 법원도서관(2002), 437(대판 2001. 10. 23, 2001도2991 해설).

61 이정원, "불법원인급여와 재산범죄의 성립여부", 비교형사법연구 4-2, 한국비교형사법학회(2002), 660.

62 대판 2001. 10. 23, 2001도2991. 이 사건 원심은 정조는 재산권의 객체가 될 수 없을 뿐만 아니라 이른바 화대란 정조 제공의 대가로 지급받는 금품으로서 이는 선량한 풍속에 반하여 법률상 보호받을 수 없는 경제적 이익이므로, 피고인이 기망의 방법으로 그 지급을 면하였다고 하더라

34　학설 중에 ① 본죄의 성립을 긍정하는 견해로는, ⓐ 본죄에서 재산상 이익은 민법상 유·무효와 관계없이 경제적 가치가 있으면 보호할 필요가 있고, 매음료 면탈은 요금지급을 유예한 재산상 이익이라고 할 수 있으므로 본죄가 성립한다는 견해,[63] ⓑ 성을 파는 사람의 성행위도 노동으로 인정되고 그 대가도 정당하며, 성을 사고파는 사람 사이에서는 자연 채무와 같은 채권·채무관계가 형성되기 때문에 불법원인급여에 대해 본죄를 인정하듯이 매음료 면탈의 경우에도 본죄를 부정할 이유가 없다는 견해[64] 등이 있다.

35　반면 ② 본죄의 성립을 부정하는 견해로는, ⓐ 위 사안에서 본죄의 객체는 '성행위의 대가'가 아니라 '성행위 자체'인데, 법질서가 명백하게 인정하지 아니하는 지위까지 형법의 재산개념에 포함시킬 수 없다는 법률적·경제적 재산설의 입장에 따르면, 성행위 자체는 재산범죄의 객체인 재산상 이익에 포함되지 않아 본죄가 성립하지 않는다는 견해,[65] ⓑ 정조는 어떤 경우에도 재산권이 될 수 없고 부녀의 성행위를 처분행위라고 볼 수도 없어 본죄가 성립하지 않는다는 견해,[66] ⓒ 매음료는 법질서 보호범위 내에 있는 경제적 가치로 볼 수 없으므로 본죄가 성립하지 않는다고 보는 견해[67] 등이 있다.

36　한편, 일본의 하급심 판례는 사람을 기망하여 매춘행위의 대가로 매음료를 면탈한 경우 본죄의 성립을 부정하는 판결과 긍정하는 판결로 나누어져 있다.

37　먼저 부정하는 판결로는, "원래 매음행위는 선량한 풍속에 반하는 행위로, 그 계약은 무효이기 때문에 매음료 채무를 부담하지 않는다. 따라서 매음자를 기망하여 그 지불을 면한다고 해도 재산상 불법한 이익을 얻었다고는 할 수 없다."라고 판시한 것[68]이 있고, 긍정하는 판결로는 "원심 인정의 계약이 매음을 포함하고 공서양속에 반하여 민법 제90조에 의해 무효라고 해도, 민사상 계약이 무효인지와 형사상 책임의 유무는 그 본질을 달리하고 하등의 관계를 가지지 않으며, 사기죄와 같이 타인의 재산권 침해를 본질로 한 범죄가 처벌되는 것은 단순히

도 본죄가 성립하지 않는다고 판시하였다.

63 정성근·박광민, 355; 정웅석·최창호, 형법각론, 610; 홍영기, § 80/6.

64 배종대, § 68/68.

65 이정원(주 61), 674-667.

66 이재상·장영민·강동범, § 18/4.

67 김일수·서보학, 353.

68 札幌高判 昭和 27(1952). 11. 20. 高刑集 5·11·2018.

피해자의 재산권 보호뿐만 아니라, 그와 같은 불법한 수단에 의한 행위는 사회질서를 혼란케 할 염려가 있기 때문이다. 그래서 사회질서를 어지럽힌다는 점에서 매음계약 시에 행해진 기망 수단이라도 통상의 거래에 있어서의 경우와 다를 바가 없다."라고 판시한 것[69]이 있다.

Ⅲ. 행 위

1. 기 망

(1) 의의

기망은 사람을 착오에 빠뜨리는 일체의 행위를 말한다.[70] 이미 착오에 빠져있는 사람을 계속해서 착오에 빠지게 하는 것도 포함한다.[71] 기망은 본죄를 다른 재산범죄와 구분짓고 실행의 착수를 판단하는 기준이 된다. 판례는 '기망이란 널리 거래관계에서 서로 지켜야 할 신의와 성실의 의무를 저버리는 모든 적극적·소극적 행위로서 사람으로 하여금 착오를 일으키게 하는 것'이라고 설명하고 있다.[72] 38

기망은 타인을 착오에 빠지게 하는 것을 말하므로, 비록 기망적 방법을 사용한 경우에도 상대방을 착오에 빠지게 하는 행위가 없다면 본죄의 기망이 인정되지 않는다. 예컨대, 승차권 없이 전철을 타는 행위는 검색받지 않는 한 기망행위가 되지 않는다.[73] 그리고 상대방의 재산적 처분행위와 연결되지 않는 기망도 본죄의 기망에 해당하지 않는다. 예컨대, 사람을 속여서 주의를 다른 데 돌리게 하고 그의 재물을 영득하면 절도죄에 해당할 뿐이다.[74] 39

비의료인이 개설한 의료기관이 마치 의료법에 의하여 적법하게 개설된 요양기관인 것처럼 국민건강보험공단에 요양급여비용의 지급을 청구하는 것은, 국민건강보험공단으로 하여금 요양급여비용 지급에 관한 의사결정에 착오를 일으키 40

69 名古屋高判 昭和 30(1955). 12. 13. 裁特 2·24·1276.
70 배종대, § 68/8; 이재상·장영민·강동범, § 18/12.
71 정성근·박광민, 335-336.
72 대판 1983. 6. 28, 83도1013; 대판 1998. 4. 24, 97도3054; 대판 1998. 12. 8, 98도3263; 대판 2002. 2. 5, 2001도5789; 대판 2007. 10. 25, 2005도1991; 대판 2021. 9. 9, 2021도8468.
73 배종대, § 68/8.
74 배종대, § 68/8.

게 하는 것이 되어 본죄의 기망행위에 해당한다.[75] 그리고 의사인 피고인이 전화를 이용하여 진찰한 것임에도 내원 진찰인 것처럼 가장하여 국민건강보험관리공단에 요양급여비용을 청구하는 것은 기망행위로서 본죄를 구성한다.[76]

41 그러나 보험계약자가 상법상 고지의무를 위반하여 보험자와 생명보험계약을 체결한다고 하더라도, 그 보험금은 보험계약의 체결만으로 지급되는 것이 아니라 우연한 사고가 발생하여야만 지급되는 것이므로, 상법상 고지의무를 위반하여 보험계약을 체결하였다는 사정만으로는 보험계약자에게 미필적으로나마 보험금 편취를 위한 고의의 기망행위가 있었다고 단정할 수 없다. 보험사고가 이미 발생하였음에도 이를 묵비한 채 보험계약을 체결하거나 보험사고 발생의 개연성이 농후함을 인식하면서도 보험계약을 체결하는 경우 또는 보험사고를 임의로 조작하려는 의도를 갖고 보험계약을 체결하는 경우와 같이 그 행위가 '보험사고의 우연성'과 같은 보험의 본질을 해할 정도에 이르러야 비로소 보험금 편취를 위한 고의의 기망행위를 인정할 수 있다.[77]

(2) 기망의 대상

(가) 사실

42 기망의 대상(내용)은 상대방이 재산적 처분행위를 하는 데 판단의 기초가 되는 사실이다.[78] 여기서 사실이란 객관적으로 증명할 수 있는 과거나 현재의 일정한 상태나 관계를 의미한다.[79] 대금 지급능력 등과 같은 외부적 상태(외적 사실)뿐만 아니라, 동기·목적·전문지식에 속하는 심리적·내부적 사실(내적 사실)도 포함한다.[80] 재물의 성질·품질과 변제능력은 외부적·객관적 사실이고, 대금지불의사나 변제의사는 심리적·내적 사실에 해당한다. 예컨대 변제(대금지급)능력 없이 돈을 차용하거나 신용카드를 발급받았다면 외적 사실에 대한 기망이 되고,

---

75 대판 2016. 3. 24, 2014도13649; 대판 2018. 4. 10, 2017도17699. 위 2017도17699 판결 해설은 하태한, "의료법에 위반하여 개설된 의료기관에서 환자를 진료한 후 보험회사에 자동차보험진료수가 등을 청구하여 이를 지급받거나 환자로 하여금 실손의료비를 지급받게 한 행위가 사기죄의 기망행위에 해당하는지 여부", 해설 116, 법원도서관(2018), 427-472.

76 대판 2013. 4. 26, 2011도10797.

77 대판 2012. 11. 15, 2010도6910. 본 판결 해설은 우인성, "보험계약 체결 시 고지의무를 위반한 것이 보험금 편취를 위한 기망행위로 볼 수 있는지 여부", 해설 94, 법원도서관(2013), 629-684.

78 대판 2007. 10. 25, 2005도1991; 대판 2021. 9. 9, 2021도8468.

79 정성근·박광민, 336.

80 김성돈, 353; 이재상·장영민·강동범, §18/13; 임웅, 402.

변제(대금지불)의사가 없었다면 내적 사실에 대한 기망이 된다.[81]

43 본죄의 실행행위로서의 기망은 반드시 법률행위의 중요부분에 관한 것임을 요하지 않는다.[82] 즉 거래관계의 동기나 부수적 사정에 불과하더라도, 그에 관한 착오를 하지 않았더라면 처분행위를 하지 않았을 것이라는 관계가 성립한다면, 그러한 사정은 '처분행위의 판단의 기초가 되는 사실'로서 기망에 해당한다[83]고 할 것이다.[84]

44 따라서 용도를 속이고 돈을 빌린 경우, 만일 진정한 용도를 고지하였더라면 상대방이 빌려주지 않았을 것이라는 관계에 있다면, 본죄의 실행행위인 기망은 있는 것으로 보아야 한다.[85] 예컨대, ① 창업자금 대출금 중 일부를 개인적인 용도로 사용할 생각이었음에도 이를 속이고 위 대출금을 학원 운전자금 용도로 사용하겠다면서 보증을 신청한 경우,[86] ② 피고인은 경매방해죄 등으로 실형을 선고받고 대법원에 상고 중에 있어서 만약 대법원에서 무죄가 나오지 아니하면 교도소에 수감되어야 하는 형편이었고, 그렇게 되면 피고인이 피해자를 대리하여 그 동안 추진하여 온 매매계약이 성사되지 않을 것을 염려한 피해자가 "대법원에 상고한 경매방해 등 사건에 관하여 로비자금으로 사용하겠다."는 피고인의 말을 믿고 돈을 빌려주었는데, 피고인은 그 돈을 변호사선임비와 사업자금으로 사용한 경우,[87] 본죄의 기망행위에 해당한다. 그리고 건물건축의 목적으로 매수한다는 사정을 알면서 건축이 가능한 것처럼 가장하여 절대농지를 매도한 경우

81 임웅, 402; 정성근·박광민, 336.

82 대판 1995. 9. 15, 95도707; 대판 1996. 2. 27, 95도2828; 대판 1999. 2. 12, 98도3549. 이와는 달리, 일본 판례는 기망행위란 재물·이익의 교부 판단에 기초가 되는 '중요한 사항'을 속이는 것이라고 한다〔最決 平成 22(2010). 7. 29. 刑集 64·5·829(비행기 탑승권 사건); 最決 平成 26(2014). 4. 7. 刑集 68·4·715(폭력단원 통장교부 사건)〕.

83 임웅, 401. 이와 달리, 기망행위가 법률행위의 동기에 착오를 유발한 데 그친 경우라면 본죄의 기망행위로 볼 수 없다는 견해로, 김일수·서보학, 341.

84 독일의 하급심 판례 가운데에는 일정한 사실관계를 전제로 지불청구권이 생긴다고 주장하는 것만으로는 법률관계의 기망으로서 본죄에 해당되지 않는다고 본 것이 있다(OLG Frankfurt, 19.03.1996 - 3 Ws 166/96).

85 대판 1995. 9. 15, 95도707; 대판 1996. 2. 27, 95도2828; 대판 2005. 9. 15, 2003도5382. 위 95도2828 판결 평석은 안경옥, "사기죄에 있어서의 기망행위", 형사판례연구 〔5〕, 한국형사판례연구회, 박영사(1997), 196-212.

86 대판 2003. 12. 12, 2003도4450.

87 대판 1995. 9. 15, 95도707.

에도 기망행위에 해당한다.[88]

(나) 장래의 사실

45 장래의 사실은 기망의 대상으로 사실에 포함되지 않지만 과거나 현재의 사실과 관련되어 있으면 기망의 대상이 될 수 있다.[89] 예를 들어, 돈을 빌리면서 언제까지 꼭 지급하겠으며 또 지급할 자력도 생긴다는 주장하는 경우, 장래에 지급할 능력이 있다는 것을 지금 당장에 확신시키는 현재의 내적 사실을 동시에 포함하고 있기 때문에 사실에 관한 기망이 될 수 있다.[90] 따라서 상환할 가능성이 없음에도 며칠 안에 돈을 갚겠다고 속이고 돈을 빌리는 경우, 본죄가 성립할 수 있다.

(다) 의견이나 가치판단

46 사실이 아닌 의견이나 순수한 가치판단은 사실에 관한 허구를 만들어 내는 것이 아니기 때문에 기망에 해당하지 않는다. 예컨대, "이 의류는 매우 저렴하다." 또는 "이 컴퓨터는 좋은 품질의 제품이다."라는 표현은 기망자의 주관을 추상적으로 표현한 것에 불과한 것으로 객관적으로 증명할 수 있는 것이 아니기 때문에 기망행위의 대상이 될 수 없다.

47 그러나 의견진술이나 가치판단이라고 하더라도 사실의 중요부분을 내포하고 있거나 전문가의 전문지식이 뒷받침됨으로써 진술자의 주관적 판단을 넘어 사회일반인도 착오에 빠질 만큼 객관성이 있는 것으로 오인될 내용으로 고지되었다면, 기망행위가 될 수 있다.[91] 예컨대, "이 의류는 최고급 A 원단을 사용하면서도 상대적으로 가격이 저렴하다."라고 한다면 실제 사용된 원단에 따라 기망행위가 될 수 있다. 전문가가 어떤 그림이 매우 고가품이라는 주장은 동시에 그것이 진품이라는 사실에 관한 주장일 수 있고, 증시분석가의 전망이 좋은 주식이라는 주장도 단순한 가치판단을 넘어 사실의 핵심을 내포하고 있는 주장으로 기망행위가 될 수 있다.[92]

---

88 대판 1985. 4. 9, 85도167.

89 김성돈, 353; 배종대, § 68/10; 정성근·박광민, 336.

90 김일수·서보학, 339.

91 김성돈, 353; 김일수·서보학, 340; 임웅, 403; 정성근·박광민, 337.

92 김일수·서보학, 340.

(라) 길흉화복의 고지

48 종교적 관점에서 장래에 일어날 불행한 사실이나 길흉화복에 관한 어떠한 사실을 고지하는 경우, 그 사실의 진위를 확인할 수 없으므로 원칙적으로 기망행위로 볼 수는 없다.[93] 그러나 장래의 불행한 사실을 고지하거나 길흉화복에 관한 어떠한 결과를 약속하고 기도비 등의 명목으로 대가를 교부받는 행위가 전통적인 관습이나 종교행위로서 허용될 수 있는 한계를 벗어났다면, 이는 기망행위로 볼 수 있고 본죄를 구성한다.[94]

49 판례는, ① 피고인이 신도들을 상대로 "나를 믿으면, 모든 병을 고칠 수 있을 뿐만 아니라 영생할 수 있다. … 헌금하지 않는 신도는 영생할 수 없다."는 등으로 신도들을 속여 고액의 헌금을 받은 경우,[95] ② 피해자가 지인에게 6,000만 원을 빌려주었다가 그중 5,000만 원을 돌려받은 일이 있었고 그 무렵 피고인을 찾아가 이야기를 하던 중 위 사실을 말하게 되자, 피고인이 피해자에게 "그 돈은 귀신이 가지고 논 돈이라 네가 쓰면 처와 자식들이 귀신에 휘둘리고 집안 전체에 좋지 않은 일이 생긴다. 그 돈을 나에게 보내라."라고 속여 피해자로부터 5,000만 원을 송금 받은 경우[96]는, 전통적인 관습이나 종교행위로서 허용될 수 있는 한계를 일탈한 것으로 본죄가 된다고 판시하였다.

50 한편, 피고인이 피해자를 위하여 굿을 하여 줄 의사나 능력이 없고 굿을 하더라도 3개월 내에 아이가 생기게 하거나 공황장애 증상을 낫게 해 주는 등의 의사나 능력이 없음에도, 피해자에게 굿이 위와 같은 효험이 있는 것처럼 거짓말을 하여 피해자로부터 약 1년 6개월 동안 2억 6천만 원을 편취하였다는 내용으로 기소된 사안에서, 피해자는 임신·남편·시댁과의 관계, 직장 문제 등으로 힘든 상황에서 마음의 안정을 얻고자 무속의 힘에 의지해 보려는 생각에서 피고인에게 지속적으로 무속행위를 부탁하거나 피고인의 무속행위 제안에 응하였을 가능성이 있는 점, 피고인이 피해자에게서 받은 굿값 명목의 돈이 다른 고객들한테 받은 굿값 등과 비교할 때 고액이라고 보기 어려운 점 등을 이유로, 피

93 신동운, 1043.
94 대판 2017. 11. 9, 2016도12460.
95 대판 1995. 4. 28, 95도250.
96 대판 2017. 11. 9, 2016도12460.

고인이 진실로 무속행위를 할 의사가 없거나 자신도 효과를 믿지 아니하면서 효과가 있는 것처럼 가장하고 피해자를 기망하여 부정한 이익을 취하거나, 통상의 범주를 벗어나 재산상 이익을 취할 목적으로 무속행위를 가장하여 피해자를 적극적으로 기망함으로써 돈을 편취하였다고 보기 어렵다고 판단하여 무죄를 선고한 하급심 판결[97]이 있다.

(3) 기망의 태양

51 독일과 달리 우리 형법의 경우, 기망의 수단과 방법에 특별한 제한을 두고 있지 않다.[98] 언어나 문서에 의하든, 거동에 의하든, 적극적으로 사실을 주장하든, 소극적으로 사실을 묵비하든, 작위에 의하든, 부작위에 의하든 묻지 않는다. 피기망자에 대한 직접적인 기망 이외에 간접정범 형태의 기망도 포함된다.[99]

52 통설은 기망을 '작위에 의한 기망'과 '부작위에 의한 기망'으로 나누고, 다시 작위에 의한 기망을 다시 명시적 기망과 묵시적 기망으로 분류하고 있다.[100] 통설이 작위에 의한 기망을 명시적 기망과 묵시적 기망으로 구별하는 이유는 묵시적 기망과 부작위에 의한 기망의 미묘한 차이를 규명함으로써 부작위 기망의 개념을 명확하기 위해서라고 보이나,[101] 실무상 명시적 기망과 묵시적 기망을 구별할 실익은 크게 없어 보인다.[102]

53 판례도 "사기죄의 요건으로서의 기망은 널리 재산상 거래관계에서 서로 지켜야 할 신의성실 의무를 저버리고 타인을 착오에 빠지게 하는 모든 적극적·소극적 행위를 말하는 것이고, 그중 소극적 행위로서의 부작위에 의한 기망은 법률상 고지의무 있는 자가 일정한 사실에 관하여 상대방이 착오에 빠져 있음을

---

97 서울중앙지판 2016. 9. 23, 2016노485.

98 독일형법 제263조 제1항은 기망의 태양을 '허위의 사실의 가장, 진실한 사실의 왜곡, 진실한 사실의 은폐'로 나누고 있으나, 이 세 가지는 의미상 서로 연관성을 가지고 있어 구별 기준이 될 수 없기 때문에, 독일에서는 법문에 의존하지 않고 해석을 통해 기망의 태양을 명시적 기망, 추론유도적 기망 및 부작위에 의한 기망으로 구별하고 있다[박성민, "사기죄의 기망행위에 관한 연구", 성균관대학교 박사학위논문(2011), 11-14, 55].

99 신동운, 1032.

100 김준혁, "부작위에 의한 사기죄의 성부", 한양법학 27-1, 한양법학회(2016), 197.

101 김준혁, "부작위에 의한 사기죄의 성립가능성에 대한 새로운 접근", 법학연구 18-2, 연세대학교 법학연구원(2008), 240.

102 김준혁(주 100), 199; 이세화, "형법 제347조 기망행위의 태양에 관한 소고", 법학연구 34, 한국법학회(2009), 371.

알면서도 그 사실을 고지하지 아니함을 말한다."라고 판시하여,[103] 적극적 기망(작위에 의한 기망)과 소극적 기망(부작위에 의한 기망)으로 나누고 있을 뿐, 작위에 의한 기망을 명시적 기망과 묵시적 기망으로 구분하지는 않는다.[104]

(가) 작위에 의한 기망

다수설에 따르면, 명시적 기망이란 '언어나 문서'를 사용하여 적극적으로 허위 사실을 주장하는 경우를 말하고, 묵시적 기망이란 언어나 문서에 의한 적극적인 의사표시 없이 '행동이나 태도'에 의해 상대방에게 허위사실을 인식시키는 것이라고 한다.[105] 54

그리고 묵시적 기망에서 '행동이나 태도'는 사회통념이나 거래관행에 따라 일반적인 '설명가치'를 가지고 있어야 한다고 한다. 예컨대, 숙박업소에 숙박하거나 음식점에서 음식을 주문하는 사람은 숙박 또는 주문이라는 거동을 통해 자신의 지불의사와 지불능력을 묵시적으로 보여주는 것이고,[106] 재물을 처분하려는 행위는 행위자에게 재물에 대한 처분권한이나 소유권이전권한이 있음을 설명하고 있는 것이며, 어음·수표의 발행은 그 어음·수표가 지급일에 결제될 것이라는 것을 설명한 것으로서 묵시적 기망이 된다고 한다.[107] 55

위와 같이 의사표현방식에 따라 명시적 기망과 묵시적 기망을 구별하는 다수설에 대하여, '언어나 문서'에 의한 행위라고 해서 반드시 명시적이고, '행동이나 태도'에 의한 행위라고 해서 반드시 묵시적이라고 볼 수 없다는 비판이 있다.[108] 즉, 명시적 기망이란 적극적으로 허위의 사실이나 가치판단을 표현하는 언어·문서·동작에 의한 기망이며, 묵시적 기망이란 적극적으로 허위의 사실을 주장하지는 않지만 상대방을 착오에 빠뜨릴 수 있는 언어·문서·동작 등에 의한 기망으로 구별하는 것이 더 적절한 구별법이라고 한다.[109] 56

---

103 대판 1998. 12. 8, 98도3263; 대판 2004. 4. 9, 2003도7828; 대판 2004. 5. 27, 2003도4531 등.

104 이석배, "묵시적 기망행위와 부작위에 의한 기망행위", 비교형사법연구 10-1, 한국비교형사법학회(2007), 208.

105 김성돈, 354; 김일수·서보학, 341; 이재상·장영민·강동범, § 18/17; 임웅, 407.

106 박상기, 형법각론(8판), 641. 일본 판례도 처음부터 지불의사나 능력 없이 음식이나 숙박을 주문하는 행위는 '거동에 의한 기망행위'라고 판시하고 있다〔大判 大正 9(1920). 5. 8. 刑録 26·38〕.

107 이재상·장영민·강동범, § 18/18; 이정원, "부작위에 의한 사기죄에서의 기망행위와 공동정범?", 비교형사법연구 8-1, 한국비교형사법학회(2006), 339.

108 강미영, "부작위에 의한 사기죄에서의 기망행위와 신의성실의 원칙", 아주법학 9-3(2015), 236.

109 오영근, 298; 김준혁(주 100), 198; 류화진, "부작위에 의한 사기죄 인정에 관한 비판적 고찰", 법

(나) 부작위에 의한 기망

(a) 의의

57 부작위에 의한 기망은 이미 착오에 빠져 있는 상대방에게 그 착오를 제거해야 할 의무가 있는 사람이 고의로 고지의무를 이행하지 아니하고 그 착오를 이용하는 경우를 말한다.

58 기망행위는 부작위에 의해서도 인정된다는 견해가 다수이나, 이를 부정하는 견해가 있다. 부정하는 견해는, 기망행위라 함은 어떠한 것이 관념에 작용하여 착오를 일으키는 것인데 이러한 작용은 부작위로 불가능하다는 전제에서, 학설과 판례에 의하여 부작위에 의한 본죄로 논의된 사례들은 모두 작위에 의한 본죄로 해결할 수 있으므로 부작위에 의한 본죄는 실제로 증명되지 않는다는 점, 작위에 의한 기망행위의 개념에 상응하는 부작위에 의한 기망행위란 인정되기 어렵다는 점, 부작위에 의한 기망은 이미 상대방이 착오에 빠져 있을 것을 전제로 하므로 부작위와 착오 사이에 인과관계를 인정할 수 없다는 점 등을 논거로 들고 있다.[110]

59 판례는 일관하여, "소극적 행위로서의 부작위에 의한 기망은 법률상 고지의무 있는 자가 일정한 사실에 관하여 상대방이 착오에 빠져 있음을 알면서도 그 사실을 고지하지 아니함을 말하는 것으로서, 일반 거래의 경험칙상 상대방이 그 사실을 알았더라면 해당 법률행위를 하지 않을 것이 명백한 경우에는 신의칙에 비추어 그 사실을 고지할 법률상 의무가 인정된다."라고 판시하여,[111] 부작위에 의한 기망을 인정하고 있다.

(b) 묵시적 기망과의 구별

60 부작위에 의한 기망은 묵시적 기망과 구별된다.

61 다수설은 묵시적 기망은 설명가치 있는 행동이나 태도로 상대방이 착오에 빠지는 경우이고, 부작위에 의한 기망은 이미 착오에 빠져 있는 상대방에게 그 착오를 제거해야 할 의무가 있는 사람이 그 의무를 다하지 아니하는 경우라

학연구 44-1, 부산대학교 법학연구소(2003), 316; 이세화(주 102), 371.

110 김준혁(주 100), 207; 이세화(주 102), 379-382.

111 대판 2004. 6. 11, 2004도1553; 대판 2006. 1. 26, 2005도1160; 대판 2006. 2. 23, 2005도8645; 대판 2021. 9. 9, 2021도8468.

고[112] 설명한다.[113] 이와 같이 설명가치를 가진 전체 행위를 통해 기망하는 경우를 묵시적 기망이라 보고, 보증인의 고지의무 불이행을 통한 기망을 부작위에 의한 기망으로 구별하는 것이 지배적인 견해이다.[114]

예컨대, 호텔에 숙박하거나 음식점에서 음식을 주문한 사람은 대금을 지불할 의사와 능력이 있음을 설명하는 행위로 평가되므로 묵시적 기망이 되지만, 호텔에 투숙한 후 또는 음식을 먹는 도중에 지불능력이 없어졌음에도 계속하여 숙박하거나 음식을 먹는 경우 또는 상대방이 거스름돈을 잘못 내어주는 것을 받는 경우처럼, 상대방에게 이미 발생한 착오를 제거하지 않는 것이 작위의무 위반이 되는 경우라면 부작위에 의한 기망이 된다고 한다.[115] 62

(c) 성립요건

부작위에 의한 기망에 따른 본죄가 성립하려면, ① 피기망자가 행위자와 관계없이 스스로 착오에 빠져 있어야 하고,[116] ② 행위자에게 피기망자의 착오를 제거해야 할 보증인지위(고지의무)가 있어야 하며, ③ 고지의무 불이행이 작위에 의한 기망과 동가치하다고 판단될 정도의 상응성[117]이 있어야 한다는 것이 다수설의 입장이다. 63

판례는 다수설과 달리 행위 정형의 동가치성을 명시적으로 요구하지는 않는다. 판례는, "소극적 행위로서의 부작위에 의한 기망은 법률상 고지의무 있는 자가 일정한 사실에 관하여 상대방이 착오에 빠져 있음을 알면서도 그 사실을 고지하지 아니함을 말한다."라고 하여,[118] 부작위에 의한 본죄가 성립하기 위해, ① 상대방이 이미 착오상태에 빠져 있을 것, ② 행위자에게 법률상 고지의무가 있을 것, ③ 행위자가 상대방이 착오에 빠져 있다는 사실을 알고 있으면서도 그 64

---

112 김성돈, 354; 김일수·서보학, 342; 이재상·장영민·강동범, §18/18; 임웅, 408; 정성근·박광민, 338; 정영일, 271.

113 기존 착오를 고지하여 제거하지 아니한 경우뿐만 아니라 피해자 스스로 착오에 빠지는 것을 방지하지 아니한 경우에도 부작위에 의한 기망이 될 수 있다는 견해로, 손동권·김재윤, §22/14.

114 김성룡, "묵시적 기망·부작위를 통한 기망 및 작위와 부작위의 상응성", 형사법연구 23, 한국형사법학회(2005), 37.

115 이재상·장영민·강동범, §18/18; 임웅, 408.

116 피기망자가 이미 착오에 빠져 있을 것을 요건으로 하지 않는다는 견해로, 이정원(주 107), 339.

117 다수설은 행위정형의 동가치성을 판단하는 특별한 기준을 제시하지 못한 채 행위정형의 동가치성이 인정되어야 한다고 언급만 하고 있다는 주장으로, 이석배(주 104), 216 참조.

118 대판 1998. 12. 8, 98도3263; 대판 2004. 5. 27, 2003도4531; 대판 2017. 4. 26, 2017도1405.

사실을 고지하지 않을 것을 요건으로 하고 있을 뿐이다.

(d) 고지의무의 발생 근거

65 부진정부작위범은 결과의 발생을 방지해야 할 보증인지위에 있는 사람이 작위의무를 이행하지 않은 경우 성립하는데, 이는 부작위에 의한 본죄에서도 마찬가지이다. 부작위에 의한 기망행위는 상대방이 이미 착오에 빠져 있을 것을 전제로 하므로, 부작위에 의한 본죄에서의 작위의무는 이미 존재하는 상대방의 착오를 제거해 줘야 할 의무, 즉 착오에 대한 고지의무가 된다.

66 이러한 고지의무는 법령·계약·선행행위뿐만 아니라 신의성실의 원칙에 의해서도 발생할 수 있다.[119] 판례도 "소극적 행위로서의 부작위에 의한 기망은 법률상 고지의무 있는 자가 일정한 사실에 관하여 상대방이 착오에 빠져 있음을 알면서도 이를 고지하지 않는 것을 말한다. 여기에서 법률상 고지의무는 법령, 계약, 관습, 조리 등에 의하여 인정되는 것으로서 문제가 되는 구체적인 사례에 즉응하여 거래실정과 신의성실의 원칙에 의하여 결정되어야 한다."고 판시하고 있다.[120]

67 법령에 의한 경우로는 상법 제651조의 보험계약상의 고지의무가 그 예이고, 선행행위로 인한 경우는 고의 없이 타인의 착오를 유발하였으나 고지를 통해 착오를 제거해 주지 않고 오히려 그 착오상태를 이용해 재산적 이익을 취득한 경우를 들 수 있다.[121]

68 신의성실의 원칙이 고지 의무의 발생 근거가 되는지에 대하여 판례와 학설은 일치하지 않는다. 판례는 신의성실의 원칙이 고지의무의 근거가 된다고 보고 있지만, 학설은 무조건적으로 인정하고 있지 않고 일부 조건을 통하여 그 범위를 제한하고 있다.

69 상술하면 판례는, "부작위에 의한 기망은 법률상 고지의무 있는 자가 일정한 사실에 관하여 상대방이 착오에 빠져 있음을 알면서도 이를 고지하지 아니함을 말하는 것으로서, 일반거래의 경험칙상 상대방이 그 사실을 알았더라면 해당 법률행위를 하지 않을 것이 명백한 경우에는 신의칙에 비추어 그 사실을 고

---

119 大判 昭和 8(1933). 5. 4. 刑集 12·538; 大判 大正 7(1918). 7. 17. 刑録 24·939.
120 대판 2020. 6. 25, 2018도13696.
121 김일수·서보학, 343.

지할 법률상 의무가 인정된다."라고 판시하여,[122] 신의칙을 형법상 고지의무의 발생근거로 보고 있을 뿐만 아니라 이를 법률상 의무로 파악하고 있다.[123]

70 그러나 학설은, 신의성실의 원칙을 고지의무의 근거로 보게 되면 보증인지위의 인정 범위가 넓어져 본죄의 불법 영역이 지나치게 확대될 위험이 있다고 하면서, ① 계약 상대방을 재산적 손해로부터 보호해야 할 특별한 신뢰관계가 있는 경우에 한하여 신의칙상 고지의무가 발생한다는 견해,[124] ② 계약 당사자가 되었다는 것만으로 신의성실의 원칙을 근거로 진실을 고지해야 할 의무가 없으므로, 신의성실을 원칙을 근거로 한 고지의무가 인정되기 위해서는 상대방에게 고지하지 아니하여 현저한 손해가 발생하였는지, 그 요소가 상대방에게 특히 중요한 요소였는지, 상대방이 무경험 때문에 제공된 재물의 가치와 성질을 심사할 수 없었는지 등을 종합하여 판단해야 한다는 견해,[125] ③ 법률이나 계약상 명시적으로 작위의무가 인정되고, 계약 당사자 사이에 특별한 신임관계(공동협력관계)가 있고, 고지의무가 계약상 의사결정의 중요사항에 속한다고 볼 수 있는 때에 한하여 부작위에 의한 기망이 인정될 수 있다는 견해[126] 등이 제시되고 있다.

(e) 고지의무 인정 여부가 문제된 사례

1) 일반적인 기준

71 판례는, 부작위에 의한 기망의 경우 고지의무의 성립요건으로, ① 일정한 사정을 고지하지 아니함으로써 거래 상대방이 권리를 확보하지 못할 위험이 있는 사정(법률관계의 효력에 영향을 미치거나 상대방의 권리실현에 장애가 되는 사유)이 있을 것, ② 행위자가 그와 같은 사정을 알고 있었을 것,[127] ③ 일반 거래의 경험칙상 상대방이 그 사실을 알았더라면 해당 법률행위를 하지 않았을 것이 명백

122 대판 1998. 4. 14, 98도231; 대판 1998. 12. 8, 98도3263; 대판 1999. 2. 12, 98도3549; 대판 2000. 1. 28, 99도2884; 대판 2004. 4. 9, 2003도7828; 대판 2006. 2. 23, 2005도8645; 대판 2012. 10. 25, 2011도16213.

123 박성민(주 98), 102.

124 김일수·서보학, 343; 김준혁(주 101), 257.

125 이재상·장영민·강동범, § 18/20.

126 배종대, § 68/17; 정성근·박광민, 341.

127 매도인이 도시계획저촉에 관한 통지를 관할구청으로부터 받은 적이 없고 매매 직전에 대지에 관한 도시계획확인원에도 저촉사실의 기재가 없어, 매도인이 그 사실을 구체적으로 알지 못하기 때문에 고지하지 아니한 것이라면, 고지의무 위반의 죄책을 물을 수 없다는 판례로, 대판 1985. 4. 9, 85도17.

할 것을 들고 있다.

72 다시 말해, 거래에서 차지하는 중요성이 커서 그 거래의 효력이나 채무 이행에 장애를 가져오는 사항으로 상대방이 그와 같은 사정을 고지받았더라면 해당 거래 관계를 맺지 아니할 것이 경험칙상 명백한 경우라면 고지의무가 인정되고,[128] 반대로 거래 목적물에 권리상의 혹은 사실상의 장애가 있을지라도 거래 상대방이 거래 목적을 달성하는 데는 지장이 없거나, 해당 사정에 대해 고지를 받았더라도 해당 법률행위를 하지 않았을 것이 명백하다고 할 수 없는 경우라면 고지의무가 부정된다.[129]

2) 매매계약 관련

73 판례에 따르면, 매도인이 장차 매매의 효력이나 매매에 따르는 채무 이행에 장애를 가져와 매수인이 매매 목적물에 대한 권리를 확보하지 못할 위험이 생길 수 있음을 알면서도 그와 같은 사정을 고지하지 아니한 채 매매계약을 체결하고 대금을 교부받는 한편, 매수인은 그와 같은 사정을 고지 받았더라면 매매계약을 체결하지 아니하거나 매매대금을 지급하지 아니하였을 것임이 경험칙상 명백한 경우에는, 신의성실의 원칙상 매수인에게 미리 그와 같은 사정을 고지할 의무가 매도인에게 있으므로, 매도인이 매수인에게 그와 같은 사정을 고지하지 아니한 것이 본죄의 구성요건인 기망에 해당한다.[130]

74 고지의무 위반을 이유로 기망이 인정된 사례로는, ① 가등기와 근저당권설정등기가 경료되어 있는 사실을 숨기고 토지를 매도한[131] 경우,[132] ② 다른 장소로 이전하지 아니하고는 가동할 수 없다는 사정을 고지하지 아니하고 공장을 매도한 경우,[133] ③ 도시계획구획 내의 토지로 협의매수 또는 수용될 것이라는

128 대판 1984. 9. 25, 84도882; 대판 1985. 3. 12, 84도93; 대판 1998. 4. 14, 98도231; 대판 1999. 3. 2, 98도3549.

129 대판 1984. 9. 25, 84도882.

130 대판 1991. 12. 24, 91도2698. 본 판결 평석은 하태훈, "부동산거래관계에 있어서 고지의무와 부작위에 의한 기망", 형사판례연구 〔2〕, 한국형사판례연구회, 박영사(1994), 191-210.

131 대판 1981. 8. 20, 81도1638.

132 부동산 거래에서 상대방은 등기부를 열람하여 하자의 유무를 확인해 보는 것이 보통이고, 또한 누구든지 등기부를 열람하면 하자를 쉽게 알 수 있으며, 더 나아가 매수자는 후에 이러한 사실을 이유로 계약을 해제할 수도 있기 때문에 매도인은 담보권이 설정된 사실을 계약 당시에 상대방에게 고지할 의무가 없다는 견해로, 하태훈(주 130), 209.

133 대판 1991. 7. 23, 91도458.

사정을 고지하지 않고 매도한 경우,[134] ④ 매매목적물에 관하여 명도소송 또는 소유권 귀속에 관한 재심소송이 계속 중이라는 사실을 숨기고 매도한 경우,[135] ⑤ 매매목적물이 유언으로 재단법인에 출연된 사실을 숨기고 매도한 경우,[136] ⑥ 재개발사업이 진행 중인 것을 알지 못하는 매도인에게 그 사실을 고지하지 아니하고 1/10 정도의 가격으로 토지를 매수한 경우,[137] ⑦ 137평의 대지를 매도하면서 그중 30평 내외되는 부분이 사실상 도로로 사용되고 있는 사실을 고지하지 않은 경우,[138] ⑧ 명의신탁자가 매도인 명의를 수탁자로 하여 제3자에게 신탁재산을 매도하는 계약을 체결하면서 수탁자가 신탁재산의 매도를 반대하며 매도에 따른 절차이행에 협조하기를 거절하고 있는 사정을 숨긴 경우[139] 등이 있다.[140]

반면, 매매로 인한 법률관계에 아무런 영향을 미칠 수 없는 것이어서 매수인의 권리실현에 아무런 장애가 되지 않는 사유라면, 매도인이 매수인에게 고지할 의무는 없다.[141] 75

예컨대, ① 부동산 이중매매의 경우, 매도인이 제1의 매매계약을 일방적으로 해제할 수 없었다고 하더라도, 곧바로 제2 매매계약의 효력이나 그 매매계약에 따른 채무 이행에 장애를 가져오는 것이라고 할 수 없음은 물론, 제2 매수인의 매매목적물에 대한 권리 실현에 장애가 된다고도 볼 수 없으므로, 매도인이 제2 매수인에게 그와 같은 사정을 고지하지 아니하였다고 하여 제2 매수인을 기망한 것이라고 평가할 수는 없고,[142] ② 명의수탁자가 부동산을 제3자에게 매도하고 소유권이전등기를 마쳐준 경우, 명의신탁의 법리상 대외적으로 그 부동산의 처분권한은 수탁자에게 있고, 제3자로서도 자기 명의의 소유권이전등기가 마쳐진 이상 무슨 실질적인 재산상 손해가 있을 리 없으므로, 그 명의신탁 사실 76

134 대판 1993. 7. 13, 93도14.
135 대판 1985. 3. 26, 84도301; 대판 1986. 9. 9, 86도956.
136 대판 1992. 8. 14, 91도2202.
137 대판 1987. 10. 13, 86도1912.
138 대판 1971. 7. 27, 71도977.
139 대판 2007. 11. 30, 2007도4812.
140 매도나 제공은 적극적인 작위적 행위이므로 부작위에 의한 기망이라기보다는 묵시적 기망으로 보아야 한다는 견해로, 류화진(주 109), 311.
141 대판 1984. 9. 25, 84도882.
142 대판 2008. 5. 8, 2008도1652; 대판 2012. 1. 26, 2011도15179.

과 관련하여 신의칙상 고지의무가 있다거나 기망행위가 있었다고 볼 수 없어서 그 제3자(매수인)에 대한 본죄가 성립할 여지가 없고, 나아가 그 처분 시 매도인(명의수탁자)의 소유라는 말을 하였다고 하더라도 역시 본죄가 성립되지 않으며, 이는 자동차 명의수탁자가 처분한 경우에도 마찬가지이다.[143]

77 또한, ③ 자동차 할부금 채무를 묵비하고 중고 자동차를 매도하는 경우, 매도인의 할부금융회사나 보증보험에 대한 할금부 채무가 매수인에게 당연히 승계되는 것은 아니므로, 그 할부금 채무의 존재를 매수인에게 고지하지 않았다고 하더라도 부작위에 의한 기망이 되지 않고,[144] ④ 자동차의 매도인이 이미 제3자와의 사이에 자동차매매계약이 체결된 사실을 고지하지 아니한 채 매수인과 매매계약을 체결하였다고 하더라도, 제3자와의 자동차매매계약이 그 제3자에 대한 차용금채무를 담보하기 위하여 대물변제의 예약을 한 것이라면 매도인은 제3자 명의로 소유권이전등록이 되기까지는 언제든지 차용원리금을 변제하고 위 대물변제예약을 해제할 수 있는 것이며 이 대물변제의 예약 때문에 당연히 매수인이 그 자동차를 인도받아 소유권을 취득하는 데 장애가 되는 것은 아니므로 이와 같은 사실만으로는 매도인이 매수인을 기망하여 그 매매대금을 편취한 것이라고 볼 수 없다.[145]

78 나아가, ⑤ 담보로 제공된 부동산이라고 하더라도 담보권 설정등기가 마쳐져 있지 않았다면, 매도인으로서는 피담보채무를 변제하고 담보제공에 관한 계약을 해제할 수 있으므로 위 담보사실을 고지하지 않았다는 것만으로는 매수인을 기망한 것으로 볼 수 없으며,[146] ⑥ 피고인이 매매계약과 동시에 가등기특약을 하고 회사정리절차 개시 전에 가등기를 마친 사안에서, 회사 공장 부지를 매도하면서 회사정리절차의 진행사실을 고지하지 않았다고 하더라도 고지의무 위반으로 볼 수 없고,[147] ⑦ 부동산 소유자가 임대차계약을 체결한 후 그 목적물을 타에 매도하면서 매수인과 사이에 임대차보증금을 매매대금에서 공제하여 매수인이 임대인의 지위를 승계하기로 약정한 사안에서, 임대차계약 당시 위 목

---

143 대판 1985. 12. 10, 85도1222; 대판 1990. 11. 13, 90도1961; 대판 2007. 1. 11, 2006도4498.
144 대판 1998. 4. 14, 98도231.
145 대판 1989. 10. 24, 89도1397.
146 대판 1984. 5. 9, 83도3194; 대판 1985. 11. 26, 85도1830.
147 대판 1984. 9. 25, 84도882.

적물을 매매를 위하여 복덕방에 내 놓았다는 사실을 임차인에게 고지하지 않았다고 하더라도 고지의무 위반이 아니다.[148]

3) 임대차계약 관련

판례는, ① 임대 목적물이 경매진행 중인 사실을 알리지 아니하고 임대차 79
계약을 체결한 경우(임차인이 등기부를 확인하거나 열람하는 것이 가능하더라도 다를 바 없음),[149] ② 임차보증금반환 채권에 대하여 채권압류 및 전부명령이 있는 사실 또는 임차보증금반환채권을 제3자에게 담보로 제공하였다는 사실을 고지하지 않고 점포를 전대하여 전대차보증금을 받은 경우,[150] ③ 경락허가결정이 된 부동산임을 묵비하고 전세계약을 체결한 경우,[151] 부작위에 의한 기망이 된다고 보았다.

나아가 판례는, ④ 피고인이 건물을 임차하면서 제3자에게 전대하지 않기 80
로 하고 전대 방지를 위하여 건물을 명도한다는 제소전화해를 한 사실이 있음에도 그러한 사실을 고지하지 않고 건물을 전대한 경우, 피해자들인 전차인들이 임대차계약에 전대차가 금지되어 있고 제소전화해가 위와 같이 성립되었고 위 가처분결정에 의한 집행이 되어 있다는 사실을 알았다면 전대차계약에 응하지 않았을 것임이 경험칙상 명백하므로, 위 제소전화해 조항에 의한 명도집행 또는 가처분집행 등에 법률상 다투어 볼 여지가 있더라도, 피고인이 전차인들에 대하여 위 사실을 고지하지 아니함은 고지의무 위반에 해당한다고[152] 보았다.[153]

반면 판례는, ① 신축분양자가 미완공아파트를 채권담보 목적으로 채권자 81
들에게 분양한 후 소유권이전등기경료 전에 위 분양사실을 고지하지 아니한 채 제3자와 임대차계약을 체결하여 실제로 입주케 한 경우, 채권자들 앞으로 소유권이전등기를 해 주기 전까지 신축분양자는 아파트를 원시취득한 법률상 소유자로서 이를 처분할 수 있을 뿐만 아니라 소유권이전등기가 경료되기 이전에는 피담보채무를 변제하여 소유권이전등기의무를 면할 수도 있으므로, 신축분양자

148 대판 1985. 11. 12, 85도1914.
149 대판 1998. 12. 8, 98도3263.
150 대판 1983. 2. 22, 82도3139; 대판 1991. 11. 12, 91도2270.
151 대판 1974. 3. 12, 74도164.
152 대판 1980. 7. 8, 79도2734.
153 독일의 하급심 판례 가운데에는 임대인이 자신을 위해 주거를 사용할 필요성이 있는 것을 이유로 임대차계약의 해지를 합의한 후에 그 필요성이 없게 된 경우에는, 임차인을 위해 이를 고지할 의무가 있다고 본 것이 있다(BayObLG, 05.02.1987 - RReg. 3 St 174/86).

가 임대차계약을 체결할 때에 위 분양사실을 각 임차인에게 고지하지 아니하였다는 사실만으로는 기망한 것이라고 볼 수 없고,[154] ② 타인의 대지 위에 건물을 소유한 사람이 그 건물에 대해 전세계약을 체결한 경우, 그 건물에 대해 법정지상권이 확보된다면 그 사실을 고지하지 않더라도 본죄가 될 수 없으며,[155] ③ 임대차계약 당시 임대차 목적물의 시가가 임대차보증금과 가등기담보로 차용한 채무액을 합산한 금액을 훨씬 초과하고 그 가등기도 바로 말소된 경우라면, 임대인이 위 가등기담보사실을 임차인에게 고지하지 아니하였다고 하더라도 고지의무 위반은 아니라고 판시하였다.[156]

4) 소비대차계약 관련

82 판례는, ① 담보로 제공한 호텔의 가치가 대출금을 상회하였다고 하더라도, 피고인이 호텔의 실질적인 인수인으로서 대출금의 실제 차주이며 당시 새마을금고에 14억 원 상당의 채무를 부담하고 있다는 사정을 고지하지 아니한 채 기협기술금융으로부터 호텔 인수자금을 대출받은 경우라면 본죄가 성립하고,[157] ② 빌딩을 경락받은 피고인들이 수분양자들과 사이에 대출금으로 충당되는 중도금을 제외한 계약금과 잔금의 지급을 유예하고 재매입을 보장하는 등의 비정상적인 이면약정을 체결하고 점포를 분양하였음에도, 피해자인 금융기관에 대해서는 그러한 이면약정의 내용을 감춘 채 분양 중도금의 집단적 대출을 교섭하여 중도금 대출 명목으로 금원을 지급받은 경우, 대출 금융기관에 대하여 비정상적인 이면약정의 내용을 알릴 신의칙상 의무가 있다고 보아 이를 알리지 않은 것은 본죄의 요건으로서의 부작위에 의한 기망에 해당한다고 보았다.[158]

83 나아가 판례는, ③ 사채업자가 대출희망자로부터 대출의뢰를 받은 다음 대출희망자가 자동차의 실제 구입자가 아니어서 자동차할부금융의 대상이 되지 아니함에도 그가 실제로 자동차를 할부로 구입하는 것처럼 그 명의로 대출신청서 등 관련 서류를 작성한 후 이를 할부금융회사에 제출하여 자동차할부금융으로 대출금을 받은 경우, 할부금융회사로서는 사채업자가 할부금융의 방법으로 대출

154 대판 1987. 12. 8, 87도1839.
155 대판 1978. 8. 22, 78도1361.
156 대판 1985. 4. 9, 85도326.
157 대판 2007. 4. 12, 2007도1033.
158 대판 2006. 2. 23, 2005도8645.

의뢰인들 명의로 자동차를 구입하여 보유할 의사 없이 단지 자동차할부금융대출의 형식을 빌려 자금을 융통하려는 의도로 할부금융대출을 신청하였다는 사정을 알았더라면 할부금융대출을 실시하지 않았을 것이므로, 사채업자로서는 신의성실의 원칙상 사전에 할부금융회사에게 자동차를 구입하여 보유할 의사 없이 자동차할부금융대출의 방법으로 자금을 융통하려는 사정을 고지할 의무가 있다 할 것이고, 그럼에도 이를 고지하지 아니한 채 대출의뢰인들 명의로 자동차할부금융을 신청하여 그 대출금을 지급하도록 한 행위는 고지할 사실을 묵비함으로써 거래상대방인 할부금융 회사를 기망한 것이 되어 본죄를 구성한다고 보았다.[159]

5) 보험계약 관련

보험계약자가 보험계약을 체결하더라도 우연한 사고가 발생하여야만 보험금이 지급되는 것이므로, 고지의무 위반은 보험사고가 이미 발생하였음에도 이를 묵비한 채 보험계약을 체결하거나, 보험사고 발생의 개연성이 농후함을 인식하면서도 보험계약을 체결하는 경우 또는 보험사고를 임의로 조작하려는 의도를 가지고 보험계약을 체결하는 경우와 같이 '보험사고의 우연성'이라는 보험의 본질을 해할 정도에 이른 경우에 한하여 보험금 편취를 위한 기망행위에 해당한다.[160] 84

따라서 ① 보험계약 체결 당시 이미 발생한 교통사고 등으로 생긴 '요추, 경추, 사지' 부분의 질환과 관련하여 입·통원치료를 받고 있었을 뿐 아니라 그러한 기왕증으로 인해 향후 추가 입원치료를 받거나 유사한 상해나 질병으로 보통의 경우보다 입원치료를 더 받게 될 개연성이 농후하다는 사정을 인식하고 있었음에도 자신의 과거 병력과 치료이력을 모두 묵비한 채 보험계약을 체결함으로써 피해회사로부터 보험금을 수령한 경우,[161] ② 특정 질병을 앓고 있는 사람이 보험회사가 정한 약관에 그 질병에 대한 고지의무를 규정하고 있음을 알면서도 이를 고지하지 아니한 채 그 사실을 모르는 보험회사와 그 질병을 담보하는 보험계약을 체결한 다음 바로 그 질병의 발병을 사유로 하여 보험금을 청구한 경우,[162] ③ 보험회사와 보험대리점 계약을 체결한 홈쇼핑 대리점의 보험 85

---

159 대판 2004. 4. 9, 2003도7828. 본 판결 평석은 김성룡, "사기죄에 관한 대법원판례의 소극적 기망행위와 관련한 몇 가지 문제점", 형사판례연구 [14], 한국형사판례연구회, 박영사(2006), 115-152.

160 대판 2012. 11. 15, 2010도6910; 대판 2017. 4. 26, 2017도1405.

161 대판 2017. 4. 26, 2017도1405.

162 대판 2007. 4. 12, 2007도967.

상담원이 보험상품을 판매하면서 보험계약자들이 실제로 보험을 가입할 의사가 없이 1회 보험료 결제 후 보험계약이 유지되지 않을 것임을 알고 있었음에도 보험계약을 체결하게 하고 보험회사로부터 보험계약에 따른 수수료 등을 교부받은 경우,[163] 고지의무 위반으로 부작위에 의한 기망이 된다.

6) 무허가 의료기관 관련

86 의료인의 자격이 없는 일반인(비의료인)이 의료법 제33조 제2항[164]을 위반하여 개설한 의료기관이 마치 의료법에 의하여 적법하게 개설된 요양기관인 것처럼 국민건강보험공단에 요양급여비용의 지급을 청구하는 것은 국민건강보험공단으로 하여금 요양급여비용 지급에 관한 의사결정에 착오를 일으키게 하는 것이 되어 본죄의 기망행위에 해당하고, 이러한 기망행위에 의하여 국민건강보험공단으로부터 요양급여비용을 지급받을 경우에는 본죄가 성립한다.[165]

87 그러나 개설자격이 없는 비의료인이 의료법 제33조 제2항을 위반하여 개설한 의료기관이라고 하더라도, 면허를 갖춘 의료인을 통해 피해자에 대한 진료가 이루어지고, 보험회사 등에 자동차손해배상 보장법에 따른 자동차보험진료수가를 청구한 것이라면, 보험회사 등으로서는 특별한 사정이 없는 한 그 지급을 거부할 수 없으므로, 해당 의료기관이 보험회사 등에 이를 고지하지 아니한 채 그 지급을 청구하였다고 하더라도, 본죄에서 말하는 기망이 있다고 볼 수 없다.

88 나아가 무허가 의료기관이 보험회사 등에 무허가 의료기관이라는 사정을 고지하지 아니한 채 보험수익자에게 진료사실증명 등을 발급해 주었다 하더라도, 그러한 사실만으로는 본죄에서 말하는 기망이라 볼 수 없다. 왜냐하면 실손의료보험의 경우, 보험사고가 발생하면 보험수익자만이 보험회사에 대해 실손의료비 청구권을 행사할 수 있고, 피보험자를 진료한 의료기관으로서는 피보험자나 보험수익자로부터 그에 따른 진료비를 지급받을 수 있고, 경우에 따라 보험수익자

---

163 대판 2014. 1. 16, 2013도9644.

164 의료법 제33조(개설 등) ② 다음 각 호의 어느 하나에 해당하는 자가 아니면 의료기관을 개설할 수 없다. (제1호 내지 제5호 생략)

제87조(벌칙) 제33조제2항을 위반하여 의료기관을 개설하거나 운영하는 자는 10년 이하의 징역이나 1억원 이하의 벌금에 처한다.

의료인 명의 의료기관과 의료법인 명의 의료기관의 개설자격 위반 판단기준의 차이에 대해서는 대판 2023. 7. 17, 2017도1807(전) 참조.

165 대판 2018. 4. 10, 2017도17699. 본 판결 평석은 하태한(주 75), 427-472.

의 청구에 응하여 진료사실증명 등을 발급해 줌으로써 단순히 그 보험금 청구 절차를 도울 수 있을 뿐이므로, 피보험자를 진료한 의료기관이 의료법 제33조 제2항에 위반되어 개설된 것이라는 사정은 해당 피보험자에 대한 보험회사의 실손 의료비 지급의무에 영향을 미칠 수 있는 사유가 아니기 때문이다.[166]

한편 대법원은, 의료인으로서 자격과 면허를 보유한 사람이 의료법에 따라 89
의료기관을 개설하여 건강보험의 가입자 또는 피부양자에게 국민건강보험법에서 정한 요양급여를 실시하여 국민건강보험공단으로부터 요양급여비용을 지급받았다면, 설령 그 의료기관이 다른 의료인의 명의로 개설·운영되어 의료법 제4조 제2항[167]을 위반하였다 하더라도 그 자체만으로는 국민건강보험법상 요양급여비용을 청구할 수 있는 요양기관에서 제외되지 아니하므로, 달리 요양급여비용을 적법하게 지급받을 수 있는 자격 내지 요건이 흠결되지 않는 한 국민건강보험공단을 피해자로 하는 본죄를 구성하지 않는다고 판시하였다.[168] 의료법 제4조 제2항은 의료인이 다른 의료인의 명의로 의료기관을 개설하거나 운영하는 행위를 제한하고 있으나, 이를 위반하여 개설·운영되는 의료기관도 의료기관 개설이 허용되는 의료인에 의하여 개설되었다는 점에서 의료법 제4조 제2항이 준수된 경우와 본질적 차이가 있다고 볼 수 없기 때문이다.

7) 그 밖의 경우

판례는, ① 토지 소유자로 등기된 사람이 자신이 진정한 소유자가 아님을 알 90
면서 수용보상금으로 공탁된 공탁금의 출급을 신청한 경우,[169] ② 특정 시술을 받으면 아들을 낳을 수 있을 것이라고 착오에 빠져 있는 피해자들에게 시술의 효과와 원리에 관하여 사실대로 고지하지 않고 아들을 낳을 수 있는 것처럼 일련의 시술과 처방을 한 경우,[170] ③ 국내 독점판매계약을 체결하면서 이미 다른 회사가 같은 용도와 성능을 가진 이름도 같은 제품을 국내에 판매하고 있는 사실을 고지하지 않은 경우,[171] ④ 의과대학 교수인 연구책임자가 처음부터 소속 학생연

166 대판 2018. 4. 10, 2017도17699.
167 의료법 제4조(의료인과 의료기관의 장의 의무) ② 의료인은 다른 의료인 또는 의료법인 등의 명의로 의료기관을 개설하거나 운영할 수 없다.
168 대판 2019. 5. 30, 2019도1839.
169 대판 1994. 10. 14, 94도1911.
170 대판 2000. 1. 28, 99도2884. 본 판결 평석은 김성룡(주 159), 115-152.
171 대판 1996. 7. 30, 96도1081. 본 판결 평석은 김성룡(주 159), 115-152.

구원들의 연구비를 개별 지급의사 없이 공동관리계좌를 관리하면서 사실상 그 처분권을 가질 의도하에 이를 숨기고 산학협력단에 연구비를 신청한 경우,[172] 각 고지의무 위반으로 인한 본죄를 인정하였다.

91 반면 판례는, 토지와 그 지상에 건립되는 연립주택이 일부 분양되면 건축자금을 조달하기 위하여 설정한 담보권을 소멸시킬 수 있고, 공사대금도 이 연립주택을 분양하여 충당할 수 있었으며, 공사업자들로서도 이를 납득하고 일부 건축자금조달을 위하여 그 대지를 담보로 융자를 얻은데 대하여 개의하지 않고 다만 건축도급을 받으려고 다수의 공사업자들이 경쟁 입찰에 응하여 온 경우라면, 건축업자가 공사업자들과 도급계약을 체결하면서 대상 토지에 담보권이 설정되어 있는 사실을 고지할 의무는 없다고 보았다.[173]

92 한편 판례는, ① 오로지 어업피해보상금을 수령할 목적으로 어업면허를 취득한 후 실제로 아무런 양식어업행위를 하지 않았으면서도 양식어업행위를 한 것처럼 관계 서류를 꾸며 놓고 어업피해조사를 나온 연구원에게 연평균어획량을 허위로 대답하여 어업피해보상기관으로부터 어업피해보상금을 수령한 경우, 본죄가 성립한다[174]고 본 반면, ② 장애인단체의 지회장이 보조금을 더 받기 위해 허위의 보조금정산서를 제출한 경우, 보조금 정산보고서는 보조금의 지원 여부 및 금액을 결정하기 위한 참고자료에 불과하고 직접적인 서류라고 할 수 없다는 이유로 기망행위를 부정하였다.[175]

(f) 거스름돈 사기 사례

93 상대방이 착오로 더 많은 거스름돈을 주는 것을 알면서도 그대로 수령하는 경우, ① 그 수령자에게 상대방의 착오를 제거할 신의칙상 의무가 있다고 보아 부작위에 의한 본죄가 성립한다는[176] 견해[177]와 ② 거래관행상 거스름돈을 받

---

172 대판 2021. 9. 9, 2021도8468.

173 대판 1985. 3. 12, 84도93.

174 대판 2004. 6. 11, 2004도1553.

175 대판 2003. 6. 13, 2003도1279.

176 손동권·김재윤, § 22/16; 신동운, 1039; 임웅, 408; 홍영기, § 80/15.

177 이 견해가 일본의 통설〔山中敬一, 刑法各論, 317; 西田典之, 刑法各論(4版補正版), 弘文堂(2009), 180; 萩原 滋, 刑法概要 [各論](4版), 成文堂(2014), 91〕이라고 한다〔강미영(주 108), 37에서 재인용〕. 그러나 최근에는 작위와의 동가치성이 인정되지 않으므로 고지의무를 인정할 수 없고, 따라서 본죄는 성립하지 않고 점유이탈물횡령죄가 성립한다는 견해가 유력하다〔山口 厚, 刑法各論(2版), 有斐閣(2010), 254; 井田 良, 講義刑法学·各論, 有斐閣(2016), 261〕.

는 사람이 항상 거스름돈이 맞는지 고지해야 할 신의칙상 의무를 인정할 수 없다는 이유로 본죄가 성립하지 않는다는 견해[178]가 있다.

94 반면 거스름돈을 받고 난 이후에 비로소 거스름돈이 많다는 것을 알게 된 경우라면, 초과지급 사실을 고지하여 교부자의 착오를 제거할 법률상 의무의 불이행은 편취 수단으로서는 의미가 없기 때문에 그 돈을 그대로 보유하는 행위는 점유이탈횡령죄에 해당한다.[179]

95 판례는, 매수인이 매매잔금을 지급하면서 스스로 착오에 빠져 지급해야 할 금액을 초과하는 돈을 교부한 사안에서, "매도인이 그 돈을 지급받기 전이나 지급받는 도중에 과다 지급된 사실을 알았다면, 매도인으로서는 매수인에게 사실대로 고지하여 매수인의 착오를 제거할 신의칙상의 의무가 있음에도 이를 이행하지 않고 매수인이 건네주는 돈을 그대로 받은 것이어서 사기죄가 성립하나, 매도인이 매매잔금을 건네주고 받는 행위를 끝마친 후에야 비로소 과다 지급된 사실을 알게 되었다면, 그 사실을 고지하여 매수인의 착오 상태를 제거해야 법률상 의무의 불이행은 초과된 금액 편취의 수단으로서의 의미가 없으므로, 점유이탈물횡령죄가 될 수는 있음은 별론으로 하고 사기죄는 성립하지 않는다."라고 판시하였다.[180]

(4) 기망의 정도

(가) 기망의 정도

96 기망행위의 정도란 행위불법의 정도를 말한다.

97 사람을 착오에 빠뜨리는 모든 행위가 본죄의 기망행위가 되는 것은 아니다. 가령, 일반 상거래의 관행이나 과장된 행위와 같이 거래에 있어서 어느 정도 용인되어 온 행위들을 가리켜 기망행위라고 보기는 어렵다. 또한, 모든 착오유발행위가 기망행위에 해당한다고 본다면 아주 약한 기망행위에 의한 '흠결 있는 주의력에 기한 자기 손해'도 본죄의 기망행위에 포섭되게 되어 본죄의 성립범위가 무

---

178 김성돈, 357; 김일수·서보학, 344; 이재상·장영민·강동범, § 18/20; 정성근·박광민, 341-342; 정성근·정준섭, 255; 정웅석·최창호, 603; 김준혁(주 101), 201; 이정원(주 107), 341. 이 견해에 따르면 점유이탈물횡령죄가 성립할 수 있다.

179 같은 견해로, 신동운, 1039; 임웅, 409. 이에 대하여 교부자가 교부한 직후 거스름돈을 과잉으로 지급하였다는 사실을 알고 반환을 요구하였으나 수령자가 과잉수령사실을 거짓말로 부인한 경우, 그 거짓 부인이 적극적인 기망행위가 되고, 그에 따라 교부자가 청구권을 포기하면 착오로 인한 처분행위를 인정할 수 있으므로 작위에 의한 본죄가 성립한다는 견해도 있다(김성돈, 357).

180 대판 2004. 5. 27, 2003도4531. 본 판결 평석은 김성룡(주 159), 115-152.

한정 넓어지게 된다. 따라서 기망행위는 단지 사람을 착오에 빠뜨리는 일체의 행위가 아니라 거래관계에서 신의칙에 반하는 행위가 되어야 한다.[181]

98 판례도 '기망행위는 널리 거래관계에서 지켜야 할 신의성실에 반하는 행위로서 사람으로 하여금 착오를 일으키게 하는 일체의 행위'라고 하여,[182] 거래관계에서의 신의칙으로 기망행위를 제한하고 있다.

99 위와 같이 기망행위는 거래의 신의칙에 반하는 정도에 이르러야 하므로 비록 상대방을 착오에 빠뜨렸다고 할지라도 그로 인하여 거래의 목적을 달성하는 데 지장이 없을 때에는 기망행위가 있었다고 보기 어렵다.[183]

100 따라서 피고인이 자동차를 매도하고 대금을 지급받은 다음 자동차에 미리 부착해 놓은 GPS로 위치를 추적하여 다시 자동차를 절취해 온 경우, 피고인이 피해자인 매수인에게 자동차와 함께 소유권이전등록에 필요한 서류를 모두 인도해 주었다면, 매수인은 스스로 소유권이전등록을 이행하는 데 아무런 문제가 없으므로, 피고인이 자동차를 양도한 후에 다시 절취할 의사를 가지고 있으면서도 이를 숨겼다고 하여 이를 기망행위라고 할 수 없어 본죄는 성립하지 않고 절도죄만 성립한다.[184]

(나) 판단 기준

101 착오에 빠지게 한 기망행위에 해당하는지는 거래의 상황, 상대방의 지식, 경험, 직업 등 행위 당시의 구체적인 사정을 고려하여 일반적·객관적으로 결정하여야 한다.[185]

102 도로법 해석상 도로를 사실상 사용하고 있는 사람인지를 가릴 것 없이 오로지 관리청의 재량에 의하여 점용허가를 결정할 수 있는 것으로 해석되므로, 도로부지의 사실상 사용자가 누구인가에 관하여 피고인의 기망행위가 있었다고 하더라도, 이는 관리청의 결정에 하나의 참고가 되었을 뿐 피고인의 기망행위에 기인

181 김신규, 415; 이정원·류석준, 359. 한편, 기망은 재물을 교부하게 하거나 재산상 이익을 취득하게 하는 현실적 위험성을 가져야 하고 그러지 못한 경우에는 처음부터 기망에 해당하지 않는다는 견해(신동운, 1034), 기망은 경험칙상 일반인을 착오에 빠지게 할 수 있을 만큼의 비난받을 방법으로 이루어져야 한다는 견해(김성돈, 358)도 있다.

182 대판 2007. 10. 25, 2005도1991.

183 손동권·김재윤, §22/17; 이재상·장영민·강동범, §18/21; 임웅, 404.

184 대판 2016. 3. 24, 2015도17452.

185 대판 1988. 3. 8, 87도1872; 대판 2011. 10. 13, 2011도8829.

하여 점용허가가 이루어진 것이라고 할 수 없어 본죄를 구성하지 않는다.[186]

장애인단체의 지회장이 지방자치단체로부터 보조금을 더 많이 지원받기 위하여 허위의 보조금 정산보고서를 제출한 경우, 보조금 정산보고서는 보조금의 지원 여부 및 금액을 결정하기 위한 참고자료에 불과하고 직접적인 서류라고 할 수 없으므로, 기망의 실행의 착수가 있다고 보기 어렵다.[187] 103

(다) 과장·허위 광고

기망의 정도와 관련하여 상품에 대한 과장·허위 광고가 기망행위에 해당하는지가 문제된다.[188] 104

상품에 대한 품질이나 가격에 대한 선전, 광고에서 다소의 과장이나 허위가 수반되더라도, 그것이 일반 상거래의 관행과 신의칙에 비추어 시인될 수 있는 정도라면 본죄에서 말하는 기망에 해당하지 않는다. 그러나 구체적으로 진실규명이 가능한 사실에 관하여 사회적으로 용인된 상술의 정도를 넘어서 기망이 이루어지거나,[189] 거래에서 중요한 사항에 관한 구체적 사실을 거래상의 신의성실의 의무에 비추어 비난받을 정도의 방법으로 허위로 고지한 경우[190]에는, 과장·허위 광고의 한계를 넘는 것으로 본죄의 기망행위에 해당한다. 105

186 대판 1974. 7. 23, 74도669.

187 대판 2003. 6. 13, 2003도1279. 태풍 피해복구보조금 지원절차가 행정당국에 의한 실사를 거쳐 피해자로 확인된 경우에 한하여 보조금 지원신청을 할 수 있도록 되어 있는 경우, 피해신고는 국가가 보조금의 지원 여부 및 정도를 결정함에 있어 그 직권조사를 개시하기 위한 참고자료에 불과하다는 이유로 허위의 피해신고만으로는 보조금 편취범행의 실행에 착수한 것이라고 볼 수 없다는 판결로는, 대판 1999. 3. 12, 98도3443.

188 참고로, 표시·광고의 공정화에 관한 법률(이하, 표시광고법이라 한다.)은 부당한 표시·광고 행위를 금지하고(§ 3①), 그 위반행위를 처벌하고 있다(§ 17(i)).

표시광고법 제3조(부당한 표시·광고 행위의 금지) ① 사업자등은 소비자를 속이거나 소비자로 하여금 잘못 알게 할 우려가 있는 표시·광고 행위로서 공정한 거래질서를 해칠 우려가 있는 다음 각 호의 행위를 하거나 다른 사업자등으로 하여금 하게 하여서는 아니 된다.

1. 거짓·과장의 표시·광고
2. 기만적인 표시·광고
3. 부당하게 비교하는 표시·광고
4. 비방적인 표시·광고

제17조(벌칙) 다음 각 호의 어느 하나에 해당하는 자는 2년 이하의 징역 또는 1억5천만원 이하의 벌금에 처한다.

1. 제3조제1항을 위반하여 부당한 표시·광고 행위를 하거나 다른 사업자등으로 하여금 하게 한 사업자등

189 대판 1997. 9. 9, 97도1561.

190 대판 2002. 2. 5, 2001도5789; 대판 2008. 10. 23, 2008도6549.

106 구체적으로 보면, 판례가 사회적으로 용인될 수 있는 상술의 정도를 넘은 것이어서 본죄의 기망행위에 해당한다고 본 사례로는, ① 백화점이 종전에 출시된 적이 없었던 상품을 마치 이미 출시된 가격보다 할인하여 판매하는 것처럼 가장하여 판매한 경우(이른바 백화점 변칙세일 사건),[191] ② 음식점에서 한우만을 취급하는 것으로 광고하고 수입 쇠갈비를 판매한 경우,[192] ③ 노인들을 무료로 온천관광을 시켜주겠다고 모집한 다음, 오리·동충하초·녹용 등 여러 가지 약재를 혼합하여 제조·가공한 '녹동달 오리골드'라는 제품이 성인병 치료에 특별한 효능이 있는 약이라고 허위 선전하여 고가에 판매한 경우,[193] ④ 당일 판매하지 못하고 남은 생식품을 다음날 포장지를 교체하면서 가공일자가 재포장일자로 기재된 바코드라벨을 부착하여 판매한 사안,[194] ⑤ 불분명한 종자를 뿌려 재배한 사실을 알면서 TV홈쇼핑 방송에서 자연산 산삼으로 광고·판매한 경우[195] 등이 있다.

107 한편 사회적으로 용인될 수 있는 상술의 정도를 넘는 기망행위라고 볼 수 없다고 한 판례 사안으로, ① 매수인들에게 토지 매수를 권유하면서 언급한 내용이 객관적 사실에 부합하거나 비록 확정된 것은 아닐지라도 연구용역 보고서와 신문스크랩 등에 기초한 내용인 경우,[196] ② 아파트를 분양하면서 평형 수치를 과장하여 광고한 경우에도 그것이 매매대금의 산정을 위한 기준이 된 것이 아니고 단지 분양대상 아파트를 특정하고 분양을 쉽게 하기 위한 경우,[197] ③ 점포의 일부를 임차하고 있는 사람이 나머지 부분을 임차하고 있는 사람으로부터 전대를 위임받아 점포를 전대하면서 그가 점포 전체를 임차하여 사용하고 있는 것처럼 이야기한 경우,[198] ④ 인터넷 사이트의 초기 화면에 영상물등급심의위원회 등급분류 심의를 거친 성인 동영상물의 선전문구나 영상을 게시한 후 심의를 통과하지 않은 불법 포르노 시청을 기대하여 가입한 유료회원에게 심의

---

191 대판 1992. 9. 14, 91도2994. 본 판결 평석은 안경옥, "사기죄의 미수 - 재산상의 손해발생의 요부와 관련하여 -", 형사판례연구 〔6〕, 한국형사판례연구회, 박영사(1998), 297-329; 조준현, "사기죄의 보호법익론", 형사판례연구 〔1〕, 한국형사판례연구회, 박영사(1993), 150-165.

192 대판 1997. 9. 9, 97도1561.

193 대판 2004. 1. 15, 2001도1429. 본 판결 평석은 김성룡(주 159), 115-152.

194 대판 1995. 7. 28, 95도1157.

195 대판 2002. 2. 5, 2001도5789.

196 대판 2007. 1. 25, 2004도45.

197 대판 1991. 6. 11, 91도788; 대판 1995. 7. 28, 95다19515, 95다19522.

198 대판 1986. 4. 8, 86도236.

필 성인 동영상물을 시청하게 하는 경우[199] 등이 있다.

(5) 기망행위의 상대방

108 기망의 상대방(피기망자)은 타인이다. 광고사기의 경우와 같이 불특정인도 상대방이 될 수 있다. 미성년자나 심신장애자도 기망의 상대방이 될 수 있으나,[200] 심신상실자나 유아는 스스로 착오를 일으킬 능력이 없기 때문에 기망의 상대방이 될 수 없다.[201]

109 사기 범행의 성질상 기망의 상대방은 자연인이어야 한다.[202] 기계는 주어진 사실에 따라 피동적으로 작동할 뿐이고 착오에 빠질 수 없기 때문에 기망행위의 대상이 될 수 없다.[203] 예컨대, 자동판매기에 동전이 아닌 금속을 넣어 기계를 작동시킴으로써 물품을 꺼내는 행위는 편의시설부정이용죄(§248의2)가 될 수 있어도 본죄를 구성하지는 않는다.[204]

110 본죄에서는 통상 피기망자가 피해자이지만,[205] 피기망자가 반드시 피해자와 일치하는 것은 아니다(삼각사기의 경우).

---

199 대판 2008. 6. 12, 2008도76.

200 大判 大正 4(1915). 6. 15. 刑録 21·818.

201 김성돈, 359.

202 대판 2006. 3. 24, 2006도282.

203 最判 昭和 29(1954). 10. 12. 刑集 8·10·1591; 最決 昭和 31(1956). 8. 22. 刑集 10·8·1260; 最決 平成 14(2002). 2. 8. 刑集 56·2·71

204 임웅, 409.

205 실무에서는 피기망자 또는 피해자가 누구인지가 문제되는 사례가 종종 있다. 예를 들어, 국내에서 가공한 굴비의 원재료인 참조기에 중국산이 포함된 것을 A 쇼핑 등에 납품한 사안에서, 원심은 A 쇼핑 등을 기망한 사기범행에 해당한다며 유죄를 선고하였으나, 대법원은 굴비의 원료인 참조기의 원산지에 관한 기망의 상대방이자 그로 인한 착오 및 판매대금 상당 편취의 피해의 주체를 A 쇼핑 등이라고 볼 수 있는지에 대해서 상당한 의문이 제기되고, 오히려 원산지 허위 표시 아래 입고·판매 등 일련의 행위는 매장에서의 구입자인 소비자들에 대한 기망행위라고 보는 것이 실질에 보다 부합하는 것으로 볼 여지가 많다는 이유로, 원심판결을 파기환송하였다(대판 2022. 6. 30, 2022도3771). 이 사건에서 대법원은, "매입·판매된 상품의 하자에 따르는 기망 및 착오 여부와 그로 인한 금원 편취를 구성요건요소로 하는 재산범죄로서의 사기죄 성립 여부에 있어서는 행위의 실질적 측면에서 기망의 상대방 및 그로 인한 착오와 금전적 피해의 주체가 누구인지가 그 주된 판단의 기준이 된다. 이 부분 구체적인 판단에 있어서는, 매입·판매된 상품의 소유권의 실질적 이전·귀속 여부, 실질적인 발주와 외상매입 처리 또는 세금계산서 발행 여부, 소비자에 대한 관계에서 실질적인 판매의 명의자 내지 상품에 대한 판매·재고관리 수행의 주체, 판매대금 중 대규모유통업자에게 귀속되는 금원의 실질이 판매수익의 일부인지 아니면 매장의 이용 내지 판매의 기회 제공에 따르는 수수료나 임대료인지 여부, 소유권의 이전에 수반되는 하자 등 책임의 귀속을 둘러싼 분쟁에 대비한 정기적 혹은 비정기적인 매장 입고 상품 검품·검수 내지 이에 준하는 조치의 실시 여부 등이 고려되어야 한다."고 판시하였다.

111 본죄의 피해자가 법인이나 단체인 경우, 기망행위로 인한 착오가 있었는지는 법인이나 단체의 의사를 결정하고 처분할 권한을 가지고 있는 사람을 기준으로 판단한다.[206] 따라서 ① 피해자 법인(단체)의 대표자나 실질적인 최종 결재권자가 기망행위자이거나 기망행위자와 공모하는 등으로 기망행위를 알고 있었던 경우에는 기망행위로 인한 착오가 있었다고 볼 수 없으므로, 이러한 경우 업무상횡령죄나 업무상배임죄 등이 성립할 수 있어도 본죄가 성립한다고 볼 수 없고,[207] ② 피해자 법인(단체)의 업무를 처리하는 실무자나 직원이 기망행위임을 알고 있었더라도, 피해자 법인(단체)의 대표자나 실질적인 최종 결재권자가 기망행위임을 알지 못한 채 착오에 빠져 처분행위에 이른 경우라면, 피해자 법인(단체)에 대한 본죄의 성립에 영향이 없다.[208]

2. 피기망자의 착오

(1) 착오의 내용

112 기망행위에 의하여 피기망자가 착오에 빠져야 한다. '착오'란 객관적 사실과 피기망자의 주관적 인식 사이에 불일치가 생기는 것을 말한다.

113 착오는 사실에 대한 관념과 현실의 불일치를 의미하고, 그것이 사실에 대한 적극적 착오인지 소극적 부지인지를 묻지 않는다. 착오는 반드시 구체적인 상황에 대한 인식이 있을 것을 요하지 않지만 적어도 일반적인 관념은 있어야 하고, 만일 사실 자체에 대하여 전혀 모르고 있을 때에는 착오라고 할 수 없다.[209] 예컨대, 역무원 몰래 무임승차하거나 입장권 없이 극장에 들어갔어도 역무원 등이 그 사실을 모르고 있었을 때에는 착오가 있다고 할 수 없다.

114 착오는 기망행위라는 원인과 처분행위라는 결과를 연결하는 인과의 고리로서, 기망행위와 처분행위가 존재하면 착오는 존재하는 것으로 추정되고, 이러한 추정은 본인이 착오의 존재를 부인하지 않는 한 깨어지지 않는다.[210]

115 착오는 법률행위의 중요부분에 관한 것임을 요하고, 단순한 동기의 착오만

---

206 신동운, 1045; 임웅, 409.
207 대판 2017. 8. 29, 2016도18986.
208 대판 2017. 9. 26, 2017도8449.
209 이재상·장영민·강동범, § 18/25.
210 박성민(주 98), 42.

으로는 착오라고 할 수 없다는 견해가 있다.[211] 그러나 착오는 반드시 법률행위의 중요부분에 관한 것임을 요하지 않고 동기의 착오로도 충분하다.[212] 판례도 같은 입장이다.[213]

(2) 피기망자의 지위

116 본죄가 성립하기 위해서는 기망행위의 상대방(피기망자)과 처분행위자가 동일하여야 하나, 피기망자인 처분행위자가 반드시 재산상 피해자와 일치할 필요는 없다. 이와 같이 피기망자인 처분행위자와 재산상 피해자가 일치하지 않는 경우를 삼각사기라고 하고, 그 전형적인 예가 소송사기이다.[214]

117 피기망자인 처분행위자와 재산상 피해자가 일치하지 않는 삼각사기의 경우, 선의의 도구를 이용한 절도죄와의 구별을 위하여, 피기망자(처분행위자)가 피해자와 어떤 관계가 있어야 하는지가 문제된다. 이에 대하여, ① 피기망자가 피해자와의 계약관계에 기하여 피해자의 재산을 처분할 수 있는 권한이 있어야 한다는 계약관계설,[215] ② 피기망자(처분행위자)에게 피해자의 재산을 처분할 수 있는 법적 권한이 있어야 한다는 법적 권한설이 있으나, ③ 피해자의 재산을 법률상 처분할 수 있는 권한이 있는 경우뿐만 아니라 사실상 피해자의 재산을 처분할 수 있는 지위를 가지고 있으면 충분하다는 사실상 지위설이 다수설이다.[216]

118 종래 대법원은, 타인 명의의 등기서류를 위조하여 등기공무원에게 제출하여 피고인 명의로 소유권이전등기를 마친 경우[217]와 피고인 소유가 아닌 부동산에 대하여 피고인 소유인 것처럼 보존등기신청을 하여 그 사정을 모르는 등기공무원으로 하여금 그 등기를 하게 한 경우,[218] 등기공무원에게 부동산의 처분권한이 없어 본죄가 성립하지 않는다고 판시하여 피기망자에게 법적 처분권한이 있을 것을 요구하였다.

119 그러나 이후 대법원은, "피기망자와 재산상 피해자가 다른 사람인 경우, 피

211 김신규, 419; 이재상·장영민·강동범, §18/24.
212 김성돈, 347; 박찬걸, 형법각론(2판), 460; 신동운, 339; 오영근, 301.
213 대판 1996. 2. 27, 95도2828.
214 大判 昭和 2(1927). 1. 26. 刑集 6·10.
215 배종대, §68/56.
216 김성돈, 359; 신동운, 1046; 오영근, 303; 임웅, 412;.정성근·박광민, 346; 주호노, 형법각론, 736.
217 대판 1981. 7. 28, 81도529.
218 대판 1982. 2. 9, 81도944.

기망자가 피해자를 위하여 그 재산을 처분할 수 있는 권능을 갖거나 그 지위에 있어야 한다."고 하면서,[219] "여기에서 피해자를 위하여 재산을 처분할 수 있는 권능이나 지위는 반드시 사법상 위임이나 대리권 범위와 일치해야 하는 것은 아니고, 피해자의 의사에 기하여 재산을 처분할 수 있는 서류 등이 교부된 경우에는 피기망자의 처분행위가 피해자의 진정한 의도와 어긋난다고 할지라도, 위와 같은 권능을 갖거나 그 지위에 있는 것으로 보아야 한다."라고 판시하여,[220] 위 ③의 사실상 지위설의 입장을 취하고[221] 있다.[222]

(3) 기망과 착오의 인과관계

120 기망과 착오 사이에 인과관계가 있어야 한다.[223] 기망이 있어도 상대방이 착오에 빠지지 않거나, 기망과 착오 사이에 인과관계가 없는 때에는 미수에 지나지 않는다. 예컨대, 가짜 장애자 행세를 하면서 자선금을 받아내고자 하는데 상대방이 가짜임을 알고 동정심으로 교부한 경우에는, 기망행위와 착오 사이에 인과관계가 없으므로 본죄의 미수범이 성립한다.[224] 이미 착오에 빠진 사람의 착오를 계속 유지시키는 부작위에 의한 기망인 경우에도 부작위와 계속되는 착오 사이에 인과관계가 인정되어야 한다.[225]

121 기망행위가 착오의 유일한 원인일 필요는 없다. 착오에 이르게 된 과정에 피기망자의 과실이 인정되더라도 본죄의 성립에는 지장이 없다.[226]

122 한편, 사기범이 타인을 기망하여 자신의 계좌에 돈을 송금받은 후 은행에 대하여 예금을 청구함에 따라 은행이 사기범에게 예금을 지급하는 행위는 그 금액 상당의 예금 계약의 성립과 예금채권 취득에 따른 것으로서 은행이 착오에 빠져 처분행위를 한 것으로 볼 수 없기 때문에 은행을 피해자로 한 본죄는

---

219 대판 1991. 1. 15, 90도2180; 대판 1994. 10. 11, 94도1575; 대판 2022. 12. 29, 2022도12494.

220 대판 1994. 10. 11, 94도1575.

221 김성돈, 363; 이재상·장영민·강동범, § 18/32.

222 독일의 판례 가운데에는 가구회사의 키친 부문의 종업원이 회계권한을 가장해서 판매대금을 수령한 사안에서, 상법상의 외관주의(외관법리)(Rechtsscheintheorie)에 따라 회사는 변제를 다툴 수 없는 점에서 고객을 피기망자·처분행위자로 하고 회사를 피해자로 하는 삼각사기를 인정한 것이 있다(BGH, 23.06.1992 - 5 StR 75/92).

223 김신규, 419; 이형국·김혜경, 형법각론(2판), 401; 정성근·정준섭, 257.

224 임웅, 409.

225 김성돈, 360.

226 대판 2009. 6. 23, 2008도1697.

성립하지 않는다.[227]

3. 처분행위

(1) 처분행위의 의의 및 기능

본죄가 성립하려면 재물 또는 재산상 이익의 취득이 피기망자의 처분행위를 통해서 이루어져야 한다. 본죄는 행위자의 행위만으로는 성립할 수 없고, 피해자의 자발적인 처분행위를 통해서 완성되는 자손(自損)적 범죄이다. 본죄는 피기망자의 처분행위로 인하여 재물이나 재산상 이익을 취득하는 점에서 절도죄나 강도죄와 다르다. 123

본조의 '교부를 받거나'와 '취득한'이라는 표현은 피기망자의 처분행위를 당연한 전제로 한다는 이유로 '처분행위'는 본죄에서 기술된 구성요건요소라는 견해가 있기는 하나,[228] 위 조항에는 처분행위를 전제로 하는 행위자의 행위만이 기술되어 있을 뿐 처분행위는 명시적으로 기술되지 아니한 구성요건요소라고 보는 것이 일반적인 설명이다.[229] 124

본죄에서 처분행위란 "직접 재산상 손해를 초래하는 행위, 수인 또는 부작위",[230] "비록 하자가 있는 것이기 하지만 자유의사로 직접 재산 손해를 초래하는 작위행위를 하거나 또는 방치하는 부작위행위를 하는 것",[231] "피기망자가 범인이나 제3자에게 재물을 교부하거나 재산상 이익을 취득하게 하는 행위"[232] 등으로 설명된다.[233] 한편 판례는, "사기죄에서 처분행위라 함은 재산적 처분행위로서 피기망자가 자유의사로 직접 재산상 손해를 초래하는 작위에 나아가거나 또는 부작위에 이른 것을 말한다."고 판시하고 있다.[234] 125

227 대판 2010. 5. 27, 2010도3498.

228 임웅, 410.

229 배종대, §68/41; 이재상·장영민·강동범, §18/30; 정성근·박광민, 343.

230 이재상·장영민·강동범, §18/31.

231 배종대, §68/42.

232 오영근, 301.

233 우리 형법에는 손해발생이 명문으로 규정되어 있지 않기 때문에 처분행위란 피기망자가 재물을 교부하거나 기망자에게 이익을 취득하게 하는 일체의 재산적 행위를 말한다는 견해도 있다[권오걸, "사기죄와 처분행위 - 성행위에 대한 대가지급 불이행의 경우 -", 법학연구 16-3, 한국법학회(2016), 234].

234 대판 2007. 7. 12, 2005도9221; 대판 2009. 3. 26, 2008도6641.

126 처분행위는 기망에 의한 착오와 재산상 손해라는 본죄의 요건을 연결하는 역할을 한다. 즉, 착오 그 자체로만으로는 재산상 손해를 발생하지 않기 때문에 착오와 손해를 연결하는 매개요소로서 처분행위가 본죄에서 요구된다.[235] 또한 처분행위는 행위의 객체가 재물인 경우 편취행위인 사기와 탈취행위인 절도를 구별하여 본죄의 성립범위를 제한하는 역할을 하고,[236] 행위의 객체가 재산상 이익인 경우에는 가벌적인 본죄와 불가벌적인 이익절도를 구별하는 역할을 한다.[237]

(2) 처분행위의 법적 성격과 태양

127 종래 독일에서는 본죄의 처분행위를 법률행위로 한정하는 법률행위설과 사실상 재산상 손해를 발생시키는 행위이면 된다는 사실행위설이 크게 대립하였으나, 현재는 사실행위설이 통설이다.[238]

128 우리나라의 학자들도 "처분행위는 민법상 개념이 아니고, 그것은 법률행위임을 요하지 않고 순수한 사실행위도 포함된다."라고 설명하여 사실행위설을 취하고 있다.[239] 따라서 처분행위는 계약 체결이나 채무면제의 의사표시 등과 같은 법률행위는 물론 물건의 인도나 노무의 제공 등과 같은 사실행위로도 나타날 수 있다. 법률행위인 경우 그것이 유효인지 또는 무효인지 아니면 취소할 수 있는 것인지 묻지 아니한다.[240] 사실행위는 행위능력이 없는 사람도 할 수 있다.[241]

129 처분행위는 작위뿐만 아니라 부작위에 의해서도 가능하다. 즉, 착오에 빠진 사람이 재산을 유지 또는 증가시킬 수 있음에도 착오로 인하여 그와 같은 조치를 취하지 않는 경우가 부작위에 의한 처분행위에 해당한다.[242] 대법원도, ① 출판사 경영자가 출고현황표를 조작하는 방법으로 실제 출판부수를 속여 작가에

235 김재봉, "사기죄의 본질과 처분의사의 내용", 형사법연구 30-4, 한국형사법학회(2018), 281-282.

236 탈취죄인 절도는 범죄자의 행위에 의하여 재물을 취득하는 것이고, 편취죄인 사기는 피기망자의 행위에 의하여 재산을 취득하는 것이며, 양자는 처분행위를 기준으로 구분된다. 이 점에서 본죄는 자기손상행위라고 하고, 절도죄는 타인손상행위라고 한다.

237 김재봉(주 235), 281-282; 대판 2017. 2. 16, 2016도13362(전) 중 반대의견에 대한 조희대 대법관의 보충의견.

238 이은신, "사기죄와 재산적 처분행위", 재판과 판례 13, 대구판례연구회(2005), 559.

239 김신규, 424; 박상기·전지연, 형법학(총론·각론)(5판), 651; 박찬걸, 461; 이정원·류석준, 362; 이형국·김혜경, 402.

240 재산적 처분행위가 사기를 이유로 민법에 따라 취소될 수 있다고 하더라도 본죄의 처분행위에 해당하는 판례로, 대판 2012. 4. 13, 2012도1101.

241 이재상·장영민·강동범, § 18/31.

242 김일수·서보학, 347.

게 인세의 일부만을 지급한 사안에서, 작가가 나머지 인세에 대한 청구권의 존재 자체를 알지 못하는 착오에 빠져 이를 행사하지 아니한 것은 부작위에 의한 처분행위에 해당하고,[243] ② 피고인이 점포에 대한 권리금을 지급한 것처럼 허위의 사용내역서를 작성·교부하여 동업자들로부터 출자금 지급의무를 면제받으려 한 사안에서, 동업자들이 피고인에 대한 출자의무를 명시적으로 면제하지 않았더라도 착오에 빠져 이를 면제해 주는 결과에 이를 수 있고, 이는 부작위에 의한 처분행위에 해당한다[244]고 보았다.

(3) 처분행위의 객체

처분행위의 객체는 재물 또는 재산상 이익이다. 130

(가) 재물에 대한 처분행위

재물에 대한 처분행위는 주로 점유를 이전하는 교부를 의미하나, 행위자가 재물을 가져가는 것을 묵인하거나 수인하는 것도 처분행위가 될 수 있다.[245] 131

재물의 교부가 있었다고 하기 위하여 반드시 재물의 현실 인도가 필요한 것은 아니고 재물이 범인이나 제3자의 사실상 지배 아래 들어가 그의 자유로운 처분이 가능한 상태에 놓인 경우도 포함한다. 판례도, 피고인의 주문에 따라 제작된 도자기 중 실제로 배달된 것뿐만 아니라, 피고인이 지정하는 장소로의 배달을 위하여 피해자가 보관 중인 도자기도 피고인에게 모두 교부되었다고 판단하여 본죄의 기수를 인정하였다.[246] 132

재물의 교부는 점유 이전을 의미하지만, 이는 느슨한 점유와는 구별된다. 점유 이전과 느슨한 점유는 재물을 사실상 지배하고 있는 사람이 소유권자처럼 재물을 처분할 수 있는지와 점유취득을 위해 추가적인 행위가 요구되는지에 따라 구별된다. 133

(나) 재산상 이익에 대한 처분행위

재산상 이익에 대한 처분행위는 이익을 취득하게 하는 일체의 행위를 말한다. 계약의 체결, 노무의 제공, 채무면제의 의사표시와 같은 작위는 물론 피해 134

243 대판 2007. 7. 12, 2005도9221.
244 대판 2009. 3. 26, 2008도6641.
245 이재상·장영민·강동범, § 18/31.
246 대판 2003. 5. 16, 2001도1825.

자가 기망에 의해 착오에 빠져 청구권을 행사하지 않는 부작위[247]도 여기에 해당한다. 재산상 이익을 이전하는 형태는 등기말소, 변제기일의 연기, 건축허가 명의 변경 등 다양하다.

135 본죄에서 말하는 재산상 이익의 취득은 그 재산상 이익을 법률상 유효하게 취득함을 필요로 하지 아니하고, 그 이익 취득이 법률상 무효라고 하더라도 외형상 취득한 것이면 충분하다.[248] 처분행위로 인한 이익의 귀속이 결과적으로 누구한테 귀속되는지는 본죄의 성부에 영향을 주지 못한다.[249]

136 채무변제의 유예 정도를 넘어서 채무면제라는 재산상 이익에 관한 본죄가 성립하기 위해서는 그 채무를 확정적으로 면제시키는 채권자의 처분행위가 있어야 하고, 단지 채무의 이행을 위하여 채권 그 밖의 재산적 권리의 양도가 있었다는 사정만으로는 그러한 처분행위가 있었다고 단정하여서는 안 되고, 그것이 기존 채무의 확정적인 소멸 내지 면제를 전제로 이루어진 것인지를 적극적으로 살핀 다음, 채무면제를 목적으로 하는 본죄의 성립 여부를 판단하여야 한다.[250]

137 따라서 ① 피고인이 피해자에게 백미 100가마를 변제한다고 말하면서 10가마의 백미보관증이라고 속여 교부하고 한문판독능력이 없는 피해자가 이를 100가마의 보관증이라고 믿고 교부받은 경우,[251] ② 환매권을 양수받은 사실이 없어 처분권 없는 부동산에 대해 환매권양도계약을 체결해 준 경우,[252] ③ 위조된 약속어음을 진정한 것처럼 속여 물품대금채무 변제조로 채권자에게 교부한 경우,[253] ④ 존재하지 않는 채권을 양도한 경우[254] 등에는 재산상 이익의 취득이 인정되지 않는다.

(4) 재산적 처분행위

138 처분행위는 재산적 처분행위이어야 한다.

139 가압류채권자가 상대방에 속아 가압류를 해제하면, 상대방은 가압류의 부

---

247 대판 2007. 7. 12, 2005도9221.
248 대판 1975. 5. 27, 75도760; 대판 2012. 5. 24, 2010도12732.
249 대판 2009. 1. 30, 2008도9985.
250 대판 2009. 2. 12, 2008도10971; 대판 2012. 4. 13, 2012도1101.
251 대판 1990. 12. 26, 90도2037.
252 대판 1986. 7. 22, 86도681.
253 대판 1983. 4. 12, 82도2938.
254 대판 1985. 3. 12, 85도74.

담이 없는 부동산을 소유하게 되는 이익을 얻게 되므로, 가압류를 해제하는 것도 본죄에서 말하는 재산적 처분행위에 해당하고, 그 이후 가압류의 피보전채권이 존재하지 않는 것으로 밝혀졌다고 하더라도 가압류 해제로 인한 재산상 이익이 없었던 것으로 볼 수는 없다.[255] 가등기인 경우도 마찬가지이다.[256]

배당이의소송의 제1심 판결에서 패소판결을 받고 항소한 사람이 항소를 취 140
하하면 그 즉시 제1심 판결이 확정되고 상대방이 배당금을 수령할 수 있는 이익을 얻게 되므로, 항소를 취하하는 것도 본죄에서 말하는 재산적 처분행위가 될 수 있다.[257]

그러나 피고인이 사업자등록명의를 빌려주면 세금이나 채무는 모두 자신이 141
변제하겠다고 속여 피해자로부터 명의를 대여받아 호텔을 운영하면서 피해자로 하여금 호텔에 관한 각종 세금 및 채무 등을 부담하게 한 경우, 실제 사업자가 아닌 명의귀속자에 대하여 한 조세부과처분은 위법하고, 실질과세의 원칙상 과세관청은 타인 명의로 사업자등록을 하고 실제로 사업을 영위한 사람에 대해 과세를 하여야 하므로, 피해자가 명의를 대여하였다는 것만으로 피고인이 위와 같은 채무를 면하는 재산상 이익을 취득하는 피해자의 재산적 처분행위가 있었다고 보기 어렵다.[258]

또한, 피고인이 피해자 명의의 특허 관련 명의변경 서류를 위조하여 일본국 142
특허청 공무원에게 제출함으로써 특허 출원자를 자신의 명의로 변경하였다고 하더라도, 특허권에 관한 처분행위가 있었다고 볼 수 없어 본죄를 구성하지 않는다.[259]

(5) 처분의사

본죄의 성립에 피기망자의 처분행위가 필요하다는 데 대해서는 별다른 이 143
견이 없지만, 처분행위가 인정되기 위한 주관적 요건으로 처분의사가 필요한 것인지, 그리고 그 내용은 무엇인지에 대해서 견해가 나뉘고 있다.

처분행위를 처분의사로부터 분리하면 할수록 당벌적 행위를 남김없이 처벌 144

255 대판 2007. 9. 20, 2007도5507.
256 대판 2008. 1. 24, 2007도9417.
257 대판 2002. 11. 22, 2000도4419. 본 판결 평석은 천진호, "사기죄에 있어서 재산처분행위와 소취하", 형사판례연구 [12], 한국형사판례연구회, 박영사(2004), 276-300.
258 대판 2012. 6. 28, 2012도4773.
259 대판 2007. 11. 16, 2007도3475.

할 수 있는 장점이 있는 반면 처벌의 지나친 확대가 우려되고, 반대로 처분행위를 처분의사와 밀접하게 연관시키면 시킬수록 자기손상행위로서 본죄의 특성에 부합한다는 장점이 있으나 처벌의 흠결이 발생할 여지가 많아지게 된다.[260]

(가) 처분의사의 필요 여부에 대한 견해 대립

(a) 처분의사 불요설

145 처분행위는 객관적으로 손해를 초래할 수 있는 행위이면 충분하고, 거기에 처분의사는 필요하지 않다고 보는 견해이다.[261] 본죄가 성립하기 위해서 피기망자는 자신의 행위가 재산상 처분행위라는 사실을 인식하고 있을 필요가 없고, 처분 결과 객관적인 재산의 감소가 있으면 된다고 한다.

146 위 견해는 그 논거로, 처분행위에 처분의사를 요구할 경우 명백히 당벌적인 행위에 대하여 본죄를 적용하지 못하게 되어 처벌의 흠결이 발생하고, 처분행위자에게 착오를 일으키게 하는 것이 바로 기망행위의 본질이므로 처분의사를 요구할 필요가 없으며, 처분의사를 요구할 경우 교묘한 기망행위일수록 본죄로 처벌할 수 없는 문제가 발생한다는 점을 제시한다.[262]

147 이러한 처분의사 불요설에 따르면, 서명사취[263] 또는 환급금사기[264]의 경우 등과 같이 피기망자의 처분의사가 없는 경우에도 본죄로 처벌할 수 있는 장점이 있으나, 책략절도와 사기의 구별이 곤란한 문제가 발생하고, 이익사기의 경우 지나치게 처벌이 확대된다는 비판이 있다.[265]

(b) 처분의사 필요설

148 본죄에서 처분행위가 인정되기 위해서는 처분의사와 같은 주관적 요건이 필요하다는 견해로, 다수설의 입장이다.[266] 본죄에서 자기손상행위로서 처분행

---

260 송승은, "사기죄의 처분행위와 처분의사", 법이론실무연구 6-3, 한국법이론실무학회(2018), 214; 황태정, "사기죄의 처분행위와 처분의사", 법조 66-3, 법조협회(2017), 802.

261 이재상·장영민·강동범, §18/31; 이정원·류석준, 362.

262 김재봉(주 235), 282-283; 송승은(주 260), 214.

263 피기망자가 기망행위에 의하여 유발된 착오로 인하여 내심의 의사와 다른 처분문서에 서명 또는 날인함으로써 재산상 손해를 입은 경우를 말한다.

264 세금환급을 해 준다고 속이고 피해자를 현금인출기로 유인해 피해자의 예금계좌에서 보이스피싱 조직의 계좌로 돈을 이체하도록 함으로 이익을 취하는 사기를 말한다.

265 김재봉, "사기죄와 처분의사", 형사판례연구 〔11〕, 한국형사판례연구회, 박영사(2003), 177.

266 김성돈, 362; 김신규, 424; 박찬걸, 463; 배종대, §68/45; 이상돈, 형법강론(4판), 536; 정성근·박광민, 344; 정성근·정준섭, 258; 정웅석·최창호, 608; 주호노, 764; 한상훈·안성조, 형법개론

위의 본질이 충족되기 위해서는 자기재산 처분에 대한 결정의사가 필수적이므로, '처분의사'가 없으면 개념논리적으로 '처분행위'도 있을 수 없는 것이어서 본죄가 성립하지 않는다는 견해이다.[267]

처분의사 필요설은 무의식적인 행위는 그 자체로 형용의 모순이고, 행위는 의사를 떠나 존재할 수 없는 것으로, 처분의사가 없는 처분행위는 상정할 수 없는 점, 기망으로 인해 형성된 상대방의 하자 있는 '의사'에 의한 재물 취득이 사기죄의 본질적인 특성인 이상 처분행위에 '처분의사'가 있어야 하는 점, 책략절도와 같이 처분행위의 외관을 가지고 있는 경우 피기망자의 처분의사를 고려할 때만이 본죄와 구별할 수 있는 점 등을 논거로 한다.[268] 149

(c) 이원설

처분행위에 원칙적으로 처분의사가 필요 없으나 예외적으로 재물사기의 경우에는 절도죄와 구별하기 위하여 처분의사가 필요하다는 견해로,[269] 독일에서의 다수설이자 판례[270]의 입장이다.[271] 150

한편 우리 형법의 경우, 재물에 대한 침해는 피기망자의 처분의사가 있을 때에는 본죄로 처벌하고 처분의사가 없을 때에는 절도죄로 처벌하고 있지만, 이익에 대한 침해의 경우는 이익절도를 처벌하고 있지 않기 때문에 피기망자에게 처분의사가 있는 경우와 없는 경우 모두를 본죄로 처벌하는 것이 우리 형법의 적정한 해석이라고 하면서 이원설을 주장하는 견해도 있다.[272] 151

이처럼 이원설이 이익사기와 재물사기를 구별하여 취급하는 이유는, 행위객체가 이익인 경우 처벌의 공백을 메워 피해자를 보호하고, 행위의 객체가 재물인 경우 처분의사를 통해 절도와 사기를 구별하기 위한 것이다.[273] 152

(3판), 537; 홍영기, § 80/22; 주석형법 [각칙(6)](5판), 46(이인석).

267 김희수, "사기죄에서 말하는 처분행위가 인정되기 위해 피기망자에게 처분결과에 대한 인식이 필요한지 여부", 사법 40, 사법발전재단(2017), 307.

268 김재봉(주 235), 283-284.

269 김일수·서보학, 347; 이정원, 형법각론, 367; 원형식, "사기죄에서 처분의사 및 재산상 손해", 일감법학 38, 건국대학교 법학연구소(2017), 522-523.

270 독일의 판례 가운데에는 채무를 부담시키는 계약서인 것을 숨기고 서명하게 한 경우에, 처분의사는 없지만 처분행위는 인정된다고 본 것이 있다(BGH, 20.02.1968 - 5 StR 694/67)

271 송승은(주 260), 215.

272 서보학, "사기죄에 있어서 처분의사의 필요성 여부와 처분의사의 내용", 경희법학 52-4(2017), 218.

273 김재봉(주 235), 285.

153 이원설에 대해서는, 재물사기죄와 이익사기죄는 객체가 재물이냐 이익이냐의 차이만 있을 뿐 그 본질에서는 동일한 것이므로 처분의사에 관하여도 동일하게 취급하는 것이 논리적이라는 비판이 있다.[274]

(나) 처분의사의 내용에 관한 견해 대립

154 처분행위의 주관적 요소로서 처분의사가 필요하다는 입장을 취하는 경우에도 그 처분의사의 내용이 무엇인지에 대하여 '처분결과 인식설'과 '처분행위 인식설'이 대립한다.

(a) **처분결과 인식설**(완전 인식설)

155 처분의사가 인정되기 위해서는 처분행위 자체는 물론 처분결과에 대한 인식이 요구된다고 보는 견해로, 피기망자가 자신의 처분행위로 재산상 손해가 발생한다는 것을 인식할 때 비로소 처분의사가 인정된다는 입장이다.[275]

156 이 견해에 따르면, 서명사취나 환급금사기의 경우와 같이 피기망자가 자신의 행위의 의미를 이해하지 못해 처분결과에 대한 인식이 결여된 경우, 처분의사가 부정되어 본죄가 성립하지 않는다고 한다. 서명사취의 경우 문서위조죄의 간접정범, 환급금사기에서는 컴퓨터등사용사기죄(§347의2)의 간접정범이나 전기통신금융사기피해방지및피해금환급을위한특별법위반죄 등이 성립할 수 있을 뿐이라고 한다.[276]

(b) **처분행위 인식설**(불완전 인식설)

157 재산변동을 일으키는 행위나 상황에 대한 인식이 있으면 처분의사는 인정되고, 처분행위의 결과인 재산상 손해에 대한 인식까지는 요구되지 않는다는 입장이다.[277] 즉, 본죄는 본래 상대방인 피기망자에 대하여 처분행위의 결과를 속이는 범죄이고 그에 따라 피기망자가 자신의 처분행위가 가져올 결과를 인식하지 못한 채 처분행위를 하는 것이 본죄의 핵심내용이기 때문에 피기망자의 처분의사는 처분행위 자체에 대한 인식만을 의미한다고 한다.[278]

274 김선복, "사기죄에 있어서 처분의사의 필요성", 형사법연구 13, 한국형사법학회(2000), 177.
275 정성근·정준섭, 258; 최호진, 형법각론, 456.
276 서보학(주 272), 220-221.
277 김신규, 425; 박찬걸, 463; 주호노, 766; 김선복(주 274), 169-171; 김재봉(주 235), 288; 송승은(주 260), 218; 황태정(주 260), 828.
278 이경철, "사기죄의 구성요건으로서의 처분행위", 법학논고 38, 경북대학교 법학연구원(2012), 113-114.

이 견해에 따르면, 다른 서류라고 속이고 피기망자로 하여금 차용증서에 서명하게 한 이른바 서명사취의 경우, 서명 자체에 대한 인식만으로도 처분행위가 인정되므로 본죄가 성립할 수 있다.[279] 158

(다) 판례의 태도

종래 대법원은 본죄의 처분행위의 주관적 요소로 처분의사가 필요하고(처분의사 필요설), 그러한 처분의사가 인정되기 위해서는 처분행위뿐만 아니라 처분결과에 대한 인식이 있을 것이 요구된다(처분결과 인식설)고 보았다.[280] 159

그러나 최근 대법원은 전원합의체 판결을 통하여, 처분의사가 필요하다는 입장은 유지하면서도, 처분의사는 처분행위에 대한 인식이 있으면 충분하고 그 행위가 가져오는 결과까지 인식할 필요는 없다(처분행위 인식설)고 하여, 종전 견해를 변경하였다. 즉, '처분결과 인식설'에서 '처분행위 인식설'로 견해를 변경한 것이다.[281] 160

(a) 종전 판례

종래 처분의사가 문제되었던 사례는, 부동산 소유자인 피해자가 A 회사 영업소장인 피고인에게 "부동산을 B 회사에 담보로 제공하기로 했으므로 A 회사에 담보로 제공할 수 없다."라고 거절하자, 피고인이 피해자에게 "근저당설정계약서에 자필서명과 무인을 해 두었다가, B 회사에 담보로 제공할 수 없게 된 경우 A 회사에 대한 담보 제공에 사용하자."라고 거짓말하여, 피해자로부터 근저당권설정에 필요한 제반 서류에 서명과 무인을 받고, 이후 A 회사 앞으로 임의로 근저당권을 설정해 버린 사안이다.[282] 161

대법원은 "사기죄에서 처분행위라고 하는 것은 재산적 처분행위를 의미하고, 그것은 주관적으로 피기망자가 처분의사, 즉 처분결과를 인식하고, 객관적으로는 이러한 의사에 지배된 행위가 있을 것을 요한다."라고 판시하여, 처분행 162

---

279 황태정(주 260), 828.

280 대판 1987. 10. 26, 87도1042; 대판 1999. 7. 9, 99도1326; 대판 2011. 4. 14, 2011도769. 일본 판례도 처분의사 필요설의 입장이다[最決 昭和 30(1955). 9. 9. 刑集 9·9·1856(방론으로 음식·숙박 후에 자동차로 귀가하는 지인을 바래다주고 온다고 거짓말하고 도주한 경우, 대금지불을 면한 이익사기죄가 성립하지 않는다는 취지로 판시. 다만, 피고인은 처음부터 지불의사가 없어 본죄 자체는 성립)].

281 송승은(주 260), 211.

282 대판 1987. 10. 26, 87도1042.

위가 성립하기 위하여 처분결과에 대한 인식까지 있을 것을 요구하였다.[283]

163 그리하여 위 사안에서 대법원은, 피고인이 피해자로부터 근저당권설정에 필요한 서류에 서명과 무인을 받았다고 하더라도, 당시 피해자는 피해자의 부동산이 B 회사에 담보로 제공할 수 없게 된 것이 분명하게 되어 다시 인감증명서를 피고인에게 교부할 때까지 피해자는 근저당권설정계약을 체결할 의사가 있었던 것이 아님이 명백하므로, 앞서 든 법리에 따라 피해자의 재산적 처분행위가 있었다고 할 수 없어 본죄는 성립하지 않는다고 판시하였다.

(b) 최근 판례 변경

164 최근 대법원이 전원합의체 판결을 통해 종전 견해를 변경한 사안은, 피고인이 토지 소유자인 피해자에게 토지거래허가에 필요한 서류라고 거짓말을 하여 근저당설정계약서에 서명·날인하게 하고 인감증명서를 교부받은 다음, 이를 이용하여 피해자 소유 토지에 피고인 자신을 채무자로 한 근저당권을 채권자에게 설정하여 주고 돈을 차용하는 방법으로 재산상 이익을 취득한 이른바 서명사취 사례이다.

165 위 전원합의체 판결[284]의 다수의견은 "처분행위가 인정되기 위해서는 그 주관적 요소로 처분의사가 필요하기는 하지만, 이때 처분의사는 착오에 빠진 피기망자가 어떤 행위를 한다는 인식이 있으면 충분하고 그 행위가 가져오는 결과에 대한 인식까지 필요하다고 볼 것은 아니라"고 판시하였다. 나아가 "피기망자가 행위자의 기망행위로 인하여 착오에 빠진 결과 내심의 의사와 다른 효과를 발생시키는 내용의 처분문서에 서명함으로써 처분문서의 내용에 따른 재산상 손해가 초래되었다면, 그와 같은 처분문서에 서명을 한 피기망자의 행위는 사기죄에서 말하는 처분행위에 해당하고, 비록 피기망자가 처분결과, 즉 문서의 구체적 내용과 법적 효과를 미처 인식하지 못하더라도, 어떤 문서에 스스로 서명함으로써 처분문서에 서명하는 행위에 관한 인식이 있었던 이상, 피기망자의 처분의사 역시 인정된다."라고[285] 판시하였다.[286]

---

283 대판 1987. 10. 26, 87도1042; 대판 1999. 7. 9, 99도1326.

284 대판 2017. 2. 16, 2016도13362(전). 본 판결 평석은 김희수(주 267), 279-330; 하태영, "사기죄에서 '교부받는 행위'의 의미", 형사판례연구 〔26〕, 한국형사판례연구회, 박영사(2018), 161-223.

285 위 2016도13362 전원합의체 판결의 다수의견은 위 사명사취 사례에 대하여, "이른바 '서명사취' 사기는 기망행위에 의해 유발된 착오로 인하여 피기망자가 내심의 의사와 다른 처분문서에 서명

위와 같은 다수의견에 대하여, 반대의견은 처분행위가 인정되기 위해서는 166
주관적으로 피기망자에게 처분의사, 즉 처분결과에 한 인식이 있고 객관적으로 이러한 의사에 지배된 행위가 있어야 한다고 보고, 서명사취 사안에서 피기망자에게 문서에 서명·날인한다는 인식이 있었더라도 처분결과에 대한 아무런 인식이 없었으므로, 처분의사와 처분행위를 인정할 수 없다고 판시하였다.[287] 즉, 피

또는 날인함으로써 재산상 손해를 초래한 경우이다. 여기서는 행위자의 기망행위 태양 자체가 피기망자가 자신의 처분행위의 의미나 내용을 제대로 인식할 수 없는 상황을 이용하거나 피기망자로 하여금 자신의 행위로 인한 결과를 인식하지 못하게 하는 것을 핵심적인 내용으로 하고, 이로 말미암아 피기망자는 착오에 빠져 처분문서에 대한 자신의 서명 또는 날인행위가 초래하는 결과를 인식하지 못하는 특수성이 있다. 피기망자의 하자 있는 처분행위를 이용하는 것이 사기죄의 본질인데, 서명사취 사안에서는 그 하자가 의사표시 자체의 성립과정에 존재한다. 이러한 서명사취 사안에서 피기망자가 처분문서의 내용을 제대로 인식하지 못하고 처분문서에 서명 또는 날인함으로써 내심의 의사와 처분문서를 통하여 객관적·외부적으로 인식되는 의사가 일치하지 않게 되었더라도, 피기망자의 행위에 의하여 행위자 등이 재물이나 재산상 이익을 취득하는 결과가 초래되었다고 할 수 있는 것은 그러한 재산의 이전을 내용으로 하는 처분문서가 피기망자에 의하여 작성되었다고 볼 수 있기 때문이다. 이처럼 피기망자가 행위자의 기망행위로 인하여 착오에 빠진 결과 내심의 의사와 다른 효과를 발생시키는 내용의 처분문서에 서명 또는 날인함으로써 처분문서의 내용에 따른 재산상 손해가 초래되었다면 그와 같은 처분문서에 서명 또는 날인을 한 피기망자의 행위는 사기죄에서 말하는 처분행위에 해당한다. 아울러 비록 피기망자가 처분결과, 즉 문서의 구체적 내용과 법적 효과를 미처 인식하지 못하였더라도, 어떤 문서에 스스로 서명 또는 날인함으로써 처분문서에 서명 또는 날인하는 행위에 관한 인식이 있었던 이상 피기망자의 처분의사 역시 인정된다."는 취지로 판시하였다.

286 처분행위의 의미에 대하여 위 전원합의체 판결과 같은 취지로 판시하면서도, 외관상 재물의 교부에 해당하는 행위가 있었으나, 재물이 범인의 사실상의 지배 아래 들어가 그의 자유로운 처분이 가능한 상태에 놓이지 않고 여전히 피해자의 지배 아래에 있는 것으로 평가되는 경우 그 재물에 대한 처분행위가 있었다고 볼 수 없다고 한 판결로는, 대판 2018. 8. 1, 2018도7030(금괴운반을 가장하여 무역상인 피해자로부터 금괴를 빼돌리기로 모의하고 피해자로 하여금 1차 운반책에게 금괴를 교부케 한 사안에서, 본죄를 부정한 사례). 본 판결 해설은 이경은, "재물을 편취한 사기죄에서의 처분행위, 처분의사의 의미 및 책략절도와의 구별기준", 해설 118, 법원도서관(2019), 851-865.

287 위 2016도13362 전원합의체 판결의 반대의견은 위 서명사취 사례에 대하여, "이른바 서명사취 사안의 경우에는, 비록 피기망자에게 문서에 서명 또는 날인한다는 인식이 있었더라도, 처분결과에 대해 아무런 인식이 없었으므로 처분의사와 처분행위를 인정할 수 없음이 명백하다. 재산적 처분행위나 그 요소로서의 처분의사가 존재하는지는 처분행위자인 피기망자의 입장에서 파악할 수밖에 없고, 피기망자가 문서의 내용에 관하여 기망당하여 그에 대한 아무런 인식 없이 행위자에 의해 제시된 서면에 서명·날인하였다면, 오히려 작성명의인인 피기망자의 의사에 반하는 문서가 작성된 것으로서 문서의 의미를 알지 못한 피기망자로서는 그 명의의 문서를 위조하는 범행에 이용당한 것일 뿐, 그 의사에 기한 처분행위가 있었다고 평가할 수는 없다. 서명사취 사안의 행위자가 위조된 서면을 이용하여 그 정을 모르는 금전 대여자로부터 금전을 차용하기에 이르렀다면 금전 대여자에 대한 금전편취의 사기죄가 성립될 여지도 충분함을 아울러 고려하여 볼 때, 토지 소유자에 대한 사기죄가 성립되지 아니한다고 하여 적정한 형벌권 행사에 장

해자가 자신의 재산과 관련하여 무엇을 하였는지조차 전혀 인식하지 못하는 모습의 본죄는 자기손상범죄로서의 본질에 반한다는 것이다.

(c) 인장사취 사안 등과의 구별

167 서명사취 사안과 구별되어야 할 것으로 인장사취 사안이 있다. 인장사취 사안은, 예컨대 ① 토지 일부만을 매수한 사람이 그 부분만을 분할 이전하겠다고 거짓말을 하여 소유자로부터 인감도장을 교부받은 다음 이를 이용하여 토지 전부에 관하여 소유권이전등기를 마치거나, ② 피고인이 진실한 용도를 속이고 피해자로부터 그 인감도장을 교부받은 다음 이를 이용하여 피해자 소유 부동산에 관하여 피고인 명의로 소유권이전등기를 마친 경우를 말한다.

168 위 인장사취 사안의 경우, 대법원은 피해자가 부동산에 관한 처분행위를 하였다고 볼 수 없다는 이유로 본죄가 성립하지 않는다고 판시하였는데,[288] 이는 처분의사가 인정되기 위해서는 처분결과에 대한 인식이 있어야 한다는 종전 입장에서 위 인장사취 사안의 경우 처분결과에 대한 인식이 없어 처분행위 자체를 부인했던 것으로 보인다.

169 그런데 앞서 본 서명사취 사안에 관한 전원합의체에서 "처분의사는 처분행위에 대한 인식이 있으면 충분하고 그 행위가 가져오는 결과까지 인식할 필요는 없다."라고 종전 견해를 변경하였기 때문에, 위 인장사취 사안의 경우 사기죄의 성립을 긍정해야 한다는 주장이 있을 수 있다.

170 그러나 위 전원합의체의 다수의견에 대한 보충의견이 지적하는 바와 같이, 인장사취 사안의 경우 행위자가 편취한 인장을 사용하여 매매계약서나 근저당권설정계약서 등을 위조한 행위만 있을 뿐 피기망자의 처분행위라고 할 만한 외부적 의사표시가 전혀 존재하지 않는 반면, 서명사취 사안의 경우는 재산상

애가 초래된다거나 처벌의 불균형이 발생한다고 단정하기도 어렵다. 더욱이 이러한 경우에 금전 대여자에 대한 사기죄와 별개로 토지 소유자를 피해자로 한 사기죄가 성립한다고 보아 처벌하는 것이 타당한지도 의문이다. 행위자가 최초부터 금전을 편취할 의도 아래 토지 소유자 명의의 문서를 위조하였다면, 서명사취 범행에 따른 문서 위조는 금전 대여자에 대한 기망을 통하여 금전을 편취하는 일련의 사기 범행을 위한 수단이거나 그 실행행위에 포함되는 행위로 보아야 한다. 이러한 사정을 종합하여 보면, 사기죄에서 말하는 처분행위가 인정되기 위해서는 처분결과에 대한 피기망자의 주관적인 인식이 필요하고, 서명사취 사안의 경우 피기망자에게는 자신이 서명 또는 날인하는 처분문서의 내용과 법적 효과에 대하여 아무런 인식이 없으므로 처분의사와 그에 기한 처분행위를 부정함이 옳다."는 취지로 판시하였다.

288 대판 1982. 3. 9, 81도1732; 대판 1990. 2. 27, 89도335.

손해를 초래하는 매매계약서나 근저당권설정계약서 등에 의한 피기망자의 외부적 의사표시가 존재한다는 점에서 양자는 차이가 있다. 다시 말해, 인장사취 사안은 서명사취 사안과 달리 객관적인 처분행위(처분의사라는 주관적 측면을 고려하지 않은 직접 재산상 손해를 야기하는 외형적 처분행위 자체)가 없어, 위 전원합의체에도 불구하고 여전히 본죄가 성립하지 않는다고 보는 것이 타당하다고 보인다.

위와 같은 해석은 인감증명서 편취 사안, 즉 피고인이 형질변경과 건축허가 171
를 받는 데 필요하다고 거짓말하여 피해자로부터 교부받은 인감증명서 등의 서류를 이용해 피고인 앞으로 소유권이전등기를 마친 사안[289]의 경우에도 마찬가지라고 보인다.

(6) 처분효과의 직접성 - 사기와 책략절도의 한계

본죄가 성립하기 위해서는 피기망자의 처분행위가 있어야 할 뿐만 아니라 172
처분행위로부터 직접 재산상 손해가 발생하여야 한다. 즉, 피기망자의 착오로 인한 행동이 기망자의 범죄적 중간행위를 개입시키지 않고 직접 재산감소를 야기시켜야 한다는 의미이다. 본죄가 성립하기 위해서는 처분효과의 직접성이 필요하다는 데 대해서는 별다른 이견이 없다. 대법원 역시 "사기죄에서 처분행위는 행위자의 기망행위에 의한 피기망자의 착오와 행위자 등의 재물 또는 재산상 이익의 취득이라는 최종적 결과를 중간에서 매개·연결하는 한편, 착오에 빠진 피해자의 행위를 이용하여 재산을 취득하는 것을 본질적 특성으로 하는 사기죄와 피해자의 행위에 의하지 아니하고 행위자가 탈취의 방법으로 재물을 취득하는 절도죄를 구분하는 역할을 한다. 처분행위가 갖는 이러한 역할과 기능을 고려하면 피기망자의 의사에 기초한 어떤 행위를 통해 행위자 등이 재물 또는 재산상의 이익을 취득하였다고 평가할 수 있는 경우라면, 사기죄에서 말하는 처분행위가 인정된다."고 판시하여,[290] 기본적으로 이러한 입장인 것으로 보인다.

이와 같은 처분효과의 직접성은 본죄와 이른바 '책략절도'를 구별하는 기준 173
이 된다.[291] 처분행위가 직접 재물의 교부를 결과한 때에는 사기가 됨에 반하여, 책략절도와 같이 행위자가 추가적인 행위를 통하여 재물을 취거한 때에는

289 대판 2001. 7. 13, 2001도1289.
290 대판 2017. 2. 16, 2016도13362(전); 대판 2022. 12. 29, 2022도12494.
291 김성돈, 361.

절도가 된다.[292]

(가) 절도죄가 성립한다고 한 사례

174 ① 피해자가 가지고 있는 책을 잠깐 보겠다고 하여 그가 있는 자리에서 보는 척하다가 가져간 경우,[293] ② 피해자 경영의 금방에서 마치 귀금속을 구입할 것처럼 가장하여 피해자로부터 순금목걸이를 건네받은 다음 화장실을 갔다 오겠다는 핑계를 대고 그대로 도주한 경우,[294] ③ 시운전을 해 보고 살지 말지를 결정하겠다고 하여 오토바이를 교부받은 후 그대로 운전하여 가 버린 경우,[295] ④ 자동차매매센터에서 승용차를 시운전을 해 보겠다고 거짓말하여 승용차 키를 넘겨받아 이를 운전하여 가 버린 경우,[296] ⑤ 결혼예식장에서 신부 측 축의금 접수인인 것처럼 행세하면서 하객으로부터 축의금을 교부받아 가로챈 경우,[297] 대법원은 피기망자의 교부행위에도 불구하고 여전히 책이나 귀금속 등은 피기망자의 점유 아래 있다고 보고, 피해자의 교부행위가 아닌 행위자의 탈취행위로 인하여 재산상 손해가 발생한 것으로 보아, 본죄가 아닌 절도죄가 성립한다고[298] 보았다.[299]

(나) 본죄가 성립한다고 한 사례

175 ① 자전거를 살 의사도 없이 시운전을 빙자하여 자전거 가게 주인으로부터 자전거를 교부받은 다음 그 자전거를 타고 시운전을 하는 척하다가 도망간 경

292 이재상·장영민·강동범, § 18/36.
293 대판 1983. 2. 22, 82도3115.
294 대판 1994. 8. 12, 94도1487.
295 대판 2009. 6. 11, 2009도3139.
296 대판 2009. 10. 29, 2009도7931.
297 대판 1996. 10. 15, 96도2227, 96감도94.
298 독일의 판례 가운데에는 상점의 계산대를 통과할 때에 카트에 들어있는 상품의 일부만을 계산대에 내놓고 일부는 숨긴 사안에서, 계산대 점원의 처분행위는 계산대에 놓인 상품에만 미친다고 보아 본죄를 부정하고 절도죄를 인정한 것이 있다(BGH, 26.07.1995 - 4 StR 234/95). 한편 하급심 판례 가운데에는 상품 팩 가운데에 다른 상품을 채운 사안에서, 계산대 점원의 처분의사는 팩 전체에 미친다는 이유로 본죄를 인정한 것이 있다(OLG Düsseldorf, 19.06.1987 - 5 Ss 166/87 - 131/87 I).
299 일본 판례 중에는 ① 구청 열람코너에서 열람만이 허용된 마이크로필름을 받아 몰래 가지고 나간 사안[札幌地判 平成 5(1993). 6. 28. 判タ 838·268], ② 현금카드 바꿔치기 수법(피해자에게 다른 사람이 집으로 가져가는 봉투에 현금카드 등을 넣어 봉함한 뒤 집에 보관해야 한다고 말한 다음, 집에 찾아간 사람이 현관에서 피해자의 현금카드 등이 든 봉투를 미리 준비한 다른 봉투와 바꿔치기하는 특수사기수법)으로 현금카드를 바꿔치기한 사안[大阪地判 令和 1(2019). 10. 10. LEX/DB 25566238]에서 절도죄를 인정한 것이 있다.

우(자전거 시운전 사례), 시운전을 빙자하여 자전거를 건네받은 때에 재물의 교부, 즉 처분행위가 있다고 보아 본죄의 성립을 인정하였다.[300] 이 판결에 대하여, 피기망자의 교부행위가 처분행위에 해당하기 위해서는 그로 인하여 직접적인 재산상 손해, 즉 종국적인 점유의 이전을 요하고, 단순히 점유가 약화된 것만으로는 재물의 교부가 있다고 할 수 없는데, 위 자전거 시운전 사례에서 주인이 점유를 상실하여 상대방에게 종국적으로 점유가 이전되었다고 보기 어렵다는 점에서는 자전거를 건네받은 때에 점유가 이전되었다고 판단한 것은 수긍하기 어렵다는 비판[301]이 있다.

② 매장 주인이 매장에 유실된 손님(피해자)의 반지갑을 습득한 후 또 다른 손님인 피고인에게 "이 지갑이 선생님 지갑이 맞느냐?"라고 묻자, 피고인이 "내 것이 맞다."라고 대답한 후 이를 교부받아 가져간 경우, 매장 주인은 매장 고객이었던 피해자가 놓고 간 물건을 습득한 사람으로서 적어도 이를 피해자 또는 소유자에게 반환할 수 있는 권능 내지 지위에 놓여 있었다고 봄이 상당하고, 피기망자인 매장 주인의 의사에 기초한 교부행위를 통해 피고인이 지갑을 취득한 이상 이는 본죄에서 말하는 처분행위에 해당할 수 있다고 보아, 본죄의 성립을 인정하였다.[302] 176

(7) 이중의 인과관계

본죄에서 처분행위는 기망행위에 의한 착오로 인하여 행하여 질 것을 요한 177

300 대판 1968. 5. 21, 68도480. 일본 판례 중에도 자동차의 단독시승사건에서, 이 경우 휘발류 주입으로 시승예정구간 외를 장시간·장거리 주행할 수 있고, 자동차는 이동성이 높으며, 특히 대도시에서는 다수의 차량에 뒤섞여 쉽게 발견하기 어려운 점에 비추어, 시승으로 인하여 이미 자동차판매점의 시승차에 대한 사실상의 지배는 없어지게 되므로, 단독시승토록 한 시점에서 점유가 시승자에게 이전되므로 본죄가 성립한다고 한 것이 있다〔東京地八王子支判 平成 3(1991). 8. 28. 判タ 768·249〕.

301 원형식(주 269), 512-513.

302 대판 2022. 12. 29, 2022도12494. 이 사건에서 검사는 주위적으로 절도죄, 예비적으로 본죄로 기소하였는데, 원심판결은 절도죄에 대해서는, "피해자가 매장에 두고 온 반지갑은 매장 주인의 점유에 속한다고 봄이 상당하고, 피고인이 피고인을 지갑의 소유자라고 착각한 매장 주인의 행위를 이용하여 그 지갑을 취득한 이상 이를 두고 피고인이 탈취의 방법으로 재물을 취득하였다고 평가하기는 어려우므로, 피해자의 재물을 절취한 것으로 볼 수는 없다."는 이유로 무죄를 선고하고, 본죄에 대하여 유죄를 선고하였으며, 대법원은 원심판결을 수긍하였다. 이 사건은 제1심(절도죄 성립)과 제2심(절도죄 불성립, 본죄 성립)의 판단이 달랐는데, "관리자가 있는 매장 등 장소에서 고객 등이 분실한 물건을 관리자가 보관하는 상태에서, 그 관리자를 속여 분실물을 가져간 행위는, 절도죄가 아니라 사기죄에 해당한다."는 점을 명확히 한 사례로 평가된다.

다. 즉, 기망행위, 상대방의 착오, 피기망자의 처분행위 사이에는 구성요건적 인과관계를 요한다. 이와 같이 연결되는 인과관계를 이중의 인과관계라 한다.

178 기망의 상대방이 기망행위임을 알고 처분행위를 한 경우 또는 피기망자에게 착오가 없더라도 처분행위가 있었을 것으로 인정되는 경우에는 인과관계가 인정되지 않는다.

179 예컨대, 피고인이 총각이라면서 결혼하여 사업을 일으켜 보자고 하였더라도, 피해자가 피고인이 경영하는 회사의 자금사정이 어렵다는 사실과 피고인에게 동거하는 약혼녀가 있다는 사실을 알고 있음에도 그를 좋아하고 동정한 나머지 돈을 빌려준 것이라면, 피고인에게 속아 돈을 편취당하였다고 보기 어려우므로 본죄는 성립하지 아니한다.[303] 또한, 피고인이 병원의 운영실권자이고 甲은 고용원에 불과한데 피고인과 甲이 A에게 甲이 병원의 실권자이고 단독경영하는 것처럼 속여 동업계약을 맺고 6,000만 원을 교부받았다고 하더라도, 피고인이 甲을 보증하고 있어 병원의 운영실권자가 피고인이냐 甲이냐는 동업계약의 효력과 실행에 별다른 영향이 있는 사실이 아니므로, A에게 운영실권에 관한 착오가 없었더라면 동업계약을 맺지 않았을 것이라는 합리적인 사정이 없다면, 피고인과 甲의 기망행위와 A의 처분행위 사이에 인과관계를 인정할 수 없다.[304]

4. 재산상 손해

(1) 견해 대립

180 독일형법이 본죄의 구성요건으로 '타인의 재산에 손해를 가할 것'을 요건으로 하고 있는 것과 달리,[305] 우리 형법에는 명시적 규정이 없기 때문에 본죄가 성립하기 위하여 피해자에게 재산상 손해가 발생하는 것이 필요한지가 문제된다.

(가) 재산상 손해 필요설

181 본죄는 재산범죄이고, 정당한 대가를 지급한 경우까지 본죄가 성립한다고 보는 것은 상식에 반한다는 점 등을 논거로, 본죄가 성립하려면 재산의 침해,

---

303 대판 1983. 6. 28, 83도831.

304 대판 1966. 10. 18, 66도806.

305 독일형법 제263조 제1항은 "위법한 재산상의 이익을 스스로 얻거나 제3자에게 얻게 할 목적으로 허위의 사실을 진실로 가장하거나 진실한 사실을 왜곡 또는 은폐함으로써 착오를 일으키거나 유지시켜 타인의 재산에 손해를 가한 자는 5년 이하의 자유형 또는 벌금에 처한다."라고 규정하고 있다.

즉 '재산상 손해 발생'이 필요하다는 견해이다.[306]

이 견해에 따르면, 상당한 대가를 지급하고 재물이나 재산상 이익을 취득한 경우에는 본죄가 성립하지 않는다는 한다. 예를 들어, ① 반드시 손에 넣고 싶은 귀한 골동품의 소유자에게 기망의 수단을 사용하여 매수하면서 정당한 가격을 지불한 경우, ② 농번기에 농촌 일손이 부족하여 기망수단으로 노동력을 제공받았으나 상당한 노임을 제공한 경우, ③ 일정한 자격자만이 입장이 허용되는 무료 영화관람에 무자격자가 기망수단으로 입장하여 영화를 관람한 경우에는 아무런 재산상 손해가 없으므로 본죄가 성립하지 않는다고 한다.[307] 182

이 견해를 취하는 학자들은, 재산상 손해는 '개별 재산'이 아닌 '전체로서의 재산' 가치의 감소를 의미하므로, 만일 처분행위로 재산이 감소되었어도 이와 직접 결부된 재산의 증가가 있다면 양자를 차감(差減) 계산해서 감소한 경우에만 재산상 손해가 인정되고, 그 차감액이 손해액이 된다고 한다(차감계산의 원칙).[308] 그리고 그 손해액은 객관적 관찰자가 경제거래의 관점에서 이성적으로 판단하되, 피해자의 구체적·개별적 관계, 필요성 및 목적 등을 고려하여야 한다고 한다(객관적·개별적 방법).[309] 183

(나) 재산상 손해 불요설

이 견해는 본죄의 성립에 재산상의 손해발생이 필요하지 않다고 하는 입장으로,[310] 상대방을 기망하여 재물이나 재산상 이익을 취득하면 본죄가 성립할 수 있고, 상당한 대가를 제공한 경우에도 본죄 성립에 지장이 없다고 한다. 184

위 견해는, ① 우리 형법은 독일형법과 달리 재산상 손해 발생을 구성요건에 명시하지 않고 있고, 오히려 본죄의 중점을 전체 재산의 감소가 아니라 재물 또는 재산상 이익의 불법적인 변동에 두고 있는 점, ② 손해발생을 본죄의 요건으로 설정하지 않는다고 하여 본죄가 재산처분의 자유를 보호하는 죄로 변질될 185

306 김성돈, 364; 김신규, 428; 김일수·서보학, 350; 김혜정·박미숙·안경옥·원혜욱·이인영, 형법총론(3판), 360; 박상기·전지연, 654; 배종대, § 68/59; 손동권·김재윤, § 22/49; 이재상·장영민·강동범, § 18/6; 이정원·류석준, 373; 이형국·김혜경, 404; 임웅, 419; 정성근·박광민, 382; 정성근·정준섭, 260; 최호진, 460; 홍영기, § 80/34.

307 임웅, 420.

308 김성돈, 365; 임웅, 421.

309 이재상·장영민·강동범, § 18/38.

310 박찬걸, 468; 신동운, 1024; 오영근, 306; 정영일, 267; 정웅석·최창호, 613.

수 없는 점, ③ 대가를 지급하기만 하면 기망을 통해 재물이나 재산상 이익을 취득하더라도 본죄의 성립이 부정된다는 것은 상식적으로 납득하기 어렵다는 점 등을 논거로 한다. 또 다른 논거로, 본죄의 보호법익은 전체 재산이 아니라 개별 재산이므로 전체 재산상태의 감소를 의미하는 재산상의 손해발생은 본죄의 성립과 관계가 없다는 점 등을 드는 견해도 있다.

(다) 이분설

186 본죄를 재물사기죄와 이익사기죄로 구분하여, 전자의 경우에는 손해발생이 필요하지 않지만, 후자의 경우에는 손해발생이 필요하다고 보는 견해이다.[311] 이 견해는 재물사기죄에서는 개별 재산의 상실 자체를 법익 침해로 파악하고, 이득사기죄에서는 전체 재산의 감소를 법익침해로 파악한다.

187 이분설에 대해서는 본죄의 통일적 해석으로 포기하는 것으로 부당하다는 비판이 있다. 즉 상대방을 속여 100억 원을 대출받으면서 130억 원 상당의 부동산을 담보로 제공한 경우에는 본죄의 성립을 긍정하면서, 상대방을 속여 보증을 서게 하면서 상대방 앞으로 그 보증액 상당의 담보를 제공한 경우에는 본죄를 부정하는 것은 어색하다는 비판이 있다.

(라) 판례

188 판례는 본조 법문을 그대로 해석하여, 기망에 의해 재물이나 재산상 이익을 취득하면 그로써 본죄가 성립한다고 보기 때문에, 충분한 담보가 제공되었다거나 사후에 대출금이 상환되었다고 하더라도, 나아가 전체 재산상의 손해가 발생하지 않았다고 하더라도, 기망으로 인한 재물의 교부가 있다면 본죄의 성립을 인정한다(재산상 손해 불요설).

189 즉 판례는, "기망으로 인한 재물교부가 있으면 그 자체로써 피해자의 재산침해가 되어 곧 사기죄가 성립하는 것이고, 상당한 대가가 지급되었다거나 피해자의 전체 재산상에 손해가 없다 하여도 사기죄의 성립에는 영향이 없다."[312]라거나, "사기죄는 그 본질이 기망행위에 의한 재산이나 재산상 이익의 취득에 있는 것이고, 상대방에게 현실적으로 재산상 손해가 발생함으로 요건으로 하지 않

311 김종원, 형법각론 상, 216.

312 대판 1982. 6. 22, 82도777; 대판 1995. 3. 24, 95도203; 대판 1999. 7. 9, 99도1040; 대판 2000. 7. 7, 2000도1899; 대판 2005. 10. 28, 2005도5774; 대판 2007. 1. 25, 2006도7470.

는다."[313]라고 판시해 오고 있고, 이러한 판례의 태도는 1회적인 선례에 그치는 것이 아니라 후속 판결에 의해서 반복되어 판례 법리를 형성하고 있다.[314]

(2) 손해의 의미와 판단 기준

재산상 손해 필요설을 취하는 학자들은, 재산상 손해는 '개별 재산'이 아닌 190
'전체로서의 재산' 가치의 감소를 의미하므로, 처분행위로 재산이 감소되었어도 이와 직접 결부된 재산의 증가가 있다면, 양자를 차감계산해서 감소한 경우에만 재산상 손해가 인정되고, 그 차감액이 손해액이 된다고 한다(차감계산의 원칙).[315] 그러나 기망행위에 의하여 발생한 취소권이나 손해배상청구권과 같은 구제수단은 이익계산에 고려되지 아니한다.[316]

---

313 대판 1983. 2. 22, 82도3139; 대판 1985. 11. 26, 85도490; 대판 1988. 6. 28, 88도740; 대판 1994. 10. 14, 94도1911; 대판 2004. 4. 9, 2003도7828; 대판 2009. 1. 15, 2006도6687.

314 일본 판례도 우리 판례와 마찬가지로 재산상 손해 불요설의 입장이다. 즉 最決 昭和 34(1959). 9. 28. 刑集 13·11·2993은 "예컨대 가격 상당의 상품을 제공하였더라도 사실을 고지한 때는 상대방이 금원을 교부하지 아니할 것 같은 경우에, 고의로 상품의 효능 등에 관하여 진실에 반하는 과대사실을 고지하여 상대방을 오신시켜 금원을 교부받은 때에는 본죄가 성립한다."고 판시하였다.
이와 관련하여 일본 판례는, ① 타인인 척 하면서 타인 명의로 예금계좌를 개설하여 그 명의의 예금통장을 교부받은 사안[最決 平成 14(2002). 10. 21. 刑集 56·8·670(예금통장은 그 자체 소유권의 대상이 될 수 있고, 이를 이용한 금융거래는 재산적 가치를 갖는 것으로 인정됨)], ② 제3자에게 양도할 의사를 숨기고 자기 명의의 예금계좌를 개설하여 예금통장을 교부받은 사안[最決 平成 19(2007). 7. 17. 刑集 61·5·521(은행에 대한 예금계좌개설 등의 신청은 신청한 본인이 이를 이용할 의사를 나타내는 것이므로 기망에 해당)], ③ 제3자를 탑승시킬 의도를 숨긴 채 비행기 탑승권을 구입한 사안[最決 平成 22(2010). 7. 29. 刑集 64·5·829(탑승권이 이름이 기재된 사람이 탑승하는지는 항공기 운항의 안전, 불법입국의 방지 등의 관점에서, 다른 사람을 탑승시키지 않는 것이 항공회사의 항공운송사업의 경영상 중요사항이므로 기망에 해당)], ④ 골프장에서 동반자가 폭력단 관계자인 것을 알리지 않은 채 골프장 시설을 이용케 한 사안[最決 平成 26(2014). 3. 28. 刑集 68·3·646(골프장 회원 가입시 폭력단 관계자의 동반 등을 하지 않겠다는 서약 등을 하는 등 폭력단 관계자의 이용을 사전에 방지하기 위한 적극적 조치를 취하고 있는 점에 비추어, 이용객이 폭력단 관계자인지 여부는 골프장 직원의 시설이용 허가 판단에 기초가 되는 중요사항이므로 기망에 해당)(다만, 最判 平成 26(2014). 3. 28. 刑集 68·3·582는 폭력단 관계자가 골프장 클럽하우스 입구에 폭력단 관계자 출입금지 입간판만 설치된 골프장에서 골프를 친 경우에, 사기죄를 부정)], ⑤ 폭력단원임을 숨기고 자기 명의의 종합계좌를 개설하여 통장·신용카드 등을 교부받은 사안[最決 平成 26(2014). 4. 7. 刑集 68·4·715(당시 예금은 예금자가 폭력단원을 포함한 반사회적 세력이 아닌 때에만 이용할 수 있고, 신규 신청 시에 그에 해당하지 않는다는 등의 확약 등을 요구하고 있는 점에 비추어, 은행직원으로는 계좌개설 신청인이 폭력단원을 포함한 반사회적 세력인지 여부는 통장 등의 교부 판단에 기초가 되는 중요사항이므로 기망에 해당)]에서 사기죄를 인정하였다.

315 김성돈, 365; 김신규, 428; 이형국·김혜경, 404; 임웅, 421.

316 피해자에게 민사상 구제수단이 있는 경우에도 본죄 성립에 영향이 없다는 판례로, 대판 1987. 12. 22, 87도2168.

191 그리고 손해 판단은 객관적 관찰자가 경제거래의 관점에서 이성적으로 판단하되, 피해자의 구체적·개별적 관계, 필요성 및 목적 등을 고려하여야 한다고 한다(객관적·개별적 방법).[317] 따라서 피기망자가 교부한 재산과 취득한 재산의 가치가 객관적으로 일치한다고 하더라도, ① 기망행위로 취득한 재산이 피해자에게 전혀 쓸모가 없는 경우, ② 피기망자가 부담한 의무를 이행하기 위하여 생계를 유지하기 어려울 정도의 경제적 부담을 지게 되는 경우, ③ 기부금사기와 구걸사기와 같이 처분행위의 사회적 목적이 사라진 경우 등에는 재산상 손해가 인정되어야 한다고 한다.[318]

(3) 재산상 위험

192 재산상 손해의 범위와 관련하여 '재산상 위험'도 여기에 포함되는가에 대하여는 견해 대립이 있으나, 다수설은 현실적으로 발생한 손해뿐만 아니라 '재산가치에 대한 구체적 위험', 즉 재산의 위험만으로도 재산상 손해에 해당한다고 한다.[319] 이에 따르면 지불능력이 없는 사람과 금전대여계약을 체결한 것만으로도 재산상 손해는 발생한 것이므로 본죄의 기수가 된다.

5. 이득액 산정

(1) 의의

193 본죄에서 편취액(이득액)은 단순한 양형 요소에 불과할 뿐 구성요건요소에 해당하지 아니하는 데 비하여, 사기로 인한 특정경제범죄 가중처벌 등에 관한 법률(이하, 특정경제범죄법이라 한다.)의 위반죄에서는 이득액이 5억 원 이상 또는 50억 원 이상이라는 것이 범죄구성요건의 일부로 되어 있고 그 가액에 따라 형벌도 가중되어 있으므로, 특정경제범죄법을 적용함에 있어 죄형균형의 원칙이나 책임주의의 원칙이 훼손되지 않도록 이득액은 엄격하고 신중하게 산정되어야 한다.[320]

---

317 김신규, 429; 이정원·류석준, 375.

318 손동권·김재윤, §22/51; 이재상·장영민·강동범, §18/39; 이형국·김혜경, 405; 정성근·정준섭, 261.

319 손동권·김재윤, §22/51; 이재상·장영민·강동범, §18/40; 임웅, 420; 홍영기, §80/35.

320 대판 2007. 4. 19, 2005도7288(전). 본 판결 해설은 박길성, "부동산을 편취한 경우에 특정경제범죄 가중처벌 등에 관한 법률 제3조의 적용을 전제로 그 부동산의 가액을 산정함에 있어, 부동

특정경제범죄법 제3조 제1항에서 말하는 '이득액'은 위 조항에서 열거된 범죄행위로 인하여 취득하거나 제3자로 하여금 취득하게 한 재물 또는 재산상 이익의 가액을 말하고, 그와 같은 이득이 궁극적으로 실현되었는지는 묻지 아니한다.[321] 194

(2) 대가 비공제설과 실질가치설

(가) 대가 비공제설에 입각한 판례

판례는 본죄 성립에 '재산상 손해 발생'은 요건이 아니라고 하면서, 대가가 일부 지급되거나 담보가 제공된 경우에도 편취액(이득액)은 '피해자로부터 교부된 금원으로부터 그 대가나 담보 상당액을 공제한 차액'이 아니라 '교부받은 금원 전부'라는 입장이며,[322] 이러한 태도는 특정경제범죄법이 적용되는 사안에서도 유지되고 있다.[323] 195

그리하여 판례는, ① 금융기관을 속여 대출을 받거나 신용보증서를 발급받은 경우, 설령 담보를 제공하였다고 하더라도 사기죄의 이득액은 대출금 내지 신용보증금액 상당이고, 거기에서 담보물의 가액을 공제할 것은 아니고,[324] ② 담보로 제공할 목적물의 가액을 허위로 부풀려 금융기관으로부터 대출을 받은 경우 본죄가 성립하고, 그 경우 본죄의 이득액에서 담보물의 실제 가액을 공제할 것은 아니며,[325] ③ 선박 매매계약서를 위·변조하여 은행으로부터 선박 구입자금을 대출받아 편취한 경우, 선박들에 설정된 근저당권의 실행에 의하여 변제받을 수 있는 부분을 이득액에서 공제할 것은 아니고,[326] ④ 피고인이 낙찰계를 조직하여 상습적으로 계원이 피해자를 속여 계불입금 명목으로 돈을 편취한 경우, 설령 피고인이 낙찰받은 계원으로부터 이자조로 징수한 돈을 낙찰받지 못한 196

산의 시가 상당액에서 근저당권 등에 의한 부담에 상당하는 금액을 공제하여야 하는지", 해설 70, 법원도서관(2008), 619-650.

321 대판 2006. 5. 26, 2006도1614; 대판 2006. 11. 24, 2005도5567. 위 2006도1614 판결 평석은 류부곤, "투자사기와 이득액의 산정", 특별형법 판례100선, 한국형사판례연구회·대법원 형사법연구회, 박영사(2022), 182-185.

322 대판 1999. 7. 9, 99도1040; 대판 2000. 7. 7, 2000도1899; 대판 2002. 1. 11, 2001도5730; 대판 2017. 12. 22, 2017도12649; 대판 2020. 2. 20, 2019도9756(전).

323 대판 1995. 3. 24, 95도203; 대판 2010. 9. 9, 2009도2949; 대판 2019. 4. 3, 2018도19772.

324 대판 1983. 4. 26, 82도3088.

325 대판 2019. 4. 3, 2018도19772.

326 대판 2007. 10. 11, 2007도6012; 대판 2010. 9. 9, 2010도7237.

다른 계원들에게 분배한 사실이 있다고 하더라도, 계불입금 전액을 이득액으로 보아야 하고, 이자조로 지급한 돈을 공제한 금액을 이득액으로 볼 것은 아니며,[327] ⑤ 매매대금을 지급할 의사나 능력이 없음에도 부동산매매계약을 체결하여 부동산 소유권등기를 이전받아 편취한 경우, 계약금으로 지급한 4,000만 원을 이득액에서 공제할 것은 아니라고[328] 한다.

197 한편 판례는, 다단계판매 수법에 의한 재물편취의 경우 그 대가가 일부 지급되었다고 하여도 편취한 이득액은 그 대가를 공제한 차액이 아니라 교부받은 재물 전부이나,[329] 재물을 편취한 후 현실적인 자금의 수수 없이 형식적으로 기왕에 편취한 금원을 새로이 장부상으로만 재투자하는 것으로 처리한 경우라면, 그 재투자금액은 편취액의 합산에서 제외되어야 한다고 보고 있다.[330]

(나) 실질가치설에 입각한 판례

(a) 편취한 부동산에 제한물권 등의 부담이 있는 경우

198 편취한 부동산에 아무런 부담이 없는 경우 그 부동산 시가 상당액이 곧 이득액이 되지만, 그 부동산에 근저당권설정등기가 마쳐져 있거나 압류·가압류 등이 이루어져 있는 때에는, 아무런 부담이 없는 상태에서의 그 부동산 시가 상당액에서 근저당권의 채권최고액 범위 내에서 피담보채권액, 압류에 걸린 집행채권액 또는 가압류에 걸린 청구금액 범위 내에서의 피보전채권액 등을 뺀 실제의 교환가치가 이득액이 된다는 것이 판례의 입장이다.

199 따라서 피고인이 피해자로부터 채권최고액 10억 2,000만 원의 근저당권이 설정되어 있는 부동산을 16억 4,000만 원에 매수하면서, "소유권을 일단 넘겨주면 이를 담보로 대출받아 기존 근저당권의 피담보채무 12억 2,600만 원을 해결해 주고, 나머지 잔금을 지급하겠다."라고 거짓말하여 소유권이전등기를 받은 경우, 이득액은 위 시가 16억 4,000만 원에서 근저당권의 채권최고액 10억 2,000만 원을 공제한 6억 2,600만 원이 된다.[331]

327 대판 1991. 5. 28, 91도668.
328 대판 2020. 2. 20, 2019도9756(전).
329 대판 2005. 10. 28, 2005도5774; 대판 2007. 1. 25, 2006도7470.
330 대판 2000. 11. 10, 2000도3483; 대판 2005. 10. 28, 2005도5774; 대판 2007. 1. 25, 2006도7470.
331 대판 2007. 4. 19, 2005도7288(전).

(b) 편취한 근저당권보다 선순위근저당권이 있는 경우

판례는 타인을 기망하여 그 소유의 부동산에 제3자 앞으로 근저당권을 설정케 한 경우, 그로 인하여 취득한 재산상 이익은 그 타인 소유의 부동산을 자신의 제3자와의 거래에 대한 담보로 이용할 수 있는 이익으로, 그 가액은 원칙적으로 그 부동산 시가 범위 내의 채권최고액 상당액이지만, 만일 그 부동산에 이미 다른 근저당권이 설정되어 있다면, 그 부동산의 시가에서 다시 선순위 근저당권의 채권최고액을 공제한 잔액이 기망자가 얻는 이득액의 한도가 된다는 입장이다. 200

따라서 ① 피고인들이 피해자 소유의 부동산을 은행에 담보로 제공하여 채권최고액 6억 5,000만 원의 근저당권을 설정하게 한 다음, 5억 원을 대출받아 그 중 1억 2,000만 원으로 위 부동산에 이미 설정되어 있던 선순위근저당권을 말소한 경우, 이득액은 채권최고액 6억 5,000만 원에서 1억 2,000만 원을 공제한 5억 3,000만 원이고,[332] ② 피해자를 속여 채권최고액 5억 4,600만 원의 선순위 근저당권이 설정되어 있는 시가 9억 2,500만 원의 부동산에 관하여 7억 원의 근저당권을 설정하게 경우, 편취액은 3억 7,900만 원(= 시가 9억 2,500만 원 - 선순위 5억 4,600만 원)에 불과하여 특정경제범죄법의 적용을 받지 않는다고 보아야 한다.[333] 201

(c) 타인을 기망하여 근저당권을 말소하게 한 경우

판례에 따르면, 타인을 기망하여 근저당권을 말소하게 한 경우, 그로 인하여 취득하는 재산상의 이익은 그 담보가치 상당액이고, 그 가액(이득액)은 원칙적으로 담보 부동산의 시가 범위 내의 채권최고액 상당이며, 근저당권 말소 당시 실제 채권액이 채권최고액에 미치지 않는다면 근저당권말소 당시 실제 채권액이 한도가 된다고 한다.[334] 202

(다) 정리

판례는 위와 같이 본죄에서 대가가 지급된 경우라 하더라도 그 대가를 편취액에서 공제할 것은 아니라는 '대가 비공제설'을 기본적으로 취하면서도, 편취 203

332 대판 2005. 2. 18, 2004도8216

333 대판 2000. 4. 15, 2000도137. 본 판결 평석은 최령룡, "타인을 기망하여 제3자 앞으로 근저당권을 설정케 한 자가 그로 인하여 취득하는 재산상 이익의 내용 및 그 가액 산정 방법", 형사재판의 제문제(3권), 박영사(2000), 103-118.

334 대판 2006. 3. 24, 2006도208.

한 재산에 부담이 붙어 있는 경우라면 그 재산의 시가에서 부담을 공제한 실질가치만을 이득액으로 보아야 한다는 '실질가치설'의 입장을 취하고 있다.

204 위와 같은 '대가 비공제설'과 '실질가치설'은 서로 대립하는 두 가지 시각(입장)이라고 하면서, 판례는 처음에는 '대가 비공제설' 입장에 있었으나 점차 '실질가치설' 입장에서 편취액을 파악해 가고 있다고 설명하는 견해가 있다.[335] 그러나 실질가치설을 채택한 대판 2007. 4. 19, 2005도7288(전)은 편취한 부동산에 일정한 부담이 있는 경우 그 부동산의 가액을 어떻게 평가할 것인지를 다룬 것일 뿐, 기망행위자가 지급한 반대급부를 편취 대상물의 가액에서 공제하여야 한다는 차원에서 논한 것은 아니라서, 결국 '대가 비공제설'과 '실질가치설'은 적용 국면을 달리하는 것일 뿐, 서로 모순·충돌되는 것은 아니라고 보인다.

(3) 구체적인 이득액 산정

(가) 유가증권이나 신용보증서를 발급받은 경우

205 유가증권을 편취한 사기범행의 이득액은 '그 유가증권의 액면가액'이고,[336] 신용보증기금을 속여 신용보증서를 발급받은 경우 피고인이 취득한 재산상 이익은 '신용보증금액 상당액'이다.[337]

206 건설업자가 건설산업기본법에 의한 건설공제조합을 기망하여 선급금보증계약을 체결하고 선급금보증서를 발급받아 건설공사 발주자에게 제출한 경우, 그로 인하여 건설업자가 취득하는 재산상 이익은 건설공제조합이 선급금보증계약에 의하여 부담한 선급금 반환 보증채무를 자신의 건설공사 계약을 위한 담보로 이용할 수 있는 이익이고, 그 가액(이득액)은 원칙적으로 선급금 반환채무 보증한도액 상당이다.[338]

(나) 어음·수표 할인에 의한 사기 내지 선이자 관련 차용사기의 경우

207 어음·수표의 할인에 의한 사기에서, 피고인이 피해자로부터 수령한 현금액이 피고인이 피해자에게 교부한 어음 등의 액면금보다 적을 경우, 피고인이 취득한 재산상 이득액은 원칙적으로 위 '어음·수표의 액면금'이 아니라 '피고인이

---

335 이상원, "횡령죄의 이득액과 가벌적 후행행위", 저스티스 131, 한국법학원(2012), 189. 다만, 위 논문에서는 '대가 비공제설' 대신 '전체가치설'이라는 용어를 사용하고 있다.

336 대판 1994. 9. 9, 94도2032.

337 대판 2008. 2. 28, 2007도10416.

338 대판 2006. 11. 24, 2005도5567.

수령한 현금액'이지만, 만일 당사자가 선이자와 비용을 공제한 현금액만을 실제로 수수하면서도 선이자와 비용을 합한 금액을 대여원금으로 하기로 하고 대여이율을 정하는 등의 소비대차특약을 한 경우라면 어음·수표의 액면금이 이득액이 될 수 있다.[339]

선이자 관련 차용사기, 예컨대 피고인이 피해자로부터 5억 원을 빌리면서 선이자로 2,000만 원을 공제하고 나머지 4억 8,000만 원을 지급받은 경우, 이득액을 어떻게 볼 것인지를 명확하게 밝힌 판례는 찾기 어려우나, 앞서 본 어음·수표의 할인에 의한 사기죄 관련 판례의 태도에 비추어 보면, 피고인이 실제로 수령한 돈이 아닌 차용원금 전액을 이득액으로 볼 여지가 많아 보인다. 208

(다) 기망행위자가 취득한 재산 일부에 정당한 권리를 갖는 경우

기망행위자가 취득한 재산 일부에 정당한 권리를 갖는 경우에도 그 권리 상당액을 공제할 것은 아니다. 209

즉 판례는, ① 기망에 의해 어음을 편취한 경우, 그 편취 어음금 일부에 해당하는 채권을 가지고 있다고 하더라도 어음금 전부에 대하여 본죄가 성립하고,[340] ② 가압류채권자를 속여 가압류를 해제하게 하였다면, 그 이후 가압류의 피보전채권이 존재하지 않는 것으로 밝혀졌다고 하더라도 가압류의 해제로 인한 재산상의 이익이 없었던 것으로 볼 것은 아니며,[341] ③ 기망행위로 인하여 과다한 보험금을 지급받은 경우, 그 지급받은 보험금 전체에 대하여 본죄가 성립하는 것이고, 보험회사로부터 정당하게 지급받을 수 있었던 보험금에 해당하는 액수를 제외한 나머지 금액에 한하여 본죄가 성립하는 것은 아니라고 판시하고 있다.[342] 210

(4) 죄수와 이득액의 산정

특정경제범죄법 제3조의 이득액은 죄수 단위를 기준으로 산정한다. 단순일죄가 성립하는 경우 그 이득액 자체가 기준이 되고, 다수의 기망행위가 묶여 포 211

---

339 대판 1998. 12. 9, 98도3283; 대판 2009. 7. 23, 2009도2384.

340 대판 1982. 9. 14, 82도1679.

341 대판 2007. 9. 20, 2007도5507. 같은 취지의 판결로는 대판 2008. 1. 24, 2007도9417(무효인 가등기를 말소하게 한 사례).

342 대판 2012. 1. 26, 2009도6690. 같은 취지의 판결로는 대판 2005. 9. 9, 2005도3518; 대판 2009. 5. 28, 2008도4665; 대판 2021. 8. 12, 2020도13704.

괄일죄가 성립하는 경우 수개의 개별행위로 인한 이득액의 합산액이 이득액이 된다.[343]

212 한편 판례는, "공갈 범행으로 취득한 이득액은 범죄의 기수시기를 기준으로 하여 산정할 것이며, 그 후의 사정변경을 고려할 것이 아니고, 그와 같은 사정 변경의 가능성이 공갈 행위 당시 예견 가능하였다고 하더라도 마찬가지이다."라고 판시하고 있는데,[344] 이 판결은 본죄에도 그대로 적용될 수 있다 할 것이므로, 본죄의 이득액 산정시기도 기수시기를 기준으로 산정하고 그 후의 사정변경은 고려할 것은 아니다.

Ⅳ. 주관적 구성요건

1. 고 의

213 본죄가 성립하기 위해서는 고의가 있어야 한다. 즉 상대방을 기망한다는 점, 피기망자가 착오에 빠져 처분행위를 한다는 점, 이중의 인과관계가 있다는 점 등에 대한 인식이나 인용이 필요하다.[345] 재산상 손해 발생 필요설의 입장을 따르면 재산상 손해 발생도 고의의 대상이 된다. 그러나 여기서의 고의는 확정적 고의임을 요하지 아니하고 미필적 고의로도 충분하고, 피해자에게 손해를 가하려는 목적은 필요하지 않다.[346]

214 본죄의 고의는 범인이 자백하지 않는 한 기망행위 당시를 기준으로 하여, 범행 전후의 피고인의 재력, 환경, 범행의 내용, 거래의 이행과정, 피해자와의 관계 등과 같은 객관적인 사정을 종합하여 판단하여야 한다.[347] 차용금 편취의 경우, 차용 당시를 기준으로 판단하여야 하고, 만일 차용 당시에 변제할 의사와 능력[348]이

---

343 대판 2000. 11. 10, 2000도3483; 대판 2011. 8. 18, 2009도7813.

344 대판 1990. 10. 16, 90도1815.

345 신동운, 1069. 일본 판례도 같은 취지이다[最決 昭和 32(1957). 2. 14. 裁判集(刑事) 117·981].

346 대판 1998. 4. 24, 97도3054. 같은 취지의 일본 판례로는 東京高判 昭和 57(1982). 12. 23. 東時 33·10=12·74.

347 대판 2022. 7. 14, 2017도20911 등.

348 예컨대, ① 도급계약에 따른 대금 편취의 경우, 계약 당시를 기준으로 '일을 완성할 의사나 능력'이 있었는지 여부(대판 2022. 7. 14, 2017도20911), ② 물품거래에 따른 물품 편취의 경우, '납품대금을 변제할 의사와 능력'이 있었는지 여부(대판 2008. 2. 28, 2007도10416)에 의하여 고의가

있었다면, 그 후에 차용사실을 전면 부인하면서 변제를 거부한다고 하더라도, 이는 단순한 민사상의 채무불이행에 불과할 뿐 형사상 본죄가 성립하지 않는다.[349]

한편 소비대차 거래에서, 대주가 차주의 신용 상태를 인식하고 있어 장래의 변제 지체 또는 변제불능에 대한 위험을 예상하고 있었거나 충분히 예상할 수 있는 경우에는, 차주가 차용 당시 구체적인 변제의사, 변제능력, 차용 조건 등과 관련하여 소비대차 여부를 결정지을 수 있는 중요한 사항에 관하여 허위사실을 말하였다는 등의 다른 사정이 없다면, 차주가 그 후 제대로 변제하지 못하였다는 사실만을 가지고 변제능력에 관하여 대주를 기망하였다거나 차주에게 편취의 범의가 있었다고 단정할 수 없다.[350] 215

기업경영자가 파산에 의한 채무불이행의 가능성을 인식할 수 있었다고 하더라도, 그러한 사태를 피할 수 있는 가능성이 있다고 믿었고, 계약이행을 위해 노력할 의사가 있었다면, 본죄의 고의가 있었다고 쉽게 단정하여서는 안 된다.[351] 216

2. 불법영득(이득)의 의사

우리 형법은 독일형법과 달리 불법영득의사가 명문화되어 있지 않으나, 본죄의 보호법익이 재산권이라는 점에서 고의 이외에도 불법영득(이득)의사가 필요하다.[352] 즉, 본죄가 성립하기 위해서는 재물사기죄의 경우에는 불법영득의 의사, 이득사기죄의 경우에는 불법이득의 의사가 필요하다.[353] 217

본죄에서 '불법영득의 의사'라 함은 소유자 또는 소유자에 준하는 권리자를 배제하고 타인의 재물이나 재산상 이익을 자기의 소유물과 같이 경제적 용법에 따라 이용하거나 처분하려는 의사를 말한다.[354] 타인의 재물을 자기 것으로 삼으려는 의사뿐 아니라 일시적으로 그 경제적 용법에 따라 이용하거나 처분하려 218

있었는지 여부를 판단하여야 한다.

349 대판 1996. 3. 26, 95도3034; 대판 1997. 4. 11, 97도249; 대판 1998. 1. 20, 97도2630; 대판 2008. 2. 14, 2007도10770.

350 대판 2016. 4. 28, 2012도14516.

351 대판 2001. 3. 27, 2001도202; 대판 2016. 6. 9, 2015도18555.

352 배종대, § 68/108; 손동권·김재윤, § 22/61; 신동운, 1070; 이재상·장영민·강동범, § 18/43; 임웅, 424.

353 영득은 고의의 한 내용이므로 초과주관적 구성요건요소로서의 불법영득(이득)의사는 필요하지 않다는 견해로, 오영근, 307; 정성근·박광민, 350.

354 신동운, 1071.

는 의사까지도 포함한다.[355] 반드시 영구적으로 보유할 의사는 필요하지 않고, 일단 기망으로 재물의 급부를 받아 본죄가 성립하면 그 후에 피해자에게 재물을 반환할 의사가 생겨 그 재물을 반환하였다고 하더라도 본죄 성립에 지장이 없다.[356] 본죄에서의 '불법이득의 의사'란 재산상 이익의 권리자를 배제하고 자기나 제3자가 권리자와 같이 재산상 이익을 경제적 용법에 따라 이용하거나 처분하려는 의사를 말한다.[357]

219 판례는 "면사무소 직원이 회계공무원으로부터 자금을 지급받으면서 적법한 절차가 아닌 허위의 지출결의서의 작성·행사라는 변태적인 방법을 취하였다 하여도 그 돈을 결국 면이 지출해야 할 소요경비에 사용하였다면, 허위공문서의 작성 및 동행사의 점은 별론으로 하고 거기에는 소관 면에 무슨 손해가 있다거나 불법영득의사가 있었다고는 볼 수 없고, 본인인 면을 위한 행위로서 편법을 사용한 것에 불과하여 사기죄를 구성한다고 볼 수 없다."라고 판시하였다.[358]

220 한편, 범인이 기망행위에 의해 스스로 재물을 취득하지 않고 제3자로 하여금 재물의 교부를 받게 한 경우 본죄가 성립하려면, 그 제3자가 범인과 사이에 사정을 모르는 도구 또는 범인의 이익을 위해 행동하는 대리인의 관계에 있거나, 그렇지 않다면 적어도 불법영득의사와의 관련상 범인에게 그 제3자로 하여금 재물을 취득하게 할 의사가 있어야 한다.[359]

V. 실행의 착수와 기수시기

1. 실행의 착수시기

221 본죄의 실행의 착수시기는 편취의 의사를 가지고 기망행위를 시작한 때이며, 상대방이 실제로 착오에 빠졌는지는 묻지 않는다.[360] 단순히 기망을 위한

355 대판 1966. 3. 15, 66도132.
356 대판 1980. 7. 8, 79도2734.
357 신동운, 1071.
358 대판 1984. 2. 14, 83도2857. 같은 취지의 일본 판례로는 最決 平成 16(2004). 11. 30. 刑集 58·8·1005.
359 대판 2009. 1. 30, 2008도9985; 대판 2012. 5. 24, 2011도15639.
360 大判 昭和 3(1928). 9. 17 刑集 7·578; 大判 昭和 13(1938). 7. 8. 刑集 17·555.

수단을 준비하는 정도로는 아직 실행의 착수가 있다고 볼 수 없다.[361]

222 판례도, ① 장해보상금 지급청구권자에게 보상금을 찾아주겠다고 거짓말을 하여 그를 보상금 지급기관까지 유인한 것만으로는 기망행위의 착수에 이르렀다고 보기 어렵고,[362] ② 태풍 피해복구보조금 지원절차가 행정당국에 의한 실사를 거쳐 피해자로 확인된 경우에 한하여 보조금 지원신청을 할 수 있도록 되어 있는 경우 허위의 피해신고만으로는 본죄의 실행의 착수가 있다고 볼 수 없다고 판시하였다.[363]

223 ③ 사기도박의 경우, 사기적인 방법으로 도금을 편취하려고 하는 사람이 상대방에게 도박에 참가할 것을 권유하는 등 기망행위를 개시한 때에 실행의 착수가 있는 것으로 보아야 하고, 그 후에 사기도박을 숨기기 위하여 정상적인 도박을 하였더라도 이는 본죄의 실행행위에 포함된다.[364]

224 한편, ④ 부동산소유권이전등기 등에 관한 특별조치법에 따라 임야의 사실상의 양수자가 확인서발급 신청을 하자, 피고인이 위조된 계약서 사본을 첨부하여 자신이 임야 소유자라고 허위 주장하여 이의신청을 한 결과 위 확인서발급신청이 기각되었다 하더라도, 이는 임야의 사실상 양수자가 자기 앞으로 소유권이전등기를 마치는 데 필요한 확인서를 발급받지 못하도록 방해가 되었을 뿐, 이것만으로 피고인이 위 임야에 관한 어떠한 권리를 취득하거나 의무를 면하는 것은 아니므로 위 임야를 편취하려는 기망행위에 나아간 것이라고 보기 어렵다.[365]

225 ⑤ 보험사기의 경우, 통설은 보험회사에 보험금 지급을 청구한 때 실행의 착수가 있다고 보며, 보험금을 편취하기 위하여 방화하거나 선박을 전복시킨 것만으로는 본죄의 실행의 착수가 있다고 볼 수 없다고 한다. 보험금 편취의 목적

---

361 일본 판례 중에는 일종의 특수사기수법으로 공범이 경찰관을 가장하여 피해자에게 수상한 사람을 체포하였는데 피해자의 이름을 말하니 은행에 가서 현금을 전부 찾아 놓으면 집으로 찾아가겠다고 2회 전화하고, 공범의 지시를 받은 피고인이 돈을 교부받으로 피해자의 집으로 가던 중, 도착 전에 경찰관의 직무질문을 받아 체포된 사안에서, 일련의 전화로 거짓말을 한 단계에서 본죄의 실행의 착수를 인정한 것이 있다[最判 平成 30(2018). 3. 22. 刑集 72·1·82].

362 대판 1980. 5. 13, 78도2259.

363 대판 1999. 3. 12, 98도3443.

364 대판 2015. 10. 29, 2015도10948. 일본 판례로는 大判 昭和 9(1934). 6. 11. 刑集 13·730(사기도박 수단을 강구하여 도박을 권유하였으나 상대방이 승낙하기 전에 경찰관에게 적발된 사례); 最判 昭和 26(1951). 5. 8. 刑集 5·6·1004(상대방이 사기수법에 걸려 승부를 걸려고 결심한 사례).

365 대판 1982. 3. 9, 81도2767.

으로 피보험자 본인임을 가장하는 등으로 생명보험계약을 체결하는 행위는 보험금 편취를 위한 예비행위에 불과하고, 아직 기망행위의 실행의 착수로 볼 수 없다.

226 다만 보험사고의 우연성과 같은 보험의 본질을 해칠 정도라고 볼 수 있는 특별한 사정이 있는 경우, 예컨대 ⓐ 보험계약 체결 당시 이미 보험사고가 발생하였음에도 이를 숨긴 경우, ⓑ 보험사고의 구체적 발생 가능성을 예견할 만한 사정을 인식하고 있었던 경우, ⓒ 고의로 보험사고를 일으키려는 의도를 가지고 보험계약을 체결한 경우에는 보험계약 체결 행위 자체를 가리켜 미필적으로 보험금을 편취하려는 의사에 의한 기망행위의 실행에 착수한 것으로 볼 수 있다.[366]

227 한편 판례는, ⑥ 임대인과 임대차계약을 체결한 임차인이 임차건물에 거주하기는 하였으나 그의 처만이 전입신고를 마친 후에 경매절차에서 배당을 받기 위하여 임대차계약서상의 임차인 명의를 처로 변경하여 배당요구를 한 경우, 실제 임차인이 전세계약서상의 임차인 명의를 처 명의로 변경하지 아니하였다 하더라도 소액임대차보증금에 대한 우선변제권의 행사로서 배당금을 수령할 권리가 있으므로, 경매법원이 실제 임차인을 처로 오인하여 배당결정을 하였다고 하더라도 이로써 재물의 편취라는 결과 발생은 불가능하다고 할 것이어서, 이러한 임차인의 행위를 결과발생이 가능성이 있는 행위라고 볼 수 없어 무죄를 선고해야 한다고 보았다.[367]

2. 기수시기

228 본죄의 성립에 재산상 손해가 필요하다는 견해에 따르면, 기수시기는 재산상 손해가 발생한 때이며, 반드시 행위자가 불법한 이익을 취득하였을 것을 요하지 않는다.[368] 본죄가 기수로 되기 위해서는 기망행위, 착오, 처분행위, 재산상 손해 사이에 인과관계가 있어야 하며, 그 사이에 인과관계가 인정되지 않을 때에는 본죄는 미수에 그친다.[369] 반면에 본죄의 성립에 재산상 손해를 요건으

---

366 대판 2013. 11. 14, 2013도7494; 대판 2019. 4. 3, 2014도2754. 위 2014도2754 판결 평석은 최준혁, "보험사기의 실행의 착수, 기수시기와 죄수", 법조 735, 법조협회(2019), 678-702.

367 대판 2002. 2. 8, 2001도6669.

368 大判 大正 12(1923). 11. 20. 刑集 2·816.

369 大判 大正 11(1922). 12. 22. 刑集 1·821.

로 하지 않는다는 견해를 취할 경우, 행위자의 기망행위에 기하여 상대방이 착오에 빠지고 그 착오에 기하여 재산적 처분행위가 이루어져 그 결과 재물 또는 재산상 이익의 이전(행위자 측의 수령행위)이 이루어진 때에 기수가 된다.[370]

피해자가 금전 지급의사를 표시하고 이후 실제로 돈을 지급한 경우, 재물 자체에 중점을 둘 것인지 아니면 재산상 이익에 중점을 둘 것인지에 따라 기수시기가 달라지는데, 일반적으로 재물의 편취를 최종적인 목적으로 하는 경우라면 의사표시만으로는 부족하고 재물의 교부가 있을 때 기수를 인정하여야 한다.[371] 그러나 허위의 내용이 포함된 신용보증서류를 제출함으로써 이에 속은 신용보증기금으로부터 신용보증서를 발급받고 이를 은행에 제출하여 대출금을 송금받은 경우, 돈이 송금된 시점이 아니라 신용보증기금의 신용보증서 발급이 이루어질 때 본죄는 기수에 이른다.[372] 유가증권을 편취한 경우 유가증권을 교부받았을 때에 기수가 되며,[373] 편취한 재물을 반환하는 것은 범죄의 성립에 영향을 미치지 않는다.[374] 229

보험사기의 경우, 보험증권을 교부받을 때에 기수가 되고, 다만 보험증권 취득 후 보험사기의사가 생겨 방화, 살인 등을 한 경우에는 보험금 수령 시에 기수가 된다고 설명하는 견해[375]가 있으나, 통설은 보험금 수령 시에 기수가 된다고 한다. 230

판례도 피고인이 A에게 이미 당뇨병과 고혈압이 발병한 상태임을 숨기고, 1999. 12. 3.경 B 생명보험 주식회사와 피고인을 보험계약자로, A를 피보험자로 하는 2건의 보험계약을 체결한 다음, 고지의무 위반을 이유로 B 회사로부터 일방적 해약이나 보험금 지급거절을 당할 수 없는 이른바 면책기간 2년을 도과 231

370 일본 판례(재산상 손해 불요설의 입장)는 사기미수죄에서 승계적 공동정범을 긍정하면서, "사기를 완성함에 있어 본건 기망행위와 일체의 행위로 예정되어 있던 본건 수령행위에 관여하고 있다."는 것을 이유로 들어 착오에 기한 교부행위를 야기하는 기망행위와 재물·이익을 취득하는 수령행위와의 일체성을 긍정하고 있다[最決 平成 29(2017). 12. 11. 刑集 71·10·535(보이스피싱 등 특수사기사건에서 피해자가 경찰관과의 의사소통에 따라 '속은 척하는' 작전을 실시한 사례)].

371 신동운, 1072.

372 대판 2007. 4. 26, 2007도1274.

373 대판 1985. 12. 24, 85도2317.

374 대판 1986. 2. 25, 85도2748; 대판 1998. 4. 24, 98도248.

375 김성돈, 366.

한 이후인 2002. 12. 6.경부터 2012. 1. 6.경까지 A의 보험사고 발생을 이유로 을 회사에 보험금을 청구하여 당뇨병과 고혈압 치료비 등의 명목으로 14회에 걸쳐 보험금을 수령한 사안에서, 보험금을 청구하여 보험금을 지급받았을 때 본죄는 기수에 이른다고 보았다.[376]

232 즉 위 사안에서, 원심은 보험계약 체결일부터 2년이 경과하여 더 이상 B 회사가 고지의무 위반을 이유로 보험계약을 해지할 수 없게 된 2001. 12.경 또는 늦어도 B 회사가 피고인의 고지의무 위반을 인지한 상태에서 보험금을 지급함으로써 보험계약에 관한 법정 추인이 이루어졌다고 인정되는 2003. 5. 9.경에는 피고인이 보험계약자로서의 권리를 취득함으로써 본죄의 기수에 이르렀다고 보고, 그로부터 7년이 지나 제기된 이 사건 공소는 공소시효가 완성되었다고 판단하였으나, 대법원은 보험계약의 체결행위와 보험금 청구행위가 피해자를 착오에 빠뜨려 처분행위를 하게 만드는 일련의 기망행위에 해당하고, 그에 따라 보험금을 지급했을 때 본죄는 기수에 이른다고 보고, 이와 달리 판단한 원심을 파기하였다.

233 한편 판례는, ① 타인 명의를 빌려 예금계좌를 개설한 후, 통장과 도장은 명의인에게 보관시키고 자신은 위 계좌의 현금인출카드를 소지한 채 명의인을 기망하여 위 예금계좌로 돈을 송금하게 한 경우, 자신은 통장의 현금인출카드를 소지하고 있으면서 언제든지 카드를 이용하여 차명계좌 통장으로부터 금원을 인출할 수 있으므로, 편취행위는 기수에 이르렀다고 보았고,[377] ② 피해자가 피고인에 속아 제작한 도자기 중 실제로 배달된 것뿐만 아니라 피고인이 지정한 장소로 배달하기 위하여 피해자가 보관 중인 도자기도 피고인에게 교부되었다고 판단하여 본죄의 기수를 인정하였다.[378]

---

376 대판 2019. 4. 3, 2014도2754.

377 대판 2003. 7. 25, 2003도2252.

378 대판 2003. 5. 16, 2001도1825. 본 판결 해설은 한창훈, "사기죄에 있어서 '재물의 교부'가 재물의 현실의 인도만을 의미하는 것인지 여부(소극)", 해설 45, 법원도서관(2004), 689-702.

Ⅵ. 소송사기

1. 의 의

소송사기란 법원에 허위의 사실을 주장하거나 허위의 증거를 제출하는 방법으로 법원을 기망하여 자기에게 유리한 판결을 받음으로써 상대방의 재물 또는 재산상 이익을 취득하는 경우를 말한다.[379] 234

소송사기는 소송의 제기뿐만 아니라 지급명령, 경매, 배당요구 등 각종 신청을 통해서도 나타난다. 피기망자는 법원이지만 피해자는 소송의 상대방인 경우로, 피기망자와 재산상 피해자가 일치하지 않는 삼각사기의 전형적인 형태이다.[380] 235

소송사기를 넓게 인정하게 되면 누구든지 자기에게 유리한 법률상의 주장을 하고 민사재판을 통하여 권리구제를 받을 수 있다는 민사재판제도의 위축을 초래하고 본질적으로 민사분쟁 사안을 소송사기라는 형사분쟁으로 비화시킬 위험이 있기 때문에 소송사기죄를 인정할 때에는 매우 신중을 기하여야 한다.[381] 따라서 소송사기는, ① 피고인이 범행을 인정한 경우, ② 소송상의 주장이 사실과 다름이 객관적으로 명백하고, 행위자가 그 소송상의 주장이 명백히 거짓인 것을 인식한 경우, ③ 소송상의 주장이 사실과 다름이 객관적으로 명백하고, 행위자가 증거를 조작하려고 하였음이 인정되는 경우와 같이 범죄가 성립되는 것이 명백한 경우가 아니면, 이를 쉽사리 유죄로 인정하여서는 안 된다.[382] 236

2. 성립요건

(1) 주체

적극적 당사자(원고 내지 신청인)는 물론 소극적 당사자(피고 내지 피신청인)도 소송사기의 주체가 될 수 있다. 피고(피신청인)라고 하더라도 허위내용의 서류를 작성하여 이를 증거로 제출하거나 위증을 시키는 등 적극적인 방법으로 법원을 237

379 대판 2022. 5. 26, 2022도1227 등.
380 大判 昭和 2(1927). 1. 26. 刑集 6·10.
381 대판 2003. 5. 16, 2003도373; 대판 2007. 4. 13, 2005도4222.
382 대판 2004. 6. 25, 2003도7124; 대판 2007. 9. 6, 2006도3591; 대판 2018. 12. 28, 2018도13305; 대판 2022. 5. 26, 2022도1227.

기망하여 착오에 빠뜨렸다면 본죄가 성립할 수 있다.[383]

238 소송사기는 간접정범의 형태로도 가능하다. 예컨대 甲이 위조한 乙 명의의 차용증을 바탕으로 乙에 대한 차용금 채권을 丙에게 양도하고, 그러한 사정을 모르는 丙으로 하여금 乙을 상대로 양수금 청구소송을 제기하도록 한 경우, 甲의 행위는 丙을 도구로 이용한 간접정범 형태의 소송사기죄를 구성한다.[384]

(2) 적극적인 기망행위

239 소의 제기가 있다고 하더라도 허위사실의 주장, 증거조작, 위증교사 등 적극적 사술(기망)을 사용하지 않으면 소송사기가 될 수 없다.[385] 단순히 상대방에게 유리한 증거를 제출하지 않거나 상대방에게 유리한 사실을 묵비하는 것만으로는 소송사기에서의 기망이 될 수 없다.[386] 따라서 기한이 도래하지 않는 채권을 즉시 지급받기 위한 지급명령을 신청하는 것만으로는 기망행위에 해당하지 않는다.

240 소송사기에서 말하는 증거의 조작이란 처분문서 등을 거짓으로 만들어 내거나 증인의 허위증언을 유도하는 등으로 객관적·제3자적 증거를 조작하는 행위를 말한다.[387] 그러나 반드시 허위의 증거를 제출할 필요는 없고, 당사자의 주장이 법원을 기망하기에 충분한 것이라면 된다.[388]

(3) 법원의 판결은 처분행위에 갈음하는 내용과 효력이 있을 것

241 소송사기에서 피기망자인 법원의 재판은 피해자의 처분행위에 갈음하는 내용과 효력이 있는 것이어야 한다.[389]

242 따라서 ① 사망한 사람을 상대로 한 소송은 그 내용에 따른 효력이 생기지 아니하므로 사망한 사람을 상대로 한 제소는 본죄를 구성하지 아니하고,[390] 실재

---

383 대판 1998. 2. 27, 97도2786. 본 판결 평석은 안경옥, "소송사기의 가벌성", 형사판례연구 〔10〕, 한국형사판례연구회, 박영사(2002), 230-253.

384 대판 2007. 9. 6, 2006도3591. 본 판결 평석은 유용봉, "간접정범에 의한 소송사기미수의 성립요건", 법학논총 16-2, 조선대 법학연구소(2009), 283-309; 이창섭, "소송사기의 구조와 간접정범", 법학연구 51-3, 부산대 법학연구소(2010), 163-186.

385 김성돈, 372; 정성근·박광민, 352-353.

386 대판 2002. 6. 28, 2001도1610. 본 판결 해설은 최복규, "공시송달에 의한 판결 및 채권가압류에 기한 배당과 소송사기", 해설 41, 법원도서관(2002), 609-622.

387 대판 2004. 6. 25, 2003도7124.

388 대판 2011. 9. 8, 2011도7262.

389 大判 明治 44(1911). 11. 27. 刑録 17·2041.

390 대판 1986. 10. 28, 84도2386; 대판 1987. 12. 22, 87도852; 대판 1997. 7. 8, 97도632; 대판 2002. 1. 11, 2000도1881. 위 2000도1881 판결 해설 및 평석은 김영천, "사망자를 상대로 한 제소와 소

하지 않는 사람에 대한 소송도 본죄를 구성하지 않는다[391]고 할 것이다.[392]

② 타인과 공모하여 그를 상대로 의제자백을 받아 소유권이전등기를 마친 경우에도 본죄를 구성하지 않는다. 공모한 타인이 진정한 권리자인 경우에는 소송 상대방인 권리자의 의사에 부합하므로 착오에 의한 재산상 처분행위가 있다고 할 수 없고,[393] 공모한 타인이 진정한 소유자가 아닌 경우에는 피고인이 의제자백판결에 기하여 진정한 소유자로부터 소유권을 이전받은 것이 아니므로 그 소유자로부터 부동산을 편취한 것이라고 볼 수 없기 때문이다.[394] 243

③ 허위의 채권으로 가압류·가처분 또는 재판상 화해를 신청하는 경우, 가압류·가처분은 강제집행의 보전절차에 지나지 아니하므로 청구의 의사표시를 한 것으로 볼 수 없고,[395] 재판상 화해는 새로운 법률관계를 창설하는 것이므로 화해의 내용이 실제 법률관계와 일치하지 않아도 본죄가 성립하지 않는다.[396] 244

그러나 ④ 허위채권으로 지급명령을 신청하여 지급명령이 확정된 경우, 그 지급명령은 확정판결과 같은 효력을 가지게 되므로(민집 §474) 소송사기죄가 성립한다.[397] 245

⑤ 통정허위표시로서 무효인 임대차계약에 기초하여 임차권등기명령을 신청하여 임차권등기명령을 받은 경우에도, 그 임차권등기명령은 피신청인의 재산상 지위나 상태에 영향을 미칠 수 있어 피신청인의 처분행위에 갈음하는 내용과 효력이 있으므로, 소송사기죄가 성립한다.[398] 246

⑥ 피고인이 피해자 A에 대한 대여금 채권이 없음에도 A 명의의 차용증을 허 247

송사기의 불능미수", 해설 41, 법원도서관(2002), 623-635; 천진호, "사자를 상대로 한 허위 내용의 소송과 사기죄의 불능미수와의 관계", 형사재판의 제문제(4권), 박영사(2003), 86-126.

391 대판 1992. 12. 11, 92도743.

392 소송사기의 의사를 가지고 사망한 사람이나 실재하지 않는 허무인을 상대로 소송을 제기한 경우, 실행의 착수는 인정되고 다만 수단의 착오로 인한 본죄의 불능미수가 성립한다는 견해(임웅, 41), 위험성이 부정되어 불능범이 된다는 견해(김성돈, 72), 현실적인 위험성이 없어 기망행위 자체가 없으므로 사기미수도 성립하지 않는다는 견해(신동운, 1075) 등이 있다.

393 대판 1996. 8. 23, 96도1265; 대판 2017. 10. 26, 2013도6896.

394 대판 1997. 12. 23, 97도2430.

395 대판 1988. 9. 13, 88도55.

396 대판 1968. 2. 27, 67도1579.

397 대판 2004. 6. 24, 2002도4151. 본 판결 해설은 박종민, "지급명령신청에 의한 소송사기와 그 기수시기", 해설 50, 법원도서관(2004), 653-673.

398 대판 2012. 5. 24, 2010도12732.

위로 작성하고 A 소유의 빌라에 관하여 피고인 앞으로 근저당권설정등기를 마친 다음, 그에 기하여 부동산 임의경매를 신청하여 배당금을 교부받아 편취하였다는 내용으로 기소된 사안에서, 원심은 "공소사실과 같이 원인무효인 근저당권설정등기에 기한 임의경매절차는 무효로서 피해자 A는 빌라의 소유권을 상실하지 않고, 매수인 B는 빌라 소유권을 취득하지 못하며, 피고인이 지급받은 배당금은 매수인 B가 부당이득반환청구를 할 수 있으므로, 결국 법원의 임의경매절차는 피해자의 처분행위에 갈음하는 내용과 효력이 있었다고 볼 수 없다."라는 이유를 들어 무죄로 판단하였다. 그러나 대법원은, 허위의 근저당권자가 매각대금에 대한 배당절차에서 배당금을 지급받게 이르렀다면 집행법원의 배당표 작성과 이에 따른 배당금 교부행위는 매수인 B에 대한 관계에서 그의 재산을 처분하여 직접 재산상 손해를 야기하는 행위로서 매수인의 처분행위에 갈음하는 내용과 효력을 가지므로, 매수인 B에 대한 본죄가 성립한다는 이유로, 이와 달리 판단한 원심을 파기하였다.[399]

(4) 사기의 고의 및 불법영득(이득)의 의사가 인정될 것

248 소송사기죄가 성립하려면 자신이 주장하는 권리가 존재하지 않는다는 사실을 잘 알고 있으면서도 허위사실을 주장하거나 조작된 증거를 제출하여 법원을 기망한다는 인식과 의사가 있어야 한다.

249 따라서 단순히 사실을 잘못 인식하였다거나 법률적 평가를 잘못하여 존재하지 않은 권리를 존재하는 것으로 믿고 제소한 경우나 소송상 주장이 다소 사실과 다르더라도 그것이 존재한다고 믿는 권리를 이유 있게 하기 위해 과장된 표현에 지나지 아니한 경우에는 본죄의 고의를 인정할 수 없다.[400] 허위의 소송을 제기하더라도 불법영득(이득)의 의사가 없는 경우라면 본죄가 성립하지 않는다.[401]

(5) 개별 사례

250 종래 대법원은, ① 소유권보존등기 명의자를 상대로 보존등기말소송을 제기하여 승소판결을 받은 경우, 상대방의 등기가 말소될 뿐 원고가 부동산에 대한 권리를 취득하는 것은 아니라는 이유로 소송사기가 될 수 없다고 보았다.[402] 그러나 이후 대법원은 태도를 바꾸어, 보존등기의 말소를 명하는 판결이 확정된 때에는

399 대판 2017. 6. 19, 2013도564.
400 대판 1992. 4. 10, 91도2427; 대판 1993. 9. 28, 93도1941; 대판 2003. 5. 16, 2003도373.
401 신동운, 1078.
402 대판 1983. 10. 25, 83도1566.

그 판결을 가지고 소유권보존등기를 신청하여 그 등기를 마칠 수 있으므로, 해당 토지의 소유권에 대한 방해를 제거하고 그 소유 명의를 얻을 수 있는 지위라는 재산상 이익을 취득한 것이라는 이유로, 소송사기죄가 성립한다고 판시하였다.[403]

한편, ② 민사소송법상 소송비용의 청구는 소송비용액 확정절차에 의하도 251
록 규정하고 있으므로, 위 절차에 의하지 아니하고 손해배상금청구 소송 등으로 소송비용의 지급을 구하는 것은 부적법한 소로서 허용될 수 없고, 따라서 소송비용을 편취할 의사로 소송비용의 지급을 구하는 손해배상청구의 소를 제기하였다고 하더라도, 이는 객관적으로 소송비용의 청구방법에 관한 법률적 지식을 가진 일반인의 판단으로 보아 결과 발생의 가능성이 없기 때문에 위험성이 인정되지 않아 소송사기의 불능범이 된다.[404]

③ A 회사의 운영자인 피고인이 'A 회사의 B에 대한 채권'이 존재하지 않 252
는다는 사실을 알면서 그 사실을 모르는 C(A 회사에 대한 채권자)에게 'A 회사의 B에 대한 채권'의 압류 및 전부(추심)명령을 신청하게 하여 그 명령을 받게 한 경우, 집행력 있는 정본의 존부, 집행개시의 요건 구비 여부 등은 법원의 심사 대상이지만 피압류채권의 존부는 심사 대상이 아니므로, C가 A 회사에 대하여 진정한 채권을 가지고 있는 이상, 위와 같은 사정만으로는 법원을 기망하였다고 볼 수 없고, C가 B를 상대로 전부(추심)금 소송을 제기하지 않은 이상 소송사기죄의 실행에 착수하였다고 볼 수도 없다.[405]

3. 실행의 착수와 기수시기

(1) 실행의 착수시기

허위주장을 하거나 허위증거를 제출하는 시점이 소송사기죄의 실행의 착수 253
시점이 된다. 판례도 원고가 법원을 기망한다는 인식을 가지고 허위사실을 주장한 소장이나 준비서면을 제출한 때[406] 또는 피고가 허위내용을 기재한 답변서나 준비서면을 제출하거나 허위내용의 서류를 증거로 제출한 때[407]를 실행의

403 대판 2006. 4. 7, 2005도9858(전).
404 대판 2005. 12. 8, 2005도8105.
405 대판 2009. 12. 10, 2009도9982.
406 대판 2003. 7. 22, 2003도1951.
407 대판 1998. 2. 27, 97도2786(피고가 소송사기의 주체인 경우).

착수시점으로 본다.[408]

254 소장이나 준비서면 등이 상대방에게 송달되거나 진술될 필요는 없으므로, 제소자가 상대방의 주소를 허위로 기재함으로써 그 허위주소로 소송서류가 송달되어 그로 인하여 상대방이 아닌 다른 사람이 그 서류를 송달받아 소송이 진행된 경우에도 실행의 착수가 인정되고,[409] 제1회 변론기일 전에 소를 취하하거나 소장을 진술한 이후 이를 번복하더라도 소송사기의 미수가 된다.

255 허위채권에 기하여 지급명령을 신청한 경우, 지급명령을 신청한 때 실행의 착수가 인정된다. 지급명령신청에 대하여 상대방이 이의를 하면 지급명령은 이의의 범위 내에서 그 효력을 잃게 되지만, 이미 실행에 착수한 사기 범행 자체가 없었던 것으로 되는 것은 아니다.[410]

256 강제집행절차를 통한 소송사기는 집행절차의 개시신청을 한 때 또는 진행 중인 집행절차에 배당신청을 한 때가 실행의 착수시기이다.[411] 따라서 ① 허위채권에 기한 공정증서를 집행권원으로 하여 민사집행법 제244조에 따라 채무자의 소유권이전등기청구권에 대하여 압류신청을 한 경우라면, 그 압류신청을 한 때가 소송사기죄의 실행 착수에 해당하고,[412] ② 피담보채권인 공사대금 채권을 실제와 달리 허위로 크게 부풀려 유치권에 의한 경매를 신청한 경우, 그와 같이 경매를 신청한 때가 실행의 착수에 해당한다.[413]

(2) 기수시기

257 ① 본안소송을 통한 소송사기의 경우, 판례[414]와 다수설[415]은 기수시기를

---

408 피해자가 피고인을 상대로 대여금청구 소송을 제기하자, 피고인이 차용증서를 작성해 주지 않았던 것을 기화로 피고인 소유 부동산에 관하여 위 채무 담보조로 설정된 피해자 명의의 근저당권 말소를 구하는 반소를 제기한 사안에서, 반소 제기시점을 소송사기의 실행의 착수로 본 판결로는, 대판 1974. 3. 26, 74도196.

409 대판 2006. 11. 10, 2006도5811.

410 대판 2004. 6. 24, 2002도4151.

411 대판 1988. 4. 12, 87도2394; 대판 1999. 12. 10, 99도2213.

412 대판 2015. 2. 12, 2014도10086.

413 대판 2012. 11. 15, 2012도9603. 본 판결 해설은 김경수, "허위의 피담보채권에 기초하여 유치권에 의한 경매를 신청한 경우 소송사기죄의 실행의 착수에 해당하는지 여부", 해설 94, 법원도서관(2013), 609-628.

414 대판 1983. 4. 26, 83도188; 대판 1997. 7. 11, 95도1874.

415 김신규, 432; 박찬걸, 482; 이정원·류석준, 386; 이형국·김혜경, 411; 정성근·정준섭, 266; 정웅석·최창호, 625; 최호진, 462; 한상훈·안성조, 541; 홍영기, §82/13.

판결이 확정된 때로 보고 있다.[416] 승소판결이 확정되면, 타인의 협력 없이 자신의 의사만으로 재물이나 재산상 이익을 얻을 수 있는 지위를 취득하게 되고, 그러한 지위는 재산적 가치가 있는 구체적 이익으로서 본죄의 객체인 재산상 이익에 해당한다고 보기 때문이다. 확정판결에 기하여 현실적으로 재물이나 재산상 이익을 취득할 것을 요하지 않는다.[417] 그러나 법원을 속여 유리한 판결을 얻어내려고 소송을 제기하였다가, 법원으로부터 패소의 종국판결을 받아 그 판결이 확정되는 등으로 소송이 종료되었다면 소송사기의 미수죄가 되고, 그 범행의 종료시기는 위와 같이 소송이 종료된 때이다.[418]

② 허위채권에 기한 지급명령이 그대로 확정된 경우, 설령 채무자가 재심의 258
소를 제기하거나 청구이의의 소로 강제집행의 불허를 구할 수 있다고 하더라도, 지급명령이 그대로 확정된 때에 본죄는 이미 기수에 이르렀다고 보아야 한다.[419]

③ 자기앞수표를 교부한 사람이 이를 분실하였다고 허위로 공시최고 신청 259
을 하여 제권판결을 선고받아 확정되었다면, 그때 재산상 이익을 취득한 것으로 기수가 된다.[420]

④ 강제집행절차에 관한 소송사기의 경우, 판례는 원칙적으로 전체로서의 260
집행절차가 종료되는 때에 기수가 된다는 입장으로 보인다. 즉, 집행관이 유체동산을 압류하여 보관한 경우 사기미수죄에 불과하고,[421] 부동산에 대한 강제경매개시결정이 있었으나 그 후 청구인의 신청으로 강제경매 개시결정이 취소된 경우 사기미수죄에 불과하다고 한다.[422]

⑤ 정식의 민사소송이나 독촉절차가 강제집행절차로 이어진 소송사기의 경 261

416 판결이 확정된 때가 아니라 그에 따라 기망자가 재산을 취득한 때를 기수시점으로 보아야 한다는 견해로, 윤동호, "소송사기와 허위등기가 기능적으로 밀접하게 연관된 경우 죄수 및 경합", 형사법연구 28-1, 한국형사법학회(2016), 106.

417 일본 판례는, 재물사기죄의 경우 현실적인 교부행위 내지 소유권이전등기 등이 이루어져야 기수에 이르고, 이익사기죄의 경우 승소판결을 얻은 때 기수가 된다고 하는데, 대체로 이행판결은 재물사기죄로, 형성판결이나 확인판결은 이익사기죄로 파악하는 것으로 보인다는 견해로, 이주원, "채권추심명령을 통한 소송사기죄에서 재산상 이익의 취득과 기수시기", 형사판례연구 〔25〕, 한국형사판례연구회, 박영사(2017), 59.

418 대판 2000. 2. 11, 99도4459.

419 대판 2004. 6. 24, 2002도4151.

420 대판 2003. 12. 26, 2003도4914.

421 대판 1988. 4. 12, 87도2394.

422 대판 1999. 12. 10, 99도2213.

우, 즉 甲이 乙 명의로 채무자를 상대로 법원을 기망하여 지급명령과 가집행선고부 지급명령을 발부받고 이를 채무명의로 하여 채무자의 제3채무자에 대한 정기예금 원리금 채권에 대해 채권압류 및 전부명령을 신청하여 전부명령을 받은 경우, 그 채권의 추심 여부와 관계없이 본죄의 기수가 된다는 판례가 있다.[423]

4. 죄수 및 다른 죄와의 관계

262 부동산 편취를 목적으로 소유권이전등기절차 이행청구 소송을 제기하여 승소의 확정판결을 받으면, 그 자체로 불법한 재산상 이익을 취득하여 본죄가 성립한다. 이후 위 확정판결에 기하여 부동산에 관한 소유권이전등기까지 마쳐 재물을 취득하였다면, 위와 같이 소유권이전등기를 마친 일련의 행위까지 포괄하여 본죄를 구성하고(통설[424] 및 판례[425]), 이와 달리 이익편취죄와 재물편취죄가 각각 성립하여 실체적 경합관계에 있다고 볼 것은 아니다.

263 한편, 법원을 기망하여 승소판결을 받고 그 확정판결에 의하여 소유권이전등기를 경료한 경우에는 본죄와 별도로 공정증서원본불실기재죄가 성립하고, 두 죄는 실체적 경합관계에 있다.[426]

Ⅶ. 위법성 - 권리행사와 사기죄의 성부

1. 견해 대립

264 채권자가 변제기가 지나도록 채무를 변제하지 않는 채무자에게 경매에 나온 부동산을 값싸게 낙찰받아 주겠다고 기망하여 받은 대금으로 자신의 채권에 대한 변제에 충당한 경우와 같이, 정당한 권리를 행사하기 하여 기망수단을 사용한 경우에 본죄가 성립할 것인지의 여부가 문제된다.

265 법률상 타인으로부터 재물의 교부나 재산상 이익을 취득할 정당한 권리를 가지고 있는 사람이 권리 실행을 위한 방편으로 기망이라는 수단을 사용하여

423 대판 1977. 1. 11, 76도3700.
424 배종대, §68/35; 이재상·장영민·강동범, §18/28.
425 대판 1970. 12. 22, 70도2313; 대판 1973. 11. 27, 73도1301.
426 대판 1983. 4. 26, 83도188.

그 권리 범위 내에서 재물이나 재산상 이익을 취득한 경우, ① 기망행위자에게 불법영득(이득)의 의사가 없어 본죄가 성립하지 않는다는 견해[427]와 ② 권리행사가 자구행위의 요건을 구비한 때에만 위법성이 조각된다는 견해,[428] ③ 권리행사도 사회통념상 용인할 수 없는 정도이면 권리남용이 되어 위법성이 조각되지 않고 본죄가 성립한다는 견해[429]가 있다.

반면 정당한 권리행사라고 하더라도 그 권리 범위를 초과한 경우, ① 그 재물이나 재산상 이익이 법률상 가분이면 초과 부분에 대해서만 본죄가 성립하고, 불가분이면 전부에 대해서 본죄가 성립한다는 견해[430]와 ② 목적물이 가분인지 불가분인지가 꼭 명료한 것은 아니고, 또 목적물이 가분의 경우에는 권리의 범위에 대해서는 본죄가 부정되는데, 그것과 같은 행위이어도 우연히 목적물이 불가분이면 전체에 대해 본죄가 성립한다는 것은 불합리한 것으로, 전체에 대해서 본죄의 성립을 인정해야 한다고 하는 견해[431]가 있다. 266

한편 정당한 권리를 가지고 있는 경우라도, 이것을 실행하는 의사는 아니고, 단순히 권리를 실행한다는 핑계를 대거나 그 권리와 전혀 별개의 원인에 근거할 때에는, 권리행사라고 할 수 없으므로 취득한 재물 또는 재산상 이익 전부에 대하여 본죄가 성립한다는 데 대해서는 크게 이론이 없다. 267

2. 판례의 태도

판례는 기망행위를 수단으로 한 권리행사의 경우, 기망행위가 사회통념상 권리행사의 수단으로서 용인할 수 없는 정도라면 그와 같은 권리행사에 속하는 행위는 본죄를 구성한다고 보고 있다.[432] 268

구체적으로 판례가 권리행사의 수단이라고 하더라도 사회통념상 용인할 수 있는 범위는 벗어난 것으로 본 사안으로는, ① 소유권이전등기절차 이행을 구하는 소를 제기하여 승소확정판결을 받은 피고인이 부동산 소유권을 이전받더 269

427 배종대, §68/109; 이재상·장영민·강동범, §18/44; 임웅, 424.
428 유기천, 형법학(각론강의 하)(전정신판), 247.
429 김성돈, 369; 손동권·김재윤, §22/61; 주호노, 274.
430 이재상·장영민·강동범, §18/44.
431 大谷 実, 刑法各論(新版4版補訂版), 成文堂(2015), 273. 권리행사와 사기에 관한 일본에서의 논의에 대해서는 大塚 外, 大コン(3版)(13), 133-136(高橋省吾) 참조.
432 대판 2009. 7. 9, 2009도295.

라도 매매잔금을 공탁할 의사나 능력이 없음에도 피해자에게 매매잔금을 공탁해 줄 것처럼 거짓말을 하여 그러한 내용으로 합의한 후 그에 따라 부동산 소유권을 임의로 이전받은 경우,[433] ② 피해자에 의한 채권을 변제받기 위한 방편이었다 하더라도 피해자에게 환전하여 주겠다고 기망하여 약속어음을 교부받는 경우,[434] ③ 피고인이 산업재해보상 보험급여를 지급받을 수 있는 지위에 있다고 하더라도 부상이 발생한 경위를 허위로 기재하여 산업재해보상 보험급여를 지급받은 경우,[435] ④ 명의신탁자가 명의신탁약정에 기한 소유권이전등기청구권을 보전할 목적으로 명의신탁자 아들 명의로 가등기를 마쳐준 것이라서, 위 가등기는 실권리자명의 등기에 관한 법률에 따라 무효인 등기라 하더라도, 명의수탁자가 명의신탁자를 속여 위 가등기를 말소한 경우[436] 등이 있다.

270 나아가 판례는, ⑤ 입원의 필요성이 적은 환자들에게 장기간의 입원을 유도하여 과도한 요양급여비를 청구하는 행위는 사회통념상 권리행사의 수단으로 용인할 수 없어 비록 그중 일부 기간에 관하여 실제 입원치료가 필요하였다고 하더라도 그 부분을 포함한 요양급여비 전체에 대하여 본죄가 성립한다고 보았다.[437]

Ⅷ. 죄수 및 다른 죄와의 관계

1. 죄 수

271 (1) 동일한 피해자에게 수회에 걸쳐 기망행위를 하여 재물을 편취한 경우, 단일하고 계속된 범의 아래 동일한 범행 방법으로 이루어진 것이라면 본죄의 포괄일죄가 되지만,[438] 범의의 단일성과 계속성이 인정되지 아니하거나 범행방법이 동일하지 않다면 수회의 기망행위는 본죄의 실체적 경합범을 구성한다.[439]

272 포괄일죄가 되느냐 실체적 경합범이 되느냐는 그에 따라 피해액을 기준으

433 대판 2011. 3. 10, 2010도14856.
434 대판 1982. 9. 14, 82도1679.
435 대판 2007. 5. 10, 2007도1780. 같은 취지의 판결로는 대판 2003. 6. 13, 2002도6410.
436 대판 2008. 1. 24, 2007도9417.
437 대판 2009. 5. 28, 2008도4665.
438 대판 1996. 1. 26, 95도2437. 일본 판례로는 大判 明治 43(1910). 1. 28. 刑録 16·46; 東京高判 昭和 56(1981). 3. 12. 刑裁月報 13·3·149.
439 대판 1997. 6. 27, 97도508. 일본 판례로는 東京高判 昭和 37(1962). 8. 23. 東時 13·8·212.

로 가중처벌을 하도록 하는 특별법이 적용되는지 등이 달라질 뿐만 아니라 양형 판단 및 공소시효와 기판력에 이르기까지 피고인에게 중대한 영향을 미치게 되므로, 죄수 여부는 신중하게 판단하여야 한다. 특히 범의의 단일성과 계속성은 개별 범행의 방법과 태양, 범행의 동기, 각 범행 사이의 시간적 간격, 그리고 동일한 기회 내지 관계를 이용하는 상황이 지속되는 가운데 후속 범행이 있었는지, 즉 범의의 단절이나 갱신이 있었다고 볼 만한 사정이 있는지 등을 세밀하게 살펴 논리와 경험칙에 근거하여 합리적으로 판단하여야 한다.[440]

(2) 수인의 피해자에 대하여 피해자별로 기망행위를 하여 각각 재물을 편취 273
한 경우, 그 범의가 동일하다고 하여도 포괄일죄가 성립하지 않고 피해자별로 본죄가 각각 성립한다.[441] 다만 피해자들이 하나의 동업체를 구성하는 등으로 피해 법익이 동일하다고 볼 수 있는 사정이 있는 경우에는, 피해자가 복수이더라도 이들에 대한 본죄를 포괄하여 일죄로 볼 수도 있다.[442]

(3) 피해자를 기망하여 재물을 교부받아 본죄를 성립시킨 후, 다시 피해자 274
를 기망하여 편취한 재물의 반환을 회피할 목적으로 현실적인 자금의 수수 없이 기존 차입금원금을 새로이 투자하는 형식을 취한 경우, 새로운 법익을 침해한 것이 아니라서 별도로 본죄를 구성하지 않는다.[443] 반면 피고인이 어음을 편취한 후 이를 숨기고 제3자로부터 할인을 받은 경우, 어음할인행위는 당초의 어음 편취와는 별개의 새로운 법익을 침해하는 행위로서 새로운 별도의 본죄를 구성한다.[444]

---

440 대판 2016. 10. 27, 2016도11318. 대법원은 동일한 피해자를 상대로 계속 사기행각을 벌여 돈을 편취하였다고 하더라도, 범행과 범행 사이의 간격이 1년 이상 길게 떨어져 있고 범행 경위가 이전과 다르다면, 전후 범죄를 모두 묶어 포괄일죄로 처단해서는 안 된다고 판단하였다.

441 대판 1989. 6. 13, 89도582; 대판 1997. 6. 27, 97도508. 위 89도582 판결 평석은 김수남, "사기죄에 있어서의 죄수", 형사판례연구 〔1〕, 한국형사판례연구회, 박영사(1993), 166-180.

442 대판 2011. 4. 14, 2011도769(차용금사기에 있어 피해자들이 부부 사이이기는 하지만 피해 법익이 동일하다고 볼 수 없다고 한 사례). 일본 판례 중에는 불특정 다수의 피해자로부터 소액의 금전을 제공받은 가두모금(街頭募金) 사기 사건에서, 포괄일죄를 인정하여 모금액 전체를 피해금액이라고 한 판결이 있다〔最決 平成 22(2010). 3. 17. 刑集 64·2·111(피해금액이 소액, 피해자와 피해 법익의 특정성 희박)〕.

443 대판 2000. 11. 10, 2000도3483. 본 판결 해설은 민중기, "피해자를 기망하여 재물을 편취한 후 그 반환을 회피할 목적으로 현실적인 자금의 수수 없이 기존 차입원리금을 새로이 차입하는 형식을 취한 경우 별도의 사기죄를 구성하는지 여부", 해설 35, 법원도서관(2001), 947-959.

444 대판 2005. 9. 30, 2005도5236.

275 (4) 간접정범을 통한 범행에서 피이용자는 간접정범의 의사를 실현하는 수단으로서의 지위를 가질 뿐이므로, 피해자에 대한 사기범행을 실현하는 수단으로서 타인을 기망하여 그를 피해자로부터 편취한 재물이나 재산상 이익을 전달하는 도구로서만 이용한 경우에는 편취의 대상인 재물 또는 재산상 이익에 관하여 피해자에 대한 사기죄가 성립할 뿐, 도구로 이용된 타인에 대한 본죄가 별도로 성립한다고 할 수 없다.[445]

2. 다른 죄와의 관계

(1) 범죄단체조직 · 가입죄와의 관계

276 전자통신금융사기 범죄단체에 가입한 후 사기범죄의 피해자들로부터 돈을 편취하는 등 그 구성원으로 활동한 때에는, 본죄 외에 범죄단체가입죄(§ 114)가 성립하고,[446] 두 죄는 실체적 경합관계이다.

(2) 뇌물죄와의 관계

277 공무원이 직무상 취급하는 사건에 관하여 피해자를 속여 뇌물을 받은 경우, 뇌물죄와 본죄가 성립하고 두 죄는 상상적 경합관계에 있다.[447]

(3) 사문서위조죄 내지 통화위조죄와의 관계

278 위조통화(위조문서)를 행사하여 재물을 편취한 때에는 위조통화행사(위조문서행사)죄와 본죄가 각 성립하고, 두 죄는 보호법익을 달리하므로 실체적 경합관계에 있다.[448]

(4) 절도죄 · 강도죄와의 관계

279 절취한 장물을 제3자에게 담보로 제공하고 돈을 편취하거나,[449] 절취한 전

---

445 대판 2017. 5. 31, 2017도3894. 보이스피싱 조직원인 피고인은 A를 기망하여 A로 하여금 B 계좌에 1,400만 원을 입금하도록 하고, B를 기망하여 B로 하여금 B의 계좌에서 A가 입금한 금원 1400만 원을 포함하여 1,800만 원을 인출하게 한 다음 이를 피고인의 공범에게 전달하도록 하여, A로부터 1,400만 원을, B로부터 1,800만 원을 각 편취하였다는 내용으로 기소된 사안에서, B에 대한 사기의 점 중 A가 B 계좌로 입금한 1,400만 원 부분은 B가 피고인의 기망에 따라 A에 대한 사기 범행을 실현하기 위한 도구로 이용되었을 뿐이므로, B에 대한 본죄가 별도로 성립하지 않는다고 보았다.

446 대판 2017. 10. 26, 2017도8600. 본 판결 평석은 하담미, "보이스피싱 조직의 범죄단체 의율에 관한 제문제", 형사법의 신동향 58, 대검찰청(2018), 332-367.

447 대판 1977. 6. 7, 77도1069; 대판 1985. 2. 8, 84도2625; 대판 2015. 10. 29, 2015도12838.

448 대판 1979. 7. 10, 79도840.

449 대판 1980. 11. 25, 80도2310.

당표로 전당물을 교부받은 경우,[450] 절취하거나 강취한 예금통장으로 예금을 인출한 경우[451]에는, 별도로 본죄가 성립한다.[452]

그러나 절취한 자기앞수표를 현금 대신 교부한 경우,[453] 절취한 열차승차권을 280
환불받은 경우에는 절도죄의 불가벌적 사후행위로서 본죄가 되지 않는다.[454]

피고인이 피해자에게 자동차를 매도하겠다고 거짓말하고 자동차를 양도하 281
면서 매매대금을 지급받은 다음, 자동차에 미리 부착해 놓은 지피에스(GPS)로 위치를 추적하여 자동차를 다시 절취해 온 경우, 피고인이 피해자에게 자동차를 인도하고 소유권이전등록에 필요한 서류를 교부하여 피해자가 언제든지 소유권이전등록을 마칠 수 있게 해 주었다면, 피고인이 다시 절취할 의사를 가지고 있었더라도 자동차의 소유권을 이전하여 줄 의사가 없었다고 볼 수 없고, 피고인이 자동차를 매도할 당시 곧바로 다시 절취할 의사를 가지고 있으면서도 이를 숨긴 것을 기망이라고 할 수도 없으므로, 본죄는 성립하지 아니한다.[455]

(5) 횡령죄와의 관계

본죄는 타인이 점유하는 재물을 그의 처분행위에 의하여 취득함으로써 성 282
립하는 죄이므로, 자기가 점유하는 타인의 재물을 영득하면서 기망행위를 하였다고 하더라도 본죄는 성립하지 아니하고 횡령죄만이 성립한다.[456]

본죄에서 피해자에게 그 대가가 지급된 경우, 피해자를 기망하여 그가 보유 283
하고 있는 그 대가를 다시 편취하거나, 피해자로부터 그 대가를 위탁받아 보관 중 횡령하였다면 이는 새로운 법익의 침해가 발생한 경우이므로, 기존에 성립한 본죄와는 별도의 새로운 본죄나 횡령죄가 성립한다.[457]

---

450 대판 1980. 10. 14, 80도2155.

451 대판 1991. 9. 10, 91도1722. 본 판결 평석은 이기헌, "경합범과 상상적 경합", 형사판례연구〔7〕, 한국형사판례연구회, 박영사(1999), 150-193.

452 最決 昭和 29(1954). 2. 27. 刑集 8·2·202; 最決 昭和 38(1963). 5. 17. 刑集 17·4·336; 最判 昭和 25(1950). 2. 24. 刑集 4·2·255; 東京高判 平成 10(1998). 12. 10. 東時 49·1=12·87.

453 대판 1987. 1. 20, 86도1728.

454 東京高判 平成 8(1996). 12. 26. 東時 47·1=12·155.

455 대판 2016. 3. 24, 2015도17452.

456 대판 1987. 12. 22, 87도2168. 일본 판례 중에는 사기죄의 성립을 부정한 것〔大判 大正 12(1923). 3. 1. 刑集 2·162; 大判 昭和 11(1936). 10. 19. 刑集 15·1351〕도 있고, 사기죄의 성립을 인정한 것〔最判 昭和 32(1957). 1. 31. 刑集 11·1·346; 東京高判 昭和 42(1967). 4. 28. 判タ 210·222〕도 있다.

457 대판 2009. 10. 29, 2009도7052.

(6) 배임죄와의 관계

284 본인에 대한 배임행위와 본인에 대한 기망행위가 동시에 이루어지는 경우, 다시 말해, 타인의 사무를 처리하는 사람이 업무상 임무에 위배하여 본인을 기망함으로써 재산상 이득을 취득하고 본인에게 손해를 가하여 본죄와 업무상배임죄의 각 구성요건이 모두 구비된 경우, 본죄와 업무상배임죄는 구성요건과 보호법익을 달리하는 별개의 범죄이므로, 두 죄는 법조경합의 관계로 볼 것이 아니라 상상적 경합관계[458]로 보아야 한다.[459]

285 한편 본인에 대한 배임행위와 제3자에 대한 기망행위가 동시에 이루어지는 경우, 예컨대 건물관리인인 피고인이 건물주로부터 월세 임대차계약체결 업무를 위임받고도 임차인들을 속여 그 보증금을 편취한 경우, 임차인에 대한 본죄와 건물주에 대한 업무상배임죄가 성립하고, 그 관계는 실체적 경합관계[460]에 있게 된다.[461]

286 본인에 대한 기망행위 이후에 본인에 대한 배임행위가 순차로 이루어지는 경우, 종래 서로 결론을 달리하는 판례가 있다. 즉, ① 피해자 앞으로 근저당권을 설정해 주겠다고 속이고 피해자와 근저당권설정계약을 체결한 후 돈을 편취한 다음 제3자 앞으로 근저당권을 설정해 준 사안에서, 위 근저당권설정계약은 사기로 취소되지 않는 한 여전히 유효하므로 피해자 앞으로 근저당권설정등기를 마쳐줄 임무가 있고, 그럼에도 그 임무에 위배하여 제3자 앞으로 근저당권을 설정해 준 것이라면, 이러한 배임행위는 돈을 편취한 본죄와 전혀 다른 새로운 보호법익을 침해하는 행위로서 본죄의 불가벌적 사후행위가 되는 것이 아니라

---

458 대판 2002. 7. 18, 2002도669(전)(신용협동조합 전무로서 조합자금의 보관 및 관리, 예금 및 대출업무 등을 총괄하던 피고인이 조합원의 예금 인출청구서 등을 위조한 후 이를 위 조합 담당직원에게 제출하는 방법으로 담당직원을 속여 예금 등을 수령한 사례). 본 판결 평석은 이창한, "업무상배임행위에 사기행위가 수반된 경우, 사기죄와 업무상배임죄의 관계", 21세기사법의 전개: 송민 최종영 대법원장 재임기념, 박영사(2005), 533-539.

459 일본 판례 중에는 배임행위는 본죄에 당연 포함되는 것으로 본죄만의 성립을 인정한 것이 있다〔大判 大正 3(1914). 12. 22. 刑録 20·2596; 最判 昭和 28(1953). 5. 8. 刑集 7·5·965〕.

460 대판 1987. 4. 28, 83도1568; 대판 2010. 11. 11, 2010도10690. 일본 판례로는 大判 大正 9(1920). 12. 2. 刑録 26·848.

461 이 경우 상상적 경합이 된다는 견해로, 류전철, "배임죄와 사기죄의 경합관계", 형사판례연구 〔19〕, 한국형사판례연구회, 박영사(2011), 225(대판 2010. 11. 11, 2010도10690 평석); 이승준, "배임행위의 기망행위에 대한 불가벌적 사후행위 여부", 법학연구 53-3, 부산대학교 법학연구소(2012), 68.

별죄를 구성한다는 본 판결[462]과 ② 피고인이 피고인 소유의 아파트에 관한 피해자 명의의 가등기를 말소해 주면 대출 은행을 변경한 후 곧바로 다시 가등기를 설정해 주겠다고 속여 피해자로 하여금 가등기를 말소하게 한 다음, 위 가등기를 회복하지 아니한 채 제3자 앞으로 근저당권설정등기를 마쳐 준 사안에서, 본죄와 배임죄는 어느 일방이 성립하는 경우 타방은 범죄가 성립할 수 없는 비양립적인 관계가 있는데, 본죄가 유죄로 인정되므로 배임죄는 별도로 성립하지 않는다고 판시한 판결[463]이 있다.

(7) 전기통신금융사기와의 관계

전기통신금융사기의 범인이 피해자를 기망하여 피해자의 돈을 사기이용계좌로 송금 이체를 받았다면 이로써 편취행위는 기수에 이른다. 따라서 범인이 피해자의 돈을 보유하게 되었더라도 이로 인하여 피해자와 사이에 어떠한 위탁 또는 신임관계가 존재한다고 할 수 없는 이상, 피해자의 돈을 보관하는 지위에 있다고 볼 수 없고, 나아가 그 후에 범인이 사기이용계좌에서 현금을 인출하였더라도 이는 이미 성립한 사기범행의 실행행위에 지나지 아니하여 새로운 법익을 침해한다고 보기도 어려우므로, 위와 같은 인출행위는 사기의 피해자에 대하여 따로 횡령죄를 구성하지 않는다. 287

그리고 이러한 법리는 사기범행에 이용되리라는 사정을 알고도 자신 명의의 계좌의 접근매체를 양도함으로써 사기범행을 방조한 종범이 사기이용계좌로 송금된 피해자의 돈을 임의로 인출한 경우에도, 마찬가지로 적용된다.[464] 288

(8) 특별법위반의 죄와의 관계

① 공무원이 취급하는 사건에 관하여 청탁이나 알선할 의사나 능력이 없음에도 청탁이나 알선을 한다고 기망하고 금품 등을 받은 경우, 본죄와 변호사법 제111조[465] 위반죄에 각 해당하고, 두 죄는 상상적 경합관계에 있다.[466] 289

---

462 대판 2008. 3. 27, 2007도9328. 본 판결은 '부동산 이중저당'은 배임죄에 해당하지 않는다고 판시한 대판 2020. 6. 18, 2019도14340(전)에 의하여 변경되었다.

463 대판 2017. 2. 15, 2016도15226. 이 경우 기망행위와 배임행위가 별개로 이루어졌지만, 양자가 동시에 이루어진 경우와 실질적 불법에 있어서는 동일한 것으로 보아야 하기 때문에 상상적 경합을 인정하는 것이 타당하다는 견해로, 김재봉, "사기죄와 배임죄의 죄수경합관계", 법조 67-3, 법조협회(2018), 855-888 참조.

464 대판 2017. 5. 31, 2017도3045.

465 변호사법 제111조(벌칙) ① 공무원이 취급하는 사건 또는 사무에 관하여 청탁 또는 알선을 한다

290 ② 금융회사 등의 임직원의 직무에 속하는 사항에 관하여 알선 의사가 없음에도 알선한다고 속이고 돈을 받은 경우도 마찬가지로 본죄와 특정경제범죄법 제7조[467] 위반죄에 각 해당하고, 두 죄는 상상적 경합관계에 있다.[468]

291 ③ 그 밖에 보조금관리에관한법률위반죄, 조세범처벌법위반죄와의 관계에 대해서는, **[총설] IV.** 부분 참조.

Ⅸ. 처 벌

1. 법정형 등

292 10년 이하의 징역 또는 2천만 원 이하의 벌금에 처한다.

293 본죄의 미수범은 처벌하고(§352), 본죄에는 10년 이하의 자격정지를 병과할 수 있다(§353).

2. 친족상도례

294 본죄에도 친족상도례가 준용된다(§354, §328). 친족상도례에 관한 형법 규정은 특정경제범죄법 제3조 제1항 위반죄에도 적용된다.[469]

295 친족상도례가 적용되기 위해서는 행위자와 피해자 사이에 친족관계가 있어야 한다. 재산상 피해자가 법인인 경우, 행위자와 법인의 대표자나 사원 사이에 친족관계가 있더라도 친족상도례가 적용될 여지는 없다.

296 본죄를 범하는 사람이 금원을 편취하기 위한 수단으로 피해자와 혼인신고를 한 것이어서 혼인이 무효인 경우라면, 그러한 피해자에 대한 본죄에서는 친

는 명목으로 금품·향응, 그 밖의 이익을 받거나 받을 것을 약속한 자 또는 제3자에게 이를 공여하게 하거나 공여하게 할 것을 약속한 자는 5년 이하의 징역 또는 1천만원 이하의 벌금에 처한다. 이 경우 벌금과 징역은 병과할 수 있다.

466 대판 2006. 1. 27, 2005도8704.

467 특정경제범죄법 제7조(알선수재의 죄) 금융회사등의 임직원의 직무에 속하는 사항의 알선에 관하여 금품이나 그 밖의 이익을 수수, 요구 또는 약속한 사람 또는 제3자에게 이를 공여하게 하거나 공여하게 할 것을 요구 또는 약속한 사람은 5년 이하의 징역 또는 5천만원 이하의 벌금에 처한다.

468 대판 2012. 6. 28, 2012도3927.

469 대판 2000. 10. 13, 99오1; 대판 2013. 9. 13, 2013도7754.

족상도례가 적용되지 않는다.[470] 한편 합유 형태로 공동소유하고 있는 경우, 합유자 전원이 아닌 일부에 대해서만 친족관계가 있는 경우라면 친족상도례가 적용되지 않는다.[471]

보통예금은 은행을 수치인으로 하는 소비임치 계약으로서 그 예금계좌에 입금된 금전의 소유권은 은행에게 이전되고 예금주는 그 예금계좌를 통한 예금반환채권을 취득하는 것이므로, 피고인이 친족인 예금주를 가장하고 예금해약을 빙자하여 은행에서 예금을 인출해 갔다면, 그 사기 피해자는 예금주가 아닌 은행이고, 따라서 그 경우 친족상도례는 적용될 수 없다.[472] 297

피기망자와 재산상 피해자가 서로 다른 삼각사기의 경우, 피기망자는 재산범죄인 본죄의 피해자가 될 수 없다. 따라서 행위자와 피기망자 사이에 친족관계가 없어도 행위자와 피해자 사이에 친족관계가 있으면 친족상도례가 적용될 수 있다.[473] 판례도 소송사기의 경우, 재물을 편취당한 제3자와 본죄를 범한 사람 사이에 친족관계가 있으면 친족상도례가 적용된다고 판시하고 있다.[474] 298

〔고 제 성〕

470 대판 2015. 12. 10, 2014도11533.
471 대판 2015. 6. 11, 2015도3160.
472 대판 1972. 11. 14, 72도1946; 대판 2008. 4. 24, 2008도1408.
473 김성돈, 369; 손동권·김재윤, § 22/63. 재산상 피해자 이외에 피기망자도 본죄의 피해자에 포함되므로, 행위자는 재산상 피해자 및 피기망자 양자에 대하여 친족관계가 있어야 친족상도례가 적용될 수 있다는 견해로, 임웅, 429.
474 대판 1976. 4. 13, 75도781; 대판 2014. 9. 26, 2014도8076.

第347조의2(컴퓨터등 사용사기)

컴퓨터등 정보처리장치에 허위의 정보 또는 부정한 명령을 입력하거나 권한 없이 정보를 입력·변경하여 정보처리를 하게 함으로써 재산상의 이익을 취득하거나 제3자로 하여금 취득하게 한 자는 10년 이하의 징역 또는 2천만원 이하의 벌금에 처한다.

[전문개정 2001. 12. 29.]

Ⅰ. 의 의 ······ 498
Ⅱ. 구성요건 ······ 499
1. 행위의 주체 ······ 499
2. 실행행위 ······ 500
3. 주관적 구성요건 ······ 504
Ⅲ. 실행의 착수와 기수시기 ······ 505
1. 착수시기 ······ 505
2. 기수시기 ······ 505
Ⅳ. 관련 문제 ······ 506
1. 죄 수 ······ 506
2. 위임초과 현금인출 사안 ······ 506
Ⅴ. 처 벌 ······ 508
1. 법정형 등 ······ 508
2. 친족상도례 ······ 509

Ⅰ. 의 의

1 본죄(컴퓨터등사용사기죄)는 컴퓨터 등 정보처리장치에 허위의 정보나 부정한 명령을 입력하거나 권한 없이 정보를 입력·변경하여 정보처리를 하게 함으로써 재산상 이익을 취득하거나 제3자로 하여금 취득하게 함으로써 성립하는 범죄이다.

2 종래 컴퓨터 등 정보처리장치를 이용하여 부정한 방법으로 계좌이체나 대체송금 등을 통해 재산상 이익을 취득하더라도, 사람에 대한 기망행위가 없고 재물의 점유 이전을 수반하지 않기 때문에 사기죄나 절도죄로 처벌할 수 없었다. 이러한 처벌의 결함을 보완하기 위하여 1995년 12월 29일 형법을 개정하면서[1] 본죄를 신설하였고,[2] 이후 2001년 12월 29일 행위태양으로 '권한 없이 정보

1 법무부, 형법개정법률안 제안이유서(1992. 10), 181.

2 대판 2014. 3. 13, 2013도16099. 「이는 재산변동에 관한 사무가 사람의 개입 없이 컴퓨터 등에 의하여 기계적·자동적으로 처리되는 경우가 증가함에 따라 이를 악용하여 불법적인 이익을 취하는 행위도 증가하였으나 이들 새로운 유형의 행위는 사람에 대한 기망행위나 상대방의 처분행위 등을 수반하지 않아 기존 사기죄로는 처벌할 수 없다는 점 등을 고려하여 신설한 규정이다.」

를 입력·변경'하는 경우를 추가하였다.[3]

본죄는 사기죄로 처벌할 수 없는 신종 범죄를 대상으로 하는 구성요건으로 사기죄에 대하여 보충관계에 있다.[4] 그러나 본죄는 기존 사기죄와 달리 사람에 대한 기망과 피기망자의 착오, 착오에 의한 재산적 처분행위를 구성요건으로 하지 않는다. 또한 사기죄는 재물죄이자 이득죄인데 반하여, 본죄는 재산상 이익만을 객체[5]로 하는 순수한 이득죄이다. 이처럼 두 죄는 표현상 사기죄라는 동일한 외형을 갖고 있지만, 실질적으로는 서로 다른 구조를 갖고 있는 구성요건이라 할 수 있다. 3

본죄의 보호법익은 재물을 제외한 재산상 이익에 한하고,[6] 보호의 정도는 침해범이다.[7] 한편 특정경제범죄 가중처벌 등에 관한 법률이 2017년 12월 29일 법률 제15256호로 개정되면서, 본죄와 상습컴퓨터등사용사기죄가 가중처벌 대상 범죄로 추가되었다(특경 § 3①). 4

Ⅱ. 구성요건

1. 행위의 주체

행위의 주체에는 아무런 제한이 없다. 따라서 컴퓨터 프로그래머, 컴퓨터 5

---

3 일본은 1987년 6월 2일 형법 개정으로 전자계산기사용사기죄(§ 246의2)를 신설하였다. 일본형법 제246조의2는 "전조(주: 사기)에 규정하는 것 외에, 사람의 사무처리에 사용하는 전자계산기에 허위의 정보 또는 부정한 지령을 내려 재산권의 득상 또는 변경에 관한 불실(不実)의 전자적 기록을 만들거나 재산권의 득상 또는 변경에 관한 허위의 전자적 기록을 사람의 사무처리용으로 제공하여 재산상 불법한 이익을 얻거나 타인에게 이를 얻게 한 자는 10년 이하의 징역에 처한다."라고 규정하고 있다.

4 김성돈, 형법각론(5판), 383; 김혜정·박미숙·안경옥·원혜욱·이인영, 형법각론(3판), 380; 이정원·류석준, 형법각론, 388; 이형국·김혜경, 형법각론(2판), 421; 정성근·정준섭, 형법강의 각론(2판), 273; 西田 外, 注釈刑法(4), 318(西田典之=今井猛嘉).

5 이와는 달리, 재물은 재산의 한 경우이며, 재산권 일반을 보호하면서도 재물을 객체로 삼는 사기죄의 파생구성요건인 점에서 재물도 본죄의 객체가 된다는 견해[이상돈, 형법강론(4판), 545]도 있다.

6 이재상·장영민·강동범, 형법각론(13판), § 18/55; 정성근·박광민, 형법각론(전정3판), 361. 정보처리장치의 적법한 이용을 통한 거래질서의 안정성도 부차적 보호법익이라는 견해[홍영기, 형법(총론과 각론), § 81/2]도 있다.

7 김신규, 형법각론 강의, 434; 정성근·정준섭, 273; 정영일, 형법각론, 291; 홍영기, § 81/2; 주석형법 [각칙(6)](5판), 102(이인석).

단말기 사용자와 같은 컴퓨터의 통제인은 물론 컴퓨터 사용업무와 무관한 제3자도 본죄의 주체가 될 수 있다.[8] 제3자가 선의의 행위자를 이용하여 간접정범의 형태로 본죄를 범할 수 있다.[9]

2. 실행행위

6 본죄의 실행행위는 컴퓨터 등 정보처리장치에 허위의 정보나 부정한 명령을 입력하거나 권한 없는 정보를 입력·변경하여 정보처리를 하게 하는 것이다.

(1) 컴퓨터 등 정보처리장치

7 '컴퓨터 등 정보처리장치'라 함은 자동적으로 계산이나 데이터의 처리를 할 수 있는 전자장치라고 설명된다.

8 입력·연산·출력의 전 과정이 하나의 장치에 합체되어 있는 컴퓨터는 정보처리장치의 대표적인 예이나, 입력·연산·출력의 어느 하나만을 수행하는 장치도 정보처리장치에 포함된다.[10] 사무처리상 필요한 정보를 저장하고 입·출력할 수 있는 한 중앙 컴퓨터뿐만 아니라 네트워크 시스템의 단말기도 포함한다. 은행의 현금자동지급기, 카드식 공중전화기도 여기에 속한다.[11]

9 본죄의 성격상 '컴퓨터 등 정보처리장치'는 재산권의 득실이나 변경에 관한 전자기록 등을 사용하여 정보를 처리하는 것에 한정된다.[12] 회사의 급여 계산을 행하는 컴퓨터나 은행의 예금이나 대출금을 관리하는 컴퓨터는 물론 현금자동지급기(CD), 현금자동입출금기(ATM)가 이에 해당한다. 그리고 모바일 결제나 인터넷 뱅킹이 가능한 휴대전화기도 본죄의 정보처리장치가 될 수 있다.

(2) 허위 정보나 부정한 명령의 입력

10 여기서 정보란 부호 또는 계속적 기능에 따라 정보처리를 위하여 코드화된 지식을 의미한다.[13] '허위의 정보를 입력한다'라는 것은 진실에 반하는 자료를 입력하는 것을 말하는 것으로,[14] 입금하지 않았음에도 허위의 입금 데이터를 입

8 손동권·김재윤, 새로운 형법각론, § 22/70; 임웅, 형법각론(9정판), 430.
9 이재상·장영민·강동범, § 18/56.
10 신동운, 형법각론(2판), 1102.
11 배종대, 형법각론(14판), § 69/3; 장영민, "개정형법의 컴퓨터범죄", 고시계(1996. 2), 48.
12 임웅, 431; 정성근·박광민, 362.
13 이재상·장영민·강동범, § 18/58.
14 이와는 달리 해당 사무처리시스템에 예정되어 있는 사무처리의 목적이나 진실한 내용에 반하는

력하여 자신의 예금 잔고를 늘리는 것이 그 전형적인 예이다.[15]

11 '부정한 명령을 입력한다'라는 것은 해당 사무처리시스템에 예정되어 있는 사무처리의 목적에 비추어 지시해서는 안 될 명령을 입력하는 것을 말한다.[16] 예컨대, 프로그램을 조작·변경하여 예금 잔고를 증액시키거나 예금을 인출해도 잔고가 감소되지 않게 하는 경우가 이에 해당한다. 해당 사무처리시스템의 프로그램을 구성하는 개개의 명령을 부정하게 변개·삭제하는 행위뿐만 아니라, 프로그램 자체에서 발생하는 오류를 적극적으로 이용하여 그 사무처리의 목적에 비추어 정당하지 아니한 사무처리를 하게 하는 행위도 '부정한 명령의 입력'에 해당한다.[17]

12 대법원은 '피고인이 절취한 피해자의 휴대전화기에 권한 없이 정보를 입력하거나 부정한 명령을 입력하는 방법으로 전화통화를 하거나 무선인터넷서비스 등을 제공받아 피해자로 하여금 서비스이용료 등을 부담하게 하여 재산상 이익을 취득하였다'라는 내용으로 공소가 제기된 사안에서, "휴대전화의 경우 사용자가 정당한 사용권자인지에 관한 정보를 입력하는 절차가 없고, 이동통신회사가 서비스를 제공하는 과정에서 신원확인절차를 거치지는 않는 점 등에 비추어 보면, 휴대전화로 통화하거나 인터넷 접속 버튼을 누르는 경우 기계적 또는 전자적 작동 과정에 따라 그대로 일정한 서비스가 제공되는 것이므로, 휴대전화기의 통화 버튼이나 인터넷 접속 버튼을 누르는 것만으로 사용자에 의한 정보 혹은 명령의 입력이 행하여졌다거나 그 정보나 명령에 따른 정보처리가 이루어진 것으로 보기 어렵다."라는 이유로 무죄를 선고한 원심이 정당하다고

자료를 입력시키는 것이라고 보는 견해도 있다[김일수·서보학, 새로쓴 형법각론(9판), 363]. 일본 판례도 같은 입장에서 휴대전화기를 사용하여 신용카드결제대행업자가 전자머니 판매 등의 사무처리에 사용하는 전자계산기에 절취한 카드의 번호 등을 입력·송신하여 전자머니의 구입을 신청하고, 카드명의인이 합계 11만 3,000엔 상당의 전자머니를 구입하였다는 전자적 기록을 만들어 동액 상당의 전자머니(이용권)를 취득한 사안에서, 전자계산기등사용사기죄(일형 § 246의2)의 성립을 인정하였다[最決 平成 18(2006). 2. 14. 刑集 60·2·165].

15 대판 2006. 9. 14, 2006도4127(금융기관 직원이 전산단말기를 이용하여 다른 공범들이 지정한 특정계좌로 돈이 입금된 것처럼 입력하여 위 계좌로 입금되도록 한 사례).

16 대판 2013. 11. 14, 2011도4440.

17 대판 2013. 11. 14, 2011도4440(피고인이 피해자 회사가 운영하는 전자복권구매시스템의 프로그램 오류를 이용하여 자신의 가상계좌로 입금케 한 경우, 부정한 명령의 입력을 통한 컴퓨터등사기죄가 성립한다고 판시한 사례). 본 판결 해설은 김승주, "컴퓨터등사용사기죄가 정하는 '부정한 명령'의 적용범위", 해설 98, 법원도서관(2014), 376-407.

판단하였다.[18]

(3) 권한 없는 정보의 입력 · 변경

13 종래 권한 없이 타인의 신용카드와 비밀번호를 사용하여 현금자동지급기에서 현금을 인출한 경우, 타인의 진정한 비밀번호를 입력하는 행위가 본죄의 '부정한 명령의 입력'에 해당하는지가 문제되었다.[19] 그러나 형법이 2001년 12월 29일 법률 제6543호로 개정되면서 본죄의 행위태양에 '권한 없이 정보를 입력·변경'하는 행위가 추가됨에 따라,[20] 위 문제는 입법적으로 해결되었다.

14 '권한 없이 정보를 입력'한다는 것은 권한 없는 사람이 타인의 진정한 정보를 타인의 승낙 없이 사용하는 것으로, 진정한 정보의 무권한 사용을 의미한다.[21] 타인 명의를 모용하여 발급받은 신용카드와 비밀번호를 이용하여 ARS 전화서비스나 인터넷 등을 통하여 계좌이체 형식으로 신용대출을 받은 경우,[22] 은행 직원이 다른 공범들의 지시에 따라 은행에 설치된 컴퓨터 단말기를 사용하여 거액을 특정 계좌에 무자원 송금 방식으로 입금한 경우[23] 등이 여기에 해당한다.

15 '권한 없이 정보를 변경'한다는 것은 입력된 정보가 컴퓨터 등에 의해 처리

---

18 대판 2010. 9. 9, 2008도128.

19 대판 2003. 1. 10, 2002도2363. 「2001. 12. 29. 법률 제6543호로 개정되기 전의 구 형법 제347조의2 규정의 입법취지와 목적은 프로그램 자체는 변경·조작함이 없이 명령을 입력·사용할 권한 없는 자가 명령을 입력하는 것도 부정한 명령을 입력하는 행위에 포함한다고 보아, 진실한 자료의 권한 없는 사용에 의한 재산상 이익 취득행위도 처벌대상으로 삼으려는 것이었음을 알 수 있고, (중략) 그와 같은 권한 없는 자에 의한 명령 입력행위를 '명령을 부정하게 입력하는 행위' 또는 '부정한 명령을 입력하는 행위'에 포함된다고 해석하는 것이 문언의 통상적인 의미를 벗어나는 것이라고 할 수도 없고, 그렇다면 문언의 해석을 둘러싸고 학설상 일부 논란이 있었고, 이러한 논란을 종식시키기 위해 권한 없이 정보를 입력·변경하여 정보처리를 하게 하는 행위를 따로 규정하는 내용의 개정을 하게 되었다고 하더라도, 구 형법상으로는 권한 없는 자가 명령을 입력하는 방법에 의한 재산상 이익 취득행위가 처벌대상에서 제외되어 있었다고 볼 수는 없다.」

20 당시 의안 원문에 나타난 제안이유를 보면, "형법 제347조의2 '컴퓨터등 사용사기죄'를 도입하는 과정에서 '허위의 정보 또는 부정한 명령을 입력'하는 행위만을 규정하고 '데이터의 무권한 사용이나 기타 무권한의 영향력 행사'를 구성요건에서 누락시켰음. 그 결과 최근 들어 타인의 신용카드와 비밀번호를 무권한자가 사용하여 현금을 인출하는 범법행위가 급증하고 있는데도, 모처럼 도입한 본조를 적용하지 못하고 부득이하게 논란의 여지가 많은 절도죄로 다스리고 있는데, 이는 죄형법정주의의 관점에서 볼 때 완전한 해결방법이 아니므로 이를 입법적으로 해결하고자 하는 것임"이라고 되어 있다.

21 最決 平成 16(2004). 2. 9. 刑集 58·2·89.

22 대판 2006. 7. 27, 2006도3126.

23 대판 2006. 1. 26, 2005도8507.

되는 과정에서 권한 없이 간섭하여 영향을 미치는 것을 말한다.[24] 예컨대, 타인에 의하여 입력된 정보가 처리·전송되는 과정에서 해킹을 통해 변경하는 경우 등이 이에 해당한다.

(4) 정보처리와 재산상 이익의 취득

'정보처리를 하게 한다'는 것은 허위의 정보나 부정한 명령을 입력하거나 또는 권한 없는 정보를 입력·변경하여 컴퓨터 등 정보처리장치를 실행함으로써 계산이나 데이터의 처리가 이루어지도록 하는 것을 말한다.[25] 16

'재산상의 이익을 취득한다'는 것은 정보처리의 결과 재산을 자유롭게 처분할 수 있는 지위나 이익을 얻는 것을 말한다. 적극적으로 이익을 증가시키는 것(적극이득형)은 물론 소극적으로 이익이 감소되는 것을 면제받는 경우(채무면탈형)도 포함된다.[26] 예컨대, 일정한 예금채권이 있는 것처럼 그것을 인출할 수 있는 지위를 얻거나,[27] 요금 파일의 기록을 조작하여 요금 청구를 면제받을 가능성을 얻는 것을 말한다. 17

(5) 재산처분의 직접성

본죄에서 '정보처리'는 사기죄에 있어서 피해자의 처분행위에 상응하는 것이므로, 입력된 허위의 정보 등에 의하여 계산이나 데이터의 처리가 이루어짐으로써 직접적으로 재산처분의 결과를 초래하여야 하고, 행위자나 제3자의 '재산 18

---

24 김일수·서보학, 364.

25 정영일, 292.

26 일본 판례를 보면, ① 적극이득형의 사안으로는, ⓐ 예금·환전 업무에 종사하는 은행원인 피고인이 고객 A가 예금통장 등을 대여금고에 맡긴 것을 이용하여 새로운 A 명의의 보통예금통장을 만들어 이를 사용하여 온라인시스템 단말기를 부정하게 조작하여 A의 구좌에서 자신 및 제3자의 구좌로 합계 160만 엔을 이체한 사안[大阪地判 昭和 63(1988). 10. 7. 判時 1295·151], ⓑ 전화회선에 접속한 컴퓨터를 조작하여 은행의 온라인시스템에 허위의 송금정보를 입력하여 다른 예금자의 구좌로부터 공범자 등의 구좌로 합계 16억 3,000만 엔을 이체한 사안[名古屋地判 平成 9(1997). 1. 10. 判時 1627·158], ⓒ 最決 平成 18(2006). 2. 14. 刑集 60·2·165(주 14 참조), ⓓ 피해자에게 허위의 사실을 믿도록 하여 피해자로 하여금 ATM을 이용한 송금조작을 하도록 하여 자신이 지배하는 송금구좌의 잔고를 늘린 사안[岐阜地判 平成 24(2012). 4. 12. LEX/DB 25481190] 등이 있고, ② 채무면탈형의 사안으로는, 국제전화서비스를 제공하는 KDD의 요금착신지불서비스를 이용하여 외국의 전화회신에 접속하고 컴퓨터를 이용하여 KDD와 외국전화회사 모두 요금을 부과해야 하는 통화라는 사실을 인식하지 못하도록 한 다음 전화를 하고 통화료의 지급을 면한 사안[東京地判 平成 7(1995). 2. 13. 判時 1529·158] 등이 있다.

27 실제로는 돈이 입금되지 않았음에도 불구하고 금융기관의 직원이 특정 계좌에 돈이 입금된 것처럼 허위로 입력한 사안으로, 대판 2006. 1. 26, 2005도8507; 대판 2006. 9. 14, 2006도4127.

상 이익 취득'은 사람의 처분행위가 개재됨이 없이 컴퓨터 등에 의한 정보처리 과정에서 이루어져야 한다.

19 대법원은 위와 같은 법리에 따라, 피고인이 시설공사 발주처인 지방자치단체 등의 재무관 컴퓨터에는 암호화되기 직전 15개의 예비가격과 그 추첨번호를 해킹하여 볼 수 있는 악성프로그램을, 입찰자의 컴퓨터에는 입찰금액을 입력하면서 선택하는 2개의 예비가격 추첨번호가 미리 지정된 추첨번호 4개 중에서 선택되어 조달청 서버로 전송되도록 하는 악성프로그램을 각각 설치하여 낙찰하한가를 미리 알아낸 다음, 특정 건설사에 낙찰이 가능한 입찰금액을 알려주어 그 건설사가 낙찰받게 한 사안에서, 피고인이 조달청의 국가종합전자조달시스템에 입찰자들이 선택한 추첨번호가 변경되어 저장되도록 하는 등 권한 없이 정보를 변경하여 정보처리를 하게 함으로써 직접적으로 얻은 것은 낙찰하한가에 대한 정보일 뿐, 위와 같은 정보처리의 직접적인 결과, 특정 건설사가 낙찰자로 결정되어 낙찰금액 상당의 재산상 이익을 얻게 되었다거나 그 낙찰자 결정이 사람의 처분행위가 개재됨이 없이 컴퓨터 등의 정보처리과정에서 이루어졌다고 볼 수 없다는 이유로, 본죄가 성립하지 않는다고 판시하였다.[28]

3. 주관적 구성요건

20 본죄는 고의범이므로, 허위의 정보 또는 부정한 명령을 입력하거나 권한 없이 정보를 입력·변경하여 정보처리를 하게 함으로써 재산상의 이익을 취득하거나 제3자로 하여금 취득하게 한다는 점에 대한 인식과 의사가 있어야 하고, 이들 사이의 인과관계에 대한 인식이 필요하다. 고의는 미필적 고의로도 충분하다.[29]

21 또한, 고의 이외에 이를 초과하는 불법이득의 의사가 있어야 한다.[30]

---

28 대판 2014. 3. 13, 2013도16099(피고인이 관여한 전자입찰은 재무관이 낙찰하한가에 가장 근접한 입찰금액으로 투찰한 입찰자 순서대로 계약이행경험, 기술능력, 재무상태, 신인도 등을 종합적으로 심사하여 일정 점수 이상인 사람을 낙찰자로 결정하는 적격심사를 거치도록 되어 있음). 본 판결 평석은 김성룡, "컴퓨터등 사용사기죄에서 권한 없는 정보의 변경과 재산처분의 직접성", 형사판례연구 〔23〕, 한국형사판례연구회, 박영사(2015), 197-222; 한상훈, "입찰방해와 컴퓨터등사용사기죄, 사기죄의 직접성", 형사판례연구 〔24〕, 한국형사판례연구회, 박영사(2016), 291-318.

29 손동권·김재윤, § 22/79.

30 김일수·서보학, 366; 손동권·김재윤, § 22/79; 임웅, 345; 주호노, 형법각론, 781. 불법이득의 의사는 고의에 포함된다는 견해도 있다(배종대, § 69/7, 정성근·박광민, 365).

Ⅲ. 실행의 착수와 기수시기

1. 착수시기

본죄는 사기죄와 마찬가지로 미수범을 처벌한다(§ 352). 실행의 착수시기는 컴퓨터 등 정보처리장치에 허위의 정보나 부정한 명령을 입력하거나 권한 없이 정보를 입력·변경하기 시작한 때이다. 기호화된 정보를 입력하기 위한 전 단계로 필요한 서식에 허위 내용을 기입하는 행위는 아직 실행의 착수에 이르렀다고 할 수 없다.[31] 22

2. 기수시기

기수시기에 대해서는, ① 정보처리에 의하여 행위자나 제3자가 재산상의 이익을 취득했을 때라는 견해[32]와 ② 피해자에게 재산상의 손해가 발생한 때라는 견해[33]가 있다. 23

금융기관 직원이 전산단말기를 이용하여 허위의 정보를 입력하는 방법으로 다른 공범이 지정한 특정계좌로 입금되도록 한 경우, 그 입금 절차가 완료됨으로써 장차 그 계좌에서 돈을 인출하여 갈 수 있는 재산상 이익을 취득하였으므로 그 단계에서 본죄는 기수에 이르렀고, 그 후 입금이 취소되어 현실적으로 인출하지 못하였다고 하더라도 이미 성립한 본죄에 영향이 없다.[34] 24

31 신동운, 1110.
32 박찬걸, 형법각론(2판), 504; 신동운, 1110; 이재상·장영민·강동범, § 18/60; 이정원·류석준, 392.
33 김성돈, 387; 김신규, 436; 김일수·서보학, 366; 박상기·전지연, 형법학(총론·각론)(5판), 660; 이형국·김혜경, 424; 임웅, 345; 정성근·박광민, 365; 정성근·정준섭, 274; 정웅석·최창호, 형법각론, 631; 최호진, 형법각론, 489; 홍영기, § 81/9.
34 대판 2006. 9. 14, 2006도4127.

Ⅳ. 관련 문제

1. 죄 수

(1) 사기죄와의 관계

25 본죄는 사기죄에 대한 보충규정으로서의 의미를 갖는다. 따라서 은행원을 기망하여 그로 하여금 자신의 예금구좌의 잔고를 늘리게 하여 재산상의 이익을 얻는 것과 같이 정보처리장치에 의한 정보처리과정에 사람이 개입하는 경우에는 사기죄만이 성립한다. 다만 사정을 모르는 제3자를 이용하여 정보처리를 하게 한 경우에는, 간접정범 형태에 의한 본죄가 성립한다.

26 변경된 정보가 정보통신망에 의해 처리되는 것일 때에는 정보통신망 이용촉진 및 정보보호 등에 관한 법률이 적용될 수 있다.

(2) 불가벌적 사후행위

27 타인의 신용카드를 무단으로 사용하여 타인 계좌에서 자기 계좌로 자금을 이체하는 방법으로 본죄를 범한 후에 다시 자신의 현금카드를 사용하여 현금을 인출한 경우, 범인의 현금인출행위는 현금카드 사용권한 있는 사람의 정당한 사용에 의한 것으로서 별도로 절도죄나 사기죄를 구성하지 않는다.[35]

28 그 경우, 범인이 본죄로 취득한 예금채권은 재물이 아니라 재산상 이익이므로, 그가 현금을 인출하여 그 사정을 아는 제3자에게 교부하더라도 제3자에게 장물취득죄가 성립하지 않는다.[36]

2. 위임초과 현금인출 사안

29 본죄는 사기죄와 달리 '재산상 이익'만을 객체로 규정하고 있어 컴퓨터 등 정보처리장치에 허위의 정보나 부정한 명령을 입력하거나 권한 없이 정보를 입력하여 '현금 등의 재물'을 취득한 경우, 본죄가 성립하는지가 문제된다.

30 우선, 타인 명의를 모용하여 발급받은 신용카드 또는 절취한 신용카드를 이용하여 현금자동지급기에서 현금을 인출한 경우, 판례는 본조가 본죄의 객체를

---

35 대판 2004. 4. 16, 2004도353; 대판 2008. 6. 12, 2008도2440.

36 대판 2004. 4. 16, 2004도353. 본 판결 평석은 천진호, "타인명의예금 인출행위의 형사책임과 장물죄", 형사판례연구 〔13〕, 한국형사판례연구회, 박영사(2005), 354-387.

재산상의 이익으로만 한정하고 있다는 이유로 본죄는 성립하지 않고 절도죄만 성립한다고 보았다.[37]

다음, 예금주인 현금카드 소유자로부터 일정한 금액의 현금을 인출해 오라는 부탁을 받으면서 이와 함께 현금카드를 건네받은 것을 기화로 그 위임을 받은 금액을 초과하여 현금을 인출하는 한 경우, 이 역시 재물에 관한 범죄이므로 위에서 본 판례 입장에 따르면 재산상 이익만을 객체로 하는 본죄가 성립할 여지는 없어 보인다. 31

그러나 PC방 종업원인 피고인이 손님인 피해자로부터 2만 원을 인출해오라는 부탁과 함께 현금카드를 건네받은 다음 현금자동인출기에서 5만 원을 인출한 후 2만 원만 피해자에게 건네주고 3만 원을 취득한 사안에서, 대법원은 2만 원 인출을 부탁받았을 뿐인데 현금자동지급기에서 5만 원의 인출정보를 입력한 것은 차액인 3만 원의 부분에 대해서 권한 없는 정보를 입력한 행위에 해당하고, 현금자동지급기에서 인출한 현금 5만 원의 점유를 취득한 것은 차액인 3만 원 부분의 비율에 상당하는 재산상 이익을 취득한 것이이라는 이유로, 본죄의 성립을 인정하였다.[38] '인출한 현금 총액 중 인출을 위임받은 금액을 넘는 부분의 비율에 상당하는 재산상 이익'이라는 개념을 사용하여 본죄가 성립한다고 본 것이다. 32

위임초과 현금인출 사안에 관한 위 판례에 대하여, 무단으로 타인 명의의 카드를 사용하여 현금을 인출한 경우를 절도죄로 처벌하면서, 피해자로부터 카드 사용의 동의를 얻은 경우를 절도죄보다 중한 본죄로 처벌하는 것은 죄형균 33

37 대판 2002. 7. 12, 2002도2134; 대판 2003. 5. 13, 2003도1178. 위 2002도2134 판결 평석은 안경옥, "타인 명의를 모용·발급받은 신용카드를 이용한 현금인출행위와 컴퓨터 등 사용사기죄", 형사판례연구 〔11〕, 한국형사판례연구회, 박영사(2003), 145-165.

38 대판 2006. 3. 24, 2005도3516(제1심은 피고인이 취득한 현금 3만 원은 재물이므로 본죄의 객체인 재산상 이익에 해당하지 않는다는 이유로 무죄를 선고하였고, 이에 검사가 항소하면서 공소장변경허가신청을 하여 공소사실이 절도죄로 변경되었는데, 항소심은 피고인이 피해자로부터 현금카드 사용권한을 부여받았으므로 현금인출이 현금자동지급기 관리자의 의사에 반하여 예금을 절취한 것으로 볼 수 없다는 이유로 무죄를 선고하여, 검사가 상고한 사례). 본 판결 해설 및 평석은 이동신, "예금주인 현금카드 소유자로부터 일정액의 현금을 인출해 오라는 부탁과 함께 현금카드를 건네받아 그 위임받은 금액을 초과한 현금을 인출한 행위가 컴퓨터 등 사용사기죄를 구성하는지 여부", 해설 62, 법원도서관(2006), 391-423; 이승호, "위임범위를 초과하여 예금을 인출한 경우의 죄책", 형사판례연구 〔24〕, 한국형사판례연구회, 박영사(2016), 319-349.

형의 관점에서 부당하고, 현금 인출을 재산상 이익이라고 볼 수 없다고 본 기존 판례와도 조화되기 어렵다는 비판이 있다.[39]

34 한편 위임초과 현금인출 사안에 관한 학설로는, ① 카드 소유자의 현금인출 위임에 의하여 피고인에게 대리권이 없으므로 위임 범위를 초과한 현금인출은 '권한 없이 정보를 입력'하는 경우에 해당하지 않고, 현금은 재산상 이익의 변형 형태에 불과하므로 배임죄에 해당한다는 견해,[40] ② 카드 소유자가 현금인출을 위임함으로써 인출한 현금에 대한 위탁관계가 인정되고, 위임범위를 초과하여 인출한 현금도 카드소유자의 소유이므로 인출한 현금의 반환을 거부하는 것은 횡령죄에 해당한다는 견해,[41] ③ 위임범위를 초과한 5만 원을 입력하여 현금자동지급기로 하여금 처리하게 하는 순간 피해자의 계좌에는 3만 원의 재산상 손해가 발생한 것이고, 피고인은 3만 원만큼의 재산상 이익을 얻은 것이므로 본죄가 성립한다는 견해,[42] ④ 위임자의 의사에 반하여 과다 인출한 금액을 영득한 것으로 보아 절도죄를 적용하는 것이 타당하다는 견해[43] 등이 대립하고 있다.

V. 처 벌

1. 법정형 등

35 10년 이하의 징역 또는 2천만 원 이하의 벌금에 처한다.

36 본죄의 미수범은 처벌하고(§ 352), 본죄에는 10년 이하의 자격정지를 병과할 수 있다(§ 353).

---

39 손동권·김재윤, § 22/76.

40 김성룡, "위임을 초과한 현금인출행위의 형사법적 죄책", 형사판례연구 〔16〕, 한국형사판례연구회, 박영사(2008), 205-207.

41 조현욱, "위임받은 금액을 초과한 현금인출과 컴퓨터등사용사기죄", 비교형사법연구 8-1, 한국비교형사법학회(2006), 424.

42 조국, "위임범위를 초과한 타인의 현금카드사용 현금인출의 형사적 죄책", 형사판례연구 〔16〕, 한국형사판례연구회, 박영사(2008), 171.

43 박상기, 형법각론(8판), 653.

2. 친족상도례

본죄에도 친족상도례 규정이 적용된다(§ 354, § 328). 이 규정이 적용되기 위해서는 행위자와 피해자 사이에 친족관계가 존재하여야 한다. 37

판례는 친척 소유 예금통장을 절취한 사람이 그 친척 거래 금융기관에 설치된 현금자동지급기에 예금통장을 넣고 조작하는 방법으로 친척 명의 계좌의 예금 잔고를 다른 금융기관에 개설된 자기 계좌로 이체한 경우, 그 범행으로 인한 피해자는 이체된 예금 상당액의 채무를 이중으로 지급해야 할 위험에 처하게 되는 금융기관이므로, 친족 사이의 범행을 전제로 하는 친족상도례는 적용할 수 없다고 판시하였다.[44] 38

〔고 제 성〕

44 대판 2007. 3. 15, 2006도2704. 본 판결 해설은 박이규. "절취한 친족 소유의 예금통장을 현금자동지급기에 넣고 조작하여 예금 잔고를 다른 금융기관의 자기 계좌로 이체하는 방법으로 저지른 컴퓨터 등 사용사기죄에 있어서의 피해자(=친족 명의 계좌의 금융기관)", 해설 70, 법원도서관(2007), 222-244.

第348條(준사기)

① 미성년자의 사리분별력 부족 또는 사람의 심신장애를 이용하여 재물을 교부받거나 재산상의 이익을 취득한 자는 10년 이하의 징역 또는 2천만원 이하의 벌금에 처한다.

② 제1항의 방법으로 제3자로 하여금 재물을 교부받게 하거나 재산상의 이익을 취득하게 한 경우에도 제1항의 형에 처한다.

[전문개정 2020. 12. 8.]

구 조문

第348條(준사기) ① 미성년자의 지려천박 또는 사람의 심신장애를 이용하여 재물의 교부를 받거나 재산상의 이익을 취득한 자는 10년 이하의 징역 또는 2천만원 이하의 벌금에 처한다.

② 전항의 방법으로 제삼자로 하여금 재물의 교부를 받게 하거나 재산상의 이익을 취득하게 한 때에도 전항의 형과 같다.

Ⅰ. 의 의 ············ 510
Ⅱ. 구성요건 ············ 511
1. 미성년자의 사리분별력 부족 ············ 511
2. 사람의 심신장애 ············ 511
3. 이용하여 ············ 513
Ⅲ. 처 벌 ············ 513

Ⅰ. 의 의

1 본죄(준사기죄)는 미성년자의 사리분별력 부족이나 사람의 심신장애를 이용하여 재물을 교부받거나 재산상의 이익을 취득하거나 또는 제3자로 하여금 재물을 교부받게 하거나 재산상의 이익을 취득하게 함으로써 성립하는 범죄이다.

2 미성년자의 사리분별력 부족이나 사람의 심신장애를 이용하여 재물이나 재산상 이익을 취득하는 것은 비록 기망의 수단을 사용하지 않더라도 기망을 수단으로 하는 사기죄와 같다고 보아 사기죄와 동일한 법정형으로 처벌하고 있는 것이다.[1]

1 임웅, 형법각론(9정판), 450.

피해자가 사리분별력이 부족한 미성년자 또는 심신장애자라고 할지라도, 3
적극적으로 기망수단을 사용하여 피해자를 착오에 빠지게 하여 그로부터 재물을 교부받거나 재산상 이익을 취득한 경우라면, 본죄가 아니라 사기죄가 성립한다. 이러한 의미에서 준사기죄는 사기죄의 보충적 규정이다.[2]

본죄의 보호법익은 재산이고, 보호의 정도는 위험범이라는 견해[3]도 있으나 4
침해범이다.[4]

Ⅱ. 구성요건

1. 미성년자의 사리분별력 부족

미성년자란 민법상의 미성년자, 즉 19세 미만의 사람을 말한다. 미성년자가 5
혼인한 때에는 성년으로 본다는 성년의제 규정(민 §826의2)은 민사법상 효과를 규정한 것이므로 본죄에 적용할 여지는 없다.[5]

모든 미성년자가 본죄의 객체가 되는 것이 아니라, 미성년자 가운데 사리분 6
별력이 부족한 사람만 여기에 해당한다. '사리분별력 부족'이란 아직 세상 물정에 어둡고 사려가 깊지 못하여 재산거래에서 지적 판단능력이 현저히 낮은 경우를 말한다.[6]

2. 사람의 심신장애

'사람의 심신장애'의 '사람'에는 미성년자도 포함된다. 그리고 '심신장애'란 7
재산거래에서 정신기능의 장애로 보통 사람의 지능·판단능력이 없는 상태를 말한다.[7]

---

2 김신규, 형법각론 강의, 437; 신동운, 형법각론(2판), 1113; 이재상·장영민·강동범, 형법각론(13판), § 18/63; 이정원·류석준, 형법각론, 393; 정성근·박광민, 형법각론(전정3판), 366; 정웅석·최창호, 형법각론, 647; 최호진, 형법각론, 490; 주석형법 [각칙(6)](5판), 134(이인석).
3 유기천, 형법학(각론강의 상)(전정판), 252; 이재상·장영민·강동범, § 18/64.
4 김신규, 437; 김혜정·박미숙·안경옥·원혜욱·이인영, 형법각론(#판), 383; 배종대, 형법각론(14판), § 69/9; 이형국·김혜경, 형법각론(2판), 426; 정성근·박광민, 366; 정영일, 형법각론, 295.
5 신동운, 1114; 정성근·박광민, 366.
6 임웅, 450.
7 정성근·박광민, 366.

8 제10조가 심신장애를 규정하면서 이를 심신상실과 심신미약으로 나누고 있는데, 본죄의 '심신장애'에도 심신미약 이외에 심신상실이 포함되는지에 대해서는 견해가 대립한다.

9 ① 비한정설은 본죄에서의 '심신장애'에는 심신미약과 심신상실 모두 포함되므로, 의사능력이 전혀 없는 유아나 정신활동이 전적으로 불가능한 심신상실자로부터 재물을 교부받아도 절도죄가 아니라 본죄가 성립한다고 보는 견해이다.[8] 이 견해는, 일본형법이 '심신미약'이라고 규정하고 있는 것과 달리 우리 형법은 '심신장애'라고 규정하고 있는 점, 심신상실자의 경우에도 재물에 대한 사실상 지배(점유)는 성립할 수 있고 나아가 심신장애를 이용하여 재물의 교부를 받거나 재산상 이익을 취득하는 행위는 비난의 정도가 높기 때문에 절도죄에 비하여 법정형이 높은 본죄로 처벌하는 것이 타당한 점, 심신상실의 경우 절도죄로 처벌하더라도 재산상 이익이 객체로 되어 있는 경우에는 소위 권리절도에 해당하여 처벌할 수 없다는 점 등을 근거로 한다.[9]

10 이에 대하여, ② 한정설은 본죄의 '심신장애'에는 심신미약자 외에 심신상실자도 포함될 수 있지만, 전혀 의사능력이 없는 유아나 심신장애의 정도가 심하여 자유로운 의사능력을 기대하기 어려운 사람으로부터 재물을 취거하는 경우에는 의사에 기한 처분행위를 인정할 수 없어 본죄가 아닌 절도죄가 성립한다고 보는 견해이다.[10]

11 생각건대, 책임능력으로서의 심신상실과 본조의 심신장애는 반드시 동일한 것은 아니므로, 미성년자 중에서도 적어도 전혀 의사능력이 없다고 볼 수 없는 유아나 그 심신상실의 정도가 심하여 자유로운 의사능력을 예기하기 어려운 경우에는 본죄의 객체가 아니라 절도죄의 객체가 된다고 할 것이다(한정설).

8 김종원, 형법각론 상, 219.

9 신동운, 1115; 주석형법 [각칙(6)](5판), 136(이인석).

10 김성돈, 형법각론(5판), 389; 김신규, 439; 박상기·전지연, 형법학(총론·각론)(5판), 663; 박찬걸, 형법각론(2판), 506; 배종대, § 69/11; 손동권·김재윤, 새로운 형법각론, § 22/82; 이상돈, 형법강론(4판), 546; 이재상·장영민·강동범, § 18/67; 임웅, 451; 정성근·박광민, 366; 정웅석·최창호, 649.

3. 이용하여

'이용하여'란 사리분별력 부족이나 심신장애 때문에 유혹에 빠지기 쉬운 상태를 재물이나 재산상의 이익을 취득하는 데 이용하는 것을 말한다. 적극적으로 유혹을 한 경우뿐만 아니라 스스로 재산처분행위를 하도록 하는 경우에도 이용이 된다. 12

다만, 미성년자나 심신장애자를 이용하는 행위는 사람을 기망하는 정도에 이르지 않아야 한다. 사리분별력이 부족한 미성년자나 심신장애자를 기망하여 재물이나 재산상 이익을 취득하는 경우에는 사기죄가 성립하기 때문이다. 13

Ⅲ. 처 벌

3년 이하의 징역, 500만 원 이하의 벌금, 구류 또는 과료에 처한다. 14

본죄의 미수범은 처벌하고(§ 352), 본죄에는 10년 이하의 자격정지를 병과할 수 있다(§ 353). 15

본죄에도 친족상도례 규정이 적용된다(§ 354, § 328). 16

〔고 제 성〕

제348조의2(편의시설부정이용)
부정한 방법으로 대가를 지급하지 아니하고 자동판매기, 공중전화기 기타 유료자동설비를 이용하여 재물 또는 재산상의 이익을 취득한 자는 3년 이하의 징역, 500만원 이하의 벌금, 구류 또는 과료에 처한다.
[본조신설 1995. 12. 29.]

Ⅰ. 의의 및 보호법익 ……………… 514
1. 의 의 ……………… 514
2. 보호법익 ……………… 515
Ⅱ. 구성요건 ……………… 515
1. 행위의 객체 ……………… 515
2. 객관적 구성요건 ……………… 516
3. 주관적 구성요건 ……………… 518
4. 미 수 ……………… 518
Ⅲ. 처 벌 ……………… 519

Ⅰ. 의의 및 보호법익

1. 의 의

1 본죄(편의시설부정이용죄)는 부정한 방법으로 대가를 지급하지 아니하고 자동판매기, 공중전화 기타 유료자동설비를 이용하여 재물 또는 재산상의 이익을 취득함으로써 성립하는 범죄이다.

2 부정한 방법으로 공중전화 등 자동설비를 이용하는 경우, 사람에 대한 기망행위가 없을 뿐만 아니라 재물을 취득한 것도 아니기 때문에 사기죄나 절도죄로 처벌할 수 없었다. 한편 부정한 방법으로 자동판매기 등을 이용하여 재물을 취득하는 경우, 절도죄로 규율할 수 있다고 하더라도 대개는 경미한 범죄이기 때문에 법정형을 낮춰야 할 필요성이 있다. 이러한 문제점을 보완하기 위하여 1995년 12월 29일 형법 개정을 통해 본죄가 신설되었다. 이와 같은 도입 배경을 고려해 보면, 본죄는 사기죄의 처벌범위를 확대하면서 다른 한편으로는 절도죄의 성립범위를 제한하는 기능을 가졌다고 할 수 있다.[1]

3 본죄와 사기죄 내지 컴퓨터등사용사기죄의 관계에 대하여, ① 본죄는 사기

1 배종대, 형법각론(14판), § 69/134; 법무부, 형법개정법률안 제안이유서(1992. 10), 183.

죄나 컴퓨터등사용사기죄의 흠결을 보충하는 보충적 구성요건이라는 견해[2]와 ② 위에서 본 입법취지에 비추어 볼 때 본죄는 사기죄나 컴퓨터등사용사기죄에 대하여 법조경합 중 특별관계에 있다는 견해[3]가 있다.

2. 보호법익

4 본죄의 입법취지를 자동설비뿐만 아니라 공공통신망이나 편의시설의 사회적 기능을 보호하기 위한 것으로 이해하는 견해가 있다.[4] 그러나 본죄는 재산범죄로서 개인적 법익에 관한 죄이며, 그 보호법익은 유료자동설비 제공자의 재산권으로 보는 것이 통설이다.[5] 자동설비 이용을 둘러싼 사회적 신뢰는 본죄의 반사적 효과에 지나지 않으며, 독자적인 보호법익이 될 수 없다.[6]

5 보호의 정도는 침해범이다.[7]

Ⅱ. 구성요건

6 본죄는 부정한 방법으로 대가를 지급하지 아니하고 자동판매기·공중전화 기타 유료자동설비를 이용하여 재물 또는 재산상 이익을 취득함으로써 성립한다. 사기죄와 달리 '제3자로 하여금 재물이나 재산상 이익을 취득하게 하는 경우'에는 본죄가 성립하지 않는다.

1. 행위의 객체

7 부정이용의 객체는 '자동판매기, 공중전화 기타 유료자동설비'(이하, 유료자동설비라고 한다.)이다.

---

2 김신규, 형법각론 강의, 439; 이재상·장영민·강동범, 형법각론(13판), § 18/68; 정성근·박광민, 형법각론(전정3판), 367; 정영일, 형법각론, 296; 주호노, 형법각론, 784.

3 김일수·서보학, 형법각론(9판), 369; 이정원·류석준, 형법각론, 395; 임웅, 형법각론(9정판), 451.

4 법무부, 형법개정법률안 제안이유서(1992. 10), 183. 박상기, 형법각론(8판), 659에서도 본죄의 보호법익을 개인이나 공공의 재산으로 보고 있다.

5 김신규, 439; 김혜정·박미숙·안경옥·원혜욱·이인영, 형법각론(3판), 384; 이형국·김혜경, 형법각론(2판), 427; 정성근·정준섭, 형법강의 각론(2판), 277; 정웅석·최창호, 형법각론, 648.

6 신동운, 형법각론(2판), 1117.

7 김신규, 439; 정성근·정준섭, 277; 정웅석·최창호, 648.

8 유료자동설비란 대가를 지급하면 작동을 개시하여 일정한 물건이나 편익(서비스)을 제공해 주는 일체의 기계나 전자장치를 말한다(학설[8]·판례[9]). 여기에는 담배 자동판매기와 같이 물건을 제공하는 자동설비와 공중전화, 자동놀이기구, 컴퓨터게임기 등과 같이 편익(서비스)을 제공해 주는 자동설비가 있다. 자동판매기나 공중전화는 유료자동설비의 예시로 보는 것이 타당하다.[10]

9 유료자동설비는 불특정 다수인이 사용하는 것임을 요하고, 타인의 휴대전화와 같이 개인적으로 이용하는 유료자동설비는 포함하지 않는다.[11] 극장이나 주차장, 도서관, 지하철 등의 자동출입기와 같이 유료의 무인자동화설비도 본죄의 객체가 될 수 있다.[12]

10 유료자동설비는 자동설비가 제공하는 물건이나 편익(서비스)에 대하여 일정한 대가를 지급해야 하는 자동설비를 말한다. 따라서 대가를 지불하는 자동설비가 아닌 경우, 예를 들어 입장이 무료인 모임에 출입자를 제한하기 위한 자동설비를 부정 이용하더라도 본죄에 해당하지는 않는다.[13]

11 한편, 현금자동지급기도 본죄의 유료자동설비에 해당하는지가 문제된다. 타행 금융기관의 현금자동지급의 경우 그 사용을 위하여 수수료를 지급하는 경우가 있기는 하지만, 현금자동지급기가 제공하는 편익과 위 수수료가 서로 완전한 대가성을 가진다고 볼 수 없으므로, 현금자동지급기는 유료자동설비라고 볼 수 없다.[14]

2. 객관적 구성요건

12 본죄의 행위는 부정한 방법으로 대가를 지급하지 아니하고 유료자동설비를

---

8 이재상·장영민·강동범, § 18/70; 임웅, 452. 본죄의 유료자동설비에는 역무제공형 유료자동설비만 포함된다는 견해(박상기, 362)도 있다.

9 헌재 2021. 10. 28, 2019헌바448(본조가 죄형법정주의의 명확성원칙에 위반되지 않는다고 합헌결정).

10 오영근, 형법각론(4판), 326; 이재상·장영민·강동범, § 18/70; 임웅, 452. 헌재 2021. 10. 28, 2019헌바448도 같은 입장이다.

11 정성근·박광민, 368.

12 배종대, § 69/14; 오영근, 327.

13 이재상·장영민·강동범, § 18/70.

14 박상기, 658; 정성근·박광민, 368; 형사법개정특별심의위원회 회의록 5, 제45차 소위원회, 301 참조.

이용하여 재물 또는 재산상의 이익을 취득하는 것이다.

(1) 이용하는 행위

본죄는 유료자동설비를 통상적인 방법으로 이용하는 경우에만 적용된다. 따라서 자동설비를 파괴하고 그 속에 있는 현금이나 물품을 가지고 나온 경우에는, 본죄가 아니라 절도죄와 손괴죄가 성립한다.[15] 자동개찰구에 승차권을 투입하지 않고 틈새로 몰래 빠져나가 승차한 경우 정상적인 이용방법이 아니므로 본죄가 성립하지 않는다.[16] 이미 고장 난 자동판매기에서 물건을 꺼내 가져가는 경우도 본죄가 아니라 절도죄가 성립할 뿐이다. 13

(2) 대가를 지급하지 아니하고 이용

본죄가 성립하기 위해서는 '대가를 지급하지 아니하고' 유료자동설비를 이용하여야 한다. 여기서 '대가를 지급하지 아니하고'란, 본조에서 '대가'가 지급되는 방식이나 시점에 제한을 두고 있지 않을뿐 아니라 유료자동설비 제작 기술의 발달과 결제수단 및 방법의 다양화·첨단화로 인해 비단 현금이 아닌 그 밖의 여러 다양한 결제수단 등을 통해서도 '대가'의 지급이 가능한 점 등을 고려하면, 특정 유료자동설비의 이용을 위해 그 제공자 내지 소유자에 대하여 지급할 것으로 정해진 통상의 요금이 지급되지 않도록 하는 일체의 방식을 말한다.[17] 14

따라서 절취한 타인의 전화카드(후불식 통신카드)를 이용하여 전화 통화를 한 경우, 통신카드서비스 이용계약에 따라 그 타인이 통신요금을 납부할 책임을 부담하게 되어 '대가를 지급하지 아니하고' 공중전화를 이용한 것으로 볼 수 없어, 본죄는 성립하지 않는다.[18] 다만, 위 경우 전화카드(후불식 통신카드)는 문서에 해당하기 때문에 사문서부정행사죄(§ 236)가 성립할 수 있다.[19] 15

---

15 김일수·서보학, 370; 배종대, § 69/15; 손동권·김재윤, 새로운 형법각론, § 22/85; 정성근·박광민, 368.

16 정성근·박광민, 368.

17 헌재 2021. 10. 28, 2019헌바448.

18 대판 2001. 9. 25, 2001도3625. 이 판결에 대하여, 본죄에서 유료자동설비를 부정하게 이용한다는 것은 이용자가 대가를 지급하지 않고 이용하는 것을 의미하는 것임에도, 대법원은 대가를 지급하지 않는 행위방법이 유료자동설비의 소유자나 설치자에게 대가를 지급하지 않는 경우를 의미하는 것으로 보고 있다는 비판으로, 박상기, "편의시설부정이용죄와 전화카드의 문서성", 형사판례연구 〔11〕, 한국형사판례연구회, 박영사(2003), 191.

19 대판 2002. 6. 25, 2002도461. 본 판결 해설은 노태악, "절취한 전화카드의 사용과 사문서부정행사", 해설 41, 법원도서관(2002), 535-545.

(3) 부정한 방법으로 이용

16 부정한 방법으로 이용한다는 것은 사회통념에 비추어볼 때 올바르지 않거나 허용되지 않는 비정상적인 방법으로서 권한이 없거나 사용규칙·방법에 위반한 일체의 이용 방식 내지 수단을 사용하는 것을 말한다.[20] 예를 들면, 위조지폐나 가짜 동전을 투입하여 자동판매기에서 물품을 가져가거나 또는 부정하게 만든 선불카드나 잔고를 허위로 증액한 전화카드 등을 투입하여 서비스를 제공받은 경우가 이에 해당한다.[21]

3. 주관적 구성요건

17 본죄가 성립하려면 사기죄와 마찬가지로 주관적 구성요건으로 고의와 불법영득(이득)의사가 필요하다. 대가를 지불하지 않고 편의시설을 이용한다는 사실과 이로 인하여 재물이나 재산상 이익을 취득한다는 데 대한 인식과 의사가 있어야 한다. 이는 미필적 인식으로 충분하다.

18 여기의 고의에는 대가를 지급하지 아니한다는 것도 포함되므로, 유료자동설비를 무료의 자동설비라고 오신한 때에는 구성요건적 착오로 고의를 조각한다.[22] 반대로 무료의 자동설비를 유료의 자동설비로 오인한 때에는 불능미수의 문제가 생긴다.[23]

4. 미 수

19 본죄의 미수범은 처벌된다(§ 352). 본죄의 실행의 착수시기는 부정한 방법으로 사용하기 시작하는 시점이고, 기수시기는 부정이용행위로 재물이나 재산상 이익을 취득한 때이다.[24] 부정이용행위와 재산상 손해 사이에 인과관계가 있어야 한다.

---

20 헌재 2021. 10. 28, 2019헌바448.
21 임웅, 454.
22 배종대, § 69/16; 손동권·김재윤, § 22/88.
23 임웅, 455.
24 임웅, 454.

Ⅲ. 처 벌

3년 이하의 징역, 500만 원 이하의 벌금, 구류 또는 과료에 처한다. 20

본죄의 미수범은 처벌하고(§ 352), 본죄에는 10년 이하의 자격정지를 병과할 21
수 있다(§ 353).

본죄에도 친족상도례 규정이 적용된다(§ 354, § 328). 22

〔고 제 성〕

제349조(부당이득)

① 사람의 곤궁하고 절박한 상태를 이용하여 현저하게 부당한 이익을 취득한 자는 3년 이하의 징역 또는 1천만원 이하의 벌금에 처한다.

② 제1항의 방법으로 제3자로 하여금 부당한 이익을 취득하게 한 경우에도 제1항의 형에 처한다.

[전문개정 2020. 12. 8.]

구 조문

제349조(부당이득) ① 사람의 궁박한 상태를 이용하여 현저하게 부당한 이익을 취득한 자는 3년 이하의 징역 또는 1천만원 이하의 벌금에 처한다.

② 전항의 방법으로 제삼자로 하여금 부당한 이익을 취득하게 한 때에도 전항의 형과 같다.

Ⅰ. 개 요 520
1. 의 의 520
2. 입법례와 연혁 521
3. 보호법익 522
Ⅱ. 구성요건 523
1. 곤궁하고 절박한 상태 523
2. 현저히 부당한 이익의 취득 524
3. 이용행위 526
4. 주관적 구성요건 528
Ⅲ. 처 벌 529

Ⅰ. 개 요

1. 의 의

1 본죄(부당이득죄)는 사람의 곤궁하고 절박한 상태를 이용하여 현저하게 부당한 이익을 취득하거나 제3자로 하여금 이를 취득하게 함으로써 성립한다. 기망에 따른 하자 있는 의사에 기한 처분행위에 의하여 이익을 취득하는 것이 아니라는 점에서 사기죄와는 구별되나, 타인의 곤궁하고 절박한 상태를 이용하였다는 점에서 사기죄의 한 태양으로 처벌하는 것이다.[1] 본죄를 둔 취지에 대해서는

1 신동운, 형법각론(2판), 1121; 이재상·장영민·강동범, 형법각론(13판), § 18/74; 정성근·박광민, 형법각론(전정3판), 370; 주호노, 형법각론, 786.

자본주의 경제체제에서 약자를 보호하기 위한 사회적 연대성의 관점에서 계약 자유에 일정한 한계를 긋고 그 한계를 넘어선 일정한 경제행동을 처벌하려는 것이라고 설명된다.[2]

본죄의 미수범은 처벌하지 않는다(§ 352 참조). 상습으로 본죄를 범한 경우에는 가중하여 처벌된다(§ 351). 제351조, 제352조의 규정만 놓고 보면 상습부당이득죄의 미수범이 처벌되는 것처럼 보이기도 하나 기본적 구성요건인 본죄의 미수범을 처벌하지 않는 상황에서 상습부당이득죄의 미수범을 처벌한다는 것은 해석상 상정하기 어렵다.[3] 친족상도례가 적용되며, 동력에 관한 규정도 적용된다(§ 354). 2

2. 입법례와 연혁

본죄는 고리(高利)행위를 금지하던 중세 교회법의 전통에서 유래한다. 오늘날 형법에서 본죄를 규율하는 입법례는 많지 않다. 독일형법 제291조와 오스트리아형법 제154조(금전의 부당이득), 제155조(현물의 부당이득)가 우리 형법상 본죄와 유사한 규정을 두고 있다.[4] 현행 독일형법 제291조는 타인의 곤궁하고 절박한 상태, 무경험, 판단능력의 결여, 현저한 의사박약을 이용하여 (a) 주택임대 및 부수적 급부, (b) 신용대여, (c) 그 밖의 급부, (d) 앞의 각 급부의 중개에 있어 그 급부 또는 중개에 비하여 현저하게 불균형한 재산상의 이익을 자기 또는 제3자에게 약속 또는 제공하게 한 경우를 폭리행위(Wucher)로 규정하여 처벌하고 있다.[5] 3

일본의 경우 1940년에 발표된 개정형법가안이 당시 독일형법을 참고하여 부당이득죄 규정을 두었으나 실제 개정에 이르지는 못하여 현행 형법에는 부당이득죄에 관한 규정이 존재하지 않는다. 4

우리 형법은 위 일본 개정형법가안의 영향을 받아 1953년 제정 당시부터 본조의 규정을 두었고, 1995년 12월 29일 벌금형 현실화 작업의 일환으로 그 5

---

2 배종대, 형법각론(14판), § 69/17.

3 신동운, 1122.

4 홍승면, "부당이득죄의 성립 범위와 한계 - 헌법상 명확성의 원칙 위반 여부를 중심으로 -", 형사재판의 제문제(6권), 사법발전재단(2009), 314.

5 박상기, 형법각론(8판), 350. 홍승면(주 4), 323은 독일형법의 폭리행위죄는 우리 형법의 준사기죄와 본죄를 결합시킨 형태라고 설명한다.

법정형이 '3년 이하의 징역 또는 2만 5천 원 이하의 벌금'에서 '3년 이하의 징역 또는 1천만 원 이하의 벌금'으로 조정되었다.[6]

6 그리고 2020년 12월 8일 알기 쉬운 법령 문장으로 개정하면서(2021. 12. 9. 시행), 형법 전체적으로 변경한 용어(전항, 때 등) 외에 '궁박(窮迫)한 상태'를 '곤궁하고 절박한 상태'로 고쳤다.

7 일본 개정형법가안[7]이 기존에 없던 범죄유형을 신설하기 때문에 신중을 기한다는 취지에서 '현저하게 부당한 고리(高利)를 급부 또는 약속'하게 하는 경우로 범죄성립 범위를 제한한 데 비하여, 해방과 6·25 전쟁의 와중에서 극심한 인플레이션을 경험하였던 우리 입법자는 고리대금의 경우에 한정하지 않고 일반 경제활동 영역에서 '현저하게 부당한 이익'을 취득하는 경우이면 범죄가 성립하도록 그 범위를 확장하였다.[8]

3. 보호법익

8 본죄의 보호법익은 개인의 재산이다(통설). 다수의 견해는 이때 재산은 전체로서의 재산이라고 한다.[9]

9 보호의 정도에 대하여 미수범 처벌규정이 없음에 주목하여 위험범으로 해석하여 피해자에게 재산상의 위험을 초래하면 본죄가 성립한다는 견해가 있다.[10] 이에 따르면 이익제공에 관한 계약체결이나 약속 등으로 재산상의 위험이 있을 때에도 본죄가 성립할 여지가 있게 된다. 그러나 다수설은 부당한 이득을 취득함으로써 재산상 손해가 발생하여야 본죄가 성립한다고 본다(침해범).[11] 우리 형법이 미수범을 처벌하지 않는 것은 단지 미수범 처벌의 필요성이 없다거나 본죄의

---

6 홍승면(주 4), 314.

7 일본 형법개정가안 제473조 사람의 궁박상태를 이용하여 당시의 정황에 비추어 현저하게 부당한 고리(高利)를 급부 또는 약속하게 한 자는 3년 이하의 징역 또는 5천 엔 이하의 벌금에 처한다.

8 신동운, 1121.

9 박상기, 350; 오영근, 형법각론(6판), 341; 이재상·장영민·강동범, § 18/74; 임웅, 형법각론(11정판), 464; 정영일, 형법각론, 299.

10 이재상·장영민·강동범, § 18/74; 정영일, 299.

11 김성돈, 형법각론(7판), 418; 김신규, 형법각론 강의, 441; 김일수·서보학, 새로쓴 형법각론(9판), 373; 박상기, 350; 박상기·전지연, 형법학(총론·각론)(5판), 665; 손동권·김재윤, 새로운 형법각론, § 22/91; 오영근, 341; 이형국·김혜경, 형법각론(2판), 432; 임웅, 464; 정성근·박광민, 370; 정성근·정준섭, 형법강의 각론(2판), 280.

적용에 신중을 기하고자 한 우리 입법자의 판단 때문이라는 것이다.[12]

II. 구성요건

1. 곤궁하고 절박한 상태

본죄가 성립하려면 상대방이 곤궁하고 절박한 상태에 있어야 한다. 10

구 조문에서 '궁박'의 의미에 대해서 판례는 '급박한 곤궁'을 의미한다고 판시한 바 있다.[13] 곤궁하고 절박한 상태는 경제적 이유에 의한 것에 한정되지 않으며, 정신적·육체적·사회적 이유로 인한 것을 포함한다(통설).[14] 경제적으로 곤궁하고 절박한 상태도 반드시 생존의 위험에 이를 단계, 즉 재산이 없게 될 정도에 이를 것을 요하지 않으며, 현저한 재산의 감소나 그 위험이 있으면 충분하다.[15] 곤궁하고 절박한 상태에 이른 원인은 묻지 않는다.[16] 11

피해자가 곤궁하고 절박한 상태에 있었는지 여부는 거래당사자의 신분과 상호 간의 관계, 피해자가 처한 상황의 절박성의 정도 등 제반사정을 종합하여 구체적으로 판단하여야 한다.[17] 12

최근 개발사업 등이 추진되는 사업부지 안의 토지매매와 관련된 이른바 '알박기[18]' 사안을 중심으로 본죄에 관한 법리가 형성되어 있는데, 그 사례들에 따르면, 건설회사가 아파트 건설사업 계획의 승인 및 분양허가를 받기 위해서는 문제된 토지를 반드시 확보하여야 할 뿐만 아니라 거액의 은행융자를 받아 사업을 진행함에 따라 사업을 중도 포기할 수도 없고, 사업이 지연되는 경우 막대한 은행융자금 이자의 부담을 지게 되는 경우라면 이 건설회사는 곤궁하고 절 13

12 손동권·김재윤, § 22/91; 신동운, 1122.

13 대판 2005. 4. 15, 2004도1246; 대판 2008. 12. 11, 2008도7823.

14 김성돈, 393; 김일수·서보학, 372; 박상기, 351; 배종대, § 69/18; 손동권·김재윤, § 22/90; 신동운, 1123; 이재상·장영민·강동범, § 18/75; 임웅, 465; 정성근·박광민, 370; 정영일, 300.

15 배종대, § 69/18; 이재상·장영민·강동범, § 18/75.

16 김성돈, 418; 김일수·서보학, 372; 박상기, 351; 배종대, § 69/18; 손동권·김재윤, § 22/90; 이재상·장영민·강동범, § 18/75; 임웅, 465; 정성근·박광민, 370; 정영일, 300.

17 대판 2005. 4. 15, 2004도1246; 대판 2008. 5. 29, 2008도2612.

18 고범석, "형법 제349조 부당이득죄에 대한 고찰", 청연논총 5, 사법연수원(2008), 262는 '알박기'의 개념을 특정 지역의 중요지점에 해당하는 부동산을 소유한 자가 개발 진행과정에서 개발업자의 곤궁하고 절박한 상태를 이용하여 폭리를 취하는 형태의 행위라고 정의한다.

박한 상태에 있었다고 볼 수 있을 것이다.[19] 반면 조합이 재건축사업을 추진함에 있어서 문제된 토지가 반드시 필요한 것은 아니었고, 이를 매입하지 아니하고도 재건축을 추진할 대안이 있었음에도 재건축조합의 이익에 가장 부합한다는 판단하에 문제된 토지의 소유자를 설득하여 이를 매입하게 경우라면, 이 조합은 곤궁하고 절박한 상태에 있었다고 보기 어려울 것이다.[20]

2. 현저히 부당한 이익의 취득

14 행위자가 현저하게 부당한 이익을 취득하여야 한다. '이익'에는 재산상 이익뿐만 아니라 재물도 포함된다는 견해가 있다.[21] 부당한 이익의 취득이 법률상 유효 또는 무효인지는 범죄 성립에 영향을 미치지 않는다.[22]

15 '부당한 이익'은 급부와 이익 사이에 상당성이 없는 경우를 말한다.[23] 현저하게 부당한 것인지 여부는 추상적·일반적으로 결정할 것이 아니라 행위 당시의 구체적 사정을 고려하여 사회통념에 따라 객관적으로 결정하여야 한다.[24] 그 판단기준에 대해서는, ① 행위자기준설,[25] ② 피해자기준설,[26] ③ 사회일반인기준설,[27] ④ 행위자 및 피해자기준설[28] 등이 대립한다. 예컨대, 불법체류노동자의 임금을 현저히 부당하게 저액으로 지급하였는데 노동자의 기존 생활상태에 비하면 그다지 저액이 아닌 경우를 가정할 때, 행위자기준설 또는 사회일반인기

---

19 대판 2007. 12. 28, 2007도6441. 토지매수인인 건설회사가 아파트 건설사업의 순조로운 진행과 막대한 은행융자금 이자의 부담을 피하기 위해 토지소유권을 시급히 확보해야 하는 처지여서 목적 토지에 관하여 명의자인 문중원들과 문중 사이의 소유권 분쟁에 관한 민사소송의 종료 시까지 기다릴 여유가 없는 사정을 이용하여, 문중 대표자이자 목적 토지의 공유지분권자인 사람이 자기 지분에 대해 문중 명의 매매계약과 따로 별도의 매매계약을 체결하고 나머지 지분권자들의 3배 이상의 매매대금을 수령한 것은 건설회사의 궁박을 이용하여 현저하게 부당한 이득을 취한 것으로서, 본죄가 성립한다고 본 사례이다.

20 대판 2005. 4. 15, 2004도1246.

21 신동운, 1122; 정영일, 300.

22 박상기, 351; 손동권·김재윤, § 22/91; 이재상·장영민·강동범, § 18/76; 정영일, 300.

23 김성돈, 419; 배종대, § 69/19; 이재상·장영민·강동범, § 18/76; 임웅, 465; 정성근·박광민, 370; 정영일 300.

24 김성돈, 419; 김일수·서보학, 372; 박상기, 351; 손동권·김재윤, § 22/91; 이재상·장영민·강동범, § 18/76; 임웅, 465; 정성근·박광민, 370; 정영일 300.

25 신동운, 1126; 이재상·장영민·강동범, § 18/76.

26 박상기, 351; 정영일, 300.

27 오영근, 341; 임웅, 465.

28 정웅석·최창호, 형법각론, 652.

준설에 의하면 현저히 부당한 이익을 취득한 것으로 인정될 수 있는 반면, 피해자기준설에 따르면 이를 부정할 여지가 있게 된다.

판례는 '현저하게 부당한 이익의 취득'이라 함은 단순히 시가와 이익과의 배율로만 판단할 것이 아니라 구체적·개별적 사안에 있어서 일반인의 사회통념에 따라 결정하여야 하는 것으로서, 피해자가 궁박상태에 있었는지 여부 및 급부와 반대급부 사이에 현저히 부당한 불균형이 존재하는지 여부는 거래당사자의 신분과 상호 간의 관계, 피해자가 처한 상황의 절박성의 정도, 계약의 체결을 둘러싼 협상과정 및 거래를 통한 피해자의 이익, 피해자가 그 거래를 통해 추구하고자 한 목적을 달성하기 위한 다른 적절한 대안의 존재 여부, 피고인에게 피해자와 거래하여야 할 신의칙상 의무가 있는지 여부 등 여러 상황을 종합하여 구체적으로 판단하되, 특히 우리 헌법이 규정하고 있는 자유시장경제질서와 여기에서 파생되는 사적 계약자유의 원칙을 고려하여 그 범죄의 성립을 인정함에 있어서는 신중을 요한다고 판시하였다.[29] 16

판례는, 특히 부동산의 매매와 관련하여 피고인이 취득한 이익이 '현저하게 부당'한지 여부는, 우리 헌법이 규정하고 있는 자유시장경제질서와 여기에서 파생되는 계약자유의 원칙을 바탕으로 피고인이 당해 토지를 보유하게 된 경위 및 보유기간, 주변 부동산의 시가, 가격결정을 둘러싼 쌍방의 협상과정 및 거래를 통한 피해자의 이익 등을 종합하여 구체적으로 신중하게 판단하여야 한다고 보았다.[30] 17

금전대차에 있어서 '현저히 부당'한지 여부는 금액·대부기간·담보물·피해자의 위험성 등의 사정들을 고려하여야 한다.[31] 판례로는 채무액의 2배에 상당하는 재산을 대물변제 등으로 받았다는 것만으로 현저하게 부당한 이익이라 할 수 없다고 본 것이 있다.[32] 18

'이익의 취득'은 외형상 재물의 교부 또는 재산상 이익의 취득이라는 형태로 나타난다.[33] 보호법익을 전체 재산으로 볼 경우, 행위자의 전체 재산의 증가 19

---

29 대판 2009. 1. 15, 2008도8577. 아파트 건축사업이 추진되기 수년 전부터 사업부지 내 일부 부동산을 소유하여 온 피고인이 사업자의 매도 제안을 거부하다가 인근 토지 시가의 40배가 넘는 대금을 받고 매도한 사안에서, 본죄의 성립을 부정한 사례이다.

30 대판 2005. 4. 15, 2004도1246; 대판 2007. 12. 28, 2007도6441.

31 이재상·장영민·강동범, § 18/76.

32 대판 1972. 10. 31, 72도1803.

33 신동운, 1125.

가 이익의 취득이 된다.[34] 행위자 본인뿐만 아니라 제3자로 하여금 부당한 이익을 취득하게 하는 것도 가능하다(§349②).

3. 이용행위

20 행위자가 상대방의 곤궁하고 절박한 상태를 이용하였을 것을 요한다. '이용행위'의 의미에 대하여는 상대방의 곤궁하고 절박한 상태를 이익취득의 기회로 삼는 것으로 일종의 착취행위라거나,[35] 단순히 경제적 이익을 추구하는 단계를 넘어서 상대방의 곤궁하고 절박한 상태를 잘 알면서 악용하는 행위라고 설명된다.[36]

21 판례는, 이른바 '알박기' 사안에서 본죄의 성립 여부가 문제되는 경우, 그 범죄의 성립을 인정하기 위해서는 피고인이 피해자의 개발사업 등이 추진되는 상황을 미리 알고 그 사업부지 내의 부동산을 매수한 경우이거나 피해자에게 협조할 듯한 태도를 보여 사업을 추진하도록 한 후에 협조를 거부하는 경우 등과 같이, 피해자가 궁박한 상태에 빠지게 된 데에 피고인이 적극적으로 원인을 제공하였거나 상당한 책임을 부담하는 정도에 이르러야 하고, 이러한 정도에 이르지 않은 상태에서 단지 개발사업 등이 추진되기 오래 전부터 사업부지 내의 부동산을 소유하여 온 피고인이 이를 매도하라는 피해자의 제안을 거부하다가 수용하는 과정에서 큰 이득을 취하였다는 사정만으로 함부로 본죄의 성립을 인정해서는 안 된다고 판단하였다.[37]

(1) 인정 사례

22 판례는, A 건설회사의 공동주택신축사업 계획을 미리 알고 있던 甲이 사업부지 내의 토지소유자 B를 회유하여 A 건설회사와 맺은 토지매매 약정을 깨고 자신에게 이를 매도 및 이전등기하게 한 다음 이를 A 건설회사에 재매도하면서 2배 이상의 매매대금과 양도소득세를 부담시킨 사안에서, 위 토지가 전체 사업부지 내에서 갖는 중요성, 甲의 자력, A의 사업진행 정도 등을 고려할 때 부당

34 신동운, 1125; 이재상·장영민·강동범, §18/76; 임웅, 465.
35 김일수·서보학, 372; 박상기, 352.
36 신동운, 1124.
37 대판 2009. 1. 15, 2008도8577.

이득죄가 성립한다고 보았다.[38]

(2) 부정 사례

23 ① 피고인이 대지 및 주택을 매수하여 5년간 거주하다가 인근으로 이사한 이후에도 계속하여 이를 소유·관리하여 오던 중 피해자 회사에서 위 부동산을 포함하는 부지에서 건축사업을 추진하였는데, 위 부동산을 비롯하여 몇 건의 부동산에 대한 계약을 체결하지 못하여 주택건설 사업계획승인신청이 지연되고 이로 인하여 월 6억 원 정도의 금융비용이 발생하게 된 상황에서, 피고인이 위 부동산을 매도하라는 피해자 회사의 제안을 계속하여 거부하다가 인근의 다른 토지들에 비하여 40배가 넘는 가격으로 피해자 회사에 위 부동산을 매도한 사안에서, 피고인이 위와 같은 과정에서 큰 이득을 취하였을 뿐, 달리 피해자가 궁박한 상태에 빠지게 된 데에 피고인이 적극적으로 원인을 제공하였다거나 상당한 책임을 부담하는 정도에 이르렀다고 볼 증거가 없어, 본죄의 성립을 부정하였다.[39]

24 ② 아파트 신축사업이 추진되기 수년 전 사업부지 중 일부 토지를 취득하여 거주 또는 영업장소로 사용하던 피고인이 이를 사업자에게 매도하면서 시가 상승 등을 이유로 대금의 증액을 요구하여 종전보다 1.5 내지 3배가량 높은 대금을 받은 사안에서, 개발사업 등의 추진 전에 이를 알지 못하고 부동산을 취득·소유하면서 그 위에 생활 또는 사업상의 기반을 쌓고 있어서 그 부동산을 타인에게 양도하는 것이 그의 생활 또는 사업 등에 상당한 변화를 초래하게 되는 경우에는, 일반적으로 애초 그 양도의 의무 및 의사가 없는 사람으로 하여금 그 양도를 결단하도록 하기 위하여 그러한 변화에 대한 주저를 극복할 상당한 경제적 유인 등이 제공될 필요가 있고, 사업자로서도 그러한 사정을 통상 알 수 있다는 점에 비추어, 이를 매도하라는 사업자 등의 제안을 받고 그 매도의 조건을 협상한 결과 큰 이득을 얻었다는 것만으로는 다른 특별한 사정이 없는 한 피해자의 궁박을 이용하여 현저하게 부당한 이익을 얻었다고 쉽사리 말할 수 없으며, 또한 그 협상의 과정에서 개발사업의 시행으로 인근 부동산의 시가가 전반적으로 상승한 것을 들어 대가의 증액을 요구했다고 해서 이를 형사적으로

38 대판 2008. 5. 29, 2008도2612.
39 대판 2009. 1. 15, 2008도8577.

비난받을 행태라고 할 수 없다는 이유로, 본죄의 성립을 부정하였다.[40]

25 ③ 피고인이 주상복합건물 신축사업 부지 중 일부 부동산을 매수하였다가, 위 사업의 시행사에 주변 부지의 평당 매매가보다 약 2.4배 이상 비싼 금액에 다시 매도한 사안에서, 대법원은 피고인이 위 부동산을 매수한 시점 이전에는 개발사업을 추진하던 A 홀딩스가 위 사업부지 중 한 필지도 취득하지 못하였던 점, A 홀딩스는 피고인으로부터 위 부동산을 매수하려 하였으나 피고인이 요구한 5억 원을 조달하지 못하던 중 피해자 회사에게 사업권을 양도하였고, 피해자 회사도 그러한 사정을 알고 있었던 점, 피해자 회사는 그 후 약 1년 간 위 부동산을 매수하기 위한 아무런 노력을 기울이지 않다가 관할관청으로부터 위 부동산의 매입문제 등을 보완하지 않으면 건축허가신청을 반려하겠다는 통보를 받고 나서야 피고인에게 적극적으로 위 부동산의 매도를 요청하여 3-4일의 단기간 내에 매매계약을 체결하게 된 점, 피해자 회사는 매매계약 당시 피고인에게 일단 매매대금을 지급한 후 이른바 '알박기'에 따른 본죄로 피고인을 고소하려는 방침을 세우고 있었던 점, 피해자 회사가 거액의 이익을 목적으로 규모가 큰 위 사업을 시행함에 있어서 다수인으로부터 사업부지를 확보하는 과정에서 어려움이 있을 것임은 능히 예상할 수 있는 장애인바, 그러한 상황에 충분히 대비하지 않고 위 사업을 추진한 피해자 회사에게도 상당한 책임이 있는 점 등에 비추어 보면, 피해자 회사가 위 매매계약 당시 궁박한 상태에 있었다고 하더라도 그에 관하여 피고인이 적극적으로 원인을 제공하였다거나 상당한 책임을 부담하는 정도에 이르렀다고 볼 수 없다는 이유로 무죄를 선고한 원심의 판단을 수긍하였다.[41]

4. 주관적 구성요건

26 본죄가 성립하기 위해서는 주관적 구성요건으로 고의를 필요로 한다. 상대방이 곤궁하고 절박한 상태에 있다는 것과 이를 이용하여 현저하게 부당한 이익을 취득한다는 사실에 대한 인식과 의사가 있어야 한다.[42] 이는 미필적 고의

40 대판 2009. 1. 15, 2008도1246.
41 대판 2010. 5. 27, 2010도778.
42 김성돈, 419; 박상기, 352; 손동권·김재윤, § 22/92; 신동운, 1126; 임웅, 465; 정성근·박광민, 371.

로도 충분하다.[43]

일부 견해는 고의에 더하여 불법이득의사(또는 위법이득의 의사)가 필요하다거나,[44] 특수한 주관적 불법요소로서 강화된 내적 성향이 필요하다고 한다.[45] 27

Ⅲ. 처 벌

3년 이하의 징역 또는 1천만 원 이하의 벌금에 처한다(§349). 28

상습범은 2분의 1까지 가중한다(§351). 본죄에는 10년 이하의 자격정지를 병과할 수 있다(§353). 29

본죄에도 친족상도례 규정이 적용된다(§354, §328). 30

〔송 경 호〕

---

43 손동권·김재윤, §22/92; 이재상·장영민·강동범, §18/78.
44 김일수·서보학, 373; 박상기, 349; 신동운, 1126; 이형국·김혜경, 434.
45 김일수·서보학, 373.

제2절 공갈의 죄

〔총 설〕

Ⅰ. 의의와 연혁 ········· 530
Ⅱ. 구성요건 체계 ········· 532
Ⅲ. 보호법익 및 보호의 정도 ········· 533
1. 보호법익 ········· 533
2. 보호의 정도 ········· 534

Ⅰ. 의의와 연혁

1 공갈죄는 사람을 공갈하여 재물 또는 재산상 이익을 취득하거나 제3자로 하여금 이를 얻게 함으로써 성립하는 범죄이다(§ 350). 재물과 재산상 이익을 모두 객체로 한다는 점에서 강도죄, 사기죄와 같고, 재물만을 객체로 하는 절도죄, 횡령죄, 재산상 이익만을 객체로 하는 배임죄와 구별된다.

2 공갈죄는 상대방의 하자 있는 의사를 유발하고 이에 터잡아 재물 또는 재산상 이익을 취득한다는 점에서 사기죄와 유사한 점이 있다. 이에 우리 형법이나 일본형법은 공갈을 사기와 같은 장에서 규율하고 있다.[1] 다만, 그 수단에 있어서 사기죄가 기망에 의하여 상대방에게 하자 있는 의사를 일으키는 경우임에 반하여 공갈죄는 공갈, 즉 폭행 또는 협박에 의하여 하자 있는 의사를 일으킨다는 점에서 차이가 있다.

3 공갈죄는 하자가 있기는 하지만 상대방의 의사에 기하여 재물 또는 재산상 이익을 취득한다는 점에서 상대방의 의사에 반하여 재물 또는 재산상 이익을 취득하는 강도죄와 구별된다.

4 반면, 공갈죄는 수단으로 폭행 또는 협박을 사용한다는 점에서 강도죄와 유사한 구조를 가진다. 입법례에 따라서는 공갈죄와 강도죄를 같이 규정하기도 하

1 일본형법 각칙 제37장 사기 및 공갈의 죄 제249조(공갈) ① 사람을 공갈하여 재물을 교부케 한 자는 10년 이하의 징역에 처한다. ② 전항의 방법에 의하여 재산상 불법한 이익을 얻거나 타인에게 이를 얻도록 한 자도 마찬가지이다.

는데, 독일형법은 강도죄와 공갈죄를 '강도와 공갈(Raub und Erpressung)'이라는 장에서 함께 규정하고[2] 있다.[3] 독일의 입법자가 폭행·협박이라는 수단에 주목하고 있다면 우리 입법자는 처분행위 유무에 중점을 두고 있다고 평가할 수 있다.[4]

현행 독일형법 조항 중 우리 형법상 공갈죄와 가장 유사하다고 할 수 있는 5 제253조의 'Erpressung(공갈죄)'은 우리 형법과 달리 '자기 또는 제3자에게 불법하게 이득을 얻게 해 줄 의사'라는 초과주관적 구성요건으로서의 불법영득(이득) 의사 및 '재산상 손해를 가할 것'이라는 객관적 구성요건을 명시하고 있는데, 이와 관련하여 뒤에서 보는 바와 같이 우리 형법의 해석에 있어 공갈죄 성립에 위 각 요건을 필요로 하는가에 관한 견해 대립이 있다.

공갈죄는 사기죄와 더불어 19세기의 자본주의의 성장을 배경으로 확립된 6 비교적 역사가 오래되지 않은 범죄구성요건이다. 공갈죄의 기원은 로마시대로 거슬러 올라간다. 로마시대에 공갈죄는 국가관리가 직권을 남용하여 재물을 갈취하는 경우나 사인이 형사고소하겠다고 협박하여 재물을 갈취하는 경우를 다루었는데, 애초 공무원범죄의 형태로 출발하였다. 1813년 바이에른형법과 1851년 프로이센형법에서 공갈죄는 사기죄와 함께 새로운 재산범죄로 파악되기 시작하였고, 1943년의 독일형법 개정법률에 따라 폭행 또는 협박에 의한 강요행위를

2 독일형법 제249조(Raub, 강도) (1) 자기 또는 제3자에게 위법하게 속하게 할 의사로 사람에 대한 폭행 또는 신체나 생명에 대한 현재의 위험을 고지한 협박에 의하여 타인의 동산을 강취한 자는 1년 이상의 자유형에 처한다.
제253조(Erpressung, 공갈) (1) 자기 또는 제3자에게 불법하게 이득을 얻게 해 주기 위하여 폭행 또는 상당한 해악을 고지한 협박에 의하여 타인에 대하여 위법하게 작위, 수인 또는 부작위를 강요하고 그로 인하여 피강요자 또는 타인의 재산에 손해를 가한 자는 5년 이하의 자유형 또는 벌금에 처한다.
(2) 의도된 목적을 위하여 폭행을 가하거나 또는 해악을 고지한 행위가 비난받아야 할 것으로 인정된 경우에 그 행위는 위법하다.
제255조(Räuberische Erpressung, 강도에 준하는 공갈) 공갈이 사람에 대한 폭행 또는 신체나 생명에 대한 현재의 위험을 고지한 협박에 의하여 이루어진 경우에 행위자는 강도와 동일하게 처벌된다.

3 독일형법에서 강도죄의 행위의 객체는 재물(동산)로 한정되어 재산상의 이익은 제외되며, 그 행위수단도 "사람에 대한 폭행 또는 신체나 생명에 대한 현재의 위험을 고지한 협박"으로 명시하고 있다. 반면 공갈죄의 행위의 객체는 재물과 재산상의 이익을 포함한 재산(Vermögen)으로 하고 있으며, 그 행위수단도 "폭행 또는 상당한 해악을 고지한 협박"으로 하고 있다. 또한 강도에 준하는 공갈의 행위의 객체는 공갈죄와 동일하지만, 그 행위의 수단은 강도죄와 동일하게 규정하고 있다.

4 신동운, 형법각론(2판), 1129.

재산권침해의 수단으로 이해하는 현대적 의미의 공갈죄가 입법되었다.[5]

Ⅱ. 구성요건 체계

7 공갈의 죄에 있어서의 기본적 구성요건은 단순 공갈죄이다(§ 350). 이에 대한 가중적 구성요건으로 특수공갈죄(§ 350의2)와 상습공갈죄(§ 351)가 있다. 특수공갈죄는 행위 방법의 위험성 때문에 불법이 가중된 구성요건이고, 상습공갈죄는 상습성으로 인하여 책임이 가중된 구성요건이다.[6] 공갈죄의 미수범은 처벌한다(§ 352). 위 각 범죄에 대하여는 10년 이하의 자격정지를 병과할 수 있다(§ 353). 친족상도례가 적용되며, 동력에 관한 규정도 적용된다(§ 354).

8 한편, 폭력행위 등 처벌에 관한 법률은 공갈죄를 2인 이상 공동하여 범한 때에는 가중처벌하고(§ 2②(iii)), 일정한 경우 누범을 가중처벌하고 있다(§ 2③). 그리고 공갈죄, 특수공갈죄 및 각 그 상습범죄에 있어 취득한 재물 또는 재산상 이익의 가액(이득액)이 5억 원 이상일 때에는 특정경제범죄 가중처벌 등에 관한 법률(이하, 특정경제범죄법이라 한다.)에 의하여 가중처벌 대상이 된다(§ 3①). 헌법재판소는 특정경제범죄법에서의 가중처벌 규정이 합헌이라고 결정하였다.[7]

---

5 배종대, 형법각론(14판), § 71/2; 이재상·장영민·강동범, 형법각론(13판), § 19/2.

6 이재상·장영민·강동범, § 19/3a.

7 헌재 2021. 2. 25, 2019헌바128, 2020헌바275(합헌결정). 「1. '공갈하여'는 폭행 또는 협박을 수단으로 상대방에게 공포심을 일으켜 의사결정에 영향을 주는 행위를 의미하고, 이 경우 '협박'이란 타인의 생명, 신체, 자유 또는 재산 등에 관하여 상대방에게 공포심을 일으켜 의사결정에 영향을 주기에 충분한 정도의 해악을 고지하는 행위를 의미하며, 고지된 해악의 구체적 내용, 고지된 해악과 상대방과의 관계, 전후 상황 등을 종합적으로 고려하여 판단한다. '이득액'은 범죄행위로 자기가 취득하거나 제3자로 하여금 취득하게 한 재물 또는 재산상 이익의 가액으로서, 통상 시장가치인 객관적 교환가치를 의미한다. 구체적 사건에서 법관의 합리적인 해석에 의하여 해당 여부가 판단될 수 있으므로, 심판대상조항은 죄형법정주의의 명확성원칙에 위배되지 아니한다.

2. 폭행이나 협박을 사용하여 타인에게 공포심을 야기하고, 그에 따른 하자 있는 의사에 기초하여 재물이나 재산상 이익을 취하는 행위로 피공갈자의 실질적인 의사결정의 자유, 즉 억압이나 강제되지 아니한 재산 처분행위의 자유가 박탈되는 결과가 초래될 수 있으므로, 이를 규제할 필요성이 크다. 공갈 행위에 대하여 사전 억지력을 갖기 위해서 민사상 손해배상이나 '하도급거래 공정화에 관한 법률'에 따른 분쟁조정 또는 행정적 제재 등이 형사처벌만큼 실효적인 수단이라 단정할 수 없고, 부당이득죄와 공갈죄는 행위 태양이 서로 다르므로, 부당이득죄가 별도로 존재한다고 하여 지나친 형사제재라고 볼 수도 없다. 구체적 사안에 따라 작량감경하여 집행유예도 선고될 수 있는 점, 재산범죄에서 이득액이 불법성의 핵심적인 부분을 이루는 점, 이득액에 따

Ⅲ. 보호법익 및 보호의 정도

1. 보호법익

공갈죄의 보호법익은 1차적으로 개인의 재산이다. 한편, 공갈죄는 공갈을 수단으로 사람의 의사결정의 자유를 침해하는 것을 내용으로 하기 때문에 의사결정의 자유는 2차적인 보호법익이 된다.[8] 사기죄에서는 재산거래의 진실성 내지 의사결정의 자유가 부차적인 보호법익이 될 수 없다는 것이 다수의 견해이나, 공갈죄에서는 의사결정의 자유가 부차적으로 보호법익이 된다는 점에 대해서 견해가 일치한다. 그 논거로 공갈죄는 폭행·협박을 수단으로 타인의 의사결정의 자유를 침해하는 측면이 있다거나,[9] 사기죄에서 기망행위 그 자체는 범죄가 아니지만 공갈죄에서는 폭행·협박 그 자체가 범죄가 된다는 점을 든다.[10] 9

따라서 사기죄와는 달리 공갈죄에서는 피공갈자와 피해자가 일치하지 않는 경우에 피공갈자도 피해자가 될 수 있다.[11] 피공갈자와 재산상의 피해자가 다른 이른바 삼각공갈의 경우 공갈자가 피공갈자 및 재산상의 피해자 모두와 친족관계에 있는 때에 친족상도례가 적용된다.[12] 10

공갈죄의 일차적인 보호법익이 재산이라는 점에는 다툼이 없으나, '재산'의 개념을 어떻게 보아야 하는지에 대해서는 사기죄에서와 마찬가지로 견해의 대립이 있다. 11

① 전체로서의 재산이라는 견해(전체재산설),[13] ② 개별 재산이라는 견해(개별재산설),[14] ③ 재물갈취와 이익갈취를 나누어 전자의 경우 개별 재산으로, 후자 12

른 단계적 가중처벌의 명시를 통해 일반예방 및 법적 안정성에 기여할 수 있고, 법원의 양형편차를 줄여 사법에 대한 신뢰를 제고할 수 있는 점 등을 고려할 때, 이득액을 기준으로 한 가중처벌이 책임과 형벌 간 비례원칙에 위배된다고 볼 수 없다.」

8 김성돈, 형법각론(5판), 396; 김일수·서보학, 새로쓴 형법각론(9판), 374; 박상기, 형법각론(8판), 353; 배종대, § 71/3; 손동권·김재윤, 새로운 형법각론, § 23/2; 신동운, 1130; 오영근, 형법각론(4판), 332; 이재상·장영민·강동범, § 19/3; 이형국·김혜경, 형법각론(2판), 435; 임웅, 형법각론(9정판), 459; 정성근·박광민, 형법각론(전정2판), 412; 정영일, 형법강의 각론(3판), 199.

9 신동운, 1130.

10 오영근, 332.

11 김성돈, 396; 박상기, 353; 오영근, 332; 이재상·장영민·강동범, § 19/3; 정성근·박광민, 410.

12 손동권·김재윤, § 23/2; 정성근·박광민, 410.

13 손동권·김재윤, § 23/2; 이재상·장영민·강동범, § 19/14.

14 오영근, 332.

의 경우 전체 재산으로 보아야 한다는 견해[15]로 나뉜다. 이러한 견해 차이는 공갈죄 성립에 '재산상 손해의 발생'을 필요로 하는가 하는 문제에도 영향을 미쳐, 위 ①의 전체손해설의 입장은 재산상 손해의 발생을 요한다고 하고, 반면 ②의 개별재산설의 입장은 공갈죄가 성립하기 위해서는 재물 또는 재산상의 이익 취득만 있으면 되고 재산상 손해의 발생을 요하지 않는다고 한다. 예컨대, 재물을 갈취하면서 그에 상응하는 대가가 지불된 경우에 있어, 위 ①의 전체재산설의 입장에서는 전체 재산의 손해는 없다는 이유로 공갈죄 성립을 부정하고,[16] ②의 개별재산설의 입장에서는 공갈죄 성립을 긍정한다.[17] 판례는 재물의 교부 자체가 공갈죄에서의 재산상 손해에 해당하므로, 반드시 피해자의 전체 재산의 감소가 요구되는 것은 아니라고 한다.[18]

2. 보호의 정도

13 공갈죄의 보호법익이 보호받는 정도는 침해범이다.[19]

〔송 경 호〕

15 정성근·박광민, 411; 황산덕, 형법각론(6정판), 307.
16 이재상·장영민·강동범, § 19/14.
17 오영근, 332.
18 대판 2013. 4. 11, 2010도13774. 본 판결 평석은 우인성, "특정신문사들의 광고주에 대한 소비자 불매운동의 법적 한계", 올바른 재판 따뜻한 재판: 이인복 대법관 퇴임기념 논문집, 사법발전재단(2016), 405-467.
19 김성돈, 396; 김일수·서보학, 378; 손동권·김재윤, § 23/2; 오영근, 332; 이재상·장영민·강동범, § 19/3; 이형국·김혜경, 435; 임웅, 459; 정성근·박광민, 410; 정영일, 199; 주호노, 형법각론, 790.

第350条(공갈)

① 사람을 공갈하여 재물의 교부를 받거나 재산상의 이익을 취득한 자는 10년 이하의 징역 또는 2천만원 이하의 벌금에 처한다. 〈개정 1995. 12. 29.〉

② 전항의 방법으로 제삼자로 하여금 재물의 교부를 받게 하거나 재산상의 이익을 취득하게 한 때에도 전항의 형과 같다.

Ⅰ. 구성요건 ······ 535
1. 의의 및 주체 ······ 535
2. 객 체 ······ 535
3. 공갈 - 폭행·협박 ······ 538
4. 처분행위 ······ 547
5. 손해의 발생 ······ 551
6. 갈취이득액 산정 ······ 552
7. 인과관계 ······ 554
8. 미수와 기수 ······ 554
9. 고의 및 불법영득(이득)의사 ······ 557
Ⅱ. 위법성 ······ 559
1. 위법성조각사유 ······ 559
2. 권리행사와 공갈죄의 성립 여부 ······ 560
Ⅲ. 죄 수 ······ 566
Ⅳ. 다른 죄와의 관계 ······ 568
1. 폭행죄·협박죄와의 관계 ······ 568
2. 사기죄와의 관계 ······ 568
3. 뇌물죄와의 관계 ······ 569
4. 강요죄와의 관계 ······ 571
5. 강도죄와의 관계 ······ 571
6. 상해죄와의 관계 ······ 572
7. 절도죄와의 관계 ······ 572
8. 장물죄와의 관계 ······ 573
9. 횡령죄와의 관계 ······ 573
10. 도박죄와의 관계 ······ 573
11. 그 밖의 죄와의 관계 ······ 574
Ⅴ. 처 벌 ······ 574

Ⅰ. 구성요건

1. 의의 및 주체

본죄(공갈죄)는 사람을 공갈하여 재물의 교부를 받거나 재산상의 이익을 취득함으로써(제1항) 또는 제3자로 하여금 재물의 교부를 받게 하거나 재산상의 이익을 취득하게 함으로써(제2항) 성립한다. 1

본죄의 주체는 특별한 신분을 요하지 않는다는 점에서 공갈죄는 비신분범이다(통설). 2

2. 객 체

본죄의 객체는 타인의 재물 또는 재산상의 이익이다. 재물 또는 재산상의 3

이익의 개념은 기본적으로 **사기죄**(§ 347)의 경우와 같다.

(1) 타인

4 타인에는 자연인뿐만 아니라 법인도 포함한다.[1] 예컨대, 회사의 임직원을 공갈하여 회사의 재산을 갈취하는 것도 가능하다.[2] 그 밖의 단체나 국가, 지방자치단체도 포함한다.[3]

(2) 재물

5 재물에는 동산뿐만 아니라 부동산도 포함된다.[4] 상대방의 재산적 처분행위에 기하여 등기 이전의 형태로 사실상 부동산의 점유를 이전하는 것이 가능하기 때문이다.[5] 동산의 개념은 기본적으로 **절도죄**(§ 329)에서와 같다. 소유 또는 점유가 금지되는 금제품(禁制品),[6] 도품[7]과 같은 장물, 불법원인급여물[8]도 본죄의 객체가 될 수 있다.[9] 예컨대, 도박자금을 빌려주었다가 변제하지 않자 공갈하여 이를 돌려받은 경우 본죄가 성립할 수 있다.[10] 전기와 같은 관리할 수 있는 동력도 본죄의 객체가 된다(§ 336, § 354). 재물이 반드시 경제적 교환가치 있는 재물에 한정되는가에 관하여 견해 대립이 있으나, 절도죄에 관하여 판례는 그에 한정되지 않는다고 판시하였다.[11]

6 본죄의 객체인 재물은 타인이 점유하는 타인 소유이어야 한다.[12] 자기 소유의 재물은 본죄의 객체에서 제외된다. 타인 소유인지 여부는 민법이나 그 밖의 법령에 따라 판단된다.[13] 판례는 A가 B의 돈을 절취한 다음 다른 금전과 섞거

1 김성돈, 형법각론(5판), 397; 김일수·서보학, 새로쓴 형법각론(9판), 376; 신동운, 형법각론(2판), 1131; 정성근·박광민, 형법각론(전정2판), 411.
2 대판 2007. 10. 11, 2007도6406.
3 신동운, 1131.
4 大判 明治 44(1911). 12. 4. 刑録 17·28·2095.
5 신동운, 1131.
6 最判 昭和 25(1950). 4. 11. 刑集 4·4·528.
7 最判 昭和 24(1949). 2. 8 刑集 3·2·83.
8 東京高判 昭和 38(1963). 3. 7. 東時 14·3·35.
9 김성돈, 397; 김일수·서보학, 375; 신동운, 1131; 이형국·김혜경, 형법각론(2판), 437; 임웅, 형법각론(9정판), 462; 정성근·박광민, 411.
10 대판 2001. 3. 23, 2001도359.
11 대판 1976. 1. 27, 74도3442.
12 김성돈, 397; 손동권·김재윤, 새로운 형법각론, § 23/5; 신동운, 1130; 오영근, 형법각론(4판), 333; 정성근·박광민, 411.
13 신동운, 1130; 정영일, 형법강의 각론(3판), 199.

나 교환하지 않고 쇼핑백에 넣어 따로 보관하여 두었는데, 피고인 甲이 B의 지시로 폭력조직원 乙과 함께 A를 찾아가 겁을 주어 쇼핑백에 들어 있던 절취된 돈을 교부받아 갈취하였다 하여 폭력행위등처벌에관한법률위반(공동공갈)으로 기소된 사안에서, 피고인 등이 A에게서 되찾은 돈은 절취 대상인 당해 금전이라고 구체적으로 특정할 수 있어 객관적으로 甲의 다른 재산과 구분됨이 명백하므로 이를 타인인 A의 재물이라고 볼 수 없다는 이유로 본죄의 성립을 부정하였다.[14]

7 참고로 일본형법 제242조는 "자기의 재물이라 할지라도 타인의 점유에 속하거나 공무소의 명령에 의하여 타인이 간수하는 것인 때에는 타인의 재물로 간주한다."라고 규정하고, 본죄에도 이를 준용하기 때문에 타인이 점유하는 자기 소유 물건의 경우에도 본죄가 성립할 여지가 있게 된다.[15] 그러나 그와 같은 규정이 없는 우리 형법상으로는 타인이 점유하는 자기 소유의 재물은 권리행사방해죄(§323)의 객체가 될 수 있을 뿐 본죄의 객체는 될 수 없다.

8 폭행·협박을 통해 자기가 점유하는 타인 소유의 재물을 영득한 경우에도 본죄는 성립하지 않는다. 이때에는 폭행·협박죄와 횡령죄의 상상적 경합이 된다는 견해가 있다.[16]

(3) 재산상 이익

9 본죄의 객체인 재산상의 이익이란 재물 이외의 일체의 재산적 가치 있는 이익을 말하고, 채권의 취득, 노무의 제공과 같은 적극적 이익뿐만 아니라 채무의 탕감이나 면제와 같은 소극적 이익을 포함한다.[17] 반드시 영구적일 것을 요하지 않으며, 채무의 이행을 연기받는 것과 같은 일시적 이익도 포함한다.[18]

10 이성과의 정교는 그 금전적 대가가 문제되지 않는 한 '재산상'의 이익이 아니므로 본죄의 객체가 될 수 없다.[19] 공갈에 의하여 이성과 정교한 경우에는 강

---

14 대판 2012. 8. 30, 2012도6157.
15 最判 昭和 34(1959). 8. 28. 刑集 13·10·2906.
16 오영근, 333.
17 김성돈, 397; 배종대, 형법각론(14판), §71/3; 신동운, 1131; 오영근, 333; 이재상·장영민·강동범, 형법각론(13판), §19/5; 정영일, 199.
18 김성돈, 397; 배종대, §71/3; 신동운, 1131; 오영근, 333; 정영일, 199.
19 김성돈, 397; 배종대, §71/3; 손동권·김재윤, §23/5; 신동운, 1132; 오영근, 333; 이재상·장영민·강동범, §19/5; 임웅, 462; 정성근·박광민, 411; 정영일, 199.

간죄나 강제추행죄, 강요죄 등이 문제될 수 있을 뿐이다. 반면, 대가를 주기로 하고 정교를 맺은 후 공갈하여 그 대가의 지급을 면한 경우에는 본죄가 성립할 수 있다.[20] 판례는 같은 취지에서, 본죄는 재산범으로서 그 객체인 재산상 이익은 경제적 이익이 있는 것을 말하는 것인바, 일반적으로 부녀와의 정교 그 자체는 이를 경제적으로 평가할 수 없는 것이므로 부녀를 공갈하여 정교를 맺었다고 하여도 특단의 사정이 없는 한 이로써 재산상 이익을 취득한 것이라고 볼 수 없는 것이며, 부녀가 접대부라 할지라도 피고인과 매음(성매매)을 전제로 정교를 맺은 것이 아닌 이상 피고인이 매음대가의 지급을 면하였다고 볼 여지도 없어 본죄가 성립하지 아니한다고 판시하였다.[21]

11 본죄의 객체가 재물인지 재산상 이익인지는 피해자와의 관계에서 살펴보아 그것이 피해자 소유의 재물인지 또는 피해자 보유의 재산상 이익인지에 따라 구별하여야 한다.[22] 예컨대, 피해자가 범인으로부터 공갈당하여 현금을 범인 명의의 계좌로 입금한 경우라면 객체는 현금으로서 재물이고, 피해자 명의의 예금계좌에서 범인 명의의 계좌로 이체 방식으로 송금한 경우라면 객체는 피해자의 예금채권으로서 재산상 이익이다.

3. 공갈 – 폭행·협박

(1) 개요

12 본죄의 행위의 수단은 공갈이다. 공갈이란 재물을 교부받거나 재산상의 이익을 취득하기 위하여 폭행 또는 협박으로 상대방으로 하여금 외포심 또는 공포심을 일으키게 하는 것을 말한다.

13 본죄는 원래 협박을 수단으로 하는 것에서 출발한 범죄인 점에서 폭행도 공갈의 수단에 포함시킬 수 있는지 하는 의문이 있을 수 있다. 독일형법 제253

20 김성돈, 397; 배종대, § 71/3; 손동권·김재윤, § 23/5; 신동운, 1132; 오영근, 333; 이재상·장영민·강동범, § 19/5; 임웅, 462; 정성근·박광민, 411; 정영일, 199.

21 대판 1983. 2. 8, 82도2714. 이와는 달리, 부녀가 금품 등을 받을 것을 전제로 성행위를 하는 경우 그 행위의 대가는 사기죄의 객체인 경제적 이익에 해당하므로, 부녀를 기망하여 성행위 대가의 지급을 면하는 경우 사기죄가 성립한다고 한 판례로는 대판 2001. 10. 23, 2001도2991[본 판결 해설은 김기정, "매음료(賣淫料)의 면탈과 사기죄의 성부", 해설 39, 법원도서관(2002), 429-439].

22 사기죄에 관한 대판 2010. 12. 9, 2010도6256.

조의 공갈죄(Erpressung)는 명시적으로 그 행위의 수단을 '폭행 또는 상당한 해악을 고지한 협박'이라고 규정하고 있다. 반면 우리 형법은 일본형법과 마찬가지로 행위의 수단을 '공갈'로만 규정하고 있는데, 현재 공갈의 내용에 협박 외에 폭행이 포함된다는 점에 대해서는 별다른 이론이 없다.

강도죄에서의 폭행·협박이 상대방의 반항을 억압하거나 항거를 불가능하 14
게 할 정도를 요함에 반하여, 공갈죄에서의 폭행·협박은 상대방의 임의의 의사를 제한하는 정도이면 충분하다. 두 죄는 폭행·협박의 '정도'에 있어서 구분이 된다. 이러한 의미에서 본죄의 수단인 폭행·협박과 강도죄의 그것은 질적 차이가 있는 것이 아니라 양적 차이에 지나지 않는다(통설[23]·판례[24]).

본죄에서의 폭행·협박이 상대방의 의사의 자유를 제한할 정도에 이르렀는 15
지 여부에 대한 판단은 행위자와 피해자의 성질(성별·신분·체격), 행위의 태양(폭행·협박의 양태), 행위의 상황(범행장소 및 시간) 등 구체적 상황을 고려하여 사회일반인의 입장에서 객관적으로 내려야 한다(객관설).[25] 어떤 행위가 그것만으로 공포심을 일으키기에 부족하여도 다른 사정과 결합하여 공포심을 일으킬 수 있으면 공갈행위가 될 수 있다.[26] 만일 가해진 폭행·협박이 객관적으로 공포심을 야기하기에 충분한 정도임에도 상대방이 영향을 받지 않았다면, 본죄의 미수가 된다. 반대로 객관적으로 공포심을 가질 수 없는 행위에 대해 공포심을 느낀 경우에는 본죄의 객관적 구성요건이 결여되어 본죄가 성립하지 않음은 물론 협박죄도 성립하지 않고, 경우에 따라서 절도죄가 될 수 있을 뿐이다.[27]

판례는 가출자의 가족에 대하여 가출자의 소재를 알려주는 조건으로 보험가 16
입을 요구한 피고인의 소위(행위)는 가출자를 찾으려고 하는 그 가족들의 안타까운 심정을 이용하여 보험가입을 권유 내지 요구하는 언동으로 도의상 비난할 수 있을지언정 그로 인하여 가족들에 새로운 외포심을 일으키게 되거나 외포심이 더하여진다고는 볼 수 없으므로, 이를 본죄에 있어서의 협박이라고 볼 수 없다고

---

23 김성돈, 399; 김일수·서보학, 377; 박상기, 형법각론(8판), 354; 이재상·장영민·강동범, § 19/6; 정성근·박광민, 415.

24 대판 1960. 2. 29, 4292형상997.

25 김성돈, 400; 김일수·서보학, 377; 이형국·김혜경, 438; 임웅, 461; 정성근·박광민, 415.

26 김성돈, 400.

27 배종대 § 71/9; 임웅, 461; 정성근·박광민, 415.

판단하였다.[28]

(2) 폭행

17 본죄에서의 폭행이란 사람에 대한 직접·간접의 유형력 행사를 말한다(이른바 '광의의 폭행' 개념).[29] 사람에 대한 유형력의 행사를 의미하지만, 반드시 사람의 신체에 대하여 직접 행하여졌을 것을 요하는 것은 아니다. 물건에 대한 유형력의 행사도 간접적으로 사람에 대한 것이라고 볼 수 있으면 된다.[30] 독일형법학의 영향을 받아 폭행의 종류나 형태를 절대적 폭력(vis absoluta)과 강제적 폭력[31](vis compulsiva)으로 나누어 피공갈자의 의사형성을 생각할 여지가 없는 절대적 폭력은 본죄의 수단에서 제외되고, 다소간의 피해자의 의사형성이 가능한 강제적 폭력만 본죄의 수단이 된다는 견해도 있다.[32] 이에 따르면, 절대적 폭력은 피공갈자의 의사형성을 전혀 불가능하게 하여 피공갈자의 하자 있는 의사에 기한 처분행위라는 요건을 충족시킬 수가 없기 때문에 본죄가 성립하지 않고 강도죄가 성립할 수 있을 뿐이다.[33]

18 본죄의 폭행의 정도는 상대방에게 외포심 또는 공포심을 일으킬 수 있는 것으로서, 상대방의 반항을 억압할 정도에 이르지 않는 것이어야 한다(통설).[34]

(3) 협박

(가) 협박의 의의

19 본죄에서의 협박이란 해악을 가할 것을 고지하여 상대방에게 외포심 또는 공포심을 일으키는 것을 말한다(이른바 '협의의 협박' 개념).[35] 판례는 본죄의 수단으로서 협박은 구체적 사정을 참작하여 객관적으로 사람의 의사결정의 자유를 제한하거나 의사실행의 자유를 방해할 정도로 겁을 먹게 할 만한 해악을 고지

28 대판 1976. 4. 27, 75도2818.
29 김성돈, 398; 김일수·서보학, 376; 배종대, § 71/5; 손동권·김재윤, § 23/7; 오영근, 334; 이재상·장영민·강동범, § 19/7; 임웅, 460; 정성근·박광민, 412.
30 김성돈, 398; 김일수·서보학, 376; 배종대, § 71/5; 오영근, 334; 이재상·장영민·강동범, § 19/7; 임웅, 460; 정성근·박광민, 412.
31 '심리적 폭력' 또는 '강압적 폭력'이라는 용어로 쓰이기도 한다.
32 김성돈, 398; 김일수·서보학, 376; 배종대, § 71/5; 손동권·김재윤, § 23/7; 이재상·장영민·강동범, § 19/7; 이형국·김혜경, 438; 임웅, 460.
33 김성돈, 398; 배종대, § 71/5.
34 最決 昭和 33(1958). 3. 6. 刑集 12·3·452.
35 김성돈, 398; 김일수·서보학, 376; 배종대, § 71/7; 손동권·김재윤, § 23/8; 오영근, 334; 이재상·장영민·강동범, § 19/8; 임웅, 460; 정성근·박광민, 413.

하는 것이라고 한다.[36]

(나) 협박의 내용

협박의 종류나 내용에는 특별한 제한이 없다. 현재뿐만 아니라 장래의 사항도 무방하다. 생명, 신체에 대한 협박에 한하지 않고, 자유, 명예, 신용, 재산에 대한 것도 포함된다.[37] 범죄사실을 수사기관에 신고하겠다고 위협하거나, 회사의 신용을 떨어뜨리겠다거나, 가정의 평화를 깨뜨리겠다거나, 사람의 비밀을 폭로하겠다는 것도 협박에 해당한다. 20

이와 관련하여 판례에서 협박으로 인정된 사례로는, ① 피고인이 교통사고로 2주일간의 치료를 요하는 상해를 당하여 그로 인한 손해배상청구권이 있음을 기화로 사고차량의 운전사가 바뀐 것을 알고서 그 운전사의 사용자에게 과다한 금원을 요구하면서 이에 응하지 않으면 수사기관에 신고할 듯한 태도를 보여 이에 겁을 먹은 동인으로부터 350만 원을 교부받은 경우,[38] ② 창업투자회사의 소액 주주인 피고인이 회사의 대표이사가 회사 자금 100억 원을 횡령하였다고 수사기관에 고소하고 그 사실을 인터넷에 수회에 걸쳐 게시하였을 뿐만 아니라 회계장부 열람을 위한 가처분을 신청하고 이를 이유로 회사 사무실을 수시로 방문하여 회사의 업무에 적지 않은 방해를 주고 있는 상황에서, 위 회사 지점장에게 금전을 요구하면서 이에 응하지 않을 경우 계속하여 고소 제기 등과 같은 행위를 함으로써 회사의 업무에 지장을 줄 것 같은 태도를 보인 경우,[39] ③ 신문의 부실공사 관련 기사에 대한 해당 건설업체의 반박광고가 있었음에도 재차 부실공사 관련 기사가 나가는 등 그 신문사 기자들과 그 건설업체 대표이사의 감정이 악화되어 있는 상태에서, 그 신문사 사주 및 광고국장이 보도 자제를 요청하는 그 건설업체 대표이사에게 자사 신문에 사과광고를 싣지 않으면 그 건설업체의 신용을 해치는 기사가 계속 게재될 것 같다는 기자들의 분위기를 전달하는 방식으로 사과광고를 게재토록 하고 과다한 광고료를 받은 21

36 대판 1991. 11. 26, 91도2344; 대판 2001. 2. 23, 2000도4415; 대판 2007. 9. 21, 2007도5600; 대판 2008. 4. 10, 2007도7392; 대판 2019. 2. 14, 2018도19493.

37 김성돈, 398; 김일수·서보학, 376; 박상기, 355; 배종대, § 71/7; 이재상·장영민·강동범, § 19/9; 정성근·박광민, 413.

38 대판 1990. 3. 27, 89도2036.

39 대판 2007. 10. 11, 2007도6406.

경우,[40] ④ 방송기자인 피고인이 피해자에게 피해자 경영의 건설회사가 건축한 아파트의 진입도로 미비 등 공사하자에 관하여 방송으로 계속 보도할 것 같은 태도를 보임으로써 피해자가 위 방송으로 말미암아 그의 아파트 건축사업이 큰 타격을 받고 자신이 경영하는 회사의 신용에 커다란 손실을 입게 될 것을 우려하여 방송을 하지 말아 달라는 취지로 200만 원을 피고인에게 교부한 경우,[41] ⑤ 자동차 부품 하청업체 대표가 완성자동차 회사의 1차 벤더회사에게 수일 내에 돈을 지급하지 않으면 자동차 부품 생산라인을 중단하여 큰 손실을 입게 만들겠다는 태도를 보여 피해 회사들로부터 손실비용 등 명목으로 110억 원과 42억 원을 교부받은 경우,[42] ⑥ 유부녀와 간통하고 이를 미끼로 협박하여 금원을 교부받은 경우[43]가 있다.

22 또한, 회사를 상대로 불매운동을 하겠다는 것도 구체적 상황에 따라 협박행위에 해당할 수 있다. 판례는 ⑦ 언론운동 시민단체 대표인 피고인이 피해자 회사가 특정 신문들에 광고를 편중했다는 이유로 기자회견을 열어 위 회사에 대하여 불매운동을 하겠다고 하면서 A, B, C 등 특정 신문들에 대한 광고를 중단할 것과 D, E 등 다른 신문에 대해서도 동등하게 광고를 집행할 것을 요구하였고, 이에 불매운동이 지속되어 영업에 타격을 입게 될 것을 우려한 위 회사가 회사 인터넷 홈페이지에 '앞으로 특정 언론사에 편중하지 않고 동등한 광고 집행을 하겠다.'라는 내용의 팝업창을 띄우고, 광고 집행 예정이 전혀 없었던 D, E 신문에 광고를 게재하고 광고비를 지급한 사안에서, 대상 기업에 특정한 요구를 하면서 이에 응하지 않을 경우 불매운동의 실행 등 대상 기업에 불이익이 되는 조치를 취하겠다고 고지하거나 공표하는 것과 같이 소비자불매운동의 일환으로 이루어지는 것으로 볼 수 있는 표현이나 행동이 정치적 표현의 자유나 일반적 행동의 자유 등의 관점에서도 전체 법질서상 용인될 수 없을 정도로 사회적 상당성을 갖추지 못한 때에는, 그 행위 자체가 본죄에서 말하는 협박의 개념에 포섭될 수 있다고 판단하였다.[44]

---

40 대판 1997. 2. 14, 96도1959.

41 대판 1991. 5. 28, 91도80.

42 대판 2019. 2. 14, 2018도19493.

43 대판 1984. 5. 9, 84도573.

44 대판 2013. 4. 11, 2010도13774. 본 판결 평석은 우인성, "특정신문사들의 광고주에 대한 소비자

고지하는 해악은 그 자체가 위법할 것을 요하지 않는다.[45] 거래를 단절하겠 23
다거나 형사고소를 하겠다는 것과 같이 그 내용이 적법한 때에도 협박이 될 수 있다.[46] 고지되는 해악의 내용이 반드시 진실일 것을 요하지도 않는다.[47]

(다) 협박의 방법

협박의 방법에는 특별한 제한이 없다.[48] 명시적인 방법뿐만 아니라 묵시적 24
인 방법에 의해서도 가능하다.[49]

피고인이 수개월 간 정신병원에 강제입원되어 있는 남편인 피해자의 퇴원 25
요구를 지속적으로 거절해 온 상황에서 피해자에게 재산이전 요구를 하였고, 자신에 대한 입원조치가 계속되는 것에 불안감을 느낀 피해자가 퇴원을 조건으로 재산 이전에 응하였다면, 관계 법령상 퇴원의 결정권을 쥐고 있는 피고인의 위 재산 이전 요구는 이에 응하지 않으면 계속적인 입원치료라는 불이익이 초래될 위험이 있다는 위구심을 야기시키는 암묵적 의사표시로서 피해자의 재산처분에 관한 의사결정의 자유를 제한하거나 의사실행의 자유를 방해하기에 충분한 것으로 해악의 고지로 볼 수 있다.[50]

또한, 피고인이 시청 환지계장으로서 피해자가 도급받은 공사를 지휘·감독 26
하는 직책에 있어 피해자로서는 피고인의 지휘·감독 여하에 따라 공사에 대하여 견제 또는 방해받을 수 있는 위치였다면, 피고인이 피해자에게 금전 차용을 요구할 수 있는 정도의 우정관계가 있었다는 등의 특별한 사정이 없는 한 피고인이 피해자로부터 차용 명목으로 30만 원을 교부받았더라도 묵시적으로 공갈을 하여 갈취한 것으로 볼 수 있다.[51]

불매운동의 법적 한계", 올바른 재판 따뜻한 재판: 이인복 대법관 퇴임기념 논문집, 사법발전재단(2016), 405-467.

45 김성돈, 398; 박상기, 355; 배종대, § 71/7; 손동권·김재윤, § 23/8; 이재상·장영민·강동범, § 19/9; 정성근·박광민, 413.

46 이재상·장영민·강동범, § 19/9.

47 김성돈, 398; 박상기, 355; 오영근, 334; 이재상·장영민·강동범, § 19/9. 판례도 마찬가지이다(대판 1961. 9. 21, 4294형상385).

48 最決 昭和 33(1958). 3. 6. 刑集 12·3·452.

49 김성돈, 398; 박상기, 355; 배종대, § 71/8; 손동권·김재윤, § 23/8; 신동운, 1134; 오영근, 334; 이재상·장영민·강동범, § 19/10; 정성근·박광민, 413; 정영일, 200.

50 대판 2001. 2. 23, 2000도4415.

51 대판 1974. 4. 30, 73도2518.

27 협박은 언어나 문서에 의하여 해악이 통고됨을 요하지 않고 그 밖의 거동에 의하여 상대방으로 하여금 어떠한 해악에 이르게 할 것이라는 인식을 갖게 하는 것도 가능하다.[52] 예컨대, 행위자가 그의 직업, 지위, 불량한 성행, 경력 등에 기하여 불법한 위세를 이용하는 것도 협박이 될 수 있다.[53]

28 판례는 피고인이 호텔에 장기 투숙하면서 호텔 직원들이 보는 앞에서 한눈에도 폭력배로 보이는 다수의 사람들로부터 인사를 받고 이에 적극적으로 응대하는 방식으로 위세를 과시하는 등 수시로 공포분위기를 조성하여 직원들로 하여금 겁을 먹게 하여 그 위세에 눌린 호텔 직원들이 호텔 이용료를 달라는 요구를 체념한 사안에서, 본죄가 성립한다고 보았다.[54]

29 해악의 고지는 직접적이 아니라도 무방하다. 피공갈자 이외의 제3자를 통해서 간접적으로 할 수도 있다.[55] 판례는 피해자들이 제작·투자한 영화의 소재로 삼은 폭력조직의 두목 또는 조직원인 피고인들이 그 영화의 감독을 통해 피해자들에게 금원 지급 요구와 함께 이에 불응할 경우 무언가 불이익을 가할 듯한 태도를 보여 피해자들로부터 금원을 교부받은 사안에서, 피고인들이 감독을 통해 피해자들에게 취한 일련의 행위는 비록 그 수단이 피해자들에게 직접적으로 행하여졌거나 명시적인 해악의 내용을 고지하지는 않았다고 하더라도 감독을 통하여 조직폭력배들의 불량한 성행, 경력 등을 이용하여 재물의 교부를 요구하고 상대방으로 하여금 그 요구에 응하지 아니할 때에는 부당한 불이익을 초래할 위험이 있을 수 있다는 위구심을 야기하게 한 것으로서, 본죄의 구성요건으로서의 해악의 고지에 해당한다고 보았다.[56]

(라) 고지되는 해악의 실현 주체

30 공갈자 자신이 아닌 제3자가 해악을 가할 것이라고 고지하는 것도 협박이 될 수 있다.[57] 다만, 이 경우에는 공갈자가 제3자의 가해행위 결의에 영향을 미칠 수 있음을 상대방이 알게 하거나 상대방이 그러한 사정을 추측할 수 있는 상

---

52 김성돈, 398; 박상기, 355; 배종대, § 71/8; 신동운, 1134; 오영근, 334; 이재상·장영민·강동범, § 19/10; 정성근·박광민, 413; 정영일, 200.
53 신동운, 1135; 정성근·박광민, 413; 정영일, 200.
54 대판 2003. 5. 13, 2003도709.
55 손동권·김재윤, § 23/8; 신동운, 1134; 오영근, 334; 정영일, 200.
56 대판 2005. 7. 15, 2004도1565.
57 김성돈, 398; 김일수·서보학, 376; 신동운, 1135; 오영근, 334; 이재상·장영민·강동범, § 19/9.

황이어야 한다.[58] 현실적으로 공갈자가 제3자에게 영향을 미칠 수 있음을 요하지 않는다.[59] 제3자가 실제인인지 가공인인지는 묻지 않는다.[60]

(마) 고지되는 해악의 실현의사 및 실현가능성

공갈자가 고지한 해악 내용을 실제로 실현할 의사를 갖고 있지 않더라도 본죄의 성립에는 영향이 없다.[61] 고지된 해악이 반드시 현실적으로 실현가능할 것임을 요하지도 않으나, 상대방이 실현가능한 것으로 인식할 정도는 되어야 한다.[62] 31

천재지변이나 길흉화복의 예고를 해악의 고지로 볼 수 있는지가 문제된다. 32
본죄에서의 해악의 고지는 인위적인 것뿐만 아니라 천재지변 또는 신력(神力)이나 길흉화복에 관한 것도 포함될 수는 있다. 다만, 천재지변 또는 신력이나 길흉화복을 해악으로 고지하는 경우에는 상대방으로 하여금 행위자 자신이 그 천재지변 또는 신력이나 길흉화복을 사실상 지배하거나 그에 영향을 미칠 수 있는 것으로 믿게 하는 명시적 또는 묵시적 행위가 있어야 본죄가 성립할 수 있다(통설[63]·판례[64]).

판례에 나타난 사례를 보면, ① 피고인이 피해자들에게 자신을 100년 만에 33
나타난 지장보살이라고 말하는 등 마치 법력이 높은 스님으로 행세하면서 자신의 기도가 피해자들과 그 가족의 건강이나 사업 등을 좌우할 수 있는 것처럼 믿게 한 후, 피해자들에게 해악을 고지하면서 그 해악을 물리쳐주는 기도의 대가를 요구하거나 또는 피해자들이 원하는 바를 성취할 수 있도록 기도를 하여 주겠다고 하면서 그 대가를 요구한 사안에서, 피해자들이 자발적으로 재산적 처분행위에 나아간 것이 아니라 피고인의 요구에 의하여 재산적 처분행위가 이루어진 것일 뿐만 아니라 재물이나 재산적 이익의 교부액도 피해자들의 재산 상태로 보아 과다한 점에 비추어 그것이 통상적인 종교적 헌금에 해당한다고 보기 어려우므

58 김성돈, 398; 신동운, 1135; 오영근, 334; 이재상·장영민·강동범, §19/9.
59 신동운, 1135.
60 서일교, 형법각론, 174.
61 김성돈, 398; 김일수·서보학, 376; 박상기, 355; 배종대, §71/7; 손동권·김재윤, §23/8; 신동운, 1135; 오영근, 334; 이재상·장영민·강동범 §19/9; 정성근·박광민, 413; 정영일, 200.
62 김성돈, 398; 김일수·서보학, 376; 박상기, 355; 손동권·김재윤, §23/8; 신동운, 1135; 오영근, 334; 정성근·박광민, 413; 정영일, 200.
63 김성돈, 398; 배종대, §71/7; 손동권·김재윤, §23/9; 신동운, 1135; 오영근, 334; 정성근·박광민, 414.
64 대판 2002. 2. 8, 2000도3245.

로, 피고인의 행위는 종교적 행위의 한계를 넘은 것으로서 형법상 본죄나 사기죄에 해당한다고 본 것이 있다.[65]

34 반면에, ② 조상천도제를 지내지 아니하면 좋지 않은 일이 생긴다는 취지의 해악의 고지는 길흉화복이나 천재지변의 예고로서 행위자에 의하여 직접·간접적으로 좌우될 수 없는 것이고, 가해자가 현실적으로 특정되어 있지도 않으며, 해악의 발생가능성이 합리적으로 예견될 수 있는 것이 아니므로 협박으로 평가될 수 없다고 보아 본죄 성립을 부정한 것이 있다.[66]

(4) 공갈의 상대방

35 공갈행위의 상대방(피공갈자)은 재산상의 피해자와 동일인임을 요하지 않는다.[67] 다만, 이때에도 피공갈자와 처분행위자는 같은 사람이어야 한다.[68] 회사의 이사를 공갈하여 회사의 재산을 처분하게 한 경우와 같이 피공갈자와 재산상의 피해자가 다른 삼각공갈에 있어서는, 삼각사기의 경우와 마찬가지로 피공갈자가 피해자의 재산에 대해서 처분할 수 있는 사실상의 권한이나 지위에 있어야 한다.[69]

36 판례는, ① 주점의 종업원에게 신체에 위해를 가할 듯한 태도를 보여 이에 겁을 먹은 위 종업원으로부터 주류를 제공받은 경우에, 위 종업원은 주류에 대한 사실상의 처분권자이므로 본죄의 피해자에 해당된다고 보아 본죄 성립을 긍정하였다.[70] 반면, ② 타인에게 물건을 훔쳐오지 않으면 가만두지 않겠다고 위협하여 절도행위를 하게 한 경우에는, 절도죄의 교사범과 강요죄의 상상적 경합이 인정될 뿐 본죄는 성립하지 않는데, 이는 절도범을 재산상의 처분행위를 할 수 있는 지위에 있는 사람으로 볼 수 없기 때문이다.[71]

---

65 대판 2001. 11. 30, 2001도2587.

66 대판 2002. 2. 8, 2000도3245. 본 판결 해설은 정형식, "가. 공갈죄의 수단으로써 협박의 의미, 나. 조상천도제를 지내지 아니하면 좋지 않은 일이 생긴다는 취지의 해악의 고지가 공갈죄의 수단으로써의 협박으로 평가될 수 없다고 한 사례", 해설 41, 법원도서관(2002), 636-646.

67 大判 昭和 11(1936). 1. 30. 刑集 15·1·53.

68 김성돈, 400; 김일수·서보학, 377; 손동권·김재윤, § 23/12; 신동운, 1132; 이재상·장영민·강동범 § 19/13; 임웅, 462; 정성근·박광민, 415; 정영일, 200.

69 김성돈, 400; 김일수·서보학, 377; 손동권·김재윤, § 23/12; 신동운, 1132; 이재상·장영민·강동범 § 19/13; 임웅, 463; 정성근·박광민, 415; 정영일, 200.

70 대판 2005. 9. 29, 2005도4738.

71 박상기, 360.

본죄에서 해악의 고지의 상대방은 의사능력이 있는 사람에 한정한다.[72] 14세, 15세의 아이들로부터 금원을 갈취하였다면, 준사기죄가 아니고 본죄가 성립한다.[73] 37

4. 처분행위

(1) 의의

본죄가 성립하기 위해서는 공갈자의 협박으로 인하여 피공갈자가 외포되어야 하고, 이로 인하여 재산적 처분행위를 하여 공갈자나 제3자가 재물의 교부를 받거나 재산상의 이익을 취득하여야 한다. 본죄 성립에 있어서 상대방인 피공갈자의 처분행위가 필요하다는 점에 대해서는 이론이 없고, 이 점에서 처분행위가 불필요한 강도죄와 구별된다. 38

처분행위 요건의 성격에 대해서는, ① 해석상 도출되는 이른바 기술되지 아니한 구성요건표지라는 견해[74]와 ② 재물을 교부받거나 재산상 이익을 취득하는 것은 피공갈자의 처분행위를 당연한 전제로 하므로 기술된 구성요건요소로 보아야 한다는 견해[75]로 나뉜다. 39

처분행위의 방법은 작위뿐만 아니라 부작위, 묵인 또는 수인의 방법으로도 가능하다(통설[76]).[77] 예컨대, 상점 주인에게 공갈행위를 하여 대금을 지불하지 않고 진열하여 둔 상품을 가지고 간 경우 상점주인의 행위는 묵인에 의한 재물의 처분행위에 해당하고,[78] 채무자가 채권자를 협박하여 권리행사를 하지 못하게 함으로써 채권의 소멸시효에 걸리게 한 경우 채무자의 행위는 부작위에 의한 재산상 이익의 처분행위에 해당한다.[79] 40

72 오영근, 334.
73 대판 1968. 1. 31, 67도1319.
74 김일수·서보학, 377; 한상훈·안성조, 형법개론(3판), 552.
75 임웅, 461.
76 김성돈, 400; 김일수·서보학, 378; 박상기, 356; 배종대, § 71/11; 손동권·김재윤, § 23/12; 신동운, 1136; 오영근, 335; 이재상·장영민·강동범 § 19/11; 임웅, 462; 정성근·박광민, 415; 정영일, 201.
77 일본 판례도 같은 입장이다. 예컨대, 부작위의 처분행위[最判 昭和 24(1949). 1. 11. 刑集 3·1·1] 묵시적인 처분행위[最決 昭和 43(1968). 12. 11. 刑集 22·13·1469(일시적 지불유예)]를 인정한 판례가 있다.
78 박상기, 356.
79 김일수·서보학, 378.

(2) 처분효과의 직접성

41 외포된 상태에서의 피공갈자의 행위가 처분행위에 해당하기 위하여 그로 인하여 직접 피해자의 손해를 초래하였다고 볼 수 있는 '처분효과의 직접성'이 요구되는지가 문제된다. 사기죄에서는 처분행위에 해당하기 위해서는 처분효과의 직접성 요건이 구비되어야 한다는 데 견해가 대체로 일치하고, 이는 사기와 책략절도를 준별하는 하나의 표식이 된다.

42 학설상으로, ① 본죄에 있어서 처분효과의 직접성이 요구되는지에 관하여는 이를 부정하는 견해[80]도 있으나, ② 다수의 견해는 사기죄의 경우와 달리 볼 이유가 없다는 이유로 이를 긍정한다.[81]

43 사기죄에서의 피해자의 처분행위는 자의성이 강하지만 본죄에서는 그 행위수단인 공갈의 특성상 상대적으로 타의성이 강하고, 따라서 재물의 이전에 있어 공갈자의 행위가 개입될 여지가 크다. 특히 피공갈자가 외포되어 묵인하고 있는 상태에서 공갈자가 직접 재물을 취거(取去)하는 경우에는, 언뜻 보기에 과연 피공갈자의 처분행위를 상정할 수 있는가 하는 의문이 들기도 한다. 이 경우 피공갈자의 행위(수인·묵인)와 재산상 손해 사이에 공갈자의 취거라는 중간행위가 개입됨으로써 피해자의 손해가 공갈자의 행위로 초래되었다고 볼 여지도 있기 때문이다.

44 위 ①의 소수설은 본죄의 경우에는 처분효과의 직접성 요건을 사기죄의 그것에 비하여 완화하거나 아예 불필요하다고 봄으로써 이러한 난점을 해결하려고 한다. 즉, 이 견해는 피공갈자의 행위가 직접 손해를 초래하지 않더라도 처분행위성이 인정될 수 있다고 하여 위 사안에서 본죄의 성립을 긍정한다.[82]

45 본죄에 있어서도 처분효과의 직접성이 요구된다고 보는 위 ②의 다수설의 입장도 결론적으로 위 사안에서 본죄의 성립을 인정하는데, 그 근거로는 ⓐ 묵인 내지 묵시적 부작위에 의한 교부도 가능하다거나,[83] ⓑ 외형상으로는 공갈자가 직접 재물을 취득하였더라도 실질적으로는 피공갈자의 처분행위, 즉 수인에

---

80 이재상·장영민·강동범, § 19/12.
81 김성돈, 400; 박상기, 356; 배종대, § 71/12; 손동권·김재윤, § 23/12; 정성근·박광민, 415.
82 이재상·장영민·강동범, § 19/12.
83 배종대, § 71/12; 손동권·김재윤, § 23/12; 정성근·박광민, 415.

따른 것으로 볼 수 있기 때문이라거나,[84] ⓒ 공갈자 스스로 재물을 취거한 경우에는 피공갈자가 외포한 데 그치고 그 의사가 완전히 박탈당한 것은 아니므로 이 경우의 취거는 법적으로 교부와 다를 것이 없다는 점[85]을 든다. 위 ②의 다수설은 위 사안에서 피공갈자의 수인·묵인과 그에 이은 공갈자의 취거행위까지를 포함하여 피공갈자의 처분행위로 파악함으로써 처분효과의 직접성 요건을 본죄에서도 관철시키고자 하는 것으로 생각된다.

판례는 본죄의 본질은 피공갈자의 외포로 인한 하자 있는 동의를 이용하는 재물의 영득행위라고 해석하여야 할 것이므로, 그 영득행위의 형식에 있어서 피공갈자가 자의로 재물을 제공한 경우뿐 아니라 피공갈자가 외포하여 묵인함을 이용하여 공갈자가 직접 재물을 탈취한 경우에도 이를 본죄로 봄이 타당하다고 한다.[86] 46

한편, 상대방이 외포되어 묵인하고 있는 것을 이용하여 행위자 스스로 재물을 취거해 간 경우와 달리 폭행 또는 협박에 의하여 상대방의 의사가 완전히 박탈당한 상태에서 행위자가 재물을 취거해 간 경우는, 하자 있는 의사에 기한 처분행위조차 인정할 수 없으므로 강도죄가 성립한다.[87] 47

(3) 재물의 교부

재물의 경우 처분행위는 교부에 의하여 이루어진다. 동산의 경우 재물의 교부는 점유를 이전해주는 형태를 취한다.[88] 재물의 교부가 반드시 직접 건네주는 행위만을 의미하지는 않는다. 상대방이 외포된 상태를 이용하여 공갈자가 스스로 재물을 취거하는 행위도 재물의 교부에 해당한다.[89] 부동산의 경우 재물의 교부는 소유권이전등기를 경료하여 주거나 부동산을 인도하는 형태를 취한다.[90] 소유권이전등기에 필요한 서류를 교부받은 것만으로는 아직 재물의 교부가 이루어졌다고 할 수 없다.[91] 48

84 박상기, 356.
85 주석형법 〔각칙(6)〕(5판), 154(이인석).
86 대판 1960. 2. 29, 4292형상997.
87 서일교, 174.
88 신동운, 1136.
89 대판 1960. 2. 29, 4292형상997.
90 신동운, 1136.
91 대판 1992. 9. 14, 92도1506.

49 제3자로 하여금 재물의 교부를 받게 한 때에도 본죄는 성립한다(§350②). 이 경우 공갈자와 재물의 교부를 받는 사람은 달라지게 된다. 다만 이때에는 사기죄의 경우와 마찬가지로 공갈자에게 제3자로 하여금 재물을 취득하게 할 의사가 있어야 하는데, 그와 같은 의사는 반드시 적극적 의욕이나 확정적 인식이어야 하는 것은 아니고 미필적 인식으로 충분하다.[92]

(4) 재산상 이익의 취득

50 재산상 이익의 취득으로 인한 본죄가 성립하려면, 폭행 또는 협박과 같은 공갈행위로 인하여 피공갈자가 재산상 이익을 공여하는 처분행위가 있어야 한다. 물론 그러한 처분행위는 반드시 작위에 한하지 아니하고 부작위로도 충분하다. 따라서 피공갈자가 외포심을 일으켜 묵인하고 있는 동안에 공갈자가 직접 재산상의 이익을 탈취한 경우에도 본죄가 성립할 수 있다.[93] 그러나 폭행의 상대방이 위와 같은 의미에서의 처분행위를 한 바 없고, 단지 행위자가 법적으로 의무 있는 재산상 이익의 공여를 면하기 위하여 상대방을 폭행하고 현장에서 도주함으로써 상대방이 행위자로부터 원래라면 얻을 수 있었던 재산상 이익의 실현에 장애가 발생한 것에 불과하다면, 그 행위자에게 본죄의 죄책을 물을 수 없다.[94]

51 판례는 피고인이 피해자가 운전하는 택시를 타고 간 후 목적지가 다르다는 이유로 택시요금의 지급을 면하고자 이를 요구하는 피해자를 폭행하고 달아난 사안에서, 피고인이 피해자를 폭행하고 달아났을 뿐 피해자가 택시요금의 지급에 관하여 수동적·소극적으로라도 피고인이 이를 면하는 것을 용인하여 그 이익을 공여하는 처분행위를 하였다고 할 수 없다는 이유로 본죄 성립을 부정하였다.[95]

52 제3자로 하여금 재산상 이익을 취득하게 한 때에도 본죄는 성립한다(§350②). 이 때에도 공갈자에게 제3자로 하여금 재산상 이익을 취득하게 할 의사가 있어야 함은 재물의 경우와 마찬가지이다. 판례는 피고인이 A 주식회사가 특정 신문들에 광고를 편중했다는 이유로 기자회견을 열어 A 회사에 대하여 불매운동을 하겠다고 하면서 특정 신문들에 대한 광고를 중단할 것과 다른 신문들에 대

92 사기죄에 관한 대판 2009. 1. 30, 2008도9985.
93 最判 昭和 24(1949). 1. 11. 刑集 3·1·1.
94 대판 2012. 1. 27, 2011도16044.
95 대판 2012. 1. 27, 2011도16044.

해서도 동등하게 광고를 집행할 것을 요구하여 다른 신문들에도 광고를 게재하고 광고비를 지급하도록 한 사안에서, 본조 제2항의 공갈죄를 인정하였다.[96]

5. 손해의 발생

본죄도 사기죄와 마찬가지로 재산적 처분행위가 필요하며, 피해자의 재산적 처분행위가 있으면 재산상의 손해가 발생하는 것이 대부분이다. 그러나 갈취한 재물이나 재산상 이익에 상응하는 대가를 지급한 경우처럼 피해자의 전체 재산이 감소하지 않는 경우가 있다. 본죄가 성립하기 위하여 피해자의 재산상 손해 발생이 필요한가에 대해서는 사기죄에서와 마찬가지로 학설이 대립한다. 53

먼저, ① 재산상 손해 발생이 필요하다는 견해가 있다(필요설).[97] 이 견해는 본죄가 재산범죄이자 침해범이라는 점 혹은 본죄의 보호법익이 전체로서의 재산이라는 점을 근거로 들며, 재산상 손해 발생은 명시되어 있지는 않으나 해석상 도출되는 불문의 구성요건요소라고 한다.[98] 이에 따르면, 갈취한 재물이나 재산상 이익에 상응하는 대가를 지급한 경우에는 피해자의 전체 재산에는 손해가 없으므로 본죄가 성립하지 않는다. 54

이에 반하여, ② 본죄 성립에 재산상 손해 발생을 요하지 않는다는 견해가 있다(불요설).[99] 이 견해는 본조는 독일형법 제253조와 달리 재산상 손해 발생의 요건을 명시하고 있지 않고, 재물이나 재산상의 이익을 제공하면 그 자체로 재산상의 손해가 발생하는 것이 일반적이라는 점을 근거로 든다. 이에 따르면, 공갈에 의하여 재물이나 재산상의 이익을 공여받은 이상 그에 상응하는 대가를 지급하였더라도 본죄가 성립하게 된다. 55

그 외에도, ③ 재물갈취와 재산상 이익의 갈취를 구분하여 전자에는 재산상 손해 발생이 필요치 않으나 후자에는 재산상 손해 발생이 필요하다는 견해(이분설)[100]가 있고, ④ 기본적으로 필요설에 따르면서도 본죄에 있어서는 피해 56

96 대판 2013. 4. 11, 2010도13774.

97 김성돈, 401; 김신규, 형법각론 강의, 454; 박상기, 357; 배종대, § 71/14; 이재상·장영민·강동범, § 19/14; 이형국·김혜경, 440; 임웅, 463; 정성근·박광민, 416; 정성근·정준섭, 형법강의 각론(2판), 286; 주호노, 형법각론, 799; 최호진, 형법각론, 513.

98 임웅, 463.

99 박찬걸, 형법각론(2판), 516; 신동운, 1138; 오영근, 336; 정영일, 201.

100 황산덕, 형법각론(6정판), 307.

자가 공갈로 원치 않는 재산상 처분행위를 하게 되는 점을 감안할 때 갈취한 재물이나 재산상 이익에 상응하는 대가가 지급되더라도 재산상 손해가 발생한다고 볼 수 있어 본죄는 성립하되 미수로 보아야 한다는 견해[101]도 있다.

57 판례는 피공갈자의 하자 있는 의사에 기하여 이루어지는 재물의 교부 자체가 본죄에서의 재산상 손해에 해당하므로 반드시 피해자의 전체 재산의 감소가 요구되는 것도 아니라고 하여,[102] 위 ②의 불요설의 입장에 서 있다.

6. 갈취이득액 산정

58 본죄에서의 이득액의 산정은 **사기죄**(§347)에서의 논의와 대체로 같다. 단순공갈죄에서는 갈취한 재물이나 재산상 이익의 구체적인 가액은 양형사유에 불과하여 범죄 성립에 영향을 미치지 않는다.[103] 다만, 특정경제범죄 가중처벌 등에 관한 법률(이하, 특정경제범죄법이라 한다.)은 본죄를 가중처벌 대상범죄로 규정하고 있고, 이때 가중처벌의 기준이 되는 구성요건요소는 이득액이기 때문에 이득액 산정의 문제가 중요한 의미를 갖게 된다.

59 판례는 특정경제범죄법 제3조 제1항의 이득액은 공갈행위로 인하여 취득한 재물 또는 재산상 이익의 합계를 의미하고, 궁극적으로 그와 같은 이득을 실현한 것인지 거기에 어떠한 조건이나 부담이 붙었는지 여부는 관계없으며, 공갈로 인하여 취득한 이득액은 범죄의 기수시기를 기준으로 하여 산정하고 그 후의 사정변경을 고려할 것은 아니며, 사정변경 가능성이 공갈행위 시 예견 가능하였더라도 마찬가지라고 하였다. 이에 따라 피고인이 피해자를 협박하여 공유수면 매립예정토지의 양도약정을 체결케 하고, 당시 37,000평에 대한 매립면허가 나오는 것을 전제로 피고인 측이 취득할 면적을 산정하였다면, 취득하기로 약정된 토지면적을 기준으로 이득액을 산정하여야 하며, 그 후에 실제 매립면허 시에 그 면적이 줄어들었다 하더라도 결과에는 영향이 없다고 판시하였다.[104]

60 특정경제범죄법 제3조 제1항에서 말하는 이득액은 단순일죄의 이득액이나 혹은 포괄일죄가 성립하는 경우의 이득액의 합산액을 의미하고, 경합범으로 처

101 김일수·서보학, 378; 손동권·김재윤, §23/15.
102 대판 2013. 4. 11, 2010도13774.
103 사기죄에 관한 대판 2010. 12. 9, 2010도12928.
104 대판 1990. 10. 16, 90도1815.

벌할 수죄에 있어서 그 이득액을 합한 금액을 말한다고 볼 수는 없다.[105] 예컨대, 단일한 범의의 발동에 의하여 상대방을 공갈하여 동일인으로부터 어떤 기간 동안 동일한 방법에 의하여 금원을 갈취한 경우에는 포괄하여 본죄 일죄가 성립하므로 각 갈취액의 합산액이 이득액이 되나, 수인의 피해자에 대하여 각별로 공갈행위를 하여 각각 재물을 편취한 경우에는 비록 범의가 단일하고 범행방법이 동일하더라도 각 피해자의 피해법익은 독립한 것이므로 이를 포괄일죄로 파악할 수는 없고 피해자별로 독립한 수개의 본죄가 성립하므로 피해자별로 이득액을 산정하여야 한다.

판례는 위 조항에서 말하는 이득액은 실질적인 이득액을 의미한다고 하여, 피고인이 피해자로부터 공증을 받은 액면금 6억 원의 약속어음을 갈취한 후 그 공정증서를 채무명의로 하여 피해자 소유 부동산에 대한 강제경매신청을 하였다가 그 강제경매를 취하하는 조건으로 그 부동산에 관하여 근저당권자를 피고인으로 하는 채권최고액 3억 원의 근저당권을 설정받은 경우, 그 근저당권은 피고인이 갈취한 기존의 약속어음채권을 확보 강화하는 것에 불과하여 피고인의 실질적 이득액은 약속어음 액면금 6억 원을 넘어설 수 없다고 보았다.[106] 61

본죄 성립에 피해자의 전체 재산의 감소가 요구되지 않는다는 판례의 입장에 따르면, 갈취한 재산에 상응하는 대가제공이 있더라도 취득한 전부가 갈취이득액이 된다(통설[107] 및 판례[108]). 62

공갈행위로 취득한 재산 중에 공갈자가 취득할 수 있는 권리가 있는 때에도 그 재산의 가분·불가분을 묻지 않고 취득한 전부가 갈취이득액이 된다(통설[109] 및 판례[110]). 재산의 가분 여부에 초점을 둘 것이 아니라 그 권리행사에 속하는 행위와 그 수단에 속하는 공갈행위를 전체적으로 관찰하여 그와 같은 공갈행위를 사회통념상 권리행사의 수단으로서 용인할 수 없는 것으로 평가되는 한 그 수단의 위법은 그 수단에 의하여 구성되는 전 행위사정을 위법한 것으로 63

105 대판 1995. 6. 30, 95도825; 대판 2011. 8. 18, 2009도7813.
106 대판 1995. 6. 30, 95도825.
107 정성근·박광민, 416; 주석형법 〔각칙(6)〕(5판), 158(이인석).
108 대판 2013. 4. 11, 2010도13774.
109 김성돈, 401; 정성근·박광민, 416; 주석형법 〔각칙(6)〕(5판), 157(이인석).
110 대판 1987. 10. 26, 87도1656; 대판 1990. 3. 27, 89도2036.

만든다는 점을 논거로 한다.[111]

7. 인과관계

64 폭행·협박, 피공갈자의 공포심의 발생, 피공갈자의 재산적 처분행위, 공갈자의 재물 또는 재산상의 이익 취득 사이에는 순차적인 인과관계가 있어야 한다.[112] 각 단계에서의 인과관계가 결여되면 본죄의 미수가 된다.[113]

65 공포심을 일으켰더라도 피공갈자가 처분행위를 하지 않으면 본죄의 미수가 된다.[114]

66 객관적으로 공갈에 해당하는 행위를 하였으나 상대방이 공포심을 느끼지 않고 연민이나 동정 혹은 다른 이유로 재물의 교부를 한 경우 역시 인과관계가 인정되지 않아 본죄의 미수가 된다.[115]

8. 미수와 기수

(1) 실행의 착수

67 본죄의 미수는 처벌한다(§ 352). 본죄의 실행의 착수시기는 갈취의 의사로 폭행 또는 협박을 개시한 때이다.[116] 피해자의 고용인을 통하여 피해자에게 피해자가 경영하는 기업체의 탈세사실을 국세청이나 정보부에 고발한다는 말을 전하였다면, 이는 본죄의 행위에 착수한 것이다.[117]

(2) 기수시기

68 본죄의 기수시기는 재물을 교부받거나 재산상 이익을 취득한 시점이다.[118] 이에 대하여, 본죄 성립에 재산상 손해 발생의 요건이 구비되어야 한다는 입장에서는 재산상 손해가 발생한 시점에 기수가 된다고 한다.[119]

---

111 주석형법 [각칙(6)](5판), 157(이인석).
112 김성돈, 401; 손동권·김재윤, § 23/13; 오영근, 336; 임웅, 463; 정성근·박광민, 416.
113 김성돈, 402; 오영근, 336; 임웅, 463.
114 오영근, 335.
115 배종대, § 71/13; 손동권·김재윤, § 23/13; 오영근, 336.
116 김성돈, 401; 배종대, § 71/15; 신동운, 1137; 오영근, 337; 이상돈, 형법각론(4판), 544; 이형국·김혜경, 441; 임웅, 463; 정성근·박광민, 417.
117 대판 1969. 7. 29, 69도984.
118 박상기, 349; 오영근, 337.
119 김성돈, 394; 김일수·서보학, 378; 배종대, § 71/15; 손동권·김재윤, § 23/15.

(가) 재물공갈죄의 기수시기

재물공갈죄의 기수시기는 재물을 교부받은 때이다. 재물을 교부받은 때라 함은 상대방의 재산적 처분행위에 의하여 재물의 점유를 취득한 때를 말한다. 69

동산의 경우에는 인도를 받은 때에 기수가 된다.[120] 부동산의 경우, ① 소유권이전등기에 필요한 서류 일체를 교부받은 때 기수가 된다는 견해도 있으나,[121] ② 판례는 소유권이전등기를 경료받거나 또는 인도를 받은 때에 기수가 되며, 소유권이전등기에 필요한 서류를 교부받은 때에 기수가 되어 범행이 완료되는 것은 아니라고 하였고,[122] 다수의 학설은 이를 지지한다.[123] 70

피해자를 공갈하여 지정한 은행계좌에 입금케 한 이상 위 돈을 범인이 자유로이 처분할 수 있는 상태에 놓인 것으로서 본죄는 이미 기수에 이르렀다고 보아야 한다.[124] 71

(나) 이익공갈죄의 기수시기

이익공갈죄의 기수시기는 재산상 이익을 취득한 때이다. 일반적으로 상대방의 재산적 처분행위로서의 의사표시가 있을 때 기수가 된다.[125] 72

일본의 판례로는, ① 백미상(白米商)을 공갈하여 그로 하여금 백미를 저가에 판매하는 데 승낙한다는 의사표시를 하게 한 경우 이는 법률적으로 백미상을 구속하므로 재산상 이익을 얻은 것이 되고, 백미상으로부터 승낙증서를 교부받는다거나 현실적으로 백미상으로 하여금 백미를 저가에 판매시키지 않았더라도 승낙의 의사표시가 있은 때 기수가 된다고 본 것이 있고,[126] ② 채권자를 공갈하여 채무지불의 일시유예의 의사표시를 시킨 경우에는 지불유예의 의사표시가 있은 때에 기수가 된다고 본 것이 있다.[127] 73

---

120 박상기, 359; 정영일, 202.

121 김일수·서보학, 378.

122 대판 1992. 9. 14, 92도1506.

123 김성돈, 401; 박상기, 359; 박찬걸, 516; 배종대, §71/15; 신동운, 1136; 정성근·정준섭, 287; 정웅석·최창호, 형법각론, 657; 최호진, 514.

124 대판 1985. 9. 24, 85도1687.

125 大塚 外, 大コン(3版)(13), 504(小倉正三). 일본 판례도 같은 입장이다[大判 大正 8(1919). 5. 23. 刑録 25·12·673].

126 大判 大正 8(1919). 5. 23. 刑録 23·25·673.

127 大判 昭和 2(1927). 4. 22. 法律新聞 2712·12. 「공갈행위를 함으로써 채권자로 하여금 공포심을 갖게 하여 채권자가 본래 할 수 있는 청구를 하지 않도록 한 것에 의해 지불을 면한 경우에는,

74 재산상의 이익은 채권을 포함하므로 채권을 취득한 때에 이익공갈죄의 기수가 된다.[128] 판례는 강도죄에서의 재산상 이익은 반드시 사법상 유효한 재산상 이득만을 의미하는 것은 아니고 외견상 재산상의 이득을 얻을 것이라고 인정할 수 있는 사실관계만 있으면 된다고 하면서, 피고인이 유흥주점을 동업한 적이 있는 피해자를 찾아가 칼을 들이대거나 찌르는 등으로 피해자의 반항을 억압한 다음 미리 준비해 가지고 간 종이를 피해자에게 주어 피고인이 불러주는 대로 '피고인의 채권자인 공소외인에게 2,000만 원을 지급한다'라는 내용의 지불각서를 작성토록 하여 이를 교부받은 경우, 외형상은 그 서면에 따른 채무부담의 의사표시를 한 것이 되므로, 제333조 후단의 강도죄(이른바 강제이득죄)가 성립한다고 보았다.[129]

75 상대방을 공갈하여 금원 지급을 약속받은 상태에서 범행이 적발되어 현실적인 금원 지급에까지 나아가지 못한 경우, 이익공갈죄의 기수가 되는가, 재물(금원)공갈죄의 미수가 되는가가 문제될 수 있다. 일본 판례 중에는 이익공갈죄의 기수가 성립한다고 본 것이 있다.[130] 이에 대해서는, 재물(금원) 갈취를 목적으로 공갈한 경우 재물 교부를 약속받은 단계에서는 그 약속이 그 자체로서 독립한 재산적 가치가 있는 권리를 범인에게 준 것인 경우를 제외하고는 일반적으로 이익공갈죄는 성립하지 않고 재물공갈죄의 미수로 의율해야 한다거나,[131] 범인의 목적이 재물갈취에 있다면 재물공갈죄만이, 이익갈취에 있다면 이익공갈죄만이 문제되므로, 재물의 갈취를 목적으로 한 것이라면 그 과정에서 재물교부의 약속을 받았다 하여 이익공갈죄가 성립할 여지는 없으므로 재물공갈죄의 미수로 보아야 한다[132]는 유력한 비판이 있다.

설령 최종적으로 지불면제를 받은 것이 아니라 단지 일시적으로 지불을 면한 것이라 하더라도, 형법 제249조 제2항에 규정되어 있는 '재산상 불법이익'을 얻은 것이기 때문에 공갈죄의 기수가 바로 성립하고, 공갈미수죄를 논할 것이 아니다.」

128 김성돈, 401; 정성근·박광민, 417; 주석형법 〔각칙(6)〕, 160(이인석).

129 대판 1994. 2. 22, 93도428. 본 판결 평석은 최우찬, "강도죄의 경우 재산상 이익취득의 시기", 형사판례연구 〔3〕, 한국형사판례연구회, 박영사(1996), 201-213.

130 大判 昭和 6(1931). 7. 27. 法律新聞 3301·9.「피고인은 A를 공갈하여 공포심을 갖게 하여 A로 하여금 B에게 350엔을 줄 것을 약속하게 한 것으로서, 이에 의하여 재산상 불법이익을 얻게 하였다고 말할 수 있어, 원심이 공갈기수죄로서 판단한 것은 정당하다.」 같은 취지의 판례로는 最判 昭和 26(1951). 9. 28. 刑集 5·10·2127.

131 団藤重光, 注釈刑法(6), 有斐閣, 364(福田平).

132 大塚 外, 大コン(3版)(13), 505(小倉正三).

금원 지급의 약속이 증서를 통해서 이루어진 경우는 어떠한가. 76

이때에는 증서 자체에 관한 본죄의 기수로 의율할 수 있는지의 문제가 추가로 생긴다. 이에 관하여 일본의 하급심 판결 중에, "금원을 교부시킬 목적으로 사람을 공갈한 경우에도 금원을 교부하는 취지의 약속과 함께 피해자의 서명날인이 되어 있는 계약서가 작성된 때에는 그 계약은 법적으로 무효라 하더라도 그 서면은 당해 당사자 사이에는 금원의 교부의 실행이 있을 때까지 이용될 가능성이 있어 중요한 재산적 가치가 있는 물건이라고 볼 수 있으므로 그러한 서면을 강제적으로 작성·교부시킨 것은 재물공갈죄의 기수에 해당한다."고 본 것이 있다.[133] 위 판결의 원심(제1심)은 이와 달리, 위 계약서는 수표 등과 달리 그 자체로 독립한 재산적 가치가 없으므로 계약서에 대한 재물공갈죄는 성립하지 않고, 금원에 대한 재물공갈의 미수가 된다고 보았다. 77

우리 판례 중에는, 피고인들이 폭행·협박을 수단으로 피해자로부터 토지를 양도한다는 취지의 확인각서를 작성케 하여 교부받은 사안에서, 그 각서 자체가 재산적 가치가 있어 재물성이 있음을 전제로 재물공갈죄 성립을 인정한 원심을 수긍한 것이 있다.[134] 78

9. 고의 및 불법영득(이득)의사

본죄가 성립하기 위해서는 고의가 있어야 한다. 본죄의 고의는 모든 객관적 구성요건요소에 대한 인식을 의미하고 미필적 인식으로도 가능하다.[135] 즉, 본죄의 고의는 사람을 공갈하여 공갈자 스스로 재물의 교부를 받거나 재산상 이익을 취득함을 인식·인용하는 것 또는 제3자로 하여금 재물의 교부를 받게 하거나 재산상 이익을 취득하게 함을 인식·인용하는 것이다.[136] 79

본죄 성립에 주관적 구성요건요소로 고의 이외에 불법영득(이득)의사가 요구되는지가 문제된다. 이와 관련하여 독일형법 제253조는 '자기 또는 제3자에게 불법하게 이득을 얻게 해 주기 위하여(um sich oder einen Dritten zu Unrecht zu 80

---

133 東京高判 昭和 53(1978). 3. 20. 刑裁月報 10·3·210.

134 대판 2002. 4. 9, 2001도1777.

135 김일수·서보학, 379; 박상기, 357; 배종대, §71/16; 손동권·김재윤, §23/17; 이재상·장영민·강동범, §19/15; 주석형법 〔각칙(6)〕(5판), 166(이인석).

136 신동운, 1139.

bereichern)'라고 하여 본죄 성립에 불법영득(이득)의사가 요구됨을 명시[137]하고 있는 반면, 우리 형법상 본조에는 이를 명시하지 않고 있다.

81 ① 다수의 견해는 본죄의 주된 보호법익이 재산권임을 감안할 때 본죄 성립에 구성요건적 고의 외에 추가적으로 고의와 구별되는 초과주관적 구성요건요소로서 불법영득(이득)의사, 즉 '자기 또는 제3자에게 불법하게 이득을 얻게 해 줄 의사'가 요구된다고 한다.[138] 이 견해 안에서도 불법영득(이득)의사에서의 '불법' 여부를 판단하는 기준 내지 불법의 의미가 무엇인지에 관하여는, ⓐ 이익취득의 결과 그 자체가 사법질서(私法秩序)에 위반하여 타인의 재산권을 침해한 것으로 평가될 때 불법하다는 보는 입장(이른바 영득의 불법설)[139]과 ⓑ 이익취득의 결과와는 무관하게 이익취득의 수단·방법이 위법하면 불법하다는 보는 입장(이른바 갈취의 불법설)[140]으로 나뉜다. 위 ⓐ의 영득의 불법설에 따르면 행위자에게 사법상 청구권이 있는 때에는 그 행사 수단이 위법하더라도 영득(이득)의사의 불법성은 부인되는 반면, 위 ⓑ의 갈취의 불법설에 따르면 사법상 청구권이 있더라도 그 행사 수단이 위법하면 영득(이득)의사의 불법성이 인정된다. 초과주관적 구성요건요소로서의 불법영득(이득)의사가 요구된다고 볼 경우에는 구성요건 단계에서 영득(이득)의사의 불법성 여부를 판단하고, 그것이 인정되더라도 위법성 단계에서 다시 위법성조각사유의 존재 여부를 검토하게 된다.

82 다수설에 대하여, ② 본죄 성립에 고의 외에 별도로 초관주관적 구성요건요소로서의 불법영득(이득)의사를 요하지 않는다며 우리 형법의 해석에 위 개념을 도입하려는 시도에 비판적인 소수 견해가 있다.[141] 이 견해는 우리 형법상 본죄의 실행행위인 '재물이나 재산상의 이익의 취득'에 '영득'이 포함되어 있어

137 독일형법은 절도죄에서도 불법영득의사를 명문으로 규정하고 있다. 즉, 독일형법 § 242 I은 "자기 또는 제3자에게 위법하게 속하게 할 의사(in der Absicht, sich oder einem Dritten rechtswidrig zuzueignen)로 타인의 동산을 절취한 자는 5년 이하의 자유형 또는 벌금에 처한다."라고 되어 있는데, 우리 형법의 해석상 절도죄 성립에 불법영득의사를 요하는지에 관하여는 견해의 대립이 있다.

138 김성돈, 402; 김일수·서보학, 379; 박상기, 357; 박상기·전지연, 형법학(총론·각론)(5판), 668; 배종대, § 71/16; 손동권·김재윤, § 23/17; 신동운, 1139; 이재상·장영민·강동범, § 19/15; 이형국·김혜경, 441; 임웅, 463; 정영일, 202; 정웅석·최창호, 657; 한상훈·안성조, 552.

139 김일수·서보학, 379; 박상기, 358; 배종대, § 71/18; 이재상·장영민·강동범, § 19/15, § 18/44; 이형국·김혜경, 441; 임웅, 465.

140 김성돈, 402; 손동권·김재윤, § 23/20.

141 오영근, 336; 정성근·박광민, 417; 정성근·정준섭, 287.

영득은 고의의 대상이므로 '영득의사'는 구성요건적 고의의 한 내용에 불과하다고 한다. 나아가 이 견해는 영득의사의 '불법' 여부는 위법성 단계에서 비로소 평가할 문제라고 한다.

대법원이 본죄에서 불법영득(이득)의사의 문제를 본격적으로 다룬 것은 거의 보이지 않는다. 다만, 대판 1979. 10. 30, 79도489는 노동조합지부장인 피고인이 피해자를 협박하여 복지자금관리위원회 명의로 된 예금통장과 인장을 교부받아 갈취한 후 예금을 인출한 사안에서, 조합원들의 복지향상을 위한 자활사업에 필요한 자금을 긴급하게 사용하여야 할 사정 때문에 예치된 복지자금을 일시 사용하게 된 것으로 피고인 자신을 위한 것이 아니어서 영득의 의사가 없었다는 피고인의 변소에 대하여, 피고인이 조합원에 대한 복지사업에 필요한 자금지급을 청구할 권리를 가졌다 할지라도 예금통장과 도장의 인도를 구할 권리가 있다 할 수 없을 뿐만 아니라 협박 수단을 써서 외포심을 느낀 피해자로 하여금 통장 및 인장을 교부케 하였으므로 불법영득의 의사가 인정된다고 설시하였는데, 위 판결이 초과주관적 구성요건요소로서의 불법영득의사의 개념을 염두에 두고 판단한 것인지는 분명하지 않다. 83

불법영득(이득)의사의 요부(要否) 및 영득(이득)의사의 불법성의 의미를 둘러싼 논의는 뒤에서 보는 '권리행사와 공갈죄의 성립 여부' 문제와 밀접한 관련이 있다. 84

Ⅱ. 위법성

1. 위법성조각사유

본죄에 대해서도 정당방위, 자구행위와 같은 형법총칙상의 위법성조각사유가 적용된다. 특히 갈취행위가 제20조의 '정당행위' 내지 '사회상규에 위배되지 않는 행위'에 해당하는 경우에도, 위법성이 조각될 수 있다.[142] 85

이와 관련하여, 자신의 정당한 권리행사의 수단으로 공갈행위를 한 경우 본죄가 성립하는지에 관한 논의가 있다. 이에 관하여는 항을 바꾸어서 살펴보기로 한다. 86

142 김성돈, 403.

2. 권리행사와 공갈죄의 성립 여부

87 타인으로부터 재산을 취득할 수 있는 권리를 가진 사람, 즉 정당한 권리자가 권리행사를 위해 공갈을 수단으로 재물의 교부를 받거나 재산상의 이익을 취득한 경우에 본죄가 성립하는지가 문제된다. 아래에서는 ① 권리자가 자신이 가지는 권리 범위 내의 재물 또는 재산상 이익을 취득한 경우와 ② 자신이 가지는 권리 범위를 초과하여 재물 또는 재산상 이익을 취득한 경우로 나누어 검토하기로 한다.

(1) 권리 범위 내인 경우

88 정당한 권리자가 공갈수단을 사용하여 권리범위 내의 재산을 취득한 때 본죄가 성립하는지의 문제이다. 견해가 대립하는데, 이는 불법영득(이득)의사의 요부(要否)와 불법영득의사의 '불법'의 의미에 대한 다툼에서 비롯된다.

(가) 학설

89 먼저, ① 본죄의 성립을 부정하고 협박죄 또는 폭행죄가 성립한다고 보는 견해가 있다(협박 또는 폭행죄설).[143] 정당한 권리자의 재물 또는 재산상 이익의 취득은 불법영득(이득)의사가 결여되어 본죄가 성립할 수 없다는 것이다. 본죄 성립에 초과주관적 구성요건요소로서의 불법영득(이득)의사를 요구하고, 이때 불법의 의미에 관하여 이른바 '영득의 불법설'을 취하는 입장에서는 공갈자에게 정당한 권리가 있는 이상 그 행사 수단이 위법하더라도 재물이나 재산상 이익의 취득을 불법하다고 할 수 없으므로 불법영득(이득)의사를 인정할 수 없다고 한다. 이에 따르면 정당한 권리자의 권리 범위 내의 재물이나 재산상 이득의 취득은 본죄의 구성요건해당성을 결여하게 된다. 다만, 그 수단인 폭행·협박행위의 불법성은 인정되므로 폭행죄 또는 협박죄가 성립할 뿐이다.[144]

---

143 김일수·서보학, 380; 박상기, 358; 박상기·전지연, 669; 배종대, § 71/18; 이재상·장영민·강동범, § 19/15; 이형국·김혜경, 441; 임웅, 465.

144 강수진, "권리행사와 사기죄", 형사판례연구 〔6〕, 한국형사판례연구회, 박영사(1998), 291은 협박·폭행죄설에 대하여, 이에 의한다면 범죄 성립 여부 판단에 앞서 공갈자의 권리의 범위 및 유무가 확정되어야 하는데, 이는 민사법·형사법체계가 명확히 구분되어 있는 우리 법체계에서 타당하다고 볼 수 없을 뿐만 아니라, 민사소송의 대전제인 처분권주의·변론주의가 적용되는 사법상 권리의 범위 및 유무의 문제가 실체적 진실의 발견을 이상으로 하는 범죄 성립 여부 판단에 영향을 미치도록 하는 것이 적절하지도 않다고 비판한다.

다음으로, ② 본죄 성립을 부정하고 강요죄가 성립한다고 보는 견해가 있다(강요죄설).[145] 공갈자에게 정당한 권리가 있는 이상 불법영득(이득)의사를 인정할 수 없으므로 본죄는 성립하지 않지만 폭행·협박에 의하여 의사를 강제하여 재물이나 재산상 이익의 공여라는 의무없는 일을 강요한 경우에 해당하므로 강요죄(§ 324①)로 의율할 수 있다는 것이다. 이에 대하여는 권리행사의 경우에는 채무자에게 '의무없는 일'을 강요한 것이 아니므로 강요죄가 성립한다고 보는 것은 타당하지 않다는 비판이 있다.[146] 90

마지막으로, ③ 본죄 성립을 긍정하는 견해가 있다(공갈죄설).[147] 권리행사의 목적이라 하더라도 권리실현의 수단·방법이 사회통념상 허용되는 정도나 범위를 넘어 위법한 경우에는 본죄가 성립한다는 것이다. 초과주관적 구성요건요소로서의 불법영득(이득)의사가 불필요하다고 보는 견해[148]나 불법영득(이득)의사에서의 불법의 의미에 대하여 이른바 '갈취의 불법설'을 취하는 입장[149]에서 주장된다. 이에 따르면 공갈자에게 정당한 권리가 있다 하더라도 그 행사수단이 위법한 이상 본죄의 구성요건은 일단 충족되며, 위법성 단계에서 그 수단인 폭행·협박이 사회통념상 허용되는 한도 내인지 여부에 따라 위법성조각 여부가 결정된다. 이 견해에 의하면, 권리실현의 수단·방법이 사회통념상 허용되는 정도나 범위를 벗어나지 않는 경우에는 본죄가 성립하지 않을 뿐만 아니라 따로 협박죄나 폭행죄를 구성할 여지도 없게 된다.[150] 91

(나) 판례

위 ①의 협박 또는 폭행죄설을 취한 듯한 대법원 판례가 있기는 하다. 즉, 원심이 피고인의 유산이 피해자의 구타로 인한 것인지 여부가 불분명함에도 피해자로부터 구타당해 유산하였다는 허위사실로 고소하겠다고 협박하여 피해자로부터 수술비용을 받고 채권을 포기하게 하였으므로 본죄가 성립한다고 판단 92

145 장영민, "권리행사와 공갈죄의 성부", 형사판례연구 〔4〕, 한국형사판례연구회, 박영사(1996), 405.
146 박상기, 358.
147 김성돈, 402; 김혜정·박미숙·안경옥·원혜욱·이인영, 형법각론(3판), 395; 박찬걸, 513; 손동권·김재윤, § 23/20; 오영근, 336; 정성근·박광민, 419; 정성근·정준섭, 288.
148 오영근, 336; 정성근·박광민, 419.
149 김성돈, 402; 손동권·김재윤, § 23/20.
150 주석형법 〔각칙(6)〕(5판), 163(이인석).

한 데 대하여, 피고인의 유산의 원인이 피해자의 구타에 있다면 수술비용 등을 받을 정당한 권리가 있으므로 협박죄가 성립할 뿐이라는 등의 이유를 들어 원심을 파기한 사례[151]가 그것이다.

93 그러나 위 사례를 제외하고는 판례는 일관하여, 해악의 고지가 비록 정당한 권리의 실현 수단으로 사용된 경우라고 하여도 그 권리실현의 수단·방법이 사회통념상 허용되는 정도나 범위를 넘는다면 본죄가 성립한다고 하여,[152] 위 ③의 공갈죄설을 취하고 있다.[153]

94 나아가 판례는, 해악의 고지가 정당한 권리자에 의하여 권리실행의 수단으로 사용된 경우 그것이 사회통념상 허용되는 정도나 범위를 넘는 것인지 여부는, "그 행위의 주관적인 측면과 객관적인 측면, 즉 추구된 목적과 선택된 수단을 전체적으로 종합하여 판단하여야 한다."라는 일반적 기준을 제시하고 있다.[154]

(a) 인정 사례

95 구체적으로 판례에서 권리행사를 위한 수단이 사회통념상 허용되는 범위를 넘는다고 보아 본죄 성립을 인정한 사례를 보면, ① 피고인이 투자금의 회수를 위하여 피해자에게 장시간 폭행·협박 등 가혹행위를 하여 물품대금을 횡령하였다는 자인서를 받음으로써 금원지급의 승낙을 받은 경우,[155] ② 피고인이 피해자와의 동업관계의 해소에 따라 지분을 일응 정산한 상황에서 재결산을 요구하며 이에 응하지 않을 경우 동업 중 소지하게 된 탈세용 비밀장부에 의하여 피해자에게 어떤 위해를 가할 듯한 태도를 보여 약속어음을 교부받은 경우,[156] ③ A로부터 피해자에 대한 외상대금채권 회수를 의뢰받은 피고인이 피해자에게 채무변제를 요구하며 욕설을 하고 피해자의 멱살을 2, 3분간 잡아 흔드는 등으로 겁을 먹게 하여 피해자로 하여금 A에게 돈을 교부하게 한 경우,[157] ④ 피해자의

151 대판 1968. 7. 23, 68도779.
152 대판 1995. 3. 10, 94도2422; 대판 2007. 10. 11, 2007도6406; 대판 2015. 10. 29, 2014도13615.
153 일본 판례[最判 昭和 30(1955). 10. 14. 刑集 9·11·2173(채권 회수와 관련하여 본죄 인정)]도 같은 입장이다.
154 대판 1995. 3. 10, 94도2422; 대판 2001. 2. 23, 2000도4415; 대판 2006. 5. 12, 2005도9595; 대판 2013. 9. 13, 2013도6809.
155 대판 1985. 6. 25, 84도2083.
156 대판 1985. 9. 10, 84도2644.
157 대판 1987. 10. 26, 87도1656.

기망으로 비싼 가격에 부동산을 매수하게 된 피고인이 계약을 취소하지 않고 등기를 피고인 앞으로 둔 채 피해자의 전매차익을 받아낼 셈으로 "형부가 부장검사이고, 대공분실에 아는 사람이 있는데 사기로 고소하여 구속시키겠다."며 피해자를 협박하여 재산상 이익을 얻거나 돈을 받은 경우,[158] ⑤ 공사수급인이 도급인으로부터 부실공사로 인한 하자를 이유로 하자보수 시까지 기성고 잔액의 지급을 거절당하자 도급인의 비리를 관계기관에 고발하겠다는 내용의 협박 내지 도급인의 사무실의 장시간 무단점거 및 직원들에 대한 폭행 등의 위법수단을 써서 기성고 공사대금 명목으로 8,000만 원을 교부받은 경우,[159] ⑥ 피고인이 피해자에 대하여 점포임대차계약의 해제에 따른 원상회복 및 손해배상청구권을 가지고 있는 상황에서 장시간에 걸쳐 피해자의 건물 신축공사현장 사무실 내에서 다른 일행 3명과 합세하여 과격한 언사와 함께 집기를 손괴하고 건물 창문에 피해자의 신용을 해치는 불온한 내용을 기재하거나 같은 취지를 담은 현수막을 건물 외벽에 게시할 듯한 태도를 보여 피해자로부터 금원 지급을 약속하는 현금보관증을 교부받은 경우,[160] ⑦ 피고인이 피해자와의 동거를 청산하는 과정에서 피해자에 대하여 금전채권이 있음을 빙자하여 전화로 돈을 요구하며 불응하면 '친정집에 불을 지르겠다'거나 '집안 식구를 몰살시키겠다'고 협박한 경우,[161] ⑧ 남편인 피해자를 정신병원에 강제입원시킨 상태에서 퇴원을 간절히 바라는 피해자의 궁박한 상태를 이용하여 퇴원을 조건으로 재산을 이전받은 경우[162] 등이 있다.

(b) 부정 사례

판례가 권리행사를 위한 수단이 사회통념상 허용되는 범위 내로 보아 본죄 96
성립을 부정한 사례로는, ① 피해자가 A를 대리하여 A 소유의 여관을 피고인에

158 대판 1991. 9. 24, 91도1824.

159 대판 1991. 12. 13, 91도2127.

160 대판 1995. 3. 10, 94도2422.

161 대판 1996. 9. 24, 96도2151.

162 대판 2001. 2. 23, 2000도4415(피해자의 정신병원에서의 퇴원 요구를 거절해 온 피해자의 배우자가 피해자에 대하여 재산이전 요구를 한 경우, 그 배우자가 재산이전 요구에 응하지 않으면 퇴원시켜 주지 않겠다고 말한 바 없더라도 이는 암묵적 의사표시로서 공갈죄의 수단인 해악의 고지에 해당하고 이러한 해악의 고지가 권리의 실현수단으로 사용되었더라도 그 수단방법이 사회통념상 허용되는 정도나 범위를 넘는 것으로서 본죄를 구성한다고 한 사례). 본 판결 평석은 최병각, "정당행위와 사회상규", 형사판례연구 [10], 한국형사판례연구회, 박영사(2002), 114-136.

게 매도하고 피고인으로부터 계약금과 잔대금 일부를 수령하였는데, 그 후 A가 많은 부채로 도피해 버리고 A의 채권자들이 채무변제를 요구하면서 위 여관을 점거하여 피고인에게 여관을 명도하기가 어렵게 되자, 피고인이 피해자에게 여관을 명도해 주든지 명도소송비용을 내놓지 않으면 고소하여 구속시키겠다고 위협하여 금원을 교부받은 경우,[163] ② 경찰서 신청사 예정 부지를 매도한 피고인이 경찰서 신·구청사 부지의 맞교환 및 구청사 부지의 매각이 이루어진 다음 그 매도대금을 받기로 약정하였음에도 이를 조기에 지급받기 위하여 부지에 대한 권리행사에 침해를 줄 우려가 있는 등기가 되어 있으면 정부로부터 경찰서 신·구청사 부지의 교환 승인을 얻을 수 없는 상황에 처해 있던 매수인을 상대로 매도한 부지에 관한 소유권이전등기말소청구소송을 제기하고 매도대금을 변제하지 않으면 위 소송을 취하하지 아니하고 예고등기도 말소하지 않겠다며 매수인을 압박한 경우,[164] ③ 피고인이 그 소유건물에 인접한 대지 위에 건축허가 조건에 위반되게 건물을 신축하여 그 준공허가를 받지 않은 채 이를 사용하는 건물소유자로부터 일조권 침해 등으로 인한 손해배상을 받을 목적으로 위 신축 건물에 세 들어 영업하고 있는 사람들에게 "관계당국에 진정하여 준공검사가 나오지 못하도록 하겠다."라고 말하고, 당국에 실제 위법건축물의 시정조치를 요구하는 진정을 제기한 후 그 중재에 나선 사람에게 진정취하를 조건을 피해배상을 요구하였다가 그 후 건물소유자와의 타협을 거쳐 합의금을 교부받은 경우,[165] ④ 국가안전기획부 직원이 아들 담임교사의 부탁을 받고 담임교사의 채무자에게 아파트수분양을 위탁하면서 보관한 돈의 반환을 독촉하는 과정에서 자기의 신분을 밝히면서 채무자의 아파트분양 알선행위가 범법행위로서 처벌받을 수도 있으니 위 채무를 속히 변제하는 것이 좋다는 등으로 위협하여 약속어음공정증서를 작성·교부받은 경우,[166] ⑤ 피고인이 동거녀인 피해자와 함께 인터넷 게임머니 환전 사업을 영위하던 중 피해자가 위 사업에 필수적인 휴대전화, 고객 장부 및 피고인 명의 예금통장을 몰래 가지고 가출하여 잠적하자 피해

163 대판 1984. 6. 26, 84도648.
164 대판 1989. 2. 28, 87도690.
165 대판 1990. 8. 14, 90도114.
166 대판 1993. 12. 24, 93도2339.

자에게 그 반환을 요구하는 내용의 문자를 수차례 보내고, 피해자의 친정집 대문에 임의로 가져간 고객정보와 위 사업을 하면서 피해자가 통장에서 임의로 인출해 간 돈을 배상하여 준다면 고소하지 않겠다는 메모를 붙였으며, 피해자를 상대로 위 사업을 하면서 번 돈 중 절반의 지급을 구하는 민사소송을 제기한 후 그 소장 부본 수령을 재촉하면서 판결 결과에 따라 빨리 손해배상금을 정산할 것을 요구하고 그 과정에서 위협적인 언사를 사용한 경우[167] 등이 있다.

(2) 권리 범위를 초과한 경우

정당한 권리자가 공갈수단을 사용하여 권리 범위를 초과하여 재산을 취득한 때 본죄가 성립하는지의 문제이다. 97

먼저, ① 취득한 재산이 가분이면 초과 부분에 한하여, 불가분이면 전체에 대하여 본죄가 성립한다는 견해가 있다.[168] 본죄 성립에 초과주관적 구성요건요소로서의 불법영득(이득)의사를 요한다고 보고 불법의 의미에 관하여는 이른바 '영득의 불법설'을 취하는 입장에서 주장되는데, 이 입장에 따를 때 권리자의 권리 범위를 초과한 부분에 대하여는 영득의사의 불법성이 인정되어 본죄가 성립하는 것은 논리적으로 당연한 귀결이다. 반면에, ② 권리행사의 수단이 사회통념상 허용되는 범위를 넘어서는 이상 취득한 재산의 가분, 불가분을 묻지 않고 그 전부에 대해서 본죄가 성립한다는 견해가 있다.[169] 수단의 위법성이 행위 전체를 위법화한다는 점, 목적물의 가분 여부가 반드시 명료하지 않다는 점을 근거로 한다.[170] 98

판례는, ① 피고인이 교통사고로 2주의 치료를 요하는 상해를 당하여 그로 인한 손해배상청구권이 있음을 기화로 가해차량의 운전자가 바뀐 것을 알고서 그 운전자의 사용자에게 과다한 금원을 요구하면서 이에 불응하면 수사기관에 신고할 듯한 태도를 보여 350만 원을 교부받은 경우,[171] ② 피고인이 피해자에 대한 오래 전의 채권을 변제받기 위한 목적에서 피해자에 대하여 그가 종전에 채권자로부터의 강제집행을 피하기 위해 피고인 앞으로 허위의 가등기를 한 것 99

167 대판 2013. 9. 13, 2013도6809.
168 김일수·서보학, 380; 이재상·장영민·강동범, § 19/16; 임웅, 465.
169 김성돈, 403; 손동권·김재윤, § 23/20; 주석형법 [각칙(6)](5판), 162(이인석).
170 손동권·김재윤, § 23/20; 주석형법 [각칙(6)](5판), 162(이인석).
171 대판 1990. 3. 27, 89도2036.

과 관련하여 사문서위조, 강제집행면탈죄 등의 죄로 고발하겠다는 듯을 암시하며 실제 채권보다 과다한 금원의 지급을 요구한 경우[172]에 본죄의 성립을 인정하였는데, 이는 권리행사의 수단이 사회통념상 허용되는 정도나 범위를 넘어서는 이상 취득한 재산의 가분, 불가분을 묻지 않고 그 전부에 대해서 본죄가 성립한다는 입장으로 볼 수 있다.

Ⅲ. 죄 수

100 (1) 1개의 공갈행위로 동일한 피해자로부터 수회에 걸쳐 재물을 교부받은 때에는 본죄의 포괄일죄가 된다.[173] 1개의 공갈행위로 재물과 재산상의 이익을 취득한 때에도 본죄의 포괄일죄가 된다.[174] 1개의 공갈행위에 의하여 재물교부의 약속을 하게 하고 이 약속에 기하여 그 재물을 교부받은 때에도 본죄의 포괄일죄가 된다.[175] 판례는 공갈을 통해 예금인출 승낙과 함께 현금카드를 교부받은 후 이를 이용하여 다시 현금을 인출한 경우에는 별도의 절도죄가 성립하지 않고 본죄의 포괄일죄가 된다고 판시하였다.[176]

101 (2) 1개의 공갈행위로 수인을 외포시켜 각각으로부터 재물을 교부받은 경우에, ① 포괄일죄가 된다는 견해[177]가 있으나, ② 다수설은 1개의 공갈행위로 수개의 법익침해가 있으므로 수개의 본죄의 상상적 경합이 된다고 한다.[178]

102 (3) 동일인에 대하여 수개의 공갈행위를 하여 그때마다 재물을 갈취한 때에는 수개의 본죄의 실체적 경합범이 된다.[179] 다만, 이 경우에도 전체적으로 단

---

172 대판 1993. 9. 14, 93도915.

173 김성돈, 404; 김일수·서보학, 381; 손동권·김재윤, § 23/22; 이재상·장영민·강동범, § 19/18; 정성근·박광민, 419.

174 김성돈, 404; 신동운, 1130; 오영근, 338; 이재상·장영민·강동범, § 19/18; 정성근·박광민, 419.

175 황산덕, 314.

176 대판 1996. 9. 20, 95도1728.

177 황산덕, 314. 같은 입장의 일본 판례로는 東京高判 昭和 34(1959). 12. 22. 東時 10·12·469.

178 김성돈, 404; 김신규, 456; 김일수·서보학, 381; 손동권·김재윤, § 23/22; 이재상·장영민·강동범, § 19/18; 이형국·김혜경, 442; 임웅, 466; 정성근·박광민, 419; 정성근·정준섭, 288; 정웅석·최창호, 660; 최호진, 515; 주석형법 [각칙(6)](5판), 167(이인석). 같은 입장의 일본 판례로는 大判 昭和 2(1927). 12. 8. 刑集 6·12·512.

179 손동권·김재윤, § 23/22; 이재상·장영민·강동범, § 19/18; 정성근·박광민, 420.

일한 범의에 기한 동일한 행위태양으로 행해지는 경우에는 포괄일죄가 될 수 있다.[180]

판례는 동일인에 대하여 여러 차례에 걸쳐 금원 갈취를 위한 협박의 서신을 보냈으나 그 목적을 달하지 못한 경우에는, 1개의 협박행위마다 1개의 공갈미수죄가 성립한다고 보았다.[181] 또한 판례는, 피고인이 투자금의 회수를 위해 피해자를 협박하여 물품대금을 횡령하였다는 자인서를 받아낸 뒤 이를 근거로 돈을 갈취하려 한 경우, 피고인의 주된 범의가 피해자로부터 돈을 갈취하는 데에 있었던 것이라면 피고인은 단일한 공갈의 범의하에 갈취의 방법으로 일단 자인서를 작성케 한 후 이를 근거로 계속하여 갈취행위를 한 것으로 보아야 할 것이므로, 강요죄와 공갈미수죄의 경합범이 아니라 포괄하여 공갈미수죄 일죄만을 구성한다고 보았다.[182] 103

(4) 수인에 대하여 각각 공갈행위를 하여 그들로부터 각각 재물을 교부받은 때에는 수개의 본죄의 실체적 경합범이 됨은 당연하다.[183] 104

(5) 본죄는 상태범이므로 갈취한 재물을 처분하는 경우에는 새로운 법익을 침해하지 않는 한 불가벌적 사후행위로서 별도의 죄가 성립하지 않는다.[184] 따라서 타인을 공갈하여 재물을 교부케 한 경우에는 본죄를 구성하는 외에 그것을 소비하고 타에 처분하였다 하더라도 횡령죄를 구성하지 않는다.[185] 반면, 예금통장과 인장을 갈취한 후 예금 인출에 관한 사문서를 위조한 후 이를 행사하여 예금을 인출한 경우, 본죄 외에 별도로 사문서위조죄, 위조사문서행사죄 및 사기죄가 성립한다.[186] 105

180 김성돈, 404; 신동운, 1140; 임웅, 466.
181 대판 1958. 4. 11, 4290형상360.
182 대판 1985. 6. 25, 84도2083.
183 大判 明治 45(1912). 4. 11. 刑録 18·9·448.
184 김성돈, 404; 김일수·서보학, 382; 배종대, § 71/19; 손동권·김재윤, § 23/22; 이재상·장영민·강동범, § 19/18.
185 대판 1986. 2. 11, 85도2513.
186 대판 1979. 10. 30, 79도489.

Ⅳ. 다른 죄와의 관계

1. 폭행죄·협박죄와의 관계

106 본죄의 수단으로서 한 폭행·협박은 본죄에 흡수되어 별도로 폭행죄(§260①) 또는 협박죄(§283①)를 구성하지 않는다.[187] 본죄의 수단으로서 한 협박은 본죄에 흡수될 뿐 별도로 협박죄를 구성하지 않으므로, 그 범죄사실에 대한 피해자의 고소는 결국 본죄에 대한 것이라 할 것이어서 그 후 고소가 취소되었다 하여 본죄로 처벌하는 데에 아무런 장애가 되지 아니하며, 검사가 공소를 제기할 당시에는 그 범죄사실을 협박죄로 구성하여 기소하였다 하더라도, 그 후 공판 중에 기본적 사실관계가 동일하여 공소사실을 공갈미수죄로 공소장변경이 허용된 이상 그 공소제기의 하자는 치유된다.[188]

2. 사기죄와의 관계

107 기망과 공갈의 두 가지 수단을 함께 사용하여 재산을 취득한 경우에 본죄와 사기죄(§347)의 관계가 문제된다. 사실관계에 따라서 기망과 공갈 중 어느 요소가 피해자의 의사형성에 영향을 미쳤는가에 따라 사기죄 또는 본죄의 성립이 결정된다. 즉, ① 기망이 공갈을 강화하거나 효과 있게 하기 위하여 사용되어 외포심으로 인하여 처분행위가 있었던 경우[189]에는 본죄만 성립하고, ② 기망의 수단으로 공갈이 행하여져서 피해자가 착오 때문에 처분한 때[190]에는 사기죄가 성립하며, ③ 공갈과 기망이 피해자의 하자 있는 의사형성에 우열을 가릴 수 없을 정도로 동질적으로 작용한 때에는 사기죄와 본죄의 상상적 경합이 된다.[191] 이에 대하여는 사기죄와 본죄의 상상적 경합은 생기지 않는다는 견해,[192] 착오와 공포심이 모두 원인이 되었거나 원인이 불분명한 경우에는 본죄만 성립한다는 견해[193]가 있다.

---

187 大判 明治 43(1910). 2. 18. 刑録 16·4·276.

188 대판 1996. 9. 24, 96도2151.

189 最判 昭和 24(1949). 2. 8. 刑集 3·2·83.

190 大判 昭和 5(1930). 5. 17. 刑集 9·5·303.

191 김성돈, 404; 김일수·서보학, 383; 손동권·김재윤, §23/24; 이재상·장영민·강동범, §19/19; 이형국·김혜경, 442; 임웅, 466; 정성근·박광민, 420.

192 배종대, §71/19.

193 오영근, 338.

14세 또는 15세 되는 아이들은 의사능력이 있다고 할 것이므로 이들을 공갈하여 금원을 갈취하였다면, 이는 준사기죄(§ 348)가 되는 것이 아니고 본죄에 해당한다.[194] 108

3. 뇌물죄와의 관계

공무원이 직무행위와 관련하여 상대방을 공갈하여 재산을 취득한 경우, 본죄와 수뢰죄(§ 129①)의 관계가 문제된다. 이에 대하여 학설은, ① 직무집행의 의사의 유무를 기준으로 하여 공무원이 직무집행의 의사로 당해 직무와 관련하여 상대방을 공갈하여 재산을 교부받은 때에는 수뢰죄와 본죄의 상상적 경합이 되지만, 직무집행의 의사 없이 직무집행을 빙자하여 재산을 교부받은 때에는 본죄만 성립한다는 견해(다수설)[195]와 ② 직무관련성만 인정되면 직무집행의 의사의 유무에 관계없이 수뢰죄와 본죄의 상상적 경합이 된다는 견해(소수설)[196]로 나뉜다. 109

공무원의 공갈행위로 재산을 공여한 경우 피공갈자에게 증뢰죄(§ 133①)가 성립하는지가 문제된다. 먼저, ① 공무원에게 수뢰죄가 성립하는지 여부에 따라 상대방인 피공갈자에게 증뢰죄 성립 여부가 결정된다는 견해가 있다.[197] 즉, 공무원에게 본죄만 성립하는 때에는 상대방인 피공갈자에 대하여는 증뢰죄가 성립하지 않지만, 공무원에게 수뢰죄와 본죄의 상상적 경합이 인정되는 때에는 상대방인 피공갈자의 의사가 비록 외포되어 하자 있는 상태이기는 하나 그 의사에 반한 것이라고는 볼 수 없어 피공갈자에게 증뢰죄가 성립한다는 것이다. 이에 대하여, ② 공무원에게 수뢰죄가 성립하는지 여부에 관계없이 어느 경우에도 피공갈자에게는 증뢰죄가 성립하지 않는다는 반대 견해가 있다.[198] 피공갈자의 뇌물제공은 강박에 의한 하자 있는 의사에 기한 것이라거나 피공갈자는 본 110

194 대판 1968. 1. 31, 67도1319.

195 김신규, 456; 배종대, § 71/20; 손동권·김재윤, § 23/26; 오영근, 339; 이재상·장영민·강동범, § 19/20; 이형국·김혜경, 443; 정성근·박광민, 420; 정성근·정준섭, 289; 정웅석·최창호, 660; 최호진, 516. 일본 판례도 같은 입장이다[最判 昭和 25(1950). 4. 6. 刑集 4·4·481].

196 김성돈, 405; 김일수·서보학, 382; 임웅, 467.

197 손동권·김재윤, § 23/26; 신동운, 1141; 오영근, 339; 이재상·장영민·강동범, § 19/20; 정웅석·최창호, 660.

198 김일수·서보학, 383; 박상기·전지연, 669; 임웅, 467; 정성근·박광민, 420; 정성근·정준섭, 289.

죄의 피해자로 보아야 한다는 점을 근거로 한다.

111 판례는 공무원이 직무집행의 의사 없이 또는 직무처리와 대가적 관계없이 타인을 공갈하여 재물을 교부하게 한 경우에는 본죄만 성립하고, 이러한 경우 재물의 교부자가 공무원의 해악의 고지로 인하여 외포된 결과 금품을 제공한 것이라면 그는 본죄의 피해자가 될 것이고 뇌물공여죄는 성립될 수 없다거나,[199] 공무원이 직무집행을 빙자하여 타인을 공갈하여 뇌물을 교부케 한 경우에는 본죄만 성립한다고 함으로써,[200] 공무원의 직무집행의 의사나 대가관계의 유무를 기준으로 수뢰죄 성립 여부가 결정되고, 수뢰죄 성립 여부에 따라 상대방의 증뢰죄 성립 여부가 결정된다는 견해를 취하고 있다.

112 이에 따라 판례는, ① 검찰청 수사계장인 피고인이 세무공무원인 A를 공갈하여 10만 원을 교부받은 사안에서, 피고인이 그 이전에 양조장 탈세사건을 수사하던 중 압수된 비밀장부를 통해 A를 포함한 세무공무원들의 비리를 적발하고도 상부의 지시에 따라 입건하지 않고 불문에 부친 사실은 있었지만 피고인이 그 비위사실에 대한 처리에 관하여 A에게 뇌물을 요구하였거나 비위사실을 입건조사할 의사가 있었다고 볼 아무런 증거가 없는 이상 피고인의 행위는 본죄만을 구성할 뿐 뇌물수수죄(§ 129①)는 성립하지 않으며, A의 행위는 뇌물공여죄(§ 133①)를 구성하지 않는다고 보았다.[201]

113 또한, ② 세무공무원에게 회사에 대한 세무조사라는 직무집행의 의사가 있었고, 과다계상된 손금항목에 대한 조사를 하지 않고 이를 묵인하는 조건으로, 다시 말하면 그 직무처리에 대한 대가관계로서 금품을 제공받았으며, 회사의 대표이사는 공무원의 직무행위를 매수하려는 의사에서 금품을 제공하였고, 그 세무공무원은 세무조사 당시 타회사 명의의 세금계산서가 위장거래에 의하여 계상된 허위의 계산서라고 판단하고 이를 바로잡아 탈루된 세금을 추징할 경우 추징할 세금이 모두 50억 원에 이를 것이라고 알려 주었음이 명백하다면, 문제된 세금계산서가 진정한 거래에 기하여 제출된 것인지 세무공무원의 묵인행위로 인하여 회사에게 추징된 세금액수가 실제적으로 줄어든 것이 있는지 여부에 관계없

---

199 대판 1966. 4. 6, 66도12; 대판 1994. 12. 22, 94도2528.
200 대판 1969. 7. 22, 65도1166.
201 대판 1966. 4. 6, 66도12.

이 그 세무공무원 및 대표이사의 행위가 뇌물죄를 구성한다고 판단하였다.[202]

4. 강요죄와의 관계

114 협박 또는 폭행에 의하여 상대방으로부터 취득한 이익이 재산적 이익이 아니라 비재산적 이익인 경우에는, 강요죄(§ 324)가 성립할 수는 있어도 본죄는 성립할 여지가 없다.[203]

115 판례는 피고인이 투자금의 회수를 위해 피해자를 협박하여 물품대금을 횡령하였다는 자인서를 받아낸 뒤 이를 근거로 돈을 갈취하려다 미수에 그친 사안에서, 피고인의 주된 범의가 피해자로부터 돈을 갈취하는 데에 있었던 것이라면 피고인은 단일한 공갈의 범의하에 갈취의 방법으로 일단 자인서를 작성케 한 후 이를 근거로 계속하여 갈취행위를 한 것으로 보아야 할 것이므로 위 행위는 포괄하여 공갈미수죄 일죄만을 구성하며, 이와 달리 피고인의 처음 범의는 자인서를 받아내는 데에 있었으나 자인서를 받아낸 후 금전갈취의 범의까지 일으켜 폭행·협박을 계속한 것이라면, 강요죄와 공갈미수죄의 실체적 경합범이 성립할 여지가 있다고 판시하였다.[204]

5. 강도죄와의 관계

116 강도죄의 성립에는 피해자의 반항을 억압하기에 충분한 폭행·협박을 요하고, 본죄의 성립에는 피해자의 임의의사를 제한하는 정도의 폭행·협박을 요한다.[205] 즉, 폭행·협박이라는 행위수단의 양적 차이(폭행·협박의 정도)에 따라 본죄와 강도죄의 한계가 정해지게 된다.[206]

117 판례는 피고인이 새벽 1시경 피해자의 주거지를 찾아가 피해자를 과도로 위협하고 곧이어 피해자를 여관으로 끌고 가 주먹으로 피해자의 얼굴을 수회 폭행하며 돈을 요구하였는데, 일단 피고인과 헤어진 피해자가 당일 저녁 7시경

---

202 대판 1994. 12. 22, 94도2528. 본 판결 해설은 조관행, "뇌물죄와 공갈죄의 관계 및 뇌물죄가 아닌 공갈죄를 구성한다는 주장에 대한 판단의 요부", 해설 22, 법원행정처(1995), 614-627.
203 김성돈, 401; 배종대, § 71/3; 손동권·김재윤, § 23/5; 신동운, 1132; 임웅, 462; 정영일, 199.
204 대판 1985. 6. 25, 84도2083.
205 대판 1961. 5. 12, 4294형상101. 일본 판례로는 最判 昭和 24(1949). 2. 8. 刑集 3·2·75.
206 손동권·김재윤, § 23/12. 판례도 같은 입장이다(대판 1960. 2. 29, 4292형상997).

피고인으로부터 다시 돈을 요구하는 무선호출연락을 받고 피고인이 다시 행패를 부릴 것이 두려워 은행에서 예금을 인출하여 피고인과 식당에서 만나 금원을 지급한 사안에서, 폭행·협박 후 상당한 시간이 경과한 후에 다른 장소에서 금원이 교부된 점을 감안할 때 피고인의 위와 같은 폭행·협박으로 인하여 피해자의 의사가 억압하여 반항이 불가능한 정도에 이르렀다고 하더라도 그 후 피고인의 폭행·협박으로부터 벗어난 이후에는 그러한 의사억압상태가 계속된다고 보기 어려워 위 금원 교부는 피해자의 의사에 반하여 반항이 불가능한 상태에서 강취된 것이라기보다는 피해자의 하자 있는 의사에 의하여 교부된, 즉 갈취당한 것으로 보아야 한다는 이유로, 특수강도죄(§ 334)의 기수를 인정한 원심을 파기하였다.[207]

6. 상해죄와의 관계

118 공갈행위의 수단으로 상해행위가 행하여진 경우에는 본죄와 상해죄(§ 257①)의 상상적 경합[208]이 된다.[209]

7. 절도죄와의 관계

119 갈취한 타인의 현금카드를 이용하여 현금자동지급기에서 예금을 인출한 경우, 하자 있는 의사표시이기는 하나 현금카드사용에 대한 피해자의 승낙이 있으므로 절도죄는 성립하지 않고 본죄만 성립한다.[210]

120 타인에게 물건을 훔쳐오지 않으면 가만두지 않겠다고 위협하여 절도행위를 하게 한 경우에는, 절도죄의 교사범과 강요죄의 상상적 경합이 인정되고 본죄는 성립하지 않는다. 절도범을 재산상의 처분행위를 할 수 있는 지위에 있는 사람

---

207 대판 1995. 3. 28, 95도91.

208 대판 2008. 1. 24, 2007도9580. 본 판결 평석은 김정환, "상해행위를 통한 공갈행위", 형사판례연구 [17], 한국형사판례연구회, 박영사(2009), 266-292.

209 일본 판례도 마찬가지다(最判 昭和 23(1948). 7. 29. 刑集 2·9·1062).

210 대판 1996. 9. 20, 95도1728; 대판 2007. 5. 10, 2007도1375. 위 95도1728 판결 평석은 손동권, "신용(현금)카드 부정사용의 유형별 범죄성립과 죄수", 형사판례연구 [7], 한국형사판례연구회, 박영사(1999), 325-354, 위 2007도1375 판결 평석은 이창온, "현금카드 불법 취득행위와 현금자동인출행위의 죄수관계", 특별형법 판례100선, 한국형사판례연구회·대법원 형사법연구회, 박영사(2022), 392-395.

으로 볼 수 없기 때문이다.[211]

8. 장물죄와의 관계

장물이라는 사정을 알면서 장물소지자를 공갈하여 그 재물을 취득한 경우 121
에 대하여는, ① 본죄와 장물취득죄(§ 362①)의 상상적 경합이 된다는 견해[212]와 ② 본죄만 성립한다는 견해[213]가 대립한다.

9. 횡령죄와의 관계

폭행·협박을 통해 자기가 점유하는 타인의 재물을 영득한 경우에는 본죄가 122
성립하지 않는다. 이때는 폭행·협박죄와 횡령죄의 상상적 경합이 된다.[214]

타인을 공갈하여 재물을 교부케 한 경우에는, 본죄를 구성하는 외에 그것을 123
소비하고 타에 처분하였다 하더라도 횡령죄를 구성하지 않는다.[215]

10. 도박죄와의 관계

판례는 피고인들이 도박판에서 사기도박을 당한 것처럼 행세하여 돈을 갈 124
취하기로 사전에 공모한 다음, 피해자들을 도박판으로 끌어들여 도박을 하던 중 서로 역할분담을 하여 피해자들이 사기도박을 벌인 것처럼 몰아가면서 피해자들을 협박하여 피해자들로 하여금 '사기도박을 했다'는 취지의 자인서를 작성케 하고 합의금 명목으로 금원을 받아 갈취한 사안에서, 피고인들의 도박행위는 공갈 범행을 위한 수단적 역할에 불과하여 따로 도박죄(§ 246①)를 구성하지 아니한다고 본 원심에 대하여, 본죄와 도박죄는 그 구성요건과 보호법익을 달리하고 있고, 본죄의 성립에 일반적·전형적으로 도박행위를 수반하는 것은 아니며, 도박행위가 본죄에 비하여 별도로 고려되지 않을 만큼 경미한 것이라고 할 수도 없으므로, 도박행위가 본죄의 수단이 되었다 하여 그 도박행위가 본죄에 흡수되

211 박상기, 360.
212 유기천, 형법학(각론강의 상)(전정신판), 263.
213 김성돈, 405; 배종대, § 71/20; 오영근, 339; 이재상·장영민·강동범, § 19/21; 임웅, 468; 정성근·박광민, 420.
214 오영근, 333.
215 대판 1986. 2. 11, 85도2513.

는 것은 아니라는 이유로 파기하였다.[216]

11. 그 밖의 죄와의 관계

125 (1) 영리를 목적으로 사람을 약취·유인하여 그 석방의 대가로 금품을 요구한 때에는 인질강도죄(§ 336)만 성립한다.[217] 체포·감금된 사람을 인질로 삼아 재물을 갈취한 때에도 인질강도죄가 성립한다.[218]

126 (2) 사람을 체포·감금하여 재산을 갈취한 때에는 체포·감금죄(§ 276①)와 본죄의 실체적 경합이 된다.[219] 반면에 체포·감금이 갈취의 수단이 된 때에는, ① 상상적 경합이 된다는 것이 다수설[220]이나, ② 체포·감금은 폭행의 한 내용이므로 본죄만 성립한다는 소수설[221]이 있다. 이에 대하여 일본 판례는 ③ 실체적 경합관계라고 한다.[222]

127 (3) 재물 또는 재산상의 이익을 취득하기 위하여 다중이 집합하여 폭행·협박한 때에는 본죄와 소요죄(§ 115)의 상상적 경합이 된다.[223]

128 (4) 공갈을 수단으로 업무를 방해한 경우에는 본죄와 업무방해죄(§ 314①)의 상상적 경합이 된다.[224]

V. 처 벌

129 10년 이하의 징역 또는 2천만 원 이하의 벌금에 처한다.

130 본죄에는 10년 이하의 자격정지를 병과할 수 있고(§ 353), 미수범은 처벌한다(§ 352).

---

216 대판 2014. 3. 13, 2014도212.
217 김성돈, 405; 정성근·박광민, 421.
218 임웅, 467.
219 김성돈, 405; 오영근, 339; 이재상·장영민·강동범, § 19/21; 임웅, 468.
220 김성돈, 405; 배종대, § 71/20; 손동권·김재윤, § 23/22; 이재상·장영민·강동범, § 19/21; 임웅, 468.
221 오영근, 339.
222 最判 平成 17(2005). 4. 14. 刑集 59·3·283.
223 배종대, § 71/20; 손동권·김재윤, § 23/22; 이재상·장영민·강동범, § 19/21. 일본 판례도 마찬가지이다[大判 昭和 2(1927). 4. 5. 刑集 6·128].
224 김성돈, 405; 정성근·박광민, 421.

갈취한 재물 또는 재산상 이익의 가액(이득액)이 50억 원 이상일 때에는 무기 또는 5년 이상의 징역에, 5억 원 이상 50억 원 미만일 때에는 3년 이상의 유기징역에 처하고, 각 경우에 그 이득액 이하에 상당하는 벌금을 병과할 수 있다(특경 § 3①, ②). 131

〔송 경 호〕

第350조의2(특수공갈)

단체 또는 다중의 위력을 보이거나 위험한 물건을 휴대하여 제350조의 죄를 범한 자는 1년 이상 15년 이하의 징역에 처한다.

[본조신설 2016. 1. 6.]

1 본죄(특수공갈죄)는 단체 또는 다중의 위력을 보이거나 위험한 물건을 휴대하여 공갈죄를 범함으로써 성립하는 범죄이다. 본죄는 행위방법의 위험성 때문에 가중된 구성요건이다.[1] 본죄는 종전에 폭력행위 등 처벌에 관한 법률(이하, 폭력행위처벌법이라 한다.)로 의율되었으나(§ 3①, § 2①(iii)), 흉기 기타 위험한 물건을 휴대하여 형법상 폭행죄 등을 범한 사람을 가중처벌하는 구 폭력행위처벌법 제3조 제1항 중 일부(폭행죄 등) 조항이 형벌체계상의 균형을 상실하여 평등원칙에 위배된다는 이유로 위헌결정[2]이 선고됨에 따라, 2016년 1월 6일 폭력행위처벌법의 개정으로 관련 규정이 삭제되면서 형법에 편입되었다.

---

1 이재상·장영민·강동범, 형법각론(13판), § 19/22.

2 헌재 2015. 9. 24, 2014헌바154 등. 「형법 제261조(특수폭행), 제284조(특수협박), 제369조(특수손괴)(이하 모두 합하여 '형법조항들'이라 한다)의 '위험한 물건'에는 '흉기'가 포함된다고 보거나, '위험한 물건'과 '흉기'가 동일하다고 보는 것이 일반적인 견해이며, 심판대상조항의 '흉기'도 '위험한 물건'에 포함되는 것으로 해석된다. 그렇다면 심판대상조항의 구성요건인 '흉기 기타 위험한 물건을 휴대하여'와 형법조항들의 구성요건인 '위험한 물건을 휴대하여'는 그 의미가 동일하다. 그런데 심판대상조항은 형법조항들과 똑같은 내용의 구성요건을 규정하면서 징역형의 하한을 1년으로 올리고, 벌금형을 제외하고 있다. 흉기 기타 위험한 물건을 휴대하여 폭행죄, 협박죄, 재물손괴죄를 범하는 경우, 검사는 심판대상조항을 적용하여 기소하는 것이 특별법 우선의 법리에 부합하나, 형법조항들을 적용하여 기소할 수도 있다. 그런데 위 두 조항 중 어느 조항이 적용되는지에 따라 피고인에게 벌금형이 선고될 수 있는지 여부가 달라지고, 징역형의 하한을 기준으로 최대 6배에 이르는 심각한 형의 불균형이 발생한다. 심판대상조항은 가중적 구성요건의 표지가 전혀 없이 법적용을 오로지 검사의 기소재량에만 맡기고 있으므로, 법집행기관 스스로도 법적용에 대한 혼란을 겪을 수 있고, 이는 결과적으로 국민의 불이익으로 돌아올 수밖에 없다. 법집행기관이 이러한 사정을 피의자나 피고인의 자백을 유도하거나 상소를 포기하도록 하는 수단으로 악용할 소지도 있다. 따라서 심판대상조항은 형벌체계상의 정당성과 균형을 잃은 것이 명백하므로, 인간의 존엄성과 가치를 보장하는 헌법의 기본원리에 위배될 뿐만 아니라 그 내용에 있어서도 평등원칙에 위배된다.」

본조에서 '단체'란 공동 목적을 가진 다수인의 계속적·조직적인 결합체를 말하고, '다중'이란 단체를 이루지 못한 다수인의 집합을 말하며, '위력'이란 다수 인원으로 사람의 의사를 제압하기에 충분한 세력을 말한다. 그리고 '위험한 물건'이란 사람의 생명, 신체에 해를 가하는 데 사용할 수 있는 일체의 물건을 포함하고, '휴대'란 소지, 즉 몸에 지니는 것을 의미한다. 이에 대한 구체적인 내용은 특수상해죄(§ 258의2)와 특수폭행죄(§ 261) 부분[**주해 VIII(각칙** 5) 해당 부분]을 참조. 2

10년 이하의 징역 또는 2천만 원 이하의 벌금에 처한다. 3

본죄에는 10년 이하의 자격정지를 병과할 수 있고(§ 353), 미수범은 처벌한다(§ 352). 4

갈취한 재물 또는 재산상 이익의 가액(이득액)이 50억 원 이상일 때에는 무기 또는 5년 이상의 징역에, 5억 원 이상 50억 원 미만일 때에는 3년 이상의 유기징역에 처하고, 각 경우에 그 이득액 이하에 상당하는 벌금을 병과할 수 있다(특경 § 3①, ②). 5

〔송 경 호〕

第351條(상습범)

상습으로 第347條 내지 전조의 죄를 범한 자는 그 죄에 정한 형의 2분의 1까지 가중한다.

Ⅰ. 의 의 ………… 578
Ⅱ. 상습사기죄 ………… 578
Ⅲ. 상습공갈죄 ………… 580
Ⅳ. 처 벌 ………… 580

Ⅰ. 의 의

1 본조는 사기죄(§347), 컴퓨터등사용사기죄(§347의2), 준사기죄(§348), 편의시설부정이용죄(§348의2), 부당이득죄(§349), 공갈죄(§350), 특수공갈죄(§350의2)의 상습범을 가중처벌하고 있다.

Ⅱ. 상습사기죄

2 상습사기죄에서 상습성이라 함은 반복하여 사기범행을 하는 습벽으로서 행위자의 속성을 말하고, 이러한 습벽의 유무를 판단함에 있어서는 사기의 전과가 중요한 판단자료가 되나 사기의 전과가 없더라도 범행의 횟수, 수단과 방법, 동기 등 제반 사정을 참작하여 사기의 습벽이 인정되는 경우에는 상습성을 인정해야 한다.[1] 행위자의 사기습벽의 발현으로 인정되는 한 동종의 수법에 의한 사기범행의 습벽만을 의미하는 것이 아니라 이종의 수법에 의한 사기범행을 포괄하는 사기의 습벽도 포함한다.[2]

3 상습성이 인정되는 일련의 사기 범행들은 포괄일죄가 되어 하나의 죄로 처단되고,[3] 각 범행의 이득액의 합산액이 5억 원을 넘는 경우에는 특정경제범죄

1 대판 2007. 1. 25, 2006도7470.

2 대판 1999. 11. 26, 99도3929, 99감도97.

3 대판 2004. 9. 16, 2001도3206(전). 본 판결 평석은 박광민, "상습범의 죄수와 기판력이 미치는 범위", 형사판례연구 〔14〕, 한국형사판례연구회, 박영사(2006), 25-44; 이우재, "상습사기죄 중

가중처벌 등에 관한 법률(이하, 특정경제범죄법이라 한다.) 제3조에 의하여 가중처벌된다. 위 조항에 의하여 상습사기죄가 가중처벌되는 경우는 사기죄(§ 347)와 컴퓨터등사용사기죄(§ 347의2)에 한정된다.

특정경제범죄법 제3조에서 말하는 이득액은 단순일죄의 이득액이나 혹은 포괄일죄가 성립하는 경우의 이득액의 합산액을 의미하는 것이고, 경합범으로 처벌될 수죄의 각 이득액을 합한 금액을 의미하는 것은 아니며, 수인의 피해자에 대하여 각각 기망행위를 하여 각각 재물을 편취한 경우에는 범의가 단일하고 범행방법이 동일하더라도 각 피해자의 피해법익은 독립한 것이므로 원칙적으로 이를 포괄일죄로 파악할 수 없고 피해자별로 독립한 사기죄가 성립된다.[4] 그러나 범행의 횟수, 수단과 방법, 동기 등 제반 사정을 참작할 때 사기의 상습성이 인정되면 포괄일죄로서 여러 피해자들에 대한 피해총액을 합산하여 특정경제범죄법위반(사기)죄로 의율할 수 있다.[5] 4

판례는 피고인이 별다른 자력이 없고 언제 완공되어 영업이 시작될지도 모르는 온천투자사업 이외에는 아무런 수익사업도 없었음에도 고율의 투자수익을 얻게 해주겠다는 취지로 다수의 피해자들을 기망하여 약 85일의 단기간 내에 780회에 걸쳐 투자자금 명목으로 합계 약 45억 원을 편취한 사안에서, 비록 피고인에게 약 11년 전에 사기죄로 벌금형을 선고받은 전력 이외에 별다른 전과가 없었다고 하더라도, 범행의 횟수, 수단과 방법, 동기 등 제반 사정에 비추어, 이 사건 범행 당시 피고인에게는 반복하여 사기행위를 하는 습벽이 있었고 이 사건 사기범행은 그 습벽의 발현으로 보아야 한다는 이유로, 상습성을 부정하여 피해자별로 독립하여 단순 사기죄를 구성한다고 보아 특정경제범죄법위반(사기)죄가 성립하지 않는다고 한 원심을 파기하였다.[6] 5

상습범으로서 포괄일죄의 관계에 있는 여러 개의 범죄사실 중 일부에 대하여 유죄판결이 확정된 경우에, 그 확정판결의 사실심판결 선고 전에 저질러진 나머지 범죄에 대하여 새로이 공소가 제기되었다면 그 새로운 공소는 확정판결이 6

일부에 대하여 확정재판이 있는 경우 그 재판의 기판력의 기준시전에 범해진 상습범행에 확정재판의 기판력이 미치는지 여부", 형사재판의 제문제(5권), 박영사(2005), 39-75.

4 대판 2000. 7. 7, 2000도1899.

5 대판 2001. 6. 1, 2001도740; 대판 2006. 9. 14, 2006도4152.

6 대판 2001. 6. 1, 2001도740.

있었던 사건과 동일한 사건에 대하여 다시 제기된 데 해당하므로 이에 대하여는 판결로써 면소의 선고를 하여야 하는 것인데(형소 § 326(i)), 다만 이러한 법리가 적용되기 위해서는 전의 확정판결에서 당해 피고인이 상습범으로 기소되어 처단되었을 것을 필요로 하는 것이고, 상습범 아닌 기본 구성요건의 범죄로 처단되는 데 그친 경우에는, 가사 뒤에 기소된 사건에서 비로소 드러났거나 새로 저질러진 범죄사실과 전의 판결에서 이미 유죄로 확정된 범죄사실 등을 종합하여 비로소 그 모두가 상습범으로서의 포괄적 일죄에 해당하는 것으로 판단된다 하더라도 뒤늦게 앞서의 확정판결을 상습범의 일부에 대한 확정판결이라고 보아 그 기판력이 그 사실심판결 선고 전의 나머지 범죄에 미친다고 보아서는 아니 된다.[7]

Ⅲ. 상습공갈죄

7 상습공갈죄는 종전에 폭력행위 등 처벌에 관한 법률로 의율되었으나 2016년 1월 6일 위 법률의 개정으로 관련 규정이 삭제되고 형법에 편입되었다.

상습성이 인정되는 일련의 공갈 범행들은 포괄일죄가 되어 하나의 죄로 처단되고, 각 범행의 이득액의 합산액이 5억 원을 넘는 경우에는 특정경제범죄법 제3조에 의하여 가중처벌된다.

Ⅳ. 처 벌

8 제347조 내지 제350조의2의 죄에 정한 형의 2분의 1까지 가중한다.

9 본죄의 미수범은 처벌하고(§ 352), 본죄에는 10년 이하의 자격정지를 병과할 수 있다(§ 353).

〔송 경 호〕

7 대판 2004. 9. 16, 2001도3206(전). 상습범으로서 포괄일죄 관계에 있는 죄 중 일부에 대하여 유죄의 확정판결이 있고, 그 나머지 부분, 즉 확정판결의 사실심 선고 전에 저질러진 범행이 나중에 기소된 경우에, 그 확정판결의 죄명이 상습범이었는지 여부를 고려하지 아니하고, 단지 확정판결이 있었던 죄와 새로 기소된 죄 사이에 상습범인 관계가 인정된다는 이유만으로 확정판결의 기판력이 새로 기소된 죄에 미친다고 판시하였던 종전의 판결들[대판 1978. 2. 14, 77도3564(전); 대판 2002. 10. 25, 2002도1736 등 다수]은 이 판결과 어긋나는 범위 내에서 변경되었다.

제352조(미수범)

제347조 내지 제348조의2, 제350조, 제350조의2와 제351조의 미수범은 처벌한다. 〈개정 2016. 1. 6.〉

본조는 사기죄(§ 347), 컴퓨터등사용사기죄(§ 347의2), 준사기죄(§ 348), 편의시설부정이용죄(§ 348의2), 공갈죄(§ 350), 특수공갈죄(§ 350의2) 및 상습범죄(§ 351)의 미수범 처벌을 규정하고 있다(각 **해당 부분 주해** 참조). 1

〔송 경 호〕

第353條(자격정지의 병과)

본장의 죄에는 10년 이하의 자격정지를 병과할 수 있다.

1 본장에 규정한 각 죄를 범하여 처벌하는 경우에는 10년 이하의 자격정지형을 임의적으로 병과할 수 있다.

〔송 경 호〕

第354조(친족간의 범행, 동력)
제328조와 제346조의 규정은 본장의 죄에 준용한다.

Ⅰ. 친족상도례 ······ 583
1. 본조의 의의 ······ 583
2. 친족의 범위 ······ 583
3. 피해자 ······ 584
4. 특별법과 친족상도례의 적용 ······ 586
Ⅱ. 동 력 ······ 586

Ⅰ. 친족상도례

1. 본조의 의의

1 형법은 권리행사방해죄에서 친족상도례를 규정하고(§ 328), 이를 사기죄, 공갈죄 등 본장의 각 죄에도 준용한다. 따라서 직계혈족, 배우자, 동거친족, 동거가족 또는 그 배우자 사이에 사기죄, 공갈죄가 범하여졌을 경우에는 그 형을 면제하고(§ 328①), 그 밖의 친족 사이에 위 범죄가 범하여졌을 때에는 고소가 있어야 공소를 제기할 수 있다(§ 328②). 다만, 이러한 친족관계가 없는 공범에 대하여는 친족상도례의 적용이 배제된다(§ 328③).

2. 친족의 범위

2 친족상도례가 적용될 수 있는 친족 또는 가족의 범위는 민법에 따라 정하여진다.[1] 민법 제767조는 배우자, 혈족 및 인척을 친족으로 한다고 규정하고 있고, 민법 제769조는 혈족의 배우자, 배우자의 혈족, 배우자의 혈족의 배우자만을 인척으로 규정하고 있을 뿐, 구 민법(1990. 1. 13. 법률 제4199호로 개정되기 전의 것) 제769조에서 인척으로 규정하였던 '혈족의 배우자의 혈족'을 인척에 포함시키지 않고 있다. 따라서 사기죄의 피고인과 피해자가 사돈지간이라고 하더라도 이를 민법상 친족으로 볼 수 없다.[2]

3 본조에 의하여 준용되는 제328조 제1항에서 "직계혈족, 배우자, 동거친족,

1 대판 1980. 4. 22, 80도485; 대판 1991. 8. 27, 90도2857; 대판 2011. 4. 28, 2011도2170.
2 대판 2011. 4. 28, 2011도2170.

동거가족 또는 그 배우자 간의 제323조의 죄는 그 형을 면제한다."라고 규정하고 있는바, 여기서 '그 배우자'는 동거가족의 배우자만을 의미하는 것이 아니라, 직계혈족, 동거친족, 동거가족 모두의 배우자를 의미하는 것으로 보아야 한다.[3]

4 사기죄를 범하는 사람이 금원을 편취하기 위한 수단으로 피해자와 혼인신고를 한 것이어서 혼인이 무효인 경우, 피해자에 대한 사기죄에서 친족상도례를 적용할 수 없다.[4]

3. 피해자

5 친족상도례가 인정되려면 범인과 피해자 사이에 친족관계가 인정되어야 한다.

6 친족으로부터 예금 중 일부 인출 위탁과 함께 그 명의의 통장과 도장을 건네받은 것을 기화로 정기예금을 해약하고 금융기관 직원으로부터 예금액 전부를 교부받은 경우 피해자를 예금명의자인 친족으로 볼 것인지 또는 금융기관으로 볼 것인지에 따라 친족상도례 적용 여부가 달라진다.

7 판례는 이 사안에서, 예금의 소유권은 소비기탁으로 은행에 귀속되었다 할 것이어서 사기 피해자는 예금주가 아닌 은행이 되므로 친족상도례가 적용되지 않는다고 보았다.[5] 나아가 판례는, 친척 소유 예금통장을 절취한 사람이 그 친척 거래 금융기관에 설치된 현금자동지급기에 예금통장을 넣고 조작하는 방법으로 친척 명의 계좌의 예금 잔고를 자신이 거래하는 다른 금융기관에 개설된 자기 계좌로 이체하여 컴퓨터등사용사기죄를 범한 경우, 그와 같은 범행으로 인한 피해자는 이체된 예금 상당액의 채무를 이중으로 지급해야 할 위험에 처하게 되는 그 친척 거래 금융기관이라 할 것이고, 거래 약관의 면책 조항이나 채권의 준점유자에 대한 법리 적용 등에 의하여 위와 같은 범행으로 인한 피해가 최종적으로는 예금 명의인인 친척에게 전가될 수 있다고 하여, 자금이체 거래의 직접적인 당사자이자 이중지급 위험의 원칙적인 부담자인 거래 금융기관을 위와 같은 컴퓨터등사용사기 범행의 피해자에 해당하지 않는다고 볼 수는 없으므로, 위와 같은 경우에는 친족 사이의 범행을 전제로 하는 친족상도례를 적용할

---

3 대판 2011. 5. 13, 2011도1765.
4 대판 2015. 12. 10, 2014도11533.
5 대판 1972. 11. 14, 72도1946.

수 없다고 보았다.[6]

사기죄, 공갈죄에서 편취 내지 갈취된 재물 내지 재산상 이익이 공동의 소유이고 그중 범인과 피해자들 사이에 친족관계 유무가 엇갈리는 경우 친족상도례의 적용 여부가 문제된다. 이에 대하여는, ① 친족상도례가 인정되려면 범인과 피해자들 전부 사이에 친족관계가 인정되어야 하므로 피해자의 일부에 대해 친족관계가 없다면 전부에 대하여 친족상도례는 적용되지 않는다는 견해,[7] ② 손해가 가분인 때에는 각 별로 친족상도례를 적용하고 손해가 불가분인 때에는 전부에 대하여 친족상도례가 적용되지 않는다는 견해[8]로 나뉜다. 판례는 피고인 등이 공모하여 피해자 A, B 등을 기망하여 A, B 및 C와 부동산 매매계약을 체결하고 소유권을 이전받은 다음 잔금을 지급하지 않아 같은 금액 상당의 재산상 이익을 편취하였다는 내용으로 기소된 사안에서, A는 피고인의 8촌 혈족, C는 피고인의 부친이나, 위 부동산이 A, B, C의 합유로 등기되어 있어 피고인에게 형법상 친족상도례 규정이 적용되지 않는다고 보았다.[9] 8

사기죄와 공갈죄에서 피기망자 내지 피공갈자와 재물의 소유자·재산상 이익의 주체가 상이한 경우에 범인과 누구와 사이에 친족관계가 있어야 하는지가 문제된다. 이는 각 범죄의 보호법익과 관련하여 검토해야 한다.[10] 9

사기죄의 경우 보호법익은 재산권이고 거래상의 진실 내지 신의칙은 독자적인 보호법익이 되지 않는다. 따라서 이른바 삼각사기에 있어서 재산상의 권리를 가지는 사람, 즉 재물의 소유자 또는 재산상 이익의 주체만인 피해자가 될 수 있고, 피기망자는 피해자에 해당하지 않으므로 범인과 피기망자 사이에 친족관계에 있을 것을 요하지 않는다.[11] 법원을 기망하여 제3자로부터 재물을 편취한 경우에 피기망자인 법원은 피해자가 될 수 없고 재물을 편취당한 제3자가 피해자라고 할 것이므로, 피해자인 제3자와 사기죄의 범인이 직계혈족의 관계에 있을 10

6 대판 2007. 3. 15, 2006도2704; 대판 2009. 7. 9, 2009도3681.
7 김일수·서보학, 새로쓴 형법각론(9판), 221; 신동운, 형법각론(2판), 918.
8 박이규, "절취한 친족 소유의 예금통장을 현금자동지급기에 넣고 조작하여 예금 잔고를 다른 금융기관의 자기 계좌로 이체하는 방법으로 저지른 컴퓨터 등 사용사기죄에 있어서의 피해자(=친족 명의 계좌의 금융기관)", 해설 70, 법원도서관(2008), 228(대판 2007. 3. 15, 2006도2704 해설).
9 대판 2015. 6. 11, 2015도3160.
10 김성돈, 형법각론(5판), 313; 신동운, 918.
11 김성돈, 369; 신동운, 919; 이재상·장영민·강동범, 형법각론(13판), § 18/48.

때에는 그 범인에 대하여는 제328조 제1항에 의하여 형을 면제하여야 한다.[12]

11 반면 공갈죄의 경우 상대방의 의사결정의 자유도 부차적인 보호법익이 되므로, 이른바 삼각공갈에 있어서 폭행·협박을 당하는 피공갈자도 피해자가 될 수 있다. 따라서 이 경우에는 범인이 피공갈자와 재물의 소유자·재산상 이익의 주체 모두와 친족관계에 있는 경우에 한하여 친족상도례가 적용된다.[13]

4. 특별법과 친족상도례의 적용

12 본조 및 제328조의 규정에 의하면, 직계혈족, 배우자, 동거친족, 동거가족 또는 그 배우자 간의 사기죄는 그 형을 면제하여야 하고 그 외의 친족 간에는 고소가 있어야 공소를 제기할 수 있는데, 형법상 사기죄의 성질은 특정경제범죄 가중처벌 등에 관한 법률(이하, 특정경제범죄법이라 한다.) 제3조 제1항에 의해 가중처벌되는 경우에도 그대로 유지되고 같은 법률에 친족상도례의 적용을 배제한다는 명시적인 규정이 없으므로, 본조는 특정경제범죄법 제3조 제1항 위반죄에도 그대로 적용된다.[14]

13 흉기 기타 위험한 물건을 휴대하고 공갈죄를 범하여 구 폭력행위 등 처벌에 관한 법률(2016. 1. 6. 법률 제13718호로 개정되기 전의 것)(이하, 폭력행위처벌법이라 한다.) 제3조 제1항, 제2조 제1항 제3호에 의하여 가중처벌되는 경우에도 형법상 공갈죄의 성질은 그대로 유지되는 것이고, 특별법인 위 법률에 친족상도례에 관한 본조 및 제328조의 적용을 배제한다는 명시적인 규정이 없으므로, 본조는 구 폭력행위처벌법 제3조 제1항 위반죄에도 그대로 적용된다.[15]

Ⅱ. 동 력

14 제38장 절도와 강도의 죄에 관한 제346조에서 "본장의 죄에 있어서 관리할

12 대판 2014. 9. 26, 2014도8076; 대판 2018. 1. 25, 2016도6757.
13 손동권·김재윤, 새로운 형법각론, § 23/2; 신동운, 919; 임웅, 형법각론(9정판), 468; 정성근·박광민, 형법각론(전정2판), 410.
14 대판 2000. 10. 13, 99오1; 대판 2010. 2. 11, 2009도12627.
15 대판 2010. 7. 29, 2010도5795. 본 판결 평석은 김태수, ""흉기휴대 공갈"친족상도례 적용의 타당성", 형사정책 24-1, 한국형사정책학회(2011), 145-162.

수 있는 동력은 재물로 간주한다."라고 규정하고, 이를 본장의 죄에 준용하고 있다(§ 354).

〔송 경 호〕

[특별범죄] 신용카드 관련 범죄

Ⅰ. 의 의 ······ 588
1. 신용카드의 의의와 기능 ······ 588
2. 신용카드의 법적 성격 ······ 589
3. 신용카드와 구별되는 카드 유형 ······ 590
4. 여신전문금융업법의 적용 대상 ······ 591
5. 신용카드 관련 범죄 유형 ······ 593
Ⅱ. 신용카드 취득에 관한 범죄 ······ 593
1. 타인 명의 신용카드의 불법 취득 ······ 593
2. 자기 명의 신용카드의 불법 취득 ······ 595
Ⅲ. 신용카드 부정사용에 관한 범죄 ······ 597
1. 타인 명의 도난카드 등의 부정사용 ·· 597
2. 타인 명의 모용카드의 부정사용 ······ 605
3. 자기 명의 신용카드의 부정사용 ······ 607

Ⅰ. 의 의

1. 신용카드의 의의와 기능

1 여신전문금융업법 제2조 제3호[1]는 "신용카드란 이를 제시함으로써 반복하여 신용카드가맹점에서 다음 각 목을 제외한 사항을 결제할 수 있는 증표로서 신용카드업자가 발행한 것을 말한다."라고 정의하여, 결제기능을 가진 것만을 신용카드로 규정하고 있다.

2 그러나 여신전문금융업법 제13조 제1항 제1호[2]는 신용카드업자의 부대업무

1 여신전문금융업법 제2조(정의) 이 법에서 사용하는 용어의 뜻은 다음과 같다.
3. "신용카드"란 이를 제시함으로써 반복하여 신용카드가맹점에서 다음 각 목을 제외한 사항을 결제할 수 있는 증표(證票)로서 신용카드업자(외국에서 신용카드업에 상당하는 영업을 영위하는 자를 포함한다)가 발행한 것을 말한다.
가. 금전채무의 상환
나. 「자본시장과 금융투자업에 관한 법률」 제3조제1항에 따른 금융투자상품 등 대통령령으로 정하는 금융상품
다. 「게임산업진흥에 관한 법률」 제2조제1호의2에 따른 사행성게임물의 이용 대가 및 이용에 따른 금전의 지급. 다만, 외국인(「해외이주법」 제2조에 따른 해외이주자를 포함한다)이 「관광진흥법」에 따라 허가받은 카지노영업소에서 외국에서 신용카드업에 상당하는 영업을 영위하는 자가 발행한 신용카드로 결제하는 것은 제외한다.
라. 그 밖에 사행행위 등 건전한 국민생활을 저해하고 선량한 풍속을 해치는 행위로 대통령령으로 정하는 사항의 이용 대가 및 이용에 따른 금전의 지급

2 여신전문금융업법 제13조(신용카드업자의 부대업무) ① 신용카드업자는 대통령령으로 정하는 기준에 따라 다음 각 호에 따른 부대업무를 할 수 있다.
1. 신용카드회원에 대한 자금의 융통(融通)
2. 직불카드의 발행 및 대금의 결제

중 하나로 '신용카드회원에 대한 자금의 융통'을 규정하고 있고, 이를 고려한다면, "신용카드란 현금을 지급함이 없이 계속·반복적으로 신용카드가맹점에서 물품을 구입하거나 용역을 제공받을 수 있음은 물론 자금을 융통받을 수 있는 증표로서 신용카드업자가 발행한 것"이라고 정의할 수 있다.[3]

신용카드 거래는 통상 신용카드회원, 신용카드가맹점 및 신용카드회사의 삼자 간의 관계로 이루어지지만, 백화점 신용카드와 같이 신용카드 회원과 신용카드 회사의 양 당사자 관계로 이루어지는 경우도 있다.[4] 신용카드는 물품을 구입하거나 용역을 제공받을 때 현금을 대신하는 결제수단으로 사용될 뿐만 아니라 그 대금의 지급을 유예하는 기능도 가지고 있다. 그 밖에 할부판매를 시행하고(할부기능), 일정한 한도 내에서 신용으로 현금을 대출해 주는 기능(현금서비스 기능)을 수행하기도 한다.[5] 3

2. 신용카드의 법적 성격

신용카드가 유가증권에 해당하는지에 대하여, 이를 긍정하는 견해[6]가 있기는 하나, 신용카드는 이를 소지함으로써 신용구매가 가능하고 금융 편의를 받을 수 있다는 점에서 경제적 가치가 있다고 하더라도 그 자체에 경제적 가치가 화체되어 있거나 특정한 재산권을 표창하고 있지 아니하므로 유가증권이 아니라고 보는 것이 타당하다(통설[7]·판례[8]). 4

신용카드가 재물에 해당하는지에 대해서는, 신용카드에서 신용의 공여를 제외하면 경제적으로뿐만 아니라 주관적·소극적으로도 아무런 가치가 없는 플라스틱 조각에 불과하여 재산범죄의 대상인 재물로 평가할 수 없다는 점 등을 이유로 신용카드의 재물성을 부정하는 견해가 있다.[9] 그러나 형법상 재물은 반 5

3\. 선불카드의 발행·판매 및 대금의 결제

3 신호진, "신용카드 관련 범죄의 보호법익과 불법유형에 관한 연구", 고려대학교 박사학위논문(2010), 6.

4 이재상·장영민·강동범, 형법각론(13판), § 18/80.

5 이주원, 특별형법(8판), 691.

6 백형구, 형법각론(개정판), 510.

7 김신규, 형법각론 강의, 444; 이재상·장영민·강동범, § 18/85; 이형국·김혜경, 형법각론(2판), 412; 정웅석·최창호, 형법각론, 634; 최호진, 형법각론, 494; 홍영기, 형법(총론과 각론), § 83/1.

8 대판 1999. 7. 9, 99도857.

9 이정원, "자기신용카드 부정사용에 대한 책임", 비교형사법연구 7-2, 한국비교형사법학회(2006),

드시 경제적 교환가치를 가질 필요가 없고 소유권의 객체가 될 수 있는 것이면 주관적 가치를 가진 것으로 충분하며, 또한 적극적 가치는 없으나 타인의 손에 들어가면 악용될 우려가 있는 것도 소극적 가치가 있다는 점 등을 근거로 신용카드의 재물성을 인정하는 견해가 다수설의 입장이다.[10]

6 판례는 타인의 신용카드를 절취하여 현금을 인출한 후 즉시 반환한 사안에서, 불법영득의사를 부정하여 신용카드 자체에 대한 절도죄의 성립을 부정하고 있는데,[11] 이는 신용카드가 절도죄의 객체인 재물이라는 것을 전제로 한 것이라는 점에서 신용카드를 재물로 파악하고 있다고 볼 수 있다.

3. 신용카드와 구별되는 카드 유형

7 신용카드와 구별되어야 할 것으로 직불카드, 선불카드 및 현금카드가 있다.

(1) 직불카드

8 직불카드(Debit Card)는 직불카드회원과 신용카드가맹점 간에 전자적 또는 자기적 방법으로 금융거래계좌에 이체하는 등의 방법으로 결제가 이루어질 수 있도록 신용카드업자가 발행한 증표를 말한다(여전 § 2(viii)). 이러한 직불카드에는 대금결제기능(직불기능)은 있으나, 지급유예기능·할부기능·현금서비스기능과 같은 신용기능이 없다.[12]

191.

10 김신규, 444; 박찬걸, 형법각론(2판), 497; 이재상·장영민·강동범, § 18/83; 이형국·김혜경, 412; 임웅, 형법각론(9정판), 436; 정웅석·최창호, 634; 최호진, 494.

11 대판 1999. 7. 9, 99도857. 「신용카드업자가 발행한 신용카드는 이를 소지함으로써 신용구매가 가능하고 금융의 편의를 받을 수 있다는 점에서 경제적 가치가 있다 하더라도, 그 자체에 경제적 가치가 화체되어 있거나 특정의 재산권을 표창하는 유가증권이라고 볼 수 없고, 단지 신용카드회원이 그 제시를 통하여 신용카드회원이라는 사실을 증명하거나 현금자동지급기 등에 주입하는 등의 방법으로 신용카드업자로부터 서비스를 받을 수 있는 증표로서의 가치를 갖는 것이어서, 이를 사용하여 현금자동지급기에서 현금을 인출하였다 하더라도 신용카드 자체가 가지는 경제적 가치가 인출된 예금액만큼 소모되었다고 할 수 없으므로, 이를 일시 사용하고 곧 반환한 경우에는 불법영득의 의사가 없다고 보아야 할 것이다.」

12 직불카드의 일종으로 체크카드(Check Card), 하이브리드카드(Hybrid Card)가 있다. ① 체크카드는 카드회원이 사용하는 즉시 예금계좌의 잔액 범위 내에서 카드이용대금이 결제되고 통상적으로 신용카드업자에 의한 신용제공이나 자금융통이 이루어지지 않으므로 여신전문금융업법상 직불카드에 해당한다(대판 2017. 2. 3, 2016다254924). ② 하이브리드카드는 기존 체크카드기능에 소액의 신용결제기능이 부과된 카드이다〔이주원, 특별형법(8판), 692〕.

(2) 선불카드

선불카드(Prepaid Card)는 신용카드업자가 대금을 미리 받고 이에 해당하는 금액을 기록(전자적 또는 자기적 방법에 따른 기록)하여 발행한 증표로서, 선불카드 소지자가 신용카드가맹점에 제시하여 그 카드에 기록된 금액의 범위에서 결제할 수 있게 한 증표를 말한다(여전 § 2(viii)). 예컨대, 버스카드, 지하철 정액 승차권, 기프트카드(Gift Card: 무기명 선불카드) 등이 여기에 해당한다. 9

(3) 현금카드

현금카드(Cash Card)는 현금자동지급기에서 예금 잔고의 범위 내에서 현금을 인출하는 카드로, 예금인출기능만 있을 뿐 대금결제기능이나 지급유예기능·할부기능·현금서비스기능은 전혀 없다.[13] 10

4. 여신전문금융업법의 적용 대상

여신전문금융업법은 제70조[14]의 한 조문에서 여러 유형의 신용카드범죄를 처벌하기 위한 구성요건을 두고 있다. 위 처벌규정은 신용카드범죄와 신용카드업 허가·등록 범죄로 나눌 수 있고, 그중 신용카드범죄는 취득·사용·처분·가맹점 관련 범죄로 다시 세분할 수 있다.[15] 11

---

13 현금카드나 회원권카드는 여신전문금융업법에서 그 위조행위를 처벌하고 있는 '신용카드 등'에 해당하지 않는다(대판 2010. 6. 10, 2010도3409). 또한, 물품 또는 용역을 구매하는 기업이 카드회사와 체결한 약정에 따라 카드회사로부터 부여받은 카드번호에 의하여 특정 판매기업에 대한 물품 등 구매대금의 결제를 요청하면 카드회사가 이를 판매기업에 선지급하고 구매기업은 나중에 그 결제대금과 수수료 등을 카드회사에 상환하는 방식으로 이루어지는 일종의 전자상거래 수단으로서 이용되는 기업구매전용카드도 신용카드라고 할 수 없다(대판 2013. 7. 26, 2012도4438).

14 여신전문금융업법 제70조(벌칙) ① 다음 각 호의 어느 하나에 해당하는 자는 7년 이하의 징역 또는 5천만원 이하의 벌금에 처한다.

1. 신용카드등을 위조하거나 변조한 자
2. 위조되거나 변조된 신용카드등을 판매하거나 사용한 자
3. 분실하거나 도난당한 신용카드나 직불카드를 판매하거나 사용한 자
4. 강취(强取)·횡령하거나, 사람을 기망(欺罔)하거나 공갈(恐喝)하여 취득한 신용카드나 직불카드를 판매하거나 사용한 자
5. 행사할 목적으로 위조되거나 변조된 신용카드등을 취득한 자
6. 거짓이나 그 밖의 부정한 방법으로 알아낸 타인의 신용카드 정보를 보유하거나 이를 이용하여 신용카드로 거래한 자
7. - 10. (생략)

15 강동범, "여신전문금융업법상 신용카드 취득·사용·처분범죄처벌규정의 검토", 법조 57-3, 법조협회(2008), 49.

12 신용카드범죄 중 ① 신용카드 취득 관련 범죄로는, 신용카드·직불카드·선불카드(이하, 신용카드 등이라 한다.)(여전 § 2(v) 가목)의 위조·변조(§ 70①(i)), 위조·변조된 신용카드 취득(§ 70①(v)), 거짓이나 그 밖의 부정한 방법으로 알아낸 신용카드의 정보 보유(§ 70①(vi))가 있으며, ② 신용카드 사용 관련 범죄로는, 위조·변조된 신용카드 등의 판매·사용(§ 70①(ii)), 분실·도난된 신용카드나 직불카드의 판매·사용(§ 70①(iii)), 강취·횡령·사취·갈취한 신용카드나 직불카드의 판매·사용(§ 70①(iv))과 거짓이나 부정한 방법으로 알아낸 타인의 신용카드 정보 이용 신용카드 거래(§ 70①(vi))가 있으며, ③ 신용카드 처분 관련 범죄로는 신용카드 양도·양수(§ 70④(iii))가 있는데, 이를 표로 정리해 보면 아래 [표 1]과 같다.

[표 1] 여신전문금융업법의 신용카드 취득·사용·처분범죄 처벌규정(§ 70)

	행위 유형	처벌조항
신용카드 취득범죄	신용카드 등 위조·변조(미수, 예비·음모 처벌)	제1항 제1호
	행사목적 위조·변조된 신용카드 등 취득	제1항 제5호
	거짓이나 부정한 방법으로 알아낸 신용카드 정보 보유	제1항 제6호
신용카드 사용범죄	위조·변조된 신용카드 등 판매·사용(미수 처벌)	제1항 제2호
	분실·도난당한 신용카드나 직불카드 판매·사용	제1항 제3호
	강취·횡령·사취·갈취한 신용카드나 직불카드 판매·사용	제1항 제4호
	거짓이나 부정한 방법으로 알아낸 타인의 신용카드 정보이용한 신용카드 거래	제1항 제6호
신용카드 처분범죄	신용카드 양도·양수	제4항 제3호

13 여신전문금융업법 제2조 제5호 (가)목은 '신용카드·직불카드 또는 선불카드'를 합하여 신용카드 등이라고 규정하고 있으므로, 여신전문금융업법 제70조 제1항 제1호에서 위조행위를 처벌하고 있는 '신용카드 등'은 신용카드업자가 발행한 신용카드, 직불카드, 선불카드만을 의미하고, 회원권카드나 현금카드는 특별한 사정이 없는 한 이에 해당하지 않는다.[16]

14 현금카드 기능이 부가된 겸용카드인 신용카드나 직불카드를 그 본래의 용

16 대판 2010. 6. 10, 2010도3409.

법이 아니라 현금카드의 용법대로 사용하는 것은 여신전문금융업법 제70조 제1항 제3, 4호의 신용카드부정사용죄에서 말하는 '사용'에 포섭되지 않는다. 따라서 절취한 직불카드를 현금자동지급기에 넣고 비밀번호 등을 입력하여 피해자의 예금을 인출하는 행위는 여신전문금융업법 제70조 제1항의 부정사용에 해당하지 않는다(통설[17]·판례[18]).

5. 신용카드 관련 범죄 유형

신용카드와 관련된 범죄 유형은 크게 신용카드 취득에 관한 범죄와 부정사 15
용에 관한 범죄로 나누어 볼 수 있는데, 아래에서 항을 바꾸어 살펴본다.

Ⅱ. 신용카드 취득에 관한 범죄

신용카드 취득에 관한 범죄로는, 크게 타인 명의의 신용카드를 불법 취득하 16
는 경우와 자기 명의 신용카드를 불법 취득하는 경우가 있다.

1. 타인 명의 신용카드의 불법 취득

(1) 절취·강취·횡령·편취·갈취 등을 통해 취득하는 경우

신용카드는 재물에 해당하므로, 타인의 신용카드를 절취, 강취, 편취, 갈취, 17
횡령하거나 분실한 타인의 신용카드를 영득한 경우, 절도죄, 강도죄, 사기죄, 공갈죄, 횡령죄, 점유이탈물횡령죄 등의 재산범죄가 성립한다.[19]

다만, 신용카드는 카드회원이 그 제시를 통하여 카드회원이라는 사실을 증명 18
하거나 현금자동지급기 등에 주입하는 등의 방법으로 신용카드업자로부터 서비스를 받을 수 있는 증표로서의 가치를 갖는 것이어서, 이를 사용하여 물품을 구입하거나 현금서비스(현금대출)을 받았다고 하더라도, 신용카드 자체가 가지는 경제적

17 이재상·장영민·강동범, § 18/81; 이주원, 특별형법(8판), 693.

18 대판 2003. 11. 14, 2003도3977. 본 판결 해설 및 평석은 성지호, "여신전문금융업법 제70조 제1항 소정의 부정사용의 의미 및 절취한 직불카드를 이용하여 현금자동지급기로부터 예금을 인출하는 행위가 직불카드부정사용죄에 해당하는지 여부", 해설 48, 법원도서관(2004), 406-417; 한제희, "직불카드의 현금카드 기능 사용과 여신전문금융업법상 부정사용", 특별형법 판례100선, 한국형사판례연구회·대법원 형사법연구회, 박영사(2022), 380-383.

19 이재상·장영민·강동범, § 18/83; 임웅, 436.

가치가 소모되었다고 할 수 없으므로, 타인의 신용카드를 사용하여 물품을 구입하거나 현금서비스(현금대출)를 받은 후 곧바로 반환한 경우라면, 신용카드에 대한 불법영득의사를 인정할 수 없어 신용카드 자체에 대한 절도죄 등은 성립할 여지가 없다.[20] 이는 타인의 예금통장을 몰래 가지고 나와 예금을 인출한 후 바로 예금통장을 반환한 경우에는 불법영득의사가 인정될 수 있는 것과 대비된다.[21]

(2) 타인 명의로 신용카드를 부정발급받는 경우

19 타인 명의를 모용하여 카드발급신청서를 작성하고 이를 카드회사에 제출하여 타인 명의로 신용카드를 발급받는 경우, 우선 카드발급신청서 작성·제출과 관련하여 사문서위조죄와 위조사문서행사죄가 성립한다.

20 위 경우 신용카드 자체에 대한 사기죄에 해당하는지에 관하여는, ① 신용카드가 재물로서의 성격을 갖는 이상 신용카드 자체에 대한 사기죄가 성립한다고 보는 견해[22]와 ② 신용카드를 발급받는 것은 신용공여를 받으려는 데 그 목적이 있는 것이고 신용카드 자체에 대한 불법영득의사는 없기 때문에 사기죄가 성립하지 않는다는 견해[23]가 대립한다. 사기죄가 성립한다는 위 ①의 견해가 타당하다. 이때 사문서위조죄·위조사문죄행사죄와 사기죄는 실체적 경합관계이다.

21 판례는 타인 명의를 모용하여 신용카드를 발급받은 행위 자체에 대한 형법적 평가는 생략하고 있다. 즉 타인 명의를 모용하여 신용카드를 발급받은 사안에서, 신용카드를 이용하여 현금자동지급기에서 현금서비스(현금대출)를 받은 행위는 절도죄에 해당하고, ARS 전화서비스나 인터넷을 이용하여 신용대출을 받은 행위는 컴퓨터등사용사기죄에 해당한다고 판시하고 있을 뿐이다.[24]

---

20 대판 1998. 11. 10, 98도2642(현금카드 사안); 대판 1999. 7. 9, 99도857(신용카드 사안); 대판 2006. 3. 9, 2005도7819(직불카드 사안).

21 대판 2010. 5. 27, 2009도9008. 본 판결 해설은 장준현, "타인의 예금통장을 무단사용하여 예금을 인출한 후 예금통장을 반환한 경우 예금통장에 대한 절도죄가 성립하는지 여부(한정 적극)", 해설 84, 법원도서관(2010), 667-676.

22 김신규, 446; 김일수·서보학, 새로쓴 형법각론(9판), 357; 이재상·장영민·강동범, § 18/84; 이주원, 특별형법(8판), 721.

23 신동운, 형법각론(2판), 1082.

24 대판 2006. 7. 27, 2006도3126.

(3) 신용카드 위조·변조에 의한 불법 취득

일반적으로 신용카드 앞면에는 신용카드 회원번호, 카드회원의 성명, 유효기간 등이 표시되어 있고, 뒷면에는 자기띠와 함께 카드회원의 서명 등이 인쇄되어 있어 있으므로, 자기띠 부분은 형법상 사전자기록에 해당하고,[25] 그 이외 부분은 사문서에 해당한다.[26] 따라서 임의로 신용카드를 만들거나 진정한 신용카드에 변경을 가한 경우 형법상 사문서위조·변조죄(§ 231)에 해당하고, 자기띠 부분을 위조·변조한 경우 형법상 사전자기록위작·변작죄(§ 232의2)에 해당한다.[27] 한편, 신용카드를 위조하거나 변조한 행위는 여신전문금융업법 제70조 제1항 제1호[28]의 신용카드 위·변조죄로 처벌된다. 22

여기서 형법상 사문서위조·변조죄 등과 여신전문금융업법상의 신용카드 위조·변조죄의 죄수가 문제되는데, ① 여신전문금융업의 규정이 형법의 특별규정이므로 언제나 신용카드 위·변조죄만 성립한다는 견해[29]와 ② 신용카드 위·변조죄 이외에도 사문서위조·변조죄 등도 성립한다는 견해[30]가 있다. 23

행사할 목적으로 위조되거나 변조된 신용카드 등을 취득한 경우, 여신전문금융업법 제70조 제1항 제5호 위반죄에 해당한다. 다만, 신용카드를 위·변조한 사람이 자신이 위·변조한 신용카드를 소지하는 것은 신용카드 위·변조행위에 당연히 수반되는 행위에 불과하므로 여신전문금융업법 제70조 제1항 제5호의 '취득'에 해당하지 않고, 공범자의 경우에도 마찬가지이다.[31] 24

2. 자기 명의 신용카드의 불법 취득

카드대금을 결제할 의사나 능력이 없음에도 그러한 능력과 의사가 있는 것처럼 신용카드회사를 기망하여 신용카드를 발급받은 경우, 사기죄가 성립하는 25

---

25 이재상·장영민·강동범, § 18/85.

26 이주원, 특별형법(8판), 740.

27 임웅, 436.

28 여신전문금융업법 제70조 제1항 제1호는 '신용카드등을 위조하거나 변조한 자'를 7년 이하의 징역이나 5,000만 원 이하의 벌금에 처하도록 규정하고 있다.

29 이재상·장영민·강동범, § 18/85; 임웅, 438.

30 안경옥, "타인명의의 신용카드를 부정사용한 행위의 형사책임에 대한 재조명", 비교형사법연구 4-2, 한국비교형사법학회(2002), 263.

31 이주원, 특별형법(8판), 742.

지가 문제된다.

26 학설로는, ① 신용카드 자체는 형법상 재물로 인정되고, 신용카드 발급으로 카드회사에 재산상 손해 발생의 위험성이 존재한다는 점 등을 이유로 사기죄가 성립한다는 긍정설[32]과 ② 신용카드 자체가 갖는 가치의 경미성을 감안하면 비범죄화의 대상으로 보는 것일 옳고, 카드회사가 신청자의 대금결제의사나 능력에 관계없이 카드를 남발하는 상황에서는 기망행위 자체를 인정할 수 없다는 점 등을 논거로 사기죄가 성립하지 않는다는 부정설[33]이 대립한다.

27 판례는 신용카드의 발급 자체에 대해서는 형법적 판단을 하지 않고 그 후의 부정사용행위가 포괄적으로 사기죄의 일죄가 된다는 입장이다. 즉, 처음부터 정상적으로 결제할 의사나 능력이 없음에도 카드회사를 속여 자기 명의로 신용카드를 발급받은 후 그 신용카드를 이용하여 가맹점에서 물품을 구입하거나 현금자동지급기를 통해 현금서비스(현금대출)을 받은 경우, 현금대출을 받거나 물품을 구입하는 행위는 모두 피해자인 카드회사의 기망당한 의사표시에 따른 카드발급에 터잡아 이루어진 것이어서, 위 각 행위는 모두 포괄하여 사기죄가 성립한다고 판시하고 있다.[34]

28 다만 위 판결의 취지에 비추어, 신용카드의 재물성이 인정되는 점에서 카드발급 자체의 사기죄도 성립하고 인출·구입행위와 포괄일죄의 관계에 있다고 볼 수 있으나, 신용카드의 부정 취득 그 자체만으로 사기죄가 성립한다는 취지는

---

32 김신규, 445; 김일수·서보학, 357; 이재상·장영민·강동범, § 18/84; 주석형법 〔각칙(6)〕(5판), 118(이인석); 이주원, 특별형법(8판), 722. 한편, 자기 명의로 신용카드를 발급받은 경우 사기죄에 해당하나 발급받은 카드를 사용한 시점에 사기죄의 기수가 된다는 견해도 있다(임웅, 438).

33 배종대, 형법각론(14판), § 68/78; 정성근·박광민, 형법각론(전정3판), 356.

34 대판 1996. 4. 9, 95도2466. 「이 사건에서와 같이 피고인이 카드사용으로 인한 대금결제의 의사와 능력이 없으면서도 있는 것 같이 가장하여 카드회사를 기망하고, 카드회사는 이에 착오를 일으켜 일정 한도 내에서 카드사용을 허용해 줌으로써 피고인은 기망당한 카드회사의 신용공여라는 하자 있는 의사표시에 편승하여 자동지급기를 통한 현금대출도 받고, 가맹점을 통한 물품구입대금 대출도 받아 카드발급회사로 하여금 같은 액수 상당의 피해를 입게 함으로써, 카드사용으로 인한 일련의 편취행위가 포괄적으로 이루어지는 것이다. 따라서 이 사건에서 카드사용으로 인한 카드회사의 손해는 그것이 자동지급기에 의한 인출행위이든 가맹점을 통한 물품구입행위이든 불문하고 모두가 피해자인 카드회사의 기망당한 의사표시에 따른 카드발급에 터잡아 이루어지는 사기의 포괄일죄라 할 것이다.」

본 판결 평석은 김대웅, "신용카드를 이용한 현금자동인출기 사용행위의 형사책임", 형사판례연구 〔11〕, 한국형사판례연구회, 박영사(2003), 127-144.

아니라는 견해[35]도 있다. 실무상 신용카드의 부정 취득 자체도 사기죄가 되지만, 이를 별도로 사기죄로 기소하는 경우는 거의 없는 점에서 실질적으로 큰 차이는 없다고 하겠다.

Ⅲ. 신용카드 부정사용에 관한 범죄

신용카드를 사용하는 방법으로는, ① 물건을 구입하거나 용역을 제공받고 신용카드로 결제하는 경우(이하, 물품 구입 등이라 한다.), ② 신용카드의 신용대출 기능을 이용하여 현금자동지급기로부터 현금을 인출하는 경우(이하, 현금서비스라 한다.), ③ 신용카드에 부가적으로 담겨있는 예금 인출기능을 이용하여 현금자동지급기에서 예금을 인출하는 경우(이하, 예금 인출이라 한다.)가 있다. 29

신용카드 부정사용은 크게 세 가지, 즉 ① 위조·변조·분실·도난당하거나 강취·횡령·편취·갈취한 타인 명의의 신용카드(이하, 타인 명의 도난카드 등이라 한다.)를 사용하는 경우, ② 타인 명의를 모용하여 발급받은 신용카드(이하, 타인 명의 모용카드라 한다.)를 사용하는 경우, ③ 자기 명의의 신용카드를 부정사용하는 경우로 나누어 살펴본다. 30

1. 타인 명의 도난카드 등의 부정사용

타인 명의 도난카드 등, 즉 위조·변조·분실·도난당하거나 강취·횡령·편취·갈취의 사유로 취득한 신용카드를 자신이 정당한 소지인인 것처럼 속여, 가맹점에서 물품을 구입하거나, 현금지급기에서 현금서비스를 받거나 예금을 인출하는 경우의 문제이다. 31

(1) 물품 구입 등의 경우

(가) 사기죄의 성립 여부

타인 명의 도난카드 등을 마치 자신이 정당한 소지인 것처럼 제시하여 신용카드가맹점에서 물품을 구입하는 경우, 행위자는 가맹점에 대하여 자신의 카드인 것처럼 속이고 물품을 구입하는 것이므로 묵시적 기망행위를 하였고, 가맹점은 착오로 물품을 교부하였으며, 이로 인하여 재산상 손해가 발생하였으므로, 32

35 이주원, 특별형법(8판), 722.

형법상 사기죄가 성립한다는 견해가 통설이고,[36] 판례도 같은 입장이다.[37]

33 이 경우 피기망자는 가맹점이라고 보는 데 이견이 없으나, 사기죄의 피해자가 누구인지에 대하여는 견해가 대립된다. 피해자를 누구로 보느냐에 따라 사기죄의 기수시기, 죄수 및 친족상도례의 적용 여부 등이 달라질 수 있다. 학설로는, ① 물품이나 용역의 제공 자체를 손해로 보고 가맹점이 피해자라는 견해,[38] ② 카드거래로 인하여 카드 회사가 대금 지급의 위험을 부담하게 되므로 카드 회사가 피해자라는 견해,[39] ③ 가맹점에 귀책사유가 있어 카드 회사로부터 카드 대금을 받지 못하는 경우에는 가맹점이 피해자이고, 가맹점에 귀책사유가 없어 카드 회사가 카드 대금을 부담하는 경우에는 카드 회사가 피해자라는 견해[40] 등이 있다.

34 이에 대하여 판례는, 강취한 신용카드의 사용과 관련하여 사기죄를 인정하면서 "점주를 속이고"라고 판시하거나,[41] 절취한 신용카드 사용과 관련하여, "신용카드를 부정사용한 결과가 사기죄의 구성요건에 해당하고, 그 각 사기죄가 실체적 경합관계에 해당한다고 하여도, 여신전문금융업법상의 신용카드부정사용죄와 사기죄는 그 보호법익이나 행위의 태양이 전혀 달라 실체적 경합관계에 있다고 보아야 할 것이므로 신용카드 부정사용행위를 포괄일죄로 취급하는 데 아무런 지장이 없다."고 판시하면서 각 사기죄가 실체적 경합관계에 있다고 한 점[42]에 비추어, 각 가맹점이 피해자라고 판단한 것으로 보인다.[43]

35 검찰 실무도 대체로 가맹점만을 피해자로 하여 기소하고 있고, 법원도 검찰이 기소하는 대로 판결을 하고 있다. 그런데 가맹점에서 결제전표를 카드 회사로 보내 대금을 청구하는 경우는 대부분 지급된다는 점에서 카드 회사를 피해자로 적시하여 기소하기도 하는데, 그 경우에도 유죄판결을 하고 있다.

---

36 김일수·서보학, 360; 이재상·장영민·강동범, § 18/86.

37 대판 1996. 7. 12, 96도1181(절취한 신용카드); 대판 1997. 1. 21, 96도2715(강취한 신용카드).

38 주석형법 [각칙(6)](5판), 121(이인석); 이주원, 특별형법(7판), 710; 김우진, "신용카드 부정사용죄의 기수시기", 형사판례연구 [3], 한국형사판례연구회, 박영사(1995), 290.

39 이재상·장영민·강동범, 370; 안경옥(주 30), 267.

40 오영근, 형법각론(4판), 316; 임웅, 439.

41 대판 1997. 1. 21, 96도2715. 본 판결 평석은 강동범, "타인신용카드 부정사용의 형사책임에 관한 판례의 검토", 형사재판의 제문제(3권), 박영사(2000), 119-139.

42 대판 1996. 7. 12, 96도1181.

43 정진연, "신용카드 범죄에 대한 재조명", 법학논총 17, 숭실대 법학연구소(2007), 183 주) 42도 같은 입장이다.

(나) 신용카드부정사용죄의 성립 여부

36 타인 명의의 도난카드 등을 가지고 가맹점에서 물품을 구입하는 경우, 여신전문금융업법 제70조 제1항 제2, 3, 4호를 위반한 신용카드부정사용죄가 성립한다.

(a) 분실 또는 도난된 신용카드의 사용

37 여신전문금융업법 제70조 제1항 제3호의 '분실 또는 도난된 신용카드'라 함은 소유자 또는 점유자의 의사에 기하지 않고 그의 점유를 이탈하거나 그의 의사에 반하여 점유가 배제된 신용카드를 가리키는 것으로서, 소유자 또는 점유자의 점유를 이탈한 신용카드를 취득하거나 그 점유를 배제하는 행위를 한 사람이 반드시 유죄의 처벌을 받을 것을 요하지 아니한다. 따라서 신용카드를 몰래 가져갔으나 불법영득의사가 인정되지 않아 절도죄로 처벌을 받지 않더라도, 위 카드를 사용하면 신용카드부정사용죄가 성립한다.[44]

(b) 강취·횡령·기망·공갈하여 취득한 신용카드의 사용

38 여신전문금융업법 제70조 제1항 제4호의 '강취·횡령하거나 사람을 기망·공갈하여 취득한 신용카드'는 소유자나 점유자의 의사에 기하지 않고 그의 점유를 이탈하거나 그의 의사에 반하여 점유가 배제된 신용카드를 말한다. 또한 '사람을 기망하거나 공갈하여 취득한 신용카드'는 문언상 '기망이나 공갈을 수단으로 하여 다른 사람으로부터 취득한 신용카드'라는 의미이므로, '신용카드의 소유자 또는 점유자를 기망하거나 공갈하여 그들의 자유로운 의사에 의하지 않고 점유가 배제되어 그들로부터 사실상 처분권을 취득한 신용카드를 말한다.[45] 따라서 ① 피고인이 피해자를 기망하여 신용카드 1장을 교부받은 뒤 그때로부터 약 한 달 사이에 위 신용카드로 총 23회에 걸쳐 결제를 한 경우, 피해자는 피고인으로부터 기망당함으로써 피해자의 자유로운 의사에 의하지 않고 위 신용카드에 대한 점유를 상실하였고 피고인은 이에 대한 사실상 처분권을 취득하였으므로 신용카드부정사용죄에 해당한다.[46] 그러나 ② 유흥주점 업주가 과다한 술값 청구

44 대판 1999. 7. 9, 99도857. 직불카드의 경우에도 마찬가지이다〔대판 2006. 3. 9, 2005도7819(본 판결 평석은 성낙현, "직불카드 부정사용행위와 관련한 영득의 객체문제", 법조 56-6, 법조협회(2007), 291-324)〕.

45 대판 2022. 12. 16, 2022도10629.

46 대판 2022. 12. 16, 2022도10629. 이와는 달리 원심은, 기망으로 취득한 신용카드 부정사용은

에 항의하는 피해자들을 폭행하거나 협박하여 피해자들로부터 일정 금액을 지급받기로 합의한 다음, 피해자들이 결제하라고 건네준 신용카드로, 합의에 따라 현금서비스를 받거나 물품을 구입한 경우에는, 신용카드에 대한 피해자들의 점유가 피해자들의 의사에 기하지 않고 이탈하였거나 배제되었다고 보기 어려워 신용카드부정사용죄에 해당하지 않는다.[47]

(c) 신용카드부정사용죄의 기수시기 등

39 신용카드부정사용죄에서 말하는 '신용카드의 사용'이란 신용카드의 본래 용도인 대금결제를 위하여 신용카드를 제시하고 매출전표에 서명하여 이를 교부하는 일련의 행위를 말하므로, 위와 같은 일련의 과정에서 매출전표에 서명하고 교부하는 행위는 신용카드부정사용죄에 흡수되어 별도로 사문서위조죄와 위조사문서행사죄가 성립하지 않는다.[48] 따라서 절취한 타인 명의의 신용카드를 대금결제를 위하여 제시하고 카드회사의 승인까지 받았다고 하더라도 매출전표에 서명한 사실이 없다면, 그 사용행위를 완성한 것이라고 볼 수 없다.[49] 이렇게 본다면, 신용카드부정사용죄의 기수시기는 매출전표에 서명하여 이를 가맹점에 교부한 때가 된다.[50]

(다) 사기죄와 신용카드부정사용죄의 죄수 관계

40 타인 명의의 도난카드 등을 가지고 물품을 구입하는 경우, 판례는 사기죄와 신용카드부정사용죄가 성립하고, 두 죄는 보호법익이나 행위태양이 전혀 다르므로 실체적 경합관계에 있다고 본다.[51] 이에 대하여 신용카드부정사용죄와 사기죄 사이에는 행위의 부분적 동일성이 있어 상상적 경합관계로 보아야 한다는

신용카드 자체를 기망하여 취득한 후 소유자 또는 점유자의 의사에 의하지 않고 신용카드를 사용한 경우에 인정되는데, 피해자가 피고인에게 신용카드 사용권한을 준 것으로 보이므로 신용카드부정사용죄는 성립하지 않는다고 판단하였다(사기죄에 대해서는 유죄).

47 대판 2006. 7. 6, 2006도654. 본 판결 평석은 강우예, "여신전문금융업법의 '공갈하여 취득한 신용카드 사용'의 의미", 특별형법 판례100선, 한국형사판례연구회·대법원 형사법연구회, 박영사(2022), 384-387.

48 대판 1992. 6. 9, 92도77.

49 대판 1993. 11. 23, 93도604; 대판 2008. 2. 14, 2007도8767. 위 93도604 판결 평석은 김우진(주 38), 276-296.

50 신호진, "신용카드 관련 범죄의 보호법익과 불법유형에 관한 연구", 96. 카드단말기에 서명하는 경우에는, 서명 후 정상처리된 때(영수증이 출력된 때)가 기수시기라고 할 것이다.

51 대판 1997. 1. 21, 96도2715(강취한 신용카드).

견해가 있다.[52]

41 절취한 타인 명의의 신용카드를 수회 부정사용하는 행위가 포괄하여 신용카드부정사용죄의 일죄가 되더라도, 피해자를 달리하여 성립한 각 사기죄는 실체적 경합관계[53]에 있다.

(2) 현금서비스를 받거나 예금을 인출하는 경우

(가) 형법상 재산죄의 성립 여부

(a) 학설

42 타인 명의의 도난카드 등을 이용하여 현금자동지급기에서 현금서비스를 받거나 예금을 인출하는 경우,[54] 절도죄가 성립한다는 견해와 컴퓨터등사용사기죄가 성립한다는 견해 등이 대립한다.

43 상술하면, ① 현금자동지급기를 설치한 은행의 의사는 정당한 권리자에게 현금을 지급하겠다는 것이지, 신용카드와 비밀번호가 일치하면 무조건 청구한 현금을 지급하겠다는 것이 아니라는 점을 근거로 절도죄가 성립한다는 견해,[55] ② 타인 명의의 도난카드를 이용하여 현금자동지급기에서 현금을 인출하는 행위는 '권한 없이 정보를 입력·변경하여 정보처리를 하게 하는 행위'에 해당하고, 비록 컴퓨터등사용사기죄는 '재산상 이익'을 행위 객체로 하고 있지만 '재물'은 재산상 이익의 특별규정이므로 현금을 취득하는 것은 재산상 이익도 취득한 것이 된다는 점을 논거로 컴퓨터등사용사기죄가 성립한다는 견해,[56] ③ 현금자동지급기 관리자의 의사는 카드사용자가 정당한 소지인가를 묻지 않고 신용카드와 정확한 비밀번호만 입력되면 현금을 지급하겠다는 의사이므로, 위와 같이 현금을 인출할 경우 현금자동지급기 관리자의 동의가 있어 절도죄는 성립하지

52 임웅, 441.

53 대판 1996. 7. 12, 96도1181. 본 판결 평석은 조지은, "신용카드 부정사용죄의 죄수", 특별형법 판례100선, 한국형사판례연구회·대법원 형사법연구회, 박영사(2022), 388-391.

54 이 경우, 사람에 대한 기망행위가 없어 사기죄가 성립하지 않고, 현금자동지급기는 유료자동설비에 해당하지 않기 때문에 편의시설부정이용죄도 성립하지 않아, 주로 절도죄나 컴퓨터등사용사기죄의 성립 여부가 문제된다.

55 손동권·김재윤, 새로운 형법각론, § 22/66; 이재상·장영민·강동범, § 18/89-90(컴퓨터등사용사기죄도 성립하고 두 죄는 택일관계라고 함); 주석형법 [각칙(6)](5판), 124(이민석); 이주원, 특별형법(8판), 727.

56 김신규, 448(절도죄와는 택일관계); 김일수·서보학, 360; 배종대, § 68/103; 이재상·장영민·강동범, § 18/90(절도죄도 성립하고 두 죄는 택일관계라고 함); 임웅, 442.

않고, 현금은 '재물'이지 '재산상 이익'이 아니므로 컴퓨터등사용사기죄도 성립하지 않는다고 보는 견해[57] 등이 있다.

(b) 판례

44 판례는 정당한 카드사용자의 사용승낙이 없이 신용카드를 사용한 경우와 비록 하자 있는 의사표시이기는 하지만 피해자의 승낙에 의해 사용권한을 부여받아 신용카드를 사용한 경우를 달리 보고 있다.

i) 사용승낙이 없는 경우

45 우선 정당한 카드사용자의 사용승낙 없이 신용카드를 사용한 경우, 예를 들어 절취한 신용카드를 현금자동지급기에 넣고 비밀번호를 입력하여 현금서비스(현금대출)를 받는 경우, 판례는 현금자동지급기 관리자의 의사에 반하여 현금을 취득하는 것이라서 절도죄가 성립하지만,[58] 위와 같이 인출한 현금은 컴퓨터등사용사기죄의 객체인 '재산상 이익'이 아니므로 컴퓨터등사용사기죄는 성립하지 않는다고 판시하였다.[59]

46 한편 판례는, 절취한 타인의 신용카드를 이용하여 현금지급기에서 자신의 예금계좌로 돈을 이체시킨(①행위) 후 자신의 현금카드나 신용카드를 이용하여 현금을 인출한 행위(②행위)가 절도죄를 구성하지 않는다고 판시하면서,[60] "(①행위는) 컴퓨터등사용사기죄에서 컴퓨터등 정보처리장치에 권한 없이 정보를 입력하여 정보처리를 하게 하는 행위에 해당함은 별론으로 하고"라고 판시하여, 컴퓨터등사용사기죄가 성립한다는 취지로 판시하였다.[61] 또한 판례는, 절취한 친

57 김영환, "신용카드부정사용에 관한 형법해석론의 난점", 형사판례연구 〔3〕, 한국형사판례연구회, 박영사(1995), 318; 하태훈, "현금자동인출기 부정사용에 대한 형법적 평가", 형사판례연구 〔4〕, 한국형사판례연구회, 박영사(1996), 330-331.

58 대판 1995. 7. 28, 95도997(절취한 신용카드); 대판 2007. 4. 13, 2007도1377(강취한 직불카드); 대판 2007. 5. 10, 2007도1375(강취한 현금카드). 위 95도997 판결 해설 및 평석은 강영호, "신용카드업법 제25조 제1항 소정의 부정사용의 개념과 절취한 타인의 신용카드를 사용하여 현금자동인출기에서 현금을 인출한 경우의 죄수", 해설 24, 법원도서관(1996), 550-560; 김재봉, "신용카드 등 부정사용의 의미", 특별형법 판례100선, 한국형사판례연구회·대법원 형사법연구회, 박영사(2022), 376-379; 하태훈(주 57), 323-343.

59 대판 2003. 5. 13, 2003도1178.

60 따라서 인터넷뱅킹에 의한 계좌이체 등의 컴퓨터등사용사기죄의 범행으로 일단 예금채권을 취득한 다음, 자기의 현금카드 등을 사용하여 현금자동지급기에서 현금을 인출한 경우, 인출된 현금은 장물이 될 수 없다고 할 것이다(대판 2004. 4. 16, 2004도353).

61 대판 2008. 6. 12, 2008도2440.

족 소유의 예금통장을 현금자동지급기에 넣고 조작하여 예금 잔고를 다른 금융기관의 자기 계좌로 이체한 행위에 대하여도 컴퓨터등사용사기죄를 인정한 바 있다.[62]

ii) 하자 있는 사용승낙의 경우

다음 피해자의 하자 있는 사용승낙이 있는 경우, 예컨대 현금카드 소유자로부터 현금카드를 갈취하면서 피해자로부터 예금 인출의 승낙을 받고 현금카드를 이용하여 현금자동지급기에서 예금을 인출한 경우,[63] 판례는 "비록 하자 있는 의사표시이기는 하지만 현금카드 소유자의 승낙에 의하여 사용권한을 부여받은 이상, 그 소유자가 승낙의 의사표시를 취소하기까지는 현금카드를 적법·유효하게 사용할 수 있고, 은행도 현금카드 소유자의 지급정지 신청이 없는 한 그의 의사에 따라 그의 계산으로 적법하게 예금을 지급할 수밖에 없다."라는 이유로 절도죄의 성립을 부정하는 한편, "현금카드 소유자로부터 예금인출의 승낙을 받고 현금카드를 교부받은 행위와 이를 사용하여 현금자동지급기에서 예금을 여러 번 인출한 행위들은 모두 현금카드 소유자의 예금을 갈취하고자 하는 단일하고 계속된 범의 아래에서 이루어진 일련의 행위로서 포괄하여 하나의 공갈죄를 구성한다."라고[64] 판시하였다.[65] 47

위 사안은 현금카드에 관한 것이지만, 신용카드의 경우에도 같은 법리가 적용될 것이므로, 만일 신용카드를 갈취(편취)하면서 피해자로부터 비밀번호를 알아내는 방법으로 현금서비스 승낙을 받은 후 현금서비스를 받았다면, 그 현금서비스 받은 행위 자체는 절도죄를 구성하지 않고, 단지 신용카드 자체의 갈취(편취) 행위와 포괄하여 전체로 하나의 공갈죄(사기죄)를 구성한다고 보아야 할 것이다. 48

62 대판 2007. 3. 15, 2006도2704.

63 이와는 달리 갈취 또는 편취한 신용카드를 이용하여 물품을 구입한 경우, 피해자에 대한 공갈죄 또는 사기죄 외에 가맹점에 대한 사기죄가 성립하고, 두 죄는 상상적 경합관계라는 견해[주석형법, [각칙(6)](4판), 226(장석조)], 피해자에 대한 사기·공갈의 포괄일죄와 가맹점에 대한 사기죄가 성립하고 두 죄는 실체적 경합관계라는 견해[이주원, 특별형법(8판), 730]가 있다.

64 대판 1996. 9. 20, 95도1728[본 판결 평석은 손동권, "신용(현금)카드 부정사용의 유형별 범죄성립과 죄수", 형사판례연구 [7], 한국형사판례연구회, 박영사(1999), 325-354]; 대판 2007. 5. 10, 2007도1375.

65 판례는 현금카드를 편취하여 예금을 인출한 사안에서 같은 취지로 포괄하여 하나의 사기죄가 된다고 판시하였다(대판 2005. 9. 30, 2005도5869).

(나) 신용카드부정사용죄의 성립 여부

49 현금서비스(현금대출)를 받은 경우와 예금을 인출한 경우를 나누어 살펴볼 필요가 있다.

(a) 현금서비스의 경우

50 타인 명의 도난카드 등을 이용하여 현금자동지급기에서 현금서비스(현금대출)를 받는 경우, 여신전문금융업법상의 신용카드부정사용죄가 성립한다. 왜냐하면 여신전문금융업법 제70조 제1항의 부정사용이란 위조·변조 또는 도난·분실된 신용카드를 진정한 카드로서 본래의 용법에 따라 사용하는 경우를 말하는 것이므로, 대금결제를 위하여 가맹점에 신용카드를 제시하고 매출전표에 서명하는 일련의 행위뿐만 아니라, 신용카드를 현금인출기에 주입하고 비밀번호를 조작하여 현금서비스를 제공받는 일련의 행위도 신용카드 본래의 용도에 따라 사용하는 것으로 보아야 하기 때문이다.[66]

51 만일 타인의 신용카드 번호와 비밀번호를 이용하여 ARS 전화서비스나 인터넷 등으로 신용대출을 받았다면, 신용카드 자체를 이용한 것이 아니라 신용카드의 정보를 이용한 것일 뿐이므로, 여신전문금융업 제70조 제1항 제3, 4호의 '사용'에 해당하지 않고, 제6호의 '신용카드 정보의 부정이용죄'에 해당한다.[67]

(b) 예금 인출의 경우

52 타인 명의의 도난카드를 이용하여 현금자동지급기에서 예금을 인출한 경우, 판례는 "신용카드를 사용하여 예금을 인출할 수 있는 현금카드 기능은 구 신용카드업(1997. 8. 28. 법률 제5374호. 여신전문금융업법에 의하여 1998. 1. 1.자로 폐지되기 전의 것) 등 관련 규정에 따라 재정경제원장이 허가한 신용카드업자의 부대업무로 볼 수 있다."라는 이유로, 위와 같이 예금을 인출한 경우도 신용카드 본래의 용도에 따라 사용하는 것에 해당한다고 보아, 구 신용카드업법 제25조 제1항의 신용카드부정사용죄가 성립한다고 보았다.[68]

53 그러나 이후 판례는, "여신전문금융업법은 구 신용카드업법과 달리 신용카

66 대판 1995. 7. 28, 95도997; 대판 2003. 11. 14, 2003도3977.
67 이주원, "여신전문금융업법 제70조 제1항 제4호에서의 '기망·공갈하여 취득한 신용카드 사용'의 의미와 판단기준", 고려법학 72(2014), 331.
68 대판 1998. 2. 27, 97도2974.

드업의 업무범위 중 부대업무를 포괄적으로 규정하지 않고 위 법 제13조 제1항 각 호의 업무로 제한하여 규정하고 있는 점 등에 비추어 볼 때, 직불카드가 겸할 수 있는 현금카드의 기능은 법령에 규정된 신용카드의 기능에 포함되지 않는다고 할 것이고, 또한 하나의 카드에 직불카드 내지 신용카드 기능과 현금카드 기능이 겸용되어 있더라도, 양 기능은 전혀 별개의 기능이라 할 것이어서, 이와 같은 겸용 카드를 이용하여 현금지급기에서 예금을 인출하는 행위를 두고 직불카드 내지 신용카드를 그 본래의 용법에 따라 사용하는 것이라 보기 어렵다."라고 판시하였다.[69]

결국 현재의 관련 규정에 따르면, 현금카드 겸용 신용카드에 의한 예금 인출은 단순히 현금카드의 기능만을 사용한 것으로 신용카드업자의 신용업무와는 관계가 없으므로, 타인명의 도난카드 등을 이용하여 카드회원의 계좌에서 예금을 인출한 행위는 신용카드부정사용죄에 해당하지 않는다고 봄이 타당하다. 54

(3) 죄수관계

절취 등의 부정한 방법으로 취득한 타인 명의의 신용카드를 이용하여 현금자동지급기에서 현금서비스를 받은 경우, 현금에 대한 절도죄 외에 신용카드부정사용죄가 성립하는데, ① 두 죄는 실행행위의 부분적 동일성이 인정되므로 상상적 경합관계라는 견해도 있으나,[70] ② 판례는 두 죄의 보호법익이나 행위태양이 전혀 달라 실체적 경합관계에 있다는 입장이다.[71] 55

2. 타인 명의 모용카드의 부정사용

타인 명의를 모용하여 마치 자신이 그 명의자인 것처럼 카드회사를 속여 신용카드를 발급받고, 이를 이용하여 가맹점에서 물품을 구입하거나 현금지급기에서 현금서비스를 받는 경우의 문제이다. 56

---

69 대판 2003. 11. 4, 2003도3977.

70 윤동호, "타인명의 신용카드 부정사용의 죄수 및 경합", 형사법연구 29-1, 한국형사법학회(2017), 71; 하태훈(주 57), 341 이하.

71 대판 1995. 7. 28, 95도997(절취한 신용카드); 대판 2007. 4. 13, 2007도1377(강취한 직불카드); 대판 2007. 5. 10, 2007도1375(강취한 현금카드). 위 2007도1375 판결 평석은 이창온, "현금카드 불법 취득행위와 현금자동인출행위의 죄수관계", 특별형법 판례100선, 한국형사판례연구회·대법원 형사법연구회, 박영사(2022), 392-395.

(1) 물품 구입 등 경우

57 타인 명의를 모용하여 발급받은 신용카드를 사용하여 가맹점에서 물품을 구입하거나 용역을 제공받고 그 대금을 카드로 결제한 경우, 가맹점에 대한 사기죄가 성립한다.

(2) 현금서비스를 받는 경우

58 피고인이 타인 명의를 모용하여 발급받은 신용카드를 사용하여 현금지급기에서 현금서비스(현금대출)를 받는 경우, 절도죄가 성립하고 컴퓨터등이용사기죄는 성립하지 않는다는 것이 판례의 입장이다.

59 즉 판례는, 카드 회사가 기망당한 나머지 피고인에게 피모용자 명의로 발급된 신용카드를 교부하고 사실상 피고인이 지정한 비밀번호를 입력하여 현금자동지급기에서 현금대출을 받을 수 있도록 하였다고 하더라도, 카드 회사의 의사는 어디까지나 카드명의인인 피모용자에게 신용카드의 사용을 허용하는 데 있을 뿐 피고인에게 허용한 것은 아니므로, 타인 명의를 모용하여 발급받은 신용카드를 이용하여 현금자동지급기에서 현금서비스(현금대출)를 받는 행위는 현금자동지급기의 관리자의 의사에 반하여 그의 지배를 배제한 채 그 현금을 자기의 지배하에 옮겨 놓는 행위로서 절도죄에 해당한다고 한다.[72]

60 그러나 판례는, 컴퓨터등사용사기죄의 객체는 재산상 이익에 한정된다는 이유로, 위와 같이 타인 명의를 모용하여 발급받은 신용카드로 현금자동지급기에서 현금을 인출하는 방법으로 현금서비스를 받는 행위는 컴퓨터등사용사기죄에 해당하지 않는다고 한다.[73]

(3) 인터넷 대출을 받는 경우

61 타인 명의를 모용하여 발급받은 신용카드를 이용하여 현금자동지급기가 아닌 ARS 전화서비스나 인터넷 등을 통하여 신용대출을 받는 경우, 컴퓨터 등 정보처리장치에 권한 없이 정보를 입력하여 정보처리를 하게 함으로써 재물이 아닌 재산상 이익을 취득하는 행위로서 컴퓨터등사용사기죄가 성립한다.[74]

---

72 대판 2002. 7. 12, 2002도2134; 대판 2006. 7. 27, 2006도3126.

73 대판 2002. 7. 12, 2002도2134. 본 판결 평석은 안경옥, "타인 명의를 모용·발급받은 신용카드를 이용한 현금인출행위와 컴퓨터 등 사용사기죄", 형사판례연구 〔11〕, 한국형사판례연구회, 박영사(2003), 145-165.

74 대판 2006. 7. 27, 2006도3126. 본 판결 평석은 김태명, "타인명의 신용카드의 부정사용행위에

(4) 죄수

타인의 명의를 모용하여 발급받은 신용카드를 이용하여 현금자동지급기에서 현금을 인출하고, ARS 전화서비스 등으로 신용대출을 받은 경우, 전자는 절도죄, 후자는 컴퓨터등사용사기죄가 각 성립하고, 두 죄는 실체적 경합관계에 있다.[75] 62

3. 자기 명의 신용카드의 부정사용

자기 명의의 신용카드를 부정사용하는 경우로는, ① 변제의 능력이나 의사가 없음에도 자신의 재정상태를 속여 신용카드를 발급받아 사용하는 경우와 ② 카드를 발급받을 당시에는 변제 자력이 있었으나 이후 신용상태가 악화되어 변제 자력이나 의사가 없는 상태에서 사용한 경우로 나눌 수 있다. 63

위와 같이 자기의 신용카드를 이용하여 지불능력이나 의사가 없음에도 물품을 구입하는 경우에는, 타인의 신용카드를 이용하는 경우와 달리 여신전문금융업에 처벌규정이 없으므로 형법상 재산죄의 성립 여부만이 문제된다. 64

(1) 부정발급 후 부정사용한 경우

처음부터 대금을 지불할 능력이나 의사 없이 신용카드를 발급받아 사용한 경우, 사기죄가 성립하는지에 대하여 견해가 대립한다. 65

① 긍정설[76]은 기망행위와 착오, 처분행위 등 사기죄가 성립하기 위한 요건이 모두 충족된다는 점을 논거로 하고, ② 부정설[77]은 카드 명의인의 대금결제의사와 능력을 고려하지 않고 가맹점은 결제 승인이 떨어지면 카드 결제를 하기 때문에 가맹점에 대한 기망행위와 착오를 인정할 수 없다는 점 등을 논거로 한다. 66

판례는 "피고인이 처음부터 정상적으로 결제할 의사나 능력이 없음에도 카드회사를 속여 자기 명의로 신용카드를 발급받은 후 그 신용카드를 이용하여 가맹점에서 물품을 구입하거나 현금자동지급기를 통해 현금서비스(현금대출)을 받은 경우, 현금대출을 받거나 물품을 구입하는 행위는 모두 피해자인 카드 회 67

대한 죄수판단", 형사판례연구 〔16〕, 한국형사판례연구회, 박영사(2008), 210-244.

75 대판 2006. 7. 27, 2006도3126.

76 김일수·서보학, 358.

77 배종대, §68/82; 김영환(주 57), 310; 류화진, "자기 신용카드 부정사용의 형사책임", 법학연구 48-1, 부산대학교 법학연구소(2007), 26; 오경식, 신용카드범죄의 실태와 법적 문제점, 한국형사정책연구원(1995), 109.

사의 기망당한 의사표시에 따른 카드발급에 터 잡아 이루어진 것이어서, 위 각 행위는 모두 포괄하여 사기죄가 성립한다."라고 판시하여,[78] 카드 회사를 피기망자 겸 피해자로 하는 사기죄가 성립한다고 보고 있다.

(2) 정상발급 후 부정사용한 경우

(가) 물품 구입 등

68 대금을 지불한 능력과 의사를 가지고 신용카드를 발급받은 후에 지불능력이나 의사가 없어진 상태에서 자기의 신용카드를 사용한 경우, 학설로는 ① 신용카드의 제시행위가 기망행위이고, 착오에 빠진 가맹점의 처분행위가 존재하며, 가맹점에게는 물건의 교부 자체가 재산상 손해이므로, 사기죄가 성립한다는 긍정설[79]과 ② 가맹점은 신용카드 제시자가 신용카드 명의인이라는 점과 그 신용카드가 유효한지에 대해서만 관심이 있을 뿐 신용카드 명의인이 카드 회사에 실제로 대금을 지불할 능력이 있는지에 대해서는 관심이 없으므로 착오를 인정하기 어렵다는 등의 이유로 사기죄가 성립하지 않는다는 부정설[80]이 대립한다.

69 판례는 사기죄의 성립을 인정하고, 카드 회사를 피기망자이자 피해자로 보고 있다.[81] 즉, 판례는 카드 회사가 카드 회원에 대하여, 물품 구입 등의 경우는 구입·용역대금대출의 금전채권을, 현금서비스의 경우는 대출금채권을 가지는 것이므로, 카드 회사는 카드 회원으로부터 기망당하여 결재할 것으로 오신하여 피해를 입은 것이라고 한다. 물품구입·용역수령과 현금서비스는 모두 포괄하여 1개의 사기죄에 해당한다고 한다.[82]

---

78 대판 1996. 4. 9, 95도2466. 본 판결 평석은 강동범, "자기신용카드의 부정사용행위에 대한 형사책임", 형사판례연구 〔5〕, 한국형사판례연구회, 박영사(1997), 357-384.

79 김신규, 449; 이재상·장영민·강동범, § 18/92; 임웅, 448; 강동범(주 78), 373.

80 김일수·서보학, 359; 배종대, § 68/84; 정성근·박광민, 357; 김영환(주 57), 308; 안경옥(주 30), 262.

81 대판 2005. 8. 19, 2004도6859. 본 판결 해설은 김대원, "신용카드를 정상적으로 발급받은 후 신용카드 사용대금 채무를 변제할 의사나 능력이 없음에도 신용카드를 사용한 경우의 죄책", 해설 59, 법원도서관(2006), 378-408.

82 이때, 변제 의사·능력 없이 카드 회사를 기망하여 부정발급받은 카드를 사용한 행위가 여신전문금융업법 제70조 제1항 제4호의 '사람을 기망하여' 취득한 카드의 사용에 해당하는지가 문제된다. 입법취지상 카드 회사를 기망하여 취득한 신용카드 등은 여기에 해당하지 않는다는 것이 일반적인 견해이다〔이주원, 특별형법(8판), 737〕.

(나) 현금서비스

대금을 지불할 능력과 의사를 가지고 신용카드를 발급받은 후에 지불능력이나 의사 없이 현금서비스(현금대출)를 받는 경우에도, ① 자기 명의의 신용카드를 사용하여 현금자동지급기를 통해 현금서비스(현금대출)를 받는 행위는 카드 회사로부터 미리 허용된 행위이고, 단순히 그 지급방법만이 사람이 아닌 기계에 의해 이루어지는 것이므로, 지불능력이나 의사 없이 현금서비스(현금대출)를 받았다면 사기죄가 성립한다는 견해[83]와 ② 현금자동지급기로부터 현금을 인출하는 것은 사람을 기망하는 것이 아니므로 사기죄에 해당하지 않고, 이 경우 컴퓨터등사용사기죄나 절도죄도 성립할 여지가 없어 무죄라는 견해[84]가 대립한다. 70

판례는 "정상적으로 신용카드를 발급받아 사용해 오던 중 과다한 부채로 인하여 신용카드사용으로 인한 채무를 변제할 의사나 능력이 없는 상황에 처하였음에도 신용카드를 사용하여 가맹점으로부터 물품을 구입하거나 현금자동지급기를 통한 현금대출도 받아 신용카드업자에게 피해를 입힌 경우, 위와 같은 카드사용으로 인한 일련의 편취행위는 그것이 가맹점을 통한 물품구입행위이든, 현금자동지급기에 의한 인출행위이든 불문하고, 모두가 피해자인 신용카드업자의 기망당한 금전대출에 터 잡아 포괄하여 이루어지는 것으로, 하나의 사기죄가 성립한다."라고 판시하고 있다.[85] 71

〔고 제 성〕

83 신동운, 1081.
84 김신규, 450; 김일수·서보학, 359; 이재상·장영민·강동범, §18/93; 임웅, 449.
85 대판 2005. 8. 19, 2004도6859; 대판 2006. 3. 24, 2006도282.

[부록] 제11권(각칙 8) 조문 구성

Ⅰ. 제37장 권리행사를 방해하는 죄

조 문		제 목	구성요건	죄 명	공소시효
§ 323		권리행사방해	ⓐ 타인의 점유 또는 권리의 목적이 된 ⓑ 자기의 물건 또는 전자기록등 특수매체기록을 ⓒ 취거, 은닉 또는 손괴하여 ⓓ 타인의 권리행사를 방해	권리행사방해	7년
§ 324	①	강요	ⓐ 폭행 또는 협박으로 ⓑ 사람의 권리행사를 방해하거나 의무없는 일을 하게 함	강요	7년
	②		ⓐ 단체 또는 다중의 위력을 보이거나 위험한 물건의 휴대하여 ⓑ ①의 행위	특수강요	10년
§ 324의2		인질강요	ⓐ 사람을 체포·감금·약취 또는 유인하여 ⓑ 인질로 삼아 ⓒ 제3자에 대한 권리행사방해 또는 의무없는 일을 하게 함	인질강요	10년
§ 324의3		인질상해·치상	ⓐ § 324의2 죄를 범한 자가 ⓑ 인질을 상해하거나 상해에 이르게 함	인질(상해·치상)	15년
§ 324의4		인질살해·치사	ⓐ § 324의2 죄를 범한 자가 ⓑ 인질을 살해하거나 사망에 이르게 함	인질(살해·치상) 인질치사	25년 15년
§ 324의5		미수범	§ 324, § 324의2, § 324의3, § 324의4의 미수	(§ 324, § 324의2, § 324의3, § 324의4 각 죄명) 미수	
§ 325	①	점유강취, 준점유강취	ⓐ 폭행 또는 협박으로 ⓑ 타인의 점유에 속하는 자기의 물건을 ⓒ 강취	점유강취	7년

조 문		제 목	구성요건	죄 명	공소시효
	②		ⓐ 타인의 점유에 속하는 자기의 물건을 취거하는 과정에서 ⓑ 그 물건의 탈환을 항거하거나 체포를 면탈하거나 범죄의 흔적을 인멸할 목적으로 ⓒ 폭행 또는 협박	준점유강취	7년
	③		①, ②의 미수	(§325①, ② 각 죄명) 미수	
§326		중권리행사방해	ⓐ §324 또는 §325의 죄를 범하여 ⓑ 사람의 생명에 대한 위험을 발생하게 함	중권리행사방해	10년
§327		강제집행면탈	ⓐ 강제집행을 면탈할 목적으로 ⓑ 재산을 은닉, 손괴, 허위양도 또는 허위의 채무를 부담하여 ⓒ 채권자를 해함	강제집행면탈	5년
§328	①	친족간의 범행과 고소	직계혈족 등의 §323의 죄는 형면제		
	②		① 외 친족간 §323의 죄는 고소가 있어야 공소제기		
	③		신분관계 없는 공범은 ①, ② 불적용		

Ⅱ. 제38장 절도와 강도의 죄

조 문		제 목	구성요건	죄 명	공소시효
§329		절도	ⓐ 타인의 재물을 ⓑ 절취	절도	7년
§330		야간주거 침입절도	ⓐ 야간에 ⓑ 사람의 주거, 관리하는 건조물, 선박, 항공기 또는 점유하는 방실에 침입하여 ⓒ 타인의 재물을 ⓓ 절취	야간(주거, 저택, 건조물, 선박, 방실) 침입절도	10년
§331	①	특수절도	ⓐ 야간에 ⓑ 문이나 담 그 밖의 건조물의 일부를 손괴하고 ⓒ §330의 장소에 침입하여 ⓓ 타인의 재물을 ⓔ 절취	특수절도	10년

조 문		제 목	구성요건	죄 명	공소시효
	②-1		ⓐ 흉기를 휴대하여 ⓑ 타인의 재물을 ⓒ 절취		
	②-2		ⓐ 2명 이상이 합동하여 ⓑ 타인의 재물을 ⓒ 절취		
§ 331의2		자동차등 불법사용	ⓐ 권리자의 동의없이 ⓑ 타인의 자동차, 선박, 항공기 또는 원동기장치자전거를 ⓑ 일시 사용	(자동차, 선박, 항공기, 원동기장치자전거) 불법사용	5년
§ 332		상습범	§ 329 내지 § 331의2의 상습범	상습 (§ 329 내지 § 331의2 각 죄명)	
§ 333		강도	ⓐ 폭행 또는 협박으로 ⓑ 타인의 재물을 강취하거나 기타 재산상의 이익을 취득하거나 제삼자로 하여금 이를 취득하게 함	강도	10년
§ 334	①	특수강도	ⓐ 야간에 ⓑ 사람의 주거, 관리하는 건조물, 선박이나 항공기 또는 점유하는 방실에 침입하여 ⓑ § 333의 강도	특수강도	15년
	② 전단		ⓐ 흉기를 휴대하여 ⓑ § 333의 강도		
	② 후단		ⓐ 2명 이상이 합동하여 ⓑ § 333의 강도		
§ 335		준강도	ⓐ 절도가 ⓑ 재물의 탈환에 항거하거나 체포를 면탈하거나 범죄의 흔적을 인멸할 목적으로 ⓒ 폭행 또는 협박하여 ⓑ § 333, § 334의 강도	준강도, 준특수강도	10년 (준강도) 15년 (준특수 강도)
§ 336		인질강도	ⓐ 사람을 체포·감금·약취 또는 유인하여 ⓑ 이를 인질로 삼아 ⓒ 재물 또는 재산상의 이익을 취득하거나 제3자로 하여금 이를 취득하게 함	인질강도	10년

조 문		제 목	구성요건	죄 명	공소시효
§337		강도상해, 치상	ⓐ 강도가 ⓑ 사람을 상해하거나 상해에 이르게 함	강도(상해, 치상)	15년
§338		강도살인·치사	ⓐ 강도가 사람을 살해하거나 사망에 이르게 함	강도(살인, 치사)	배제(살해) 15년(치사)
§339		강도강간	ⓐ 강도가 ⓑ 사람을 강간	강도강간	15년
§340	①	해상강도	ⓐ 다중의 위력으로 ⓑ 해상에서 ⓒ 선박을 강취하거나 선박내에 침입하여 타인의 재물을 강취	해상강도	15년
	②		ⓐ 해상강도가 ⓑ 사람을 상해하거나 상해에 이르게 함	해상강도(상해, 치상)	15년
	③		ⓐ 해상강도가 ⓑ 사람을 살해 또는 사망에 이르게 하거나	해상강도(살인, 치사)	배제(살해) 15년(치사)
			ⓒ 사람을 강간	해상강도강간	25년
§341		상습범	상습으로 §333, §334, §336, §340①을 범함	상습(§333, §334, §336, §330①의 각 죄명)	15년
§342		미수범	§329 내지 §341의 미수	(§329 내지 §341의 각 죄명)미수	
§343		예비, 음모	ⓐ 강도할 목적으로 ⓑ 예비, 음모	강도(예비·음모)	7년
§344		친족간의 범행	§328은 §329 내지 §332의 죄와 그 미수범에 준용		
§345		자격정지의 병과	본장의 죄를 범하여 유기징역에 처할 경우 10년 이하 자격정지 병과(임의적)		
§346		동력	본장의 죄에 있어 관리할 수 있는 동력은 재물로 간주		

Ⅲ. 제39장 사기와 공갈의 죄

조 문		제 목	구성요건	죄 명	공소시효
§347	①	사기	ⓐ 사람을 기망하여 ⓑ 재물의 교부를 받거나 재산상의 이익을 취득	사기	10년
	②		ⓐ ①의 방법으로 ⓑ 제3자로 하여금 재물의 교부를 받게 하거나 재산상의 이익을 취득하게 함		
§347의2		컴퓨터등 사용사기	ⓐ 컴퓨터등 정보처리장치에 ⓑ 허위의 정보 또는 부정한 명령을 입력하거나 권한 없이 정보를 입력·변경하여 정보처리를 하게 함 ⓒ 재산상의 이익을 취득하거나 제3자로 하여금 취득하게 함	컴퓨터등사용사기	10년
§348	①	준사기	ⓐ 미성년자의 사리분별력 부족 또는 사람의 심신장애를 이용하여 ⓑ 재물을 교부받거나 재산상 이익을 취득	준사기	10년
	②		ⓐ ①의 방법으로 ⓑ 제3자로 하여금 재물을 교부받게 하거나 재산상 이익을 취득하게 함		
§348의2		편의시설 부정이용	ⓐ 부정한 방법으로 대가를 지급하지 아니하고 ⓑ 자동판매기, 공중전화 기타 유료자동설비를 이용하여 ⓒ 재물 또는 재산상의 이익을 취득	편의시설부정이용	5년
§349	①	부당이득	ⓐ 사람의 곤궁·절박한 상태를 이용하여 ⓑ 현저하게 부당한 이익을 취득	부당이득	5년
	②		ⓐ ①의 방법으로 ⓑ 제3자로 하여금 부당한 이익을 취득하게 함		

조문		제 목	구성요건	죄 명	공소시효
§350	①	공갈	ⓐ 사람을 공갈하여 ⓑ 재물의 교부를 받거나 재산상의 이익을 취득	공갈	10년
	②		ⓐ ①의 방법으로 ⓑ 제3자로 하여금 재물의 교부를 받게 하거나 재산상의 이익을 취득하게 함		
§350의2		특수공갈	ⓐ 단체 또는 다중의 위력을 보이거나 위험한 물건을 휴대하여 ⓑ §350의 행위	특수공갈	10년
§351		상습범	ⓐ 상습으로 ⓑ §347 내지 §350의2를 범함	상습(§347 내지 §350의2 각 죄명)	10년
§352		미수범	§347 내지 §348의2, §350 내지 §351의 미수	(§347 내지 §348의2, §350 내지 §351 각 죄명)미수	
§353		자격정지의 병과	본장의 죄에 10년 이하 자격정지 병과(임의적)		
§354		친족간의 범행, 동력	본장의 죄에 §328, §346 준용		

사항색인

(용어 옆의 § 과 고딕 글자는 용어가 소재한 조문(또는 총설)의 위치를, 옆의 명조 숫자는 방주번호를 나타낸다. 예컨대, [37-총]은 '제37장 [총설]'을, [39-특]은 '제39장 [특별법]'을 나타낸다.)

[ㄱ]

간접정범 § 329/79, § 335/10, § 347/238 275, § 347의2/5

감금 § 324의2/12, § 336/9

강도 § 335/11, § 339/5

강도(살인·치사)죄 § 338/2

강도(상해·치상)죄 § 337/1

강도(예비·음모)죄 § 343/1

강도강간죄 § 339/1

강도의 기회 § 337/21, § 338/9

강도죄 § 333/1

강요 § 324의2/14

강요의 죄 [37-총]/3

강요죄 § 324/1

강제이득죄 § 333/24

강제적 폭력 § 350/17

강제집행 § 327/20

강제집행면탈죄 § 327/2

강취 § 325/4, § 333/23

거스름돈 사기 § 347/93

결과범 § 329/112

결과적 가중범 § 326/1, § 335/51, § 337/1 35, § 338/22 23, § 340/1

결과적 가중범의 미수 § 342/2, § 324의5/9

결합범 § 330/4 13, § 333/3, § 336/2, § 337/1, § 338/7, § 339/2, § 340/1

고의 § 324/44, § 327/70, § 329/124, § 333/44, § 337/17, § 338/16 18, § 339/12, § 347/213, § 348의2/18, § 350/79

고지의무 § 347/65

곤궁하고 절박한 상태 § 349/10

공갈 § 350/12

공갈죄 § 350/1

공동 소유 § 329/17

공동 점유 § 329/65

공동정범 § 327/76, § 332/17, § 333/51, § 335/ 48, § 337/32, § 338/21

공모 § 335/47

공모관계로부터의 이탈 § 331/43

공범의 초과 § 334/21, § 334/29, § 337/32, § 338/21

과장·허위 광고 § 347/104

관리할 수 있는 동력 [38-총]/45

권리 § 323/20

권리 행사와 강도죄 § 333/46

권리능력 없는 사단 § 329/9

권리행사를 방해하는 죄 [37-총]/3

권리행사방해 § 323/52, § 324/31

권리행사방해죄 § 323/1

권리행사와 공갈죄 § 350/87

권리행사와 사기죄 § 347/264

금제품 [38-총]/88

기망 § 347/38

기망행위 § 347/96

기수시기 § 324/74, § 324의2/21, § 329/112, § 330/18, § 331/10, § 331의2/18, § 333/41, § 335/36, § 336/17, § 347/228 257, § 347의2/23, § 350/68

기술되지 아니한 구성요건요소 § 347/124

기술되지 아니한 구성요건표지 § 327/13

[ㄴ]
날치기 §333/19, §337/26
노동쟁의 §324/69
놓고 간 물건 §329/57
누범 §339/26

[ㄷ]
다중의 위력 §340/12
동거가족 §328/25
동거친족 §328/23
동력 [38-총]/63, §346/1, §354/14
동의 §331의2/12
드론 §331의2/8

[ㅁ]
매음료 면탈 §347/32
목적범 §325/13, §327/73, §335/2
묵시적 기망 §347/54
묵시적 동의 §329/81
문서 [38-총]/71
물건 §323/41, §325/2, [38-총]/36 49
미수범 §342/1
미필적 고의 §323/54, §324/44, §324의2/24, §325/6, §327/72, §329/124, §333/44, §347/ 213, §347의2/20, §349/26

[ㅂ]
배우자 §328/18
범죄의 흔적 인멸 §335/18
법인 §329/9
법조경합 §324/77, §324의2/28, §333/56
보이스피싱 [39-총-1]/41
보전처분 §327/30
보증인지위 §347/63
보충관계 §347의2/3
보험사기 §347/225
보험사기죄 [39-총-1]/40
본권 [38-총]/31
부당이득죄 §349/1
부동산 [38-총]/92
부작위에 의한 기망 §347/57
부작위에 의한 폭행 §324/20
부작위의 고지에 의한 협박 §324/23
부정한 명령 §347의2/10
부진정 결과적 가중범 §326/2
부진정부작위범 §347/65
부진정신분범 §332/2, §341/4
불가벌적 사후행위 §327/79, §329/148 160, §347/286, §347의2/27, §350/105
불고불리의 원칙 §337/40
불능미수범 §340/13
불법영득(이득)의사 §338/19, §347/217, §350/79
불법영득의사 [39-특]/18, §323/55, §325/6, §329/127, §331의2/5, §333/48
불법원인급여 §347/22

[ㅅ]
사기도박 §347/223
사기죄 §347/1
사리분별력 §348/5
사실의 착오 §333/54
사용절도 §329/128
사자(死者)의 점유 §329/50
사후강도 §335/2
삼각강요 §324/13
삼각공갈 [39-총-2]/10, §350/35, §354/11
삼각사기 §347/235, §350/35, §354/10
상대적 친고죄 §328/10
상상적 경합 §323/59, §324/76, §324의2/25, §331/47, §333/58, §337/39, §347/277, §350/128
상상적 경합범 §327/78, §338/30
상습(강도·특수강도·인질강도·해상강도)죄 §341/1
상습(절도·야간주거침입절도·특수절도·자동차등불법사용)죄 §332/4
상습공갈죄 §351/7
상습범 §341/4
상습사기죄 §351/2

상습성 § 351/2
상태범 § 350/105
상해 § 337/9
상해진단서 § 337/14
서명사취 § 347/147 164
석방(해방)감경규정 § 324의2/33, § 324의6/1
선박 § 340/10
선불카드 [39-특]/9
성년후견인 § 328/47
성적 자기결정권 § 339/3 16
소비자불매운동 § 324/58
소송사기 § 347/234
소유권 [38-총]/13, § 329/16
소지 § 329/44
손괴 § 323/51, § 327/49, § 331/7
손괴 후 야간주거침입절도 § 331/4
손해발생 § 350/53
수단과 목적의 관계 § 324/49, § 333/23
승계적 공동정범 § 333/55
시간적·장소적 근접성 § 335/31, § 338/9
신분범 § 332/16, § 335/2
신용카드 [39-특]/1
신용카드범죄 [39-특]/11
신용카드부정사용죄 [39-특]/14
신의성실 [39-총-1]/16
실체적 경합 § 324의5/11, § 337/39 42
실체적 경합범 § 347/271, § 350/102
실행의 착수시기 § 324/74, § 324의2/15, § 329/94, § 330/13, § 331/8, § 331의2/17, § 333/39, § 334/6, § 336/15, § 347/221 253, § 347의2/ 22, § 350/67
심리적 폭력(vis complusiva) § 324/19
심신장애 § 348/7

[ㅇ]
안전한 장소 § 324의6/3
알박기 § 349/13 21
야간 § 330/6
야간(주거·건조물·선박·항공기·방실)침입절도죄 § 330/1
야간주거침입강도 § 334/3
약취 § 324의2/12, § 336/9
양해 § 324/67
예견가능성 § 335/48, § 337/17 34, § 338/7
예비 § 343/5
예비의 공동정범 § 343/9
예비의 종범 § 343/9
외국인의 국외범 § 324의2/32
위법성 § 324/47
위법성조각사유 § 350/85
위임초과 현금인출 사안 § 347의2/29
위험한 물건 § 331/13
유료자동설비 § 348의2/7
유인 § 324의2/12, § 336/9
유체물 [38-총]/45
은닉 § 323/50, § 327/42
음모 § 343/6
의무 없는 일 § 324/36
의용형법 [37-총]/7
이득액 § 347/193, § 350/58
이익공갈죄 § 350/72
이익사기죄 § 347/1
이중 인과관계 § 347/177
인과관계 § 324/43, § 333/23 40, § 337/18, § 347/120, § 350/64
인장사취 § 347/167
인적 처벌조각사유 § 328/9
인적 형면제사유 § 328/9
인질 § 324의2/13, § 336/13
인질강도죄 § 336/1
인질강요죄 § 324의2/2
인질살해죄 § 324의4/1
인질상해죄 § 324의3/1
인질치사죄 § 324의4/1
인질치상죄 § 324의3/1
인질행위방지협약 § 324의2/3
일본개정형법가안 [37-총]/9
일사부재리 원칙 § 332/25
일시 사용 § 331의2/13
입목 절도 [38-총]/97

[ㅈ]
자구행위 §324/72
자기의 물건 §323/27
(자동차·선박·항공기·원동기장치자건거)불법사용죄 §331의2/1
자율주행차 §331의2/9
작위 §347/54
잠재적 지배 §329/55
재물 [38-총]/36, §347/4
재물 강취 §333/22
재물 재산상 이익 §350/3
재물공갈죄 §350/69
재물사기죄 §347/1
재물의 탈환 §335/15
재산 §327/28
재산 가치 [38-총]/56
재산범죄 [38-총]/38
재산상 손해 §347/180
재산상 이익 §333/24, §347/13
재산상의 이익 [38-총]/36
전기통신금융사기 [39-총-1]/42, §347/287
전자기록등 특수매체기록 §323/44
전파 [38-총]/66
절대적 폭력 §350/17
절대적 폭력(vis absoluta) §324/19
절도 §335/7
절도의 기회 §335/17
절도죄 §329/2
절취 §329/31
점유 [38-총]/16, §323/12, §329/33
점유강취죄 §325/1
점유보조 §329/68
점유의 배제 §329/79
점유의 취득 §329/82
점유의사 §329/38
정당방위 §323/56
정당행위 §323/56, §324/68 69
정보 [38-총]/80
정보의 입력·변경 §347의2/13
정보처리장치 §347의2/7
제한물권 §323/2
죄형법정주의 [38-총]/11 43, §329/137, §331/ 34, §331의2/9, §343/9
주관적 가치 [38-총]/74
준강도죄·준특수강도죄 §335/1
준사기죄 §348/1
준점유강취죄 §325/8
중강요죄 §326/4
중권리행사방해죄 §326/1
중지미수 §331/32
지배의사 §329/38
지입차주 §323/7
직계혈족 §328/17
직권남용권리행사방해죄 §324/9
직불카드 [39-특]/8
진정 객관적 처벌조건 §327/41
진정결과적 가중범 §324의5/10, §338/8
진정신분범 §323/4
집회·시위 §324/54

[ㅊ]
착오 §347/112
채권 §327/16
채권자 §327/15
채무자 §327/22
책략절도 §329/87, §347/172
처분의사 §329/85, §347/143
처분의사의 내용 §347/154
처분행위 §329/85 86, §333/34, §347/123 241, §350/38
1992년의 형법개정법률 [37-총]/6
체포 §324의2/12, §336/9
체포의 면탈 §335/16
초과주관적 구성요건요소 §329/133, §333/48, §350/81
추상적 위험범 §323/2, §327/3
취거 §323/48, §325/10
친족 §328/11
친족관계의 착오 §328/52
친족상도례 §328/1, §344/1, §347/294,

§347의2/37, §354/1
침해범 §324/1, §324의2/4, §325/1 8, [38-총]/35, §329/112, §331의2/6, §333/4, §336/6, §337/5, §338/4, §339/4, §340/5, [39-총-1]/ 24, §347/3, §347의2/4, §348의2/5, §349/9, [39-총-2]/13

[ㅋ]
컴퓨터등사용사기죄 §347의2/1

[ㅌ]
타인의 권리의 목적 §323/20
타인의 재물 §329/4
타인의 점유 §323/11
특별관계 [39-총-1]/32
특수강도의 준강도 §335/59
특수강도죄 §334/1
특수강요죄 §324/1
특수공갈죄 §350의2/1
특수절도죄 §331/1

[ㅍ]
편의시설부정이용죄 §348의2/1
포괄일죄 §329/159, §331/46, §332/18, §333/ 58, §335/52, §347/271, §350/60 100, §351/3
폭행 §324/16, §325/4, §333/10, §335/19, §350/17
피기망자 §347/108
피해자 §354/5
피해자의 승낙 §323/58, §324/67
필요적 공범 §327/75

[ㅎ]
합동범 §331/21
합동범의 공동정범 §334/18
합동범인 특수강도 §334/16
합동범인 특수절도 §331/21
합동절도의 공동정범 §331/29
합동하여 §331/24, §334/17
항거불능 §333/16
해상 §340/7
해상강도(상해 · 치상 · 살인 · 치사 · 강간)죄 §340/2
해상강도죄 §340/2
행위 정형의 동가치성 §347/64
허위 정보 §347의2/10
허위양도 §327/50
허위의 채무부담 §327/56
현금서비스 [39-특]/18
현금자동지급기 §329/91
현금카드 [39-특]/10
현저히 부당한 이익 §349/14
협력관계에서의 이탈 §334/22
협박 §324/21, §325/4, §333/10, §335/19, §350/19
환급금사기 §347/147
휴대 §331/17
흉기 §331/12
흉기휴대강도 §334/13
흉기휴대절도 §331/11

판례색인

(용어 옆의 § 과 고딕 글자는 용어가 소재한 조문(또는 총설)의 위치를, 옆의 명조 숫자는 방주번호를 나타낸다. 예컨대, [37-총]은 '제37장 [총설]'을, [39-특]은 '제39장 [특별법]'을 나타낸다.)

[헌법재판소]

헌재 2011. 12. 29, 2010헌바54, 407(병합) ……………… § 324/66
헌재 2012. 3. 29, 2010헌바89 ……………… § 328/8 34 37, [38-총]/26
헌재 2015. 2. 26, 2014헌가16 ……… § 332/7
헌재 2015. 9. 24, 2014헌바154 …… § 350의2/1
헌재 2015. 9. 24, 2015헌가17 ……… [37-총]/15
헌재 2015. 11. 26, 2013헌바342 ……… § 332/7
헌재 2021. 2. 25, 2019헌바128, 2020헌바275 ……………… [39-총-2]/8
헌재 2021. 10. 28, 2019헌바448 ……………… § 348의2/8 14 16

[대법원]

대판 1948. 8. 17, 4281형상80 ……… § 343/5
대판 1956. 1. 27, 4288형상375 ……… § 329/75
대판 1956. 5. 1, 1956형상35 ……… § 331/27
대판 1956. 5. 8, 4289형상50 ……… § 333/17
대판 1956. 8. 17, 4289형상170 ……… § 329/55
대판 1957. 8. 16, 4290형상183 ……… § 333/17
대판 1958. 4. 11, 4290형상360 ……… § 350/103
대판 1959. 7. 11, 4292형상175 ……… § 335/48
대판 1959. 9. 18, 4292형상290 ……… § 328/53
대판 1960. 2. 29, 4292형상952 ……… § 329/120
대판 1960. 2. 29, 4292형상997 ……………… § 333/21, § 350/14 46 48 116
대판 1960. 8. 30, 4293형상343 ……… § 333/17
대판 1960. 9. 2, 4293형상198 ……… § 333/17
대판 1960. 9. 14, 4292형상537 ……… § 323/26
대판 1960. 10. 28, 4293형상584 ……… § 333/17
대판 1961. 1. 18, 4293형상896 ……… § 324/85
대판 1961. 5. 12, 4294형상101 ……………… § 333/17, § 350/116
대판 1961. 6. 28, 4294형상179 ……… § 329/150
대판 1961. 7. 14, 4294형상109 ……… § 347/4
대판 1961. 9. 21, 4294형상385 ……… § 350/23
대판 1961. 10. 19, 4294형상352 ……… § 347/9
대판 1961. 11. 9, 4294형상357 ……… § 324/34
대판 1962. 1. 25, 4293형상233 ……………… § 324/32 34 41
대판 1962. 2. 15, 4294형상677 ……… § 333/47
대판 1962. 2. 15, 4294형상700 ……… § 333/18
대판 1964. 4. 21, 64도112 ……… § 329/117
대판 1964. 11. 24, 64도504 ……… § 335/42
대판 1964. 12. 8, 64도577 ……… § 329/114 120
대판 1965. 2. 24, 64도795 ……… § 329/138 152
대판 1965. 6. 22, 65도427 ……… § 329/105
대판 1966. 1. 31, 65도1178 ……… § 329/72
대판 1966. 1. 31, 65도1183 ……… § 328/35
대판 1966. 2. 28, 66도105 ……… § 328/11
대판 1966. 3. 15, 66도132 ……… § 347/218
대판 1966. 4. 6, 66도12 ……… § 350/111 112
대판 1966. 5. 3, 66도383 ……… § 329/105
대판 1966. 5. 24, 66도566 ……… § 332/11
대판 1966. 6. 28, 66도693 ……… § 332/19
대판 1966. 9. 20, 66도1108 ……… § 335/27
대판 1966. 10. 18, 66도806 ……… § 347/179
대판 1966. 11. 29, 66도1277 ……… § 331/27
대판 1966. 12. 6, 66도1392 ……… § 335/52
대판 1967. 1. 31, 66도1483 ……… § 328/17
대판 1967. 3. 7, 67도178 ……… § 335/48

대판 1967. 8. 29, 67도944 ………………… §330/6
대판 1967. 12. 18, 66다2382, 2383 ‥ §329/29
대판 1968. 1. 31, 67도1319 …… §350/37 108
대판 1968. 2. 27, 67도1579 ………… §347/244
대판 1968. 4. 23, 68도334 …………………………
…………………………………… §330/15, §335/27
대판 1968. 4. 31, 68도677 ……………… §327/54
대판 1968. 5. 21, 68도480 …………… §347/175
대판 1968. 6. 18, 68도616 ……………… §323/26
대판 1968. 6. 25, 68도590 ……………… §329/51
대판 1968. 7. 23, 68도779 ……………… §350/92
대판 1969. 7. 22, 65도1166 ………… §350/111
대판 1969. 7. 22, 67도1117 …………… §331/27
대판 1969. 7. 22, 69도927 ……… §335/27 33
대판 1969. 7. 29, 69도984 ……………… §350/67
대판 1969. 10. 23, 69도1353 ………… §335/42
대판 1969. 12. 26, 69도2038 ………… §335/48
대판 1970. 1. 27, 69도2280 …………… §335/48
대판 1970. 4. 28, 70도507 ……………… §330/13
대판 1970. 7. 21, 70도1133 ………… §329/158
대판 1970. 9. 22, 70도1615 …………… §347/14
대판 1970. 12. 22, 70도2313 ……… §347/262
대판 1971. 1. 26, 70도2591 …………… §323/30
대판 1971. 3. 9, 69도2345 ……………… §327/20
대판 1971. 4. 20, 71도319 ……… §327/25 54
대판 1971. 4. 20, 71도441 ……… §335/27 30
대판 1971. 6. 29, 71도926 ……………… §323/26
대판 1971. 7. 27, 71도977 ……………… §347/74
대판 1971. 10. 19, 70도1399 ……… §329/140
대판 1972. 1. 31, 71도1193 …………… §347/16
대판 1972. 1. 31, 71도2073 ………………………
…………………………………… §335/48, §337/37
대판 1972. 1. 31, 71도2114 …………… §333/17
대판 1972. 5. 31, 72도1090 …………… §327/20
대판 1972. 6. 27, 71도1072 ……… §323/48 51
대판 1972. 10. 31, 72도1803 ………… §349/18
대판 1972. 11. 14, 72도1946 ……………………
…………………… §328/42, §347/297, §354/7
대판 1973. 2. 26, 73도51 ‥ §329/138 139 151
대판 1973. 5. 22, 73도480 ……………… §331/27
대판 1973. 7. 24, 73도1255(전) ……… §332/8
대판 1973. 9. 25, 73도1080 …………… §347/21
대판 1973. 11. 13, 73도1553(전) …………………
…………………………………………… §335/44 61
대판 1973. 11. 27, 73도1301 ……… §347/262
대판 1974. 3. 12, 74도164 ……………… §347/79
대판 1974. 3. 26, 74도196 …………… §347/253
대판 1974. 4. 30, 73도2518 …………… §350/26
대판 1974. 5. 14, 73도2578 …………… §324/41
대판 1974. 7. 23, 74도669 …………… §347/102
대판 1974. 10. 8, 74도1798 ……… §327/13 26
대판 1974. 11. 12, 74도1632 ………… §323/30
대판 1975. 5. 27, 75도760 ……… §347/16 135
대판 1975. 5. 27, 75도1184 ……… §332/11 19
대판 1975. 8. 29, 75도1996 ………… §329/161
대판 1976. 1. 27, 74도3442 ………………………
……………………… [38-총]/59 72 73, §350/5
대판 1976. 4. 13, 75도781 …………………………
…………………………………… §328/40, §347/298
대판 1976. 4. 13, 76도259 ………… §332/6 14
대판 1976. 4. 27, 75도2818 …………… §350/16
대판 1976. 5. 25, 75도1549 ……………… §343/9
대판 1976. 7. 27, 75도2720 … §331/28 31 42
대판 1976. 8. 24, 76도1932 ……… §333/14 21
대판 1976. 9. 28, 74도1676 …………… §327/84
대판 1977. 1. 11, 76도3700 ………… §347/261
대판 1977. 6. 7, 77도1038 …………… §329/152
대판 1977. 6. 7, 77도1069 …………… §347/277
대판 1977. 7. 26, 77도1802 ……………… §331/9
대판 1977. 9. 13, 77도1672 …………… §323/16
대판 1977. 9. 28, 77도1350 ……………… §339/7
대판 1978. 2. 14, 77도3564(전) ……… §351/6
대판 1978. 8. 22, 78도1361 …………… §347/81
대판 1979. 4. 10, 78도2370 …………… §327/25
대판 1979. 7. 10, 79도840 …………… §347/278
대판 1979. 9. 11, 79도436 ……… §327/13 26
대판 1979. 9. 11, 79도1736 ……………… §331/7
대판 1979. 9. 25, 79도1735 …………… §333/18
대판 1979. 10. 30, 79도489 …… §350/83 105
대판 1979. 11. 27, 79도2201 …………… §343/9

대판 1980. 3. 25, 79도2874 ··············· §328/14
대판 1980. 4. 22, 80도485 ······························· §328/12 14 50, §354/2
대판 1980. 5. 13, 78도2259 ············· §347/222
대판 1980. 7. 8, 79도2734 ········· §347/80 218
대판 1980. 9. 9, 80도1335 ················· §328/29
대판 1980. 9. 30, 80도1874 ············ [38-총]/95
대판 1980. 10. 14, 80도2155 ································ §329/165, §347/279
대판 1980. 10. 27, 80도225 ············ [38-총]/95
대판 1980. 11. 11, 80도131 ······························ §328/34 37, [38-총]/23, §344/3
대판 1980. 11. 25, 80도2310 ································ §329/163, §347/279
대판 1980. 12. 9, 80도1177 ················· §347/6
대판 1981. 3. 24, 81도409 ································ §325/17, §335/20
대판 1981. 6. 23, 81도588 ················· §327/26
대판 1981. 7. 28, 81도529 ··············· §347/118
대판 1981. 8. 20, 81도1638 ··············· §347/74
대판 1981. 8. 25, 80도509 ································ [38-총]/60, §329/80
대판 1981. 10. 13, 81도2394 ·········· §329/150
대판 1981. 12. 8, 81도1761 ····· §329/128 138
대판 1982. 1. 19, 81도3133 ··············· §332/15
대판 1982. 2. 9, 81도944 ················· §347/118
대판 1982. 3. 9, 81도1732 ································ §329/88, §347/168
대판 1982. 3. 9, 81도2767 ··············· §347/224
대판 1982. 4. 13, 80도2667 ··············· §347/21
대판 1982. 5. 25, 81도3136 ··············· §327/29
대판 1982. 5. 25, 82도311 ················· §327/25
대판 1982. 6. 22, 82도777 ································ [39-총-1]/14, §347/189
대판 1982. 7. 13, 82도1352 ··············· §335/48
대판 1982. 7. 27, 80도382 ················· §327/53
대판 1982. 7. 27, 82도822 ··············· §329/161
대판 1982. 9. 14, 82도1679 ····· §347/210 269
대판 1982. 9. 28, 82도1656 ················· §347/9
대판 1982. 10. 12, 82도1764 ··············· §341/5
대판 1982. 10. 26, 82도2157 ············· §327/17
대판 1982. 11. 23, 82도2394 ············· §329/73
대판 1982. 12. 14, 80도2403 ······· §327/54 57
대판 1982. 12. 28, 82도2058 ············· §329/18
대판 1983. 2. 8, 82도2714 ················· §350/10
대판 1983. 2. 22, 82도2555 ··············· §347/13
대판 1983. 2. 22, 82도3103 ··············· §334/19
대판 1983. 2. 22, 82도3115 ································ §329/87, §347/174
대판 1983. 2. 22, 82도3139 ································ [39-총-1]/23, §347/79 189
대판 1983. 3. 8, 82도2838 ················· §335/33
대판 1983. 3. 8, 82도2944 ················· §329/97
대판 1983. 4. 12, 82도2938 ············· §347/137
대판 1983. 4. 12, 83도304 ················· §332/11
대판 1983. 4. 12, 83도422 ················· §332/21
대판 1983. 4. 26, 82도3088 ············· §347/196
대판 1983. 4. 26, 83도188 ······· §347/257 263
대판 1983. 4. 26, 83도323 ················· §333/61
대판 1983. 5. 10, 82도1987 ··· §327/11 44 75
대판 1983. 6. 28, 83도831 ··············· §347/179
대판 1983. 6. 28, 83도1013 ··············· §347/38
대판 1983. 6. 28, 83도1132 ············· §329/126
대판 1983. 7. 26, 82도1524 ········· §327/53 55
대판 1983. 7. 26, 83감도108 ············· §328/53
대판 1983. 9. 13, 83도1762 ············· §329/125
대판 1983. 9. 27, 83도1869 ··············· §327/55
대판 1983. 10. 11, 83도2137 ············· §332/11
대판 1983. 10. 25, 82도808 ··············· §327/21
대판 1983. 10. 25, 83도1566 ··········· §347/250
대판 1983. 12. 13, 83도2418 ··············· §332/8
대판 1984. 1. 24, 83도3043 ················· §337/6
대판 1984. 1. 31, 83도2941 ········· §334/22 23
대판 1984. 1. 31, 83도3027 ··············· §329/67
대판 1984. 2. 14, 83도708 ················· §327/29
대판 1984. 2. 14, 83도2857 ············· §347/219
대판 1984. 2. 14, 83도3242 ············· §329/118
대판 1984. 2. 28, 83도3162 ································ §334/25, §338/25
대판 1984. 2. 28, 83도3321 ········· §335/48 49

대판 1984. 2. 28, 84도38 ……………… § 329/56
대판 1984. 3. 14, 84도18 ……………… § 327/26
대판 1984. 4. 24, 84도311 ……………… § 329/156, § 331의2/14
대판 1984. 5. 9, 83도3194 ……………… § 347/78
대판 1984. 5. 9, 84도573 ……………… § 350/21
대판 1984. 6. 5, 84도460 ……………… § 337/30
대판 1984. 6. 12, 82도1544 ……… § 327/19 64
대판 1984. 6. 26, 83도2413 ……………… § 323/7
대판 1984. 6. 26, 84도648 ……………… § 350/96
대판 1984. 6. 26, 84도970 ……………… § 337/23
대판 1984. 7. 24, 84도1167 ……… § 335/30 34
대판 1984. 9. 11, 84도1398 ……………… § 335/34
대판 1984. 9. 25, 84도882 ….. § 347/72 75 78
대판 1984. 10. 10, 84도1887 ……………… § 335/48
대판 1984. 12. 11, 82도3019 ……………… § 343/7
대판 1984. 12. 11, 84도2324 ……………… § 333/18
대판 1984. 12. 11, 84도2524 ……………… § 329/110
대판 1984. 12. 26, 84도1573(전) …… § 332/21
대판 1984. 12. 26, 84도2433 ……………… § 330/13
대판 1985. 1. 15, 84도2397 ……………… § 337/23
대판 1985. 2. 8, 84도2625 ……………… § 347/277
대판 1985. 2. 26, 84도2732 ……………… § 339/15
대판 1985. 3. 12, 84도93 ……………… § 347/72 91
대판 1985. 3. 12, 85도74 ……………… § 347/14 137
대판 1985. 3. 26, 84도301 ……………… § 347/74
대판 1985. 3. 26, 84도2956 ……………… § 331/27, § 334/19 22
대판 1985. 4. 9, 85도17 ……………… § 347/71
대판 1985. 4. 9, 85도167 ……………… § 347/44
대판 1985. 4. 9, 85도326 ……………… § 347/81
대판 1985. 4. 23, 85도464 ……………… § 329/106
대판 1985. 5. 14, 85도619 ……………… § 335/23
대판 1985. 6. 25, 84도2083 ……………… § 324/80, § 350/95 103 115
대판 1985. 7. 9, 85도1109 ……………… § 337/30
대판 1985. 8. 13, 85도1170 ……………… § 333/50
대판 1985. 9. 10, 84도2644 ……………… § 350/95
대판 1985. 9. 10, 85도899 ……………… § 323/30
대판 1985. 9. 24, 85도1591 ……………… § 324/86
대판 1985. 9. 24, 85도1687 ……………… § 350/71
대판 1985. 10. 22, 85도2001 ……………… § 337/7
대판 1985. 11. 12, 84도984 ……………… § 347/13
대판 1985. 11. 12, 85도1914 ……………… § 347/78
대판 1985. 11. 12, 85도2115 ……………… § 337/37
대판 1985. 11. 26, 85도1487 ……………… § 329/81
대판 1985. 11. 26, 85도1830 ……………… § 347/78
대판 1985. 11. 26, 85도490 ……………… § 347/189
대판 1985. 12. 10, 85도1222 ……………… § 347/76
대판 1985. 12. 24, 85도2317 ……………… § 347/229
대판 1986. 1. 21, 85도2411 ……………… § 339/15
대판 1986. 1. 28, 85도241 ……………… § 339/11
대판 1986. 2. 11, 85도2513 ….. § 350/105 123
대판 1986. 2. 25, 85도2748 ……………… § 347/229
대판 1986. 4. 8, 86도236 ……………… § 347/107
대판 1986. 5. 27, 86도507 ……………… § 339/11
대판 1986. 6. 24, 86도770 ……………… § 323/39
대판 1986. 6. 24, 86도776 ……………… § 333/49
대판 1986. 6. 24, 86도891 ……………… § 338/31
대판 1986. 7. 8, 86도354 ……………… § 329/155
대판 1986. 7. 8, 86도843 ……………… § 331/9
대판 1986. 7. 8, 86도931 ……………… § 333/17
대판 1986. 7. 8, 86도963 ……………… § 332/8
대판 1986. 7. 22, 86도681 ……………… § 347/137
대판 1986. 8. 19, 86도1093 ……………… § 329/72
대판 1986. 8. 19, 86도1191 ……………… § 327/53
대판 1986. 9. 9, 86도956 ……………… § 347/74
대판 1986. 9. 9, 86도1273 ……………… § 331/9
대판 1986. 9. 23, 85도1775 ……………… § 347/12
대판 1986. 10. 28, 84도2386 ……………… § 347/242
대판 1986. 10. 28, 86도1553 ……………… § 327/26
대판 1986. 10. 28, 86도1753 ……………… § 329/103
대판 1986. 11. 11, 86도1109 ……………… § 329/111
대판 1986. 12. 23, 86도2203 ……………… § 333/17
대판 1986. 12. 23, 86도2256 ….. § 329/97 107
대판 1987. 1. 20, 86도1728 ……………… § 329/161, § 347/280
대판 1987. 1. 20, 86도2199 ……………… § 329/105
대판 1987. 2. 24, 86도2725 ……………… § 332/8
대판 1987. 4. 28, 83도1568 ……………… § 347/285

대판 1987. 5. 26, 87도527 ·················· § 337/40
대판 1987. 8. 18, 87도1260 ················ § 327/58
대판 1987. 9. 8, 87도1458 ···················· § 338/8
대판 1987. 9. 22, 87도1579 ········· § 327/50 55
대판 1987. 9. 22, 87도1592 ················· § 338/5
대판 1987. 10. 13, 86도1912 ············· § 347/74
대판 1987. 10. 26, 87도1042 ·························· ················ [39-총-1]/11, § 347/159 161 162
대판 1987. 10. 26, 87도1656 ······· § 350/63 95
대판 1987. 10. 26, 87도1662 ············· § 332/14
대판 1987. 12. 8, 87도1831 ················ § 329/18
대판 1987. 12. 8, 87도1839 ················ § 347/81
대판 1987. 12. 8, 87도1959 ············· § 329/140
대판 1987. 12. 22, 87도852 ············· § 347/242
대판 1987. 12. 22, 87도2168 ·························· ·· § 347/6 190 282
대판 1988. 2. 23, 87도1952 ········· § 323/48 49
대판 1988. 3. 8, 87도1872 ··············· § 347/101
대판 1988. 4. 12, 87도2394 ····· § 347/256 260
대판 1988. 4. 25, 88도409 ················· § 329/59
대판 1988. 6. 28, 88도740 ················ § 347/189
대판 1988. 6. 28, 88도820 ·················· § 339/18
대판 1988. 9. 9, 88도1240 ················· § 339/10
대판 1988. 9. 13, 88도55 ················· § 347/244
대판 1988. 9. 13, 88도917 ······· § 329/132 146
대판 1988. 9. 13, 88도1046 ········· § 334/26 25
대판 1988. 9. 13, 88도1197 ········· § 331/27 38
대판 1988. 11. 22, 88도1557 ············· § 331/44
대판 1988. 12. 13, 88도1844 ·························· ·· § 334/23, § 337/36
대판 1989. 1. 17, 88도971 ··············· § 329/125
대판 1989. 2. 28, 87도690 ················· § 350/96
대판 1989. 2. 28, 88도1165 ············ § 329/103
대판 1989. 3. 14, 88도837 ··········· § 331/27 43
대판 1989. 3. 14, 88도975 ···················· § 347/9
대판 1989. 3. 14, 88도1397 ················ § 323/56
대판 1989. 3. 28, 88도2291 ··············· § 335/30
대판 1989. 5. 23, 88도343 ····· § 327/56 57 60
대판 1989. 6. 13, 89도582 ···························· ·· § 328/53, § 347/273
대판 1989. 7. 25, 88도410 ·················· § 323/57
대판 1989. 8. 8, 89도664 ················· § 329/158
대판 1989. 9. 12, 89도1153 ············ § 329/105
대판 1989. 10. 24, 89도1397 ············ § 347/77
대판 1989. 11. 14, 89도773 ··············· § 323/30
대판 1989. 11. 28, 89도1679 ·········· § 329/153
대판 1989. 12. 8, 88도1002 ··············· § 327/87
대판 1989. 12. 12, 89도2097 ················ § 332/8
대판 1990. 2. 9, 89도581 ···················· § 333/17
대판 1990. 2. 13, 89다카23022 ········· § 329/29
대판 1990. 2. 27, 89도335 ··············· § 347/168
대판 1990. 2. 27, 89도2532 ················· § 335/8
대판 1990. 3. 23, 89도2506 ········· § 327/60 62
대판 1990. 3. 27, 89도2036 ··· § 350/21 62 99
대판 1990. 4. 24, 90도193 ················ § 335/24
대판 1990. 5. 25, 90도573 ··············· § 329/150
대판 1990. 7. 10, 90도1176 ··············· § 333/64
대판 1990. 8. 10, 90도1211 ··············· § 329/81
대판 1990. 8. 14, 90도114 ················· § 350/96
대판 1990. 9. 11, 90도1021 ··············· § 329/18
대판 1990. 9. 28, 90도1365 ················ § 341/5
대판 1990. 10. 12, 90도1887 ·························· ·· § 334/23, § 337/36
대판 1990. 10. 16, 90도1815 ·························· ·································· § 347/212, § 350/59
대판 1990. 11. 13, 90도1961 ············ § 347/76
대판 1990. 12. 26, 90도2037 ····· § 347/21 137
대판 1990. 12. 26, 90도2362 ············ § 337/36
대판 1991. 1. 15, 90도2180 ············ § 347/119
대판 1991. 4. 23, 90도2961 ··············· § 340/14
대판 1991. 4. 23, 91도476 ······························ ································· § 329/120, § 330/18
대판 1991. 4. 26, 90도1958 ··············· § 323/24
대판 1991. 5. 28, 91도80 ··················· § 350/21
대판 1991. 5. 28, 91도668 ··············· § 347/196
대판 1991. 6. 11, 91도788 ··············· § 347/107
대판 1991. 6. 11, 91도878 ··············· § 329/154
대판 1991. 6. 25, 91도643 ······························ ·· § 333/58, § 337/40
대판 1991. 7. 12, 91도1077 ··············· § 328/14

대판 1991. 7. 23, 91도458 ················ § 347/74
대판 1991. 8. 27, 90도2857 ································ § 328/14 50, § 354/2
대판 1991. 9. 10, 91도1722 ································ § 333/64, § 347/279
대판 1991. 9. 24, 91도1824 ··············· § 350/95
대판 1991. 11. 12, 91도2156 ································ § 334/28, § 338/7 8 23 26
대판 1991. 11. 12, 91도2270 ············ § 347/79
대판 1991. 11. 22, 91도2296 ··············· § 334/8
대판 1991. 11. 26, 91도2344 ············ § 350/19
대판 1991. 12. 13, 91도2127 ············ § 350/95
대판 1991. 12. 24, 91도2698 ············ § 347/73
대판 1992. 1. 21, 91도1170 ·········· § 323/7 28
대판 1992. 1. 21, 91도2727 ··············· § 337/24
대판 1992. 3. 27, 91도2831 ············ § 329/154
대판 1992. 4. 10, 91도2427 ············ § 347/249
대판 1992. 4. 14, 92도297 ··················· § 341/5
대판 1992. 4. 14, 92도408 ················· § 337/19
대판 1992. 4. 24, 92도118 ··············· § 329/153
대판 1992. 6. 9, 92도77 ················· [39-특]/39
대판 1992. 7. 28, 92도917 ································ § 333/60, § 334/8 15, § 335/13, § 337/43
대판 1992. 8. 14, 91도2202 ··············· § 347/74
대판 1992. 9. 8, 91도3149 ······ § 329/132 154
대판 1992. 9. 8, 92도1650 ································ § 329/97 101 103
대판 1992. 9. 14, 91도2994 ································ [39-총-1]/23, § 347/106
대판 1992. 9. 14, 92도1506 ········ § 350/48 70
대판 1992. 9. 14, 92도1532 ··············· § 328/11
대판 1992. 12. 8, 92도1653 ········ § 327/42 44
대판 1992. 12. 11, 92도743 ············ § 347/242
대판 1993. 3. 9, 92도2884 ·········· § 333/14 21
대판 1993. 3. 16, 92도3170 ··············· § 329/63
대판 1993. 4. 13, 93도328 ··············· § 329/155
대판 1993. 7. 13, 93도14 ··················· § 347/74
대판 1993. 7. 27, 93도901 ·········· § 324/40 41
대판 1993. 9. 14, 93도915 ················· § 350/99
대판 1993. 9. 28, 93도1941 ············ § 347/249
대판 1993. 9. 28, 93도2143 ································ § 329/51, § 338/12
대판 1993. 11. 23, 93도604 ··········· [39-특]/39
대판 1993. 12. 24, 93도2339 ············ § 350/96
대판 1994. 2. 22, 93도428 ································ § 333/31 37, § 350/74
대판 1994. 5. 27, 94도617 ················ § 328/53
대판 1994. 8. 12, 94도1487 ································ § 329/87, § 347/174
대판 1994. 9. 9, 94도1522 ··············· § 329/121
대판 1994. 9. 9, 94도2032 ··············· § 347/205
대판 1994. 9. 27, 94도1439 ··· § 323/25 50 53
대판 1994. 10. 11, 94도1481 ································ [38-총]/60, § 329/80
대판 1994. 10. 11, 94도1575 ·········· § 347/119
대판 1994. 10. 14, 94도1911 ····· § 347/90 189
대판 1994. 10. 14, 94도2056 ············ § 327/60
대판 1994. 11. 25, 94도2432 ············ § 329/17
대판 1994. 12. 22, 94도2528 ··· § 350/111 113
대판 1995. 3. 10, 94도2422 ··· § 350/93 94 95
대판 1995. 3. 24, 95도203 ································ [39-총-1]/22, § 347/189 195
대판 1995. 3. 28, 95도91 ································ § 333/43, § 350/117
대판 1995. 4. 7, 95도94 ················ § 324의3/9
대판 1995. 4. 28, 95도250 ················ § 347/49
대판 1995. 6. 30, 95도825 ·········· § 350/60 61
대판 1995. 7. 28, 95다19515, 95다19522 ······ ································ § 347/107
대판 1995. 7. 28, 95도997 ································ § 333/62, [39-특]/45 50 55
대판 1995. 7. 28, 95도1157 ············ § 347/106
대판 1995. 8. 25, 94도2132 ········ § 347/13 19
대판 1995. 9. 5, 94도3033 ··············· § 329/152
대판 1995. 9. 15, 94도3213 ··············· § 347/13
대판 1995. 9. 15, 95도707 ····· § 347/31 43 44
대판 1995. 12. 12, 95도2385 ············ § 333/47
대판 1995. 12. 22, 94도3013 ··············· § 347/9
대판 1996. 1. 26, 95도2437 ············ § 347/271
대판 1996. 1. 26, 95도2526 ········ § 327/60 61

대판 1996. 2. 27, 95도2828 ······ § 347/43 44 115
대판 1996. 3. 22, 96도313 ······ § 331/40
대판 1996. 3. 26, 95도3034 ······ § 347/214
대판 1996. 4. 9, 95도2466 ······ [39-특]/27 67
대판 1996. 5. 10, 95도3057 ······ [38-총]/75
대판 1996. 6. 14, 96도835 ······ § 328/11
대판 1996. 7. 12, 96도1108 ······ § 338/10 11
대판 1996. 7. 12, 96도1142 ······ § 337/25
대판 1996. 7. 12, 96도1181 ······ § 329/162 164, [39-특]/32 34 41
대판 1996. 7. 30, 96도1081 ······ § 347/90
대판 1996. 7. 30, 96도1285 ······ § 333/59
대판 1996. 8. 23, 95도192 ······ [38-총]/83
대판 1996. 8. 23, 96도1265 ······ § 347/243
대판 1996. 9. 10, 95도2747 ······ § 347/9
대판 1996. 9. 20, 95도1728 ······ § 333/63, § 350/100 119, [39-특]/47
대판 1996. 9. 24, 96도2151 ······ § 350/95 106
대판 1996. 10. 15, 96도2227, 96감도94 ······ § 329/87, § 347/174
대판 1996. 10. 25, 96도1531 ······ § 327/58
대판 1997. 1. 21, 96도2715 ······ § 333/61, [39-특]/32 34 40
대판 1997. 1. 24, 96도1731 ······ § 328/49, § 344/7
대판 1997. 1. 24, 96도2091 ······ § 327/25
대판 1997. 2. 14, 96도1959 ······ § 350/21
대판 1997. 2. 25, 96도3411 ······ § 333/31 38
대판 1997. 3. 28, 96도2625 ······ § 347/10
대판 1997. 4. 11, 97도249 ······ § 347/214
대판 1997. 6. 27, 97도508 ······ § 347/271 273
대판 1997. 7. 8, 97도632 ······ § 347/242
대판 1997. 7. 11, 95도1874 ······ § 347/19 257
대판 1997. 7. 25, 97도1095 ······ § 347/13 19
대판 1997. 7. 25, 97도1142 ······ § 340/16
대판 1997. 9. 9, 97도1561 ······ [39-총-1]/23, § 347/105 106
대판 1997. 12. 23, 97도2430 ······ § 347/243
대판 1998. 1. 20, 97도2630 ······ § 347/214
대판 1998. 1. 23, 97도2047 ······ § 327/25
대판 1998. 2. 27, 97도2786 ······ § 347/237 253
대판 1998. 2. 27, 97도2974 ······ [39-특]/52
대판 1998. 4. 14, 98도231 ······ § 347/69 72 77
대판 1998. 4. 14, 98도356 ······ § 334/23, § 337/36
대판 1998. 4. 24, 97도3054 ······ § 347/38 213
대판 1998. 4. 24, 98도248 ······ § 347/229
대판 1998. 5. 21, 98도321(전) ······ § 331/29
대판 1998. 6. 23, 98도700 ······ [38-총]/69
대판 1998. 9. 4, 98도2181 ······ § 331의2/14
대판 1998. 9. 8, 98도1949 ······ § 327/24 53 61
대판 1998. 11. 10, 98도2642 ······ § 329/141, [39-특]/18
대판 1998. 11. 24, 98도2967 ······ [38-총]/91
대판 1998. 11. 27, 98도3186 ······ § 331/32
대판 1998. 12. 8, 98도3263 ······ § 347/38 53 64 69 79
대판 1998. 12. 8, 98도3416 ······ § 338/30
대판 1998. 12. 9, 98도3283 ······ § 347/207
대판 1999. 2. 9, 96도3141 ······ § 327/24 25
대판 1999. 2. 12, 98도2474 ··· § 327/53 60 61
대판 1999. 2. 12, 98도3549 ······ § 347/43 69
대판 1999. 2. 14, 98도2474 ······ § 327/60
대판 1999. 2. 26, 98도3321 ······ § 335/35
대판 1999. 3. 2, 98도3549 ······ § 347/72
대판 1999. 3. 12, 98도3443 ······ § 347/103 222
대판 1999. 3. 26, 98도3030 ······ § 343/5
대판 1999. 4. 9, 98도3336 ······ § 324/81
대판 1999. 5. 11, 98도2746 ······ § 327/61
대판 1999. 7. 9, 99도857 ······ § 329/141, [39-특]/4 6 18 37
대판 1999. 7. 9, 99도1040 ······ § 347/189 195
대판 1999. 7. 9, 99도1326 ······ [39-총-1]/11, § 347/159 162
대판 1999. 9. 17, 98도3077 ······ § 329/97
대판 1999. 11. 12, 99도3801 ······ § 329/77, § 343/6
대판 1999. 11. 26, 99도3603 ······ § 327/54
대판 1999. 11. 26, 99도3929, 99감도97 ······

……………………………………………………… § 351/2
대판 1999. 11. 26, 99도3963 ………… § 329/62
대판 1999. 12. 10, 99도2213 … § 347/256 260
대판 2000. 1. 28, 99도2884 ……… § 347/69 90
대판 2000. 2. 11, 99도4459 ………… § 347/257
대판 2000. 2. 11, 99도5286 …………… § 336/10
대판 2000. 4. 15, 2000도137 ………… § 347/201
대판 2000. 7. 7, 2000도1899 ……………………
…………………………… § 347/189 195, § 351/4
대판 2000. 7. 28, 98도4558 ……… § 327/11 44
대판 2000. 9. 8, 2000도1447 ……………………
…………………………………… § 327/47 53 55 86
대판 2000. 10. 13, 99오1 ………………………
…………………………………… § 347/294, § 354/12
대판 2000. 10. 13, 2000도3655 …… § 329/155
대판 2000. 11. 10, 2000도3483 …………………
…………………………………… § 347/197 211 274
대판 2000. 11. 28, 2000므612 ………… § 328/15
대판 2001. 2. 23, 2000도4415 …………………
…………………… § 324/39, § 350/19 25 94 95
대판 2001. 3. 23, 2001도359 ……………………
……………………………… § 333/14 21, § 350/5
대판 2001. 3. 27, 2001도202 ………… § 347/216
대판 2001. 5. 29, 2001도210 ………… § 327/87
대판 2001. 6. 1, 2001도740 ………… § 351/4 5
대판 2001. 6. 29, 2001도2514 ………… § 328/21
대판 2001. 7. 13, 98다51091 ………… § 324/64
대판 2001. 7. 13, 2001도1289 ……… § 347/171
대판 2001. 8. 21, 2001도3447 ………… § 335/53
대판 2001. 9. 25, 2001도3625 ….. § 348의2/15
대판 2001. 10. 23, 2001도2991 …………………
……………………………… § 347/32 33, § 350/10
대판 2001. 10. 23, 2001도4142 … § 335/17 32
대판 2001. 10. 25, 99도4837 ………… § 324/70
대판 2001. 11. 27, 2001도4759 …………………
…………………………………… § 327/31 50 53 60
대판 2001. 11. 30, 2001도2587 ……… § 350/33
대판 2002. 1. 11, 2000도1881 ……… § 347/242
대판 2002. 1. 11, 2001도3932 ………… § 323/18
대판 2002. 1. 11, 2001도5730 ……… § 347/195
대판 2002. 1. 11, 2001도5925 ………… § 337/12
대판 2002. 2. 5, 2001도5789 ……………………
…………………………………… § 347/38 105 106
대판 2002. 2. 8, 2000도3245 ……………………
…………………………… § 324/29, § 350/32 34
대판 2002. 2. 8, 2001도6425 ……………………
…………………………………… § 338/17, § 339/7
대판 2002. 2. 8, 2001도6669 ………… § 347/227
대판 2002. 4. 9, 2001도1777 ………… § 350/78
대판 2002. 4. 26, 2002도429 …… § 331의2/19
대판 2002. 6. 25, 2002도461 …… § 348의2/15
대판 2002. 6. 28, 2001도1610 ……… § 347/239
대판 2002. 7. 12, 2002도745 ……… [38-총]/81
대판 2002. 7. 12, 2002도2134 ……………………
……… § 329/92, § 347의2/30, [39-특]/59 60
대판 2002. 7. 18, 2002도669(전) … § 347/284
대판 2002. 8. 27, 2001도5921 ………… § 327/54
대판 2002. 9. 6, 2002도3465 ……………………
…………………………………… § 329/132 145 146
대판 2002. 10. 25, 2002도1736 ………… § 351/6
대판 2002. 10. 25, 2002도4123 ……… § 327/78
대판 2002. 11. 22, 2000도4419 …… § 347/140
대판 2002. 11. 22, 2002도3501 ……… § 324/48
대판 2002. 12. 24, 2002도5085 ·· [39-총-1]/33
대판 2003. 1. 10, 2002도2363 ….. § 347의2/13
대판 2003. 1. 24, 2002도5082 ………… § 327/55
대판 2003. 2. 28, 2003도120 …………… § 331/5
대판 2003. 4. 25, 2003도187 ………… § 327/31
대판 2003. 5. 13, 2003도709 ………… § 350/28
대판 2003. 5. 13, 2003도1178 ……………………
……………… § 329/91, § 347의2/30, [39-특]/45
대판 2003. 5. 16, 2001도1825 ……………………
………………………………………… § 347/132 233
대판 2003. 5. 16, 2003도373 … § 347/236 249
대판 2003. 5. 30, 2000도5767 …… § 323/7 30
대판 2003. 5. 30, 2003도1054 ………… § 327/25
대판 2003. 6. 13, 2002도6410 ……… § 347/269
대판 2003. 6. 13, 2003도1279 … § 347/92 103
대판 2003. 6. 24, 2003도1985 … § 329/97 105
대판 2003. 7. 1, 2003도2313 …………… § 337/9

대판 2003. 7. 11, 2003도2313 ····· § 337/15 16
대판 2003. 7. 22, 2003도1951 ········· § 347/253
대판 2003. 7. 25, 2003도2252 ········· § 347/233
대판 2003. 7. 25, 2003도2316 ························ ·· § 333/19, § 335/15
대판 2003. 9. 26, 2003도763 ························ ······································ [37-총]/20, § 324/25
대판 2003. 10. 9, 2003도3387 ··········· § 327/43
대판 2003. 10. 24, 2003도4417 ························ ·· § 330/15, § 335/8
대판 2003. 11. 4, 2003도3977 ········ [39-특]/53
대판 2003. 11. 14, 2003도3977 ························ ·· [39-특]/14 50
대판 2003. 11. 14, 2003도4909 ········· § 332/17
대판 2003. 11. 28, 2003도4257 ··· § 323/15 19
대판 2003. 12. 12, 2003도4450 ········· § 347/44
대판 2003. 12. 26, 2003도4914 ························ ······························· [39-총-1]/22, § 347/259
대판 2004. 1. 15, 2001도1429 ········· § 347/106
대판 2004. 1. 15, 2003도5394 ··········· § 324/21
대판 2004. 3. 12, 2002도5090 ····· § 323/17 36
대판 2004. 4. 9, 2003도7828 ························ ··············· [39-총-1]/22, § 347/53 69 83 189
대판 2004. 4. 16, 2004도353 ························ ···························· § 347의2/27 28, [39-특]/46
대판 2004. 4. 25, 200도137 ··············· § 347/19
대판 2004. 5. 14, 2004도1370 ····· § 333/48 49
대판 2004. 5. 27, 2003도4531 ························ ·· § 347/53 64 95
대판 2004. 6. 10, 2004도379 ············· § 327/54
대판 2004. 6. 11, 2004도1553 ····· § 347/59 92
대판 2004. 6. 11, 2004도2018 ··········· § 324/86
대판 2004. 6. 24, 2002도4151 ························ ·· § 347/245 255 258
대판 2004. 6. 24, 2004도1098 ························ ·· § 338/12 19 20
대판 2004. 6. 25, 2003도7124 ························ ·· § 347/236 240
대판 2004. 9. 16, 2001도3206(전) ·· § 351/3 6
대판 2004. 10. 15, 2004도4505 ··········· § 331/7
대판 2004. 10. 28, 2003도689 ··········· § 323/40
대판 2004. 10. 28, 2004도4437 ························ ·· § 336/11, § 337/15
대판 2004. 10. 28, 2004도5183 ······ [38-총]/75
대판 2004. 11. 18, 2004도5074(전) ················ ·· § 335/1 38 43
대판 2004. 11. 25, 2004도5937 ··· § 333/14 21
대판 2005. 1. 14, 2004도8134 ······· § 323/7 28
대판 2005. 1. 27, 2004도6289 ··········· § 323/16
대판 2005. 1. 28, 2004도7963 ········· § 329/164
대판 2005. 2. 18, 2004도8216 ········· § 347/201
대판 2005. 4. 15, 2004도1246 ························ ·· § 349/11 12 13 17
대판 2005. 4. 29, 2005도741 ············· § 323/51
대판 2005. 7. 15, 2004도1565 ··········· § 350/29
대판 2005. 8. 19, 2004도6859 ·· [39-특]/69 71
대판 2005. 9. 9, 2005도626 ··············· § 323/35
대판 2005. 9. 9, 2005도3518 ··········· § 347/210
대판 2005. 9. 15, 2003도5382 ··········· § 347/44
대판 2005. 9. 29, 2005도4738 ··········· § 350/36
대판 2005. 9. 30, 2005도5236 ········· § 347/274
대판 2005. 9. 30, 2005도5869 ········ [39-특]/47
대판 2005. 10. 13, 2005도4522 ··· § 327/43 44
대판 2005. 10. 28, 2005도5774 ························ ·· § 347/189 197
대판 2005. 11. 10, 2005도6604 ········· § 323/37
대판 2005. 12. 8, 2005도8105 ········· § 347/251
대판 2006. 1. 26, 2003도7533 ··········· § 324/25
대판 2006. 1. 26, 2005도1160 ··········· § 347/59
대판 2006. 1. 26, 2005도8507 ························ ·· § 347의2/14 17
대판 2006. 1. 27, 2005도8704 ········· § 347/289
대판 2006. 2. 23, 2005도8645 ························ ·· § 347/59 69 82
대판 2006. 3. 9, 2005도7819 ························ ······························· § 329/146, [39-특]/18 37
대판 2006. 3. 23, 2005도4455 ··········· § 323/16
대판 2006. 3. 24, 2005도3516 ····· § 347의2/32
대판 2006. 3. 24, 2005도8081 ········· § 329/132
대판 2006. 3. 24, 2006도208 ··········· § 347/202

대판 2006. 3. 24, 2006도282 ································ § 347/109, [39-특]/71
대판 2006. 4. 7, 2005도9858(전) ···· § 347/250
대판 2006. 4. 27, 2003도4151 ············· § 324/9
대판 2006. 4. 27, 2004도5628 ··········· § 324/33
대판 2006. 4. 28, 2006도1612 ··········· § 327/17
대판 2006. 5. 11, 2004도6176 ································ § 332/5, § 341/2
대판 2006. 5. 12, 2005도9595 ··········· § 350/94
대판 2006. 5. 26, 2006도1614 ········· § 347/194
대판 2006. 7. 6, 2006도654 ············ [39-특]/38
대판 2006. 7. 27, 2006도3126 ································ § 347의2/14, [39-특]/21 59 61 62
대판 2006. 9. 14, 2004도6432 ············· § 343/3
대판 2006. 9. 14, 2006도2824 ··········· § 330/15
대판 2006. 9. 14, 2006도4127 ································ § 347의2/10 17 24
대판 2006. 9. 14, 2006도4152 ············· § 351/4
대판 2006. 9. 28, 2006도2963 ································ § 329/31 77 79
대판 2006. 11. 10, 2006도5811 ······· § 347/254
대판 2006. 11. 23, 2006도6795 ········· § 347/31
대판 2006. 11. 24, 2005도5567 ································ § 347/194 206
대판 2006. 12. 21, 2006도4775 ········· § 327/44
대판 2007. 1. 11, 2006도4215 ····· § 323/27 34
대판 2007. 1. 11, 2006도4498 ································ § 329/12 14, § 347/76
대판 2007. 1. 25, 2004도45 ············· § 347/107
대판 2007. 1. 25, 2006도7470 ································ § 347/189 197, § 351/2
대판 2007. 2. 22, 2006도9179 ··········· § 330/16
대판 2007. 3. 15, 2006도2704 ································ § 328/41, § 347의2/38, § 354/7 8, [39-특]/46
대판 2007. 3. 15, 2007도189 ··········· § 329/119
대판 2007. 3. 29, 2006도7799 ··········· § 323/20
대판 2007. 4. 12, 2007도967 ············· § 347/85
대판 2007. 4. 12, 2007도1033 ··········· § 347/82
대판 2007. 4. 13, 2005도4222 ········· § 347/236
대판 2007. 4. 13, 2007도1377 ································ § 333/62, [39-특]/45 55
대판 2007. 4. 19, 2005도7288(전) ································ § 347/193 199 204
대판 2007. 4. 26, 2007도1274 ········· § 347/229
대판 2007. 5. 10, 2007도1375 ································ § 333/62 63, § 350/119, [39-특]/45 47 55
대판 2007. 5. 10, 2007도1780 ········· § 347/269
대판 2007. 5. 11, 2007도2318 ··········· § 336/12
대판 2007. 6. 1, 2006도1813 ········· § 327/3 67
대판 2007. 7. 12, 2005도9221 ································ § 347/125 129 134
대판 2007. 7. 12, 2005도9426 ··········· § 327/25
대판 2007. 7. 12, 2007도3005 ··········· § 327/17
대판 2007. 8. 23, 2007도2595 ········ [38-총]/75
대판 2007. 8. 23, 2007도3820 ············· § 332/5
대판 2007. 9. 6, 2006도3591 ··· § 347/236 238
대판 2007. 9. 6, 2007도4739 ··············· § 343/5
대판 2007. 9. 20, 2007도5507 ································ § 347/139 210
대판 2007. 9. 21, 2007도5600 ··········· § 350/19
대판 2007. 10. 11, 2007도6012 ······· § 347/196
대판 2007. 10. 11, 2007도6406 ································ § 350/4 21 93
대판 2007. 10. 25, 2005도1991 ································ § 347/38 42 98
대판 2007. 11. 16, 2007도3475 ······· § 347/142
대판 2007. 11. 30, 2006도7329 ········· § 327/53
대판 2007. 11. 30, 2007도4812 ········· § 347/74
대판 2007. 12. 13, 2007도7601 ································ § 333/19, § 337/26
대판 2007. 12. 28, 2007도6441 ··· § 349/13 17
대판 2008. 1. 24, 2007도9417 ································ § 347/19 139 210 269
대판 2008. 1. 24, 2007도9580 ········· § 350/118
대판 2008. 2. 14, 2007도8767 ········ [39-특]/39
대판 2008. 2. 14, 2007도10770 ······· § 347/214
대판 2008. 2. 28, 2007도10416 ································ § 347/205 214
대판 2008. 3. 27, 2007도9328 ········· § 347/286
대판 2008. 4. 10, 2007도7392 ··········· § 350/19

대판 2008. 4. 24, 2007도4585 ····· § 327/60 62
대판 2008. 4. 24, 2008도1408 ········· § 347/297
대판 2008. 5. 8, 2008도198 ········· § 327/19 80
대판 2008. 5. 8, 2008도1652 ············· § 347/76
대판 2008. 5. 15, 2008도1097 ····· § 324/39 46
대판 2008. 5. 29, 2008도2476 ··········· § 327/65
대판 2008. 5. 29, 2008도2612 ····· § 349/12 22
대판 2008. 6. 12, 2008도76 ············· § 347/107
대판 2008. 6. 12, 2008도2279 ··········· § 327/66
대판 2008. 6. 12, 2008도2440 ································· § 347의2/27, [39-특]/46
대판 2008. 6. 26, 2008도3184 ··········· § 327/25
대판 2008. 7. 10, 2008도3252 ··········· § 329/77
대판 2008. 7. 24, 2008도3438 ··········· § 328/46
대판 2008. 8. 21, 2007도5040 ··········· § 324/22
대판 2008. 9. 11, 2006도8721 ··········· § 327/34
대판 2008. 9. 11, 2008도5364 ········· § 329/166
대판 2008. 10. 23, 2008도6080 ···································· [38-총]/97, § 329/122
대판 2008. 10. 23, 2008도6549 ······· § 347/105
대판 2008. 11. 27, 2008도7018 ········· § 324/26
대판 2008. 11. 27, 2008도7303 ·· [39-총-1]/34
대판 2008. 11. 27, 2008도7820 ······· § 329/101
대판 2008. 12. 11, 2008도7823 ········· § 349/11
대판 2009. 1. 15, 2006도6687 ········· § 347/189
대판 2009. 1. 15, 2008도1246 ··········· § 349/24
대판 2009. 1. 15, 2008도8577 ··· § 349/16 21 23
대판 2009. 1. 30, 2008도9985 ······························· § 347/135 220, § 350/49
대판 2009. 1. 30, 2008도10308 ········· § 337/31
대판 2009. 2. 12, 2008도10234 ········· § 323/16
대판 2009. 2. 12, 2008도10971 ······· § 347/136
대판 2009. 2. 12, 2008도11550 ·· § 332/3 5, § 341/2
대판 2009. 2. 12, 2008도11804 ········· § 329/19
대판 2009. 3. 26, 2007도9197 ····· § 327/53 55
대판 2009. 3. 26, 2008도6641 ·· § 347/125 129
대판 2009. 5. 14, 2007도2168 ··········· § 327/37
대판 2009. 5. 28, 2008도4665 ·· § 347/210 270
대판 2009. 5. 28, 2009도875 ······· § 327/60 69
대판 2009. 6. 11, 2009도3139 ········· § 347/174
대판 2009. 6. 23, 2008도1697 ····· § 347/2 121
대판 2009. 7. 9, 2009도295 ·· § 324/39, § 347/268
대판 2009. 7. 9, 2009도3681 ················ § 354/7
대판 2009. 7. 23, 2009도2384 ········· § 347/207
대판 2009. 7. 23, 2009도5022 ····· § 335/17 32
대판 2009. 9. 10, 2009도37875 ········· § 323/16
대판 2009. 9. 24, 2009도5595 ········· § 329/107
대판 2009. 10. 29, 2009도7052 ······· § 347/283
대판 2009. 10. 29, 2009도7150 ··········· § 343/5
대판 2009. 10. 29, 2009도7931 ······· § 347/174
대판 2009. 12. 10, 2009도9982 ······· § 347/252
대판 2009. 12. 24, 2009도9667 ······· § 329/103
대판 2010. 2. 11, 2009도12627 ········· § 354/12
대판 2010. 2. 25, 2009도5064 ·· § 323/31, § 329/31
대판 2010. 2. 25, 2009도11781 ······ [38-총]/75
대판 2010. 4. 29, 2007도7064 ····· § 324/21 22
대판 2010. 4. 29, 2009도14554 ·· § 329/97 103
대판 2010. 4. 29, 2010도1099 ············· § 337/7
대판 2010. 5. 27, 2009도9008 ···································· § 329/142, [39-특]/18
대판 2010. 5. 27, 2010도778 ············· § 349/25
대판 2010. 5. 27, 2010도3498 ········· § 347/122
대판 2010. 6. 10, 2010도3409 ·· [39-특]/10 13
대판 2010. 7. 15, 2010도1017 ····· § 324/11 27
대판 2010. 7. 29, 2010도5795 ·· § 328/53, § 354/13
대판 2010. 9. 9, 2008도128 ········· § 347의2/12
대판 2010. 9. 9, 2009도2949 ··········· § 347/195
대판 2010. 9. 9, 2010도7237 ··········· § 347/196
대판 2010. 9. 9, 2010도7920 ············· § 335/25
대판 2010. 9. 9, 2010도8021 ················ § 332/7
대판 2010. 9. 9, 2010도8535 ············· § 335/27

대판 2010. 10. 14, 2008도6578 ········· § 323/57
대판 2010. 11. 11, 2010도9105 ······· § 329/118
대판 2010. 11. 11, 2010도10690 ····· § 347/285
대판 2010. 11. 25, 2010도13245 ······· § 330/12
대판 2010. 12. 9, 2010도891 ············· § 347/20
대판 2010. 12. 9, 2010도6256 ··········· § 350/11
대판 2010. 12. 9, 2010도9630 ··········· § 339/10
대판 2010. 12. 9, 2010도11015 ········· § 327/17
대판 2010. 12. 9, 2010도12928 ········· § 350/58
대판 2011. 3. 10, 2010도14856 ······· § 347/269
대판 2011. 4. 14, 2011도300 ············· § 330/11
대판 2011. 4. 14, 2011도769 ··· § 347/159 273
대판 2011. 4. 28, 2011도2170 ························ ·· § 328/13, § 354/2
대판 2011. 5. 13, 2011도1765 ························ ·· § 328/27, § 354/3
대판 2011. 5. 13, 2011도2368 ··········· § 323/48
대판 2011. 7. 28, 2009도11513 ········· § 327/87
대판 2011. 7. 28, 2011도6115 ··········· § 327/31
대판 2011. 8. 18, 2009도7813 ························ ·· § 347/211, § 350/60
대판 2011. 8. 18, 2010도9570 ········· § 329/150
대판 2011. 9. 8, 2011도5165 ············· § 327/62
대판 2011. 9. 8, 2011도7262 ··········· § 347/240
대판 2011. 10. 13, 2011도6855 ········· § 327/69
대판 2011. 10. 13, 2011도8829 ······· § 347/101
대판 2011. 10. 13, 2011도10460 ···················· ·· § 335/1 28 46
대판 2011. 10. 27, 2010도12824 ······· § 327/54
대판 2011. 11. 10, 2011도9919 ······················ ································ [38-총]/75, § 347/11 12
대판 2011. 12. 8, 2010도4129 ····· § 327/37 78
대판 2011. 12. 22, 2011도12927 ········· § 340/4
대판 2012. 1. 26, 2009도6690 ········· § 347/210
대판 2012. 1. 26, 2011도15179 ········· § 347/76
대판 2012. 1. 27, 2011도16044 ··· § 350/50 51
대판 2012. 4. 12, 2012도976 ··········· § 329/150
대판 2012. 4. 13, 2012도1101 ························ ··· § 347/128 136
대판 2012. 4. 26, 2010도5693 ··········· § 327/20
대판 2012. 4. 26, 2010도6334 ··········· § 329/37
대판 2012. 4. 26, 2010도11771 ······················ ····················· § 323/33, § 329/14 22 132 143
대판 2012. 5. 24, 2010도12732 ······················ ······························· § 347/14 16 19 135 246
대판 2012. 5. 24, 2011도15639 ······· § 347/220
대판 2012. 6. 14, 2012도4175 ··········· § 331/16
대판 2012. 6. 28, 2012도3927 ········· § 347/290
대판 2012. 6. 28, 2012도3999 ····· § 327/54 63
대판 2012. 6. 28, 2012도4773 ········· § 347/141
대판 2012. 7. 12, 2012도1132 ········· § 329/150
대판 2012. 8. 17, 2011도10451 ········· § 324/27
대판 2012. 8. 30, 2011도2252 ························ ·· § 327/16 17 18
대판 2012. 8. 30, 2012도6157 ············· § 350/6
대판 2012. 9. 27, 2011도282 ············· § 347/19
대판 2012. 10. 25, 2011도16213 ······· § 347/69
대판 2012. 11. 15, 2010도6910 ··· § 347/41 84
대판 2012. 11. 15, 2012도9603 ······· § 347/256
대판 2012. 11. 29, 2010도1233 ········· § 324/39
대판 2012. 12. 27, 2010도16537 ···················· ·· § 328/23 34
대판 2012. 12. 27, 2012도12777 ········· § 337/6
대판 2013. 1. 24, 2012도12689 ······· § 329/147
대판 2013. 2. 28, 2012도15303 ········· § 329/13
대판 2013. 3. 28, 2012도16281 ········· § 324/33
대판 2013. 4. 11, 2010도13774 ········· § 324/22 28 65, [39-총-2]/12, § 350/22 52 57 62
대판 2013. 4. 26, 2011도10797 ········· § 347/40
대판 2013. 4. 26, 2013도2034 ························ ··· § 327/3 31 35
대판 2013. 7. 11, 2013도5355 ··········· § 329/51
대판 2013. 7. 26, 2012도4438 ········ [39-특]/10
대판 2013. 9. 12, 2013도6114 ··········· § 324/21
대판 2013. 9. 13, 2013도6809 ····· § 350/94 96
대판 2013. 9. 13, 2013도7754 ························ ··· § 328/53, § 347/294
대판 2013. 11. 14, 2011도4440 ··· § 347의2/11
대판 2013. 11. 14, 2013도7494 ······· § 347/226
대판 2013. 11. 14, 2013오2 ··············· § 324/25

대판 2013. 12. 12, 2013도11899 ······· § 337/28
대판 2014. 1. 16, 2013도9644 ··········· § 347/85
대판 2014. 2. 21, 2013도14139 ········· § 323/32
대판 2014. 3. 13, 2013도16099 ······················ ··· § 347의2/2 19
대판 2014. 3. 13, 2014도212 ··········· § 350/124
대판 2014. 4. 10, 2014도1726 ····· § 337/10 11
대판 2014. 6. 12, 2012도2732 ····· § 327/43 45
대판 2014. 7. 10, 2013도10516 ········· § 327/58
대판 2014. 9. 25, 2014도8984 ························ ·························· § 328/37, § 329/14, § 344/4
대판 2014. 9. 26, 2014도8076 ························ § 328/40, [39-총-1]/23, § 347/298, § 354/10
대판 2014. 9. 26, 2014도9567 ························ ·· § 337/19 21 24
대판 2014. 10. 27, 2014도9442 ········· § 327/36
대판 2015. 2. 12, 2014도10086 ······· § 347/256
대판 2015. 3. 26, 2014도14909 ········· § 327/20
대판 2015. 6. 11, 2013도11709 ········· § 327/61
대판 2015. 6. 11, 2015도3160 ························ ························ § 328/35, § 347/296, § 354/8
대팜 2015. 6. 25, 2015도1944(전) ···· § 329/12
대판 2015. 9. 15, 2015도9883 ··········· § 327/21
대판 2015. 10. 15, 2015도8169 ········· § 332/21
대판 2015. 10. 15, 2015도9049 ········· § 332/21
대판 2015. 10. 29, 2014도13615 ······· § 350/93
대판 2015. 10. 29, 2015도7559 ··········· § 331/7
대판 2015. 10. 29, 2015도10948 ····· § 347/223
대판 2015. 10. 29, 2015도12838 ····· § 347/277
대판 2015. 12. 10, 2014도11533 ···················· ··················· § 328/22 51, § 347/296, § 354/4
대판 2016. 2. 19, 2015도15101(전) ················ ·· [39-총-1]/43
대판 2016. 3. 24, 2014도13649 ········· § 347/40
대판 2016. 3. 24, 2015도17452 ······················ ·· § 347/100 281
대판 2016. 4. 28, 2012도14516 ······· § 347/215
대판 2016. 6. 9, 2015도18555 ········· § 347/216
대판 2016. 9. 30, 2016도7395 ··········· § 327/37
대판 2016. 10. 27, 2016도11318 ····· § 347/272
대판 2016. 11. 10, 2016도13734 ···················· ·· § 323/3 50 53
대판 2016. 11. 24, 2016도13885 ··· § 332/3 19
대판 2016. 11. 25, 2016도15018 ······· § 337/14
대판 2016. 12. 15, 2016도15492 ······· § 329/77
대판 2017. 2. 3, 2016다254924 ········ [39-특]/8
대판 2017. 2. 15, 2016도15226 ······· § 347/286
대판 2017. 2. 16, 2016도13362(전) ················ ························ § 329/85, § 347/126 165 172
대판 2017. 4. 7, 2017도1286 ············· § 337/14
대판 2017. 4. 13, 2017도953 ··············· § 341/2
대판 2017. 4. 26, 2016도19982 ··· § 327/27 38
대판 2017. 4. 26, 2017도1405 ························ ·· § 347/64 84 85
대판 2017. 5. 17, 2017도2230 ····· § 323/50 53
대판 2017. 5. 30, 2017도4578 ············· § 323/8
대판 2017. 5. 31, 2017도3045 ········· § 347/288
대판 2017. 5. 31, 2017도3894 ········· § 347/275
대판 2017. 6. 19, 2013도564 ··········· § 347/247
대판 2017. 7. 11, 2017도4044 ··········· § 332/21
대판 2017. 8. 18, 2017도6229 ··········· § 327/30
대판 2017. 8. 29, 2016도18986 ······· § 347/111
대판 2017. 9. 26, 2017도8449 ········· § 347/111
대판 2017. 10. 26, 2013도6896 ······· § 347/243
대판 2017. 10. 26, 2015도16696 ···················· ·· § 324/22 28
대판 2017. 10. 26, 2017도8600 ······· § 347/276
대판 2017. 10. 26, 2017도10394 ···················· ·· [39-총-1]/33
대판 2017. 11. 9, 2016도12460 ··· § 347/48 49
대판 2017. 12. 22, 2017도12649 ····· § 347/195
대판 2018. 1. 25, 2016도6757 ························ ······································ § 328/40, § 354/10
대판 2018. 4. 10, 2017도17699 ······················ ·· § 347/40 86 88
대판 2018. 5. 30, 2017도15337 ········· § 327/43
대판 2018. 6. 15, 2016도847 ········· § 327/3 57
대판 2018. 8. 1, 2018도7030 ··········· § 347/166
대판 2018. 9. 13, 2018도4958 ··········· § 337/11
대판 2018. 12. 28, 2018도13305 ····· § 347/236

대판 2019. 2. 14, 2018도19493 … § 350/19 21
대판 2019. 4. 3, 2014도2754 … § 347/226 231
대판 2019. 4. 3, 2018도19772 …… § 347/195 196
대판 2019. 5. 30, 2019도1839 …… § 347/89
대판 2019. 6. 20, 2018도20698(전) ·· § 332/23
대판 2019. 8. 29, 2018도13792(전) …… § 324/22 24 26
대판 2019. 12. 24, 2019도2003 ·· [39-총-1]/34
대판 2019. 12. 27, 2015도10570 …… [39-총-1]/25 27
대판 2019. 12. 27, 2019도14623 … § 323/9 38
대판 2020. 1. 30, 2018도2236(전) …… § 324/9 24
대판 2020. 2. 6, 2015도9130 …… [39-총-1]/25 28
대판 2020. 2. 6, 2018도9809 …… § 324/24
대판 2020. 2. 13, 2019도5186 …… § 324/9 24
대판 2020. 2. 20, 2019도9756(전) …… § 347/195 196
대판 2020. 3. 27, 2016도18713 …… § 336/9
대판 2020. 6. 18, 2019도14340(전) …… § 347/286
대판 2020. 6. 25, 2018도13696 …… § 347/66
대판 2020. 9. 24, 2020도9801 …… § 323/7
대판 2020. 10. 15, 2020도7218 …… § 333/14
대판 2021. 1. 14, 2020도14735 …… § 323/3 50
대판 2021. 1. 21, 2018도5475(전) …… § 324의6/4
대판 2021. 8. 12, 2020도13704 …… § 347/210
대판 2021. 9. 9, 2021도8468 …… § 347/38 42 59 90
대판 2021. 10. 14, 2016도16343 …… [39-총-1]/25 29
대판 2021. 11. 11, 2021도7831 …… [39-총-1]/34
대판 2021. 11. 11, 2021도9855 …… § 347/20
대판 2021. 11. 25, 2018도1346 …… § 324/17
대판 2021. 12. 16, 2020도9788 …… § 347/20
대판 2022. 5. 12, 2021도16876 …… § 323/59
대판 2022. 5. 26, 2022도1227 …… § 347/234 236
대판 2022. 6. 16, 2020도10761 …… § 327/17
대판 2022. 6. 30, 2022도3771 …… § 347/110
대판 2022. 7. 14, 2017도20911 …… § 347/214, [39-총-1]/25 30
대판 2022. 7. 28, 2020도13705 …… § 332/7
대판 2022. 9. 15, 2022도5827 …… § 323/9
대판 2022. 12. 16, 2022도10629 …. [39-특]/38
대판 2022. 12. 29, 2022도12494 …… § 329/31 77 85 88, § 347/119 172 176
대판 2023. 1. 12, 2017도14104 …… [39-총-1]/22 25 31
대판 2023. 7. 17, 2017도1807(전) …. § 347/86

[고등법원]

서울고판 1983. 11. 18, 83노2523 … § 329/118
서울고판 2005. 5. 31, 2005노502 …. § 324/72
서울고판 2021. 7. 9, 2020노357 …… § 347/20

[지방법원]

광주지판 1974. 10. 17, 73노1325 ·· [38-총]/79
대전지법 홍성지판 1986. 12. 12, 86고합116 …… § 340/8
춘천지판 1990. 3. 22, 89노571 …… § 329/81
마산지판 1991. 3. 5, 91고단243 …… § 328/50
대전지판 2010. 7. 9, 2010노990 …. § 329/150
의정부지판 2010. 8. 27, 2009노2823 § 329/22
서울중앙지판 2016. 9. 23, 2016노485§ 347/50

[독일 판례]

BGH, 07.05.1953 – 3 StR 485/52 …… [38-총]/90
BGH, 21.05.1953 – 4 StR 787/52 … § 329/49
BGH, 06.10.1961 – 2 StR 289/61 … § 329/83
BGH, 20.02.1968 – 5 StR 694/67 …… § 347/150
BGH, 12.06.1968 – 2 StR 106/68 … § 329/75
BGH, 23.01.1979 – 1 StR 257/79 … § 329/74
BGH, 31.03.1982 – 2 StR 2/82 …… § 324/26

BGH, 13.01.1983 – 1 StR 737/81 … § 324/23
BGH, 20.03.1985 – 2 StR 44/85 …… § 329/49
BGH, 23.06.1992 – 5 StR 75/92 … § 347/119
BGH, 20.10.1992 – GSSt 1/92 ……… § 338/28
BGH, 25.02.1993 – 1 StR 652/92 … § 324/23
BGH, 20.07.1995 – 1 StR 126/95 … § 324/16
BGH, 26.07.1995 – 4 StR 234/95 …………… § 347/174
BGH, 18.01.2000 – 4 StR 599/99 …………… [38-총]/90
BGH, 03.04.2001 – 1 StR 45/01, 1 StR 75/01 …………… § 329/70
BGH, 17.10.2002 – 3 StR 249/02 … § 338/28
BGH, 15.10.2003 – 2 StR 283/03 … § 333/12
BGH, 20.09.2005 – 3 StR 295/05 …………… [38-총]/90

[일본 판례]

大判 明治 36(1903). 6. 1. 刑録 9·930 …………… § 347/4
大判 明治 42(1909). 12. 13. 刑録 14·1779 …………… § 347/13
大判 明治 43(1910). 1. 28. 刑録 16·46 …………… § 347/271
大判 明治 43(1910). 2. 18. 刑録 16·4·276 …………… § 350/106
大判 明治 43(1910). 5. 31. 刑録 16·995 …………… § 347/13
大判 明治 44(1911). 5. 25. 刑録 17·570 …………… [39-총-1]/35
大判 明治 44(1911). 11. 27. 刑録 17·2041 …………… § 347/241
大判 明治 44(1911). 12. 4. 刑録 17·28·2095 …………… § 350/5
大判 明治 45(1912). 4. 11. 刑録 18·9·448 …………… § 350/104
大判 大正 2(1913). 4. 24. 刑録 19·526 …………… § 324/42
大判 大正 3(1914). 2. 17. 法律新聞 925·27 …………… § 347/14
大判 大正 3(1914). 12. 22. 刑録 20·2596 …………… § 347/284
大判 大正 4(1915). 6. 15. 刑録 21·818 …………… § 347/108
大判 大正 5(1915). 10. 28. 刑録 21·1745 …………… [39-총-1]/35
大判 大正 5(1916). 4. 24. 刑録 22·656 …………… § 347/9
大判 大正 7(1918). 7. 5. 刑録 24·909 …………… § 347/4
大判 大正 7(1918). 7. 17. 刑録 24·939 …………… § 347/66
大判 大正 8(1919). 5. 23. 刑録 23·25·673 …………… § 350/73
大判 大正 8(1919). 5. 23. 刑録 25·12·673 …………… § 350/72
大判 大正 8(1919). 6. 30. 刑録 25·820 …………… § 324/42
大判 大正 9(1920). 5. 8. 刑録 26·38 …………… § 347/55
大判 大正 9(1920). 12. 2. 刑録 26·848 …………… § 347/285
大判 大正 11(1922). 12. 22. 刑集 1·821 …………… § 347/228
大判 大正 12(1923). 3. 1. 刑集 2·162 …………… § 347/282
大判 大正 12(1923). 4. 5. 刑集 2·303 …………… § 347/9
大判 大正 12(1923). 11. 20. 刑集 2·816 …………… § 347/228
大判 大正 14(1925). 6. 4. 刑集 4·4·358 …………… § 347/9
大判 大正 15(1926). 3. 24. 刑集 5·123 …………… § 324/42
大判 昭和 2(1927). 1. 26. 刑集 6·10 …………… § 347/116 235
大判 昭和 2(1927). 4. 5. 刑集 6·128 …………… § 350/127
大判 昭和 2(1927). 4. 22. 法律新聞 2712·12 …………… § 350/73

大判 昭和 2(1927). 12. 8. 刑集 6·12·512 ………… §350/101

大判 昭和 3(1928). 9. 17 刑集 7·578 ………… §347/221

大判 昭和 4(1929). 7. 17. 刑集 8·400 ………… §324/34

大判 昭和 5(1930). 5. 17. 刑集 9·5·303 ………… §350/107

大判 昭和 6(1931). 7. 27. 法律新聞 3301·9 ………… §350/75

大判 昭和 7(1932). 3. 17. 刑集 11·437 ………… §324/42

大判 昭和 8(1933). 5. 4. 刑集 12·538 ………… §347/66

大判 昭和 9(1934). 6. 11. 刑集 13·730 ………… §347/223

大判 昭和 9(1934). 10. 29. 刑集 13·1380 ………… §324/18

大判 昭和 11(1936). 1. 30. 刑集 15·1·53 ………… §350/35

大判 昭和 11(1936). 10. 19. 刑集 15·1351 ………… §347/282

大判 昭和 13(1938). 7. 8. 刑集 17·555 ………… §347/221

大判 昭和 16(1941). 2. 27. 刑集 20·6 ………… §324/12

大判 昭和 16(1941). 3. 27. 刑集 20·70 ………… §347/9

最判 昭和 23(1948). 7. 29. 刑集 2·9·1062 ………… §350/118

最判 昭和 24(1949). 1. 11. 刑集 3·1·1 ………… §350/40 50

最判 昭和 24(1949). 2. 8. 刑集 3·2·75 ………… §350/116

最判 昭和 24(1949). 2. 8 刑集 3·2·83 ………… §350/5

最判 昭和 24(1949). 2. 8. 刑集 3·2·83 ………… §350/107

最判 昭和 24(1949). 5. 18. 刑集 3·6·772 ………… §324/42

最判 昭和 24 (1949). 11. 17. 刑集 3·11·1808 ………… §347/9

最判 昭和 25(1950). 2. 24. 刑集 4·2·255 ………… §347/279

最判 昭和 25(1950). 2. 7. 裁判集(刑事) 16·331 ………… §324/42

最判 昭和 25(1950). 4. 11. 刑集 4·4·528 ………… §350/5

最判 昭和 25(1950). 4. 21. 刑集 4·4·655 ………… §324/42

最判 昭和 25(1950). 4. 6. 刑集 4·4·481 ………… §350/109

最判 昭和 25(1950). 7. 4. 刑集 4·7·1168 ………… §347/31

最判 昭和 25(1950). 12. 12. 刑集 4·12·2543 ………… §328/9

最判 昭和 26(1951). 5. 8. 刑集 5·6·1004 ………… §347/223

最判 昭和 26(1951). 5. 29. 裁判集(刑事) 46·599 ………… §347/9

最判 昭和 26(1951). 9. 28. 刑集 5·10·2127 ………… §350/75

最判 昭和 28(1953). 5. 8. 刑集 7·5·965 ………… §347/284

最決 昭和 29(1954). 2. 27. 刑集 8·2·202 ………… §347/279

最判 昭和 29(1954). 4. 28. 刑集 8·4·596 ………… §327/20

最判 昭和 29(1954). 10. 12. 刑集 8·10·1591 ………… §347/109

最決 昭和 30(1955). 9. 9. 刑集 9·9·1856 ………… §347/159

最判 昭和 30(1955). 10. 14. 刑集 9·11·2173 ………… §350/93

最決 昭和 31(1956). 8. 22. 刑集 10·8·1260 ………… §347/109

最判 昭和 32(1957). 1. 31. 刑集 11·1·346 ………… §347/282

最決 昭和 32(1957). 2. 14. 裁判集(刑事) 117·9

81 ························ § 347/213
最判 昭和 33(1958). 2. 4. 刑集 122109 ························ § 328/53
最決 昭和 33(1958). 3. 6. 刑集 12·3·452 ························ § 350/18 24
最判 昭和 34(1959). 4. 28. 刑集 13·4·466 ························ § 324/42
最判 昭和 34(1959). 8. 28. 刑集 13·10·2906 ························ § 350/7
最決 昭和 34(1959). 9. 28. 刑集 13·11·2993 ························ § 347/189
最判 昭和 35(1960). 6. 24. 刑集 14·8·1103 ························ § 327/3 17
最決 昭和 38(1963). 5. 17. 刑集 17·4·336 ························ § 347/279
最決 昭和 39(1964). 3. 31. 刑集 18·3·115 ························ § 327/44
最決 昭和 43(1968). 12. 11. 刑集 22·13·1469 ························ § 350/40
最判 昭和 45(1970). 1. 29. 刑集 24·1·1 ························ § 324/79
最判 昭和 47(1972). 10. 23. 判時 684·36 ························ § 324/68
最決 昭和 54(1979). 6. 26. 刑集 334·364 ························ § 324의6/3
最決 平成 6(1994). 7. 19. 刑集 48·5·190 ························ § 328/34
最決 平成 12(2000). 3. 27. 刑集 54·3·402 ························ § 347/11
最決 平成 14(2002). 10. 21. 刑集 56·8·670 ························ § 347/9 189
最決 平成 14(2002). 2. 8. 刑集 56·2·71 ························ § 347/109
最決 平成 16(2004). 11. 30. 刑集 58· 8·1005 ························ § 347/219
最決 平成 16(2004). 2. 9. 刑集 58·2·89 ························ § 347의2/14
最決 平成 16(2004). 7. 7. 刑集 58·5·309 ························ [39-총-1]/14
最決 平成 16(2004). 8. 25. 刑集 58·6·515 ························ § 329/64
最判 平成 17(2005). 4. 14. 刑集 59·3·283 ························ § 350/126
最決 平成 18(2006). 2. 14. 刑集 60·2·165 ························ § 347의2/10 17
最決 平成 18(2006). 8. 21. 判タ 1227·184 ························ § 347/9
最決 平成 18(2006). 8. 30. 刑集 60·6·479 ························ § 328/21
最決 平成 19(2007). 7. 17. 刑集 61·5·521 ························ § 347/189
最決 平成 20(2008). 2. 18. 刑集 62·2·37 ························ § 328/48
最決 平成 22(2010). 3. 17. 刑集 64·2·111 ························ § 347/273
最決 平成 22(2010). 7. 29. 刑集 64·5·829 ························ § 347/43 189
最決 平成 24(2012). 10. 9. 刑集 66·10·981 ························ § 328/48
最判 平成 26(2014). 3. 28. 刑集 68·3·582 ························ § 347/189
最決 平成 26(2014). 3. 28. 刑集 68·3·646 ························ § 347/189
最決 平成 26(2014). 4. 7. 刑集 68·4·715 ························ § 347/43 189
最決 平成 29(2017). 12. 11. 刑集 71·10·535 ························ § 347/228
最判 平成 30(2018). 3. 22. 刑集 72·1·82 ························ § 347/221
最決 令和 3(2021). 6. 23. 刑集 75·7·641 ························ [39-총-1]/33

東京高判 昭和 26(1951). 10. 3. 高刑集 4·12·1590 ························ § 328/23
札幌高判 昭和 27(1952). 11. 20. 高刑集 5·11·2018 ························ § 347/37
札幌高判 昭和 28(1953). 8. 24. 高刑集 6·7·947 ························ § 328/23
大阪高判 昭和 28(1953). 11. 18. 高刑集 6·11·1603 ························ § 328/52

大阪高判 昭和 29(1954). 5. 4. 判特 28·125 ······ § 328/30
名古屋高判 昭和 30(1955). 12. 13. 裁特 2·24·1276 ······ § 347/37
高松高判 昭和 31(1956). 1. 19. 裁特 3·351 ······ § 327/46
東京高判 昭和 32(1957). 9. 12. 判タ 75·46 ······ § 328/23
東京高判 昭和 33(1958). 12. 22. 高検速報 776 ······ § 327/44
名古屋高判 昭和 34(1959). 8. 10. 下刑集 1·8·1744 ······ § 324/80
東京高判 昭和 34(1959). 12. 22. 東時 10·12·469 ······ § 350/101
東京高判 昭和 37(1962). 8. 23. 東時 13·8·212 ······ § 347/271
東京高判 昭和 38(1963). 3. 7. 東時 14·3·35 ······ § 350/5
大阪高判 昭和 38(1963). 12. 24. 高刑集 16·9·841 ······ § 328/30
東京高判 昭和 42(1967). 4. 28. 判タ 210·222 ······ § 347/282
福岡高判 昭和 47(1972). 1. 24. 刑月 4·1·4 ······ § 327/57
東京高判 昭和 49(1974). 6. 27. 高刑集 27·3·291 ······ § 328/22
東京高判 昭和 53(1978). 3. 20. 刑裁月報 10·3·210 ······ § 350/77
東京高判 昭和 56(1981). 3. 12. 刑裁月報 13·3·149 ······ § 347/271
東京高判 昭和 57(1982). 12. 23. 東時 33·10=12·74 ······ § 347/213
大阪高判 昭和 59(1984). 5. 23. 高刑集 37·2·328 ······ § 347/11
大阪高判 昭和 63(1989). 3. 29. 判時 1309·43 ······ § 324/68
東京高判 平成 8(1996). 12. 26. 東時 47·1=12·155 ······ § 347/280
東京高判 平成 10(1998). 12. 10. 東時 49·1=12·87 ······ § 347/279

岡山地判 昭和 43(1968). 4. 30. 下刑集 10·4·416 ······ § 324/33
岡山地判 昭和 46(1971). 5. 17. 刑月 3·5·712 ······ § 324/34
東京地判 昭和 50(1975). 12. 26. 刑月 7·11=12·984 ······ § 324/33 68
東京地判 昭和 61(1986). 3. 19. 判時 1206·130 ······ [39-총-1]/35
大阪地判 昭和 63(1988). 10. 7. 判時 1295·151 ······ § 347의2/17
札幌地判 平成 5(1993). 6. 28. 判タ 838·268 ······ § 347/174
東京地判 平成 7(1995). 2. 13. 判時 1529·158 ······ § 347의2/17
名古屋地判 平成 9(1997). 1. 10. 判時 1627·158 ······ § 347의2/17
東京地判 平成 10(1998). 3. 5. 判タ 988·291 ······ § 327/78
大阪地判 平成 11(1999). 10. 27. 判タ 1041·79 ······ § 327/78
岐阜地判 平成 24(2012). 4. 12. LEX/DB 25481190 ······ § 347의2/17
松山地判 平成 29(2017). 3. 30. LEX/DB 25545577 ······ § 324의2/13
大阪地判 令和 1(2019). 10. 10. LEX/DB 25566238 ······ § 347/174

[편집대표]

조균석 서울남부지방검찰청 차장검사, 한국형사판례연구회 회장
일본 케이오대학 법학부 특별초빙교수 · 대동문화대학 비상근강사
이화여자대학교 법학전문대학원 교수, 대검찰청 검찰정책자문위원회 위원장 (현)

[편집위원]

이상원 법학박사, 서울고등법원 판사(헌법재판소 파견), 대법원 재판연구관
미국 버클리대학 연수, 한국형사소송법학회 회장
서울대학교 법학전문대학원 교수, 대법원 양형위원회 위원장 (현)

김성돈 법학박사, 경북대학교 법과대학 부교수, 한국형사법학회 회장
독일 막스플랑크 외국 및 국제형법연구소 객원연구교수
성균관대학교 법학전문대학원 교수 (현)

강수진 서울중앙지방검찰청 검사
미국 하버드대학 로스쿨 LL.M., 공정거래위원회 송무담당관
고려대학교 법학전문대학원 교수, 대법원 양형위원회 위원 (현)

[집 필 자]

김양섭	제37장	대법원 재판연구관, 서울중앙지방법원 부장판사 광주지방법원 부장판사 (현)
함석천	제38장	서울고등법원 판사, 서울서부지방법원 부장판사, 대전지방법원 부장판사 (현)
고제성	제39장 사기(제347조-제348조의2), 특별범죄	대법원 재판연구관, 춘천지방법원 속초지원장 김앤장 법률사무소 변호사 (현)
송경호	제39장 제349조, 공갈(제350조-제350조의2), 제351조-제354조	대법원 재판연구관, 서울중앙지방법원 부장판사 서울서부지방법원 부장판사 (현)

(2023년 9월 1일 현재)

형법주해 XI – 각칙(8)

초판발행 2023년 10월 25일

편집대표 조균석
펴낸이 안종만 · 안상준

편 집 사윤지
기획/마케팅 조성호
표지디자인 이영경
제 작 고철민 · 조영환

펴낸곳 (주) 박영사
서울특별시 금천구 가산디지털2로 53, 210호(가산동, 한라시그마밸리)
등록 1959. 3. 11. 제300-1959-1호(倫)
전 화 02)733-6771
f a x 02)736-4818
e-mail pys@pybook.co.kr
homepage www.pybook.co.kr
ISBN 979-11-303-4114-9 94360
979-11-303-4106-4 94360(세트)

정 가 64,000원

형법주해 [전 12권]

제1권 (총칙 1) 총칙 제1장 ~ 제2장 제1절 〔§§ 1 ~ 24〕

제2권 (총칙 2) 총칙 제2장 제2절 ~ 제3절 〔§§ 25 ~ 34〕

제3권 (총칙 3) 총칙 제2장 제4절 ~ 제4장 〔§§ 35 ~ 86〕

제4권 (각칙 1) 각칙 제1장 ~ 제6장 〔§§ 87 ~ 121〕

제5권 (각칙 2) 각칙 제7장 ~ 제11장 〔§§ 122 ~ 157〕

제6권 (각칙 3) 각칙 제12장 ~ 제17장 〔§§ 158 ~ 206〕

제7권 (각칙 4) 각칙 제18장 ~ 제23장 〔§§ 207 ~ 249〕

제8권 (각칙 5) 각칙 제24장 ~ 제26장 〔§§ 250 ~ 268〕

제9권 (각칙 6) 각칙 제27장 ~ 제32장 〔§§ 269 ~ 306〕

제10권 (각칙 7) 각칙 제33장 ~ 제36장 〔§§ 307 ~ 322〕

제11권 (각칙 8) 각칙 제37장 ~ 제39장 〔§§ 323 ~ 354〕

제12권 (각칙 9) 각칙 제40장 ~ 제42장 〔§§ 355 ~ 372〕